소방학개론

김동준 기출 원O·X 빈칸

김원빈

1

서울고시각

**Stand by
Strategy
Satisfaction**

새로운 출제경향에 맞춘 수험서의 완벽서

머리말

    소방공무원은 없어서는 안 되는 현대사회에 필수적인 직종입니다. 사회가 발달함에 따라서 화재는 날로 증가되고 있으며 소방인이 해야 하는 일은 날로 전문화되어 가고 있습니다.

    현재 소방공무원의 인원은 너무나 부족한 실정이어서 향후 몇 년간은 많은 인원이 채용될 예정에 있으며 합격하기 위해서는 무엇보다도 기출문제 분석이 우선되어야 할 것이고 거기에 심화학습을 통한 깊이 있는 학습이 필요합니다.

    우리나라 국보 1호인 숭례문이 전소되었습니다. 거기에는 매뉴얼이 없었기 때문입니다. 만약 건물이 지진으로 붕괴가 될 경우 생존가능성이 가장 높은 사람은 그에 대한 매뉴얼이 있는 사람일 것입니다. 그래서 수험생들에게도 미리 매뉴얼이 있어야 합니다. 어떻게 공부를 할 것이며, 내가 무엇을 위해 공부하는지를 명확히 해야만 빠른 시일 내에 합격을 손에 넣을 수 있습니다.

    이 책은 소방학개론 기출문제를 단원별로 분석하고, 상세한 해설을 달아 수험생 여러분이 수험대책을 세우고 미리 매뉴얼을 작성하는 데 도움을 줄 수 있도록 구성되어 있습니다.

    수험은 단순함의 연속입니다. 수험에 도움이 안 되는 것은 버릴 줄 아는 지혜도 필요합니다. 아무 생각 없이 오로지 수험에만 매진한다면 반드시 빠른 시일 내에 합격할 수 있습니다.

    우리가 환란 중에도 즐거워하나니 이는 환란은 인내를, 인내는 연단을, 연단은 소망을 이루는 줄 앎이로다(로마서 5장 3~4절).

    이 책의 출판을 위해 노력을 아끼지 않으신 김용관 회장님과 김용성 사장님 이하 모든 서울고시각 임직원 여러분에게 감사한 마음을 전합니다.

    마지막으로 수험생 여러분의 뜻 하신 바가 이루어지기를 두 손 모아 기도드립니다.

편저자 씀

소방직
수험준비와 대책

STEP 1

명확한 목표 설정과 실천

소방직을 준비하는 여러 가지 이유가 있을 것이다. 그러나 분명한 것은 명확한 목표를 가져야 흔들림 없이 합격에 도달할 수 있다는 것이다. 합격이라는 자그마한 목표를 위해 달려가다 보면 분명 장애물이 있을 것이고, 그 장애물을 넘기 위해선 용기와 끈기 그리고 지혜가 필요하다. 그 장애물을 잘 넘기 위해서는 몇 가지 대책이 필요하다.

첫째 : 건물을 짓기 위해선 설계가 필요하듯이 소방직공무원을 준비하기 위해선 공부를 어떻게 할 것인지 설계가 필요하다. 소방적 마인드로 접근해 보면 숭례문에 불이 났을 때 제때 진압을 하지 못한 이유는 매뉴얼이 없었기 때문이다. 미리 숭례문에 화재가 난다고 가정이 되었다면 쉽게 진압할 수 있었을 것이다.

둘째 : 설계가 되어 있다면 그 공사에 최선을 다해야 한다. 즉 수험생이라면 공부에 최선을 다해야 된다. 부실시공이 되지 않기 위해선 체력과 노하우, 성실함이 필요하다. 특히 소방직은 다른 사람의 생명을 담보로 하기 때문에 체력이 우선시 되어야 한다.

셋째 : 자기가 계획된 방향으로 제대로 가고 있는지 감독과 올바른 지적이 필요하다. 그 감독대행을 할 수 있는 곳이 학원이며, 선생의 역할이다. 대체적으로 이 부분을 간과하는 경우가 많다. 공부는 물론 자기 자신과의 싸움이지만, 질문·토론을 통해서 올바른 공부 방향으로 나아가야 한다.

STEP 2

합격하기 위한 전략

소방학이 정립되어 감에 따라 문제수준은 날이 갈수록 어려워질 전망이다. 그러나 분명한 것은 소방학 고득점 전략이 있고, 행정법 등 보다는 고득점을 얻기가 쉽다는 것이다. 그러면 소방학 고득점 전략에 대해 알아보자.

김동준 기출 원O·X 빈칸

첫째 : 기출문제 분석
어느 시험이고, 기출문제의 중요성은 말할 필요가 없다. 기출문제에서 나올 수 있는 문제는 점점 줄어들고 있는 추세이지만, 20~30% 이상은 기출에서 나온다.

둘째 : 용어의 이해와 암기
소방과 소방법은 특수한 과목이기에 거기에 나오는 용어가 어려울 수 있다. 일단은 용어의 이해와 암기가 필요하다. 예를 들면 무창층, 비상구, 옥내소화전 등 우리 주변에 있지만 관심이 없기에 잘 모르는 것들이 있다. 소방에 관심을 가지고 있으면 쉽게 이해할 수 있을 것이다.

셋째 : 흐름의 이해
흐름은 분명히 있다. 예를 들자면 소방을 한문으로 보면 消防, 즉 끌 소, 막을 방이다. 불을 끄고 막기 위해서 소방서가 나온 것이고, 연소가 계속 되어서 불이 되는 것이다. 그러면 연소란 무엇이며, 연소가 일어나기 위해선 어떤 요소가 필요한지를 알아야 한다. 연소는 가연물이 산소와 결합하여 열과 빛을 내는 급격한 산화 반응이다. 담배를 피기 위해서는 담배와 라이터 그리고 산소가 필요하다. 담배는 가연물, 라이터는 점화원, 산소는 산소공급원이다. 담배를 제거하면 담배를 피울 수 없다. 그것이 바로 제거소화가 된다. 라이터를 물로 끄면 냉각소화가 되며, 산소를 없애면 질식소화가 된다. 그러면 소화하기 위해서는 어떤 약제가 필요한지 보아야 한다. 소화약제는 수계와 가스계가 있다. 수계에는 물과 포, 가스계에는 이산화탄소, 할론, 청정, 분말이 있다. 불을 끈다는 것에는 이런 흐름이 있다. 이러한 것이 소방학이 된다.

차례
contents

01. 소방직 기출문제

PART 01 소방조직 / 3
- 01 소방조직 — 4
- 02 소방기능 — 33

PART 02 재난관리 / 73
- 01 재난 및 재난관리의 개념 — 74
- 02 우리나라의 재난관리 — 82

PART 03 연소이론 / 127
- 01 연소개요 등 — 128
- 02 연기 및 화염 — 196
- 03 폭발개요 및 분류 — 207

PART 04 화재이론 / 229
- 01 화재의 정의 및 분류 — 230
- 02 건물화재의 성상 — 240
- 03 위험물화재의 성상 — 270
- 04 화재조사 — 312

PART 05 소화이론 / 329
- 01 소화원리 — 330
- 02 소화약제 — 343
- 03 소방시설 — 375

02. 소방안전교육사, 소방시설관리사, 소방설비기사 및 방재안전직 소방관련기출문제

PART 01 소방조직 / 433

    01 소방조직   434
    02 소방기능   436

PART 02 재난관리 / 441

    01 재난 및 재난관리의 개념   442
    02 우리나라의 재난관리   455

PART 03 연소이론 / 501

    01 연소개요 등   502
    02 연기 및 화염   526
    03 폭발개요 및 분류   530

PART 04 화재이론 / 539

    01 화재의 정의 및 분류   540
    02 건물화재의 성상   549
    03 위험물화재의 성상   554
    04 화재조사   567

PART 05 소화이론 / 569

    01 소화원리   570
    02 소화약제   574
    03 소방시설   585

차례
contents

03. 기출문제 모의고사

01	2024 소방직	596
02	2024 소방간부	604
03	2023 소방직	613
04	2023 소방간부	621
05	2022 소방직	630
06	2022 소방간부	636
07	2021 소방직	645
08	2021 소방간부	651
09	2020 소방직	659
10	2020 소방간부	665

01 소방직 기출문제

소방단기
김동준 소방

소방학개론

기출 + O·X + 빈칸

소방학개론
김 원 빈

소방학개론

PART 01

소방조직

01 소방조직
02 소방기능

01 소방조직 (김동준소방)

01 우리나라 소방의 시대별 발전과정에 관한 내용으로 옳은 것만을 〈보기〉에서 고른 것은?

〈보기〉
㉠ 고려시대 : 금화도감을 설치하였다.
㉡ 조선시대 : 일본에서 들여온 수총기를 궁정소방대에 처음으로 구비하였다.
㉢ 일제강점기 : 우리나라 최초로 소방서를 설치하였다.
㉣ 미군정시대 : 소방을 경찰에서 분리하여 최초로 독립된 자치적 소방제도를 시행하였다.

① ㉠, ㉡   ② ㉠, ㉣
③ ㉡, ㉢   ④ ㉡, ㉣
⑤ ㉢, ㉣

[23. 간부]
상 중 하
기본서 1권 11~14p

02 소방이라는 용어를 최초로 사용한 시대는?
① 조선시대 초   ② 일제 강점기
③ 갑오개혁   ④ 미군정

[13. 광주]
상 중 하
기본서 1권 12p

해설

01
㉠ 금화도감 : 조선시대
㉡ 수총기 : 중국에서 수입함

02
③ 갑오개혁 다음 해인 1895년에 총무국에서 수화, 소방에 관한 사항을 관장하도록 함으로써 우리 역사상 처음으로 소방이라는 용어를 사용하게 되었다.

정답 01.⑤ 02.③

03 우리나라의 최초의 소방조직은?
① 멸화도감
② 한성도감
③ 소방도감
④ 금화도감

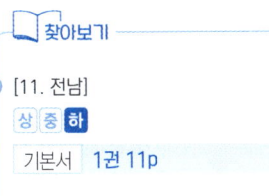

[11. 전남]

기본서 1권 11p

04 다음 중 금화조직의 창설시기로 맞는 것은?
① 고려시대
② 조선시대
③ 일제 강점기
④ 통일신라시대

[11. 울산]

기본서 1권 11p

해설 **03** ④ 우리나라 최초의 소방조직은 금화도감으로 세종 8년 2월(1426년) 병조에 설치하였다.

04 ② 금화조직은 조선시대 세종 8년에 창설되었다.

정답 03.④ 04.②

05 소방역사 중 소방에 관하여 맞는 것은 모두 몇 개인가?

> ㉠ 1426년 병조에 금화도감이 설치되었다.
> ㉡ 1948년 소방업무는 국가소방으로 하여 경찰조직의 내무부 치안국 소방과로 예속되었다.
> ㉢ 1894년 소방업무는 내무부 지방국이 아닌 한성 5부에서 관장토록 하였다.
> ㉣ 1975년 내무부 민방위본부가 창설되고 소방을 경찰행정에서부터 인수하여 관장하였다.
> ㉤ 2004년 우리나라에 정부조직법을 개정하여 국가중앙조직으로 소방방재청이 설립되었다.

① 5개 ② 4개
③ 3개 ④ 2개
⑤ 1개

06 우리나라 소방행정체제의 변천과정에 관한 내용으로 옳지 않은 것은?
① 중앙소방위원회 설치(1946) 당시에는 자치소방체제였다.
② 정부수립(1948) 당시에는 국가소방체제였다.
③ 중앙소방학교 설립(1978) 당시에는 국가소방과 자치소방의 이원적 체제였다.
④ 대구지하철 화재 발생(2003) 당시에는 국가소방체제였다.

해설

05 ㉢ 1894년 갑오경장을 계기로 일본은 포도청을 없애고 한성 5부의 경찰사무를 합쳐 경무청을 설치하게 되고 1895년 관제를 개혁하면서 내부에 경찰관계내국을 신설하였으며 경찰과 소방은 내무지방국에서 관장토록 하였다.

06 대구 지하철화재는 시도(광역)자치소방체제이다.

정답 05.② 06.④

07 소방역사의 변천과정 순서로서 옳은 것은?

> ㉮ 소방법 제정
> ㉯ 소방위원회
> ㉰ 시·도 광역자치소방체제 개편
> ㉱ 소방방재청 개청

① ㉱-㉰-㉮-㉯　　② ㉯-㉮-㉰-㉱
③ ㉱-㉮-㉯-㉰　　④ ㉯-㉱-㉰-㉮

[12. 울산]
기본서 1권 13~17p

08 2012년도에 경기도의 소방체제는 무엇인가?
① 국가 소방행정체제
② 광역자치 소방행정체제
③ 기초·자치 소방행정체제
④ 특별자치 소방행정체제

[12. 경기]
기본서 1권 16p

해설

07 ② ㉯ 소방위원회(1946) - ㉮ 소방법 제정(1958) - ㉰ 시·도 광역자치소방체제 개편(1992) - ㉱ 소방방재청 개청(2004)

08 ② 광역자치 소방행정체제
1992년 1월 이원화된 소방제도를 광역자치 소방체제로 전환하였다. 9개도에 소방본부를 설치하여 16개 시·도 중심 광역체제로 전환되었고, 현재는 국가직 소방공무원으로 전환(2020.4)되었다.

정답 07.② 08.②

09 우리나라에 최초로 독립된 자치소방체제가 성립된 시기는?
① 1971년~1992년 ② 1945년~1948년
③ 1992년~2003년 ④ 1948년~1970년

10 소방의 역사에 대하여 옳지 않은 것은?
① 1426년 세종 8년에 금화도감이 설치되었다.
② 1925년 최초의 소방서인 경성소방서가 설치됨과 동시에 소방법이 제정되었다.
③ 1972년 서울과 부산 이원적 소방행정체제가 시행되었다.
④ 2004년 재난 및 안전관리 기본법을 공포하였다.

해설 09 ② 최초로 독립된 자치소방체제가 성립된 시기는 미군정시대인 1945년~1948년이다.
▶ 우리나라 소방역사 변천과정
 • 조선시대 : 세종 8년~한말
 • 과도기[미군정시대(1945~1948)] : 자치소방체제
 • 초창기 정부수립 이후(1948~1970) : 국가소방체제
 • 발전기(1970~1992) : 국가·자치이원화
 • 정착기(1992~2003) : 시·도(광역)자치소방
 • 제1성장기(2004~2014.11) : 소방방재청 체제
 • 제2성장기(2014.11~2017.7) : 국민안전처 체제
 • 제3성장기(2017.7~2020.3) : 소방청 체제
 • 제4성장기(2020.4~현재) : 국가소방체제

10 ② 1925년 경성에 우리나라 최초의 소방서가 설치, 소방법 제정/공포는 1958년이다.

정답 09.② 10.②

11 소방역사에 대한 설명으로 옳은 것은?
① 1426년에 병조에 금화도감이 만들어지면서 멸화군으로 개편하였다.
② 1948년 이후 경찰 소속으로 되면서 소방법의 영향을 받게 되었다.
③ 1992년 소방이 광역소방행정체제로 전환되면서 처음으로 소방본부가 설치되었다.
④ 2003년 3월 재난 및 안전관리 기본법이 만들어지고 2004년 소방법이 소방 4개분법으로 분화되었다.
⑤ 2004년 6월에 소방업무, 민방위 업무 등을 담당하는 소방방재청이 설립되었다.

[15. 간부]
상 중 하
기본서 1권 11~17p, 20p

12 1948년~1970년은 어떤 소방체제였는가?
① 국가소방체제
② 자치소방체제
③ 광역소방체제
④ 이원적소방체제
⑤ 군사소방체제

[15. 간부]
상 중 하
기본서 1권 8p, 13~15p

해설 11 ① 세종 13년에 금화군이 만들어졌고, 세조 13년에 금화군을 멸화군으로 개편하였다.
② 소방법은 1958년도이다.
③ 1972년에 처음으로 서울과 부산에 소방본부 설치(국가와 자치이원화 시기)되었다.
④ 1995년 재난관리법, 2003년 4개분법(「소방기본법」, 「화재예방, 소방시설 설치·유지 및 안전관리에 관한 법률」, 「소방시설공사업법」, 「위험물안전관리법」), 2004년 소방방재청설립과 재난 및 안전관리 기본법 제정

12 ① 국가소방체제 : 1948년~1970년 ② 자치소방체제 : 1945년~1948년
③ 광역소방체제 : 1992년~2020년 ④ 이원적 소방체제 : 1970년~1992년

정답 11.⑤ 12.①

13 대한민국 정부수립 이후 초창기(1948~1970) 소방조직체계에 대해 옳은 것은?
① 이원적소방체제
② 국가소방체제
③ 자치소방체제
④ 군사소방체제

[17. 상반기]
상 중 하
기본서 1권 8p, 13~15p

14 다음의 소방행정에 대한 설명으로 옳지 않은 것은?
① 소방조직은 화재를 비롯한 각종 재난과 사고로부터 국민의 생명·신체 및 재산을 보호함으로써 공공의 안녕 및 질서 유지와 복리증진에 이바지함을 목적으로 하는 공익조직이다.
② 도시의 인구집중화 현상, 건물의 고층화와 대형화, 지하생활공간의 확대, 가스·위험물 시설 및 사용량의 증가, 불특정다수가 운집하는 백화점이나 영화관의 증가 등 생활환경의 변화로 인해 소방의 역할은 날로 증가하고 있다.
③ 우리나라의 소방은 1948년 정부수립시부터 시·도 광역자치소방체제를 운용하고 있다.
④ 소방행정은 위급한 재난에 대응하는 위기관리(emergency management)의 성격을 지니므로 일반 행정과는 다소 다른 특징도 갖는다.
⑤ 오늘날 소방행정은 소방 서비스의 양적 확대 및 질적 고도화로 인해 전문적인 기술과 훈련을 통한 전문인력의 양성과 다양한 분야의 전문적 지식을 활용하는 응용과학적 지식체계를 필요로 한다.

[17. 간부]
상 중 하
기본서 1권 8~17p

해설
13 ② 대한민국 정부수립 이후 초창기(1948~1970) 소방조직체계는 국가소방체제이다.

14 ③ 1948년 정부수립시기에는 국가소방체제였다.
　　　시·도 광역자치소방체제는 1992~2020년까지이다.

정답 13.② 14.③

15 다음은 소방의 역사적 발전과정에 대한 설명이다. 옳은 것을 모두 고르면?

> 가. 세종 8년 금화도감이 설치되었다.
> 나. 일제시대에는 상비소방수제도가 있었다.
> 다. 정부수립 후 1958년 소방법이 제정되었다.
> 라. 2004년 소방방재청이 신설되었다.

① 가, 나
② 가, 나, 다
③ 가, 나, 라
④ 가, 나, 다, 라

[18. 상반기]
기본서 1권 10~17p

16 미군정 시대부터의 우리나라 소방역사에 대한 설명으로 옳지 않은 것은?

① 미군정기에 최초의 독립된 자치소방행정체제를 실시하였다.
② 1958년에 「소방법」이 제정되었다.
③ 1970년에 전국 시·도에 소방본부를 설치하였다.
④ 1977년에 국가·지방소방공무원에 대한 단일신분법이 제정되었다.
⑤ 2017년에 소방청이 설립되었다.

[18. 간부]
기본서 1권 13~17p

해설

15 모두 옳은 지문이다.

16 ③ 1972년 서울과 부산은 소방본부를 설치하였고, 전국 시·도에 소방본부가 설치된 시기는 1992년 이후이다.

정답 15.④ 16.③

17 우리나라 소방의 발전과정에 대한 설명 중 옳지 않은 것은?
① 최초의 소방관서는 금화도감이다.
② 일제강점기에 최초의 소방서가 설치되었다.
③ 갑오개혁 이후 '소방'이라는 용어를 처음 사용하였다.
④ 대한민국 정부수립과 동시에 소방본부가 설치되었다.

[18. 하반기]
상 중 하
기본서 1권 11~15p

18 소방조직의 설치가 시기순으로 옳게 나열된 것은?
① 내무부 소방과 - 내무부 소방국 - 도 소방위원회 - 시·도 소방본부
② 도 소방위원회 - 내무부 소방국 - 시·도 소방본부 - 소방방재청
③ 중앙소방위원회 - 내무부 소방국 - 도 소방위원회 - 소방방재청
④ 내무부 소방국 - 중앙소방위원회 - 소방방재청 - 소방청

[24. 소방직]
상 중 하
기본서 1권 13~16p

해설
17 ④ 1948년 정부수립과 함께 국가소방으로 전환
1972년 서울과 부산은 소방본부를 설치하였고, 다른 지역은 국가소방체제였다.

18
- 도 소방위원회 : 미군정시대
- 내무부 소방국 : 발전기
- 시·도 소방본부 : 시·도(광역)자치소방체제(1992년)
- 소방방재청 : 시·도(광역)자치소방체제(2004년)

정답 17.④ 18.②

19 대한민국 정부 수립 이후 중앙소방조직의 변천 과정을 시간적 순서대로 옳게 나열한 것은?

① 소방방재청 – 내무부 소방국 – 내무부 치안국 소방과 – 국민안전처 중앙소방본부 – 소방청
② 소방방재청 – 내무부 치안국 소방과 – 내무부 소방국 – 국민안전처 중앙소방본부 – 소방청
③ 내무부 소방국 – 내무부 치안국 소방과 – 국민안전처 중앙소방본부 – 소방방재청 – 소방청
④ 내무부 경찰국 소방과 – 내무부 소방국 – 소방청 – 국민안전처 중앙소방본부 – 소방방재청
⑤ 내무부 치안국 소방과 – 내무부 소방국 – 소방방재청 – 국민안전처 중앙소방본부 – 소방청

[24. 간부]

기본서 1권 13~16p

20 해방 이후의 소방조직 변천과정을 과거부터 현재까지 옳게 나열한 것은?

> ㉠ 중앙에는 중앙소방위원회를 두고, 지방에는 도소방위원회를 두어 독립된 자치소방제도를 시행하였다.
> ㉡ 소방행정이 경찰행정 사무에 포함되어 시·군까지 일괄적으로 관리하는 국가소방체제로 전환되었다.
> ㉢ 서울과 부산은 소방본부를 설치하였고, 다른 지역은 국가소방체제로 국가소방과 자치소방의 이원화시기였다.
> ㉣ 소방사무가 시·도 사무로 전환되어 전국 시·도에 소방본부가 설치되었다.

① ㉠ → ㉡ → ㉢ → ㉣
② ㉠ → ㉡ → ㉣ → ㉢
③ ㉡ → ㉠ → ㉢ → ㉣
④ ㉡ → ㉠ → ㉣ → ㉢

[19. 소방직]

기본서 1권 13~16p

해설

19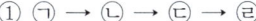
- 1948년 중앙 – 내무부 치안국 소방과
- 1975년 내무부 소방국
- 2004년 소방방재청
- 2014년 국민안전처
- 2017년 소방청

20
㉠ 과도기[미군정시대(1945~1948)] : 자치소방체제
㉡ 초창기 정부수립 이후(1948~1970) : 국가소방체제
㉢ 발전기(1970~1992) : 국가·자치이원화
㉣ 정착기(1992~2020) : 시·도(광역)자치소방

정답 19.⑤ 20.①

21 우리나라 소방 역사에 대한 설명으로 옳지 않은 것은?

① 조선 시대인 1426년(세종 8년) 금화도감이 설치되었다.
② 일제강점기인 1925년 최초의 소방서가 설치되었다.
③ 미군정 시대인 1946년 중앙소방위원회가 설치되었다.
④ 대한민국 정부 수립 이후인 1948년 소방법이 제정·공포되었다.

[20. 소방직]
기본서 1권 11~13p

22 우리나라 소방행정에 관한 설명으로 옳은 것은?

① 미군정 시대에는 소방행정을 경찰에서 분리하여 자치 소방행정체제를 도입하였다.
② 1972년 전국 시·도에 소방본부를 설치·운영하고 광역소방행정체제로 전환하였다.
③ 소방공무원은 공무원 분류상 경력직 공무원 중 특수경력직 공무원에 해당한다.
④ 소방공무원의 징계 중 경징계에는 정직, 감봉, 견책이 있다.

[20. 소방직]
기본서 1권 13~15p, 49p, 76p

해설
21 ④ 대한민국 정부 수립 이후인 1958년 소방법이 제정·공포되었다.

22 ① 미군정 시대에는 소방행정을 경찰에서 분리하여 자치 소방행정체제를 도입하였다.
② 광역소방행정체제는 1992년 이후이다.
③ 소방공무원은 <u>경력직 중 특정직 공무원</u>이다.
④ 정직은 중징계에 해당한다. 경징계는 감봉과 견책이 있다.

정답 21.④ 22.①

23 우리나라 소방 역사에 대한 설명으로 옳은 것만을 모두 고른 것은?

> ㉠ 고려시대에는 소방(消防)을 소재(消災)라 하였으며, 화통도감을 신설하였다.
> ㉡ 조선시대 세종 8년에 금화도감을 설치하였다.
> ㉢ 1915년에 우리나라 최초 소방본부인 경성소방서를 설치하였다.
> ㉣ 1945년에 중앙소방위원회 및 중앙소방청을 설치하였다.

① ㉠, ㉡
② ㉠, ㉡, ㉢
③ ㉡, ㉢, ㉣
④ ㉠, ㉡, ㉢, ㉣

[21. 소방직]
상 중 하
기본서 1권 9~13p

24 소방행정조직의 발전 과정에 관한 설명으로 옳지 않은 것은?

① 1426년(세종 8년)에 독자적인 소방 관리를 위해 금화도감을 설치하였으며 이후 성문도감과 병합하여 수성금화도감으로 개편하였다.
② 1894년에 경무청이 설치되고, '소방'이란 용어가 처음으로 사용되었다.
③ 1948년에 대한민국 정부가 수립되고 국가소방체제로 전환하면서 소방행정 조직이 경찰에서 분리되었다.
④ 2017년에 「정부조직법」 개정으로 국민안전처를 해체하고 소방청을 개설하였다.

[24. 소방직]
상 중 하
기본서 1권 11~13p, 16p

25 소방행정의 특수성에서 업무적 특성이 아닌 것은?

① 현장성
② 계층성
③ 독립성
④ 신속성
⑤ 전문성

[13. 간부]
상 중 하
기본서 1권 22~23p

해설 23 ㉢ ~~1915년~~에 우리나라 최초 ~~소방본부~~인 경성소방서를 설치하였다.
→ 1925년, 소방서
㉣ ~~1945년~~에 중앙소방위원회 및 중앙소방청을 설치하였다.
→ 1946년 중앙소방위원회, 1947년 중앙소방청

24 1948년에 대한민국 정부가 수립되고 국가소방체제로 전환하면서 경찰사무에 포함되어 운영되었다.

25 ③ 소방행정의 특수성에 독립성은 해당되지 않는다.
소방행정의 특수성에서 업무적 특성에는 현장성, 대기성, 신속·정확성, 전문성, 일체성(=계층성), 가외성, 위험성, 결과성 등이 있다.

정답 23.① 24.③ 25.③

26 다음 중 ( )에 들어갈 말로 알맞은 것은?

> 소방관서는 전통적으로 ( ) 형식으로 조직되어 있다. 이것은 소방조직이 다른 조직에 비하여 순응적 조직문화를 가지고 있다는 것을 의미하지만 반대로 자발적이고 상향적 혁신의 장애가 될 수 있다는 것을 의미한다.

① 준군사적　　　　② 일방행정직
③ 사기업적　　　　④ 수평적

27 다음 설명하는 소방조직의 원리로 가장 옳은 것은?

> 특정 사안에 대한 결정에 있어서 의사결정과정에서는 개인의 의견이 참여되지만 결정을 내리는 것은 개인이 아닌 소속 기관의 장이다.

① 계선의 원리　　　② 업무조정의 원리
③ 계층제의 원리　　④ 명령통일의 원리

해설

26 ① 소방조직은 군, 경찰 등과 같이 계급체계를 기초로 한 지휘, 명령체계를 가지고 있다. 소방관서는 전통적으로 준군사적 형식으로 조직되어 있다.

27 ▶ 소방조직의 원리

업무조정의 원리	각 부분이 공동목표를 달성하기 위해 행동을 통일하고 공동체의 노력으로 질서정연하게 배열하는 것을 말한다.
계층제의 원리	가톨릭의 교권제도에서 유래된 것으로 업무에 대한 권한과 책임의 정도에 따라 상하의 계층을 설정하는 것이다.
명령통일의 원리	오직 한 사람의 상관으로부터 명령을 받고 그에게 보고해야 한다는 것이다. 어느 조직에서든 수장이 있어야 하고, 하위 조직에서도 같은 원리가 적용된다.

정답 26.① 27.①

28 소방조직의 원리에 해당하지 않는 것은?
① 조정의 원리 ② 계층제의 원리
③ 명령 분산의 원리 ④ 통솔 범위의 원리

[21. 소방직]
상 중 하
기본서 1권 39p

29 소방조직에 대한 설명 중 틀린 것은?
① 현재 소방행정조직은 자치소방체제이다.
② 소방대는 소방공무원, 의무소방원, 의용소방대원으로 구성되어 있다.
③ 소방본부장은 시·도지사의 지휘, 감독을 받는다.
④ 소방방재청은 대구 지하철 화재를 계기로 2004년 개청되었다.

[11. 부산]
상 중 하
기본서 1권 8p, 16~17p

30 간접적 소방행정기관의 설명 중 틀린 것은?
① 한국소방산업기술원은 소방산업의 진흥·발전을 효율적으로 지원하기 위하여 설립하며 기술원은 법인으로 하되 민법의 재단법인에 관한 규정을 준용한다.
② 한국소방안전원은 법인으로 하며, 협회에 관하여 일반적으로 민법 가운데 재단법인 규정을 준용한다.
③ 대한소방공제회는 직무수행 중 사망하거나 상이를 입은 사람에 대한 지원사업을 하며 소방기본법에 명시되어 있다.
④ 소방공무원에 대한 효율적인 공제제도를 확립·운영하고, 직무수행 중 사망하거나 상이를 입은 사람에 대한 지원사업을 함으로써 이들의 생활 안정과 복지 증진에 이바지함을 목적으로 하여 대한소방공제회를 설립한다.

[12. 전북]
상 중 하
기본서 1권 44~46p

해설

28 ③ 명령 분산의 원리
→ 통일의

※ 소방조직의 원리
(1) 계층제의 원리 (2) 통솔 범위의 원리
(3) 명령 통일의 원리 (4) 분업의 원리
(5) 조정의 원리 (6) 계선의 원리

29 ① 현재 소방행정조직은 국가소방체제이다.

30 ③ 대한소방공제회법에 명시되어 있다.

정답 28.③ 29.① 30.③

31 우리나라 소방조직에 대한 구분으로 옳지 않은 것은?
① 중앙소방행정조직 – 중앙119구조본부
② 지방소방행정조직 – 서울특별시소방학교
③ 민간소방조직 – 자체소방대
④ 지방소방행정조직 – 소방서
⑤ 중앙소방행정조직 – 의용소방대

[18. 간부]
상 중 하
기본서 1권 25p

32 우리나라 소방조직체계 중 지방소방행정조직에 해당하는 것은?
① 의용소방대 ② 자체소방대
③ 의무소방대 ④ 자위소방대
⑤ 중앙소방학교

[16. 간부]
상 중 하
기본서 1권 25p

해설 31

⑤ 의용소방대는 민간소방조직에 해당한다.

▶ 소방행정조직

1. 중앙소방행정조직	2. 지방소방행정조직	3. 민간소방조직
• 직접적 소방행정조직 소방청 중앙소방학교 중앙119구조본부 국립소방연구원 • 간접적 소방행정조직 한국소방안전원 대한소방공제회 한국소방산업기술원 소방산업공제조합	소방본부 소방서 119안전센터·구조대·구급대· 소방정대 지방소방학교(8개) 서울종합방재센터 의무소방대 소방체험단 119특수대응단	의용소방대, 소방안전관리조직(소방안전관리자), 위험물안전관리조직(위험물안전관리자, 자체소방대), 기타(소방시설업, 소방시설관리업, 탱크안전성능시험자, 위험물안전관리대행기관)

32
① 의용소방대 – 민간소방조직
② 자체소방대 – 민간소방조직
④ 자위소방대 – 민간소방조직
⑤ 중앙소방학교 – 직접적 국가소방행정조직

1. 국가소방행정조직
   ㉠ 직접적 국가소방행정조직에는 소방청, 중앙소방학교, 중앙119구조본부, 국립소방연구원 등이 있다.
   ㉡ 간접적 국가소방행정조직에는 한국소방안전원, 한국소방산업기술원 등이 있다.
2. 지방소방행정조직
   소방본부, 소방서, 119안전센터·구조대·구급대·소방정대, 지방소방학교(8개), 서울종합방재센터, 의무소방대, 소방체험단, 119특수대응단
3. 민간소방조직
   의용소방대, 소방안전관리조직(소방안전관리자), 위험물안전관리조직(위험물안전관리자, 자체소방대), 기타(소방시설업, 소방시설관리업, 탱크안전성능시험자, 위험물안전관리대행기관)

정답 31.⑤ 32.③

33 다음 중 소방조직에 관한 설명을 잘못한 것은?
① 소방공무원은 단계에 따라 연령정년과 계급정년이 있다.
② 소방공무원은 별정직 공무원이다.
③ 소방공무원의 계급 단계는 11단계이다.
④ 소방공무원 중징계에는 파면, 해임, 정직 등이 있다.

34 다음 소방공무원에 대한 설명 중 옳지 않은 것은?
① 소방공무원 중 소방령 이상 소방준감 이하의 소방공무원에 대한 정직·복직·직위해제·전보·휴직·강등은 대통령이 행한다.
② 소방공무원의 계급순은 소방총감, 소방정감, 소방감, 소방준감, 소방정, 소방령, 소방경, 소방위, 소방장, 소방교, 소방사이다.
③ 소방령 이상의 소방공무원은 소방청장의 제청으로 국무총리를 거쳐 대통령이 임용한다. 소방경 이하의 소방공무원은 소방청장이 임용한다.
④ 소방청장은 소방공무원의 능력을 발전시키고 소방사무의 연계성을 높이기 위하여 소방청과 시·도 간 및 시·도 상호 간에 인사교류가 필요하다고 인정하면 인사교류계획을 수립하여 이를 실시할 수 있다.

해설
33 ② 소방공무원은 경력직 공무원 중 특정직 공무원에 속한다.
34 ① 대통령이 아닌 소방청장이 행한다(소방공무원법 제6조).

정답 33.② 34.①

35 소방공무원에 대한 설명으로 옳은 것은?
① 소방공무원은 특수경력직 공무원이다.
② 소방경 이하의 소방공무원은 소방청장이 임용한다.
③ 「소방공무원법」상 임용에는 신규채용, 파견, 정직, 퇴직 등이 있다.
④ 소방공무원 중징계에는 파면, 해임, 감봉, 정직 등이 있다.
⑤ 소방령 이상의 소방공무원은 시·도지사의 제청으로 국무총리를 거쳐 대통령이 임용한다.

[18. 간부]

기본서 1권 49~56p, 76p

36 다음 중 소방공무원은 국가공무원법상 어디에 속하는가?
① 특정직 공무원   ② 별정직 공무원
③ 특수경력직 공무원   ④ 일반직 공무원

[17. 하반기]

기본서 1권 49p

해설
35 ① 소방공무원은 경력직 중 특정직 공무원이다.
    ③ 「소방공무원법」상 임용에는 신규채용·승진·전보·파견·강임·휴직·직위해제·정직·강등·복직·면직·해임 및 파면을 말한다. 퇴직은 해당하지 않는다.
    ④ 소방공무원 "중징계"는 파면, 해임, 강등 또는 정직을 말한다. 감봉은 경징계에 해당한다.
    ⑤ 소방령 이상의 소방공무원은 소방청장의 제청으로 국무총리를 거쳐 대통령이 임용한다.

36 ① 소방공무원은 경력직 중 특정직 공무원이다.

정답 35.② 36.①

37 다음 중 소방공무원의 높은 계급에서 낮은 계급 순으로 옳은 것은?
① 소방총감 – 소방정감 – 소방준감 – 소방감
② 소방총감 – 소방정감 – 소방경 – 소방령
③ 소방정감 – 소방장 – 소방경 – 소방교
④ 소방정감 – 소방감 – 소방준감 – 소방정

[11. 울산]
상 중 **하**
기본서 1권 51p

38 다음 중 높은 계급 순으로 옳은 것은?
① 소방총감 – 소방준감 – 소방정감 – 소방정 – 소방감
② 소방총감 – 소방감 – 소방준감 – 소방정 – 소방정감
③ 소방총감 – 소방준감 – 소방정 – 소방감 – 소방정감
④ 소방총감 – 소방정감 – 소방감 – 소방준감 – 소방정

[16. 통합]
상 중 **하**
기본서 1권 51p

39 「소방공무원법」상 근속승진과 계급정년의 내용으로 옳은 것은?

	근속승진	계급정년
①	소방사를 소방교로 : 해당 계급에서 4년 이상 근속자	소방령 : 14년
②	소방장을 소방위로 : 해당 계급에서 7년 6개월 이상 근속자	소방준감 : 6년
③	소방위를 소방경으로 : 해당 계급에서 8년 이상 근속자	소방경 : 18년
④	소방교를 소방장으로 : 해당 계급에서 6년 이상 근속자	소방감 : 5년
⑤	소방경을 소방령으로 : 해당 계급에서 10년 이상 근속자	소방정 : 10년

[24. 간부]
상 **중** 하
기본서 1권 52p, 72p

해설

37

소방공무원 11단계	소방총감	소방정감	소방감	소방준감	소방정	소방령	소방경	소방위	소방장	소방교	소방사

38

소방공무원 11단계	소방총감	소방정감	소방감	소방준감	소방정	소방령	소방경	소방위	소방장	소방교	소방사

39
▸ 근속승진
  소방교 → 소방장 : 5년 이상
  소방장 → 소방위 : 6년 6개월 이상
  소방위 → 소방경 : 8년 이상
▸ 계급정년
  소방령 : 14년, 소방정 : 11년, 소방준감 : 6년, 소방감 : 4년

정답 37.④ 38.④ 39.①

40 소방기본법에서 정의하는 소방대의 구성으로 옳지 않은 것은?
① 소방공무원
② 자위소방대원
③ 의용소방대원
④ 의무소방원

[12. 울산]
상 중 **하**
심화

41 다음 중 용어의 뜻으로 옳지 않은 것은?
① "직위해제"란 휴직·직위해제 또는 정직(강등에 따른 정직을 포함한다) 중에 있는 소방공무원을 직위에 복귀시키는 것을 말한다.
② "임용"이란 신규채용·승진·전보·파견·강임·휴직·직위해제·정직·강등·복직·면직·해임 및 파면을 말한다.
③ "강임"이란 동종의 직무 내에서 하위의 직위에 임명하는 것을 말한다.
④ "전보"란 소방공무원의 동일 직위 및 자격 내에서의 근무기관이나 부서를 달리하는 임용을 말한다.

[13. 광주]
상 중 하
기본서 1권 50p

해설

40 ② "소방대"(消防隊)란 화재를 진압하고 화재, 재난·재해, 그 밖의 위급한 상황에서 구조·구급 활동 등을 하기 위하여 다음 각 목의 사람으로 구성된 조직체를 말한다(소방기본법 제2조).
　가. 「소방공무원법」에 따른 소방공무원
　나. 「의무소방대설치법」 제3조에 따라 임용된 의무소방원(義務消防員)
　다. 「의용소방대 설치 및 운영에 관한 법률」에 따른 의용소방대원(義勇消防隊員)

41 ① "복직"에 대한 설명이다.

정답 40.② 41.①

42 다음 중 국가공무원법 용어의 뜻으로 맞지 않는 것은?
① 임용은 신규채용·강임·휴직·강등·정직·직위해제·해임·승진·전보·파견·복직·면직·파면을 말한다.
② 전보는 소방공무원의 동일 직위 및 자격 내에서의 근무기관이나 부서를 달리하는 임용을 말한다.
③ 강등은 중징계의 하나로 1계급 아래로 직급을 내리고 공무원 신분은 보유하나 1~3개월 동안 직무에 종사하지 못하며 그 기간 중 보수의 3분의 2를 감한다.
④ 복직은 휴직·직위해제 또는 정직(강등에 따른 정직을 포함) 중에 있는 소방공무원을 직위에 복귀시키는 것을 말한다.

[11. 울산]
기본서 1권 50p, 76p

43 소방공무원 중 소방령 이상의 임용권자는?
① 대통령
② 국무총리
③ 소방청장
④ 시·도지사

[11. 전남]
기본서 1권 56p

해설 **42** ③ 강등 : 중징계로서, 하위의 계급으로 임명되며, 3개월간 직무가 정지되며, 보수 전액을 감한다.

43 ① 소방공무원 중 소방령 이상은 소방청장의 제청으로 국무총리를 경유하여 대통령이 임용한다.

정답 42.③ 43.①

44 소방공무원 임용 등에 관하여 옳지 않은 것은?
① 소방경 이하는 소방청장이 임용한다.
② 소방령 이상은 대통령이 임용한다.
③ 소방청장은 임용권의 일부를 대통령령으로 정하는 바에 따라 소방본부장에게 위임할 수 있다.
④ 소방령 이상 소방준감 이하의 소방공무원에 대한 전보, 휴직, 직위해제, 강등, 정직 및 복직은 소방청장이 한다.

[11. 통합]

45 다음 중 소방공무원 임용령에서 소방기관이 아닌 것은?
① 소방청, 소방본부, 소방서, 서울종합방재센터
② 소방청, 중앙소방학교, 지방소방학교
③ 시·도와 중앙소방학교, 소방서
④ 중앙119구조본부, 지방소방학교, 소방서

[12. 울산]

해설

44 ③ 소방청장은 임용권의 일부를 대통령령으로 정하는 바에 따라 시·도지사 및 소방청 소속기관의 장에게 위임할 수 있다.

45 ① 소방기관 : 소방청·시·도와 중앙소방학교·중앙119구조본부·국립소방연구원·지방소방학교·서울종합방재센터·소방서·119특수대응단 및 소방체험관을 말한다(소방공무원임용령 제2조 제3호).

정답 44.③ 45.①

46 다음 중 울산동부소방서 소방경의 임용권자는 누구인가?
① 소방청장 ② 소방본부장
③ 대통령 ④ 울산광역시장

[12. 울산]
기본서 1권 56p

47 다음 중 징계의 종류에 해당하지 않는 것은?
① 정직 ② 훈계
③ 감봉 ④ 견책

[11. 울산]
기본서 1권 76p

해설 46 ① 소방경 이하의 소방공무원은 소방청장이 임용한다.

47 징계의 종류에는 ①③④ 외 강등, 해임, 파면이 있으나 훈계는 견책과 비슷하지만 징계에 해당하지는 않는다.

정답 46.① 47.②

48 다음은 소방공무원의 징계에서 중징계에 해당하지 않는 것은?

① 파면
② 해임
③ 정직
④ 견책

[18. 상반기]
상 **중** 하
기본서 1권 76p

49 「국가공무원법」 및 「소방공무원 징계령」에서 정하고있는 소방공무원의 징계에 관한 내용으로 옳은 것은?

① 중징계의 종류에는 파면, 해임, 강등, 정직, 감봉이 있다.
② 경징계의 종류에는 견책, 훈계, 경고가 있다.
③ 소방정인 지방소방학교장에 관한 징계는 시·도에 설치된 징계위원회에서 심의·의결한다.
④ 정직은 1개월 이상 3개월 이하의 기간으로 하고, 정직 처분을 받은 자는 그 기간 중 공무원의 신분은 보유하나 직무에 종사하지 못하며 보수는 전액을 감한다.
⑤ 감봉은 1개월 이상 3개월 이하의 기간 동안 보수의 2분의 1을 감한다.

[22. 간부]
상 **중** 하
기본서 1권 76~77p

해설 48 경징계는 감봉과 견책이 있고, 중징계는 파면, 해임, 강등, 정직이 있다.

49 ① 중징계의 종류에는 파면, 해임, 강등, 정직, ~~감봉~~이 있다.
→ 감봉은 경징계이다.
② 경징계의 종류에는 견책, ~~훈계, 경고~~가 있다.
→ 훈계와 경고는 징계의 종류는 아니다.
③ 소방정인 지방소방학교장에 관한 징계는 ~~시·도에 설치된~~ 징계위원회에서 심의·의결한다.
→ 소방청에 설치된 징계위원회
※ 소방공무원 징계령 제2조 제1항(징계위원회의 관할)
① 소방청에 설치된 소방공무원 징계위원회는 다음 각 호의 징계 또는 「국가공무원법」 제78조의2에 따른 징계부가금(이하 "징계부가금"이라 한다) 사건을 심의·의결한다.
1. 소방청 소속 소방정 이하의 소방공무원에 대한 징계 또는 징계부가금(이하 "징계등"이라 한다) 사건
2. 소방청 소속기관의 소방공무원에 대한 다음 각 목의 구분에 따른 징계등 사건
가. 국립소방연구원 소속 소방공무원에 대한 다음의 어느 하나에 해당하는 징계등 사건
1) 소방정에 대한 징계등 사건
2) 소방령 이하 소방공무원에 대한 중징계 또는 중징계 관련 징계부가금(이하 "중징계등"이라 한다) 요구사건
나. 소방청 소속기관(국립소방연구원은 제외한다) 소속 소방공무원에 대한 다음의 어느 하나에 해당하는 징계등 사건
1) 소방정 또는 소방령에 대한 징계등 사건
2) 소방경 이하 소방공무원에 대한 중징계등 요구사건
3. 소방정인 지방소방학교장에 대한 징계등 사건
⑤ 감봉은 1개월 이상 3개월 이하의 기간 동안 보수의 ~~2분의 1~~을 감한다.
→ 3분의 1

정답 48.④ 49.④

50 의용소방대에 대한 설명으로 옳지 않은 것은?

① 1958년 소방법 제정 시 의용소방대 설치 규정이 마련되었다.
② 지역에 거주 또는 상주 하는 주민 가운데 희망하는 사람으로서 간호사 자격자는 의용소방대원으로 임명될 수 있다.
③ 서울특별시장은 서울특별시에 의용소방대를 둔다.
④ 의용소방대원의 정년은 65세로 한다.
⑤ 의용소방대의 대장 및 부대장은 관할 소방서장이 임명한다.

[17. 간부]
기본서 1권 93~98p

51 「의용소방대 설치 및 운영에 관한 법률」상 의용소방대의 임무로 옳지 않은 것은?

① 화재예방업무의 보조
② 구조·구급 업무의 보조
③ 소방시설 점검업무의 보조
④ 화재의 경계와 진압업무의 보조
⑤ 화재 등 재난 발생 시 대피 및 구호업무의 보조

[19. 간부]
기본서 1권 93~98p

해설 50
▶ 의용소방대 설치 및 운영에 관한 법률 제6조(조직)
 ① 의용소방대에는 대장·부대장·부장·반장 또는 대원을 둔다.
 ② <u>대장 및 부대장은 의용소방대원 중 관할 소방서장의 추천에 따라 시·도지사가 임명한다.</u>
 ③ 그 밖에 의용소방대의 조직 등에 필요한 사항은 행정안전부령으로 정한다.

51
▶ 의용소방대 설치 및 운영에 관한 법률 제7조(임무)
 의용소방대의 임무는 다음 각 호와 같다.
 1. 화재의 경계와 진압업무의 보조
 2. 구조·구급 업무의 보조
 3. 화재 등 재난 발생 시 대피 및 구호업무의 보조
 4. 화재예방업무의 보조
 5. 그 밖에 행정안전부령으로 정하는 사항

정답 50.⑤ 51.③

52 민간 소방조직의 설치에 관한 설명으로 옳지 않은 것은?
① 주유취급소에는 위험물안전관리자를 선임해야 한다.
② 소방안전관리대상물에는 소방안전관리자를 선임해야 한다.
③ 소방업무를 체계적으로 보조하기 위해 의용소방대를 설치한다.
④ 제4류 위험물을 저장·취급하는 제조소에는 반드시 자체소방대를 설치해야 한다.

[18. 하반기]
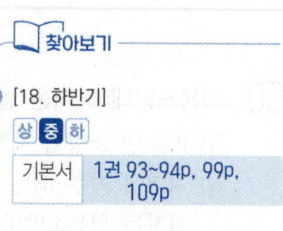

53 화재 진압, 경계, 구조, 구급 등을 활동하기 위한 조직의 일원에 해당되는 자는?
① 의용소방대원   ② 자위소방대원
③ 소방안전관리자   ④ 위험물안전관리자

[16. 통합]

해설 **52** ④ 자체소방대는 제4류 위험물 지정수량 3,000배 이상일 때 설치한다.

53 ① 소방대 – 화재를 진압하고 화재, 재난·재해, 그 밖의 위급한 상황에서 구조·구급 활동 등을 하기 위하여 다음 각 목의 사람으로 구성된 조직체를 말한다.
　가. 「소방공무원법」에 따른 소방공무원
　나. 「의무소방대설치법」 제3조에 따라 임용된 의무소방원
　다. 「의용소방대 설치 및 운영에 관한 법률」에 따른 의용소방대원

정답 52.④　53.①

54 다음 중 의용소방대에 대하여 옳지 않은 것은?

① 의용소방대는 그 지역에 거주 또는 상주하는 주민 가운데 희망하는 사람으로 구성하되, 의용소방대의 설치 등에 필요한 세부적인 사항은 시·도의 조례로 정한다.

② 의용소방대의 운영과 활동 등에 필요한 경비는 해당 시·도지사가 부담한다.

③ 시·도지사 또는 소방서장은 소방업무를 보조하기 위하여 시·도, 시·읍 또는 면에 의용소방대를 둔다.

④ 의용소방대원은 비상근으로 하며, 시·도지사는 소방업무를 하게 하기 위하여 필요한 때에는 의용소방대원을 소집해야 한다.

[13. 전북]

55 의용소방대에 관하여 옳지 않은 것은?

① 시·도지사, 소방서장의 업무를 보조한다.
② 무상으로 훈련과 업무에 참석한다.
③ 시·도, 시·읍·면에 설치한다.
④ 의용소방대의 운영과 활동 등에 필요한 경비는 해당 시·도지사가 부담한다.

[11. 제주]

해설

54 ④ 소방본부장 또는 소방서장은 소방업무를 보조하게 하기 위하여 필요한 때에는 의용소방대원을 소집할 수 있다.
▶ 의용소방대법 제9조(의용소방대원의 근무 등)
① 의용소방대원은 비상근(非常勤)으로 한다.
② 소방본부장 또는 소방서장은 소방업무를 보조하게 하기 위하여 필요한 때에는 의용소방대원을 소집할 수 있다.

55 ② 의용소방대는 봉사자가 아니므로 수당을 받으며, 질병·부상·사망 시에는 보상금을 받는다.
▶ 의용소방대법 제15조 제1항(소집수당 등)
① 시·도지사는 의용소방대원이 제7조에 따른 임무를 수행하는 때에는 예산의 범위에서 수당을 지급할 수 있다.
▶ 의용소방대법 제17조 제1항(재해보상 등)
① 시·도지사는 의용소방대원이 제7조에 따른 임무의 수행 또는 제13조에 따른 교육·훈련으로 인하여 질병에 걸리거나 부상을 입거나 사망한 때에는 행정안전부령으로 정하는 범위에서 시·도의 조례로 정하는 바에 따라 보상금을 지급하여야 한다.

정답 54.④ 55.②

56 다음 중 119구조장비의 국고보조율은 몇 % 이상의 지원에 해당하는가?
① 20% ② 30%
③ 40% ④ 50%

[13. 대전]
기본서 1권 92p

57 국고보조에 관한 설명으로 옳지 않은 것은?
① 국내조달품은 정부고시가격으로 한다.
② 수입물품은 조달청에서 조사한 해외시장의 시가로 한다.
③ 소방순찰차, 소방의복, A4용지는 국고보조 대상이다.
④ 국고보조 대상 사업의 범위와 기준보조율은 대통령령으로 한다.

[11. 제주]
기본서 1권 91~92p

해설 56 ④ 50% 이상이다(보조금관리에 관한 법률 시행령 별표1).

57 ③ 소방순찰차, 소방의복, A4용지는 국고보조 대상이 아니다.

정답 56.④ 57.③

58 「소방기본법 시행령」상 국고보조 대상사업의 범위에 해당하지 않는 것은?
① 소방자동차 구입
② 소방헬리콥터 및 소방정 구입
③ 소방전용통신설비 및 전산설비 설치
④ 방화복 등 소방활동에 필요한 소방장비 구입
⑤ 소방관서용 청사의 대수선

59 다음의 설명 중 중앙소방기술심의위원회의 업무가 아닌 것은?
① 화재안전기준에 관한 사항
② 소방시설의 설계 및 공사감리의 방법에 관한 사항
③ 소방시설공사의 하자를 판단하는 기준에 관한 사항
④ 연면적 5만제곱미터 이상의 특정소방대상물에 설치한 소방시설의 설계, 시공, 감리의 하자보수 유무에 관한 사항

해설 58 ⑤ 소방관서용 청사의 건축
▶ 소방기본법 시행령 제2조(국고보조 대상사업의 범위와 기준보조율)
① 법 제9조 제2항에 따른 국고보조 대상사업의 범위는 다음 각 호와 같다.
  1. 다음 각 목의 소방활동장비와 설비의 구입 및 설치
     가. 소방자동차
     나. 소방헬리콥터 및 소방정
     다. 소방전용통신설비 및 전산설비
     라. 그 밖에 방화복 등 소방활동에 필요한 소방장비
  2. 소방관서용 청사의 건축(「건축법」 제2조 제1항 제8호에 따른 건축을 말한다)

59 ④ 연면적 10만 제곱미터 이상의 특정소방대상물에 설치된 소방시설의 설계·시공·감리의 하자 유무에 관한 사항
▶ 소방시설법 제18조 제1항(소방기술심의위원회)
① 다음 각 호의 사항을 심의하기 위하여 소방청에 중앙소방기술심의위원회(이하 "중앙위원회"라 한다)를 둔다.
  1. 화재안전기준에 관한 사항
  2. 소방시설의 구조 및 원리 등에서 공법이 특수한 설계 및 시공에 관한 사항
  3. 소방시설의 설계 및 공사감리의 방법에 관한 사항
  4. 소방시설공사의 하자를 판단하는 기준에 관한 사항
  5. 제8조 제5항 단서에 따라 신기술·신공법 등 검토·평가에 고도의 기술이 필요한 경우로서 중앙위원회에 심의를 요청한 사항
  6. 그 밖에 소방기술 등에 관하여 대통령령으로 정하는 사항

▶ 소방시설법 시행령 제20조 제1항(소방기술심의위원회의 심의사항)
① 법 제18조 제1항 제6호에서 "대통령령으로 정하는 사항"이란 다음 각 호의 사항을 말한다.
  1. 연면적 10만 제곱미터 이상의 특정소방대상물에 설치된 소방시설의 설계·시공·감리의 하자 유무에 관한 사항
  2. 새로운 소방시설과 소방용품 등의 도입 여부에 관한 사항
  3. 그 밖에 소방기술과 관련하여 소방청장이 심의에 부치는 사항

정답 58.⑤ 59.④

60 소방공무원 임용제도에 대한 설명으로서, (ㄱ)과 (ㄴ)에 해당하는 임용권자는?

- 소방령 이상의 소방공무원은 ((ㄱ))(이)가 임용한다.
- 소방경 이하의 소방공무원은 ((ㄴ))(이)가 임용한다.

① (ㄱ) 시·도지사, (ㄴ) 시·도지사
② (ㄱ) 시·도지사, (ㄴ) 소방청장
③ (ㄱ) 대통령, (ㄴ) 소방청장
④ (ㄱ) 소방청장, (ㄴ) 소방청장
⑤ (ㄱ) 소방청장, (ㄴ) 시·도지사

[16. 간부]

기본서 1권 56p

해설 60

▶ 소방공무원법 제6조(임용권자)
① 소방령 이상의 소방공무원은 소방청장의 제청으로 국무총리를 거쳐 대통령이 임용한다. 다만, 소방총감은 대통령이 임명하고, 소방령 이상 소방준감 이하의 소방공무원에 대한 전보, 휴직, 직위해제, 강등, 정직 및 복직은 소방청장이 한다.
② 소방경 이하의 소방공무원은 소방청장이 임용한다.
③ 대통령은 제1항에 따른 임용권의 일부를 대통령령으로 정하는 바에 따라 소방청장 또는 시·도지사에게 위임할 수 있다.
④ 소방청장은 제1항 단서 후단 및 제2항에 따른 임용권의 일부를 대통령령으로 정하는 바에 따라 시·도지사 및 소방청 소속기관의 장에게 위임할 수 있다.
⑤ 시·도지사는 제3항 및 제4항에 따라 위임받은 임용권의 일부를 대통령령으로 정하는 바에 따라 그 소속기관의 장에게 다시 위임할 수 있다.
⑥ 임용권자(임용권을 위임받은 사람을 포함한다. 이하 같다)는 대통령령으로 정하는 바에 따라 소속 소방공무원의 인사기록을 작성·보관하여야 한다.

정답 60.③

02 소방기능

01 다음 중 소방신호의 종류가 아닌 것은?
① 경방신호　　② 훈련신호
③ 발화신호　　④ 해제신호

[11. 울산]
기본서 1권 128p

02 화재예방, 소방활동 또는 소방훈련을 위하여 사용되는 소방신호에 해당하는 것은?
① 대응신호　　② 경계신호
③ 복구신호　　④ 대비신호

[18. 하반기]
기본서 1권 128p

해설

01 소방신호는 ②③④ 외에 경계신호가 있다.
① 경방신호는 소방신호의 종류에 포함되지 않는다.

02 ▶ 소방기본법 시행규칙 제10조 제1항(소방신호의 종류 및 방법)
① 법 제18조의 규정에 의한 소방신호의 종류는 다음 각호와 같다.
1. 경계신호 : 화재예방상 필요하다고 인정되거나 「화재의 예방 및 안전관리에 관한 법률」 제20조의 규정에 의한 화재위험경보시 발령
2. 발화신호 : 화재가 발생한 때 발령
3. 해제신호 : 소화활동이 필요없다고 인정되는 때 발령
4. 훈련신호 : 훈련상 필요하다고 인정되는 때 발령

정답 01.① 02.②

03 다음 중 소방신호의 종류에 해당되지 않는 것은?
① 경계신호　　　　　　　② 발화신호
③ 출동신호　　　　　　　④ 해제신호
⑤ 훈련신호

[16. 간부]
기본서 1권 128p

04 「소방기본법」 및 같은 법 시행규칙상 화재예방, 소방활동 또는 소방훈련을 위하여 사용되는 소방신호의 종류와 방법에 관한 내용으로 옳은 것은?
① 소방신호의 방법으로는 타종신호, 사이렌신호, 음성신호가 있다.
② 소방대의 비상소집을 하는 경우에는 훈련신호를 사용할 수 있다.
③ 타종신호로 하는 경우 경계신호는 5초 간격을 두고 30초씩 3회로 한다.
④ 소방신호의 종류에는 비상신호, 훈련신호, 해제신호, 경계신호가 있다.

[23. 소방직]
기본서 1권 128p

해설

03 ③ 출동신호는 없다.

04 ① 소방신호의 방법으로는 타종신호, 사이렌신호, 그 밖에 신호(통풍대, 게시판, 기)가 있다.
③ 타종신호로 하는 경우 경계신호는 1타와 연2타를 반복한다.
④ 소방신호의 종류에는 훈련신호, 해제신호, 발화신호, 경계신호가 있다.

정답 03.③　04.②

05 소방안전관리에 대한 설명으로 옳지 않은 것은?
① 소방안전관리자는 대통령령으로 정하는 사항이 포함된 소방계획서를 작성하여야 한다.
② 관계인 및 소방안전관리자는 소방안전관리대상물의 화기 취급의 감독을 하여야 한다.
③ 특정소방대상물의 관계인은 소방안전관리자를 선임·해임할 경우 그날로부터 14일 이내에 소방서장, 소방본부장에게 신고하여야 한다.
④ 소방안전관리자는 소방시설, 피난시설, 방화시설 및 방화구획 등이 법령에 위반된 것을 발견했을 때에는 소방안전관리대상물의 관계인에게 개수·이전··제거·수리 등 필요한 조치를 할 것을 요구하여야 한다.

[13. 경기]
기본서 1권 105~106p

06 「위험물안전관리법 시행령」상 제조소에서 취급하는 제4류 위험물의 최대수량의 합이 지정수량의 50만 배인 사업소의 경우, 자체소방대에 두는 화학소방자동차와 자체소방대원의 수로 옳은 것은?

	화학소방자동차	자체소방대원
①	1대	5인
②	2대	10인
③	3대	15인
④	4대	20인
⑤	5대	10인

[23. 간부]
기본서 1권 109p

해설 05 ③ 선임할 경우는 14일 이내에 신고하는 게 맞지만 해임할 경우에 신고해야 한다는 법규정은 없다(화재의 예방 및 안전관리에 관한 법률 제26조).

06 ▶ 화학소방차와 자체소방대원

사업소의 구분	화학소방자동차	자체소방대원의 수
1. 제조소 또는 일반취급소에서 취급하는 제4류 위험물의 최대수량의 합이 지정수량의 3천배 이상 12만배 미만인 사업소	1대	5인
2. 제조소 또는 일반취급소에서 취급하는 제4류 위험물의 최대수량의 합이 지정수량의 12만배 이상 24만배 미만인 사업소	2대	10인
3. 제조소 또는 일반취급소에서 취급하는 제4류 위험물의 최대수량의 합이 지정수량의 24만배 이상 48만배 미만인 사업소	3대	15인
4. 제조소 또는 일반취급소에서 취급하는 제4류 위험물의 최대수량의 합이 지정수량의 48만배 이상인 사업소	4대	20인
5. 옥외탱크저장소에 저장하는 제4류 위험물의 최대수량이 지정수량의 50만배 이상인 사업소	2대	10인

정답 05.③ 06.④

07 위험물안전관리법령상 자체소방대를 설치하여야 하는 사업소로 옳은 것은?

① 용기에 위험물을 옮겨 담는 일반취급소
② 이동저장탱크 그 밖에 이와 유사한 것에 위험물을 주입하는 일반취급소
③ 보일러, 버너 그 밖에 이와 유사한 장치로 위험물을 소비하는 일반취급소
④ 제4류 위험물을 취급하는 제조소 또는 일반취급소에서 취급하는 제4류 위험물의 최대수량의 합이 지정수량의 3천배 이상인 경우
⑤ 제4류 위험물을 저장하는 옥외탱크저장소에 저장하는 제4류 위험물의 최대수량이 지정수량의 30만배 이상인 경우

[24. 간부]

기본서 1권 109p

해설 07
① 자체소방대의 설치 제외대상
② 자체소방대의 설치 제외대상
③ 자체소방대의 설치 제외대상
⑤ 옥외탱크저장소에 저장하는 제4류 위험물의 최대수량이 지정수량의 50만배 이상

정답 07.④

08 소방본부장 또는 소방서장이 소방기관에서 수행하는 주요기능으로 옳지 않은 것은?

① 소방용품 등의 형식승인 ② 의용소방대의 소집
③ 소방용수시설 및 지리조사 ④ 소방업무의 응원

[13. 충북]

기본서 1권 89p, 94p, 215p

09 다음 중 소방지원활동에 관한 설명으로 틀린 것은?

① 방송제작, 촬영 관련 지원활동
② 119에 접수된 생활안전 및 위험제거 활동
③ 산불에 대한 예방·진압 등 지원활동
④ 자연재해에 따른 급수, 제설 등 지원활동

[13. 충북]

기본서 1권 129p

해설 08 ① 소방청장의 업무에 해당한다.
※ 소방용품 형식승인(소방시설법 제37조 제1항)
① 대통령령으로 정하는 소방용품을 제조하거나 수입하려는 자는 소방청장의 형식승인을 받아야 한다. 다만, 연구개발 목적으로 제조하거나 수입하는 소방용품은 그러하지 아니하다.

② 의용소방대의 소집
※ 의용소방대원의 근무 등(의용소방대법 제9조 제2항)
② 소방본부장 또는 소방서장은 소방업무를 보조하게 하기 위하여 필요한 때에는 의용소방대원을 소집할 수 있다.

③ 소방용수시설 및 지리조사
※ 소방용수시설 및 지리조사(소방기본법 시행규칙 제7조 제1항)
① 소방본부장 또는 소방서장은 원활한 소방활동을 위하여 다음 각 호의 조사를 월 1회 이상 실시하여야 한다.
  1. 법 제10조의 규정에 의하여 설치된 소방용수시설에 대한 조사
  2. 소방대상물에 인접한 도로의 폭·교통상황, 도로주변의 토지의 고저·건축물의 개황 그 밖의 소방활동에 필요한 지리에 대한 조사

④ 소방업무의 응원
※ 소방업무의 응원(소방기본법 제11조 제1항)
① 소방본부장이나 소방서장은 소방활동을 할 때에 긴급한 경우에는 이웃한 소방본부장 또는 소방서장에게 소방업무의 응원(應援)을 요청할 수 있다.

09 ② 119에 신고가 접수된 생활안전 및 위험제거 활동(화재, 재난·재해, 그 밖의 위급한 상황에 해당하는 것은 제외한다)에 대응하기 위하여 소방대를 출동시키는 것은 생활안전활동에 해당한다(소방기본법 제16조의3).

정답 08.① 09.②

10 소방지원활동으로 옳지 않은 것은?
① 방송제작 관련 지원활동
② 자연재해에 따른 인명구조 활동
③ 소방시설 오작동 신고에 따른 조치활동
④ 산불진압 지원활동

[13. 경기]
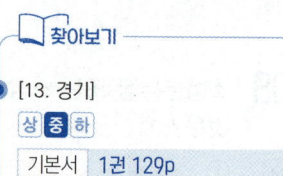
기본서 1권 129p

11 다음 중 소방지원활동으로 옳지 않은 것은?
① 산불에 대한 예방·진압 등 지원활동
② 자연재해에 따른 급수·배수 및 제설 등 지원활동
③ 집회·공연 등 각종 행사 시 사고에 대비한 근접대기 등 지원활동
④ 화재, 재난·재해로 인한 피해복구 지원활동
⑤ 단전사고 시 비상전원 또는 조명의 공급

[15. 간부]
기본서 1권 129p

해설

10 ② 자연재해에 따른 인명구조 활동은 소방활동에 해당되며 자연재해에 따른 급수·배수 및 제설 등 지원활동이 소방지원활동에 해당된다(소방기본법 제16조, 제16조의2, 시행규칙 제8조의4).

11 ⑤ 생활안전활동에 관한 내용이다.
[소방기본법] 제16조의2(소방지원활동) 소방청장·소방본부장 또는 소방서장은 공공의 안녕질서 유지 또는 복리증진을 위하여 필요한 경우 소방활동 외에 다음 각 호의 활동(이하 "소방지원활동"이라 한다)을 하게 할 수 있다.
1. 산불에 대한 예방·진압 등 지원활동
2. 자연재해에 따른 급수·배수 및 제설 등 지원활동
3. 집회·공연 등 각종 행사 시 사고에 대비한 근접대기 등 지원활동
4. 화재, 재난·재해로 인한 피해복구 지원활동
5. 삭제
6. 그 밖에 행정안전부령으로 정하는 활동

정답 10.② 11.⑤

12 「소방시설 설치 및 관리에 관한 법률 시행령」상 건축물 등의 신축·증축·개축·재축·이전·용도변경 또는 대수선의 허가·협의 및 사용승인을 할 때 미리 소방본부장 또는 소방서장의 동의를 받아야 하는 건축물 등의 범위로 옳은 것만을 〈보기〉에서 고른 것은?

[23. 간부]

기본서 1권 132~133p

〈보기〉
㉠ 노유자시설 및 수련시설 : 100제곱미터 이상
㉡ 항공기 격납고, 관망탑, 항공관제탑, 방송용 송수신탑
㉢ 승강기 등 기계장치에 의한 주차시설로서 자동차 15대 이상을 주차할 수 있는 시설
㉣ 차고·주차장으로 사용되는 바닥면적이 200제곱미터 이상인 층이 있는 건축물이나 주차시설
㉤ 지하층 또는 무창층이 있는 건축물로서 바닥면적이 150제곱미터(공연장의 경우에는 100제곱미터) 이상인 층이 있는 것

① ㉠, ㉡, ㉢   ② ㉠, ㉡, ㉣   ③ ㉠, ㉢, ㉣
④ ㉡, ㉢, ㉤   ⑤ ㉡, ㉣, ㉤

 12

※ 건축허가 동의대상물의 범위(영 제7조 제1항)
① 연면적이 400제곱미터 이상인 건축물이나 시설. 다만, 다음 각 목의 어느 하나에 해당하는 건축물이나 시설은 해당 목에서 정한 기준 이상인 건축물이나 시설로 한다.
  ㉠ 학교시설 : 100제곱미터
  ㉡ 노유자시설 및 수련시설 : 200제곱미터
  ㉢ 정신의료기관(입원실이 없는 정신건강의학과 의원은 제외) : 300제곱미터
  ㉣ 장애인 의료재활시설 : 300제곱미터
② <u>지하층 또는 무창층이 있는 건축물로서 바닥면적이 150제곱미터(공연장의 경우에는 100제곱미터) 이상인 층이 있는 것</u>
③ 차고·주차장 또는 주차 용도로 사용되는 시설로서 다음 각 목의 어느 하나에 해당하는 것
  ㉠ <u>차고·주차장으로 사용되는 바닥면적이 200제곱미터 이상인 층이 있는 건축물이나 주차시설</u>
  ㉡ 승강기 등 기계장치에 의한 주차시설로서 자동차 20대 이상을 주차할 수 있는 시설
④ 층수가 6층 이상인 건축물
⑤ <u>항공기 격납고, 관망탑, 항공관제탑, 방송용 송수신탑</u>
⑥ 의원(입원실이 있는 것으로 한정한다)·조산원·산후조리원, 위험물 저장 및 처리시설, 발전시설 중 풍력발전소·전기저장시설, 지하구
⑦ ①의 ㉡에 해당하지 않는 노유자 시설 중 다음 각 목의 어느 하나에 해당하는 시설. 다만, ㉠ ⓐ 및 ㉡부터 ㉤까지의 시설 중 「건축법 시행령」 별표 1의 단독주택 또는 공동주택에 설치되는 시설은 제외한다.
  ㉠ 별표 2 제9호 가목에 따른 노인 관련 시설 중 다음의 어느 하나에 해당하는 시설
    ⓐ 「노인복지법」 제31조 제1호에 따른 노인주거복지시설, 같은 조 제2호에 따른 노인의료복지시설 및 같은 조 제4호에 따른 재가노인복지시설
    ⓑ 「노인복지법」 제31조 제7호에 따른 학대피해노인 전용쉼터
  ㉡ 「아동복지법」 제52조에 따른 아동복지시설(아동상담소, 아동전용시설 및 지역아동센터는 제외한다)
  ㉢ 「장애인복지법」 제58조 제1항 제1호에 따른 장애인 거주시설
  ㉣ 정신질환자 관련 시설(「정신건강증진 및 정신질환자 복지서비스 지원에 관한 법률」 제27조 제1항 제2호에 따른 공동생활가정을 제외한 재활훈련시설과 같은 법 시행령 제16조 제3호에 따른 종합시설 중 24시간 주거를 제공하지 않는 시설은 제외한다)
  ㉤ 별표 2 제9호 마목에 따른 노숙인 관련 시설 중 노숙인자활시설, 노숙인재활시설 및 노숙인요양시설
  ㉥ 결핵환자나 한센인이 24시간 생활하는 노유자 시설
⑧ 「의료법」 제3조 제2항 제3호 라목에 따른 요양병원(이하 "요양병원"이라 한다). 다만, 의료재활시설은 제외한다.
⑨ 별표 2의 특정소방대상물 중 공장 또는 창고시설로서 「화재의 예방 및 안전관리에 관한 법률 시행령」 별표 2에서 정하는 수량의 750배 이상의 특수가연물을 저장·취급하는 것
⑩ 별표 2 제17호 나목에 따른 가스시설로서 지상에 노출된 탱크의 저장용량의 합계가 100톤 이상인 것

정답 12.⑤

13 다음 중 방염성능 기준에 관하여 옳지 않은 것은?

① 버너의 불꽃을 제거한 때부터 불꽃을 올리며 연소하는 상태가 그칠 때까지 시간은 20초 이내
② 탄화한 면적은 50cm^2 이내, 탄화한 길이는 20cm 이내
③ 불꽃에 의하여 완전히 녹을 때까지 불꽃의 접촉횟수는 3회 이상
④ 발연량을 측정하는 경우 최대 연기밀도는 500 이하

[12. 전북]
기본서 1권 135p

해설 13 ④ 발연량을 측정하는 경우 최대 연기밀도는 400 이하를 기준으로 한다.
▶ 방염성능기준(소방시설 설치 및 관리에 관한 법률 시행령 제31조)
　㉠ 연소상태는 버너의 불꽃을 제거한 때부터이다.
　　ⓐ 화염 상승하여 연소상태 정지시간은 20초 이내(잔염시간)이다.
　　ⓑ 화염 정지하여 연소상태 정지시간은 30초 이내(잔진시간)이다.
　㉡ 탄화한 면적은 50cm^2 이내이다.
　㉢ 탄화한 길이는 20cm 이내이다.
　㉣ 화염에 의하여 완전 용융시까지 불꽃의 접촉 횟수는 3회 이상이다.
　㉤ 발연량 측정시에는 소방청장이 고시하는 방법으로 최대 연기밀도는 400 이하이다.

정답 13.④

14 소방장비 중 탐색구조용 구조장비가 아닌 것은?
① 호흡유지기구
② 적외선 야간투시경
③ 매몰자 탐지기
④ 영상송수신장비세트

[11.전남]
기본서 1권 83~84p

15 소방용수 중 저수조의 설치기준으로서 틀린 것은?
① 흡수관 투입구가 사각 혹은 원형의 경우 한 변의 길이 및 지름이 60cm 이상일 것
② 흡수부분의 수심이 0.5m 이상일 것
③ 저수조에 물을 공급하는 방법은 상수도에 연결하여 자동으로 급수되는 구조일 것
④ 지면으로부터 낙차가 4.5m 이상일 것

[11. 부산]
기본서 1권 88p

해설
14 ① 호흡유지기구는 구급장비에서 응급처치장비이다.
15 ④ 낙차가 4.5m 이하일 것(소방기본법 시행규칙 별표3)

정답 14.① 15.④

16 다음 중 저수조에 대한 기준으로 틀린 것은?
① 흡수관 투입구가 사각 혹은 원형의 경우 한 변의 길이 및 지름이 60cm 이상일 것
② 흡수에 지장이 없도록 토사 및 쓰레기 등을 제거할 수 있는 설비를 갖출 것
③ 저수조에 물이 저장되어 있을 때 흡수부분의 수심이 0.6m 이상일 것
④ 저수조에 물을 공급하는 방법은 상수도에 연결하여 자동으로 급수되는 구조일 것

[11. 서울]
기본서 1권 88p

17 화재예방강화지구에 대한 설명 중 틀린 것은?
① 화재예방강화지구 안에서 소방본부장, 소방서장의 업무는 화재안전조사 및 소방훈련·교육이 있다.
② 화재예방강화지구는 소방본부장이 지정한다.
③ 화재안전조사는 소방대상물의 위치·구조·설비 등에 대해 연 1회 이상 실시한다.
④ 소방관서장은 화재예방강화지구 안의 관계인에 대하여 소방상 필요한 훈련 및 교육을 연 1회 이상 실시할 수 있다.

[12. 전북]
기본서 1권 114p

해설 16 ③ 저수조에 물이 저장되어 있을 때 흡수부분의 수심이 0.5m 이상일 것(소방기본법 시행규칙 별표3)
▶ 저수조 설치기준
- 지면으로부터의 낙차가 4.5미터 이하로 해야 한다.
- 흡수부분의 수심이 0.5미터 이상으로 해야 한다.
- 소방펌프자동차가 쉽게 접근할 수 있도록 해야 한다.
- 흡수에 지장이 없도록 토사 및 쓰레기 등을 제거할 수 있는 설비를 갖추어야 한다.
- 흡수관의 투입구가 사각형의 경우에는 한 변의 길이가 60센티미터 이상, 원형의 경우에는 지름이 60센티미터 이상으로 해야 한다.
- 저수조에 물은 상수도에 연결하여 자동으로 급수되는 구조로 해야 한다.

17 ② 화재예방강화지구는 시·도지사가 지정한다(화재예방법 제18조).

정답 16.③ 17.②

18 「화재의 예방 및 안전관리에 관한 법률」상 시·도지사가 화재예방강화지구로 지정하여 관리해야 하는 지역으로 옳은 것만을 〈보기〉에서 있는 대로 고른 것은?

> ㉠ 시장지역
> ㉡ 공장·창고가 밀집한 지역
> ㉢ 노후·불량건축물이 밀집한 지역
> ㉣ 위험물의 저장 및 처리 시설이 밀집한 지역

① ㉠, ㉡
② ㉠, ㉢
③ ㉡, ㉣
④ ㉠, ㉡, ㉣
⑤ ㉠, ㉡, ㉢, ㉣

[23. 간부]

기본서 1권 114p

19 다음의 소방에 관한 규정 중 옳지 않은 것은?
① 시·도의 소방업무를 수행하는 소방기관의 설치에 필요한 사항은 대통령령으로 정한다.
② 소방업무를 수행하는 소방본부장 또는 소방서장은 시·도지사의 지휘와 감독을 받는다.
③ 소방청장, 소방본부장 및 소방서장은 119종합상황실을 설치·운영하여야 하며, 이때 필요한 사항은 행정안전부령으로 정한다.
④ 소방기관이 소방업무를 수행하는데 필요한 인력과 장비 등에 관한 기준은 행정안전부령으로 정한다.
⑤ 소방본부장 또는 소방서장은 공장·창고가 밀집한 지역을 화재예방강화지구로 지정하여 관리할 수 있다.

[17. 간부]

기본서 1권 114p

해설
18 ▶ 화재예방강화지구 지정대상지역
① <u>시장지역</u>
② <u>공장·창고가 밀집한 지역</u>
③ 목조건물이 밀집한 지역
④ <u>노후·불량건축물이 밀집한 지역</u>
⑤ <u>위험물의 저장 및 처리시설이 밀집한 지역</u>
⑥ 석유화학제품을 생산하는 공장이 있는 지역
⑦ 소방시설·소방용수시설 또는 소방출동로가 없는 지역
⑧ 산업단지
⑨ 물류단지
⑩ ①~⑨에 준하는 지역으로서 소방관서장이 화재예방강화지구로 지정할 필요가 있다고 인정하는 지역

19 ⑤ <u>시·도지사</u>는 공장·창고가 밀집한 지역을 화재예방강화지구로 지정하여 관리할 수 있다(화재예방법 제18조 제1항).

정답 18. ⑤ 19. ⑤

20 소방기본법에서 소방본부장, 소방서장, 소방대장의 기준으로 할 수 없는 행위는?
① 화재가 발생하거나 불이 번질 우려가 있는 토지 일부의 일시적 사용
② 화재, 재난·재해, 그 밖의 위급한 상황이 발생한 현장에 소방활동구역을 정하여 소방활동에 필요한 사람으로서 대통령령으로 정하는 사람 외에는 그 구역에 출입하는 것을 제한
③ 화재가 발생하거나 불이 번질 우려가 있는 소방대상물 및 토지의 사용제한
④ 소방활동에 방해가 되는 주차 또는 정차된 차량 및 물건 등을 제거하거나 이동

[13.대전]
기본서 1권 214~215p

21 화재진압 단계별활동에서의 활동순서 중 옳지 않은 것은?
① 화재인지 → 화재출동 → 현장도착 → 상황판단
② 화재출동 → 인명구조 → 수관연장 → 노즐배치
③ 현장도착 → 상황판단 → 인명구조 → 수관연장
④ 인명구조 → 수관연장 → 파괴활동 → 노즐배치

[11. 제주]
기본서 1권 219~222p

22 다음 중 선착대의 임무가 아닌 것은?
① 사전에 경방계획을 충분히 고려하여 행동하고 신속한 상황보고 및 정보제공을 한다.
② 건축물의 비화경계에 주력하도록 한다.
③ 도착 즉시 인명검색과 요구조자의 구조활동에 우선한다.
④ 화점 직근의 소방용수시설을 점령하도록 한다.

[11. 부산]
기본서 1권 219p

해설

20 ②은 소방대장만 할 수 있는 행위이다.

21 ④ 화재진압 단계별활동에서의 활동순서는 화재인지 → 화재출동 → 현장도착 → 상황판단 → 인명구조 → 수관연장 → 노즐배치 → 파괴활동 → 방수활동 그 외 진입활동, 잔화처리, 소방활동설비의 활용 순이다.

22 ② 비화경계는 후착대의 임무이다. 후착대의 임무로 비화경계 외 수손방지, 급수중계 등이 있다.

선착대 임무	후착대 임무
• 인명검색 및 구조활동을 우선시한다. • 연소위험이 가장 큰 방면에 포위 부서한다. • 화점 근처의 소방용수시설을 점령한다. • 사전 경방계획을 충분히 고려하여 행동한다. • 재해실태, 인명위험, 소방활동상 위험요인, 확대위험 등을 파악하여 신속히 상황보고 및 정보를 제공한다.	• 인명구조활동 등 중요임무 수행을 지원한다. • 화재방어는 인접건물 및 선착대가 진입하지 않는 곳을 우선한다. • 급수 및 비화경계, 수손방지 등의 업무를 수행한다. • 불필요한 파괴는 하지 않는다.

정답 20.② 21.④ 22.②

23 다음 중 소방활동 중 강제처분의 내용으로 옳은 것은?
① 주차장에 주차되어 있는 차량을 소방서장이 파손하면 소방서장이 보상을 한다.
② 소방서장은 긴급하게 출동할 때 소방자동차의 통행과 소방활동에 방해가 되는 주차된 차량 및 물건 등을 이동시킬 수 없다.
③ 소방서장은 소방자동차의 통행과 소방활동에 방해가 되는 정차된 차량 등을 제거시킬 수 없다.
④ 소화전에 주차된 차량은 소방활동에 방해가 되어 소방서장이 차량을 파손하여도 보상을 하지 않아도 된다.

24 소방기본법에서 소방활동 종사 명령을 할 수 있는 사람에 해당하지 않는 사람은?
① 소방본부장
② 소방대장
③ 소방서장
④ 시장·군수

해설

23 ④ 소화전에 주차하는 것은 불법이므로 보상을 하지 않아도 된다.
▶ 소방기본법 제25조 제3항
• 소방본부장, 소방서장 또는 소방대장은 소방활동을 위하여 긴급하게 출동할 때에는 소방자동차의 통행과 소방활동에 방해가 되는 주차 또는 정차된 차량 및 물건 등을 제거하거나 이동시킬 수 있다.
▶ 소방기본법 제49조의2 제3호 단서
• 법령을 위반하여 소방자동차의 통행과 소방활동에 방해가 되는 경우는 보상을 하지 않아도 된다.

24 ④ 시장, 군수는 소방활동 종사 명령을 할 수 없다.
▶ 소방기본법 제24조
<u>소방본부장, 소방서장 또는 소방대장</u>은 화재, 재난·재해, 그 밖의 위급한 상황이 발생한 현장에서 소방활동을 위하여 필요할 때에는 그 관할구역에 사는 사람 또는 그 현장에 있는 사람으로 하여금 사람을 구출하는 일 또는 불을 끄거나 불이 번지지 아니하도록 하는 일을 하게 할 수 있다.

정답 23.④ 24.④

25 다음 설명 중 옳지 않은 것은?
① 모든 차와 사람은 소방자동차가 화재진압 및 구조·구급을 위하여 출동하는 때에는 이를 방해해서는 안 된다.
② 소방자동차의 우선통행에 관하여는 도로교통법에 따른다.
③ 관계인은 소방대가 현장에 도착할 때까지 경보를 울리거나 대피유도를 하는 등의 방법으로 사람을 구출하는 인명구조 또는 불이 번지지 아니하도록 소화작업 등의 필요한 조치를 하여야 한다.
④ 사이렌은 화재진압 및 구조·구급활동을 위한 출동 시가 아니면 사용할 수 없다.

[11. 제주]
기본서 1권 214p

26 소방활동구역을 설정하여 화재 시 출입할 수 없는 사람은?
① 전기·가스·경찰·교통업무 종사자
② 소방대장이 소방활동을 위하여 출입을 허가한 자
③ 소방활동구역 안의 소유자, 관리자, 점유자
④ 의사, 간호사, 구조, 구급, 수사, 보도업무 종사자

[11. 부산]
기본서 1권 215p

해설

25 ④ 사이렌은 출동 시가 아닌 훈련 시에도 사용할 수 있다.

26 ① 전기·가스·수도·통신·교통의 업무에 종사하는 사람으로서 원활한 소방활동을 위하여 필요한 사람
▶ 소방기본법 시행령 제8조
㉠ 소방활동구역 안에 있는 소방대상물의 소유자·관리자 또는 점유자
㉡ 전기·가스·수도·통신·교통의 업무에 종사하는 사람으로서 원활한 소방활동을 위하여 필요한 사람
㉢ 의사·간호사 그 밖의 구조·구급업무에 종사하는 사람
㉣ 취재인력 등 보도업무에 종사하는 사람
㉤ 수사업무에 종사하는 사람
㉥ 그 밖에 소방대장이 소방활동을 위하여 출입을 허가한 사람

정답 25.④ 26.①

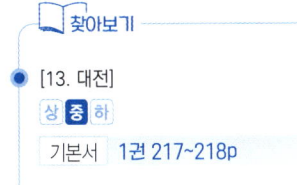

27 인접 건물의 화재확대방지 차원에서 블록의 4방면 중, 바람이 불어나가는 쪽이나 비화되는 쪽의 경우 화재확대가 가능한 면을 동시에 방어하는 전술을 무엇이라 하는가?

① 블록전술
② 포위전술
③ 중점전술
④ 집중전술

[13. 대전]
기본서 1권 217~218p

28 소방력의 3요소가 아닌 것은?

① 소방인력　　② 장비
③ 소방설비　　④ 물

[15. 통합]
기본서 1권 82p

27　① 블록전술 : 주로 인접건물로의 화재확대방지를 위해 적용하는 전술형태로 블록의 4방면 중 확대가능한 면을 동시에 방어하는 전술이다.

28　③ 소방력의 3요소는 소방인력, 소방장비, 소방용수(물)이다.

정답　27.①　28.③

29 화재안전조사의 방법·절차에 대한 설명으로 옳지 않은 것은?

① 원칙적으로 화재안전조사는 관계인의 승낙 없이 소방대상물의 공개시간 또는 근무시간 이외에는 할 수 없다.
② 소방관서장은 화재안전조사를 마친 때에는 그 조사 결과를 관계인에게 서면으로 통지하여야 한다.
③ 소방관서장은 화재안전조사를 실시하고자 하는 경우 조사대상, 조사기간 및 조사사유 등 조사계획을 인터넷 홈페이지나 전산시스템 등을 통해 사전에 공개하여야 한다. 이 경우 공개기간은 5일 이상으로 한다.
④ 연기신청을 받은 소방관서장은 연기신청 승인 여부를 결정하고 그 결과를 조사 시작 전까지 관계인에게 알려 주어야 한다.
⑤ 화재안전조사의 방법 및 절차 등에 필요한 사항은 대통령령으로 정한다.

[16. 소방간부]
기본서 1권 116~117p
        2권 160~161p

해설 29
③ 소방관서장은 화재안전조사를 실시하고자 하는 경우 조사대상, 조사기간 및 조사사유 등 조사계획을 인터넷 홈페이지나 전산시스템 등을 통해 사전에 공개하여야 한다. 이 경우 공개기간은 7일 이상으로 한다(화재예방법 시행령 제8조 제2항).

정답 29.③

30 「화재예방 및 안전관리에 관한 법률」 및 동법 시행령상 화재안전조사에 관한 내용으로 옳지 않은 것은?

① 화재안전조사는 「소방시설 설치 및 관리에 관한 법률」에 따른 자체점검 등이 불성실하거나 불완전하다고 인정되는 경우 실시한다.
② 화재안전조사는 국가적 행사 등 주요 행사가 개최되는 장소 및 그 주변의 관계 지역에 대하여 소방안전관리 실태를 점검할 필요가 있는 경우 실시한다.
③ 소방관서장은 필요한 경우에는 소방기술사, 소방시설관리사, 그 밖에 화재안전 분야에 전문지식을 갖춘 사람을 화재안전조사에 참여하게 할 수 있다.
④ 화재안전조사위원회는 위원장 1명을 포함한 15명 이내의 위원으로 성별을 고려하여 구성하고, 위원장은 소방관서장이 된다.
⑤ 소방관서장은 화재안전조사의 대상을 객관적이고 공정하게 선정하기 위하여 필요한 경우 화재안전조사위원회를 구성하여 화재안전조사의 대상을 선정할 수 있다.

[22. 간부]

기본서 1권 116~117p
2권 160~161p

해설 30

④ 화재안전조사위원회는 위원장 1명을 포함한 ~~15명~~ 이내의 위원으로 성별을 고려하여 구성하고, 위원장은 소방관서장이 된다. → 7명

※ 화재예방법 시행령
제11조 제1항(화재안전조사위원회의 구성·운영 등)
① 법 제10조에 따른 화재안전조사위원회(이하 "위원회"라 한다)는 위원장 1명을 포함한 7명 이내의 위원으로 성별을 고려하여 구성하고, 위원장은 소방관서장이 된다.

※ 화재예방법
제7조(화재안전조사)
① 소방관서장은 다음 각 호의 어느 하나에 해당하는 경우 화재안전조사를 실시할 수 있다. 다만, 개인의 주거(실제 주거용도로 사용되는 경우에 한정한다)에 대한 화재안전조사는 관계인의 승낙이 있거나 화재발생의 우려가 뚜렷하여 긴급한 필요가 있는 때에 한정한다.
 1. 「소방시설 설치 및 관리에 관한 법률」 제22조에 따른 자체점검이 불성실하거나 불완전하다고 인정되는 경우
 2. 화재예방강화지구 등 법령에서 화재안전조사를 하도록 규정되어 있는 경우
 3. 화재예방안전진단이 불성실하거나 불완전하다고 인정되는 경우
 4. 국가적 행사 등 주요 행사가 개최되는 장소 및 그 주변의 관계 지역에 대하여 소방안전관리 실태를 조사할 필요가 있는 경우
 5. 화재가 자주 발생하였거나 발생할 우려가 뚜렷한 곳에 대한 조사가 필요한 경우
 6. 재난예측정보, 기상예보 등을 분석한 결과 소방대상물에 화재의 발생 위험이 크다고 판단되는 경우
 7. 제1호부터 제6호까지에서 규정한 경우 외에 화재, 그 밖의 긴급한 상황이 발생할 경우 인명 또는 재산 피해의 우려가 현저하다고 판단되는 경우

제10조 제1항(화재안전조사위원회 구성·운영)
① 소방관서장은 화재안전조사의 대상을 객관적이고 공정하게 선정하기 위하여 필요한 경우 화재안전조사위원회를 구성하여 화재안전조사의 대상을 선정할 수 있다.

제11조 제1항(화재안전조사 전문가 참여)
① 소방관서장은 필요한 경우에는 소방기술사, 소방시설관리사, 그 밖에 화재안전 분야에 전문지식을 갖춘 사람을 화재안전조사에 참여하게 할 수 있다.

정답 30.④

31 「소방기본법 시행령」상 소방자동차 전용구역 방해 행위의 기준에 해당하지 않는 것은?

① 전용구역에 물건 등을 쌓는 행위
② 전용구역 노면표지를 훼손하는 행위
③ 전용구역으로의 진입을 가로막는 행위
④ 전용구역의 앞면, 뒷면에 주차하는 행위
⑤ 「주차장법」 제19조에 따른 부설주차장의 주차구획 내에 주차하는 행위

[20. 간부]

32 위험물시설의 허가를 받지 않고 위험물을 취급할 수 있는 곳이 아닌 것은?

① 수산용 난방시설을 위한 지정수량 20배 이하의 저장소
② 축산용 건조시설을 위한 지정수량 10배 이하의 저장소
③ 공동주택 중앙난방시설을 위한 저장소 또는 취급소
④ 주택 난방시설을 위한 저장소 또는 취급소

[11. 부산]
기본서 1권 141p

해설

31 ⑤ 「주차장법」 제19조에 따른 부설주차장의 주차구획 내에 주차하는 행위는 제외한다.
※ 소방기본법 시행령 제7조의14(전용구역 방해행위의 기준)
법 제21조의2 제2항에 따른 방해행위의 기준은 다음 각 호와 같다.
1. 전용구역에 물건 등을 쌓거나 주차하는 행위
2. 전용구역의 앞면, 뒷면 또는 양 측면에 물건 등을 쌓거나 주차하는 행위. 다만, 「주차장법」 제19조에 따른 부설주차장의 주차구획 내에 주차하는 경우는 제외한다.
3. 전용구역 진입로에 물건 등을 쌓거나 주차하여 전용구역으로의 진입을 가로막는 행위
4. 전용구역 노면표지를 지우거나 훼손하는 행위
5. 그 밖의 방법으로 소방자동차가 전용구역에 주차하는 것을 방해하거나 전용구역으로 진입하는 것을 방해하는 행위

32 ③ 공동주택 중앙난방시설을 위한 저장소 또는 취급소는 허가를 받지 않고 위험물을 취급할 수 있는 곳이 아니다.
▶ 위험물안전관리법 제6조
1. 주택의 난방시설(공동주택의 중앙난방시설을 제외한다)을 위한 저장소 또는 취급소
2. 농예용・축산용 또는 수산용으로 필요한 난방시설 또는 건조시설을 위한 지정수량 20배 이하의 저장소

정답 31.⑤ 32.③

33 다음에 해당하는 제조소등의 경우에는 허가를 받지 아니하고 당해 제조소등을 설치할 수 있다. 다음에 해당하는 조건이 아닌 것은?

① 수산용으로 필요한 난방시설 또는 건조시설을 위한 지정수량 20배 이하의 저장소
② 축산용으로 필요한 난방시설 또는 건조시설을 위한 지정수량 20배 이하의 취급소
③ 농예용으로 필요한 난방시설 또는 건조시설을 위한 지정수량 20배 이하의 저장소
④ 주택의 난방시설(공동주택의 중앙난방시설을 제외한다)을 위한 저장소 또는 취급소

[13. 대전]
기본서 1권 141p

34 「위험물안전관리법 시행령」상 관계인이 예방규정을 정하여야 하는 제조소 등이 아닌 것은?

① 지정수량 10배 이상의 위험물을 취급하는 제조소
② 지정수량 100배 이상의 위험물을 저장하는 옥외저장소
③ 지정수량 150배 이상의 위험물을 저장하는 옥내저장소
④ 지정수량 200배 이상의 위험물을 저장하는 옥내탱크저장소

[13. 광주]
기본서 1권 142p

해설 **33** ② 지정수량 20배 이하의 저장소에 해당한다(위험물안전관리법 제6조).

34 ④ 지정수량의 200배 이상의 위험물을 저장하는 <u>옥외탱크저장소</u>
▶ 위험물안전관리법 시행령 제15조
  ㉠ 지정수량의 10배 이상의 위험물을 취급하는 제조소
  ㉡ 지정수량의 100배 이상의 위험물을 저장하는 옥외저장소
  ㉢ 지정수량의 150배 이상의 위험물을 저장하는 옥내저장소
  ㉣ 지정수량의 200배 이상의 위험물을 저장하는 옥외탱크저장소
  ㉤ 암반탱크저장소
  ㉥ 이송취급소
  ㉦ 지정수량의 10배 이상의 위험물을 취급하는 일반취급소. 다만, 제4류 위험물(특수인화물을 제외한다)만을 지정수량의 50배 이하로 취급하는 일반취급소(제1석유류·알코올류의 취급량이 지정수량의 10배 이하인 경우에 한한다)로서 다음 각 목의 어느 하나에 해당하는 것을 제외한다.
    ⓐ 보일러·버너 또는 이와 비슷한 것으로서 위험물을 소비하는 장치로 이루어진 일반취급소
    ⓑ 위험물을 용기에 옮겨 담거나 차량에 고정된 탱크에 주입하는 일반취급소

정답 33.② 34.④

35 다음 중 위험물안전관리법상 위험물제조소 등에 지정수량 10배 이하일 경우 3m 이내에 반드시 건축물이 들어갈 수 없도록 한 공간에 해당하는 것은?
① 안전거리 ② 피난거리
③ 보유공지 ④ 피난구역

[11. 서울]

기본서 1권 144p

36 위험물 제조소의 표지 및 게시판의 색으로 옳은 것은?
① 백색바탕에 흑색문자 ② 흑색바탕에 백색문자
③ 황색반사도료바탕에 흑색문자 ④ 황색바탕에 백색문자

[11. 통합]

기본서 1권 145p

해설
35 ③ 위험물안전관리법상 보유공지에 대한 내용이다.
36 ① 위험물 제조소의 표지 및 게시판의 색상은 백색바탕에 흑색문자이다.

정답 35.③ 36.①

37 위험물 시설에 대한 탱크안전성능검사 중 기초·지반검사 대상이 되는 탱크 기준은?
① 옥내저장소의 액체위험물탱크 중 그 용량이 100만 리터 이상인 탱크
② 옥내탱크저장소의 액체위험물탱크 중 그 용량이 500만 리터 이상인 탱크
③ 옥외탱크저장소의 액체위험물탱크 중 그 용량이 500만 리터 이상인 탱크
④ 옥내탱크저장소의 액체위험물탱크 중 그 용량이 100만 리터 이상인 탱크
⑤ 옥외탱크저장소의 액체위험물탱크 중 그 용량이 100만 리터 이상인 탱크

38 위험물안전관리에 관한 설명으로 옳지 않은 것은?
① 관계인은 그 안전관리자를 해임하거나 안전관리자가 퇴직한 때에는 해임하거나 퇴직한 날부터 30일 이내에 다시 안전관리자를 선임하여야 한다.
② 관계인은 안전관리자가 여행·질병 등으로 일시적으로 직무를 수행할 수 없거나 해임 또는 퇴직과 동시에 다른 안전관리자를 선임하지 못하는 경우에는 위험물의 취급에 관한 자격취득자나 또는 위험물안전에 관한 기본지식과 경험이 있는 자를 대리자로 지정하여 30일을 초과하는 범위에서 그 직무를 대행하게 하여야 한다.
③ 제조소등 관계인은 위험물의 안전관리에 관한 직무를 수행하기 위하여 제조소등마다 위험물안전관리자를 선임하여야 한다(단, 이동탱크저장소를 제외한다).
④ 제조소등의 관계인은 안전관리자를 선임한 경우에는 선임한 날부터 14일 이내에 소방본부장 또는 소방서장에게 신고하여야 한다.

해설

37 ▶ 위험물안전관리법 시행령 제8조 제1항(탱크안전성능검사의 대상이 되는 탱크 등)
① 법 제8조 제1항 전단에 따라 탱크안전성능검사를 받아야 하는 위험물탱크는 제2항에 따른 탱크안전성능검사별로 다음 각 호의 어느 하나에 해당하는 탱크로 한다.
1. <u>기초·지반검사 : 옥외탱크저장소의 액체위험물탱크 중 그 용량이 100만리터 이상인 탱크</u>
2. 충수(充水)·수압검사 : 액체위험물을 저장 또는 취급하는 탱크. 다만, 다음 각 목의 어느 하나에 해당하는 탱크는 제외한다.
   가. 제조소 또는 일반취급소에 설치된 탱크로서 용량이 지정수량 미만인 것
   나. 「고압가스 안전관리법」 제17조 제1항에 따른 특정설비에 관한 검사에 합격한 탱크
   다. 「산업안전보건법」 제84조 제1항에 따른 안전인증을 받은 탱크
   라. 삭제
3. 용접부검사 : 제1호에 따른 탱크. 다만, 탱크의 저부에 관계된 변경공사(탱크의 옆판과 관련되는 공사를 포함하는 것을 제외한다)시에 행하여진 법 제18조 제3항의 규정에 의한 정기검사에 의하여 용접부에 관한 사항이 행정안전부령으로 정하는 기준에 적합하다고 인정된 탱크를 제외한다.
4. 암반탱크검사 : 액체위험물을 저장 또는 취급하는 암반내의 공간을 이용한 탱크

38 ② 대리자로 지정하여 30일을 초과할 수 없는 범위에서 그 직무를 대행하게 하여야 한다(위험물안전관리법 제15조).

정답 37.⑤ 38.②

39 「위험물안전관리법」상 위험물안전관리자 선임에 대한 내용이다. (ㄱ), (ㄴ)에 알맞은 것은?

> 안전관리자를 선임한 제조소등의 관계인은 그 안전관리자를 해임하거나 안전관리자가 퇴직한 때에는 해임하거나 퇴직한 날부터 (ㄱ)일 이내에 다시 안전관리자를 선임하여야 한다. 안전관리자를 선임한 경우에 선임한 날부터 (ㄴ)일 이내에 행정안전부령으로 정하는 바에 따라 소방본부장 또는 소방서장에게 신고하여야 한다.

	ㄱ	ㄴ		ㄱ	ㄴ
①	7	14	②	14	7
③	30	7	④	30	14
⑤	30	30			

[19. 간부]

해설 39 안전관리자를 선임한 제조소등의 관계인은 그 안전관리자를 해임하거나 안전관리자가 퇴직한 때에는 해임하거나 퇴직한 날부터 (30)일 이내에 다시 안전관리자를 선임하여야 한다. 안전관리자를 선임한 경우에 선임한 날부터 (14)일 이내에 행정안전부령으로 정하는 바에 따라 소방본부장 또는 소방서장에게 신고하여야 한다(위험물안전관리법 제15조 제2항, 제3항).

정답 39.④

40 「위험물안전관리법」상 위험물안전관리자에 대한 내용으로 옳지 않은 것은?

① 안전관리자를 선임한 제조소 등의 관계인은 그 안전관리자를 해임하거나 안전관리자가 퇴직한 때에는 해임하거나 퇴직한 날부터 30일 이내에 다시 안전관리자를 선임하여야 한다.
② 제조소 등의 관계인은 관련 법령에 따라 안전관리자를 선임한 경우에는 선임한 날부터 14일 이내에 행정안전부령으로 정하는 바에 따라 소방본부장 또는 소방서장에게 신고하여야 한다.
③ 제조소 등의 관계인이 안전관리자를 해임하거나 안전관리자가 퇴직한 경우 그 관계인 또는 안전관리자는 소방본부장이나 소방서장에게 그 사실을 알려 해임되거나 퇴직한 사실을 확인받을 수 있다.
④ 안전관리자를 선임한 제조소 등의 관계인은 안전관리자의 해임 또는 퇴직과 동시에 다른 안전관리자를 선임하지 못하는 경우에는 국가기술자격법에 따른 위험물의 취급에 관한 자격취득자 또는 위험물안전에 관한 기본지식과 경험이 있는 자로서 소방본부장이나 소방서장이 정하는 자를 대리자(代理者)로 지정하여 그 직무를 대행하게 하여야 한다.
⑤ 제조소 등의 종류 및 규모에 따라 선임하여야 하는 안전관리자의 자격은 대통령령으로 정한다.

41 「화재의 예방 및 안전관리에 관한 법률 시행령」상 특수가연물에 속하지 않는 것은?

① 황
② 면화류
③ 석탄·목탄류
④ 목재가공품, 나무부스러기

해설

40 ④ 안전관리자를 선임한 제조소 등의 관계인은 안전관리자의 해임 또는 퇴직과 동시에 다른 안전관리자를 선임하지 못하는 경우에는 국가기술자격법에 따른 위험물의 취급에 관한 자격취득자 또는 위험물안전에 관한 기본지식과 경험이 있는 자로서 행정안전부령이 정하는 자를 대리자(代理者)로 지정하여 그 직무를 대행하게 하여야 한다(위험물안전관리법 제15조 제5항).

41 ① 황은 포함되지 않는다(화재의 예방 및 안전관리에 관한 법률 시행령 별표 2). 황=제2류 위험물(위험물안전관리법 시행령 별표 1).

정답 40.④ 41.①

42 「화재의 예방 및 안전관리에 관한 법률 시행령」상 화재의 확대가 빠른 특수가연물의 품명 및 수량으로 옳은 것은?

① 넝마 : 500킬로그램 이상
② 사류 : 1,000킬로그램 이상
③ 면화류 : 100킬로그램 이상
④ 가연성고체류 : 2,000킬로그램 이상
⑤ 석탄·목탄류 : 3,000킬로그램 이상

[23. 간부]

기본서 1권 125p

43 특수가연물의 취급방법으로 옳지 않은 것은?

① 품명별로 구분하여 쌓는다.
② 높이는 10m 이하가 되도록 한다.
③ 바닥면적은 50m² 이하가 되도록 한다.
④ 쌓는 부분의 바닥면적 사이는 실내의 경우 1m 이하가 되도록 한다.

[11. 전남]

기본서 1권 127p

해설 42 ① 넝마 : 1,000킬로그램 이상   ③ 면화류 : 200킬로그램 이상
④ 가연성고체류 : 3,000킬로그램 이상   ⑤ 석탄·목탄류 : 10,000킬로그램 이상

43 ④ 쌓는 부분의 바닥면적 사이는 실내의 경우 1.2m 또는 쌓는 높이의 $\frac{1}{2}$ 중 큰 값 이상으로 간격을 두어야 한다(화재의 예방 및 안전관리에 관한 법률 시행령 별표3).

정답 42.② 43.④

44 화재가 발생하는 경우 화재의 확대가 빠르게 번지는 고무류·플라스틱류·석탄 및 목탄 등 대통령령이 정하는 물질로 일정수량 이상일 때 화재의 예방 및 안전관리에 관한 법령으로 저장 및 취급기준을 정하는 것은?

① 인화성물질　　　　　② 특수인화물
③ 특수가연물　　　　　④ 가연성물질

[12. 세종]
기본서 1권 125p

45 다음은 화재가 발생하는 경우 불길이 빠르게 번지는 고무류·플라스틱류·석탄 및 목탄 등 저장 및 취급기준을 대통령으로 정하는 물질은 무엇인가?

① 특수가연물　　　　　② 가연성액체
③ 인화성액체　　　　　④ 특수인화물

[13. 충북]
기본서 1권 125p

해설 44 ③ 특수가연물에 대한 설명이다.
▶화재의 예방 및 안전관리에 관한 법률 제17조
화재가 발생하는 경우 불길이 빠르게 번지는 고무류·플라스틱류·석탄 및 목탄 등 대통령령으로 정하는 특수가연물(特殊可燃物)의 저장 및 취급 기준은 대통령령으로 정한다.

45 ① 화재가 발생하는 경우 불길이 빠르게 번지는 고무류·플라스틱류·석탄 및 목탄 등 대통령령으로 정하는 <u>특수가연물</u>의 저장 및 취급 기준은 대통령령으로 정한다(화재의 예방 및 안전관리에 관한 법률 제17조).

정답 44.③　45.①

46 다음 중 구조활동의 우선순위가 맞게 배열된 것은?

> ㉠ 요구조자의 구명에 필요한 조치를 한다.
> ㉡ 위험현장에서 격리하여 재산을 보전한다.
> ㉢ 요구조자의 상태 악화 방지에 필요한 조치를 한다.
> ㉣ 안전구역으로 구출활동을 침착히 개시한다.

① ㉠-㉢-㉣-㉡ ② ㉠-㉡-㉢-㉣
③ ㉢-㉠-㉣-㉡ ④ ㉠-㉣-㉢-㉡

[12.전북]
상 중 하
기본서 1권 172~175p

47 다음 중 구조활동 우선순위를 바르게 배열한 것은?

> ㉠ 요구조자의 구명에 필요한 조치를 한다.
> ㉡ 요구조자의 상태 악화 방지에 필요한 조치를 한다.
> ㉢ 안전구역으로 신체구출 활동을 침착히 개시한다.
> ㉣ 위험현장에서 격리하여 재산을 보전한다.

① ㉠-㉢-㉡-㉣ ② ㉠-㉢-㉣-㉡
③ ㉠-㉡-㉢-㉣ ④ ㉡-㉠-㉢-㉣
⑤ ㉡-㉠-㉣-㉢

[16. 간부]
상 중 하
기본서 1권 172~175p

해설

46 ▶ 구조활동의 우선순위
구명이 최우선 → 신체구출 → 고통경감 → 피해의 최소화(재산보호)

47 ▶ 구조활동의 우선순위
1. 구명
2. 신체구출
3. 정신적, 육체적 고통경감
4. 피해의 최소화(재산보호)
※ 인명구조순서는 피난유도 → 인명검색 → 구출 → 응급처치 → 이송 순이다.

정답 46.④ 47.①

48 다음 중 특수구조대가 아닌 것은?
① 산악구조대　　　② 수난구조대
③ 화학구조대　　　④ 해양구조대

[13. 통합]
상 중 하
기본서 1권 177p

49 소방대상물 지역 특성, 재난 발생 유형 및 빈도 등을 고려하여 설치하는 특수구조대의 종류에 해당하지 않은 것은?
① 화학구조대　　　② 수난구조대
③ 수상구조대　　　④ 고속국도구조대

[12. 울산]
상 중 하
기본서 1권 177p

해설

48 ①②③ 외에 고속국도구조대, 지하철구조대가 있다.
- 119법 시행령 제5조 제1항(119구조대의 편성과 운영)
  ① 법 제8조 제1항에 따른 119구조대(이하 "구조대"라 한다)는 다음 각 호의 구분에 따라 편성·운영한다.
  1. 일반구조대 : 시·도의 규칙으로 정하는 바에 따라 소방서마다 1개 대(隊) 이상 설치하되, 소방서가 없는 시·군·구(자치구를 말한다. 이하 같다)의 경우에는 해당 시·군·구 지역의 중심지에 있는 119안전센터에 설치할 수 있다.
  2. 특수구조대 : 소방대상물, 지역 특성, 재난 발생 유형 및 빈도 등을 고려하여 시·도의 규칙으로 정하는 바에 따라 다음 각 목의 구분에 따른 지역을 관할하는 소방서에 다음 각 목의 구분에 따라 설치한다. 다만, 라목에 따른 고속국도구조대는 제3호에 따라 설치되는 직할구조대에 설치할 수 있다.
     가. 화학구조대 : 화학공장이 밀집한 지역
     나. 수난구조대 : 「내수면어업법」 제2조 제1호에 따른 내수면지역
     다. 산악구조대 : 「자연공원법」 제2조 제1호에 따른 자연공원 등 산악지역
     라. 고속국도구조대 : 「도로법」 제10조 제1호에 따른 고속국도(이하 "고속국도"라 한다)
     마. 지하철구조대 : 「도시철도법」 제2조 제3호 가목에 따른 도시철도의 역사(驛舍) 및 역 시설
  3. 직할구조대 : 대형·특수 재난사고의 구조, 현장 지휘 및 테러현장 등의 지원 등을 위하여 소방청 또는 시·도 소방본부에 설치하되, 시·도 소방본부에 설치하는 경우에는 시·도의 규칙으로 정하는 바에 따른다.
  4. 테러대응구조대 : 테러 및 특수재난에 전문적으로 대응하기 위하여 소방청과 시·도 소방본부에 각각 설치하며, 시·도 소방본부에 설치하는 경우에는 시·도의 규칙으로 정하는 바에 따른다.

49 ▶ 특수구조대(119법 시행령 제5조 제1항)
  가. 화학구조대 : 화학공장이 밀집한 지역
  나. 수난구조대 : 내수면지역
  다. 산악구조대 : 자연공원 등 산악지역
  라. 고속국도구조대 : 고속국도
  마. 지하철구조대 : 도시철도의 역사(驛舍) 및 역 시설

정답 48.④ 49.③

50 「119 구조 · 구급에 관한 법률 시행령」상 특수구조대에 해당하는 것을 〈보기〉에서 있는 대로 고른 것은?

〈보기〉
㉠ 화학구조대   ㉡ 수난구조대
㉢ 산악구조대   ㉣ 고속국도구조대
㉤ 지하철구조대 ㉥ 테러대응구조대

① ㉠
② ㉠, ㉡
③ ㉠, ㉡, ㉢, ㉣
④ ㉠, ㉡, ㉢, ㉣, ㉤
⑤ ㉠, ㉡, ㉢, ㉣, ㉤, ㉥

[21. 간부]
기본서 1권 177p

51 구조대, 구급대 편성 · 운영은 누가 할 수 있는가?
① 소방청장, 소방본부장, 소방서장
② 소방대장, 소방청장, 소방본부장
③ 대통령, 소방청장, 소방본부장
④ 소방대장, 소방본부장, 소방서장

[11. 울산]
기본서 1권 177p, 188p

해설

50 ▶ 특수구조대(119법 시행령 제5조 제1항)
  가. 화학구조대 : 화학공장이 밀집한 지역
  나. 수난구조대 : 내수면지역
  다. 산악구조대 : 자연공원 등 산악지역
  라. 고속국도구조대 : 고속국도
  마. 지하철구조대 : 도시철도의 역사(驛舍) 및 역 시설

51 ▶ 119구조 · 구급에 관한 법률 제8조 제1항(구조대)
  ① 소방청장·소방본부장 또는 소방서장(이하 "소방청장등"이라 한다)은 위급상황에서 요구조자의 생명 등을 신속하고 안전하게 구조하는 업무를 수행하기 위하여 대통령령으로 정하는 바에 따라 119구조대(이하 "구조대"라 한다)를 편성하여 운영하여야 한다.
  ▶ 119구조 · 구급에 관한 법률 제10조 제1항(구급대)
  ① 소방청장등은 위급상황에서 발생한 응급환자를 응급처치하거나 의료기관에 긴급히 이송하는 등의 구급업무를 수행하기 위하여 대통령령으로 정하는 바에 따라 119구급대(이하 "구급대"라 한다)를 편성하여 운영하여야 한다.

정답 50.④ 51.①

52 다음 중 국제구조대의 임무로서 가장 옳은 것은?
① 응급의료, 시설관리, 통역, 안전평가, 탐색, 구조
② 시설관리, 안전평가, 탐색, 구조, 공보연락, 통역
③ 응급의료, 시설관리, 통역, 탐색, 구조, 공보연락
④ 공보연락, 안전평가, 시설관리, 응급처치, 응급이송, 인명탐색 및 구조

[11. 서울]
기본서 1권 178p

53 다음은 구조에서 매듭에 관한 설명이다. 가장 잘못된 설명은?
① 여러 가지를 습득하기보다는 잘 아는 매듭 하나를 확실하게 사용한다.
② 기계나 장치의 좁은 곳 등 통과를 원활하게 하기 위하여 매듭을 작게 한다.
③ 로프의 강도가 약한 곳, 힘을 많이 받는 매듭쪽을 임무 중에 수시로 확인한다.
④ 매듭의 뒷처리를 깔끔히 하여 줄이 길게 늘어지지 않도록 한다.

[11. 서울]
기본서 1권 179~180p

해설 **52** ④ 소방청장은 국제구조대를 편성·운영하는 경우 인명 탐색 및 구조, 안전평가, 상담, 응급처치, 응급이송, 시설관리, 공보연락 등의 임무를 수행할 수 있도록 구성하여야 한다(119구조·구급에 관한 법률 시행령 제7조).

53 ① 여러 가지 잘 쓰이는 매듭을 정확하게 숙지하는 것이 중요하다.
▶ 로프 매듭시에 주의사항
㉠ 매듭법을 아는 것보다 잘 쓰이는 매듭을 정확히 숙지하는 것이 더욱 중요하다.
㉡ 매듭은 정확한 형태를 만들고 단단하게 하여 하중을 지탱할 수 있게 한다.
㉢ 매듭의 크기가 작은 방법을 선택한다.
㉣ 매듭의 끝 부분은 충분한 길이를 남겨두고 엄지매듭으로 묶어 준다.

정답 52.④ 53.①

54 로프에 수 개의 엄지매듭을 일정한 간격으로 만들어 로프를 타고 오르거나 내릴 때에 지점으로 이용할 수 있도록 하는 매듭은?

① 감아매기
② 나비매듭
③ 줄사다리매듭
④ 고정매듭

[11. 부산]

55 굵기가 다른 로프에 일반적으로 사용하는 매듭법은?

① 엄지매듭
② 바른매듭
③ 한겹매듭
④ 나비매듭

[11. 울산]

해설 54 ③ 로프에 매듭을 일정한 간격으로 만들어 로프를 타고 오르거나 내릴 때 지지점으로 이용할 수 있는 매듭은 줄사다리매듭이다.

55 ③ 굵기가 다른 로프 매듭법은 한겹매듭법이다.
① 엄지매듭 : 다른 매듭을 한 다음 풀리지 않도록 끝 처리를 하는 매듭으로 많이 쓴다.
② 바른매듭 : 로프의 굵기가 동일한 경우 서로 연결할 때 사용한다.
④ 나비매듭 : 로프의 중간에 고리를 만들 필요가 있을 경우 사용한다.

정답 54.③ 55.③

56 다음 중 구조·구급에 관한 설명으로 맞는 것은?
① 특수구조대로는 화학구조대, 수난구조대, 고속국도구조대, 119항공대가 있다.
② 일반구조대는 119구조대 또는 119안전센터·119지역대마다 각각 1대 이상 설치한다.
③ 고속국도구급대는 소방대장, 소방본부장, 소방서장이 교통사고의 발생빈도 등을 고려하여 설치한다.
④ 소방청장은 119항공대를 소방청에 설치하는 직할구조대에 설치할 수 있다.

[11. 서울]
상 중 하
기본서 1권 177~178p

57 다음 중 응급처치에 대한 일반원칙이 아닌 것은?
① 환자의 쇼크를 예방한다.
② 피가 나는 상처부위의 지혈을 처리한다.
③ 신속하고 침착하게 그리고 질서있게 대처한다.
④ 어떠한 경우라도 본인보다 환자보호를 우선한다.

[11. 울산]
상 중 하
심화

해설 56 ① 특수구조대에는 산악구조대, 화학구조대, 수난구조대, 고속국도구조대, 지하철구조대가 있다(119법 시행령 제5조).
② 일반구조대는 소방서마다 1개 대 이상, 소방서가 없는 시·군·구의 경우에는 해당 시·군·구 지역의 중심지에 있는 119안전센터에 설치할 수 있다(119법 시행령 제5조).
③ 고속국도구급대는 교통사고 발생 빈도 등을 고려하여 소방청, 시·도 소방본부 또는 고속국도를 관할하는 소방서에 설치한다(119법 시행령 제10조).

57 ④ 어떠한 경우라도 구조자는 환자를 무리하게 구조하지 않고 자신의 안전을 최우선해야 한다.

정답 56.④ 57.④

58 다음 중 응급처치법으로 옳지 않은 것은?

① 의식이 없는 대상자는 복와위나 측위가 좋지만 이 체위가 불가능하다면 똑바로 눕혀 머리만 한쪽으로 돌려놓는다.
② 쇼크는 산소를 충분히 공급하지 못하므로 환자의 경구를 통하여 물이나 음료 등을 많이 섭취하게 한다.
③ 출혈이 계속적으로 있다면 생명을 잃기 쉽기 때문에 상처부위에 먼지나 세균의 침입을 막기 위해 소독된 거즈나 붕대를 이용하여 드레싱을 하고 즉시 지혈을 하도록 한다.
④ 턱을 위로 올려 기도가 직선이 되어 개방된 상태를 유지하며 질식을 막기 위해 기도 내의 이물을 제거하여 호흡을 자유롭게 한다. 호흡장애 시 즉시 인공호흡을 시행한다.

59 119구급대가 의료행위를 하기 위해 갖춰야 할 자격기준이 아닌 것은?

① 적십자사 총재가 실시하는 구급업무의 교육을 받은 자
② 「응급의료에 관한 법률」에 따라 1급 응급구조사 자격을 취득한 자
③ 「응급의료에 관한 법률」에 따라 2급 응급구조사 자격을 취득한 자
④ 「의료법」 제2조 제1항에 따른 의료인

해설

58 ② 의식이 없는 환자, 심한 출혈환자, 복부부상환자의 경구에 아무 것도 투여하지 않는다.
▶ 응급환자를 처치하는데 지켜야 할 원칙
  ㉠ 구조대원 자신의 안전에 주의를 한다.
  ㉡ 신속하고 침착하게 절차에 따라 처치한다.
  ㉢ 긴급한 환자부터 처치한다.
  ㉣ 부상상태에 따라 긴급한 경우 의료기관에 연락하여 응급처치의 도움을 받거나 지원을 요청한다.
  ㉤ 쇼크예방처치를 한다.
  ㉥ 의식이 없는 환자, 심한 출혈환자, 복부부상환자의 경구에 아무 것도 투여하지 않는다.
  ㉦ 환자평가 요령에 따라 평가와 확인을 한다.
  ㉧ 부상자를 옮길 때에는 적절한 운반법을 사용한다.

59 ① 소방청장이 실시하는 구급업무의 교육을 받은 자이다(119법 시행령 제11조).

정답 58.② 59.①

60 다음 중 구급대의 자격이 아닌 것은?

① 의료인
② 약사
③ 응급구조사의 자격을 취득한 사람
④ 소방청장이 실시하는 구급업무에 관한 교육을 받은 사람

[11. 서울]
기본서 1권 188p

61 다음 중 구급출동 요청을 거절할 수 있는 사항 중 이송요청 거절사유가 아닌 것은?

① 단순 열상 또는 찰과상으로 지속적인 출혈이 없는 외상환자
② 만성질환자로서 검진 또는 입원목적의 이송 요청자
③ 술에 취한 자가 강한 자극에도 의식회복이 없을 경우
④ 단순 치통 환자

[14. 통합]
기본서 1권 190p

62 구급요청 시 구급대원이 거절할 수 있는 사유에 해당되지 않는 것은?

① 38도 이상의 고열이 있거나 호흡곤란이 동반되는 경우
② 술에 취한 사람으로서 만취자
③ 만성질환자로서 검진 또는 입원 목적의 이송요청자
④ 병원 간 이송 또는 자택으로의 이송요청자

[11. 통합]
기본서 1권 190p

해설

60 ② 약사는 구급대원의 자격이 아니다(119구조·구급에 관한 법률 시행령 제11조).
- 구급대원의 자격으로는 ①③④이고, ③은 1급 또는 2급 응급구조사 자격을 취득한 사람을 말한다. 다만, ④에 해당하는 구급대원은 구급차 운전과 구급에 관한 보조업무만 할 수 있다.

61 ③ 술에 취한 자가 강한 자극에도 의식회복이 없을 경우 제외 대상이다.
▶ 구급출동 요청을 거절할 수 있는 사유(119법 시행령 제20조 제2항)
  ㉠ 단순 치통환자
  ㉡ 단순 감기환자(다만, 38도 이상의 고열이나 호흡곤란이 동반되는 경우 제외)
  ㉢ 혈압 등 생체징후가 안정된 타박환자
  ㉣ 술에 취한 자(다만, 강한 자극에도 의식회복이 없거나 외상이 있는 경우 제외)
  ㉤ 만성질환자로서 검진 또는 입원 목적의 이송 요청자
  ㉥ 단순 열상 또는 찰과상으로 지속적인 출혈이 없는 외상환자
  ㉦ 병원간 이송 또는 자택으로의 이송요청자
  ㉧ 구급대원에게 폭력행사를 시도한 자(제20조 제3항)

62 ① 38도 이상의 고열이 있거나 호흡곤란이 동반되는 경우는 위급한 경우로 거절사유에 해당되지 않는다.

정답 60.② 61.③ 62.①

63 「긴급구조대응활동 및 현장지휘에 관한 규칙」상 중증도 분류별 표시방법으로 옳은 것은?

① 사망 : 적색, 십자가 표시
② 긴급 : 녹색, 토끼 그림
③ 응급 : 적색, 거북이 그림
④ 비응급 : 녹색, 구급차 그림에 × 표시
⑤ 대기 : 황색, 구급차 그림에 × 표시

64 「119구조·구급에 관한 법률 시행령」상 구조 또는 구급 요청을 거절할 수 있는 경우에 해당하지 않는 것은?

① 동물의 단순 처리·포획·구조 요청을 받은 경우
② 섭씨 38도 이상의 고열 감기환자
③ 혈압 등 생체징후가 안정된 타박상 환자
④ 술에 취했으나 외상이 없고 강한 자극에 의식을 회복한 사람
⑤ 요구조자 또는 응급환자가 구조·구급대원에게 폭력을 행사하는 등 구조·구급활동을 방해하는 경우

해설

63
- 사망 : 흑색, 십자가 표시
- 긴급 : 적색, 토끼 그림
- 응급 : 황색, 거북이 그림
- 대기 : 분류없음

64 ② 단순 감기환자는 거절사유에 해당한다. 다만, 섭씨 38도 이상의 고열 또는 호흡곤란이 있는 경우는 제외한다.

▶ 119구조·구급에 관한 법률 시행령 제20조(구조·구급 요청의 거절)

① 구조대원은 법 제13조 제3항에 따라 다음 각 호의 어느 하나에 해당하는 경우에는 구조출동 요청을 거절할 수 있다. 다만, 다른 수단으로 조치하는 것이 불가능한 경우에는 그러하지 아니하다.
  1. 단순 문 개방의 요청을 받은 경우
  2. 시설물에 대한 단순 안전조치 및 장애물 단순 제거의 요청을 받은 경우
  3. 동물의 단순 처리·포획·구조 요청을 받은 경우
  4. 그 밖에 주민생활 불편해소 차원의 단순 민원 등 구조활동의 필요성이 없다고 인정되는 경우

② 구급대원은 법 제13조 제3항에 따라 구급대상자가 다음 각 호의 어느 하나에 해당하는 비응급환자인 경우에는 구급출동 요청을 거절할 수 있다. 이 경우 구급대원은 구급대상자의 병력·증상 및 주변 상황을 종합적으로 평가하여 구급대상자의 응급 여부를 판단하여야 한다.
  1. 단순 치통환자
  2. 단순 감기환자. 다만, 섭씨 38도 이상의 고열 또는 호흡곤란이 있는 경우는 제외한다.
  3. 혈압 등 생체징후가 안정된 타박상 환자
  4. 술에 취한 사람. 다만, 강한 자극에도 의식이 회복되지 아니하거나 외상이 있는 경우는 제외한다.
  5. 만성질환자로서 검진 또는 입원 목적의 이송 요청자
  6. 단순 열상(裂傷) 또는 찰과상(擦過傷)으로 지속적인 출혈이 없는 외상환자
  7. 병원 간 이송 또는 자택으로의 이송 요청자. 다만, 의사가 동승한 응급환자의 병원 간 이송은 제외한다.

③ 구조·구급대원은 법 제2조 제1호에 따른 요구조자(이하 "요구조자"라 한다) 또는 응급환자가 구조·구급대원에게 폭력을 행사하는 등 구조·구급활동을 방해하는 경우에는 구조·구급활동을 거절할 수 있다.

④ 구조·구급대원은 제1항부터 제3항까지의 규정에 따라 구조 또는 구급 요청을 거절한 경우 구조 또는 구급을 요청한 사람이나 목격자에게 그 내용을 알리고, 행정안전부령으로 정하는 바에 따라 그 내용을 기록·관리하여야 한다.

정답 63.④ 64.②

65 다음 중 쇼크환자의 상태로 틀린 것은?
① 혈류가 감소한다.
② 피부가 촉촉하다.
③ 안면에 홍조를 띤다.
④ 구토를 한다.

[11. 서울]
기본서 1권 206~207p

66 다중이용업소에서 설치되어 있는 자동심장충격기는 어느 장비에 해당되는가?
① 기도유지장비
② 호흡보조장비
③ 순환보조장비
④ 척추고정장비

[11. 통합]
기본서 1권 200p

해설 65 ③ 쇼크환자는 혈류가 감소하고, 피부가 촉촉해지며, 구토를 하며, 피부가 창백해져 청색증이 나타난다.
▶ **쇼크의 증상과 징후**
초기 쇼크이 모든 형태에서 나타나는 공통된 징후들은 다음과 같다.
㉠ **불안감과 두려움** : 다른 쇼크의 증상이나 징후보다 가장 먼저 나타나는 증상이다.
㉡ **약하고 빠른 맥박** : 촉진상 맥박이 빠르며 강도가 매우 약하다.
㉢ **차가운 피부** : 말초혈관의 수축으로 인하여 피부가 차갑게 느껴진다.
㉣ **촉촉한 피부** : '식은 땀이 난다.'는 표현으로 흔히 사용된다.
㉤ **청색증** : 피부가 창백해지고 만약 산소가 조직으로 충분히 전달되지 않으면 청색증이 나타난다.
㉥ 얕고 빠르며 불규칙한 호흡을 한다.
㉦ 빛에 대한 동공반응이 느리다.
㉧ **갈증** : 체액의 소실로 인하여 반사적으로 목이 마르다고 호소한다.
㉨ **오심과 구토** : 위로 공급되는 혈액이 부족하여 위장운동이 저하되어서 나타난다.
(오심 : 가슴속이 불쾌해지면서 토할 듯한 기분이 생기는 증상)
㉩ **혈압저하** : 점진적이고 지속적인 혈압하강이 나타난다.
㉪ **의식소실** : 혈압이 저하됨에 따라 의식이 혼미해지다가 결국 소실된다.

66 ③ 심장의 기능 정지, 호흡이 멈추었을 때 사용하는 응급처치기기로 순환보조장비에 해당한다.

정답 65.③ 66.③

67 응급환자의 평가 중 2차 평가의 단계로 옳은 것은?

① 의식상태 평가　　② 활력징후 평가
③ 기도유지 평가　　④ 순환 평가
⑤ 이송의 우선순위 결정

[18. 간부]
기본서 1권 202~205p

68 수분, 수시간 내에 처치하지 않으면 생명이 위험한 환자는?

① 긴급환자　　② 응급환자
③ 비응급환자　　④ 지연환자

[11. 전남]
기본서 1권 191p

해설

67 ①③④⑤는 1차 평가에 대한 설명이다.

68 ① 긴급환자는 수분, 수시간 내에 처치하지 않으면 생명이 위험한 환자를 말한다.

분류	치료순서	색깔	심볼(symbol)	특성 및 증상
Critical (긴급환자)	1	적색 (Red)	토끼 그림	수분, 수시간 이내의 응급처치를 요하는 중증환자 • 기도폐쇄, 심한 호흡곤란, 호흡정지 • 심장마비의 순간이 인지된 심정지 • 개방성 흉부열상, 긴장성 기흉, 연가양 흉부 • 대량출혈, 수축기 혈압이 80mmHg 이하의 쇼크 • 혼수상태의 중증 두부손상 • 개방성 복부열상, 골반골절을 동반한 복부손상 • 기도화상을 동반한 중증의 화상 • 경추손상이 의심되는 경우 • 원위부 맥박이 촉지되지 않는 경우 • 기타 심장병, 저체온증, 지속적인 천식, 경련 등

정답 67.② 68.①

69 환자의 아래턱을 전방으로 올린 뒤 앞으로 당겨주는 일반적인 기도유지 방법은?
① 하임리히법　　② 하악거상법
③ 하악견인법　　④ 하임거상법

[11. 전남]
기본서 1권 187p

70 다음 환자이송을 위한 중증도 분류에서 성격이 다른 하나는?
① 응급환자　　② 다발성골절
③ 거북이 심볼　　④ 적색

[11. 서울]
기본서 1권 191p

해설

69 ② 환자의 아래턱을(하악) 전방으로 올린 뒤 앞으로 당겨주는(거상) 일반적인 기도유지 방법은 두부후굴 하악거상법으로 가장 많이 사용하는 기도유지 방법이다.

70 ④ 적색은 긴급환자에 해당하며, ①②③은 응급환자에 해당한다.

분류	치료순서	색 깔	심볼(symbol)	특성 및 증상
Critical (긴급환자)	1	적색 (Red)	토끼 그림	수분, 수시간 이내의 응급처치를 요하는 중증환자 • 기도폐쇄, 심한 호흡곤란, 호흡정지 • 심장마비의 순간이 인지된 심정지 • 개방성 흉부열상, 긴장성 기흉, 연가양 흉부 • 대량출혈, 수축기 혈압이 80mmHg 이하의 쇼크 • 혼수상태의 중증 두부손상 • 개방성 복부열상, 골반골절을 동반한 복부손상 • 기도화상을 동반한 중증의 화상 • 경추손상이 의심되는 경우 • 원위부 맥박이 촉지되지 않는 경우 • 기타 심장병, 저체온증, 지속적인 천식, 경련 등
Urgent (응급환자)	2	황색 (Yellow)	거북이 그림	수시간 이내의 응급처치를 요하는 중증환자 • 중증의 화상 • 경추를 제외한 부위의 척추골절 • 중증의 출혈 • 다발성 골절

정답 69.② 70.④

71 병원으로 이송을 위한 환자의 중증도 분류가 옳지 않은 것은?
① 사망 또는 생존의 가능성이 없는 환자 – 지연환자 – 흰색
② 수시간 이내 응급처치를 요하는 환자 – 응급환자 – 황색
③ 수시간, 수일 후 치료해도 생명에 지장이 없는 환자 – 비응급환자 – 녹색
④ 수분, 수시간 이내 응급처치를 요구하는 단계 – 긴급환자 – 적색

72 다음 중 특수구조대가 아닌 것은?
① 화학구조대   ② 산악구조대
③ 지하철구조대 ④ 수난구조대
⑤ 테러대응구조대

해설 71 ① 구급환자의 중증도 분류

분류	치료순서	색깔	심볼	증상
긴급환자 (Critical)	1	적색	토끼	수분, 수시간 이내의 응급처치를 요하는 중증환자
응급환자 (Urgent)	2	황색	거북이	수시간 이내의 응급처치를 요하는 중증환자
비응급환자 (Minor)	3	녹색	×	수시간, 수일 후 치료해도 생명에 관계가 없는 환자
지연환자 (Dead)	4	흑색	십자가 표시	사망하였거나 생존의 가능성이 없는 환자

72 ▶ 구조대의 종류
㉠ 일반구조대
㉡ 특수구조대 : 산악, 수난, 화학, 고속국도, 지하철
㉢ 119항공대 : 소방청에 설치하는 직할구조대에 설치 가능
㉣ 직할구조대
㉤ 국제구조대
㉥ 테러대응구조대

정답 71.① 72.⑤

73 2급 응급구조사의 업무범위에 해당하지 않는 것은?
① 산소 투여 ② 기본 심폐소생술
③ 구강내 이물질 제거 ④ 인공호흡기를 이용한 호흡유지

[16. 통합]
기본서 1권 189p

74 「119구조・구급에 관한 법률 시행령」상 구급대원의 자격 조건으로 틀린 것은?
① 1급 응급구조사
② 2급 응급구조사
③ 3급 응급구조사
④ 소방청장이 시행하는 교육을 이수한 자

[16. 충남]
기본서 1권 188p

해설 73 ▶응급구조사의 업무범위
㉠ 1급 응급구조사의 업무범위
   ⓐ 심폐소생술의 시행을 위한 기도유지(기도기의 삽입, 기도삽관, 후두마스크 삽관)
   ⓑ 정맥로의 확보
   ⓒ 인공호흡기를 이용한 호흡의 유지
   ⓓ 약물투여
   ⓔ 2급 응급구조사의 업무
㉡ 2급 응급구조사의 업무범위
   ⓐ 구강내 이물질의 제거
   ⓑ 기도기를 이용한 기도유지
   ⓒ 기본 심폐소생술
   ⓓ 산소투여
   ⓔ 부목・척추고정기・공기 등을 이용한 사지 및 척추 등의 고정
   ⓕ 외부출혈의 지혈 및 창상의 응급처치
   ⓖ 심박・체온 및 혈압 등의 측정
   ⓗ 쇼크방지용 하의 등을 이용한 혈압의 유지
   ⓘ 자동심장충격기를 이용한 규칙적 심박동의 유도
   ⓙ 흉통시 니트로글리세린의 혀아래 투여 및 천식발작시 기관지확장제 흡입

74 ▶제11조(구급대원의 자격기준)
구급대원은 소방공무원으로서 다음 각 호의 어느 하나에 해당하는 자격을 갖추어야 한다. 다만, 제4호에 해당하는 구급대원은 구급차 운전과 구급에 관한 보조업무만 할 수 있다.
1. 「의료법」 제2조 제1항에 따른 의료인
2. 「응급의료에 관한 법률」 제36조 제2항에 따라 1급 응급구조사 자격을 취득한 사람
3. 「응급의료에 관한 법률」 제36조 제3항에 따라 2급 응급구조사 자격을 취득한 사람
4. 소방청장이 실시하는 구급업무에 관한 교육을 받은 사람

정답 73.④ 74.③

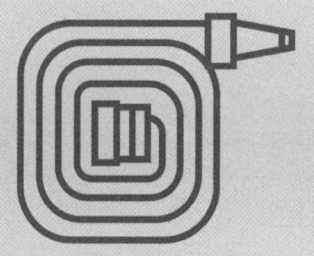

소방학개론

PART 02

재난관리

01 재난 및 재난관리의 개념
02 우리나라의 재난관리
　　(재난 및 안전관리 기본법)

01 재난 및 재난관리의 개념

01 존스(Jones)의 재해분류 중 기상학적 재해가 아닌 것은?
① 번개
② 폭풍
③ 쓰나미
④ 토네이도

[19. 소방직]
상 중 **하**
기본서 1권 236p

02 재난(재해)에 관한 설명으로 옳지 않은 것은?
① 아네스(Br. J. Anesth)는 재난을 크게 자연재난과 인적(인위) 재난으로 구분하였다.
② 존스(David K. Jones)는 재난을 크게 자연재난, 준자연재난, 인적(인위)재난으로 구분하였다.
③ 「재난 및 안전관리 기본법」 제3조 제1호에 따른 재난은 자연재난, 사회재난, 해외재난으로 구분된다.
④ 하인리히(H. W. Heinrich)의 도미노 이론은 재해발생과정을 유전적 요인 및 사회적 환경 → 개인적 결함 → 불안전 행동 및 불안전 상태 → 사고 → 재해(상해)라는 5개 요인의 연쇄작용으로 설명하였다.

[23. 소방직]
상 **중** 하
기본서 1권 236~237p, 346p

해설 01 ③ 쓰나미 – 지질학적 재해

▶ Jones의 재해분류

재 해					
자연재해				준자연재해	인위재해
지구물리학적 재해			생물학적 재해	• 스모그현상	• 공해
지질학적 재해	지형학적 재해	기상학적 재해	세균 질병 유독식물 유독동물	• 온난화현상 • 사막화현상 • 염수화현상 • 눈사태 • 산성화 • 홍수 • 토양침식 등	• 광화학연무 • 폭동 • 교통사고 • 폭발사고 • 태업 • 전쟁 등
지진 화산 쓰나미 등	산사태 염수토양 등	안개, 눈, 해일, 번개, 토네이도, 폭풍, 태풍, 가뭄, 이상기온 등			

02 ③ 해외재난(X)
재난 및 안전관리 기본법 제3조 1호에 따른 재난은 <u>자연재난과 사회재난으로</u> 구분된다.

정답 01.③ 02.③

03 현대적 재난관리행정에 많이 이용되는 재난관리 접근 방식 중 IEMS(Integrated Emergency Management System)란 어떤 재난관리 시스템을 말하는가?
① 분산적
② 균형적
③ 통합적
④ 분석적

04 재난관리 방식 중 분산관리에 대한 일반적인 설명으로 옳지 않은 것은?
① 재난의 종류에 따라 대응방식의 차이와 대응계획 및 책임기관이 각각 다르게 배정된다.
② 재난 시 유관기관 간의 중복적 대응이 있을 수 있다.
③ 재난의 발생 유형에 따라 소관부처별로 업무가 나뉜다.
④ 재난 시 유사한 자원동원 체계와 자원유형이 필요하다.

해설
03 ③ 통합적이란 전체 과정이라 할 수 있는 예방 및 완화-준비(대비)-대응-복구활동을 종합 관리한다는 의미이며 모든 재난은 피해범위, 대응자원, 대응방식에 있어 유사하다는 것이다.
통합적 재난관리시스템(IEMS)은 "모든 위험요인에 대한 포괄적 재난관리 목표를 달성하기 위한 필수 기본전략을 말한다."

04 ④ 재난 시 유사한 자원동원 체계와 자원 유형이 필요하다.
→ 통합관리

정답 03.③ 04.④

05 「재난 및 안전관리 기본법」상 재난관리 단계와 활동내용의 연결이 옳지 않은 것은?
① 예방단계 – 위험구역의 설정
② 대비단계 – 재난현장 긴급통신수단의 마련
③ 대응단계 – 재난 예보·경보체계 구축·운영
④ 복구단계 – 특별재난지역 선포 및 지원

[23. 소방직]
기본서 1권 242~243p

06 다음 중 자연재난의 분류로 옳지 않은 것은?
① 화산활동
② 가축전염병
③ 황사
④ 자연우주물체의 추락

[17. 하반기]
기본서 1권 245p

해설

05 위험구역의 설정은 대응단계에 해당한다.

06 ㉠ 자연재난 : 태풍, 홍수, 호우(豪雨), 강풍, 풍랑, 해일(海溢), 대설, 한파, 낙뢰, 가뭄, 폭염, 지진, 황사(黃砂), 조류(藻類) 대발생, 조수(潮水), 화산활동, 「우주개발 진흥법」에 따른 자연우주물체의 추락·충돌, 그 밖에 이에 준하는 자연현상으로 인하여 발생하는 재해
㉡ 사회재난 : 화재·붕괴·폭발·교통사고(항공사고 및 해상사고를 포함)·화생방사고·환경오염사고·다중운집인파사고 등으로 인하여 발생하는 대통령령으로 정하는 규모 이상의 피해와 국가핵심기반의 마비, 「감염병의 예방 및 관리에 관한 법률」에 따른 감염병 또는 「가축전염병 예방법」에 따른 가축전염병의 확산, 「미세먼지 저감 및 관리에 관한 특별법」에 따른 미세먼지, 「우주개발 진흥법」에 따른 인공우주물체의 추락·충돌 등으로 인한 피해

정답 05.① 06.②

07 재난관리 활동 중 재난현장에서 재산 및 인명보호를 위해 소방이 주도적인 역할을 하는 단계는?
① 예방
② 대비
③ 복구
④ 대응

08 재난관리 개념과 단계별 관리상황 중 옳은 것은?
① 예방단계 – 위험지도의 작성
② 대비단계 – 토지이용 관리
③ 대응단계 – 비상방송시스템 구축
④ 복구단계 – 피해주민 수용 및 구호

해설 07

단 계	재난관리활동의 내용
예방단계	위험성 분석 및 위험지도 작성, 건축법 정비 및 제정, 재난보험, 토지의 이용관리, 안전관련법 제정, 조세유도(행정·이론적 행위)
대비단계	재난대응계획의 수립, 비상경보체계의 구축, 통합대응체계의 구축, 비상통신망의 구축, 대응자원의 준비, 교육과 훈련 및 연습
대응단계	재난대응계획의 적용, 재난 진압, 구조 및 구급, 주민 홍보 및 교육, 응급의료체계의 운영, 사고대책본부의 가동, 환자 수용, 간호, 보호 및 후송
복구단계	잔해물의 제거, 전염 예방, 이재민의 지원, 임시주거지의 마련, 시설 복구

08 ▶ 재난관리의 단계적 관리사항

단 계	재난관리활동의 내용
예방단계	위험성 분석 및 위험지도 작성, 재해보험, 토지이용 관리, 안전관련법 제정, 조세유도
대비단계	재난대응계획, 비상경보체계 구축, 통합대응체계 구축, 비상통신망 구축, 교육훈련 및 연습
대응단계	재난대응계획의 적용, 재해의 진압, 구조·구난, 응급의료체계의 운영, 대책본부의 가동 등
복구단계	잔해물 제거, 전염 예방, 이재민 지원, 임시주거지 마련, 시설복구

정답 07.④ 08.①

09 다음 중 재난사태 관리단계에 대한 내용과 관계없는 것은?

① 예방단계 : 재난을 사전에 예방하고 재난발생 가능성을 감소시키며, 발생 가능한 재난의 피해를 최소화시키기 위한 활동을 한다.
② 완화단계 : 각종 재난관리계획의 실행, 재해대책본부의 활동개시, 긴급대피계획의 실천, 긴급의약품 조달, 생필품 공급, 피난처 제공 등의 활동을 한다.
③ 대비(준비)단계 : 재난의 피해를 최소화시키기 위한 제반활동에도 불구하고 재난발생확률이 높아진 경우, 재해발생 후에 효과적으로 대응할 수 있도록 비상방송시스템 구축 등 운영적인 장치들을 준비하는 단계이다.
④ 대응단계 : 일단 재해가 발생한 경우 신속한 대응활동을 통하여 재해로 인한 인명 및 재산 피해를 최소화 하고, 재해의 확산을 방지하며, 순조롭게 복구가 이루어질 수 있도록 활동하는 단계이다.
⑤ 복구단계 : 재해 상황이 어느 정도 안정된 후 취하는 활동단계로, 재해로 인한 피해지역의 토지를 재해 이전의 상태로 복구시켜 이용이 가능하도록 회복시키는 활동을 포함한다.

[16. 간부]

기본서 1권 241~243p

10 재난관리단계별 내용에서 대응단계에 해당하지 않는 것은?
① 긴급의약품 조달 및 생필품 공급
② 비상방송경보시스템 구축
③ 재해대책본부의 활동개시
④ 응급의료시스템 가동
⑤ 이재민 수용 및 보호, 후송, 탐색 및 구조 등의 활동

[13. 간부]

기본서 1권 242~243p

해설
09 ▶ 대응단계
각종 재난관리계획의 실행, 재해대책본부의 활동개시, 긴급대피계획의 실천, 긴급의약품 조달, 생필품 공급, 피난처 제공 등의 활동을 한다.

10 ② 비상방송시스템 가동은 대응단계가 맞지만 비상방송경보시스템 구축은 대응단계 이전 대비단계에서 구축해야 한다.

정답 09.② 10.②

11 하인리히의 도미노 이론 중 2단계, 1단계 원인 내용순서로 옳은 것은?
① 개인적 결함-유전적 요인 및 사회적 환경
② 유전적 요인 및 사회적 환경-개인적 결함
③ 개인적 결함-불안전 행동 및 불안전 상태
④ 불안전 행동 및 불안전 상태-개인적 결함

[12. 전북]
기본서 1권 346~347p

12 하인리히(H. W. Heinrich)의 안전사고 연쇄성이론의 5단계 순서를 올바르게 배열한 것은?
① 사고-사회적 환경 및 유전적 요소-불안전 행동 및 상태-상해-개인적 결함
② 개인적 결함-사회적 환경 및 유전적 요소-불안전 행동 및 상태-상해-사고
③ 불안전행동 및 상태-사회적 환경 및 유전적 요소-개인적 결함-사고-상해
④ 사회적 환경 및 유전적 요소-개인적 결함-불안전 행동 및 상태-사고-상해
⑤ 사회적 환경 및 유전적 요소-불안전 행동 및 상태-개인적 결함-상해-사고

[16. 간부]
기본서 1권 346~347p

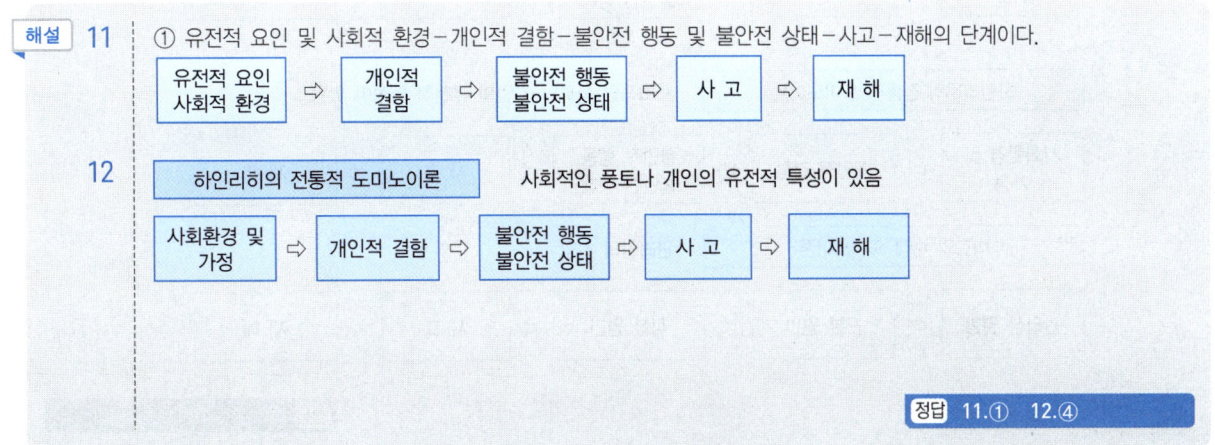

정답 11.① 12.④

13 하인리히(H. W. Heinrich)의 도미노 이론의 5단계 중 사고의 직접원인이 되는 3번째 단계에 해당하는 것은?

① 유전적 요소 ② 불안전한 행동
③ 사회적 환경요소 ④ 인적, 물적 손실
⑤ 개인적 결함

[21. 간부]
기본서 1권 347p

14 다음은 재해 발생 과정에 관한 이론이다. 각 이론에서 재해 발생을 방지하기 위해 제거해야 하는 단계가 옳게 나열된 것은?

㉠ 하인리히(H. W. Heinrich)의 도미노 이론 : 사회적 환경 및 유전적 요소 → 개인적 결함 → 불안전한 행동 및 상태 → 사고 → 재해
㉡ 버드(F. Bird)의 수정 도미노 이론 : 제어의 부족 → 기본원인 → 직접원인 → 사고 → 재해

	㉠	㉡
①	개인적 결함	직접원인
②	개인적 결함	기본원인
③	불안전한 행동 및 상태	직접원인
④	불안전한 행동 및 상태	기본원인

[24. 소방직]
기본서 1권 347p

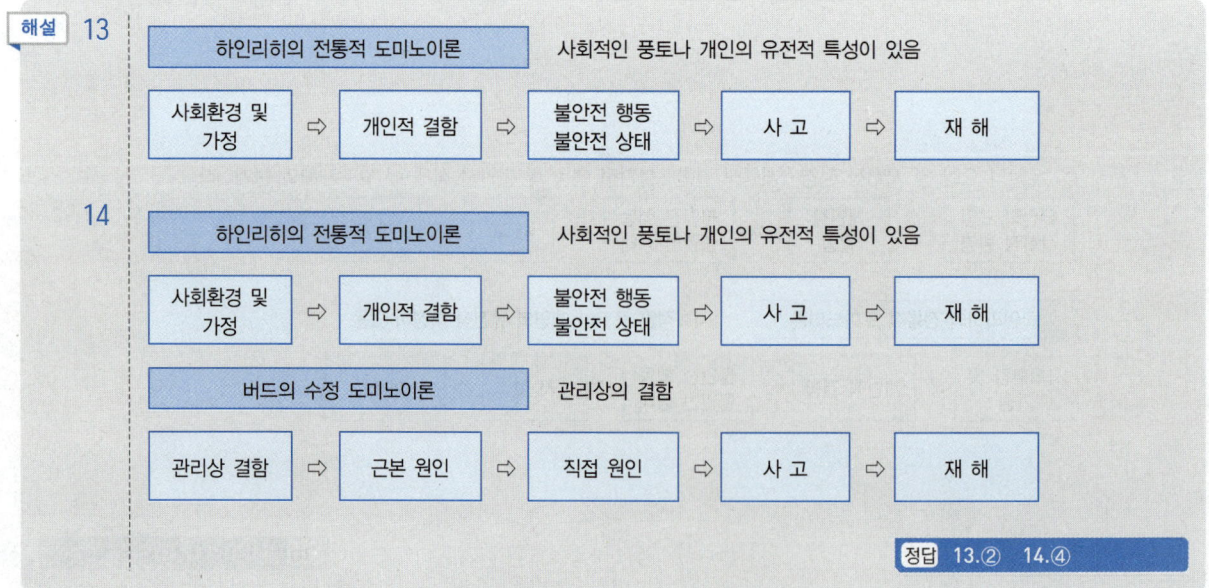

정답 13.② 14.④

15 재해원인 분석방법 중 하나인 4M 분석방법에 관한 설명으로 옳은 것은?

① 재해의 원인을 Man, Machine, Manner, Management 요인으로 구분하여 분석한다.
② 기계·설비의 설계상 결함은 관리적 요인에 해당한다.
③ 작업정보의 부적절은 작업·환경적 요인에 해당한다.
④ 표준화의 부족은 인적 요인에 해당한다.
⑤ 심리적 요인은 작업·환경적 요인에 해당한다.

[24. 간부]
기본서 1권 349p

해설 15
① Man, Machine, Media, Management
② 기계, 설비의 결함은 작업시설적 요인에 해당
④ 표준화의 부족은 작업시설적 요인에 해당
⑤ 심리적 요인은 인적 요인에 해당

정답 15.③

02 우리나라의 재난관리

01 「재난 및 안전관리 기본법」상 재난의 대비에 포함되어야 할 내용으로 옳은 것만을 〈보기〉에서 있는 대로 고른 것은?

〈보기〉
㉠ 국가핵심기반의 지정
㉡ 재난안전분야 종사자 교육
㉢ 지방자치단체에 대한 지원
㉣ 재난현장 긴급통신수단의 마련
㉤ 재난분야 위기관리 매뉴얼 작성·운용

① ㉠, ㉡
② ㉡, ㉢
③ ㉢, ㉣
④ ㉣, ㉤
⑤ ㉠, ㉣, ㉤

[23. 간부]
기본서 1권 242p

02 「재난 및 안전관리 기본법 시행령」상 재난 및 사고 유형과 재난관리 주관기관의 연결이 옳지 않은 것은?

① 가축전염병의 확산으로 인한 피해 - 국토교통부
② 인공우주물체의 추락·충돌등으로 인해 발생하는 피해 - 과학기술정보통신부 및 우주항공청
③ 도로의 화재등으로 인해 발생하는 대규모 피해 - 국토교통부
④ 사방시설의 붕괴·파손등으로 인해 발생하는 대규모 피해 - 산림청

[24. 소방직](기출변형)
기본서 1권 247~248p

해설

01 대비는 재난 발생 시의 대응 활동을 준비하기 위한 대응 능력개발 활동을 말한다.
1. 재난관리자원의 관리
2. <u>재난현장 긴급통신수단의 마련</u>
3. 국가재난관리기준의 제정·운용 등
4. 기능별 재난대응 활동계획의 작성·활용
5. <u>재난분야 위기관리 매뉴얼 작성·운용</u>
6. 다중이용시설 등의 위기상황 매뉴얼 작성·관리 및 훈련
7. 안전기준의 등록 및 심의 등
8. 재난안전통신망의 구축·운영
9. 재난대비훈련 기본계획 수립
10. 재난대비훈련 실시

02 가축전염병의 확산으로 인한 피해 - 농림축산식품부

정답 01.④ 02.①

03 「재난 및 안전관리 기본법」상 자연재난에 해당하지 않는 것은?
① 가뭄
② 폭염
③ 미세먼지
④ 황사(黃砂)
⑤ 조류(藻類) 대발생

[22. 간부]
상 중 **하**
기본서 **1권 245p**

04 「재난 및 안전관리 기본법」상 재난의 분류가 다른 하나는?
① 「감염병의 예방 및 관리에 관한 법률」에 따른 감염병의 확산
② 황사로 인하여 발생하는 재해
③ 환경오염사고로 인하여 발생하는 대통령령으로 정하는 규모 이상의 피해
④ 「미세먼지 저감 및 관리에 관한 특별법」에 따른 미세먼지 등으로 인한 피해

[20. 소방직]
상 중 **하**
기본서 **1권 245p**

해설 03
① 가뭄 – 자연재난
② 폭염 – 자연재난
③ 미세먼지 – 사회재난
④ 황사(黃砂) – 자연재난
⑤ 조류(藻類) 대발생 – 자연재난

※ 재난(재난 및 안전관리 기본법 제3조 정의)
국민의 생명·신체·재산과 국가에 피해를 주거나 줄 수 있는 것으로서 다음의 것을 말한다.
① 자연재난 : 태풍, 홍수, 호우(豪雨), 강풍, 풍랑, 해일(海溢), 대설, 한파, 낙뢰, 가뭄, 폭염, 지진, 황사(黃砂), 조류(藻類) 대발생, 조수(潮水), 화산활동, 「우주개발 진흥법」에 따른 자연우주물체의 추락·충돌, 그 밖에 이에 준하는 자연현상으로 인하여 발생하는 재해
② 사회재난 : 화재·붕괴·폭발·교통사고(항공사고 및 해상사고를 포함)·화생방사고·환경오염사고·다중운집인파사고 등으로 인하여 발생하는 대통령령으로 정하는 규모 이상의 피해와 국가핵심기반의 마비, 「감염병의 예방 및 관리에 관한 법률」에 따른 감염병 또는 「가축전염병예방법」에 따른 가축전염병의 확산, 「미세먼지 저감 및 관리에 관한 특별법」에 따른 미세먼지, 「우주개발 진흥법」에 따른 인공우주물체의 추락·충돌 등으로 인한 피해

04
②는 자연재난
①③④는 사회재난이다.

정답 03.③ 04.②

05 다음 중 긴급구조에 대한 설명으로 옳지 않은 것은?
① "긴급구조"란 재난이 발생할 우려가 현저하거나 재난이 발생하였을 때에 국민의 생명·신체 및 재산을 보호하기 위하여 긴급구조기관과 긴급구조지원기관이 하는 인명구조, 응급처치, 그 밖에 필요한 모든 긴급한 조치를 말한다.
② 재난현장에서 긴급구조통제단장이 긴급구조활동에 대한 지휘를 한다.
③ "긴급구조기관"이란 행정안전부·소방본부 및 소방서를 말한다. 다만, 해양에서 발생한 재난의 경우에는 행정안전부·지방해양경비안전본부 및 해양경비안전서를 말한다.
④ "긴급구조지원기관"이란 긴급구조에 필요한 인력·시설 및 장비, 운영체계 등 긴급구조능력을 보유한 기관이나 단체로서 대통령령으로 정하는 기관과 단체를 말한다.

[17. 하반기]
기본서 1권 248~249p

06 「재난 및 안전관리 기본법」에서 정의하는 내용으로 옳지 않은 것은?
① 해외재난 – 대한민국의 영역 밖에서 대한민국 국민의 생명·신체 및 재산에 피해를 주거나 줄 수 있는 재난으로서 정부차원에서 대처할 필요가 있는 재난
② 긴급구조기관 – 소방청, 소방본부, 소방서, 경찰청, 지방경찰청, 경찰서
③ 안전관리 – 재난이나 각종 사고로부터 사람의 생명·신체, 재산의 안전확보를 위한 모든 활동
④ 재난관리책임기관 – 중앙행정기관 및 지방자치단체(행정시 포함), 지방행정기관·공공기관·공공단체(공공기관 및 공공단체의 지부 등 지방조직을 포함) 및 재난관리의 대상이 되는 중요시설의 관리기관 등으로서 대통령령으로 정하는 기관

[12. 울산]
기본서 1권 245~249

해설

05 ③ "긴급구조기관"이란 소방청·소방본부 및 소방서를 말한다. 다만, 해양에서 발생한 재난의 경우에는 해양경찰청·지방해양경찰청 및 해양경찰서를 말한다.

06 ② "긴급구조기관"이란 소방청·소방본부 및 소방서를 말한다. 다만, 해양에서 발생한 재난의 경우에는 해양경찰청·지방해양경찰청 및 해양경찰서를 말한다(재난 및 안전관리 기본법 제3조).
① "해외재난"이란 대한민국의 영역 밖에서 대한민국 국민의 생명·신체 및 재산에 피해를 주거나 줄 수 있는 재난으로서 정부차원에서 대처할 필요가 있는 재난을 말한다.
③ "안전관리"란 재난이나 그 밖의 각종 사고로부터 사람의 생명·신체 및 재산의 안전을 확보하기 위하여 하는 모든 활동을 말한다.
④ "재난관리책임기관"이란 재난관리업무를 하는 다음 각 목의 기관을 말한다.
　가. 중앙행정기관 및 지방자치단체(「제주특별자치도 설치 및 국제자유도시 조성을 위한 특별법」 제10조 제2항에 따른 행정시를 포함한다)
　나. 지방행정기관·공공기관·공공단체(공공기관 및 공공단체의 지부 등 지방조직을 포함한다) 및 재난관리의 대상이 되는 중요시설의 관리기관 등으로서 대통령령으로 정하는 기관

정답 05.③ 06.②

07 「재난 및 안전관리 기본법」상 용어의 정의로 옳지 않은 것은?

① "국가재난관리기준"이란 모든 유형의 재난에 공통적으로 활용할 수 있도록 재난관리의 전 과정을 통일적으로 단순화·체계화한 것으로서 행정안전부장관이 고시한 것을 말한다.
② "재난관리"란 재난이나 그 밖의 각종 사고로부터 사람의 생명·신체 및 재산의 안전을 확보하기 위하여 하는 모든 활동을 말한다.
③ "안전기준"이란 각종 시설 및 물질 등의 제작, 유지관리 과정에서 안전을 확보할 수 있도록 적용하여야 할 기술적 기준을 체계화한 것을 말한다.
④ "긴급구조"란 재난이 발생할 우려가 현저하거나 재난이 발생하였을 때에 국민의 생명·신체 및 재산을 보호하기 위하여 긴급구조기관과 긴급구조지원기관이 하는 인명구조, 응급처치, 그 밖에 필요한 모든 긴급한 조치를 말한다.
⑤ "안전취약계층"이란 어린이, 노인, 장애인, 저소득층 등 신체적·사회적·경제적 요인으로 인하여 재난에 취약한 사람을 말한다.

08 「재난 및 안전관리 기본법」상 재난관리를 위하여 필요한 재난관리정보에 해당하는 것만을 있는 대로 고른 것은?

| ㉠ 재난상황정보 | ㉡ 동원가능 자원정보 |
| ㉢ 시설물정보 | ㉣ 지리정보 |

① ㉠
② ㉠, ㉢
③ ㉠, ㉡, ㉣
④ ㉡, ㉢, ㉣
⑤ ㉠, ㉡, ㉢, ㉣

해설

07 ② "재난관리"란 재난이나 그 밖의 각종 사고로부터 사람의 생명·신체 및 재산의 안전을 확보하기 위하여 하는 모든 활동을 말한다.
→ 안전관리
→ "재난관리"란 재난의 예방·대비·대응 및 복구를 위하여 하는 모든 활동을 말한다.

08 "재난관리정보"란 재난관리를 위하여 필요한 재난상황정보, 동원가능 자원정보, 시설물정보, 지리정보를 말한다(재난 및 안전관리 기본법 제3조 정의).

정답 07.② 08.⑤

09 「재난 및 안전관리 기본법」 중 "준비단계"에 대한 설명으로 옳은 것은?
① 미래에 발생할 가능성이 있는 재난을 사전에 예방하기 위한 활동
② 재난발생확률이 높아진 경우, 재해발생 후에 효과적으로 대응할 수 있도록 사전에 대응활동을 위한 메커니즘을 구성하는 등 운영적인 장치들을 갖추는 단계
③ 신속한 활동을 통하여 재해로 인한 인명 및 재산피해를 최소화하고, 재해의 확산을 방지하며, 순조롭게 복구가 이루어질 수 있도록 활동하는 단계
④ 재해상황이 어느 정도 안정된 후 취하는 활동단계로 재해로 인한 피해지역을 재해 이전의 상태로 회복시키는 활동을 포함한다.

[11. 제주]
기본서 1권 242~244p

10 재난관리의 단계별 주요 활동 중 '긴급통신수단 구축'이 해당되는 단계로 옳은 것은?
① 대응단계   ② 대비단계
③ 예방단계   ④ 복구단계

[18. 하반기]
기본서 1권 242~243p

해설

09 ② 준비단계(대비단계)에 대한 설명이다.
① 예방단계
③ 대응단계
④ 복구단계

10 ② 비상경보체계의 구축, 통합대응체계의 구축, 비상통신망의 구축 등을 구축하는 것은 대비(준비) 단계에 해당한다.

정답 09.② 10.②

11 「재난 및 안전관리 기본법」상 재난관리에 관한 내용으로 옳은 것은?
① 예방 – 재난 발생을 사전에 방지하기 위하여 매년 재난 대비훈련 계획을 수립하고, 관계 기관과 합동으로 재난대비훈련을 실시한다.
② 대비 – 재난을 효율적으로 관리하기 위하여 재난유형에 따라 위기관리 매뉴얼을 작성·운용한다.
③ 대응 – 재난 피해지역을 재해 이전 상태로 회복시키기 위하여 피해상황을 조사하고, 자체복구계획을 수립·시행한다.
④ 복구 – 재난의 수습활동을 효율적으로 하기 위하여 재난관리자원의 관리 및 긴급통신수단을 마련한다.

12 「재난 및 안전관리 기본법」상 재난관리 단계별 조치사항의 연결이 옳지 않은 것은?
① 예방단계 – 재난방지시설의 관리
② 대비단계 – 재난현장 긴급통신수단의 마련
③ 대응 단계 – 특별재난지역의 선포
④ 복구단계 – 피해조사 및 복구계획 수립·시행

해설 **11** ② 대비 – 재난을 효율적으로 관리하기 위하여 재난유형에 따라 위기관리 매뉴얼을 작성·운용한다.
① <u>대비</u> – 재난 발생을 사전에 방지하기 위하여 매년 재난 대비훈련 계획을 수립하고, 관계 기관과 합동으로 재난대비훈련을 실시한다.
③ <u>복구</u> – 재난 피해지역을 재해 이전 상태로 회복시키기 위하여 피해상황을 조사하고, 자체복구계획을 수립·시행한다.
④ <u>대비</u> – 재난의 수습활동을 효율적으로 하기 위하여 재난관리자원의 관리 및 긴급통신수단을 마련한다.

12 ③ 대응단계 – 특별재난지역의 선포
→ 복구단계

정답 11.② 12.③

소방단기

13 「재난 및 안전관리 기본법」상 재난관리의 대비단계 관리사항을 있는 대로 모두 고른 것은?

> ㉠ 국가재난관리기준의 제정·운용　㉡ 재난 예보·경보체계 구축·운영
> ㉢ 재난안전분야 종사자 교육　　　㉣ 재난안전통신망의 구축·운영

① ㉠, ㉡
② ㉠, ㉣
③ ㉠, ㉡, ㉣
④ ㉡, ㉢, ㉣

[22. 소방직]

기본서 1권 242~243p

14 「재난 및 안전관리 기본법」상 재난관리 단계별 활동 내용 중 예방단계에 포함되어야 할 내용을 〈보기〉에서 있는 대로 고른 것은?

〈보기〉
㉠ 재난에 대응할 조직의 구성 및 정비
㉡ 재난의 예측 및 예측정보 등의 제공·이용에 관한 체계의 구축
㉢ 재난 발생에 대비한 교육·훈련과 재난관리 예방에 관한 홍보
㉣ 재난이 발생할 위험이 높은 분야에 대한 안전관리체계의 구축 및 안전관리규정의 제정
㉤ 재난현장긴급통신수단의 마련

① ㉠
② ㉠, ㉡
③ ㉠, ㉡, ㉢
④ ㉠, ㉡, ㉢, ㉣
⑤ ㉠, ㉡, ㉢, ㉣, ㉤

[21. 간부](기출변형)
기본서 2권 242~243p

해설

13 ㉠ 국가재난관리기준의 제정·운용 – 대비단계
㉡ 재난 예보·경보체계 구축·운영 – 대응단계
㉢ 재난안전분야 종사자 교육 – 예방단계
㉣ 재난안전통신망의 구축·운영 – 대비단계

14 ㉤ 재난현장 긴급통신수단의 마련 – 대비단계, ㉠㉡㉢㉣ – 예방단계

▶ 재난 및 안전관리 기본법 제25조의4 제1항(재난관리책임기관의 장의 재난예방조치 등)
① 재난관리책임기관의 장은 소관 관리대상 업무의 분야에서 재난 발생을 사전에 방지하기 위하여 다음 각 호의 조치를 하여야 한다.
　1. 재난에 대응할 조직의 구성 및 정비
　2. 재난의 예측 및 예측정보 등의 제공·이용에 관한 체계의 구축
　3. 재난 발생에 대비한 교육·훈련과 재난관리예방에 관한 홍보
　4. 재난이 발생할 위험이 높은 분야에 대한 안전관리체계의 구축 및 안전관리규정의 제정
　5. 제26조에 따라 지정된 국가핵심기반의 관리
　6. 제27조 제2항에 따른 특정관리대상지역에 관한 조치
　7. 제29조에 따른 재난방지시설의 점검·관리
　7의2. 제34조에 따른 재난관리자원의 관리
　8. 그 밖에 재난을 예방하기 위하여 필요하다고 인정되는 사항

정답 13.② 14.④

15 재난관리체계의 설명 중 옳지 않은 것은?
① 재난안전상황실은 소방본부에 설치할 수 없다.
② 중앙통제단의 단장은 소방청장이 된다.
③ 중앙대책본부장은 대통령에게 특별재난지역의 선포를 건의할 수 있다.
④ 재난사태인 경우 중앙대책본부장이 재난지역을 선포할 수 있다.

[11. 통합]
기본서 1권 270p, 293p, 300p, 316p

16 「재난 및 안전관리 기본법」상 우리나라 재난관리체계에 관한 설명으로 옳지 않은 것은?
① 재난 및 안전관리에 관한 중요 정책을 심의하기 위하여 국무총리 소속으로 중앙안전관리위원회를 둔다.
② 대통령령으로 정하는 대규모 재난의 대응·복구를 총괄하기 위하여 행정안전부에 중앙재난안전대책본부를 둔다.
③ 소방서는 인명구조, 응급처치 등 긴급 조치를 담당하는 긴급구조지원기관에 해당한다.
④ 시·군·구 재난안전대책본부장은 시장·군수·구청장이며, 시·군·구 긴급구조통제단장은 소방서장이다.

[20. 소방직]
기본서 1권 249p, 268p

해설 15 ▶ 재난 및 안전관리 기본법 제36조(재난사태 선포)
① 행정안전부장관은 대통령령으로 정하는 재난이 발생하거나 발생할 우려가 있는 경우 사람의 생명·신체 및 재산에 미치는 중대한 영향이나 피해를 줄이기 위하여 긴급한 조치가 필요하다고 인정하면 중앙위원회의 심의를 거쳐 재난사태를 선포할 수 있다. 다만, 행정안전부장관은 재난상황이 긴급하여 중앙위원회의 심의를 거칠 시간적 여유가 없다고 인정하는 경우에는 중앙위원회의 심의를 거치지 아니하고 재난사태를 선포할 수 있다.

16 ③ 소방서는 긴급구조기관에 해당한다.
▶ 재난 및 안전관리 기본법 제3조(정의)
"긴급구조기관"이란 소방청·소방본부 및 소방서를 말한다. 다만, 해양에서 발생한 재난의 경우에는 해양경찰청·지방해양경찰청 및 해양경찰서를 말한다.

정답 15.④ 16.③

17 대통령령으로 정하는 대규모 재난이 발생 시 중앙재난안전대책본부장은 누가 되는가?
① 소방본부장 ② 국무총리
③ 대통령 ④ 행정안전부장관

18 「재난 및 안전관리 기본법」상 대통령령으로 정하는 대규모 재난의 대응·복구 등에 관한 사항을 총괄·조정하고 필요한 조치를 하기 위하여 행정안전부에 두는 조직은?
① 안전관리자문단
② 중앙안전관리위원회
③ 안전정책조정위원회
④ 중앙긴급구조통제단
⑤ 중앙재난안전대책본부

해설

17 ④ 중앙재난안전대책본부의 장은 행정안전부장관이 된다(법 제14조 제3항).

18 대응과 복구를 위해 두는 기관은 중앙재난안전대책본부이다.

정답 17.④ 18.⑤

19 다음 중 재난에 관한 내용으로 옳지 않은 것은?
① 중앙통제단장은 소방청장이 된다.
② 매월 4일은 안전점검의 날이다.
③ 긴급구조기관은 소방청, 소방본부, 소방서이다.
④ 국가안전관리기본계획수립은 행정안전부장관이 수립한다.

[13. 통합](기출변형)
기본서 1권 249p, 273p, 300p

20 중앙재난안전대책본부의 책임자로 올바른 것은?
① 중앙재난안전대책본부장은 행정안전부장관이 된다.
② 중앙재난안전대책본부장은 소방청장이 된다.
③ 중앙재난안전대책본부장은 국무총리가 된다.
④ 중앙재난안전대책본부장은 행정안전부의 재난안전관리사무를 담당하는 본부장이 된다.

[12. 세종]
기본서 1권 262p

해설

19 ④ 국무총리가 국가안전관리기본계획을 수립한다.
▶ 재난 및 안전관리 기본법 시행령 제26조(국가안전관리기본계획 수립)
① 국무총리는 법 제22조에 따라 국가의 재난 및 안전관리업무에 관한 기본계획(이하 "국가안전관리기본계획"이라 한다)을 수립하기 위하여 필요한 경우 관계 기관 및 전문가 등의 의견을 들을 수 있다.
② 관계 중앙행정기관의 장은 국가안전관리기본계획을 이행하기 위하여 필요한 예산을 반영하는 등의 조치를 해야 한다.
③ 행정안전부장관은 법 제22조 제4항에 따라 통보받은 국가안전관리기본계획을 행정안전부의 인터넷 홈페이지에 공개해야 한다.

20 ① 중앙재난안전대책본부장은 행정안전부장관이 된다(재난 및 안전관리 기본법 제14조).
▶ 재난 및 안전관리 기본법 제14조 제1항, 제2항, 제3항(중앙재난안전대책본부 등)
① 대통령령으로 정하는 대규모 재난(이하 "대규모재난"이라 한다)의 대응·복구(이하 "수습"이라 한다) 등에 관한 사항을 총괄·조정하고 필요한 조치를 하기 위하여 행정안전부에 중앙재난안전대책본부(이하 "중앙대책본부"라 한다)를 둔다.
② 중앙대책본부에 본부장과 차장을 둔다.
③ 중앙대책본부의 본부장(이하 "중앙대책본부장"이라 한다)은 행정안전부장관이 되며, 중앙대책본부장은 중앙대책본부의 업무를 총괄하고 필요하다고 인정하면 중앙재난안전대책본부회의를 소집할 수 있다. 다만, 해외재난의 경우에는 외교부장관이, 「원자력시설 등의 방호 및 방사능 방재 대책법」 제2조 제1항 제8호에 따른 방사능재난의 경우에는 같은 법 제25조에 따른 중앙방사능방재대책본부의 장이 각각 중앙대책본부장의 권한을 행사한다.

정답 19.④ 20.①

21 「재난 및 안전관리 기본법」상 중앙재난안전대책본부에 관한 내용으로 옳지 않은 것은?

① 재난의 효과적인 수습을 위하여 국무총리가 범정부적 차원의 통합 대응이 필요하다고 인정하는 경우에는 대통령이 중앙대책본부장의 권한을 행사한다.
② 해외재난의 경우에는 외교부장관이 중앙대책본부장의 권한을 행사한다.
③ 대통령령으로 정하는 대규모 재난의 대응·복구 등에 관한 사항을 총괄·조정하고 필요한 조치를 하기 위하여 행정안전부에 중앙재난안전대책본부를 둔다.
④ 「원자력시설 등의 방호 및 방사능 방재 대책법」에 따른 방사능재난의 경우에는 중앙방사능방재대책본부의 장이 중앙대책본부장의 권한을 행사한다.
⑤ 행정안전부장관이 국무총리에게 건의하거나 수습본부장의 요청을 받아 행정안전부장관이 국무총리에게 건의하는 경우에는 국무총리가 중앙대책본부장의 권한을 행사할 수 있다.

[22. 간부]

기본서 1권 262p

해설 21
① 재난의 효과적인 수습을 위하여 국무총리가 범정부적 차원의 통합 대응이 필요하다고 인정하는 경우에는 ~~대통령이 중앙대책본부장의 권한을 행사한다.~~
→ 국무총리가 중앙대책본부장의 권한을 행사할 수 있다.

▶ 제14조(중앙재난안전대책본부 등)
① 대통령령으로 정하는 대규모 재난(이하 "대규모재난"이라 한다)의 대응·복구(이하 "수습"이라 한다) 등에 관한 사항을 총괄·조정하고 필요한 조치를 하기 위하여 행정안전부에 중앙재난안전대책본부(이하 "중앙대책본부"라 한다)를 둔다.
② 중앙대책본부에 본부장과 차장을 둔다.
③ 중앙대책본부의 본부장(이하 "중앙대책본부장"이라 한다)은 행정안전부장관이 되며, 중앙대책본부장은 중앙대책본부의 업무를 총괄하고 필요하다고 인정하면 중앙재난안전대책본부회의를 소집할 수 있다. 다만, 해외재난의 경우에는 외교부장관이, 「원자력시설 등의 방호 및 방사능 방재 대책법」 제2조 제1항 제8호에 따른 방사능재난의 경우에는 같은 법 제25조에 따른 중앙방사능방재대책본부의 장이 각각 중앙대책본부장의 권한을 행사한다.
④ 제3항에도 불구하고 재난의 효과적인 수습을 위하여 다음 각 호의 어느 하나에 해당하는 경우에는 국무총리가 중앙대책본부장의 권한을 행사할 수 있다. 이 경우 행정안전부장관, 외교부장관(해외재난의 경우에 한정한다) 또는 원자력안전위원회 위원장(방사능 재난의 경우에 한정한다)이 차장이 된다.
  1. 국무총리가 범정부적 차원의 통합 대응이 필요하다고 인정하는 경우
  2. 행정안전부장관이 국무총리에게 건의하거나 제15조의2 제3항에 따른 수습본부장의 요청을 받아 행정안전부장관이 국무총리에게 건의하는 경우
⑤ 제4항에도 불구하고 국무총리가 필요하다고 인정하여 지명하는 중앙행정기관의 장은 행정안전부장관, 외교부장관(해외재난의 경우에 한정한다) 또는 원자력안전위원회 위원장(방사능 재난의 경우에 한정한다)과 공동으로 차장이 된다.
⑥ 중앙대책본부장은 대규모재난이 발생하거나 발생할 우려가 있는 경우에는 대통령령으로 정하는 바에 따라 실무반을 편성하고, 중앙재난안전대책본부상황실을 설치하는 등 해당 대규모재난에 대하여 효율적으로 대응하기 위한 체계를 갖추어야 한다. 이 경우 제18조 제1항 제1호에 따른 중앙재난안전상황실과 인력, 장비, 시설 등을 통합·운영할 수 있다.
⑦ 제1항에 따른 중앙대책본부, 제3항에 따른 중앙재난안전대책본부회의 구성과 운영에 필요한 사항은 대통령령으로 정한다.

정답 21.①

22 다음 중 재난관리 책임기관에 대한 설명으로 가장 바른 것은?
① 중앙재난안전대책본부는 국무총리 소속하에 둔다.
② 대통령 소속으로 중앙안전관리위원회를 둔다.
③ 시·도지사 소속으로 시·군·구위원회를 둔다.
④ 해외재난 시 외교부장관이 중앙대책본부장의 권한을 행사한다.

[11. 서울]
기본서 1권 252p, 257p, 262p

23 다음 중 「재난 및 안전관리 기본법」에 근거한 안전관리기구 및 기능에 대한 설명으로 옳지 않은 것은?
① 재난 및 안전관리에 관한 중요정책에 관한 사항은 국무총리 소속으로 중앙안전관리위원회에서 심의한다.
② 중앙안전관리위원회에 상정될 안건을 사전에 검토하기 위해 중앙안전관리위원회에 안전정책조정위원회를 둔다.
③ 행정안전부장관은 매년 재난 및 안전관리 사업의 효과성 및 효율성을 평가하고 그 결과를 관계 중앙행정기관의 장에게 통보하여야 한다.
④ 지역별 재난 및 안전관리에 관한 사항을 심의조정하기 위하여 시·도지사 소속으로 시·도 안전관리위원회를 둔다.
⑤ 중앙재난방송협의회의 구성 및 운영에 필요한 사항은 행정안전부령으로 정한다.

[17. 간부]
기본서 1권 252~258p

해설

22 ④ 해외재난의 경우에는 외교부장관이 중앙대책본부장의 권한을 행사한다(재난 및 안전관리 기본법 제14조).
① 행정안전부에 중앙재난안전대책본부를 둔다(재난 및 안전관리 기본법 제14조).
② 국무총리 소속으로 중앙안전관리위원회를 둔다(재난 및 안전관리 기본법 제9조).
③ 시·도지사 소속으로 시·도 안전관리위원회, 시장·군수·구청장 소속으로 시·군·구 안전관리위원회를 둔다(재난 및 안전관리 기본법 제11조).

23 ▶ 재난 및 안전관리 기본법 제12조(재난방송협의회)
① 재난에 관한 예보·경보·통지나 응급조치 및 재난관리를 위한 재난방송이 원활히 수행될 수 있도록 중앙위원회에 중앙재난방송협의회를 두어야 한다.
② 지역 차원에서 재난에 대한 예보·경보·통지나 응급조치 및 재난방송이 원활히 수행될 수 있도록 시·도위원회에 시·도 재난방송협의회를 두어야 하고, 필요한 경우 시·군·구위원회에 시·군·구 재난방송협의회를 둘 수 있다.
③ 중앙재난방송협의회의 구성 및 운영에 필요한 사항은 대통령령으로 정하고, 시·도 재난방송협의회와 시·군·구 재난방송협의회의 구성 및 운영에 필요한 사항은 해당 지방자치단체의 조례로 정한다.

정답 22.④ 23.⑤

24 다음은 안전관리기본계획, 재난의 예방·대비·대응·복구 등에 관한 사항이다. 옳지 않은 것은?

① 행정안전부장관은 국가안전관리기본계획을 수립하여야 한다.
② 행정안전부장관은 재난징후정보의 효율적 조사·분석 및 관리를 위하여 재난징후 정보 관리시스템을 운영할 수 있다.
③ 중앙행정기관의 장 또는 지방자치단체의 장은 재난이 발생할 위험이 높거나 재난예방을 위하여 계속적으로 관리할 필요가 있다고 인정되는 지역을 대통령령으로 정하는 바에 따라 특정관리대상지역으로 지정할 수 있다.
④ 소방청장은 긴급구조기관이 긴급구조지원기관에 대한 능력을 평가하는데 필요한 평가지침을 매년 수립하여 다른 긴급구조기관의 장에게 통보하여야 한다.
⑤ 자연재난으로서 「자연재난 구호 및 복구 비용 부담기준 등에 관한 규정」에 따른 국고지원 대상 피해 기준금액의 2.5배를 초과하는 피해가 발생한 재난은 특별재난의 범위에 포함된다.

[17. 간부](기출변형)

기본서 1권 273p

해설 24
① 국무총리는 국가안전관리기본계획을 수립하여야 한다.
▶재난 및 안전관리 기본법 시행령 제26조(국가안전관리기본계획 수립)
① 국무총리는 법 제22조에 따라 국가의 재난 및 안전관리업무에 관한 기본계획(이하 "국가안전관리기본계획"이라 한다)을 수립하기 위하여 필요한 경우 관계 기관 및 전문가 등의 의견을 들을 수 있다.
② 관계 중앙행정기관의 장은 국가안전관리기본계획을 이행하기 위하여 필요한 예산을 반영하는 등의 조치를 해야 한다.
③ 행정안전부장관은 법 제22조 제4항에 따라 통보받은 국가안전관리기본계획을 행정안전부의 인터넷 홈페이지에 공개해야 한다.

정답 24.①

25. 「재난 및 안전관리 기본법」 및 같은 법 시행령상 효율적인 재난관리를 위해 실시하는 예방, 대비, 대응 및 복구 활동에 관한 내용으로 옳지 않은 것은?

① 국무총리는 5년마다 국가안전관리기본계획의 수립지침을 작성하여 관계 중앙행정기관의 장에게 통보하여야 한다.
② 안전점검의 날은 매월 4일로 하고, 방재의 날은 매년 5월 25일로 한다.
③ 훈련주관기관의 장은 관계 기관과 합동으로 참여하는 재난대비훈련을 매년 정기적으로 또는 수시로 실시하여야 한다.
④ 행정안전부장관은 5년마다 재난 및 안전관리에 관한 과학기술의 진흥을 위하여 재난 및 안전관리기술개발 종합계획을 수립하여야 한다.
⑤ 긴급구조지원기관에서 긴급구조업무와 재난관리 업무를 담당하는 부서의 담당자 및 관리자는 신규교육을 받은 후 3년마다 정기적으로 긴급구조교육을 받아야 한다.

[20. 간부](기출변형)

해설 25 ⑤ 긴급구조지원기관에서 긴급구조업무와 재난관리 업무를 담당하는 부서의 담당자 및 관리자는 신규교육을 받은 후 <u>2년마다</u> 정기적으로 긴급구조교육을 받아야 한다.
※ 재난 및 안전관리 기본법 시행령 제66조 제1항(긴급구조에 관한 교육)
① 긴급구조지원기관에서 긴급구조업무와 재난관리업무를 담당하는 부서의 담당자 및 관리자는 법 제55조 제3항에 따라 다음 각 호의 구분에 따른 긴급구조에 관한 교육(이하 "긴급구조교육"이라 한다)을 받아야 한다.
  1. 신규교육 : 해당 업무를 맡은 후 1년 이내에 받는 긴급구조교육
  2. 정기교육 : 신규교육을 받은 후 2년마다 받는 긴급구조교육

정답 25.⑤

26 다음 중 재난현장에서 긴급구조 통제단장으로 옳은 것은?
① 중앙통제단장 – 대통령, 시·도 통제단장 – 소방서장, 시·군·구 통제단장 – 소방본부장
② 중앙통제단장 – 소방청장, 시·도 통제단장 – 소방본부장, 시·군·구 통제단장 – 소방서장
③ 중앙통제단장 – 소방청장, 시·도 통제단장 – 소방서장, 시·군·구 통제단장 – 소방본부장
④ 중앙통제단장 – 국무총리, 시·도 통제단장 – 소방서장, 시·군·구 통제단장 – 소방본부장

[12. 울산]
기본서 1권 300p

27 「재난 및 안전관리 기본법」상 긴급구조통제단에 관한 설명으로 옳지 않은 것은?
① 재난현장에서는 시·군·구긴급구조통제 단장이 긴급구조활동을 지휘한다.
② 긴급구조통제단장은 긴급구조지원요원의 현장 출동을 명령할 수 있다.
③ 시·도긴급구조통제단의 단장은 소방본부장이 된다.
④ 중앙긴급구조통제단의 단장은 소방청장이 된다.
⑤ 시·군·구의 소방서에 시·군·구 긴급구조통제단을 두고 단장은 소방서장이 된다.

[18. 간부]
기본서 1권 300~301p

해설

26 ② 재난 및 안전관리 기본법(제49조, 제50조)
- 중앙통제단의 단장은 소방청장이 된다.
- 시·도긴급구조통제단장은 소방본부장이 되고 시·군·구긴급구조통제단장은 소방서장이 된다.

27 ② 긴급구조통제단장은 긴급구조지원요원의 현장 출동을 요청할 수 있다.
▶ 재난 및 안전관리 기본법 제51조(긴급구조)
① 지역통제단장은 재난이 발생하면 소속 긴급구조요원을 재난현장에 신속히 출동시켜 필요한 긴급구조활동을 하게 하여야 한다.
② <u>지역통제단장은 긴급구조를 위하여 필요하면 긴급구조지원기관의 장에게 소속 긴급구조지원요원을 현장에 출동시키거나 긴급구조에 필요한 장비·물자를 제공하는 등 긴급구조활동을 지원할 것을 요청할 수 있다.</u> 이 경우 요청을 받은 기관의 장은 특별한 사유가 없으면 즉시 요청에 따라야 한다.
③ 제2항에 따른 요청에 따라 긴급구조활동에 참여한 민간 긴급구조지원기관에 대하여는 대통령령으로 정하는 바에 따라 그 경비의 전부 또는 일부를 지원할 수 있다.
④ 긴급구조활동을 하기 위하여 회전익항공기(이하 이 항에서 "헬기"라 한다)를 운항할 필요가 있으면 긴급구조기관의 장이 헬기의 운항과 관련되는 사항을 헬기운항통제기관에 통보하고 헬기를 운항할 수 있다. 이 경우 관계 법령에 따라 해당 헬기의 운항이 승인된 것으로 본다.

정답 26.② 27.②

28 「재난 및 안전관리 기본법」상 긴급구조에 대한 설명으로 옳지 않은 것은?
① 중앙긴급구조통제단의 단장은 행정안전부장관이 된다.
② 시·도 긴급구조통제단의 단장은 소방본부장이 된다.
③ 시·군·구 긴급구조통제단의 단장은 소방서장이 된다.
④ 재난현장에서는 시·군·구 긴급구조통제단장이 긴급구조활동을 지휘한다.

[19. 소방직]
상 중 **하**
기본서 1권 300p

29 「재난 및 안전관리 기본법」상 중앙위원회에 관한 설명으로 옳은 것은?
① 중앙위원회의 위원장은 국무총리가 되고, 위원은 대통령령으로 정하는 중앙행정기관의 장이 된다.
② 중앙위원회 의결은 재적의원 2/3 출석과 1/2 찬성으로 한다.
③ 중앙위원회의 간사는 소방본부장이 된다.
④ 특별재난지역의 선포에 관한 사항을 심의하기 위하여 행정안전부 소속으로 중앙안전관리위원회를 둔다.

[13. 충북]
상 **중** 하
기본서 1권 252~253p

해설 28 ① 중앙긴급구조통제단의 단장은 소방청장이 된다(재난 및 안전관리법 제49조 제2항).

29 ① 중앙위원회의 위원장은 국무총리, 위원은 대통령령으로 정하는 중앙행정기관의 장이 된다.
② 중앙위원회 의결은 재적의원 과반수 출석과 과반수 찬성으로 한다.
③ 중앙위원회의 간사는 행정안전부장관이 된다.
④ 특별재난지역의 선포에 관한 사항을 심의하기 위하여 국무총리 소속으로 중앙안전관리위원회를 둔다.

정답 28.① 29.①

30 「재난 및 안전관리 기본법」상 중앙안전관리위원회와 안전정책조정위원회에 대한 설명으로 옳지 않은 것은?

① 중앙안전관리위원회는 국무총리 소속으로 국무총리가 위원장이다.
② 중앙안전관리위원회는 재난사태의 선포에 관한 사항을 심의하고, 안전정책조정위원회는 특별재난지역의 선포에 관한 사항을 심의한다.
③ 안전정책조정위원회는 중앙위원회에 상정될 안건을 사전에 검토한다.
④ 안전정책조정위원회 위원장은 행정안전부장관이 된다.

[19. 소방직]

기본서 1권 252~254p

31 재난 및 안전관리 기본법령상 특별재난지역 선포에 관한 사항으로 옳지 않은 것은?

① 특별재난지역의 선포권자는 대통령이다.
② 중앙대책본부장은 특별재난지역의 선포를 대통령에게 건의할 수 있다.
③ 특별재난지역의 선포를 위해서는 중앙대책본부의 심의를 거쳐야 한다.
④ 지역대책본부장은 관할지역에서 발생한 재난에 대해 중앙대책본부장에게 특별재난지역의 선포건의를 요청할 수 있다.
⑤ 특별재난지역을 선포하는 경우에 중앙대책본부장은 특별재난지역의 구체적인 범위를 정하여 공고하여야 한다.

[24. 간부]

기본서 1권 316p

해설

30 ② 재난사태의 선포의 관한 사항과 특별재난지역의 선포에 관한 사항은 중앙위원회의 심의사항이다.

▶ 재난 및 안전관리 기본법 제9조 제1항(중앙안전관리위원회)
① 재난 및 안전관리에 관한 다음 각 호의 사항을 심의하기 위하여 국무총리 소속으로 중앙안전관리위원회(이하 "중앙위원회"라 한다)를 둔다.
  1. 재난 및 안전관리에 관한 중요 정책에 관한 사항
  2. 제22조에 따른 국가안전관리기본계획에 관한 사항
  2의2. 제10조의2에 따른 재난 및 안전관리 사업 관련 중기사업계획서, 투자우선순위 의견 및 예산요구서에 관한 사항
  3. 중앙행정기관의 장이 수립·시행하는 계획, 점검·검사, 교육·훈련, 평가 등 재난 및 안전관리업무의 조정에 관한 사항
  3의2. 안전기준관리에 관한 사항
  4. 제36조에 따른 재난사태의 선포에 관한 사항
  5. 제60조에 따른 특별재난지역의 선포에 관한 사항
  6. 재난이나 그 밖의 각종 사고가 발생하거나 발생할 우려가 있는 경우 이를 수습하기 위한 관계 기관 간 협력에 관한 중요 사항
  6의2. 재난안전의무보험의 관리·운용 등에 관한 사항
  7. 중앙행정기관의 장이 시행하는 대통령령으로 정하는 재난 및 사고의 예방사업 추진에 관한 사항
  8. 「재난안전산업 진흥법」 제5조에 따른 기본계획에 관한 사항
  9. 그 밖에 위원장이 회의에 부치는 사항

31 ③ 중앙위원회의 심의를 거쳐야 한다.

정답 30.② 31.③

32 「재난 및 안전관리 기본법」과 「수상에서의 수색·구조 등에 관한 법률」상 해상에서의 긴급구조 및 항공기 등 조난사고 시의 긴급구조에 관한 설명으로 옳지 않은 것은?

① 해상에서 발생한 선박이나 항공기 등의 조난사고의 긴급구조활동에 관하여는 「수상에서의 수색·구조 등에 관한 법률」 등 관계 법령에 따른다.
② 해수면에서의 수난구호는 구조본부의 장이 수행하고, 내수면에서의 수난구호는 소방관서의 장이 수행한다.
③ 국방부장관은 항공기 조난사고가 발생한 경우 항공기 수색과 인명구조를 위하여 항공기 수색·구조계획을 수립·시행하여야 한다.
④ 국방부장관은 항공기나 선박의 조난사고가 발생하면 관계 법령에 따라 긴급구조업무에 책임이 있는 기관의 긴급구조활동에 대한 군의 지원을 신속하게 할 수 있도록 조치를 취하여야 한다.
⑤ 국방부장관이 설치하는 탐색구조본부의 구성과 운영에 필요한 사항은 국방부령으로 정한다.

33 다음 중 시·도 긴급구조통제단장이 될 수 있는 자는?
① 소방청장
② 소방본부장
③ 소방서장
④ 소방대장

해설

32 ③ 소방청장은 항공기 조난사고가 발생한 경우 항공기 수색과 인명구조를 위하여 항공기 수색, 구조계획을 수립, 시행하여야 한다.

33 ② 시·도 긴급구조통제단장은 소방본부장이다(재난 및 안전관리 기본법 제50조).

정답 32.③ 33.②

34 긴급구조지휘대의 구성이 아닌 것은?
① 현장지휘요원
② 자원지원요원
③ 상황조사요원
④ 구급지원요원

35 긴급구조지휘대의 구성 및 기능에서 긴급구조지휘대 구성에 해당하는 자는 통제단이 설치·운영되는 경우 구분에 따라 해당 부서에 배치되는데 대응계획부와 가장 관계가 있는 요원은?
① 자원지원요원
② 통신지원요원
③ 상황조사요원
④ 구급지휘요원

해설

34 ①②③ 이외에 통신지원요원, 안전관리요원, 구급지휘요원이 있다(시행령 제65조).

35 ③ 긴급구조지휘대의 구성 및 기능에서 대응계획부에 속하는 것으로 상황조사요원에 해당한다.
▶ 긴급구조대응활동 및 현장지휘에 관한 규칙 제16조 제3항(긴급구조지휘대의 구성 및 기능)
  1. 현장지휘요원 : 현장지휘부
  2. 자원지원요원 : 자원지원부
  3. 통신지원요원 : 현장지휘부
  4. 안전관리요원 : 현장지휘부
  5. 상황조사요원 : 대응계획부
  6. 구급지휘요원 : 현장지휘부

정답 34.④ 35.③

36 「긴급구조대응활동 및 현장지휘에 관한 규칙」상 통제단이 설치·운영되는 경우에 긴급구조지휘대를 구성하는 사람과 배치되는 해당 부서의 연결이 옳은 것만을 〈보기〉에서 있는 대로 고른 것은?

〈보기〉
㉠ 현장지휘요원 – 현장지휘부   ㉡ 통신지원요원 – 현장지휘부
㉢ 안전관리요원 – 대응계획부   ㉣ 상황조사요원 – 자원지원부

① ㉠, ㉡
② ㉠, ㉢
③ ㉠, ㉡, ㉣
④ ㉡, ㉢, ㉣
⑤ ㉠, ㉡, ㉢, ㉣

[22. 간부](기출변형)
기본서 1권 310p

37 다음 중 긴급구조통제단장으로 옳은 것은?
① 소방서장, 소방본부장, 시·도지사
② 소방본부장, 소방서장, 시·도지사
③ 소방서장, 시·도지사, 시장·군수·구청장
④ 소방서장, 소방본부장, 소방청장

[12. 통합]
기본서 1권 300~301p

해설 36
㉢ 안전관리요원 – 대응계획부 (✗)
　→ 현장지휘부
㉣ 상황조사요원 – 자원지원부 (✗)
　→ 대응계획부

※ 긴급구조대응활동 및 현장지휘에 관한 규칙 제16조 제3항(긴급구조지휘대의 구성 및 기능)
③ 영 제65조 제1항에 따라 긴급구조지휘대를 구성하는 사람은 통제단이 설치·운영되는 경우 다음 각 호의 구분에 따라 통제단의 해당부서에 배치된다.
1. 현장지휘요원 : 현장지휘부
2. 자원지원요원 : 자원지원부
3. 통신지원요원 : 현장지휘부
4. 안전관리요원 : 현장지휘부
5. 상황조사요원 : 대응계획부
6. 구급지휘요원 : 현장지휘부

37 ④ 소방서장, 소방본부장, 소방청장
▶ 재난 및 안전관리 기본법(제49조, 제50조)
　• 중앙통제단의 단장은 소방청장이 된다.
　• 시·도긴급구조통제단장은 소방본부장이 되고, 시·군·구긴급구조통제단장은 소방서장이 된다.

정답 36.① 37.④

38 다음 중 긴급구조기관의 종류가 아닌 것은?
① 소방청　　　　　　② 경찰청
③ 소방본부　　　　　④ 소방서

39 다음 중 「재난 및 안전관리 기본법」상의 긴급구조기관이 아닌 것은?
① 지방해양경찰청　　② 소방서
③ 경찰서　　　　　　④ 해양경찰서

해설

38　② 경찰청은 포함되지 않는다.
　　▶ 긴급구조기관(재난 및 안전관리 기본법 제3조)
　　　소방청·소방본부·소방서·해양경찰청·지방해양경찰청 및 해양경찰서

39　▶ 긴급구조기관(재난 및 안전관리 기본법 제3조)
　　　소방청·소방본부·소방서·해양경찰청·지방해양경찰청 및 해양경찰서

정답 38.② 39.③

40 「재난 및 안전관리 기본법」상 재난 및 사고유형별 재난관리주관기관의 연결이 옳지 않은 것은?

① 우주전파재난 – 과학기술정보통신부 및 우주항공청
② 풍수해 중 조수로 인해 발생하는 재해 – 행정안전부
③ 자연재해로서 낙뢰, 가뭄, 폭염 및 한파로 인해 발생하는 재해 – 행정안전부
④ 산사태로 인해 발생하는 재해 – 산림청
⑤ 화산재해 – 행정안전부

[19. 간부](기출변형)

기본서 1권 247~248p

41 재난 현장에서 긴급구조 현장지휘 내용으로 옳지 않은 것은?

① 추가 재난의 방지를 위한 응급조치
② 긴급구조지원기관 및 자원봉사자 등에 임무부여
③ 사상자의 응급조치 및 의료기관 이송
④ 재난관리책임기관 및 긴급구조지원기관의 긴급구조요원·긴급구조지원요원 및 재난관리자원의 배치와 운용

[18. 상반기]

기본서 1권 301p

해설

40 풍수해 중 조수로 인해 발생하는 재해는 해양수산부가 재난관리주관기관이다.

41 ▶ 긴급구조 현장지휘(재난 및 안전관리 기본법 제52조)
① 재난현장에서는 시·군·구 긴급구조통제단장이 긴급구조활동을 지휘한다. 다만, 치안활동과 관련된 사항은 관할 경찰관서의 장과 협의하여야 한다.
② 현장지휘 사항
  ㉠ 재난현장에서 인명의 탐색·구조
  ㉡ 긴급구조기관 및 긴급구조지원기관의 긴급구조요원·긴급구조지원요원 및 재난관리자원의 배치와 운용
  ㉢ 추가 재난의 방지를 위한 응급조치
  ㉣ 긴급구조지원기관 및 자원봉사자 등에 대한 임무의 부여
  ㉤ 사상자의 응급처치 및 의료기관으로의 이송
  ㉥ 긴급구조에 필요한 재난관리자원의 관리
  ㉦ 현장접근 통제, 현장 주변의 교통정리, 그 밖에 긴급구조활동을 효율적으로 하기 위하여 필요한 사항

정답 40.② 41.③,④(중복정답)

42 「재난 및 안전관리 기본법」상 재난현장에서 시·군·구긴급구조통제단장의 긴급구조 현장지휘 사항을 모두 고른 것은?

> ㉠ 재난현장에서 인명의 탐색·구조
> ㉡ 추가 재난의 방지를 위한 응급조치
> ㉢ 사상자의 응급처치 및 의료기관으로의 이송
> ㉣ 긴급구조에 필요한 재난관리자원의 관리

① ㉠, ㉡
② ㉠, ㉡, ㉢
③ ㉡, ㉢, ㉣
④ ㉠, ㉡, ㉢, ㉣

43 「재난 및 안전관리 기본법 시행령」상 재난 및 사고 유형에 따른 재난관리주관 기관으로 옳지 않은 것은?

① 승강기의 사고 또는 고장으로 인해 발생하는 대규모 피해 – 과학기술정보통신부
② 위험물의 누출·화재·폭발 등으로 인해 발생하는 대규모 피해 – 행정안전부 및 소방청
③ 어린이집의 화재등으로 인해 발생하는 대규모 피해 – 교육부
④ 전파의 혼신으로 인해 발생하는 대규모 피해 – 과학기술정보통신부
⑤ 해외재난 – 외교부

해설 42 모두 옳은 지문이다.

▶ 재난 및 안전관리 기본법 제52조 제2항(긴급구조 현장지휘)
② 제1항에 따른 현장지휘는 다음 각 호의 사항에 관하여 한다.
1. 재난현장에서 인명의 탐색·구조
2. 긴급구조기관 및 긴급구조지원기관의 긴급구조요원·긴급구조지원요원 및 재난관리자원의 배치와 운용
3. 추가 재난의 방지를 위한 응급조치
4. 긴급구조지원기관 및 자원봉사자 등에 대한 임무의 부여
5. 사상자의 응급처치 및 의료기관으로의 이송
6. 긴급구조에 필요한 재난관리자원의 관리
7. 현장접근 통제, 현장 주변의 교통정리, 그 밖에 긴급구조활동을 효율적으로 하기 위하여 필요한 사항

43 ① 승강기의 사고 또는 고장으로 인해 발생하는 대규모 피해 – 행정안전부

정답 42.④ 43.①

44 「재난 및 안전관리 기본법 시행령」상 재난 및 사고유형별 재난관리주관기관으로 옳게 짝지어진 것은?

① 외국인보호실 및 외국인보호소의 화재로 인한 대규모 피해 – 외교부
② 가스사고로 인해 발생하는 대규모 피해 – 산업통상자원부
③ 청소년복지시설의 화재등으로 인해 발생하는 대규모 피해 – 법무부
④ 전통시장의 화재등으로 인해 발생하는 대규모 피해 – 행정안전부
⑤ 산업재해 및 중대산업사고로 인해 발생하는 대규모 피해 – 산업통상자원부

45 「재난 및 안전관리 기본법」상 긴급구조에 대한 설명으로 옳지 않은 것은?

① 긴급구조에 관한 사항의 총괄·조정, 긴급구조기관 및 긴급구조지원기관이 하는 긴급구조활동의 역할 분담과 지휘·통제를 위하여 소방청에 중앙긴급구조통제단을 두며, 단장은 소방청장이 된다.
② 재난현장에서는 시·군·구 긴급구조통제 단장이 긴급구조활동을 지휘한다. 다만, 치안활동과 관련된 사항은 관할 경찰관서의 장과 협의하여야 한다.
③ 해상에서 발생한 선박이나 항공기 등의 조난사고의 긴급구조활동에 관하여는 수상에서의 수색·구조 등에 관한 법률 등 관계 법령에 따른다.
④ 지역통제단장은 긴급구조를 위하여 필요하면 긴급구조지원기관 간의 공조체제를 유지하기 위하여 관계 기관·단체의 상에게 소속직원의 파견을 요청할 수 있다.
⑤ 소방청, 소방본부, 소방서, 대한적십자사는 긴급구조기관에 해당하는 기관이다.

해설 44
① 외국인보호실 및 외국인보호소의 화재로 인한 대규모 피해 – 법무부
③ 청소년복지시설의 화재등으로 인해 발생하는 대규모 피해 – 여성가족부
④ 전통시장의 화재등으로 인해 발생하는 대규모 피해 – 중소벤처기업부
⑤ 산업재해 및 중대산업사고로 인해 발생하는 대규모 피해 – 고용노동부

45 ⑤ 대한적십자사는 재난관리책임기관에 해당한다.
"긴급구조기관"이란 소방청·소방본부 및 소방서를 말한다. 다만, 해양에서 발생한 재난의 경우에는 해양경찰청·지방해양경찰청 및 해양경찰서를 말한다(재난 및 안전관리 기본법 제3조).

정답 44.② 45.⑤

46 「재난 및 안전관리 기본법 시행령」상 재난 및 사고의 유형에 따른 재난관리주관기관의 연결로 옳지 않은 것은?

① 청소년복지시설의 화재등으로 인해 발생하는 대규모 피해 : 교육부
② 해외재난 : 외교부
③ 전기사고로 인해 발생하는 대규모 피해 : 산업통상자원부
④ 위험물의 누출·화재·폭발등으로 인해 발생하는 대규모 피해 : 행정안전부 및 소방청
⑤ 해수욕장의 안전사고로 인해 발생하는 대규모 피해 : 해양수산부

[24. 간부](기출변형)

기본서 1권 247~248p

해설 46 청소년복지시설의 화재등으로 인해 발생하는 대규모 피해 : 여성가족부

정답 46.①

47 「재난 및 안전관리 기본법 시행령」상 긴급구조기관의 장이 수립하는 재난유형별 긴급구조대응계획에 포함되어야 할 내용으로 옳은 것은?

> ㉠ 긴급구조대응계획의 기본방침과 절차
> ㉡ 긴급구조대응계획의 목적 및 적용범위
> ㉢ 주요 재난유형별 대응 매뉴얼에 관한 사항
> ㉣ 비상경고 방송메시지 작성 등에 관한 사항
> ㉤ 긴급구조대응계획의 운영책임에 관한 사항
> ㉥ 재난 발생 단계별 주요 긴급구조 대응활동 사항

① ㉠, ㉡, ㉢
② ㉠, ㉡, ㉤
③ ㉡, ㉣, ㉥
④ ㉢, ㉣, ㉤
⑤ ㉢, ㉣, ㉥

해설 47

㉠ 긴급구조대응계획의 기본방침과 절차 – 기본계획
㉡ 긴급구조대응계획의 목적 및 적용범위 – 기본계획
㉤ 긴급구조대응계획의 운영책임에 관한 사항 – 기본계획

※ 재난 및 안전관리 기본법 시행령 제63조(긴급구조대응계획의 수립)
① 법 제54조에 따라 긴급구조기관의 장이 수립하는 긴급구조대응계획은 기본계획, 기능별 긴급구조대응계획, 재난유형별 긴급구조대응계획으로 구분하되, 구분된 계획에 포함되어야 하는 사항은 다음 각 호와 같다.

1. 기본계획
   가. 긴급구조대응계획의 목적 및 적용범위
   나. 긴급구조대응계획의 기본방침과 절차
   다. 긴급구조대응계획의 운영책임에 관한 사항
2. 기능별 긴급구조대응계획
   가. 지휘통제 : 긴급구조체제 및 중앙통제단과 지역통제단의 운영체계 등에 관한 사항
   나. 비상경고 : 긴급대피, 상황 전파, 비상연락 등에 관한 사항
   다. 대중정보 : 주민보호를 위한 비상방송시스템 가동 등 긴급 공공정보 제공에 관한 사항 및 재난상황 등에 관한 정보통제에 관한 사항
   라. 피해상황분석 : 재난현장상황 및 피해정보의 수집·분석·보고에 관한 사항
   마. 구조·진압 : 인명 수색 및 구조, 화재진압 등에 관한 사항
   바. 응급의료 : 대량 사상자 발생 시 응급의료서비스 제공에 관한 사항
   사. 긴급오염통제 : 오염 노출 통제, 긴급 감염병 방제 등 재난현장 공중보건에 관한 사항
   아. 현장통제 : 재난현장 접근 통제 및 치안 유지 등에 관한 사항
   자. 긴급복구 : 긴급구조활동을 원활하게 하기 위한 긴급구조차량 접근 도로 복구 등에 관한 사항
   차. 긴급구호 : 긴급구조요원 및 긴급대피 수용주민에 대한 위기 상담, 임시 의식주 제공 등에 관한 사항
   카. 재난통신 : 긴급구조기관 및 긴급구조지원기관 간 정보통신체계 운영 등에 관한 사항
3. 재난유형별 긴급구조대응계획
   가. <u>재난 발생 단계별 주요 긴급구조 대응활동 사항</u>
   나. <u>주요 재난유형별 대응 매뉴얼에 관한 사항</u>
   다. <u>비상경고 방송메시지 작성 등에 관한 사항</u>

정답 47.⑤

48 행정안전부장관과 재난관리책임기관의 장은 긴급안전점검 결과 재난 발생의 위험이 높다고 인정되는 시설 또는 지역에 대하여는 대통령령으로 정하는 바에 따라 그 소유자·관리자 또는 점유자에게 재난예방을 위한 긴급안전조치를 할 것을 명할 수 있다. 긴급안전조치의 내용으로 옳지 않은 것은?
① 즉시 퇴피명령
② 보수 또는 보강 등 정비
③ 재난을 발생시킬 위험요인의 제거
④ 정밀안전진단

49 국가의 안녕 및 사회질서의 유지에 중대한 영향을 미치거나 그 재난으로 인한 피해를 효과적으로 수습 및 복구하기 위하여 특별한 조치가 필요하다고 인정하면 중앙위원회의 심의를 거쳐 해당 지역을 특별재난지역으로 선포할 수 있는 자는?
① 소방본부장
② 행정안전부장관
③ 대통령
④ 시·도지사

해설

48 재난예방을 위한 긴급안전조치는 ②③④이다(재난 및 안전관리 기본법 제31조 제1항).

49 ③ 특별재난지역의 선포 : 중앙재난안전대책본부장이 건의, 대통령이 선포(재난 및 안전관리 기본법 제60조)

정답 48.① 49.③

50 「재난 및 안전관리 기본법」상 행정안전부장관·지방자치단체의 장이 재난사태가 선포된 지역에 할 수 있는 조치가 아닌 것은?

① 재난예방에 필요한 조치
② 해당 지역에 소재하는 행정기관 소속공무원의 비상소집
③ 해당 지역에 대한 여행 등의 금지
④ 재난경보의 발령, 인력·장비 및 물자 동원, 위험구역 설정, 대피명령, 응급지원 등을 할 수 있다.

[12. 전북]
기본서 1권 293p

51 우리나라의 「재난 및 안전관리 기본법」에서는 재난을 국민의 생명·신체·재산과 국가에 피해를 주거나 줄 수 있는 것으로서 자연재해, 사회재난으로 규정하고 있다. 다음 중 자연재해가 아닌 것은?

① 환경오염사고   ② 호우
③ 화산활동   ④ 조수

[16. 경기]
기본서 1권 237p

해설 50 ③ 해당 지역에 대한 여행 등 자제 권고를 할 수 있다.
▶ 재난 및 안전관리 기본법 제36조 제5항
행정안전부장관 및 지방자치단체의 장은 제1항에 따라 재난사태가 선포된 지역에 대하여 다음 각 호의 조치를 할 수 있다.
1. 재난경보의 발령, 재난관리자원의 동원, 위험구역 설정, 대피명령, 응급지원 등 이 법에 따른 응급조치
2. 해당 지역에 소재하는 행정기관 소속공무원의 비상소집
3. 해당 지역에 대한 여행 등 이동 자제 권고
4. 「유아교육법」 제31조, 「초·중등교육법」 제64조 및 「고등교육법」 제61조에 따른 휴업명령 및 휴원·휴교 처분의 요청
5. 그 밖에 재난예방에 필요한 조치

51 ① 환경오염사고는 사회재난으로 규정하고 있다(재난 및 안전관리 기본법 제3조).

정답 50.③ 51.①

52 중앙통제단이 하는 일이 아닌 것은?
① 긴급구조활동의 지휘·통제
② 중앙구조대장이 지시하는 사항
③ 국가 긴급구조대책의 총괄·조정
④ 긴급구조대응계획의 집행

[16. 충남]
기본서 1권 300p

53 충북 제천시에 특별재난이 발생했을 때 특별재난지역은 누가 선포하는가?
① 행정안전부장관   ② 대통령
③ 시·도지사   ④ 소방본부장

[13. 충북]
기본서 1권 316p

해설

52 ▶ 재난 및 안전관리 기본법 시행령 제54조(중앙통제단의 기능)
중앙통제단은 법 제49조 제4항에 따라 다음 각 호의 기능을 수행한다.
1. 국가 긴급구조대책의 총괄·조정
2. 긴급구조활동의 지휘·통제(긴급구조활동에 필요한 긴급구조기관의 인력과 장비 등의 동원을 포함한다)
3. 긴급구조지원기관간의 역할분담 등 긴급구조를 위한 현장활동계획의 수립
4. 긴급구조대응계획의 집행
5. 그 밖에 중앙통제단의 장(이하 "중앙통제단장"이라 한다)이 필요하다고 인정하는 사항

53 ▶ 재난 및 안전관리 기본법 제60조(특별재난지역의 선포)
① 중앙대책본부장은 대통령령으로 정하는 규모의 재난이 발생하여 국가의 안녕 및 사회질서의 유지에 중대한 영향을 미치거나 피해를 효과적으로 수습하기 위하여 특별한 조치가 필요하다고 인정하거나 제3항에 따른 지역대책본부장의 요청이 타당하다고 인정하는 경우에는 중앙위원회의 심의를 거쳐 해당 지역을 특별재난지역으로 선포할 것을 대통령에게 건의할 수 있다.
② 제1항에 따라 대통령령으로 재난의 규모를 정할 때에는 다음 각 호의 사항을 고려하여야 한다.
　1. 인명 또는 재산의 피해 정도
　2. 재난지역 관할 지방자치단체의 재정 능력
　3. 재난으로 피해를 입은 구역의 범위
③ 제1항에 따라 특별재난지역의 선포를 건의받은 대통령은 해당 지역을 특별재난지역으로 선포할 수 있다.
④ 지역대책본부장은 관할지역에서 발생한 재난으로 인하여 제1항에 따른 사유가 발생한 경우에는 중앙대책본부장에게 특별재난지역의 선포 건의를 요청할 수 있다.

정답 52.② 53.②

54 세종특별자치시에 태풍으로 인한 대형 재난이 발생한 경우 시민생활을 조속히 안정시키고 효과적인 사고 수습과 복구를 위하여 이곳을 특별재난지역으로 선포할 수 있는 자는?

① 중앙재난대책본부장   ② 세종특별자치시장
③ 행정안전부장관   ④ 대통령

55 다음은 「재난 및 안전관리 기본법」상 특별재난지역의 선포와 관련된 내용이다. ( ) 안에 들어갈 내용으로 옳은 것은?

> (㉠)은(는) 대통령령으로 정하는 규모의 재난이 발생하여 특별한 조치가 필요하다고 인정하거나 지역대책본부장의 요청이 타당하다고 인정하는 경우에는 (㉡)의 심의를 거쳐 해당 지역을 특별재난지역으로 선포할 것을 대통령에게 건의할 수 있다.

	㉠	㉡
①	중앙재난안전대책본부장	안전정책조정위원회
②	중앙안전관리위원회	중앙사고수습본부
③	중앙안전관리위원회	중앙재난안전대책본부장
④	중앙재난안전대책본부장	중앙안전관리위원회

해설

54 ▶ 재난 및 안전관리 기본법 제60조 제3항(특별재난지역의 선포)
③ 제1항에 따라 <u>특별재난지역의 선포를 건의받은 대통령은 해당 지역을 특별재난지역으로 선포할 수 있다.</u>

55 ▶ 재난 및 안전관리법 제60조(특별재난지역의 선포)
① (중앙대책본부장)은 대통령령으로 정하는 규모의 재난이 발생하여 국가의 안녕 및 사회질서의 유지에 중대한 영향을 미치거나 피해를 효과적으로 수습하기 위하여 특별한 조치가 필요하다고 인정하거나 제3항에 따른 지역대책본부장의 요청이 타당하다고 인정하는 경우에는 (중앙위원회)의 심의를 거쳐 해당 지역을 특별재난지역으로 선포할 것을 대통령에게 건의할 수 있다.

정답 54.④ 55.④

56 「재난 및 안전관리 기본법」에 대한 내용이다. ( ) 안에 들어갈 용어로 옳은 것은?

> (가)은 대통령령으로 정하는 재난이 발생하거나 발생할 우려가 있는 경우 사람의 생명·신체 및 재산에 미치는 중대한 영향이나 피해를 줄이기 위하여 긴급한 조치가 필요하다고 인정하면 (나)의 심의를 거쳐 (다)을/를 선포할 수 있다.

	(가)	(나)	(다)
①	중앙재난안전대책본부장	안전정책조정위원회	재난사태
②	행정안전부장관	중앙안전관리위원회	재난사태
③	중앙재난안전대책본부장	중앙안전관리위원회	특별재난지역
④	행정안전부장관	안전정책조정위원회	특별재난지역

[21. 소방직]

기본서 1권 293p

57 재난현장에서 긴급대피, 상황 전파, 비상연락 등을 담당하는 기능별 긴급구조대응계획으로 옳은 것은?
① 피해상황분석
② 대중정보
③ 지휘통제
④ 비상경고

[13. 경기]

기본서 1권 304p

해설

56 ▶ 재난 및 안전관리 기본법 제36조 제1항(재난사태 선포)
① 행정안전부장관은 대통령령으로 정하는 재난이 발생하거나 발생할 우려가 있는 경우 사람의 생명·신체 및 재산에 미치는 중대한 영향이나 피해를 줄이기 위하여 긴급한 조치가 필요하다고 인정하면 중앙위원회의 심의를 거쳐 재난사태를 선포할 수 있다. 다만, 행정안전부장관은 재난상황이 긴급하여 중앙위원회의 심의를 거칠 시간적 여유가 없다고 인정하는 경우에는 중앙위원회의 심의를 거치지 아니하고 재난사태를 선포할 수 있다.

57 ▶ 기능별 긴급구조대응계획(재난 및 안전관리 기본법 시행령 제63조 제1항 제2호)
㉠ 지휘통제 : 긴급구조체제 및 중앙통제단과 지역통제단의 운영체계 등에 관한 사항
㉡ 비상경고 : 긴급대피, 상황 전파, 비상연락 등에 관한 사항
㉢ 대중정보 : 주민보호를 위한 비상방송시스템 가동 등 긴급 공공정보 제공에 관한 사항 및 재난 상황 등에 관한 정보 통제에 관한 사항
㉣ 피해상황분석 : 재난현장상황 및 피해정보의 수집·분석·보고에 관한 사항
㉤ 구조·진압 : 인명 수색 및 구조, 화재진압 등에 관한 사항
㉥ 응급의료 : 대량 사상자 발생 시 응급의료서비스 제공에 관한 사항
㉦ 긴급오염통제 : 오염 노출 통제, 긴급 감염병 방제 등 재난현장 공중보건에 관한 사항
㉧ 현장통제 : 재난현장 접근 통제 및 치안 유지 등에 관한 사항
㉨ 긴급복구 : 긴급구조활동을 원활하게 하기 위한 긴급구조차량 접근 도로 복구 등에 관한 사항
㉩ 긴급구호 : 긴급구조요원 및 긴급대피 수용주민에 대한 위기 상담, 임시 의식주 제공 등에 관한 사항
㉪ 재난통신 : 긴급구조기관 및 긴급구조지원기관 간 정보통신체계 운영 등에 관한 사항

정답 56.② 57.④

58 긴급구조기관의 장이 수립하는 긴급구조 대응계획 중 기능별 긴급구조대응계획에 포함되지 않는 것은?

① 대중정보계획　　② 재난통신계획
③ 긴급오염통제계획　　④ 위험지역설정계획
⑤ 피해상황분석계획

[17. 간부]
기본서 1권 304p

해설 58 기능별 긴급구조대응계획에는 지휘통제, 비상경고, <u>대중정보</u>, <u>피해상황분석</u>, 구조·진압, 응급의료, <u>긴급오염통제</u>, 현장통제, 긴급복구, 긴급구호, <u>재난통신계획</u>이 있다.

▶ 재난 및 안전관리 기본법 시행령 제63조(긴급구조대응계획의 수립)
① 법 제54조에 따라 긴급구조기관의 장이 수립하는 긴급구조대응계획은 기본계획, 기능별 긴급구조대응계획, 재난유형별 긴급구조대응계획으로 구분하되, 구분된 계획에 포함되어야 하는 사항은 다음 각 호와 같다.
1. 기본계획
　가. 긴급구조대응계획의 목적 및 적용범위
　나. 긴급구조대응계획의 기본방침과 절차
　다. 긴급구조대응계획의 운영책임에 관한 사항
2. 기능별 긴급구조대응계획
　가. 지휘통제 : 긴급구조체제 및 중앙통제단과 지역통제단의 운영체계 등에 관한 사항
　나. 비상경고 : 긴급대피, 상황 전파, 비상연락 등에 관한 사항
　다. <u>대중정보</u> : 주민보호를 위한 비상방송시스템 가동 등 긴급 공공정보 제공에 관한 사항 및 재난상황 등에 관한 정보 통제에 관한 사항
　라. <u>피해상황분석</u> : 재난현장상황 및 피해정보의 수집·분석·보고에 관한 사항
　마. 구조·진압 : 인명 수색 및 구조, 화재진압 등에 관한 사항
　바. 응급의료 : 대량 사상자 발생 시 응급의료서비스 제공에 관한 사항
　사. <u>긴급오염통제</u> : 오염 노출 통제, 긴급 감염병 방제 등 재난현장 공중보건에 관한 사항
　아. 현장통제 : 재난현장 접근 통제 및 치안 유지 등에 관한 사항
　자. 긴급복구 : 긴급구조활동을 원활하게 하기 위한 긴급구조차량 접근 도로 복구 등에 관한 사항
　차. 긴급구호 : 긴급구조요원 및 긴급대피 수용주민에 대한 위기 상담, 임시 의식주 제공 등에 관한 사항
　카. <u>재난통신</u> : 긴급구조기관 및 긴급구조지원기관 간 정보통신체계 운영 등에 관한 사항
3. 재난유형별 긴급구조대응계획
　가. 재난 발생 단계별 주요 긴급구조 대응활동 사항
　나. 주요 재난유형별 대응 매뉴얼에 관한 사항
　다. 비상경고 방송메시지 작성 등에 관한 사항

정답 58.④

59 다음 중 재난에 대한 예방, 대비, 대응 및 복구 중에 종류가 다른 하나는?
① 재난 유형별 사전교육 및 훈련실시
② 비상방송 시스템구축
③ 이재민 지원
④ 자원 관리 체계 구축

[15. 통합]

60 다음 중 사회적 재난이 아닌 것은?
① 화재
② 가축전염병
③ 황사
④ 붕괴
⑤ 환경오염사고

[15. 간부]

해설

59 ③ 이재민 지원은 복구단계이고, 나머지 ①②④는 대비단계이다.

단계	재난관리의 단계별 활동내용
예방(완화)	위험성 분석 및 위험지도 작성, 건축법 정비 및 제정, 재난보험, 토지의 이용관리, 안전 관련법 제정, 조세유도
준비(대비)	재난대응계획의 수립, 비상경보체계의 구축, 통합대응체계의 구축, 비상통신망의 구축, 대응자원의 준비, 교육과 훈련 및 연습
대응	재난대응계획의 적용, 재난 진압, 구조 및 구급, 주민 홍보 및 교육, 응급의료체계의 운영, 사고대책본부의 가동, 환자 수용, 간호, 보호 및 후송
복구	잔해물의 제거, 전염예방, 이재민의 지원, 임시주거지의 마련, 시설복구

60 ③ 황사 : 자연재난
- 자연재난 : 태풍, 홍수, 호우(豪雨), 강풍, 풍랑, 해일(海溢), 대설, 한파, 낙뢰, 가뭄, 폭염, 지진, 황사(黃砂), 조류(藻類) 대발생, 조수(潮水), 화산활동, 「우주개발 진흥법」에 따른 자연우주물체의 추락·충돌, 그 밖에 이에 준하는 자연현상으로 인하여 발생하는 재해
- 사회재난 : 화재·붕괴·폭발·교통사고(항공사고 및 해상사고를 포함한다)·화생방사고·환경오염사고·다중운집인파사고 등으로 인하여 발생하는 대통령령으로 정하는 규모 이상의 피해와 국가핵심기반의 마비, 「감염병의 예방 및 관리에 관한 법률」에 따른 감염병 또는 「가축전염병예방법」에 따른 가축전염병의 확산, 「미세먼지 저감 및 관리에 관한 특별법」에 따른 미세먼지, 「우주개발 진흥법」에 따른 인공우주물체의 추락·충돌 등으로 인한 피해

정답 59.③ 60.③

61 다음 중 긴급구조기관이 아닌 것은?
① 소방청
② 해양경찰서
③ 해양경찰청
④ 해양수산부
⑤ 소방서

[15. 간부]
상 중 **하**
기본서 1권 249p

62 지역통제단장의 응급조치에 관한 것이 아닌 것은?
① 진화
② 긴급수송
③ 경보발령
④ 구조수단의 확보
⑤ 현장지휘통신체계의 확보

[15. 간부]
상 **중** 하
기본서 1권 294p

해설
61 ▶ 긴급구조기관(재난 및 안전관리 기본법 제3조)
소방청·소방본부·소방서·해양경찰청·지방해양경찰청 및 해양경찰서

62 ▶ 지역통제단장의 응급조치
진화에 관한 응급조치, 긴급수송 및 구조 수단의 확보, 현장지휘통신체계의 확보(재난 및 안전관리 기본법 제37조)

정답 61.④ 62.③

63 「재난 및 안전관리 기본법」상 재난이 발생할 우려가 있거나 재난이 발생하였을 때에 즉시 취해야 하는 응급조치로 옳지 않은 것은?

① 응급지원에 필요한 비용부담
② 피해시설의 응급복구 및 방역과 방범, 그 밖의 질서 유지
③ 긴급수송 및 구조 수단의 확보
④ 급수 수단의 확보, 긴급피난처 및 구호품의 확보
⑤ 현장지휘통신체계의 확보

[18. 간부]

64 시·도 긴급구조통제단장과 시·군·구 긴급구조통제단장의 응급조치사항에 해당하지 않는 것은?

① 긴급수송 수단 확보
② 경보의 발령
③ 현장지휘통신체계의 확보
④ 진화

[17. 상반기]

해설

63 ▶ 재난 및 안전관리 기본법 제37조(응급조치)
① 제50조 제2항에 따른 시·도긴급구조통제단 및 시·군·구긴급구조통제단의 단장(이하 "지역통제단장"이라 한다)과 시장·군수·구청장은 재난이 발생할 우려가 있거나 재난이 발생하였을 때에는 즉시 관계 법령이나 재난대응활동계획 및 위기관리 매뉴얼에서 정하는 바에 따라 수방(水防)·진화·구조 및 구난(救難), 그 밖에 재난 발생을 예방하거나 피해를 줄이기 위하여 필요한 다음 각 호의 응급조치를 하여야 한다. 다만, 지역통제단장의 경우에는 제2호 중 진화에 관한 응급조치와 제4호 및 제6호의 응급조치만 하여야 한다.
1. 경보의 발령 또는 전달이나 피난의 권고 또는 지시
1의2. 제31조에 따른 안전조치
2. 진화·수방·지진방재, 그 밖의 응급조치와 구호
3. 피해시설의 응급복구 및 방역과 방범, 그 밖의 질서 유지
4. 긴급수송 및 구조 수단의 확보
5. 급수 수단의 확보, 긴급피난처 및 구호품 등 재난관리자원의 확보
6. 현장지휘통신체계의 확보
7. 그 밖에 재난 발생을 예방하거나 줄이기 위하여 필요한 사항으로서 대통령령으로 정하는 사항

64 ▶ 지역통제단장의 응급조치 : 진화에 관한 응급조치, 긴급수송 및 구조 수단의 확보, 현장지휘통신체계의 확보가 있다.

정답 63.① 64.②

65 특별재난에 대한 설명으로 옳은 것은?
① 특별재난지역선포는 대통령이 한다.
② 중앙위원회의 위원장은 행정안전부장관이다.
③ 조정위원회의 위원장은 국무총리이다.
④ 중앙통제단장은 행정안전부장관이다.
⑤ 시·도통제단장은 중앙소방본부장이다.

[15. 간부]

기본서 1권 252~254p
        300p, 316p

66 특별재난지역선포에 관련하여 옳은 것은?
① 특별재난지역선포권자는 대통령이다.
② 긴급한 경우에는 위원회의 심의를 거치지 않고 사후에 심의 받을 수 있다.
③ 재정상의 지원이 추가되며, 심리상담등에 대한 지원이 배제된다.
④ 선포는 재난발생이 예상될 때도 가능하다.

[17. 상반기]

기본서 1권 316~317p

해설 65 ① 【재난 및 안전관리 기본법 제36조, 제60조】 재난사태선포
　　1. 재난선포 : 행정안전부장관 → 중앙위원회 심의 거쳐 → 선포
　　2. 특별재난선포 : 중앙대책본부장 → 중앙위원회 심의 거쳐 대통령에게 건의 → 대통령이 선포
② 중앙위원회의 위원장은 국무총리이다.
③ 조정위원회의 위원장은 행정안전부장관이다.
④ 중앙통제단장은 소방청장이 된다.
⑤ 시·도긴급구조통제단의 단장은 소방본부장이 되고 시·군·구긴급구조통제단의 단장은 소방서장이 된다.

66 ② 중앙위원회의 심의를 거쳐 해당 지역을 특별재난지역으로 선포할 것을 대통령에게 건의할 수 있다(재난 및 안전관리 기본법 제60조).
③ 심리상담등에 대한 지원도 포함된다(재난 및 안전관리 기본법 제66조).
④ 재난이 발생하여 국가의 안녕 및 사회질서의 유지에 중대한 영향을 미치거나 피해를 효과적으로 수습하기 위하여 특별한 조치가 필요하다고 인정될 때 선포된다(재난 및 안전관리 기본법 제60조).

정답 65. ① 66. ①

67 재난 및 안전관리 기본법령상 재난사태 선포와 특별재난지역의 선포에 관한 설명으로 옳지 않은 것은?

① 재난사태 선포는 재난의 대응 활동에 해당된다.
② 특별재난지역의 선포는 재난의 복구 활동에 해당된다.
③ 재난사태 선포권자는 국무총리이다.
④ 재난사태 선포대상 재난은 재난 중 극심한 인명 또는 재산의 피해가 발생하거나 발생할 것으로 예상되어 시·도지사가 중앙대책본부장에게 재난사태의 선포를 건의하거나 중앙대책본부장이 재난사태의 선포가 필요하다고 인정하는 재난(「노동조합 및 노동관계조정법」 제4장에 따른 쟁의행위로 인한 국가핵심기반의 일시 정지는 제외한다)을 말한다.
⑤ 행정안전부장관 및 지방자치단체의 장은 재난사태가 선포된 지역에 대하여 재난경보의 발령, 재난관리자원의 동원, 위험구역 설정, 대피명령, 응급지원 등 이 법에 따른 응급조치, 해당 지역에 소재하는 행정기관 소속 공무원의 비상소집, 해당 지역에 대한 여행 등 이동 자제 권고 등의 조치를 할 수 있다.

[24. 간부]

기본서 1권 293p

해설 67 ③ 재난사태 선포권자는 행정안전부장관이다.

정답 67.③

68 다음 중 연결이 옳지 않은 것은?
① 국무총리 – 중앙안전관리위원회 위원장
② 행정안전부장관 – 중앙재난안전대책본부장
③ 소방본부장 – 중앙통제단의 단장
④ 시·도지사 – 시·도 재난안전대책본부장
⑤ 소방서장 – 시·군·구 긴급구조통제단장

[15. 간부]
상 중 하
기본서 1권 252p, 262p, 268p, 300p

69 중앙긴급구조 통제단에 관한 설명 중 옳지 않은 것은?
① 중앙(긴급구조)통제단의 단장은 행정안전부장관이다.
② 중앙통제단은 소방청에 설치한다.
③ 중앙통제단의 구성·기능 및 운영에 필요한 사항은 대통령령으로 정한다.
④ 긴급구조지원기관 간의 공조체제를 유지하기 위하여 관계 기관·단체의 장에게 소속 직원의 파견을 요청할 수 있다.

[16. 통합]
상 중 하
기본서 1권 300p

해설 68 ③ 중앙통제단장은 소방청장이 된다.

69 ① 중앙통제단의 단장은 소방청장이 된다.

정답 68.③ 69.①

70 자연재난으로 볼 수 없는 것은?
① 호우
② 환경오염사고
③ 조수
④ 화산활동

71 「재난 및 안전관리 기본법」상 긴급구조기관으로 옳지 않은 것은?
① 경찰청
② 소방청
③ 해양경찰서
④ 지방해양경찰청

[16. 통합]
기본서 1권 237p

[16. 통합]
기본서 1권 249p

해설
70
- **자연재난**: 태풍, 홍수, 호우(豪雨), 강풍, 풍랑, 해일(海溢), 대설, 한파, 낙뢰, 가뭄, 폭염, 지진, 황사(黃砂), 조류(藻類) 대발생, 조수(潮水), 화산활동, 「우주개발 진흥법」에 따른 자연우주물체의 추락·충돌, 그 밖에 이에 준하는 자연현상으로 인하여 발생하는 재해
- **사회재난**: 화재·붕괴·폭발·교통사고(항공사고 및 해상사고를 포함한다)·화생방사고·환경오염사고·다중운집인파사고 등으로 인하여 발생하는 대통령령으로 정하는 규모 이상의 피해와 국가핵심기반의 마비, 「감염병의 예방 및 관리에 관한 법률」에 따른 감염병 또는 「가축전염병예방법」에 따른 가축전염병의 확산, 「미세먼지 저감 및 관리에 관한 특별법」에 따른 미세먼지, 「우주개발 진흥법」에 따른 인공우주물체의 추락·충돌 등으로 인한 피해

71 ▶ 긴급구조기관
소방청·소방본부·소방서·해양경찰청·지방해양경찰청 및 해양경찰서를 말한다.

정답 70.② 71.①

72 「재난 및 안전관리 기본법」 및 같은 법 시행령에 대한 설명으로 옳지 않은 것은?
① 시·군·구 긴급구조통제단장은 시장·군수·구청장이다.
② 안전점검의 날은 매월 4일로 한다.
③ 재난사태가 선포된 지역에 여행 등 이동자제 권고를 할 수 있다.
④ 긴급구조기관이란 소방청·소방본부·소방서·해양경찰청·지방해양경찰청 및 해양경찰서를 말한다.

[16. 충남]
기본서 1권 249p, 293p, 300p

73 실제 재난 발생 시의 대응 매뉴얼로 맞는 것은?
① 위기관리 표준매뉴얼
② 위기대응 실무매뉴얼
③ 현장조치 행동매뉴얼
④ 위기상황 매뉴얼

[16. 충남]
기본서 1권 289~290p

해설

72 ① 시·군·구긴급구조통제단의 단장은 소방서장이 된다.

73 ② 위기대응 실무매뉴얼은 위기관리 표준매뉴얼에서 규정하는 기능과 역할에 따라 실제 재난대응에 필요한 조치사항 및 절차를 규정한 문서로 재난관리주관기관의 장과 관계 기관의 장이 작성한다. 이 경우 재난관리주관기관의 장은 위기대응 실무매뉴얼과 제1호에 따른 위기관리 표준매뉴얼을 통합하여 작성할 수 있다.

▶ 재난 및 안전관리 기본법 제34조의5(재난분야 위기관리 매뉴얼 작성·운용)
① 재난관리책임기관의 장은 재난을 효율적으로 관리하기 위하여 재난유형에 따라 다음 각 호의 위기관리 매뉴얼을 작성·운용하고 이를 준수하도록 노력하여야 한다. 이 경우 재난대응활동계획과 위기관리 매뉴얼이 서로 연계되도록 하여야 한다.
  1. 위기관리 표준매뉴얼 : 국가적 차원에서 관리가 필요한 재난에 대하여 재난관리 체계와 관계 기관의 임무와 역할을 규정한 문서로 위기대응 실무매뉴얼의 작성 기준이 되며, 재난관리주관기관의 장이 작성한다. 다만, 다수의 재난관리주관기관이 관련되는 재난에 대해서는 관계 재난관리주관기관의 장과 협의하여 행정안전부장관이 위기관리 표준매뉴얼을 작성할 수 있다.
  2. 위기대응 실무매뉴얼 : 위기관리 표준매뉴얼에서 규정하는 기능과 역할에 따라 실제 재난대응에 필요한 조치사항 및 절차를 규정한 문서로 재난관리주관기관의 장과 관계 기관의 장이 작성한다. 이 경우 재난관리주관기관의 장은 위기대응 실무매뉴얼과 제1호에 따른 위기관리 표준매뉴얼을 통합하여 작성할 수 있다.
  3. 현장조치 행동매뉴얼 : 재난현장에서 임무를 직접 수행하는 기관의 행동조치 절차를 구체적으로 수록한 문서로 위기대응 실무매뉴얼을 작성한 기관의 장이 지정한 기관의 장이 작성하되, 시장·군수·구청장은 재난유형별 현장조치 행동매뉴얼을 통합하여 작성할 수 있다. 다만, 현장조치 행동매뉴얼 작성 기관의 장이 다른 법령에 따라 작성한 계획·매뉴얼 등에 재난유형별 현장조치 행동매뉴얼에 포함될 사항이 모두 포함되어 있는 경우 해당 재난유형에 대해서는 현장조치 행동매뉴얼이 작성된 것으로 본다.

정답 72.① 73.②

74 「재난 및 안전관리 기본법」상 재난관리책임기관의 장은 재난을 효율적으로 관리하기 위하여 재난유형에 따라 위기관리 매뉴얼을 작성·운용하여야 한다. ( ) 안에 들어갈 내용으로 옳은 것은?

> (㉠)은 국가적 차원에서 관리가 필요한 재난에 대하여 재난관리 체계와 관계 기관의 임무와 역할을 규정한 문서이고, (㉡)은 재난현장에서 임무를 직접 수행하는 기관의 행동조치 절차를 구체적으로 수록한 문서이다.

	㉠	㉡
①	위기관리 표준매뉴얼	위기대응 실무매뉴얼
②	위기관리 표준매뉴얼	현장조치 행동매뉴얼
③	위기대응 실무매뉴얼	현장조치 행동매뉴얼
④	위기대응 실무매뉴얼	위기관리 표준매뉴얼
⑤	현장조치 행동매뉴얼	위기관리 표준매뉴얼

[21. 간부]

기본서 1권 289p

해설 74

※ 재난 및 안전관리 기본법 제34조의5(재난분야 위기관리 매뉴얼 작성·운용)
① 재난관리책임기관의 장은 재난을 효율적으로 관리하기 위하여 재난유형에 따라 다음 각 호의 위기관리 매뉴얼을 작성·운용하고 이를 준수하도록 노력하여야 한다. 이 경우 재난대응활동계획과 위기관리 매뉴얼이 서로 연계되도록 하여야 한다.
1. <u>위기관리 표준매뉴얼</u> : <u>국가적 차원에서 관리가 필요한 재난에 대하여 재난관리 체계와 관계 기관의 임무와 역할을 규정한 문서</u>로 위기대응 실무매뉴얼의 작성 기준이 되며, 재난관리주관기관의 장이 작성한다. 다만, 다수의 재난관리주관기관이 관련되는 재난에 대해서는 관계 재난관리주관기관의 장과 협의하여 행정안전부장관이 위기관리 표준매뉴얼을 작성할 수 있다.
2. 위기대응 실무매뉴얼 : 위기관리 표준매뉴얼에서 규정하는 기능과 역할에 따라 실제 재난대응에 필요한 조치사항 및 절차를 규정한 문서로 재난관리주관기관의 장과 관계 기관의 장이 작성한다. 이 경우 재난관리주관기관의 장은 위기대응 실무매뉴얼과 제1호에 따른 위기관리 표준매뉴얼을 통합하여 작성할 수 있다.
3. <u>현장조치 행동매뉴얼</u> : <u>재난현장에서 임무를 직접 수행하는 기관의 행동조치 절차를 구체적으로 수록한 문서</u>로 위기대응 실무매뉴얼을 작성한 기관의 장이 지정한 기관의 장이 작성하되, 시장·군수·구청장은 재난유형별 현장조치 행동매뉴얼을 통합하여 작성할 수 있다. 다만, 현장조치 행동매뉴얼 작성 기관의 장이 다른 법령에 따라 작성한 계획·매뉴얼 등에 재난유형별 현장조치 행동매뉴얼에 포함될 사항이 모두 포함되어 있는 경우 해당 재난유형에 대해서는 현장조치 행동매뉴얼이 작성된 것으로 본다.

정답 74.②

75 「재난 및 안전관리 기본법」상 재난현장에서 임무를 직접 수행하는 기관의 행동조치 절차를 구체적으로 수록한 문서는?

① 재난대응 활동계획
② 현장조치 행동매뉴얼
③ 위기대응 실무매뉴얼
④ 위기관리 표준매뉴얼

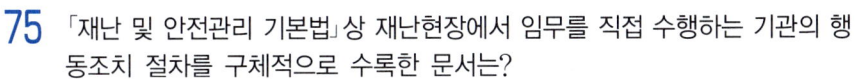

해설 75
▶ 재난 및 안전관리 기본법 제34조의5(재난분야 위기관리 매뉴얼 작성・운용)
① 재난관리책임기관의 장은 재난을 효율적으로 관리하기 위하여 재난유형에 따라 다음 각 호의 위기관리 매뉴얼을 작성・운용하고 이를 준수하도록 노력하여야 한다. 이 경우 재난대응활동계획과 위기관리 매뉴얼이 서로 연계되도록 하여야 한다.
  1. 위기관리 표준매뉴얼 : 국가적 차원에서 관리가 필요한 재난에 대하여 재난관리 체계와 관계 기관의 임무와 역할을 규정한 문서로 위기대응 실무매뉴얼의 작성 기준이 되며, 재난관리주관기관의 장이 작성한다. 다만, 다수의 재난관리주관기관이 관련되는 재난에 대해서는 관계 재난관리주관기관의 장과 협의하여 행정안전부장관이 위기관리 표준매뉴얼을 작성할 수 있다.
  2. 위기대응 실무매뉴얼 : 위기관리 표준매뉴얼에서 규정하는 기능과 역할에 따라 실제 재난대응에 필요한 조치사항 및 절차를 규정한 문서로 재난관리주관기관의 장과 관계 기관의 장이 작성한다. 이 경우 재난관리주관기관의 장은 위기대응 실무매뉴얼과 제1호에 따른 위기관리 표준매뉴얼을 통합하여 작성할 수 있다.
  3. 현장조치 행동매뉴얼 : 재난현장에서 임무를 직접 수행하는 기관의 행동조치 절차를 구체적으로 수록한 문서로 위기대응 실무매뉴얼을 작성한 기관의 장이 지정한 기관의 장이 작성하되, 시장・군수・구청장은 재난유형별 현장조치 행동매뉴얼을 통합하여 작성할 수 있다. 다만, 현장조치 행동매뉴얼 작성 기관의 장이 다른 법령에 따라 작성한 계획・매뉴얼 등에 재난유형별 현장조치 행동매뉴얼에 포함될 사항이 모두 포함되어 있는 경우 해당 재난유형에 대해서는 현장조치 행동매뉴얼이 작성된 것으로 본다.

정답 75.②

76 「재난 및 안전관리 기본법 시행령」상 다중이용시설의 관계인이 위기상황에 대비한 매뉴얼을 작성하여 이에 따른 훈련을 주기적으로 실시해야 하는 건축물 또는 시설에 해당하지 않는 것은?

① 바닥면적의 합계가 4,000m²인 판매시설
② 바닥면적의 합계가 5,000m²인 운수시설 중 여객용시설
③ 바닥면적의 합계가 6,000m²인 숙박시설 중 관광숙박시설
④ 바닥면적의 합계가 7,000m²인 의료시설 중 종합병원
⑤ 바닥면적의 합계가 8,000m²인 문화 및 집회시설(동물원 및 식물원은 제외)

[19. 간부]

기본서 1권 291p

해설 76 ① 바닥면적의 합계가 5,000m² 이상인 판매시설

▶ 재난 및 안전관리 기본법 시행령 제43조의8(위기상황 매뉴얼 작성·관리 대상)
법 제34조의6 제1항 본문에서 "대통령령으로 정하는 다중이용시설 등의 소유자·관리자 또는 점유자"란 다음 각 호의 어느 하나에 해당하는 건축물 또는 시설(이하 "다중이용시설등"이라 한다)의 관계인을 말한다.
1. 「건축법 시행령」 제2조 제17호 가목에 따른 다중이용 건축물
2. 그 밖에 제1호에 따른 건축물에 준하는 건축물 또는 시설로서 행정안전부장관이 법 제34조의6 제1항 본문에 따른 위기상황에 대비한 매뉴얼(이하 "위기상황 매뉴얼"이라 한다)의 작성·관리가 필요하다고 인정하여 고시하는 건축물 또는 시설

▶ 건축법 시행령 제2조(정의)
이 영에서 사용하는 용어의 뜻은 다음과 같다.
17. "다중이용 건축물"이란 다음 각 목의 어느 하나에 해당하는 건축물을 말한다.
    가. 다음의 어느 하나에 해당하는 용도로 쓰는 바닥면적의 합계가 5천제곱미터 이상인 건축물
        1) 문화 및 집회시설(동물원 및 식물원은 제외한다)
        2) 종교시설
        3) 판매시설
        4) 운수시설 중 여객용 시설
        5) 의료시설 중 종합병원
        6) 숙박시설 중 관광숙박시설
    나. 16층 이상인 건축물

정답 76.①

77 재난관리기금 금액에 대한 설명으로 옳은 것은?
① 3년 동안 보통세의 수입결산액의 평균연액의 1 / 100(1%)에 해당하는 금액
② 3년 동안 보통세의 수입결산액의 평균연액의 3 / 100(3%)에 해당하는 금액
③ 5년 동안 보통세의 수입결산액의 평균연액의 3 / 100(3%)에 해당하는 금액
④ 5년 동안 보통세의 수입결산액의 평균연액의 5 / 100(5%)에 해당하는 금액

[16. 충남]
기본서 1권 327p

78 「재난 및 안전관리 기본법」상 재난지역에 대한 국고보조 등의 지원에 대한 내용으로 옳지 않은 것은?
① 국가는 자연재난의 원활한 복구를 위하여 필요하면 대통령령으로 정하는 바에 따라 그 비용의 전부 또는 일부를 국고에서 부담하거나 지방자치단체, 그 밖의 재난 관리책임자에게 보조할 수 있다.
② 국가와 지방자치단체는 재난으로 피해를 입은 시설의 복구와 피해주민의 생계 안정을 위하여 주거용 건축물의 복구비를 지원할 수 있다.
③ 국가와 지방자치단체는 재난으로 피해를 입은 사람에 대하여 심리적 안정과 사회적응을 위한 상담 활동을 지원할 수 있다.
④ 재난복구사업의 재원은 대통령령으로 정하는 재난의 구호 및 재난의 복구 비용 부담기준에 따라 국고의 부담금 또는 보조금과 지방자치단체의 부담금·의연금 등으로 충당한다.
⑤ 국가와 지방자치단체로부터 재난으로 피해를 입은 시설의 복구와 피해주민의 생계 안정을 위해 지원되는 금품 또는 이를 지급받을 권리는 양도하거나 담보로 제공할 수 있다.

[18. 간부]
기본서 1권 320p

해설
77 ▶ 재난 및 안전관리 기본법 제67조 제2항
재난관리기금의 매년도 최저적립액은 최근 3년 동안의 「지방세법」에 의한 보통세의 수입결산액의 평균연액의 100분의 1에 해당하는 금액으로 한다.

78 ⑤ 국가와 지방자치단체로부터 재난으로 피해를 입은 시설의 복구와 피해주민의 생계 안정을 위해 지원되는 금품 또는 이를 지급받을 권리는 양도하거나 담보로 제공할 수 없다(재난 및 안전관리 기본법 제66조 제7항).

정답 77.① 78.⑤

79 「재난 및 안전관리 기본법 시행령」상 특정관리대상 지역에 대한 안전등급의 평가 기준에 따라 실시하여야 하는 정기안전점검 실시기준으로 옳지 않은 것은?

① 안전등급 A등급 : 반기별 1회 이상
② 안전등급 B등급 : 반기별 1회 이상
③ 안전등급 C등급 : 반기별 2회 이상
④ 안전등급 D등급 : 월 1회 이상
⑤ 안전등급 E등급 : 월 2회 이상

80 「재난 및 안전관리 기본법」 및 동법 시행령에 따라 수립해야 하는 계획의 내용이다. ( ) 안에 들어갈 내용으로 옳은 것은?

> (가) (㉠)은/는 재난 및 안전관리에 관한 과학기술의 진흥을 위하여 (㉡)년마다 관계중앙행정기관의 재난 및 안전관리기술개발에 관한 계획을 종합하여 조정위원회의 심의와 「국가과학기술자문회의법」에 따른 국가과학기술자문회의의 심의를 거쳐 재난 및 안전관리기술개발 종합계획을 수립하여야 한다.
> (나) (㉢)은/는 국가안전관리기본계획을 (㉣)년마다 수립지침을 작성하여 통보하여야 한다.

	㉠	㉡	㉢	㉣
①	국무총리	1	행정안전부장관	1
②	과학기술정보통신부장관	5	행정안전부장관	5
③	행정안전부장관	1	국무총리	1
④	국무총리	5	국무총리	5
⑤	행정안전부장관	5	국무총리	5

해설 79 ③ 안전등급 C등급 : 반기별 1회 이상

▶ 재난 및 안전관리 기본법 시행령 제34조의2 제3항(특정관리대상지역의 안전등급 및 안전점검 등)
③ 재난관리책임기관의 장은 다음 각 호의 구분에 따라 특정관리대상지역에 대한 안전점검을 실시하여야 한다.
  1. 정기안전점검
    가. A등급, B등급 또는 C등급에 해당하는 특정관리대상지역 : 반기별 1회 이상
    나. D등급에 해당하는 특정관리대상지역 : 월 1회 이상
    다. E등급에 해당하는 특정관리대상지역 : 월 2회 이상
  2. 수시안전점검 : 재난관리책임기관의 장이 필요하다고 인정하는 경우

80 (가) (행정안전부장관)은/는 재난 및 안전관리에 관한 과학기술의 진흥을 위하여 (5)년마다 관계중앙행정기관의 재난 및 안전관리기술개발에 관한 계획을 종합하여 조정위원회의 심의와 「국가과학기술자문회의법」에 따른 국가과학기술자문회의의 심의를 거쳐 재난 및 안전관리기술개발 종합계획을 수립하여야 한다.
(나) (국무총리)은/는 국가안전관리기본계획을 (5)년마다 수립지침을 작성하여 통보하여야 한다.

정답 79.③ 80.⑤

소방학개론

PART 03

연소이론

01 연소개요 등
02 연기 및 화염
03 폭발개요 및 분류

01 연소개요 등 (김동준소방)

01 800℃, 1기압에서 황(S) 1kg이 공기 중에서 완전 연소할 때 발생되는 이산화황의 발생량(m^3)은? (단, 황(S)의 원자량은 32, 산소(O)의 원자량은 16이며, 이상기체로 가정한다.)

① 2.00
② 2.35
③ 2.50
④ 2.75

[22. 소방직]
상 중 하
기본서 2권 11P

해설 01

$$S + O_2 \rightarrow SO_2$$
32   (16×2)   64
1kg   2kg

1. T = 800℃ → 절대온도(K) : ℃ +273 = 800℃ + 273 = 1073K
   P = 1기압
2. P V = n R T

   P : 압력, V : 부피, n : 분자수[몰수($\frac{W}{M}$) M : 분자량, W : 질량(g)]

   R : 기체상수(0.082atm·L/mol·k) T : 온도

$$V = \frac{WRT}{PM}$$

질량 → 그램(g)으로 변환 ⇨ $V = \dfrac{2000 \times 0.082 \times 1073}{1 \times 64} = 2749.56..L$

발생량(m^3)를 구하는 것이니 2749.56 ÷ 1000 = 2.749m^3....
1,000L = 1m^3
반올림하여 2.75m^3

정답 01. ④

02 다음 그래프는 1기압하에서 -20℃의 얼음 1g이 가열되는 동안의 온도변화를 나타낸 것이다. 그래프에 대한 설명으로 옳지 않은 것은?

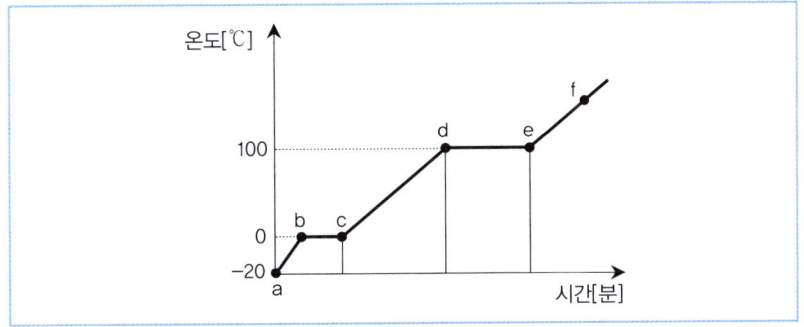

① 구간 b~c, 구간 d~e에서 잠열을 흡수한다.
② 구간 a~b, 구간 c~d, 구간 e~f에서 현열을 흡수한다.
③ 구간 b~c에서 흡수하는 열량은 약 80cal이다.
④ 구간 c~d에서 흡수하는 열량은 약 100cal이다.
⑤ 구간 b~e에서 소요되는 열량은 약 619cal이다.

해설 02 ⑤ 구간 b~e에서 소요되는 열량은 약 719cal이다.
- 물의 기화열(증발잠열) : 539kcal/kg
- 얼음의 융해열(용융잠열) : 80kcal/kg
  b~c 고체 → 액체 구간 : 열량=고체의 질량×고체의 융해열=1×80=80cal
  c~d 액체 구간 : 열량 = 액체의 비열×액체의 질량×온도변화=1×1×100
  = 100cal
  d~e 액체 → 기체 구간 : 열량=액체의 질량×액체의 기화열=1×539=539cal
  b~e에서 소요되는 열량은 약 719cal

정답 02.⑤

03 다음은 물질과 열의 정의에 관한 설명이다. 옳지 않은 것은?
① 현열은 온도의 변화를 수반하지 않고 상의 변화로 생성되는 에너지이며 잠열은 상의 변화를 수반하지 않고 온도를 1℃ 올릴 때 필요한 에너지를 말한다.
② 비열은 단위질량의 물체 1g을 1℃ 올리는데 필요한 열량과 물 1g의 온도를 1℃ 올리는데 필요한 열량과의 비율을 말한다.
③ 1[Btu]는 1[Lb]의 물을 1[℉] 높이는데 필요한 열량을 말한다.
④ 융점은 대기압 하에서 고체가 용융하여 액체가 되는 온도를 말한다.

[11. 통합]
기본서 2권 11p, 50p

04 0℃ 얼음 1kg이 수증기 100℃가 되려면 몇 kcal가 필요한가?
① 619kcal   ② 639kcal
③ 719kcal   ④ 1278kcal

[13. 광주]
기본서 2권 11p

해설

03 ① 현열은 물질에 가해진 열이 상(相)의 변화가 없는 경우 보유하고 있는 열량이며(즉, 온도를 말함) 잠열은 열의 출입이 기화나 액화처럼 상(相)의 변화로 온도변화를 수반하지 않고 흡수(액체 → 기체) 또는 방출(기체 → 액체)하는 열이며 숨은열이라고도 한다.

04 (비열×질량×온도차)+(융해잠열×질량)+(기화잠열×질량)
③ (1kcal/kg×1kg×100)+(80kcal/kg×1kg)+(1kg×539kcal/kg)=719kcal
얼음 → 물(융해잠열) : 80kcal/kg, 물 → 수증기(기화잠열) : 539kcal/kg

정답 03.① 04.③

05 다음은 연소에 관한 설명이다. 옳지 않은 것은?
① 연소란 빛과 발열반응을 수반하는 산화반응이다.
② 연소의 3요소란 가연물, 산소공급원, 점화원을 말한다.
③ 가연물, 산소공급원, 점화원, 연쇄반응까지를 연소의 4요소라 한다.
④ 산소는 가연성물질로서 그 양이 많을수록 연소를 활성화시킨다.

[11. 제주]
상 중 하
기본서 2권 12p

06 연소에 관한 설명으로 옳지 않은 것은?
① 연소는 빛과 열의 발생을 수반하는 급격한 산화 반응이다.
② 연소의 3요소는 가연물, 산소공급원, 점화원이다.
③ 수소 기체는 아세틸렌 기체보다 연소범위가 더 넓다.
④ 가연물의 인화점이 낮을수록 연소 위험성이 커진다.
⑤ 열분해에 의해 산소를 발생하면서 연소하는 현상은 자기연소이다.

[19. 간부]
상 중 하
기본서 2권 14p, 23~24p, 32p

해설
05 | ④ 산소는 가연성물질이 아니라 조연성물질이다.

06 | ③ 아세틸렌(2.5~81) 기체는 수소(4~75) 기체보다 연소범위가 더 넓다.

정답 05.④ 06.③

07 연소의 3요소로 옳은 것은?
① 가연물, 산소공급원, 점화원
② 가연물, 수소, 점화원
③ 가연물, 산소, 연쇄반응
④ 가연물, 산소공급원, 질소

[12. 울산]
기본서 2권 14p

08 다음 중 연소의 4요소에 해당되지 않는 것은?
① 점화에너지
② 순간반응
③ 가연성물질
④ 산소공급원

[11. 부산]
기본서 2권 20p, 23p

해설

07 ① 연소가 일어나기 위해서는 연소의 3요소인 가연물(환원제)·산소공급원(산화제)·점화원이 꼭 구비되어야 하고, 이 중 하나라도 구비되지 않으면 연소는 일어나지 않는다.

08 ② 순간반응이 아닌 순조로운 연쇄반응이 4요소에 속한다.

정답 07.① 08.②

09 연소를 증대시키는 가연물의 특성 중 옳지 않은 것은?
① 온도 또는 압력상승 시 위험하다.
② 열의 축적이 용이할수록, 열전도율이 높을수록 위험하다.
③ 온도, 압력, 열량, 연소속도, 폭발범위가 클수록 위험하다.
④ 인화점, 착화점, 점성, 비점, 비중, 융점은 작을수록 위험하다.

[10. 충남]

기본서 2권 14p

10 가연성 물질의 화재 위험성에 대한 설명으로 옳은 것은?
① 비열, 연소열, 비점이 작거나 낮을수록 위험하다.
② 증발열, 연소열, 연소속도가 크거나 빠를수록 위험하다.
③ 표면장력, 인화점, 발화점이 작거나 낮을수록 위험하다.
④ 비중, 압력, 융점이 크거나 높을수록 위험하다.

[22. 소방직]

기본서 2권 14P

해설 **09** ② 열의 축적이 용이할수록 위험하며 따라서, 열전도율이 낮을수록 위험하다.
▶ 가연물의 위험성
가. 열전도도, 활성화에너지(Ea), 인화점, 착화점, 점성, 비점(끓는점), 비중, 융점(녹는점)이 낮을수록(↓) 위험하다.
나. 온도, 압력, 열량, 연소속도, 폭발범위(연소범위), 화학적 활성도, 건조도, 연소열이 클수록(↑) 위험하다.

10 ① 비열, **연소열**, 비점이 작거나 낮을수록 위험하다.
→ 연소열은 클수록 위험
② **증발열**, 연소열, 연소속도가 크거나 빠를수록 위험하다.
→ 증발열은 낮을수록 위험
④ **비중**, 압력, 융점이 크거나 높을수록 위험하다.
→ 비중, 융점은 낮을수록 위험

정답 09.② 10.③

11 연소란 가연성 물질이 공기 중의 산소 등과 급격한 반응으로 열과 빛을 내는 발열 산화반응에 의해 발생하는 열에너지에 의하여 자발적으로 반응이 지속되는 현상이다. 다음 중 연소의 3요소가 아닌 것은?
① 활성화 에너지
② 가연성고체
③ 촉매
④ 조연성물질

[13. 전북]
기본서 2권 14p, 21p

12 다음 중 연소에 관한 정의로서 옳지 않은 것은?
① 증기밀도 : 같은 온도, 같은 압력에서 같은 부피의 공기의 무게와 비교한 밀도
② 잠열 : 기화나 액화처럼 상의 변화로 온도를 수반하지 않고 흡수 또는 방출하는 열
③ 발화점 : 외부의 직접적인 점화원이 없이 열의 축적에 의하여 연소가 되는 최저의 온도
④ 인화점 : 연소범위 내에서 물질의 직접적인 점화원이 없이 인화될 수 있는 최저 온도
⑤ 연소범위 : 가연성가스와 공기가 혼합되어 연소를 일으킬 수 있는 적정 농도범위

[13. 간부]
기본서 2권 11p, 22p, 25p

해설
11 ③ 가연물(가연성고체), 산소공급원(조연성물질), 점화원(활성화 에너지)
12 ④ 인화점 : 외부의 직접적인 점화원에 의하여 인화될 수 있는 최저의 온도

정답 11.③ 12.④

13 다음 중 가연물이 연소하기 쉬운 조건이 아닌 것은?
① 발열량이 클 것
② 열전도율이 작을 것
③ 활성화 에너지가 작을 것
④ 비표면적이 작을 것

[13. 통합]
상 중 하
기본서 2권 14p

14 가연물의 구비 조건으로 틀린 것은?
① 활성화 에너지 값이 작아야 한다.
② 산소친화력이 높아야 한다.
③ 열전도도가 높아야 한다.
④ 발열량이 높아야 한다.

[16. 통합]
상 중 하
기본서 2권 14p

15 가연물의 구비 조건으로 옳은 것은?
① 열전도율이 작아야 한다.
② 활성화 에너지가 커야 한다.
③ 산소와 흡열반응을 해야 한다.
④ 불활성기체와 친화력이 좋아야 한다.

[17. 상반기]
상 중 하
기본서 2권 14p

해설 13 ④ 비표면적이 커야 공기접촉이 많아져서 연소하기 쉬워진다.
▶ 가연물의 구비조건
㉠ 열전도율이 낮아야 할 것   ㉡ 산소친화력이 커야 할 것
㉢ 발열량이 클 것   ㉣ 활성화 에너지가 작을 것
㉤ 표면적이 넓을 것   ㉥ 수분이 적게 포함될 것

14 ③ 열전도율이 낮아야 한다.
▶ 가연물의 구비조건
㉠ 열전도율이 낮아야 할 것   ㉡ 산소친화력이 커야 할 것
㉢ 발열량이 클 것   ㉣ 활성화 에너지가 작을 것
㉤ 표면적이 넓을 것   ㉥ 수분이 적게 포함될 것

15 ② 활성화에너지의 값이 <u>작아야 한다</u>.
③ <u>발열반응</u>을 해야 한다.
④ <u>산소</u>와 친화력이 커야 한다.

정답 13.④ 14.③ 15.①

Chapter 01 연소개요 등 135

16 가연물이 되기 위한 조건으로 옳지 않은 것은?
① 열전도율이 높을 것
② 활성화에너지가 작을 것
③ 산화가 잘되며 발열량이 높을 것
④ 연쇄반응이 일어나기 쉬운 물질일 것
⑤ 산소와 친화력이 높으며 표면적이 넓을 것

[19. 간부]
상 중 **하**
기본서 2권 14p

17 다음 중 불연성 물질에 해당하지 않는 것은?
① He(헬륨) ② CO_2(이산화탄소)
③ P_2O_5(오산화인) ④ HCN(시안화수소)
⑤ SO_3(삼산화황)

[22. 간부]
상 중 **하**
기본서 2권 14p, 45p

해설

16 ① 열전도율이 <u>낮아야 한다</u>.
▶ 가연물의 구비조건
  ㉠ 열전도율이 낮아야 할 것   ㉡ 산소친화력이 커야 할 것
  ㉢ 발열량이 클 것   ㉣ 활성화 에너지가 작을 것
  ㉤ 표면적이 넓을 것   ㉥ 수분이 적게 포함될 것

17 ④ HCN(시안화수소) : 연소범위(6~41), 중합폭발(분해폭발도 가능)
청산가스라고도 불리는 시안화수소는 질소성분을 가지고 있는 합성수지, 동물의 털, 인조견, 모직물 등의 섬유가 불완전연소할 때 발생하는 무색의 맹독성 가스이며 가연성 가스이다. 일산화탄소와 달리 헤모글로빈과 결합하지 않고도 호흡의 저해를 통한 질식을 유발한다.
① He(헬륨) : 주기율표 18족(0족, 8A족)의 비활성기체
② CO_2(이산화탄소) : 더 이상 산소와 화학반응을 일으킬 수 없는 물질(완전산화물질)
③ P_2O_5(오산화인) : 더 이상 산소와 화학반응을 일으킬 수 없는 물질(완전산화물질)
⑤ SO_3(삼산화황) : 더 이상 산소와 화학반응을 일으킬 수 없는 물질(완전산화물질)

정답 16.① 17.④

18 연소이론에 관한 일반적인 설명으로 옳은 것은?

① 가연물 종류에 따라 연소속도에 영향을 받지 않는다.
② 작열연소란 열과 빛을 발하는 것으로, 육안으로 보이는 현상이다.
③ 탄화수소화합물의 완전연소 시 생성물은 물과 일산화탄소이다.
④ 연소속도는 온도와 압력이 높을수록 빨라진다.
⑤ 표면연소는 기체 또는 액체 가연물의 전형적인 연소형태이다.

[18. 간부]

기본서 2권 13~20p, 31p

19 다음의 연소 방정식 중 a에 들어가야 할 것은?

$$C_3H_8 + aO_2 \rightarrow bCO_2 + cH_2O$$

① 2　　　　　　② 3
③ 5　　　　　　④ 6

[12. 전북]

기본서 2권 13p

해설 18
① 가연물 종류에 따라 연소속도에 영향을 받는다.
② 작열연소는 불꽃이 없는 현상이라 육안으로 보이지 않는다.
③ 탄화수소화합물의 완전연소 시 생성물은 물과 이산화탄소이다.
⑤ 표면연소는 고체 가연물의 전형적인 연소형태이다.

19 ③ 프로판(C_3H_8) : $C_3H_8 + 5O_2 \rightarrow 3CO_2 + 4H_2O$

$$C_mH_n + \left(m + \frac{n}{4}\right)O_2 \rightarrow mCO_2 + \frac{n}{2}H_2O$$

$$C_3H_8 + \left(3 + \frac{8}{4}\right)O_2 \rightarrow 3CO_2 + \frac{8}{2}H_2O$$

정답 18.④　19.③

20 프로판(C_3H_8)이 완전연소하였다. 산소몰수는 얼마인가?

① 1
② 2
③ 3
④ 4
⑤ 5

21 표준상태에서 공기 중 산소농도(부피비)가 21%일 때 메테인(CH_4)이 완전연소하는데 필요한 이론공기량은 메테인(CH_4)이 차지하는 체적의 몇 배인가?

① 약 2배
② 약 2.5배
③ 약 7배
④ 약 9.5배

해설

20 $C_mH_n + \left(m+\dfrac{n}{4}\right)O_2 \rightarrow mCO_2 + \dfrac{n}{2}H_2O$

▶ 프로판(C_3H_8)

$C_3H_8 + \left(3+\dfrac{8}{4}\right)O_2 \rightarrow 3CO_2 + \dfrac{8}{2}H_2O$ 즉, $C_3H_8 + 5O_2 \rightarrow 3CO_2 + 4H_2O$

산소몰수 : 5

21 ▶ 메테인의 완전연소반응식

$CH_4 + 2O_2 \rightarrow CO_2 + 2H_2O$

메탄의 완전연소반응식은 $CH_4 + 2O_2 \rightarrow CO_2 + 2H_2O$이고, 메탄 $1m^3$와 반응하는 산소는 $2m^3$ 공기 중 산소의 부피비율이 21%이므로 식을 세우면 100 : 21=x : 2이다. 그러므로 산소 $2m^3$를 포함하는 공기의 부피는 200/21=$9.52m^3$이다.

정답 20.⑤ 21.④

22 마그네슘(Mg) 24g을 완전연소하기 위해 필요한 이론 산소량은 얼마인가? (단, 마그네슘(Mg)의 원자량은 24, 산소(O)의 원자량은 16이다.)

① 8 ② 16
③ 24 ④ 32

[18. 상반기]

기본서 2권 13p

23 20℃, 1기압의 프로판(C_3H_8) 1m³를 완전연소시키는데 필요한 20℃, 1기압의 산소 부피는 얼마인가?

① 1m³ ② 3m³
③ 5m³ ④ 7m³

[19. 소방직]

기본서 2권 13p

해설

22 ▶ 화학반응식

$Mg + \dfrac{1}{2} O_2 \rightarrow MgO$ (산화마그네슘)

1   $\dfrac{1}{2}$ 1 ← 몰수비=부피비=분자수 비

Mg 1몰 연소하기 위해서 O_2가 $\dfrac{1}{2}$몰 필요하다.

몰(mol)= $\dfrac{질량}{분자량}$ = $\dfrac{질량}{원자량}$

Mg의 원소가 1개 있다. 문제에서 주어진 Mg의 원자량이 24이고, 질량이 24g이므로

$\dfrac{질량}{원자량}$ = $\dfrac{24}{24}$ =1몰

마그네슘이 1몰 타기 위해 산소가 $\dfrac{1}{2}$몰 필요

O_2의 원소가 2개, 문제에서 주어진 O_2의 원자량이 16이므로

$\dfrac{질량}{원자량}$ = $\dfrac{x}{16+16}$ x=32g

32g이 있어야 1몰이 된다.

필요한 몰수는 $\dfrac{1}{2}$몰이니 답은 16g

23

$C_mH_n + (m + \dfrac{n}{4})O_2 \rightarrow mCO_2 + \dfrac{n}{2} H_2O$

$C_3H_8 + 5O_2 \rightarrow 3CO_2 + 4H_2O$

산소 부피는 5

정답 22.② 23.③

24 다음 중 물질의 연소방정식으로 옳지 않은 것은?

① $C + O_2 \rightarrow CO_2$
② $N_2 + O_2 \rightarrow 2NO$
③ $2NH_3 + 7/2O_2 \rightarrow 3H_2O + 2NO_2$
④ $2HCN + 5/2O_2 \rightarrow H_2O + N_2 + 2CO_2$

[18. 상반기]

25 1기압, 20℃인 조건에서 메탄(CH_4) $2m^3$가 완전 연소하는 데 필요한 산소 부피는 몇 m^3인가?

① 2
② 3
③ 4
④ 5

[21. 소방직]

해설

24 물질이 산소와 결합하는 산화반응을 하지만 그 반응이 발열반응이 아닌 흡열반응이라면 그 물질은 가연물이 아니다. 그 대표적인 예로 질소의 산화반응을 들 수 있다. 질소와 산소는 공기 중에서 대부분을 차지하는 물질이다. 그러나 질소와 산소는 화학적으로 안정되어 있어 쉽게 화학반응을 일으키지 않고, 고온·고압 상태에서 주로 화학반응이 일어나게 되는데 화학반응이 일어나면 발열반응이 아닌 흡열반응이 일어나게 된다.
$N_2 + O_2 \rightarrow 2NO$

25 메탄의 완전연소반응식은 $CH_4 + 2O_2 \rightarrow CO_2 + 2H_2O$이므로, 따라서 메탄 $2m^3$ 부피가 있으므로 산소는 $4m^3$가 필요하다.

정답 24.② 25.③

26 부탄(Butane)이 완전 연소할 때의 연소 반응식이다. a+b+c의 값은?

$$2C_4H_{10} + (a)O_2 \rightarrow (b)CO_2 + (c)H_2O$$

① 10
② 17
③ 24
④ 31
⑤ 36

27 0℃, 1기압인 조건에서 프로페인(C_3H_8)의 완전연소 조성식으로부터 얻을 수 있는 내용으로 옳지 않은 것은? (단, 공기의 조성비는 질소(N_2) 79vol%, 산소(O_2) 21vol%이다.)

① 프로페인 1mol이 완전연소하면 약 72g의 물이 생성된다.
② 프로페인 0.5mol이 완전연소하는 데 약 2.5mol의 산소가 필요하다.
③ 프로페인 44g이 완전연소하면 약 132g의 이산화탄소가 생성된다.
④ 프로페인 1mol이 완전연소하는 데 약 23.8mol의 공기가 필요하다.
⑤ 프로페인 0.5mol이 완전연소하는 데 필요한 공기 중 질소의 양은 약 18.8mol이다.

해설 26

$$C_mH_n + (m + \frac{n}{4})O_2 \rightarrow mCO_2 + \frac{n}{2}H_2O$$

부탄(C_4H_{10}) : $C_4H_{10} + \frac{13}{2}O_2 \rightarrow 4CO_2 + 5H_2O$

보기는 $2C_4H_{10}$ 때문에 $2C_4H_{10} + 13O_2 \rightarrow 8CO_2 + 10H_2O$

a : 13, b : 8, c : 10 → 13 + 8 + 10 = 31

27 $C_3H_8 + 5O_2 = 3CO_2 + 4H_2O$

① H_2O는 4mol → 4(H_2O) → 4(1g×2+16g) = 72g
② $0.5C_3H_8 + 2.5O_2 = 1.5CO_2 + 2H_2O$
③ C_3H_8 → (12×3+1×8) = 44g, $3CO_2$ → 3(12+16×2) = 132g
④ 100 : 21 = χ : 5 → χ = 23.8mol
⑤ 23.8×1/2×0.79 = 9.4mol

정답 26.④ 27.⑤

28 가연성물질이 되기 쉬운 조건에 해당하지 않는 것은?
① 열전도도 값이 작아야 한다.
② 연쇄반응을 일으킬 수 있어야 한다.
③ 활성화에너지가 크고 발열량이 작아야 한다.
④ 조연성 가스인 산소와의 결합력이 커야 한다.
⑤ 산소와 접촉할 수 있는 표면적이 커야 한다.

[23. 간부]
기본서 2권 14p

29 0℃ 1기압(atm)인 밀폐된 지하실에서 화재가 발생하였다. 화재로 인해 화재실의 온도가 400℃로 증가하였다. 화재로 인한 공기와 연기의 평균 분자량은 동일하고, 모두 이상기체로 거동하게 될 때, 화재로 인한 화재실의 압력은 몇 배 증가하는가? (소수점 둘째자리에서 반올림한다.)
① 2.1　　　　　　　② 2.3
③ 2.5　　　　　　　④ 2.7

[18. 상반기]
기본서 2권 13p

해설

28 활성화에너지가 <u>작고</u> 발열량이 <u>커야</u> 한다.

29 어떠한 한 공간에서 온도가 올라가면 부피도 증가된다. (샤를의 법칙)
문제에서 밀폐된 지하실에서 화재가 발생하였다.
온도가 올라가도 밀폐된 지하실이기 때문에 부피가 증가하지 않는다.
그래서 압력이 증가된다.
우리가 쓰는 온도는 섭씨온도를 쓴다.
온도가 0도에서 400도 증가 ⇒ 절대온도로 변경
절대온도[K]=℃+273
⇒ 273 → 673 온도가 증가
$\frac{673}{273}$ =2.465……소수점 둘째자리에서 반올림한다.
답은 2.5

정답 28.③　29.③

30 가연성 가스를 점화하기 위한 최소 발화에너지는 물질의 종류, 혼합기의 온도, 압력, 농도에 따라 변화한다. 최소 발화에너지와 가연물의 위험도에 대한 설명 중 옳지 않은 것은?

① 최소 발화에너지는 온도와 압력이 상승하면 작아진다.
② 가연물은 연소범위가 넓을수록, 연소범위 하한계가 작을수록 위험하다.
③ 최소 발화에너지의 단위는 통상적으로 [mJ]단위를 사용한다.
④ 최소 발화에너지는 연소속도가 클수록 작아진다.
⑤ 최소 발화에너지는 가연성 가스의 조성이 화학양론적 조성 부근일 경우 최대가 된다.

[16. 간부]
기본서 2권 19p

31 다음 중 최소발화에너지(M.I.E)에 대한 설명으로 옳지 않은 것은?

① 온도가 높아지면 분자간 운동이 활발해지므로 최소발화에너지(M.I.E)가 감소한다.
② 압력이 높아지면 분자간 거리가 가까워지므로 최소발화에너지(M.I.E)가 감소한다.
③ 가연성 가스의 조성이 화학양론적 농도 부근일 경우 최소발화에너지(M.I.E)가 최저가 된다.
④ 열전도율이 높으면 최소발화에너지(M.I.E)가 감소한다.

[17. 하반기]
기본서 2권 19p

해설 **30** ⑤ 가연성가스의 조성이 화학양론적 조성(농도) 부근일 경우 MIE는 최저가 된다. 이것보다 상한계나 하한계로 향함에 따라 MIE는 증가한다.

31 ④ 열전도율이 낮으면 최소발화에너지가 감소한다.

▶ 최소발화(착화)에너지에 영향을 주는 요소
   ㉠ 최소발화에너지는 물질의 종류, 혼합기의 온도, 압력, 농도(혼합비) 등에 따라 변화한다. 또한 공기중의 산소가 많은 경우 또는 가압하에서는 일반적으로 작은 값이 된다. 최소발화에너지(MIE)=f(가연성 물질의 온도, 압력, 농도, 전극의 형태)
      ⓐ 온도가 상승하면 MIE는 작아진다. (∵분자의 운동이 활발)
      ⓑ 압력이 상승하면 MIE는 작아진다. (∵분자간의 거리가 가까워지므로)
      ⓒ 농도가 많아지면 MIE는 작아진다.
      ⓓ 열전도율이 낮으면 최소발화에너지(M.I.E)가 감소한다.
   ㉡ 가연성가스의 조성이 화학양론적 조성(농도) 부근일 경우 MIE는 최저가 된다. 이것보다 상한계나 하한계로 향함에 따라 MIE는 증가한다.
   ㉢ 일반적으로 연소속도가 클수록 MIE값은 적다.
   ㉣ 매우 압력이 낮아서 어느 정도 착화원에 의해 점화하여도 점화할 수 없는 한계가 있는데 이를 최소착화압력이라 한다.

정답 30.⑤ 31.④

32 발화점 및 최소발화에너지(MIE, Minimum Ignition Energy)에 관한 설명으로 옳지 않은 것은?

① 발화점은 발화 지연시간, 압력, 산소농도, 촉매물질 등의 영향을 받는다.
② 파라핀계 탄화수소는 분자량이 클수록 발화온도가 높아진다.
③ 최소발화에너지는 가연성 혼합기를 발화시키는 데 필요한 최저에너지를 말한다.
④ 압력이 상승하면 최소발화에너지는 작아진다.
⑤ 발화점이 낮을수록 발화의 위험성은 커진다.

33 다음 설명 중 옳지 않은 것은?

① 발화점이 낮을수록 위험하다.
② 주위기온이 올라가면 위험도가 낮아진다.
③ 점성이 낮을수록 위험하다.
④ 최소점화에너지가 작은 가연물일수록 위험하다.
⑤ 폭발범위가 클수록 위험하다.

해설
32 ② 파라핀계 탄화수소는 분자량이 클수록 발화온도가 낮아진다.
33 ② 온도가 올라가면 위험도가 높아진다.

정답 32.② 33.②

34 다음 중 점화원(활성화 에너지)이 아닌 것은?
① 분해열
② 저항열
③ 압축열
④ 기화열

[12. 세종]

35 열에너지원의 종류에서 화학열로 옳은 것만을 〈보기〉에서 있는 대로 고른 것은?

〈보기〉
㉠ 분해열   ㉡ 연소열
㉢ 압축열   ㉣ 산화열

① ㉣
② ㉠, ㉡
③ ㉢, ㉣
④ ㉠, ㉡, ㉣
⑤ ㉠, ㉡, ㉢, ㉣

[23. 간부]

해설

34 ④ 점화 후 기화가 되면서 열과 함께 가연성 기체를 발생하지만 기화열 자체는 점화원에 해당하지 않는다.
▶ 점화원의 구분

구 분	종 류
열적 점화원	적외선, 고온물질, 복사열 등
기계적 점화원	단열압축(압축열), 마찰(마찰스파크), 충격 등
화학적 점화원	연소열, 용해열, 분해열, 자연발화에 의한 열 등
전기적 점화원	정전기, 전기저항열, 낙뢰에 의한 열, 전기스파크(전기아크), 유도열, 유전열 등
원자력 점화원	원자의 핵으로부터 나오는 에너지이며 열, 압력, 방사선 등이 나온다.

35 압축열은 기계적 점화원에 해당한다.
▶ 점화원의 종류

구 분	종 류
열적 점화원	고온표면, 적외선, 복사열 등
기계적 점화원	단열압축(압축열), 마찰(마찰스파크), 충격 등
화학적 점화원	용해열, 연소열, 분해열, 자연발화에 의한 열 등
전기적 점화원	정전기, 전기저항열, 낙뢰에 의한 열, 전기스파크, 유도열, 유전열 등
원자력 점화원	원자의 핵으로부터 나오는 에너지이며 열, 압력, 방사선 등이 나온다.

정답 34.④ 35.④

36 자연발화를 일으키는 원인이 아닌 것은?
① 분해열
② 흡착열
③ 산화열
④ 중화열

[12. 경기]
상 중 하
기본서 2권 17p

37 다음 중 자연발화에 대한 설명으로 옳지 않은 것은?
① 발열량이 클수록 열 축적이 잘 이루어져 자연발화가 용이하다.
② 주위온도가 높을수록 반응속도가 빠르기 때문에 열의 발생이 증가하여 자연발화를 촉진시킨다.
③ 열전도율이 작아야 하고, 저온·건조하며 비표면적이 작을수록 자연발화가 용이하다.
④ 공기의 유통이 안 될수록 열축적이 용이하여 자연발화하기 쉽다.
⑤ 자연발화의 원인이 되는 축적열원으로 중합열, 발효열, 흡착열, 산화열 등이 있다.

[16. 간부]
상 중 하
기본서 2권 17p

해설
36 ④ 자연발화를 일으키는 원인에는 산화열(석탄)·분해열(셀룰로이드)·흡착열(목탄, 활성탄)·중합열(HCN)·발효열(거름, 먼지) 등이 있다.

37 ③ 열전도율이 작아야 하고, 고온과 적당한 수분이 필요하며 비표면적이 클수록 자연발화가 용이하다.
▶ 자연발화에 영향을 주는 요인
  ㉠ 공기유통 : 공기의 유통이 잘 될수록 열의 축적이 어려워 자연발화가 어렵다.
  ㉡ 온도 : 온도가 높으면 반응속도가 빨라지기 때문에 자연발(화)열 발생이 빨라진다.
  ㉢ 퇴적방법 : 열의 축적이 용이하게 퇴적될수록 자연발화가 쉽다.
  ㉣ 습도(수분) : 적당한 수분은 촉매 역할을 하기 때문에 반응속도를 빠르게 하여 자연발화가 쉽다.
  ㉤ 열전도도 : 열전도도가 작을수록 열 축적이 용이하여 자연발화가 쉽다.
  ㉥ 발열량 : 열 발생량이 클수록 축적되는 열의 양이 많아져 자연발화가 쉽다.
  ㉦ 비표면적 : 넓을수록 자연발화가 쉽다.

정답 36.④ 37.③

38 자연발화하는 조건이 아닌 것은?
① 주위온도가 높아야 한다.
② 발열량이 커야 한다.
③ 열전도율이 높아야 한다.
④ 비표면적이 커야 한다.

39 자연발화를 일으키는 열의 종류로 가장 옳지 않은 것은?
① 분해열   ② 산화열
③ 흡착열   ④ 융해열

해설

38 ③ 열전도율이 낮아야 한다.
- 자연발화에 영향을 주는 요인 : 열의 축적이 용이해야 하고, 실내 공기유통이 어려워야 하며, 수분이 적당해야 한다.
- 자연발화의 조건 : 열전도율이 작아야 하며, 주위온도가 높아야 하고, 발열량이 커야 하며, 고온과 적당한 수분이 필요하고, 비표면적이 커야 한다.

39 ④ 융해열은 고체에서 액체로 될 때 필요한 에너지이므로 자연발화에서의 열의 종류와는 거리가 멀다. 자연발화의 열의 종류는 산화열, 흡착열, 발효열, 중합열, 분해열 등이 있다.

정답 38.③ 39.④

40 다음 중 자연발화 방지법으로 틀린 것은?
① 온도를 높게 한다.
② 통풍이 잘 되게 한다.
③ 발열반응에 정촉매작용을 하는 물질을 피한다.
④ 습도가 높은 곳을 피한다.

41 자연발화 방지방법에 대한 설명으로 옳지 않은 것은?
① 공기의 유통을 방지한다.
② 황린은 물속에 저장한다.
③ 저장실의 온도를 낮게 유지한다.
④ 열의 축적이 용이하지 않도록 한다.
⑤ 발열반응에 정촉매작용을 하는 물질을 피하여야 한다.

해설 40 ① 온도를 낮게 유지한다.
▶ 자연발화 방지법
ⓐ 공기유통이 잘 되게 한다.
ⓑ 저장실의 온도를 낮게 유지한다.
ⓒ 퇴적수납시 열축적이 용이치 않도록 한다.
ⓓ 수분이 촉매역할을 하므로 습도가 높은 곳을 피한다.

41 ① 공기유통이 잘되게 한다.

정답 40.① 41.①

42 자연발화가 되기 쉬운 가연물의 조건으로 옳은 것은?
① 발열량이 적다.
② 표면적이 작다.
③ 열전도율이 낮다.
④ 주위 온도가 낮다.

[18. 하반기]
기본서 2권 17p

43 자연발화에 대한 설명으로 옳지 않은 것은?
① 열축적이 용이할수록 자연발화가 쉽다.
② 열전도율이 높을수록 자연발화가 쉽다.
③ 발열량이 큰 물질일수록 자연발화가 쉽다.
④ 주위 온도가 높을수록 자연발화가 쉽다.
⑤ 표면적이 넓을수록 자연발화가 쉽다.

[21. 간부]
기본서 2권 17p

해설
42 ③ 열전도율이 낮다는 것은 열축적률이 좋다는 것을 의미하므로 자연발화가 잘 일어날 수 있는 조건에 해당된다.
① 발열량 : 열 발생량이 클수록 축적되는 열의 양이 많아져 자연발화가 쉽다.
② 표면적 : 표면적이 클수록 자연발화가 쉽다.
④ 온도 : 온도가 높으면 반응속도가 빨라지기 때문에 자연발화 발생이 빨라진다.

43 ② 열전도율이 <u>작을수록</u> 자연발화가 쉽다.

정답 42.③ 43.②

44 다음 중 연소이론 등에 관련된 내용에 대하여 옳지 않은 것은?
① 정전기를 방지하려면 접지를 하고, 공기를 이온화하며 상대습도를 60% 이하로 한다.
② 자연발화의 방지는 저장실의 온도를 낮게 하며 실내 수납 시 열 축적이 용이하지 않도록 하며, 적당한 습기는 물질에 따라 자연발화의 촉매작용을 하므로, 습도가 높은 곳을 피한다.
③ 자연발화는 밀폐된 공간 등에서 외부로부터 점화원 등 인위적인 열원의 공급을 받지않고 물질 자체적인 열의 축적으로 온도가 서서히 상승하는 현상으로 유기물질은 대기에 노출되면 산화하여 물질의 온도가 발화점 이상이 되면 자연발화를 하게 된다.
④ 정전기의 억제대책으로는 유속을 제한하고 이물질을 제거하며 유체의 분출을 방지한다.

[13. 통합]
기본서 2권 17~18p

45 다음 중 정전기 발생 방지대책으로 거리가 먼 것은?
① 부도체를 사용한다.
② 접지시설을 한다.
③ 공기를 이온화한다.
④ 상대습도를 70% 이상 높인다.

[12. 울산]
기본서 2권 18p

해설 44 ① 상대습도를 70% 이상으로 한다.

45 ① 도체를 사용한다.
▶ 정전기 방지대책
㉠ 공기를 이온화한다.
㉡ 공기 중 상대습도를 70% 이상으로 한다.
㉢ 전기의 도체를 사용한다.
㉣ 접지시설을 한다.
㉤ 접촉하는 전지의 전위차를 적게 하여 정전기 발생을 억제시킨다.
㉥ 전기전도성이 큰 물체를 사용한다.

정답 44.① 45.①

46 다음 중 정전기 방지를 위한 예방대책으로 옳지 않은 것은?

① 정전기 발생이 우려되는 장소에 접지시설을 설치한다.
② 공기를 이온화하여 정전기 발생을 예방한다.
③ 공기의 상대습도를 70% 이상으로 한다.
④ 전기의 저항이 큰 물질은 대전이 용이하므로 부도체 물질을 사용한다.

47 정전기 예방대책으로 옳은 것만을 〈보기〉에서 있는 대로 고른 것은?

〈보기〉
㉠ 공기를 이온화한다.
㉡ 전기전도성이 큰 물체를 사용한다.
㉢ 접촉하는 전기의 전위차를 크게 한다.

① ㉠
② ㉢
③ ㉠, ㉡
④ ㉡, ㉢
⑤ ㉠, ㉡, ㉢

해설

46 ④ 전기의 도체를 사용한다.
▶ 정전기 방지대책
㉠ 공기를 이온화한다. ㉡ 공기 중 상대습도를 70% 이상으로 한다.
㉢ 전기의 도체를 사용한다. ㉣ 접지시설을 한다.
㉤ 접촉하는 전지의 전위차를 적게 하여 정전기 발생을 억제시킨다.
㉥ 전기전도성이 큰 물체를 사용한다.

47 ㉠ 공기를 이온화한다. (○)
㉡ 전기전도성이 큰 물체를 사용한다. (○)
㉢ 접촉하는 전기의 전위차를 크게 한다. (×)
→ 전위차를 적게 하여 정전기의 발생을 억제시킨다.

※ 정전기 방지대책
㉠ 공기를 이온화한다.
㉡ 공기 중 상대습도를 70% 이상으로 한다.
㉢ 전기의 도체를 사용한다.
㉣ 접지시설을 한다.
㉤ 접촉하는 전기의 전위차를 적게 하여 정전기의 발생을 억제시킨다.
㉥ 전기전도성이 큰 물체를 사용한다.

정답 46.④ 47.③

48 가연성 혼합기의 최소발화(점화)에너지(MIE, Minimum Ignition Energy)에 영향을 주는 요인에 관한 설명으로 옳지 않은 것은?

① 온도가 상승하면 최소발화에너지는 작아진다.
② 압력이 상승하면 최소발화에너지는 작아진다.
③ 열전도율이 낮아지면 최소발화에너지는 커진다.
④ 화학양론비 부근에서 최소발화에너지는 최저가 된다.

[23. 소방직]
기본서 2권 19p

49 공기 중 가연물에 대한 연소범위가 넓은 순서로 옳게 되어 있는 것은?

① 아세틸렌＞수소＞이황화탄소＞에틸렌
② 아세틸렌＞이황화탄소＞수소＞에틸렌
③ 아세틸렌＞수소＞에틸렌＞이황화탄소
④ 아세틸렌＞이황화탄소＞에틸렌＞수소

[11. 부산]
기본서 2권 22p

50 다음 중 가스의 연소범위에 관하여 옳지 않은 것은?

① 압력의 변화에 따라 연소범위는 차이가 난다.
② 공기 중 연소에 필요한 혼합가스의 농도이다.
③ 가연성 기체의 혼합비율의 범위이다.
④ 기체는 항상 압력이 높으면 연소범위가 넓어진다.

[12. 통합]
기본서 2권 22~23p

해설

48 열전도율이 낮아지면 최소발화에너지는 <u>감소한다</u>.

49 ① 아세틸렌＞수소＞이황화탄소＞에틸렌
▶ 연소범위(=폭발범위=연소한계=폭발한계)

물질명	폭발한계(V%)	물질명	폭발한계(V%)
수소(기체)	4~75	이황화탄소(액체)	1.2~44
아세틸렌(기체)	2.5~81(100)	에틸렌(기체)	2.7~36

50 ④ 연소범위는 온도 및 압력이 높아질수록 넓어진다. 그러나 일산화탄소는 압력 상승 시 연소범위가 좁아진다. 또한 불활성기체를 첨가하면 연소범위는 좁아진다.

정답 48.③ 49.① 50.④

51 다음 중 연소범위가 옳지 않은 것은?

① 일산화탄소 − 12.5~74V%
② 메탄 − 5~15V%
③ 프로판 − 2.1~9.5V%
④ 아세틸렌 − 4~75V%

[12. 통합]

52 연소범위가 가장 넓은 것은?

① 메탄
② 프로판
③ 일산화탄소
④ 암모니아

[13. 경기]

해설 51 ④ 아세틸렌 − 2.5~81V%
▶ 연소범위(폭발범위 = 연소한계 = 폭발한계)

물질명	폭발한계(V%)	물질명	폭발한계(V%)
수소(기체)	4~75	일산화탄소(기체)	12.5~74
아세틸렌(기체)	2.5~81(100)	프로판(기체)	2.1~9.5
메탄(기체)	5~15		

52 ③ 일산화탄소는 12.5~74V%이다.
▶ 연소범위(폭발범위 = 연소한계 = 폭발한계)

물질명	폭발한계(V%)	물질명	폭발한계(V%)
일산화탄소(기체)	12.5~74	프로판(기체)	2.1~9.5
메탄(기체)	5~15	암모니아(기체)	15~28

정답 51.④ 52.③

53 가연성 증기가 공기와 혼합하여 기체를 형성하였을 때 연소범위가 가장 넓은 물질은?
① 수소
② 이황화탄소
③ 부탄
④ 아세틸렌

[15. 통합]
상 중 하
기본서 2권 22p

54 다음 중 연소범위의 특성으로 틀린 것은?
① 연소범위가 넓을수록 위험성은 증가한다.
② 연소범위 상한계값이 높을수록 위험성은 증가한다.
③ 연소범위 하한계값이 낮을수록 위험성은 증가한다.
④ 연소범위에 따른 위험도가 높아지면 위험성은 낮아진다.

[13. 전북]
상 중 하
기본서 2권 22p

해설

53
④ 아세틸렌(2.5~81[100])
① 수소(4~75)
② 이황화탄소(1.2~44)
③ 부탄(1.8~8.4)

54
④ 연소범위에 따른 위험도가 높아지면 위험성은 높아진다.
▶ 폭발범위(연소범위)
㉠ 하한값 : 낮을수록 위험
㉡ 상한값 : 높을수록 위험
㉢ 연소범위 : 넓을수록 위험
㉣ 온도(압력) : 상승할수록 위험(but 일산화탄소 : 압력 상승시 연소범위 감소)

정답 53.④ 54.④

55 가연성가스의 연소범위에 영향을 미치는 인자에 관한 설명이다. 다음 중 틀리게 설명한 것은?

① 온도가 높아지면 연소범위는 좁아진다.
② 산소가 공급되면 연소범위가 넓어진다.
③ 불활성기체를 첨가하면 연소범위가 좁아진다.
④ 압력이 높아지면 연소범위가 넓어진다.

56 가연성 가스를 공기 중에서 연소시키고자 할 때 공기 중의 산소농도가 증가하면 발생되는 현상으로 맞는 것만을 모두 고른 것은?

㉠ 연소속도가 빨라진다.	㉡ 발화점이 높아진다.
㉢ 화염의 온도가 높아진다.	㉣ 폭발범위가 좁아진다.
㉤ 점화에너지가 작아진다.	

① ㉠, ㉡, ㉣   ② ㉠, ㉢, ㉣
③ ㉠, ㉢, ㉤   ④ ㉡, ㉢, ㉤

해설
55 ① 온도가 높아지면 연소범위는 넓어진다.
56 ㉡ 발화점이 낮아진다.
    ㉣ 폭발범위가 넓어진다.

정답 55.① 56.③

57 연소범위에 대한 설명으로 옳지 않은 것은?
① 산소농도가 높아지면 연소범위가 넓어진다.
② 불활성 가스의 농도가 높아지면 연소범위가 좁아진다.
③ 가연성 가스의 온도가 높아지면 연소범위는 넓어진다.
④ 가연성 가스의 압력이 높아지면 연소범위는 좁아진다.
⑤ 일산화탄소(CO)는 압력이 높아지면 연소범위가 좁아진다.

[20. 간부]

기본서 2권 22~23p

58 연소범위에 관한 설명으로 옳은 것만을 〈보기〉에서 있는 대로 고른 것은?

─────〈보기〉─────
㉠ 연소범위는 물질이 연소하기 위한 물적 조건과 관련이 있다.
㉡ 온도가 높아지면 연소범위는 넓어진다.
㉢ 일산화탄소는 압력이 증가하면 연소범위가 넓어진다.
㉣ 불활성기체가 첨가되면 연소범위가 좁아진다.

① ㉠, ㉣
② ㉠, ㉡, ㉢
③ ㉠, ㉡, ㉣
④ ㉡, ㉢, ㉣
⑤ ㉠, ㉡, ㉢, ㉣

[22. 간부]
기본서 2권 22~23p

해설

57 ④ 가연성 가스의 압력이 높아지면 연소범위는 넓어진다.
※ 압력
㉠ 일반적으로 압력이 높아지면 분자 간의 평균거리가 축소되어 유효충돌이 증가되며 화염의 전달이 용이하여 연소한계는 넓어진다.
㉡ 연소하한은 크게 변하지 않으나 상한이 높아져 전체적으로 범위가 넓어진다.
㉢ 예외적으로 수소(H_2)는 압력이 낮거나 높을 때 일시적으로 연소범위가 좁아진다.
㉣ 예외적으로 일산화탄소(CO)는 압력이 증가하면 연소범위가 좁아진다.

58 ㉢ 일산화탄소는 압력이 증가하면 연소범위가 넓어진다. (×)
→ 예외적으로 일산화탄소(CO)는 압력이 증가하면 연소범위가 좁아진다.
㉠ 연소범위는 물질이 연소하기 위한 물적 조건과 관련이 있다. (○)
→ 발화와 연소의 조건에는 물적 조건인 연소범위의 농도, 압력과 에너지조건인 발화온도, 발화에너지, 충격감도가 있다.
㉡ 온도가 높아지면 연소범위는 넓어진다. (○)
→ 온도가 올라가면 분자의 운동이 활발해져서 분자 간 유효충돌 가능성이 커지기 때문에 연소범위는 넓어진다.
㉣ 불활성기체가 첨가되면 연소범위가 좁아진다. (○)
→ 비활성 가스를 투입하면 공기 중 산소농도가 저하되므로 연소상한은 크게 변화하고 하한은 작게 변화하여 전체적으로 연소범위가 좁아진다.

정답 57.④ 58.③

59 다음 중 위험도가 큰 것부터 작은 것으로 그 순서가 옳은 것은?

> 가. 프로판 나. 부탄
> 다. 수소   라. 휘발유

① 가, 다, 나, 라 ② 라, 나, 다, 가
③ 다, 가, 라, 나 ④ 다, 라, 나, 가

60 위험도가 가장 큰 물질은?
① 일산화탄소   ② 수소
③ 아세틸렌   ④ 이황화탄소

61 다음 중 위험도(H) 값이 가장 큰 것은? (단, 1기압, 25℃ 공기 중의 연소범위를 기준으로 한다.)
① 수소   ② 메탄
③ 아세틸렌   ④ 이황화탄소
⑤ 산화에틸렌

해설

59 ④ 수소(4~75=17.8), 휘발유(1.4~7.6=4.4), 부탄(1.8~8.4=3.7), 프로판(2.1~9.5=3.5) 순이다.

60 ④ 위험도는 이황화탄소(35.7), 아세틸렌(31.4), 수소(17.8), 일산화탄소(4.9) 순이나.

위험도(H) = $\dfrac{U(상한계\ 값) - L(하한계\ 값)}{L(하한계\ 값)}$

물질명	폭발한계(V%)
이황화탄소	1.2~44
아세틸렌	2.5~81(100)
수소	4~75
일산화탄소	12.5~74

61 위험도 : (상한계 − 하한계)/하한계
① 수소(4~75) : 17.8   ② 메탄(5~15) : 2
③ 아세틸렌(2.5~81) : 31.4   ④ 이황화탄소(1.2~44) : 35.7
⑤ 산화에틸렌(3~80) : 25.7

정답 59.④ 60.④ 61.④

62 다음 연소가스의 연소범위를 나타낸 것이다. 연소가스의 위험도가 높은 순서대로 배열한 것은?

| A : 5~15 V% | B : 15~75 V% | C : 10~40 V% |

① A B C
② B C A
③ B A C
④ A C B
⑤ C A B

[15. 간부]
상 **중** 하
기본서 2권 24p

63 표준 상태에서 공기 중 가연물의 위험도가 높은 순으로 나열된 것은?

가연물	㉠	㉡	㉢	㉣
연소범위(%)	4~16	3~33	1~14	6~36

① ㉡ > ㉣ > ㉠ > ㉢
② ㉡ > ㉣ > ㉢ > ㉠
③ ㉢ > ㉡ > ㉠ > ㉣
④ ㉢ > ㉡ > ㉣ > ㉠
⑤ ㉣ > ㉡ > ㉠ > ㉢

[19. 간부]
상 **중** 하
기본서 2권 24p

해설

62 ② 위험도$(H) = \dfrac{\text{상한계}(U) - \text{하한계}(L)}{\text{하한계}(L)}$

A : 2, B : 4, C : 3

63

가연물	㉠	㉡	㉢	㉣
연소범위(%)	4~16	3~33	1~14	6~36

$H = \dfrac{U - L}{L}$ H : 위험도 U : 상한계값 L : 하한계값

㉢ $\dfrac{(14-1)}{1} = 13 >$ ㉡ $\dfrac{(33-3)}{3} = 10 >$ ㉣ $\dfrac{(36-6)}{6} = 5 >$ ㉠ $\dfrac{(16-4)}{4} = 3$

정답 62.② 63.④

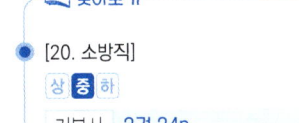

64 가연성 가스 중 위험도가 가장 큰 물질은? (단, 연소범위는 메탄 5%~15%, 에탄 3%~12.4%, 프로판 2.1%~9.5%, 부탄 1.8%~8.4%이다.)

① 메탄
② 에탄
③ 프로판
④ 부탄

[20. 소방직]
기본서 2권 24p

65 <보기>에서 공기 중 연소범위가 가장 넓은 것(㉠)과 위험도가 가장 낮은 것(㉡)을 순서대로 나열한 것은?

─〈보기〉─
수소, 아세틸렌, 메탄, 프로판

	㉠	㉡		㉠	㉡
①	수소	메탄	②	수소	아세틸렌
③	아세틸렌	메탄	④	아세틸렌	프로판
⑤	아세틸렌	아세틸렌			

[22. 간부]
기본서 2권 24p

해설

64
$$H = \frac{U-L}{L}$$
H : 위험도
U : 상한계값
L : 하한계값

④ 부탄 - 3.7
① 메탄 - 2
② 에탄 - 3.1
③ 프로판 - 3.5

65 ※ 연소범위(넓은 순)
아세틸렌(2.5~81) > 수소(4~75) > 메탄(5~15) > 프로판(2.1~9.5)

※ 위험도(낮은 순)
$$H = \frac{U-L}{L}$$
H : 위험도
U : 상한계값
L : 하한계값

메탄(2) < 프로판(3.5) < 수소(17.8) < 아세틸렌(31.4)

정답 64.④ 65.③

66 다음의 가연성 가스(A, B, C) 중 위험도가 낮은 것에서 높은 순서로 옳게 나열한 것은?

> A : 연소하한계=2vol%, 연소상한계=22vol%
> B : 연소하한계=4vol%, 연소상한계=75vol%
> C : 연소하한계=1vol%, 연소상한계=44vol%

① A, B, C ② A, C, B
③ B, A, C ④ C, B, A

67 공기 중 가연성 가스의 연소범위에 관한 내용이다. 다음 중 위험도가 가장 높은 가연성 가스는? (단, 위험도는 가연성 가스의 위험한 정도를 나타내는 척도이다.)

가연성 가스	연소범위(vol%)
A	3~12.5
B	4~75
C	5~15
D	1.2~44
E	2.5~81

① A ② B
③ C ④ D
⑤ E

해설

66
A : 10
B : 17.7
C : 43

67
A. 에탄 - 3.1
B. 수소 - 17.8
C. 메탄 - 2
D. 이황화탄소 - 35.7
E. 아세틸렌 - 31.4

정답 66.① 67.④

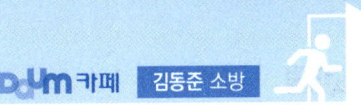

68 가연물은 고체, 액체 및 기체의 물질이 있다. 가연성 액체의 위험도 기준은 무엇인가?

① 연소범위　　② 연소점
③ 인화점　　　④ 발화점

[13. 전북]

69 불꽃을 접하여 연소를 시작할 수 있는 최저온도는?

① 인화점　　　② 발화점
③ 연소점　　　④ 착화점

[11. 제주]

해설 68 ③ 가연성 액체의 기준은 인화점에 해당하고 가연성 기체의 위험도 기준은 연소범위에 해당한다.

가연성 액체	인화점을 기준으로 한다.
가연성 기체	연소범위를 기준으로 한다.

69 ① 인화점은 불꽃(=점화원)을 접촉하여 연소를 시작할 수 있는 최저온도를 말한다.

정답 68.③　69.①

70 가연성 액체의 인화점에 대한 설명으로 옳은 것은?
① 증기가 연소범위의 하한계에 이르러 점화되는 최저온도
② 증기가 발생하기 시작하는 최저온도
③ 물질이 자체의 열만으로 착화하는 최저온도
④ 발생한 화염이 지속적으로 연소하는 최저온도

[19. 소방직]

기본서 2권 24p

71 가연물의 발화온도와 발화에너지에 관한 설명으로 옳은 것은?
① 점화원에 의해서 가연물이 발화하기 시작하는 최저 온도를 발화점(ignition point)이라고 한다.
② 점화원을 제거해도 자력으로 연소를 지속할 수 있는 최저온도를 연소점(fire point)이라고 한다.
③ 가연물의 최소발화에너지가 클수록 더 위험하다.
④ 가연물의 연소점은 발화점보다 높다.

[24. 소방직]

기본서 2권 19p, 25p, 27p

해설
70 ② 인화점은 증기가 연소범위 안에 들어가야 하고, 인화하기에 충분한 가연성 증기를 발생하는 최저온도를 말한다.
③ 발화점에 대한 설명이다.
④ 연소점에 대한 설명이다.

71 ① 점화원에 의해서 가연물이 발화하기 시작하는 최저 온도를 인화점이라고 한다.
③ 가연물의 최소발화에너지가 작을수록 더 위험하다.
④ 일반적인 온도 관계는 인화점<연소점<발화점이다.

정답 70.① 71.②

72 그림에서 'A'에 대한 설명으로 옳지 않은 것은?

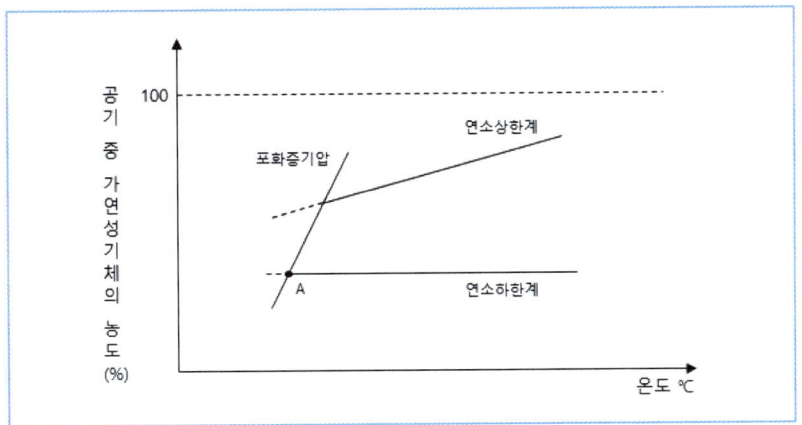

① 외부에너지에 의해 발화하기 시작하는 최저연소온도이다.
② 물질적 조건과 에너지 조건이 만나는 최저연소온도이다.
③ 화학양론비(stoichiometric ratio)에서의 최저연소온도이다.
④ 가연성 혼합기를 형성하는 최저연소온도이다.

해설 72 가연성가스의 조성이 화학양론적 조성(농도) 부근일 경우 MIE는 최저가 된다. 이것보다 상한계나 하한계로 향함에 따라 MIE는 증가한다.
※ 화학양론농도 Cst
화학양론농도 Cst는 화학양론조성비라고도 부른다. 상온 및 상압 하에서 가연성 가스가 완전 연소되기 위한 연료와 증기의 농도비율을 말한다. 즉, 물질의 반응이 가장 잘 일어나는 완전연소의 혼합비를 말한다.

$$Cst = \frac{연료몰수}{연료몰수 + 공기몰수} \times 100$$

정답 72.③

73 다음 중 가연성 물질들의 인화점을 낮은 것에서 높은 순서대로 옳게 나열한 것은?

① 휘발유＜벤젠＜톨루엔＜등유＜글리세린
② 벤젠＜휘발유＜톨루엔＜글리세린＜등유
③ 휘발유＜벤젠＜등유＜톨루엔＜글리세린
④ 벤젠＜톨루엔＜휘발유＜등유＜글리세린
⑤ 휘발유＜벤젠＜톨루엔＜글리세린＜등유

74 연소점(Fire point)에 대한 설명으로 옳은 것은?

① 가연물에 점화원을 제거한 후에도 계속적인 연소를 일으킬 수 있는 온도
② 외부로부터 에너지를 받아서 착화가 가능한 가연물질의 최저온도
③ 외부로부터의 직접적인 점화에너지 공급 없이 물질자체가 스스로 착화가 되는 최저온도
④ 물질의 위험성을 평가하는 척도로 쓰이며, 위험물안전관리법에서 석유류를 분류하는 기준으로도 사용
⑤ 고체의 연소점은 물질에 따라 차이가 있지만, 액체는 인화점과 연소점이 같음

해설

73 ▶ 가연물의 인화점
1. 휘발유 : −43℃~−20℃
2. 벤젠 : −11℃
3. 톨루엔 : 4℃
4. 등유 : 30℃~60℃
5. 글리세린 : 160℃

74
② 인화점에 대한 설명이다.
③ 발화점에 대한 설명이다.
④ 인화점에 대한 설명이다.
⑤ 연소점은 인화점보다 약 10도 이상 높다.

정답 73.① 74.①

75 점화원 접촉없이 가열된 열만으로 연소를 시작할 수 있는 최저온도는?
① 인화점 ② 발화점
③ 연소점 ④ 승화점

[13. 광주]

76 다음 중 발화점에 대한 설명으로 가장 옳은 것은?
① 물질이 외부의 점화원 접촉 시 연소를 시작할 수 있는 최저온도이다.
② 물질이 내부의 점화원 접촉 없이 연소를 시작할 수 있는 최저온도이다.
③ 물질이 외부의 점화원 접촉 없이 연소를 시작할 수 있는 최저온도이다.
④ 인화점 이후 점화원 제거 후에도 지속적인 연소작용을 일으킬 수 있는 최저온도이다.

[13. 전북]

해설
75 ② 발화점 : 점화원이 없이도 스스로 불이 붙을 수 있는 최저온도

76 ① 인화점에 대한 설명이다.
② 물질이 <u>외부</u>의 점화원 접촉 없이 연소를 시작할 수 있는 최저온도이다.
④ 연소점에 대한 설명이다.

정답 75.② 76.③

77 다음 중 발화점에 대해 옳은 것은?
① 인화점 이후 점화원 제거 후에도 연소가 지속될 수 있는 온도이다.
② 외부로부터 에너지를 받아 화염이 꺼지지 않고 지속되는 가연성 물질의 최저온도이다.
③ 인화성액체 위험성 판단 기준으로 이용한다.
④ 착화원이 없는 상태에서 가연성 물질자체의 열로써 공기 또는 산소 중에서 가열하였을 때 발화되는 최저온도이다.

[12. 울산]
기본서 2권 25p

78 다음 중 발화점이 낮아지는 조건이 아닌 것은?
① 열전도율이 클수록 발화점이 낮아진다.
② 분자구조가 복잡할수록 발화점이 낮아진다.
③ 산소와 친화력이 좋을수록 발화점이 낮아진다.
④ 압력, 화학적 활성도가 클수록 발화점이 낮아진다.

[12. 경기]
기본서 2권 26p

해설

77 ④ 발화점[Ignition Point(Temperature)]
  ㉠ 점화원 없이도 스스로 불이 붙을 수 있는 최저온도
  ㉡ 착화점, 발화온도, 자연발화점, 착화온도라 부르기도 한다.
  ㉢ 실내장식물의 모양, 가연성가스의 비중은 발화점과 관계없다.

78 ① 열전도율이 작을수록 발화점이 낮아진다.
▶ 발화점이 낮아지는 이유
  ㉠ 분자구조가 복잡할 때
  ㉡ 산소와 친화력이 좋을 때
  ㉢ 열전도율이 낮을 때
  ㉣ 압력·화학적 활성도가 클 때
  ㉤ 발열량이 클 때

정답 77.④ 78.①

79 ㉠~㉤의 물질을 인화점이 낮은 것부터 높은 순으로 옳게 나열한 것은?

> ㉠ 아세톤　　　　㉡ 글리세린
> ㉢ 이황화탄소　　㉣ 메틸알코올
> ㉤ 디에틸에테르

① ㉠ - ㉤ - ㉢ - ㉡ - ㉣
② ㉢ - ㉠ - ㉤ - ㉡ - ㉣
③ ㉢ - ㉤ - ㉠ - ㉣ - ㉡
④ ㉤ - ㉠ - ㉢ - ㉣ - ㉡
⑤ ㉤ - ㉢ - ㉠ - ㉣ - ㉡

[23. 간부]

80 연소의 조건으로서 온도가 낮은 것에서 높은 순서대로 맞는 것은?
① 연소점 - 인화점 - 발화점
② 인화점 - 연소점 - 발화점
③ 발화점 - 연소점 - 인화점
④ 인화점 - 발화점 - 연소점

[12. 통합]

해설

79 ㉠ 아세톤 : -18℃
㉡ 글리세린 : 160℃
㉢ 이황화탄소 : -30℃
㉣ 메틸알코올 : 11℃
㉤ 디에틸에테르 : -45℃

80 ② 인화점 - 연소점 - 발화점 순서로 온도가 높다.

정답 79.⑤　80.②

81 다음 중 가장 높은 온도를 갖는 용어는?
① 인화점 ② 자연발화점
③ 연소점 ④ 유도발화점

[12. 전북]
상 중 **하**
기본서 2권 25~27p

82 가연성 액체의 연소현상에 관한 설명으로 옳지 않은 것은?
① 가연성 액체의 연소와 관련된 온도는 발화점, 연소점, 인화점 순으로 높다.
② 인화점과 발화점이 가까운 액체일수록 재점화가 어렵고 냉각에 의한 소화 활동이 용이하다.
③ 인화점과 연소점의 차이는 외부 점화원을 제거했을 경우 화염 전파의 지속성 여부에 따라 구분된다.
④ 연소반응은 열생성률(heat production rate)이 외부로의 열손실률(heat loss rate)보다 큰 조건에서 지속된다.

[23. 소방직]
상 **중** 하
기본서 2권 27p

해설 **81** ② 자연발화점은 인화점, 연소점보다 훨씬 더 높은 온도이다.
▶ 인화점과 연소점, 발화점의 비교
 ㉠ 일반적인 온도 관계는 인화점<연소점<발화점이다.
 ㉡ 인화점, 연소점, 발화점의 온도가 낮을수록 위험도는 증가한다.
 ㉢ 인화점이 낮으면 반드시 발화점이 낮아지는 것은 아니고, 인화점과 발화점은 관계가 없다.
 ㉣ 분무된 액체는 인화점 이하에서 착화될 수 있다.
 ㉤ 가열된 증기발생속도가 연소속도보다 빠를 때를 연소점이라 한다.

82 인화점과 발화점이 가까운 액체일수록 재점화가 쉽고, 냉각에 의한 소화활동이 어렵다.

정답 81.② 82.②

83 연소에 대한 설명으로 옳지 않은 것은?
① 액체가연물의 인화점은 액면에서 증발된 증기의 농도가 연소하한계에 도달하여 점화되는 최저온도이다.
② 연소하한계가 낮고 연소범위가 넓을수록 가연성 가스의 연소위험성이 증가한다.
③ 액체가연물의 연소점은 점화된 이후 점화원을 제거하여도 자발적으로 연소가 지속되는 최저온도이다.
④ 파라핀계 탄화수소화합물의 경우 탄소수가 적을수록 발화점이 낮아진다.

84 다음 중 기체의 연소가 아닌 것은?
① 폭발연소   ② 확산연소
③ 자기연소   ④ 예혼합연소

해설 83 ④ 파라핀계 탄화수소화합물의 경우 탄소수가 많을수록 발화점이 낮아진다.

84 ③ 기체의 연소는 확산, 예혼합, 폭발이 있다. 그중 가장 일반적 연소는 확산연소이다. 자기연소는 고체연소이다.

정답 83.④ 84.③

85 기체상 연료노즐에서의 연소에 대한 일반적인 설명으로 옳은 것을 있는 대로 모두 고른 것은?

> ㉠ 역화는 연료의 연소속도가 분출속도보다 빠를 때 불꽃이 연료노즐 속으로 빨려 들어가 연료노즐 속에서 연소하는 현상이다.
> ㉡ 선화는 불꽃이 연료노즐 위에 들뜨는 현상으로 연료 노즐에서 연료기체의 연소속도가 분출속도보다 느릴 때 발생하는 현상이다.
> ㉢ 황염은 분출하는 기체연료와 공기의 화학양론비에서 공기량이 적을 때 발생한다.
> ㉣ 연료노즐에서 흐름이 난류(turbulent)인 경우, 확산연소에서 화염의 높이는 분출 속도에 비례한다.

① ㉠, ㉡
② ㉢, ㉣
③ ㉠, ㉡, ㉢
④ ㉠, ㉡, ㉢, ㉣

[22. 소방직]
기본서 2권 28~29p, 34p

86 다음 삼체의 연소 중 불꽃의 연소형태가 다른 하나는?
① 촛불
② 가스버너
③ 모닥불
④ 연탄불

[11. 통합]
기본서 2권 28~34p

87 다음 중 고체의 분해연소는?
① 파라핀
② 목탄
③ 종이
④ 셀룰로이드

[11. 전남]
기본서 2권 31p

해설

85 ㉣ 연료노즐에서 흐름이 난류(turbulent)인 경우, 확산연소에서 화염의 높이는 분출 속도에 <u>비례하지 않는다</u>.

86 ② 가스버너는 기체연소이고, 나머지 ①③④는 고체연소이다.

87 ③ 석탄·목재·<u>종이</u>·섬유·플라스틱·고무류 등과 같은 고체 가연물질을 가열하면 복잡한 경로를 거쳐 열분해한 다음 열분해되어 나온 분해가스 등이 연소하는 분해연소의 형태를 갖는다.
① 증발연소
② 표면연소
④ 자기연소

정답 85.③ 86.② 87.③

88 다음 중 질산에스터류의 연소형태는?
① 자기연소　　　　② 표면연소
③ 불꽃연소　　　　④ 증발연소

89 연소에 관한 설명으로 옳은 것은?
① 작열연소 : 화염이 없는 표면연소이다.
② 분해연소 : 황이나 나프탈렌이 열분해되면서 일어나는 연소이다.
③ 증발연소 : 액체에서만 발생하는 연소형태로서 액면에서 비등하는 기체에서 발생한다.
④ 자기연소 : 제3류 위험물과 같이 물질 자체 내의 산소를 소모하는 연소로서 연소속도가 빠르다.

90 가연물이 공기와 접촉해 열분해와 증발을 하지 않고 불꽃 없이 연소하는 현상으로 옳은 것은?
① 증발연소　　　　② 표면연소
③ 사기연소　　　　④ 분해연소

해설

88 ① 질산에스터류는 제5류 위험물로서 공기없이 연소가 가능한 자기연소에 속한다.

89 ② 증발연소에 대한 설명이다.
③ 증발연소는 액체와 고체 모두 일어날 수 있다.
④ 자기연소의 형태를 가지는 위험물은 제5류 위험물이다.

90 ② 표면연소이다.
▸ 표면연소
　가연성고체가 그 표면에서 산소와 반응하여 연소하는 경우이며 숯·목탄·코크스·금속(분·박·리본 포함)과 같은 고체 가연물질이 열분해도 증발도 하지 않고 고체 표면에서 산소와 반응하여 연소하는 현상을 말한다.

정답 88.① 89.① 90.②

91 고체연료의 연소형태로 옳은 것은?
① 표면연소
② 확산연소
③ 예혼합연소
④ 분무연소

[12. 경기]
상 중 하
기본서 2권 31p

92 가연성 물질과 연소형태의 분류 중 옳지 않은 것은?
① 표면연소 : 코크스, 금속분
② 분해연소 : 목재, 종이
③ 확산연소 : 나프탈렌, 황
④ 예혼합연소 : 가솔린엔진, 분젠버너
⑤ 자기연소 : 질산에스터류, 나이트로화합물

[13. 간부]
상 중 하
기본서 2권 31p

93 고체 가연물의 연소 중 연소형태가 다른 것은?
① 목재
② 종이
③ 석탄
④ 파라핀
⑤ 합성수지

[24. 간부]
상 중 하
기본서 2권 31p

해설

91 ① 기체·액체·고체의 연소
• 기체연소 : 확산연소, 예혼합연소, 폭발연소
• 액체연소 : 증발연소, 분해연소, 등심연소, 분무연소
• 고체연소 : <u>표면연소</u>, 분해연소, 자기연소, 증발연소

92 ③ 나프탈렌, 황은 고체의 증발연소에 해당한다.

93 ① 분해연소 ② 분해연소
③ 분해연소 ④ <u>증발연소(융해성 고체)</u>
⑤ 분해연소

정답 91.① 92.③ 93.④

94 고체의 연소 중 옳지 않게 연결된 것은?
① 증발연소 - 파라핀
② 분해연소 - 종이, 석탄
③ 표면연소 - 목탄, 코크스
④ 자기연소 - 숯

[13. 광주]

95 다음 중 표면연소를 하는 물질로 옳은 것은?
① 금속분　　　　　　② 종이
③ 황　　　　　　　　④ 목재

[13. 경기]

96 상온에서 고체 상태로 존재하는 가연물의 연소 형태에 해당하는 것만을 〈보기〉에서 고른 것은?

〈보기〉
㉠ 표면연소　　　　　㉡ 분무연소
㉢ 폭발연소　　　　　㉣ 자기연소
㉤ 예혼합연소

① ㉠, ㉡　　　　　　② ㉠, ㉣
③ ㉡, ㉢　　　　　　④ ㉡, ㉣
⑤ ㉣, ㉤

[24. 간부]

해설

94 ④ 숯은 표면연소이다. 자기연소는 제5류 위험물이다.

95 ① 표면연소 : 숯, 목탄, 금속분, 코크스 등. 가연성가스는 발생하지 않고 물질 자체가 연소하는 현상
②④ 분해연소　③ 증발연소

96 ㉡ 분무연소 - 액체의 연소
㉢ 폭발연소 - 기체의 연소
㉤ 예혼합연소 - 기체의 연소

정답 94.④　95.①　96.②

97 액체연료와 고체연료의 연소방법에 대한 설명으로 옳지 않은 것은?

① 액체 연료의 가장 일반적인 연소 형태인 증발연소란 에테르, 석유류, 알코올 등의 인화성 액체에서 발생한 가연성 증기가 공기와 혼합된 상태에서 연소하는 것이다.

② 고체연료의 표면연소(surface combustion)란 가연성 고체가 열분해하여 증발하지 않고 그 고체의 표면에서 산소와 반응하여 연소되는 현상으로 불꽃을 동반하며 황, 나프탈렌, 요오드 등도 이 연소 형태에 속한다.

③ 고체연료의 분해연소란 목재, 종이, 섬유, 플라스틱, 고무류 등과 같은 고체가연물에 충분한 열이 공급되면 복잡한 연소메커니즘을 거쳐 열분해에 의하여 발생된 가연성 가스가 공기와 혼합되어 연소하는 형태를 말한다.

④ 고체연료의 증발연소란 그 물질 자체가 타는 것이 아니라 물질의 표면에서 증발한 가연성 증기와 공기 중의 산소가 화합하여 이것에 적당한 열에너지를 주는데 따라 일어나는 연소를 말한다.

⑤ 고체연료의 자기연소(self combustion)란 질산에스터류, 셀룰로이드류, 나이트로화합물류, 하이드라진 유도체 등은 가연성 물질이면서 자체 내에 산소를 함유하고 있어 외부에서 열을 가하면 분해되어 가연성 기체와 산소를 발생하게 되므로 공기 중의 산소를 필요로 하지 않고 그 자체의 산소에 의해서 연소된다.

[16. 간부]

기본서 2권 30~32p

해설 97 ② 표면연소는 열분해와 증발을 하지 않는다. 황, 나프탈렌, 요오드 등은 증발연소에 해당한다.
▶ 표면연소(Surface Combustion)
  ㉠ 가연성 고체가 그 표면에서 산소와 반응하여 연소하는 경우이며, 숯·목탄·코크스·금속(분·박·리본 포함)과 같은 고체 가연물질이 열분해 하지 않고 증발도 하지 않는 것으로 고체 표면에서 산소와 반응하여 연소하는 현상을 표면연소 또는 직접연소라고 한다.
  ㉡ 고체에서 가장 많은 연소가 표면연소이다.
  ㉢ 표면연소는 불꽃연소보다 연소속도가 매우 느리다.
  ㉣ 화학소화(부촉매소화, 억제소화)효과가 없다.
▶ 증발연소(Evaporating Combustion)
  ㉠ 승화성 고체 : 황·나프탈렌·승홍($HgCl_2$)·요오드·장뇌 등과 같은 고체 가연물질을 가열하면 열분해를 일으키지 않고 그대로 증발하며, 증발된 증기가 연소하게 된다.
  ㉡ 융해성 고체 : 양초(파라핀)와 같이 열에 녹아 액체 상태를 거쳐 증발된 가연성 고체 가연물질의 증발연소는 액체 가연물질의 증발연소의 형태와 같다.

정답 97.②

98 양초와 가장 유사한 연소 형태로 옳은 것은?
① 섬유
② 나프탈렌
③ 하이드라진 유도체
④ 목탄

99 고체상태의 연소형태에 대한 설명으로 옳지 않은 것은?
① 셀룰로이드, 트리니트로톨루엔은 분자 내에 산소를 가지고 있어 가열 시 열분해에 의해 가연성 증기와 함께 산소를 발생하여 자신의 분자 속에 포함되어 있는 산소에 의해 연소한다.
② 목재, 석탄, 종이, 플라스틱은 가열하면 열분해 반응을 일으키면서 생성된 가연성 증기와 공기가 혼합하여 연소한다.
③ 황, 나프탈렌은 가열하면 열분해를 일으키지 않고 증발하면서 증기와 공기가 혼합하여 연소한다.
④ 숯, 코크스, 목탄, 금속분은 열분해 반응에 의한 휘발성분이 표면에서 산소와 반응하여 연소한다.
⑤ 파라핀, 유지는 가열하면 융해되어 액체로 변하게 되고 지속적인 가열로 기화되면서 증기가 되어 공기와 혼합하여 연소한다.

해설 98 ▶ 고체의 연소
㉠ 표면연소(=작염=무염) : 숯, 목탄, 금속분, 코크스, 가연성 가스는 발생하지 않고 물질 자체가 연소하는 현상
㉡ 분해연소 : 석탄, 목재, 종이, 플라스틱, 섬유
㉢ 증발연소 : 황, 나프탈렌, 파라핀(양초) 등 열분해는 일어나지 않고 기체로 변화하여 기체가 연소하는 현상
㉣ 자기연소 : 제5류 위험물

99 ④ 숯·목탄·코크스·금속(분·박·리본 포함)과 같은 고체 가연물질은 열분해 하지 않고 증발도 하지 않는 것으로 고체 표면에서 산소와 반응하여 연소하는 표면연소를 한다.

정답 98.② 99.④

100 다음에서 표면연소에 해당하는 것을 옳게 고른 것은?

| ㉠ 숯 | ㉡ 목탄 |
| ㉢ 코크스 | ㉣ 플라스틱 |

① ㉠, ㉡, ㉢
② ㉠, ㉡, ㉣
③ ㉠, ㉢, ㉣
④ ㉡, ㉢, ㉣

[18. 하반기]
상 중 **하**
기본서 2권 31p

101 가연성 물질의 연소 형태로 옳은 것은?

㉠ 분해연소 : 목재, 종이
㉡ 확산연소 : 나프탈렌, 황
㉢ 표면연소 : 코크스, 금속분
㉣ 증발연소 : 가솔린엔진, 분젠버너
㉤ 자기연소 : 질산에스터류, 나이트로화합물류

① ㉠, ㉡, ㉣
② ㉠, ㉢, ㉣
③ ㉠, ㉢, ㉤
④ ㉡, ㉣, ㉤
⑤ ㉢, ㉣, ㉤

[20. 간부]
상 **중** 하
기본서 2권 28~32p

해설

100 ㉣ 플라스틱은 분해연소에 해당한다.
▶ 표면연소(Surface Combustion)
① 가연성 고체가 그 표면에서 산소와 반응하여 연소하는 경우이며, 숯·목탄·코크스·금속(분·박·리본 포함)과 같은 고체 가연물질이 열분해 하지 않고 증발도 하지 않는 것으로 고체 표면에서 산소와 반응하여 연소하는 현상을 표면연소 또는 직접연소라고 한다.
② 고체에서 가장 많은 연소가 표면연소이다.
③ 표면연소는 불꽃연소보다 연소속도가 매우 느리다.
④ 화학소화(부촉매소화, 억제소화)효과가 없다.

101 ㉡ 증발연소 : 나프탈렌, 황
㉣ 예혼합연소 : 가솔린엔진, 분젠버너

정답 100.① 101.③

102 역화현상에 대해 잘못 말한 것은?
① 연소속도가 분출속도보다 느릴 때
② 혼합가스의 양이 적을 때
③ 노즐이 부식되어 분출 구멍이 커질 때
④ 버너가 과열되었을 때

[16. 통합]

103 역화가 발생하는 원인으로 틀린 것은?
① 버너가 과열될 때
② 혼합가스량이 너무 적을 때
③ 연료의 분출속도가 연소속도보다 느릴 때
④ 분출 구멍이 작아진 경우

[16. 충남]

해설

102 ① 연료의 분출속도가 연소속도보다 느릴 때 불꽃이 노즐 속으로 빨려 들어가 혼합관 속에서 연소하는 현상
▶ 역화의 원인
• 버너가 과열될 때
• 혼합가스량이 너무 적을 때
• 용기 밖에 압력이 높을 때
• 연료의 분출속도가 연소속도보다 느릴 때
• 노즐의 부식 등으로 분출 구멍이 커진 경우

103 ④ 노즐의 부식 등으로 분출 구멍이 커진 경우
▶ 역화의 원인
• 버너가 과열될 때
• 혼합가스량이 너무 적을 때
• 용기 밖에 압력이 높을 때
• 연료의 분출속도가 연소속도보다 느릴 때
• 노즐의 부식 등으로 분출 구멍이 커진 경우

정답 102.① 103.④

104 다음 중 역화의 원인으로 옳지 않은 것은?
① 연소속도보다 가스 분출속도가 클 때
② 혼합가스의 압력이 비정상적으로 낮을 때
③ 버너가 과열되었을 때
④ 노즐의 부식 등으로 분출 구멍이 커진 경우

[18. 상반기]

기본서 2권 34p

105 가스 연소 시 발생되는 이상현상에 대한 설명으로 옳지 않은 것은?
① 불완전연소란 공기의 공급량이 부족할 때 일산화탄소, 그을음 등이 발생하는 현상이다.
② 연소소음이란 가연성 혼합가스의 연소속도나 분출속도가 대단히 클 때 연소음 및 폭발음 등이 발생하는 현상이다.
③ 선화란 연료가스의 분출속도가 연소속도보다 빠를 때 불꽃이 노즐에 정착되지 않고 떨어져서 연소하는 현상이다.
④ 역화란 기체 연료를 연소시킬 때 혼합가스의 압력이 비정상적으로 높거나 혼합가스의 양이 너무 많을 때 발생되는 이상 연소현상이다.
⑤ 블로우오프란 선화상태에서 연료가스의 분출속도가 증가하거나 공기의 유동이 강하여 불꽃이 노즐에서 정착되지 않고 떨어져서 꺼져버리는 현상이다.

[20. 간부]

기본서 2권 34~35p

해설 **104** ① 연소속도보다 가스 분출속도가 클 때는 선화이고, 역화는 분출속도보다 연소속도가 클 때이다.
▶ 역화의 원인
• 버너가 과열될 때
• 혼합가스량이 너무 적을 때
• 용기 밖에 압력이 높을 때
• 연료의 분출속도가 연소속도보다 느릴 때
• 노즐의 부식 등으로 분출 구멍이 커진 경우

105 ④ 역화란 기체 연료를 연소시킬 때 혼합가스의 압력이 비정상적으로 낮거나 혼합가스의 양이 너무 적을 때 발생되는 이상 연소현상이다.

정답 104.① 105.④

106 연료가스의 분출속도가 연소속도보다 클 때, 주위 공기의 움직임에 따라 불꽃이 노즐에서 정착하지 않고 떨어져 꺼지는 현상은?
① 불완전연소(Incomplete combustion)
② 리프팅(Lifting)
③ 블로우오프(Blow off)
④ 역화(Back fire)

[17. 상반기]
기본서 2권 34p

107 실내 화재 시 연소 등에 관한 이론에서 그 내용이 틀린 것은?
① 감광계수 0.1은 연기감지기가 작동할 수 있을 정도이다.
② 소실정도에서 반소란 30% 이상 70% 미만의 소실을 말한다.
③ 산화열, 분해열, 중합열, 흡착열, 발효열은 자연발화를 일으킬 수 있는 열이다.
④ 화재 시 연기는 공기보다 고온이기 때문에 일반적으로 하층에서 상층으로 올라간다.
⑤ 연기가 인체에 미치는 영향으로는 불완전연소 시 이산화탄소 증가와 산소의 감소가 있다.

[13. 간부]
기본서 2권 17p, 39~45p, 159p

해설
106 ③ 분출속도가 연소속도보다 클 때 발생하는 것으로 불꽃이 꺼지는 것은 블로우오프이다.
107 ⑤ 불완전연소 시 발생되는 일산화탄소 증가와 산소의 감소로 인해 연기가 인체에 영향을 미친다.

정답 106.③ 107.⑤

108 다음 중 불완전연소의 원인으로 옳지 않은 것은?
① 주위의 온도가 너무 높을 때
② 공급되는 공기의 양이 부족할 때
③ 연소생성물의 배기량이 불량할 때
④ 공급되는 가연물의 양이 많을 때

[12. 통합]
상 중 하
기본서 2권 35p

109 불완전연소의 원인이 아닌 것은?
① 공기(산소)공급량이 화학양론적 농도 부근일 때
② 연소생성물의 배기가 불량할 때
③ 공급되는 가연물질의 양이 많을 때
④ 불꽃이 저온의 물체와 접촉하여 온도가 내려갈 때

[16. 충남]
상 중 하
기본서 2권 35p

110 불완전연소에 관한 설명으로 옳지 않은 것은?
① 산소 과잉 상태에서 발생한다.
② 불꽃이 저온 물체와 접촉하여 온도가 내려갈 때 발생한다.
③ 일산화탄소, 그을음과 같은 연소생성물이 발생한다.
④ 연소실 내 배기가스의 배출이 불량할 때 발생한다.

[24. 소방직]
상 중 하
기본서 2권 35p

해설 108 ① 온도가 높을 때는 완전연소한다.
▶ 불완전연소가 일어나는 경우
㉠ 산소공급원이 부족(공기의 공급이 부족)할 때   ㉡ 주위의 기온이 너무 낮을 때(연소실의 온도가 낮을 때)
㉢ 유류의 온도가 낮을 때   ㉣ 환기 및 배기가 불충분할 때
㉤ 가스의 조성이 균일하지 않을 때   ㉥ 연소기구가 적합하지 않을 때
㉦ 불꽃이 냉각되었을 때

109 ① 공급되는 공기의 양이 부족할 때 불완전 연소한다.

110 ▶ 불완전연소가 일어나는 원인
㉠ 공급되는 공기의 양이 부족할 때
㉡ 연소생성물의 배기가 불량할 때
㉢ 공급되는 가연물질의 양이 많을 때
㉣ 불꽃이 저온의 물체와 접촉하여 온도가 내려갈 때

정답 108.① 109.① 110.①

111 개방된 공간에 화재 시 발생되는 연소생성물의 종류로서 가장 옳지 않은 것은?

① 불꽃
② 연소가스
③ 연기
④ 열
⑤ 폭발

[13. 간부]
기본서 2권 39p

112 다음 중 연소생성물에 대한 설명 중 틀린 것은?

① 일산화탄소는 헤모글로빈과 결합력이 극히 강하여 인체의 질식작용에 의한 독성을 나타낸다.
② 이산화탄소는 가연성물질로서 연소가스 중 가장 많은 양을 가지고 있으며 인체 허용농도가 5% 이상이면 사망한다.
③ 독성가스인 암모니아는 냉동공장 등에서 온도를 낮추는 가스, 즉 냉동시설의 냉매로 사용된다.
④ 시안화수소는 동물 털의 불완전연소 시 또는 인조견 등의 직물류, 목재, 종이 등이 탈 때 발생된다.

[11. 서울]
기본서 2권 44~45p

해설

111 ⑤ 화재로 인하여 생성되는 불꽃, 연소가스, 열, 연기 등의 연소생성물이 있다.

112 ② 이산화탄소는 <u>비가연성물질로서</u> 연소가스 중 가장 많은 양을 가지고 있으며 <u>인체 허용농도가 10% 이상이면 사망할 수 있다</u>.

▶이산화탄소 농도

농도범위	이산화탄소의 주요 영향
3%	호흡곤란, 두통, 현기증, 구토, 혈압·맥박의 증가
4%	30분 후 두통이 발생
5%	30분 후 피로 징후, 두통, 현기증 발생
8%	현기증, 혼수, 인사불성 상태
9%	명료한 호흡곤란, 혈압상실, 혈압발진, 의식불명
10%	이상 시력장애, 경련, 과호흡, 혈압발진, 의식불명

정답 111.⑤ 112.②

113 연소가스에 관련하여 가장 옳지 않은 것은?
① 일산화탄소가 인체에 흡입될 때는 헤모글로빈과 결합하여 질식하게 된다.
② 황화수소는 털, 고무, 나무 등이 탈 때 발생하며 물질의 불완전연소 시 발생한다.
③ 암모니아는 수지류, 나무 등이 탈 때 악취가 나는 무색기체로서 인체의 자극이 크다.
④ 시안화수소는 합성수지, 동물의 털 등의 섬유가 완전연소할 때 발생하는 무색의 맹독성 가스이며 가연성이다.

[11. 서울]
기본서 2권 44~45p

114 연소가스의 독성에 관한 설명 중 옳지 않은 것은?
① CO는 공기 중 농도가 2,000ppm의 연소가스가 있을 시 1시간 흡입으로 위험한 상태에 이른다.
② CO는 공기 중 농도가 4,000ppm의 연소가스가 있을 시 1시간 이내로 사망할 수 있다.
③ 고압가스 안전관리법에서 허용농도 2,000ppm 이하를 독성가스로 분류한다.
④ 이산화탄소는 다량으로 흡입 시 인체에 해를 주는 유독성 가스라고 할 수 있다.

[12. 전북]
기본서 2권 44~45p

해설 113 ④ 시안화수소(HCN) : 질소성분을 가지고 있는 합성수지, 동물의 털, 인조견, 모직물 등의 섬유가 불완전연소할 때 발생하는 무색의 맹독성가스이며 가연성이다.

114 ③ 고압가스 안전관리법에서 허용농도 5,000ppm 이하를 독성가스로 분류한다.

정답 113.④ 114.③

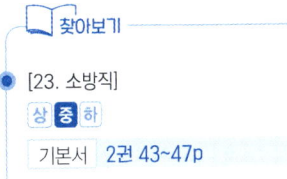

115 화재 시 연소생성물에 관한 설명으로 옳지 않은 것은?
① 황화수소는 썩은 달걀과 비슷한 냄새가 난다.
② 연기로 인한 빛의 감소를 나타내는 감광계수는 가시거리와 반비례한다.
③ 일산화탄소는 산소와 헤모글로빈의 결합을 방해하여 질식에 이르게 할 수 있다.
④ TLV(Threshold Limit Value)로 측정한 독성가스의 허용농도는 불화수소, 시안화수소, 암모니아, 포스겐 순으로 높다.

[23. 소방직]
기본서 2권 43~47p

116 무색·무취·무미의 환원성이 강한 가스로서 상온에서 염소와 작용하여 유독성 가스인 포스겐을 형성하기도 하며 인체 내의 헤모글로빈과 결합하여 산소 운반 기능을 저지하여 질식사망하게 하는 가스를 무엇이라 하는가?
① 일산화탄소　　　　② 황화수소
③ 아황산가스　　　　④ 시안화수소

[12. 울산]
기본서 2권 44~45p

117 다음 중 연소가스에 관한 내용으로 옳지 않은 것은?
① 불화수소는 무색의 기체로서 모래, 유리를 부식시키는 성질이 있다.
② 이산화탄소의 허용농도가 9%이면 중추신경 마비로 사망한다.
③ PVC가 탈 때 염화수소가 발생한다.
④ 아황산가스는 고무, 나무, 가죽소파 등 황이 함유된 물질의 완전연소 시 발생하는 무색 가스이다.
⑤ 암모니아는 질소함유물인 수지류, 나무 등이 탈 때 악취가 나는 무색기체로서 눈, 코, 폐의 자극이 크다.

[13. 간부]
기본서 2권 44~46p

해설

115 암모니아 > 시안화수소 > 불화수소 > 포스겐
- 불화수소 : 3
- 시안화수소 : 10
- 암모니아 : 25
- 포스겐 : 0.1

116 ① 일산화탄소(CO) : 탄화수소·셀룰로오스로 구성된 가연물질인 종이·나무·석탄·석유류·고무류 등이 불완전연소할 때 발생되는 유독성가스로서 독성의 허용농도는 50ppm(g/m³)이다. 또한 일산화탄소는 무취·무미의 환원성이 강한 가스로서 상온에서 염소와 작용하여 유독성가스인 포스겐(COCl₂)을 생성하기도 하며, 인체 내의 헤모글로빈과 결합하여 산소의 운반기능을 약화시켜 질식케 한다.

117 ② 이산화탄소 허용농도는 5,000ppm이고, 이산화탄소 농도가 5%일 경우 호흡이 과중해지고 심한 고통을 느끼며, 9% 정도일 경우는 10분 이내에 의식을 잃게 된다.

정답 115.④ 116.① 117.②

118 질소가 함유된 물질이 연소할 때 발생하며, 헤모글로빈과 결합하지 않고 사망에 이르게 하는 연소가스로 가장 옳은 것은?

① 시안화수소　　　　　　② 일산화탄소
③ 암모니아　　　　　　　④ 염화수소

[14. 통합]
상 중 하
기본서　2권 44~46p

119 PVC, 전선의 피복 등이 연소할 때 주로 생성되고 허용 농도가 5ppm인 독성가스로, 기도와 눈 등을 자극하며 금속에 대해 강한 부식성이 있는 물질은?

① HCN　　　　　　　　② NH₃
③ H₂S　　　　　　　　　④ HCl
⑤ CH₂CHCHO

[16. 간부]
상 중 하
기본서　2권 45~45p

해설

118 ① 질소를 함유하는 물질의 연소 시 발생되는 시안화수소와 암모니아가 독성가스로서 사망으로 이르게 하는 가스인데 헤모글로빈과 결합하지 않고 사망에 이르게 하는 연소가스로 가장 적합한 것은 시안화수소이다.

119 ④ 염화수소(HCl) : 염소성분이 함유되어 있는 염화비닐수지(PVC), 건축물에 설치된 전선의 피복이 연소할 때 발생하며, 유독성이 있어 독성가스로 취급하고 있다.
특히, 염화수소는 물에 녹아 염산이 되는 것으로 독성의 허용농도는 5ppm이고, 향료・염료・의약・농약 등의 제조에 이용되고 있으며, 부식성이 강하여 철근콘크리트 내의 철근을 녹슬게도 한다.
① 시안화수소(HCN) : 청산가스라고도 불리는 시안화수소는 질소성분을 가지고 있는 합성수지, 동물의 털, 인조견, 모직물 등의 섬유가 불완전연소할 때 발생하는 무색의 맹독성가스이며 가연성가스이다. 일산화탄소와 달리 헤모글로빈과 결합하지 않고도 호흡의 저해를 통한 질식을 유발한다. 시안화수소의 독성의 허용농도는 10ppm(g/m³)으로서 0.3% 이상의 농도에서는 즉시 사망한다.
② 암모니아(NH₃) : 질소함유물(멜라민수지・나일론・요소수지・아크릴・실크・나무 등)이 연소할 때 발생하는 연소생성물로서 유독성이 있으며, 상온・상압에서 강한 자극성을 가진 무색의 기체로서 물에 잘 용해된다. 특히, 비료공장・냉매공업 분야에 많이 사용되고 있으므로 이러한 공장에서는 암모니아를 흡입하지 않도록 주의하여야 한다(허용농도 25ppm).
③ 황화수소(H₂S) : 고무, 동물의 털, 가죽 등 황이 함유되어 있는 물질이 불완전 연소할 때 발생하며, 계란 썩는 듯한 냄새가 후각을 마비시켜 유해가스의 흡입을 증가시킨다(허용농도 10ppm).
⑤ 아크로레인(CH₂CHCHO) : 석유제품・유지류 등이 연소할 때 발생되는 연소생성물로서 자극적인 냄새가 나는 무색의 액체(또는 기체)성 물질이고 산화하기 쉬우며 공기와 접촉하면 아크릴산으로 된다. 인체에 대한 허용농도는 0.1ppm이고 10ppm 이상의 농도에서는 거의 즉사할 수 있다.

정답　118.①　119.④

120 가연물의 불완전연소에 의해 발생하며, 흡입하면 헤모글로빈(Hb)과 결합하여 몸속의 산소운반을 방해하여 질식을 유발시키는 무색, 무취의 연소가스는?

① 일산화탄소(CO)
② 이산화탄소(CO_2)
③ 이산화질소(NO_2)
④ 암모니아(NH_3)
⑤ 아황산가스(SO_2)

[17. 간부]

기본서 2권 44~46p

121 연소생성물 중 발생하는 연소가스에 관한 설명으로 옳지 않은 것은?

① 일산화탄소(CO)는 가연물이 완전연소할 때 발생하는 것으로 유독성 기체이며 가연성이 없다.
② 시안화수소(HCN)는 모직, 견직물 등의 불완전연소 시 발생하며 독성이 커서 인체에 치명적이다.
③ 염화수소(HCl)는 폴리염화비닐 등과 같이 염소가 함유된 수지류가 탈 때 주로 생성되며 금속에 대한 강한 부식성이 있다.
④ 황화수소(H_2S)는 수소의 황화물로 악취를 가진 무색의 유독한 기체이며, 살충제의 원료로 사용된다.

[17. 상반기]

기본서 2권 44~46p

해설 120

① 일산화탄소(CO) : 탄화수소·셀룰로오스로 구성된 가연물질인 석유류·나무·고무류·종이·석탄 등이 <u>불완전연소할 때 발생되는 유독성가스이다</u>. 독성의 허용농도는 50ppm(g/m³)이고 일산화탄소는 <u>무색·무취·무미</u>의 환원성이 강한 가스로서 상온에서 염소와 작용하여 유독성가스인 포스겐($COCl_2$)을 생성하기도 하며, <u>인체 내의 헤모글로빈과 결합하여 산소의 운반기능을 약화시켜 질식케 한다</u>.

② 이산화탄소(CO_2) : 탄화수소·셀룰로오스로 구성된 가연물질인 종이·나무·석탄·석유류·고무류 등이 완전연소할 때 발생하는 연소생성물로 독성이 허용농도는 5,000ppm(g/m³)이다. 또한 이산화탄소는 무색·무미의 기체로서 비중이 공기보다 무거우며, 불연성이고 지연성(조연성)도 없다. 이산화탄소 자체는 독성이 거의 없으나 다량이 존재할 때 사람의 호흡속도를 증가시키고 혼합된 유해가스의 흡입을 증가시켜 위험을 가중시킨다.

③ 이산화질소(NO_2) : 아질산가스라고도 하며, 특이한 자극적인 냄새를 가진 적갈색의 기체이다. 질소 산화물의 하나로서, 일산화질소에 산소를 섞으면 생성된다. 유독하고 산화 작용이 강하며, 대기 오염 물질의 하나로 되어 있다. 흡입하면 호흡 기도나 폐가 침해되어 100ppm 이상의 농도에서 과반수 이상의 동물이 죽는다.

④ 암모니아(NH_3) : 질소함유물(멜라민수지·나일론·요소수지·아크릴·실크·나무 등)이 연소할 때 발생하는 연소생성물로서 유독성이 있으며, 상온·상압에서 강한 자극성을 가진 무색의 기체로서 물에 잘 용해된다. 특히, 비료공장·냉매공업 분야에 많이 사용되고 있으므로 이러한 공장에서는 암모니아를 흡입하지 않도록 주의하여야 한다(허용농도 25ppm).

⑤ 아황산가스(SO_2) : 황이 함유되어 있는 물질인 중질유·동물의 털·고무 등이 연소할 때 발생되는 연소생성물로서 무색으로 유독성이 있어 눈 및 호흡기 등 점막을 상하게 하고 질식사할 우려가 있다. 0.05% 농도에 단시간 노출되어도 위험하므로 황을 저장 또는 취급하는 공장에서는 호흡을 방지하고 화재에 유의해야 한다.

121 ① 일산화탄소(CO)는 가연물이 불완전연소할 때 발생하는 것으로 유독성기체이며 가연성이 있다.

정답 120.① 121.①

122 다음 연소가스의 설명 중 옳지 않은 것은?
① 포스겐은 폴리염화비닐(PVC), 수지류 등이 연소할 때 발생한다.
② 이산화질소는 냄새가 자극적인 적갈색의 기체로써 아질산 가스라고도 한다.
③ 황화수소는 고무나 동물 털 등이 연소할 때 발생하는 무색의 기체이다.
④ 염화수소는 석유제품, 유지류 등이 연소할 때 발생되는 연소생성물로 맹독성 가스이다.

123 다음과 관계있는 연소생성가스로 옳은 것은?

> 질소 함유물인 열경화성 수지 또는 나일론 등의 연소 시 발생하고, 냉동시설의 냉매로 많이 쓰이고 있으므로 냉동창고 화재 시 누출가능성이 크며, 허용 농도는 25ppm 이다.

① 포스겐($COCl_2$)   ② 암모니아(NH_3)
③ 일산화탄소(CO)   ④ 시안화수소(HCN)

해설

122 ④ 염화수소(HCl) : 염소성분이 함유되어 있는 염화비닐수지(PVC), 건축물에 설치된 전선의 피복이 연소할 때 발생하며, 유독성이 있어 독성 가스로 취급하고 있다.
특히, 염화수소는 물에 녹아 염산이 되는 것으로 독성의 허용농도는 5ppm이고, 향료·염료·의약·농약 등의 제조에 이용되고 있으며, 부식성이 강하여 철근콘크리트 내의 철근을 녹슬게도 한다.

123 ① 포스겐($COCl_2$) : 열가소성 수지인 폴리염화비닐(PVC), 수지류 등이 연소할 때 발생되는 연소생성물로서 발생량은 그리 많지 않다. 유독성이 큰 맹독성가스로서 독성의 허용농도는 0.1ppm이다.
③ 일산화탄소(CO) : 탄화수소·셀룰로오스로 구성된 가연물질인 석유류·나무·고무류·종이·석탄 등이 불완전연소할 때 발생되는 유독성가스이다. 독성의 허용농도는 50ppm(g/m^3)이고 일산화탄소는 무취·무미의 환원성이 강한 가스로서 상온에서 염소와 작용하여 유독성가스인 포스겐($COCl_2$)을 생성하기도 하며, 인체 내의 헤모글로빈과 결합하여 산소의 운반기능을 약화시켜 질식케 한다.
④ 시안화수소(HCN) : 청산가스라고도 불리는 시안화수소는 질소성분을 가지고 있는 합성수지, 동물의 털, 인조견, 모직물 등의 섬유가 불완전연소할 때 발생하는 무색의 맹독성가스이며 가연성가스이다.

정답 122.④ 123.②

124 다음 설명에 해당하는 연소가스는?

> 청산가스라고도 하며, 인체에 대량 흡입되면 헤모글로빈과 결합되지 않고도 질식을 유발할 수 있다.

① 암모니아(NH_3)
② 시안화수소(HCN)
③ 이산화황(SO_2)
④ 일산화탄소(CO)

[19. 소방직]
기본서 2권 44~45p

해설 124

② 시안화수소(HCN) : 청산가스라고도 불리는 시안화수소는 질소성분을 가지고 있는 합성수지, 동물의 털, 인조견, 모직물 등의 섬유가 불완전연소할 때 발생하는 무색의 맹독성가스이며 가연성가스이다. 일산화탄소와 달리 헤모글로빈과 결합하지 않고도 호흡의 저해를 통한 질식을 유발한다.

① 암모니아(NH_3) : 질소함유물(멜라민수지·나일론·요소수지·아크릴·실크·나무 등)이 연소할 때 발생하는 연소생성물로서 유독성이 있으며, 상온·상압에서 강한 자극성을 가진 무색의 기체로서 물에 잘 용해된다.

③ 이산화황[아황산가스](SO_2) : 황이 함유되어 있는 물질인 중질유·동물의 털·고무 등이 연소할 때 발생되는 연소생성물로서 무색의 유독성이 있어 눈 및 호흡기 등에 점막을 상하게 하고 질식사할 우려가 있다.

④ 일산화탄소(CO) : 탄화수소·셀룰로오스로 구성된 가연물질인 석유류·나무·고무류·종이·석탄 등이 불완전연소할 때 발생되는 유독성가스이다. 독성의 허용농도는 50ppm(g/m^3)이고 일산화탄소는 무취·무미의 환원성이 강한 가스로서 상온에서 염소와 작용하여 유독성가스인 포스겐($COCl_2$)을 생성하기도 하며, 인체 내의 헤모글로빈과 결합하여 산소의 운반기능을 약화시켜 질식케 한다.

정답 124.②

125 화재 시 발생하는 유독가스에 대한 설명으로 옳은 것은?

① 황화수소(H_2S) : 질소 성분을 가지고 있는 합성수지, 동물의 털, 인조견 등의 섬유가 불완전 연소할 때 발생하는 맹독성 가스로, 0.3%의 농도에서 즉시 사망할 수 있다.

② 암모니아(NH_3) : 질소 함유물이 연소할 때 발생하고, 냉동시설의 냉매로 많이 쓰이고 있으므로 냉동창고 화재 시 누출 가능성이 크며, 독성의 허용 농도는 25ppm이다.

③ 염화수소(HCl) : 열가소성 수지인 폴리염화비닐(PVC), 수지류 등이 연소할 때 발생되는 연소생성물로서 발생량은 적지만 유독성이 큰 맹독성 가스이며, 독성의 허용 농도는 10ppm이다.

④ 포스겐($COCl_2$) : 폴리염화비닐(PVC)과 같이 염소가 함유된 수지류가 탈 때 주로 생성되는데 독성의 허용 농도는 5ppm이며 향료, 염료, 의약, 농약 등의 제조에 이용되고 있고, 자극성이 아주 강해 눈과 호흡기에 영향을 준다.

⑤ 시안화수소(HCN) : 황을 포함하고 있는 유기화합물이 불완전연소하면 발생하는데 계란 썩은 냄새가 나며, 0.2% 이상 농도에서 냄새 감각이 마비되고, 0.4~0.7%에서 1시간 이상 노출되면 현기증, 장기혼란의 증상과 호흡기의 통증이 일어난다.

[20. 간부]

기본서 2권 45~46p

해설 125

① 시안화수소(HCN) : 질소 성분을 가지고 있는 합성수지, 동물의 털, 인조견 등의 섬유가 불완전연소할 때 발생하는 맹독성 가스로, 0.3%의 농도에서 즉시 사망할 수 있다.

③ 포스겐($COCl_2$) : 열가소성 수지인 폴리염화비닐(PVC), 수지류 등이 연소할 때 발생되는 연소생성물로서 발생량은 적지만 유독성이 큰 맹독성 가스이며, 독성의 허용 농도는 0.1ppm이다.

④ 염화수소(HCl) : 폴리염화비닐(PVC)과 같이 염소가 함유된 수지류가 탈 때 주로 생성되는데 독성의 허용 농도는 5ppm이며 향료, 염료, 의약, 농약 등의 제조에 이용되고 있고, 자극성이 아주 강해 눈과 호흡기에 영향을 준다.

⑤ 황화수소(H_2S) : 황을 포함하고 있는 유기화합물이 불완전 연소하면 발생하는데 계란 썩은 냄새가 나며, 0.2% 이상 농도에서 냄새 감각이 마비되고, 0.4~0.7%에서 1시간 이상 노출되면 현기증, 장기혼란의 증상과 호흡기의 통증이 일어난다.

정답 125.②

126 가연물이 연소할 때 발생하는 독성가스에 대한 설명으로 옳지 않은 것은?

① 일산화탄소(CO)는 인체 내의 헤모글로빈과 결합하여 산소의 운반기능을 약화시켜 질식하게 한다.
② 시안화수소(HCN)는 질소성분을 가지고 있는 섬유류가 불완전연소할 때 발생하는 무색의 맹독성 가스로서 청산가스라고도 불린다.
③ 염화수소(HCl)는 염소성분이 함유되어 있는 염화비닐수지, 전선 피복 등이 연소할 때 발생하며, 물에 녹아 염산이 된다.
④ 브롬화수소(HBr)는 방염수지류 등이 연소할 때 발생하며, 상온·상압에서 물에 잘 용해되지 않는다.
⑤ 아크로레인(CH_2CHCHO)은 석유제품·유지류 등이 연소할 때 발생하며, 공기와 접촉하면 아크릴산이 된다.

[21. 간부]

기본서 2권 44~46p

127 전도(Conduction) 열이동에서 단면적이 일정한 도체일 경우 열전달량의 설명으로 옳은 것은?

① 전열면적에 비례하고 온도차와 두께차에 반비례한다.
② 전열면적과 온도차에 반비례하고 두께차에 비례한다.
③ 전열면적과 두께차에 비례하고 온도차에 반비례한다.
④ 전열면적과 온도차에 비례하고 두께차에 반비례한다.
⑤ 전열면적에 반비례하고 온도차와 두께차에 비례한다.

[16. 간부]

기본서 2권 51p

해설

126 ④ 브롬화수소[취화수소](HBr)는 방염수지류 등이 연소할 때 발생하며, 상온·상압에서 물에 잘 용해된다.

127 열유속(열전속도)은 열전도율, 열전달면적, 고온부와 저온부의 온도 차이에 비례하고 열이 전달되는 거리에는 반비례하며, 열의 유동은 시간에 따라 변화하지 않는다.

$$Q = \frac{kA(T_2 - T_1)}{\ell}$$

k : 열전도율
A : 열전달 부분의 면적
$(T_2 - T_1)$: 각 벽면의 온도 차
ℓ : 벽두께

정답 126.④ 127.④

128 대류(convection)에 의한 열전달에 관한 일반적인 설명으로 옳은 것은?
① 고체 또는 정지 상태의 유체 내에서 매질을 통한 열전달을 말한다.
② 전도현상에 비해 가연성 고체에서의 발화, 화염확산, 화재저항과 관련성이 크다.
③ 원격 발화의 열전달로 작용하고 특히 플래시오버를 일으키는 조건을 형성한다.
④ 열복사 수준이 낮은 화재초기 상태에서 중요한 현상으로 부력의 영향을 받는다.
⑤ 전달 열량은 온도차, 열전도도에 비례하고 물질의 두께에는 반비례한다.

[18. 간부]
기본서 2권 52p

129 일반화재 발생 시 열감지기가 작동하고 전자파에 의해 스프링클러가 작동하였다. 열전달의 형태는?
① 전도   ② 대류
③ 복사   ④ 비화

[11. 서울]
기본서 2권 51~53p, 98p

해설 128 ① 전도
② 전도가 관련성이 더 크다.
③ 복사
⑤ 전도

129 ③ 열감지기의 동작은 대류가 대부분이지만, 열이 전자파 형태로 전달되는 것은 복사 때문이다.

정답 128.④ 129.③

130 ○○은(는) 물질이동 없이 고온에서 저온으로 이동하는 현상으로 고체가 일반적으로 기체보다 더 크다. 다음 중 ○○안에 들어갈 말은?

① 복사 ② 전도
③ 대류 ④ 비화

[12. 세종]

131 가열된 공기나 유체가 움직이면서 열이 전달되는 현상을 다음 중 무엇이라 하는가?

① 전도 ② 대류
③ 복사 ④ 비화

[12. 경기]

해설 **130** ② 하나의 물체가 다른 물체와 직접 접촉하여 분자충돌 등에 의해 전달되는 열의 현상으로 열전도가 큰 순서는 고체, 액체, 기체 순으로 연소속도의 반대이다.

131 ② 열의 전달
  ㉠ 전도 : 화원과 격리된 인접가연물에 불이 옮겨 붙는 현상, 뜨거운 커피의 열이 손에 전달되는 것
  ㉡ 대류 : 가열된 공기나 유체가 움직이면서 열이 전달되는 현상
  ㉢ 복사 : 물체에서 열에너지가 전자기파로서 방출되는 현상(슈테판-볼츠만법칙 : 절대온도차의 4제곱에 비례하고 열전달 면적에 비례함)
  ㉣ 비화 : 불티나 불꽃이 다른 가연물로 전달되는 현상

정답 130.② 131.②

132 화재 시 불꽃이 직접 전달되지 않고 간접적으로 열기만 전달되는데 이 열이 가연물에 직선으로 흡수되어 그 표면온도가 발화점에 도달하면 연소가 시작된다. 이러한 현상은?

① 대류 ② 전도
③ 복사 ④ 비화

[13. 대전]
기본서 2권 51~53p, 98p

133 하나의 물체가 다른 물체와 직접 접촉하여 분자충돌 등에 의해 전달되는 열의 현상은?

① 대류 ② 복사
③ 비화 ④ 전도

[13. 충북]
기본서 2권 51~53p, 98p

해설

132 ③ 복사는 화염의 전파에 가장 크게 작용하는 것으로 물질을 매개치 않고 전자기파 형태로 옮겨지며 가연물에 흡수되어 그 표면온도가 발화점에 도달하면 연소하기 시작한다.

133 ④ 전도란 하나의 물체가 다른 물체와 직접 접촉하여 분자충돌 등에 의해 전달되는 열의 현상으로, 물질의 이동 없이 열이 물질의 고온부에서 저온부로 이동하고, 분자진동, 자유전자이동, 분자충돌에 의해 열이 이동되는 현상이다.

▶ 열의 전달
  ㉠ 전도 : 화원과 격리된 인접가연물에 불이 옮겨 붙는 현상, 뜨거운 커피의 열이 손에 전달되는 것
  ㉡ 대류 : 가열된 공기나 유체가 움직이면서 열이 전달되는 현상
  ㉢ 복사 : 물체에서 열에너지가 전자기파로서 방출되는 현상(슈테판-볼츠만법칙 : 절대온도차의 4제곱에 비례하고 열전달 면적에 비례함)
  ㉣ 비화 : 불티나 불꽃이 다른 가연물로 전달되는 현상

정답 132.③ 133.④

134 슈테판-볼츠만법칙에서 복사에너지는 열전달면적에 비례하고 절대온도 몇 승에 비례하는가?

① 2
② 4
③ 5
④ 7
⑤ 0

[13. 간부]
기본서 2권 53p

135 체육관 화재 시 천정의 높이가 높아 화재감지기의 작동을 어렵게 하고, 초기화재 시 연기감지기에 감지가 안 되는 원인으로 가장 옳은 것은?

① 열전도
② 열대류
③ 열복사
④ 열비화

[14. 통합]
기본서 2권 51~53p, 98p

해설

134 ② 슈테판-볼츠만법칙은 절대온도 4승에 비례하고 열전달 면적에 비례하는 복사에너지에 의한 법칙이다.
* $Q = \sigma AF(T_1^4 - T_2^4)$
* σ : 슈테판-볼츠만상수
* A : 단면적
* F : 기하학적 factor
* T_1, T_2 : 물체의 절대온도

135 ② 대류는 가열된 공기나 유체가 움직이면서 열이 전달되는 현상

정답 134.② 135.②

136 다음은 열의 전달 형태에 대한 설명이다. ( ) 안에 들어갈 내용으로 옳은 것은?

> 가. 일반적으로 화재의 초기단계에서 열의 전달은 (㉠)에 기인한다.
> 나. 화재 시 연기가 위로 향하는 것이나 화로(火爐)에 의해 실내의 공기가 따뜻해지는 것은 (㉡)에 의한 현상이다.

	㉠	㉡		㉠	㉡
①	전도	대류	②	복사	전도
③	전도	비화	④	대류	전도

[18. 하반기]

기본서 2권 51~53p, 98p

137 복사열전달 현상에 관한 설명으로 옳은 것은?
① 열에너지가 전자기파의 형태로 전달되는 현상이다.
② 푸리에의 법칙에 따른다.
③ 열전달이 고체 또는 정지상태의 유체 내에서 매질을 통해 이루어진다.
④ 유체입자의 유동에 의해 열에너지가 전달되는 현상이다.
⑤ 진공상태에서는 복사열은 전달되지 않는다.

[22. 간부]

기본서 2권 51~53p

해설 136
가. 일반적으로 화재의 초기단계에서 열의 전달은 (전도)에 기인한다.
나. 화재 시 연기가 위로 향하는 것이나 화로(火爐)에 의해 실내의 공기가 따뜻해지는 것은 (대류)에 의한 현상이다.
- 전도(Conduction) : 물질의 이동 없이 고온의 물체와 저온의 물체를 직접 접촉시킬 때 고온물체에서 활발하게 일어나는 분자운동이 접촉면에서의 충돌로 자유전자의 이동이나 분자의 진동운동에 의해 저온 물체의 분자운동을 활발하게 하여 에너지가 전달된다. 이와 같이 열은 분자들의 충돌에 의하여 물질 내부로 차례로 전달되는데 이러한 현상을 열의 전도라고 한다.
  예) 뜨거운 커피잔 속에 스푼을 넣고 저을 때 열이 스푼으로 전달되는 형태
- 대류(Convection) : 기체나 액체 상태에 있는 분자는 열을 받아서 온도가 높아지면 그 운동이 활발해지기 때문에 분자들 사이의 평균 간격이 넓어진다. 그러므로 온도가 높은 분자의 물질은 밀도가 작아져서 위로 올라가고 온도가 낮은 물질은 밀도가 커져서 아래로 내려오게 된다. 따라서 액체나 기체 내에서는 밀도 차에 의해 분자들의 집단 흐름이 생긴다. 이러한 순환적인 흐름에 의해 열이 전파되는 현상을 대류라고 한다.
  예) 실내에 난로를 피우면 따뜻한 공기는 상승하고 찬 공기는 내려와 순환되는 현상

137
② 푸리에의 법칙에 따른다.
→ 전도
③ 열전달이 고체 또는 정지상태의 유체 내에서 매질을 통해 이루어진다.
→ 전도
④ 유체입자의 유동에 의해 열에너지가 전달되는 현상이다.
→ 대류
⑤ 진공상태에서는 복사열은 전달되지 않는다.
→ 진공상태인 우주공간을 통해 지구까지 태양열이 전달되는 이유가 복사열 때문

정답 136.① 137.①

138. 화염의 직경이 0.1m인 화원의 중심으로부터 1m 떨어진 물체에 전달되는 복사열유속[kW/m^2]은? (단, 화염의 열방출률은 120kW, 총 열방출에너지 중 복사된 열에너지 분율은 0.5, 원주율은 3으로 계산한다.)

① 3.5 ② 4.0
③ 4.5 ④ 5.0

[24. 소방직]

해설 138
▶ 열유속
$$q'' = \frac{X_r Q}{4\pi r^2}$$
Q : 화재의 연소에너지 방출(kw)
X_r : 총 방출에너지 중 복사된 에너지 분율(0.15~0.6)
r : 화재 중심과 목표물과의 거리(m)
$4\pi r^2$: 구의 표면적
$$\frac{120 \times 0.5}{4 \times 3 \times 1^2} = 5$$

정답 138.④

02 연기 및 화염

01 화재 시 발생하는 연기(smoke)에 대한 설명으로 옳지 않은 것은?
① 연기의 수직 이동속도는 수평 이동속도보다 빠르다.
② 연기의 감광계수가 증가할수록 가시거리는 짧아진다.
③ 중성대는 실내 화재 시 실내와 실외의 온도가 같은 면을 의미한다.
④ 굴뚝효과는 건축물의 내부와 외부의 온도차에 의해 내부의 더운 공기가 상승하는 현상이다.

02 건물 내 연기의 수직방향의 유동속도로 옳은 것은?
① 0.5~1.0[m/sec]   ② 1.0~2.0[m/sec]
③ 2.0~3.0[m/sec]   ④ 3.0~4.0[m/sec]

03 다음 중 연기에 관하여 가장 옳지 않은 것은?
① 연기의 유동속도는 수평일 때 0.5~1m/sec, 수직일 때 2~3m/sec이다.
② 연기는 공기보다 고온이기 때문에 일반적으로 천장을 따라 순방향으로 이동한다.
③ 저층건물에서는 굴뚝효과에 의하여 연기는 상승하고 고층건물에서는 열, 대류이동, 화재압력과 같은 영향 및 바람의 영향으로 통로 등에 따라 연기 이동을 일으키는 원인이 된다.
④ 외기가 건축물 내부의 공기보다 따뜻할 때는 건축물 내부에서 하향으로 공기가 이동하며 이러한 하향 공기의 흐름을 역굴뚝효과라고 한다.

해설

01 ③ 중성대는 실내 화재 시 실내와 실외의 온도가 같은 면을 의미한다.
→ 압력이

02 ③ 연기의 유동속도
㉠ 수평방향 : 0.5~1[m/sec]   ㉡ 수직방향 : 2~3[m/sec]   ㉢ 계단실내 : 3~5[m/sec]

03 ③ 고층건물에서는 굴뚝효과에 의하여 연기는 상승하고 저층건물에서는 열, 대류이동, 화재압력과 같은 영향 및 바람의 영향 등이 통로 등을 따라 연기 이동을 일으키는 원인이 된다.

정답 01.③ 02.③ 03.③

04 화재 시 발생하는 연기에 대한 설명으로 옳지 않은 것은?
① 연기는 다량의 유독가스를 함유하며, 화재로 인한 연기는 고열이며 유동 확산이 빠르다.
② 연료 중에 수소가 많으면 흑색연기, 탄소수가 많으면 백색연기로 변한다.
③ 일반적으로 연기의 유동속도는 수평방향으로 0.5~1(m/s), 수직방향으로 2~3(m/s), 계단실내에서는 3~5(m/s)이다.
④ 화재 시 연기는 처음에는 백색이며 시간이 흐를수록 흑색으로 변한다.
⑤ 연기의 조성은 연료의 성질과 연소조건에 의해 각기 다르며 액체의 입자는 수증기 외에 알데히드, 알코올 등의 탄화수소의 응고로 인한 타르분의 것, 기체의 성분은 CO, CO_2, HCl, HCN, $COCl_2$, SO_2 등이다.

[16. 간부]

기본서 2권 39~40p

05 다음은 연기에 대한 설명이다. 가장 옳은 것은?
① 수평방향보다 수직방향으로 더 빠르게 이동한다.
② 수소가 많으면 흑색 연기가 발생이 되고, 탄소가 많으면 백색 연기가 발생된다.
③ 연기는 가연물이 연소할 때 생성되는 물질로서 고체상의 미립자가 아니다.
④ 연기의 이동과 굴뚝효과는 전혀 관계가 없고 온도와 관계가 깊다.

[18. 상반기]

기본서 2권 39~40p

해설 04 ② 연료 중에 수소가 많으면 <u>백색연기</u>가 나고 탄소수가 많으면 연기의 색이 <u>검은 색깔</u>로 변한다.
▶ 연기
1. 화재 시 연기는 처음에는 백색, 나중에는 흑색 연기로 변한다.
2. <u>수소가 많으면 백색연기, 탄소수가 많으면 검은 색깔로 변한다.</u>
3. 화재초기 발연량은 화재성숙기의 발연량보다 많다고 할 수 있다.
4. 화점에서 멀어지면 연기의 온도가 낮아지므로 부력이 감소해 수직방향의 속도가 늦어진다.
5. 일반화재는 백색, 유류는 흑색을 나타내지만, 예외적으로 메탄올(메틸알코올)은 휘발성의 무색투명한 액체로 연한 청색 화염을 내거나 화염이 눈에 보이지 않을 경우도 있다.
6. 연기는 다량의 유독가스를 함유하며, 화재로 인한 연기는 고열이며 유동 확산이 빠르다.
7. 연기의 조성은 연료의 성질과 연소조건에 의해 각기 다르며 액체의 입자는 수증기 외에 알데히드, 알코올 등의 탄화수소의 응고로 인한 타르분의 것, 기체의 성분은 CO, CO_2, HCl, HCN, $COCl_2$, SO_2 등이다.
8. 연기의 유동속도는 수평방향으로 0.5~1(m/s), 수직방향으로 2~3(m/s), 계단실내에서는 3~5(m/s)이다.

05 ② 수소가 많으면 <u>백색연기</u>, 탄소수가 많으면 <u>검은 색깔</u>로 변한다.
③ 연기는 가연물이 연소할 때 생성되는 물질로서 <u>고체상의 탄소미립자이다.</u>
④ <u>연기를 이동시키는 요인에는 연돌효과(굴뚝효과)</u>, 바람의 영향, 온도에 의한 팽창, 건물 내 강제적인 공기이동, 건물 내·외 온도차, 비중차가 있다.

정답 04.② 05.①

06 연기의 유동효과에 영향을 미치는 것으로 가장 옳지 않은 것은?
① 부력
② 굴뚝효과
③ 외부바람
④ 공기 중의 산소농도

[13. 경기]
상 중 하
기본서 2권 42p

07 고층건축물에서 연기유동을 일으키는 요인을 모두 고른 것은?

| ㉠ 부력효과 | ㉡ 바람에 의한 압력차 |
| ㉢ 굴뚝효과 | ㉣ 공기조화설비의 영향 |

① ㉠, ㉡
② ㉠, ㉢
③ ㉡, ㉢, ㉣
④ ㉠, ㉡, ㉢, ㉣

[20. 소방직]
상 중 하
기본서 2권 42p

해설

06 ④ 연기 유동의 요인은 연돌(=굴뚝)효과, 풍력의 영향, 온도에 의한 팽창, 건물 내 강제적인 공기이동, 건물 내·외 온도차, 비중차(=부력)가 있다.

07 ④ 모두 옳은 지문이다.
▶ 연기를 이동시키는 요인
  1. 연돌효과(굴뚝효과)
  2. 바람의 영향 : 외부에서의 바람에 의해 압력차가 발생한다.
  3. 온도에 의한 팽창 : 온도상승에 의해 증기가 팽창한다.
  4. 건물 내 강제적인 공기이동 : 공기조화설비(HVAC시스템)에 의해 영향을 받는다.
  5. 건물 내·외 온도차 : 건물 내·외 온도차, 즉 내화건물에서의 연기유동은 건물에 형성된 중성대의 위치에 따라 달라진다.
  6. 비중차 : 화재로 인한 부력에 의해 연기를 이동시킨다.
     (※ 아닌 것 : 온도차에 의한 가스유입)

정답 06.④ 07.④

08 건축물 화재 시 연돌효과의 크기에 영향을 주는 요소 중 가장 옳지 않은 것은?
① 건물높이
② 건축물 실내·외 온도차
③ 층의 면적
④ 외벽의 기밀도

09 다음 설명으로 옳지 않은 것은?
① 중성대 위쪽으로 배연하는 것이 적당하다.
② 중성대는 외부의 압력과 내부의 압력이 같아 공기이동이 없는 지점을 말한다.
③ 굴뚝효과에 관련된 식은 $(\frac{1}{T_1} - \frac{1}{T_2}) \times h$으로 h는 건축물의 높이이다.
④ 겨울철, 외부의 온도가 낮을 때 '역굴뚝효과(Reverse stact effect)'가 잘 발생한다.
⑤ 굴뚝효과는 초고층건축물의 화재 시에 잘 발생된다.

해설
08 굴뚝효과(연돌효과)는 연기의 수직상승현상으로 층의 면적과는 상관없다. 굴뚝효과(연돌효과)에 영향을 주는 인자는 건물의 높이, 외벽의 기밀도, 건축 내·외의 온도차, 건물의 층간 공기누설 등이 있다.

09 ④ 건축물 바깥 공기가 실내의 공기보다 온도가 높을 때는 건물 내에서 공기가 위에서 아래쪽으로 이동하게 되는데 이러한 하향 공기흐름을 '역굴뚝효과'라고 한다.

정답 08.③ 09.④

10 건물화재 시 실내·외의 정압이 같아지는 경계면은?
① 중심점　　　　　　② 중성대
③ 삼중점　　　　　　④ 안전대

11 다음 중 빌딩 화재 시 발생하는 연기의 유동에 대하여 옳지 않은 것은?
① 빌딩 화재 시 온도가 상승하면서 공기의 부피는 커진다.
② 건축물 상·하층의 내부와 외부 온도·기압차로 인해 찬 공기가 하부에서 유입된다.
③ 건물 내부 더운 공기가 굴뚝과 같은 긴 통로를 따라 올라가는 강한 통풍현상을 일으킨다.
④ 빌딩 화재 시는 실내 밀도는 증가된다.

해설

10 ② 중성대 : 건물에 화재가 발생했을 때, 연소가스와 연기 등은 부력과 밀도의 감소로 인해 위쪽으로 상승하게 된다. 아래쪽에서는 신선한 공기가 건물의 안쪽으로 들어오게 되고 상승한 연소가스, 연기 등은 위쪽에서 나가게 되며 이때 압력이 0이 되는 곳이 형성되는데 이를 중성대라고 한다.

11 ④ 밀도는 <u>감소된다</u>.

정답 10.② 11.④

12 건축물 화재 시 나타나는 중성대에 관한 설명으로 옳지 않은 것은?

① 건물 내부의 압력이 외부의 압력과 일치하는 수직적인 위치가 생기는데, 이 위치를 중성대라 한다.
② 중성대 상부는 기체가 실내에서 외부로 유출되고 중성대 하부는 외부에서 실내로 기체가 유입된다.
③ 중성대 상부는 열과 연기로부터 생존이 어려운 지역이고 중성대 하부는 신선한 공기로 인해 생존가능성이 높은 지역이다.
④ 중성대 하부 개구부를 개방하면 공기가 유입되면서 연기가 외부로 배출되어 중성대가 위로 상승하고 중성대 하부 면적이 커져 소화활동이 용이하게 된다.
⑤ 현장 도착 시 하부 출입문으로 짙은 연기가 배출된다면 상부 개구부 개방을 강구하고, 하부 개구부에서 연기가 배출되고 있지 않다면 상부 개구부가 개방되어 있다고 판단한다.

[20. 간부]
기본서 2권 41p

13 감광계수가 0.3이며 가시거리는 5m일 때 맞는 상황은?

① 어두침침한 것을 느낄 정도의 농도
② 연기감지기가 작동할 정도
③ 건물 내부에 익숙한 사람이 피난할 때 약간 지장을 느낄 정도
④ 화재 최성기 때의 농도로 유도등이 보이지 않을 경우

[15. 통합]
기본서 2권 43p

해설

12 ④ 상층 개구부를 개방한다면 연소는 확대되지만 발생한 연기는 빠른 속도로 상승하여 외부로 배출되므로 중성대의 경계선은 위로 올라가고 중성대 하층의 면적이 커지므로 대원과 대피자들의 활동공간과 시야가 확보되어 신속히 대피할 수 있다.

13 ③ 감광계수

감광계수	가시거리(m)	현 상
0.1	20~30	연기감지기가 작동할 때의 정도
0.3	5	건물 내부에 익숙한 사람이 피난에 지장을 느낄 정도
0.5	3	어두침침한 것을 느낄 정도
1	1~2	거의 앞이 보이지 않을 정도
10	0.2~0.5	화재 최성기 때의 정도
30	–	출화실에서 연기가 분출될 때의 연기 농도

정답 12.④ 13.③

14 건축물 내부화재 시 발생하는 열과 연기의 특성에 대한 설명으로 옳지 않은 것은?
① 감광계수가 증가할수록 가시거리는 증가한다.
② 연기의 수직방향 유동속도는 수평방향보다 빠르다.
③ 굴뚝효과는 건축물의 내부와 외부의 온도차에 의해 발생할 수 있다.
④ 화재실 내부에서 중성대의 상부 압력은 실외 압력보다 높게 나타난다.
⑤ 열의 전달 방법 중 복사는 중간 매개체 도움 없이 발생하는 전자파에 의한 에너지의 전달이다.

[19. 간부]
기본서 2권 41~43p, 53p

15 다음 중 연소이론 및 화재이론에 관한 설명으로 옳지 않은 것은?
① 반응에너지가 생성에너지보다 더 크게 나타나는 반응을 발열반응이라고 한다.
② 연소속도란 화염속도에서 미연소가스의 이동속도를 더한 값이다.
③ 연소 시 액체는 뜨거운 열을 만나면 액면에서 증기가 생성되는데 연소는 그 증기가 타는 것이므로 가연성 증기가 연소범위 하한계에 도달할 때의 온도를 인화점이라 한다면 연소점은 가열된 증기의 발생속도가 연소속도보다 빠를 때이다.
④ 플래시오버의 지연대책은 냉각지연법, 배연지연법, 공기차단지연법이 있다.

[13. 충북]
기본서 2권 25p, 48p, 117p

해설

14 ① 감광계수가 증가할수록 가시거리는 짧아진다.

15 ② 연소속도란 화염속도에서 미연소가스의 이동속도를 뺀 값이다.
화염속도=연소속도+미연소가스의 이동속도
연소속도=화염속도−미연소가스의 이동속도

정답 14.① 15.②

16 연소속도에 영향을 미치지 않는 것은?
① 가연물의 종류와 온도
② 산소 농도에 따라 가연물과 접촉하는 속도
③ 산화반응을 일으키는 속도 및 가연성과 산화성 물질의 혼합비율
④ 촉매 및 완전연소 시에 생성된 가연성물질

17 다음 중 천장제트흐름(Ceiling Jet Flow)에 대한 설명으로 가장 옳지 않은 것은?
① 화재 플룸의 부력에 의하여 발생되며 천장면을 따라 빠르게 흐르는 기류이다.
② 화원의 크기와 위치 그리고 화원에서 천장까지의 높이에 영향을 받는다.
③ 스프링클러헤드와 화재감지기는 이 현상의 영향범위를 피하여 부착한다.
④ 흐름의 두께는 천장에서 화염까지 높이의 5~12% 내외 정도 범위이다.

해설

16 ④ 완전연소 시에는 불연성물실이 생성된다.
▸ 연소속도에 영향을 미치는 요인
  ㉠ 가연물의 종류와 온도
  ㉡ 산소 농도에 따라 가연물과 접촉하는 속도
  ㉢ 산화반응을 일으키는 속도 및 가연물과 산화성 물질의 혼합 비율
  ㉣ 촉매(반응속도를 촉진 또는 지연시키는 매개체인 물질) 및 생성된 불연성물질 등
  ㉤ 압력, 화염의 온도 및 미연소 가연성 기체의 밀도, 비열, 열전도 등

17 ③ 스프링클러헤드와 감지기는 유효범위 내에 설치한다.
▸ 천장제트흐름(Ceiling Jet Flow)
  ㉠ 고온의 연소생성물이 부력에 의해 힘을 받아 천장면 아래에 얇은 층을 형성하는 빠른 가스흐름을 말한다.
  ㉡ 일반적으로 천장제트흐름은 화재초기에 존재한다.
  ㉢ 천장열류보다 온도가 낮은 천장재와 유입 공기 쪽에서 일어나는 열손실에 의해 천장열류의 온도는 감소한다.
  ㉣ 흐름의 두께는 천장에서 화염까지 높이의 5~12% 내외 정도 범위이다.
  ㉤ 스프링클러헤드와 화재감지기는 유효범위 내에 설치한다.

정답 16.④ 17.③

18 연소속도에 영향을 미치는 요인을 모두 고른 것은?

> ㉠ 가연성 물질의 종류
> ㉡ 촉매의 존재 유무와 농도
> ㉢ 공기 중 산소량
> ㉣ 가연성 물질과 산화제의 당량비

① ㉠, ㉡
② ㉠, ㉡, ㉢
③ ㉡, ㉢, ㉣
④ ㉠, ㉡, ㉢, ㉣

[21. 소방직]
기본서 2권 48p

19 연소의 색깔과 온도로서 틀린 것은?
① 적색 – 850℃
② 암적색 – 700℃
③ 황적색 – 1,100℃
④ 휘백색 – 1,300℃

[13. 광주]
기본서 2권 49p

해설

18 모두 옳은 지문이다.

19 ④ 휘백색은 1,500℃이다.
▶ 연소(불꽃)의 색과 온도

담암적색	암적색	적 색	휘적색	황적색	백적색	휘백색
520℃	700℃	850℃	950℃	1,100℃	1,300℃	1,500℃

정답 18.④ 19.④

20 연소의 색상과 온도로 옳지 않은 것은?

① 암적색 − 700℃ ② 휘적색 − 950℃
③ 백적색 − 1,100℃ ④ 휘백색 − 1,500℃

21 다음 조건에 따라 계산한 혼합기체의 연소하한계는?

- 르샤틀리에 공식을 이용한다.
- 혼합기체의 부피비율은 A기체 60%, B기체 30%, C기체 10%이다.
- 연소하한계는 A기체 3.0%, B기체 1.5%, C기체 1.0%이다.

① 1.0% ② 1.5%
③ 2.0% ④ 2.5%
⑤ 3.0%

해설

20 ③ 백적색 − 1,300℃이다.
▶ 연소(불꽃)의 색과 온도

담암적색	암적색	적 색	휘적색	황적색	백적색	휘백색
520℃	700℃	850℃	950℃	1,100℃	1,300℃	1,500℃

21 ▶ 르샤틀리에(Le Chatelier)의 법칙

$$L = \frac{100}{\frac{V_1}{L_1} + \frac{V_2}{L_2} + \frac{V_3}{L_3} + \cdots}$$

* L : 혼합가스의 폭발하한계(vol%)
* V_1 : 각 단독성분의 혼합가스 중의 농도(vol%)
* L_1 : 혼합가스를 형성하는 각 단독 성분의 폭발하한계(vol%)

$$L = \frac{100}{\frac{60}{3.0} + \frac{30}{1.5} + \frac{10}{1.0}} = L = \frac{100}{20 + 20 + 10} = \frac{100}{50} = 2$$

정답 20.③ 21.③

22 가연성 가스 3종이 다음과 같이 혼합되어 있을 때 르샤틀리에(Le Chatelier) 식에 따라 부피비로 계산된 혼합가스의 연소하한계[vol%]는?

- 혼합가스 내 각 성분의 체적(V) : V_A=20vol%, V_B=40vol%, V_C=40vol%
- 각 성분의 연소하한계(L) : L_A=4vol%, L_B=20vol%, L_C=10vol%

① 약 4.3 ② 약 9.1
③ 약 11.0 ④ 약 12.8

[24. 소방직]

기본서 2권 55p

해설 22

$$L = \frac{100}{\frac{V_A}{L_A} + \frac{V_B}{L_B} + \frac{V_C}{L_C}}$$

$$L = \frac{100}{\frac{20}{4} + \frac{40}{20} + \frac{40}{10}} = 9.1(\%)$$

정답 22.②

03 폭발개요 및 분류

01 폭발 등급 중 1등급인 것은?
① 아세틸렌
② 수소
③ 일산화탄소
④ 에틸렌

[16. 충남]
기본서 2권 56p

02 다음에 말하는 폭발종류로서 옳지 않은 것은?
① 분해폭발 : 아세틸렌, 산화에틸렌
② 산화폭발 : 과산화수소, 하이드라진 유도체
③ 중합폭발 : 염화비닐, 시안화수소
④ 분진폭발 : 금속분, 밀가루

[13. 경기]
기본서 2권 58~61p

해설 01 ③ 폭발등급 및 안전간격

폭발등급	안전간격	종류
폭발1등급	0.6mm 이상	메탄, 에탄, 일산화탄소, 암모니아, 아세톤, LPG
폭발2등급	0.4mm 이상 0.6mm 미만	에틸렌, 석탄가스
폭발3등급	0.4mm 미만	아세틸렌, 이황화탄소, 수소

02 ② 하이드라진 유도체는 제5류 위험물로서 산소 없이 폭발이 가능한 분해폭발에 해당한다.
① 분해폭발 : 아세틸렌, 산화에틸렌, 하이드라진 유도체
③ 중합폭발 : 시안화수소, 산화에틸렌, 염화비닐
④ 분진폭발 : 금속분, 밀가루

정답 01.③ 02.②

03 폭발에 대한 설명으로 옳지 않은 것은?

① 폭발은 밀폐공간에서 급격한 압력상승으로 에너지가 외부로 전환되는 과정에서 파열, 후폭풍, 폭음 등을 동반하는 현상을 말한다.
② 폭발이 일어나기 위해서는 밀폐된 공간, 점화원, 폭발범위와 같은 조건이 구비되어야 한다.
③ 물리적 폭발은 물질의 상태(기체, 액체, 고체)가 변하거나 온도, 압력 등의 조건의 변화에 의한 폭발이다.
④ 화학적 폭발은 화학반응의 결과로 압력이 발생하여 유발되는 폭발이다.
⑤ 폭발의 원인에 따른 폭발의 분류 중 가스폭발, 분무폭발, 분진폭발은 물리적 폭발에 속한다.

[17. 간부]
기본서 2권 55~58p

04 폭발에 대한 설명으로 옳지 않은 것은?

① 폭연은 폭굉보다 폭발압력이 낮다.
② 분해폭발은 산소에 관계없이 단독으로 발열 분해반응을 하는 물질에서 발생한다.
③ 물리적 폭발은 물질의 상태(기체, 액체, 고체)가 변하거나 온도, 압력 등 조건의 변화에 따라 발생한다.
④ 중합폭발은 가연성 액체의 무적(霧滴, mist)이 일정 농도 이상으로 조연성 가스 중에 분산되어 있을 때 착화하여 발생한다.

[21. 소방직]
기본서 2권 57~63p

해설 **03**
⑤ 폭발의 원인에 따른 폭발의 분류 중 가스폭발, 분무폭발, 분진폭발은 화학적 폭발에 속한다.
- 물리적 폭발 : 액화가스 증기폭발, 수증기폭발, 전선폭발, 감압폭발, 과열액체 증기폭발, 고상간 전이에 의한 폭발 등이 있다.
- 화학적 폭발 : 분진폭발, 분해폭발, 가스폭발, 분무폭발 등이 있다.

04
④ 중합폭발은 가연성 액체의 무적(霧滴, mist)이 일정 농도 이상으로 조연성 가스 중에 분산되어 있을 때 착화하여 발생한다.
→ 분무폭발
→ 중합폭발은 불포화 탄화수소(화합물) 중에서 특히 중합하기 쉬운 물질이 급격한 중합반응을 일으키고 그 때의 중합열에 의하여 일어나는 폭발(HCN, 염화비닐, 산화에틸렌, 부타디엔 등)이다.

정답 03.⑤ 04.④

05 폭발에 대한 일반적인 설명으로 옳은 것은?
① 아세틸렌과 산화에틸렌은 분해폭발을 일으키기 쉬운 물질이다.
② 상온에서 탱크에 저장된 중유가 유출되면 자유공간 증기운폭발이 일어난다.
③ 밀폐공간에서 조연성가스가 폭발범위를 형성하면 점화원에 의해 가스폭발이 일어난다.
④ 다량의 고온물질이 물속에 투입되었을 때 물의 갑작스러운 상변화에 의한 폭발현상을 반응폭주라 한다.

[22. 소방직]
상 중 하
기본서 2권 58~61p

06 화학적 폭발에 대한 설명으로 관계없는 것은?
① 수증기폭발은 밀폐 공간 속의 물이 급속히 기화하면서 많은 양의 수증기가 발생함으로써 증기압이 높아져 이것이 공간을 구획하고 있는 용기나 구조물의 내압을 초과하여 파열되는 현상이다.
② 분해폭발은 산소에 관계없이 단독으로 발열 분해 반응을 하는 물질에 의해서 발생하는 폭발이다.
③ 중합폭발은 단량체의 중축합반응에 따른 발열량에 의한 폭발로 대표적인 예로는 산화에틸렌, 시안화수소, 염화비닐 등이 있다.
④ 가스폭발은 가연성 가스가 폭발범위 내의 농도로 공기나 조연성가스 중에 존재할 때 점화원에 의해 폭발하는 현상이다.
⑤ 분진폭발은 공기 중에 부유하고 있는 가연성 분진이 주체가 되는 폭발이다.

[16. 간부]
상 중 하
기본서 2권 58~62p

해설 05 ※ 분해폭발
아세틸렌(C_2H_2), 비닐아세틸렌, 메틸아세틸렌, 디아세틸렌, 산화에틸렌(C_2H_4O), 하이드라진(N_2H_4), 에틸렌(C_2H_4), 오존(O_3), 아산화질소(N_2O), 산화질소(NO), 시안화수소(HCN) 등이 있다.
② 상온에서 탱크에 저장된 중유가 유출되면 자유공간 증기운 폭발이 일어난다.
→ 가연성 기체 또는 기화하기 쉬운 가연성 액체
③ 가스폭발은 가연성 가스와 지연성 가스와의 혼합기체에서 발생하는데 물적 조건과 에너지 조건을 만족하여야 한다.
④ 다량의 고온물질이 물속에 투입되었을 때 물의 갑작스런 상변화에 의한 폭발현상을 반응폭주라 한다.
→ 수증기폭발
※ 반응폭주란 화학반응기 내에 압력, 온도, 혼합물의 질량 등의 제어상태가 규정조건을 벗어나서 화학반응속도가 지수함수적으로 증가함으로 화학반응이 과격해지는 현상을 말한다.

06 ① 수증기폭발은 물리적 폭발에 해당한다.
• 물리적 폭발 : 액화가스 증기폭발, 수증기폭발, 전선폭발, 감압폭발, 과열액체 증기폭발, 고상간 전이에 의한 폭발
• 화학적 폭발 : 분진폭발, 분해폭발, 가스폭발, 분무폭발, 박막폭발

정답 05.① 06.①

07 다음 중 화학적 폭발을 〈보기〉에서 있는 대로 고른 것은?

〈보기〉
- ㉠ 중합폭발
- ㉡ 수증기폭발
- ㉢ 산화폭발
- ㉣ 분해폭발

① ㉠, ㉡
② ㉢, ㉣
③ ㉠, ㉡, ㉣
④ ㉠, ㉢, ㉣
⑤ ㉡, ㉢, ㉣

[21. 간부]
기본서 2권 57~58p

08 다음 중 화학적 폭발에 해당하지 않는 것은?
① 수증기폭발
② UVCE
③ 분해폭발
④ 분진폭발
⑤ 분무폭발

[22. 간부]
기본서 2권 57~58p

해설

07 ㉡ 수증기폭발 – 물리적 폭발에 해당한다.

08 ① 수증기폭발 – 물리적 폭발
  ㉠ 용융 금속과 같은 고온물질이 물속에 투입되었을 때 급격하게 비등하여 발생하는 폭발현상이다.
  ㉡ 수증기폭발과 같은 물리적 폭발은 화염을 동반하지 않는다.
  ㉢ 보일러의 관체가 어떤 사고에 의하여 일부분이라도 파손되면 상변화로 폭발현상을 나타내는 경우가 있다.
② UVCE – 화학적 폭발
③ 분해폭발 – 화학적 폭발
④ 분진폭발 – 화학적 폭발
⑤ 분무폭발 – 화학적 폭발

정답 07.④ 08.①

09 다음은 연소와 폭발현상에 대해 설명한 것이다. 가장 옳은 것은?
① 산화에틸렌은 표면화재를 일으키면서 나중에 심부화재로 변하면서 발열·중합 반응을 하는 물질에 의해서 상압보다 고압에서 발생하는 폭발이다.
② 폭발은 개방된 공간에서 압력파의 전달로 폭음과 충격파를 가진 이상팽창을 말한다.
③ 탱크 내부의 가스가 화재 시 따뜻한 기류로 쌓여있다가 폭발하는 것을 블레비현상이라고 한다.
④ 분진폭발은 가연성가스가 폭발범위 내의 농도로 공기나 조연성가스 중에 존재할 때 점화원에 의해 폭발하는 현상으로 가장 일반적인 폭발이다.

[11. 서울]
기본서 2권 55~61p, 67p

10 다음 중 BLEVE현상에 관한 설명으로 틀린 것은?
① 과열상태의 탱크에서 내부의 액화가스가 분출되어 착화되었을 때 폭발하는 현상이다.
② 블레비 현상은 물리적 폭발이 가연성 가스인 경우는 순간적으로 화학적 폭발로 이어질 수 있다.
③ 옥외의 가스 저장탱크지역의 화재발생 시 저장탱크의 외부가 가열되어 탱크 내 액체부분은 급격히 증발하고 가스부분은 온도상승과 비례하여 탱크 내 압력의 급격한 상승을 초래하게 된다.
④ 천장에 열과 가스가 축적되면 복사열에 방해가 되는 두텁고 진한 연기가 아래로 쌓이는 현상으로 폭발적인 착화현상이라 한다.

[13. 충북]
기본서 2권 67~115p

해설 09 ③ 탱크 내부의 가스가 화재 시 따뜻한 기류로 쌓여있다가 폭발하는 것을 블레비현상이라고 한다.
① 산화에틸렌은 산소가 없는 상태에서도 단독으로 발열·중합 반응을 하는 물질에 의해서 상압보다 고압에서 발생하는 분해폭발이다.
② 폭발은 밀폐된 공간에서 압력파의 전달로 폭음을 동반한 충격파를 가진 이상팽창을 말한다.
④ 가스폭발은 가연성가스가 폭발범위 내의 농도로 공기나 조연성가스 중에 존재할 때 점화원에 의해 폭발하는 현상으로 가장 일반적인 폭발이다.

10 ④ 플래시오버에 대한 설명이다.

정답 09.③ 10.④

11 다음 중 BLEVE 현상으로 옳지 않은 것은?

① 가연성 액체탱크가 가열되어 폭발하기 전에 또한 10분이 경과하기 전에 냉각조치를 하지 않으면 폭발이 발생할 수 있다.
② 저장탱크 내에서 유출된 가연성 가스가 대기 중에 공기와 혼합하여 구름을 형성하는데 거기에 점화원이 다가가면 폭발하는 현상이다.
③ 가스 저장탱크지역의 화재발생 시 저장탱크가 가열되어 탱크 내 액체부분은 급격히 증발하고 가스부분은 온도상승과 비례하여 탱크 내 압력의 급격한 상승을 초래하게 된다.
④ 탱크가 계속 가열되면 용기 강도는 저하되고 내부 압력은 상승하여 어느 시점이 되면 저장탱크의 설계압력을 초과하게 되고 탱크가 파괴되어 급격한 폭발현상을 일으킨다.

[13. 통합]
상 중 하
기본서 2권 61p, 67p

12 블레비에 대한 설명으로 가장 옳은 것은?

① 유류에서 일어나는 현상이다.
② 블레비는 가스폭발로 폭발원인은 물리적 원인이다.
③ 일반건축물에서 발생하는 현상이다.
④ 가스폭발로 화학적으로 일어난다.
⑤ 구름처럼 떠다니다가 착화되어 발생되는 현상이다.

[15. 간부]
상 중 하
기본서 2권 67p

해설

11 ② 증기운폭발(UVCE : Unconfined Vapor Cloud Explosion) : 대기 중에 가연성 가스가 유출하거나 가연성 액체가 유출되어서 발생하는 폭발이다.

12 ② 블레비(BLEVE) 현상
"끓는 액체팽창증기폭발"(Boiling Liquid Expanding Vapor Explosion)이라 하며 탱크 속으로는 화염을 동반하지 않고 외부 탱크벽으로부터 화재 시 뜨거운 열이 가해졌을 때 "과열상태의 탱크에서 내부의 액화가스가 분출되어 착화되었을 때 폭발하는 현상이다."
㉠ 화재 시 탱크 내부의 액화가스가 열로 인하여 급격한 팽창과 비등으로 내부압력이 증가되어 탱크의 안전장치 압력완화율을 넘어서서 용기벽면 등이 균열·파괴되고 분해되었을 때 물리적 폭발이 화염에 착화되어 순간적으로 화학적 폭발로 이어지는 폭발현상으로서 일반적으로 옥외탱크폭발현상이다.
㉡ 그 위력은 수 km까지 미친다. 이후 불기둥이 버섯구름과 같이 상부로 화구(火口)를 형성하여 화염의 덩어리가 만들어지는데 이를 곧 파이어 볼(Fire ball, 약 1,500℃)이라고 한다.
㉢ BLEVE(블레비) 현상은 물리적 폭발이 순간적으로 화학적 폭발로 이어지지만 그 결과가 화염을 동반하는 화학적 이어서 화학적 폭발로 분류하고 있다.

정답 11.② 12.②

13 BLEVE(Boiling Liquid Expanding Vapor Explosion)현상에 대한 설명으로 옳지 않은 것은?

① 액화가스탱크 등 외부에서 가해지는 열에 의하여 액체가 비등하면서 내부의 압력이 증가하여 용기가 파열되는 현상을 말한다.
② BLEVE 현상은 비등하는 액체가 팽창하여 용기가 파손되면서 분출하는 화학적 폭발 현상이며, 이때 분출되는 가스가 가연성이면 가스가 폭발적으로 연소하는 물리적인 폭발이 이어질 수 있다.
③ 탱크가 계속 가열되면 용기 강도는 저하되고 내부 압력은 상승하여 어느 시점이 되면 저장탱크의 실제압력을 초과하게 되고 탱크가 파괴되어 급격한 폭발현상을 일으킨다.
④ BLEVE 현상에 영향을 주는 인자로는 저장된 물질의 종류와 형태, 저장용기의 재질, 주위의 온도와 압력상태 등이 있다.
⑤ 냉각살수장치 설치, 용기 내압강도 유지, 감압시스템 설치 등이 BLEVE 현상 방지에 도움이 된다.

[17. 간부]

기본서 2권 67p

14 액화가스탱크에 외부에서 가해지는 열에 의해 액체가 비등하면서 내부의 압력이 상승하여 용기가 파열되는 현상을 무엇이라고 하는가?

① 보일오버　　② 블레비
③ 플래시오버　④ 슬롭오버

[17. 하반기]

기본서 2권 67p, 86p, 115p

해설 **13** ② BLEVE 현상은 비등하는 액체가 팽창하여 용기가 파손되면서 분출하는 <u>물리적 폭발</u> 현상이며, 이때 분출되는 가스가 가연성이면 가스가 폭발적으로 연소하는 <u>화학적인</u> 폭발이 이어질 수 있다.

14 ② BLEVE 과정
액화가스저장탱크 주위에서 화재가 발생하여 저장탱크 벽면이 장시간 화염에 노출되면 탱크 벽면과 내부 액체의 온도도 증가한다. 이때 탱크 벽면의 온도는 액체가 차있는 부분은 열전달에 의하여 위험할 정도로 증가되지 않으나 액체가 채워지지 않은 윗부분의 온도는 크게 증가하여 재질의 인장력이 저하되고 탱크내부 압력을 견디지 못하여 파열된다.

정답 13.② 14.②

15 블레비(BLEVE : Boiling Liquid Expanding Vapor Explosion)현상의 특징으로 옳지 않은 것은?

① 액화가스 저장탱크에서 일어날 수 있다는 점에서는 증기운 폭발과 같다.
② 액화가스 저장탱크에서 물리적 폭발이 순간적으로 화학적 폭발로 이어지는 현상이다.
③ 블레비의 규모는 파열 시 액체의 기화량에는 차이가 있으나 탱크의 용량에 따른 차이는 없다.
④ 직접 열을 받은 부분이 액화가스 저장탱크의 인장 강도를 초과할 경우 기상부에 면하는 지점에서 파열하게 된다.

[21. 소방직]
기본서 2권 67p

16 블레비(BLEVE)에 관한 설명으로 옳지 않은 것은?

① 가연물이 비점 이상으로 가열될 때 발생한다.
② 저장탱크의 기계적 강도 이상의 압력이 형성될때 발생한다.
③ 저장탱크 균열로 인한 액상, 기상의 동적 평형 상태가 유지된다.
④ 저장탱크의 외부 표면에 열전도성이 작은 물질로 단열 조치하여 예방한다.

[24. 소방직]
기본서 2권 67p

17 다음 중 기상폭발이 아닌 것은?

① 분무폭발 ② 분해폭발
③ 분진폭발 ④ 증기폭발

[15. 통합]
기본서 2권 59~62p

해설

15 ③ 블레비의 규모는 파열 시 액체의 기화량에는 차이가 있으나 ~~탱크의 용량에 따른 차이는 없다.~~
→ BLEVE의 규모는 파열 시의 액체의 기화량, 탱크의 용량에 따라 차이가 있다.

16 저장탱크 균열로 인한 액상, 기상의 동적 평형 상태가 유지되지 않고 탱크내부 압력은 급격히 감소되고 과열된 액화가스가 급속히 증발하면 탱크조각이 비산하게 된다.

17 ④ • 기상폭발 : 가스폭발, 분무폭발, 분진폭발, 분해폭발, 증기운폭발
• 응상폭발 : 수증기폭발, 증기폭발, 물질의 혼합에 의한 폭발, 폭발성 물질의 폭발, 전선폭발

정답 15.③ 16.③ 17.④

18 기상폭발에 해당하는 현상으로 옳은 것은?

㉠ 고체인 무정형 안티몬이 동일한 고상의 안티몬으로 전이할 때 발열함으로써 주위의 공기가 팽창하여 폭발한다.
㉡ 가연성 가스와 조연성 가스가 일정 비율로 혼합된 가연성 혼합기는 발화원에 의해 착화되면 가스폭발을 일으킨다.
㉢ 기체 분자가 분해할 때 발열하는 가스는 단일성분의 가스라고 해도 발화원에 의해 착화되면 혼합가스와 같이 가스폭발을 일으킨다.
㉣ 공기 중에 분출된 가연성 액체가 미세한 액적이 되어 무상으로 공기 중에 부유하고 있을 때 착화에너지가 주어지면 폭발이 발생한다.
㉤ 보일러와 같이 고압의 포화수를 저장하고 있는 용기가 파손 등의 원인으로 동체의 일부분이 열리면 용기 내압이 급속히 하락되어 일부 액체가 급속히 기화하면서 증기압이 급상승하여 용기가 파괴된다.

① ㉠, ㉡, ㉢
② ㉠, ㉡, ㉣
③ ㉡, ㉢, ㉣
④ ㉡, ㉢, ㉤
⑤ ㉢, ㉣, ㉤

[20. 간부]
기본서 2권 57~62p

19 응상폭발에 해당하는 것만을 〈보기〉에서 고른 것은?

〈보기〉
㉠ 증기폭발   ㉡ 분진폭발
㉢ 분해폭발   ㉣ 전선폭발
㉤ 분무폭발

① ㉠, ㉡
② ㉠, ㉣
③ ㉡, ㉢
④ ㉡, ㉣
⑤ ㉣, ㉤

[23. 간부]
기본서 2권 59~62p

해설

18 ㉠ 고체인 무정형 안티몬이 동일한 고상의 안티몬으로 전이할 때 발열함으로써 주위의 공기가 팽창하여 폭발한다.
→ 고상간 전이에 의한 폭발 : 물리적 폭발(응상폭발)
㉤ 보일러와 같이 고압의 포화수를 저장하고 있는 용기가 파손 등의 원인으로 동체의 일부분이 열리면 용기 내압이 급속히 하락되어 일부 액체가 급속히 기화하면서 증기압이 급상승하여 용기가 파괴된다.
→ 증기폭발 : 응상폭발

19 ㉡㉢㉤은 기상폭발에 해당한다.

정답 18.③ 19.②

20 폭발을 기상폭발과 응상폭발로 분류할 때, 폭발의 종류가 다른 것은?
① 분무폭발　　　　　　② 분진폭발
③ 분해폭발　　　　　　④ 증기운폭발
⑤ 증기폭발

[24. 간부]
상 중 하
기본서　2권 59~62p

21 다음 중 분진의 발화폭발조건이 아닌 것은?
① 가연성 물질이어야 한다.
② 공기 중에서 부유하고 있어야 한다.
③ 점화원이 존재하지 않아도 된다.
④ 분진입자의 크기는 76(㎛) 이하여야 한다.

[12. 울산]
상 중 하
기본서　2권 60p

22 분진의 폭발성에 영향을 미치는 인자에 관한 내용으로 옳지 않은 것은?
① 분진 속에 존재하는 수분량이 증가할수록 폭발성이 둔감하게 된다.
② 평균 입자직경이 작고 밀도가 작을수록 폭발이 용이해진다.
③ 분진의 표면적이 입자체적에 비하여 작아지면 폭발이 용이해진다.
④ 분진의 발열량이 클수록 폭발성이 크며 휘발성분의 함유량이 많을수록 폭발하기 쉽다.

[12. 통합]
상 중 하
기본서　2권 60p

해설 20　① 분무폭발 – 기상　② 분진폭발 – 기상　③ 분해폭발 – 기상
　　　　　④ 증기운폭발 – 기상　⑤ 증기폭발 – 응상

21　③ 점화원이 존재하여야 한다.
　▶ 분진의 발화폭발조건
　　㉠ 금속, 플라스틱, 밀가루, 설탕, 석탄 등과 같은 가연성물질
　　㉡ 미분상태이고 200mesh(76㎛) 이하
　　㉢ 지연성 가스(공기) 중에서의 교반과 운동
　　㉣ 점화원의 존재

22　③ 입자체적에 비교하여 증대하면 열의 발생속도가 빨라져 폭발성이 증대한다.

정답　20.⑤　21.③　22.③

23 다음 중 분진폭발에 대한 설명 중 옳지 않은 것은?
  ① 분진폭발은 가스폭발에 비하여 발생에너지가 크다.
  ② 분진 내 수분은 불활성가스의 역할을 하게 되어 점화온도를 높여준다.
  ③ 분진 입자와 밀도가 작을수록 표면적이 커서 폭발성이 강하다.
  ④ 활성화에너지가 클수록 분진폭발이 잘 일어난다.
  ⑤ 분진이 발화・폭발하기 위한 조건은 가연성 미분상태, 점화원의 존재, 폭발범위 이내, 공기 중에서 교반과 운동이 있다.

24 분진폭발에 대한 설명으로 옳지 않은 것은?
  ① 개방되어 있을 때는 폭발력이 감소된다.
  ② 가스폭발에 비해 발생에너지는 크며, 2차 폭발을 하지 않는다.
  ③ 분진폭발은 가스폭발에 비해 초기폭발력은 작다.
  ④ 분진입자가 미세할수록 폭발력이 크다.
  ⑤ 일반적으로 수분이 있을 때 폭발력은 감소한다.

해설
  23 ④ 활성화 에너지가 작을수록 분진폭발이 잘 일어난다.
  24 ② 1차 분진폭발의 영향으로 주위의 분진을 날리게 하여 2・3차 폭발이 발생할 수 있다.

정답 23.④ 24.②

25 폭발에 관한 설명으로 옳은 것만을 〈보기〉에서 있는 대로 고른 것은?

〈보기〉
㉠ 증기폭발은 액체의 급속한 기화로 인해 체적이 팽창되어 발생하는 현상이다.
㉡ 가스폭발은 분진폭발보다 최소발화에너지가 크다.
㉢ 분해폭발은 공기나 산소와 섞이지 않더라도 가연성 가스 자체의 분해 반응열에 의해 폭발하는 현상이다.
㉣ 폭발(연소)범위는 초기온도 및 압력이 상승할수록 분자 간 유효충돌할 가능성이 높아지기 때문에 넓어진다.

① ㉠, ㉡
② ㉢, ㉣
③ ㉠, ㉡, ㉣
④ ㉠, ㉢, ㉣

[23. 소방직]
기본서 2권 23p, 59~62p

26 분진폭발에 영향을 미치는 인자에 관한 설명으로 옳지 않은 것은?
① 분진의 발열량이 클수록 폭발하기 쉽다.
② 분진의 부유성이 클수록 폭발이 용이해진다.
③ 분진폭발은 분진의 입자직경에 영향을 받는다.
④ 분진의 단위체적당 표면적이 작아지면 폭발이 용이해진다.

[23. 소방직]
기본서 2권 60p

27 분진폭발에 영향을 미치는 인자에 관한 설명으로 옳지 않은 것은?
① 분진의 발열량이 클수록, 휘발성분의 함유량이 많을수록 폭발하기 쉽다.
② 입자의 크기가 작고 밀도가 클수록 표면적이 크고 폭발이 용이해진다.
③ 열분해가 용이할수록, 기체 반응속도가 빠를수록 폭발하기 쉽다.
④ 알루미늄과 마그네슘 금속분진의 경우 분진 속 수분량이 증가하면 폭발성이 증가한다.
⑤ 평균 입경이 동일한 분진일 경우 분진의 형상에 따라 폭발성이 달라진다.

[24. 간부]
기본서 2권 60p

해설
25 분진폭발이 가스폭발보다 최소발화에너지가 크므로 착화는 더 어렵다.
26 분진의 단위체적당 표면적이 커지면, 폭발이 용이해진다.
27 입자의 크기가 작고 밀도가 작을수록 표면적이 크고 폭발이 용이해진다.

정답 25.④ 26.④ 27.②

28 다음 설명에 해당하는 것은?

> 가연성 고체의 미분이 공기 중에 부유하고 있을 때에 어떤 점화원에 의해 에너지가 주어지면 폭발하는 현상을 말한다.

① 가스폭발 ② 분무폭발
③ 분해폭발 ④ 분진폭발

[18. 하반기]
기본서 2권 59~61p

29 대기 중 대량의 가연성 액체유출에 의해 발생된 증기와 공기가 혼합되어 가연성 기체를 형성하여 폭발하는 현상은?

① 보일오버 ② 블레비
③ 슬롭오버 ④ 증기운폭발

[16. 통합]
기본서 2권 61p, 67p, 86p

30 응상폭발의 종류가 아닌 것은?

① 증기운폭발 ② 수증기폭발
③ 증기폭발   ④ 혼합위험에 의한 폭발

[12. 경기]
기본서 2권 61~62p

해설 **28** ▶ 분진폭발
 ㉠ 분진폭발은 <u>가연성 고체의 미분이 공기 중에 부유하고 있을 때에 어떤 착화원에 의해 에너지가 주어지면 폭발하는 현상</u>으로 탄광에 있어서의 분진폭발이 대표적인 예이다.
 ㉡ 분진폭발조건은 가연성, 미분상태, 조연성 가스(공기) 중에서의 교반과 운동, 점화원의 존재 등이 있다.
 ㉢ 분진폭발의 영향인자
  ⓐ **분진의 화학적 성질** : 분진의 발열량이 클수록 폭발성이 크며 휘발성이 클수록 폭발하기 쉽다. 또한 산소와 반응성이 있는 분진의 경우 공기 중에서 산화피막을 형성할 수 있으므로 공기 중의 노출시간이 길수록 폭발성이 감소하게 된다.
  ⓑ **분진의 입도** : 입도가 작을수록 비표면적이 증가하므로 폭발성이 증가한다. 분진폭발을 일으키는 분진입자의 크기는 약 100마이크론(㎛) 또는 76㎛(200mesh) 이하이다.
  ⓒ **형태** : 입도가 동일한 경우 구상<침상<평편상 순으로 폭발성이 증가한다.
  ⓓ **수분** : 수분은 분진의 부유성을 억제시키고 수분의 증발잠열로 인해 점화에 필요한 에너지를 감소시켜 일반적으로 폭발성을 감소시킨다. 다만 물과 반응하는 금속 분진(Mg, Al)의 경우 수소 기체를 발생시키므로 폭발성이 증가하게 된다.

29 ④ 증기운폭발(UVCE) : 대기 중에 가연성 기체 또는 기화하기 쉬운 가연성액체가 유출되어서 대량의 가연성 혼합기체가 형성되어 발생하는 폭발이다. 밀폐된 공간 외에서 발생하는 현상으로 '자유공간 중의 증기운폭발'이라고도 한다. 파이어볼이 형성된다던지 아주 드물긴 하지만 폭굉으로 전이되는 경우도 있다.

30 ① 증기운폭발은 대기 중에 가연성 가스가 유출하거나 가연성 액체가 유출되어서 발생하는 폭발로서 <u>기상폭발</u>로 분류된다.

정답 28.④ 29.④ 30.①

31 응상폭발에 해당되는 것은?

① 저온의 액화가스가 상온의 물 위에 분출되었을 때와 같이 액상에서 기상으로의 급격한 상변화에 의해 발생하는 폭발현상
② 공기 중에 분출된 가연성 액체의 미세한 액적이 무상으로 되어 공기 중에 있을 때 점화원에 의해 착화되어 일어나는 폭발현상
③ 가연성 고체의 미분이 공기 중에 부유하고 있을 때에 착화원에 의해 발생하는 폭발현상
④ 공기나 산소가 섞이지 않더라도 가연성 가스 자체의 분해 반응열에 의해 발생하는 폭발현상
⑤ 대기 중에 기화하기 쉬운 가연성 액체가 유출되어 가연성 혼합기체가 대량으로 형성되었을 때 점화원에 의해 착화되어 일어나는 폭발현상

[19. 간부]
기본서 2권 59~62p

32 물질의 상 변화에 의해 에너지 방출이 짧은 시간에 이루어지는 폭발에 해당하지 않는 것은?

① 분해폭발
② 압력폭발
③ 증기폭발
④ 금속선폭발
⑤ 고체상 전이폭발

[20. 간부]
기본서 2권 57p

해설

31
① 증기폭발 – 응상폭발
② 분무폭발 – 기상폭발
③ 분진폭발 – 기상폭발
④ 분해폭발 – 기상폭발
⑤ 증기운폭발 – 기상폭발

32 물질의 상 변화에 의해 에너지 방출이 짧은 시간에 이루어지는 폭발은 물리적 폭발에 해당한다.
→ ① 분해폭발은 화학적 폭발에 해당한다.

정답 31.① 32.①

33 폭연(Deflagration)에 관한 설명으로 옳지 않은 것은?
① 충격파를 형성하지 않는다.
② 에너지 방출속도가 물질전달속도에 영향받지 않고 매우 빠르다.
③ 화염의 전파속도가 음속보다 느린 것을 말하며, 그 화염의 전파속도는 0.1~10m/sec 정도이다.
④ 반응 또는 화염면의 전파가 분자량이나 공기 등의 난류확산에 영향을 받는다.
⑤ 화염면에서 상대적으로 완만한 에너지 변화에 의해서 온도, 압력, 밀도 변화가 연속적으로 나타난다.

34 다음은 폭연에서 폭굉으로 전이되는 과정이다. ( ) 안에 들어갈 단계로 옳은 것은?

착화 → (㉠) → (㉡) → (㉢) → 폭굉파

	㉠	㉡	㉢
①	화염전파	압축파	충격파
②	화염전파	충격파	압축파
③	압축파	화염전파	충격파
④	압축파	충격파	화염전파

해설
33 ② 폭굉에 대한 설명이다.

34 ※ 폭연에서 폭굉으로 전이되는 과정
착화 → 화염전파 → 압축파 → 충격파 → 폭굉파

정답 33.② 34.①

35 폭발에 대한 설명으로 옳지 않은 것은?
① 증기폭발은 폭발물질의 물리적 상태에 따른 분류 중 기상폭발에 해당한다.
② 폭굉은 연소반응으로 발생한 화염의 전파 속도가 음속보다 빠른 것을 말한다.
③ 블레비(BLEVE)는 액화가스저장탱크 등에서 외부열원에 의해 과열되어 급격한 압력 상승의 원인으로 파열되는 현상이며, 폭발의 분류 중 물리적 폭발에 해당한다.
④ 폭발은 물리적, 화학적 변화의 결과로 발생된 급격한 압력 상승에 의한 에너지가 외계로 전환되는 과정에서 파열, 폭음 등을 동반하는 현상을 말한다.

[20. 소방직]

기본서 2권 55p, 62~63p, 67p

36 다음 중 폭연과 폭굉의 차이를 나누는 기준은?
① 압력의 상승량　　　② 에너지 전달량
③ 화염의 전파속도　　④ 발생된 화염의 온도

[12. 세종]

기본서 2권 62~63p

해설
35　① 증기폭발은 응상폭발에 해당한다.

36　③ 화염의 반응전파속도는 음속(실온에서 약 340m/s)을 기준으로 그 미만이면 폭연(Deflagration), 그 이상이면 폭굉(Detonation)으로 나뉜다.
▶ 폭연과 폭굉의 비교

구 분	폭연(Deflagration)	폭굉(Detonation)
화염의 전파속도	0.1~10m/s(아음속)	1,000~3,500m/s(초음속)
충격파	없다.	있다.
에너지방출속도 (온도 상승)	물질(열)의 전달속도에 영향을 받는다.	열에 의한 전파보다 충격파에 의한 압력에 영향을 받는다.
압력증가	수 기압 정도	폭연의 10배 이상
화염면	화염면에서 상대적으로 완만한 에너지 변화에 의해서 온도, 압력, 밀도가 연속적으로 나타난다.	화염면에서 급격한 에너지 변화에 의해서 온도, 압력, 밀도가 불연속적으로 나타난다.
특 징	• 폭굉으로 전이될 수 있다. • 반응 또는 화염면의 전파가 물질의 분자량이나 공기의 난류확산에 영향을 받는다.	물질전달속도에 영향을 받지 않고 짧은 시간 안에 방출

정답 35.① 36.③

37 폭연에 대한 설명으로 옳은 것은?
① 반응의 전파속도가 그 물질 내에서의 음속보다 빠르다.
② 열의 분자확산 반응물과 연소생성물의 난류 혼합에 의해 전파된다.
③ 충격파는 연소반응에 의해 방출되는 열에 의해 유지된다.
④ 폭연속도는 1,000m/sec∼3,500m/sec이다.

38 폭발은 화염의 전파속도가 음속 이하일 수도 있고 음속 이상이 되어 폭발의 충격파를 형성할 수도 있다. 충격파가 동반되지 않는 것은?
① 폭굉
② 폭연
③ 폭효
④ 폭명

39 폭굉 및 폭연에 관한 내용 중 틀리게 설명한 것은?
① 폭연은 화염의 전파속도가 폭굉보다 느리다.
② 폭연은 충격파가 아닌 열에 의해 이동한다.
③ 폭연과 폭굉을 나누는 기준은 생성에너지를 기준으로 한다.
④ 폭굉의 속도는 약 1,000m/s 이상∼3,500m/s 이하이다.

해설

37 ② 폭연(Deflagration)
㉠ 인근의 물질이 반응하거나 반응을 일으킬 수 있는 온도와 열을 방출하는 급격한 반응을 말한다.
㉡ 반응속도는 매우 높으나 음속 이하인, 즉 아음속이고, 그 반응속도는 0.1∼10m/sec 정도이다.
㉢ 폭연은 열의 분자확산 반응물과 연소생성물의 난류 혼합에 의해 전파된다.
㉣ 내연기관 안에서 가솔린과 공기의 혼합물은 거의 1/300초 안에 완전연소가 일어나는데 이것이 폭연이다.
㉤ 폭굉으로 변화될 수 있으며, 에너지 방출속도가 물질 전달속도에 영향을 받는다.

38 ② 폭연은 반응속도는 매우 높으나 음속 이하인, 즉 아음속이고, 그 반응속도는 0.1∼10m/sec 정도이다.

39 ③ 반응전파속도가 음속(실온에서 약 340m/s)을 기준으로 그 미만이면 폭연(Deflagration), 그 이상이면 폭굉(Detonation)으로 나뉜다.

정답 37.② 38.② 39.③

40 폭굉(Detonation)에 대한 설명으로 옳은 것을 모두 고른 것은?

> ㉠ 화염전파속도가 음속보다 빠르다.
> ㉡ 충격파가 발생하지 않는다.
> ㉢ 에너지 방출속도는 열 전달속도에 큰 영향을 받는다.
> ㉣ 파면(화염면)에서 온도, 압력, 밀도가 불연속적으로 나타난다.
> ㉤ 온도의 상승은 충격파의 압력에 기인한다.

① ㉠, ㉣, ㉤
② ㉡, ㉢, ㉣, ㉤
③ ㉠, ㉡, ㉢, ㉣, ㉤
④ ㉡, ㉢
⑤ ㉡

41 다음 중 폭연과 폭굉에 대한 설명 중 옳은 것은?

① 폭굉은 화염면에서 상대적으로 완만한 에너지 변화에 의해 온도, 압력, 밀도가 연속적이다.
② 폭연은 열에 의한 전파보다는 충격파에 의한 압력에 영향을 받는다.
③ 폭굉은 반응 또는 화염면의 전파가 물질의 분자량이나 공기의 난류확산에 영향을 받는다.
④ 폭연은 물질의 전달속도에 영향을 받는다.

해설

40 ㉡ 반응면이 혼합물을 자연발화온도 이상으로 압축시키는 강한 충격파에 의해 전파된다.
㉢ 에너지 방출속도는 열 전달속도에 기인하지 않고 압력파에 의존한다.

41 ① 폭연은 화염면에서 상대적으로 완만한 에너지 변화에 의해서 온도, 압력, 밀도가 연속적이다.
② 폭굉은 열에 의한 전파보다는 충격파에 의한 압력에 영향을 받는다.
③ 폭연은 반응 또는 화염면의 전파가 물질의 분자량이나 공기의 난류확산에 영향을 받는다.

정답 40.① 41.④

42 폭굉 현상에 대한 일반적인 설명으로 옳지 않은 것은?
① 전파에 필요한 주된 에너지원은 연소열이다.
② 압력상승이 폭연의 경우보다 10배 또는 그 이상으로 크다.
③ 충격파가 음속보다 빠르게 전파된다.
④ 파면에서 온도, 압력, 밀도가 불연속적으로 나타난다.
⑤ 폭굉 시의 온도 상승은 열에 의한 전파보다 충격파의 압력에 기인한다.

43 폭굉(detonation)에 관한 설명으로 옳지 않은 것은?
① 폭굉은 급격한 압력의 상승 또는 개방에 의해 가스가 격한 음을 내면서 팽창하는 현상이고, 화염의 전파속도는 약 0.1~10m/s이다.
② 압력이 높을수록 폭굉으로의 전이가 쉬운 조건이 된다.
③ 최초의 완만한 연소에서 격렬한 폭굉으로 발전하는 데 필요한 거리를 폭굉유도거리라 한다.
④ 폭굉유도거리가 짧아질수록 위험도는 커진다.
⑤ 관경이 가늘수록 폭굉유도거리는 짧아진다.

44 다음 중 폭연에서 폭굉으로 발전할 수 있는 폭굉유도거리가 짧아지는 조건으로 옳지 않은 것은?
① 관의 내경이 클수록
② 압력이 높을수록
③ 연소속도가 큰 가스일수록
④ 관내가 좁아지거나 관내 표면이 거칠어진 경우

해설

42 ① 전파에 필요한 주된 에너지원은 충격파이다.

43 ① 폭굉의 일반적인 화염의 전파속도는 1,000~3,500m/sec이다.

44 ① 관의 내경이 가늘수록
▸ 폭굉 유도거리(DID)가 짧아지는 조건(위험도가 크다)
㉠ 점화 에너지가 강할수록 짧아진다.
㉡ 연소속도가 큰 가스일수록 짧아진다.
㉢ 관경이 가늘거나 관 속에 이물질이 있을 경우 짧아진다.
㉣ 압력이 높을수록 짧아진다.

정답 42.① 43.① 44.①

45 폭연(deflagration)과 폭굉(detonation)에 관한 설명으로 옳은 것은?
① 예혼합가스의 초기압력이 높을수록 폭굉 유도거리가 길어진다.
② 화염전파속도는 폭연의 경우 음속보다 느리며, 폭굉의 경우 음속보다 빠르다.
③ 폭연은 폭굉으로 전이될 수 없으나 폭굉은 폭연으로 전이될 수 있다.
④ 폭연은 화염면에서 온도, 압력, 밀도의 변화가 불연속적으로 나타난다.

46 전기설비의 방폭구조 중 전기설비 용기 내부의 공기, 질소, 탄산가스 등의 보호가스를 대기압 이상으로 봉입하여 당해 용기 내부에 가연성 가스 또는 증기가 침입하지 못하도록 한 구조는 무엇인가?
① 압력방폭구조
② 안전증가 방폭구조
③ 유입방폭구조
④ 본질안전 방폭구조

해설

45 ① 예혼합가스의 초기압력이 높을수록 폭굉 유도거리가 짧아진다.
③ 폭연은 폭굉으로 전이될 수 있다.
④ 폭굉은 화염면에서 온도, 압력, 밀도의 변화가 불연속적으로 나타난다.

46 ① 압력방폭구조(壓力防爆構造)=내압(內壓)방폭구조
※ 전기설비에서의 방폭구조
① 내압방폭구조(耐壓防爆構造, Flame Proof Type "D")
전폐구조로 용기 내부에서 폭발가스 또는 증기가 폭발하였을 때 용기가 그 폭발압력에 파손되지 않고 견디며, 폭발한 고열의 가스가 접합면, 개구부 등을 통하여 외부로 나가는 일이 발생하여도 그동안에 냉각되어 외부의 폭발성 가스에 인화될 우려가 없도록 한 구조이다.
② 압력방폭구조(壓力防爆構造, Pressurized Type "P")=내압(內壓)방폭구조
점화원이 될 우려가 있는 부분을 용기 내에 넣고 신선한 공기 또는 불연성가스 등의 보호기체를 용기의 내부에 넣어 줌으로써 용기 내부에는 압력이 형성되어 외부로부터 폭발성가스 또는 증기가 침입하지 못하도록 한 구조이다.
③ 유입방폭구조(油入防爆構造, Oil Immersed Type "O")
전기기기의 불꽃, 아크 또는 고온이 발생하는 부분을 기름(절연유) 속에 넣고 기름면 위에 존재하는 폭발성가스 또는 증기에 인화될 우려가 없도록 한 구조이다.
④ 안전증가방폭구조(安全增加防爆構造, Icreased Safety Type "E")
정상운전 중에 폭발성가스 또는 증기에 점화원이 될 전기불꽃, 아크 또는 고온이 되어서는 안 될 부분에 이런 것의 발생을 방지하기 위하여 기계적·전기적 구조상 또는 온도상승에 대해서 특히 안전도를 증가한 구조이다.
⑤ 본질안전방폭구조(本質安全防爆構造, Intrinsic Safety Type "Ia, Ib")
정상시 및 사고시(단선, 단락, 지락 등)에 발생하는 전기불꽃, 아크 또는 고온에 의하여 폭발성가스 또는 증기에 점화되지 않는 것이 점화시험 및 기타에 의하여 확인된 구조를 말한다.

정답 45.② 46.①

47 다음 설명하는 방폭 구조의 종류로 옳은 것은?

- (가)는 점화원이 될 우려가 있는 부분을 용기 내에 넣고 불연성 가스인 보호기체를 용기의 내부에 넣어 줌으로써 용기 내부에는 압력이 발생하여 외부로부터 폭발성 가스가 침입하지 못하도록 한 구조이다.
- (나)는 정상시 및 사고시 발생하는 전기불꽃, 아크 또는 고온에 의해 폭발성 가스 또는 증기에 점화되지 않는 것이 점화시험 및 기타에 의해 확인된 구조를 말한다.
- (다)는 전기 기기의 불꽃 또는 고온이 발생하는 부분을 절연유속에 넣고 기름면 위에 존재하는 폭발성 가스 또는 증기에 인화될 우려가 없도록 한 구조이다.

① (가) 내압방폭구조 – (나) 본질안전증가방폭구조 – (다) 유입방폭구조
② (가) 압력방폭구조 – (나) 안전증가방폭구조 – (다) 유입방폭구조
③ (가) 압력방폭구조 – (나) 본질안전증가방폭구조 – (다) 유입방폭구조
④ (가) 내압방폭구조 – (나) 안전증가방폭구조 – (다) 압력방폭구조

해설 47
▶ 전기설비에서의 방폭구조
① 내압방폭구조(耐壓防爆構造, Flame Proof Type "D")
   전폐구조로 용기 내부에서 폭발성가스 또는 증기가 폭발하였을 때 용기가 그 폭발압력에 파손되지 않고 견디며, 폭발한 고열의 가스가 접합면, 개구부 등을 통하여 외부로 나가는 일이 발생하여도 그동안에 냉각되어 외부의 폭발성 가스에 인화될 우려가 없도록 한 구조이다.
② 압력방폭구조(壓力防爆構造, Pressurized Type "P")=내압(內壓)방폭구조
   점화원이 될 우려가 있는 부분을 용기 내에 넣고 신선한 공기 또는 불연성가스 등의 보호기체를 용기의 내부에 넣어 줌으로써 용기 내부에는 압력이 형성되어 외부로부터 폭발성가스 또는 증기가 침입하지 못하도록 한 구조이다.
③ 유입방폭구조(油入防爆構造, Oil Immersed Type "O")
   전기기기의 불꽃, 아크 또는 고온이 발생하는 부분을 기름(절연유) 속에 넣고 기름면 위에 존재하는 폭발성가스 또는 증기에 인화될 우려가 없도록 한 구조이다.
④ 안전증가방폭구조(安全增加防爆構造, Icreased Safety Type "E")
   정상운전 중에 폭발성가스 또는 증기에 점화원이 될 전기불꽃, 아크 또는 고온이 되어서는 안 될 부분에 이런 것의 발생을 방지하기 위하여 기계적·전기적 구조상 또는 온도상승에 대해서 특히 안전도를 증가한 구조이다.
⑤ 본질안전방폭구조(本質安全防爆構造, Intrinsic Safety Type "Ia, Ib")
   정상시 및 사고시(단선, 단락, 지락 등)에 발생하는 전기불꽃, 아크 또는 고온에 의하여 폭발성가스 또는 증기에 점화되지 않는 것이 점화시험 및 기타에 의하여 확인된 구조를 말한다.

정답 47.③

48 다음 설명에 해당하는 방폭구조는?

> 정상시 및 사고시(단선, 단락, 지락 등)에 발생하는 전기불꽃, 아크 또는 고온에 의하여 폭발성가스 또는 증기에 점화되지 않는 것이 점화시험 및 기타에 의하여 확인된 방폭구조

① 내압방폭구조 ② 압력방폭구조
③ 안전증가방폭구조 ④ 유입방폭구조
⑤ 본질안전방폭구조

[22. 간부]
기본서 2권 68~69p

49 다음은 화재에 관한 설명이다. 설명이 잘못된 것은?
① 인간의 의도나 고의로 발생한 불로서 소화할 필요성이 있는 현상을 말한다.
② 자연적·고의적 원인으로 발생한 불로서 소화할 필요성이 없는 현상을 말한다.
③ 출화, 방화에 의하여 불이 발생·확대되는 현상으로서 경제적 손해를 주는 현상을 말한다.
④ 자연적·인위적 원인으로 불이 물체를 연소시키고 인명과 재산에 손해를 주는 현상을 말한다.

[11. 서울 2회]
기본서 2권 83p

해설 **48** 본질안전방폭구조(本質安全防爆構造, Intrinsic Safety Type "Ia, Ib")
정상시 및 사고시(단선, 단락, 지락 등)에 발생하는 전기불꽃, 아크 또는 고온에 의하여 폭발성 가스 또는 증기에 점화되지 않는 것이 **점화시험 및 기타에 의하여 확인된 구조**를 말한다.

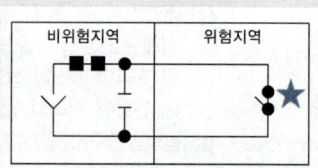

49 ② 화재란 소화할 <u>필요성이 있는</u> 현상이다.
▶ 화재의 광의적 정의
  ㉠ 화재란 가연물질의 연소의 연속적인 연쇄반응으로 인적·물적 재해를 수반하며, 재산상의 손실을 가져다주는 현상이다.
  ㉡ 화재란 사람의 의도에 반하여 발생되어 확대되거나 방화에 의하여 발생되어 소화하여야 할 필요성이 있는 연소현상이다.
  ㉢ 화재란 사람의 의도에 반하여 출화(出火) 또는 방화에 의하여 발생하고 확대되는 거대한 연소현상이다.
  ㉣ 화재란 연소가 일어나고 이러한 연소에 의하여 발생된 열과 화염이 전도·대류·복사 등의 방법 또는 이들의 결합에 의해서 연속적으로 진행, 연소가 확대되어 인명 및 재산상의 손실을 가져다주는 현상이다.
  ㉤ 화재란 사람의 의도에 반하거나 고의에 의하여 발생하는 연소현상으로서 소화기구·소화설비 또는 동등 이상의 시설을 이용하여 소화할 필요가 있는 연소현상이다.

정답 48.⑤ 49.②

소방학개론

PART 04

화재이론

01 화재의 정의 및 분류
02 건물화재의 성상
03 위험물화재의 성상
04 화재조사

01 화재의 정의 및 분류

01 A · B · C · D급으로 분류한 급수별에 의한 화재의 기준으로 가장 적합한 것은?
① 연소대상물의 종류와 인화점
② 가연물의 대상물과 연소상황
③ 가연물의 성상
④ 연소대상물의 인화점과 발화점

[11. 전남]

02 다음 중 화재의 급수에 따른 기준은 무엇인가?
① 가연물의 종류
② 가연물의 지정수량
③ 가연물의 연소범위
④ 가연물의 인화점

[13. 전북]

해설
01 ③ 화재의 분류는 가연물의 성상에 따라 정한다.
02 ① 급수에 따른 화재는 가연물의 종류와 성상에 따라 구분한다.

정답 01.③ 02.①

03 다음 중 화재의 종류와 가연물이 잘못 이루어진 것은?
① A급 화재 - 종이 및 일반제품
② B급 화재 - 휘발유 등 인화성물질
③ C급 화재 - 분말 및 고무제품
④ D급 화재 - 가연성 금속

[11. 울산]
기본서 2권 84~87p

04 소화기의 표시 색상이 잘못 짝지어진 것은?
① 유류화재 - 황색
② 일반화재 - 백색
③ 가스화재 - 무색
④ 전기화재 - 청색

[11. 부산]
기본서 2권 84p

해설

03 ③ C급화재는 전기화재에 속하고, 분말 및 고무제품은 A급 화재인 일반화재에 속한다.

04 ③ 가스화재는 황색이다. 무색인 화재는 금속화재이다.

구 분	A급	B급	C급	D급	E급
화재 종류	일반화재	유류화재	전기화재	금속화재	가스화재
표시색	백 색	황 색	청 색	무 색	황 색

정답 03.③ 04.③

05 화재의 종류와 소화기 적응성 표시 색상을 올바르게 연결한 것은?
① 일반화재 – 백색, 유류화재 – 청색, 전기화재 – 황색
② 일반화재 – 황색, 유류화재 – 백색, 전기화재 – 황색
③ 일반화재 – 청색, 유류화재 – 백색, 전기화재 – 황색
④ 일반화재 – 백색, 유류화재 – 황색, 전기화재 – 청색

[12. 세종]

06 급수별 화재의 분류 중 그 내용이 잘못된 것은?
① A급 – 일반화재
② B급 – 유류화재
③ C급 – 전기화재
④ D급 – 가스화재

[13. 충북]

해설

05

구 분	A급	B급	C급	D급	E급
화재 종류	일반화재	유류화재	전기화재	금속화재	가스화재
표시색	백 색	황 색	청 색	무 색	황 색

06 ④ D급 – 금속화재이다.
▶ 화재의 분류

구 분	A급	B급	C급	D급	E급
화재 종류	일반화재(보통화재)	유류화재	전기화재	금속화재	가스화재
표시색	백색	황색	청색	무색	황색

정답 05.④ 06.④

07 급수에 의한 화재의 분류 중 맞는 것은?
① A급 – 일반화재 – 무색
② B급 – 유류화재 – 황색
③ E급 – 가스화재 – 백색
④ D급 – 금속화재 – 청색
⑤ C급 – 전기화재 – 황색

08 화재의 구분 및 표시색상과 소화방법에 관하여 다음 중 옳지 않은 것은?
① 백색 – 일반화재 – 냉각소화
② 황색 – 유류화재 – 질식소화
③ 청색 – 전기화재 – 제거소화
④ 무색 – 금속화재 – 주수소화

[13. 간부]
기본서 2권 84p

[14. 통합]
기본서 2권 84~87p

해설 07 ① A급 – 일반화재 – <u>백색</u>
③ E급 – 가스화재 – <u>황색</u>
④ D급 – 금속화재 – <u>무색</u>
⑤ C급 – 전기화재 – <u>청색</u>

08 ④ 무색 – 금속화재 – 질식소화로 금속은 절대적으로 주수소화가 불가능하다.
▶ 화재의 구분 및 표시색상과 소화방법

구 분	A급	B급	C급	D급	E급
화재 종류	일반화재	유류화재	전기화재	금속화재	가스화재
소화방법	냉각소화	질식소화	질식·제거	질식소화	제거소화

정답 07.② 08.④

Chapter 01 화재의 정의 및 분류 233

09 수동식소화기의 화재유형에 따른 화재의 종류로 타당한 것은?
① 일반화재 – B급
② 유류화재 – A급
③ 전기화재 – C급
④ 금속화재 – E급

[17. 상반기]
기본서 2권 84p

10 화재 종류에 따른 분류로 옳지 않은 것은?
① 유류화재 – 황색 – B급 화재
② 일반화재 – 백색 – A급 화재
③ 전기화재 – 청색 – C급 화재
④ 가스화재 – 황색 – E급 화재
⑤ 금속화재 – 황색 – D급 화재

[18. 간부]
기본서 2권 84p

해설

09 ③ 전기화재 – C급   ① 일반화재 – A급
   ② 유류화재 – B급   ④ 금속화재 – D급

10 ⑤ 금속화재 – 무색 – D급 화재

구 분	A급	B급	C급	D급	E급
화재 종류	일반화재	유류화재	전기화재	금속화재	가스화재
표시색	백색	황색	청색	무색	황색
연기색	백색	검은색			

정답 09.③ 10.⑤

11 일반화재에 해당하는 것만을 〈보기〉에서 있는 대로 고른 것은?

〈보기〉
㉠ 통전 중인 배전반에서 불이 난 경우
㉡ 외출 시 전원이 차단된 콘센트에서 불이 난 경우
㉢ 실외 난로가 넘어지면서 새어 나온 석유에 불이 붙은 경우
㉣ 실험실 시험대 위 나트륨 분말에서 불이 난 경우

① ㉠
② ㉡
③ ㉡, ㉣
④ ㉠, ㉢, ㉣

12 화재의 분류에 대한 설명으로 옳지 않은 것은?

① 화재의 분류는 가연물의 종류와 성상, 대상물의 종류 등에 따라 일반화재, 유류화재, 전기화재, 금속화재, 가스화재 등으로 구분된다.
② 일반화재는 산소와 친화력이 강한 물질에 의한 화재로 연소 후 재를 남길 수 있는 대상물 화재를 말한다.
③ 유류화재는 화재 성장속도가 일반화재보다 느리며, 생성된 연기는 백색으로 연소 후에는 재를 남긴다.
④ 전기화재는 그 형태가 아주 다양하며 원인규명이 상당히 어려운 화재로 주로 누전, 과전류, 합선 혹은 단락 등의 발화가 그 원인이다.
⑤ 금속화재는 물과 반응하여 수소(H_2) 등 가연성 가스를 발생시키는 것이 대부분이며, 물이나 물을 포함한 소화약제를 사용하면 오히려 위험할 수 있다.

해설 11 ㉠ 전기화재
㉢ 유류화재
㉣ 금속화재

12 ③ 유류화재는 화재 성장속도가 일반화재보다 빠르며, 생성된 연기는 검은색으로 연소 후에는 재를 남기지 않는다.

정답 11.② 12.③

13 다음 화재의 설명 중 옳은 것은?

① 석유류나 식용유의 표면에 물이 접촉될 때 물이 표면 온도에 의해 급격히 증발하여 비산하며 석유류·식용유와 함께 분출하는 현상을 슬롭오버라 한다.
② 제4류 위험물의 양이 내용적 1/2 이하로 충전되어 있을 때 화재로 인하여 저장탱크 내의 유류를 외부로 분출하면서 탱크가 파열되는 현상을 보일오버라 한다.
③ 비점이 큰 중질유의 저장탱크 속 수분(또는 에멀젼)이 장시간 열을 공급받아 유류를 밀어 올리고 기름과 함께 비산하는 현상을 프로스오버라고 한다.
④ 점성을 가진 뜨거운 유류 표면의 아래 부분에서 물이 비등할 경우 비등하는 물이 저장탱크 내의 유류를 화재를 수반하지 않고 외부로 넘쳐흐르게 하는 현상으로 다른 현상에 비해 발생 횟수가 많으나 직접적으로 화재를 발생시키지 않는 것을 오일오버라 한다.
⑤ 식용유화재에서 소화약제는 비누화작용을 하는 2종 분말소화약제가 주로 사용된다.

[18. 간부]
기본서 2권 86p, 90p

14 전기화재(C급화재) 및 주방화재(K급화재)에 관한 설명으로 옳지 않은 것은?

① 주방화재의 가연물 중 하나인 식용유의 발화점은 비점보다 낮다.
② 도체 주위의 자기장 변화에 의해 발생된 유도전류는 전기화재의 점화원으로 작용할 수 있다.
③ 식용유로 인한 화재 시 유면상의 화염을 제거하면 복사열에 의한 기화를 차단하여 재발화를 방지할 수 있다.
④ 전기화재의 발생 원인 중 누전은 전류가 전선이나 기구에서 절연 불량 등의 원인으로 정해진 전로(배선) 밖으로 흐르는 현상이다.

[23. 소방직]
기본서 2권 18p, 87~90p

해설 13 ② 오일오버에 관한 설명이다.
③ 보일오버에 관한 설명이다.
④ 프로스오버에 관한 설명이다.
⑤ 식용유 화재의 소화약제는 비누화작용을 하는 <u>1종 분말소화약제</u>가 주로 사용된다.

14 식용유의 경우 발화점이 비점보다 낮기 때문에 소화 후 재발화 위험이 있다. 그래서 식용유의 온도를 발화점 이하로 낮추어 재착화방지를 해야 한다.

정답 13.① 14.③

15 가연물의 종류에 따른 화재별 특징으로 옳지 않은 것은?

① 일반화재는 보통화재라고도 하며, 화재 발생 시 주로 백색 연기가 생성되며 연소 후에는 재를 남긴다.
② 유류화재는 화재 시 일반화재보다 진행속도가 빠르고 주로 흑색 연기가 생성되며 연소 후에는 재를 남기지 않는다.
③ 전기화재는 C급 화재로서 통전 중인 전기시설물로부터 유도되며, 원인으로는 합선(단락), 과부하, 누전, 낙뢰 등이다.
④ 금속화재는 D급 화재로서 금속작업 시 열의 축적 등의 원인으로 발생하며, 건조사, 건조분말 등을 이용한 질식·피복 효과와 물을 이용한 냉각효과를 이용해 소화한다.
⑤ 가스화재는 가스가 누설되어 공기와 일정 비율로 혼합된 상태에서 점화원에 의하여 착화되어 발생하며, 주된 소화방법은 밸브류 등을 잠그거나 차단시킴으로 인한 제거소화법이다.

[19. 간부]

기본서 2권 84~87p

16 전기화재의 직접적인 요인으로 가장 옳지 않은 것은?

① 누전
② 지락
③ 과전류
④ 역기전력

[17. 상반기]

기본서 2권 87p

해설

15 ④ 금속화재는 D급 화재로서 물과 반응하여 가연성 가스 및 조연성 가스가 발생하기 때문에 주수소화가 불가능하며, 질식소화를 주로 한다.

16 ④ 전기화재와 연관이 있는 발화원은 누전, 지락, 과전류 등이 있으며, 역기전력은 자계의 흐름을 방해하는 방향의 기전력으로 전기화재의 발화원으로는 거리가 있다.

정답 15.④ 16.④

17 다음 중 금속류와 물이 혼합될 때 생기며 폭발성이 강한 기체인 것은?
① 질소　　　　　　　　② 탄소
③ 산소　　　　　　　　④ 수소

[13. 충북]
기본서 2권 87p

18 불완전한 연소상태로서 불꽃이 없고 느린 연소이며 화재초기에 고체 가연물에서 많이 발생하는데 열 축적이 계속되어 외부 공기가 갑자기 유입될 때는 급격한 연소가 일어날 수 있는 상태를 말하며 다음 중 이와 관련된 내용은?
① 화염연소　　　　　　② 훈소화재
③ 백열현상　　　　　　④ 내부연소

[13. 통합]
기본서 2권 92p

해설

17 ④ 수소가스는 금속류와 물이 혼합할 때 생기며 폭발성이 강하다(수소가스 2,800m/sec).

18 ② 훈소란 공기 중에 존재하는 산소와 고체 표면에서 발생하는 느린 연소과정으로 연료표면에서 반응이 일어나고 이 표면에서 작열과 탄화현상이 일어난다. 공기의 유입이 많을 경우 유염연소로 변화할 수 있다.

정답　17.④　18.②

19 액체미립자가 주로 나오며 가연성 고체의 초기화재 시 불꽃이 발생하지 않고 분해생성물만 발생하는 연소 현상은?

① 자기연소　　　　　　② 분해연소
③ 훈소연소　　　　　　④ 표면연소

해설 19

③ 훈소는 톱밥이나 매트리스의 연소에서 보듯이 산소의 부족으로 불꽃을 내지 않고 연기만 나는 연소를 말한다.
① **자기연소** : 가연물이면서 자체 내에 산소를 함유하고 있어 외부에서 열을 가하면 분해되어 가연성 기체와 산소가 발생하게 되므로 공기 중의 산소를 필요로 하지 않고 그 자체의 산소에 의해 연소되는 것을 자기연소 또는 내부연소라고 한다.
② **분해연소** : 석탄·목재·종이·섬유·플라스틱·고무류 등과 같은 고체 가연물질을 가열하면 복잡한 경로를 거쳐 열분해한 다음 열분해되어 나온 분해가스 등이 연소하는 분해연소의 형태를 갖는다.
④ **표면연소**(작열연소, 백열연소, 무염연소)
　가연성증기가 산소와 섞여 연소를 하지 않고 산소가 고체의 표면을 통과하면서 연소반응하므로 고체에서 분해되거나 액체에서 증발된 가연성가스가 공기 중의 산소와 반응하면서 열과 빛을 발하는 불꽃(flame)연소와 다르다. 표면연소를 하는 물질이 따로 있는 것이 아니라, 모든 유기물질의 연소최종단계에서 잔존물로 남는 숯, 코크스 등이 표면연소를 한다.

정답 19.③

02 건물화재의 성상

01 실내 일반화재 진행 과정에 관한 설명으로 옳은 것은?
① 화재 초기에는 실내 온도가 급격하게 상승하기 시작한다.
② 성장기에는 급속한 연소 진행으로 환기지배형 화재 양상이 나타난다.
③ 최성기에는 실내 화염이 최고조에 도달하나 실내 산소 부족으로 연소속도가 느려진다.
④ 감쇠기에는 화염의 급격한 소멸로 훈소 상태가 되어 백드래프트(back draft)의 위험이 없다.

[24. 소방직]

02 화재 성장기(중기)에 대한 설명으로 옳은 것은?
① 화세가 감퇴한다.
② 초기를 거치며 크게 상승하지 않는 발화단계, 백색연기가 나온다.
③ 산소가 소진되어 다량의 불완전가스가 발생되며 물질이 흘러내린다.
④ 화재의 상황변화가 가장 격렬하고 다양하다.

[13. 경기]

해설
01 ① 화재 초기에는 실내 온도가 급격하게 상승하지 않는다.
② 성장기에는 연료지배형 화재 양상이 나타난다.
④ 감쇠기에는 훈소 상태가 되어 백드래프트의 위험이 있다.

02 ① 감퇴기
② 초기
③ 최성기

정답 01.③ 02.④

03 실내 화재의 진행 과정을 설명한 내용으로 옳지 않은 것은?
① 발화기 – 건물 내의 가구 등이 독립 연소하고 있으며 다른 동(棟)으로의 연소 위험은 없다.
② 성장기 – 화재의 진행이 급속히 이루어지고 개구부에서는 검은 연기가 분출된다.
③ 최성기 – 산소가 부족하여 연소되지 않은 가스가 다량 발생된다.
④ 감퇴기 – 지붕이나 벽체, 대들보나 기둥도 무너져 떨어지고 열 발산율은 증가하기 시작한다.

[21. 소방직]

04 다음 중 실내 화재 시 플래시오버 진행단계 순서로 맞는 것은?
① 성장기 → 발화기 → 최성기 → 플래시오버 → 감쇠기
② 발화기 → 성장기 → 최성기 → 플래시오버 → 감쇠기
③ 발화기 → 성장기 → 플래시오버 → 최성기 → 감쇠기
④ 성장기 → 최성기 → 플래시오버 → 발화기 → 감쇠기

[13. 전북]

해설
03 ④ 감퇴기 – 지붕이나 벽체, 대들보나 기둥도 무너져 떨어지고 열 발산율은 증가하기 시작한다.
    → 감소하기
04 ③ 발화기 → 성장기 → 플래시오버 → 최성기 → 감쇠기

정답 03.④ 04.③

05 다음 중 실내화재에서 최성기의 특성으로 옳지 않은 것은?
① 검은색 연기 농도가 진하고 초기보다 연기발생량이 많다.
② 복사열로 인하여 인접건물에 연소확대 우려가 있다.
③ 연기량이 감소되고 화염이 분출된다.
④ 연소가 활발하고 내부에 화염이 가득차 있다.

[17. 상반기]

기본서 2권 94p

06 시간과 온도변화에 따른 연소 이상현상으로 다음에 해당하는 그림을 보고 ㉠~㉤에 들어갈 것으로 옳게 연결된 것은?

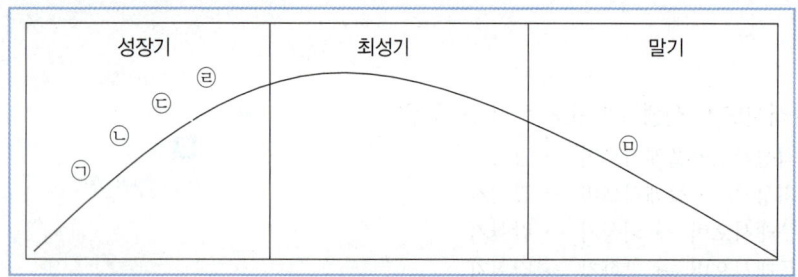

① ㉠ 롤오버 ㉡ 백드래프트 ㉢ 플래시오버 ㉣ 프레임오버 ㉤ 백드래프트
② ㉠ 롤오버 ㉡ 플래시오버 ㉢ 프레임오버 ㉣ 백드래프트 ㉤ 플래시오버
③ ㉠ 프레임오버 ㉡ 플래시오버 ㉢ 백드래프트 ㉣ 롤오버 ㉤ 플래시오버
④ ㉠ 프레임오버 ㉡ 백드래프트 ㉢ 롤오버 ㉣ 플래시오버 ㉤ 백드래프트

[13. 통합]
기본서 2권 115p

해설

05 ① 최성기보다는 초기가 연기발생량이 많다.

06 ④ ㉠ 프레임오버 ㉡ 백드래프트 ㉢ 롤오버 ㉣ 플래시오버 ㉤ 백드래프트 순이다.

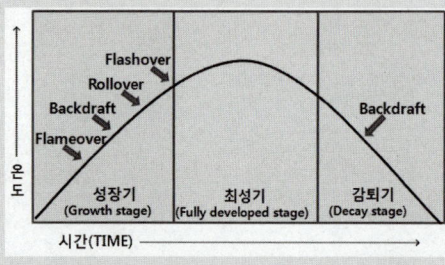

↑ 시간과 온도변화에 따른 연소 이상현상

정답 05.① 06.④

07 일반 주택에서 플래시오버에 대한 다음 설명 중 틀린 것은?

① 일반적으로 환기지배화재로부터 연료지배화재로 전이된다.
② 실내의 가연물이 연소에 의해서 온도를 높이고 동시에 다량의 가연성가스를 수반하는 연기를 방출한다.
③ 어느 시간 그 실내의 온도상승에 의해서 일시에 연소하여 화재의 진행을 순간적으로 실내 전체에 확산시키는 현상이다.
④ 플래시오버 시점에서 실내의 온도는 약 800~900℃가 된다.

[12. 경기]

기본서 2권 115p

해설 07
① 연료지배화재로부터 환기지배화재로 전이된다.
▶ 플래시오버(Flash Over ; F.O)
  ㉠ 순발연소(전실화재)라고도 한다.
  ㉡ 고층건축물 화재 시 흔히 나타나는 양상이다.
  ㉢ 실내의 가연물이 연소에 의해서 온도를 높이고 동시에 다량의 가연성가스를 수반하는 연기를 방출한다.
  ㉣ 어느 시간에 그 실내의 온도상승에 의해서 일시에 연소하여 화재의 진행을 순간적으로 실내 전체에 확산시키는 현상이다.
  ㉤ 보통의 화재가 실내의 모든 가연물이 포함되는 완전성장 상태로 도달하는 원인이 된다.
  ㉥ 실내의 공기가 거의 소모되어 공기의 공급이 제한되기 때문에 환기지배화재(Ventilation Controlled Fire)로 되고 개구부가 열리지 않는 한 실내의 모든 연료가 연소될 수는 없다.
  ㉦ 플래시오버 시점에서 실내의 온도는 약 800~900℃가 된다.
  ㉧ 플래시오버의 정의는 ISO방화시험용어에 의하면 플래시오버를 '구획 내 가연성 재료의 전 표면이 불로 덮이는 전이현상'으로 정의하고 있다.
  ㉨ 천장면으로부터의 복사열에 의하여 바닥면 위의 가연물이 급속히 가열 착화하여 바닥면 전체가 화염으로 덮이게 된다.
  ㉩ 플래시오버의 발생으로 개구부에서 농연 혹은 화염의 분출이 시작되고, 상층 또는 인접 건물에 대한 연소위험이 높아진다.
  ㉪ 국부화재로부터 구획 내 모든 가연물이 연소되기 시작하는 큰 화재로 전이된다.
  ㉫ 연료지배화재로부터 환기지배화재로 전이된다.
  ㉬ 천장 아래에 집결된 미연소가스나 증기를 통한 갑작스런 화염이 전파된다.

정답 07.①

08 플래시오버의 영향조건이 아닌 것은?
① 개구부가 작을수록 발생시각이 늦어진다.
② 내장재에 따라서 달라지며 천장높이가 낮을수록 더 빨라진다.
③ 화원의 크기가 클수록 도달하는 시각이 짧아진다.
④ 연기농도에 따라서 발생 원인효과를 크게 미친다.

[12. 울산]
상 중 하
기본서 2권 115p

09 플래시오버에 대한 내용으로 옳지 않은 것은?
① 어느 순간 실내 전체가 화염에 휩싸이는 순간적인 착화가 일어나는 현상이다.
② 체류한 가스농도가 점차 증가하여 연소범위 내에서 착화하여 천장이 휩싸인다.
③ 주로 롤오버 다음에 발생된다.
④ 착화한 천장부의 화염에서 실내 앞부분으로 복사열이 전달되어 실내 선단(앞부분)에 가연물만 가열된다.

[12. 울산]
상 중 하
기본서 2권 115p

해설

08 ④ 플래시오버에 미치는 영향 : 개구부의 크기, 내장 재료, 화원의 크기, 가연물의 종류, 실내의 표면적, 건축물의 형태

09 ④ 실내 선단이 아닌 실내 전체로 복사열이 전달되어 전 실내 가연물이 가열되는 전실화재이다.
▶ Flash over의 특성
  ㉠ 순발연소(전실화재)라고도 한다.
  ㉡ 어느 시간에 그 실내의 온도상승에 의해서 일시에 연소하여 화재의 진행을 순간적으로 실내 전체에 확산시키는 현상이다.
  ㉢ ISO방화시험용어에 의하면 플래시오버를 '구획 내 가연성 재료의 전 표면이 불로 덮이는 전이 현상'으로 정의하고 있다.
  ㉣ 연료지배화재로부터 환기지배화재로 전이될 수 있다.
  ㉤ 플래시오버 시점에서 실내의 온도는 약 800~900℃가 된다.
  ㉥ 국부화재로부터 구획 내 모든 가연물이 연소되기 시작하는 큰 화재로 전이된다.

정답 08.④ 09.④

10 다음 중 플래시오버에 대한 설명으로 가장 틀린 것은?
① 플래시오버는 화염이 확대되는 순발적인 연소확대현상이라 한다.
② 일정 공간 안에 가연성 가스가 축적된 상태에서 개구부가 개방되면 폭발적으로 전체가 화염에 휩싸이는 화재현상으로 주로 성장기에 발생된다.
③ 실내화재 시 천장류에서 방출되는 복사열에 의하여 실내에 있는 모든 가연물질이 분해되어 가연성 증기가 발생하게 됨으로써 실내 전체가 순간적으로 연소가 확대되는 상태이다.
④ 화재로 인하여 실내 상부쪽으로 고온의 기체가 축적되고 온도가 높아져 기체가 팽창하고 산소가 부족한 건물 내에 갑자기 산소가 새로 유입될 때 발생하는 현상이다.

11 다음 중 실내화재인 플래시오버의 발생시기는 어디에 해당되는가?
① 최성기
② 말기
③ 중기
④ 초기

해설 **10** ④ 백드래프트에 대한 설명이다.

11 ③ 플래시오버는 최성기 직전인 중기에 발생한다.

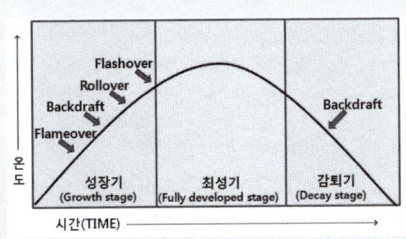

정답 10.④ 11.③

12 가연성가스 농도가 증가하여 연소범위 내의 농도에 도달하면 곧 착화하여 화염에 덮이게 되고 복사열에 의하여 바닥면 위의 가연물이 급속히 가열 착화되어 구획 내 가연성 재료의 전 표면이 불로 덮이는 전이(轉移)현상을 무엇이라 하는가?

① 훈소화재　　② 플래시오버
③ 슬롭오버　　④ 백드래프트
⑤ 롤오버

13 다음 중 플래시오버가 일어나는 시기는?

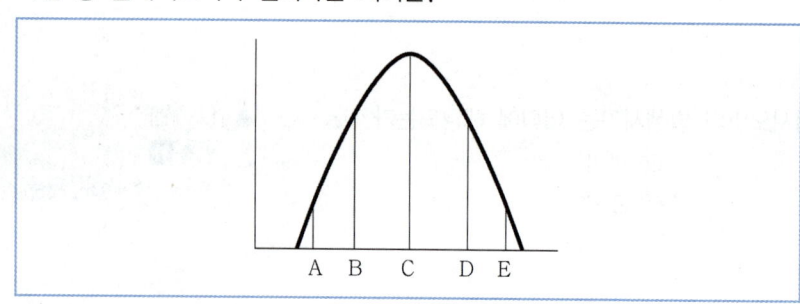

① A　　② B
③ C　　④ D
⑤ E

해설

12　② 플래시오버에 대한 설명이다.

13　② 플래시오버(Flash Over)는 성장기 때(최성기직전)에 발생한다.
　　A~B : 성장기,　B~D : 최성기,　D~E : 감퇴기

정답　12.②　13.②

14 플래시오버(Flash Over)현상에 대한 설명으로 옳지 않은 것은?
① 플래시오버 현상은 점화원의 위치와 크기, 가연물의 양과 성질, 개구부의 크기, 실내 마감재 등에 영향을 받는다.
② 열전도율이 작은 내장재일수록 플래시오버 현상을 촉진시킬 수 있다.
③ 플래시오버 현상은 건축물 실내화재에서 볼 수 있는 현상이다.
④ 산소가 다량으로 유입되어 일어나는 현상으로 천장재보다 벽이 크게 영향을 받으며, 개구부의 크기가 작을수록 플래시오버 현상을 촉진시킨다.
⑤ 천장부근에 가연성 가스가 축적되어 어느 시기에 이르러 폭발적으로 연소하는 현상이다.

15 특수화재현상 중 플래시오버(Flash over)와 롤오버(Roll over)에 대한 설명으로 옳지 않은 것은?
① 롤오버는 화염이 선단부에서 주변 공간으로 확대된다.
② 플래시오버는 화염이 순간적으로 공간 전체로 확대된다.
③ 플래시오버는 공간 내 전체 가연물에서 동시에 발화하는 현상이다.
④ 롤오버 시 발생되는 복사열은 플래시오버 시 발생되는 복사열보다 강하다.
⑤ 롤오버는 실의 상부에 있는 가연성 가스가 발화온도 이상 도달했을 때 발화하는 현상이다.

해설 **14** ④ 산소가 다량으로 유입되어 일어나는 현상은 백드래프트(Back draft)이고, 개구부의 크기가 작을수록 플래시오버(Flash Over)의 발생 시기가 늦어진다.

15 ④ 롤오버는 열의 복사가 플래시오버현상에 비해 상대적으로 약하다.

정답 14.④ 15.④

16 화재 시 구획실에서 발생하는 현상에 관한 설명으로 옳은 것은?
① 개구부의 크기는 플래시오버 발생과 관련이 없다.
② 구획실의 창문과 문손잡이의 온도로 백드래프트의 발생 가능성을 예측할 수 없다.
③ 준불연성이나 불연성의 내장재를 사용할 경우 플래시오버 발생까지의 소요 시간이 길어진다.
④ 구획실 내의 산소가 부족하여 훈소 상태에서 공기가 갑자기 다량 공급될 때 가연성 가스가 순간적으로 폭발하듯 발화하는 현상은 플래시오버이다.

[23. 소방직]
기본서 2권 115~116p

17 다음 중 플래시오버를 지연시키기 위한 소방관의 전술 3가지가 아닌 것은?
① 공기차단 지연법
② 제거소화 지연법
③ 냉각 지연법
④ 배연 지연법

[13. 통합]
기본서 2권 117p

18 플래시오버를 지연시키기 위한 소방전술이 아닌 것은?
① 공기차단 지연방식
② 배연지연방식
③ 제거소화 지연방식
④ 냉각지연방식

[16. 통합]
기본서 2권 117p

해설

16 ① 개구부의 크기는 플래시오버 발생과 관련이 <u>있다</u>.
② 구획실의 창문과 문손잡이의 온도로 백드래프트의 발생가능성을 예측할 수 <u>있다</u>.
④ 구획실 내의 산소가 부족하여 훈소상태에서 공기가 갑자기 다량 공급될 때 가연성 가스가 순간적으로 폭발하듯 발화하는 현상은 <u>백드래프트</u>이다.

17 ② 플래시오버 방지대책으로 실내 공간 전체에 대한 방수로써 열을 감소하는 냉각지연법과 환기함으로써 열을 방출하는 배연지연법, 산소감소로 연소속도를 저지하며 열을 축소하는 공기차단 지연법을 사용할 수 있다.

18 ③ 전실화재(플래시오버) 지연을 위한 소방전술 : 냉각지연방식, 배연지연방식, 공기차단 지연방식
▶ Flash over를 지연시키는 3가지 방법
  ㉠ 배연지연법 : 창문 등을 개방하여 배연(환기)함으로써, 공간 내부에 쌓인 열을 방출시켜 Flash over를 지연
  ㉡ 공기차단 지연법 : 배연(환기)과 반대로 개구부(창문)를 닫아 산소를 감소시킴으로써 연소 속도를 줄이고 공간 내 열의 축적 현상도 늦추게 하여 지연시키는 방법을 쓸 수 있다. 이 방법은 관창호스 연결이 지연되거나 모든 사람이 대피했다는 것이 확인된 경우, 적합한 방법이다.
  ㉢ 냉각지연법 : 분말소화기 등 이동식 소화기를 분사하여 화재를 완전하게 냉각하는 것은 불가능하나, 일시적으로 온도를 낮출 수 있으며, Flash over를 지연시키고 관창호스를 연결할 시간을 벌 수 있다.

정답 16.③ 17.② 18.③

19 불완전 연소된 가연성가스와 열이 집적되고 적절하게 배연되지 않는 상태의 산소가 결핍된 실내에 소방관이 소화활동이나 구조활동 중에 문을 갑자기 개방함으로써 신선한 공기가 유입되며 실내의 화염이 폭발과 함께 분출하는 현상은?

① back draft
② flash over
③ smoldering
④ fire ball

20 다음 중 백드래프트의 폭발이 일어나기 전 잠재적 징후로 틀린 것은?

① 짙은 회황색으로 변하는 검은 연기
② 과도한 열의 축적
③ 개구부를 통하여 분출되는 화염
④ 연기로 얼룩진 창문

해설

19 ① 백드래프트 현상은 공기 부족으로 훈소상태에 있을 때 신선한 공기가 유입되어 실내에 축적되었던 가연성가스가 단시간에 폭발적으로 연소함으로써 화재가 폭풍을 동반하여 실외로 분출되는 현상을 말한다.
② 플래시오버 ③ 훈소 ④ 파이어볼

20 ③ 백드래프트는 밀폐된 공간에서 발생하므로 개구부에서 화염이 분출되지 않는다.
▶ 백드래프트의 징후
  • 과도한 열
  • 회황색으로 변하는 검은 연기
  • 일정한 간격을 두고 틈새로 나오는 연기

정답 19.① 20.③

21 다음 중 백드래프트에 대한 설명으로 틀린 것은?
① 열의 집적과 적절하게 배연되지 않는 상태에서 불완전 연소된 가연성 가스가 인화점 미만의 상태이어야 한다.
② 갑자기 산소가 새로 유입될 때 화염이 폭풍을 동반하며 충격파의 생성으로 구조물을 파괴할 수 있다.
③ 산소가 결핍된 실내에 소방관이 소화활동이나 구조활동 중에 문을 갑자기 개방함으로써 외부의 신선한 공기 유입으로 발생한다.
④ 화재로 인하여 실내 상부쪽으로 고온의 기체가 축적되고 온도가 높아짐에 따라 기체가 팽창하고 연소에 필요한 산소가 불충분한 상태이어야 한다.

22 백드래프트 징후에 대한 설명으로 옳지 않은 것은?
① 연기가 건물 내에서 빠르게 소용돌이치거나 건물 내로 되돌아가거나 맴도는 연기가 관찰된다.
② 창문에 농연 검은색 액체의 응축물이 흘러내리거나 얼룩이 진 자국이 관찰된다.
③ 개방된 공간에서 훈소연소를 말한다.
④ 화염은 보이지 않으나 창문이나 문손잡이가 뜨겁다.

해설

21 ① 백드래프트와 인화점 미만과는 상관이 없고, 나머지는 백드래프트에 대한 설명이다.

22 ③ 백드래프트 징후는 밀폐된 공간에서 훈소연소를 말한다.
▶ 백드래프트의 징후
- 과도한 열
- 회황색으로 변하는 검은 연기
- 일정한 간격을 두고 틈새로 나오는 연기
- 조금 보이거나 보이지 않는 화염
- 연기로 얼룩진 창문
- 뜨거운 문손잡이
- 휘파람 소리

정답 21.① 22.③

23 백드래프트(Back draft) 현상에 대한 설명 중 틀린 것은?
① 실내화재에서 산소가 부족하고 밀폐된 공간에 갑자기 산소가 유입되어 발생하는 고열가스의 폭발현상이다.
② 백드래프트가 의심되는 공간은 상층부를 개방하여 환기를 시켜야 한다.
③ 밀폐된 공간에서 가연성 물질, 산소, 점화에너지 등에 의해 발생한다.
④ 폭풍 또는 충격파를 수반하여 건물벽체의 도괴, 파이어 볼의 형성 등이 발생하기도 한다.

24 백드래프트(Back Draft) 현상에 관한 일반적인 설명으로 옳은 것은?
① 화재성장기에 주로 발생하는 급격한 가연성 가스 착화현상이며, 충격파는 발생되지 않는다.
② 공기 부족으로 훈소 상태에 있을 때 밀폐된 실내의 축적된 가연성 가스가 신선한 공기의 유입으로 인하여 폭발적으로 연소하는 현상이다.
③ 가연성 증기가 연소점에 도달하여 불덩어리가 천장을 따라 굴러다니는 현상이다.
④ 연료지배연소에서 환기지배연소로 급격하게 전이되는 과정으로, 구획 전체로 연소가 확대된다.
⑤ 천장의 복사열로 인해 주변 가연물이 자연발화에 도달하는 현상으로, 이 현상이 발생되기 전에 피난이 종료되어야 한다.

해설 **23** ③ 백드래프트가 일어나기 위한 조건으로 산소가 필요없다. 즉, 산소가 부족한 훈소상태일 때 발생한다.

24 ① 플래시오버(Flash Over) 현상
③ 롤오버(Roll over) 현상
④ 플래시오버(Flash Over) 현상
⑤ 플래시오버(Flash Over) 현상

정답 23.③ 24.②

25 백드래프트(back draft)에 대한 설명으로 옳은 것은?
① 불완전 연소에 의해 발생된 일산화탄소가 가연물로 작용하여 폭발하는 현상이다.
② 화재 진압 시 지붕 등 상부를 개방하는 것보다 출입문을 먼저 개방하는 것이 효과적인 전술이다.
③ 밀폐된 실내에서 발생되는 현상으로, 출입문을 한 번에 완전히 개방하여 연기를 일순간에 배출해야 폭발력을 억제할 수 있다.
④ 연료지배형화재가 진행되고 있는 공간에 산소가 일시적으로 다량 공급됨에 따라 가연성가스가 폭발적으로 연소하는 현상이다.

[21. 소방직]

기본서 2권 116~117p

26 백드래프트(back draft)의 발생 징후로 옳지 않은 것은?
① 유리창 안쪽에 타르와 유사한 물질이 흘러내려 얼룩진 경우
② 창문을 통해 보았을 때 건물 내에서 연기가 소용돌이치는 경우
③ 화염은 보이지 않지만 창문과 문손잡이가 뜨거운 경우
④ 균열된 틈이나 작은 구멍을 통하여 건물 밖으로 연기가 밀려 나오는 경우

[24. 소방직]

기본서 2권 117p

해설 **25** ② 화재 진압 시 지붕 등 상부를 개방하는 것보다 출입문을 먼저 개방하는 것이 효과적인 전술이다.
→ 출입문을 개방하기 전에 천장의 환기구를 개방함으로써 Back draft의 폭발력을 억제할 수 있다.
③ 밀폐된 실내에서 발생되는 현상으로, 출입문을 한 번에 완전히 개방하여 연기를 일순간에 배출해야 폭발력을 억제할 수 있다.
→ 실내의 온도상승과 함께 화재의 형태를 출입문을 통하여 감지할 필요가 있다. 실내의 온도상승이 높고 출입문이 안쪽으로 열릴 때에는 출입문을 닫아둔 채로 두거나 조금만 열어 다량의 신선한 공기의 유입을 막는다.
④ 연료지배형화재가 진행되고 있는 공간에 산소가 일시적으로 다량 공급됨에 따라 가연성가스가 폭발적으로 연소하는 현상이다.
→ 환기지배형화재

26 ※ 백드래프트의 징후
① 닫힌 문 주위에서 무겁고 검은 연기(회황색 연기)가 관찰된다.
② 개구부 틈새로 빨려 들어오는 공기의 영향으로 건물 내로 되돌아오거나 맴도는 현상이 관찰된다.
③ 창문에 농연 응축물이 흘러내리거나 얼룩이 진 자국이 관찰된다.
④ 화재 압력에 의한 내부 압력차로 외부 공기가 빨려 들어오면서 발생하는 휘파람 소리 또는 진동이 발생하는 현상이 관찰된다.
⑤ 방화문의 온도가 높아 방화문이 뜨겁다.

정답 25.① 26.④

27 다음 중 플래시오버와 백드래프트에 관한 설명 중 가장 옳은 것은?
① 플래시오버는 일정비율 벽 면적에 대한 창 비율이 클수록 그 상황이 빠르다.
② 백드래프트는 실내 전 표면이 불로 덮이는 전이현상이다.
③ 플래시오버는 가연성가스가 순식간에 연소함으로써 화재가 폭풍을 동반하여 실외로 분출하는 현상이다.
④ 백드래프트가 발생하기 전에도 농연, 벽면파괴 현상 등이 발생한다.

28 플래시오버와 백드래프트에 대한 설명으로 옳은 것은?
① 플래시오버는 훈소현상 다음에 발생하고 백드래프트는 롤오버현상 다음에 발생한다.
② 플래시오버는 감퇴기에서 발생하지만 백드래프트는 성장기에서 발생한다.
③ 플래시오버는 충격파가 발생하지 않지만, 백드래프트의 결과는 충격파를 동반한다.
④ 플래시오버의 악화원인은 공기의 공급이지만, 백드래프트의 악화원인은 열의 공급이다.

29 구획된 건물 화재현상으로 가장 옳지 않은 것은?
① 건물 화재현상으로 환기지배형과 연료지배형이 있다.
② 연료지배형 화재는 환기지배형 화재에 비해 폭발성 및 역화현상이 작다.
③ 환기지배형 화재는 연료지배형 화재보다 연소가스가 더 많이 생성된다.
④ 개구부 면적이 작으면 화재가 빠르고 개구부 면적이 크면 화재가 느리다.

해설

27 ① 플래시오버는 실 내부에 설치된 창의 높이, 면적, 개구부 위치 및 크기를 말하며 밀폐된 공간보다 개구부가 클수록 발생시각이 빠르다. ②는 플래시오버에 대한 설명이고, ③은 백드래프트에 대한 설명이며, ④는 백드래프트 발생 후 생기는 현상이다.

28 ① 플래시오버는 롤오버현상 다음에 발생하고, 백드래프트는 훈소현상 다음에 발생한다.
② 플래시오버는 성장기에서 발생하지만, 백드래프트는 성장기와 감퇴기에서 발생한다.
④ 플래시오버의 악화원인은 열의 공급이지만, 백드래프트의 악화원인은 산소의 공급이다.

29 ④ 개구부 면적이 작으면 화재가 느리고 개구부 면적이 크면 화재가 빠르다.

정답 27.① 28.③ 29.④

30 구획된 건물 화재현상으로 환기인자에 대한 설명 중 맞는 것은?
① 개구부 면적의 평방근과 높이에 비례한다.
② 개구부의 면적이 반비례하고, 높이에 비례한다.
③ 면적과 높이 제곱근(=평방근)에 모두 비례한다.
④ 개구부의 면적에 비례하고 개구부 높이의 제곱에 반비례한다.

[12. 전북]

기본서 2권 118p

31 다음 중 구획된 건물 화재현상으로 환기지배형 화재의 영향요소가 아닌 것은?
① 개방된 공간으로 가연물의 양이 영향을 미친다.
② 환기지배형 화재는 환기량에 비해 연료량이 충분하다.
③ 환기요소에 영향을 받아 실내의 공기부족으로 화염이 외부로 분출되기도 한다.
④ 연료지배형 화재에 비하여 산소공급에 크게 영향을 받지 못하는 상태이다.

[12. 전북]

기본서 2권 118p

해설
30 ③ 면적과 높이 제곱근(=평방근=루트)에 모두 비례한다.
환기인자=개구부 면적×개구부 높이의 평방근(제곱근)

31 ① 밀폐된 공간의 화재형태로 가연물의 양에 영향을 미치지 않는 환기가 지배되는 화재이다.

정답 30.③ 31.①

32 다음 중 구획된 일반주택 건물 화재현상으로 옳지 않은 것은?

① 연소속도는 환기요소에 비례한다. 플래시오버에 이르러서 실내온도가 급격히 상승하여 가연물의 열분해가 진행되고 화세가 강하게 되면 산소량이 급격히 소진되어 환기가 잘 되지 않으며 연소현상은 연료지배형에서 환기량에 지배되는 환기지배형으로 전환된다.
② 일반적으로 연료지배형 화재이며 산소가 부족할 때에는 환기지배형 화재가 된다.
③ 화재초기 실내가연물의 양, 가연물의 연소특성에 따라 환기지배형 화재로 되어 산소가 원활하게 공급되며 연소속도가 빨라진다. 반면 지하층, 무창층 및 밀폐된 실내는 산소가 부족하며 환기가 좋지 않아 공기의 공급 상태에 지배되는 화재를 연료지배형 화재라 한다.
④ 연소속도는 분해·증발률에 비례한다. 화세가 약한 초기에는 산소량이 원활하므로 화재는 공기량보다 실내의 가연물에 의해 지배되는 연료지배형의 연소형태를 갖는다.

[13. 충북]
기본서 2권 118p

33 다음 중 일반주택인 내화건축물 화재 시 과정별 순서가 맞는 것은?

① 연료지배형 – 복사 – 대류   환기지배형
② 연료지배형 – 대류 – 복사 – 환기지배형
③ 환기지배형 – 복사 – 대류 – 연료지배형
④ 환기지배형 – 대류 – 복사 – 연료지배형

[14. 통합]
기본서 2권 94~95p, 118p

해설 **32** ③ 일반주택의 경우 화재초기 실내가연물의 양, 가연물의 연소특성에 따라 연료지배형화재로 되어 산소가 원활하게 공급되며 연소속도가 빨라진다. 반면 지하층, 무창층 및 밀폐된 실내의 경우 산소가 부족하며 환기가 좋지 않아 공기의 공급 상태에 지배되는 화재를 환기지배형화재라 한다.

33 ② 연료지배형 – 대류 – 복사 – 환기지배형

정답 32.③ 33.②

34 연료지배형화재와 환기지배형화재에 대한 설명으로 옳지 않은 것은?
① 환기지배형화재는 공기공급이 충분하지 않으므로 불완전연소가 심하다.
② 연료지배형화재는 공기공급이 충분한 조건에서 발생한 화재가 일반적이다.
③ 연료지배형화재는 주로 큰 창문이나 개방된 공간에서, 환기지배형화재는 내화구조 및 콘크리트 지하층에서 발생하기 쉽다.
④ 일반적으로 플래시오버 전에는 환기지배형화재가, 이후에는 연료지배형화재가 지배적이다.

[19. 소방직]

기본서 2권 115~118p

35 구획실 화재에 관한 설명으로 옳지 않은 것은?
① 플래시오버 이후에는 연료지배형 화재보다 환기지배형 화재가 지배적이다.
② 환기가 잘되지 않으면 환기지배형 화재에서 연료지배형 화재로 바뀌며 연기 발생이 줄어든다.
③ 연료지배형 화재는 구획실 내 가연물의 연소에 필요한 산소가 충분히 공급되는 조건의 화재이다.
④ 성장기에는 천장 부분에서 축적된 뜨거운 가스층이 발화원으로부터 떨어져 있는 가연성 물질에 복사열을 공급하여 플래시오버를 초래할 수 있다.

[23. 소방직]
기본서 2권 115~118p

해설 **34** 건축물에서 발생하는 화재의 크기는 플래시오버 현상 발생유무와 관련되는데, 만약 플래시오버가 발생하여 실내 전체적인 화재로 되면 환기지배화재 및 연료지배화재가 되고 일반적으로 플래시오버 전에는 연료지배형화재가, 이후에는 환기지배형화재가 지배적이다.

35 환기가 잘되지 않으면 연료지배형화재에서 환기지배형화재로 바뀌면서 연기발생이 늘어난다.

정답 34.④ 35.②

36 구획실 화재에 관한 설명으로 옳은 것은?
① 플래시오버(flash over)는 최성기와 감쇠기 사이에서 발생하며 충격파를 수반한다.
② 굴뚝효과가 발생할 때는 개구부에 형성된 중성대 상부에서 공기가 유입되고, 중성대 하부에서 연기가 유출된다.
③ 연료지배형 화재는 환기지배형 화재보다 산소 공급이 원활하고 연소속도가 빠르다.
④ 화재플룸(fire plume)은 실내 공기의 압력 차이로 가연성 가스가 천장을 따라 화재가 발생하지 않은 복도 쪽으로 굴러다니는 것처럼 뿜어져 나오는 현상이다.

[24. 소방직]
상 중 하
기본서 2권 41p, 94p, 116p, 118p

37 다음 건물화재에 관한 설명 중 옳지 않은 것은?
① 화재 초기단계에서는 가연물이 열분해되어 가연성가스가 발생하는 시기이다.
② 화재 성장기단계에서는 실내에 있는 내장재에 착화하여 롤오버 등이 발생하며 개구부에 진한 흑색연기가 강하게 분출한다.
③ 최성기 이후에 플래시오버 현상이 발생하며, 이후 실내에 있는 가연물 또는 내장재가 격렬하게 연소되는 단계로서 실내온도가 최고온도에 이르는 시기이다.
④ 목조건축물은 건축물 자체에 개구부가 많아 공기의 유통이 원활하여 격심한 연소현상을 나타내며, 고온단기형이다.
⑤ 내화건축물은 목조건축물에 비해 공기 유통조건이 일정하며 화재진행시간도 길고, 저온장기형이다.

[17. 간부]
상 중 하
기본서 2권 94~100p

해설 36 ① 최성기 직전에 폭발적 연소 확대 현상인 Flash over가 발생한다.
② 굴뚝효과가 발생할 때는 개구부에 형성된 중성대 하부에서 공기가 유입되고, 중성대 상부에서 연기가 유출된다.
④ 롤오버에 대한 설명이다.

37 ③ 플래시오버는 최성기 직전에 발생한다.

정답 36.③ 37.③

38 다음 중 목재건축물 화재 진행 과정을 순서대로 나열한 것은?
① 발화-발염착화-무염착화-최성기
② 발화-무염착화-발염착화-최성기
③ 발염착화-무염착화-최성기-발화
④ 무염착화-발염착화-발화-최성기

39 목조건축물의 일반적인 화재 진행과정으로 옳은 것은?
① 무염착화-발염착화-화재원인-최성기-발화
② 화재원인-무염착화-발염착화-발화-최성기
③ 화재출화-무염착화-발화-화재원인-최성기
④ 화재원인-발염착화-무염착화-최성기-발화
⑤ 무염착화-발염착화-화재원인-발화-최성기

40 목조건축물 화재의 진행 과정에 관한 설명 중 〈보기〉의 내용에 해당하는 것은?

〈보기〉
연기의 색이 백색에서 흑색으로 변하며, 개구부가 파괴되어 공기가 공급되면서 급격한 연소가 이루어져 연기가 개구부로 분출하게 된다.

① 화재의 원인에서 무염착화
② 무염착화에서 발염착화
③ 발염착화에서 발화
④ 발화에서 최성기
⑤ 최성기에서 연소낙하

해설

38 ▶ 목재건축물의 화재 진행과정
무염착화-발염착화-발화-최성기이다.

39 ▶ 목재건축물의 화재 진행과정

화재원인 ⇨ 무염착화 ⇨ 발염착화 ⇨ 출화(발화) ⇨ 최성기 ⇨ 연소낙하 ⇨ 진화

40 ▶ 발화에서 최성기 특징
플래시오버가 발생되는 단계로 연기의 색은 백색에서 흑색으로 변한다.
최고온도가 1,300도까지 올라가게 된다.

정답 38.④ 39.② 40.④

41 목조건축물과 내화건축물의 화재성상에 대한 설명 중 틀린 것은?
① 내화건축물이 목조건축물보다 장시간 연소한다.
② 내화건축물의 화재성상은 고온장기형이다.
③ 내화건축물이 목재건축물보다 화재 시 최고온도가 높다.
④ 목조건축물 화재 시 최고온도는 약 1,100℃ 이상이다.

[14. 통합]
기본서 2권 96~100p

42 화재에 대한 옳은 설명을 모두 고른 것은?

㉠ 낮은 산소분압에서 화재가 발생하였을 때 초기에 화염 없이 일어나는 연소를 훈소연소라 한다.
㉡ 목조건축물 화재는 유류나 가스 화재와는 달리 일반적으로 무염착화 없이 발염착화로 이어진다.
㉢ A급 화재는 일반화재로 면화류, 합성수지 등의 가연물에 의한 화재를 말한다.
㉣ 전소란 건물의 70% 이상이 소실된 화재를 말한다.

① ㉠, ㉡
② ㉢, ㉣
③ ㉠, ㉡, ㉢
④ ㉠, ㉢, ㉣

[20. 소방직]
기본서 2권 84p, 92~97p, 157p

해설
41 ③ 내화건축물의 최성기의 온도는 약 900~1,000℃이며, 목조건물의 최성기의 온도는 1,100~1,300℃이다.

42 ㉡ 목재건축물 화재는 유류나 가스 화재와는 달리 일반적으로 무염착화 다음 발염착화로 이어진다.
▶ 목재건축물의 화재 진행과정
 화재원인 – 무염착화 – 발염착화 – 출화 – 최성기 – 연소낙하 – 진화

정답 41.③ 42.④

43 다음 중 화재에 대한 특성으로 맞는 것은?
① 훈소화재 : 단위면적당 등가가연물량의 발열량 및 화재의 위험성
② 화재가혹도 : 건물에 재산 및 건물에 손상을 입히는 정도로 최고온도×지속시간
③ 화재강도 : 화재의 발생으로 가연물의 양에 대한 최고온도와 연소시간
④ 화재심도 : 가연물이 불꽃 없이 약한 불기운이나 열기만으로 타 들어가는 연소현상
⑤ 화재하중 : 단위시간당 축적되는 열의 값

[13. 간부]
기본서 2권 92p, 101~102p

44 화재의 발생으로 건물 내 수용재산 및 건물 자체에 손상을 입히는 정도를 나타내는 용어로 최고온도×연소(지속)시간으로 화재심도라고도 하는 것은?
① 화재강도　　　　　② 탄화심도
③ 화재가혹도　　　　④ 화재하중

[17. 하반기]
기본서 2권 101~102p

해설

43 ② 화재가혹도는 화재의 발생으로 건물 내 수용재산 및 건물 자체에 손상을 입히는 정도로 최고온도×지속시간이다.
　① 화재하중　　③ 화재가혹도
　④ 훈소화재　　⑤ 화재강도

44 ③ 화재가혹도
　㉠ 화재의 발생으로 건물 내 수용재산 및 건물 자체에 손상을 입히는 정도를 말한다.
　㉡ 최고온도×지속시간
　㉢ 화재가혹도와 관련인자
　　ⓐ 화재하중
　　ⓑ 개구부의 크기
　　ⓒ 가연물의 배열상태

정답 43.② 44.③

45 화재가혹도(fire severity)에 대한 설명으로 옳지 않은 것은? (A는 개구부의 면적, H는 개구부의 높이이다.)

① 화재가혹도의 크기는 화재강도와 화재하중의 영향을 받는다.
② 화재실의 최고온도와 지속시간은 화재가혹도를 판단하는 중요한 인자이다.
③ 화재실의 환기요소($A\sqrt{H}$)는 화재가혹도에 영향을 준다.
④ 화재가혹도는 화재실이나 화재구획의 단열성에 영향을 받지 않는다.

[22. 소방직]
기본서 2권 102p

46 10m² 구획 내에 가연물이 고무 5kg만 존재할 때 화재하중은? (단, 단위발열량은 목재 4,500kcal/kg, 고무는 9,000kcal/kg)

① 1 ② 2
③ 3 ④ 4

[17. 상반기]
기본서 2권 101p

해설

45 ④ 화재가혹도는 화재실이나 화재구획의 단열성에 영향을 받지 않는다.
→ 받는다.
※ 화재가혹도와 관련인자
  ㉠ 화재하중, 화재강도
  ㉡ 개구부의 크기
  ㉢ 가연물의 배열상태
  ㉣ 화재실의 환기요소($A\sqrt{H}$)
  ㉤ 화재구획의 단열성
  ㉥ 화재실의 최고온도와 지속시간

46
- 화재하중(Q) = $\dfrac{\sum(G_t H_t)}{HA}$ [kg/m²] (*$\sum$: 합)
  G_t : 가연물의 양[kg]
  H_t : 단위발열량[kcal/kg]
  H : 목재단위발열량[4,500kcal/kg]
  A : 화재실 바닥면적[m²]
  (9000×5)/(10×4500)=1

정답 45.④ 46.①

47 바닥 면적이 200㎡인 구획된 창고에 의류 1,000kg, 고무 2,000kg이 적재되어 있을 때 화재하중은 약 몇 kg/㎡인가? (단, 의류, 고무, 목재의 단위 발열량은 각각 5,000kcal/kg, 9,000kcal/kg, 4,500kcal/kg이고, 창고 내 의류 및 고무 외의 기타 가연물은 존재하지 않으며, 화재 시 완전연소로 가정한다.)

① 15.56　　② 20.56
③ 25.56　　④ 30.56

[20. 소방직]

48 화재하중을 산출하는 요소에 해당하지 않는 것은?
① 가연물의 배열상태　　② 가연물의 질량
③ 가연물의 단위발열량　　④ 목재의 단위발열량
⑤ 화재실의 바닥면적

[21. 간부]

해설

47
- 화재하중$(Q) = \dfrac{\Sigma(G_t H_t)}{HA}$ [kg/㎡] (*Σ : 합)

  G_t : 가연물의 양[kg]
  H_t : 단위발열량[kcal/kg]
  H : 목재단위발열량[4,500kcal/kg]
  A : 화재실 바닥면적[㎡]

  $\dfrac{(1,000 \times 5,000) + (2,000 \times 9,000)}{4,500 \times 200} = 25.56$

48
- 화재하중$(Q) = \dfrac{\Sigma(G_t H_t)}{HA}$ [kg/㎡] (*Σ : 합)

  H_t : 단위발열량[kcal/kg]
  G_t : 가연물의 양[kg]
  H : 목재단위발열량[4,500kcal/kg]
  A : 화재실 바닥면적[㎡]

정답　47.③　48.①

49 그림은 구획실의 크기가 가로 10,000mm, 세로 8,000mm, 높이 3,000mm 이며 가연물 A와 가연물 B가 놓여 있는 상태를 나타낸다. 다음과 같은 조건일 때 구획실의 화재하중[kg/m²]은? (단, 주어지지 않은 조건은 무시하고, 소수점 셋째 자리에서 반올림한다.)

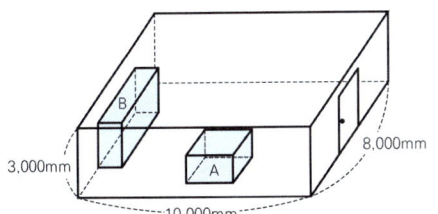

	단위발열량 [kcal/kg]	질량 [kg]
목재	4,500	–
가연물 A	2,000	200
가연물 B	9,000	100

① 1.20　　② 2.41
③ 3.61　　④ 7.22

50 화재의 발생으로 건물 내 수용재산 및 건물자체에 손상을 입히는 정도를 나타내는 용어로 옳은 것은?
① 화재하중　　② 화재강도
③ 화재가혹도　　④ 위험도

51 화재 용어 중 화재실의 단위 시간당 축적되는 열의 양을 의미하는 것은?
① 훈소　　② 화재하중
③ 화재강도　　④ 화재가혹도

해설

49 바닥면적 : 8,000mm × 10,000mm
화재하중 단위가 kg/m²이므로 바닥면적은 8m × 10m = 80m²
$$\frac{(2{,}000 \times 200) + (9{,}000 \times 100)}{4500 \times 80} = \frac{1{,}300{,}000}{360{,}000} = 3.61$$

50 화재가혹도란 화재심도라고도 하며, 화재의 발생으로 건물 내 수용재산 및 건물 자체에 손상을 입히는 정도를 말한다.
화재가혹도=최고온도×지속시간(관련인자 : 화재하중, 개구부의 크기, 가연물의 배열상태)

51 ③ 화재강도 : 화재실의 단위 시간당 축적되는 열의 양을 화재강도라고 한다.
① 훈소 : 가연물이 불꽃 없이 약한 불기운이나 열기만으로 타 들어가는 연소현상
② 화재하중 : 단위 면적당 등가가연물량의 발열량 및 화재의 위험성
④ 화재가혹도(화재심도) : 화재의 발생으로 건물 내 수용재산 및 건물 자체에 손상을 입히는 정도를 말한다.

정답 49.③　50.③　51.③

52 화재가혹도에 관한 설명으로 옳지 않은 것은?
① 화재가혹도란 화재발생으로 당해 건물과 내부 수용재산 등을 파괴하거나 손상을 입히는 정도를 말한다.
② 최고온도는 화재가혹도의 질적 개념으로 화재강도와 관련이 있다.
③ 지속시간은 화재가혹도의 양적 개념으로 화재하중과 관련이 있다.
④ 화재가혹도에 영향을 미치는 환기요소는 개구부 면적의 제곱근에 비례하고 개구부 높이에 비례한다.

53 화재용어에 대한 설명으로 옳지 않은 것은?
① 가연물의 비표면적이 클수록 화재강도는 증가한다.
② 화재실의 열방출률이 클수록 화재강도는 증가한다.
③ 화재강도와 화재하중이 클수록 화재가혹도는 높아진다.
④ 최고온도에서 연소시간이 지속될수록 화재가혹도는 높아진다.
⑤ 전체 가연물의 양(발열량)이 동일할 때 화재실의 바닥면적이 커지면 화재하중은 증가한다.

해설 52 ④ 화재가혹도에 영향을 미치는 환기요소는 개구부 면적에 비례하고 개구부 높이의 평방근에 비례한다.

53 ⑤ 전체 가연물의 양(발열량)이 동일할 때 화재실의 바닥면적이 커지면 화재하중은 감소한다.
- 화재하중(Q)$=\dfrac{\Sigma(G_t H_t)}{HA}$ [kg/m^2] (*Σ : 합)
  G_t : 가연물의 양[kg] H_t : 단위발열량[kcal/kg]
  H : 목재단위발열량[4,500kcal/kg] A : 화재실 바닥면적[m^2]

정답 52.④ 53.⑤

54 다음 중 건축법에서 건축물의 주요구조부가 아닌 것은?
① 내력벽
② 바닥
③ 옥외계단
④ 보

55 벽의 내화구조에 해당하지 않는 것은? (단, 외벽 중 비내력벽인 경우는 제외한다.)
① 벽돌조로서 두께가 19cm 이상인 것
② 철근콘크리트조 또는 철골철근콘크리트조로서 두께가 10cm 이상인 것
③ 골구를 철골조로 하고 그 양면을 두께 4cm 이상의 철망모르타르(그 바름 바탕을 불연재료로 한 것으로 한정)로 덮은 것
④ 철재로 보강된 콘크리트블록조·벽돌조 또는 석조로서 철재에 덮은 콘크리트블록 등의 두께가 5cm 이상인 것
⑤ 고온·고압의 증기로 양생된 경량기포 콘크리트 패널 또는 경량기포 콘크리트 블록조로서 두께가 5cm 이상인 것

해설
54 ③ 주요구조부는 바닥, 지붕틀, 보, 내력벽, 주계단, 기둥으로 옥외계단은 포함되지 않는다.
55 고온·고압의 증기로 양생된 경량기포 콘크리트 패널 또는 경량기포 콘크리트 블록조로서 두께가 10cm 이상인 것

정답 54.③ 55.⑤

56 다음 중 건축물의 주요구조부에 해당하지 않은 것은?
① 기둥　　　　　　　② 보
③ 개구부　　　　　　④ 내력벽

[13. 충북]
상 중 하
기본서　2권 105p

57 피난행동에서 말하는 인간의 본능 중 옳지 않은 것은?
① 귀소본능 – 무의식 중에 평상시 사용한 길, 원래 온 길을 가려 하는 본능
② 퇴피본능 – 반사적으로 화염·연기 등 위험으로부터 멀리 하려는 본능
③ 좌회본능 – 오른손잡이는 오른발을 축으로 좌측으로 행동하는 습성
④ 추종본능 – 어두운 곳에서 밝은 불빛을 따라 행동하는 습성

[11. 제주]
상 중 하
기본서　2권 111p

해설　**56**　▶건축물의 주요 구조부
　　　　　① 바닥 : 최하층 바닥 등은 제외한다.
　　　　　② 지붕틀
　　　　　③ 보 : 작은 보, 차양 등은 제외한다.
　　　　　④ 내력벽 : 샛벽(칸막이벽, 간벽) 등은 제외한다.
　　　　　⑤ 주계단 : 보조계단, 옥외계단은 제외한다.
　　　　　⑥ 기둥 : 샛기둥 등은 제외한다.

　　　　57　④ 추종본능은 혼란 시 판단력 저하로 최초로 달리는 앞사람을 따르는 습성이고, 보기에 설명하는 내용은 지광본능에 관한 내용이다.

정답　56.③　57.④

58 화재가 발생한 곳을 반사적으로 도망가려 하며 피하는 본성은?
① 귀소본능 ② 퇴피본능
③ 좌회본능 ④ 지광본능

59 화재가 발생하였을 때 평상시 사용하는 출입구나 통로를 사용하려는 경향을 이르는 용어는?
① 추종본능 ② 지광본능
③ 귀소본능 ④ 퇴피본능

해설

58 ② 화재가 발생한 곳을 반사적으로 도망가려 하며 피하는 본성을 퇴피본능이라 한다.
① 귀소본능 : 인간은 본능적으로 비상시 자신의 신체를 보호하기 위하여 원래 온 길 또는 늘 사용하는 경로에 의해 탈출을 도모하고자 한다.
③ 좌회본능 : 오른손잡이인 경우 오른손, 오른발이 발달해 있기 때문에 왼쪽으로 도는 것이 자연스럽다.
④ 지광본능 : 화재시 정전 또는 검은 연기의 유동으로 주위가 어두워지면 사람들은 밝은 곳으로 피난하고자 한다.

59 ③ 인간은 본능적으로 비상시 자신의 신체를 보호하기 위하여 원래 온 길 또는 늘 사용하는 경로에 의해 탈출을 도모하고자 한다. 이 본능을 귀소본능이라고 한다.

정답 58.② 59.③

60 다음 중 피난본능에 대한 설명으로 틀린 것은?
① 혼란 시 판단력 저하로 최초로 달리는 앞사람을 따르는 습성(추종본능)
② 오른손잡이는 오른발을 축으로 우측으로 행동하는 습성(우회본능)
③ 어두운 곳에서 밝은 불빛을 따라 행동하는 습성(지광본능)
④ 무의식 중에 평상시 사용한 길, 원래 온 길을 가려 하는 본능(귀소본능)

61 건축물의 피난계획에 대한 설명으로 옳은 것은?
① 피난동선의 한쪽은 막다른 통로와 연결되어 화재 시 연소가 되지 않도록 하여야 한다.
② 모든 피난동선은 건물 중심부 한 곳으로 향하고 중심부에서 지면 등 안전한 장소로 피난할 수 있도록 하여야 한다.
③ 피난동선은 그 말단이 길수록 좋다.
④ 어느 곳에서도 2개 이상의 방향으로 피난할 수 있으며, 그 말단은 화재로부터 안전한 장소이어야 한다.

해설

60 ② 오른손잡이인 경우 오른손, 오른발이 발달해 있기 때문에 왼쪽으로 도는 것이 자연스럽다. 우측이 아닌 좌측으로 행동하는 습성으로 좌회본능이다.

61 ④ 피난대책의 일반적 원칙
    ㉠ 경로(간단명료)
    ㉡ 설비(고정식설비위주)
    ㉢ 수단(원시적 방법)
    ㉣ 2개 이상의 방향으로 피난, 말단은 화재로부터 안전한 장소
    ㉤ 수평동선과 수직동선으로 구분
    ㉥ 상호반대방향으로 다수의 출구와 연결
    ㉦ 대책 : 풀 프루프(Fool Proof)와 페일 세이프(Fail Safe)의 원칙중시

정답 60.② 61.④

62 피난계획에 대한 설명으로 옳지 않은 것은?

① 중앙코어식이 안전하다.
② 피난경로는 간단명료하게 해야 한다.
③ 피난수단은 원시적 방법에 의한 것을 원칙으로 한다.
④ 어느 곳에서도 2개 이상의 방향으로 피난할 수 있으며, 그 말단은 화재로부터 안전한 장소이어야 한다.

[16. 충남]
기본서 2권 112~113p

63 「화재의 예방 및 안전관리에 관한 법률 시행규칙」상 소방안전관리대상물의 관계인이 수립하여 시행하여야 할 피난계획에 포함되지 않는 것은?

① 화재경보의 수단 및 방식
② 층별, 구역별 피난대상 인원의 현황
③ 각 거실에서 옥외로 이르는 피난경로
④ 피난 시 소화설비의 작동과 사용계획
⑤ 화재안전취약자 및 화재안전취약자를 동반한 사람의 피난동선과 피난방법

[19. 간부]
심화

해설

62 ① 중앙코어식은 패닉 우려가 있다.
▶ 피난대책의 일반적 원칙
 ㉠ 경로(간단명료)
 ㉡ 설비(고정식설비위주)
 ㉢ 수단(원시적 방법)
 ㉣ 2개 이상의 방향으로 피난, 말단은 화재로부터 안전한 장소
 ㉤ 수평동선과 수직동선으로 구분
 ㉥ 상호반대방향으로 다수의 출구와 연결
 ㉦ 대책 : 풀 프루프(Fool Proof)와 페일 세이프(Fail Safe)의 원칙중시

63 ▶ 화재예방법 시행규칙 제34조 제1항(피난계획의 수립·시행)
 ① 법 제36조 제1항에 따른 피난계획(이하 "피난계획"이라 한다)에는 다음 각 호의 사항이 포함되어야 한다.
  1. 화재경보의 수단 및 방식
  2. 층별, 구역별 피난대상 인원의 연령별·성별 현황
  3. 피난약자의 현황
  4. 각 거실에서 옥외(옥상 또는 피난안전구역을 포함한다)로 이르는 피난경로
  5. 피난약자 및 피난약자를 동반한 사람의 피난동선과 피난방법
  6. 피난시설, 방화구획, 그 밖에 피난에 영향을 줄 수 있는 제반 사항

정답 62.① 63.④

03 위험물화재의 성상

01 다음 중 제1류 위험물 및 제6류 위험물의 공통적인 특징은?
① 인화성　　　　　　② 산화성
③ 자기반응성　　　　④ 가연성

[11. 울산]
상 중 **하**
기본서 2권 15p

02 다음 중 산소공급원 역할을 하는 위험물의 종류가 아닌 것은?
① 제1류 위험물　　　② 제2류 위험물
③ 제5류 위험물　　　④ 제6류 위험물

[14. 통합]
상 중 **하**
기본서 2권 15p

해설 01 ② 제1류는 산화성고체, 제6류는 산화성액체로 공통적인 특징은 산화성 물질이라는 것이다.

02 ② 제2류 위험물은 가연성고체로 산소공급원이 아닌 가연물 역할을 한다.
▶ 산소공급원이 될 수 있는 것
　㉠ 공기(산소 21V%)
　㉡ 강산화제 : 제1류 위험물, 제6류 위험물
　㉢ 자기연소성 : 제5류 위험물
　㉣ 조연성가스

정답 01.② 02.②

03 다음 중 위험물에 대한 설명으로 옳은 것은?
① 제3류 위험물은 자기반응성물질이다.
② 제1류 위험물에는 질산염류와 염소산염류가 있다.
③ 염소산염류는 제3류 위험물이다.
④ 과염소산은 제1류 위험물이다.
⑤ 가연성고체는 제3류 위험물이다.

[15. 간부]

기본서 2권 121p

04 다음 위험물에 대한 설명 중 옳지 않은 것은?
① 제1류 위험물은 불연성이다.
② 제2류 위험물 중 마그네슘, 황, 적린은 주수소화한다.
③ 제3류 위험물에는 칼륨, 나트륨등 자연발화성 물질이 있다.
④ 제4류는 휘발유등 인화성액체이다.

[17. 상반기]

기본서 2권 121p, 125~134p

해설 03 ① 제3류 위험물은 자연발화성 물질 및 금수성 물질이다.
③ 염소산염류는 제1류 위험물이다.
④ 과염소산은 제6류 위험물이다.
⑤ 가연성고체는 제2류 위험물이다.

04 ② 마그네슘에 주수하면 가연성가스가 생성되므로 주수소화가 금지된다.

정답 03.② 04.②

05 자기 자신이 연소에 필요한 산소를 가지고 있기 때문에 외부로부터 산소의 공급이 없어도 점화원만 있으면 연소 또는 폭발을 일으킬 수 있는 자기연소성 물질은?
① 알코올
② 이황화탄소
③ 유기금속화합물
④ 질산에스터류

[12. 경기]
기본서 2권 135~136p

06 「위험물안전관리법」상 위험물에 대한 정의이다. ( ) 안에 들어갈 내용으로 옳은 것은?

> 위험물이라 함은 (㉠) 또는 (㉡) 등의 성질을 가지는 것으로서 (㉢)이 정하는 물품을 말한다.

	㉠	㉡	㉢
①	가연성	발화성	국무총리령
②	가연성	폭발성	대통령령
③	인화성	발화성	대통령령
④	인화성	폭발성	대통령령
⑤	인화성	발화성	국무총리령

[20. 간부]
기본서 2권 120p

해설

05 ④ 제5류 위험물은 외부로부터 산소를 공급받지 않고 내부에서 산소를 공급받아 연소하는 자기연소 형태를 갖는데 대표적으로 질산에스터류, 나이트로화합물, 하이드라진 유도체, 하이드록실아민 등이 있다.

06 ▶ 위험물안전관리법 제2조(정의)
① 이 법에서 사용하는 용어의 정의는 다음과 같다.
   1. "위험물"이라 함은 인화성 또는 발화성 등의 성질을 가지는 것으로서 대통령령이 정하는 물품을 말한다.

정답 05.④ 06.③

07 위험물의 성질에 대해서 올바른 것은?
① 제1류 위험물 – 가연성고체
② 제2류 위험물 – 자기반응성물질
③ 제4류 위험물 – 인화성액체
④ 제6류 위험물 – 산화성고체

[12. 울산]

08 「위험물안전관리법」상 산화성고체에 맞는 위험물은?
① 유기과산화물　　　② 과염소산
③ 과염소산염류　　　④ 글리세린

[13. 전북]

해설
07 ③ 제4류 위험물 – 인화성액체
　　제1류 위험물 : 산화성고체, 제2류 위험물 : 가연성고체, 제3류 위험물 : 자연발화성물질 및 금수성물질
　　제4류 위험물 : 인화성액체, 제5류 위험물 : 자기반응성물질, 제6류 위험물 : 산화성액체

08 ③ 과염소산염류는 산화성고체인 제1류 위험물이다.
　　① 유기과산화물 – 제5류 위험물(자기반응성물질)
　　② 과염소산 – 제6류 위험물(산화성액체)
　　④ 글리세린 – 제4류 위험물 중 제3석유류(인화성액체)

정답 07.③　08.③

09 위험물 성상 구분(제1류~제6류)으로서 그 연결이 옳지 않은 것은?
① 제2류 위험물 - 가연성액체
② 제3류 위험물 - 자연발화성 및 금수성물질
③ 제5류 위험물 - 자기반응성물질
④ 제6류 위험물 - 산화성액체

10 「위험물안전관리법 시행령」상 제6류 위험물인 질산의 지정수량은?
① 10kg ② 50kg
③ 300kg ④ 1,000kg

해설
09 ① 제2류 위험물 - 가연성고체이다.
10 ③ 제6류 위험물의 지정수량은 모두 300kg이다(위험물안전관리법 시행령 별표1).

정답 09.① 10.③

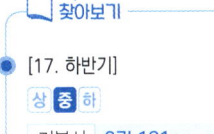

11 다음 중 위험물의 지정수량으로 옳은 것은?
① 다이크로뮴산염류−10kg
② 알킬리튬−10kg
③ 나이트로화합물 제1종−100kg
④ 질산−100kg

[17. 하반기]
상 중 하
기본서 2권 121p

12 「위험물안전관리법 시행령」상 제5류 위험물의 품명 및 지정수량으로 옳게 연결된 것은?
① 유기과산화물 1종−10kg
② 질산에스터류 2종−20kg
③ 나이트로화합물 제1종−100kg
④ 나이트로소화합물 제2종−200kg
⑤ 아조화합물 1종−100kg

[18. 간부](기출변형)
상 중 하
기본서 2권 121p

해설 **11**
① 다이크로뮴산염류−1,000kg
③ 나이트로화합물 제1종−10kg
④ 질산−300kg

12
② 질산에스터류 2종−100kg
③ 나이트로화합물 제1종−10kg
④ 나이트로소화합물 제2종−100kg
⑤ 아조화합물 1종−10kg

정답 11.② 12.①

13 위험물 지정수량이 다른 하나는?
① 탄화칼슘
② 과염소산
③ 마그네슘
④ 금속의 인화물

14 「위험물안전관리법 시행령」상 위험물 및 지정수량이 올바르게 짝지어진 것은?

	유별	품명	지정수량
①	제1류	과망가니즈산염류	300kg
②	제2류	마그네슘	100kg
③	제3류	과염소산	300kg
④	제4류	알코올류	200kg
⑤	제5류	유기과산화물	10kg

해설

13 ①②④의 지정수량은 300kg이고, ③ 마그네슘은 500kg이다.

14
	① 제1류	과망가니즈산염류	<u>1,000kg</u>
	② 제2류	마그네슘	<u>500kg</u>
	③ <u>제6류</u>	과염소산	300kg
	④ 제4류	알코올류	<u>400L</u>

정답 13.③ 14.⑤

15 「위험물안전관리법 시행령」상 제3류 위험물의 품명 및 지정수량으로 옳은 것은?

① 나트륨 - 5kg
② 황린 - 10kg
③ 알칼리토금속 - 30kg
④ 알킬리튬 - 50kg
⑤ 금속의 인화물 - 300kg

[20. 간부]
기본서 2권 121p

16 「위험물안전관리법 시행령」상 유별 위험물의 품명과 지정수량을 옳게 연결한 것은?

유별	품명	지정수량
① 제2류	적린, 황, 마그네슘	100kg
② 제3류	알킬알루미늄, 유기과산화물 제1종	10kg
③ 제4류	제4석유류	10,000L
④ 제5류	하이드록실아민, 하이드록실아민염류	100kg
⑤ 제6류	과염소산염류, 나트륨	200kg

[22. 간부]
기본서 2권 121p

해설

15 ① 나트륨 - 10kg ② 황린 - 20kg
③ 알칼리토금속 - 50kg ④ 알킬리튬 - 10kg

16 ① 제2류 적린, 황, ~~마그네슘~~ 100kg
→ 마그네슘 지정수량 500kg
② 제3류 알킬알루미늄, ~~유기과산화물 제1종~~ 10kg
→ 유기과산화물 제1종 제5류 위험물 지정수량 10kg
③ 제4류 제4석유류 ~~10,000L~~
→ 6,000L
⑤ 제6류 ~~과염소산염류, 나트륨~~ 200kg
→ 과염소산염류 제1류 위험물 지정수량 50kg
나트륨 제3류 위험물 지정수량 10kg

정답 15.⑤ 16.④

17 「위험물안전관리법」 및 같은 법 시행령, 시행규칙상 위험물의 지정수량과 위험등급의 연결이 옳지 않은 것은?

① 황린 – 20kg – Ⅰ등급
② 마그네슘 – 500kg – Ⅲ등급
③ 유기과산화물(제1종) – 10kg – Ⅰ등급
④ 과염소산 – 300kg – Ⅱ등급

[24. 소방직](기출변형)
기본서 2권 129p, 131p, 135p, 137p

18 「위험물안전관리법 시행령」상 제1류 위험물에 관한 내용이다. ( ) 안에 들어갈 내용으로 옳은 것은?

> 고체로서 (㉠)의 잠재적인 위험성 또는 (㉡)에 대한 민감성을 판단하기 위하여 소방청장이 정하여 고시하는 시험에서 고시로 정하는 성질과 상태를 나타내는 것을 말한다.

	㉠	㉡		㉠	㉡
①	폭발력	발화	②	산화력	충격
③	환원력	분해	④	산화력	폭발
⑤	환원력	연소			

[22. 간부]
기본서 2권 122p

해설

17 과염소산 – 300kg – Ⅰ등급

18 고체로서 (산화력)의 잠재적인 위험성 또는 (충격)에 대한 민감성을 판단하기 위하여 소방청장이 정하여 고시하는 시험에서 고시로 정하는 성질과 상태를 나타내는 것을 말한다.

'산화성 고체'라 함은 고체[액체(1기압 및 섭씨 20도에서 액상인 것 또는 섭씨 20도 초과 섭씨 40도 이하에서 액상인 것을 말한다.) 또는 기체(1기압 및 섭씨 20도에서 기상인 것을 말한다) 외의 것을 말한다. 이하 같다]로서 산화력의 잠재적인 위험성 또는 충격에 대한 민감성을 판단하기 위하여 소방청장이 정하여 고시하는 시험에서 고시로 정하는 성질과 상태를 나타내는 것을 말한다. 이 경우 "액상"이라 함은 수직으로 된 시험관(안지름 30밀리미터, 높이 120밀리미터의 원통형 유리관을 말한다)에 시료를 55밀리미터까지 채운 다음 당해 시험관을 수평으로 하였을 때 시료액면의 선단이 30밀리미터를 이동하는데 걸리는 시간이 90초 이내에 있는 것을 말한다.

정답 17.④ 18.②

19 「위험물안전관리법 시행령」상 위험물에 대한 규정으로 옳지 않은 것은?

① "인화성고체"라 함은 고형알코올 그 밖에 1기압에서 인화점이 섭씨40도 미만인 고체를 말한다.
② "철분"이라 함은 철의 분말로서 53마이크로미터의 표준체를 통과하는 것이 50중량퍼센트 미만인 것은 제외한다.
③ 황은 순도가 60중량퍼센트 이상인 것을 말한다. 이 경우 순도측정에 있어서 불순물은 활석 등 불연성 물질과 수분에 한한다.
④ "금속분"이라 함은 알칼리금속·알칼리토류금속·철 및 구리외의 금속의 분말을 말하고, 마그네슘분·니켈분 및 150마이크로미터의 체를 통과하는 것이 50중량퍼센트 미만인 것은 제외한다.
⑤ "제3석유류"라 함은 중유, 크레오소트유 그 밖에 1기압에서 인화점이 섭씨 70도 이상 섭씨 200도 미만인 것을 말한다. 다만, 도료류 그 밖의 물품은 가연성 액체량이 40중량퍼센트 이하인 것은 제외한다.

[23. 간부]
기본서 2권 122~123p

20 위험물의 종류에 따른 일반적 성상을 나타낸 것으로 옳은 것은?

① 산화성고체는 환원성물질이며 황린과 철분을 포함한다.
② 인화성액체는 전기 전도체이며 휘발유와 등유를 포함한다.
③ 가연성고체는 불연성물질이며 질산염류와 무기과산화물을 포함한다.
④ 자기반응성 물질은 연소 또는 폭발을 일으킬 수 있는 물질이며 유기과산화물, 질산에스터류를 포함한다.

[19. 소방직]
기본서 2권 125~128p

해설 **19** "금속분"이라 함은 알칼리금속·알칼리토류금속·철 및 마그네슘 외의 금속분말을 말하고, 구리분·니켈분 및 150마이크로미터의 체를 통과하는 것이 50중량퍼센트 미만인 것은 제외한다.

20 ① 산화성고체는 불연성물질이고, 황린은 제3류 위험물, 철분은 제2류 위험물이다.
② 인화성액체는 전기적으로 부도체이므로 정전기 축적이 용이하여 점화원으로 작용할 수 있다.
③ 가연성고체는 가연성물질이고, 질산염류와 무기과산화물은 제1류 위험물이다.

정답 19.④ 20.④

21 가연성고체에 대한 관한 설명이다. 옳은 것은?

> "가연성고체"라 함은 고체로서 (　　　) 또는 (　　　)을 판단하기 위하여 고시로 정하는 시험에서 고시로 정하는 성질과 상태를 나타내는 것을 말한다.

① 화염에 의한 발화의 위험성, 인화의 위험성
② 충격에 의한 충격의 위험성, 인화의 위험성
③ 화염에 의한 발화의 위험성, 충격의 위험성
④ 충격에 의한 화염의 위험성, 인화의 위험성

[11. 서울]
상 중 하
기본서 2권 122p

22 「위험물안전관리법 시행령」상 위험물에 따라 규정하는 사항으로 옳은 것은?

> (　　) 물질이라 함은 (　　) 또는 액체로서 폭발의 위험성 또는 (　　　)의 격렬함을 판단하기 위하여 고시로 정하는 시험에서 고시로 정하는 성질과 상태를 나타내는 것을 말한다.

① 자기반응성, 고체, 가열분해
② 산화성액체, 기체, 가열분해
③ 금수성, 고체, 폭발분해
④ 자연발화성, 고체, 폭발분해

[13. 대전]
상 중 하
기본서 2권 124p

해설

21 ① 가연성고체라 함은 고체로서 화염에 의한 발화의 위험성 또는 인화의 위험성을 판단하기 위하여 고시로 정하는 시험에서 고시로 정하는 성질과 상태를 나타내는 것을 말한다(위험물안전관리법 시행령 별표1 비고 2).

22 ① (자기반응성) 물질 (고체) 또는 액체로서 폭발의 위험성 또는 (가열분해)의 격렬함을 판단하기 위하여 고시로 정하는 시험에서 고시로 정하는 성질과 상태를 나타내는 것을 말하며, 위험성 유무와 등급에 따라 제1종 또는 제2종으로 분류한다(위험물안전관리법 시행령 별표1).

정답 21.① 22.①

23 위험물의 운반에 관한 기준에서 제1류 위험물 중 알칼리금속의 과산화물 또는 이를 함유한 것에 있어서 수납하는 위험물에 따라 규정에 의한 주의사항으로 옳은 것은?

① 화기엄금 ② 물기주의
③ 물기엄금 ④ 공기접촉엄금

[13. 대전]
기본서 2권 124p

24 위험물의 운반에 관한 기준에서 수납하는 위험물에 따라 규정에 의한 주의사항으로 화기엄금을 표기하지 아니할 수 있는 것은?

① 제2류 인화성고체 ② 제3류 금수성물질
③ 제4류 인화성액체 ④ 제5류 자기반응성물질

[13. 광주]
기본서 2권 124p

해설 23 ▶위험물의 운반에 관한 기준(위험물안전관리법 시행규칙 별표19)

위험물별		주의사항
제1류 위험물	알칼리 금속의 과산화물 또는 이를 함유한 것	"화기·충격주의", "물기엄금", "가연물 접촉주의"
	그 밖의 것	"화기·충격주의", "가연물 접촉주의"
제2류 위험물	철분, 금속분, 마그네슘 또는 이들 중 어느 하나 이상을 함유한 것	"화기주의", "물기엄금"
	인화성 고체	"화기엄금"
	그 밖의 것	"화기주의"
제3류 위험물	자연발화성 물질	"화기엄금", "공기접촉엄금"
	금수성 물질	"물기엄금"
제4류 위험물		"화기엄금"
제5류 위험물		"화기엄금", "충격주의"
제6류 위험물		"가연물 접촉주의"

24 ② 금수성물질은 물기엄금으로 표기한다(위험물안전관리법 시행규칙 별표19).
▶위험물의 운반에 관한 기준

위험물별		주의사항
제1류 위험물	알칼리 금속의 과산화물 또는 이를 함유한 것	"화기·충격주의", "물기엄금", "가연물 접촉주의"
	그 밖의 것	"화기·충격주의", "가연물 접촉주의"
제2류 위험물	철분, 금속분, 마그네슘 또는 이들 중 어느 하나 이상을 함유한 것	"화기주의", "물기엄금"
	인화성 고체	"화기엄금"
	그 밖의 것	"화기주의"
제3류 위험물	자연발화성 물질	"화기엄금", "공기접촉엄금"
	금수성 물질	"물기엄금"
제4류 위험물		"화기엄금"
제5류 위험물		"화기엄금", "충격주의"
제6류 위험물		"가연물 접촉주의"

정답 23.③ 24.②

25 「위험물안전관리법 시행규칙」상 수납하는 위험물의 종류에 따라 운반용기의 외부에 표시하여야 할 주의사항으로 옳지 않은 것은?

① 제1류 위험물 중 알칼리금속의 과산화물 또는 이를 함유한 것에 있어서는 "화기·충격주의", "물기엄금" 및 "가연물접촉주의"
② 제2류 위험물 중 철분·금속분·마그네슘 또는 이들 중 어느 하나 이상을 함유한 것에 있어서는 "화기주의" 및 "물기엄금"
③ 제3류 위험물 중 자연발화성물질에 있어서는 "화기엄금" 및 "공기접촉엄금", 금수성물질에 있어서는 "물기엄금"
④ 제4류 위험물에 있어서는 "화기엄금"
⑤ 제5류 위험물에 있어서는 "화기주의" 및 "충격주의"

[21. 간부]
기본서 2권 124p

26 제1류 위험물의 특징이 아닌 것은?

① 모두 불연성이며, 그 자체에 산소를 가지고 있다.
② 가열·충격·마찰 등으로 분해되어 쉽게 산소를 발생한다.
③ 대부분 무색결정이거나 백색분말이다.
④ 무기과산화물 중 알칼리금속의 과산화물은 물과 반응하여 수소를 발생한다.

[11. 전남]
기본서 2권 127p

해설

25 ⑤ 제5류 위험물에 있어서는 "화기엄금" 및 "충격주의"(위험물안전관리법 시행규칙 별표19)

26 ④ 무기과산화물 중 알칼리금속의 과산화물은 물과 반응하여 산소를 방출하고 발열한다.
▶ 제1류 위험물 일반성질
① 대부분 산소를 가지고 있는 무기화합물로서 산화제로 작용한다.
② 자신은 불연성 물질이지만 가연성 물질의 연소를 돕는다(조연성, 지연성).
③ 대부분 무색 결정이거나 백색 분말이며 유독성, 부식성이 있다.
④ 가열, 충격, 마찰에 의해 분해되어 산소(O_2)가 발생하고 가연물과 혼합되어 있을 때는 연소, 폭발이 일어나기도 한다.
⑤ 물보다 비중이 커서 무거우며 물에 녹는 것이 많고 수용액 상태에서도 산화성이 있다.
⑥ 조해성이 있는 것도 있다(KNO_3, $NaNO_3$, NH_4NO_3와 같은 질산염류).
⑦ 무기과산화물 중 알칼리 금속 과산화물(Na_2O_2, K_2O_2 등)과 삼산화크로뮴(CrO_3, 무수크로뮴산)은 물과 반응하여 산소(O_2)를 방출하고 발열한다. 이런 의미에서 제3류 위험물과 비슷한 금수성(禁水性) 물질이다.

정답 25.⑤ 26.④

27 다음 중 제1류 위험물에 대한 설명으로 가장 옳은 것은?
① 산화성고체이며 대부분 물에 잘 녹는다.
② 가연성고체로서 강산화제로 작용을 한다.
③ 무기과산화물은 물 주수를 통한 냉각소화가 적합하다.
④ 과산화수소, 과염소산, 질산, 유기과산화물이 제1류 위험물에 해당한다.

[17. 하반기]
기본서 2권 125~127p

28 다음은 염소산염류에 대한 설명이다. 옳지 않은 것은?
① 제1류 위험물에 해당한다.
② 지정수량은 50kg이다.
③ 산화성액체이다.
④ 가열·충격·강산과의 혼합으로 폭발한다.

[18. 상반기]
기본서 2권 125~127p

해설 27 ② 가연성고체는 제2류 위험물이고, 강산화제는 제1류 위험물이다.
③ 무기과산화물 중 알칼리 금속 과산화물(Na_2O_2, K_2O_2 등)과 삼산화크로뮴(CrO_3, 무수크로뮴산)은 물과 반응하여 산소(O_2)를 방출하고 발열한다. 이런 의미에서 제3류 위험물과 비슷한 금수성(禁水性) 물질이다. 질식소화가 적합하다.
④ 과산화수소·과염소산·질산은 제6류 위험물이고, 유기과산화물은 제5류 위험물에 해당한다.

28 ③ 산화성고체이다.

정답 27.① 28.③

29 제1류 위험물의 일반적 성질에 대한 설명으로 옳지 않은 것은?
① 불연성물질이다.
② 강력한 환원제이다.
③ 대부분 무기화합물이다.
④ 다른 가연물의 연소를 돕는 지연성물질이다.

[18. 하반기]
기본서 2권 127p

30 철분, 금속분, 마그네슘 등이 화재 시 물을 사용하면 안 되는 이유는?
① 포스겐가스 발생
② 산소가스 발생
③ 아세틸렌가스 발생
④ 수소가스 발생

[12. 세종]
기본서 2권 129p

해설 **29** ▶ 제1류 위험물의 일반적 성질
① 대부분 산소를 가지고 있는 무기화합물로서 산화제로 작용한다.
② 자신은 불연성 물질이지만 가연성 물질의 연소를 돕는다(조연성, 지연성).
③ 대부분 무색 결정이거나 백색 분말이다.
④ 가열, 충격, 마찰에 의해 분해되어 산소(O_2)가 발생하고 가연물과 혼합되어 있을 때는 연소, 폭발이 일어나기도 한다.
⑤ 물보다 비중이 커서 무거우며 물에 녹는 것이 많고 수용액 상태에서도 산화성이 있다.
⑥ 조해성이 있는 것도 있다(KNO_3, $NaNO_3$, NH_4NO_3와 같은 질산염류).
⑦ 무기과산화물 중 알칼리금속 과산화물(Na_2O_2, K_2O_2 등)과 삼산화크로뮴(CrO_3, 무수크로뮴산)은 물과 반응하여 산소(O_2)를 방출하고 발열한다. 이런 의미에서 제3류 위험물과 비슷한 금수성(禁水性) 물질이다.

30 ④ 금속분류, 철분, 마그네슘은 물(또는 뜨거운 물)과 반응하여 수소(H_2)가스를 발생시키고 묽은 산과 접촉에 의해 수소 가스를 발생시킨다.

정답 29.② 30.④

31 다음 중 제2류 위험물의 예방대책 및 진압대책으로 옳지 않은 것은?

① 저장용기를 밀폐하고 위험물의 누출을 방지하며 통풍이 잘되는 냉암소에 저장한다.
② 철분, 금속분, 마그네슘은 물로 주수소화하면 안 된다.
③ 금속분의 경우는 물 또는 묽은 산과의 접촉을 피한다.
④ 인화성고체는 위험물게시판에 '화기주의'라고 표기를 한다.

[12. 전북]
기본서 2권 124~130p

32 제2류 위험물의 성질로 가장 옳은 것은?

① 자신은 불연성이나 산소를 방출하여 다른 가연물의 연소를 돕는 조연성 물질이다.
② 산소를 가지고 있지 않는 강력한 환원성 물질이다.
③ 물과 접촉 시 조연성 가스가 발생한다.
④ 가열·충격·마찰에 의해 분해하고 주변 가연물이 혼합하고 있을 때는 연소·폭발할 수 있다.

[13. 경기]
기본서 2권 129~130p

해설 31 ④ 화기엄금이라고 표기를 한다.
▶ 저장 및 취급방법
㉠ 저장 시 화기엄금, 가열엄금, 고온체와 접촉방지 등의 조치가 필요하다.
㉡ 강산화성물질(예 제1류 위험물 또는 제6류 위험물)과 혼합을 피한다.
㉢ 점화원으로부터 멀리하고 가열을 피한다.
㉣ 강한 독성이 있으므로 취급에 주의하여야 한다.
㉤ 금속분은 산 또는 물과의 접촉을 피한다.
㉥ 저장용기를 밀폐하고 위험물의 누출을 방지하며 통풍이 잘 되는 냉암소에 저장한다.

32 ② 수소를 가까이하고 산소를 가지고 있지 않는 강력한 환원성 물질이다.
① 제1류, 제6류 위험물에 해당한다.
③ 제2류 중 금속분류, 철분, 마그네슘은 물과 접촉 시 가연성 가스(수소)를 발생시킨다.
④ 제1류 위험물에 해당한다.

정답 31.④ 32.②

33 제2류 위험물 중 주수소화가 가능한 위험물은?
① 금속분　　② 철분
③ 마그네슘　　④ 적린

[16. 통합]
상 중 하
기본서 2권 129~130p

34 「위험물안전관리법 시행령」상 위험물의 분류 중 가연성고체가 아닌 것은?
① 황린　　② 적린
③ 황　　　④ 황화인

[18. 하반기]
상 중 하
기본서 2권 129~130p

해설

33　④ 적린은 주수에 의한 냉각소화가 적당하다. 단, 금속분, 철분, 마그네슘 등은 물과 반응하여 수소가스를 발생시키고 묽은 산과 접촉하면 수소가스를 발생시키므로 마른모래, 건조분말에 의한 질식소화를 한다.

34　① 황린은 제3류 자연발화성물질 및 금수성물질이고 나머지는 제2류 가연성고체이다.

정답 33.④ 34.①

35 제3류 위험물(금수성 물질)의 특징으로 옳은 것은?
① 물과 접촉 시 가연성가스를 발생한다.
② 물과 반응하지 않는다.
③ 나트륨, 칼륨은 물보다 무겁다.
④ 나트륨, 칼륨에 주수 시 산소가스가 발생한다.

[12. 울산]

36 「위험물안전관리법 시행령」상 자연발화성 물질 및 금수성 물질 중 지정수량이 다른 것은?
① 황린   ② 칼륨
③ 나트륨   ④ 알킬리튬
⑤ 알킬알루미늄

[24. 간부]

해설 35 ① 제3류 위험물(금수성 물질)이 물과 접촉하면 수소, 아세틸렌, 에탄 등 가연성가스가 발생한다.
② 물과 반응한다.
③ 나트륨, 칼륨은 물보다 가볍다.
④ 나트륨, 칼륨 주수 시 수소가스를 발생한다.

36 ① 황린 : 지정수량 20kg

종류	위험등급	지정수량
칼륨, 나트륨, 알킬알루미늄, 알킬리튬	I	10kg
황린		20kg
알칼리금속(Na, K 제외) 및 알칼리토금속, 유기금속화합물(R - Al, R - Li 제외)	II	50kg
금속의 수소화물, 금속의 인화물, 칼슘 또는 알루미늄의 탄화물	III	300kg
행정안전부령으로 정하는 것 : 염소화규소 화합물		300kg

정답 35.① 36.①

37 위험물 중 황린(P_4)에 관한 설명으로 옳지 않은 것은?
① 제3류 위험물이다.
② 미분상의 발화점은 34℃이다.
③ 연소할 때 오산화인(P_2O_5)의 백색 연기를 낸다.
④ 물에 대해 위험한 반응을 초래하는 물질이다.
⑤ 백색 또는 담황색의 고체이다.

38 「위험물안전관리법 시행령」상 운송책임자의 감독·지원을 받아 운송하여야 하는 위험물을 있는 대로 고르면?

┌─────────────────────┐
ㄱ. 알킬알루미늄
ㄴ. 마그네슘
ㄷ. 하이드록실아민
ㄹ. 다이크로뮴산
ㅁ. 알킬리튬
ㅂ. 적린
└─────────────────────┘

① ㄱ, ㄷ   ② ㄱ, ㅁ
③ ㄷ, ㄹ   ④ ㄷ, ㅁ
⑤ ㄴ, ㅂ

해설

37 ④ 황린은 공기 중 산화를 피하기 위하여 물속 저장한다.

38 ▶ 위험물안전관리법 시행령 제19조(운송책임자의 감독·지원을 받아 운송하여야 하는 위험물)
법 제21조 제2항에서 "대통령령이 정하는 위험물"이라 함은 다음 각 호의 1에 해당하는 위험물을 말한다.
1. 알킬알루미늄
2. 알킬리튬
3. 제1호 또는 제2호의 물질을 함유하는 위험물

정답 37.④ 38.②

39 위험물과 물이 반응할 때 발생하는 가스로 옳지 않은 것은?

위험물	가스
① 탄화알루미늄	아세틸렌
② 인화칼슘	포스핀
③ 수소화알루미늄리튬	수소
④ 트리에틸알루미늄	에테인

40 「위험물안전관리법 시행령」상 제3석유류에 해당되는 것은?
① 휘발유　　　　② 알코올
③ 동식물유류　　④ 중유

41 위험물안전관리법에 의한 제4류 위험물의 공통성질에 대한 설명으로 옳지 않은 것은?
① 물에 녹지 않는 것이 많다.
② 전기의 부도체로 정전기가 축적되기 쉽다.
③ 증기비중은 공기보다 작은 것이 많다.
④ 액체는 유동성이 있고 물보다 가벼운 것이 많다.

해설

39 ① 탄화알루미늄은 물과 반응하여 메탄가스를 발생한다.

40 ④ 제3석유류에 해당하는 것은 중유, 크레오소트유 등에 해당한다(위험물안전관리법 시행령 별표1).

41 ③ 대부분 발생하는 증기의 비중은 공기보다 무겁다(단, 시안화수소는 공기보다 가볍다).
▶제4류 위험물의 성질
① 인화성을 가지는 물질이며 대부분 유기화합물이다.
② 대부분의 물질의 액체 비중이 1보다 작아 물보다 가볍다(단, 이황화탄소, 글리세린, 아세트산 등은 물보다 무겁다).
③ 대부분의 물질이 물에 쉽게 용해되지 않는다.
④ 석유류 화재 중 물을 방수하면 오히려 화재면적을 확대시키는 결과를 가져 온다.
⑤ 대부분 발생하는 증기의 비중은 공기보다 무겁다(단, 시안화수소는 공기보다 가볍다).
⑥ 전기적으로 부도체이므로 정전기 축적이 용이하여 점화원으로 작용할 수 있다.
⑦ 인화온도와 연소범위의 하한이 낮은 것이 특징으로 약간의 공기 혼합으로 쉽게 연소가 발생할 수 있다.
⑧ 유동하는 액체화재는 연소확대의 위험이 있고 소화가 곤란하다.
⑨ 제4류 위험물이 대량으로 연소하고 있을 때는 많은 대류열과 복사열로 인하여 화재가 확대되고 흑색 연기가 많이 발생하며 화재진압이 매우 곤란해진다.
⑩ 이황화탄소는 발화점(착화점)이 100℃로 매우 낮아 자연발화의 위험이 있다.

정답　39.①　40.④　41.③

42 제4류 위험물의 공통점으로 틀린 것은?
① 전기의 불량 도체로서 정전기 축적이 용이하다.
② 물보다 가볍고, 물에 쉽게 녹지 않는 것이 많다.
③ 대부분 발생하는 증기의 비중은 공기보다 가볍다.
④ 거의 모두 유기화합물이다.

[12. 경기]

43 다음 제4류 위험물에 대한 설명 중 틀린 것은?
① 알코올류란 1분자를 구성하는 탄소원자의 수가 1개부터 3개까지인 포화1가 알코올을 말한다.
② 특수인화물이란 1기압에서 발화점이 50℃ 이하인 것을 말한다.
③ 제1석유류란 인화점이 섭씨 21℃ 미만인 것을 말한다.
④ 제3석유류란 1기압에서 인화점이 섭씨 70℃ 이상 200℃ 미만인 것을 말한다.

[13. 광주]

해설 42 ③ 대부분 발생하는 증기의 비중은 공기보다 무겁다.
▶ 제4류 위험물의 성질
① 인화성을 가지는 물질이며 대부분 유기화합물이다.
② 대부분의 물질의 액체 비중이 1보다 작아 물보다 가볍다(단, 이황화탄소, 글리세린, 아세트산 등은 물보다 무겁다).
③ 대부분의 물질이 물에 쉽게 용해되지 않는다.
④ 석유류 화재 중 물을 방수하면 오히려 화재면적을 확대시키는 결과를 가져 온다.
⑤ 대부분 발생하는 증기의 비중은 공기보다 무겁다(단, 시안화수소는 공기보다 가볍다).
⑥ 전기적으로 부도체이므로 정전기 축적이 용이하여 점화원으로 작용할 수 있다.
⑦ 인화온도와 연소범위의 하한이 낮은 것이 특징으로 약간의 공기 혼합으로 쉽게 연소가 발생할 수 있다.
⑧ 유동하는 액체화재는 연소확대의 위험이 있고 소화가 곤란하다.
⑨ 제4류 위험물이 대량으로 연소하고 있을 때는 많은 대류열과 복사열로 인하여 화재가 확대되고 흑색 연기가 많이 발생하며 화재진압이 매우 곤란해진다.
⑩ 이황화탄소는 발화점(착화점)이 100℃로 매우 낮아 자연발화의 위험이 있다.

43 ② 특수인화물은 이황화탄소, 디에틸에테르 그 밖에 1기압에서 발화점이 섭씨 100℃ 이하인 것 또는 인화점이 섭씨 영하 20℃ 이하이고 비점이 섭씨 40℃ 이하인 것을 말한다(위험물안전관리법 시행령 별표1 비고).

정답 42.③ 43.②

44 아세톤과 휘발유는 어디에 해당하는가?
① 제1석유류　　　　② 제2석유류
③ 제3석유류　　　　④ 제4석유류

[15. 통합]

45 「위험물안전관리법」에서 규정하고 있는 제4류 위험물의 공통성질이 아닌 것은?
① 전기적으로 부도체이므로 정전기 축적이 용이하여 정전기가 점화원으로 작용할 수 있다.
② 증기는 공기와 약간만 혼합되어도 연소의 우려가 있으며, 비교적 낮은 발화점을 가진다.
③ 대부분 물보다 가벼우며, 물에 잘 녹지 않는다.
④ 대부분 증기는 공기보다 무거우며 체류하기 쉽다. 단, 시안화수소는 제외한다.
⑤ 모두 가연성의 고체(결정이나 분말) 및 액체로서 연소할 때는 많은 가스를 발생한다.

[16. 간부]

해설

44　① 제1석유류는 아세톤, 휘발유 그밖에 1기압에서 인화점이 섭씨 21도 미만인 것이다.

45　⑤ 제4류 위험물은 인화성액체이다. 대표적인 성질로 인화성을 가지는 물질이며 대부분 유기화합물이다.

정답 44.①　45.⑤

46 제4류 위험물에 대한 설명으로 옳지 않은 것은?
① 물보다 가볍고 물에 녹지 않는 것이 많다.
② 일반적으로 부도체 성질이 강하여 정전기 축적이 쉽다.
③ 발생 증기는 가연성이며, 증기비중은 대부분 공기보다 가볍다.
④ 사용량이 많은 휘발유, 경유 등은 연소하한계가 낮아 매우 인화하기 쉽다.

47 「위험물안전관리법 시행령」상 제1석유류로 옳은 것은?
① 경유
② 등유
③ 휘발유
④ 중유
⑤ 크레오소트유

해설 **46** ③ 증기비중은 대부분 공기보다 무겁다(단, 시안화수소는 공기보다 가볍다).

47 ③ "제1석유류"라 함은 아세톤, 휘발유 그 밖에 1기압에서 인화점이 섭씨 21도 미만인 것을 말한다.
①② 제2석유류
④⑤ 제3석유류

정답 46.③ 47.③

48 다음은 제1석유류에 대한 설명이다. ( ) 안에 들어갈 내용으로 옳은 것은?

> 제1석유류는 아세톤, 휘발유 그 밖에 1기압에서 (가)이 섭씨 (나)도 미만인 것이다.

	(가)	(나)		(가)	(나)
①	발화점	21	②	발화점	25
③	인화점	21	④	인화점	25

[19. 소방직]

기본서 2권 123p

49 제2석유류에 대한 설명이다. (ㄱ)~(ㄷ)에 알맞은 것은?

> 제2석유류는 등유, 경유 그 밖에 1기압에서 인화점이 섭씨 (ㄱ)도 이상 70도 미만인 것을 말한다. 다만, 도료류 그 밖의 물품에 있어서 가연성 액체량이 (ㄴ)중량퍼센트 이하이면서 인화점이 섭씨 40도 이상인 동시에 연소점이 섭씨 (ㄷ)도 이상인 것은 제외한다.

	ㄱ	ㄴ	ㄷ
①	18	10	40
②	20	20	45
③	20	25	50
④	21	30	55
⑤	21	40	60

[19. 간부]

기본서 2권 124p

해설

48 ③ 제1석유류는 아세톤, 휘발유 그 밖에 1기압에서 (인화점)이 섭씨 (21)도 미만인 것이다(위험물안전관리법 시행령 별표 1).

49 ⑤ 제2석유류는 등유, 경유 그 밖에 1기압에서 인화점이 섭씨 (21)도 이상 70도 미만인 것을 말한다. 다만, 도료류 그 밖의 물품에 있어서 가연성 액체량이 (40)중량퍼센트 이하이면서 인화점이 섭씨 40도 이상인 동시에 연소점이 섭씨 (60)도 이상인 것은 제외한다.

정답 48.③ 49.⑤

50 제5류 위험물의 성질로서 옳은 것은?
  ① 산화성고체
  ② 산화성액체
  ③ 인화성액체
  ④ 자기반응성물질

[12. 통합]
기본서 2권 121p

51 위험물의 유별 특성 중 옳은 것만을 〈보기〉에서 있는 대로 고른 것은?

〈보기〉
㉠ 아염소산나트륨은 불연성, 조해성, 수용성이며, 무색 또는 백색의 결정성 분말 형태이다.
㉡ 마그네슘은 끓는 물과 접촉 시 수소가스를 발생시킨다.
㉢ 황린은 공기 중 상온에 노출되면 액화되면서 자연발화를 일으킨다.

① ㉠, ㉡
② ㉠, ㉢
③ ㉡, ㉢
④ ㉠, ㉡, ㉢

[23. 소방직]
기본서 2권 17p, 125p, 129p

해설

50 ④ 제5류 위험물은 자기반응성물질이다.
제1류 위험물 : 산화성고체
제2류 위험물 : 가연성고체
제3류 위험물 : 자연발화성물질 및 금수성물질
제4류 위험물 : 인화성액체
제5류 위험물 : 자기반응성물질
제6류 위험물 : 산화성액체

51 모두 옳다.

정답 50.④ 51.④

52 제5류 위험물의 소화대책으로 옳지 않은 것은?

① 외부로부터의 산소 유입을 차단한다.
② 화재 초기에는 다량의 물로 냉각소화하는 것이 효과적이다.
③ 항상 안전거리를 유지하고 접근할 때에는 엄폐물을 이용한다.
④ 밀폐된 공간에서 화재 시 공기호흡기를 착용하여 질식되지 않도록 주의한다.

53 「위험물안전관리법 시행령」상 제5류 자기반응성 물질 중 위험등급이 1등급인 것은?

① 아조화합물
② 유기과산화물
③ 나이트로화합물
④ 다이아조화합물
⑤ 하이드라진 유도체

해설

52 ▶ 제5류 위험물
① 물질 자체에 산소를 함유하고 있기 때문에 이산화탄소·할로겐화합물·분말·포소화약제 등에 의한 질식소화는 효과가 없으며, 많은 양의 물에 의한 냉각소화가 가장 효과적이다.
② 초기화재 또는 소량의 화재 시에는 분말로 일시에 화염을 제거하여 소화할 수 있으나 재발화가 염려되므로 결국 최종적으로는 물로 냉각소화하여야 한다.
③ 화재 시 폭발위험이 상존하므로 화재진압 시에는 충분한 안전거리를 유지하고, 접근 시에는 엄폐물을 이용하며 방수 시에는 무인방수포 등을 이용하여 화재를 소화한다.
④ 밀폐된 공간 내에서 화재 발생 시에는 유독가스가 발생하므로 반드시 공기호흡기를 착용하여 유독가스에 질식되는 일이 없도록 한다.

53 ① 아조화합물 : 2등급
② 유기과산화물 : 1등급
③ 나이트로화합물 : 2등급
④ 다이아조화합물 : 2등급
⑤ 하이드라진 유도체 : 2등급

정답 52.① 53.②

54 위험물의 유별 소화방법으로 옳지 않은 것은?
① 탄화칼슘 화재 시 다량의 물로 냉각소화할 수 있다.
② 수용성 메틸알코올 화재에는 내알코올포를 사용한다.
③ 알킬알루미늄은 마른모래, 팽창질석, 팽창진주암으로 소화한다.
④ 적린은 다량의 물로 냉각소화하며, 소량의 적린인 경우에는 마른모래나 이산화탄소 소화약제도 일시적인 효과가 있다.

[23. 소방직]

기본서 2권 75p, 129~132p, 193p

55 물과 반응하여 산소를 발생시키는 위험물로 옳은 것은?
① 칼륨   ② 탄화칼슘
③ 과산화나트륨   ④ 오황화인

[24. 소방직]

기본서 2권 87p, 129p

해설 54 탄화칼슘 화재 시 다량의 물로 냉각소화할 수 없다.
※ 탄화칼슘은 물과 반응하여 아세틸렌 가스를 발생한다.

55 ① 칼륨은 물과 반응하여 수소 가스를 생성한다.
② 탄화칼슘은 물과 반응하여 아세틸렌 가스를 생성한다.
④ 오황화인은 물과 반응하여 인산과 황화수소 가스를 생성한다.

정답 54.① 55.③

56 다음 설명에 해당하는 위험물은?

- 물질 자체에 산소가 함유되어 있어 외부로부터 산소 공급이 없어도 점화원만 있으면 연소·폭발이 가능하다.
- 연소속도가 빠르며 폭발적이다.
- 가열, 충격, 타격, 마찰 등에 의해서 폭발할 위험성이 높으며 강산화제 또는 강산류와 접촉 시 연소·폭발 가능성이 현저히 증가한다.

① 유기과산화물   ② 이황화탄소
③ 과염소산   ④ 염소산염류
⑤ 알칼리금속

57 화재진압 시 주수소화에 적응성 있는 위험물로 옳은 것은?
① 황화인   ② 질산에스터류
③ 유기금속화합물   ④ 알칼리금속의 과산화물

해설 56 제5류 위험물에 대한 설명이다.
① 유기과산화물 - 제5류 위험물   ② 이황화탄소 - 제4류 위험물
③ 과염소산 - 제6류 위험물   ④ 염소산염류 - 제1류 위험물
⑤ 알칼리금속 - 제3류 위험물

57 ① 황화인(제2류) - 주수금지
③ 유기금속화합물(제3류) - 주수금지
④ 알칼리금속의 과산화물(제1류) - 주수금지

정답 56.① 57.②

58 다음에 해당하는 위험물은?

- 물질의 분해에 의해서 산소를 발생하는 산화성액체이며 불연성이다.
- 모두 산소를 함유하고 있으며 물보다 무겁다.

① 제1류 위험물 ② 제3류 위험물
③ 제5류 위험물 ④ 제6류 위험물

59 제6류까지의 위험물표에서 위험물의 저장 또는 취급에 관한 기술상의 기준으로 가장 옳지 않은 것은?

① 지정수량 이상의 기준에 관하여는 위험물안전관리법에 따른다.
② 지정수량 미만의 항공기·선박·운송에 관하여는 시·도 조례로 정한다.
③ 지정수량 이상의 제조·저장·취급에 관하여는 위험물안전관리법에 따른다.
④ 지정수량 미만인 위험물의 저장·취급은 시·도 조례로 정한다.

해설
58 ④ 산화성액체는 제6류 위험물을 말한다.

59 ② 항공기·선박·철도 및 궤도에 의한 위험물의 저장·취급 및 운반에 있어서는 이를 적용하지 아니한다(위험물안전관리법 제3조).

정답 58.④ 59.②

60 제6류 위험물에 관한 설명으로 옳지 않은 것은?
① 과산화수소는 물과 접촉하면서 심하게 발열한다.
② 불연성 물질이다.
③ 산소를 함유하고 있다.
④ 대표적 성질은 산화성 액체이다.
⑤ 물질의 액체 비중이 1보다 커서 물보다 무겁다.

61 제6류 위험물의 일반적 성질로 옳지 않은 것은?
① 불연성물질로 산소공급원 역할을 한다.
② 증기는 유독하며 부식성이 강하다.
③ 물과 접촉하는 경우 모두 심하게 발열한다.
④ 비중이 1보다 크며 물에 잘 녹는다.
⑤ 다른 물질의 연소를 돕는 조연성 물질이다.

해설 60 ① 과산화수소는 물과 반응하지 않는다.
▶ 제6류 위험물 일반적 성질
① 자신은 불연성이지만 지연성 물질이며, 염기와 반응하거나 물과 접촉할 때 발열한다.
② 과산화수소를 제외하고는 강산이며 산소를 많이 함유하고 있는 강산화제로서 작용하며 산의 세기는 과염소산이 가장 세다.
③ 유기물질과 혼합하면 그것을 산화시키며, 때로는 유독성 가스도 발생시켜 옷·금속 등을 부식시키므로 저장·취급 및 사용시 주의가 필요하다.
④ 강산성 염류나 물과 접촉시 발열하게 되며 이때 가연성 물질이 혼재되어 있으면 혼촉발화의 위험이 있다(단, 과산화수소는 물과 반응하지 않는다).
⑤ 물질의 액체 비중이 1보다 커서 물보다 무겁다.

61 ③ 물과 접촉하는 경우 모두 심하게 발열한다.
→ 과산화수소는 물과 반응하지 않는다.

정답 60.① 61.③

62 위험물에 대한 일반적인 설명으로 옳은 것은?

① 제1류 위험물 중 질산염류는 연소속도가 빨라 폭발적으로 연소한다.
② 제3류 위험물 중 황린은 가열, 충격, 마찰에 의해 분해되어 산소가 발생하므로 가연물과의 접촉을 피한다.
③ 제4류 위험물 중 제1석유류는 인화점 및 연소하한계가 낮아 적은 양으로도 화재의 위험이 있다.
④ 제5류 위험물 중 유기과산화물은 공기 중에 노출되거나 수분과 접촉하면 발화의 위험이 있다.

[22. 소방직]
기본서 2권 125~136p

63 「위험물안전관리법 시행령」상 위험물에 관한 설명으로 옳은 것은?

① 제1류 위험물 중에 무기과산화물은 주수를 이용한 냉각소화가 적합하다.
② 제2류 위험물은 다른 가연물의 연소를 돕는 조연성 물질이다.
③ 제3류 위험물 중에 황린은 공기 중 산화를 방지하기 위해 물속에 저장한다.
④ 제4류 위험물은 수용성 액체로 물에 의한 희석소화가 적합하다.
⑤ 제5류 위험물은 포, 이산화탄소에 의한 질식소화가 적합하다.

[22. 간부]
기본서 2권 125~136p

해설 62 ① 제1류 위험물 중 질산염류는 연소속도가 빨라 폭발적으로 연소한다.
→ 제1류 위험물의 성질은 불연성이다. 가연성이 아니다.
② 황린은 공기와 접촉하면 자연발화한다(물속에 저장).
황린(P_4)은 공기 중에서 격렬하게 연소하여 유독성 가스인 오산화인(P_2O_5)을 생성한다.
④ 유기과산화물은 구조가 독특하며 매우 불안정한 물질로서 농도가 높은 것은 가열, 직사광선, 충격, 마찰에 의해 폭발한다.

63 ① 제1류 위험물 중에 무기과산화물은 주수를 이용한 냉각소화가 적합하다.
→ 알칼리금속의 과산화물(무기과산화물), 무수크로뮴산(삼산화크로뮴)은 금수성이 있으므로 물을 사용하여서는 안 되고 마른모래 등을 사용한다.
무기과산화물은 물과 반응하여 조연성 가스인 산소(O_2)가 발생한다.
② 제2류 위험물은 다른 가연물의 연소를 돕는 조연성 물질이다.
→ 가연성 고체(Combustible Solid)로서 비교적 낮은 온도에서 착화하기 쉽다.
모두 산소를 함유하고 있지 않은 강한 환원성 물질이며, 비중이 1보다 크다.
④ 제4류 위험물은 수용성 액체로 물에 의한 희석소화가 적합하다.
→ 대부분의 물질이 물에 쉽게 용해되지 않는다.
가연성 액체의 소화는 산화제 역할을 하는 공기의 공급을 차단하거나 가연물질을 제거하여 소화한다.
수용성 가연물질인 알코올류·알데히드류·케톤류·에테르류·에스터류 이외의 제4류 위험물은 포말·이산화탄소·할론·분말소화약제를 이용한 소화방법이 적합하다.
⑤ 제5류 위험물은 포, 이산화탄소에 의한 질식소화가 적합하다.
→ 물질 자체에 산소를 함유하고 있기 때문에 이산화탄소·할로겐화합물·분말·포소화약제 등에 의한 질식소화는 효과가 없으며, 많은 양의 물에 의한 냉각소화가 가장 효과적이다.

정답 62.③ 63.③

64 가연성 물질의 화재 시 소화방법으로 옳은 것은?
① 탄화칼슘은 물을 분무하여 소화한다.
② 아세톤은 알콜형포 소화약제로 소화한다.
③ 나트륨은 수계 소화약제로 소화한다.
④ 마그네슘은 이산화탄소 소화약제로 소화한다.

65 다음 중 물질의 보관방법 중 틀린 것은?
① 칼륨, 나트륨은 등유 속에 저장한다.
② 황린은 수조의 물속에 저장한다.
③ 이황화탄소는 등유 속에 저장한다.
④ 아세트알데하이드·산화프로필렌은 알루미늄이나 철의 용기에 저장한다.
⑤ 아세틸렌은 다공성 용기의 용제에 넣고 아세톤, DMF에 용해시켜 저장한다.

해설 64 ① 탄화칼슘은 물을 분무하여 소화한다.
→ 마른모래, 소화분말 등으로 소화
→ 탄화칼슘(카바이트)은 물과 반응하여 가연성 가스인 아세틸렌가스(C_2H_2)가 발생한다.
③ 나트륨은 수계 소화약제로 소화한다.
→ 금속화재용 분말소화약제로 소화
④ 마그네슘은 이산화탄소 소화약제로 소화한다.
→ 금속화재용 분말소화약제로 소화

65 ③ 이황화탄소는 황린과 마찬가지로 물속에 저장한다.
▶ 위험물의 보호액 및 저장방법
① 이황화탄소, 황린 : 물속에 저장한다.
② 나트륨, 칼륨(알칼리 금속) : 등유, 경유(석유) 속에 저장한다. 다른 표현으로 하면 분자 내에 산소를 포함하지 않은 액체탄화수소(CxHy) 속에 보관한다.
③ 아세트알데하이드, 산화프로필렌 : 알루미늄이나 철 속에 보관한다(수은, 은, 동, 마그네슘을 피한다).
④ 알킬리튬, 알킬알루미늄 : 벤젠이나 헥산의 희석제를 사용한다.
⑤ 나이트로셀룰로오스 : 알코올 또는 물속에 저장한다.
⑥ 아세틸렌 : 규조토, 목탄 등 고체입자에 아세톤, DMF(dimethylformamide)에 용해시켜 저장한다.

정답 64.② 65.③

66 위험물의 소화방법에 관한 내용으로 옳은 것만을 〈보기〉에서 있는 대로 고른 것은?

〈보기〉
㉠ 황린 : 물을 이용한 냉각소화
㉡ 황 : 물을 이용한 냉각소화
㉢ 경유, 휘발유 : 포 소화약제를 이용한 질식소화
㉣ 탄화알루미늄, 알킬알루미늄 : 건조사, 팽창질석을 이용한 질식소화

① ㉠, ㉢
② ㉡, ㉣
③ ㉠, ㉢, ㉣
④ ㉠, ㉡, ㉢, ㉣

[24. 소방직]
기본서 2권 130p, 132p, 134p

67 다음 중 물속에 저장하는 것은?
① 칼륨
② 리튬
③ 황린
④ 나트륨

[13. 광주]
기본서 2권 138p

68 위험물의 소화방법 중 옳지 않은 것은?
① 황화인 및 철분 등 금속분은 건조사, 건조분말로 질식소화를 한다.
② 제2류 위험물인 적린 및 제3류 위험물인 황린은 물로 냉각소화를 한다.
③ 알코올화재는 내알코올포로 질식소화하거나 다량의 물로 희석소화를 한다.
④ 중유 등 물보다 무거운 수용성 석유류 화재는 에멀션효과를 이용한 유화소화를 한다.
⑤ 칼륨, 나트륨은 초기에 마른모래, 건조석회 등의 석분으로 질식 및 피복소화를 한다.

[13. 간부]
기본서 2권 139p

해설
66 모두 옳은 지문이다.
67 ③ 물속 저장은 황린과 이황화탄소가 대표적이다. 나트륨, 칼륨은 석유 속 저장이다.
68 ④ 중유 등은 물보다 무거운 비수용성 석유류이므로 화재 시 에멀션효과를 이용한 유화소화를 한다.

정답 66.④ 67.③ 68.④

69 다음 중 위험물 분류별 소화방법이 옳은 것은?

> 가. 제1류 위험물 중 무기과산화물은 마른모래 등을 사용한 질식소화가 적합하다.
> 나. 제2류 위험물 중 철분, 황화인은 주수소화가 가장 적합하다.
> 다. 제3류 위험물 중 황린을 제외한 제3류 위험물은 주수소화가 적합하다.
> 라. 제5류 위험물은 모두 다량의 물을 이용한 주수소화하는 것은 적당하지 않다.

① 가, 나 ② 가, 나, 다
③ 가   ④ 나, 다, 라

[18. 상반기]

70 위험물의 종류에 따른 소화 방법으로 옳지 않은 것은?
① 제1류 위험물인 알칼리금속의 과산화물은 물을 사용한다.
② 제2류 위험물인 마그네슘은 건조사를 사용한다.
③ 제3류 위험물인 알킬알루미늄은 건조사를 사용한다.
④ 제4류 위험물인 알코올은 내알코올포(泡, foam)를 사용한다.

[21. 소방직]

해설

69 나. 금속분, 철분, 마그네슘 등은 마른모래, 건조분말에 의한 질식소화를 한다.
다. 황린은 공기 중에서 산화를 피하기 위하여 물속에 저장한다(주수소화 가능). 알킬알루미늄은 공기나 물을 만나면 격렬하게 반응하여 발화할 수 있다. 특히 저장 시 수분의 접촉을 차단하기 위하여 헥산 속에 저장한다.
라. 물질 자체에 산소를 함유하고 있기 때문에 이산화탄소·할로겐화합물·분말·포소화약제 등에 의한 질식소화는 효과가 없으며, 많은 양의 물에 의한 냉각소화가 가장 효과적이다.

70 ① 제1류 위험물인 알칼리금속의 과산화물은 물을 사용한다.
→ 알칼리금속의 과산화물(무기과산화물)은 금수성이 있으므로 물을 사용하여서는 안되고 마른모래 등을 사용한다.

정답 69.③ 70.①

71 위험물의 유별 특성에 대한 설명으로 옳지 않은 것은?

① 제1류 위험물은 인화성액체로 인화위험이 높고, 비교적 발화점이 낮으며 증기비중이 공기보다 무겁다.
② 제2류 위험물은 가연성고체로 비교적 낮은 온도에서 착화하기 쉬운 환원성 물질이다.
③ 제3류 위험물은 자연발화성 및 금수성물질로 자연발화성 물질 및 물과 반응하여 가연성 가스를 발생하는 물질이다.
④ 제5류 위험물은 자기반응성 물질로 외부로부터 산소의 공급 없이도 가열, 충격 등에 의해 연소폭발을 일으키는 물질이다.
⑤ 제6류 위험물은 산화성액체로 불연성이지만 산화성이 커서 다른 물질의 연소를 돕는다.

[17. 간부]
기본서 2권 125~138p

72 다음 중 보일오버 조건에 해당하지 않는 것은?

① 같은 비점에서 나타나는 유류탱크 현상이어야 한다.
② 보일오버는 거품을 형성하는 고점도 성질의 유류일수록 잘 나타난다.
③ 보일오버 현상은 뚜껑이 열린 구조이어야 한다.
④ 바닥에는 물 또는 습기가 찌꺼기하고 함께 있어야 한다.

[11. 울산]
기본서 2권 85~86p

해설

71 ① 제1류 위험물은 산화성고체이고, 물보다 비중이 커서 무거우며 물에 녹는 것이 많고 수용액 상태에서도 산화성이 있다. "인화성액체로 인화위험이 높고, 비교적 발화점이 낮으며 증기비중이 공기보다 무겁다"는 제4류 위험물에 대한 설명이다.

72 ① 같은 비점이 아닌 여러 비점에서 나타나는 불균일한 성질의 유류탱크 현상이다.
▶ 보일오버
비점이 불균일한 중질유 등의 탱크 바닥에 찌꺼기와 함께 있는 물이 끓어(Boil) 수분의 급격한 부피팽창에 의하여 기름을 탱크 외부로 넘치게(over)하는 현상이다.

정답 71.① 72.①

73 다음 설명 중 옳은 것은?
① 원유를 분별증류하면 끓는점이 높은 휘발유 성분이 먼저 분리되고 하부쪽으로 갈수록 끓는점이 낮은 등유, 경유, 중유 순으로 분리된다.
② 슬롭오버는 탱크의 벽면이 가열된 상태에서 포를 방출하는 경우 가열된 벽면부분에서 포가 열화되어 안정성이 저하된 상태에서 증발된 유류가스가 발포되어 있는 거품층을 뚫고 상승되어 유류가스에서 불이 붙는 현상이다.
③ 보일오버는 서로 다른 원유가 섞여있거나 중질유 탱크에서 오랜시간동안 연소와 함께 탱크 내 잔존기름이 바닥에 있는 물의 비등으로 탱크 밖으로 분출하는 현상이다.
④ 프로스오버는 유류 액표면 온도가 물의 비점 이상으로 상승되고 소화용수 등이 뜨거운 액표면에 유입되게 되면 물이 수증기화 되면서 갑작스러운 부피 팽창에 의해 유류가 탱크 외부로 분출되는 현상이다.

[11. 서울]

기본서 2권 85~86p

74 유류화재와 관련하여 유류탱크에서 일어나는 성상이 아닌 것은?
① 보일오버 ② 프로스오버
③ 슬롭오버 ④ 플래시오버

[11. 제주]

기본서 2권 85~86p

해설 **73** ③ 보일오버는 서로 다른 원유가 섞여있거나 중질유 탱크에서 오랜시간동안 연소와 함께 탱크 내 잔존기름이 바닥에 있는 물의 비등으로 탱크 밖으로 분출하는 현상이다.
① 원유를 분별증류하면 끓는점이 낮은 휘발유 성분이 먼저 분리되고 하부쪽으로 갈수록 끓는점이 높은 등유, 경유, 중유 순으로 분리된다.
② 링파이어는 탱크의 벽면이 가열된 상태에서 포를 방출하는 경우 가열된 벽면부분에서 포가 열화되어 안정성이 저하된 상태에서 증발된 유류가스가 발포되어 있는 거품층을 뚫고 상승되어 유류가스에서 불이 붙는 현상이다.
④ 슬롭오버는 유류의 액표면 온도가 물의 비점 이상으로 상승되고 소화용수 등이 뜨거운 액표면에 유입되게 되면 물이 수증기화 되면서 갑작스러운 부피 팽창에 의해 유류가 탱크 외부로 분출되는 현상이다.
74 ④ 플래시오버는 유류탱크에서 일어나는 것이 아닌 일반화재에서 일어나는 순간적인 화재 확대현상이다.
유류탱크에서 일어나는 성상은 ①②③ 외에 링파이어, 오일오버 등이 있다.

정답 73.③ 74.④

75 유류화재 이상현상의 종류가 아닌 것은?
① 슬롭오버 ② 보일오버
③ 롤오버   ④ 프로스오버

76 유류의 액표면 온도가 물의 비점 이상으로 상승되고 소화용수 등이 뜨거운 액표면에 유입되게 되면 물이 수증기화 되면서 갑작스러운 부피 팽창에 의해 유류가 탱크 외부로 분출되는 현상은 무엇인가?
① 보일오버   ② 슬롭오버
③ 프로스오버 ④ 플래시오버

해설

75 ③ 롤오버는 유류화재의 이상현상이 아니라 화재 초기 화염의 가연성 가스가 실내의 천장을 빠른 속도로 산발적으로 구르는 현상을 말한다.

76 ② 슬롭오버에 대한 설명이다.
- 슬롭오버(Slop Over) : 유류의 액표면 온도가 물의 비점 이상으로 상승되고 소화용수 등이 뜨거운 액표면에 유입되게 되면 물이 수증기화 되면서 갑작스러운 부피 팽창에 의해 유류가 탱크 외부로 분출되는 현상으로 화재를 수반한다.

정답 75.③ 76.②

77 다음에서 설명하는 위험물화재 특수현상으로 맞는 것은?

> 물에 의해 탱크 내 유류가 넘치는 현상으로 고온에서도 끈끈한 점성을 유지하고 있는 고점도 중질유 유류가 저장탱크 속에 물과 섞여 들어가 있을 때, 또는 유류 표면 아래로 물이 유입되면서 물이 고점도 유류 아래에서 비등할 때, 기름과 섞여 있는 물이 갑자기 수증기화 되면서 탱크 내부에서 탱크 내의 일부 내용물을 넘치게 하는 현상으로서 직접적으로 화재발생을 하지 않는다.

① 슬롭오버 ② 보일오버
③ 프로스오버 ④ 오일오버

[13. 통합]

78 다음 설명에 해당하는 것은?

> 유류탱크화재 시, 탱크 유면에서부터 고온층이 확대되어, 고온층이 탱크 하부에 있는 물을 급속히 가열, 비등시켜 발생된 수증기가 체적팽창에 의해 상층의 유류를 탱크 밖으로 분출시키는 현상

① 보일오버 ② 플래시오버
③ 풀파이어 ④ 프로스오버

[13. 경기]

해설

77 ③ 프로스오버(Froth-over) : 프로스오버는 인화성 액체인 석유류 화재시에 발생되는 이상현상인 오일오버, 보일오버에 비하여 위험성이 적으며, 점성을 가진 뜨거운 유류 표면의 아래 부분에서 물이 비등할 경우 비등하는 물이 저장탱크 내의 유류를 외부로 넘쳐흐르게 하는 현상으로, 다른 이상현상보다는 발생 횟수가 많으나 직접적으로 화재를 발생시키지는 않는다. 이것은 화재 이외의 경우에도 물이 고점도 유류 아래서 비등할 때 탱크 밖으로 물과 기름이 거품과 같은 상태로 넘치는 현상이다. 전형적인 예는 뜨거운 아스팔트가 물이 약간 채워진 탱크차에 옮겨질 때 일어날 수 있는데 처음엔 아스팔트가 조금 냉각될 뿐 아무런 변화가 없다가 탱크차 속의 물이 가열되고 끓기 시작하면 아스팔트가 상당량 주입되며 프로스오버(Froth-over)가 발생한다.

78 ① 보일오버(Boil-over) : 점성이 크고 비점이 높은 중질유의 저장탱크에 화재가 발생하여 장기간 화재에 노출되면 열류층(고온층, Hot zone)이 형성되어 그 열이 아래로 내려오게 되는데 외부로부터 침투하거나 원유 자체에 함유된 수분이나 기름의 에멀션(emulsion)이 열을 공급받아 급격한 부피 팽창을 하게 되고 이때 부피 팽창으로 상층의 유류를 밀어 올리며 기름과 함께 비산하게 된다.

정답 77.③ 78.①

79 중질유 탱크에 화재가 발생하면 액표면 온도가 수백도로 올라가고 탱크 바닥에 물과 기름의 에멀션이 존재할 때 물의 비등으로 탱크 내의 유류가 급격히 분출하는 현상을 무엇이라 하는가?

① 오일오버 ② 프로스오버
③ 슬롭오버 ④ 링파이어
⑤ 보일오버

80 유류저장탱크 내 유류 표면에 화재 발생 시 뜨거운 열류층이 형성되고 그 열파가 장시간에 걸쳐 바닥까지 전달되어 하부의 물이 비점 이상으로 가열되면서 부피가 팽창해 저장된 유류가 탱크 외부로 분출되었다. 이에 해당하는 현상으로 옳은 것은?

① 보일오버(boil over) ② 슬롭오버(slop over)
③ 프로스오버(froth over) ④ 오일오버(oil over)

81 기름탱크가 1/2 이하로 충전되어 있고 화재진압 시 증기 압력으로 탱크가 파열되었다. 무슨 현상인가?

① 슬롭오버 ② 보일오버
③ 오일오버 ④ 블레비현상

해설

79 ⑤ 보일오버(Boil-over) : 점성이 크고 비점이 높은 중질유의 저장탱크에 화재가 발생하여 장기간 화재에 노출되면 열류층(고온층, Hot zone)이 형성되어 그 열이 아래로 내려오게 되는데 외부로부터 침투하거나 원유 자체에 함유된 수분이나 기름의 에멀션(emulsion)이 열을 공급받아 급격한 부피 팽창을 하게 되고 이때 부피 팽창으로 상층의 유류를 밀어 올리며 기름과 함께 비산하게 된다.

80 보일오버에 대한 설명이다.

81 ③ 오일오버(Oil-over) : 제4류 위험물의 양이 내용적의 1/2 이하로 충전되어 있을 때 화재로 인하여 저장탱크 내의 유류가 외부로 분출하면서 탱크가 파열되는 것을 말한다.

정답 79.⑤ 80.① 81.③

82 유류저장탱크 속의 물이 점성을 가진 뜨거운 기름의 표면 아래에서 끓을 때 화재를 수반하지 않고 기름이 넘쳐흐르는 현상은?

① 슬롭오버(Slop over)
② 프로스오버(Froth over)
③ 오일오버(Oil over)
④ 보일오버(Boil over)
⑤ 플래시오버(Flash over)

83 위험물화재의 특수현상 중 슬롭오버(Slop Over) 현상으로 옳은 것은?
① 점성이 큰 유류에 화재가 발생했을 때 소화용수의 유입에 의한 갑작스러운 부피 팽창으로 탱크 내의 유류가 끓어 넘치는 현상
② 저장탱크 속의 물이 점성을 가진 뜨거운 기름의 표면 아래에서 끓을 때 화재를 수반하지 않고 기름이 넘쳐흐르는 현상
③ 가연성 가스가 연소하면서 바람을 타고 흘러가는 현상
④ 석유화재에서 저장탱크 하부에 고인 물이 격심한 증발을 일으키면서 불붙은 석유를 분출하는 현상
⑤ 과열상태의 탱크 내부에서 액화가스가 분출하여 기화되어 착화되었을 때 폭발하는 현상

해설

82 ① 슬롭오버(Slop over) : 물보다 끓는점(비점)이 높은 점성을 가진 석유류나 식용유에 물이 접촉될 때 석유류·식용유의 표면온도에 의해 물이 수증기가 되어 팽창·비등함에 따라 주위에 있는 뜨거운 석유류·식용유의 일부를 외부로 비산시키는 현상을 말한다.
③ 오일오버(Oil over) : 제4류 위험물의 양이 내용적의 1/2 이하로 충전되어 있을 때 화재로 인하여 저장탱크 내의 유류를 외부로 분출하면서 탱크가 파열되는 것을 말한다.
④ 보일오버(Boil over) : 점성이 크고 비점이 높은 중질유의 저장탱크에 화재가 발생하여 장기간 화재에 노출되면 열류층(고온층, Hot zone)이 형성되어 그 열이 아래로 내려오게 되는데 외부로부터 침투하거나 원유 자체에 함유된 수분이나 기름의 에멀션(emulsion)이 이 열을 공급받아 급격한 부피 팽창을 하게 되고 이때 부피 팽창으로 상층의 유류를 밀어 올리며 기름과 함께 비산하게 된다. 이것을 보일오버라고 한다.
⑤ 플래시오버(Flash over) : 화재 발생 초기에는 대류현상으로 인해 실내의 온도가 상승하며 발생한 가연성 가스가 발화하지 않은 상태로 천장부근에 축적되고, 축적된 가연성 가스의 농도가 점차 증가하여 연소범위 내에 들게 되면 착화하여 천장이 화염에 휩싸인다.

83 ② 프로스오버(Froth over)
③ 주염
④ 보일오버(Boil over)
⑤ 블레비(BLEVE)

정답 82.② 83.①

84 유류화재의 이상현상에 대한 설명으로 옳은 것은?

① 프로스오버(Froth over) : 점성이 큰 뜨거운 유류표면 아래에서 물이 끓을 때 화재를 수반하지 않고 유류가 넘치는 현상
② 슬롭오버(Slop over) : 탱크 내의 유류가 50% 미만 저장된 경우, 화재로 인한 내부 압력 상승으로 탱크가 폭발하는 현상
③ 오일오버(Oil over) : 중질유 탱크 화재 시 액면의 뜨거운 열파가 탱크 하부로 전달될 때, 탱크 하부에 존재하고 있던 에멀션(emulsion) 상태의 물을 기화시켜 물의 급격한 부피 팽창으로 탱크 내의 유류가 분출하는 현상
④ 링파이어(Ring fire) : 액화가스저장 탱크의 외부화로 탱크가 장시간 과열되면 내부 액화가스의 급격한 비등·팽창으로 탱크 내부 압력이 급격히 증가되고, 최종적으로 탱크의 설계압력 초과로 탱크가 폭발하는 현상
⑤ 보일오버(Boil over) : 중질유 탱크 내에 화재로 연소유의 표면온도가 물의 비점 이상 상승했을 때, 물분무 또는 폼(foam) 소화약제를 뜨거운 연소유 표면에 방사하면 물이 수증기가 되면서 급격한 부피 팽창으로 연소유를 탱크 외부로 비산시키는 현상

[20. 간부]

기본서 2권 85~86p

해설 84
② 오일오버(Oil over) : 탱크 내의 유류가 50% 미만 저장된 경우, 화재로 인한 내부 압력 상승으로 탱크가 폭발하는 현상
③ 보일오버(Boil over) : 중질유 탱크 화재 시 액면의 뜨거운 열파가 탱크 하부로 전달될 때, 탱크 하부에 존재하고 있던 에멀션(emulsion) 상태의 물을 기화시켜 물의 급격한 부피 팽창으로 탱크 내의 유류가 분출하는 현상
④ 블레비(BLEVE) : 액화가스저장 탱크의 외부화재로 탱크가 장시간 과열되면 내부 액화가스의 급격한 비등·팽창으로 탱크 내부 압력이 급격히 증가되고, 최종적으로 탱크의 설계압력 초과로 탱크가 폭발하는 현상
⑤ 슬롭오버(Slop-over) : 중질유 탱크 내에 화재로 연소유의 표면온도가 물의 비점 이상 상승했을 때, 물분무 또는 폼(foam) 소화약제를 뜨거운 연소유 표면에 방사하면 물이 수증기가 되면서 급격한 부피 팽창으로 연소유를 탱크 외부로 비산시키는 현상

정답 84.①

85. 특수화재현상의 대응절차에 관한 설명으로 옳은 것은?

① 비등액체팽창증기폭발(BLEVE) : 탱크의 드레인(drain) 밸브를 개방하여 탱크에 고인 물을 제거한다.
② 보일오버(Boil over) : 소화수를 이용하여 개방된 탱크의 상부 냉각을 최우선으로 하고, 탱크 주변의 화재진화를 병행한다.
③ 파이어볼(Fire ball) : 밸브나 배관에서 누출되는 가스가 연소하는 화염은 소화하지 않고, 그 화염에 의해서 가열되는 면을 냉각한다.
④ 백드래프트(Back draft) : 지붕 등 상부 개방은 금지하고, 하부를 파괴하여 폭발적인 화염과 연소 확대에 따른 대피방안을 강구한다.
⑤ 플래임오버(Flame over) : 폭발력으로 건축물 변형·강도약화로 붕괴, 비산, 낙하물 피해와 방수모 등 개인보호 장구 이탈에 대비, 자세를 낮추고 대피방안을 강구한다.

[20. 간부]

기본서 2권 86p, 116~117p

해설 85 ① 보일오버(Boil over) : 탱크의 드레인(drain) 밸브를 개방하여 탱크에 고인 물을 제거한다.
② 보일오버(Boil over) : 소화수의 탱크 내부 유입과 탱크 하부벽면에 물을 뿌려 물의 증발여부를 확인한다.
④ 백드래프트(Back draft) : 아래쪽 개구부 개방은 금지하고 지붕 등 상부를 파괴하여 수직배연 실시. 폭발적인 화염발생과 연소 확대에 대한 대피방안을 강구한다.
⑤ 플래시오버(Flash over) : 폭발력으로 건축물 변형·강도약화로 붕괴, 비산, 낙하물 피해와 방수모 등 개인보호 장구 이탈에 대비, 자세를 낮추고 대피방안을 강구한다.

정답 85.③

04 화재조사

01 다음 중 용어의 정의로 옳지 않은 것은?
① 감정 : 화재와 관계되는 물건의 형상, 구조, 재질, 성분, 성질 등 이와 관련된 모든 현상에 대하여 과학적 방법에 의한 필요한 실험을 행하고 그 결과를 근거로 화재원인을 밝히는 자료를 얻는 것을 말한다.
② 발화지점 : 열원과 가연물이 상호작용하여 화재가 시작된 지점을 말한다.
③ 화재조사관 : 화재조사 업무를 총괄하는 간부급 소방공무원을 말한다.
④ 감식 : 화재 원인의 판정을 위하여 전문적인 지식, 기술 및 경험을 활용하여 주로 시각에 의한 종합적인 판단으로 구체적인 사실관계를 명확하게 규명하는 것을 말한다.

[13. 경기]

02 화재원인을 규명하고 화재로 인한 피해를 산정하기 위하여 자료의 수집, 관계자 등에 대한 질문, 현장확인, 감식, 감정 및 실험 등을 하는 일련의 행동을 무엇이라 하는가?
① 감식
② 감정
③ 화재조사
④ 수사

[13. 대전]

해설

01 ③ "화재조사관"이란 화재조사의 전문성을 인정받아 화재조사를 수행하는 공무원을 말한다.

02 ③ "화재조사"란 화재원인을 규명하고 화재로 인한 피해를 산정하기 위하여 자료의 수집, 관계자 등에 대한 질문, 현장확인, 감식, 감정 및 실험 등을 하는 일련의 행동을 말한다.
① "감식"이란 화재원인의 판정을 위하여 전문적인 지식, 기술 및 경험을 활용하여 주로 시각에 의한 종합적인 판단으로 구체적인 사실관계를 명확하게 규명하는 것을 말한다.
② "감정"이란 화재와 관계되는 물건의 형상, 구조, 재질, 성분, 성질 등 이와 관련된 모든 현상에 대하여 과학적 방법에 의한 필요한 실험을 행하고 그 결과를 근거로 화재원인을 밝히는 자료를 얻는 것을 말한다.
④ "수사"란 수사기관이 범죄혐의가 있다고 인정하는 경우 범죄의 혐의유무와 정상을 명백히 하여 공소의 제기여부를 결정하기 위한 또는 공소의 유지를 위한 준비로서 범인 및 증거를 발견·수집·보전하는 수사기관의 활동이다.

정답 01.③ 02.③

03 다음 화재조사의 용어 설명으로 옳은 것은?
① "최초착화물"이란 연소가 확대되는데 있어 결정적 영향을 미친 가연물을 말한다.
② "동력원"이란 발화에 관련된 불꽃 또는 열을 발생시킨 기기 또는 장치나 제품을 말한다.
③ "발화요인"이란 발화의 최초원인이 된 불꽃 또는 열을 말한다.
④ "잔가율"이란 화재 당시에 피해물의 재구입비에 대한 현재가의 비율을 말한다.

[18. 상반기]

기본서 2권 147~148p

04 「소방의 화재조사에 관한 법률」상 화재의 정의가 아닌 것은?
① 화학적인 폭발현상
② 사람의 의도에 반하는 화재
③ 물리적인 폭발현상
④ 고의에 의해 발생하는 화재

[12. 울산 2회]

기본서 2권 147p

해설 **03** ① 최초착화물 : 발화열원에 의해 불이 붙은 최초의 가연물을 말한다.
② 동력원 : 발화관련 기기나 제품을 작동 또는 연소시킬 때 사용되어진 연료 또는 에너지
③ 발화요인 : 발화열원에 의하여 발화로 이어진 연소현상에 영향을 준 인적·물적·자연적인 요인

04 ③ "화재"란 사람의 의도에 반하거나 고의 또는 과실에 의해 발생하는 연소 현상으로서 소화할 필요가 있는 현상 또는 사람의 의도에 반해 발생하거나 확대된 화학적인 폭발현상을 말한다.

정답 03.④ 04.③

05 화재조사에 대한 내용으로 틀린 것은?
① 강제성이 있다. ② 경제성이 있다.
③ 현장성이 있다. ④ 프리즘식이 있다.

[12. 경기]
상 중 하
기본서 2권 143p

06 화재조사의 특징으로 옳지 않은 것은?
① 현장성 ② 일체성
③ 강제성 ④ 프리즘식

[11. 통합]
상 중 하
기본서 2권 143p

해설 05 ② 화재조사의 특징에는 경제성이 없다.
▶ 화재조사의 특징
㉠ 신속성을 유지해야 한다.   화재조사는 신속해야 한다.
㉡ 정밀과학성을 요구한다.   화재조사는 정밀과학적으로 하도록 한다.
㉢ 안전성이 반드시 확보되어야 한다. 현장의 안전사고대비를 말한다.
㉣ 강제성을 지닌다.   조사를 위한 관계인에 대한 질문 등의 강제성을 말한다.
㉤ 보존성을 갖는다.   화재조사의 증거물의 보존성을 말한다.
㉥ 현장성을 갖는다.   주요 정보의 현장성을 말한다.
㉦ 프리즘식으로 진행된다.   각기 여러 사람의 견해를 모아서 진행한다.

06 ② 화재조사의 특징은 현장성, 신속성, 정밀과학성, 보존성, 강제성, 안전성, 프리즘식이 있고 일체성은 포함되지 않는다.

정답 05.② 06.②

07 다음 중 화재조사에서 하는 일이 아닌 것은?
① 화재 경계와 예방활동을 위한 정보 자료를 획득한다.
② 화재 및 제조물 위치관련 통계 작성을 추구한다.
③ 방화·실화 수사협조 및 피해자와 구체적 증거를 확보한다.
④ 소송쟁의에 대해 조사하고 행정시책의 자료로 한다.

08 화재조사에 대한 설명으로 맞는 것을 올바르게 짝지은 것은?

㉠ 본부장 또는 서장은 과학적이고 합리적인 화재원인 규명을 위하여 화재현장에서 수거된 물품에 대하여 감정을 실시하고 원인입증을 위한 재현 등 시험을 실시할 수 있다.
㉡ 화재조사의 목적은 화재의 경계와 예방활동을 위한 정보 자료 획득, 화재 및 제조물 위치관련 통계 작성 추구, 방화·실화 수사협조 및 피해자의 구체적 증거 확보 등이 있다.
㉢ 관계인의 승낙의무가 있으나 화재조사는 협조가 잘 이뤄지지 않아 관계인의 협조가 없으면 화재조사는 힘들게 된다. 따라서 관계인의 임의적 협조가 항상 필요하다.

① ㉡, ㉢
② ㉠, ㉢
③ ㉠, ㉡
④ ㉠, ㉡, ㉢

해설
07 ④ 소송쟁의에 대해 조사하는 것은 화재조사의 목적에 해당하지 않는다.
08 ㉢ 화재조사는 강제성을 띤다.

정답 07.④ 08.③

09 화재조사에 대한 설명이 아닌 것은?
① 화재조사자는 수사기관에 체포된 사람과 압수증거물에 대한 조사권이 있다.
② 화재조사자는 경찰공무원 및 관계보험회사와 협력의무가 있다.
③ 화재조사자의 권리에는 출입조사 및 검사권, 질문권, 자료제출 명령권이 있다.
④ 화재조사는 화재소화가 끝난 이후 즉시 실시한다.

[11. 전남]
기본서 2권 145p, 154~156p

10 소실정도에 따른 화재의 구분으로 옳지 않은 것은?
① 전소는 70% 이상 소실을 말한다.
② 반소는 30% 이상 70% 미만의 소실을 말한다.
③ 부분소는 30% 미만의 소실 또는 재사용 할 수 없는 것을 말한다.
④ 부분소는 전소 및 반소에 해당하지 않을 때를 말한다.

[13. 통합]
기본서 2권 157p

해설

09 화재조사는 화재발생 사실을 알게된 때에는 지체없이 화재조사를 하여야 한다(화재조사법 제5조).

10 ▶ 화재의 소실정도(화재조사 및 보고규정 제16조)
㉠ 전소 : 70% 이상(입체면적), 70% 미만이라도 재사용 불가능한 것
㉡ 반소 : 30% 이상~70% 미만
㉢ 부분소 : 나머지

정답 09.④ 10.③

11 전소란 건물의 70% 이상이 소실되었거나 또는 그 미만이라도 잔존부분을 보수하여도 재사용이 불가능한 것이다. 이때 70%는 어떠한 면적의 비율인가?
① 바닥면적
② 입체면적
③ 연면적
④ 화재층 면적

[11. 통합]
상 중 **하**
기본서 2권 157p

12 건축물 70%가 손실될 때 소실정도는?
① 전소
② 반소
③ 부분소
④ 즉소

[16. 통합]
상 중 **하**
기본서 2권 157p

13 「화재조사 및 보고규정」에 관한 내용으로 옳지 않은 것은?
① 건물의 소실면적 산정은 소실 입체면적으로 산정한다.
② 건물의 소실정도에서의 반소는 건물의 30% 이상 70% 미만이 소실된 것을 말한다.
③ 건물 등 자산에 대한 최종잔가율은 건물·부대설비·구축물·가재도구는 20%로 하며, 그 이외의 자산은 10%로 정한다.
④ 발화일시의 결정은 관계인 등의 화재발견 상황통보(인지) 시간 및 화재발생 건물의 구조, 재질 상태와 화기취급 등의 상황을 종합적으로 검토하여 결정한다. 다만, 자체진화 등 사후인지 화재로 그 결정이 곤란한 경우에는 발화시간을 추정할 수 있다.

[23. 소방직]
상 **중** 하
기본서 2권 158p

해설

11 ② 전소화재의 소실정도는 입체면적으로 산정한다(화재조사 및 보고규정 제16조).

12 ▶ 화재의 소실정도(화재조사 및 보고규정 제16조)
  ㉠ 전소 : 건물의 70% 이상이 소실되었거나 또는 그 미만이라도 잔존부분을 보수하여도 재사용이 불가능한 것
  ㉡ 반소 : 건물의 30% 이상 70% 미만이 소실된 것
  ㉢ 부분소 : 전소, 반소화재에 해당되지 아니하는 것

13 건물의 소실면적 산정은 바닥면적으로 산정한다.

정답 11.② 12.① 13.①

14 「화재조사 및 보고규정」상 소실면적의 산정에 대한 내용이다. (   ) 안에 들어갈 내용으로 옳은 것은?

> 건물의 소실면적 산정은 (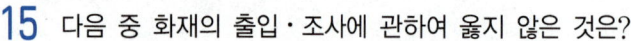)으로 산정한다.

① 소실 건물면적 ② 소실 바닥면적
③ 화재 피해면적 ④ 화재 바닥면적
⑤ 피해 바닥면적

15 다음 중 화재의 출입·조사에 관하여 옳지 않은 것은?
① 화재조사를 하는 화재조사관은 그 권한을 표시하는 증표를 지니고 이를 관계인에게 보여주어야 한다.
② 소방관서장은 화재조사시 화재조사관으로 하여금 해당 장소에 출입하여 화재조사를 하게 하거나 관계인 등에게 질문하게 할 수 있다.
③ 화재조사를 하는 화재조사관은 관계인의 정당한 업무를 방해하거나 화재조사를 수행하면서 알게 된 비밀을 다른 사람에게 누설하여서는 아니된다.
④ 소방관서장은 수사기관이 방화 또는 실화의 혐의가 있어서 이미 피의자를 체포하였거나 증거물을 압수하였을 때에는 화재조사를 위하여 경찰 수사 전에 선행하여 그 피의자 또는 압수된 증거물에 대한 조사를 할 수 있다.

해설

14 ▶ 화재조사 및 보고규정 제17조(소실면적의 산정)
① 건물의 소실면적 산정은 소실 바닥면적으로 산정한다.
② 수손 및 기타 파손의 경우에도 제1항의 규정을 준용한다.

15 ④ 범죄수사에 지장을 주지 아니하는 범위에서 그 피의자 또는 압수된 증거물에 대한 조사를 할 수 있다(화재조사법 제11조 제2항).

정답 14.② 15.④

16 화재조사 용어에 대한 설명 중 옳은 것은?
① "최초착화물"이란 발화열원에 의해 불이 붙은 최초의 가연물을 말한다.
② "관계인등"이란 화재의 발견자, 통보자, 초기 소화자 및 기타 조사 참고인을 말하며 소방기본법 제2조 제3호에 의한 관계인은 포함되지 않는다.
③ "최종잔가율"은 화재 당시에 피해물의 재구입비에 대한 현재가의 비율을 말한다.
④ "내용연수"란 화재 당시의 피해물과 같거나 비슷한 것을 재건축(설계 감리비를 포함한다) 또는 재취득하는데 필요한 금액을 말한다.
⑤ "감식"이란 화재와 관계되는 물건의 형상, 구조, 재질, 성분, 성질 등 이와 관련된 모든 현상에 대하여 과학적 방법에 의한 필요한 실험을 행하고 그 결과를 근거로 화재원인을 밝히는 자료를 얻는 것을 말한다.

17 화재조사에 대한 설명으로 옳지 않은 것은?
① '잔가율'이란 화재 당시 피해물의 재구입비에 대한 현재가의 비율을 말한다.
② '반소'란 건물의 입체면적에 대한 비율 30% 이상 70% 미만이 소실된 것을 말한다.
③ '화재조사관'이란 화재조사에 전문성을 인정받아 화재조사를 수행하는 소방공무원을 말한다.
④ '감정'이란 화재원인의 판정을 위하여 전문적인 지식, 기술 및 경험을 활용하여 구체적인 사실관계를 명확하게 규명하는 것을 말한다.
⑤ 화재현장조사는 화재시 및 진화 후에 걸쳐 실시하는 것을 원칙으로 한다.

해설

16 ② "관계자등"이란 화재가 발생한 소방대상물의 소유자·관리자 또는 점유자를 말한다.
③ "최종잔가율"이란 피해물의 경제적 내용연수가 다한 경우 잔존하는 가치의 재구입비에 대한 비율을 말한다.
④ "내용연수"란 고정자산을 경제적으로 사용할 수 있는 연수를 말한다.
⑤ "감식"이란 화재원인의 판정을 위하여 전문적인 지식, 기술 및 경험을 활용하여 주로 시각에 의한 종합적인 판단으로 구체적인 사실관계를 명확하게 규명하는 것을 말한다.

17 ④ "감정"이란 화재와 관계되는 물건의 형상, 구조, 재질, 성분, 성질 등 이와 관련된 모든 현상에 대하여 과학적 방법에 의한 필요한 실험을 행하고 그 결과를 근거로 화재원인을 밝히는 자료를 얻는 것을 말한다.
"감식"이란 화재원인의 판정을 위하여 전문적인 지식, 기술 및 경험을 활용하여 주로 시각에 의한 종합적인 판단으로 구체적인 사실관계를 명확하게 규명하는 것을 말한다.

정답 16.① 17.④

18 「화재조사 및 보고규정」과 관련한 용어의 정의로 옳지 않은 것은?
① 감식 : 화재와 관계되는 물건의 형상, 구조, 재질, 성분, 성질 등 이와 관련된 모든 현상에 대하여 과학적 방법에 따라 필요한 실험을 행하고 그 결과를 근거로 화재원인을 밝히는 자료를 얻는 것
② 재구입비 : 화재 당시의 피해물과 같거나 비슷한 것을 재건축(설계 감리비 포함) 또는 재취득하는데 필요한 금액
③ 내용연수 : 고정자산을 경제적으로 사용할 수 있는 연수
④ 손해율 : 피해물의 종류, 손상 상태 및 정도에 따라 피해액을 적정화시키는 일정한 비율
⑤ 잔가율 : 화재 당시에 피해물의 재구입비에 대한 현재가의 비율

[19. 간부]
기본서 2권 147~148p

19 소방기관에서 실시하는 화재조사에 대한 일반적인 설명으로 옳지 않은 것은?
① 화재조사는 화재조사관이 화재사실을 인지하는 즉시 실시한다.
② 화재조사는 강제성을 지니며, 프리즘식으로 진행한다.
③ 화재조사 시 건축·구조물 화재의 소실정도는 입체면적에 대한 비율을 적용하여 구분한다.
④ 화재가 복합되어 발생한 경우에는 화재의 구분을 화재피해금액이 작은 것으로 한다.

[22. 소방직](기출변형)
기본서 2권 143p, 150~157p

해설

18 ① 감정 : 화재와 관계되는 물건의 형상, 구조, 재질, 성분, 성질 등 이와 관련된 모든 현상에 대하여 과학적 방법에 따라 필요한 실험을 행하고 그 결과를 근거로 화재원인을 밝히는 자료를 얻는 것
감식 : 화재원인의 판정을 위하여 전문적인 지식, 기술 및 경험을 활용하여 주로 시각에 의한 종합적인 판단으로 구체적인 사실관계를 명확하게 규명하는 것

19 화재가 복합되어 발생한 경우에는 화재의 구분을 화재피해금액이 ~~작은 것~~으로 한다. → 큰 것으로

정답 18.① 19.④

20 동일 소방대상물로서 한 건의 화재로 취급하는 기준에 대한 설명으로 옳지 않은 것은?

① 한 곳에서 발생한 화재
② 누전점이 다른 2개소 이상에서 발생한 화재
③ 지진, 낙뢰 등 자연환경에 의해 발생한 여러 화재
④ 동일범에 의한 방화 또는 불장난으로 2개소 이상에서 발생한 화재

해설 20

※ 화재조사 및 보고규정 제10조(화재건수의 결정)
1건의 화재란 1개의 발화지점에서 확대된 것으로 발화부터 진화까지를 말한다. 다만, 다음 경우는 각 호에 따른다.
1. 동일범이 아닌 각기 다른 사람에 의한 방화, 불장난은 동일 대상물에서 발화했더라도 각각 별건의 화재로 한다.
2. 동일 소방대상물의 발화점이 2개소 이상 있는 다음의 화재는 1건의 화재로 한다.
   가. 누전점이 동일한 누전에 의한 화재
   나. 지진, 낙뢰 등 자연현상에 의한 다발화재
3. 발화지점이 한 곳인 화재현장이 둘 이상의 관할구역에 걸친 화재는 발화지점이 속한 소방서에서 1건의 화재로 산정한다. 다만, 발화지점 확인이 어려운 경우에는 화재피해금액이 큰 관할구역 소방서의 화재 건수로 산정한다.

정답 20. 전원정답처리

21 A 광역시 소방본부장이 관할구역에서 발생한 화재조사 활동 결과 다음과 같은 화재가 발생하였다. 이 경우 A 광역시 소방본부 종합상황실의 실장이 소방청의 종합상황실에 보고하여야 하는 것을 모두 고른 것은?

> ㉠ 사망자가 5명 발생한 화재
> ㉡ 이재민이 100인 발생한 화재
> ㉢ 재산피해액이 50억원 발생한 화재
> ㉣ 사상자가 10인 발생한 화재
> ㉤ 학교화재

① ㉠, ㉡
② ㉠, ㉡, ㉢
③ ㉠, ㉢, ㉣
④ ㉠, ㉡, ㉢, ㉣
⑤ ㉠, ㉡, ㉢, ㉣, ㉤

[17. 간부]

기본서 2권 161p

해설 21

⑤ 모두 옳은 지문이다.
▶ 소방기본법 시행규칙 제3조 제2항
② 종합상황실의 실장은 다음 각 호의 어느 하나에 해당하는 상황이 발생하는 때에는 그 사실을 지체없이 별지 제1호 서식에 따라 서면·팩스 또는 컴퓨터통신 등으로 소방서의 종합상황실의 경우는 소방본부의 종합상황실에, 소방본부의 종합상황실의 경우는 소방청의 종합상황실에 각각 보고해야 한다.
 1. 다음 각 목의 1에 해당하는 화재
  가. 사망자가 5인 이상 발생하거나 사상자가 10인 이상 발생한 화재
  나. 이재민이 100인 이상 발생한 화재
  다. 재산피해액이 50억원 이상 발생한 화재
  라. 관공서·학교·정부미도정공장·문화재·지하철 또는 지하구의 화재
  마. 관광호텔, 층수(「건축법 시행령」 제119조 제1항 제9호의 규정에 의하여 산정한 층수를 말한다. 이하 이 목에서 같다)가 11층 이상인 건축물, 지하상가, 시장, 백화점, 「위험물안전관리법」 제2조 제2항의 규정에 의한 지정수량의 3천배 이상의 위험물의 제조소·저장소·취급소, 층수가 5층 이상이거나 객실이 30실 이상인 숙박시설, 층수가 5층 이상이거나 병상이 30개 이상인 종합병원·정신병원·한방병원·요양소, 연면적 1만5천제곱미터 이상인 공장 또는 「화재의 예방 및 안전관리에 관한 법률」 제18조 제1항 각 목에 따른 화재경계지구에서 발생한 화재
  바. 철도차량, 항구에 매어둔 총 톤수가 1천톤 이상인 선박, 항공기, 발전소 또는 변전소에서 발생한 화재
  사. 가스 및 화약류의 폭발에 의한 화재
  아. 「다중이용업소의 안전관리에 관한 특별법」 제2조에 따른 다중이용업소의 화재
 2. 「긴급구조대응활동 및 현장지휘에 관한 규칙」에 의한 통제단장의 현장지휘가 필요한 재난상황
 3. 언론에 보도된 재난상황
 4. 그 밖에 소방청장이 정하는 재난상황

정답 21.⑤

22 화재조사활동 중 소방본부 종합상황실이 소방청의 종합상황실에 보고해야 하는 화재에 해당하지 않는 것은?

① 사망자가 6명 발생한 화재
② 사상자가 11명 발생한 화재
③ 재산피해액이 70억 원 발생한 화재
④ 이재민이 50명 발생한 화재

[19. 소방직]

기본서 2권 161p

해설 22

④ 이재민 100인 이상 발생하는 화재

▶ 소방기본법 시행규칙 제3조(종합상황실의 실장의 업무 등)
② 종합상황실의 실장은 다음 각 호의 어느 하나에 해당하는 상황이 발생하는 때에는 그 사실을 지체없이 별지 제1호서식에 따라 서면·팩스 또는 컴퓨터통신 등으로 소방서의 종합상황실의 경우는 소방본부의 종합상황실에, 소방본부의 종합상황실의 경우는 소방청의 종합상황실에 각각 보고해야 한다.

1. 다음 각 목의 1에 해당하는 화재
    가. 사망자가 5인 이상 발생하거나 사상자가 10인 이상 발생한 화재
    나. 이재민이 100인 이상 발생한 화재
    다. 재산피해액이 50억원 이상 발생한 화재
    라. 관공서·학교·정부미도정공장·문화재·지하철 또는 지하구의 화재
    마. 관광호텔, 층수(「건축법 시행령」 제119조 제1항 제9호의 규정에 의하여 산정한 층수를 말한다. 이하 이 목에서 같다)가 11층 이상인 건축물, 지하상가, 시장, 백화점, 「위험물안전관리법」 제2조 제2항의 규정에 의한 지정수량의 3천배 이상의 위험물의 제조소·저장소·취급소, 층수가 5층 이상이거나 객실이 30실 이상인 숙박시설, 층수가 5층 이상이거나 병상이 30개 이상인 종합병원·정신병원·한방병원·요양소, 연면적 1만5천제곱미터 이상인 공장 또는 「화재의 예방 및 안전관리에 관한 법률」 제18조 제1항 각 목에 따른 화재경계지구에서 발생한 화재
    바. 철도차량, 항구에 매어둔 총 톤수가 1천톤 이상인 선박, 항공기, 발전소 또는 변전소에서 발생한 화재
    사. 가스 및 화약류의 폭발에 의한 화재
    아. 「다중이용업소의 안전관리에 관한 특별법」 제2조에 따른 다중이용업소의 화재
2. 「긴급구조대응활동 및 현장지휘에 관한 규칙」에 의한 통제단장의 현장지휘가 필요한 재난상황
3. 언론에 보도된 재난상황
4. 그 밖에 소방청장이 정하는 재난상황

정답 22.④

23 화재조사 시 건물의 동수 산정기준에 대한 설명 중 옳지 않은 것은?
① 구조에 관계없이 지붕 및 실이 하나로 연결되어 있는 것은 같은 동으로 본다.
② 건물의 외벽을 이용하여 실을 만들어 헛간, 목욕탕, 작업실, 사무실 및 기타 건물 용도로 사용하고 있는 것은 주 건물과 다른 동으로 본다.
③ 목조 또는 내화조 건물의 경우 격벽으로 방화구획이 되어 있는 경우도 같은 동으로 한다.
④ 독립된 건물과 건물 사이에 차광막, 비막이 등의 덮개를 설치하고 그 밑을 통로 등으로 사용하는 경우는 다른 동으로 한다.
⑤ 주요구조부가 하나로 연결되어 있는 것은 1동으로 한다. 다만, 건널 복도 등으로 2 이상의 동에 연결되어 있는 것은 그 부분을 절반으로 분리하여 각 동으로 본다.

24 「화재조사 및 보고규정」상 화재건수 결정에 관한 설명으로 옳지 않은 것은?
① 1건의 화재란 1개의 발화지점에서 확대된 것으로 발화부터 진화까지를 말한다.
② 동일 소방대상물의 발화점이 2개소 이상 있는 지진, 낙뢰 등 자연현상에 의한 다발화재는 1건의 화재로 한다.
③ 동일 소방대상물의 발화점이 2개소 이상 있는 누전점이 동일한 누전에 의한 화재는 1건의 화재로 한다.
④ 동일범이 아닌 각기 다른 사람에 의한 방화, 불장난은 동일 대상물에서 발화했더라도 각각 별건의 화재로 한다.
⑤ 발화지점이 한 곳인 화재현장이 둘 이상의 관할 구역에 걸친 화재에 대해서는 소방서마다 각각 별건의 화재로 한다.

해설 23 ② 건물의 외벽을 이용하여 실을 만들어 헛간, 목욕탕, 작업실, 사무실 및 기타 건물 용도로 사용하고 있는 것은 주 건물과 <u>같은 동으로 본다</u>(화재조사 및 보고규정 별표 1).

24 ⑤ 발화지점이 한 곳인 화재현장이 둘 이상의 관할구역에 걸친 화재는 <u>발화지점이 속한 소방서에서 1건의 화재로 산정</u>한다.

정답 23.② 24.⑤

25 「화재조사 및 보고규정」에 관한 설명으로 옳지 않은 것은?

① 사상자는 화재현장에서 사망 또는 부상당한 사람을 말하며, 화재현장에서 부상을 당한 후 72시간 이내에 사망한 경우에도 당해 화재로 인한 사망으로 본다.
② 건축·구조물 화재에서 전소는 건물의 입체면적 70% 이상이 소실되었거나, 또는 그 미만이라도 잔존부분을 보수하여도 재사용이 불가능한 것을 말한다.
③ 화재조사 시 화재의 유형을 건축·구조물 화재, 자동차·철도차량 화재, 위험물·가스제조소 등 화재, 선박·항공기화재, 임야화재, 기타화재로 구분한다.
④ 1건의 화재란 1개의 발화점으로부터 확대된 것으로 발화부터 진화까지를 말하며, 동일 소방대상물의 발화점이 2개소 이상 있는 경우라도 지진, 낙뢰 등 자연현상에 의한 다발화재는 1건의 화재로 본다.
⑤ 동일범이 아닌 각기 다른 사람에 의한 방화, 불장난도 동일대상물에서 발생한 경우에는 1건의 화재로 한다.

[18. 간부]

기본서 2권 156~157p

해설 25
⑤ 동일범이 아닌 각기 다른 사람에 의한 방화, 불장난은 동일 대상물에서 발화했더라도 <u>각각 별건의 화재로 한다</u>.
화재조사 및 보고규정 제10조(화재건수의 결정)
1건의 화재란 1개의 발화지점에서 확대된 것으로 발화부터 진화까지를 말한다. 다만, 다음 경우는 각 호에 따른다.
1. <u>동일범이 아닌 각기 다른 사람에 의한 방화, 불장난은 동일 대상물에서 발화했더라도 각각 별건의 화재로 한다</u>.
2. 동일 소방대상물의 발화점이 2개소 이상 있는 다음의 화재는 1건의 화재로 한다.
   가. 누전점이 동일한 누전에 의한 화재
   나. 지진, 낙뢰 등 자연현상에 의한 다발화재
3. 발화지점이 한 곳인 화재현장이 둘 이상의 관할구역에 걸친 화재는 발화지점이 속한 소방서에서 1건의 화재로 산정한다. 다만, 발화지점 확인이 어려운 경우에는 화재피해금액이 큰 관할구역 소방서의 화재 건수로 산정한다.

정답 25.⑤

26 「화재조사 및 보고규정」상 내용으로 옳지 않은 것은?

① 중상은 4주 이상의 입원치료를 필요로 하는 부상을 말한다.
② 화재현장과 기타 관계있는 장소에 출입할 때에는 관계인 등의 입회하에 실시하는 것을 원칙으로 한다.
③ 화재조사관은 화재발생 사실을 인지하는 즉시 화재조사를 시작해야 한다.
④ 화재현장에서 부상을 당한 후 72시간 이내에 사망한 경우에는 당해 화재로 인한 사망자로 본다.

27 「소방의 화재조사에 관한 법률」상 화재합동조사단의 단원의 자격기준으로 옳지 않는 것은?

① 화재조사관
② 소방공무원으로서 화재조사에 관한 경력이 1년 이상인 소방공무원
③ 「고등교육법」에 따른 학교 또는 이에 준하는 교육기관에서 화재조사, 소방 또는 안전관리 등 관련 분야 조교수 이상의 직에서 3년 이상 재직한 사람
④ 「국가기술자격법」의 국가기술자격의 직무분야 중 소방분야에서 산업기사 이상의 자격을 취득한 사람

해설 26 화재조사 및 보고규정 제14조(부상자 분류) 부상의 정도는 의사의 진단을 기초로 하여 다음 각 호와 같이 분류한다.
1. 중상 : 3주 이상의 입원치료를 필요로 하는 부상을 말한다.
2. 경상 : 중상 이외의 부상(입원치료를 필요로 하지 않는 것도 포함한다)을 말한다. 다만, 병원 치료를 필요로 하지 않고 단순하게 연기를 흡입한 사람은 제외한다.

27 소방공무원으로서 화재조사에 관한 경력이 3년 이상인 소방공무원

소방의 화재조사에 관한 법률 시행령 제7조(화재합동조사단의 구성·운영)
② 법 제7조 제1항에 따른 화재합동조사단(이하 "화재합동조사단"이라 한다)의 단원은 다음 각 호의 어느 하나에 해당하는 사람 중에서 소방관서장이 임명하거나 위촉한다.
1. 화재조사관
2. 화재조사 업무에 관한 경력이 3년 이상인 소방공무원
3. 「고등교육법」 제2조에 따른 학교 또는 이에 준하는 교육기관에서 화재조사, 소방 또는 안전관리 등 관련 분야 조교수 이상의 직에 3년 이상 재직한 사람
4. 「국가기술자격법」에 따른 국가기술자격의 직무분야 중 안전관리 분야에서 산업기사 이상의 자격을 취득한 사람
5. 그 밖에 건축·안전 분야 또는 화재조사에 관한 학식과 경험이 풍부한 사람

정답 26.① 27.②

28 「소방기본법 시행규칙」상 종합상황실에 보고하여야 할 화재에 해당하지 않는 것은?
① 사망자가 10명 발생한 화재
② 이재민이 50명 발생한 화재
③ 재산피해가 100억 원으로 추정되는 화재
④ 항구에 매어둔 총 톤수가 1천톤 이상인 선박 화재
⑤ 발전소 및 변전소의 화재

29 「소방의 화재조사에 관한 법률」상 화재조사에 관한 설명으로 옳지 않은 것은?
① 화재로 인해 사망자가 5명 이상 발생한 화재의 경우 화재합동조사단을 구성·운영할 수 있다
② 소방관서장은 국민이 유사한 화재로부터 피해를 입지 않도록 하기 위한 경우 등 필요한 경우 화재조사 결과를 공표할 수 있다.
③ "화재조사"란 소방청장, 소방본부장 또는 소방서장이 화재원인, 피해상황, 대응활동 등을 파악하기 위하여 자료의 수집, 관계인 등에 대한 질문, 현장확인, 감식, 감정 및 실험 등을 하는 일련의 행위를 말한다.
④ 화재조사를 수행하면서 알게 된 비밀을 다른 용도로 사용하거나 다른 사람에게 누설한 사람은 100만원 이하의 벌금에 처한다.
⑤ 화재조사관은 소방청장이 실시하는 화재조사에 관한 시험에 합격한 소방공무원 등 화재조사에 관한 전문적인 자격을 가진 소방공무원으로 한다.

해설

28 ② 이재민이 ~~50명~~ 발생한 화재
→ 100명 이상(소방기본법 시행규칙 제3조 제2항)

29 화재조사를 수행하면서 알게 된 비밀을 다른 용도로 사용하거나 다른 사람에게 누설한 사람은 300만원 이하의 벌금에 처한다.

▶ 소방의 화재조사에 관한 법률 제21조(벌칙)
다음 각 호의 어느 하나에 해당하는 사람은 <u>300만원 이하의 벌금</u>에 처한다.
1. 허가 없이 화재현장에 있는 물건 등을 이동시키거나 변경·훼손한 사람
2. 정당한 사유 없이 화재조사관의 출입 또는 조사를 거부·방해 또는 기피한 사람
3. 관계인의 정당한 업무를 방해하거나 화재조사를 수행하면서 알게 된 비밀을 다른 용도로 사용하거나 다른 사람에게 누설한 사람
4. 정당한 사유 없이 증거물 수집을 거부·방해 또는 기피한 사람

정답 28.② 29.④

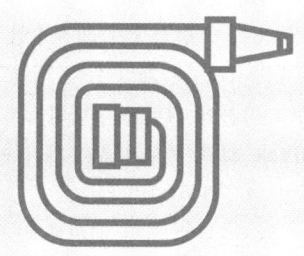

소방학개론

PART 05

소화이론

01 소화원리
02 소화약제
03 소방시설

01 소화원리

01 최소산소농도(MOC : Minimum Oxygen Concentration)에 대한 설명으로 옳지 않은 것은?

① 연소상한계에 의해 최소산소농도가 결정된다.
② 연소할 때 화염이 전파되는 데 필요한 임계산소농도를 말한다.
③ 완전연소반응식의 산소 몰수에 의해 최소산소농도가 결정된다.
④ 프로판(C_3H_8) 1몰(mol)이 완전 연소하는 데 필요한 최소산소농도는 10.5% 이다.

[21. 소방직]

02 메틸알코올(CH_3OH)의 최소산소농도(MOC : Minimum Oxygen Concentration, %)로 옳은 것은? (CH_3OH의 연소 상한계는 37%, 연소범위의 상·하한 폭은 30%이다.)

① 5.0
② 8.5
③ 10.5
④ 14.0

[22. 소방직]

해설

01 ① 연소상한계에 의해 최소산소농도가 결정된다.
→ 하한계

02 MOC는 연소하한계 × 산소몰수이다.
메탄올(메틸알코올)의 연소반응식을 정리하면
$$CH_3OH + \frac{3}{2}O_2 \rightarrow CO_2 + 2H_2O$$
산소몰수 : $\frac{3}{2}$
연소하한계 : 상한계가 37이고, 상·하한 폭이 30이니 하한계는 7이다.
$MOC = \frac{3}{2} \times 7 = 10.5$

정답 01.① 02.③

03 에틸알코올(C_2H_5OH)의 최소산소농도(MOC)는? (단, 에틸알코올의 연소범위는 4.3~19Vol%이며, 완전연소 생성물은 CO_2와 H_2O이다.)

① 8.6
② 10.8
③ 12.9
④ 15.1
⑤ 17.2

[23. 간부]
상 **중** 하
기본서 2권 174p

04 프라이팬에 식용유가 불이 붙어 옆에 있던 식용유를 부었더니 불이 꺼졌다면 다음 중 가장 적합한 소화는?

① 냉각소화
② 희석소화
③ 부촉매소화
④ 질식소화

[11. 서울]
상 중 **하**
기본서 2권 173p

해설

03 MOC는 연소하한계 × 산소몰수이다.
에탄올(에틸알코올)의 연소반응식을 정리하면
$C_2H_5OH + 3O_2 \rightarrow 2CO_2 + 3H_2O$
산소몰수 : 3
연소하한계 : 4.3
MOC = 4.3 × 3 = 12.9

04 ① 불이 붙어있는 식용유에 상온의 식용유를 부어 불이 꺼졌다면 인화점 이하로 낮추어 소화한 것이므로 냉각소화이다.
② 희석소화 : 수용성의 가연물질에 소화약제인 물을 대량으로 방사하여 수용성 가연물질의 연소농도를 희박하게 희석하여 소화하는 것을 희석소화라 한다.
③ 부촉매소화(억제소화) : 가연물질의 연속적인 연쇄반응이 진행하지 않도록 부촉매를 사용하여 연소현상인 화재를 소화시키는 방법을 부촉매소화라고 한다.
④ 질식소화 : 산소는 공기 중에 21V% 또는 23wt% 존재하고 있는데, 가연물질에 공급되는 공기 중 산소의 양을 15V% 이하로 하면 산소 결핍에 의하여 연소상태가 정지되는 것을 질식소화라 한다.

정답 03.③ 04.①

05 화재의 기본적인 소화방법으로 옳지 않은 것은?
① 냉각소화
② 질식소화
③ 촉매소화
④ 연쇄반응차단

06 다음 중 가연물을 냉각하는 냉각소화에 대한 설명으로 가장 틀린 것은?
① 봉상주수는 냉각소화 효과가 있는 주수방식이다.
② 열을 흡수하여 가연성 연소생성물의 생성을 억제한다.
③ 냉각소화는 화학적 소화이다.
④ 인화점 이하의 에너지 상태로 가연물을 유지하기 위함이다.

해설

05 ③ 촉매소화라는 소화방법은 없다.

06 ③ 냉각소화는 물리적 소화이다.
▶ 물리적 소화 : 냉각소화, 질식소화, 제거소화
▶ 화학적 소화 : 부촉매소화(억제소화)

정답 05.③ 06.③

07 다음 중 화재의 일반적인 소화방법으로 알맞지 않은 것은?
① 공기 중 산소공급을 막는 질식소화
② 혼합기체를 사용하여 농도 이하로 낮추는 희석소화
③ 자연발화시 화학폭발에 의한 팽창소화
④ 가연물을 제거하는 제거소화

08 다음의 소화방법에서 촛불을 입으로 불어서 껐을 때의 소화효과는?
① 억제소화　　② 질식소화
③ 냉각소화　　④ 제거소화

09 소화원리 중 제거소화의 사례에 해당하지 않는 것은?
① 촛불을 입으로 불어 소화하는 방법
② 식용유 화재 시 주변의 야채를 집어 넣어 소화하는 방법
③ 전기화재 시 신속하게 전원을 차단하여 소화하는 방법
④ 산림화재 시 화재 진행 방향의 나무를 벌목하여 소화하는 방법
⑤ 가스화재 시 밸브를 차단시켜 가스공급을 중단하여 소화하는 방법

해설

07 ③ 팽창소화라는 소화방법은 없다.

08 ④ 양초에 촛불을 입김으로 끄는 소화는 제거소화에 해당된다.
① **부촉매소화(억제소화)** : 가연물질의 연속적인 연쇄반응이 진행하지 않도록 부촉매를 사용하여 연소현상인 화재를 소화시키는 방법을 부촉매소화라고 한다.
② **질식소화** : 산소는 공기 중에 21V% 또는 23wt% 존재하고 있는데, 가연물질에 공급되는 공기 중 산소의 양을 15V% 이하로 하면 산소 결핍에 의하여 연소상태가 정지되는 것을 질식소화 라 한다.
③ **제거소화** : 연소의 3요소 또는 4요소를 구성하는 가연물질을 안전한 장소로 이동시키거나 점화원이 없는 장소로 신속하게 제거하여 소화시키는 방법이다.

09 ② 냉각소화에 해당한다.

정답 07.③　08.④　09.②

10 물을 분무주수할 때 얻을 수 있는 가장 큰 소화효과는?
① 질식소화
② 유화소화
③ 제거소화
④ 부촉매소화

[13. 광주]

기본서 2권 179~184p

11 알코올 화재 시 대량의 물로 소화하는 방법은?
① 냉각소화
② 유화소화
③ 희석소화
④ 질식소화

[13. 경기]

기본서 2권 176p

해설
10 ① 물분무소화설비는 화재 시 분무헤드에서 물의 입자를 균일하고 미세하게 분무시킨다. 열로 인한 물분무는 수증기가 되어 약 1,700배 팽창한다. 다량의 기화열 때문에 소화물에 대한 질식작용과 냉각작용이 발생한다.

11 ③ 희석소화는 수용성 가연물질인 알코올·에스테르·케톤·알데하이드류 등으로 인한 화재에 많은 양의 물을 방사하여 가연물질의 농도를 연소농도 이하로 희석하여 소화시키는 작용이다.

정답 10.① 11.③

12 폼을 방사하여 화원의 표면을 덮음으로써 유류표면에 물로 형성된 층은 물과 기름의 엷은 막을 만들며 곧 공기차단 효과를 나타내기도 하며, 일반적으로 연소의 확대 우려가 큰 가연성 액체의 화재 등에 사용하는 설비로서 연소의 4요소 중 산소를 공급하는 물질을 차단하여 소화하는 방법은?

① 냉각소화　　　　　② 부촉매소화
③ 질식소화　　　　　④ 제거소화

13 공기 중 산소 양을 감소시켜 그 농도를 15% 이하로 낮추어서 소화하는 방법은?

① 질식소화　　　　　② 냉각소화
③ 제거소화　　　　　④ 유화소화
⑤ 희석소화

해설

12 ③ 연소중인 가연물질에 공급되는 공기의 양을 제어하여 질식소화되게 하거나 화학적으로 제조된 소화약제를 방사시켜 질식소화하기도 한다.

13 ① 질식소화는 공기에 21% 정도 포함되어 있는 산소를 15% 이하로 저하시켜 소화하는 방법이다.

정답 12.③　13.①

14 금속물질 화재 시 소화방법으로 가장 옳지 않은 것은?
① 팽창진주암
② 마른모래
③ 금속화재용 분말소화기
④ 할론 소화기

[11. 통합]
기본서 2권 204p, 217p, 222p

15 소화약제로 팽창질석 또는 팽창진주암을 사용하였을 때, 적응성이 가장 좋은 화재로 옳은 것은?
① 일반화재　　② 전기화재
③ 금속화재　　④ 가스화재

[18. 하반기]
기본서 2권 87p, 222p

해설

14 ④ 화재초기에는 팽창질석, 팽창진주암 또는 <u>마른 모래, 금속화재용 분말소화기</u> 등을 사용하고 본격시기에는 주변연소를 방지하고 자연 진화하도록 내버려둔다.

15 ③ 팽창질석 또는 팽창진주암은 질식소화작용이고 적응성이 가장 좋은 화재는 금속화재이다.
① 일반화재-냉각소화　② 전기화재-제거소화　④ 가스화재-제거소화

정답 14.④　15.③

16 소화방법에 대한 설명 중 옳지 않은 것은?

① 질식소화는 연소하기 위해서 반드시 필요한 산소공급원의 공급을 차단하여 연소를 중단시키는 방법으로 물질마다 차이는 있지만 액체의 경우는 산소 농도가 15% 이하일 때 불이 꺼진다.

② 냉각소화로 많이 이용되는 물은 비열, 증발잠열의 값이 다른 물질에 비해 커서 가연성 물질을 발화점 혹은 인화점 이하로 냉각하는 효과가 있다.

③ 제거소화는 연소반응이 일어나고 있는 연소물이나 화원을 제거하여 연소반응을 중지시켜 소화하는 방법을 말한다.

④ 억제소화(부촉매효과)는 연소의 4요소 중 연쇄반응의 속도를 빠르게 하는 부촉매를 억제시키는 것으로 화학적 소화방법이다.

⑤ 유화효과는 물보다 비중이 큰 중유 등 비수용성의 유류화재 시 포소화약제를 방사하거나 무상주수로 유류표면을 두드려서 증기발생을 억제함으로써 연소성을 상실시키는 소화효과이다.

[16. 간부]

기본서 2권 173~177p

17 다음 중 부촉매소화효과를 가장 기대하기 힘든 물질은 무엇인가?

① 강화액 소화액
② 할론소화약제
③ 수성막포
④ 3종 분말소화약제

[17. 하반기]

기본서 2권 175p

해설 **16** ④ 억제소화(부촉매효과)는 연소의 4요소 중 <u>연쇄반응을 억제하는 부촉매를 이용하는 소화방법으로 화학적 소화방법</u>이다.

▶ 부촉매소화(負觸媒消火)

1. 가연물질의 연속적인 연쇄반응이 진행하지 않도록 부촉매를 사용하여 연소현상인 화재를 소화시키는 방법을 부촉매소화라고 한다. 화학적 원리를 이용하기 때문에 일명 화학소화라고도 한다.
2. 화재에서 연소의 3요소가 연소현상을 일으킨 후 연쇄반응이 진행되지 않도록 연쇄반응의 억제제인 부촉매를 이용하여 소화시키는 부촉매소화 방법이 많이 사용되고 있다.
3. 부촉매는 정촉매의 기능에 반대되는 역할을 하는 물질로서 활성화에너지의 값을 크게 함으로써 가연물질의 연속적인 연소의 연쇄반응을 억제하여 화염을 형성하는 라디칼을 없앰으로써 소화하는 방법으로 억제소화라고도 한다.
4. 표면연소(무염연소)물질들은 연쇄반응을 동반한 연소가 아니므로 부촉매소화 효과를 얻기 어렵다.

17 ③ 부촉매소화의 원리

부촉매소화 작용은 가연물질 내에 함유되어 있는 수소·산소로부터 활성화되어 생성되는 수소기(H)·수산기(OH)를 화학적으로 제조된 BC급 분말(탄산수소나트륨·탄산수소칼륨), <u>A·B·C급 분말(인산염류)</u>, <u>할론(Halon 1301, Halon 1211, Halon 2402, Halon 1011) 등</u>, <u>강화액(탄산수소칼륨+물)소화약제</u> 내에 함유되어 있는 Na^+, K^+, NH_4^+, F^-, Cl^-, Br^- 와 반응시켜 더 이상 연소생성물인 이산화탄소·일산화탄소·수증기 등을 생성하지 않게 하여 소화시키는 방법이다.

정답 16.④ 17.③

18 다음 중 질식소화에 대한 설명으로 가장 옳은 것은?

① 연소가 진행되고 있는 계의 열을 빼앗아 온도를 떨어뜨림으로써 불을 끄는 방법이다.
② 가연물을 제거하여 연소현상을 제어하는 방법이다.
③ 화염이 발생하는 연소반응을 주도하는 라디칼을 제거하여 중단시키는 방법이다.
④ 연소의 물질조건 중 하나인 산소의 공급을 차단하여 소화의 목적을 달성하는 방법이다.

[17. 하반기]

기본서 2권 173~177p

19 가스화재 시 밸브를 차단시켜 가스공급을 중단시키는 소화방법의 소화원리로 옳은 것은?

① 냉각소화　　② 질식소화
③ 제거소화　　④ 억제소화
⑤ 희석소화

[17. 간부]

기본서 2권 175p

해설

18 ① 냉각소화
② 제거소화
③ 억제소화(부촉매소화)

19 ③ 제거소화 : 연소의 3요소 또는 4요소를 구성하는 가연물질을 안전한 장소로 이동시키거나 점화원이 없는 장소로 신속하게 제거하여 소화시키는 방법이다.
① 냉각소화 : 연소의 3요소 또는 4요소 중의 점화원을 이용한 소화의 원리로서 연소중인 가연물질의 온도를 발화점 이하로 냉각시켜 소화하는 것을 말한다.
② 질식소화 : 산소는 공기 중에 21V% 또는 23wt% 존재하고 있는데, 가연물질에 공급되는 공기 중 산소의 양을 15V% 이하로 하면 산소 결핍에 의하여 연소상태가 정지되는 것을 질식소화라 한다.
④ 억제소화(부촉매소화) : 가연물질의 연속적인 연쇄반응이 진행하지 않도록 부촉매를 사용하여 연소현상인 화재를 소화시키는 방법을 부촉매소화라고 한다.
⑤ 희석소화 : 수용성의 가연물질에 소화약제인 물을 대량으로 방사하여 수용성 가연물질의 연소농도를 희박하게 희석하여 소화하는 것을 희석소화라 한다.

정답 18.④　19.③

20 다음 설명에 해당하는 소화방법으로 옳은 것은?

> 일반적으로 공기 중의 산소농도 21%를 15% 이하로 희석하거나 저하시키면 연소 중인 가연물은 산소의 양이 부족하여 연소가 중단된다.

① 냉각소화   ② 질식소화
③ 제거소화   ④ 유화소화

21 다음에서 설명하는 소화방법은?

> 비중이 물보다 큰 중유 등 비수용성 유류화재 시 무상주수하거나 포소화약제를 방사하여 유류 표면에 엷은 층이 형성되어 공기 중의 산소 공급을 차단시켜 소화하는 방법을 말한다.

① 제거소화법   ② 유화소화법
③ 억제소화법   ④ 방진소화법
⑤ 피복소화법

해설

20 ① 냉각소화는 연소중인 가연물질의 온도를 발화점 이하로 냉각시켜 소화하는 것을 말한다.
③ 제거소화는 가연물질을 안전한 장소로 이동시키거나 점화원이 없는 장소로 신속하게 제거하여 소화시키는 방법이다.
④ 비중이 물보다 큰 중유(重油) 등으로 인한 화재 시 무상(구름모양)으로 방사하거나 포소화약제를 유류화재시 방사하는 경우 유류 표면에 엷은 층(유화층)을 형성하여 공기 중의 산소의 공급을 차단시켜 소화하는 작용을 말한다.

21 ① 제거소화 : 연소의 3요소 또는 4요소를 구성하는 가연물질을 안전한 장소로 이동시키거나 점화원이 없는 장소로 신속하게 제거하여 소화시키는 방법이다.
③ 억제소화(부촉매소화) : 가연물질의 연속적인 연쇄반응이 진행하지 않도록 부촉매를 사용하여 연소현상인 화재를 소화시키는 방법을 부촉매소화라고 한다.
④ 방진소화 : 가연물질이 화염을 외부로 발생하지 않고 숯불모양으로 연소하는 것을 잔진연소라 하며, 대부분 1차 연소물질인 목탄(숯)·코크스(cokes) 등의 연소과정에서 제3종 소화분말인 제1인산암모늄($NH_4H_2PO_4$)을 방사하는 경우 제1인산암모늄의 열분해시에 발생하는 액체상태의 메타인산(HPO_3)이 숯불모양으로 연소하는 가연물질에 접촉하여 더 이상 연소하는 현상을 방지하여 소화하는 소화작용을 말한다.
⑤ 피복소화 : 가연물질이 연소하고 있는 장소에 공기보다 비중이 큰 이산화탄소를 소화약제로 방사하였을 경우 이산화탄소의 비중이 1.52로서 공기보다 1.52배 무거워 연소물질의 주위를 둘러싸 산소의 공급을 차단시킴으로써 더 이상 연소나 화재가 진행되지 않도록 하여 소화시키는 소화작용이다.

정답 20.② 21.②

22 제거소화방법으로 옳은 것은?

┌───┐
│ ㉠ 전기화재 시 전원 차단   ㉡ 가스화재 시 가스공급 차단 │
│ ㉢ 일반화재 시 옥내소화전 사용 ㉣ 유류화재 시 포소화약제 사용 │
│ ㉤ 산불화재 시 방화선(도로) 구축 │
└───┘

① ㉠, ㉡, ㉣ ② ㉠, ㉡, ㉤
③ ㉡, ㉢, ㉣ ④ ㉡, ㉣, ㉤
⑤ ㉢, ㉣, ㉤

23 가연물의 화학적 연쇄반응 속도를 줄여 소화하는 방법으로 옳은 것은?
① 다량의 물을 주수하여 소화한다.
② 할론소화약제를 사용하여 소화한다.
③ 연소물이나 화원을 제거하여 소화한다.
④ 에멀션(emulsion) 효과를 이용하여 소화한다.

해설

22 ㉢ 일반화재 시 옥내소화전 사용 – 냉각소화
㉣ 유류화재 시 포소화약제 사용 – 질식소화

23 ① 냉각소화
③ 제거소화
④ 유화소화

정답 22.② 23.②

24 소화 방법에 대해 옳은 설명만을 모두 고른 것은?

> ㉠ 질식소화는 일반적으로 공기 중 산소 농도를 낮추어 소화하는 방법을 말한다.
> ㉡ 냉각소화가 가능한 약제로는 물, 강화액, CO_2, 할론 등이 있다.
> ㉢ 피복소화는 비중이 물보다 큰 비수용성 유류화재 시 무상주수하여 소화하는 방법을 말한다.
> ㉣ 부촉매소화는 가스화재 시 가스공급을 차단하여 소화하는 방법을 말한다.

① ㉠, ㉡
② ㉠, ㉡, ㉢
③ ㉡, ㉢, ㉣
④ ㉠, ㉡, ㉢, ㉣

25 다음은 강화액 소화약제에 대한 설명이다. 빈칸에 들어갈 단어로 옳은 것은?

> 탄산칼륨을 함유한 강화액은 (　　)로 인해 부촉매 소화효과를 가진다.

① K^+
② CO_3^{2-}
③ H^+
④ OH^-

해설 **24** ㉢ 피복소화는 비중이 물보다 큰 비수용성 유류화재 시 무상주수하여 소화하는 방법을 말한다.
→ 유화소화
㉣ 부촉매소화는 가스화재 시 가스공급을 차단하여 소화하는 방법을 말한다.
→ 제거소화

25 ▶ 부촉매소화의 원리
부촉매소화 작용은 가연물질 내에 함유되어 있는 수소·산소로부터 활성화되어 생성되는 수소기(H)·수산기(OH)를 화학적으로 제조된 BC급 분말(탄산수소나트륨·탄산수소칼륨), A·B·C급 분말(인산염류), 할론(Halon 1301, Halon 1211, Halon 2402, Halon 1011 등), 강화액(탄산수소칼륨+물)소화약제 내에 함유되어 있는 Na^+, K^+, NH_4^+, F^-, Cl^-, Br^-와 반응시켜 더 이상 연소생성물인 이산화탄소·일산화탄소·수증기 등을 생성하지 않게 하여 소화시키는 방법이다.

정답 24.① 25.①

26 소화방법에 관한 설명으로 옳은 것만을 〈보기〉에서 있는 대로 고른 것은?

〈보기〉
㉠ 산림화재 시 화재 진행방향의 나무를 벌목하는 것은 제거소화의 방법 중 하나이다.
㉡ 물은 비열, 증발잠열의 값이 작아서 주로 냉각소화에 사용된다.
㉢ 부촉매 소화는 화학적 소화에 해당한다.
㉣ 유류화재는 포 소화약제를 방사하여 유류 표면에 얇은 층을 형성함으로써 공기 공급을 차단해 소화한다.
㉤ 물에 침투제를 첨가하는 이유는 표면장력을 증가시켜 소화능력을 향상하기 위함이다.

① ㉠, ㉢, ㉣
② ㉡, ㉣, ㉤
③ ㉠, ㉡, ㉢, ㉣
④ ㉠, ㉢, ㉣, ㉤

[23. 소방직]
기본서 2권 175~176p, 181p, 186p

해설 26
㉡ 물은 비열, 증발잠열의 값이 커서 주로 냉각소화에 사용된다.
㉤ 물에 침투제를 첨가하는 이유는 표면장력을 작게 하여 소화능력을 향상하기 위함이다.

정답 26. ①

02 소화약제

01 소화약제로서 갖추어야 할 조건으로 옳지 않은 것은?
① 연소의 요소 중 한 가지 이상을 제거 또는 차단할 수 있을 것
② 가격이 고가일 것
③ 인체에 독성이 없을 것
④ 환경에 대한 오염이 적을 것
⑤ 저장에 있어 변질이 발생하지 않고 안정성이 있을 것

[17. 간부]
상 중 하
기본서 2권 179p

02 물의 소화효과에 대한 설명으로 옳지 않은 것은?
① 수용성 액체는 희석하여 소화하는 희석작용을 나타낼 수 있다.
② 무상주수는 열의 차폐에도 유효하여 가스화재 및 폭발제어 설비로도 사용된다.
③ 냉각소회와 질식소화에 큰 효과를 낼 수 있는 것은 봉상주수이다.
④ 기름표면 등에 방사되어 유화층을 형성하여 유면을 덮는 유화작용을 갖는다.

[11. 부산]
상 중 하
기본서 2권 179~189p

해설

01 ② 가격이 저렴해야 한다.
소방에서 소화약제는 상당히 중요하다. 갖추어야 할 연소의 4요소 중 한 가지 이상을 제거할 수 있는 능력이 탁월해야 하며, 가격이 저렴해야 하고, 저장 안정성이 있어야 한다. 또한 환경에 대한 오염과 인체에 대한 독성이 없어야 한다.

02 ③ 봉상주수는 냉각소화에는 효과가 좋지만, 무상주수는 냉각효과뿐만 아니라 질식효과도 있어 봉상주수보다 큰 효과를 낼 수 있다.

정답 01.② 02.③

03 다음 중 물로서 소화가 가능한 것은?
① 과산화나트륨
② 알킬알루미늄
③ 휘발유
④ 나이트로셀룰로오스

[11. 서울]
기본서 2권 126p, 132~136p

04 물이 화재 현상에서 소화약제로 사용되는 이유는?
① 값이 싸고, 구하기 쉽다.
② 장기 보존이 가능하지 않다.
③ 비열과 기화열이 작아서 냉각효과가 매우 좋다.
④ 냉각·부촉매 등의 소화효과를 가진다.

[11. 제주]
기본서 2권 181p

해설 03 ④ 나이트로셀룰로오스는 물에 발열반응을 하지 않는 제5류 위험물로서 물로 소화가 가능하다.
① 제1류 위험물 중 무기과산화물류
② 제3류 위험물 중 금수성물질
③ 제4류 위험물 중 제1석유류

04 ① 물은 값이 싸고, 구하기 쉬울 뿐더러, 장기보존이 가능하고, 비열과 기화열이 커서 냉각효과가 매우 좋으며, 냉각·희석 등의 소화효과를 가지는 장점이 있다.

정답 03.④ 04.①

05 화재의 소화 작업에 주로 물을 사용하는 이유는?
① 물의 비중을 이용하기 위하여
② 가연물을 제거하기 위해
③ 물의 증발잠열을 이용하기 위하여
④ 공기 중의 산소공급을 차단하기 위하여

06 물이 소화약제로 사용되는 장점으로 옳은 것은?
① 증발잠열이 커 냉각효과가 크다.
② 압력을 가하면 압축이 가능하다.
③ 피연소물에 대한 수손피해가 작다.
④ 동절기에 동결될 우려가 없다.

[12. 세종]
기본서 2권 181p

[15. 통합]
기본서 2권 181p

해설

05 ▶ 화재에 물을 사용하여 소화하는 가장 큰 이유
　㉠ 물의 비열 값이 1cal/g·℃로 다른 물질에 비하여 높다.
　㉡ 물 1g의 증발잠열의 값은 539.6cal/g으로서 다른 물질의 기화열 값에 비하여 높다.
　㉢ 쉽게 구할 수 있으며, 경제적이다.
　㉣ 일반적으로 가연물질의 발화점보다 낮은 끓는점(비점)이어서 냉각소화에 쉽게 사용된다.

06 ① 물은 비열 및 증발잠열이 크므로 화재 면에 방사 시 많은 양의 에너지를 흡수하게 되어 가연물의 온도를 인화점 또는 발화점 이하로 낮출 수 있다.

정답 05.③ 06.①

07 다음 중 물분무소화의 주된 작용은?
① 부촉매소화 ② 희석소화
③ 질식소화 ④ 제거소화

[15. 통합]

기본서 2권 184p

08 물소화약제에 대한 설명으로 옳지 않은 것은?
① 물이 소화약제로서 많이 사용되고 있는 것은 구입하기 손쉽고 가격이 비교적 저렴하기 때문이다.
② 물의 입자크기가 크게 되면 표면적이 증가해서 열을 흡수하여 기화가 용이하게 되므로 입경이 클수록 냉각효과가 크다.
③ 소화효과를 높이기 위해서는 증발률을 증가시켜야 하는데 이 경우는 물의 입자를 분무상으로 하는 것이 효과적이다.
④ 물은 A급 화재(일반화재)에서는 우수한 소화능력이 발휘되나, B급 화재(유류화재)에서는 오히려 화재가 확대될 수 있고, C급 화재(전기화재)에서는 소화가 가능하지만 감전사고의 위험성이 있으므로 주의하여야 한다.
⑤ 물소화약제를 무상수주하게 되면 냉각효과 뿐만 아니라 수증기의 급격한 팽창에 의한 산소농도를 감소시켜 질식효과를 기대할 수 있다.

[17. 간부]

기본서 2권 179~184p

해설 07 ③ 물분무소화는 물을 무상으로 방사하여 냉각, 질식, 희석, 유화작용(에멀션 효과)을 얻을 수 있으며, 스프링클러보다 압력은 높고, 위험물 옥외탱크저장소에 화재가 일어났을 때 주로 사용된다. 전기절연성도 우수하여 전기화재에도 사용 가능하다.

08 ② 입자가 작으면 작을수록 표면적이 증가해서 열을 흡수하여 기화가 용이하게 된다.

정답 07.③ 08.②

09 물소화약제에 대한 일반적인 설명으로 옳지 않은 것은?
① 물소화약제는 자연으로부터 쉽게 얻을 수 있으며, 저장 및 취급이 용이하고 간단한 조작 및 방법에 의해서 사용이 가능하여 빠른 시간 내에 화재를 소화할 수 있는 장점이 있다.
② 물소화약제는 자기 자신이 가지고 있는 비열 및 기화열의 값이 다른 소화약제에 비하여 높고, 장기간 저장해도 소화약제로서의 기능이 상실되지 않는다.
③ 물소화약제는 제4류 위험물 중 중질유인 중유 화재 시 봉상주수에 의해서 유화층을 형성하여 질식·냉각 및 유화소화작용을 일으켜 신속하게 소화하는 기능을 갖는다.
④ 물소화약제는 화재에 대하여 냉각·질식·유화·희석소화작용과 고압으로 주수 시 화재의 화세를 제압하거나 이웃한 소방대상물로의 연소방지 기능 등 여러 가지의 소화작용을 가지고 있다.
⑤ 물소화약제는 수용성 가연물의 화재 시 소화약제로 이용할 경우 알코올포 소화약제와 함께 우수한 소화작용과 소화능력을 발휘한다.

[18. 간부]
기본서 2권 179~182p

10 물 소화약제에 관한 설명으로 옳지 않은 것은?
① 물은 분자 내에서는 수소결합을, 분자 간에는 극성공유결합을 하여 소화약제로써의 효과가 뛰어나다.
② 물의 증발잠열은 100℃, 1기압에서 539kcal/kg이므로 냉각소화에 효과적이다.
③ 물의 주수형태 중 무상은 전기화재에도 적응성이 있다.
④ 물 소화약제를 알코올 등과 같은 수용성 액체 위험물 화재에 사용하면 희석작용을 하여 소화효과가 있다.
⑤ 중질유회재에 물을 무상으로 주수 시 급속한 증발에 의한 질식효과와 함께 에멀션(emulsion) 형성에 의한 유화효과가 있다.

[24. 간부]
기본서 2권 179p

해설
09 ③ 제4류 위험물 중 제3석유류인 중질유(중유) 및 고비중을 가지는 윤활유·아스팔트유 등의 화재시 무상주수에 의해서 유류표면에 엷은 유화층을 형성하여 공기 중의 산소의 공급을 차단하는 유화효과(에멀션효과)를 나타내기도 한다.

10 ① 물은 분자 내에서는 극성공유결합을, 분자 간에는 수소결합을 하여 소화약제로써의 효과가 뛰어나다.

정답 09.③ 10.①

11 소방전술에서 물을 뿌리는 주수방법 중 옳지 않은 것은?
① 직사주수는 유리창 틀 같은 곳의 이물질을 제거할 수 있다.
② 중속분무는 간접공격법인 로이드레만 전법에 가장 적합하다.
③ 물의 양이 동일할 때 직사주수는 분무주수에 비하여 물이 뿌려지는 시간은 짧다.
④ 분무주수는 유류화재의 질식효과가 있다.

[11. 전남]
기본서 2권 183~184p

12 다음 중 분무방수에 대하여 옳지 않은 것은?
① 분무방수는 유류화재에 적응이 가능하다.
② 물분무는 입자가 적당할수록 질식소화에 용이하다.
③ 분무방수는 화점에 대한 명중률이 좋다.
④ 분무방수는 단거리 공격에 해당되며, 실외 등 개방된 공간에는 효과가 적다.

[11. 서울]
기본서 1권 221p
2권 184p

13 다음 중 물소화약제의 방사방법으로 가장 옳지 않은 것은?
① 봉상주수
② 전역주수
③ 무상주수
④ 적상주수

[12. 울산]
기본서 2권 183~184p

해설

11 ② 간접공격법인 로이드레만 전법에 가장 적합한 주수방법은 중속분무가 아닌 저속분무이다.

12 ③ 직사방수는 화점에 대한 명중률이 좋다. 분무방수의 장점으로는 직사주수보다 큰 질식효과, 냉각효과, 배연효과와 배열효과로 인한 소방관의 보호, 수손피해의 감소가 있고, 감전위험이 없으며, 소화효과가 빠르다.

13 ② 물소화약제를 화재에 방사하는 방법에는 봉상주수·적상주수 및 무상주수가 있다.
- 봉상주수 : 물소화약제를 화재발생시 방사하는 형태 중 대표적인 주수방법으로 소화기구 또는 소화설비의 방사기구로부터 굵고 긴 막대기 모양으로 물입자와 물입자가 서로 연결되어 방사되는 것이다.
- 적상주수 : 화재의 소화를 위해 물의 방사형태가 굵고 긴 막대기와 안개모양의 중간 형상을 갖는 방울모양을 하고 있으며, 물방울의 직경은 0.5~4mm로서 화재에 대하여 주로 냉각소화기능을 갖는다.
- 무상주수 : 물을 구름 또는 안개모양으로 방사하는 방법으로서 물을 방사하는 부분이 특수하게 제작되어 있으며, 고압으로 방사되기 때문에 물입자가 서로 이격되어 있고 입자의 직경이 0.01~1.0mm로 작아 대기에 방사되면 안개모양을 갖는다.

정답 11.② 12.③ 13.②

14 물소화약제에 대한 설명으로 옳은 것은?
① 질식소화 작용은 기대하기 어렵다.
② 분무상으로 방사 시 B급화재 및 C급화재에도 적응성이 있다.
③ 물은 비열과 기화열 값이 작아 냉각소화 효과가 우수하다.
④ 수용성 가연물질인 알코올, 에테르, 에스테르 등으로 인한 화재에는 적응성이 없다.

15 소화설비에서 무상주수의 효과가 아닌 것은?
① 화원주위에 복사열을 증진하는 효과가 있다.
② 산소공급을 차단하여 질식시키는 효과가 있다.
③ 열을 흡수하여 냉각하는 효과가 있다.
④ 유류표면에 엷은 수막층을 형성하는 유화효과가 있다.

해설 14 ① 질식소화 작용은 기대하기 ~~어렵다~~.
→ ㉠ 물소화약제는 수증기가 될 때 약 1,700배로 팽창한다.
   ㉡ 수증기가 공기 중의 산소의 농도를 희석하여 질식소화한다.
③ 물은 비열과 기화열 값이 ~~작아~~ 냉각소화 효과가 우수하다.
→ 커
④ 수용성 가연물질인 알코올, 에테르, 에스테르 등으로 인한 화재에는 ~~적응성이 없다~~.
→ 적합하다.

15 ① 화원주위에 복사열이 증진할 수 없도록 차단하는 효과가 있다.

정답 14.② 15.①

16 중질유화재 시 무상주수를 함으로써 기대할 수 있는 소화효과로 올바르게 묶인 것은?

① 질식소화, 부촉매소화
② 질식소화, 유화소화
③ 유화소화, 타격소화
④ 피복소화, 타격소화

[22. 소방직]
기본서 2권 184p

17 기계포 소화약제 중 단백포 소화약제에 관한 설명으로 옳은 것만을 〈보기〉에서 있는 대로 고른 것은?

〈보기〉
㉠ 유동성이 좋다.
㉡ 내열성이 나쁘다.
㉢ 유류를 오염시킨다.
㉣ 유면 봉쇄성이 좋다.

① ㉠, ㉢
② ㉢, ㉣
③ ㉠, ㉡, ㉣
④ ㉡, ㉢, ㉣
⑤ ㉠, ㉡, ㉢, ㉣

[24. 간부]
기본서 2권 190p

해설
16 ▶ 무상주수
1. 비점이 비교적 높은 제4류 위험물 중 제3석유류인 중질유(중유) 및 고비중을 가지는 윤활유·아스팔트유 등의 화재시 유류표면에 엷은 유화층을 형성하여 공기 중의 산소의 공급을 차단하는 유화효과(에멀션효과)를 나타내기도 한다.
2. 안개모양의 물입자는 공기 중의 산소의 공급을 차단하기 때문에 질식소화가 요구되는 유류화재의 소화에도 적합하다.

17 • 장점 : 구입가격이 저렴하고, 내열성이 우수하다.
　　　　밀봉성(유면 봉쇄성) 및 내화성이 우수하여 대형 유류저장탱크의 소화설비에 적합하다.
• 단점 : 유동성이 좋지 않아서 소화속도가 느리다.
　　　　소화약제의 보존기간이 짧다.
　　　　분말과 병용할 수 없으며, 유류를 오염시킨다.
　　　　내유성이 좋지 않다.

정답 16.② 17.②

18 포(foam)에 대한 일반적인 설명으로 옳은 것은?
① 불화단백포 및 수성막포는 표면하주입방식에 사용할 수 있다.
② 불소를 함유하고 있는 합성계면활성제포는 친수성이므로 유동성과 내유성이 좋다.
③ 단백포는 유동성은 좋으나, 내화성은 나쁘다.
④ 알콜형포 사용 시 비누화 현상이 일어나면 소화능력이 떨어진다.

[22. 소방직]
상 중 하
기본서 2권 187~194p

19 다음은 포소화약제에 관한 설명이다. 잘못 설명한 것은?
① 단백포는 소의 뿔, 발톱, 동물의 피 등으로 만들며 내열성과 접착성이 우수하다.
② 수성막포와 단백포의 단점을 개선한 것이 내알코올포이다.
③ 수성막포는 무독성 불소계 계면활성제를 주성분으로 하며 표면하주입방식에 가능하다.
④ 포는 기계포와 화학포로 나누는데 화학포는 일반적으로 사용하고 있지 않다.

[11. 서울]
상 중 하
기본서 2권 187~194p

해설 **18** ② 합성계면활성제포는 <u>불소를 함유하지 않고</u>, 유동성이 양호하여 소화속도가 빠르고, <u>내유성이 약하다</u>.
③ 단백포는 <u>유동성이 좋지 않아서 소화속도가 느리고</u>, 내화성은 우수하여 대형 유류저장탱크의 소화설비에 적합하다.
④ 알콜형포 사용 시 비누화 현상이 일어나면 <u>소화능력이 좋다</u>.
※ 포의 소멸(소포성)을 방지하기 위하여 단백질의 가수분해물, 계면활성제에 금속비누 등을 첨가하여 유화·분산시킨 것을 원제로 한 것
→ 비누화 현상

19 ② 수성막포와 단백포의 단점을 개선한 것은 불화단백포이다.
• 알코올형(내알코올)포소화약제 : 단백질의 가수분해물이나 합성계면활성제 중에 지방산 금속염이나 타계통의 합성계면활성제 또는 고분자겔 생성물 등을 첨가한 포소화약제로서 제4류 위험물 중 알코올류·에스테르류·에테르류·케톤류·알데하이드류·아민류·니트릴류 및 유기산 등의 수용성용제의 소화에 사용하는 약제를 말한다.

정답 18.① 19.②

20 포소화설비에 관한 설명으로 옳지 않은 것은?
① 팽창비란 최종 발생한 포 수용액 체적을 원래 포 체적으로 나눈 값을 말한다.
② 연성계란 대기압 이상의 압력과 대기압 이하의 압력을 측정할 수 있는 계측기를 말한다.
③ 국소방출방식이란 소화약제 공급장치에 배관 및 분사헤드 등을 설치하여 직접 화점에 소화약제를 방출하는 방식을 말한다.
④ 프레셔사이드 프로포셔너방식이란 펌프의 토출관에 압입기를 설치하여 포 소화약제 압입용펌프로 포 소화약제를 압입시켜 혼합하는 방식을 말한다.

[23. 소방직]
기본서 2권 187p, 228p, 266~270p

21 다음 중 물 소화약제에 첨가할 수 있는 동결방지제로서 틀린 것은?
① 염화나트륨 ② 중탄산나트륨
③ 프로필렌글리콜 ④ 염화칼슘

[12. 통합]
기본서 2권 186p

해설 **20** 팽창비란 최종 발생한 포 체적을 원래 포 수용액 체적으로(포소화설비의 화재안전기술기준) 나눈 값을 말한다.

21 ② 중탄산나트륨은 제1종 분말소화약제이다.
▶ 부동제(동결방지제)
㉠ 에틸렌글리콜(가장 많이 사용)
㉡ 프로필렌글리콜
㉢ 염화칼슘
㉣ 염화나트륨

정답 20.① 21.②

22 물의 유실방지 및 소방대상물의 표면에 오랫동안 잔류하면서 무상주수 시 물체의 표면에서 점성의 효력을 올리는 약제는?

① Wetting Agent
② Viscous Agent
③ Rapid Water
④ Emulsifier

[12. 전북]
기본서 2권 185~186p

23 물소화약제 첨가제 중 주요 기능이 물의 표면장력을 작게 하여 심부화재에 대한 적응성을 높여 주는 것은?

① 부동제   ② 증점제
③ 침투제   ④ 유화제

[20. 소방직]
기본서 2권 185~186p

해설 22 ② 증점제에 해당한다.
▸ **증점제(Viscosity Water Agent)**
　물의 유동성 때문에 소방대상물에 대한 부착성이 떨어지므로, 물의 유실을 방지하고 장기간 체류하게 함으로써 소화력을 증대시키기 위한 것이다.
　① 침투제 : 물의 침투성을 증가시키는 Wetting Agents(합성계면활성제)를 혼합한 수용액으로서 물의 침투가 용이하지 않은 면의 원료인 원면화재에 적합하다.
　③ 유동성 보강제 : 물의 유속을 빠르게 하고, 물의 마찰손실을 줄일 수 있도록 첨가하는 것이다.
　④ 유화제 : 유류에서 가연성 증기의 증발을 억제하여 소화효과를 증대시키는 첨가제이다.

23 ③ 침투제에 해당한다.
▸ **침투제(Wet Water)**
1. 물의 침투성을 증가시키는 Wetting Agents(합성계면활성제)를 혼합한 수용액으로서 물의 침투가 용이하지 않은 면의 원료인 원면화재에 적합하다.
2. 표면장력을 작게 하여 침투성을 높여주며, 약 침투제를 1% 이하로 한다.
3. 화재나 분진폭발의 예방을 위해서도 사용이 되고 있다.
4. 방사형태는 봉상, 적상, 무상, 포상이 있으며, 가장 소화효과가 우수한 것은 포상이다.

정답 22.② 23.③

24 포소화설비에서 고발포로서 제2종 기계포의 거품 팽창비율은?
① 6배 이상 20배 미만
② 80배 이상 250배 미만
③ 250배 이상 500배 미만
④ 500배 이상 1,000배 미만

[11. 서울]

25 고발포인 제2종 기계포의 팽창비에 해당하는 것은?
① 10배 이상 20배 이하
② 100배 이상 200배 이하
③ 300배 이상 400배 이하
④ 500배 이상 600배 이하

[20. 소방직]

해설

24 ③ 제2종 기계포의 거품 팽창비율은 250배 이상 500배 미만에 해당한다.

포의 명칭		포의 팽창비율
저 발 포		20배 이하
고 발 포	제1종 기계포	80배 이상 250배 미만
	제2종 기계포	250배 이상 500배 미만
	제3종 기계포	500배 이상 1,000배 미만

25 ③ 제2종 기계포의 거품 팽창비율은 250배 이상 500배 미만에 해당한다.

포의 명칭		포의 팽창비율
저 발 포		20배 이하
고 발 포	제1종 기계포	80배 이상 250배 미만
	제2종 기계포	250배 이상 500배 미만
	제3종 기계포	500배 이상 1,000배 미만

정답 24.③ 25.③

26 포소화약제 중 저·고 팽창포에도 쓸 수 있는 소화약제는?
① 불화단백질포   ② 합성계면활성제포
③ 내알코올포   ④ 수성막포

[16. 통합]
상 중 **하**
기본서 2권 189p

27 포소화약제 중 분말과 병용하면 소화효과가 7~8배 증가되는 약제로 옳은 것은?
① 화학포   ② 수성막포
③ 알코올형포   ④ 합성계면활성제포

[17. 상반기]
상 **중** 하
기본서 2권 191p

28 포 소화약제에 관한 설명으로 옳지 않은 것은?
① 불화단백포 소화약제는 불소계 계면활성제를 첨가하여 단백포 소화약제의 단점인 유동성을 보완하였다.
② 알콜형포 소화약제는 케톤류, 알데히드류, 아민류 등 수용성용제의 소화에 사용할 수 있다.
③ 단백포 소화약제는 단백질을 가수분해 한 것을 주원료로 하며 내유성이 뛰어나 소화속도가 빠르다.
④ 합성계면활성제포 소화약제는 유동성과 저장성이 우수하며 저팽창포부터 고팽창포까지 사용할 수 있다.

[24. 소방직]
상 **중** 하
기본서 2권 190~194p

해설

26 ② 합성계면활성제포 : 기계의 동력에 의해서 공기를 혼입시켜 사용하는 기계포소화약제로서 가장 오래된 기계포 소화약제이다. 다양한 발포율이 가능하다(저발포, 고발포). 차고, 주차장 및 일반 유류화재에 적합하다. 또한 고팽창포로 사용 시 화학플랜트화재, 지하가, 저유탱크 등의 화재에 적합하다.

27 ② 분말과 병용하면 소화성능이 좋은 약제는 수성막포이다.

28 단백포 소화약제는 유동성이 좋지 않아서 소화속도가 느리다.

정답 26.② 27.② 28.③

29 수성막포 소화약제에 관한 내용으로 옳은 것만을 〈보기〉에서 있는 대로 고른 것은?

〈보기〉
㉠ 불소계 계면활성제를 주성분으로 한 것으로 안정성이 좋아 장기보존이 가능하다.
㉡ 알코올류, 케톤류, 에스테르류 등과 같은 수용성 위험물 화재에 소화적응성이 아주 우수하다.
㉢ 내유성이 있어 탱크 하부에서 발포하는 표면하주입방식이 가능하며 분말소화약제와 함께 사용 시 소화능력이 강화된다.
㉣ 유류의 표면에 거품과 수성막을 형성함으로써 질식과 냉각 소화 작용이 우수하며 '라이트 워터(Light Water)'라고도 불린다.

① ㉠
② ㉡, ㉢
③ ㉠, ㉡, ㉣
④ ㉠, ㉢, ㉣
⑤ ㉡, ㉢, ㉣

[23. 간부]
기본서 2권 191p

30 다음 중 나머지 셋과 거리가 먼 것은?
① Aqueous Film Foaming Foam
② Fluoro Chemical Foam
③ Loaded Stream
④ Light Water

[12. 세종]
기본서 2권 185p, 191p

해설
29 ㉡ 알코올류, 케톤류, 에스테르류 등과 같은 수용성 위험물 화재에는 알코올형포 소화약제가 적합하다.
30 ①④는 수성막포, ②는 불소계 화학포로 포의 종류에 속하고 ③은 물소화약제의 첨가제인 강화액이다.

정답 29.④ 30.③

31 다음은 수성막포에 관한 설명이다. ( )안에 들어갈 내용으로 옳은 것은?

> 수성막포는 (㉠)이 강하여 표면하주입방식에 효과적이며, 내약품성으로 (㉡)소화약제와 Twin Agent System이 가능하다. 반면에 내열성이 약해 탱크 내벽을 따라 잔불이 남게 되는 (㉢)현상이 일어날 우려가 있으며, 대형화재 또는 고온화재 시 수성막 생성이 곤란한 단점이 있다.

	㉠	㉡	㉢
①	점착성	강화액	윤화
②	점착성	분말	선화
③	내유성	분말	선화
④	내유성	강화액	선화
⑤	내유성	분말	윤화

32 전기화재에 적응성이 있는 소화약제에 해당하지 않는 것은?
① 이산화탄소 소화약제
② 인산염류 소화약제
③ 중탄산염류 소화약제
④ 고체에어로졸화합물
⑤ 팽창질석・팽창진주암

해설

31 수성막포는 (내유성)이 강하여 표면하주입방식에 효과적이며, 내약품성으로 (분말)소화약제와 Twin Agent System이 가능하다. 반면에 내열성이 약해 탱크 내벽을 따라 잔불이 남게 되는 (윤화)현상이 일어날 우려가 있으며, 대형화재 또는 고온화재 시 수성막 생성이 곤란한 단점이 있다.

32 ⑤ 팽창질석・팽창진주암 - 돌 종류이기 때문에 주로 금속화재(D급)에 가능
① 이산화탄소 소화약제 - 유류화재(B급), 전기화재(C급), 가스화재(E급) 가능
② 인산염류 소화약제 - 제3종분말[일반화재(A급), 유류화재(B급), 전기화재(C급) 가능]
③ 중탄산염류 소화약제 - 제1종・제2종분말[유류화재(B급화재), 전기화재(C급화재) 가능]
④ 고체에어로졸화합물 - 변전실 또는 전기실에 사용되는 설비로서 자동소화설비이기 때문에 유류화재(B급), 전기화재(C급) 가능

정답 31. ⑤ 32. ⑤

33 전기실에 사용하는 이산화탄소 소화약제의 주 소화성능은?
① 희석소화   ② 질식소화
③ 부촉매소화   ④ 냉각소화

34 이산화탄소 소화약제에 관한 설명으로 가장 거리가 먼 것은?
① 전역방출방식의 경우 유류화재 및 전기화재에 주로 사용되며 일반화재에는 사용이 불가능하다.
② 이산화탄소는 최종산화물로서 더 이상 연소반응을 일으키지 않기 때문에 소화약제로 쓰인다.
③ 표면화재에 우수한 효과를 나타내며 심부화재에도 효과가 크다.
④ 소화 후 소화약제에 의한 손실은 없으나 방출 시 인명피해가 우려되는 밀폐된 지역에는 사용을 제한하고 있다.

35 다음 중 이산화탄소 소화약제에 대한 설명으로 틀린 것은?
① 공기보다 2.5배 무겁다.
② 상온에서는 기체이지만 액화하여 보관한다.
③ 전기화재에 적합하다.
④ 가장 큰 소화효과는 질식소화효과이다.

해설

33 ② 이산화탄소 소화설비의 소화작용으로는 질식소화, 냉각소화, 피복소화작용이 있으나 주 소화작용은 질식소화이다.

34 ① 전역방출 방식으로 할 때는 일반가연물화재(A급화재)에도 적용된다.

35 ① 공기보다 1.5배 무거워 방출하면 미연소된 가연물질의 표면뿐만 아니라 내부의 구석구석까지 침투한다. 즉, 심부화재에 적합하다.

정답 33.② 34.① 35.①

36 다음 특성에 해당하는 소화약제는?

- 소화 후 소화약제에 의한 오손이 없고, 비전도성이다.
- 장기보존이 용이하고, 추운지방에서도 사용 가능하다.
- 자체 압력으로 방출이 가능하고, 불연성 기체로서 주된 소화효과는 질식효과이다.

① 이산화탄소 소화약제 ② 산 알칼리 소화약제
③ 포소화약제 ④ 할로겐화합물 소화약제

37 이산화탄소 소화약제의 특징으로 옳은 것은?

① 무색, 무취로 전도성이며 독성이 있다.
② 질식소화 효과와 기화열 흡수에 의한 냉각효과가 있다.
③ 제3류 위험물, 제5류 위험물의 소화에 사용한다.
④ 자체 증기압이 매우 낮아 별도의 가압원이 필요하다.

해설

36 ▶ 이산화탄소 소화약제
- 화재를 소화할 때 피연소물질의 내부까지 침투한다.
- 피연소물질에 피해를 주지 않는다.
- 증거보존이 가능하며, 소화약제의 구입비가 저렴하다.
- 전기의 부도체(불량도체)이다.
- 장기간 저장하여도 변질·부패 또는 분해를 일으키지 않는다.
- 이산화탄소 소화약제는 산소농도의 희석에 의한 질식소화를 주목적으로 하므로 개방된 장소에서 일반가연물화재의 소화에는 부적합하다.

37 ① 이산화탄소 소화약제는 전기의 부도체(불량도체)이다.
③ 제5류 위험물의 소화에는 사용하지 않는다.
④ 이산화탄소 소화약제는 자체 증기압이 높아 별도의 가압원이 필요하지 않다.

정답 36.① 37.②

38 이산화탄소를 방사해서 산소농도 10%가 되었다면 이때 사용한 이산화탄소 농도는 얼마인가?

① 21%
② 34%
③ 42%
④ 52.4%

[13. 전북]
상 **중** 하
기본서 2권 197p

39 공기 중 산소농도가 20%일 때, 이산화탄소를 방사해서 산소농도 10%가 되었다면 이때 이산화탄소의 농도는?

① 50
② 25
③ 20
④ 15

[18. 상반기]
상 **중** 하
기본서 2권 197p

40 밀폐된 구획공간에서 이산화탄소 방사 시 산소농도를 10%로 설계할 때 방사하는 이산화탄소의 농도는? (단, 소수점은 올림 처리한다.)

① 15%
② 24%
③ 35%
④ 45%
⑤ 53%

[21. 간부]
상 **중** 하
기본서 2권 197p

해설

38 ④ $\dfrac{21-10}{21} \times 100 = 52.38(\%)$

39 ① $\dfrac{21-O_2}{21} \times 100 = CO_2$ 주어진 산소농도가 20%일 때이니까

$\dfrac{20-O_2}{20} \times 100 = CO_2$ $\dfrac{20-10}{20} \times 100 = 50$

40 $CO_2(\%) = \dfrac{21-O_2}{21} \times 100(\%)$

$CO_2(\%) = \dfrac{21-10}{21} \times 100(\%) = 52.38\ldots$

소수점은 올림 처리하여 53

정답 38.④ 39.① 40.⑤

41 할론(Halon) 소화약제에 관한 설명으로 옳은 것은?

① 지방족 탄화수소, 메테인, 에테인 등의 수소 원자 일부 또는 전부가 할로젠 원소(F, Cl, Br, I)로 치환된 화합물이며 메테인, 에테인과 물리·화학적 성질이 비슷하다.
② Halon 1301과 Halon 1211은 모두 상온, 상압에서 기체로 존재하며 유류화재, 전기화재, 금속의 수소화합물, 유기과산화물에 적응성이 있다.
③ Halon 2402는 상온, 상압에서 액체로 존재하며 자체적인 독성은 없지만 열분해 시 독성가스를 발생시킨다.
④ Halon 1211은 자체 증기압이 낮아 저장용기에 저장할 때 소화약제의 원활한 방출을 위해 질소가스로 가압한다.

[24. 소방직]

42 다음 중 오존층 파괴지수(ODP)가 큰 순서대로 된 것은?

㉮ IG-541	㉯ 할론1211
㉰ 할론2402	㉱ 할론1301

① ㉱-㉰-㉯-㉮
② ㉱-㉰-㉮-㉯
③ ㉱-㉯-㉮-㉰
④ ㉱-㉮-㉯-㉰

[12. 전북]

해설

41 ① 메테인, 에테인 등의 수소 원자와 할로겐 원소의 성질은 다르다.
② 금속의 수소화합물에는 할론 소화약제를 사용하지 않는다.
③ Halon 2402는 자체적인 독성이 있다.

42 ① 할론1301 → 할론2402 → 할론1211 → IG-541

정답 41.④(전원정답처리) 42.①

43 다음 중 주거에서 사람이 상주하는 공간에 독성이 없는 정도를 나타내는 용어는?
① ODP
② GWP
③ ALT
④ NOAEL
⑤ MIE

44 표준 상태에서 Halon 1301 소화약제가 공기 중으로 방사되어 균일하게 혼합되어 있을 때 Halon 1301의 기체 비중은 얼마인가? (단, 공기의 분자량은 29, F의 원자량은 19, Br의 원자량은 80이다. 소수점 셋째자리에서 반올림할 것)
① 2.76
② 4.92
③ 5.14
④ 9.34

해설

43 ④ NOAEL : 거주공간에서의 사용을 제한하기 위한 소화약제의 농도로 인체에 부작용이 없고 아무런 악영향을 미치지 않는 최고의 농도를 의미한다.
① ODP : 어떤 물질의 오존파괴능력을 상대적으로 나타내는 지표를 ODP(오존파괴지수)라 한다.
② GWP : 일정무게의 CO_2가 대기 중에 방출되어 지구온난화에 기여하는 정도를 1로 정하였을 때 같은 무게의 어떤 물질이 기여하는 정도를 GWP(지구온난화지수)로 나타낸다.
③ ALT : 어떤 물질이 방사되어 분해되지 않은 채로 존재하는 기간을 대기잔존연수라 한다.
⑤ MIE : 폭발범위 내에 있는 가스나 분진 등을 발화시키는 데 필요한 최소한의 에너지를 최소발화에너지라고 하며 이는 혼합가스 또는 분진의 조성이나 농도, 온도, 압력, 활성화에너지, 전극의 형태 등에 의해 영향을 받는다.

44 ③ Halon 1301 소화약제(CF_3Br) : 공기보다 5배 무거우며, 비점(bp)이 영하 57.75°C이며, 모든 Halon 소화약제 중 소화성능이 가장 우수하나, 오존층을 구성하는 오존(O_3)과의 반응성이 강하여 오존파괴지수(ODP ; Ozone Depletion Potential)가 가장 높다. Halon 1301의 화학식은 CF_3Br이다.
CF_3Br의 분자량은 $12+19\times3+80=149$
비중$=\dfrac{물질의\ 분자량}{공기의\ 분자량}=\dfrac{149}{29}=5.137=5.14$

정답 43.④ 44.③

45 할로겐화합물 소화약제가 갖추어야 할 일반적인 조건으로 옳지 않은 것은?

① 독성이 적을수록 좋다.
② 지구 온난화에 끼치는 영향이 적을수록 좋다.
③ 대기 중에 잔존 시간이 길수록 좋다.
④ 오존층 파괴에 끼치는 영향이 적을수록 좋다.

46 할로겐화합물 및 불활성기체 소화약제에 관하여 옳지 않은 것은?

① 할로겐화합물 및 불활성기체 소화약제는 오존층 보호용인 친환경적인 소화약제이다.
② 증발성이 있거나 증발 후 대기 중 잔여물을 남기지 않는 깨끗한 소화약제이다.
③ 할론 소화약제를 모두 포함한 약제를 말한다.
④ 오존파괴지수(ODP)와 지구온난지수(GWP)가 0에 가깝다.

해설

45 ③ 대기 중에 잔존 시간이 길수록 좋다.
→ 짧을수록

46 ③ 할로겐화합물 및 불활성기체 소화약제는 브롬을 함유하지 않기 때문에 오존층을 파괴하는 오존파괴지수(ODP)와 지구의 온도를 상승시켜 지구를 온실화하는 지구온난화지수(GWP)가 Halon 물질과 이산화탄소(CO_2)에 비하여 무시할 정도로 낮다.

정답 45.③ 46.③

47 어떤 물질이 지구온난화에 기여하는 능력을 상대적으로 나타내는 오존파괴지수(ODP : Ozone Depletion Potential)의 기준물질은?

① CFC-11
② CFC-12
③ CFC-111
④ CFC-112
⑤ CFC-1301

[16. 간부]

심화

48 할로겐화합물 소화약제 중 "HCFC BLEND A"의 구성 요소가 아닌 것은?

① HCFC - 123
② C_3HF_7
③ HCFC - 22
④ HCFC - 124
⑤ $C_{10}H_{16}$

[22. 간부]

기본서 2권 206p

해설

47 • 오존파괴지수
  어떤 화합물질의 오존파괴 정도를 숫자로 표현한 것으로서 숫자가 클수록 오존파괴정도가 크다. 삼염화불화탄소($CFCl_3$)의 오존파괴능력을 1로 보았을 때 상대적인 파괴능력을 나타내는 지수로써 몬트리올의정서에서 규정한 모든 오존층파괴물질에 대해 오존층파괴지수가 산정되어 있다.
• 할론 1301의 ODP는 14.1, 할론 1211은 2.4, 할론 2402는 6.6으로 CFC-11에 비해 훨씬 높은 값을 갖고 있다. CFC-11의 ODP는 1이다.

48 ② C_3HF_7
  → 헵타플루오로 프로페인

HCFC BLEND A	HCFC-123($CHCl_2CF_3$) : 4.75% HCFC-22($CHClF_2$) : 82% HCFC-124($CHClFCF_3$) : 9.5% $C_{10}H_{16}$: 3.75%

소화약제	화학식
FC-3-1-10	C_4F_{10}
HCFC BLEND A	HCFC-123($CHCl_2CF_3$) : 4.75% HCFC-22($CHClF_2$) : 82% HCFC-124($CHClFCF_3$) : 9.5% $C_{10}H_{16}$: 3.75%
HCFC-124	$CHClFCF_3$
HFC-125	CHF_2CF_3
HFC-227ea	CF_3CHFCF_3
HFC-23	CHF_3
HFC-236fa	$CF_3CH_2CF_3$
FIC-13I1	CF_3I
FK-5-1-12	$CF_3CF_2C(O)CF(CF_3)_2$

정답 47.① 48.②

49 할로겐화합물 및 불활성기체 소화약제에 대한 설명으로 옳지 않은 것은?
① 전기적으로 비전도성이며 휘발성이 있거나 증발 후 잔여물을 남기지 않는 소화약제이다.
② 오존파괴지수와 지구온난화지수가 할론과 이산화탄소에 비해 무시할 수 있을 정도로 낮다.
③ 화재에 대하여 질식·냉각소화기능 및 부촉매소화기능이 우수하다.
④ 화재를 소화하는 동안 피연소물질에 물리적·화학적 변화나 재산상의 피해를 주지 않으며, 소화가 완료된 후 특별한 물질이나 지방성 부산물을 발생시키는 단점이 있다.
⑤ 소화약제 방출 시 할론이나 이산화탄소와 같이 산소의 농도를 급격하게 저하시키지 않는다.

50 할로겐화합물 및 불활성기체 소화약제에 관한 설명으로 옳지 않은 것은?
① IG-01, IG-55, IG-100, IG-541 중 질소를 포함하지 않은 약제는 IG-100이다.
② 할로겐화합물 소화약제 중 HFC-23(트리플루오르메탄)의 화학식은 CHF_3이다.
③ 부촉매 소화효과는 불활성기체 소화약제에는 없으나 할로겐화합물 소화약제에는 있다.
④ 할로겐화합물 소화약제는 불소, 염소, 브롬 또는 요오드 중 하나 이상의 원소를 포함하고 있는 유기화합물을 기본성분으로 하는 소화약제를 말한다.

해설
49 ④ 할로겐화합물 및 불활성기체 소화약제는 화재를 소화하는 동안 피연소물질에 물리·화학적 변화나 재산상의 피해를 주지 않으며, 소화가 완료된 후 특별한 물질이나 지방성 부산물을 발생시키지 않는다. 또한 저장성이 뛰어나며, 소화약제의 방출시 Halon 물질이나 이산화탄소와 같이 산소의 농도를 급격하게 저하시키지 않는 장점을 가지고 있다.
50 IG-100은 질소만 포함하고 있다.
※ 질소를 포함하지 않은 약제는 IG-01이다.

정답 49.④ 50.①

51 불활성기체 IG-541의 성분으로 옳은 것은?
① N_2, Ne, Ar이 각각 52%, 40%, 8%가 들어있다.
② N_2, Ar, CO_2가 각각 52%, 40%, 8%가 들어있다.
③ N_2, Ar, CO_2가 각각 50%, 40%, 10%가 들어있다.
④ N_2, Ne, Ar이 각각 50%, 40%, 10%가 들어있다.
⑤ He, Ne, Ar이 각각 50%, 40%, 10%가 들어있다.

[15. 간부]

기본서 2권 206p

52 다음은 불활성기체 소화약제 중 IG-541에 대한 설명이다. 옳지 않은 것은?
① 사람의 호흡에 문제가 없으므로 사람이 있는 곳에서도 사용할 수 있다.
② 할론이나 분말소화제와 같이 화학적 소화특성을 지니고 있다.
③ 오존층파괴지수(ODP)가 0이다.
④ IG-541은 질소 52%, 아르곤 40%, 이산화탄소 8%로 이루어진 혼합소화약제이다.

[18. 상반기]

기본서 2권 206p

해설 51 ② 불활성기체소화약제 : 헬륨, 네온, 아르곤, 질소 중 하나 이상의 원소를 기본성분으로 하는 소화약제를 말한다.

소화약제	화학식
IG-01	Ar
IG-100	N_2
IG-541	N_2 : 52%, Ar : 40%, CO_2 : 8%
IG-55	N_2 : 50%, Ar : 50%

52 ② 화학적 소화특성 있다. ⇒ 부촉매 소화
IG-541은 불활성기체 소화약제이므로 부촉매 소화가 없다.

정답 51.② 52.②

53 불활성기체 소화약제의 표기와 화학식의 연결이 옳지 않은 것은?

① IG-01 – Ar
② IG-100 – N_2
③ IG-541 – N_2 : 52%, Ar : 40%, Ne : 8%
④ IG-55 – N_2 : 50%, Ar : 50%

54 "할로겐화합물 및 불활성기체 소화약제" 중 불활성기체 소화약제를 구성할 수 있는 물질에 해당하지 않는 것은?

① 헬륨 ② 네온
③ 염소 ④ 질소
⑤ 아르곤

55 분말소화약제 중에서 제1종 분말소화약제와 제2종 분말소화약제가 방사되었을 때 함께 생성되는 물질은?

① N_2, O_2 ② N_2, CO_2
③ H_2O, CO_2 ④ O_2, CO_2

해설

53 ③ IG-541 – N_2 : 52%, Ar : 40%, CO_2 : 8%

소화약제	화학식	소화약제	화학식
IG-01	Ar	IG-541	N_2 : 52%, Ar : 40%, CO_2 : 8%
IG-100	N_2	IG-55	N_2 : 50%, Ar : 50%

54 불활성기체 소화약제 : 헬륨, 네온, 아르곤, 질소 중 하나 이상의 원소를 기본성분으로 하는 소화약제를 말한다.

55 ③ 제1종과 제2종 분말소화약제는 H_2O와 CO_2가 나오면서 냉각효과를 일으킨다.

▶ 제1종 분말소화약제 열분해(탄산수소나트륨)
  270℃에서 $2NaHCO_3 \rightarrow Na_2CO_3 + H_2O + CO_2$
▶ 제2종 분말소화약제 열분해(탄산수소칼륨)
  190℃에서 $2KHCO_3 \rightarrow K_2CO_3 + H_2O + CO_2$
▶ 제3종 분말소화약제 열분해(제1인산암모늄)
  $NH_4H_2PO_4 \rightarrow HPO_3 + NH_3 + H_2O$
▶ 제4종 분말소화약제 열분해(탄산수소칼륨+요소)
  $2KHCO_3 + (NH_2)_2CO \rightarrow K_2CO_3 + 2NH_3 + 2CO_2$

정답 53.③ 54.③ 55.③

56 분말소화약제에 대하여 옳지 않은 것은?
① 분말소화약제 제1종과 제2종은 B급, C급 화재에 사용된다.
② 분말소화약제 제1종과 제2종, 제4종은 B급, C급 화재에 사용된다.
③ 제3종 분말소화약제는 A급, B급, C급 화재에 사용된다.
④ 제4종 분말소화약제는 A급, B급, C급 화재에 사용된다.

[11. 서울]
기본서 2권 199p

57 분말소화약제의 종류에 속하지 않은 것은?
① 탄산수소나트륨　　② 탄산수소칼륨
③ 인산암모늄　　　　④ 인산나트륨

[12. 경기]
기본서 2권 199p

해설 56 ④ 제4종 분말소화약제는 B급, C급 화재에 사용된다. 분말소화약제 중 A급 화재에 사용가능한 소화약제는 제3종 분말소화약제뿐이다.

57

종 별	주성분	색 상	소화대상	소화성능
제1종 분말	탄산수소나트륨($NaHCO_3$)	백 색	B급, C급, F급	60
제2종 분말	탄산수소칼륨($KHCO_3$)	담자색	B급, C급	118
제3종 분말	제1인산암모늄($NH_4H_2PO_4$)	담홍색	A급, B급, C급	100
제4종 분말	탄산수소칼륨+요소($KHCO_3+(NH_2)_2CO$)	회 색	B급, C급	150

정답 56.④　57.④

58 다음 중 분말소화약제에 대한 설명이 틀린 것은?
① 제1종 – 탄산수소칼륨
② 제2종 – B·C급 화재에 적응성이 있다.
③ 제3종 – 제1인산암모늄
④ 제4종 – 분말가루의 색상은 회색이다.

59 분말소화약제 중에서 질식소화, 냉각소화, 비누화현상이 나타나는 것은?
① 제1종 분말소화약제 ② 제2종 분말소화약제
③ 제3종 분말소화약제 ④ 제4종 분말소화약제

60 분말소화약제에 관한 설명으로 옳지 않은 것은?
① 제2종 분말소화약제의 주성분은 $KHCO_3$이다.
② 제1·2·3종 분말소화약제는 열분해 반응에서 CO_2가 생성된다.
③ $NaHCO_3$이 주된 성분인 분말소화약제는 B·C급 화재에 사용하고 분말 색상은 백색이다.
④ $NH_4H_2PO_4$이 주된 성분인 분말소화약제는 A·B·C급 화재에 유효하고 비누화현상이 일어나지 않는다.

해설

58 ① 제1종은 탄산수소나트륨이다.
▶ 분말소화약제

종 별	주성분	색 상	소화대상	소화성능
제1종 분말	탄산수소나트륨($NaHCO_3$)	백 색	B급, C급, F급	60
제2종 분말	탄산수소칼륨($KHCO_3$)	담자색	B급, C급	118
제3종 분말	제1인산암모늄($NH_4H_2PO_4$)	담홍색	A급, B급, C급	100
제4종 분말	탄산수소칼륨+요소($KHCO_3+(NH_2)_2CO$)	회 색	B급, C급	150

59 ① 1종 분말소화약제는 냉각소화, 질식소화, 부촉매소화작용, 그 밖의 소화작용으로 소화분말인 탄산수소나트륨으로부터 열분해시 발생된 이산화탄소와 수증기가 화재로부터 발생되는 열의 전달을 차단시켜 화재의 전파를 방지케 함으로써 열전달방지 소화작용을 하며, 특히 식용유화재에서 나트륨을 가하면 지방을 가수분해하는 비누화현상을 일으켜서 소화한다.

60 3종 분말소화약제에선 CO_2가 나오지 않는다.

정답 58.① 59.① 60.②

61 제3종 분말소화약제와 착색으로 옳은 것은?
① 중탄산나트륨, 백색
② 중탄산칼륨, 담회색
③ 중탄산칼륨+요소, 회색
④ 제1인산암모늄, 담홍색

62 다음 중 분말소화약제에 대하여 가장 옳지 않은 것은?
① 전기가 통하지 않는 비전도성으로 독성이 없다.
② 자기연소, 내부연소에 소화효과가 있다고 할 수 있다.
③ 제4종 분말소화약제는 중탄산칼륨과 요소로 조합되어 있다.
④ 제3종 분말소화약제의 착색은 담홍색이다.
⑤ 제1종 분말소화약제의 성분은 중탄산나트륨이다.

해설 61 ④ 제1인산암모늄, 담홍색
▶ 분말소화약제

종 별	주성분	색 상	소화대상	소화성능
제1종 분말	탄산수소나트륨($NaHCO_3$)	백 색	B급, C급, F급	60
제2종 분말	탄산수소칼륨($KHCO_3$)	담자색	B급, C급	118
제3종 분말	제1인산암모늄($NH_4H_2PO_4$)	담홍색	A급, B급, C급	100
제4종 분말	탄산수소칼륨+요소($KHCO_3+(NH_2)_2CO$)	회 색	B급, C급	150

62 ② 자기연소성물질은 분말소화약제 등에 의한 질식소화는 효과가 없으며, 많은 양의 물에 의한 냉각소화가 가장 효과적이다.

정답 61.④ 62.②

63 다음 중 분말소화약제의 종류와 약제성분이 바르게 연결된 것은?
① 제1종 분말소화약제 – 중탄산칼륨
② 제2종 분말소화약제 – 중탄산나트륨
③ 제3종 분말소화약제 – 제1인산암모늄
④ 제4종 분말소화약제 – 중탄산나트륨, 요소

[13. 대전]
기본서 2권 199p

64 다음 중 분말소화약제에 대한 설명으로 틀린 것은?
① 입자가 미세할수록 소화효과가 좋은 것은 아니고, 적당한 20~25마이크론 정도가 가장 좋다.
② 제3종 분말소화약제는 식용유 비누화 효과가 있다.
③ 제1종 분말의 색은 백색이다.
④ 소화성능은 4종이 가장 우수하다.
⑤ 제3종 분말소화약제는 일반, 유류, 전기화재에 사용이 가능하다.

[15. 간부]
기본서 2권 199~203p

해설 63

종 별	주성분	색 상	소화대상	소화성능
제1종 분말소화약제	(중)탄산수소나트륨($NaHCO_3$) : 드라이케미컬	백 색	B급, C급, F급	60
제2종 분말소화약제	(중)탄산수소칼륨($KHCO_3$)	담자색 (보라색)	B급, C급	118
제3종 분말소화약제	제1인산암모늄($NH_4H_2PO_4$)	담홍색	A급, B급, C급	100
제4종 분말소화약제	탄산수소칼륨+요소($KHCO_3 + (NH_2)_2CO$)	회 색	B급, C급	150

64 ② 식용유 비누화작용을 일으켜서 질식소화 하는 것은 1종 분말소화약제이다.

정답 63.③ 64.②

65 분말소화약제의 소화효과로 옳지 않은 것은?
① 질식
② 냉각
③ 방사열 차단
④ 희석

[16. 통합]
기본서 2권 199~203p

66 분말소화약제 중 ABC급 화재에 모두 적용가능하며, 담홍색의 소화분말은 ( ) 분말이며, 주성분은 ( )이다. ( ) 안에 알맞은 말은?
① 1종, 중탄산나트륨
② 2종, 중탄산나트륨
③ 3종, 제1인산암모늄
④ 4종, 중탄산나트륨

[17. 상반기]
기본서 2권 199p

해설

65 ④ 분말소화약제의 소화효과 : 부촉매소화, 질식소화, 냉각소화, 방진소화, 열전달방지 소화, 탈수탄화작용

66 ③ 분말소화약제 중 ABC급 화재에 모두 적용가능하며, 담홍색의 소화분말은 (3종)분말이며, 주성분은 (제1인산암모늄)이다.

정답 65.④ 66.③

67 제3종 분말소화약제에 대한 설명으로 옳지 않은 것은?
① 백색으로 착색되어 있다.
② ABC급 분말소화약제라고도 부른다.
③ 주성분은 제1인산암모늄($NH_4H_2PO_4$)이다.
④ 현재 생산되고 있는 분말소화약제의 대부분을 차지하고 있다.

[18. 하반기]

기본서 2권 201~202p

68 분말소화약제에 대한 일반적인 설명으로 옳지 않은 것은?
① 피연소 물질에 영향을 끼치는 단점을 가지고 있다.
② 전기절연성이 높아 고전압의 전기화재에도 적합하다.
③ 제3종 분말소화약제의 착색은 담홍색이다.
④ 자기연소성 물질의 화재에 강한 소화력을 가지고 있다.
⑤ 습기의 흡입에 주의하여야 한다.

[18. 간부]

기본서 2권 201~202p

해설 67 ① 제3종 분말소화약제의 색상은 담홍색(분홍색)이다.

68 ④ 자기연소성 물질은 제5류 위험물로서 물로 냉각소화하는 것이 적합하다.

정답 67.① 68.④

69 다음 중 HPO_3가 일반 가연물질인 나무, 종이 등의 표면에 피막을 이루어 공기 중의 산소를 차단하는 방진작용과 관련이 있는 것은?

① 제1종 분말소화약제
② 제2종 분말소화약제
③ 제3종 분말소화약제
④ 제4종 분말소화약제

[19. 소방직]
기본서 2권 201~202p

70 제3종 분말소화약제가 열분해될 때 생성되는 물질로서 방진작용을 하는 물질은?

① N_2(질소)
② H_2O(수증기)
③ K_2CO_3(탄산칼륨)
④ HPO_3(메타인산)
⑤ Na_2CO_3(탄산나트륨)

[22. 간부]
기본서 2권 201~202p

해설 69 ③ 제3종 분말소화약제
▶ 방진소화작용 : 제1인산암모늄으로부터 360℃ 이상의 온도에서 열분해하는 과정에서 생성되는 액체상태의 점성을 가진 메타인산(HPO_3)이 일반가연물질인 나무·종이·섬유 등의 연소과정인 잔진상태의 숯불표면에 유리(glass)상의 피막을 이루어 공기 중의 산소의 공급을 차단시키며, 숯불모양으로 연소하는 작용을 방지한다.

70 ④ HPO_3(메타인산)
▶ 방진소화작용 : 제1인산암모늄으로부터 360℃ 이상의 온도에서 열분해하는 과정에서 생성되는 액체상태의 점성을 가진 메타인산(HPO_3)이 일반가연물질인 나무·종이·섬유 등의 연소과정인 잔진상태의 숯불표면에 유리(glass)상의 피막을 이루어 공기 중의 산소의 공급을 차단시키며, 숯불모양으로 연소하는 작용을 방지한다.

정답 69.③ 70.④

03 소방시설

01 다음은 소방시설의 분류에 관한 설명에서 옳은 것은?
① 경보설비 – 비상벨설비 및 자동식 사이렌설비, 비상방송설비, 통합감시시설
② 피난구조설비 – 비상조명등, 유도등 및 유도표지, 피난기구, 제연설비
③ 소화용수설비 – 상수도소화용수설비, 저수조, 소화수조, 무선통신보조설비
④ 소화설비 – 소화기구, 옥내소화전설비, 스프링클러설비, 연결살수설비

[11. 서울]

02 다음 중 소방시설의 분류가 다른 것은?
① 제연설비   ② 유도표지
③ 인명구조기구 ④ 휴대용비상조명등

[12. 세종]

해설 01
① 경보설비는 보기 이외에 자동화재탐지설비 및 시각경보기, 자동화재속보설비, 누전경보기, 가스누설경보기, 단독경보형 감지기, 화재알림설비가 있다.
② 피난구조설비는 완강기, 방열복, 공기호흡기, 인공소생기, 비상조명등, 유도등 등이 있다.
③ 소화용수설비는 상수도소화용수설비, 저수조, 소화수조 등이 있다.
④ 소화설비는 소화기구, 옥내소화전, 옥외소화전, 스프링클러설비, 물분무등소화설비 등이 있다.

02 ① 제연설비는 소화활동설비이고 나머지는 피난구조설비이다.

정답 01.① 02.①

03 다음 소방시설의 종류 중 설비가 다른 하나는?

① 비상방송설비　　　　② 단독경보형감지기
③ 제연설비　　　　　　④ 비상경보설비

[14. 통합]
기본서 2권 210~211p

04 소방시설의 종류 중 분류가 다른 것은?

① 상수도 소화용수설비
② 연결살수설비
③ 연결송수관설비
④ 제연설비

[16. 통합]
기본서 2권 210~211p

해설

03 ③ 제연설비는 소화활동설비이다.
①②④는 경보설비이다.

04 ① 상수도 소화용수설비는 소화용수설비(화재를 진압하는데 필요한 물을 공급하거나 저장하는 설비)이다.
②③④는 소화활동설비(화재를 진압하거나 인명 구조 활동을 위하여 사용하는 설비)이다.

정답 03.③　04.①

05 소방시설에 대한 설명으로 옳지 않은 것은?
① 소화설비란 물 또는 그 밖의 소화약제를 사용하여 소화하는 기계·기구 또는 설비로서 소화기구, 자동소화장치, 옥내·외 소화전설비, 스프링클러설비 등이 있다.
② 경보설비란 화재발생 사실을 통보하는 기계·기구 또는 설비로서 단독경보형 감지기, 비상경보설비, 자동화재탐지설비 등이 있다.
③ 피난구조설비란 화재가 발생할 경우 피난하기 위하여 사용하는 기구 또는 설비로서 피난기구, 인명구조기구, 유도등, 비상조명등 및 휴대용비상조명등이 있다.
④ 소화용수설비란 화재진압에 필요한 물을 공급하거나 저장하는 설비로서 상수도 소화용수설비, 소화수조, 저수조 등이 있다.
⑤ 소화활동설비란 화재를 진압하거나 인명 구조활동을 위하여 사용하는 설비로서 비상방송설비, 자동화재속보설비, 피난사다리, 완강기 등이 있다.

06 다음 중 소방시설에 대한 설명이다. 옳지 않은 것을 고르면?

가. 소화활동설비에는 연소방지설비, 제연설비, 비상콘센트설비, 비상경보설비 등이 있다.
나. 소화용수설비에는 상수도소화용수설비, 소화수조, 저수조, 정화조가 있다.
다. 피난구조설비 중 피난기구에는 피난사다리, 구조대, 완강기, 간이완강기가 있다.
라. 소화설비에는 소화기구, 자동소화장치, 옥내소화전, 스프링클러설비 등이 있다.

① 가
② 가, 나
③ 가, 나, 다
④ 가, 나, 다, 라

해설

05 ⑤ 비상방송설비와 자동화재속보설비는 경보설비에 해당하고, 피난사다리와 완강기는 피난구조설비에 해당한다.

06 가. 비상경보설비는 <u>경보설비</u>에 해당한다.
나. 소화용수설비에는 상수도소화용수설비, 소화수조, 저수조 그 밖의 <u>소화용수설비</u>가 있다.

정답 05.⑤ 06.②

07 소방시설의 종류에 따른 분류가 옳게 짝 지어진 것은?
① 경보설비 – 비상조명등
② 소화설비 – 연소방지설비
③ 피난구조설비 – 비상방송설비
④ 소화활동설비 – 비상콘센트설비

[19. 소방직]
상 중 **하**
기본서 2권 210~211p

08 소방시설의 분류와 해당 소방시설의 종류가 옳게 연결된 것은?
① 소화설비 – 옥내소화전설비, 포소화설비, 간이스프링클러설비
② 경보설비 – 자동화재속보설비, 자동화재탐지설비, 제연설비
③ 소화용수설비 – 상수도소화용수설비, 소화수조, 연결살수설비
④ 소화활동설비 – 시각경보기, 연결송수관설비, 무선통신보조설비

[20. 소방직]
상 **중** 하
기본서 2권 210~211p

해설 07
① 비상조명등 – 피난구조설비
② 연소방지설비 – 소화활동설비
③ 비상방송설비 – 경보설비

08
② 제연설비 – 소화활동설비
③ 연결살수설비 – 소화활동설비
④ 시각경보기 – 경보설비

정답 07.④ 08.①

09 「소방시설 설치 및 관리에 관한 법률 시행령」상 특정소방대상물에 설치하는 소방시설에 대한 설명으로 옳은 것은?

> ㉠ 주택용 소방시설이란 소화기 및 단독경보형감지기를 말한다.
> ㉡ 비상콘센트설비, 제연설비는 소방시설 중 소화활동설비에 포함된다.
> ㉢ 스프링클러설비, 연결송수관설비는 소방시설 중 소화설비에 포함된다.
> ㉣ 분말형태의 소화약제를 사용하는 소화기의 내용연수는 10년으로 한다.
> ㉤ 옥내소화전설비, 자동화재탐지설비, 스프링클러설비, 물분무등소화설비는 내진설계대상 소방시설이다.

① ㉠, ㉡, ㉢
② ㉠, ㉡, ㉣
③ ㉠, ㉣, ㉤
④ ㉡, ㉢, ㉣
⑤ ㉡, ㉣, ㉤

10 「소방시설 설치 및 관리에 관한 법률 시행령」상 소방시설의 설비 분류가 다른 것은?
① 상수도소화용수설비
② 연결송수관설비
③ 연결살수설비
④ 연소방지설비
⑤ 무선통신보조설비

해설 09 ㉢ 연결송수관설비는 소화활동설비에 해당한다.
㉤ 자동화재탐지설비는 내진설계대상이 아니다.

10 ① 상수도소화용수설비는 소화용수설비이고, 나머지 ②③④⑤는 소화활동설비이다.
• 소화용수설비 : 상수도소화용수설비, 소화수조·저수조 그 밖의 소화용수설비
• 소화활동설비 : 제연설비, 연결송수관설비, 연결살수설비, 비상콘센트설비, 무선통신보조설비, 연소방지설비

정답 09.② 10.①

11 소방시설 중 소화설비로서 옳지 않은 것은?
① 물소화설비
② 포소화설비
③ 이산화탄소 소화설비
④ 연결살수설비
⑤ 옥내소화전설비

12 「소방시설 설치 및 관리에 관한 법률 시행령」상 소방시설의 연결이 옳은 것만을 〈보기〉에서 있는 대로 고른 것은?

〈보기〉
㉠ 소화설비 : 자동소화장치, 옥내소화전설비, 물분무등소화설비
㉡ 경보설비 : 통합감시시설, 시각경보기, 단독경보형 감지기
㉢ 피난구조설비 : 피난기구, 인명구조기구, 제연설비
㉣ 소화활동설비 : 연결송수관설비, 비상콘센트설비, 무선통신보조설비

① ㉠, ㉡
② ㉢, ㉣
③ ㉠, ㉡, ㉣
④ ㉡, ㉢, ㉣
⑤ ㉠, ㉡, ㉢, ㉣

해설

11 ④ 연결살수설비는 소화활동설비에 해당한다(소방시설 설치 및 관리에 관한 법률 시행령 별표 1).

12 ㉠ 소화설비 : 자동소화장치, 옥내소화전설비, 물분무등소화설비 (O)
㉡ 경보설비 : 통합감시시설, 시각경보기, 단독경보형감지기 (O)
㉢ 피난구조설비 : 피난기구, 인명구조기구, 제연설비 (×)
  → 제연설비는 소화활동설비이다.
㉣ 소화활동설비 : 연결송수관설비, 비상콘센트설비, 무선통신보조설비 (O)

정답 11.④ 12.③

13 「소방시설 설치 및 관리에 관한 법률 시행령」상 소방시설의 내용으로 옳은 것만을 〈보기〉에서 고른 것은?

〈보기〉
㉠ 소화설비 : 소화기구, 스프링클러설비등, 연소방지설비 등
㉡ 경보설비 : 자동화재속보설비, 누전경보기, 가스누설경보기 등
㉢ 피난구조설비 : 유도등, 비상조명등 및 휴대용비상조명등, 비상방송설비 등
㉣ 소화용수설비 : 상수도소화용수설비, 소화수조・저수조, 그 밖의 소화용수설비
㉤ 소화활동설비 : 비상콘센트설비, 제연설비, 연결살수설비 등

① ㉠, ㉡, ㉢
② ㉠, ㉡, ㉣
③ ㉠, ㉢, ㉤
④ ㉡, ㉢, ㉤
⑤ ㉡, ㉣, ㉤

[24. 간부]

해설 13 ㉠ 연소방지설비는 소화활동설비에 해당한다.
　　　　　㉢ 비상방송설비는 경보설비에 해당한다.

정답 13.⑤

14 소화설비에 대한 설명으로 옳은 것은?
① 산·알칼리 소화기는 가스계 소화기로 분류된다.
② CO_2 소화설비는 화재감지기, 선택밸브, 방출표시등, 압력스위치 등으로 구성된다.
③ 슈퍼바이저리패널(supervisory panel)은 습식스프링클러설비의 구성요소이다.
④ 순환배관은 옥내소화전설비의 펌프 체절운전 시 수온 하강 방지를 위해 설치한다.

[21. 소방직]
기본서 2권 217p, 229p, 245p, 275~276p

15 다음 중 물분무등소화설비가 아닌 것은?
① 분말소화설비
② 스프링클러소화설비
③ 포소화설비
④ 할로겐화합물 및 불활성기체 소화설비

[13. 통합]
기본서 2권 210p

해설

14 ① 산·알칼리 소화기는 ~~가스계 소화기~~로 분류된다.
→ 수계 소화기
③ 슈퍼바이저리패널(supervisory panel)은 ~~습식스프링클러설비~~의 구성요소이다.
→ 준비작동식스프링클러설비
④ 순환배관은 옥내소화전설비의 펌프 체절운전 시 수온 ~~하강~~ 방지를 위해 설치한다.
→ 수온의 상승

15 ② 물분무등소화설비는 물분무소화설비·미분무소화설비·포소화설비·이산화탄소소화설비·할론소화설비·할로겐화합물 및 불활성기체 소화설비·분말소화설비·강화액소화설비·고체에어로졸 소화설비가 있다.

정답 14.② 15.②

16 물분무등소화설비에 해당되는 것은?
① 스프링클러설비
② 캐비닛형 자동소화장치
③ 이산화탄소소화설비
④ 옥내소화전설비

[16. 통합]
기본서 2권 210p

17 다음 중 물분무등소화설비에 해당하지 않은 것은?
① 옥내소화전설비
② 강화액소화설비
③ 포소화설비
④ 분말소화설비
⑤ 할로겐화합물 및 불활성기체 소화설비

[17. 간부]
기본서 2권 210p

해설

16 ③ 물분무등소화설비 : 물분무소화설비, 포소화설비, <u>이산화탄소소화설비</u>, 할론소화설비, 할로겐화합물 및 불활성기체 소화설비, 분말소화설비, 미분무소화설비, 강화액소화설비, 고체에어로졸 소화설비

17 물분무등소화설비 : 물분무소화설비, <u>포소화설비</u>, 이산화탄소소화설비, 할론소화설비, <u>할로겐화합물 및 불활성기체 소화설비</u>, <u>분말소화설비</u>, 미분무소화설비, <u>강화액소화설비</u>, 고체에어로졸 소화설비

정답 16.③ 17.①

18 다음 중 경보설비에 대한 설명으로 맞는 것은?
① 자동화재속보설비는 자동화재탐지설비로부터 화재신호를 받아 통신망 음성 등의 방법으로 관계인에게 자동적으로 화재발생 위치를 신속하게 통보해주는 설비이다.
② 단독경보형 감지기는 별도의 수신기를 통해 화재발생 상황을 알린다.
③ 자동화재탐지설비는 감지기, 발신기, 수신기, 음향장치 등으로 구성되어 있다.
④ 비상벨설비는 항상 자동으로 건물 내·외에 있는 사람에게 화재사실을 알린다.

19 다음 중 경보설비가 아닌 것은?
① 비상경보설비
② 비상방송설비
③ 비상콘센트설비
④ 자동화재속보설비
⑤ 자동화재탐지설비

해설
18 ③ 전원, 감지기, 표시등, 배선, 수신기, 발신기, 중계기, 음향장치 등으로 구성되어 있다.
① 소방관서에 자동적으로 화재발생 위치를 신속하게 통보해주는 설비이다.
② 별도의 수신기를 필요로 하지 않으며 내장된 음향장치에 의해 단독으로 화재발생상황을 알린다.
④ 수동으로 건물 내에 있는 사람에게 화재발생상황을 알린다.

19 ③ 비상콘센트설비는 소화활동설비이다.

정답 18.③ 19.③

20 화재 발생사실을 통보하는 기계·기구에 해당되지 않는 것은?
① 누전경보기
② 단독경보형감지기
③ 통합감시시설
④ 무선통신보조설비

[16. 통합]
상 중 하
기본서 2권 210p

21 다음 중 객석유도등의 설치 위치가 아닌 것은?
① 통로
② 바닥
③ 벽
④ 기둥

[11. 전남]
상 중 하
기본서 2권 313p

해설 **20** ④ 무선통신보조설비는 소화활동설비(화재를 진압하거나 인명 구조 활동을 위하여 사용하는 설비)이다.
①②③은 경보설비(화재발생 사실을 통보하는 기계·기구 또는 설비)에 해당한다.

21 ④ 객석유도등은 유흥주점 등의 특정소방대상물에 객석의 통로, 바닥, 벽에 설치한다.
▶ 객석유도등
㉠ 설치개수(소수점 이하의 수는 1로 본다)

$$설치개수(개) = \frac{객석통로의\ 직선부분의\ 길이(m)}{4} - 1$$

㉡ 객석유도등의 표시면은 백색바탕에 녹색문자(피난방향 화살표)로 한다.
㉢ 객석유도등은 객석의 통로, 바닥, 벽에 설치한다.

정답 20.④ 21.④

22 피난구조설비 중 인명구조기구에 해당하지 않은 것은?
① 공기호흡기 ② 방열복
③ 비상조명등 ④ 인공소생기

23 소방시설 중 피난구조설비로서 옳지 않은 것은?
① 통로유도등 ② 객석유도등
③ 유도표지 ④ 비상조명등
⑤ 비상방송설비

해설
22 ③ 방열복, 방화복, 공기호흡기, 인공소생기를 인명구조기구라 하며, 소방대상물 안에 있는 사람을 구조하거나 쉽게 피난하기 위한 기구이다.

23 ⑤ 비상방송설비는 경보설비이다(소방시설 설치 및 관리에 관한 법률 시행령 별표 1).

정답 22.③ 23.⑤

24 화재를 진압하거나 인명구조활동을 위하여 사용하는 설비로서 옳은 것은?
① 연소방지설비   ② 공기호흡기
③ 통합감시시설   ④ 소화용수설비

[13. 경기]
기본서 2권 211p

25 화재를 진압하거나 인명구조를 위해 사용하는 설비는?
① 소화설비   ② 소화용수설비
③ 소화활동설비   ④ 피난구조설비

[13. 통합]
기본서 2권 211p

해설 **24** ① 연소방지설비는 소화활동설비 중 하나이다.
② 피난구조설비(인명구조기구) ③ 경보설비 ④ 소화용수설비(상수도, 소화수조, 저수조)

25 ③ 소화활동설비는 화재를 진압하거나 인명구조활동을 위하여 사용하는 설비이다.

정답 24.① 25.③

26 소화활동설비의 종류로 옳지 않은 것은?
① 제연설비
② 통합감시설비
③ 비상콘센트설비
④ 연결살수설비

[12. 경기]
기본서 2권 211p

27 소방시설 중 소화활동설비로서 맞는 것은?

㉮ 비상콘센트 설비	㉯ 방열복
㉰ 제연설비	㉱ 연소방지설비
㉲ 공기호흡기	㉳ 무선통신보조설비

① ㉯, ㉰, ㉳, ㉲
② ㉮, ㉰, ㉲, ㉳
③ ㉯, ㉱, ㉲, ㉳
④ ㉮, ㉰, ㉱, ㉳

[12. 통합]
기본서 2권 211p

해설

26 ② 통합감시설비는 경보설비에 속한다.
소화활동설비는 연결송수관설비, 연소방지설비, 연결살수설비, 비상콘센트설비, 무선통신보조설비, 제연설비가 있다.

27 ④ 소화활동설비는 ㉮㉰㉱㉳이다. ㉯㉲는 피난구조설비에 속한다.

정답 26.② 27.④

28 소화활동설비에 속하지 않는 것은?
① 제연설비　② 무선통신보조설비
③ 연소방지설비　④ 비상방송설비

29 화재진압 및 인명구조 활동을 위하여 사용하는 소화활동설비로 적합하지 않은 것은?
① 제연설비　② 소화수조
③ 연소방지설비　④ 비상콘센트설비
⑤ 연결살수설비

30 소방시설은 소화설비, 경보설비, 피난구조설비, 소화용수설비, 소화활동설비로 분류된다. 다음 정의로 분류되는 소방시설로 옳지 않은 것은?

> 화재를 진압하거나 인명구조활동을 위하여 사용하는 설비

① 제연설비　② 인명구조설비
③ 연결살수설비　④ 무선통신보조설비

해설

28 ④ 비상방송설비는 경보설비에 해당한다.
▶ 소화활동설비 : 연결송수관설비, 연결살수설비, 연소방지설비, 무선통신보조설비, 비상콘센트설비, 제연설비

29 ② 소화수조는 소화용수설비에 해당한다.

30 소화활동설비를 묻는 문제로 ②는 피난구조설비에 해당한다.

정답 28.④　29.②　30.②

31 다음 중 대형소화기 약제 충전량으로서 옳은 것은?
① 물 소화기 : 50L
② 이산화탄소 소화기 : 50kg
③ 강화액 소화기 : 50L
④ 분말 소화기 : 10kg

[11. 울산]
기본서 2권 216p

32 다음 중 대형 소화기의 성능으로 맞는 것은?
① A급 1단위 이상, B급 5단위 이상
② A급 10단위 이상, B급 10단위 이상
③ A급 20단위 이상, B급 10단위 이상
④ A급 10단위 이상, B급 20단위 이상

[12. 통합]
기본서 2권 216p

33 소화기구의 능력단위를 바닥면적 100제곱미터마다 1단위 이상으로 해야 할 특정소방대상물은?
① 문화재
② 판매시설
③ 의료시설
④ 장례식장
⑤ 위락시설

[23. 간부]
기본서 2권 219p

해설

31 ② 이산화탄소 소화기 : 50kg   ① 물 소화기 : 80L
③ 강화액소화기 : 60L   ④ 분말소화기 : 20kg
그 외 화학포 : 80L, 기계포 : 20L, 할론소화기 : 30kg

32 ④ A급 10단위 이상, B급 20단위 이상으로 운반대와 바퀴가 설치될 것

33 ▶ 특정소방대상물별 소화기구의 능력단위기준

특정소방대상물	소화기구의 능력단위
1. 위락시설	해당 용도의 바닥면적 30㎡마다 능력단위 1단위 이상
2. 공연장·집회장·관람장·문화재·장례식장 및 의료시설	해당 용도의 바닥면적 50㎡마다 능력단위 1단위 이상
3. 근린생활시설·판매시설·운수시설·숙박시설·노유자시설·전시장·공동주택·업무시설·방송통신시설·공장·창고시설·항공기 및 자동차 관련 시설 및 관광휴게시설	해당 용도의 바닥면적 100㎡마다 능력단위 1단위 이상
4. 그 밖의 것	해당 용도의 바닥면적 200㎡마다 능력단위 1단위 이상

→ 소화기구의 능력단위를 산출함에 있어서 건축물의 주요구조부가 내화구조이고, 벽 및 반자의 실내에 면하는 부분이 불연재료·준불연재료 또는 난연재료로 된 특정소방대상물에 있어서는 위 표의 기준면적의 2배를 해당 특정소방대상물의 기준면적으로 한다.

정답 31.② 32.④ 33.②

34 소화기 및 간이소화용구를 설치하지 않아도 되는 곳은?
① 아파트
② 터널
③ 가스시설
④ 연면적 33m² 이상

35 소화기의 설치기준에 대한 설명 중 옳지 않은 것은?
① 각 층마다 설치하되 특정소방대상물의 각 부분으로부터 1개의 소화기까지 보행거리가 소형소화기의 경우 20m이내, 대형소화기의 경우에는 30m이내가 되도록 배치한다.
② 소화기는 바닥으로부터 1.7m 이하의 높이에 설치할 것
③ 특정소방대상물의 각 층이 2이상의 거실로 구획된 경우에는 각 층마다 설치하는 것 외에 바닥면적이 33m² 이상으로 구획된 각 거실에도 배치한다.
④ 능력단위가 2단위 이상이 되도록 소화기를 설치하여야 할 특정소방대상물에는 간이소화용구의 능력단위가 전체 능력단위의 2분의 1을 초과하지 않도록 한다.
⑤ 대형소화기는 A급 10단위 이상, B급 20단위 이상으로 운반대와 바퀴가 설치된 것이다.

해설

34 ① 아파트는 포함되지 않는다(소방시설 설치 및 관리에 관한 법률 시행령 별표 4).

35 ② 소화기는 바닥으로부터 1.5m. 이하의 높이에 설치할 것
▶ 소화기구 및 자동소화장치의 화재안전성능기준(NFPC 101) 제4조(설치기준)
① 소화기구는 다음 각 호의 기준에 따라 설치하여야 한다.
4. 소화기는 다음 각 목의 기준에 따라 설치할 것
　가. 특정소방대상물의 각 층마다 설치하되, 각 층이 둘 이상의 거실로 구획된 경우에는 각 층마다 설치하는 것 외에 바닥면적이 33제곱미터 이상으로 구획된 각 거실에도 배치할 것
　나. 특정소방대상물의 각 부분으로부터 1개의 소화기까지의 보행거리가 소형소화기의 경우에는 20미터 이내, 대형소화기의 경우에는 30미터 이내가 되도록 배치할 것

▶ 소화기구의 설치기준[지하구의 화재안전성능기준(NFPC 605)]
1. 소화기의 능력단위(「소화기구 및 자동소화장치의 화재안전성능기준(NFPC 101)」제3조 제6호에 따른 수치를 말한다. 이하 같다)는 A급 화재는 개당 3단위 이상, B급 화재는 개당 5단위 이상 및 C급 화재에 적응성이 있는 것으로 할 것
2. 소화기 한 대의 총중량은 사용 및 운반의 편리성을 고려하여 7kg 이하로 할 것
3. 소화기는 사람이 출입할 수 있는 출입구(환기구, 작업구를 포함한다) 부근에 5개 이상 설치할 것
4. 소화기는 바닥면으로부터 <u>1.5m 이하</u>의 높이에 설치할 것
5. 소화기의 상부에 "소화기"라고 표시한 조명식 또는 반사식의 표지판을 부착하여 사용자가 쉽게 알 수 있도록 할 것

정답 34.① 35.②

36 옥내소화전 방수구 설비에서 상호 이격거리는?
① 수평거리 20m 이하
② 수평거리 25m 이하
③ 수평거리 30m 이하
④ 수평거리 35m 이하

[11. 서울]
기본서 2권 233p

37 건축물 내에 설치되는 고정식, 수동식 수계 소화설비는?
① 옥내소화전설비
② 가스소화전설비
③ 분말소화전설비
④ 옥외소화전설비

[12. 세종]
기본서 2권 223p

해설
36 ② 소방대상물의 각 부분으로부터 하나의 옥내소화전 방수구까지의 수평거리는 25m 이하로 하여야 한다.
37 ① 옥내소화전이란 화재발생 시 소방대원이 도착하기 전에 소방대상물의 관계인이 신속하게 초기 소화할 수 있도록 하는 고정된 수동식 수계 소화설비이다. 주로 4층 이상에 설치한다.

정답 36.② 37.①

38 가압송수장치인 소방펌프의 체절운전으로 인한 수온상승과 과압으로 배관이 파손되는 경우를 방지하기 위하여 설치하는 것은?

① 순환배관 및 릴리프밸브 ② 물올림장치
③ 압력챔버 ④ 수격방지기

[12. 통합]
기본서 2권 229p

39 옥내소화전설비 가압송수장치의 체절운전 시 수온의 상승을 방지하기 위해 설치하는 것은?

① 연성계 ② 물올림장치
③ 압력챔버 ④ 순환배관
⑤ 스트레이너

[21. 간부]
기본서 2권 229p

40 옥내소화전설비의 가압송수장치 펌프성능시험에 관한 설명이다. ( ) 안에 들어갈 내용으로 옳은 것은?

> 펌프의 성능은 체절운전 시 정격토출압력의 (㉠)%를 초과하지 않고, 정격토출량의 (㉡)%로 운전 시 정격토출압력의 (㉢)% 이상이 되어야 하며, 펌프의 성능을 시험할 수 있는 성능시험배관을 설치할 것

	㉠	㉡	㉢		㉠	㉡	㉢
①	65	150	140	②	140	65	150
③	140	150	65	④	150	65	140
⑤	150	140	65

[23. 간부]
기본서 2권 229p

해설

38 ① 가압송수장치에는 수온의 상승을 방지하기 위해 순환배관을 설치해야 한다.
가압송수장치의 체절운전 시 수온의 상승을 방지하기 위하여 체크밸브와 펌프 사이에서 분기한 구경 20mm 이상의 배관에 체절압력 미만에서 개방되는 릴리프밸브를 설치하여야 한다.

39 ④ 가압송수장치에는 체절운전 시 수온의 상승을 방지하기 위한 순환배관을 설치한다.

40 펌프의 성능은 체절운전 시 정격토출압력의 140%를 초과하지 아니하고, 정격토출량의 150%로 운전 시 정격토출압력의 65% 이상이 되어야 한다.

정답 38.① 39.④ 40.③

41 자동기동방식의 펌프가 수원의 수위보다 높은 곳에 설치된 옥내소화전설비의 구성요소를 있는 대로 모두 고른 것은?

> ㉠ 기동용수압개폐장치
> ㉡ 릴리프밸브
> ㉢ 동력제어반
> ㉣ 솔레노이드밸브
> ㉤ 물올림장치

① ㉠, ㉡, ㉤
② ㉢, ㉣, ㉤
③ ㉠, ㉡, ㉢, ㉣
④ ㉠, ㉡, ㉢, ㉤

[22. 소방직]

42 소방청장이 정하는 내진설계기준에 맞게 소방시설을 설치해야 하는 경우 대통령령으로 정하는 소방시설에 해당하지 않는 것은?

① 옥내소화전설비
② 옥외소화전설비
③ 물분무소화설비
④ 스프링클러설비
⑤ 포소화설비

[19. 간부]

해설

41 솔레노이드밸브 – 스프링클러설비(준비작동식), 이산화탄소소화설비, 할론소화설비

42 ▶ 소방시설법 시행령 제8조(소방시설의 내진설계)
① 법 제7조에서 "대통령령으로 정하는 특정소방대상물"이란 「건축법」 제2조 제1항 제2호에 따른 건축물로서 「지진·화산재해대책법 시행령」 제10조 제1항 각 호에 해당하는 시설을 말한다.
② 법 제7조에서 "대통령령으로 정하는 소방시설"이란 소방시설 중 <u>옥내소화전설비, 스프링클러설비, 물분무등소화설비</u>를 말한다.

정답 41.④ 42.②

43 「소방시설 설치 및 관리에 관한 법률 시행령」상 옥내소화전설비를 설치하여야 하는 특정소방대상물에 해당하지 않는 것은?

① 연면적 $1,000m^2$ 이상인 판매시설
② 연면적 $1,500m^2$ 이상인 복합건축물
③ 지하가 중 길이 $1,000m$ 이상인 터널
④ 지하층, 무창층 또는 4층 이상 층의 바닥면적이 $300m^2$ 이상인 숙박시설
⑤ 건축물 옥상에 설치된 차고로서 사용되는 면적이 $200m^2$ 이상인 시설

[20. 간부]

기본서 2권 235p

해설 43

① 연면적 $1,500m^2$ 이상인 판매시설

※ 옥내소화전설비를 설치하여야 하는 특정소방대상물(위험물 저장 및 처리 시설 중 가스시설, 지하구 및 업무시설 중 무인변전소(방재실 등에서 스프링클러설비 또는 물분무등소화설비를 원격으로 조정할 수 있는 무인변전소로 한정한다)는 제외한다)은 다음의 어느 하나와 같다.

1) 다음의 어느 하나에 해당하는 경우에는 모든 층
  가) 연면적 3천㎡ 이상인 것(지하가 중 터널은 제외한다)
  나) 지하층·무창층(축사는 제외한다)으로서 바닥면적이 600㎡ 이상인 층이 있는 것
  다) 층수가 4층 이상인 층 중 바닥면적이 600㎡ 이상인 층이 있는 것
2) 1)에 해당하지 않는 근린생활시설, <u>판매시설</u>, 운수시설, 의료시설, 노유자시설, 업무시설, 숙박시설, 위락시설, 공장, 창고시설, 항공기 및 자동차 관련 시설, 교정 및 군사시설 중 국방·군사시설, 방송통신시설, 발전시설, 장례시설 또는 복합건축물로서 다음의 어느 하나에 해당하는 경우에는 모든 층
  가) <u>연면적 1천5백㎡ 이상인 것</u>
  나) 지하층·무창층으로서 바닥면적이 300㎡ 이상인 층이 있는 것
  다) 층수가 4층 이상인 층 중 바닥면적이 300㎡ 이상인 층이 있는 것
3) 건축물의 옥상에 설치된 차고·주차장으로서 사용되는 면적이 200㎡ 이상인 경우 해당 부분
4) 지하가 중 터널로서 다음에 해당하는 터널
  가) 길이가 1천미터 이상인 터널
  나) 예상교통량, 경사도 등 터널의 특성을 고려하여 행정안전부령으로 정하는 터널
5) 1) 및 2)에 해당하지 않는 공장 또는 창고시설로서 「화재의 예방 및 안전관리에 관한 법률 시행령」 별표 2에서 정하는 수량의 750배 이상의 특수가연물을 저장·취급하는 것

정답 43.①

44 스프링클러 가압송수장치에 대한 설명 중 옳지 않은 것은?

① 펌프의 토출측에는 압력계를 체크밸브 이전에 펌프 토출측 플랜지에 가까운 곳에 설치하고, 흡입측에는 연성계 또는 진공계를 설치할 것. 다만, 수원의 수위가 펌프의 위치보다 높거나 수직회전축 펌프의 경우에는 연성계 또는 진공계를 설치하지 아니할 수 있다.
② 가압송수장치에는 정격부하 운전 시 펌프의 성능을 시험하기 위한 배관을 설치할 것. 다만, 충압펌프의 경우에는 그러하지 아니하다.
③ 가압송수장치에는 체절운전 시 수온의 상승을 방지하기 위한 순환배관을 설치할 것. 다만, 충압펌프의 경우에는 그러하지 아니하다.
④ 기동용수압개폐장치(압력챔버)를 사용할 경우 그 용적은 100L 이하로 한다.

[11. 통합]

기본서 2권 229~230p

45 다음 중 공동현상 발생원인이 아닌 것은?

① 펌프의 흡입측의 관경이 클 때
② 펌프의 흡입측 수두가 클 경우
③ 마찰손실이 클 경우
④ 임펠러 회전 속도가 클 경우

[12. 전북]

기본서 2권 237p

해설

44 ④ 기동용수압개폐장치(압력챔버)를 사용할 경우 그 용적은 100L 이상으로 한다.

45 ① 흡입측의 관경이 작을 때 공동현상이 발생된다.
▶ 공동현상의 발생원인
  ㉠ 펌프의 흡입측 수두가 클 경우
  ㉡ 펌프의 마찰손실이 클 경우
  ㉢ 펌프의 흡입관경이 너무 작은 경우
  ㉣ 유체가 고온일 경우
  ㉤ 펌프의 흡입압력이 유체의 증기압보다 낮은 경우
  ㉥ 임펠러 속도가 지나치게 큰 경우

정답 44.④ 45.①

46 다음 중 공동현상(Cavitation)의 대책으로 옳지 않은 것은?
① 흡입관의 길이를 짧게 하거나 배관의 굴곡부를 줄인다.
② 펌프의 흡입측 수두를 낮게 하여 마찰손실을 줄인다.
③ 펌프의 설치높이를 수원보다 낮게 설치한다.
④ 흡입관의 구경을 작게 한다.

[17. 하반기]
기본서 2권 237p

47 다음 중 펌프 운전 시 규칙적으로 양정, 토출양이 변화하는 현상에 해당하는 것은?
① 맥동현상   ② 수격현상
③ 공동현상   ④ 진공현상

[13. 대전]
기본서 2권 237~238p

해설 46 ④ 흡입관의 구경이 작을 때 공동현상이 발생된다.
  ㉠ 공동현상의 발생원인
    • 펌프의 흡입측 수두가 큰 경우
    • 펌프의 마찰손실이 클 경우
    • 펌프의 흡입관경이 너무 작은 경우
    • 유체가 고온일 경우
    • 펌프의 흡입압력이 유체의 증기압보다 낮은 경우
    • 임펠러 속도가 지나치게 큰 경우
  ㉡ 공동현상의 방지대책
    • 펌프의 설치위치를 낮게 한다.
    • 흡입관의 유체저항을 작게 한다.
    • 임펠러의 속도를 작게 한다.

47 ① 맥동현상(=써징현상)이란 송출 압력과 송출 유량의 주기적인 변동이 발생하는 현상이다. 공동현상 이후에 발생하며 유량이 단속적으로 변하여 펌프의 입구·출구에 설치된 진공계 및 압력계가 흔들리고 진동과 소음이 일어나며 펌프의 토출유량이 변하는 현상이다.

정답 46.④ 47.①

48 소방펌프 및 관로에서 발생되는 수격현상(water hammering)의 방지책으로 옳지 않은 것은?

① 수격을 흡수하는 수격방지기를 설치한다.
② 관로에 서지 탱크(surge tank)를 설치한다.
③ 플라이휠(flywheel)을 부착하여 펌프의 급격한 속도 변화를 억제한다.
④ 관경의 축소를 통해 유체의 유속을 증가시켜 압력 변동치를 감소시킨다.

[23. 소방직]
기본서 2권 238p

49 옥외소화전설비의 화재안전기술기준에서 소화전함은 옥외소화전마다 그로부터 몇 미터 이내의 장소에 설치하여야 하는가?

① 5m   ② 10m
③ 20m ④ 30m

[11. 통합]
기본서 2권 241p

해설 48 ▶수격작용 방지대책
① 수격을 흡수하는 수격방지기를 설치한다.
② 관로에 서지탱크(Surge tank)를 설치한다.
③ 플라이휠(flywheel)을 부착하여 펌프의 급격한 속도변화를 억제한다.
④ 관경의 <u>확대를 통해</u> 유체의 유속을 감소시켜 압력변동치를 감소시킨다.

49 ① 옥외소화전설비의 화재안전기술기준에서 소화전함은 옥외소화전마다 5m 이내의 장소에 설치해야 한다.

정답 48.④ 49.①

50 다음은 스프링클러설비에 대한 설명이다. 가장 틀린 것은?
   ① 스프링클러설비는 타 설비에 비하여 신뢰성이 매우 뛰어나다.
   ② 스프링클러 헤드는 자동확산소화용구처럼 자동으로 열에 의해 소화되는 설비이다.
   ③ 준비작동식 스프링클러는 감지기의 동작으로 헤드까지 소화용수가 송수되어 헤드가열에 따라 개방되는 방식이다.
   ④ 스프링클러설비는 초기 설치비용은 크지만 소화 후 수손피해가 적다.

51 스프링클러설비 종류별 주요 구성품의 연결이 옳은 것만을 〈보기〉에서 있는 대로 고른 것은?

   ㉠ 습식 스프링클러설비 : 알람밸브, 개방형 헤드
   ㉡ 건식 스프링클러설비 : 익조스터(Exhauster), 공기 압축기
   ㉢ 준비작동식 스프링클러설비 : 선택밸브, SVP(Supervisory Panel)
   ㉣ 일제살수식 스프링클러설비 : 일제개방밸브, 개방형 헤드

   ① ㉠, ㉢   ② ㉡, ㉣
   ③ ㉠, ㉡, ㉢   ④ ㉡, ㉢, ㉣
   ⑤ ㉠, ㉡, ㉢, ㉣

해설

50 ④ 스프링클러설비는 초기 설치비용이 크고 소화 후 수손피해도 크다.
   ▶ 스프링클러설비 장·단점

장 점	• 초기 소화에 절대적인 효과가 있다. • 소화약제가 물로서 가격이 싸며 소화 후 복구가 용이하다. • 감지부의 구조가 기계적이므로 오동작, 오보가 없다. • 조작이 쉽고 안전하다. • 사람이 없는 야간에도 자동적으로 화재를 감지하여 소화 및 경보를 해준다.
단 점	• 시공비가 많이 든다. • 시공이 타 소화설비보다 복잡하다. • 물로 인한 피해가 심하다(수손피해가 많다).

51 ㉠ 습식 스프링클러설비 : 알람밸브, 개방형 헤드 (✗)
   → 폐쇄형
   ㉡ 건식 스프링클러설비 : 익조스터(Exhauster), 공기 압축기 (○)
   ㉢ 준비작동식 스프링클러설비 : ~~선택밸브~~, SVP(Supervisory Panel) (✗)
   선택밸브 : 2군데 이상의 구획에 대한 선택 방식의 소화설비인 경우, 방출 구획을 선택하기 위해 각 구획마다 설치되는 밸브이다.
   ㉣ 일제살수식 스프링클러설비 : 일제개방밸브, 개방형 헤드 (○)

정답 50.④ 51.②

52 다음에 해당하는 스프링클러설비는?

> 가압송수장치에서 폐쇄형스프링클러헤드까지 배관 내에 항상 물이 가압되어 있다가 화재로 인한 열로 폐쇄형스프링클러헤드가 개방되면 배관 내에 유수가 발생하여 작동하게 되는 설비

① 습식 스프링클러설비
② 건식 스프링클러설비
③ 준비작동식 스프링클러설비
④ 일제살수식 스프링클러설비

53 다음 스프링클러설비 중 감지기를 별도로 설치하지 않아도 되는 설비로 옳은 것은?

㉮ Wet pipe systems ㉯ Deluge systems
㉰ Pre-action systems ㉱ Dry pipe systems

① ㉰, ㉱
② ㉰, ㉯
③ ㉮, ㉱
④ ㉰, ㉮

해설

52 ① 습식 스프링클러설비 : 유수검지장치의 1, 2차 배관에 가압수가 충만되어 있다가 헤드의 감열부가 화재로 인해 개방되면 가압수가 방출됨으로서 압력의 균형이 깨지고 이로 인한 기동용수압개폐장치의 압력스위치 작동에 의하여 가압송수장치가 기동하게 되고 연속하여 방수됨으로 소화하게 되는 소화설비

53 ③ 습식(Wet pipe system)과 건식(Dry pipe system)은 감지기를 별도로 설치하지 않아도 된다.

▶ 스프링클러설비의 종류

구 분		습 식	건 식	준비작동식	부압식	일제살수식
사용 헤드		폐쇄형	폐쇄형	폐쇄형	폐쇄형	개방형
배관	1차측	가압수(물)	가압수(물)	가압수(물)	가압수(물)	가압수(물)
	2차측	가압수(물)	압축공기	저압공기	부압수	대기압(개방)
경보밸브		알람체크밸브	건식밸브	준비작동밸브	준비작동밸브	일제개방밸브
감지기의 유무		없다	없다	있다	있다	있다

정답 52.① 53.③

54 스프링클러설비의 종류별 1차, 2차측 배관상태로 옳지 않은 것은?

① 건식-1차 : 가압수, 2차 : 대기압
② 습식-1차 : 가압수, 2차 : 가압수
③ 준비작동식-1차 : 가압수, 2차 : 대기압
④ 일제살수식-1차 : 가압수, 2차 : 대기압

[12. 경기]

55 다음 중 스프링클러설비의 종류가 아닌 것은?

① 부압식　　　　　　　② 습식
③ 일제작동식　　　　　④ 건식

[13. 대전]

해설 54　① 건식-1차 : 가압수, 2차 : <u>압축공기</u>

구 분		습 식	건 식	준비작동식	부압식	일제살수식
사용 헤드		폐쇄형	폐쇄형	폐쇄형	폐쇄형	개방형
배관	1차측	가압수(물)	가압수(물)	가압수(물)	가압수(물)	가압수(물)
	2차측	가압수(물)	압축공기	저압공기	부압수	대기압(개방)
경보밸브		알람체크밸브	건식밸브	준비작동밸브	준비작동밸브	일제개방밸브
감지기의 유무		없다	없다	있다	있다	있다

55　③ 일제작동식이 아니라 일제살수식 스프링클러설비이다.

정답　54.①　55.③

56 다음 중 스프링클러설비를 구성하는 배관 중 헤드가 설치된 가장 가느다란 배관은?

① 교차배관
② 수평주행배관
③ 가지배관
④ 입상배관

[13. 충북]
기본서 2권 253p

57 스프링클러설비 중 감지기에 의해 작동하는 것은?

① 습식, 건식
② 준비작동식, 일제살수식
③ 준비작동식, 습식
④ 습식, 일제살수식

[13. 광주]
기본서 2권 242p

해설

56 ③ 가지배관은 한쪽 가지배관에 설치하는 헤드의 개수가 8개 이하여야 하는 것으로 가장 가느다란(25mm) 배관이다.

57 ② 준비작동식, 일제살수식 스프링클러설비는 감지기에 의해 작동한다.

구 분		습 식	건 식	준비작동식	부압식	일제살수식
사용 헤드		폐쇄형	폐쇄형	폐쇄형	폐쇄형	개방형
배 관	1차측	가압수(물)	가압수(물)	가압수(물)	가압수(물)	가압수(물)
	2차측	가압수(물)	압축공기	저압공기	부압수	대기압(개방)
경보밸브		알람체크밸브	건식밸브	준비작동밸브	준비작동밸브	일제개방밸브
감지기의 유무		없다	없다	있다	있다	있다

정답 56.③ 57.②

58 스프링클러설비의 종류 중에서 2차측 헤드가 개방형 헤드인 것은?
① 준비작동식　　　　② 가압수조식
③ 습식　　　　　　　④ 건식
⑤ 일제살수식

[16. 간부]
기본서 2권 242p

59 다음에서 설명하는 스프링클러의 종류를 고르면?

> 1차측에는 가압수를 2차측에는 저압 또는 대기압상태로 화재가 발생하면 먼저 방호공간에 설치되어 있는 감지기의 작동에 의해 헤드까지 송수되어 있다가 화재온도에 의해 폐쇄형헤드가 개방되면 살수가 이루어져 2단계로 소화가 이루어지는 시스템이다.

① 습식
② 건식
③ 준비작동식
④ 일제살수식

[17. 상반기]
기본서 2권 242~247p

해설 58 ①②③④의 사용 헤드는 폐쇄형에 해당한다.

구 분		습 식	건 식	준비작동식	부압식	일제살수식
사용 헤드		폐쇄형	폐쇄형	폐쇄형	폐쇄형	개방형
배 관	1차측	가압수(물)	가압수(물)	가압수(물)	가압수(물)	가압수(물)
	2차측	가압수(물)	압축공기	저압공기	부압수	대기압(개방)
경보밸브		알람체크밸브	건식밸브	준비작동밸브	준비작동밸브	일제개방밸브
감지기의 유무		없다	없다	있다	있다	있다

59 ③ 1차측에는 가압수를 2차측에는 저압 또는 대기압상태로 화재가 발생하면 먼저 방호공간에 설치되어 있는 감지기의 작동에 의해 헤드까지 송수되어 있다가 화재온도에 의해 폐쇄형헤드가 개방되면 살수가 이루어져 2단계로 소화가 이루어지는 시스템은 준비작동식이다.

정답 58.⑤ 59.③

60 다음에서 설명하고 있는 스프링클러설비는 무엇인가?

> 주로 난방이 되지 않는 장소에 설치하는 스프링클러설비로서 유수검지장치 1차 측까지 배관내에 항상 물이 가압되어 있고, 2차 측에서 스프링클러헤드까지 대기압 상태로 폐쇄형헤드가 설치되어 있다.

① 습식 스프링클러설비
② 건식 스프링클러설비
③ 준비작동식 스프링클러설비
④ 부압식 스프링클러설비
⑤ 일제살수식 스프링클러설비

61 다음 내용에 해당하는 스프링클러설비 방식은?

> - 가압송수장치에서 유수검지장치 1차 측까지 배관 내에 항상 물이 가압되어 있고, 2차 측에서 폐쇄형스프링클러헤드까지 대기압 또는 저압으로 있다.
> - 화재발생 시 감지기의 작동으로 밸브가 개방되면 폐쇄형스프링클러헤드까지 소화수가 송수되고, 폐쇄형스프링클러헤드가 열에 의해 개방되면 방수가 된다.

① 습식
② 건식
③ 부압식
④ 준비작동식
⑤ 일제살수식

62 다음에서 폐쇄형스프링클러헤드를 사용하는 방식을 옳게 고른 것은?

> ㉠ 습식　　　　　　㉡ 건식
> ㉢ 일제살수식　　　㉣ 준비작동식

① ㉠, ㉡, ㉢
② ㉠, ㉡, ㉣
③ ㉠, ㉢, ㉣
④ ㉡, ㉢, ㉣

해설

60

구 분		습 식	건 식	준비작동식	부압식	일제살수식
사용 헤드		폐쇄형	폐쇄형	폐쇄형	폐쇄형	개방형
배 관	1차측	가압수(물)	가압수(물)	가압수(물)	가압수(물)	가압수(물)
	2차측	가압수(물)	압축공기	저압공기	부압수	대기압(개방)
경보밸브		알람체크밸브	건식밸브	준비작동밸브	준비작동밸브	일제개방밸브
감지기의 유무		없다	없다	있다	있다	있다

61 준비작동밸브의 1차측에는 가압수를 2차측에는 저압 또는 대기압상태로 화재가 발생하면 먼저 방호공간에 설치되어 있는 감지기의 작동에 의해서 준비작동밸브가 개방되어 물이 각 헤드 부분까지 송수되어 있다가 화재온도의 상승으로 폐쇄형 헤드가 개방되면 살수가 이루어져 2단계로 소화가 이루어지는 시스템이다.

62 ㉢ 일제살수식 스프링클러설비는 개방형 스프링클러 헤드를 사용한다.

정답 60.③ 61.④ 62.②

63 폐쇄형 스프링클러헤드를 사용하는 스프링클러설비를 〈보기〉에서 있는 대로 고른 것은?

〈보기〉
㉠ 일제살수식 스프링클러설비
㉡ 부압식 스프링클러설비
㉢ 준비작동식 스프링클러설비
㉣ 건식 스프링클러설비
㉤ 습식 스프링클러설비

① ㉠
② ㉠, ㉡
③ ㉡, ㉢, ㉣
④ ㉡, ㉢, ㉣, ㉤
⑤ ㉠, ㉡, ㉢, ㉣, ㉤

[21. 간부]
기본서 2권 242p

64 스프링클러설비 중 감지기와 연동하여 작동하는 것만을 모두 고른 것은?

㉠ 습식 스프링클러
㉡ 건식 스프링클러
㉢ 준비작동식 스프링클러
㉣ 일제살수식 스프링클러
㉤ 부압식 스프링클러

① ㉠, ㉡, ㉢
② ㉠, ㉣, ㉤
③ ㉡, ㉢, ㉣
④ ㉢, ㉣, ㉤

[19. 소방직]
기본서 2권 242p

해설 63
㉠ 일제살수식 스프링클러설비 – 개방형 스프링클러헤드
㉡ 부압식 스프링클러설비 – 폐쇄형 스프링클러헤드
㉢ 준비작동식 스프링클러설비 – 폐쇄형 스프링클러헤드
㉣ 건식 스프링클러설비 – 폐쇄형 스프링클러헤드
㉤ 습식 스프링클러설비 – 폐쇄형 스프링클러헤드

64
• 감지기 O : 준비작동식 스프링클러, 부압식 스프링클러, 일제살수식 스프링클러
• 감지기 × : 습식 스프링클러, 건식 스프링클러

정답 63.④ 64.④

65 스프링클러설비의 종류별 특징에 대한 설명으로 옳은 것은?
① 일제살수식의 경우 폐쇄형스프링클러헤드가 설치된다.
② 건식의 경우 2차측 배관에 가압수를 충전시킨다.
③ 습식과 일제살수식의 경우 감지기가 설치된다.
④ 습식의 경우 슈퍼비조리판넬(Supervisory Panel)이 설치된다.
⑤ 준비작동식의 경우 감지기와 폐쇄형스프링클러 헤드가 설치된다.

[19. 간부]
기본서 2권 242~247p

66 스프링클러설비의 헤드 수평거리로서 알맞은 것은?
① 내화구조 : 2.5m 이하 ② 기타구조 : 2.3m 이하
③ 특수가연물 : 2.1m 이하 ④ 무대부 : 1.7m 이하

[11. 울산](기출변형)
기본서 2권 251p

해설

65
① 일제살수식의 경우 개방형스프링클러헤드가 설치된다.
② 건식의 경우 2차측 배관에 압축공기를 충전시킨다.
③ 습식에는 감지기가 없다.
④ 준비작동식의 경우 슈퍼비조리판넬(Supervisory Panel)이 설치된다.

66
① 내화구조 2.3m 이하
② 기타구조 2.1m 이하
③ 특수가연물 : 1.7m 이하
④ 무대부 1.7m 이하

정답 65.⑤ 66.④

67 스프링클러설비의 리타딩 챔버(retarding chamber)의 기능으로 옳은 것은?
① 역류방지 ② 가압송수
③ 오작동방지 ④ 동파방지

[20. 소방직]

68 「소방시설 설치 및 관리에 관한 법률 시행령」상 스프링클러설비를 설치하여야 하는 특정소방대상물이 아닌 것은?
① 수용인원이 200명인 박물관
② 지하층에 있는 바닥면적이 300m²인 영화상영관
③ 바닥면적 합계가 1,000m²인 한방병원
④ 바닥면적 합계가 6,000m²인 물류터미널
⑤ 바닥면적 합계가 10,000m²인 농수산물공판장

[21. 간부]

해설
67 ▶리타딩 챔버
리타딩 챔버는 자동경보밸브에 설치되어 경보밸브의 오동작을 방지한다.

68 ② 지하층에 있는 바닥면적이 500m² 이상 영화상영관

정답 67.③ 68.②

69 스프링클러헤드를 설치하지 아니할 수 있는 장소에 해당하지 않는 것은?
① 고온의 노(爐)가 설치된 장소
② 영하의 냉장창고의 냉장실 또는 냉동창고의 냉동실
③ 현관 또는 로비 등으로서 바닥으로부터 높이가 20m 이상인 장소
④ 펌프실·물탱크실, 엘리베이터 권상기실
⑤ 천장·반자 중 한쪽이 불연재료로 되어 있고 천장과 반자 사이의 거리가 2m 미만인 부분

[21. 간부]
기본서 2권 252p

70 물분무소화설비와 같은 방수형태는?
① 적상
② 봉상
③ 포상
④ 무상

[13. 전북]
기본서 2권 261p

해설 69 ⑤ 천장·반자 중 한쪽이 불연재료로 되어있고 천장과 반자 사이의 거리가 <u>1m 미만</u>인 부분

70 ④ 물을 구름 또는 안개모양으로 방사하는 방법으로서 물을 방사하는 부분이 특수적으로 제작되어 있으며, 고압으로 방사되기 때문에 물입자가 서로 이격되어 있고 입자의 직경이 0.01~1.0mm로 작아 대기에 방사되면 안개모양을 갖는다. 적용소화설비로 물소화기(분무노즐 사용)·옥내소화전설비(분무노즐 사용)·옥외소화전설비(분무노즐 사용)·물분무설비 등이 있다.

정답 69.⑤ 70.④

71 플로팅루프탱크(floating roof tank)의 측면과 굽도리판에 의하여 형성된 환상 부분에 포를 방출하여 소화작용을 하도록 된 포소화설비의 고정포 방출구는?

① 특형 방출구
② Ⅰ형 방출구
③ Ⅱ형 방출구
④ Ⅲ형(표면하 주입 방출구)
⑤ Ⅳ형(반표면하 주입 방출구)

72 다음 그림의 주입 방식에 가장 적합한 포 소화약제로만 짝 지어진 것은?

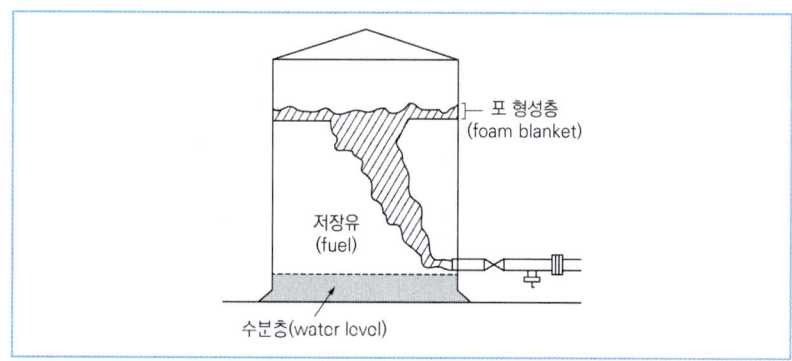

① 단백포, 불화단백포
② 수성막포, 불화단백포
③ 합성계면활성제포, 수성막포
④ 단백포, 수성막포

해설

71 ▶ 특형방출구
FRT(Floating Roof Tank ; 부상식 탱크)의 측면과 포 방지턱(굽도리판)에 의해 형성된 환상 부분에 포를 방출하여 소화한다.

72 표면하주입방식이 가능한 포를 물어보는 것으로 수성막포와 불화단백포가 해당된다.

정답 71.① 72.②

73 포소화설비 혼합방식 중 펌프와 발포기의 중간에 설치된 벤츄리관의 벤츄리작용과 펌프가압수의 소화약제 저장탱크의 압력에 의해서 포소화약제를 흡입·혼합하는 방식은?

① 프레져사이드 프로포셔너
② 프레져 프로포셔너
③ 라인 프로포셔너
④ 펌프 프로포셔너

74 펌프와 발포기의 중간에 설치된 벤츄리관의 벤츄리작용과 펌프 가압수의 소화약제 저장탱크 압력에 의해서 포소화약제를 흡입·혼합하는 방식은?

① 프레져 프로포셔너
② 라인 프로포셔너
③ 펌프 프로포셔너
④ 프레져사이드 프로포셔너

해설 73 ② 프레져 프로포셔너 방식
펌프와 발포기의 중간에 설치된 벤츄리관의 벤츄리작용과 펌프 가압수의 포소화약제 저장탱크에 대한 압력에 의해 약제를 흡입·혼합하는 방식으로 위험물제조소 등에 제일 많이 사용되고 있는 혼합방식이다.

74 ① 프레져 프로포셔너 방식 : 벤츄리관의 벤츄리작용과 펌프 가압수
② 라인 프로포셔너 방식 : 벤츄리관의 벤츄리작용
③ 펌프 프로포셔너 방식 : 소방펌프차에 주로 사용, 농도조절밸브가 있다.
④ 프레져사이드 프로포셔너 방식 : 가압송수용 펌프와 소화원액펌프가 별도로 설치

정답 73.② 74.①

75 포소화약제의 혼합방식 중 펌프와 발포기의 중간에 설치된 벤츄리(Venturi)관의 벤츄리(Venturi) 작용에 의하여 포소화 약제를 흡입·혼합하는 것은?

① 라인 프로포셔너(Line Proportioner)
② 펌프 프로포셔너(Pump Proportioner)
③ 프레셔 프로포셔너(Pressure Proportioner)
④ 프레셔사이드 프로포셔너(Pressure Side Proportioner)

[18. 하반기]
기본서 2권 269~270p

76 포소화설비에서 펌프의 토출관에 압입기를 설치하여 포 소화약제 압입용 펌프로 포 소화제를 압입시켜 혼합하는 방식은?

① 라인 프로포셔너(line proportioner)
② 펌프 프로포셔너(pump proportioner)
③ 프레셔 프로포셔너(pressure proportioner)
④ 프레셔사이드 프로포셔너(pressure side proportioner)

[19. 소방직]
기본서 2권 269~270p

해설

75
① 라인 프로포셔너 방식 : 펌프와 발포기의 중간에 설치된 벤츄리관의 벤츄리작용에 의하여 약제를 흡입·혼합하는 방식이다.
② 펌프 프로포셔너 방식 : 펌프의 도출관과 흡입관 사이의 배관에 설치된 흡입기로 펌프에서 토출된 물의 일부를 보내고 농도조절밸브에서 조절된 포소화약제의 필요량을 포소화약제 탱크에서 펌프 흡입부 측으로 보내어 혼합하는 방법이다. 소방펌프차에 주로 사용, 농도조절밸브가 있다.
③ 프레셔 프로포셔너 방식 : 펌프와 발포기의 중간에 설치된 벤츄리관의 벤츄리작용과 펌프 가압수의 포소화약제 저장탱크에 대한 압력에 의해 약제를 흡입·혼합하는 방식이다.
④ 프레셔사이드 프로포셔너 방식 : 펌프의 토출관에 압입기를 설치하여 포소화약제 압입력 펌프로 혼합하는 방식이다.

76
④ 프레셔사이드 프로포셔너 방식 : 펌프의 토출관에 압입기를 설치하여 포소화약제 압입력 펌프로 혼합하는 방식이다.
① 라인 프로포셔너 방식 : 펌프와 발포기의 중간에 설치된 벤츄리관의 벤츄리작용에 의하여 약제를 흡입·혼합하는 방식이다.
② 펌프 프로포셔너 방식 : 펌프의 토출관과 흡입관 사이의 배관에 설치된 흡입기로 펌프에서 토출된 물의 일부를 보내고 농도조절밸브에서 조절된 포소화약제의 필요량을 포소화약제 탱크에서 펌프 흡입부 측으로 보내어 혼합하는 방법이다. 소방펌프차에 주로 사용, 농도조절밸브가 있다.
③ 프레셔 프로포셔너 방식 : 펌프와 발포기의 중간에 설치된 벤츄리관의 벤츄리작용과 펌프 가압수의 포소화약제 저장탱크에 대한 압력에 의해 약제를 흡입·혼합하는 방식이다.

정답 75.① 76.④

77 포혼합장치 중 펌프 프로포셔너(pump proportioner) 방식에 해당하는 것은?

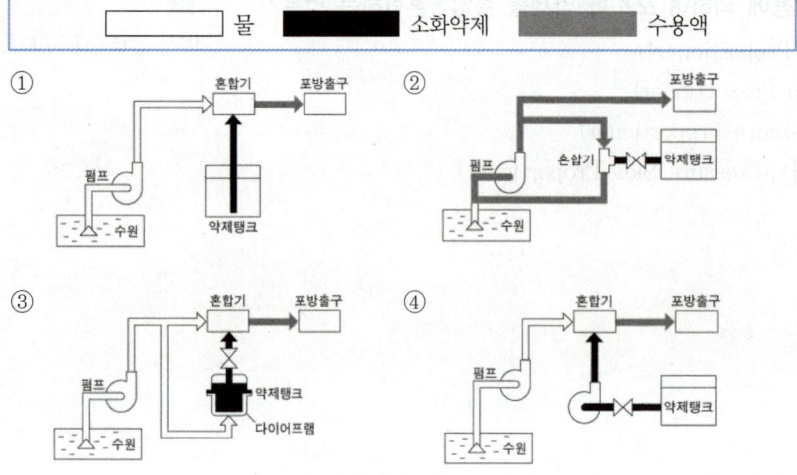

78 펌프와 발포기의 중간에 설치된 벤추리관의 벤추리작용과 펌프가압수의 포소화약제 저장탱크에 대한 압력에 따라 포소화약제를 흡입·혼합하는 방식은?

① 프레져사이드 프로포셔너(Pressure-side Proportioner)
② 프레져 프로포셔너(Pressure Proportioner)
③ 라인 프로포셔너(Line Proportioner)
④ 펌프 프로포셔너(Pump Proportioner)
⑤ 압축공기포 혼합장치

해설 77
① 라인 프로포셔너 방식
③ 프레져 프로포셔너 방식
④ 프레져사이드 프로포셔너 방식

78
• 펌프 프로포셔너 방식 - 농도조절밸브
• 라인 프로포셔너 방식 - 벤츄리관의 벤츄리작용
• 프레져 프로포셔너 방식 - 벤츄리관의 벤츄리작용 + 펌프가압수
• 프레져사이드 프로포셔너 방식 - 펌프 2개, 압입기

정답 77.② 78.②

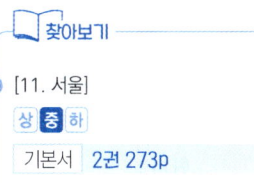

79 이산화탄소 소화설비에 관하여 가장 옳지 않은 것은?
① 이산화탄소 소화설비는 수계소화설비이다.
② 이산화탄소 소화약제는 가격이 저렴하다.
③ 침투성이 좋고 심부화재에 적합하다.
④ 이산화탄소는 비전도성으로 전기화재 등에 적합하다.

[11. 서울]
기본서 2권 273p

80 이산화탄소 소화설비의 주 소화작용으로서 옳은 것은?
① 냉각소화　　　　② 질식소화
③ 피복소화　　　　④ 희석소화

[12. 울산]
기본서 2권 273p

81 이산화탄소소화설비에 대한 일반적인 설명으로 옳지 않은 것은?
① 기동용기의 가스는 압력스위치 및 자동폐쇄장치를 작동시키는 역할을 한다.
② 저장용기는 직사광선 및 빗물이 침투할 우려가 없는 곳에 설치한다.
③ 전역방출방식에서 환기장치는 이산화탄소가 방사되기 전에 정지되어야 한다.
④ 전역방출방식에서는 음향경보장치와 방출표시등이 필요하다.

[22. 소방직]
기본서 2권 273~276p

해설 79 ① 이산화탄소 소화설비는 가스계 소화설비이다.
▶ 이산화탄소 소화설비 장·단점

장 점	• 가스 상태여서 화재심부까지 침투가 용이하다. • 약제 수명이 반영구적이며 가격이 저렴하고 피연소물에 피해가 적다. • 비전도성이므로 전기화재에 유효하다. • 화재 진화 후 약제의 잔존물이 없어 증거보존이 양호하여 화재원인 조사가 쉽다.
단 점	• 인체에 질식 및 동상의 우려가 있다. • 설비가 고압이므로 특별한 주의가 요구된다. • 방사시 소음이 매우 심하고 시야를 가리게 된다.

80 ② 이산화탄소 소화설비의 소화작용으로는 질식소화, 냉각소화, 피복소화작용이 있으나 주 소화작용은 질식소화이다.

81 가스계 소화약제 저장용기의 봉판이 개방되어야 소화약제가 배관을 따라 방호구역에 이송되는데 그 이전 단계가 바로 기동용기의 작동이다.
기동용기가 작동을 해서 기동용기에 저장된 가스 압력으로 소화약제 저장용기의 봉판을 개방시키는 것이다.

정답 79.① 80.② 81.①

82 다음 중 이산화탄소 소화설비에 관하여 옳지 않은 것은?
① 전역방출방식에서 심부화재는 7분 이내 방사, 표면화재는 1분 이내에 방사한다.
② 나트륨, 칼륨 등 활성금속물질에는 소화약제의 사용을 피하여야 한다.
③ 전시장 등의 관람을 위하여 다수인이 출입·통행하는 실내의 통로에 설치하도록 한다.
④ 화재 시 실내 인원을 실외로 대피시키기 위하여 1분 이상 경보를 울려야 한다.
⑤ 줄톰슨 효과에 의하여 온도가 급강하 하면서 드라이아이스가 생성되어 냉각효과도 생기게 된다.

83 층수가 11층 이상인 특정소방대상물에서 2층 이상의 층에서 화재가 발생했을 때 우선적으로 경보를 발할 수 있는 범위는?
① 발화층 및 직상층 1층
② 발화층 및 직상층 2층
③ 발화층 및 직상층 3층
④ 발화층 및 직상층 4층

해설

82 ③ 이산화탄소 소화설비는 방출 시 인명피해가 우려되므로 다수인이 출입·통행하는 실내에는 사용할 수 없다.

83

화재층	우선 경보할 층	
	11층 미만	11층 이상
2층 이상	전층 경보	발화층 및 그 직상 4개층
1층		발화층, 그 직상 4개층 및 지하층
지하층		발화층, 그 직상층 및 기타의 지하층

정답 82.③ 83.④

84 〈보기〉에 제시된 건축물 1층에서 발화한 경우, 직상발화 우선경보방식으로 발하여야 하는 해당 층을 모두 나타낸 것은?

─── 〈보기〉 ───
지하 3층, 지상 35층, 연면적 10,000㎡

① 1층, 2층
② 1층, 2층, 지하층 전체
③ 1층, 2층, 3층, 4층, 5층
④ 1층, 2층, 3층, 4층, 5층, 지하층 전체
⑤ 건물 전체 층

85 자동화재탐지설비의 감지기가 하는 기능이 아닌 것은?
① 센서기능
② 판단기능
③ 발신기능
④ 수신기능

해설 84 1층에서 화재가 발생하였으니 우선경보방식은 <u>발화층, 그 직상 4개층 및 지하층</u>이다.
※ 우선경보방식

화재층	우선 경보할 층	
	11층 미만	11층 이상
2층 이상	전층 경보	발화층 및 그 직상 4개층
1층		발화층, 그 직상 4개층 및 지하층
지하층		발화층, 그 직상층 및 기타의 지하층

85 ④ 자동화재탐지설비의 감지기는 센서, 판단, 발신기능을 가지고 있다.

정답 84.④ 85.④

86 자동화재탐지설비에 대한 설명 중 옳지 않은 것은?
① 발신기는 화재발생신고를 수신기 또는 중계기에 수동으로 발신하는 것을 말한다.
② 수신기는 화재 시 발신기 또는 감지기로부터 신호를 직접 또는 중계기를 거쳐 수신하여 건물 관계자에게 표시 및 음향장치로 알려주는 설비이며 P형은 고유신호로 수신하고 R형은 공통신호로 수신한다.
③ 경계구역이란 소방대상물 중 화재신호를 발신하고 그 신호를 수신 및 유효하게 제어할 수 있는 구역을 말한다.
④ 자동화재탐지설비는 화재발생을 자동으로 감지하여 해당 소방대상물의 관계자에게 통보하는 설비로 자동화재속보설비와 연동하여 작동할 수 있다.

87 다음 중 자동화재탐지설비 구성요소가 아닌 것은?
① 중계기 ② 감지기
③ 표시등 ④ 소화전

해설

86 ② P형은 공통신호방식이고, R형은 고유신호를 전달하는 방식이다.

87 ④ 자동화재탐지설비는 전원, 감지기, 표시등, 배선, 수신기, 발신기, 중계기, 음향장치 및 기타 부속기기 등으로 구성되어 있다.

정답 86.② 87.④

88 다음 중 자동화재탐지설비의 구성요소가 아닌 것은?
① 감지기　　② 수신기
③ 발신기　　④ 송신기

89 특정소방대상물 중 화재신호를 발신하고 그 신호를 수신 및 유효하게 제어할 수 있는 구역을 무엇이라고 하는가?
① 제어구역　　② 자동화재탐지구역
③ 수신구역　　④ 경계구역
⑤ 발신구역

해설
88　④ 자동화재탐지설비 구성요소로는 전원, 감지기, 표시등, 배선, 수신기, 발신기, 중계기, 음향장치 및 기타 부속기기 등이 있다.

89　④ 경계구역이란 특정소방대상물 중 화재신호를 발신하고 그 신호를 수신 및 유효하게 제어할 수 있는 구역을 말한다.

정답　88.④　89.④

90 소방대상물에서 화재신호를 발신하고 그 신호를 수신 및 유효하게 제어할 수 있는 경계구역의 설정기준으로 옳지 않은 것은?

① 하나의 경계구역이 2개 이상의 건축물에 미치지 아니하도록 한다.
② 하나의 경계구역이 2개 이상의 층에 미치지 아니하도록 한다. 다만 500m² 이하의 범위 안에서는 2개의 층을 하나의 경계구역으로 할 수 있다.
③ 하나의 경계구역의 면적은 500m² 이하로 하고 한 변의 길이는 50m 이하로 한다.
④ 지하층의 계단 및 경사로(지하층의 층수가 1일 경우는 제외)는 별도로 하나의 경계구역으로 하여야 한다.
⑤ 외기에 면하여 상시 개방된 부분이 있는 차고, 주차장, 창고 등에 있어서는 외기에 면하는 각 부분으로부터 5m 미만의 범위 안에 있는 부분은 경계구역의 면적에 산입하지 않는다.

91 자동화재탐지설비의 경계구역 설정에 대한 기준이다. ( ) 안에 들어갈 내용으로 옳은 것은?

> 하나의 경계구역의 면적은 (㉠)m² 이하로 하고 한 변의 길이는 (㉡)m 이하로 할 것. 다만, 해당 특정소방대상물의 주된 출입구에서 그 내부 전체가 보이는 것에 있어서는 한 변의 길이가 (㉢)m의 범위 내에서 (㉣)m² 이하로 할 수 있다.

	㉠	㉡	㉢	㉣		㉠	㉡	㉢	㉣
①	500	50	60	800	②	500	60	50	1,000
③	600	50	50	800	④	600	50	50	1,000
⑤	600	60	60	1,000					

해설

90 ③ 하나의 경계구역의 면적은 <u>600m² 이하</u>로 하고 한 변의 길이는 <u>50m 이하</u>로 한다.

91 ※ 자동화재탐지설비의 경계구역의 설정 기준
① 수평적 경계구역
  ㉠ 하나의 경계구역이 2개 이상의 건축물에 미치지 아니하도록 한다.
  ㉡ 하나의 경계구역이 2개 이상의 층에 미치지 아니하도록 한다. 다만, 500㎡ 이하의 범위안에서는 2개의 층을 하나의 경계구역으로 할 수 있다.
  ㉢ 하나의 경계구역의 면적은 <u>600㎡ 이하</u>로 하고 한 변의 길이는 <u>50m 이하</u>로 한다. 다만, 해당 소방대상물의 주된 출입구에서 그 내부 전체가 보이는 것에 있어서는 한 변의 길이가 <u>50m</u>의 범위 내에서 <u>1,000㎡ 이하</u>로 할 수 있다.

정답 90.③ 91.④

92 자동화재탐지설비에서 열감지기의 종류가 아닌 것은?
① 넓은 범위 내에서의 열 효과 누적에 의하여 작동되는 감지기
② 열기전력을 이용한 감지기
③ 이온전류가 변화하여 작동하는 감지기
④ 공기팽창을 이용한 감지기

93 다음 중 연기감지기의 종류로 옳은 것은?
① 광전식 분리형 감지기
② 보상식 분포형 감지기
③ 차동식 분포형 감지기
④ 정온식 분포형 감지기

해설
92 ③ 이온전류가 변화하여 작동하는 것은 연기감지기 중 이온화식 연기감지기이다.
93 ▸ 감지기 종류
  • 열감지기 : 차동식, 정온식, 보상식 감지기가 있다.
  • 연기감지기 : 광전식, 이온화식 감지기가 있다.

정답 92.③ 93.①

94 열감지기의 종류가 아닌 것은?
① 보상식
② 정온식
③ 광전식
④ 차동식

[18. 하반기]
상 중 하
기본서 2권 289p

95 차동식스포트형과 정온식스포트형 감지기의 성능을 겸한 것으로서 둘 중 어느 한 기능이 작동되면 화재 신호를 발하는 감지기는?
① 다신호식
② 아날로그식
③ 광전식스포트형
④ 보상식스포트형
⑤ 이온화식스포트형

[19. 간부]
상 중 하
기본서 2권 289~292p

해설

94 ③ 광전식은 연기감지기이다.

95 ④ "보상식 스포트형 감지기"란 차동식 스포트형 감지기와 정온식 스포트형 감지기의 성능을 겸한 것으로서 차동식 스포트형 감지기의 성능 또는 정온식 스포트형 감지기의 성능 중 어느 한 기능이 작동되면 작동신호를 발하는 것을 말한다.
① "다신호식 감지기"란 1개의 감지기 내에 서로 다른 종별 또는 감도 등의 기능을 갖춘 것으로서 일정시간 간격을 두고 각각 다른 2개 이상의 화재신호를 발하는 감지기를 말한다.
② "아날로그식 감지기"란 주위의 온도 또는 연기의 양의 변화에 따라 각각 다른 전류치 또는 전압치 등의 출력을 발하는 방식의 감지기를 말한다. 화재여부를 발신하지 않으며, 검출된 온도·연기의 농도에 대한 정보만 수신기에 송출하여 화재여부는 수신기가 판단하는 감지기이다.
③ "광전식 스포트형 감지기"란 주위의 공기가 일정한 농도의 연기를 포함하게 되는 경우에 작동하는 것으로서 일국소의 연기에 의하여 광전소자에 접하는 광량의 변화로 작동하는 것을 말한다.
⑤ "이온화식 스포트형 감지기"란 주위의 공기가 일정한 농도의 연기를 포함하게 되는 경우에 작동하는 것으로서 일국소의 연기에 의하여 이온전류가 변화하여 작동하는 것을 말한다.

정답 94.③ 95.④

96 차동식 분포형 감지기의 종류에 해당하지 않는 것은?
① 공기관식
② 열전대식
③ 열반도체식
④ 광전식

97 주위 온도가 일정 상승률 이상 되는 경우에 작동하는 감지기로서 넓은 범위 내에서 열효과 누적에 의해 작동하는 것은?
① 차동식 분포형 감지기
② 차동식 스포트형 감지기
③ 정온식 스포트형 감지기
④ 정온식 감지선형 감지기

해설
96 ①②③은 열감지기에 해당되고, ④ 광전식은 연기감지기에 해당한다.

97 ① "차동식 분포형 감지기"란 주위온도가 일정 상승률 이상이 되는 경우에 작동하는 것으로서 넓은 범위 내에서의 열 효과의 누적에 의하여 작동되는 것을 말한다.
② "차동식 스포트형 감지기"란 주위온도가 일정 상승률 이상이 되는 경우에 작동하는 것으로서 일국소(일정한 부분)에서의 열 효과에 의하여 작동되는 것을 말한다.
③ "정온식 스포트형 감지기"란 일국소의 주위온도가 일정한 온도 이상이 되는 경우에 작동하는 것으로서 외관이 전선으로 되어 있지 아니한 것을 말한다.
④ "정온식 감지선형 감지기"란 일국소의 주위온도가 일정한 온도 이상이 되는 경우에 작동하는 것으로서 외관이 전선으로 되어 있는 것을 말한다.

정답 96.④ 97.①

98 자동화재탐지설비 감지기의 종류에 대한 설명이다. ( ) 안에 들어갈 내용으로 옳은 것은?

 [21. 간부]

기본서 2권 291~292p

> 주위온도가 일정 상승률 이상이 되는 경우에 작동하는 것으로서 일국소의 열효과에 의하여 작동하는 것을 (㉠) 감지기라 하고, 일국소의 주위온도가 일정한 온도 이상이 되는 경우에 작동하는 것으로서 외관이 전선으로 되어 있지 아니한 것을 (㉡) 감지기라 한다. 이들 두 감지기의 성능을 겸한 것으로서 두 성능 중 어느 하나가 작동되면 화재신호를 발하는 것을 (㉢) 감지기라고 한다.

	㉠	㉡	㉢
①	정온식 스포트형	차동식 스포트형	보상식 스포트형
②	정온식 분포형	차동식 분포형	열복합식
③	차동식 스포트형	정온식 스포트형	보상식 스포트형
④	차동식 분포형	정온식 분포형	열복합식
⑤	차동식 감지선형	정온식 감지선형	열연복합식

해설 98
- "차동식 스포트형 감지기"란 주위온도가 일정 상승률 이상이 되는 경우에 작동하는 것으로서 일국소(일정한 부분)에서의 열 효과에 의하여 작동되는 것을 말한다.
- "정온식 스포트형 감지기"란 일국소의 주위온도가 일정한 온도 이상이 되는 경우에 작동하는 것으로서 외관이 전선으로 되어 있지 아니한 것을 말한다.
- "보상식 스포트형 감지기"란 차동식 스포트형 감지기와 정온식 스포트형 감지기의 성능을 겸한 것으로서 차동식 스포트형 감지기의 성능 또는 정온식 스포트형 감지기의 성능 중 어느 한 기능이 작동되면 작동신호를 발하는 것을 말한다.

정답 98.③

99. 자동화재탐지설비에서 부착 높이에 따른 감지기로 옳은 것만을 〈보기〉에서 있는 대로 고른 것은?

> ㉠ 부착 높이 4m 미만 : 광전식 스포트형 감지기
> ㉡ 부착 높이 4m 이상 8m 미만 : 정온식 감지 선형 1종 감지기
> ㉢ 부착 높이 8m 이상 15m 미만 : 차동식 스포트형 감지기
> ㉣ 부착 높이 15m 이상 20m 미만 : 보상식 스포트형 감지기

① ㉠, ㉡　　② ㉠, ㉢　　③ ㉡, ㉣
④ ㉠, ㉢, ㉣　　⑤ ㉡, ㉢, ㉣

[23. 간부]

100. 소방시설 중 경보설비에 관한 설명으로 옳지 않은 것은?
① 시각경보기는 청각장애인에게 점멸 형태로 시각경보를 하는 장치이다.
② R형 수신기는 감지기 또는 발신기에서 1:1 접점방식으로 전송된 신호를 수신한다.
③ 비상방송설비는 수신기에 화재신호가 도달하면 방송으로 화재 사실을 알리는 설비이다.
④ 이온화식 감지기와 광전식 감지기는 연기를 감지하여 화재신호를 발하는 장치이다.

[24. 소방직]

해설

99. ㉢ 부착 높이 8m 이상 15m 미만
  • 차동식 분포형
  • 이온화식 1종 또는 2종
  • 광전식(스포트형, 분리형, 공기흡입형) 1종 또는 2종
  • 연기복합형
  • 불꽃감지기
㉣ 부착 높이 15m 이상 20m 미만
  • 이온화식 1종
  • 광전식(스포트형, 분리형, 공기흡입형) 1종
  • 연기복합형
  • 불꽃감지기

100. R형 수신기는 신호전달방식이 다중신호방식이다(P형은 개별신호방식).

정답 99.① 100.②

101 자동화재탐지설비 수신기의 화재신호와 연동으로 작동하여 관계인에게 화재 발생을 경보함과 동시에 소방관서에 자동적으로 통신망을 통한 당해 화재발생 및 당해 소방대상물의 위치 등을 음성으로 통보하여 주는 것은?

① 통합감시시설
② 비상경보설비
③ 비상방송설비
④ 자동화재속보설비
⑤ 단독경보형 감지기

102 다음 중 〈보기〉에 해당하는 내용으로 옳은 것은?

―〈보기〉―
1인 및 다수인이 사용한다. 조속기, 후크, 연결금속구, 벨트, 로프로 구성되어 있다.

① 완강기
② 구조대
③ 피난사다리
④ 피난로프

해설 101 ④ 자동화재속보설비 :
1. 화재가 발생하였을 시 수동 또는 자동으로 화재발생을 소방서에 통보하기 위한 설비를 말한다.
2. 화재신호를 받아 20초 이내에 화재인가 판별하여 소방서로 자동적으로 3회 이상 전달하는 설비이다.
3. 자동화재속보설비는 소방관서로 연락하는 설비로서 다른 경보설비와는 차이가 있다.

① 통합감시시설
※ 지하구의 화재안전기준 제12조(통합감시시설)
통합감시시설은 소방관서와 지하구의 통제실 간에 화재 등 소화활동과 관련된 정보를 상시 교환할 수 있는 정보통신망을 구축해야 한다

② 비상경보설비 : 비상경보설비는 비상벨설비와 자동식사이렌설비의 2가지 종류를 말하며 감지기가 없는 것이 큰 특징이다. 그러나 수신기와 발신기, 경종, 표시등은 있다.

③ 비상방송설비 : 관계인에 의해 수동으로도 기동이 되며, 자동화재탐지설비에 의해서 감지된 화재를 자동으로 신속하게 관계인에게 알려주어서 피난을 도와주는 설비이다.

⑤ 단독경보형감지기 : 화재발생 상황을 감지기가 감지하여 자체에 내장된 음향장치로 경보하는 감지기를 말한다.

102 ① 완강기는 사용자 하중에 의해 자동적으로 내려올 수 있는 피난기구 중 하나로 사용자가 교대하여 연속적으로 사용이 가능하다. 조속기, 후크, 벨트, 로프, 릴 등으로 구성되어 있다.

정답 101.④ 102.①

103 피난기구의 화재안전성능기준(NFPC 301)에서 피난기구의 설치기준으로 옳지 않은 것은?

① 피난기구를 설치하는 개구부는 서로 동일직선상이 아닌 위치에 있을 것
② 구조대의 길이는 피난상 지장이 없고 안정한 강하속도를 유지할 수 있는 길이로 할 것
③ 다수인 피난장비는 사용시에 보관실 외측 문이 먼저 열리고 탑승기가 외측으로 자동으로 전개될 것
④ 피난기구는 특정소방대상물의 기둥·바닥 및 보 등 구조상 견고한 부분에 볼트조임·매입 및 용접 등의 방법으로 견고하게 부착할 것
⑤ 4층 이상의 층에 하향식 피난구용 내림식사다리를 설치하는 경우에는 금속성 고정사다리를 설치하고, 당해 고정사다리에는 쉽게 피난할 수 있는 구조의 노대를 설치할 것

[23. 간부]

기본서 2권 308p

104 소방시설 설치 및 관리에 관한 법률에 관한 설명으로 옳은 것은?

① 무창층에 설치되는 개구부의 크기는 지름 70cm의 원이 내접할 수 있어야 한다.
② 지하구란 곧바로 지상으로 갈 수 있는 출입구가 있는 층을 말한다.
③ 화재를 진압하는 데 필요한 물을 공급하거나 저장하는 설비를 소화활동설비라 한다.
④ 방열복, 공기호흡기, 공기안전매트는 피난구조설비이다.
⑤ 옥내소화전설비, 포소화설비, 소화기구, 연결송수관설비 등은 소화설비에 해당한다.

[18. 간부]

기본서 1권 114p, 210~211p, 225p, 314p

해설 103 4층 이상의 층에 피난사다리를 설치하는 경우에는 금속성 고정사다리를 설치하고, 당해 고정사다리에는 쉽게 피난할 수 있는 구조의 노대를 설치할 것

104 ① 무창층에 설치되는 개구부의 크기는 지름 50cm 이상의 원이 통과할 수 있어야 한다.
② 피난층이란 곧바로 지상으로 갈 수 있는 출입구가 있는 층을 말한다.
③ 화재를 진압하는 데 필요한 물을 공급하거나 저장하는 설비를 소화용수설비라 한다.
⑤ 연결송수관설비는 소화활동설비에 해당한다.

정답 103.⑤ 104.④

105 「소방시설 설치 및 관리에 관한 법률 시행령」상 무창층(無窓層)이란 지상층 중 개구부 면적의 합계가 해당 층 바닥면적의 30분의 1 이하가 되는 층을 말한다. 이때 개구부가 갖추어야 할 요건으로 옳지 않은 것은?

① 크기는 지름 50센티미터 이상의 원이 통과할 수 있는 크기일 것
② 해당 층의 바닥면으로부터 개구부 밑부분까지의 높이가 0.8미터 이내일 것
③ 도로 또는 차량이 진입할 수 있는 빈터를 향할 것
④ 화재 시 건축물로부터 쉽게 피난할 수 있도록 창살이나 그 밖의 장애물이 설치되지 아니할 것
⑤ 내부 또는 외부에서 쉽게 부수거나 열 수 있을 것

106 피난구조설비에 대한 설명으로 옳지 않은 것은?

① 인공소생기란 호흡 부전 상태인 사람에게 인공호흡을 시켜 환자를 보호하거나 구급하는 기구이다.
② 피난구유도등이란 피난구 또는 피난경로로 사용되는 출입구를 표시하여 피난을 유도하는 등을 말한다.
③ 복도통로유도등이란 피난통로가 되는 복도에 설치하는 통로유도등으로서 피난구의 방향을 명시하는 것을 말한다.
④ 구조대란 사용자의 몸무게에 의하여 자동으로 하강하고 내려서면 스스로 상승하여 연속적으로 사용할 수 있는 무동력 피난기구를 말한다.

해설

105 ② 해당 층의 바닥면으로부터 개구부 밑부분까지의 높이가 1.2미터 이내일 것

106 ④ **구조대**란 사용자의 몸무게에 의하여 자동으로 하강하고 내려서면 스스로 상승하여 연속적으로 사용할 수 있는 무동력 피난기구를 말한다.
→ 승강식 피난기
→ "구조대"란 포지 등을 사용하여 자루형태로 만든 것으로서 화재시 사용자가 그 내부에 들어가서 내려옴으로써 대피할 수 있는 것을 말한다.

정답 105.② 106.④

107 제연설비의 제반사항으로 옳지 않은 것은?
① 통로와 거실은 상호 제연구획한다.
② 통로상 제연구획은 보행중심선 길이가 60m를 초과하지 않아야 한다.
③ 하나의 제연구역의 면적은 1,000m² 이상으로 해야 한다.
④ 배출기 흡입측 풍도 안의 풍속은 15m/s 이하로, 배출측 풍속은 20m/s 이하로 해야 한다.

108 다음은 비상콘센트설비의 전원회로 기준에 관한 것이다. ( ) 안에 들어갈 내용으로 옳은 것은?

> 비상콘센트설비의 전원회로는 (㉠)교류 (㉡)볼트인 것으로서, 그 공급용량은 (㉢)킬로볼트암페어 이상인 것으로 할 것

	㉠	㉡	㉢		㉠	㉡	㉢
①	단상	24	1.5	②	단상	220	1.5
③	단상	380	3.0	④	3상	220	3.0
⑤	3상	380	3.0				

해설
107 ③ 하나의 제연구역의 면적은 1,000m² 이내로 해야 한다.
108 비상콘센트설비의 전원회로는 단상교류 220볼트인 것으로서, 그 공급은 1.5킬로볼트암페어 이상인 것으로 해야 한다.

정답 107.③ 108.②

109 연결살수설비에서 배관의 구경에 따른 하나의 배관에 부착하는 살수헤드의 개수가 옳지 않은 것은?
① 배관의 구경 32mm 1개
② 배관의 구경 40mm 2개
③ 배관의 구경 50mm 3개
④ 배관의 구경 65mm 6개

[11. 전남]

기본서 2권 327p

110 건물 화재 시 연기는 인명손실과 피난활동, 소방대의 활동에 가장 장애가 되는 요소이다. 이 연기 제어 방법으로 가장 옳지 않은 것은?
① 연소
② 희석
③ 배기
④ 차단

[17. 하반기]

기본서 2권 43p

해설

109 ④ 배관의 구경 65mm는 헤드 4~5개에 해당한다.
▶ 연결살수설비 전용배관의 구경

헤드의 수	1개	2개	3개	4~5개	6~10개
배관 구경	32mm	40mm	50mm	65mm	80mm

110 ① 연기 제어 방법으로는 희석, 배기, 차단이 있다.

정답 109.④ 110.①

111 「소방시설 설치 및 관리에 관한 법률 시행령」상 의료시설에 강화된 소방시설 기준을 적용해 설치하여야 하는 소방시설로 옳지 않은 것은?

① 스프링클러설비
② 자동화재탐지설비
③ 자동화재속보설비
④ 단독경보형감지기
⑤ 간이스프링클러설비

[20. 간부]

해설 111 ④ 단독경보형감지기는 노유자시설에 강화된 소방시설 기준을 적용해 설치하여야 하는 소방시설이다.

※ 소방시설법 시행령 제13조(강화된 소방시설기준의 적용대상)
법 제13조 제1항 제2호에서 "대통령령으로 정하는 것"이란 다음 각 호의 어느 하나에 해당하는 설비를 말한다.
1. 「국토의 계획 및 이용에 관한 법률」 제2조 제9호에 따른 공동구에 설치하는 소화기, 자동소화장치, 자동화재탐지설비, 통합감시시설, 유도등 및 연소방지설비
2. 전력 및 통신사업용 지하구에 설치하는 소화기, 자동소화장치, 자동화재탐지설비, 통합감시시설, 유도등 및 연소방지설비
3. 노유자(老幼者)시설에 설치하는 간이스프링클러설비, 자동화재탐지설비 및 단독경보형 감지기
4. 의료시설에 설치하는 스프링클러설비, 간이스프링클러설비, 자동화재탐지설비 및 자동화재속보설비

정답 111.④

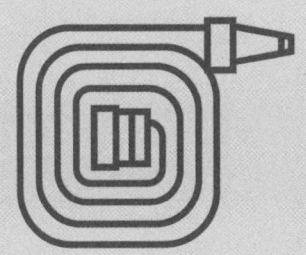

02

소방단기
김동준 소방

소방안전교육사, 소방시설관리사, 소방설비기사 및 방재안전직 소방관련기출문제

소방학개론

기출 + O · X + 빈칸

소방학개론

김 원 빈

소방학개론

PART 01

소방조직

01 소방조직
02 소방기능

01 소방조직

01 중앙소방행정조직에 해당하지 않는 것은?
① 소방청 ② 중앙소방학교
③ 중앙119구조본부 ④ 소방본부

[19. 소방안전교육사]
상 중 하
기본서 1권 25p

02 우리나라 소방의 역사를 발생 순서대로 옳게 나열한 것은?

┌─────────────────────────┐
│ ㉠ 소방공무원법 제정   │
│ ㉡ 소방청 개청   │
│ ㉢ 위험물안전관리법 제정 │
└─────────────────────────┘

① ㉠-㉡-㉢ ② ㉠-㉢-㉡
③ ㉡-㉢-㉠ ④ ㉢-㉠-㉡

[19. 소방안전교육사]
상 중 하
기본서 1권 16~20p

해설

01 ④ 소방본부
     → 지방소방행정조직

 ※ 소방행정조직
 1) 중앙소방행정조직
     ① 직접적 소방행정조직 : 소방청, 중앙소방학교, 중앙119구조본부, 국립소방연구원
     ② 간접적 소방행정조직 : 한국소방안전원, 대한소방공제회, 한국소방산업기술원, 소방산업공제조합
 2) 지방소방행정조직
     소방본부, 소방서, 119안전센터·구조대·구급대·소방정대, 지방소방학교, 서울종합방재센터, 의무소방대, 소방체험단, 119특수대응단

02 ㉠ 소방공무원법 제정 - 1977년
     ㉢ 위험물안전관리법 제정 - 2003년(4개분법)
     ㉡ 소방청 개청 - 2017년

정답 01.④ 02.②

03 매슬로우(A. H. Maslow)의 욕구 5단계 이론에서 인간의 욕구를 단계별로 바르게 나열한 것은?

① 생리 → 사회 → 안전 → 존경 → 자아실현
② 생리 → 안전 → 사회 → 자아실현 → 존경
③ 생리 → 안전 → 사회 → 존경 → 자아실현
④ 생리 → 안전 → 존경 → 사회 → 자아실현

[23. 국가직 9급]
기본서 1권 34p

04 「소방시설 설치 및 관리에 관한 법률」상 용어 정의로서 (가), (나)에 들어갈 내용을 바르게 연결한 것은?

"특정소방대상물"이란 건축물 등의 규모·용도 및 수용인원 등을 고려하여 (가)을 설치하여야 하는 소방대상물로서 (나)으로 정하는 것을 말한다.

	(가)	(나)
①	소방시설	대통령령
②	소방시설	행정안전부령
③	소방용품	대통령령
④	소방용품	행정안전부령

[23. 국가직 9급]
심화

해설

03 ▶ 욕구이론(A. H. Maslow)
① 식욕, 휴식, 호흡에 대한 욕구 등 인간의 생존에 직결되는 생리적 욕구
② 외부의 위험, 공포·불안 등에 벗어나고 싶은 욕구, 강력한 보호자를 찾게 되는 욕구 등 육체적·정신적·심리적 안전을 추구하는 안전욕구
③ 타인과의 교류를 통한 애정을 찾게 되는 욕구와 일정 집단에 가입하고 싶은 욕구 등의 사회적 욕구(애정의 욕구)
④ 타인과의 관계에서 존경과 높은 평가를 받고 싶어하는 존경의 욕구
⑤ 자기 자신의 잠재력을 최대한 실현하고 싶어하는 자아실현의 욕구

04 ▶ 소방시설 설치 및 관리에 관한 법률 제2조(정의)
3. "특정소방대상물"이란 건축물 등의 규모·용도 및 수용인원 등을 고려하여 <u>소방시설</u>을 설치하여야 하는 소방대상물로서 <u>대통령령</u>으로 정하는 것을 말한다.

정답 03.③ 04.①

02 소방기능

01 지정수량 이상의 위험물을 제조 외의 목적으로 취급하기 위한 장소로서 설치허가를 받은 위험물 취급소에 해당하지 않는 것은?
① 주유취급소
② 판매취급소
③ 간이취급소
④ 이송취급소

[19. 국가직 9급]
기본서 1권 147p

02 「위험물안전관리법 시행령」상 지정수량 이상의 위험물을 저장하기 위한 저장소가 아닌 것은?
① 지하탱크저장소
② 간이탱크저장소
③ 주유탱크저장소
④ 이동탱크저장소

[18. 서울시 7급]
기본서 1권 140p, 149p

해설

01 ▶ 위험물안전관리법 시행령 [별표3]
위험물을 제조외의 목적으로 취급하기 위한 장소
1. 주유취급소
2. 판매취급소
3. 이송취급소
4. 일반취급소

02 ▶ 위험물안전관리법 시행령 [별표2]
지정수량 이상의 위험물을 저장하기 위한 저장소
1. 옥내저장소
2. 옥외탱크저장소
3. 옥내탱크저장소
4. 지하탱크저장소
5. 간이탱크저장소
6. 이동탱크저장소
7. 옥외저장소
8. 암반탱크저장소

정답 01.③ 02.③

03 「위험물안전관리법 시행규칙」상 이황화탄소를 제외한 인화성 액체위험물의 옥외탱크저장소의 탱크 주위에 방유제 설치 기준으로 옳지 않은 것은?

① 방유제는 높이 0.5m 이상 3m 이하로 할 것
② 방유제 내의 면적은 8만m² 이하로 할 것
③ 높이가 1m를 넘는 방유제 및 간막이 둑의 안팎에는 방유제 내에 출입하기 위한 계단 또는 경사로를 약 50m마다 설치 할 것
④ 방유제에는 그 내부에 고인 물을 외부로 배출하기 위한 배수구를 설치하고 이를 개폐하는 밸브 등을 방유제의 내부에 설치할 것

[17. 서울시 7급]
상 중 하
기본서 1권 152p

해설 03 ④ 방유제에는 그 내부에 고인 물을 외부로 배출하기 위한 배수구를 설치하고 이를 개폐하는 밸브 등을 방유제의 <u>외부</u>에 설치할 것

▶ 위험물안전관리법 시행규칙 별표6
Ⅸ. 방유제
1. 제3류, 제4류 및 제5류의 위험물 중 인화성액체위험물(이황화탄소를 제외한다)의 옥외탱크저장소의 탱크 주위에는 다음 각 목의 기준에 의하여 방유제를 설치하여야 한다.
  가. 방유제의 용량은 방유제안에 설치된 탱크가 하나인 때에는 그 탱크 용량의 110% 이상, 2기 이상인 때에는 그 탱크 중 용량이 최대인 것의 용량의 110% 이상으로 할 것. 이 경우 방유제의 용량은 당해 방유제의 내용적에서 용량이 최대인 탱크 외의 탱크의 방유제 높이 이하 부분의 용적, 당해 방유제내에 있는 모든 탱크의 지반면 이상 부분의 기초의 체적, 간막이 둑의 체적 및 당해 방유제 내에 있는 배관 등의 체적을 뺀 것으로 한다.
  나. <u>방유제는 높이 0.5m 이상 3m 이하,</u> 두께 0.2m 이상, 지하매설깊이 1m 이상으로 할 것. 다만, 방유제와 옥외저장탱크 사이의 지반면 아래에 불침윤성(不浸潤性 : 수분흡수를 막는 성질) 구조물을 설치하는 경우에는 지하매설깊이를 해당 불침윤성 구조물까지로 할 수 있다.
  다. <u>방유제내의 면적은 8만m² 이하로 할 것</u>
  라. 방유제내의 설치하는 옥외저장탱크의 수는 10(방유제내에 설치하는 모든 옥외저장탱크의 용량이 20만ℓ 이하이고, 당해 옥외저장탱크에 저장 또는 취급하는 위험물의 인화점이 70℃ 이상 200℃ 미만인 경우에는 20) 이하로 할 것. 다만, 인화점이 200℃ 이상인 위험물을 저장 또는 취급하는 옥외저장탱크에 있어서는 그러하지 아니하다.
  마. 방유제 외면의 2분의 1 이상은 자동차 등이 통행할 수 있는 3m 이상의 노면폭을 확보한 구내도로(옥외저장탱크가 있는 부지내의 도로를 말한다. 이하 같다)에 직접 접하도록 할 것. 다만, 방유제에 설치하는 옥외저장탱크의 용량합계가 20만ℓ 이하인 경우에는 소화활동에 지장이 없다고 인정되는 3m 이상의 노면폭을 확보한 도로 또는 공지에 접하는 것으로 할 수 있다.
  바. 방유제는 옥외저장탱크의 지름에 따라 그 탱크의 옆판으로부터 다음에 정하는 거리를 유지할 것. 다만, 인화점이 200℃ 이상인 위험물을 저장 또는 취급하는 것에 있어서는 그러하지 아니하다.
    1) 지름이 15m 미만인 경우에는 탱크 높이의 3분의 1 이상
    2) 지름이 15m 이상인 경우에는 탱크 높이의 2분의 1 이상
  사. 방유제는 철근콘크리트로 하고, 방유제와 옥외저장탱크 사이의 지표면은 불연성과 불침윤성이 있는 구조(철근콘크리트 등)로 할 것. 다만, 누출된 위험물을 수용할 수 있는 전용유조(專用油槽) 및 펌프 등의 설비를 갖춘 경우에는 방유제와 옥외저장탱크 사이의 지표면을 흙으로 할 수 있다.
  아. 용량이 1,000만ℓ 이상인 옥외저장탱크의 주위에 설치하는 방유제에는 다음의 규정에 따라 당해 탱크마다 간막이 둑을 설치할 것
    1) 간막이 둑의 높이는 0.3m(방유제내에 설치되는 옥외저장탱크의 용량의 합계가 2억L를 넘는 방유제에 있어서는 1m) 이상으로 하되, 방유제의 높이보다 0.2m 이상 낮게 할 것
    2) 간막이 둑은 흙 또는 철근콘크리트로 할 것
    3) 간막이 둑의 용량은 간막이 둑안에 설치된 탱크의 용량의 10% 이상일 것
  자. 방유제내에는 당해 방유제내에 설치하는 옥외저장탱크를 위한 배관(당해 옥외저장탱크의 소화설비를 위한 배관을 포함한다), 조명설비 및 계기시스템과 이들에 부속하는 설비 그 밖의 안전확보에 지장이 없는 부속설비 외에는 다른 설비를 설치하지 아니할 것
  차. 방유제 또는 간막이 둑에는 해당 방유제를 관통하는 배관을 설치하지 아니할 것. 다만, 위험물을 이송하는 배관의 경우에는 배관이 관통하는 지점의 좌우방향으로 각 1m 이상까지의 방유제 또는 간막이 둑의 외면에 두께 0.1m 이상, 지하매설깊이 0.1m 이상의 구조물을 설치하여 방유제 또는 간막이 둑을 이중구조로 하고, 그 사이에 토사를 채운 후, 관통하는 부분을 완충재 등으로 마감하는 방식으로 설치할 수 있다.
  카. <u>방유제에는 그 내부에 고인 물을 외부로 배출하기 위한 배수구를 설치하고 이를 개폐하는 밸브 등을 방유제의 외부에 설치할 것</u>
  타. 용량이 100만ℓ 이상인 위험물을 저장하는 옥외저장탱크에 있어서는 카목의 밸브 등에 그 개폐상황을 쉽게 확인할 수 있는 장치를 설치할 것
  파. <u>높이가 1m를 넘는 방유제 및 간막이 둑의 안팎에는 방유제내에 출입하기 위한 계단 또는 경사로를 약 50m마다 설치할 것</u>
  하. 용량이 50만 리터 이상인 옥외탱크저장소가 해안 또는 강변에 설치되어 방유제 외부로 누출된 위험물이 바다 또는 강으로 유입될 우려가 있는 경우에는 해당 옥외탱크저장소가 설치된 부지 내에 전용유조(專用油槽) 등 누출위험물 수용설비를 설치할 것

정답 03.④

04 「위험물안전관리법 시행령」상 지정수량 이상의 위험물 운반 시 혼재하여 적재할 수 있는 위험물의 조합으로 옳은 것은?

① 제1류 위험물과 제3류 위험물
② 제2류 위험물과 제4류 위험물
③ 제3류 위험물과 제5류 위험물
④ 제4류 위험물과 제6류 위험물

[20. 소방안전교육사]
기본서 2권 66p

05 「소방기본법」상 생활안전활동에 해당하는 것만을 모두 고르면?

㉠ 산불에 대한 예방·진압 등 지원활동
㉡ 위해동물, 벌 등의 포획 및 퇴치 활동
㉢ 자연재해에 따른 급수·배수 및 제설 등 지원활동
㉣ 붕괴, 낙하 등이 우려되는 고드름, 나무, 위험 구조물 등의 제거활동

① ㉠, ㉡
② ㉠, ㉢
③ ㉡, ㉣
④ ㉢, ㉣

[23. 국가직 9급]
기본서 1권 129p

해설

04 위험물안전관리법의 위험물 중 제1류와 제6류, 제3류와 제4류, 제5류와 제2류와 제4류는 혼재하여도 혼촉발화 위험이 없다.

구 분	제1류	제2류	제3류	제4류	제5류	제6류
제1류		×	×	×	×	○
제2류	×		×	○	○	×
제3류	×	×		○	×	×
제4류	×	○	○		○	×
제5류	×	○	×	○		×
제6류	○	×	×	×	×	

05 ㉠, ㉢은 소방지원활동에 해당한다.
▶ 생활안전활동(소방기본법 제16조의3 제1항).
소방청장·소방본부장 또는 소방서장은 신고가 접수된 생활안전 및 위험제거 활동(화재, 재난·재해, 그 밖의 위급한 상황에 해당하는 것은 제외한다)에 대응하기 위하여 소방대를 출동시켜 다음 각 호의 활동을 하게 하여야 한다.
① 붕괴, 낙하 등이 우려되는 고드름, 나무, 위험 구조물 등의 제거활동
② 위해동물, 벌 등의 포획 및 퇴치 활동
③ 끼임, 고립 등에 따른 위험제거 및 구출 활동
④ 단전사고 시 비상전원 또는 조명의 공급
⑤ 그 밖에 방치하면 급박해질 우려가 있는 위험을 예방하기 위한 활동

정답 04.② 05.③

06 「소방기본법 시행규칙」상 소방용수시설의 설치기준에서 저수조의 설치기준으로 옳지 않은 것은?
① 지상으로부터의 낙차가 5.5미터 이하일 것
② 흡수부분의 수심이 0.5미터 이상일 것
③ 소방펌프자동차가 쉽게 접근할 수 있도록 할 것
④ 흡수관의 투입구가 사각형의 경우에는 한 변의 길이가 60센티미터 이상, 원형의 경우에는 지름이 60센티미터 이상일 것

[17. 서울시 7급]
기본서 1권 88p

07 「긴급구조대응활동 및 현장지휘에 관한 규칙」상 중증도 분류표에서 사상자의 상태와 색상의 연결이 옳은 것은?
① 비응급 - 흑색
② 응급 - 황색
③ 사망 - 적색
④ 긴급 - 녹색

[24. 지방직 9급]
기본서 1권 191p

해설 06 ▶소방기본법 시행규칙 [별표3]
저수조의 설치기준
(1) 지면으로부터의 낙차가 4.5미터 이하일 것
(2) 흡수부분의 수심이 0.5미터 이상일 것
(3) 소방펌프자동차가 쉽게 접근할 수 있도록 할 것
(4) 흡수에 지장이 없도록 토사 및 쓰레기 등을 제거할 수 있는 설비를 갖출 것
(5) 흡수관의 투입구가 사각형의 경우에는 한 변의 길이가 60센티미터 이상, 원형의 경우에는 지름이 60센티미터 이상일 것
(6) 저수조에 물을 공급하는 방법은 상수도에 연결하여 자동으로 급수되는 구조일 것

07 • 긴급(Critical) - 적색(RED) - 토끼그림
• 응급(Urgent) - 황색(YELLOW) - 거북이그림
• 비응급(Minor) - 녹색(GREEN) - 구급차 그림에 x표시
• 지연(Dead) - 흑색(BLACK) - 십자가 표시

정답 06.① 07.②

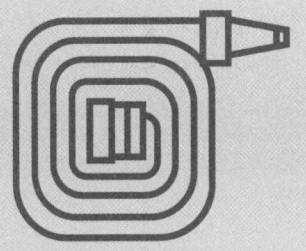

소방학개론

PART 02

재난관리

01 재난 및 재난관리의 개념
02 우리나라의 재난관리
   (재난 및 안전관리 기본법)

01 재난 및 재난관리의 개념

01 재난관리를 4단계로 구분하는데 이 구분에 속하지 않는 것은?
① 계획
② 대비
③ 대응
④ 복구

[16. 서울시 9급]

02 재난관리의 단계와 단계별 활동내용을 짝지은 것이다. 이 중 옳지 않은 것은?
① 예방 단계 – 이재민 수용 시설 지정·관리
② 대비 단계 – 재난분야 위기관리 매뉴얼 작성·운용
③ 대응 단계 – 재난 예·경보 발령
④ 복구 단계 – 이재민 지원 및 임시주거지 마련

[17. 서울시 9급]

해설

01 재난관리는 예방–대비–대응–복구의 4단계로 구분한다.

02 ① 이재민 수용 시설 지정·관리는 대응단계에 해당한다.

단계	재난관리의 단계별 활동내용
예방(완화)	위험성 분석 및 위험지도 작성, 건축법 정비 및 제정, 재난보험, 토지의 이용관리, 안전관련법 제정, 조세유도(행정·이론적 행위)
준비(대비)	재난대응계획의 수립, 비상경보체계의 구축, 통합대응체계의 구축, 비상통신망의 구축, 대응자원의 준비, 교육과 훈련 및 연습
대응	재난대응계획의 적용, 재난 진압, 구조 및 구급, 주민 홍보 및 교육, 응급의료체계의 운영, 사고대책본부의 가동, 환자 수용, 간호, 보호 및 후송
복구	잔해물의 제거, 전염 예방, 이재민의 지원, 임시주거지의 마련, 시설 복구

정답 01.① 02.①

03 재난관리 단계별 활동내용 중 복구단계에 해당하는 것은? [20. 국가직 9급]
① 이재민 지원
② 비상경보체계 구축
③ 재난대응계획 수립
④ 위험성 분석 및 위험지도 작성

04 존스(David K. C. Jones)의 재난분류에서 자연재난에 해당하지 않는 것은? [18. 서울시 9급]
① 지진
② 태풍
③ 홍수
④ 이상기온

해설
03 ② 비상경보체계 구축 - 준비단계
③ 재난대응계획 수립 - 준비단계
④ 위험성 분석 및 위험지도 작성 - 예방단계

04 ③ 홍수는 준자연재해에 해당한다.

▶ Jones의 재난분류

재난					
자연재난				준자연재난	인위재난
지구물리학적 재난			생물학적 재난	• 스모그현상 • 온난화현상 • 사막화현상 • 염수화현상 • 눈사태 • 산성화 • 홍수 • 토양침식 등	• 공해 • 광화학연무 • 폭동 • 교통사고 • 폭발사고 • 태업 • 전쟁 등
지질학적 재난	지형학적 재난	기상학적 재난			
지진 화산 쓰나미 등	산사태 염수토양 등	안개, 눈, 해일, 번개, 토네이도, 폭풍, 태풍, 가뭄, 이상기온 등	세균 질병 유독식물 유독동물		

정답 03.① 04.③

05 자연재난을 세분하여 지구물리학적 재난, 생물학적 재난으로 구분한 학자는?
① 존스(David K. C. Jones)   ② 포스너(Richard A. Posner)
③ 길버트(Claude Gilbert)   ④ 하인리히(Herbert W. Heinrich)

[23. 지방직 9급]

06 아네스(Br. J. Anesth)의 재난분류에서 해일, 화산폭발이 해당하는 재난은?
① 기후성 재난   ② 계획성 재난
③ 지진성 재난   ④ 사고성 재난

[23. 지방직 9급]

해설

05 ▶ Jones의 재해분류

재해						
자연재해					준자연재해	인위재해
지구물리학적 재해			생물학적 재해			
지질학적 재해	지형학적 재해	기상학적 재해				
지진 화산 <u>쓰나미</u> 등	산사태 염수토양 등	안개, 눈, 해일, <u>번개</u>, <u>토네이도</u>, <u>폭풍</u>, 태풍, 가뭄, 이상기온 등	세균 질병 유독식물 유독동물		• 스모그현상 • 온난화현상 • 사막화현상 • 염수화현상 • 눈사태 • 산성화 • 홍수 • 토양침식 등	• 공해 • 광화학연무 • 폭동 • 교통사고 • 폭발사고 • 태업 • 전쟁 등

06 ▶ Anesth의 재해분류

대분류	세분류	재해의 종류
자연재해	기후성 재해	태풍
	지진성 재해	지진, 화산폭발, 해일
인위재해	사고성 재해	• 교통사고(자동차, 철도, 항공, 선박사고) • 산업사고(건축물 붕괴) • 폭발사고(갱도, 가스, 화학, 폭발물) • 화재사고 • 생물학적 재해(박테리아, 바이러스, 독혈증) • 화학적 재해(부식성물질, 유독물질) • 방사능재해
	계획적 재해	테러, 폭동, 전쟁

정답 05.① 06.③

07 데이비드 존스(David K. C. Jones)의 재난분류와 재난의 연결이 옳지 않은 것은?

① 지질학적 재난 – 지진
② 지형학적 재난 – 산사태
③ 기상학적 재난 – 온난화 현상
④ 준자연재난 – 눈사태

[19. 지방직 9급]

상 중 **하**

기본서 **1권 236p**

08 존스(David K. C. Jones)의 재해(재난) 분류에 대한 설명으로 옳지 않은 것은?

① 자연재해는 지구물리학적 재해와 생물학적 재해로 구분한다.
② 공해, 스모그현상, 온난화현상은 준자연재해로 분류한다.
③ 지구물리학적 재해는 세부적으로 지질학적 재해, 지형학적 재해, 기상학적 재해로 구분한다.
④ 지진, 화산, 쓰나미는 지질학적 재해로 분류한다.

[20. 국가직 9급]

상 **중** 하

기본서 **1권 236p**

해설 07 ③ 온난화 현상 → 준자연재난

▶ Jones의 재해분류

재 해						
자연재해					준자연재해	인위재해
지구물리학적 재해				생물학적 재해	• 스모그현상 • 온난화현상 • 사막화현상 • 염수화현상 • 눈사태 • 산성화 • 홍수 • 토양침식 등	• 공해 • 광화학연무 • 폭동 • 교통사고 • 폭발사고 • 태업 • 전쟁 등
지질학적 재해	지형학적 재해	기상학적 재해		세균 질병 유독식물 유독동물		
지진 화산 쓰나미 등	산사태 염수토양 등	안개, 눈, 해일, 번개, 토네이도, 폭풍, 태풍, 가뭄, 이상기온 등				

08 ② 공해는 인위재해에 해당한다.

정답 07. ③ 08. ②

09 존스(David K. C. Jones)의 재난분류에서 안개와 폭풍 및 태풍이 해당되는 재난은?

① 지질학적 재난
② 지형학적 재난
③ 기상학적 재난
④ 생물학적 재난

[24. 국가직 9급]

10 아네스(Br. J. Anesth)의 재해(재난) 분류와 재해(재난)의 종류를 바르게 연결한 것은?

① 기후성 재해 – 해일
② 지진성 재해 – 태풍
③ 사고성 재해 – 방사능 재해
④ 계획적 재해 – 생물학적 재해

[20. 국가직 9급]

해설 09 ▶ Jones의 재해분류

재 해					
자연재해				준자연재해	인위재해
지구물리학적 재해			생물학적 재해	• 스모그현상 • 온난화현상 • 사막화현상 • 염수화현상 • 눈사태 • 산성화 • 홍수 • 토양침식 등	• 공해 • 광화학연무 • 폭동 • 교통사고 • 폭발사고 • 태업 • 전쟁 등
지질학적 재해	지형학적 재해	기상학적 재해	세균 질병 유독식물 유독동물		
지진 화산 쓰나미 등	산사태 염수토양 등	안개, 눈, 해일, 번개, 토네이도, 폭풍, 태풍, 가뭄, 이상기온 등			

10 ① 기후성 재해 – 태풍
② 지진성 재해 – 지진, 화산폭발, 해일
④ 계획적 재해 – 테러, 폭동, 전쟁

정답 09.③ 10.③

11 재난관리 방식 중 통합관리방식의 특징을 모두 고른 것은?

> ㉠ 정보전달의 다원화
> ㉡ 총괄적 자원동원과 신속한 대응
> ㉢ 통합대응 및 지휘통제 용이
> ㉣ 특정 재난에 대한 관리활동

① ㉠, ㉡
② ㉠, ㉣
③ ㉡, ㉢
④ ㉢, ㉣

[20. 소방안전교육사]
기본서 1권 241p

해설 11
㉡ 총괄적 자원동원과 신속한 대응 - 통합적
㉢ 통합대응 및 지휘통제 용이 - 통합적

㉠ 정보전달의 다원화 - 분산적
㉣ 특정 재난에 대한 관리활동 - 분산적

구분	분산적 접근방법(유형별)	통합적 접근방법
관련부처 및 기관	다수부처	병렬적 다수부처(소수부처)
책임범위와 부담	관리책임 및 부담 분산	관리책임 및 부담이 과도함
관련부처의 활동범위	특정재난	종합적 관리와 독립적 병행
정보전달체계	다양화	일원화
체계의 재난에 대한 인지능력	미약하고 단편적	강력하고 종합적
장점	① 업무수행의 전문성 ② 업무의 과다 방지	① 동원과 신속한 대응성 확보 ② 인적자원의 효과적 활용
단점	① 재난 대처의 한계 ② 업무 중복 및 연계 미흡 ③ 재원 마련과 배분이 복잡	① 종합관리체계 구축의 어려움 ② 업무와 책임의 과도와 집중성

정답 11.③

12 재난의 분산관리방식에 대한 설명으로 옳지 않은 것은?
① 정보전달체계가 일원화되어 있다.
② 복잡한 재난에 대한 대처능력에 한계가 있다.
③ 재난의 유형별 특징을 강조하는 전통적 관리방식이다.
④ 소관 부처에서 해당 재난을 지속적으로 담당하므로 전문성 재고가 용이하다.

[23. 지방직 9급]
상 **중** 하
기본서 1권 241p

13 재난관리의 분산관리방식에 대한 설명으로 옳지 않은 것은?
① 단일 부처 조정하의 병렬적 다수 부처 및 기관을 관리한다.
② 소관 재난에 대한 관리책임 및 부담이 분산된다.
③ 정보전달체계가 다원화되어 있다.
④ 재난에 대한 인지 능력이 통합관리방식에 비해 상대적으로 미약하고 단편적이다.

[24. 국가직 9급]
상 **중** 하
기본서 1권 241p

해설 12 정보전달체계가 다양화되어 있음

▶ 재난 유형별 비교

구 분	분산적 접근방법(유형별)	통합적 접근방법
관련부처 및 기관	다수부처	병렬적 다수부처(소수부처)
책임범위와 부담	관리책임 및 부담 분산	관리책임 및 부담이 과도함
관련부처의 활동범위	특정재난	종합적 관리와 독립적 병행
정보전달체계	다양화	일원화
체계의 재난에 대한 인지능력	미약하고 단편적	강력하고 종합적
장 점	① 업무수행의 전문성 ② 업무의 과다 방지	① 동원과 신속한 대응성 확보 ② 인적자원의 효과적 활용
단 점	① 재난 대처의 한계 ② 업무 중복 및 연계 미흡 ③ 재원 마련과 배분이 복잡	① 종합관리체계 구축의 어려움 ② 업무와 책임의 과도와 집중성

13 다수 부처가 관리책임 및 부담을 분산한다.

정답 12.① 13.①

14 재난관리 4단계를 순서대로 바르게 나열한 것은?
① 대비 → 대응 → 예방 → 복구
② 대비 → 복구 → 예방 → 대응
③ 예방 → 대비 → 대응 → 복구
④ 예방 → 복구 → 대응 → 대비

[23. 지방직 9급]

15 재난관리의 단계에서 복구단계 활동에 해당하는 것은?
① 안전기준의 설정
② 위험지도의 작성
③ 재난관리를 위한 장기적 계획 마련
④ 재난 피해자들에 대한 긴급 지원 물품 제공

[23. 국가직 9급]

해설

14 재난관리 4단계의 순서는 예방 → 대비 → 대응 → 복구이다.

15 ④ 재난 피해자들에 대한 긴급 지원 물품 제공 - 복구단계

정답 14.③ 15.④

16 재난이론과 주장한 학자 또는 학파의 연결이 옳은 것만을 모두 고르면?

> ㉠ 고도신뢰이론 – 버클리학파
> ㉡ 재난배양이론 – 페로(Charles B. Perrow)
> ㉢ 정상사고이론 – 터너(Barry A. Turner)

① ㉠
② ㉡
③ ㉠, ㉢
④ ㉡, ㉢

[24. 국가직 9급]
상 중 하
기본서 1권 348~349p

17 버드(F. Bird Jr.)의 재해발생비율에서 (가), (나)에 들어갈 숫자를 바르게 연결한 것은?

> 중상 1회, 경상이 (가) 회, 무상해사고가 (나) 회, 무상해 및 무사고 고장이 600회의 비율로 사고가 발생한다고 한다.

	(가)	(나)
①	10	30
②	10	300
③	29	30
④	29	300

[24. 지방직 9급]
상 중 하
기본서 1권 346p

해설

16　㉡ 재난배양이론 – 터너(Barry A. Turner)
　　㉢ 정상사고이론 – 페로(Charles B. Perrow)

17　버드의 재해발생비율은 중상 또는 폐질이 1회, 경상(물적 또는 인적손실)이 10회, 무상해사고(물적손실)가 30회, 무상해 및 무사고고장(위험순간)이 600회의 비율로 사고가 발생한다는 것이다.

정답 16.① 17.①

18 매슬로우(A.H. Maslow)의 욕구단계설에서 기본적 욕구부터 순서대로 바르게 나열한 것은?

① 생리적 욕구 → 안전에 대한 욕구 → 애정적인 욕구 → 존경과 긍지에 대한 욕구 → 자아실현의 욕구
② 생리적 욕구 → 애정적인 욕구 → 안전에 대한 욕구 → 자아실현의 욕구 → 존경과 긍지에 대한 욕구
③ 안전에 대한 욕구 → 생리적인 욕구 → 애정적인 욕구 → 존경과 긍지에 대한 욕구 → 자아실현의 욕구
④ 안전에 대한 욕구 → 애정적인 욕구 → 생리적인 욕구 → 자아실현의 욕구 → 존경과 긍지에 대한 욕구

[17. 국가직 9급]

기본서 1권 34p

해설 18 ▶ 매슬로우의 인간 욕구 5단계
① 식욕, 휴식, 호흡에 대한 욕구 등 인간의 생존에 직결되는 생리적 욕구
② 외부의 위험, 공포·불안 등에 벗어나고 싶은 욕구, 강력한 보호자를 찾게 되는 욕구 등 육체적·정신적·심리적 안전을 추구하는 안전욕구
③ 타인과의 교류를 통한 애정을 찾게 되는 욕구와 일정 집단에 가입하고 싶은 욕구 등의 사회적 욕구(애정의 욕구)
④ 타인과의 관계에서 존경과 높은 평가를 받고 싶어하는 존경의 욕구
⑤ 자기 자신의 잠재력을 최대한 실현하고 싶어하는 자아실현의 욕구

정답 18.①

19 하인리히(H. W. Heinrich)에 따른 재해 예방의 원칙으로 옳은 것만을 모두 고르면?

> ㉠ 예방가능의 원칙　　㉡ 손실우연의 원칙
> ㉢ 원인연계의 원칙　　㉣ 대책선정의 원칙

① ㉠
② ㉠, ㉡
③ ㉠, ㉡, ㉢
④ ㉠, ㉡, ㉢, ㉣

[18. 국가직 7급]

20 버드(F. Bird Jr.)의 이론에 따라 재해발생비율을 구분할 때 중상이 1건 발생하였을 경우 경상의 발생건수는?

① 10
② 20
③ 30
④ 40

[23. 국가직 9급]

해설 19 모두 옳은 지문

▶ 하인리히 재해예방 4원칙
[손실 우연의 원칙]
같은 종류의 사고가 되풀이 될 경우 중상이 1회, 경상이 29회, 아무 상해도 없는 경우가 300회 정도의 비율로 나타난다는 것

[원인 계기의 원칙]
사고의 발생과 그 원인 사이에는 반드시 필연적인 인과 관계가 있다는 것. 사고가 나는 것과 손실이 발생하는 것은 우연적인 관계이지만 사고와 원인의 관계는 필연적이라는 것

[예방 가능의 원칙]
사고로 발생한 인적 재해의 특성은 천재지변과는 다르게 사고의 발생을 미연에 방지할 수 있다는 것

[대책 선정의 원칙]
안전사고에 대한 예방책은 3E로 교육적(Education), 기술적(Engineering), 관리적(Enforcement) 대책이 아주 중요하다는 것

20 버드의 재해발생비율은 중상 또는 폐질이 1회, 경상(물적 또는 인적손실)이 10회, 무상해사고(물적손실)가 30회, 무상해 및 무사고고장(위험 순간)이 600회의 비율로 사고가 발생한다는 것이다.

정답 19.④ 20.①

21 하인리히(H. W. Heinrich)의 사고발생 연쇄과정에서 (가)~(다)에 들어갈 내용이 바르게 연결된 것은?

[23. 지방직 9급]

A. 사회적 환경 및 유전적 요소
B. 불안전한 행동과 상태
C. 개인적 결함

	(가)	(나)	(다)
①	A	B	C
②	A	C	B
③	B	A	C
④	B	C	A

해설 21 ▶ 하인리히의 전통적 도미노 이론

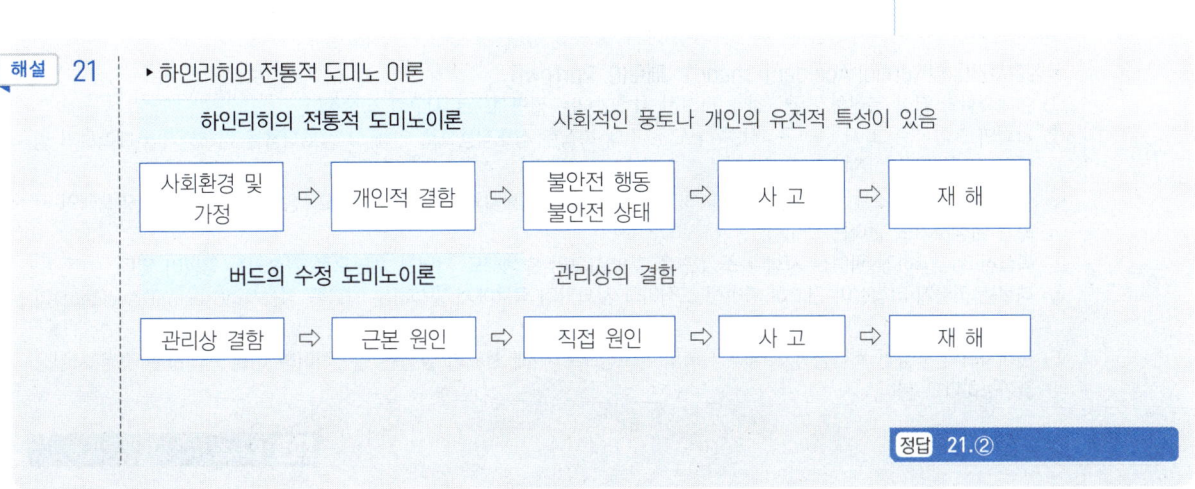

정답 21.②

22 재난관리이론에 대한 내용으로 (가), (나)에 들어갈 것을 바르게 연결한 것은?

이론	내용
(가)	터너(Barry A. Turner)가 주장한 이론으로, 주로 재난발생의 사회적·문화적 측면을 주목한다.
(나)	페로우(Charles B. Perrow)가 주장한 이론으로, 복잡하고 꽉 짜여진 기술적 체계는 필연적으로 사고를 발생시킨다고 한다.

	(가)	(나)
①	고도신뢰이론	재난배양이론
②	고도신뢰이론	정상사건이론
③	재난배양이론	고도신뢰이론
④	재난배양이론	정상사건이론

[23. 지방직 9급]

기본서 1권 348p

해설 22

▶ 재난배양이론[Disaster Incubation Theory : 터너(Barry Turner)]
① 재난은 갑자기 외부요인에 의해 발생하는 것이 아니라 잠재되어 있는 재난 발생요인에 의해서 발생하므로 재난은 해당 사회의 내적 산물이다(사회적·문화적 사전 조건에 초점).
② 재난이 발생하는 사회적 환경은 안전과 관련된 조직문화의 맹점, 부적절한 의사소통, 오차수정의 실패, 불완전한 안전규제 등을 들고 이러한 사회적·문화적 애매성, 복잡성에서 야기되는 불확실성을 해결해야 한다고 주장한다.

▶ 정상사건이론[Normal Accident Theory : 페로(C. Parrow)]
① 현대사회와 같이 복잡하고 견고하게 짜여진 사회에서는 필연적으로 사고가 발생한다.
② 사회의 복잡성은 그 사회를 구성하는 각 요소 간의 복잡한 상호작용으로 인해 그 상호작용을 이해하거나 예측하기 힘든 불확실성이 높아진다.
③ 각 사회의 구성요소들은 다양한 기능을 하기 때문에 다양한 체계의 실패가 일어나고, 상호의존성이 높아 연쇄적인 사고가 발생하기도 한다는 것이다.
④ 복잡하고 견고하게 짜여진 사회나 조직은 조그만 사고가 발생해도 거대한 재난으로 가속되는 경향이 있다.
⑤ 페로는 이렇게 복잡성이 견고히 짜여진 조직이나 사회와의 작용에서 발생하는 사고를 정상사건(Normal Accident)이라고 명명했다.
⑥ 현대사회의 특성인 복잡성과 조직과 사회의 견고성으로 인해 사고의 발생은 필연적이며 이를 관리하는 것은 사실상 불가능하다고 본다.

정답 22.④

02 우리나라의 재난관리

01 「재난 및 안전관리 기본법」상 재난의 예방·대비·대응 및 복구의 단계 중 재난의 대응을 위한 활동이 아닌 것은?
① 긴급피난처 및 구호품의 확보 ② 긴급통신수단 마련
③ 위험구역의 설정 ④ 재난대비능력 보강

[17. 국가직 7급]
기본서 1권 242~243p

02 「재난 및 안전관리 기본법」상 재난의 대비활동과 구분되는 대응활동에 해당하는 것은?
① 기능별 재난대응 활동계획의 작성
② 통행제한
③ 재난대비훈련 실시
④ 재난안전통신망의 구축

[17. 지방직 9급]
기본서 1권 242~243p

해설

01 ② 긴급통신수단 마련 - 재난의 대비 단계
▶ 재난 및 안전관리 기본법
제34조의2(재난현장 긴급통신수단의 마련)
① 재난관리책임기관의 장은 재난의 발생으로 인하여 통신이 끊기는 상황에 대비하여 미리 유선이나 무선 또는 위성통신망을 활용할 수 있도록 긴급통신수단을 마련하여야 한다.
② 행정안전부장관은 재난현장에서 제1항에 따른 긴급통신수단(이하 "긴급통신수단"이라 한다)이 공동 활용될 수 있도록 하기 위하여 재난관리책임기관, 긴급구조기관 및 긴급구조지원기관에서 보유하고 있는 긴급통신수단의 보유 현황 등을 조사하고, 긴급통신수단을 관리하기 위한 체계를 구축·운영할 수 있다.
③ 행정안전부장관은 제2항에 따른 조사를 위하여 필요한 자료의 제출을 재난관리책임기관, 긴급구조기관 및 긴급구조지원기관의 장에게 요청할 수 있다. 이 경우 요청을 받은 관계 기관의 장은 특별한 사유가 없으면 요청에 따라야 한다.
④ 긴급통신수단을 관리하기 위한 체계를 구축·운영하는 데 필요한 사항은 대통령령으로 정한다.

02 ② 통행제한(제43조)은 재난의 대응활동으로서 시장·군수·구청장과 지역통제단장(대통령령으로 정하는 권한을 행사하는 경우에만 해당한다)은 응급조치에 필요한 물자를 긴급히 수송하거나 진화·구조 등을 하기 위하여 필요하면 대통령령으로 정하는 바에 따라 경찰관서의 장에게 도로의 구간을 지정하여 해당 긴급수송 등을 하는 차량 외의 차량의 통행을 금지하거나 제한하도록 요청할 수 있다.
① 기능별 재난대응 활동계획의 작성 - 대비단계
③ 재난대비훈련 실시 - 대비단계
④ 재난안전통신망의 구축 - 대비단계

정답 01.② 02.②

03 재난관리의 단계 중 재난관리자원의 관리, 재난현장 긴급통신수단의 마련, 기능별 재난대응 활동계획의 작성이 이루어지는 단계는?

① 재난의 예방
② 재난의 대비
③ 재난의 대응
④ 재난의 복구

[18. 지방직 9급]
기본서 1권 242~243p

04 재난관리 단계별 정의에 대한 설명으로 옳은 것은?

① 예방단계 : 복구 작업이 원활하게 이루어지도록 한다.
② 경계단계 : 재난경계계획을 개발하고 관리에 필요한 체제를 준비한다.
③ 대응단계 : 재난발생 가능성을 낮추고 피해를 최소화하기 위한 활동이다.
④ 복구단계 : 재난으로 발생한 피해를 재난 이전의 상태로 회복시키고 체제의 보완을 통하여 재발방지와 재난관리 능력을 향상시키는 관리활동이다.

[19. 서울시 9급]
기본서 1권 242~243p

해설 03 ▶ 재난의 대비단계
- 재난관리자원의 관리(법 제34조)
- 재난현장 긴급통신수단의 마련(법 제34조의2)
- 국가재난관리기준의 제정 · 운용 등(법 제34조의3)
- 기능별 재난대응 활동계획의 작성 · 활용(법 제34조의4)
- 재난분야 위기관리 매뉴얼 작성 · 운용(법 제34조의5)
- 다중이용시설 등의 위기상황 매뉴얼 작성 · 관리 및 훈련(법 제34조의6) 등

04 ① 예방단계 : 재난 발생을 사전에 억제하기 위한 활동이며, 비구조적 예방활동과 구조적 경감활동을 포함
② 대비(준비)단계 : 실제로 수행해야 할 제반 사항을 사전에 조직, 예산확보, 계획, 준비, 재난관리시스템 구축, 교육, 훈련 등을 실제 상황에서 신속하게 대응하기 위한 사전 준비활동
③ 대응단계 : 재난 발생 또는 발생 임박 시 국민의 생명 신체, 재산을 보호하기 위한 활동

정답 03.② 04.④

05 「재난 및 안전관리 기본법」상 재난 예방 단계에서의 활동에 해당하는 것은?
① 특별재난지역 선포
② 재난사태 선포
③ 재난방지시설의 관리
④ 재난관리자원의 관리

[24. 국가직 9급]
기본서 1권 242p

06 재난관리 단계 중 사전훈련, 협조체제의 유지, 대응자원의 확보 및 비축 등을 수행하는 단계는?
① 예방단계
② 대비단계
③ 대응단계
④ 복구단계

[24. 지방직 9급]
기본서 1권 242p

해설

05 ① 특별재난지역 선포 - 복구
② 재난사태 선포 - 대응
④ 재난관리자원의 관리 - 예방/대비

06 대비는 재난발생 시의 대응활동을 준비하기 위한 대응능력개발활동을 말한다.

정답 05.③ 06.②

07 「재난 및 안전관리 기본법」상 재난의 대비에 해당하는 것만을 모두 고르면?

> ㉠ 재난예방을 위한 안전조치
> ㉡ 재난관리자원의 관리
> ㉢ 재난복구계획의 수립·시행

① ㉠
② ㉡
③ ㉠, ㉢
④ ㉡, ㉢

[23. 지방직 9급]
기본서 1권 242~243p

08 「재난 및 안전관리 기본법」상 재난의 예방에 해당하는 내용이 아닌 것은?
① 위기경보의 발령
② 국가핵심기반의 지정 등
③ 재난방지시설의 관리
④ 재난안전분야 종사자 교육

[19. 소방안전교육사]
기본서 1권 242p

해설

07 ㉠ 재난예방을 위한 안전조치 → 예방
㉢ 재난복구계획의 수립·시행 → 복구
▶ 대비
대비는 재난 발생 시의 대응 활동을 준비하기 위한 대응 능력개발 활동을 말한다.
1. 재난관리자원의 관리
2. 재난현장 긴급통신수단의 마련
3. 국가재난관리기준의 제정·운용 등
4. 기능별 재난대응 활동계획의 작성·활용
5. 재난분야 위기관리 매뉴얼 작성·운용
6. 다중이용시설 등의 위기상황 매뉴얼 작성·관리 및 훈련
7. 안전기준의 등록 및 심의 등
8. 재난안전통신망의 구축·운영
9. 재난대비훈련 기본계획 수립
10. 재난대비훈련 실시

08 ① 위기경보의 발령
→ 재난의 대응

※ 재난의 예방 「법적」
제25조의4 재난관리책임기관의 장의 재난예방조치 등
제26조 국가핵심기반의 지정 등
제26조의2 국가핵심기반의 관리 등
제27조 특정관리대상지역의 지정 및 관리 등
제28조 지방자치단체에 대한 지원 등
제29조 재난방지시설의 관리
제29조의2 재난안전분야 종사자 교육
제30조 재난예방을 위한 긴급안전점검 등
제31조 재난예방을 위한 안전조치
제31조의2 안전취약계층에 대한 안전 환경 지원
제31조의3 재난안전분야 제도개선
제32조 정부합동 안전 점검
제32조의2 사법경찰권
제32조의3 집중 안전점검 기간 운영 등
제33조 안전관리전문기관에 대한 자료요구 등
제33조의2 재난관리체계 등에 대한 평가 등
제33조의3 재난관리 실태 공시

정답 07.② 08.①

09 「재난 및 안전관리 기본법」상 사회재난에 해당하지 않는 것은?
① 지진, 황사, 조류 대발생 등으로 인하여 발생하는 대통령령으로 정하는 규모 이상의 피해
② 화재·붕괴·환경오염사고로 인하여 발생하는 대통령령으로 정하는 규모 이상의 피해
③ 「감염병의 예방 및 관리에 관한 법률」에 따른 감염병의 확산 등으로 인한 피해
④ 「가축전염병 예방법」에 따른 가축전염병의 확산 등으로 인한 피해

[16. 국가직 9급]
상 중 **하**
기본서 1권 245p

10 「재난 및 안전관리 기본법」상 자연재난에 해당하는 것만을 모두 고르면?

㉠ 화산활동으로 인하여 발생하는 재해
㉡ 「감염병의 예방 및 관리에 관한 법률」에 따른 감염병으로 인한 피해
㉢ 붕괴로 인하여 발생하는 대통령령으로 정하는 규모 이상의 피해

① ㉠
② ㉡
③ ㉠, ㉢
④ ㉡, ㉢

[23. 지방직 9급]
상 **중** 하
기본서 1권 245p

해설

09 ① 지진, 황사, 조류 대발생은 자연재난에 해당한다.
▶ 재난 및 안전관리 기본법
제3조(정의) 이 법에서 사용하는 용어의 뜻은 다음과 같다.
1. "재난"이란 국민의 생명·신체·재산과 국가에 피해를 주거나 줄 수 있는 것으로서 다음 각 목의 것을 말한다.
　가. 자연재난 : 태풍, 홍수, 호우(豪雨), 강풍, 풍랑, 해일(海溢), 대설, 한파, 낙뢰, 가뭄, 폭염, 지진, 황사(黃砂), 조류(藻類) 대발생, 조수(潮水), 화산활동, 「우주개발 진흥법」에 따른 자연우주물체의 추락·충돌, 그 밖에 이에 준하는 자연현상으로 인하여 발생하는 재해
　나. 사회재난 : 화재·붕괴·폭발·교통사고(항공사고 및 해상사고를 포함한다)·화생방사고·환경오염사고·다중운집인파사고 등으로 인하여 발생하는 대통령령으로 정하는 규모 이상의 피해와 국가핵심기반의 마비, 「감염병의 예방 및 관리에 관한 법률」에 따른 감염병 또는 「가축전염병예방법」에 따른 가축전염병의 확산, 「미세먼지 저감 및 관리에 관한 특별법」에 따른 미세먼지, 「우주개발 진흥법」에 따른 인공우주물체의 추락·충돌 등으로 인한 피해

10 감염병과 붕괴는 사회재난에 해당한다.
▶ 재난 및 안전관리 기본법
제3조(정의) 이 법에서 사용하는 용어의 뜻은 다음과 같다.
1. "재난"이란 국민의 생명·신체·재산과 국가에 피해를 주거나 줄 수 있는 것으로서 다음 각 목의 것을 말한다.
　가. 자연재난 : 태풍, 홍수, 호우(豪雨), 강풍, 풍랑, 해일(海溢), 대설, 한파, 낙뢰, 가뭄, 폭염, 지진, 황사(黃砂), 조류(藻類) 대발생, 조수(潮水), 화산활동, 「우주개발 진흥법」에 따른 자연우주물체의 추락·충돌, 그 밖에 이에 준하는 자연현상으로 인하여 발생하는 재해
　나. 사회재난 : 화재·붕괴·폭발·교통사고(항공사고 및 해상사고를 포함한다)·화생방사고·환경오염사고·다중운집인파사고 등으로 인하여 발생하는 대통령령으로 정하는 규모 이상의 피해와 국가핵심기반의 마비, 「감염병의 예방 및 관리에 관한 법률」에 따른 감염병 또는 「가축전염병예방법」에 따른 가축전염병의 확산, 「미세먼지 저감 및 관리에 관한 특별법」에 따른 미세먼지, 「우주개발 진흥법」에 따른 인공우주물체의 추락·충돌 등으로 인한 피해

정답 09.① 10.①

11 「재난 및 안전관리 기본법」상 재난에 대한 설명으로 옳지 않은 것은?

① 대한민국의 영역 밖에서 대한민국 국민의 생명·신체 및 재산에 피해를 줄 수 있는 재난으로서 정부차원에서 대처할 필요가 있는 재난은 해외재난에 해당한다.
② 국가핵심기반의 마비로 인한 피해가 발생한 재난은 사회재난에 해당한다.
③ 환경오염사고 등으로 인하여 대통령령으로 정하는 규모 이상의 피해가 발생한 재난은 자연재난에 해당한다.
④ 「가축전염병 예방법」에 따른 가축전염병의 확산 등으로 인한 피해가 발생한 재난은 사회재난에 해당한다.

[17. 국가직 7급]
기본서 1권 245p

12 「재난 및 안전관리 기본법」상 사회재난에 해당하지 않는 것은?

① 철도 사고로 인한 수도권 철도망 마비
② 댐 붕괴 사고로 인한 도시 침수
③ 자연우주물체의 추락·충돌
④ 두 개군 이상에 걸친 구제역 발생

[16. 지방직 9급]
기본서 1권 245p

해설

11 • 사회재난 : 화재·붕괴·폭발·교통사고(항공사고 및 해상사고를 포함한다)·화생방사고·환경오염사고·다중운집인파사고 등으로 인하여 발생하는 대통령령으로 정하는 규모 이상의 피해와 국가핵심기반의 마비, 「감염병의 예방 및 관리에 관한 법률」에 따른 감염병 또는 「가축전염병예방법」에 따른 가축전염병의 확산, 「미세먼지 저감 및 관리에 관한 특별법」에 따른 미세먼지, 「우주개발 진흥법」에 따른 인공우주물체의 추락·충돌 등으로 인한 피해

12 ③ 자연우주물체의 추락·충돌로 인한 재난은 자연재난에 해당한다.
▶ 재난 및 안전관리 기본법
제3조(정의) 이 법에서 사용하는 용어의 뜻은 다음과 같다.
1. "재난"이란 국민의 생명·신체·재산과 국가에 피해를 주거나 줄 수 있는 것으로서 다음 각 목의 것을 말한다.
  가. 자연재난 : 태풍, 홍수, 호우(豪雨), 강풍, 풍랑, 해일(海溢), 대설, 한파, 낙뢰, 가뭄, 폭염, 지진, 황사(黃砂), 조류(藻類) 대발생, 조수(潮水), 화산활동, 「우주개발 진흥법」에 따른 자연우주물체의 추락·충돌, 그 밖에 이에 준하는 자연현상으로 인하여 발생하는 재해
  나. 사회재난 : 화재·붕괴·폭발·교통사고(항공사고 및 해상사고를 포함한다)·화생방사고·환경오염사고·다중운집인파사고 등으로 인하여 발생하는 대통령령으로 정하는 규모 이상의 피해와 국가핵심기반의 마비, 「감염병의 예방 및 관리에 관한 법률」에 따른 감염병 또는 「가축전염병예방법」에 따른 가축전염병의 확산, 「미세먼지 저감 및 관리에 관한 특별법」에 따른 미세먼지, 「우주개발 진흥법」에 따른 인공우주물체의 추락·충돌 등으로 인한 피해

정답 11.③ 12.③

13 「재난 및 안전관리 기본법」상 사회재난에 해당하지 않는 것은?

① 자연우주물체의 추락·충돌 등으로 인해 발생하는 재해
② 감염병의 확산으로 인한 피해
③ 「미세먼지 저감 및 관리에 관한 특별법」에 따른 미세먼지로 인한 피해
④ 먹는물의 수질오염으로 인해 발생하는 대규모 피해

14 「재난 및 안전관리 기본법」상 긴급구조기관에 해당하지 않는 것은?

① 보건소
② 소방서
③ 소방본부
④ 지방해양경찰청

해설

13 ① 자연우주물체의 추락·충돌로 인하여 발생하는 재해 – 자연재난

14 ▶ 재난 및 안전관리 기본법 제3조(정의)
7. "긴급구조기관"이란 소방청·소방본부 및 소방서를 말한다. 다만, 해양에서 발생한 재난의 경우에는 해양경찰청·지방해양경찰청 및 해양경찰서를 말한다.

정답 13.① 14.①

15 「재난 및 안전관리 기본법」상 긴급구조기관에 해당하지 않는 것은?

① 국방부 ② 소방본부
③ 소방서 ④ 해양경찰청

[17. 서울시 9급]

기본서 1권 249p

16 「재난 및 안전관리 기본법」상 용어 중 안전교육, 안전훈련, 홍보 등을 통하여 안전에 관한 가치와 인식을 높이고 안전을 생활화하도록 하는 등 재난이나 그 밖의 각종 사고로부터 안전한 사회를 만들어가기 위한 활동은?

① 재난관리 ② 안전관리
③ 긴급구조 ④ 안전문화활동

[24. 지방직 9급]

기본서 1권 249p

해설 15 "긴급구조기관"이란 소방청·소방본부 및 소방서를 말한다. 다만, 해양에서 발생한 재난의 경우에는 해양경찰청·지방해양경찰청 및 해양경찰서를 말한다(재난 및 안전관리 기본법 제3조).

16 • 안전문화활동 : 안전교육, 안전훈련, 홍보 등을 통하여 안전에 관한 가치와 인식을 높이고 안전을 생활화하도록 하는 등 재난이나 그 밖의 각종 사고로부터 안전한 사회를 만들어가기 위한 활동을 말한다.

정답 15.① 16.④

17 「재난 및 안전관리 기본법」상 재난관리정보에 해당하지 않는 것은?

① 지리정보
② 시설물정보
③ 방재관리정보
④ 동원가능 자원정보

[17. 국가직 9급]

기본서 1권 249p

18 「재난 및 안전관리 기본법」상 다음의 설명에 해당되는 기관의 명칭은 무엇인가?

> 재난이나 그 밖의 각종 사고에 대하여 그 유형별로 예방·대비·대응 및 복구 등의 업무를 주관하여 수행하도록 대통령령으로 정하는 관계 중앙행정기관

① 재난관리주관기관　　　② 재난관리책임기관
③ 긴급구조기관　　　　　④ 긴급구조지원기관

[17. 서울시 7급]

기본서 1권 247~249p

해설

17 재난 및 안전관리 기본법 제3조(정의)
　10. "재난관리정보"란 재난관리를 위하여 필요한 재난상황정보, 동원가능 자원정보, 시설물정보, 지리정보를 말한다.

18 ① "재난관리주관기관"이란 재난이나 그 밖의 각종 사고에 대하여 그 유형별로 예방·대비·대응 및 복구 등의 업무를 주관하여 수행하도록 대통령령으로 정하는 관계 중앙행정기관을 말한다.
② "재난관리책임기관"이란 재난관리업무를 하는 다음 각 목의 기관을 말한다.
　가. 중앙행정기관 및 지방자치단체(「제주특별자치도 설치 및 국제자유도시 조성을 위한 특별법」 제10조 제2항에 따른 행정시를 포함한다)
　나. 지방행정기관·공공기관·공공단체(공공기관 및 공공단체의 지부 등 지방조직을 포함한다) 및 재난관리의 대상이 되는 중요시설의 관리기관 등으로서 대통령령으로 정하는 기관
③ "긴급구조기관"이란 소방청·소방본부 및 소방서를 말한다. 다만, 해양에서 발생한 재난의 경우에는 해양경찰청·지방해양경찰청 및 해양경찰서를 말한다.
④ "긴급구조지원기관"이란 긴급구조에 필요한 인력·시설 및 장비, 운영체계 등 긴급구조능력을 보유한 기관이나 단체로서 대통령령으로 정하는 기관과 단체를 말한다.

정답 17.③　18.①

19 「재난 및 안전관리 기본법」상 '안전관리'의 정의로 옳은 것은?

① 각종 시설 및 물질 등의 제작, 유지관리 과정에서 안전을 확보할 수 있도록 적용하여야 할 기술적 기준을 체계화한 것
② 재난이나 그 밖의 각종 사고로부터 사람의 생명·신체 및 재산의 안전을 확보하기 위하여 하는 모든 활동
③ 재난이 발생할 우려가 현저하거나 재난이 발생하였을 때에 국민의 생명·신체 및 재산을 보호하기 위하여 필요한 긴급한 조치
④ 모든 유형의 재난에 공통적으로 활용할 수 있도록 재난관리의 전 과정을 통일적으로 단순화·체계화한 것

[20. 국가직 9급]
기본서 1권 246p

20 「재난 및 안전관리 기본법」상 용어의 정의에 관한 설명으로 옳지 않은 것은?

① "해외재난"이란 대한민국의 영역 밖에서 대한민국 국민의 생명·신체 및 재산에 피해를 주거나 줄 수 있는 재난으로서 정부차원에서 대처할 필요가 있는 재난을 말한다.
② "재난관리"란 재난이나 그 밖의 각종 사고로부터 사람의 생명·신체 및 재산의 안전을 확보하기 위하여 하는 모든 활동을 말한다.
③ "재난관리주관기관"이란 재난이나 그 밖의 각종 사고에 대하여 그 유형별로 예방·대비·대응 및 복구 등의 업무를 주관하여 수행하도록 대통령령으로 정하는 관계 중앙행정기관을 말한다.
④ "재난관리정보"란 재난관리를 위하여 필요한 재난상황정보, 동원가능 자원정보, 시설물정보, 지리정보를 말한다.

[19. 소방안전교육사]
기본서 1권 245~249p

해설

19 ① 각종 시설 및 물질 등의 제작, 유지관리 과정에서 안전을 확보할 수 있도록 적용하여야 할 기술적 기준을 체계화한 것 – 안전기준
③ 재난이 발생할 우려가 현저하거나 재난이 발생하였을 때에 국민의 생명·신체 및 재산을 보호하기 위하여 필요한 긴급한 조치 – 긴급구조
④ 모든 유형의 재난에 공통적으로 활용할 수 있도록 재난관리의 전 과정을 통일적으로 단순화·체계화한 것 – 국가재난관리기준

20 ② "재난관리"란 재난이나 그 밖의 각종 사고로부터 사람의 생명·신체 및 재산의 안전을 확보하기 위하여 하는 모든 활동을 말한다.
→ 안전관리
→ "재난관리"란 재난의 예방·대비·대응 및 복구를 위하여 하는 모든 활동을 말한다.

정답 19.② 20.②

21 다음 중 「재난 및 안전관리 기본법 시행령」상 긴급구조지원기관이 아닌 것은?
① 해양경찰청
② 기상청
③ 대한적십자사
④ 긴급구조지원을 위하여 국방부장관이 지정하는 군부대

[16. 서울시 9급]

기본서 1권 249p

22 「재난 및 안전관리 기본법 시행령」상 기능별 긴급구조대응계획에 포함되어야 하는 사항 중 세부 사항을 연결한 것으로 옳지 않은 것은?
① 재난통신 – 긴급구조기관 및 긴급구조지원기관 간 정보통신체계 운영 등에 관한 사항
② 긴급오염통제 – 오염 노출 통제, 긴급 감염병 방제 등 재난현장 공중보건에 관한 사항
③ 피해상황분석 – 재난현장상황 및 피해정보의 수집·분석·보고에 관한 사항
④ 지휘통제 – 주민보호를 위한 비상방송시스템 가동 등 긴급 공공정보 제공에 관한 사항 및 재난상황 등에 관한 정보 통제에 관한 사항

[24. 국가직 9급]

기본서 1권 304p

해설

21 ① 해양경찰청은 「재난 및 안전관리 기본법」상 긴급구조기관에 해당한다.
▶ 재난 및 안전관리법 시행령 제4조(긴급구조지원기관)
법 제3조 제8호에서 "대통령령으로 정하는 기관과 단체"란 다음 각 호의 기관과 단체를 말한다.
1. 교육부, 과학기술정보통신부, 국방부, 산업통상자원부, 보건복지부, 환경부, 국토교통부, 해양수산부, 방송통신위원회, 경찰청, 산림청, 질병관리청 및 기상청
2. 국방부장관이 법 제57조 제3항 제2호에 따른 탐색구조부대로 지정하는 군부대와 그 밖에 긴급구조지원을 위하여 국방부장관이 지정하는 군부대
3. 「대한적십자사 조직법」에 따른 대한적십자사
4. 「의료법」제3조 제2항 제3호 마목에 따른 종합병원
4의2. 「응급의료에 관한 법률」제2조 제5호에 따른 응급의료기관, 같은 법 제25조에 따른 중앙응급의료센터, 같은 법 제27조에 따른 응급의료지원센터 및 같은 법 제44조 제1항 제1호·제2호에 따른 구급차등의 운용자
5. 「재해구호법」제29조에 따른 전국재해구호협회
6. 법 제3조 제7호에 따른 긴급구조기관과 긴급구조활동에 관한 응원협정을 체결한 기관 및 단체
7. 그 밖에 긴급구조에 필요한 인력과 장비를 갖춘 기관 및 단체로서 행정안전부령으로 정하는 기관 및 단체

22 ④ 지휘통제 – 긴급구조체제 및 중앙통제단과 지역통제단의 운영체계 등에 관한 사항
 * 대중경보 : 주민보호를 위한 비상방송시스템 가동 등 긴급 공공정보 제공에 관한 사항 및 재난상황 등에 관한 정보 통제에 관한 사항

정답 21.① 22.④

23 「재난 및 안전관리 기본법」상 긴급구조기관에 해당하지 않는 것은?
① 소방청
② 경찰청
③ 소방서
④ 소방본부

[23. 지방직 9급]
상 중 **하**
기본서 1권 249p

24 「재난 및 안전관리 기본법 시행령」상 안전기준의 분야 및 범위의 내용으로 옳지 않은 것은?
① 건축 시설 분야 : 각종 공사장 및 산업현장에서의 주변 시설물과 그 시설의 사용자 또는 관리자 등의 안전부주의 등과 관련된 안전기준
② 생활 및 여가 분야 : 생활이나 여가활동에서 사용하는 기구, 놀이시설 및 각종 외부활동과 관련된 안전기준
③ 보건·식품 분야 : 의료·감염, 보건복지, 축산·수산·식품 위생 관련 시설 및 물질관련 안전기준
④ 환경 및 에너지 분야 : 대기환경·토양환경·수질환경·인체에 위험을 유발하는 유해성 물질과 시설, 발전시설 운영과 관련된 안전기준

[19. 소방안전교육사]
상 중 하
기본서 1권 246p

해설 23 소방청·소방본부 및 소방서를 말한다. 다만, 해양에서 발생한 재난의 경우에는 해양경찰청·지방해양경찰청 및 해양경찰서를 말한다.

24 ① 건축 시설 분야 : 각종 공사장 및 산업현장에서의 주변 시설물과 그 시설의 사용자 또는 관리자 등의 안전부주의 등과 관련된 안전기준
→ 산업 및 공사장 분야
→ 건축 시설 분야 : 다중이용업소, 국가유산 시설, 유해물질 제작·공급시설 등 관련 구조나 설비의 유지·관리 및 소방 관련 안전기준

※ 재난 및 안전관리 기본법 시행령 [별표 1]
안전기준의 분야 및 범위

안전기준의 분야	안전기준의 범위
1. 건축 시설 분야	다중이용업소, 국가유산 시설, 유해물질 제작·공급시설 등 관련 구조나 설비의 유지·관리 및 소방 관련 안전기준
2. 생활 및 여가 분야	생활이나 여가활동에서 사용하는 기구, 놀이시설 및 각종 외부활동과 관련된 안전기준
3. 환경 및 에너지 분야	대기환경·토양환경·수질환경·인체에 위험을 유발하는 유해성 물질과 시설, 발전시설 운영과 관련된 안전기준
4. 교통 및 교통시설 분야	육상교통·해상교통·항공교통 등과 관련된 시설 및 안전 부대시설, 시설의 이용자 및 운영자 등과 관련된 안전기준
5. 산업 및 공사장 분야	각종 공사장 및 산업현장에서의 주변 시설물과 그 시설의 사용자 또는 관리자 등의 안전부주의 등과 관련된 안전기준(공장시설을 포함한다)
6. 정보통신 분야(사이버 안전 분야는 제외한다)	정보통신매체 및 관련 시설과 정보보호에 관련된 안전기준
7. 보건·식품 분야	의료·감염, 보건복지, 축산·수산·식품 위생 관련 시설 및 물질 관련 안전기준
8. 그 밖의 분야	제1호부터 제7호까지에서 정한 사항 외에 제43조의9에 따른 안전기준심의회에서 안전관리를 위하여 필요하다고 정한 사항과 관련된 안전기준

정답 23.② 24.①

25 「재난 및 안전관리 기본법 시행령」상 재난관리주관기관이 나머지 셋과 다른 재난 및 사고 유형은?

① 낙뢰, 가뭄, 폭염 및 한파로 인해 발생하는 재해
② 하천·호소 등의 조류 대발생으로 인해 발생하는 재해
③ 풍수해(조수로 인해 발생하는 재해는 제외)
④ 지진재해

[16. 지방직 9급](기출변형)
기본서 1권 247~248p

26 「재난 및 안전관리 기본법 시행령」상 재난 및 사고유형과 재난관리주관기관이 옳게 짝지어진 것은?

① 에너지의 중대한 수급 차질로 인해 발생하는 대규모 피해 – 국토교통부
② 먹는물의 수질오염으로 인해 발생하는 대규모 피해 – 산업통상자원부
③ 승강기의 사고 또는 고장으로 인해 발생하는 대규모 피해 – 행정안전부
④ 공연장의 화재등으로 인해 발생하는 대규모 피해 – 소방청

[17. 국가직 9급](기출변형)
기본서 1권 247~248p

해설 25 ②는 환경부에 해당하고 나머지 ①③④는 행정안전부에 해당한다.

26 ① 에너지의 중대한 수급 차질로 인해 발생하는 대규모 피해 – 산업통상자원부
② 먹는물의 수질오염으로 인해 발생하는 대규모 피해 – 환경부
④ 공연장의 화재등으로 인해 발생하는 대규모 피해 – 문화체육관광부

정답 25.② 26.③

27 다음은 「재난 및 안전관리 기본법 시행령」상 재난 및 사고 유형별 재난관리주관기관이 짝지어진 것이다. 이 중 올바르게 짝지어진 것은?

① 인공우주물체의 추락·충돌 등으로 인해 발생하는 피해 – 산업통상자원부
② 화학사고로 인해 발생하는 대규모 피해 – 환경부
③ 항만의 화재등으로 인해 발생하는 대규모 피해 – 국토교통부
④ 전기사고로 인해 발생하는 대규모 피해 – 국토교통부

[17. 서울시 7급](기출변형)
기본서 1권 247~248p

28 「재난 및 안전관리 기본법 시행령」상 재난 및 사고유형별 재난관리주관기관이 옳은 것만을 모두 고른 것은?

㉠ 우주전파재난 – 과학기술정보통신부 및 우주항공청
㉡ 가축전염병의 확산으로 인한 피해 – 환경부
㉢ 가스사고로 인해 발생하는 대규모 피해 – 산업통상자원부
㉣ 사방시설의 붕괴·파손 등으로 인해 발생하는 대규모 피해 – 산림청
㉤ 인접 국가의 방사능 누출로 인해 발생하는 대규모 피해 – 환경부
㉥ 철도사고로 인해 발생하는 대규모 피해 – 행정안전부
㉦ 위험물의 누출·화재·폭발 등으로 인해 발생하는 대규모피해 – 국토교통부

① ㉠, ㉡, ㉥
② ㉠, ㉢, ㉣
③ ㉡, ㉣, ㉤, ㉦
④ ㉢, ㉣, ㉥, ㉦

[17. 국가직 7급](기출변형)
기본서 1권 247~248p

해설

27 ① 인공우주물체의 추락·충돌 등으로 인해 발생하는 피해 – 과학기술정보통신부
③ 항만의 화재등으로 인해 발생하는 대규모 피해 – 해양수산부
④ 전기사고로 인해 발생하는 대규모 피해 – 산업통산자원부

28 ㉡ 가축전염병의 확산으로 인한 피해 – 농림축산식품부
㉤ 인접 국가의 방사능 누출로 인해 발생하는 대규모 피해 – 원자력안전위원회
㉥ 도시철도 사고 – 국토교통부
㉦ 위험물의 누출·화재·폭발 등으로 인해 발생하는 대규모피해 – 행정안전부 및 소방청

정답 27.② 28.②

29. 「재난 및 안전관리 기본법 시행령」상 황사로 인해 발생하는 재해를 담당하는 재난관리주관기관의 담당 재난 및 사고 유형으로 옳은 것은?
① 유기시설 또는 유기기구의 중대한 사고로 인해 발생하는 대규모 피해
② 농업생산기반시설 중 저수지의 붕괴·파손 등으로 인해 발생하는 대규모 피해
③ 해수욕장의 안전사고로 인해 발생하는 대규모 피해
④ 하천·호소 등의 조류 대발생으로 인해 발생하는 재해

[17. 지방직 9급](기출변형)

기본서 1권 247~248p

30. 「재난 및 안전관리 기본법」상 중앙안전관리위원회의 심의사항에 해당하지 않는 것은?
① 재난 및 안전관리에 관한 중요 정책
② 국가안전관리기본계획
③ 특별재난지역의 선포
④ 안전을 위한 법률 제정

[18. 지방직 9급]

기본서 1권 252p

해설

29 황사로 인해 발생하는 재해는 환경부에 해당한다.
④ 하천·호소 등의 조류 대발생으로 인해 발생하는 재해 - 환경부
① 유기시설 또는 유기기구의 중대한 사고로 인해 발생하는 대규모피해 - 문화체육관광부
② 농업생산기반시설 중 저수지의 붕괴·파손 등으로 인해 발생하는 대규모 피해 - 농림축산식품부
③ 해수욕장의 안전사고로 인해 발생하는 대규모 피해 - 해양수산부

30 ▶ 재난 및 안전관리 기본법 제9조(중앙안전관리위원회)
① 재난 및 안전관리에 관한 다음 각 호의 사항을 심의하기 위하여 국무총리 소속으로 중앙안전관리위원회(이하 "중앙위원회"라 한다)를 둔다.
  1. 재난 및 안전관리에 관한 중요 정책에 관한 사항
  2. 제22조에 따른 국가안전관리기본계획에 관한 사항
  2의2. 제10조의2에 따른 재난 및 안전관리 사업 관련 중기사업계획서, 투자우선순위 의견 및 예산요구서에 관한 사항
  3. 중앙행정기관의 장이 수립·시행하는 계획, 점검·검사, 교육·훈련, 평가 등 재난 및 안전관리업무의 조정에 관한 사항
  3의2. 안전기준관리에 관한 사항
  4. 제36조에 따른 재난사태의 선포에 관한 사항
  5. 제60조에 따른 특별재난지역의 선포에 관한 사항
  6. 재난이나 그 밖의 각종 사고가 발생하거나 발생할 우려가 있는 경우 이를 수습하기 위한 관계 기관 간 협력에 관한 중요 사항
  6의2. 재난안전의무보험의 관리·운용 등에 관한 사항
  7. 중앙행정기관의 장이 시행하는 대통령령으로 정하는 재난 및 사고의 예방사업 추진에 관한 사항
  8. 「재난안전산업 진흥법」 제5조에 따른 기본계획에 관한 사항
  9. 그 밖에 위원장이 회의에 부치는 사항

정답 29.④ 30.④

31 「재난 및 안전관리 기본법 시행령」상 재난 및 사고유형별 재난관리주관기관의 연결이 옳지 않은 것은?

① 댐의 붕괴·파손 등으로 인해 발생하는 대규모 피해 - 행정안전부
② 산업재해 및 중대산업사고로 인해 발생하는 대규모 피해 - 고용노동부
③ 항만의 화재등으로 인해 발생하는 대규모 피해 - 해양수산부
④ 전통시장의 화재등으로 인해 발생하는 대규모피해 - 중소벤처기업부

[24. 국가직 9급](기출변형)

기본서 1권 247p

32 「재난 및 안전관리 기본법 시행령」상 재난관리주관기관이 다른 하나는?

① 에너지의 중대한 수급 차질로 인해 발생하는 대규모 피해
② 가스사고로 인해 발생하는 대규모 피해
③ 대규모점포의 화재등으로 인해 발생하는 대규모 피해
④ 수도의 화재등으로 발생하는 대규모 피해

[24. 지방직 9급](기출변형)

기본서 1권 247~248p

해설 31 댐의 붕괴·파손 등으로 인해 발생하는 대규모 피해 - 환경부
32 ①②③은 산업통상자원부, ④은 환경부가 재난관리주관기관이 된다.

정답 31.① 32.④

33 「재난 및 안전관리 기본법」 및 같은 법 시행령상 중앙안전관리위원회에 관한 내용으로 옳지 않은 것은?

① 안전기준관리에 관한 사항을 심의한다.
② 농림축산식품부장관은 위원이 된다.
③ 사고 또는 부득이한 사유가 없는 경우에는 소방청장이 위원장이 된다.
④ 심의 사무가 국가안전보장과 관련된 경우에는 국가안전보장회의와 협의하여야 한다.

[19. 소방안전교육사]

기본서 1권 252~253p

해설 33

③ 사고 또는 부득이한 사유가 없는 경우에는 ~~소방청장~~이 위원장이 된다.
→ 국무총리

▶ 재난 및 안전관리 기본법 제9조(중앙안전관리위원회)
① 재난 및 안전관리에 관한 다음 각 호의 사항을 심의하기 위하여 국무총리 소속으로 중앙안전관리위원회(이하 "중앙위원회"라 한다)를 둔다.
  1. 재난 및 안전관리에 관한 중요 정책에 관한 사항
  2. 제22조에 따른 국가안전관리기본계획에 관한 사항
  2의2. 제10조의2에 따른 재난 및 안전관리 사업 관련 중기사업계획서, 투자우선순위 의견 및 예산요구서에 관한 사항
  3. 중앙행정기관의 장이 수립·시행하는 계획, 점검·검사, 교육·훈련, 평가 등 재난 및 안전관리업무의 조정에 관한 사항
  3의2. 안전기준관리에 관한 사항
  4. 제36조에 따른 재난사태의 선포에 관한 사항
  5. 제60조에 따른 특별재난지역의 선포에 관한 사항
  6. 재난이나 그 밖의 각종 사고가 발생하거나 발생할 우려가 있는 경우 이를 수습하기 위한 관계 기관 간 협력에 관한 중요 사항
  6의2. 재난안전의무보험의 관리·운용 등에 관한 사항
  7. 중앙행정기관의 장이 시행하는 대통령령으로 정하는 재난 및 사고의 예방사업 추진에 관한 사항
  8. 「재난안전산업 진흥법」 제5조에 따른 기본계획에 관한 사항
  9. 그 밖에 위원장이 회의에 부치는 사항
② 중앙위원회의 위원장은 국무총리가 되고, 위원은 대통령령으로 정하는 중앙행정기관 또는 관계 기관·단체의 장이 된다.
③ 중앙위원회의 위원장은 중앙위원회를 대표하며, 중앙위원회의 업무를 총괄한다.
④ 중앙위원회에 간사 1명을 두며, 간사는 행정안전부장관이 된다.
⑤ 중앙위원회의 위원장이 사고 또는 부득이한 사유로 직무를 수행할 수 없을 때에는 행정안전부장관, 대통령령으로 정하는 중앙행정기관의 장 순으로 위원장의 직무를 대행한다.
⑥ 제5항에 따라 행정안전부장관 등이 중앙위원회 위원장의 직무를 대행할 때에는 행정안전부의 재난안전관리사무를 담당하는 본부장이 중앙위원회 간사의 직무를 대행한다.
⑦ 중앙위원회는 제1항 각 호의 사무가 국가안전보장과 관련된 경우에는 국가안전보장회의와 협의하여야 한다.
⑧ 중앙위원회의 위원장은 그 소관 사무에 관하여 재난관리책임기관의 장이나 관계인에게 자료의 제출, 의견 진술, 그 밖에 필요한 사항에 대하여 협조를 요청할 수 있다. 이 경우 요청을 받은 사람은 특별한 사유가 없으면 요청에 따라야 한다.
⑨ 중앙위원회의 구성과 운영 등에 필요한 사항은 대통령령으로 정한다.

▶ 재난 및 안전관리 기본법 시행령 제6조 제1항(중앙안전관리위원회의 위원)
① 법 제9조 제2항에서 "대통령령으로 정하는 중앙행정기관 또는 관계 기관·단체의 장"이란 다음 각 호의 사람을 말한다.
  1. 기획재정부장관, 교육부장관, 과학기술정보통신부장관, 외교부장관, 통일부장관, 법무부장관, 국방부장관, 행정안전부장관, 문화체육관광부장관, 농림축산식품부장관, 산업통상자원부장관, 보건복지부장관, 환경부장관, 고용노동부장관, 여성가족부장관, 국토교통부장관, 해양수산부장관 및 중소벤처기업부장관
  2. 국가정보원장, 방송통신위원회위원장, 국무조정실장, 식품의약품안전처장, 금융위원회위원장 및 원자력안전위원회위원장
  3. 경찰청장, 소방청장, 국가유산청장, 산림청장, 질병관리청장, 기상청장 및 해양경찰청장
  4. 삭제
  5. 그 밖에 법 제9조 제1항에 따른 중앙안전관리위원회(이하 "중앙위원회"라 한다)의 위원장이 지정하는 기관 및 단체의 장

정답 33.③

34 「재난 및 안전관리 기본법」상 안전관리기구에 대한 설명이다. ㉠~㉢에 들어갈 내용을 바르게 연결한 것은?

[16. 지방직 9급]

기본서 1권 252~254p, 262p

> 재난관리를 위한 안전관리기구 중 중앙안전관리위원회의 위원장은 (㉠)이(가) 되고, 안전정책조정위원회의 위원장은 (㉡)이(가), 중앙재난안전대책본부장은 (㉢)이 된다.

	㉠	㉡	㉢
①	대통령	국무총리	소방청장
②	국무총리	행정안전부장관	행정안전부장관
③	국무총리	행정안전부장관	소방청장
④	대통령	국무총리	행정안전부장관

해설 34 ▶ 재난 및 안전관리 기본법
제9조(중앙안전관리위원회)
② 중앙위원회의 위원장은 국무총리가 되고, 위원은 대통령령으로 정하는 중앙행정기관 또는 관계 기관·단체의 장이 된다.

제10조(안전정책조정위원회)
② 조정위원회의 위원장은 행정안전부장관이 되고, 위원은 대통령령으로 정하는 중앙행정기관의 차관 또는 차관급 공무원과 재난 및 안전관리에 관한 지식과 경험이 풍부한 사람 중에서 위원장이 임명하거나 위촉하는 사람이 된다.

제14조(중앙재난안전대책본부 등)
③ 중앙대책본부의 본부장(이하 "중앙대책본부장"이라 한다)은 행정안전부장관이 되며, 중앙대책본부장은 중앙대책본부의 업무를 총괄하고 필요하다고 인정하면 중앙재난안전대책본부회의를 소집할 수 있다. 다만, 해외재난의 경우에는 외교부장관이, 「원자력시설 등의 방호 및 방사능 방재 대책법」 제2조 제1항 제8호에 따른 방사능재난의 경우에는 같은 법 제25조에 따른 중앙방사능방재대책본부의 장이 각각 중앙대책본부장의 권한을 행사한다.

정답 34.②

35 「재난 및 안전관리 기본법」상 안전정책조정위원회에 대한 설명으로 옳지 않은 것은?

① 안전정책조정위원회의 위원장은 국무총리가 된다.
② 안전정책조정위원회에 간사위원 1명을 두며, 간사위원은 행정안전부의 재난안전관리사무를 담당하는 본부장이 된다.
③ 안전정책조정위원회의 위원장은 중앙안전관리위원회 또는 안전정책조정위원회에서 심의·조정된 사항에 대한 이행상황을 점검하고, 그 결과를 중앙안전관리위원회에 보고할 수 있다.
④ 안전정책조정위원회의 업무를 효율적으로 처리하기 위하여 안전정책조정위원회에 실무위원회를 둘 수 있다.

[19. 지방직 9급]
기본서 1권 254~255p

해설 35 ① 안전정책조정위원회의 위원장은 <u>행정안전부장관</u>이 된다.

▶ 재난 및 안전관리 기본법 제10조(안전정책조정위원회)
① 중앙위원회에 상정될 안건을 사전에 검토하고 다음 각 호의 사무를 수행하기 위하여 중앙위원회에 안전정책조정위원회(이하 "조정위원회"라 한다)를 둔다.
   1. 제9조 제1항 제3호, 제3호의2, 제6호, 제6호의2 및 제7호의 사항에 대한 사전 조정
   2. 제23조에 따른 집행계획의 심의
   3. 제26조에 따른 국가핵심기반의 지정에 관한 사항의 심의
   4. 제71조의2에 따른 재난 및 안전관리기술 종합계획의 심의
   5. 그 밖에 중앙위원회가 위임한 사항
② 조정위원회의 위원장은 행정안전부장관이 되고, 위원은 대통령령으로 정하는 중앙행정기관의 차관 또는 차관급 공무원과 재난 및 안전관리에 관한 지식과 경험이 풍부한 사람 중에서 위원장이 임명하거나 위촉하는 사람이 된다.
③ 조정위원회에 간사위원 1명을 두며, 간사위원은 행정안전부의 재난안전관리사무를 담당하는 본부장이 된다.
④ 조정위원회의 업무를 효율적으로 처리하기 위하여 조정위원회에 실무위원회를 둘 수 있다.
⑤ 조정위원회의 위원장은 제1항에 따라 조정위원회에서 심의·조정된 사항 중 대통령령으로 정하는 중요 사항에 대해서는 조정위원회의 심의·조정 결과를 중앙위원회의 위원장에게 보고하여야 한다.
⑥ 조정위원회의 위원장은 중앙위원회 또는 조정위원회에서 심의·조정된 사항에 대한 이행상황을 점검하고, 그 결과를 중앙위원회에 보고할 수 있다.
⑦ 조정위원회 및 제4항에 따른 실무위원회의 구성 및 운영 등에 필요한 사항은 대통령령으로 정한다.

정답 35.①

36 「재난 및 안전관리 기본법 시행령」상 사업평가에 대한 내용 중 (가)~(다)에 들어갈 내용을 바르게 연결한 것은?

> (가)은 법 제10조의3 제1항에 따른 재난 및 안전관리 사업의 효과성 및 효율성 평가를 위하여 매년 (나)까지 다음 연도 소관 사업의 성과목표 및 성과지표를 정하여 (다)에게 제출하여야 한다.

	(가)	(나)	(다)
①	관계 중앙행정기관의 장	4월 30일	행정안전부장관
②	관계 중앙행정기관의 장	9월 30일	행정안전부장관
③	행정안전부장관	4월 30일	기획재정부장관
④	행정안전부장관	9월 30일	기획재정부장관

[23. 국가직 9급]

37 「재난 및 안전관리 기본법」상 중앙안전관리위원회에 대한 설명으로 옳지 않은 것은?
① 재난사태 선포 및 특별재난지역 선포에 관한 사항은 중앙안전관리위원회 심의사항이다.
② 국무총리 소속기관으로, 재난안전의무보험의 관리·운용 등에 관한 사항도 심의한다.
③ 중앙안전관리위원회에 간사 1명을 두며, 간사는 행정안전부장관이 된다.
④ 중앙안전관리위원회에 상정될 안건을 사전에 검토하기 위하여 안전정책실무조정위원회를 둔다.

[23. 국가직 9급]
기본서 1권 252~254p

해설

36 ▶ 재난 및 안전관리 기본법 시행령 제10조의2(재난 및 안전관리 사업에 대한 평가)
① <u>관계 중앙행정기관의 장</u>은 법 제10조의3 제1항에 따른 재난 및 안전관리 사업의 효과성 및 효율성 평가(이하 "사업평가"라 한다)를 위하여 <u>매년 9월 30일까지</u> 다음 연도 소관 사업의 성과목표 및 성과지표(이하 "성과목표 등"이라 한다)를 정하여 <u>행정안전부장관</u>에게 제출하여야 한다.

37 ▶ 안전정책조정위원회(법 제10조)
① 중앙위원회에 상정될 안건을 사전에 검토하고 다음 각 호의 사무를 수행하기 위하여 중앙위원회에 안전정책조정위원회(이하 "조정위원회"라 한다)를 둔다.
  ㉠ 제9조 제1항 제3호, 제3호의2, 제6호, 제6호의2 및 제7호의 사항에 대한 사전 조정
  ㉡ 제23조에 따른 집행계획의 심의
  ㉢ 제26조에 따른 국가핵심기반의 지정에 관한 사항의 심의
  ㉣ 제71조의2에 따른 재난 및 안전관리기술 종합계획의 심의
  ㉤ 그 밖에 중앙위원회가 위임한 사항

정답 36.② 37.④

38 「재난 및 안전관리 기본법 시행령」상 중앙민관협력위원회에 관한 설명으로 가장 옳지 않은 것은?

① 중앙안전관리민관협력위원회는 공동위원장 2명을 포함하여 35명 이내의 위원으로 구성한다.
② 중앙민관협력위원회의 공동위원장은 위촉된 위원 중에서 호선한다.
③ 민간위원의 임기는 2년으로 하며, 위원의 사임 등으로 새로 위촉된 위원의 임기는 전임위원 임기의 남은 기간으로 한다.
④ 중앙민관협력위원회의 회의 등에 참석하는 위원 등에게는 예산의 범위에서 수당 등을 지급할 수 있다.

[17. 서울시 7급]

기본서 1권 260p

해설 38 ② 중앙민관협력위원회의 공동위원장은 행정안전부의 재난안전관리사무를 담당하는 본부장과 제4항에 따라 위촉된 민간위원 중에서 중앙민관협력위원회의 의결을 거쳐 행정안전부장관이 지명하는 사람이 된다.

▶ 재난 및 안전관리 기본법 시행령 제12조의3(중앙민관협력위원회의 구성·운영)
① 법 제12조의2 제1항에 따른 중앙안전관리민관협력위원회(이하 "중앙민관협력위원회"라 한다)는 공동위원장 2명을 포함하여 35명 이내의 위원으로 구성한다.
② 중앙민관협력위원회의 공동위원장은 <u>행정안전부의 재난안전관리사무를 담당하는 본부장과 제4항에 따라 위촉된 민간위원 중에서 중앙민관협력위원회의 의결을 거쳐 행정안전부장관이 지명하는 사람이 된다.</u>
③ 중앙민관협력위원회의 공동위원장은 중앙민관협력위원회를 대표하고, 중앙민관협력위원회의 운영 및 사무에 관한 사항을 총괄한다.
④ 중앙민관협력위원회의 위원은 다음 각 호의 사람이 된다.
  1. 당연직 위원
    가. 행정안전부 안전예방정책실장
    나. 행정안전부 자연재난실장
    다. 행정안전부 사회재난실장
    라. 행정안전부 재난복구지원국장
  2. 민간위원 : 다음 각 목의 어느 하나에 해당하는 사람 중에서 성별을 고려하여 행정안전부장관이 위촉하는 사람
    가. 재난 및 안전관리 활동에 적극적으로 참여하고 전국 규모의 회원을 보유하고 있는 협회 등의 민간단체 대표
    나. 재난 및 안전관리 분야 유관기관, 단체·협회 또는 기업 등에 소속된 재난 및 안전관리 전문가
    다. 재난 및 안전관리 분야에 학식과 경험이 풍부한 사람
⑤ 민간위원의 임기는 2년으로 하며, 위원의 사임 등으로 새로 위촉된 위원의 임기는 전임위원 임기의 남은 기간으로 한다.
⑥ 제1항부터 제5항까지에서 규정한 사항 외에 중앙민관협력위원회의 구성·운영에 필요한 세부 사항은 중앙민관협력위원회의 의결을 거쳐 행정안전부장관이 정한다.

정답 38. ②

39 「재난 및 안전관리 기본법 시행령」상 중앙민관협력위원회의 당연직 위원으로 명시된 자는?

① 행정안전부장관
② 행정안전부차관
③ 행정안전부 안전정책예방실장
④ 소방청장

40 「재난 및 안전관리 기본법 시행령」상 중앙안전관리민관협력위원회의 구성 및 운영에 대한 설명으로 옳지 않은 것은?

① 위원회는 공동위원장 2명을 포함하여 35명 이내의 위원으로 구성한다.
② 공동위원장은 위원회의 운영 및 사무에 관한 사항을 총괄한다.
③ 민간위원의 임기는 1년으로 한다.
④ 행정안전부장관은 재난 및 안전관리 분야 유관기관, 단체·협회 또는 기업 등에 소속된 재난 및 안전관리 전문가를 민간위원으로 위촉할 수 있다.

해설 39 ▶ 재난 및 안전관리 기본법 시행령 제12조의3(중앙민관협력위원회의 구성·운영)
① 법 제12조의2 제1항에 따른 중앙안전관리민관협력위원회(이하 "중앙민관협력위원회"라 한다)는 공동위원장 2명을 포함하여 35명 이내의 위원으로 구성한다.
② 중앙민관협력위원회의 공동위원장은 행정안전부의 재난안전관리사무를 담당하는 본부장과 제4항에 따라 위촉된 민간위원 중에서 중앙민관협력위원회의 의결을 거쳐 행정안전부장관이 지명하는 사람이 된다.
③ 중앙민관협력위원회의 공동위원장은 중앙민관협력위원회를 대표하고, 중앙민관협력위원회의 운영 및 사무에 관한 사항을 총괄한다.
④ 중앙민관협력위원회의 위원은 다음 각 호의 사람이 된다.
  1. 당연직 위원
    가. 행정안전부 안전예방정책실장
    나. 행정안전부 자연재난실장
    다. 행정안전부 사회재난실장
    라. 행정안전부 재난복구지원국장
  2. 민간위원 : 다음 각 목의 어느 하나에 해당하는 사람 중에서 성별을 고려하여 행정안전부장관이 위촉하는 사람
    가. 재난 및 안전관리 활동에 적극적으로 참여하고 전국 규모의 회원을 보유하고 있는 협회 등의 민간단체 대표
    나. 재난 및 안전관리 분야 유관기관, 단체·협회 또는 기업 등에 소속된 재난 및 안전관리 전문가
    다. 재난 및 안전관리 분야에 학식과 경험이 풍부한 사람

40 민간위원의 임기는 2년으로 하며, 위원의 사임 등으로 새로 위촉된 위원의 임기는 전임 위원 임기의 남은 기간으로 한다.

정답 39.③ 40.③

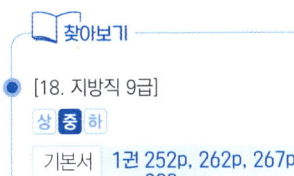

41 국내에서 발생한 자연재난으로 국가재난안전관리 체계상 각 조직 최고 책임자를 옳게 짝지은 것은?

> ㉠ 중앙재난안전대책본부
> ㉡ 중앙안전관리위원회
> ㉢ 중앙사고수습본부
> ㉣ 중앙긴급구조통제단

	㉠	㉡	㉢	㉣
①	재난관리주관기관의 장	행정안전부장관	국무총리	소방청장
②	행정안전부장관	국무총리	재난관리주관기관의 장	소방청장
③	재난관리주관기관의 장	국무총리	소방청장	행정안전부장관
④	행정안전부장관	재난관리주관기관의 장	국무총리	소방청장

[18. 지방직 9급]

기본서 1권 252p, 262p, 267p, 300p

해설 41 ▶재난 및 안전관리 기본법
㉠ 제14조 제3항(중앙재난안전대책본부 등)
  ③ 중앙대책본부의 본부장(이하 "중앙대책본부장"이라 한다)은 행정안전부장관이 되며, 중앙대책본부는 중앙대책본부의 업무를 총괄하고 필요하다고 인정하면 중앙재난안전대책본부회의를 소집할 수 있다. 다만, 해외재난의 경우에는 외교부장관이, 「원자력시설 등의 방호 및 방사능 방재 대책법」 제2조 제1항 제8호에 따른 방사능재난의 경우에는 같은 법 제25조에 따른 중앙방사능방재대책본부의 장이 각각 중앙대책본부장의 권한을 행사한다.
㉡ 제9조 제2항(중앙안전관리위원회)
  ② 중앙위원회의 위원장은 국무총리가 되고, 위원은 대통령령으로 정하는 중앙행정기관 또는 관계 기관·단체의 장이 된다.
㉢ 제15조의2 제3항(중앙 및 지역사고수습본부)
  ③ 수습본부의 장(이하 "수습본부장"이라 한다)은 해당 재난관리주관기관의 장이 된다.
㉣ 제49조 제2항(중앙긴급구조통제단)
  ② 중앙통제단의 단장은 소방청장이 된다.

정답 41.②

42 재난 및 안전관리 기본법령상 재난방송협의회에 대한 설명으로 옳지 않은 것은?

① 재난에 관한 예보·경보·통지나 응급조치 및 재난관리를 위한 재난방송이 원활히 수행될 수 있도록 중앙안전관리위원회에 중앙재난방송협의회를 두어야 한다.
② 중앙재난방송협의회는 위원장 1명과 부위원장 1명을 포함한 25명 이내의 위원으로 구성한다.
③ 중앙재난방송협의회의 회의는 위원장이 필요하다고 인정하거나 위원의 소집요구가 있는 경우에 위원장이 소집하고, 위원장은 그 의장이 된다.
④ 행정안전부장관은 중앙재난방송협의회의 운영에 필요한 행정적·재정적 지원을 하여야 한다.

[19. 지방직 9급](기출변형)

기본서 1권 258~259p

43 「재난 및 안전관리 기본법」상 다음 설명에 해당하는 기구는?

- 평상 시 재난 및 안전관리 위험요소 및 취약시설의 모니터링·제보 기능을 한다.
- 재적위원 4분의 1 이상이 회의 소집을 요청하는 경우 회의가 소집될 수 있다.
- 기구 내에 재난긴급대응단을 둘 수 있다.

① 중앙안전관리위원회 ② 중앙재난방송협의회
③ 중앙안전관리민관협력위원회 ④ 안전정책조정위원회

[16. 지방직 9급]

기본서 1권 260p

해설

42 ④ 과학기술정보통신부장관은 중앙재난방송협의회의 운영에 필요한 행정적·재정적 지원을 할 수 있다(재난 및 안전관리 기본법 시행령 제10조의3 제12항).

43 ▶ 재난 및 안전관리 기본법 제12조의3(중앙민관협력위원회의 기능 등)
① 중앙민관협력위원회의 기능은 다음 각 호와 같다.
  1. 재난 및 안전관리 민관협력활동에 관한 협의
  2. 재난 및 안전관리 민관협력활동사업의 효율적 운영방안의 협의
  3. 평상시 재난 및 안전관리 위험요소 및 취약시설의 모니터링·제보
  4. 재난 발생 시 제34조에 따른 재난관리자원의 동원, 인명구조·피해복구 활동 참여, 피해주민 지원서비스 제공 등에 관한 협의
② 중앙민관협력위원회의 회의는 다음 각 호의 어느 하나에 해당하는 경우에 공동위원장이 소집할 수 있다.
  1. 제14조 제1항에 따른 대규모 재난의 발생으로 민관협력 대응이 필요한 경우
  2. 재적위원 4분의 1 이상이 회의 소집을 요청하는 경우
  3. 그 밖에 공동위원장이 회의 소집이 필요하다고 인정하는 경우
③ 재난 발생 시 신속한 재난대응 활동 참여 등 중앙민관협력위원회의 기능을 지원하기 위하여 중앙민관협력위원회에 대통령령으로 정하는 바에 따라 재난긴급대응단을 둘 수 있다.

정답 42.④ 43.③

44 「재난 및 안전관리 기본법 시행령」상 시·도안전관리계획 및 시·군·구안전관리계획의 작성에 대한 내용으로 (가), (나)에 들어갈 것을 바르게 연결한 것은?

> 시·도지사는 전년도 (가)까지, 시장·군수·구청장은 해당연도 (나)까지 소관 안전관리계획을 확정하여야 한다.

	(가)	(나)
①	10월 31일	1월 말일
②	10월 31일	2월 말일
③	12월 31일	1월 말일
④	12월 31일	2월 말일

[23. 지방직 9급]

기본서 1권 274~275p

해설 44
▶ 시행령 제29조(시·도안전관리계획 및 시·군·구안전관리계획의 작성)
① 법 제24조 제3항에 따른 시·도안전관리계획과 법 제25조 제3항에 따른 시·군·구안전관리계획은 제22조 제8항 각 호의 대책을 포함하여 작성하여야 한다.
② 시·도지사 및 시장·군수·구청장은 소관 안전관리계획에 대하여 실무위원회의 사전검토 및 심의를 거칠 수 있다.
③ 시·도지사는 전년도 12월 31일까지, 시장·군수·구청장은 해당 연도 2월 말일까지 소관 안전관리계획을 확정하여야 한다.
④ 법 제24조 제2항 및 제25조 제2항에 따라 재난관리책임기관의 장이 작성하는 그 소관 안전관리계획에는 다음 각 호의 사항이 포함되어야 한다.
  1. 소관 재난 및 안전관리에 관한 기본방향
  2. 재난별 대응시 관계 기관 간의 상호 협력 및 조치에 관한 사항
  3. 소관 재난 및 안전관리를 위한 사업계획에 관한 사항
  4. 그 밖에 재난 및 안전관리에 필요한 사항

정답 44.④

45 「재난 및 안전관리 기본법」상 중앙재난안전대책본부에 대한 설명으로 옳지 않은 것은?

① 행정안전부에 중앙재난안전대책본부를 둔다.
② 중앙재난안전대책본부의 본부장은 특별재난지역을 선포할 수 있다.
③ 중앙재난안전대책본부에 본부장과 차장을 둔다.
④ 중앙재난안전대책본부의 본부장은 제출받은 재난복구계획을 중앙재난안전대책본부회의의 심의를 거쳐 확정한다.

46 「재난 및 안전관리 기본법」상 중앙재난안전대책본부의 본부장 권한을 행사할 수 없는 자는?

① 환경부장관
② 행정안전부장관
③ 외교부장관
④ 중앙방사능방재대책본부의 장

해설 45
▶ 특별재난지역의 선포(법 제60조)
① 중앙대책본부장은 대통령령으로 정하는 규모의 재난이 발생하여 국가의 안녕 및 사회질서의 유지에 중대한 영향을 미치거나 피해를 효과적으로 수습하기 위하여 특별한 조치가 필요하다고 인정하거나 ③에 따른 지역대책본부장의 요청이 타당하다고 인정하는 경우에는 중앙위원회의 심의를 거쳐 해당 지역을 특별재난지역으로 선포할 것을 대통령에게 건의할 수 있다.
② 제1항에 따라 대통령령으로 재난의 규모를 정할 때에는 다음 각 호의 사항을 고려하여야 한다.
  1. 인명 또는 재산의 피해 정도
  2. 재난지역 관할 지방자치단체의 재정 능력
  3. 재난으로 피해를 입은 구역의 범위
③ ①에 따라 특별재난지역의 선포를 건의받은 대통령은 해당 지역을 특별재난지역으로 선포할 수 있다.
④ 지역대책본부장은 관할지역에서 발생한 재난으로 인하여 ①에 따른 사유가 발생한 경우에는 중앙대책본부장에게 특별재난지역의 선포 건의를 요청할 수 있다.

46 중앙대책본부의 본부장(이하 "중앙대책본부장"이라 한다)은 행정안전부장관이 되며, 중앙대책본부장은 중앙대책본부의 업무를 총괄하고 필요하다고 인정하면 중앙재난안전대책본부회의를 소집할 수 있다. 다만, 해외재난의 경우에는 외교부장관이, 「원자력시설 등의 방호 및 방사능 방재 대책법」 제2조 제1항 제8호에 따른 방사능재난의 경우에는 같은 법 제25조에 따른 중앙방사능방재대책본부의 장이 각각 중앙대책본부장의 권한을 행사한다.

정답 45.② 46.①

47 「재난 및 안전관리 기본법」상 재난정보의 수집·전파, 상황관리, 재난발생 시 초동조치 및 지휘 등의 업무를 수행하기 위하여 상시 재난안전상황실을 설치·운영하여야 하는 기관에 해당하지 않는 것은?

① 행정안전부장관
② 시·도지사
③ 시장·군수·구청장
④ 국무조정실장

48 재난 및 안전관리 기본법령상 다음 각 항목의 수립 주기를 바르게 나열한 것은?

(가) 국가안전관리기본계획
(나) 재난대비훈련 기본계획
(다) 재난 및 안전관리기술개발 종합계획

	(가)	(나)	(다)		(가)	(나)	(다)
①	1년	1년	5년	②	1년	5년	1년
③	5년	1년	5년	④	5년	5년	1년

해설

47 ▶ 재난 및 안전관리 기본법 제18조(재난안전상황실)
① 행정안전부장관, 시·도지사 및 시장·군수·구청장은 재난정보의 수집·전파, 상황관리, 재난발생 시 초동조치 및 지휘 등의 업무를 수행하기 위하여 다음 각 호의 구분에 따른 상시 재난안전상황실을 설치·운영하여야 한다.

48 (가) 국가안전관리기본계획 : 국무총리는 대통령령으로 정하는 바에 따라 5년마다 국가의 재난 및 안전관리업무에 관한 기본계획("국가안전관리기본계획")의 수립지침을 작성하여 관계 중앙행정 기관의 장에게 통보하여야 한다.
(나) 재난대비훈련 기본계획 : 행정안전부장관, 중앙행정기관의 장, 시·도지사, 시장·군수·구청장 및 긴급구조기관(이하 이 조에서 "훈련주관기관"이라 한다)의 장은 대통령령으로 정하는 바에 따라 매년 정기적으로 또는 수시로 재난관리책임기관, 긴급구조지원기관 및 군부대 등 관계 기관(이하 이 조에서 "훈련참여기관"이라 한다)과 합동으로 재난대비훈련(제34조의5에 따른 위기관리 매뉴얼의 숙달훈련을 포함한다)을 실시하여야 한다.
(다) 재난 및 안전관리기술개발 종합계획 : 행정안전부장관은 제71조 제1항의 재난 및 안전관리에 관한 과학기술의 진흥을 위하여 5년마다 관계 중앙행정기관의 재난 및 안전관리기술개발에 관한 계획을 종합하여 조정위원회의 심의와 「국가과학기술자문회의법」에 따른 국가과학기술자문 회의의 심의를 거쳐 재난 및 안전관리기술개발 종합계획(이하 "개발계획"이라 한다)을 수립하여야 한다.

정답 47.④ 48.③

49 「재난 및 안전관리 기본법 시행령」상 재난이 발생할 위험이 높거나 재난예방을 위하여 계속적으로 관리할 필요가 있다고 인정되는 지역(특별관리대상지역)에 대한 정기안전점검의 내용으로 옳지 않은 것은?

① A등급에 해당하는 특정관리대상지역 : 연 1회 이상
② B등급 또는 C등급에 해당하는 특정관리대상지역 : 반기별 1회 이상
③ D등급에 해당하는 특정관리대상지역 : 월 1회 이상
④ E등급에 해당하는 특정관리대상지역 : 월 2회 이상

[17. 서울시 7급]

기본서 1권 280p

해설 49 ▶ 재난 및 안전관리 기본법 시행령 제34조의2 제3항(특정관리대상지역의 안전등급 및 안전점검 등)
③ 재난관리책임기관의 장은 다음 각 호의 구분에 따라 특정관리대상지역에 대한 안전점검을 실시하여야 한다.
1. 정기안전점검
 가. A등급, B등급 또는 C등급에 해당하는 특정관리대상지역 : 반기별 1회 이상
 나. D등급에 해당하는 특정관리대상지역 : 월 1회 이상
 다. E등급에 해당하는 특정관리대상지역 : 월 2회 이상
2. 수시안전점검 : 재난관리책임기관의 장이 필요하다고 인정하는 경우

정답 49.①

50 「재난 및 안전관리 기본법 시행령」상 특정관리대상지역에 대한 설명으로 옳지 않은 것은?

① 특정관리대상지역을 지정하거나 해제할 때에는 그 사실을 특정관리대상지역의 소유자·관리자 또는 점유자에게 알려주어야 한다.
② 안전도가 미흡한 경우 특정관리대상지역의 안전등급은 E등급에 해당한다.
③ 안전등급이 C등급에 해당하는 특정관리대상지역에 대해서는 반기별 1회 이상 정기안전점검을 실시하여야 한다.
④ 행정안전부장관은 특정관리대상지역을 체계적으로 관리하기 위하여 정보화시스템을 구축·운영할 수 있다.

[24. 국가직 9급]

기본서 1권 280p

해설 50 ② 안전도가 미흡한 경우 특정관리대상지역의 안전등급은 D등급에 해당한다.

▶ 시행령 제34조의2(특정관리대상지역의 안전등급 및 안전점검 등)
① 재난관리책임 기관의 장은 제31조 제2항에 따라 지정된 특정관리대상지역을 제32조 제1항에 따른 특정관리대상지역의 지정·관리 등에 관한 지침에서 정하는 안전등급의 평가기준에 따라 다음 각 호의 어느 하나에 해당하는 등급으로 구분하여 관리하여야 한다.
 1. A등급 : 안전도가 우수한 경우
 2. B등급 : 안전도가 양호한 경우
 3. C등급 : 안전도가 보통인 경우
 4. D등급 : 안전도가 미흡한 경우
 5. E등급 : 안전도가 불량한 경우
② 재난관리책임기관의 장은 D등급 또는 E등급에 해당하거나 D등급 또는 E등급에서 상위 등급으로 조정되는 특정관리대상지역에 관한 다음 각 호의 사항을 해당 기관에서 발행하거나 관리하는 공보 또는 홈페이지 등에 공고하고, 이를 행정안전부장관에게 통보하여야 한다. D등급 또는 E등급에 해당하는 특정관리대상지역의 지정이 해제되는 경우에도 또한 같다.
 1. 특정관리대상지역의 명칭 및 위치
 2. 특정관리대상지역의 관계인의 인적사항
 3. 해당 등급의 평가 사유(D등급 또는 E등급에 해당하는 특정관리대상지역의 지정이 해제되는 경우에는 그 사유를 말한다)
③ 재난관리책임기관의 장은 다음 각 호의 구분에 따라 특정관리대상지역에 대한 안전점검을 실시하여야 한다.
 1. 정기안전점검
  가. A등급, B등급 또는 C등급에 해당하는 특정관리대상지역 : 반기별 1회 이상
  나. D등급에 해당하는 특정관리대상지역 : 월 1회 이상
  다. E등급에 해당하는 특정관리대상지역 : 월 2회 이상
 2. 수시안전점검 : 재난관리책임기관의 장이 필요하다고 인정하는 경우
④ 행정안전부장관은 특정관리대상지역을 체계적으로 관리하기 위하여 정보화시스템을 구축·운영할 수 있다.
⑤ 재난관리책임기관의 장은 제4항에 따라 운영되는 정보화시스템을 이용하여 특정관리대상지역을 관리하여야 한다.

정답 50.②

51 「재난 및 안전관리 기본법 시행령」상 재난관리책임기관의 장이 B등급과 D등급을 받은 특정관리대상지역에 하여야 하는 정기안전점검 실시 횟수를 바르게 연결한 것은?

	B등급	D등급
①	반기별 1회 이상	월 1회 이상
②	연 1회 이상	월 2회 이상
③	연 1회 이상	반기별 1회 이상
④	반기별 1회 이상	반기별 2회 이상

[19. 국가직 7급]
기본서 1권 280p

해설 51
▶ 재난 및 안전관리 기본법 시행령 제34조의2 제3항(특정관리대상지역의 안전등급 및 안전점검 등)
③ 재난관리책임기관의 장은 다음 각 호의 구분에 따라 특정관리대상지역에 대한 안전점검을 실시하여야 한다.
1. 정기안전점검
  가. A등급, B등급 또는 C등급에 해당하는 특정관리대상지역 : 반기별 1회 이상
  나. D등급에 해당하는 특정관리대상지역 : 월 1회 이상
  다. E등급에 해당하는 특정관리대상지역 : 월 2회 이상
2. 수시안전점검 : 재난관리책임기관의 장이 필요하다고 인정하는 경우

정답 51.①

52 「재난 및 안전관리 기본법」상 재난분야 위기관리 매뉴얼의 체계를 바르게 나열한 것은?

① 위기관리 표준매뉴얼 − 위기관리 실무매뉴얼 − 표준행동 매뉴얼
② 위기관리 표준매뉴얼 − 위기대응 실무매뉴얼 − 현장조치 행동매뉴얼
③ 위기대응 표준매뉴얼 − 현장조치 실무매뉴얼 − 표준행동 매뉴얼
④ 위기대응 표준매뉴얼 − 위기관리 실무매뉴얼 − 현장조치 행동매뉴얼

[16. 서울시 7급]

기본서 1권 289p

해설 52
▶ 재난 및 안전관리 기본법 제34조의5(재난분야 위기관리 매뉴얼 작성·운용)
① 재난관리책임기관의 장은 재난을 효율적으로 관리하기 위하여 재난유형에 따라 다음 각 호의 위기관리 매뉴얼을 작성·운용하고, 이를 준수하도록 노력하여야 한다. 이 경우 재난대응활동계획과 위기관리 매뉴얼이 서로 연계되도록 하여야 한다.
  1. 위기관리 표준매뉴얼 : 국가적 차원에서 관리가 필요한 재난에 대하여 재난관리 체계와 관계 기관의 임무와 역할을 규정한 문서로 위기대응 실무매뉴얼의 작성 기준이 되며, 재난관리주관기관의 장이 작성한다. 다만, 다수의 재난관리주관기관이 관련되는 재난에 대해서는 관계 재난관리주관기관의 장과 협의하여 행정안전부장관이 위기관리 표준매뉴얼을 작성할 수 있다.
  2. 위기대응 실무매뉴얼 : 위기관리 표준매뉴얼에서 규정하는 기능과 역할에 따라 실제 재난대응에 필요한 조치사항 및 절차를 규정한 문서로 재난관리주관기관의 장과 관계 기관의 장이 작성한다. 이 경우 재난관리주관기관의 장은 위기대응 실무매뉴얼과 제1호에 따른 위기관리 표준매뉴얼을 통합하여 작성할 수 있다.
  3. 현장조치 행동매뉴얼 : 재난현장에서 임무를 직접 수행하는 기관의 행동조치 절차를 구체적으로 수록한 문서로 위기대응 실무매뉴얼을 작성한 기관의 장이 지정한 기관의 장이 작성하되, 시장·군수·구청장은 재난유형별 현장조치 행동매뉴얼을 통합하여 작성할 수 있다. 다만, 현장조치 행동매뉴얼 작성 기관의 장이 다른 법령에 따라 작성한 계획·매뉴얼 등에 재난유형별 현장조치 행동매뉴얼에 포함될 사항이 모두 포함되어 있는 경우 해당 재난유형에 대해서는 현장조치 행동매뉴얼이 작성된 것으로 본다.

정답 52.②

53 국가적 차원에서 관리가 필요한 재난에 대하여 재난관리 체계와 관계 기관의 임무와 역할을 규정한 문서로 재난관리 주관기관의 장이 작성하는 것은?

① 현장관리 행동매뉴얼
② 현장조치 행동매뉴얼
③ 위기대응 실무매뉴얼
④ 위기관리 표준매뉴얼

[16. 서울시 9급]

54 「재난 및 안전관리 기본법」상 재난분야 위기관리 매뉴얼에 해당하지 않는 것은?

① 위기관리 표준매뉴얼
② 중대재해 예방매뉴얼
③ 위기대응 실무매뉴얼
④ 현장조치 행동매뉴얼

[23. 지방직 9급]

해설 53 ▶ 재난 및 안전관리 기본법 제34조의5(재난분야 위기관리 매뉴얼 작성·운용)
① 재난관리책임기관의 장은 재난을 효율적으로 관리하기 위하여 재난유형에 따라 다음 각 호의 위기관리 매뉴얼을 작성·운용하고, 이를 준수하도록 노력하여야 한다. 이 경우 재난대응활동계획과 위기관리 매뉴얼이 서로 연계되도록 하여야 한다.
 1. 위기관리 표준매뉴얼 : 국가적 차원에서 관리가 필요한 재난에 대하여 재난관리 체계와 관계 기관의 임무와 역할을 규정한 문서로 위기대응 실무매뉴얼의 작성 기준이 되며, 재난관리주관기관의 장이 작성한다. 다만, 다수의 재난관리주관기관이 관련되는 재난에 대해서는 관계 재난관리주관기관의 장과 협의하여 행정안전부장관이 위기관리 표준매뉴얼을 작성할 수 있다.
 2. 위기대응 실무매뉴얼 : 위기관리 표준매뉴얼에서 규정하는 기능과 역할에 따라 실제 재난대응에 필요한 조치사항 및 절차를 규정한 문서로 재난관리주관기관의 장과 관계 기관의 장이 작성한다. 이 경우 재난관리주관기관의 장은 위기대응 실무매뉴얼과 제1호에 따른 위기관리 표준매뉴얼을 통합하여 작성할 수 있다.
 3. 현장조치 행동매뉴얼 : 재난현장에서 임무를 직접 수행하는 기관의 행동조치 절차를 구체적으로 수록한 문서로 위기대응 실무매뉴얼을 작성한 기관의 장이 지정한 기관의 장이 작성하되, 시장·군수·구청장은 재난유형별 현장조치 행동매뉴얼을 통합하여 작성할 수 있다. 다만, 현장조치 행동매뉴얼 작성 기관의 장이 다른 법령에 따라 작성한 계획·매뉴얼 등에 재난유형별 현장조치 행동매뉴얼에 포함될 사항이 모두 포함되어 있는 경우 해당 재난유형에 대해서는 현장조치 행동매뉴얼이 작성된 것으로 본다.

54 ▶ 재난분야 위기관리 매뉴얼 작성·운용(법 제34조의5)
① 재난관리책임기관의 장은 재난을 효율적으로 관리하기 위하여 재난유형에 따라 다음 각 호의 위기관리 매뉴얼을 작성·운용하고, 이를 준수하도록 노력하여야 한다. 이 경우 재난대응활동계획과 위기관리 매뉴얼이 서로 연계되도록 하여야 한다.
 ㉠ 위기관리 표준매뉴얼 ㉡ 위기대응 실무매뉴얼 ㉢ 현장조치 행동매뉴얼

정답 53.④ 54.②

55 「재난 및 안전관리 기본법」상 재난분야 위기관리 매뉴얼 작성·운용에 대한 설명으로 가장 옳지 않은 것은?

① 시장·군수·구청장이 작성한 현장조치 행동매뉴얼에 대하여는 시·도지사의 승인을 받아야 한다.
② 재난관리주관기관의 장은 위기관리 표준매뉴얼 및 위기대응 실무매뉴얼을 정기적으로 점검하여야 한다.
③ 위기대응 실무매뉴얼은 위기관리 표준매뉴얼에서 규정하는 기능과 역할에 따라 실제 재난대응에 필요한 조치사항 및 절차를 규정한 문서로 재난관리주관기관의 장과 관계기관의 장이 작성한다.
④ 위기관리 표준매뉴얼은 국가적 차원에서 관리가 필요한 재난에 대하여 재난관리 체계와 관계기관의 임무와 역할을 규정한 문서로 현장조치 행동매뉴얼의 작성 기준이 된다.

[18. 서울시 9급]

기본서 1권 289~290p

해설 55 ④ 위기관리 표준매뉴얼은 국가적 차원에서 관리가 필요한 재난에 대하여 재난관리 체계와 관계기관의 임무와 역할을 규정한 문서로 <u>위기대응 실무매뉴얼의 작성 기준이 된다</u>.

▶ 재난 및 안전관리 기본법 제34조의5(재난분야 위기관리 매뉴얼 작성·운용)
① 재난관리책임기관의 장은 재난을 효율적으로 관리하기 위하여 재난유형에 따라 다음 각 호의 위기관리 매뉴얼을 작성·운용하고, 이를 준수하도록 노력하여야 한다. 이 경우 재난대응활동계획과 위기관리 매뉴얼이 서로 연계되도록 하여야 한다.
  1. 위기관리 표준매뉴얼 : 국가적 차원에서 관리가 필요한 재난에 대하여 재난관리 체계와 관계 기관의 임무와 역할을 규정한 문서로 위기대응 실무매뉴얼의 작성 기준이 되며, 재난관리주관기관의 장이 작성한다. 다만, 다수의 재난관리주관기관이 관련되는 재난에 대해서는 관계 재난관리주관기관의 장과 협의하여 행정안전부장관이 위기관리 표준매뉴얼을 작성할 수 있다.

정답 55.④

56 「재난 및 안전관리 기본법」상 국가적 차원에서 관리가 필요한 재난에 대하여 재난관리체계와 관계 기관의 임무와 역할을 규정한 문서는?

① 위기관리 실무매뉴얼 ② 위기관리 표준매뉴얼
③ 현장조치 행동매뉴얼 ④ 현장조치 실무매뉴얼

[20. 소방안전교육사]
상 중 하
기본서 1권 289p

57 「재난 및 안전관리 기본법」상 다중이용시설의 위기상황 대비 매뉴얼에 대한 설명으로 ㉠~㉢에 들어갈 내용은?

> 대통령령으로 정하는 다중이용시설의 (㉠), (㉡) 또는 (㉢)는 대통령령으로 정하는 바에 따라 위기상황에 대비한 매뉴얼을 작성·관리하고 위기상황 매뉴얼에 따른 훈련을 주기적으로 실시하여야 한다.

	㉠	㉡	㉢		㉠	㉡	㉢
①	설계자	관리자	점유자	②	설계자	시공자	감리자
③	소유자	관리자	점유자	④	소유자	시공자	감리자

[18. 지방직 9급]
상 중 하
기본서 1권 291p

해설 56
▶ 재난 및 안전관리 기본법 제34조의5(재난분야 위기관리 매뉴얼 작성·운용)
① 재난관리책임기관의 장은 재난을 효율적으로 관리하기 위하여 재난유형에 따라 다음 각 호의 위기관리 매뉴얼을 작성·운용하고, 이를 준수하도록 노력하여야 한다. 이 경우 재난대응활동계획과 위기관리 매뉴얼이 서로 연계되도록 하여야 한다.
  1. 위기관리 표준매뉴얼 : 국가적 차원에서 관리가 필요한 재난에 대하여 재난관리 체계와 관계 기관의 임무와 역할을 규정한 문서로 위기대응 실무매뉴얼의 작성 기준이 되며, 재난관리주관기관의 장이 작성한다. 다만, 다수의 재난관리주관기관이 관련되는 재난에 대해서는 관계 재난관리주관기관의 장과 협의하여 행정안전부장관이 위기관리 표준매뉴얼을 작성할 수 있다.
  2. 위기대응 실무매뉴얼 : 위기관리 표준매뉴얼에서 규정하는 기능과 역할에 따라 실제 재난대응에 필요한 조치사항 및 절차를 규정한 문서로 재난관리주관기관의 장과 관계 기관의 장이 작성한다. 이 경우 재난관리주관기관의 장은 위기대응 실무매뉴얼과 제1호에 따른 위기관리 표준매뉴얼을 통합하여 작성할 수 있다.
  3. 현장조치 행동매뉴얼 : 재난현장에서 임무를 직접 수행하는 기관의 행동조치 절차를 구체적으로 수록한 문서로 위기대응 실무매뉴얼을 작성한 기관의 장이 지정한 기관의 장이 작성하되, 시장·군수·구청장은 재난유형별 현장조치 행동매뉴얼을 통합하여 작성할 수 있다. 다만, 현장조치 행동매뉴얼 작성 기관의 장이 다른 법령에 따라 작성한 계획·매뉴얼 등에 재난유형별 현장조치 행동매뉴얼에 포함될 사항이 모두 포함되어 있는 경우 해당 재난유형에 대해서는 현장조치 행동매뉴얼이 작성된 것으로 본다.

57
▶ 재난 및 안전관리 기본법 제34조의6(다중이용시설 등의 위기상황 매뉴얼 작성·관리 및 훈련)
① 대통령령으로 정하는 다중이용시설 등의 소유자·관리자 또는 점유자는 대통령령으로 정하는 바에 따라 위기상황에 대비한 매뉴얼(이하 "위기상황 매뉴얼"이라 한다)을 작성·관리하여야 한다. 다만, 다른 법령에서 위기상황에 대비한 대응계획 등의 작성·관리에 관하여 규정하고 있는 경우에는 그 법령에서 정하는 바에 따른다.

정답 56.② 57.③

58 「재난 및 안전관리 기본법 시행령」상 (가), (나)에 공통으로 들어갈 훈련은?

- 행정안전부장관, 중앙행정기관의 장, 시·도지사, 시장·군수·구청장 및 긴급구조기관의 장은 관계 기관과 합동으로 참여하는 (가)을 각각 소관 분야별로 주관하여 연 1회 이상 실시하여야 한다.
- (나)에 참여하는 기관은 자체 훈련을 수시로 실시할 수 있다.

① 재난대비훈련
② 재난대응훈련
③ 재난복구훈련
④ 응급조치훈련

해설 58

▶ 재난 및 안전관리 기본법 제35조(재난대비훈련 실시)
① 행정안전부장관, 중앙행정기관의 장, 시·도지사, 시장·군수·구청장 및 긴급구조기관(이하 이 조에서 "훈련주관기관"이라 한다)의 장은 대통령령으로 정하는 바에 따라 매년 정기적으로 또는 수시로 재난관리책임기관, 긴급구조지원기관 및 군부대 등 관계 기관(이하 이 조에서 "훈련참여기관"이라 한다)과 합동으로 재난대비훈련(제34조의5에 따른 위기관리 매뉴얼의 숙달훈련을 포함한다)을 실시하여야 한다.
② 훈련주관기관의 장은 ①에 따른 재난대비훈련을 실시하려면 자체계획을 토대로 재난대비훈련 실시계획을 수립하여 훈련참여기관의 장에게 통보하여야 한다.
③ 훈련참여기관의 장은 ①에 따른 재난대비훈련을 실시하면 훈련상황을 점검하고, 그 결과를 대통령령으로 정하는 바에 따라 훈련주관기관의 장에게 제출하여야 한다.
④ 훈련주관기관의 장은 대통령령으로 정하는 바에 따라 다음 각 호의 조치를 하여야 한다.
  ㉠ 훈련참여기관의 훈련과정 및 훈련결과에 대한 점검·평가
  ㉡ 훈련참여기관의 장에게 훈련과정에서 나타난 미비사항이나 개선·보완이 필요한 사항에 대한 보완조치 요구
  ㉢ 훈련과정에서 나타난 제34조의5 제1항 각 호의 위기관리 매뉴얼의 미비점에 대한 개선·보완 및 개선·보완조치 요구
⑤ 재난대비훈련의 효율적인 추진을 위한 절차·방법 등에 필요한 사항은 대통령령으로 정한다.

▶ 시행령 제43조의14(재난대비훈련 등)
① 행정안전부장관, 중앙행정기관의 장, 시·도지사, 시장·군수·구청장 및 긴급구조기관의 장(이하 "훈련주관기관의 장"이라 한다)은 법 제35조 제1항에 따라 관계 기관과 합동으로 참여하는 재난대비훈련을 각각 소관 분야별로 주관하여 연 1회 이상 실시하여야 한다.
② 제1항에 따라 재난대비훈련에 참여하는 기관은 자체 훈련을 수시로 실시할 수 있다.
③ 훈련주관기관의 장은 법 제35조 제1항에 따라 재난대비훈련을 실시하는 경우에는 훈련일 15일 전까지 훈련일시, 훈련장소, 훈련내용, 훈련방법, 훈련참여 인력 및 장비, 그 밖에 훈련에 필요한 사항을 재난관리책임기관, 긴급구조지원기관 및 군부대 등 관계 기관(이하 "훈련참여기관"이라 한다)의 장에게 통보하여야 한다.

정답 58.①

59 「재난 및 안전관리 기본법 시행령」상 재난대비훈련에 대한 설명으로 옳지 않은 것은?

① 훈련참여기관의 장은 재난대비훈련 실시 후 20일 이내에 그 결과를 행정안전부장관에게 제출하여야 한다.
② 행정안전부장관은 재난대비훈련 기본계획을 수립하는 경우에는 재난대비훈련 유형 선정기준 및 훈련프로그램을 포함하여야 한다.
③ 재난대비훈련에 참여하는 기관은 자체 훈련을 수시로 실시할 수 있다.
④ 재난대비훈련에 참여하는 데에 필요한 비용은 참여 기관이 부담하나, 민간 긴급구조지원기관에 대해서는 훈련주관기관의 장이 부담할 수 있다.

[23. 지방직 9급]

기본서 1권 292p

60 「재난 및 안전관리 기본법」상 재난이 발생할 우려가 있거나 재난이 발생하였을 때에 내리는 응급조치 중 지역통제단장의 권한으로 가장 옳은 것은?

① 긴급수송 및 구조 수단의 확보
② 진화·수방·지진방재, 그 밖의 응급조치와 구호
③ 피해시설의 응급 복구 및 방역과 방범, 그 밖의 질서 유지
④ 급수 수단의 확보, 긴급피난처 및 구호품 등 재난관리자원의 확보

[18. 서울시 9급]
기본서 1권 294p

해설 59
▶ 재난대비훈련 실시(법 제35조)
③ 훈련참여기관의 장은 재난대비훈련을 실시하면 훈련상황을 점검하고, 그 결과를 대통령령으로 정하는 바에 따라 훈련주관기관의 장에게 제출하여야 한다.

60 지역통제단장의 경우는 진화, 긴급수송 및 구조 수단의 확보, 현장지휘통신체계의 확보의 응급조치만 하여야 한다.
▶ 재난 및 안전관리 기본법 제37조(응급조치)
① 제50조 제2항에 따른 시·도긴급구조통제단 및 시·군·구긴급구조통제단의 단장(이하 "지역통제단장"이라 한다)과 시장·군수·구청장은 재난이 발생할 우려가 있거나 재난이 발생하였을 때에는 즉시 관계 법령이나 재난대응활동계획 및 위기관리 매뉴얼에서 정하는 바에 따라 수방(水防)·진화·구조 및 구난(救難), 그 밖에 재난 발생을 예방하거나 피해를 줄이기 위하여 필요한 다음 각 호의 응급조치를 하여야 한다. 다만, 지역통제단장의 경우에는 제2호 중 진화에 관한 응급조치와 제4호 및 제6호의 응급조치만 하여야 한다.
  1. 경보의 발령 또는 전달이나 피난의 권고 또는 지시
  1의2. 제31조에 따른 안전조치
  2. 진화·수방·지진방재, 그 밖의 응급조치와 구호
  3. 피해시설의 응급복구 및 방역과 방범, 그 밖의 질서 유지
  4. 긴급수송 및 구조 수단의 확보
  5. 급수 수단의 확보, 긴급피난처 및 구호품 등 재난관리자원의 확보
  6. 현장지휘통신체계의 확보
  7. 그 밖에 재난 발생을 예방하거나 줄이기 위하여 필요한 사항으로서 대통령령으로 정하는 사항
② 시·군·구의 관할 구역에 소재하는 재난관리책임기관의 장은 시장·군수·구청장이나 지역통제단장이 요청하면 관계 법령이나 시·군·구안전관리계획에서 정하는 바에 따라 시장·군수·구청장이나 지역통제단장의 지휘 또는 조정 하에 그 소관 업무에 관계되는 응급조치를 실시하거나 시장·군수·구청장이나 지역통제단장이 실시하는 응급조치에 협력하여야 한다.

정답 59.① 60.①

61 재난이 발생할 우려가 있거나 재난이 발생하였을 때 시·도긴급구조통제단 및 시·군·구긴급구조통제단의 단장이 하여야 하는 응급조치에 해당하지 않는 것은?

① 진화에 관한 응급조치
② 현장지휘통신체계의 확보
③ 긴급수송 및 구조 수단의 확보
④ 급수수단의 확보, 긴급피난처 및 구호품 등 재난관리자원의 확보

[20. 국가직 9급]

기본서 1권 294p

해설 61

④ 지역통제단장의 경우는 진화, 긴급수송 및 구조 수단의 확보, 현장지휘통신체계의 확보의 응급조치만 하여야 한다.

▶ 재난 및 안전관리 기본법 제37조(응급조치)
① 제50조 제2항에 따른 시·도긴급구조통제단 및 시·군·구긴급구조통제단의 단장(이하 "지역통제단장"이라 한다)과 시장·군수·구청장은 재난이 발생할 우려가 있거나 재난이 발생하였을 때에는 즉시 관계 법령이나 재난대응활동계획 및 위기관리 매뉴얼에서 정하는 바에 따라 수방(水防)·진화·구조 및 구난(救難), 그 밖에 재난 발생을 예방하거나 피해를 줄이기 위하여 필요한 다음 각 호의 응급조치를 하여야 한다. 다만, 지역통제단장의 경우에는 제2호 중 진화에 관한 응급조치와 제4호 및 제6호의 응급조치만 하여야 한다.
1. 경보의 발령 또는 전달이나 피난의 권고 또는 지시
1의2. 제31조에 따른 안전조치
2. 진화·수방·지진방재, 그 밖의 응급조치와 구호
3. 피해시설의 응급복구 및 방역과 방범, 그 밖의 질서 유지
4. 긴급수송 및 구조 수단의 확보
5. 급수 수단의 확보, 긴급피난처 및 구호품 등 재난관리자원의 확보
6. 현장지휘통신체계의 확보
7. 그 밖에 재난 발생을 예방하거나 줄이기 위하여 필요한 사항으로서 대통령령으로 정하는 사항

정답 61.④

62 「재난 및 안전관리 기본법」상 긴급구조에 대한 설명으로 옳지 않은 것은?

[16. 국가직 9급]

기본서 1권 300~302p

① 재난현장에서는 시·군·구긴급구조통제단장이 긴급구조활동을 지휘하나, 치안활동과 관련된 사항은 관할 경찰관서의 장과 협의하여야 한다.
② 지역통제단장의 요청에 따라 긴급구조활동에 참여한 민간 긴급구조지원기관에 대하여는 그 경비의 전부 또는 일부를 지원할 수 있다.
③ 긴급구조활동을 하기 위하여 헬기를 운항할 필요가 있으면 긴급구조기관의 장이 헬기의 운항과 관련되는 사항을 헬기운항통제기관에 통보하고 헬기를 운항할 수 있다.
④ 중앙긴급구조통제단의 단장은 긴급구조에 관한 사항을 총괄·조정하고 행정안전부장관이 된다.

해설 62

④ 중앙긴급구조통제단의 단장은 긴급구조에 관한 사항을 총괄·조정하고 <u>소방청장</u>이 된다.

▶ 재난 및 안전관리 기본법 제49조(중앙긴급구조통제단)
① 긴급구조에 관한 사항의 총괄·조정, 긴급구조기관 및 긴급구조지원기관이 하는 긴급구조활동의 역할 분담과 지휘·통제를 위하여 소방청에 중앙긴급구조통제단(이하 "중앙통제단"이라 한다)을 둔다.
② <u>중앙통제단의 단장은 소방청장이 된다.</u>

▶ 제51조(긴급구조)
① 지역통제단장은 재난이 발생하면 소속 긴급구조요원을 재난현장에 신속히 출동시켜 필요한 긴급구조활동을 하게 하여야 한다.
② 지역통제단장은 긴급구조를 위하여 필요하면 긴급구조지원기관의 장에게 소속 긴급구조지원요원을 현장에 출동시키거나 긴급구조에 필요한 재난관리자원을 제공하는 등 긴급구조활동을 지원할 것을 요청할 수 있다. 이 경우 요청을 받은 기관의 장은 특별한 사유가 없으면 즉시 요청에 따라야 한다.
③ <u>제2항에 따른 요청에 따라 긴급구조활동에 참여한 민간 긴급구조지원기관에 대하여는 대통령령으로 정하는 바에 따라 그 경비의 전부 또는 일부를 지원할 수 있다.</u>
④ <u>긴급구조활동을 하기 위하여 회전익항공기(이하 이 항에서 "헬기"라 한다)를 운항할 필요가 있으면 긴급구조기관의 장이 헬기의 운항과 관련되는 사항을 헬기운항통제기관에 통보하고 헬기를 운항할 수 있다.</u> 이 경우 관계 법령에 따라 해당 헬기의 운항이 승인된 것으로 본다.

▶ 제52조 제1항(긴급구조 현장지휘)
① <u>재난현장에서는 시·군·구긴급구조통제단장이 긴급구조활동을 지휘한다. 다만, 치안활동과 관련된 사항은 관할 경찰관서의 장과 협의하여야 한다.</u>

정답 62.④

63 「재난 및 안전관리 기본법」상 긴급구조 현장지휘의 사항이 아닌 것은?
① 의료기관에 필요한 물자의 관리
② 자원봉사자 등에 대한 임무의 부여
③ 재난현장에서 인명의 탐색·구조
④ 추가 재난의 방지를 위한 응급조치

64 「재난 및 안전관리 기본법령」상 긴급구조지휘대의 구성에 포함되지 않는 자는?
① 현장지휘요원   ② 상황조사요원
③ 복구지원요원   ④ 통신지원요원

해설 63
▶ 재난 및 안전관리 기본법 제52조 제1항, 제2항(긴급구조 현장지휘)
① 재난현장에서는 시·군·구긴급구조통제단장이 긴급구조활동을 지휘한다. 다만, 치안활동과 관련된 사항은 관할 경찰관서의 장과 협의하여야 한다.
② 제1항에 따른 현장지휘는 다음 각 호의 사항에 관하여 한다.
  1. <u>재난현장에서 인명의 탐색·구조</u>
  2. 긴급구조기관 및 긴급구조지원기관의 긴급구조요원·긴급구조지원요원 및 재난관리자원의 배치와 운용
  3. <u>추가 재난의 방지를 위한 응급조치</u>
  4. 긴급구조지원기관 및 <u>자원봉사자 등에 대한 임무의 부여</u>
  5. 사상자의 응급처치 및 의료기관으로의 이송
  6. 긴급구조에 필요한 재난관리자원의 관리
  7. 현장접근 통제, 현장 주변의 교통정리, 그 밖에 긴급구조활동을 효율적으로 하기 위하여 필요한 사항

64
▶ 재난 및 안전관리 기본법 시행령 제65조 제1항(긴급구조지휘대 구성·운영)
① 법 제55조 제2항에 따른 긴급구조지휘대는 다음 각 호의 사람으로 구성하여야 한다.
  1. 현장지휘요원
  2. 자원지원요원
  3. 통신지원요원
  4. 안전관리요원
  5. 상황조사요원
  6. 구급지휘요원

정답 63.① 64.③

65 「재난 및 안전관리 기본법 시행령」상 긴급구조지휘대의 구분 유형에 해당되지 않는 것은?

① 특수구조지휘대　　② 방면현장지휘대
③ 권역현장지휘대　　④ 소방서현장지휘대

[19. 소방안전교육사]
상 중 하
기본서 1권 306p

66 「재난 및 안전관리 기본법」상 특별재난지역 선포권자는?

① 대통령　　② 국무총리
③ 중앙재난안전대책본부장　　④ 중앙긴급구조통제단장

[16. 국가직 9급]
상 중 하
기본서 1권 316p

해설 65 ▶ 재난 및 안전관리 기본법 시행령 제65조(긴급구조지휘대 구성·운영)
① 법 제55조 제2항에 따른 긴급구조지휘대는 다음 각 호의 사람으로 구성하여야 한다.
　1. 현장지휘요원　　2. 자원지원요원
　3. 통신지원요원　　4. 안전관리요원
　5. 상황조사요원　　6. 구급지휘요원
② 법 제55조 제2항에 따른 긴급구조지휘대는 소방서현장지휘대, 방면현장지휘대, 소방본부현장지휘대 및 권역현장지휘대로 구분하되, 구분된 긴급구조지휘대의 설치기준은 다음 각 호와 같다.
　1. 소방서현장지휘대 : 소방서별로 설치·운영
　2. 방면현장지휘대 : 2개 이상 4개 이하의 소방서별로 소방본부장이 1개를 설치·운영
　3. 소방본부현장지휘대 : 소방본부별로 현장지휘대 설치·운영
　4. 권역현장지휘대 : 2개 이상 4개 이하의 소방본부별로 소방청장이 1개를 설치·운영
③ 제1항 및 제2항에서 규정한 사항 외에 긴급구조지휘대의 세부 운영기준은 행정안전부령으로 정한다.

66 ▶ 재난 및 안전관리 기본법 제60조(특별재난지역의 선포)
① 중앙대책본부장은 대통령령으로 정하는 규모의 재난이 발생하여 국가의 안녕 및 사회질서의 유지에 중대한 영향을 미치거나 피해를 효과적으로 수습하기 위하여 특별한 조치가 필요하다고 인정하거나 제3항에 따른 지역대책본부장의 요청이 타당하다고 인정하는 경우에는 중앙위원회의 심의를 거쳐 해당 지역을 특별재난지역으로 선포할 것을 대통령에게 건의할 수 있다.
② 제1항에 따라 대통령령으로 재난의 규모를 정할 때에는 다음 각 호의 사항을 고려하여야 한다.
　1. 인명 또는 재산의 피해 정도
　2. 재난지역 관할 지방자치단체의 재정 능력
　3. 재난으로 피해를 입은 구역의 범위
③ 제1항에 따라 특별재난지역의 선포를 건의받은 대통령은 해당 지역을 특별재난지역으로 선포할 수 있다.
④ 지역대책본부장은 관할지역에서 발생한 재난으로 인하여 제1항에 따른 사유가 발생한 경우에는 중앙대책본부장에게 특별재난지역의 선포 건의를 요청할 수 있다.

정답 65.① 66.①

67 다음 중 재난지역에 대한 국고보조 등의 지원에 대한 사항으로 옳지 않은 것은?

① 사망자·실종자·부상자 등 피해주민에 대한 구호
② 세입자 보조 등 생계안정 지원
③ 국세·지방세, 건강보험료·연금보험료, 통신요금·전기요금 등의 경감 또는 납부유예 등의 간접지원
④ 상업용 건축물의 복구비 지원

[16. 서울시 7급]

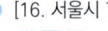

기본서 1권 320p

해설 67 ▶ 재난 및 안전관리 기본법 제66조(재난지역에 대한 국고보조 등의 지원)
③ 국가와 지방자치단체는 재난으로 피해를 입은 시설의 복구와 피해주민의 생계 안정 및 피해기업의 경영 안정을 위하여 다음 각 호의 지원을 할 수 있다. 다만, 다른 법령에 따라 국가 또는 지방자치단체가 같은 종류의 보상금 또는 지원금을 지급하거나, 제3조 제1호 나목에 해당하는 재난으로 피해를 유발한 원인자가 보험금 등을 지급하는 경우에는 그 보상금, 지원금 또는 보험금 등에 상당하는 금액은 지급하지 아니한다.
 1. 사망자·실종자·부상자 등 피해주민에 대한 구호
 2. 주거용 건축물의 복구비 지원
 3. 고등학생의 학자금 면제
 4. 자금의 융자, 보증, 상환기한의 연기, 그 이자의 감면 등 관계 법령에서 정하는 금융지원
 5. 세입자 보조 등 생계안정 지원
 5의2. 「소상공인기본법」 제2조에 따른 소상공인에 대한 지원
 6. 관계 법령에서 정하는 바에 따라 국세·지방세, 건강보험료·연금보험료, 통신요금, 전기요금 등의 경감 또는 납부유예 등의 간접지원
 7. 주 생계수단인 농업·어업·임업·염생산업(鹽生産業)에 피해를 입은 경우에 해당 시설의 복구를 위한 지원
 8. 공공시설 피해에 대한 복구사업비 지원
 9. 그 밖에 제14조 제3항 본문에 따른 중앙재난안전대책본부회의에서 결정한 지원 또는 제16조 제2항에 따른 지역재난안전대책본부회의에서 결정한 지원

정답 67.④

68 「재난 및 안전관리 기본법」상 사회재난 중 특별재난지역으로 선포된 경우, 국가와 지방자치단체가 지원할 수 있는 것만을 모두 고르면 몇 개인가?

- 세입자 보조 등 생계안정 지원
- 주거용 건축물의 복구비 지원
- 공공시설 피해에 대한 복구사업비 지원
- 사망자·실종자·부상자 등 피해주민에 대한 구호

① 1개 ② 2개
③ 3개 ④ 4개

[20. 국가직 9급]
상 **중** 하
기본서 1권 320p

해설 68

▶ 재난 및 안전관리 기본법 제66조(재난지역에 대한 국고보조 등의 지원)
③ 국가와 지방자치단체는 재난으로 피해를 입은 시설의 복구와 피해주민의 생계 안정 및 피해기업의 경영 안정을 위하여 다음 각 호의 지원을 할 수 있다. 다만, 다른 법령에 따라 국가 또는 지방자치단체가 같은 종류의 보상금 또는 지원금을 지급하거나, 제3조 제1호 나목에 해당하는 재난으로 피해를 유발한 원인자가 보험금 등을 지급하는 경우에는 그 보상금, 지원금 또는 보험금 등에 상당하는 금액은 지급하지 아니한다.
1. 사망자·실종자·부상자 등 피해주민에 대한 구호
2. 주거용 건축물의 복구비 지원
3. 고등학생의 학자금 면제
4. 자금의 융자, 보증, 상환기한의 연기, 그 이자의 감면 등 관계 법령에서 정하는 금융지원
5. 세입자 보조 등 생계안정 지원
5의2. 「소상공인기본법」 제2조에 따른 소상공인에 대한 지원
6. 관계 법령에서 정하는 바에 따라 국세·지방세, 건강보험료·연금보험료, 통신요금, 전기요금 등의 경감 또는 납부유예 등의 간접지원
7. 주 생계수단인 농업·어업·임업·염생산업(鹽生産業)에 피해를 입은 경우에 해당 시설의 복구를 위한 지원
8. 공공시설 피해에 대한 복구사업비 지원
9. 그 밖에 제14조 제3항 본문에 따른 중앙재난안전대책본부회의에서 결정한 지원 또는 제16조 제2항에 따른 지역재난안전대책본부회의에서 결정한 지원

정답 68.④

69 '가'와 '나'의 빈칸에 들어갈 말로 적절한 것은?

> 「재난 및 안전관리 기본법」상 재난관리기금의 매년도 최저 적립액은 최근 (가) 동안의 지방세법에 의한 보통세의 수입 결산액의 평균연액의 (나)에 해당하는 금액으로 한다.

① 가 : 3년, 나 : 100분의 1
② 가 : 3년, 나 : 200분의 1
③ 가 : 5년, 나 : 100분의 1
④ 가 : 5년, 나 : 200분의 1

[16. 서울시 7급]
기본서 1권 327p

70 국가는 국민의 안전의식 수준을 높이기 위하여 국민안전의 날, 안전점검의 날, 방재의 날 등을 정하고 있다. 다음 중 맞게 연결된 것은?

	국민안전의 날	안전점검의 날	방재의 날
①	매년 4월 16일	매년 5월 25일	매월 4일
②	매년 4월 16일	매월 4일	매년 5월 25일
③	매년 5월 25일	매월 4일	매년 4월 16일
④	매년 5월 25일	매년 4월 16일	매월 4일

[16. 서울시 9급]
기본서 1권 322p

해설

69 ▶ 재난 및 안전관리 기본법 제67조(재난관리기금의 적립)
① 지방자치단체는 재난관리에 드는 비용에 충당하기 위하여 매년 재난관리기금을 적립하여야 한다.
② 제1항에 따른 재난관리기금의 매년도 최저적립액은 최근 3년 동안의 「지방세법」에 의한 보통세의 수입결산액의 평균연액의 100분의 1에 해당하는 금액으로 한다.

70 ▶ 국민안전의 날 등(재난 및 안전관리 기본법 제66조의7)
① 국가는 국민의 안전의식 수준을 높이기 위하여 매년 4월 16일을 국민안전의 날로 정하여 필요한 행사 등을 한다.

▶ 안전점검의 날 등(재난 및 안전관리 기본법 시행령 제73조의6)
① 법 제66조의7에 따른 안전점검의 날은 매월 4일로 하고, 방재의 날은 매년 5월 25일로 한다.

정답 69.① 70.②

71 「재난 및 안전관리 기본법」상 행정안전부장관의 업무가 아닌 것은?
① 지방자치단체의 재난 및 안전관리업무에 대하여 필요한 지원과 지도를 할 수 있다.
② 국가 및 지방자치단체가 행하는 재난 및 안전관리업무를 총괄·조정한다.
③ 매년 재난 및 안전관리 사업의 효과성 및 효율성을 평가한다.
④ 재난이 발생할 경우 그 피해를 최소화하기 위하여 재난 및 안전관리업무에 종사하는 자가 지켜야 할 사항 등을 정한 안전관리헌장을 제정·고시하여야 한다.

[20. 소방안전교육사]
상 중 하
기본서 1권 250p, 256p, 261p, 322p

해설 71
④ 재난이 발생할 경우 그 피해를 최소화하기 위하여 재난 및 안전관리업무에 종사하는 자가 지켜야 할 사항 등을 정한 안전관리헌장을 제정·고시하여야 한다.
→ 국무총리

▶ 재난 및 안전관리 기본법 제66조의8 제1항(안전관리헌장)
① 국무총리는 재난을 예방하고, 재난이 발생할 경우 그 피해를 최소화하기 위하여 재난 및 안전관리업무에 종사하는 자가 지켜야 할 사항 등을 정한 안전관리헌장을 제정·고시하여야 한다.

▶ 재난 및 안전관리 기본법 제13조(지역위원회 등에 대한 지원 및 지도)
행정안전부장관은 시·도위원회의 운영과 지방자치단체의 재난 및 안전관리업무에 대하여 필요한 지원과 지도를 할 수 있으며, 시·도지사는 관할 구역의 시·군·구위원회의 운영과 시·군·구의 재난 및 안전관리업무에 대하여 필요한 지원과 지도를 할 수 있다.

▶ 재난 및 안전관리 기본법 제6조(재난 및 안전관리 업무의 총괄·조정)
행정안전부장관은 국가 및 지방자치단체가 행하는 재난 및 안전관리 업무를 총괄·조정한다.

▶ 재난 및 안전관리 기본법 제10조의3 제1항(재난 및 안전관리 사업에 대한 평가)
① 행정안전부장관은 매년 재난 및 안전관리 사업의 효과성 및 효율성을 평가하고, 그 결과를 관계 중앙행정기관의 장에게 통보하여야 한다.

정답 71.④

72 「재난 및 안전관리 기본법 시행령」상 지역축제 개최 시 안전관리조치에 관한 내용이다. ( )에 들어갈 내용으로 옳은 것은?

> 중앙행정기관의 장 또는 지방자치단체의 장은 축제기간 중 순간 관람객이 ( )명 이상이 될 것으로 예상되는 지역축제를 개최하려면 해당 지역축제가 안전하게 진행될 수 있도록 지역축제 안전관리계획을 수립하고, 그 밖에 안전관리에 필요한 조치를 하여야 한다.

① 5배 ② 1천
③ 2천 ④ 3천

해설 72
▶ 재난안전관리 기본법 시행령 제73조의9(지역축제 개최 시 안전관리조치)
① 법 제66조의11 제1항 본문 및 같은 조 제3항에서 "대통령령으로 정하는 지역축제"란 각각 다음 각 호의 어느 하나에 해당하는 지역축제를 말한다.
    1. 축제기간 중 순간 최대 관람객이 <u>1천명 이상</u>이 될 것으로 예상되는 지역축제
    2. 축제장소나 축제에 사용하는 재료 등에 사고 위험이 있는 지역축제로서 다음 각 목의 어느 하나에 해당하는 지역축제
        가. 산 또는 수면에서 개최하는 지역축제
        나. 불, 폭죽, 석유류 또는 가연성 가스 등의 폭발성 물질을 사용하는 지역축제

정답 72.②

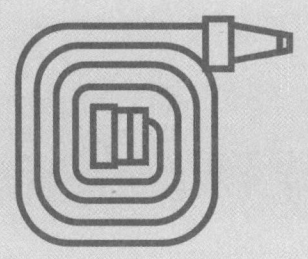

소방학개론

PART 03

연소이론

01 연소개요 등
02 연기 및 화염
03 폭발개요 및 분류

01 연소개요 등

01 메탄 1몰(mol)이 완전 연소될 경우 화학양론조성비(C_{st})는 약 몇 %인가? (단, 공기 중 산소 농도는 21vol%이다.)
① 9.5 ② 17.4
③ 28.5 ④ 34.7

[13. 소방안전교육사]
상 **중** 하
기본서 2권 13, 19p

02 표준상태(0℃, 1기압)에서 프로판 $2m^3$을 연소시키기 위해 필요한 이론산소량(m^3)과 이론공기량(m^3)은? (단, 공기 중 산소는 21vol%이다.)
① 이론산소량 : 5, 이론공기량 : 23.81
② 이론산소량 : 10, 이론공기량 : 47.62
③ 이론산소량 : 5, 이론공기량 : 47.62
④ 이론산소량 : 10, 이론공기량 : 23.81

[18. 소방안전교육사]
상 중 하
기본서 2권 13p

해설 01 ▶ 화학양론조성비(C_{st})

$$C_{st} = \frac{\text{연료의 몰수}}{\text{연료의 몰수} + \text{공기의 몰수}} \times 100$$

※ 연료의 몰수 = 1
※ 공기의 몰수 : 메탄의 완전연소반응식은 $CH_4 + (2)O_2 \rightarrow CO_2 + 2H_2O$이고, 메탄 $1m^3$와 반응하는 산소는 $2m^3$, 공기 중 산소 농도는 21vol%이므로 식을 세우면 100 : 21 = x : 20이다. 그러므로 산소 $2m^3$를 포함하는 공기의 부피는 $\frac{200}{21} = 9.52 m^3$이다.

메탄의 $C_{st} = \frac{1}{1+(9.52)} \times 100 =$ 약 9.5

02 ※ 이론산소량 : 연료의 완전연소에 필요한 이론상의 최저 산소량
프로판(C_3H_8) $2m^3$를 완전 연소시키는 데 필요한 산소량은
$2C_3H_8 + (10)O_2 \rightarrow 6CO_2 + 8H_2O$
이론산소량 = $10m^3$
※ 이론공기량 : 연료의 완전연소에 필요한 이론상 최소한의 공기량
공기 중 산소 농도는 21vol%이므로 식을 세우면 100 : 21 = x : 100이다. 그러므로 산소 $10m^3$를 포함하는 공기량은 $\frac{1,000}{21} = 47.62 m^3$이다.

정답 01.① 02.②

03 메탄과 부탄이 2 : 5의 부피비율로 혼합되어 있을 때, Le Chatelier의 법칙을 이용하여 계산한 혼합가스의 연소범위 하한계(vol%)는? (단, 메탄과 부탄의 연소범위 하한계는 각각 5 vol%, 1.8 vol%이다.)

① 1.2
② 1.6
③ 2.2
④ 3.2

[18. 소방안전교육사]

기본서 2권 55p

04 H건물 내 화재 발생으로 인해 면적 30m²인 벽면의 온도가 상승하여 60℃에 도달하였을 때, 이 벽면으로부터 전달되는 복사 열전달량은 약 몇 W인가? (단, 벽면은 완전 흑체로 가정하고, Stefan-Boltzmann 상수는 5.67×10^{-8} W/m²·K⁴이다.)

① 5,229
② 9,448
③ 10,458
④ 20,916

[18. 소방안전교육사]

기본서 2권 53p

해설 **03** ▶ 혼합가스의 폭발하한계 계산방법
메탄과 부탄이 2 : 5의 부피비율

$$L = \frac{100}{\frac{V_1}{L_1} + \frac{V_2}{L_2} + \frac{V_3}{L_3} + \cdots}$$

L : 혼합가스의 폭발하한계(vol%)
V_1 : 각 단독성분의 혼합가스 중의 농도(vol%)
L_1 : 혼합가스를 형성하는 각 단독 성분의 폭발하한계(vol%)
메탄과 부탄이 2 : 5의 부피비율
메탄의 혼합가스 중의 농도 $V_1 = 100 \times \frac{2}{7} = 28.57$
부탄의 혼합가스 중의 농도 $V_2 = 100 \times \frac{5}{7} = 71.42$

$$L = \frac{100}{\frac{28.57}{5} + \frac{71.42}{1.8}} = 2.20\cdots$$

04 ▶ 슈테판-볼츠만의 법칙(Stefan-Boltzmann)
슈테판-볼츠만 법칙은 흑체의 단위 면적당 복사 에너지가 절대 온도의 4제곱에 비례한다는 법칙이다.
E(복사에너지) = δT^4 (δ : 슈테판-볼츠만 상수 = 5.67×10^{-8})
$\delta = 5.67 \times 10^{-8}$
$T^4 = (333)^4$ ⇒ 섭씨온도를 절대온도로 바꾸어야 하므로,
절대온도[K] = 60℃ + 273 = 333
$E = 5.67 \times 10^{-8} \times (333)^4 = 697.20\cdots$
697.2는 면적 1m²의 값이다. 따라서 면적 30m² 값은 697.2 × 30 = 20,916

정답 03.③ 04.④

05 Burgess-Wheeler 식을 이용하여 계산한 벤젠의 연소열(Kcal/mol)은? (단, 벤젠의 연소범위 하한계는 1.4vol%이다.)

① 124
② 250
③ 484
④ 750

[18. 소방안전교육사]

06 점화원의 종류 중 도체로부터의 방전에너지(E)를 구하는 공식으로 옳지 않은 것은? (단, C는 정전용량, V는 전압, Q는 전하량이다.)

① $E = \dfrac{1}{2}CV^2$
② $E = \dfrac{1}{2}QV$
③ $E = \dfrac{1}{2}\dfrac{Q^2}{C}$
④ $E = \dfrac{1}{2}\dfrac{C^2}{V}$

[18. 소방안전교육사]
기본서 2권 18p

해설

05 ▶ 탄화수소의 폭발하한계와 연소열의 관계를 이용한 Burgess-Wheeler법칙
두 값(폭발하한계와 연소열)의 곱은 일정하고 폭발하한계의 단위를 Vol%, 연소열의 단위를 kcal/mol로 표시하면, 그 값은 약 1050이 된다.
Burgess-Wheeler법칙에 의하면 연소열과 폭발한계의 관계는 (△Hc) × (LEL) = 1050로 나타낸다.
연소 하한계 × 연소열 = 1050
1.4 × 연소열 = 1050
연소열은 750이다.

06 $E = \dfrac{1}{2}CV^2 = \dfrac{1}{2}QV = \dfrac{1}{2}\dfrac{Q^2}{C}$
E : 전기불꽃에너지
C : 전기용량
Q : 전기량
V : 전압

정답 05.④ 06.④

07 프로판 75vol%, 부탄 16vol%, 에탄 9vol%로 구성된 가스의 폭발하한계(vol%)는? (단, 프로판, 부탄, 에탄의 폭발하한계는 각각 2.5vol%, 1.6vol%, 3.0vol%이고, 르샤틀리에(Le Chatelier)의 법칙을 이용하여 계산한 후 소수점 셋째자리에서 반올림한다)

① 1.43
② 1.98
③ 2.33
④ 3.43

[16. 국가직 9급]

기본서 2권 55p

해설 07

※ 르샤틀리에의 공식(Le Chatelier 공식)

$$\frac{100}{L} = \frac{V_1}{L_1} + \frac{V_2}{L_2} + \frac{V_3}{L_3}$$

$$L = \frac{100}{\frac{V_1}{L_1} + \frac{V_2}{L_2} + \frac{V_3}{L_3}}$$

* L : 혼합가스의 폭발하한계(vol%)
* V_1 : 각 단독성분의 혼합가스 중의 농도(vol%)
* L_1 : 혼합가스를 형성하는 각 단독 성분의 폭발하한계(vol%)

	주어진 하한계
프로판 : 75Vol%	2.5
부탄 : 16Vol%	1.6
에탄 : 9Vol%	3.0

$$L = \frac{100}{\frac{75}{2.5} + \frac{16}{1.6} + \frac{9}{3.0}} = \frac{100}{43} = 2.325.....$$

정답 07.③

08 메탄 20vol.%, 프로판 40vol.%, 부탄 40vol.%의 혼합가스가 공기와 혼합된 경우 르샤틀리에(Le Chateilier) 법칙을 이용할 경우 폭발하한계(vol.%)와 가장 가까운 것은? (단, 공기 중의 폭발하한계는 메탄 : 5.0vol.%, 프로판 : 2.1vol.%, 부탄 : 1.8vol.%이다.)

① 1.8vol.%
② 2.2vol.%
③ 2.6vol.%
④ 3.0vol.%

[17. 서울시 7급]

기본서 2권 55p

09 화재가 발생하여 건물 내의 실내온도가 27℃에서 627℃까지 상승하였다. 온도 상승만으로 일어난 건물 내의 공기부피 변화는? (단, 압력 변화는 없다고 가정한다.)

① 약 3배
② 약 23배
③ 약 600배
④ 약 654배

[18. 서울시 9급]

기본서 2권 8p, 10p

해설 08 혼합가스의 연소(폭발)범위는 다음 공식에 의하여 구한다.
※ 르샤틀리에의 공식(Le Chatelier 공식)

$$\frac{100}{L} = \frac{V_1}{L_1} + \frac{V_2}{L_2} + \frac{V_3}{L_3} + \cdots$$

여기서 $V_1 + V_2 + V_3 + \cdots = V$
L : 혼합가스의 연소하한계(%)
V_1, V_2, V_3 : 각 성분의 체적(%)
L_1, L_2, L_3 : 각 성분의 연소하한계(%)

※ 풀이

$$\frac{100}{L} = \frac{20}{5} + \frac{40}{2.1} + \frac{40}{1.8} \qquad L = \frac{100}{\frac{20}{5} + \frac{40}{2.1} + \frac{40}{1.8}} = \frac{100}{45.2698\ldots} = 2.2089\ldots$$

09 ▶ 샤를의 법칙
압력이 일정할 때 기체의 부피는 종류에 관계없이 온도가 1℃ 올라갈 때마다 0℃일 때 부피의 1/273씩 증가한다는 법칙이다.

우리가 쓰는 온도는 절대온도를 쓴다.
공식 : 절대온도[K] = ℃ + 273
화재 전 실내온도 : 27 + 273 = 300
화재 후 실내온도 : 627 + 273 = 900

$$\frac{900}{300} = 3$$

정답 08.② 09.①

10 프로판(C_3H_8) 1몰(mol)이 완전연소(반응)하는 데 필요한 산소몰의 개수는?

① 1　　　　　　　② 3
③ 5　　　　　　　④ 7

[18. 서울시 9급]

기본서 2권 13p

11 가연물의 연소 시 산소공급원 역할을 할 수 있는 물질이 아닌 것은?

① 탄화칼슘　　　　② 염소산칼륨
③ 과산화나트륨　　④ 질산나트륨

[20. 소방안전교육사]

기본서 2권 15p, 92p

해설

10 $C_mH_n + (m + \dfrac{n}{4})O_2 \rightarrow mCO_2 + \dfrac{n}{2}H_2O$

프로판(C_3H_8) : $C_3H_8 + 5O_2 \rightarrow 3CO_2 + 4H_2O$
산소몰의 개수 : 5

11 ① 탄화칼슘(카바이트)은 물과 반응하여 가연성 가스인 아세틸렌가스(C_2H_2)가 발생한다.
② 염소산칼륨 – 제1류 위험물(염소산염류)
③ 과산화나트륨 – 제1류 위험물(무기과산화물류)
④ 질산나트륨 – 제1류 위험물(질산염류)

※ 산소공급원
(1) 공기
(2) 산화제(산화성 물질) : 제1류 위험물, 제6류 위험물
(3) 자기연소성 물질(자기반응성 물질) : 제5류 위험물
(4) 조연성 가스(지연성 가스) : 산소(O_2), 이산화질소(NO_2), 산화질소(NO), 불소(F_2), 오존(O_3), 염소(Cl_2) 등이 있다.

정답 10.③　11.①

12. 물체 표면의 절대온도가 100K에서 300K로 증가하는 경우 물체 표면에서 복사되는 에너지는 몇 배 증가하는가? (단, 다른 모든 조건은 동일하다.)
① 3배 ② 16배
③ 27배 ④ 81배

[21. 소방시설관리사]
기본서 2권 53p

13. 조연성 가스에 해당하는 것은?
① 수소 ② 일산화탄소
③ 산소 ④ 에탄

[21. 소방설비기사 5월]
기본서 2권 15p

해설

12. 복사열에너지는 T^4이다.
T^4는 절대온도
$(100)^4 : (300)^4$
$100 = 1$
$1^4 : 3^4 = 81배$

13. ▶ 조연성 가스(지연성 가스)
가연물을 잘 탈 수 있게 도와주는 역할을 하는 가스로서 산소(O_2), 이산화질소(NO_2), 산화질소(NO), 불소(F_2), 오존(O_3), 염소(Cl_2) 등이 있다.

정답 12.④ 13.③

14 1기압상태에서, 100℃ 물 1g이 모두 기체로 변할 때 필요한 열량은 몇 cal 인가?

① 429　　　　　　　　② 499
③ 539　　　　　　　　④ 639

[21. 소방설비기사 3월]

기본서　2권 11p

15 가연성 물질의 조건으로 옳지 않은 것은?

① 산화되기 쉽고 반응열이 크다.
② 열전도율이 작다.
③ 연쇄반응이 일어나는 물질이다.
④ 활성화 에너지가 크다.

[17. 국가직 9급]

기본서　2권 14p

해설

14 100℃에서 물이 수증기로 기화될 때 : (질량)1g × (기화잠열)539cal/g = 539kcal

15 ④ 활성화에너지(최소발화에너지)의 값이 작아야 한다.
　※ 가연물질의 구비조건
　1. 탄소(C)・수소(H)・산소(O) 등으로 구성된 유기화합물이 많다.
　2. 일반적으로 산화되기 쉬운 물질로서 산소와 결합할 때 발열량이 커야 한다.
　3. 열전도율이 작아야 한다(기체<액체<고체).
　4. 연속적으로 연쇄반응을 일으키는 물질이어야 한다.
　5. 산소와 접촉할 수 있는 비표면적이 큰 물질이어야 한다.
　6. 조연성(지연성) 가스인 산소・염소(Cl_2)와의 결합력이 강한 물질이어야 한다.
　7. 연소반응을 일으키는 점화원 활성화에너지(최소발화에너지)의 값이 작아야 한다.
　8. 한계산소농도(LOI)가 낮을수록 낮은 농도의 산소 조건에서도 연소가 가능하므로 가연물이 되기 쉽다.
　9. 건조도가 높아야 한다(마른 나무가 젖은 나무보다 잘 탄다).
　10. 화학적 활성도가 높아야 한다(화학적 활성도가 높으면 화학적으로 물질이 불안정하다).

정답　14.③　15.④

16 자연발화가 되기 쉬운 가연물의 조건으로 가장 옳지 않은 것은?
① 열축적이 용이하다.
② 발열량이 크다.
③ 열전도율이 크다.
④ 표면적이 넓다.

[17. 서울시 9급]
상 중 하
기본서 2권 12p

17 가연성 물질의 구비조건으로 옳지 않은 것은?
① 산소나 염소 등과 친화력이 클 것
② 산화되기 쉽고 반응열이 클 것
③ 표면적이 적을 것
④ 연쇄반응을 수반할 것

[19. 소방안전교육사]
상 중 하
기본서 2권 14p

해설

16 ③ 열전도율이 작아야 한다.
※ 자연발화에 영향을 주는 요인
ⓐ 공기유통 : 공기의 유통이 잘 될수록 열의 축적이 어려워 자연발화가 어렵다.
ⓑ 온도 : 온도가 높으면 반응속도가 빨라지기 때문에 자연발(화)열 발생이 빨라진다.
ⓒ 퇴적방법 : 열의 축적이 용이하게 퇴적될수록 자연발화가 쉽다.
ⓓ 습도(수분) : 적당한 수분은 촉매 역할을 하기 때문에 반응속도를 빠르게 하여 자연발화가 쉽다.
ⓔ 열전도도 : 열전도도가 작을수록 열 축적이 용이하여 자연발화가 쉽다.
ⓕ 발열량 : 열 발생량이 클수록 축적되는 열의 양이 많아져 자연발화가 쉽다.
ⓖ 비표면적 : 넓을수록 자연발화가 쉽다.

17 ③ 표면적이 적을 것
→ 비표면적이 큰 물질이어야 한다.
※ 가연물질의 구비조건
① 탄소(C)·수소(H)·산소(O) 등으로 구성된 유기화합물이 많다.
② 일반적으로 산화되기 쉬운 물질로서 산소와 결합할 때 발열량이 커야 한다.
③ 열전도율이 작아야 한다(전도 : 기체 < 액체 < 고체)
④ 연속적으로 연쇄반응을 일으키는 물질이어야 한다.
⑤ 산소와 접촉할 수 있는 비표면적이 큰 물질이어야 한다.
⑥ 조연성(지연성) 가스인 산소·염소(Cl_2)와의 결합력이 강한 물질이어야 한다.
⑦ 연소반응을 일으키는 점화원의 활성화에너지(최소발화에너지)의 값이 적어야 한다.
⑧ 한계산소농도(LOI)가 낮을수록 낮은 농도의 산소 조건에서도 연소가 가능하므로 가연물이 되기 쉽다.
⑨ 건조도가 높아야 한다(마른 나무가 젖은 나무보다 잘 탄다).
⑩ 화학적 활성도가 높아야 한다(화학적 활성도가 높으면 화학적으로 물질이 불안정하다).

정답 16.③ 17.③

18 가연성 물질의 일반적인 구비조건으로 옳지 않은 것은?
① 화학반응을 일으킬 때 활성화에너지의 값이 작아야 한다.
② 산화되기 쉬운 물질로서 발열량이 커야 한다.
③ 열의 축적이 용이하도록 열전도도가 커야 한다.
④ 연쇄반응을 일으킬 수 있어야 한다.

19 가연물의 구비조건에 해당하지 않는 것은?
① 표면적이 커야 한다.   ② 연쇄반응이 없어야 한다.
③ 열전도도가 작아야 한다.   ④ 활성화에너지가 작아야 한다.

20 자연발화에 관한 설명으로 옳은 것을 모두 고른 것은?

> ㉠ 열전도율이 작을수록 자연발화가 쉽다.
> ㉡ 열축적이 용이할수록 자연발화가 쉽다.
> ㉢ 통풍이 원활할수록 자연발화가 쉽다.
> ㉣ 발열량이 큰 물질의 경우 자연발화가 쉽다.

① ㉠, ㉡   ② ㉢, ㉣
③ ㉠, ㉡, ㉢   ④ ㉠, ㉡, ㉣

[23. 지방직 9급]
기본서 2권 14p

[24. 지방직 9급]
기본서 2권 14p

[19. 소방안전교육사]
기본서 2권 17p

해설 18 ※ 가연물질의 구비조건
① 탄소(C)・수소(H)・산소(O) 등으로 구성된 유기화합물이 많다.
② 일반적으로 산화되기 쉬운 물질로서 산소와 결합할 때 발열량이 커야 한다.
③ 열전도율이 작아야 한다(전도 : 기체 < 액체 < 고체).
④ 연속적으로 연쇄반응을 일으키는 물질이어야 한다.
⑤ 산소와 접촉할 수 있는 비표면적이 큰 물질이어야 한다.
⑥ 조연성(지연성) 가스인 산소・염소(Cl_2)와의 결합력이 강한 물질이어야 한다.
⑦ 연소반응을 일으키는 점화원의 활성화에너지(최소발화에너지)의 값이 적어야 한다.
⑧ 한계산소농도(LOI)가 낮을수록 낮은 농도의 산소 조건에서도 연소가 가능하므로 가연물이 되기 쉽다.
⑨ 건조도가 높아야 한다(마른 나무가 젖은 나무보다 잘 탄다).
⑩ 화학적 활성도가 높아야 한다(화학적 활성도가 높으면 화학적으로 물질이 불안정하다).

19 연쇄반응을 일으키는 물질이어야 한다. 연쇄반응을 일으키는 점화원인 활성화에너지(최소발화에너지)의 값이 적어야 한다.

20 ㉢ 통풍이 원활할수록 자연발화가 쉽다. (×)
→ 공기의 유통이 잘 될수록 열의 축적이 어려워 자연발화가 어렵다.
㉠ 열전도율이 작을수록 자연발화가 쉽다. (○)
㉡ 열축적이 용이할수록 자연발화가 쉽다. (○)
㉣ 발열량이 큰 물질의 경우 자연발화가 쉽다. (○)

정답 18.③ 19.② 20.④

21 자연발화를 일으키는 원인으로 옳지 않은 것은?
① 산화열
② 분해열
③ 흡착열
④ 기화열

22 화재를 일으키는 열원과 그 종류의 연결로 옳지 않은 것은?
① 화학적열원 – 발효열, 유전발열, 압축열
② 기계적열원 – 압축열, 마찰열, 마찰스파크
③ 전기적열원 – 유전발열, 저항발열, 유도발열
④ 화학적열원 – 분해열, 중합열, 흡착열

해설 21 ※ 점화원이 아닌 것 : 흡열, 잠열(기화열, 융해열 등), 단열팽창, 절연저항 증가

※ 자연발화를 일으키는 열의 종류
1. 산화열 – 석탄, 황린 등
2. 분해열 – 제5류 위험물, 아세틸렌 등
3. 흡착열 – 목탄, 활성탄 등
4. 중합열 – 시안화수소 등
5. 발효열 – 거름, 먼지 등

22 ① 화학적열원 – 발효열, 유전발열, 압축열
→ 유전발열 : 전기적열원, 압축열 : 기계적열원

정답 21.④ 22.①

23 대두유가 침적된 기름걸레를 쓰레기통에 장시간 방치한 결과 자연발화에 의하여 화재가 발생한 경우 그 이유로 옳은 것은?

① 융해열 축적 ② 산화열 축적
③ 증발열 축적 ④ 발효열 축적

[21. 소방설비기사 3월]
상 중 **하**
기본서 2권 16~17p

24 가연성 물질이 되기 위한 조건으로 옳은 것은?
① 화학반응을 일으킬 때 필요한 활성화 에너지 값이 커야 한다.
② 일반적으로 산소와 결합할 때 발열량이 적어야 한다.
③ 산소와 접촉할 수 있는 표면적이 작은 물질이어야 한다.
④ 열 축적이 용이하도록 열전도의 값이 작아야 한다.

[20. 지방직 9급]
상 중 **하**
기본서 2권 15p

해설 23 ② 산화열 : 물질이 산화하는 과정에서 발생되는 열을 축적함으로 자연발화가 일어난다. 종류로는 <u>기름걸레(기름종이)</u>, 석탄, 원면, 고무분말, 황린, 건성유(정어리 기름, 아마인유, 해바라기 기름) 등이다.
① 융해열 : 융해열(融解熱) 또는 용융열은 고체에서 액체로 바뀔 때 드는 에너지를 말한다. 액체에서 고체로 바뀔 때에도 동일한 에너지가 방출되며 이를 응고열(凝固熱)이라 한다.
③ 증발열 : 액체가 기체로 변하면서 주위에서 빼앗는 열량을 말한다. 물은 기화열이 크기 때문에, 더운 여름날 땀을 흘려 체온을 조절할 수 있고, 모닥불에 물을 뿌리면 물이 증발하면서 주위로부터 기화열을 빼앗아가므로 온도가 발화점 이하로 낮아져 불이 꺼진다.
④ 발효열 : 미생물에 의해 물질이 발효되는 과정에서 발생되는 열을 축적함으로써 자연발화가 일어난다. 종류로는 거름, 먼지, 곡물 등이다.

24 ① 화학반응을 일으킬 때 필요한 활성화 에너지 값이 작아야 한다.
② 일반적으로 산소와 결합할 때 발열량이 커야 한다.
③ 산소와 접촉할 수 있는 표면적이 큰 물질이어야 한다.
※ 가연물질의 구비조건
1. 탄소(C)·수소(H)·산소(O) 등으로 구성된 유기화합물이 많다.
2. 일반적으로 산화되기 쉬운 물질로서 산소와 결합할 때 <u>발열량이 커야 한다</u>.
3. <u>열전도율이 작아야 한다(기체<액체<고체)</u>.
4. 연속적으로 연쇄반응을 일으키는 물질이어야 한다.
5. 산소와 접촉할 수 있는 <u>비표면적이 큰 물질이어야</u> 한다.
6. 조연성(지연성) 가스인 산소·염소(Cl_2)와의 결합력이 강한 물질이어야 한다.
7. 연소반응을 일으키는 점화원의 활성화에너지(최소발화에너지)의 값이 작아야 한다.
8. 한계산소농도(LOI)가 낮을수록 낮은 농도의 산소 조건에서도 연소가 가능하므로 가연물이 되기 쉽다.
9. 건조도가 높아야 한다(마른 나무가 젖은 나무보다 잘 탄다).
10. 화학적 활성도가 높아야 한다(화학적 활성도가 높으면 화학적으로 물질이 불안정하다).

정답 23.② 24.④

25 정전기에 의한 발화과정으로 옳은 것은?
① 방전 → 전하의 축적 → 전하의 발생 → 발화
② 전하의 발생 → 전하의 축적 → 방전 → 발화
③ 전하의 발생 → 방전 → 전하의 축적 → 발화
④ 전하의 축적 → 방전 → 전하의 발생 → 발화

[21. 소방설비기사 5월]

기본서 2권 18p

26 최소발화(점화)에너지에 영향을 미치는 인자에 관한 설명으로 옳지 않은 것은?
① 온도가 높을수록 최소발화에너지가 낮아진다.
② 압력이 높을수록 최소발화에너지가 낮아진다.
③ 연소범위에 따라서 최소발화에너지는 변하며 화학양론비 부근에서 가장 낮다.
④ 산소의 분압이 높아지면 연소범위 내에서 최소발화에너지가 높아진다.

[19. 소방안전교육사]

기본서 2권 19p

해설

25 정전기의 발화과정 : 전하의 발생 → 전하의 축적 → 방전 → 발화

26 ④ 산소의 분압이 높아지면 연소범위 내에서 최소발화에너지가 ~~높아진다~~.
　　　→ 낮아진다.

※ 최소발화에너지는 물질의 종류, 혼합기의 온도, 압력, 농도(혼합비) 등에 따라 변화한다. 또한 공기 중의 산소가 많은 경우 또는 가압하에서는 일반적으로 작은 값이 된다.
최소발화에너지(MIE) = f(가연성 물질의 온도, 압력, 농도, 전극의 형태)
① 온도가 상승하면 MIE는 작아진다. (∵분자의 운동이 활발)
② 압력이 상승하면 MIE는 작아진다. (∵분자 간의 거리가 가까워지므로)
③ 농도가 많아지면 MIE는 작아진다.
④ 열전도율이 낮으면 최소발화에너지(MIE)가 감소한다.

정답 25.② 26.④

27 최소발화에너지(MIE)에 영향을 주는 요소에 관한 내용으로 옳지 않은 것은?

① MIE는 온도가 상승하면 작아진다.
② MIE는 압력이 상승하면 작아진다.
③ MIE는 화학양론적 조성 부근에서 가장 크다.
④ MIE는 연소속도가 빠를수록 작아진다.

[21. 소방시설관리사]

28 다음 가연성 물질 중 공기와 혼합기체를 형성할 경우 폭발 한계범위(연소범위)가 가장 좁은 물질은?

① 에탄(C_2H_6)　　② 수소(H_2)
③ 일산화탄소(CO)　　④ 암모니아(NH_3)

[17. 서울시 9급]

해설 27 ③ MIE는 화학양론적 조성 부근에서 ~~가장 크다~~.
→ 최저가 된다.

※ 최소발화(착화)에너지에 영향을 주는 요소
(1) 최소발화에너지는 물질의 종류, 혼합기의 온도, 압력, 농도(혼합비) 등에 따라 변화한다. 또한 공기 중의 산소가 많은 경우 또는 기압하에서는 일반적으로 작은 값이 된다.
최소발화에너지(MIE) = f(가연성 물질의 온도, 압력, 농도, 전극의 형태)
　① 온도가 상승하면 MIE는 작아진다. (∵분자의 운동이 활발)
　② 압력이 상승하면 MIE는 작아진다. (∵분자간의 거리가 가까워지므로)
　③ 농도가 많아지면 MIE는 작아진다.
　④ 열전도율이 낮으면 최소발화에너지(M.I.E)가 감소한다.
(2) 가연성가스의 조성이 화학양론적 조성(농도) 부근일 경우 MIE는 최저가 된다. 이것보다 상한계나 하한계로 향함에 따라 MIE는 증가한다.
(3) 일반적으로 연소속도가 클수록 MIE값은 적다.
(4) 매우 압력이 낮아서 어느 정도 착화원에 의해 점화하여도 점화할 수 없는 한계가 있는데 이를 최소착화압력이라 한다.

28 ① 에탄 : 3 ~ 12.5
② 수소 : 4 ~ 75
③ 일산화탄소 : 12.5 ~ 74
④ 암모니아 : 15 ~ 28

정답 27.③　28.①

29 연소범위가 가장 좁은 가연성 물질은?
① 수소
② 아세틸렌
③ 아세트알데히드
④ 벤젠

[18. 국가직 7급]
기본서 2권 22p

30 가연성 가스 중 연소범위가 가장 넓은 것은?
① 아세틸렌
② 수소
③ 메탄
④ 에탄

[18. 서울시 7급]
기본서 2권 22p

해설

29
④ 벤젠 : 1.3 ~ 7.1
① 수소 : 4 ~ 75
② 아세틸렌 : 2.5 ~ 81
③ 아세트알데히드 : 4.1 ~ 57

30
① 아세틸렌 : 2.5 ~ 81
② 수소 : 4 ~ 75
③ 메탄 : 5 ~ 15
④ 에탄 : 3 ~ 12.5

정답 29.④ 30.①

31 공기 중에서 연소 위험도(H)가 가장 작은 물질은?

① 디에틸에테르　② 수소
③ 에틸렌　　　　④ 프로판

[20. 소방안전교육사]

기본서　2권 24p

32 가연성 가스·증기의 폭발을 일으키는 물질로 가장 옳지 않은 것은?

① 아세틸렌
② 수소
③ 가솔린
④ 유기과산화물

[18. 서울시 9급]

기본서　2권 22p

해설 31 위험도$(H) = \dfrac{\text{상한계값}(U) - \text{하한계값}(L)}{\text{하한계값}(L)}$

④ 프로판(2.1~9.5)

　위험도$(H) = \dfrac{9.5 - 2.1}{2.1} = 3.5$

① 디에틸에테르(1.9~48)

　위험도$(H) = \dfrac{48 - 1.9}{1.9} = 24.3$

② 수소(4~75)

　위험도$(H) = \dfrac{75 - 4}{4} = 17.8$

③ 에틸렌(2.7~36)

　위험도$(H) = \dfrac{36 - 2.7}{2.7} = 12.3$

32 ④ 유기과산화물은 연소범위가 없다.

정답　31.④　32.④

33 가연성가스의 연소범위가 넓은 순서대로 옳게 나열한 것은?
① 에탄 > 프로판 > 수소 > 아세틸렌
② 프로판 > 에탄 > 아세틸렌 > 수소
③ 아세틸렌 > 수소 > 에탄 > 프로판
④ 수소 > 아세틸렌 > 프로판 > 에탄

34 다음 가연물 중 위험도가 가장 높은 물질과 가장 낮은 물질로 옳게 나열한 것은? (단, 위험도=(연소범위 상한계−연소범위 하한계)÷(연소범위 하한계)로 나타낸다.)

| ㉠ 산화에틸렌 | ㉡ 이황화탄소 |
| ㉢ 메탄 | ㉣ 휘발유 |

① ㉠, ㉢   ② ㉠, ㉣
③ ㉡, ㉢   ④ ㉡, ㉣

해설 33 아세틸렌(2.1~81) > 수소(4~75) > 에탄(3~12.5) > 프로판(2.1~9.5)

34 $H = \dfrac{U-L}{L}$

H : 위험도, U : 상한계값, L : 하한계값
산화에틸렌(3~80) : 25.6
이황화탄소(1.2~44) : 35.7
메탄(5~15) : 2
휘발유(1.4~7.6) : 4.42

정답 33.③ 34.③

35 연소와 관련된 온도 중 외부 점화원에 의해 점화된 후 그 점화원을 제거하여도 지속적으로 연소반응을 일으킬 수 있는 최저온도는?

① 인화점 ② 발화점
③ 착화점 ④ 연소점

[16. 국가직 9급]

36 가연성 기체와 공기의 혼합기체에 불꽃을 대었을 때 불이 붙는 최저온도는?

① 발화점 ② 인화점
③ 연소점 ④ 착화점

[20. 소방안전교육사]

해설

35 (1) 인화점(Flash Point, 유도발화점)
① 가연물에 점화원을 가하였을 때 불이 붙을 수 있는 최저온도를 인화점이라고 한다.
② 인화점은 인화성 액체(가연성 액체)의 위험성을 나타내는 기준으로 사용되고 있으며 액체 가연물에 있어서 가연성 증기를 연소범위 하한계로 증발시킬 수 있는 최저의 온도를 의미하기도 한다. 이때 인화점을 하부인화점이라고 한다.

(2) 연소점(Fire Point, 화재점)
① 연소점은 점화원을 제거한 후에도 계속적으로 연소를 일으킬 수 있는 최저온도를 말한다. 좀 더 자세히 살펴본다면 외부의 에너지를 제거해도 발열반응의 연소열에 의해 미반응부분의 연쇄반응이 지속적으로 일어나는 온도로써 자력에 의해 연소를 지속할 수 있는 온도를 의미한다.
② 일반적으로 연소점은 인화점보다 약 10도 이상 높다.

(3) 발화점(Ignition Point, 착화점)
① 공기 중에서 가연성 물질을 가열했을 때 여기에 화염 등을 근접시키지 않아도 발화하며, 연소를 개시하는 최저의 온도를 발화점이라고 한다.
② 가연성 혼합기체를 다시 가열하면 계통 내의 온도 상승에 따라 에너지를 주지 않아도 연소가 되는 경우가 있는데 이를 "발화" 또는 "자연발화"라고 하며 이때의 온도를 "발화점"이라고 한다.

36
• 인화점 : 가연물에 점화원을 가하였을 때 불이 붙을 수 있는 최저온도를 인화점이라고 한다.
• 발화점(착화점) : 공기 중에서 가연성 물질을 가열했을 때 여기에 화염 등을 근접시키지 않아도 발화하며, 연소를 개시하는 최저의 온도를 발화점이라고 한다.
• 연소점 : 연소점은 점화원을 제거한 후에도 계속적으로 연소를 일으킬 수 있는 최저온도를 말한다.

정답 35.④ 36.②

37 인화점이 낮은 것부터 높은 순서로 옳게 나열된 것은?

① 에틸알코올 < 이황화탄소 < 아세톤
② 이황화탄소 < 에틸알코올 < 아세톤
③ 에틸알코올 < 아세톤 < 이황화탄소
④ 이황화탄소 < 아세톤 < 에틸알코올

[21. 소방설비기사 3월]
기본서 2권 25p

38 연소범위 및 연소한계에 대한 설명으로 옳은 것은?

① 연소하한계가 동일할 경우 연소범위가 넓은 물질이 위험성이 크다.
② 연소할 수 있는 농도의 최저치인 하한계 폭발농도만 존재한다.
③ 대기 중으로 누출 시 연소하한계가 높은 물질이 위험성이 크다.
④ 연소범위는 불연성가스가 공기 또는 산소와 혼합 시 발화 연소하는 데 필요한 가스의 농도이다.

[16. 국가직 9급]
기본서 2권 22~24p

해설 37 이황화탄소(-30℃) < 아세톤(-18℃) < 에틸알코올(13℃)

38 ② 하한계와 상한계가 존재한다.
③ 대기 중으로 누출 시 연소하한계가 낮은 물질이 위험성이 크다.
④ 연소범위는 가연성가스와 산소가 혼합 시 발화 연소하는 데 필요한 가스의 농도이다.

정답 37.④ 38.①

39 가연성가스는 산소와 같은 조연성가스가 있어야 연소나 폭발로 이어질 수 있다. 다음의 가스 중 가연성 가스인 것을 모두 고른 것은?

㉠ 프로판	㉡ 아르곤
㉢ 질소	㉣ 아세틸렌
㉤ 수소	㉥ 암모니아

① ㉠, ㉡, ㉢, ㉣
② ㉠, ㉡, ㉤, ㉥
③ ㉠, ㉣, ㉤, ㉥
④ ㉣, ㉤, ㉥

[16. 서울시 9급]

40 연소형태 중 분해연소를 하는 물질은?
① 종이
② 나이트로글리세린
③ 코크스
④ 숯

[17. 지방직 9급]

해설

39 아르곤과 질소는 불연성가스이고, 나머지는 폭발범위가 있는 가연성가스이다.

40 ② 나이트로글리세린 - 자기연소
③ 코크스 - 표면연소
④ 숯 - 표면연소

▶ 분해연소(Decomposing Combustion)
석탄·목재·종이·섬유·플라스틱·고무류 등과 같은 고체 가연물질을 가열하면 복잡한 경로를 거쳐 열분해한 다음 열분해되어 나온 분해가스 등이 연소하는 분해연소의 형태를 갖는다.

▶ 표면연소(Surface Combustion)
가연성 고체가 그 표면에서 산소와 반응하여 연소하는 경우이며, 숯·목탄·코크스·금속(분·박·리본 포함)과 같은 고체 가연물질이 열분해 하지 않고 증발도 하지 않는 것으로 고체 표면에서 산소와 반응하여 연소하는 현상을 표면연소 또는 직접연소라고 한다.

▶ 자기연소(내부연소)
자기연소 형태를 가지는 제5류 위험물은 연소가 시작되면 내부에 함유되어 있는 산소가 신속하게 공급되기 때문에 연소속도가 급격하게 진행되며, 대부분 폭발성을 지니고 있으므로 폭발성 물질로 취급되고 있다. 특히, 질산에틸, 니트로글리세린은 상온에서 액체이지만 자기(내부)연소를 일으킨다.

정답 39.③ 40.①

41 다음 가연물 중 연소형태가 다른 것은?
① 아이오딘　　② 파라핀
③ 장뇌　　　　④ 목탄

[18. 소방안전교육사]
기본서 2권 31p

42 다음 물질에서 분해연소에 해당하는 것만을 모두 고르면?

ㄱ 목재	ㄴ 황
ㄷ 나프탈렌	ㄹ 목탄
ㅁ 플라스틱	

① ㄱ, ㄷ　　　② ㄱ, ㅁ
③ ㄴ, ㄹ　　　④ ㄹ, ㅁ

[18. 국가직 7급]
기본서 2권 31p

해설

41 ①②③은 증발연소이고, ④ 목탄은 표면연소이다.

42 ㄴ 황(유황) : 증발연소
ㄷ 나프탈렌 : 증발연소
ㄹ 목탄 : 표면연소

※ 고체의 연소
가. 표면연소(=작열=무염) : 숯, 목탄, 금속분, 코크스, 가연성 가스는 발생하지 않고 물질 자체가 연소하는 현상
나. 분해연소 : 석탄, 목재, 종이, 플라스틱
다. 증발연소 : 황, 나프탈렌, 파라핀 등 열분해는 일어나지 않고 기체로 변화하여 기체가 연소하는 현상
라. 자기연소 : 제5류 위험물

정답 41.④ 42.②

43 다음 중 주된 연소형태가 표면연소가 아닌 것은?

① 숯   ② 마그네슘 분말
③ 코크스   ④ 나프탈렌

[20. 소방안전교육사]
기본서 2권 31p

44 다음 설명에 해당하는 고체 가연물의 일반적인 연소 형태는?

> 고체 가연물의 표면에서 산소와 결합하여 발생하는 연소 현상으로 숯, 코크스, 목탄 등의 연소가 대표적이다.

① 표면연소   ② 증발연소
③ 분해연소   ④ 자기연소

[20. 지방직 9급]
기본서 2권 31p

해설 43 ④ 나프탈렌 – 고체의 연소 중 <u>증발연소</u>에 해당한다.

※ 표면연소(Surface Combustion)
① 가연성 고체가 그 표면에서 산소와 반응하여 연소하는 경우이며, <u>숯·목탄·코크스·금속(분·박·리본 포함)</u>과 같은 고체 가연물질이 열분해 하지 않고 증발도 하지 않는 것으로 고체 표면에서 산소와 반응하여 연소하는 현상을 표면연소 또는 직접연소라고 한다.
② 고체에서 가장 많은 연소가 표면연소이다.
③ 표면연소는 불꽃연소보다 연소속도가 매우 느리다.
④ 화학소화(부촉매소화, 억제소화)효과가 없다.

44 ② 증발연소 : 황, 나프탈렌, 파라핀 등에서 발생한 가연성증기가 공기와 혼합된상태에서 연소하는 것이다.
③ 분해연소 : 종이, 목재, 석탄, 플라스틱 등의 고체가연물의 열분해 반응시 생성된 가연성가스가 공기와 혼합된 상태에서 연소하는 것이다.
④ 자기연소 : 니트로글리세린, TNT 등의 폭발물은 분자내에서 산소를 가지고 있어 외부의 산소공급원 없이도 점화원의 존재하에서 쉽게 폭발적인 연소를 한다.

정답 43.④ 44.①

45 화재의 연소분류 중 액체의 연소에 해당하는 것만을 모두 고르면?

> ㉠ 표면연소 ㉡ 분해연소
> ㉢ 액적연소 ㉣ 증발연소

① ㉠, ㉣
② ㉠, ㉡, ㉢
③ ㉡, ㉢, ㉣
④ ㉠, ㉡, ㉢, ㉣

[19. 국가직 9급]
상 중 하
기본서 2권 30~31p

46 화재의 연소분류 중 기체의 연소에 해당하는 것은?
① 증발연소
② 표면연소
③ 자기연소
④ 예혼합연소

[23. 국가직 9급]
상 중 하
기본서 2권 28~32p

해설 45 ㉠ 표면연소 – 고체의 연소

※ 액체의 연소
1. 증발(액면)연소   2. 분해연소(액적연소)
3. 등심연소   4. 분무연소

※ 고체의 연소
1. 표면연소(=작열=무염)   2. 분해연소
3. 증발연소   4. 자기연소

※ 기체의 연소
1. 확산(발염)연소   2. 폭발연소
3. 예혼합연소

46 ① 증발연소 – 액체 연료의 연소
② 표면연소 – 고체 연료의 연소
③ 자기연소 – 고체 연료의 연소

정답 45.③ 46.④

47 다음 현상의 원인으로 옳지 않은 것은?

> 기체연료를 연소시킬 때 발생하는 이상연소 현상으로 불꽃이 연소기 내로 전파되어 연소하는 현상

① 혼합가스의 압력이 비정상적으로 낮을 때
② 혼합가스의 양이 너무 적을 때
③ 연소속도보다 혼합가스의 분출속도가 빠를 때
④ 노즐의 부식 등으로 분출 구멍이 커진 경우

[19. 소방안전교육사]
기본서 2권 34p

해설 47 ③ 연소속도보다 혼합가스 분출속도가 느릴 때

※ 역화의 원인
1. 버너가 과열될 때
2. 혼합가스량이 너무 적을 때
3. 혼합가스의 압력이 비정상적으로 낮을 때
4. 연료의 분출속도가 연소속도보다 느릴 때
5. 노즐의 부식 등으로 분출 구멍이 커진 경우

정답 47.③

02 연기 및 화염

01 화재 시 발생되는 연소가스에 관한 설명으로 옳지 않은 것은?
① "HCN"은 청산가스라고도 하며 주로 수지류, 모직물 및 견직물이 탈 때 발생하는 맹독성 가스이다.
② "CH_2CHCHO"는 석유제품 및 유지류 등이 탈 때 생성되는 맹독성 가스이다.
③ "SO_2"는 질산셀룰로오스 또는 질산암모늄과 같은 질산염계통의 무기물질이 탈 때 발생된다.
④ "HCl"는 PVC와 같은 수지류가 탈 때 주로 생성되며, 금속에 대한 부식성이 강하다.

[18. 소방안전교육사]
기본서 2권 45~46p

해설 01 ▶ 아황산가스(SO_2) : 황(유황)이 함유되어 있는 물질인 중질유·동물의 털·고무 등이 연소할 때 발생되는 연소생성물로서 무색의 유독성이 있어 눈 및 호흡기 등에 점막을 상하게 하고 질식사할 우려가 있다. 0.05% 농도에 단시간 노출되어도 위험하므로 황(유황)을 저장 또는 취급하는 공장에서는 호흡을 방지하고 화재에 유의해야 한다.

정답 01.③

02 다음에서 설명하는 연소생성가스는?

> 무색·무미·무취의 가스로 특히 산소공급이 원활하지 못할 때 불완전연소에 의해 다량으로 발생하고, 허용농도는 50ppm이며 혈액 내의 헤모글로빈과 결합하여 산소의 운반기능을 차단해 질식을 유발한다.

① 일산화탄소 ② 포스겐
③ 염화수소   ④ 불화수소

[18. 국가직 7급]

기본서 2권 44p

03 다음 중 허용농도가 가장 낮은 연소가스는?
① 포스겐($COCl_2$)   ② 시안화수소(HCN)
③ 황화수소(H_2S)   ④ 일산화탄소(CO)

[19. 국가직 7급]

기본서 2권 44~47p

해설 02 ② 포스겐($COCl_2$) : 열가소성 수지인 폴리염화비닐(PVC), 수지류 등이 연소할 때 발생되는 연소생성물로서 발생량은 그리 많지 않다. 유독성이 큰 맹독성 가스로서 독성의 허용농도는 0.1ppm이다.
③ 염화수소(HCl) : 염소성분이 함유되어 있는 염화비닐수지(PVC), 건축물에 설치된 전선의 피복이 연소할 때 발생하며, 유독성이 있어 독성 가스로 취급하고 있다.
특히, 염화수소는 물에 녹아 염산이 되는 것으로 독성의 허용농도는 5ppm이고, 향료·염료·의약·농약 등의 제조에 이용되고 있으며, 부식성이 강하여 철근콘크리트 내의 철근을 녹슬게도 한다.
④ 불화수소(HF) : 합성수지인 불소수지가 연소할 때 발생하며 무색의 자극성 기체로 유독성이 강하다. 특히 물에 잘 녹고 부식성이 있으며, 인화성 폭발성 가스를 발생시킨다. 독성의 허용농도는 3ppm(g/m^3)이다.

03 ① 독성의 허용농도는 0.1ppm
② 독성의 허용농도는 10ppm
③ 독성의 허용농도는 10ppm
④ 독성의 허용농도는 50ppm

정답 02.① 03.①

04 독성은 거의 없으나 화재 시 다량으로 발생하면 사람의 호흡 속도를 매우 빠르게 하여 호흡 증가로 인한 유독가스의 흡입을 증대시키며, 허용농도가 5,000ppm 인 연소가스는?
① 일산화탄소 ② 시안화수소
③ 이산화탄소 ④ 아황산가스

[18. 지방직 9급]
기본서 2권 45p

05 가연성 가스이면서도 독성 가스인 것은?
① 질소 ② 수소
③ 염소 ④ 황화수소

[21. 소방설비기사 3월]
기본서 2권 14~15p, 22p, 45p

해설 04
① 일산화탄소(CO)
탄화수소·셀룰로오스로 구성된 가연물질인 석유류·나무·고무류·종이·석탄 등이 불완전연소 할 때 발생되는 유독성 가스이다. 독성의 허용농도는 50ppm(g/m^3)이고 일산화탄소는 무취·무미의 환원성이 강한 가스로서 상온에서 염소와 작용하여 유독성 가스인 포스겐($COCl_2$)을 생성하기도 하며, 인체 내의 헤모글로빈과 결합하여 산소의 운반기능을 약화시켜 질식케 한다.

② 시안화수소(HCN)
청산가스라고도 불리는 시안화수소는 질소성분을 가지고 있는 합성수지, 동물의 털, 인조견, 모직물 등의 섬유가 불완전연소 할 때 발생하는 무색의 맹독성 가스이며 가연성 가스이다. 독성은 시안화이온(CN^-)이 생체조직의 탄화효소(Cytochrometoxidase)에 영향을 주기 때문에 일산화탄소와 달리 헤모글로빈과 결합하지 않고도 호흡의 저해를 통한 질식을 유발한다. 화재에서 발생한 시안화수소를 한번만 마시면 독성 때문에 기도와 폐가 부어 숨을 제대로 못 쉬고 정신이 혼미해지며 기도나 폐가 연기 가스 증기에 의해 손상을 입는 흡인 화상 및 이로 인한 폐부종, 기도 부종 등의 증상을 보이게 되므로 구조된 후에도 여러 가지 합병증을 유발한다. 시안화수소의 독성의 허용농도는 10ppm(g/m^3)으로서 0.3% 이상의 농도에서는 즉시 사망한다.

④ 아황산가스(SO_2)
황(유황)이 함유되어 있는 물질인 중질유·동물의 털·고무 등이 연소할 때 발생되는 연소생성물로서 무색의 유독성이 있어 눈 및 호흡기 등에 점막을 상하게 하고 질식사할 우려가 있다. 0.05% 농도에 단시간 노출되어도 위험하므로 유황을 저장 또는 취급하는 공장에서는 호흡을 방지하고 화재에 유의해야 한다.

05
④ 황화수소 : 고무, 동물의 털, 가죽 등 황(유황)이 함유되어 있는 물질이 불완전 연소할 때 발생하며, 계란 썩는 듯한 냄새가 후각을 마비시켜 유해가스의 흡입을 증가시킨다(허용농도 10ppm).
① 질소 : 물질이 산소와 결합하는 산화반응을 하지만 그 반응이 발열반응이 아닌 흡열반응이라면 그 물질은 가연물이 아니다. 그 대표적인 예로 질소의 산화반응을 들 수 있다.
② 수소 : 가연성 가스이며, 연소범위는 4~75이다.
③ 염소 : 조연성 가스(지연성 가스)로 가연물을 잘 탈 수 있게 도와주는 역할을 한다.

정답 04.③ 05.④

06. 다음은 중성대에 관한 설명이다. ( )에 알맞은 용어를 순서대로 옳게 나열한 것은?

> 구획실 내에서 화재가 발생하면 고온연기는 (㉠)에 의해 실의 천장부터 축적되면서 압력을 변화시킨다. 고온연기의 상승으로 상부는 (㉡)이 형성되고, 하부에는 (㉢)이 형성되어 외부로부터 신선한 공기가 유입된다.

① ㉠ : 부력, ㉡ : 양압, ㉢ : 음압
② ㉠ : 부력, ㉡ : 음압, ㉢ : 양압
③ ㉠ : 응력, ㉡ : 양압, ㉢ : 음압
④ ㉠ : 응력, ㉡ : 음압, ㉢ : 양압

[19. 소방안전교육사]
기본서 2권 41p

07. 슈테판-볼츠만의 법칙에 의해 복사열과 절대온도와의 관계를 옳게 설명한 것은?

① 복사열은 절대온도의 제곱에 비례한다.
② 복사열은 절대온도의 4제곱에 비례한다.
③ 복사열은 절대온도의 제곱에 반비례한다.
④ 복사열은 절대온도의 4제곱에 반비례한다.

[21. 소방설비기사 3월]
기본서 2권 53p

해설 06
- 부력 : 유체에 잠긴 특정 대상(고체, 액체, 기체 덩어리)의 상하면에 작용하는 중력방향 압력차만큼 대상을 상향으로 밀어올리려는 힘이다.
- 양압 : 외부의 오염된 공기가 침투하지 못하도록 하고 제독을 위한 공기가 자연스럽게 외부로 흐를 수 있도록 한, 대기압보다 약간 높은 압력
- 음압 : 음파가 매질속을 지날 때 매질의 각 질점에서 발생하는 압력의 변화량을 말한다.
- 응력 : 물질에 압축, 인장, 굽힘, 비틀림 등의 외력(하중)을 가했을 때, 그 크기에 대응하여 물질 내에 생기는 저항력을 의미

구획실 내에서 화재가 발생하면 고온연기는 (부력)에 의해 실의 천장부터 축적되면서 압력을 변화시킨다. 고온연기의 상승으로 상부는 (양압)이 형성되고, 하부에는 (음압)이 형성되어 외부로부터 신선한 공기가 유입된다.

07 슈테판-볼츠만법칙에 의하면 복사체로부터 방사되는 복사열은 열전달 면적에 비례하고 절대온도 4승에 비례한다.

정답 06.① 07.②

03 폭발개요 및 분류

01 폭발에 대한 설명으로 옳지 않은 것은?
① 분진폭발은 불완전연소를 일으키기 쉬우므로 일산화탄소가 발생하여 가스 중독 위험성이 있다.
② 산소 농도가 감소할수록 폭발농도 범위가 좁아진다.
③ 분진폭발은 폭발압력이 선행하고 1/10~2/10초 늦게 화염이 온다.
④ 분진폭발은 가스폭발보다 발생에너지가 작기 때문에 폭발에 의한 피해가 작다.

[16. 지방직 9급]
기본서 2권 60p, 66p

해설 01
④ 분진폭발은 가스폭발보다 발생에너지가 크기 때문에 파괴력과 연소정도가 크다.
▶ 가스폭발과 분진폭발

구 분	가스폭발	분진폭발
연소속도, 초기폭발력	크다.	작다.
발열량, 발생에너지	작다.	크다.
일산화탄소 발생률, 연쇄폭발	적다.	많다.
분자온도 상승수단	전도	전도와 복사
공기와 가연물	균일한 상태에서 반응	불균일한 상태에서 반응

정답 01.④

02 폭발에 대한 설명으로 옳지 않은 것은?
① 연소범위를 만족하는 가연성 혼합기 존재 시 점화원에 의해 폭발할 수 있다.
② 화학적 폭발은 급격한 화학적 변화에 의한 연소현상의 한 형태로, 일반적으로 폭음과 충격압력을 수반하는 현상을 말한다.
③ 물리적 폭발은 물질의 상변화 등에 의한 폭발로 분류할 수 있다.
④ 프로판은 폭발한계가 가장 넓은 가스이기 때문에 사용에 주의해야 한다.

[17. 지방직 9급]
기본서 2권 22~24p, 55~57p

03 분진폭발에 대한 설명으로 옳지 않은 것은?
① 폭발압력과 연소속도는 가스폭발보다 작다.
② 불완전한 연소를 일으키기 쉬우므로 일산화탄소의 중독 위험성이 있다.
③ 주변에 퇴적되어 있는 분진에 의해 2차 폭발이 발생할 수 있다.
④ 발생에너지와 파괴력이 가스폭발보다 작다.

[18. 지방직 9급]
기본서 2권 60p, 66p

해설 **02** ④ 프로판의 폭발범위 2.1~9.5이고, 아세틸렌의 폭발범위 2.5~81이기 때문에 프로판이 폭발한계가 가장 넓다고 할 수 없다.

03 ④ 분진폭발은 가스폭발보다 발생에너지가 크기 때문에 파괴력과 연소정도가 크다.

▶ 가스폭발과 분진폭발

구 분	가스폭발	분진폭발
연소속도, 초기폭발력	크다.	작다.
발열량, 발생에너지	작다.	크다.
일산화탄소 발생률, 연쇄폭발	적다.	많다.
분자온도 상승수단	전도	전도와 복사
공기와 가연물	균일한 상태에서 반응	불균일한 상태에서 반응

정답 02.④ 03.④

04 분진폭발의 위험성이 가장 낮은 것은?
① 알루미늄분　　② 생석회분
③ 석탄분　　　　④ 마그네슘분

[19. 소방안전교육사]

기본서　2권 60p

05 분해폭발을 일으키는 가스로 옳은 것을 모두 고른 것은?

㉠ 아세틸렌	㉡ 에틸렌
㉢ 부탄	㉣ 수소
㉤ 산화에틸렌	㉥ 메탄

① ㉡, ㉣
② ㉠, ㉡, ㉤
③ ㉢, ㉣, ㉥
④ ㉠, ㉢, ㉤, ㉥

[18. 소방안전교육사]

기본서　2권 61p

해설

04 ※ 분진폭발을 일으키지 않는 물질 : 석회석($CaCO_3$), 생석회(CaO), 소석회($Ca(OH)_2$), 산화알루미늄(Al_2O_3), 시멘트 가루, 대리석 가루, 가성소다($NaOH$), 유리 등은 분진폭발을 일으키지 않는다.

05 ▶ 분해폭발을 일으키는 가스
아세틸렌(C_2H_2), 비닐아세틸렌, 메틸아세틸렌, 디아세틸렌, 산화에틸렌(C_2H_4O), 하이드라진(N_2H_4), 에틸렌(C_2H_4), 오존(O_3), 아산화질소(N_2O), 산화질소(NO), 시안화수소(HCN) 등이 있다.

정답　04.②　05.②

06 폭발에 대한 설명으로 가장 옳지 않은 것은?
① 화염의 전파속도가 음속보다 낮으면 폭발이라 하고, 높으면 폭굉이라 한다.
② 폭굉 시 파면에서 온도, 압력, 밀도가 불연속적으로 나타난다.
③ 「위험물안전관리법」에서 제5류 위험물은 폭굉을 일으키기 쉬운 물질이다.
④ 가스폭발은 가연성 가스가 폭발범위 내의 농도로 공기(조연성가스)와 혼합되어 있을 때 점화원에 의해 폭발하는 현상을 말한다.

[18. 서울시 7급]
기본서 2권 63p

07 폭연과 폭굉에 대한 설명으로 옳지 않은 것은?
① 폭굉은 음속보다 빠르다.
② 폭발압력은 폭연보다 폭굉이 더 크다.
③ 폭연은 충격파가 발생한다.
④ 폭연과 폭굉의 차이는 전파속도로 구분 가능하다.

[24. 지방직 9급]
기본서 2권 64p

08 폭굉(detonation)에 관한 설명으로 옳지 않은 것은?
① 폭굉파는 1,000~3,500m/s정도로 빠르다.
② 온도상승은 충격파의 압력에 비례한다.
③ 화염전파속도가 음속보다 느리다.
④ 폭굉파를 형성하여 물리적인 충격에 의한 피해가 크다.

[19. 소방안전교육사]
기본서 2권 63p

해설

06 ① 화염의 전파속도가 음속보다 낮으면 폭연이라 하고, 높으면 폭굉이라 한다.
※ 폭굉은 폭발적 연소반응으로서 화염의 전파속도가 음속보다 빠른 것을 말하며 일반적으로 화염의 전파속도는 1,000~3,500m/sec이다.
※ 폭연은 급격한 연소반응으로서 화염의 전파속도가 음속보다 느린(아음속) 것을 말하며 그 화염의 전파속도는 0.1~10m/sec 정도이다.

07 • 폭굉 : 반응면이 혼합물을 자연발화온도 이상으로 압축시키는 강한 충격파에 의해 전파된다. 동시에 충격파는 연소반응에 의해 방출되는 열에 의해 유지된다.

08 ③ 화염전파속도가 음속보다 ~~느리다~~.
→ 빠르다.

※ 폭굉(Detonation)
① 폭굉은 폭발적 연소반응으로서 화염의 전파속도가 음속보다 빠른 것을 말하며 일반적으로 화염의 전파속도는 1,000~3,500m/sec이다.
② 폭연에서의 압력 증가는 일반적으로 수 기압 정도이나, 폭굉의 경우는 압력 상승이 일반적으로 10배 정도 또는 그 이상으로 높아진다.
③ 반응면이 혼합물을 자연발화온도 이상으로 압축시키는 강한 충격파에 의해 전파된다. 동시에 충격파는 연소반응에 의해 방출되는 열에 의해 유지된다.
④ 폭굉파는 음파와 달리 폭굉파가 통과한 곳은 화학적 조성이 변하므로 가역적인 탄성파로 취급되지 않는다.
⑤ 에너지 방출속도는 열 전달속도에 기인하지 않고 압력파에 의존한다.
⑥ 수소가스는 2,800m/sec, TNT는 7,000m/sec, 니트로글리세린은 8,000m/sec의 반응속도를 보이며 가장 강력한 화약임을 알 수 있다.

정답 06.① 07.③ 08.③

09 폭발의 종류와 형식 중 응상폭발이 아닌 것은?
① 가스폭발
② 전선폭발
③ 수증기폭발
④ 액화가스의 증기폭발

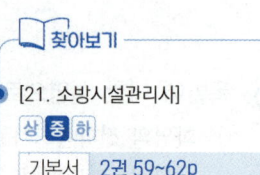

10 최초의 완만한 연소가 격렬한 폭굉에 이를 때까지의 거리인 폭굉유도거리에 대한 설명으로 옳지 않은 것은?
① 압력이 높을수록 짧다.
② 관경이 굵을수록 짧다.
③ 점화원의 에너지가 강할수록 짧다.
④ 정상 연소속도가 큰 혼합가스일수록 짧다.

해설 09 ① 가스폭발
→ 기상폭발

※ 기상폭발 : 가스폭발(혼합가스 폭발), 분무폭발, 분진폭발, 가스의 분해폭발(가스의 폭발적 분해), 증기운폭발(UVCE)이 있다.
※ 응상폭발 : 응상폭발에는 증기폭발, 수증기폭발, 전선폭발, 물질의 혼합에 의한 폭발, 폭발성 물질의 폭발 등이 있다.

10 ② 관경이 가늘거나 관 속에 이물질이 있을 경우 짧아진다.
※ 폭굉 유도거리(DID)가 짧아지는 조건(위험도가 크다)
1. 점화 에너지가 강할수록 짧아진다.
2. 연소속도가 큰 가스일수록 짧아진다.
3. 관경이 가늘거나 관 속에 이물질이 있을 경우 짧아진다.
4. 압력이 높을수록 짧아진다.

정답 09.① 10.②

11. 폭굉이 발생할 수 있는 조건 하에서 유도거리(DID)가 짧아지는 조건으로 옳지 않은 것은?
① 압력이 높아진다.
② 점화에너지가 작아진다.
③ 관경이 가늘어진다.
④ 정상연소 속도가 빨라진다.

[21. 소방시설관리사]
기본서 2권 64p

12. 비등액체 팽창 증기폭발(BLEVE)의 발생단계를 올바르게 나열한 것은?

㉠ 탱크 벽의 구조적 강도가 감소한다.
㉡ 액화가스 탱크의 주변에 화재가 발생한다.
㉢ 탱크 내 액체의 온도가 올라가고, 탱크 내의 압력이 증가된다.
㉣ 탱크는 파열되고 그 내용물이 폭발적으로 증발한다.
㉤ 탱크의 벽이 가열된다.

① ㉤ → ㉠ → ㉣ → ㉡ → ㉢
② ㉢ → ㉡ → ㉤ → ㉠ → ㉣
③ ㉡ → ㉤ → ㉢ → ㉠ → ㉣
④ ㉠ → ㉢ → ㉡ → ㉤ → ㉣

[16. 서울시 9급]
기본서 2권 67p

해설

11. ② 점화에너지가 ~~작아진다~~.
   → 강할수록 짧아진다.

※ 폭굉 유도거리(DID)가 짧아지는 조건(위험도가 크다)
① 점화 에너지가 강할수록 짧아진다.
② 연소속도가 큰 가스일수록 짧아진다.
③ 관경이 가늘거나 관 속에 이물질이 있을 경우 짧아진다.
④ 압력이 높을수록 짧아진다.

12. ▶ 블레비(BLEVE) 현상
구형의 액화프로판 탱크와 같은 인화점이 낮은 제품의 저장탱크 주위에 화재가 발생하여 저장탱크 벽면이 장시간 화염에 노출되게 되면 내부의 액체가 높은 증기압이 된다. 액체가 없는 탱크 상부는 화염에 의해 장시간 가열되면 탱크 재질의 인장력이 저하되어 탱크 내부 압력을 견디지 못하고 연성파괴를 일으켜 파열되게 된다. 저장탱크의 일부가 연성파괴 되면 탱크 내부 압력이 급격히 감소되고 이로 인하여 과열되어 있던 액화가스가 폭발적으로 증발하면서 액체 및 파열된 탱크의 파편이 멀리 날아가게 된다. 이러한 현상을 BLEVE(Boiling Liquid Expanding Vapor Explosion)라고 한다.
BLEVE 현상으로 분출된 액체 증기는 주위의 공기와 혼합되어 가연성혼합기를 형성 후 외부 점화원에 의해 착화되면 대형 화염이 형성되고 부력에 의해 공 모양으로 상승하게 되는데 이를 Fire ball이라 한다.

정답 11.② 12.③

13 BLEVE에 대한 설명으로 옳은 것은?
① 가연성 고체분진이 공기 중에서 일정 농도 이상 부유하다 점화원을 만나 폭발을 일으키는 현상
② 유류를 저장하고 있는 탱크 내부에 수분이 존재할 경우, 탱크 화재 시 수분이 기화하면서 유류가 탱크 외부로 분출되는 현상
③ 비등상태의 액화 가연성가스가 급속히 기화하고 팽창하면서 폭발하는 것으로, 액화석유가스 저장탱크가 화재에 노출되면 발생할 수 있는 현상
④ 높은 온도를 유지하고 있는 유류가 담긴 탱크 속에 수분이 함유되어 있을 경우, 수분이 기화되면서 탱크 안의 내용물이 넘치는 현상

14 다음에서 설명하는 방폭구조는?

> 점화원이 될 우려가 있는 부분을 용기 안에 넣고 보호기체(불활성)를 용기 안에 압입해서 폭발성 가스가 침입하는 것을 방지하도록 되어 있는 구조

① 안전증가 방폭구조
② 유입 방폭구조
③ 본질안전 방폭구조
④ 압력 방폭구조

해설

13 ① 분진폭발
② 보일오버
④ 프로스오버

14 ① 안전증가 방폭구조(安全增 防爆構造, Icreased Safety Type "E")
정상운전 중에 폭발성 가스 또는 증기에 점화원이 될 전기불꽃, 아크 또는 고온이 되어서는 안 될 부분에 이런 것의 발생을 방지하기 위하여 기계적·전기적 구조상 또는 온도상승에 대해서 특히 안전도를 증가한 구조이다.
② 유입 방폭구조(油入 防爆構造, Oil Immersed Type "O")
전기기기의 불꽃, 아크 또는 고온이 발생하는 부분을 기름(절연유) 속에 넣고 기름면 위에 존재하는 폭발성 가스 또는 증기에 인화될 우려가 없도록 한 구조이다.
③ 본질안전 방폭구조(本質安全 防爆構造, Intrinsic Safety Type "Ia, Ib")
정상시 및 사고시(단선, 단락, 지락 등)에 발생하는 전기불꽃, 아크 또는 고온에 의하여 폭발성 가스 또는 증기에 점화되지 않는 것이 점화시험 및 기타에 의하여 확인된 구조를 말한다.

정답 13.③ 14.④

15 아크가 생길 수 있는 접점, 스위치, 개폐기 등에 설치되는 것으로 용기 내에 폭발성가스가 침입하여 폭발하여도 폭발압력에 견디는 방폭구조는?

① 유입방폭구조
② 내압방폭구조
③ 압력방폭구조
④ 본질안전방폭구조

[18. 소방안전교육사]

기본서 2권 68~69p

해설 15
▶ 전기설비에서의 방폭구조
1) 내압방폭구조(耐壓防爆構造, Flame Proof Type "D")
   전폐구조로 용기 내부에서 폭발성 가스 또는 증기가 폭발하였을 때 용기가 그 폭발압력에 파손되지 않고 견디며, 폭발한 고열의 가스가 접합면, 개구부 등을 통하여 외부로 나가는 일이 발생하여도 그동안에 냉각되어 외부의 폭발성 가스에 인화될 우려가 없도록 한 구조이다.
2) 압력방폭구조(壓力防爆構造, Pressurized Type "P") = 내압(內壓)방폭구조
   점화원이 될 우려가 있는 부분을 용기 내에 넣고 신선한 공기 또는 불연성가스 등의 보호기체를 용기의 내부에 넣어줌으로써 용기 내부에는 압력이 형성되어 외부로부터 폭발성가스 또는 증기가 침입하지 못하도록 한 구조이다.
3) 유입방폭구조(油入防爆構造, Oil Immersed Type "O")
   전기기기의 불꽃, 아크 또는 고온이 발생하는 부분을 기름(절연유) 속에 넣고 기름면 위에 존재하는 폭발성가스 또는 증기에 인화될 우려가 없도록 한 구조이다.
4) 안전증가방폭구조(安全增加防爆構造, Icreased Safety Type "E")
   정상운전 중에 폭발성가스 또는 증기에 점화원이 될 전기불꽃, 아크 또는 고온이 되어서는 안 될 부분에 이런 것의 발생을 방지하기 위하여 기계적·전기적 구조상 또는 온도상승에 대해서 특히 안전도를 증가한 구조이다.
5) 본질안전방폭구조(本質安全防爆構造, Intrinsic Safety Type "Ia, Ib")
   정상시 및 사고시(단선, 단락, 지락 등)에 발생하는 전기불꽃, 아크 또는 고온에 의하여 폭발성가스 또는 증기에 점화되지 않는 것이 점화시험 및 기타에 의하여 확인된 구조를 말한다.

정답 15.②

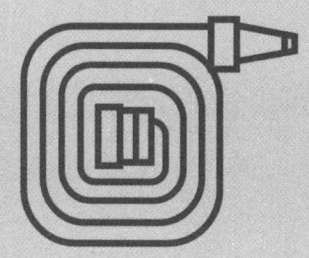

소방학개론

PART 04

화재이론

01 화재의 정의 및 분류
02 건물화재의 성상
03 위험물화재의 성상
04 화재조사

01 화재의 정의 및 분류

01 화재의 정의로 옳은 것은?
① 가연성물질과 산소와의 격렬한 산화반응이다.
② 사람의 과실로 인한 실화나 고의에 의한 방화로 발생하는 연소현상으로서 소화할 필요성이 있는 연소현상이다.
③ 가연물과 공기와의 혼합물이 어떤 점화원에 의하여 활성화되어 열과 빛을 발하면서 일으키는 격렬한 발열반응이다.
④ 인류의 문화와 문명의 발달을 가져오게 한 근본 존재로서 인간의 제어수단에 의하여 컨트롤 할 수 있는 연소 현상이다.

[22. 소방설비기사 3월]
기본서 2권 83p

해설 01 화재란 화기를 취급·사용하는 사람의 과실로 인한 실화 또는 고의에 의한 방화 등으로 인하여 발생하는 거대한 연소현상을 중지시키기 위하여 소화하여야 할 필요성이 있는 불로 정의한다.

정답 01.②

02 연소특성에 따른 화재 분류 시 항목별 설명으로 옳은 것은?

① A급 화재 : 다량의 물이나 수용액으로 화재를 소화할 때 부촉매효과가 가장 큰 소화역할을 하고, 연소 후 재를 남기는 화재이다.
② B급 화재 : 연소 후 재를 남기지 않는 화재이고, 일반화재보다는 화재의 위험성이 크고, 연소성이 좋기 때문에 매우 위험하다.
③ D급 화재 : 전기기기가 설치되어 있는 장소에서의 화재로서 단락, 과전류, 누전, 절연불량, 전기스파크 등에 의해 발생한다.
④ K급 화재 : 식용유 화재로 화재발생 시 유온이 발화점 이상이기 때문에 물을 뿌려 냉각소화하는 방법이 가장 효과적이다.

[16. 국가직 9급]
기본서 2권 84~90p

03 화재의 분류와 색상을 바르게 연결한 것은?

① A급 – 무색
② B급 – 황색
③ C급 – 백색
④ D급 – 청색

[17. 지방직 9급]
기본서 2권 84p

해설 02
① A급 화재는 물로 소화하기 때문에 냉각소화를 주목적으로 하는 소화이다.
→ 부촉매소화는 가스소화, 약제에 적합한 소화
③ D급 화재는 금속화재이다.
→ 전기기기가 설치되어 있는 장소에서의 화재로서 단락, 과전류, 누전, 절연불량, 전기스파크 등에 의해 발생하는 화재는 C급(전기화재)이다.
④ 식용유는 발화점이 비점보다 낮기 때문에 소화 후 재발화 위험이 있고, 식용유급 화재소화약제, 강화액 등 많이 쓰인다.
→ 냉각소화 ×

03

구 분	A급	B급	C급	D급	E급
화재 종류	일반화재	유류화재	전기화재	금속화재	가스화재
표시색	백 색	황 색	청 색	무 색	황 색
연기색	백 색	검은색			

정답 02.② 03.②

04 화재의 분류 중 D급 화재에 대한 설명으로 옳지 않은 것은?
① 칼륨, 나트륨의 화재를 말한다.
② 냉각소화 방법이 효과적이므로 물과 분말 소화기로 소화한다.
③ 알킬알루미늄의 소규모 화재 시 적합한 소화제는 팽창질석이나 팽창진주암이다.
④ 금속을 가공하는 작업 시 열의 축적, 금속분진 발생 등에 대한 방지 대책이 필요하다.

[19. 국가직 7급]
기본서 2권 87p

05 「소화기구 및 자동소화장치의 화재안전기술기준」상 주방에서 동·식물유를 취급하는 조리기구에서 일어나는 화재를 나타내는 등급으로 옳은 것은?
① A급 화재
② B급 화재
③ C급 화재
④ K급 화재

[21. 소방시설관리사]
기본서 2권 90p

06 가연물질의 종류에 따라 화재를 분류하였을 때 섬유류 화재가 속하는 것은?
① A급 화재
② B급 화재
③ C급 화재
④ D급 화재

[21. 소방설비기사 5월]
기본서 2권 84~87p

해설

04 ② D급(금속화재)화재는 물과 반응하여 가연성 가스 및 조연성 가스가 발생하므로 절대적으로 주수소화가 불가능하며, 질식소화를 주로 한다.

05 ※ 소화기구 및 자동소화장치의 화재안전기술기준
"주방화재(K급 화재)"란 주방에서 동식물유를 취급하는 조리기구에서 일어나는 화재를 말한다. 주방화재에 대한 소화기의 적응 화재별 표시는 'K'로 표시한다.

06 ② B급 화재(유류화재) : 주로 제4류 위험물의 화재를 의미한다.
③ C급 화재(전기화재) : 전류가 흐르고 있는 기계에서 발생한 화재이다.
④ D급 화재(금속화재) : 나트륨, 칼륨 금속가연물의 화재로서 절대적으로 주수소화가 불가능하며, 질식소화를 주로 한다.

정답 04.② 05.④ 06.①

07 전기화재의 원인으로 거리가 먼 것은?
① 단락 ② 과전류
③ 누전 ④ 절연 과다

[21. 소방설비기사 3월]
기본서 2권 87p

08 탄화칼슘이 물과 반응할 때 발생되는 기체는?
① 일산화탄소 ② 아세틸렌
③ 황화수소 ④ 수소

[21. 소방설비기사 5월]
기본서 2권 87p

해설

07 ※ 전기화재 발생원
① 단락(합선)
② 전기스파크
③ 과전류
④ 접속부 과열
⑤ 지락
⑥ 낙뢰
⑦ 누전
⑧ 열적 경과
⑨ 절연불량(절연저항의 감소)

08 탄화칼슘((칼슘) 카바이드, CaC_2)은 물과 반응하여 아세틸렌(C_2H_2) 가스를 생성한다.
$CaC_2 + 2H_2O \rightarrow Ca(OH)_2 + C_2H_2$

정답 07.④ 08.②

Chapter 01 화재의 정의 및 분류 543

09 나무의 줄기가 연소하는 것을 말하며 대부분 지표화로부터 확산된 화염에 의해 확대되는 임야화재는?

① 비산화(飛散火) ② 수간화(樹幹火)
③ 수관화(樹冠火) ④ 지중화(地中火)

[19. 지방직 9급]
기본서 2권 89p

10 화재현상에 대한 설명으로 ㉠, ㉡에 들어갈 내용은?

구분	설명
(㉠)	화재의 초기 단계에서 연소물로부터 가연성 가스가 천장 부근에 모이고 그것이 일시에 인화하여 폭발적으로 실내 전체에 불꽃이 도는 현상
(㉡)	연소에 필요한 산소가 부족하여 훈소상태에 있는 실내에서 산소가 갑자기 다량 공급될 때 가연성가스가 순간적으로 폭발하듯 연소하는 현상

	㉠	㉡
①	플래시오버	백드래프트
②	백드래프트	플래시오버
③	백드래프트	훈소화재
④	플래시오버	훈소화재

[19. 지방직 9급]
기본서 2권 115~116p

해설 09 ▶ 산림화재의 형태
㉠ 수관화 : 소나무 같은 침엽수에 인화물질인 수지(나뭇진)가 많아 수관화가 잘 발생하는데 나무의 가지 또는 잎에서 화재가 발생하는 현상이다.
㉡ 수간화 : 수간화는 수목에서 화재가 발생하는 현상이다.
㉢ 지표화 : 지표화는 습도가 50% 이하일 때 소나무, 삼나무, 편백나무 등에서 잘 일어나며, 지표면에서 화재가 발생하는 현상이다.
㉣ 지중화 : 땅속에 있는 유기물층, 갈탄층 등에서 화재가 발생하는 현상이다.

10 ▶ 플래시오버(Flash Over ; F.O)
Flash Over의 발생 : 화재 발생 초기에는 대류현상으로 인해 실내의 온도가 상승하며 발생한 가연성 가스가 발화하지 않은 상태로 천장부근에 축적되고, 축적된 가연성 가스의 농도가 점차 증가하여 연소범위 내에 들게 되면 착화하여 천장이 화염에 휩싸인다. 착화된 천장의 화염에서 많은 복사열이 방출되어 실내의 온도가 급격히 상승하게 되고 어느 일정 온도 이상이 되면 실내 전체가 화염에 휩싸이는 폭발적 연소 확대현상이 일어나게 된다.

▶ 백드래프트(Back draft)
1) Back draft 현상은 공기 부족으로 훈소 상태에 있을 때 신선한 공기가 유입되어 실내에 축적되었던 가연성 가스가 단시간에 폭발적으로 연소함으로써 화재가 폭풍을 동반하여 실외로 분출되는 현상을 말한다.
2) 사전에 실내가 충분히 가열되어 다량의 가연성 가스가 축적되어 있는 것이 Back draft가 일어날 수 있는 전제조건이 된다.
3) Back draft의 결과에는 농연의 분출, 파이어 볼의 형성, 건물의 벽체 도괴 등이 있다.

정답 09.② 10.①

11 다음에서 설명하는 현상은?

> 밀폐된 공간에서 화재가 발생하면 공기의 공급이 어렵게 되어 연소현상이 원활하지 못하게 된다. 이때 문을 열거나 공기를 공급하게 되면 실내에 축적되어 있던 가연성 가스가 폭발적으로 연소한다.

① 백드래프트(back draft)　　② 플래시오버(flash over)
③ 롤오버(roll over)　　　　　④ 파이어볼(fire ball)

[19. 소방안전교육사]
기본서 2권 115~116p

12 건축물 화재 시 발생하는 현상에 관한 설명으로 옳지 않은 것은?
① 플래시오버(flash over)는 연소물로부터 가연성 가스가 천장부근에 모이고 그것이 일시에 인화하여 폭발적으로 방 전체에 불꽃이 도는 현상이다.
② 환기지배형 화재는 공기의 공급이 충분한 경우 나타나는 현상이고 연료지배형 화재는 가연물의 양이 충분한 경우 나타나는 현상이다.
③ 플래시오버(flash over)는 가연물의 발열량이 클수록 발생이 용이하다.
④ 내화구조 건축물의 화재성상은 목조건축물의 화재성상과 비교할 때 저온장기형이다.

[20. 소방안전교육사]
기본서 2권 99p, 115~118p

해설

11 ② 플래시오버(flash over) : 화재 발생 초기에는 대류현상으로 인해 실내의 온도가 상승하며 발생한 가연성 가스가 발화하지 않은 상태로 천장부근에 축적되고, 축적된 가연성 가스의 농도가 점차 증가하여 연소범위 내에 들게 되면 착화하여 천장이 화염에 휩싸인다. 착화된 천장의 화염에서 많은 복사열이 방출되어 실내의 온도가 급격히 상승하게 되고 어느 일정 온도 이상이 되면 실내 전체가 화염에 휩싸이는 폭발적 연소 확대현상이 일어나게 된다.
③ 롤오버(roll over) : 실내화재에서 연소되지 않은 열분해 가스가 천장 부근에 모여 있다가 화재가 발생되지 않은 쪽으로 파도 같이 빠른 속도로 굴러다니는 현상을 말한다. 이러한 현상은 Flash over 이전에 발생하기도 한다.
④ 파이어볼(fire ball) : BLEVE 현상으로 분출된 액화가스의 증기가 공기와 혼합하여 연소범위가 형성되어서 공 모양의 대형화염이 상승하는 현상을 Fire ball이라 한다.

12 ② 환기지배형 화재는 공기의 공급이 충분하지 않은 경우 나타나는 현상이고, 연료지배형 화재는 산소에 비해 가연물의 양이 적은 경우 나타나는 현상이다.

※ 연료지배형 화재는 주로 공동주택같은 화재이며 연소속도가 가연물의 연소특성에 의해 지배되는 화재이다.
※ 환기지배형 화재는 주로 창고에서 일어나는 현상으로 가연성 가스의 발생량에 비해 공기 공급이 충분하지 않아 발생하는 실내화재의 일반적 현상이며, 개구부를 통한 환기량이 연소속도를 좌우하는 화재이다.

정답 11.① 12.②

13 내화건축물과 비교한 목조건축물의 화재 특성으로 옳지 않은 것은?

① 화재 최고온도가 낮다.
② 최성기에 도달하는 시간이 빠르다.
③ 연소 지속시간이 짧다.
④ 플래시오버(flash over)에 도달하는 시간이 빠르다.

[21. 소방시설관리사]

기본서 2권 96~99p

14 건축물의 방화계획에서 공간적 대응에 해당하지 않는 것은?

① 대항성   ② 회피성
③ 가외성   ④ 도피성

[19. 국가직 7급]

기본서 2권 104p

해설 13 ① 화재 최고온도가 낮다.
　　　　→ 높다

내화건축물의 최성기의 온도는 약 900~1,000℃이며, 목조건축물의 최성기의 온도는 1,100~1,300℃이다.

14 ▶건축물 방화의 기본사항
(1) 공간적 대응
　① 대항성 : 건축물의 내화, 방연성능, 방화구획의 성능, 화재방어의 대응성, 초기소화의 대응성 등이다.
　② 회피성 : 난연화, 불연화, 내장제 제한, 방화구획의 세분화, 방화훈련 등 예방적 조치 또는 상황이다.
　③ 도피성 : 화재로부터 피난할 수 있는 공간성과 시스템 등의 성상이다.
(2) 설비적 대응
　공간적 대응을 지원하기 위한 설비적 시스템으로써 제연설비, 방화문, 방화셔터, 자동화재탐지설비, 스프링클러설비 등에 의한 대응이다.

정답 13.① 14.③

15 화재가혹도(Fire Severity)에 대한 설명으로 옳지 않은 것은?
① 화재 시 건물 내 수용재산 및 건물 자체에 손상이 생기는 정도를 말한다.
② 최고온도에서 연소시간이 지속될수록 화재가혹도는 커진다.
③ 화재가혹도는 최고온도와 연소지속시간의 곱으로 나타낸다.
④ 단위시간당 축적되는 열의 값을 말한다.

[19. 국가직 7급]

기본서 2권 102p

해설 15 ④ 단위시간당 축적되는 열의 값은 화재강도이다.
※ 화재가혹도(화재심도)
① 화재의 발생으로 건물 내 수용재산 및 건물 자체에 손상을 입히는 정도를 말한다.
② 최고온도(질) × 지속시간(량)[화재강도 × 화재하중]
③ 화재가혹도와 관련인자
㉠ 화재하중
㉡ 개구부의 크기
㉢ 가연물의 배열상태
※ 화재강도
① 화재실의 단위시간당 축적되는 열의 양을 화재강도라고 한다.
② 화재실의 열방출률이 클수록 온도가 높아져서 화재강도는 크게 나타난다.
③ 화재강도와 관련인자
㉠ 가연물의 발열량(가연물의 종류)
㉡ 가연물의 비표면적
㉢ 가연물의 배열상태
㉣ 화재실의 벽, 바닥, 천장 등의 구조
㉤ 산소의 공급

정답 15.④

16 건축물의 실내에서 화재가 발생하였을 때 발화로부터 화재가 서서히 진행하다가 어느 정도 시간이 경과함에 따라 대류와 복사현상으로 일정 공간에 열과 가연성 가스가 축적되고 발화온도에 이르게 되어 일순간에 폭발적으로 공간 전체가 화염에 휩싸이는 현상은?

① 백드래프트(back draft)
② 플래시백(flash back)
③ 롤오버(roll over)
④ 플래시오버(flash over)

[17. 국가직 7급]
기본서 2권 115~116p

17 화재가 발생하여 가연성 물질에서 발생된 가연성 가스가 천장 부근에 축적되고, 축적된 가연성 가스가 발화온도에 도달하여 발화함으로써 연소하기 시작하면 불덩어리가 천장을 따라 굴러다니는 것처럼 뿜어져 나오는 현상은?

① 백드래프트(Back draft)
② 슬롭오버(Slop-over)
③ 롤오버(Roll over)
④ 보일오버(Boil-over)

[19. 국가직 7급]
기본서 2권 86p, 115~116p

해설

16 ① 백드래프트현상은 공기 부족으로 훈소 상태에 있을 때 신선한 공기가 유입되어 실내에 축적되었던 가연성 가스가 단시간에 폭발적으로 연소함으로써 화재가 폭풍을 동반하여 실외로 분출되는 현상을 말한다.
② 플래시백(Flash back)은 출입문 등을 개방할 때 산소 유입으로, 폭발적으로 다시 연소를 시작하는 현상으로 가스와 공기가 혼합하여 폭발하는 것보다 파괴력은 작지만 건축물에 손상을 주거나 생명에 위험을 주기에 충분하다. 주로 고무(latex)나 우레탄 등 합성수지일 때 발생한다.
③ 롤오버는 실내화재에서 연소되지 않은 열분해 가스가 천장 부근에 모여 있다가 화재가 발생되지 않은 쪽으로 파도 같이 빠른 속도로 굴러다니는 현상을 말한다. 이러한 현상은 Flash over 이전에 발생하기도 한다.

17 ① 백드래프트현상은 공기 부족으로 훈소 상태에 있을 때 신선한 공기가 유입되어 실내에 축적되었던 가연성 가스가 단시간에 폭발적으로 연소함으로써 화재가 폭풍을 동반하여 실외로 분출되는 현상을 말한다.
② 슬롭오버는 물보다 끓는점(비점)이 높은 점성을 가진 석유류나 식용유에 물이 접촉될 때 석유류·식용유의 표면온도에 의해 물이 수증기가 되어 팽창·비등함에 따라 주위에 있는 뜨거운 석유류·식용유의 일부를 외부로 비산시키는 현상을 말한다.
④ 점성이 크고 비점이 높은 중질유의 저장탱크에 화재가 발생하여 장기간 화재에 노출되면 열류층(고온층, Hot zone)이 형성되어 그 열이 아래로 내려오게 되는데 외부로부터 침투하거나 원유 자체에 함유된 수분이나 기름의 에멀션(emulsion)이 이 열을 공급받아 급격한 부피 팽창을 하게 되고 이때 부피 팽창으로 상층의 유류를 밀어 올리며 기름과 함께 비산하게 된다. 이것을 보일오버라고 한다.

정답 16.④ 17.③

02 건물화재의 성상

01 「건축물의 피난·방화구조 등의 기준에 관한 규칙」에서 방화구획의 설치기준에 대한 규정으로 ㉠, ㉡에 들어갈 내용은?

> - 10층 이하의 층은 바닥면적 (㉠)제곱미터(스프링클러 기타 이와 유사한 자동식 소화설비를 설치한 경우에는 바닥면적 3천 제곱미터)이내마다 구획할 것
> - 11층 이상의 층은 바닥면적 (㉡)제곱미터(스프링클러 기타 이와 유사한 자동식 소화설비를 설치한 경우에는 600제곱미터)이내마다 구획할 것 (단, 벽 및 반자의 실내에 접하는 부분의 마감은 불연재료가 아님)

	㉠	㉡		㉠	㉡
①	1,000	200	②	1,500	200
③	1,500	300	④	2,000	500

[19. 국가직 9급]
기본서 2권 108p

해설 01 ▶ 제14조(방화구획의 설치기준)
① 영 제46조 제1항 본문에 따라 건축물에 설치하는 방화구획은 다음 각 호의 기준에 적합해야 한다.
1. 10층 이하의 층은 바닥면적 1천제곱미터(스프링클러 기타 이와 유사한 자동식 소화설비를 설치한 경우에는 바닥면적 3천제곱미터)이내마다 구획할 것
2. 매층마다 구획할 것. 다만, 지하 1층에서 지상으로 직접 연결하는 경사로 부위는 제외한다.
3. 11층 이상의 층은 바닥면적 200제곱미터(스프링클러 기타 이와 유사한 자동식 소화설비를 설치한 경우에는 600제곱미터)이내마다 구획할 것. 다만, 벽 및 반자의 실내에 접하는 부분의 마감을 불연재료로 한 경우에는 바닥면적 500제곱미터(스프링클러 기타 이와 유사한 자동식 소화설비를 설치한 경우에는 1천500제곱미터)이내마다 구획하여야 한다.
4. 필로티나 그 밖에 이와 비슷한 구조(벽면적의 2분의 1 이상이 그 층의 바닥면에서 위층 바닥 아래면까지 공간으로 된 것만 해당한다)의 부분을 주차장으로 사용하는 경우 그 부분은 건축물의 다른 부분과 구획할 것

정답 01. ①

02 건축물 피난계획 수립의 원칙으로 옳지 않은 것은?
① 피난로는 정전 시에도 피난방향을 식별할 수 있도록 한다.
② 피난경로는 간단명료해야 한다.
③ 피난수단은 원시적 방법보다 기계적, 전기적인 방법을 우선으로 한다.
④ 양방향 피난로를 상시 확보해야 한다.

[19. 소방안전교육사]
기본서 2권 112p

03 건축법령상 내력벽, 기둥, 바닥, 보, 지붕틀 및 주계단을 무엇이라 하는가?
① 내진구조부　　　② 건축설비부
③ 보조구조부　　　④ 주요구조부

[21. 소방설비기사 3월]
기본서 2권 105p

해설

02 ③ 피난수단은 원시적 방법보다 기계적, 전기적인 방법을 우선으로 한다.
→ 원시적 방법에 의한 것을 원칙

※ 피난 대책의 일반적인 원칙
① 피난경로는 간단명료하게 해야 한다.
② 피난구조설비는 고정식 설비를 위주로 해야 한다.
③ 피난수단은 원시적 방법에 의한 것을 원칙으로 한다.
④ 2개 이상의 방향으로 피난할 수 있으며, 그 말단은 화재로부터 안전한 장소이어야 한다.
⑤ 수평동선과 수직동선으로 구분되어야 한다.
⑥ 상호 반대방향으로 다수의 출구와 연결되는 것이 좋다.

03 ※ 건축물의 주요구조부
① 바닥 : 최하층 바닥 등은 제외한다.
② 지붕틀
③ 보 : 작은 보, 차양 등은 제외한다.
④ 내력벽 : 샛벽(칸막이벽, 간벽) 등은 제외한다.
⑤ 주계단 : 보조계단, 옥외계단은 제외한다.
⑥ 기둥 : 샛기둥 등은 제외한다.

정답 02.③　03.④

04 「건축물의 피난·방화구조 등의 기준에 관한 규칙」상 건축물의 주요구조부 중 계단의 내화구조 기준으로 옳지 않은 것은?

① 철근콘크리트조
② 철재로 보강된 망입유리
③ 콘크리트블록조
④ 철재로 보강된 벽돌조

05 다음에서 설명하는 화재 시 인간의 피난행동 특성으로 옳은 것은?

> 연기와 정전 등으로 가시거리가 짧아져 시야가 흐려지거나 밀폐공간에서 공포 분위기가 조성될 때 개구부 등의 불빛을 따라 행동하는 본능

① 귀소본능
② 지광본능
③ 추종본능
④ 좌회본능

해설 04 ② 철재로 보강된 망입유리
→ 지붕의 경우

※ 계단의 내화구조 기준
1. 철근콘크리트조 또는 철골철근콘크리트조
2. 무근콘크리트조, 콘크리트블록조, 벽돌조 또는 석조
3. 철재로 보강된 콘크리트블록조, 벽돌조 또는 석조
4. 철골조

05 ① 귀소본능 : 인간은 본능적으로 비상시 자신의 신체를 보호하기 위하여 원래 온 길 또는 늘 사용하는 경로에 의해 탈출을 도모하고자 한다.
③ 추종본능 : 비상시에는 많은 군중이 한 사람의 리더를 추종하는 경향이 있다.
④ 좌회본능 : 오른손잡이인 경우 오른손, 오른발이 발달해 있기 때문에 왼쪽으로 도는 것이 자연스럽다.

정답 04.② 05.②

06 화재발생 시 인간의 본능적 피난행동 특성에 대한 설명으로 옳지 않은 것은?

① 귀소본능 – 화재 시 무의식중에도 평소에 사용하는 출입구, 통로로 가려는 경향
② 지광본능 – 화재 시 연기와 정전으로 시야가 흐려져서 밝은 곳으로 이동하려는 경향
③ 좌회본능 – 화재 시 판단력 약화로 한 사람의 지도자에 의한 최초의 행동에 전체가 이끌리는 경향
④ 퇴피본능 – 화재의 확대에 따라 화염, 연기에 대한 공포감으로 발화의 반대 방향으로 이동하려는 경향

[24. 국가직 9급]

기본서 1권 111p

해설 06 | 추종본능에 대한 설명이다.

정답 06.③

07 건축물의 화재 시 피난자들의 집중으로 패닉(Panic) 현상이 일어날 수 있는 피난방향은?

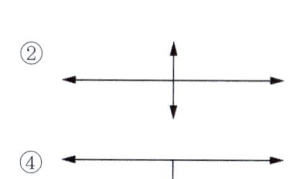

[21. 소방설비기사 3월]

해설 07

① 중앙 core식으로 패닉(Panic)우려가 있다.

※ 피난방향 및 경로

구 분	특 징
T형	피난자에게 피난경로를 확실히 알려주는 형태
X형	양방향으로 피난할 수 있는 확실한 형태
H형(CO형)	피난자의 집중으로 패닉현상이 일어날 우려가 있는 형태
Z형	중앙복도형 건축물에서의 피난경로로서 코너식 중 제일 안전한 형태

구 분	피난방향 종류	피난방향	
X형			피난로가 보장
Y형			
T형			방향이 구분
I형			
Z형			중앙복도형에서 core식 중 양호
ZZ형			
H형			중앙 core식으로 panic 우려
CO형			

정답 07.①

03 위험물화재의 성상

01 「위험물안전관리법」상 용어 정의로서 (가), (나)에 들어갈 내용을 바르게 연결한 것은?

> "(가)"이라 함은 인화성 또는 발화성 등의 성질을 가지는 것으로서 (나)이 정하는 물품을 말한다.

<u>(가)</u> <u>(나)</u>   <u>(가)</u>   <u>(나)</u>
① 위험물 대통령령 ② 위험물 총리령
③ 금지물질 대통령령 ④ 금지물질 총리령

[24. 국가직 9급]
기본서 2권 120p

02 위험물안전관리법령상 제1류 위험물에 대한 설명으로 옳지 않은 것은?
① 산화성고체로서 아염소산염류, 염소산염류, 질산염류, 과망가니즈산염류 등이 있다.
② 가연성 물질과 접촉·혼합하거나 가열·충격·마찰 등으로 인하여 폭발의 위험이 있다.
③ 알카리금속의 과산화물 및 이를 함유한 것에 있어서는 물과의 접촉을 피하여야 한다.
④ 대부분 산화되면 유독가스가 발생하고, 과망가니즈산염류가 염소산염류보다 상대적으로 위험성이 크다.

[16. 국가직 9급]
기본서 2권 125~128p

해설

01 위험물이란 인화성 또는 발화성 등의 성질을 가지는 것으로 대통령령이 정하는 물품을 말한다(위험물안전관리법 제2조).

02 ④ 과망가니즈산염류 지정수량 : 1,000kg / 염소산염류 지정수량 : 50kg
→ 염소산염류의 지정수량이 낮기 때문에 과망가니즈산염류보다 더 위험하다.

정답 01.① 02.④

03 「위험물안전관리법 시행령」상 위험물의 종류별 성질과 품명이 올바르게 연결된 것은?
① 제1류 : 가연성 고체 – 적린
② 제2류 : 산화성 고체 – 황린
③ 제3류 : 자연발화성 물질 및 금수성 물질 – 나트륨
④ 제4류 : 산화성 액체 – 과염소산

[16. 서울시 7급]
기본서 2권 121p

04 「위험물안전관리법 시행령」상 위험물의 유별과 품명을 옳게 짝지은 것은?
① 제1류 – 과염소산
② 제2류 – 아염소산염류
③ 제3류 – 칼륨
④ 제4류 – 황화인

[24. 국가직 9급]
기본서 2권 121p

해설 03 ① 적린 – 제2류 위험물 – 가연성 고체
② 황린 – 제3류 위험물 – 자연발화성 물질 및 금수성 물질
④ 과염소산 – 제6류 위험물 – 산화성 액체

04 ① 제6류 – 과염소산
② 제1류 – 아염소산염류
④ 제2류 – 황화인

정답 03.③ 04.③

05 「위험물안전관리법」상 위험물질의 종류에 해당하지 않는 것은?
① 산화성 고체
② 환원성 액체
③ 자연발화성 및 금수성 물질
④ 자기반응성 물질

[16. 서울시 9급]
상 중 하
기본서 2권 121p

06 「위험물안전관리법 시행령」상 유별 성질이 다른 위험물은?
① 황
② 마그네슘
③ 인화성고체
④ 나트륨

[17. 지방직 9급]
상 중 하
기본서 2권 121p

07 「위험물안전관리법 시행령」상 위험물의 품명과 지정수량의 연결로 옳지 않은 것은?
① 질산 - 300킬로그램
② 과염소산 - 300킬로그램
③ 인화성고체 - 100킬로그램
④ 유기과산화물 제1종 - 10킬로그램

[23. 국가직 9급]
상 중 하
기본서 2권 121p

해설

05 제1류 위험물(산화성 고체)
제2류 위험물(가연성 고체)
제3류 위험물(자연발화성 물질 및 금수성 물질)
제4류 위험물(인화성 액체)
제5류 위험물(자기반응성물질)
제6류 위험물(산화성 액체)

06 ④는 제3류 위험물 - 자연발화성 물질 및 금수성 물질
①②③은 제2류 위험물 - 가연성고체

07 인화성고체 - 1,000kg

정답 05.② 06.④ 07.③

08 '자연발화성물질 및 금수성물질'(제3류 위험물)에 해당하는 것만을 모두 고른 것은?

㉠ 유기과산화물	㉡ 탄화칼슘
㉢ 칼륨	㉣ 질산
㉤ 황화인	㉥ 알킬리튬

① ㉠, ㉡, ㉥
② ㉠, ㉢, ㉤
③ ㉡, ㉢, ㉥
④ ㉡, ㉣, ㉤

[18. 국가직 9급]

09 「위험물안전관리법 시행령」상 제3류 위험물에 해당하는 것은?
① 적린
② 칼륨
③ 염소산염류
④ 유기과산화물

[18. 지방직 9급]

해설 08 ㉠ 유기과산화물 - 제5류 위험물
㉣ 질산 - 제6류 위험물
㉤ 황화인 - 제2류 위험물

09 ① 적린 : 제2류 위험물
③ 염소산염류 : 제1류 위험물
④ 유기과산화물 : 제5류 위험물

정답 08.③ 09.②

10 「위험물안전관리법 시행령」에서 정한 제5류 위험물(자기반응성 물질)로 가장 옳지 않은 것은? [19. 서울시 9급]

① 오산화인 ② 하이드록실아민
③ 유기과산화물 ④ 나이트로화합물

11 「위험물안전관리법 시행령」에서 제시하고 있는 위험물에 대한 분류로 가장 옳지 않은 것은? [19. 서울시 9급]

① 과염소산염류는 제1류 위험물이다.
② 황린은 제2류 위험물이다.
③ 알킬알루미늄은 제3류 위험물이다.
④ 아조화합물은 제5류 위험물이다.

해설 10 ① 오산화인은 인이 연소할 때 생기는 백색의 가루이다.
▶ 위험물안전관리법 시행령 별표1

제5류	자기반응성 물질	1. 유기과산화물	제 1종 : 10kg 제 2종 : 100kg
		2. 질산에스터류	
		3. 나이트로화합물	
		4. 나이트로소화합물	
		5. 아조화합물	
		6. 다이아조화합물	
		7. 하이드라진 유도체	
		8. 하이드록실아민	
		9. 하이드록실아민염류	
		10. 그 밖에 행정안전부령으로 정하는 것	
		11. 제1호 내지 제10호의 1에 해당하는 어느 하나 이상을 함유한 것	

11 ② 황린은 제3류 위험물 자연발화성 물질 및 금수성 물질에 해당한다(위험물안전관리법 시행령 별표1).

정답 10.① 11.②

12 위험물의 성질 중 가연성 고체에 해당하지 않는 물질은?
① 황
② 황린
③ 금속분
④ 마그네슘

[19. 지방직 9급]
기본서 2권 121p

13 위험물의 종류 중 유기과산화물의 성질에 해당하는 것은?
① 산화성 고체
② 산화성 액체
③ 인화성 액체
④ 자기반응성 물질

[19. 지방직 9급]
기본서 2권 121p

해설

12 ② 황린은 제3류 위험물 자연발화성물질 및 금수성물질에 해당한다.
가연성 고체는 제2류 위험물로 황화인, 적린, 황, 철분, 금속분, 마그네슘, 인화성 고체 등이 있다.

13 유기과산화물은 제5류 위험물로 자기반응성 물질에 해당한다.
▸ 제5류 위험물의 일반적 성질
가. 자기 자신이 연소에 필요한 산소를 가지고 있기 때문에 외부로부터 산소의 공급이 없어도 점화원(발화원)만 있으면 연소 또는 폭발을 일으킬 수 있는 자기연소성 물질로서 대부분 유기화합물이며, 유기과산화물류를 제외하고는 질소를 함유한 유기질소화합물이다.
나. 연소속도가 빠르며 폭발적이다.
다. 불안정한 물질로서 공기 중에서 장기간 저장시 분해반응을 일으키며, 분해열의 축적에 의해서 자연발화의 위험이 있다.
라. 가열, 충격, 타격, 마찰 등에 의해서 폭발할 위험성이 높으며, 강산화제 또는 강산류와 접촉시 위험성이 현저히 증가한다.
마. 연소시 발생하는 가스는 유독하며, 밀폐된 건물 내에서 화재 발생시 매우 위험하다.

정답 12.② 13.④

14 「위험물안전관리법 시행령」상 제3류 위험물과 지정수량이 알맞게 짝지어진 것은?

① 황린 - 50kg
② 황화인 - 300kg
③ 과산화수소 - 500kg
④ 알킬알루미늄 - 10kg

[18. 서울시 7급]

기본서 2권 121p

15 제3류 위험물에 관한 설명으로 옳지 않은 것을 모두 고른 것은?

㉠ 자연발화성 물질 및 금수성 물질이다.
㉡ 무기과산화물류는 물과 반응하여 산소를 발생하고 발열한다.
㉢ 칼륨, 나트륨, 알킬알루미늄, 알킬리튬은 물보다 가볍다.
㉣ 산화성액체로 과염소산, 질산 등이 있다.

① ㉠, ㉢
② ㉠, ㉣
③ ㉡, ㉢
④ ㉡, ㉣

[19. 소방안전교육사]

기본서 2권 127p, 131~132p, 137p

해설

14
① 황린 - 제3류 위험물 - 20kg
② 황화인 - 제2류 위험물 - 100kg
③ 과산화수소 - 제6류 위험물 - 300kg

15
㉠ 자연발화성 물질 및 금수성 물질이다. (○)
㉢ 칼륨, 나트륨, 알킬알루미늄, 알킬리튬은 물보다 가볍다. (○)
㉡ <U>무기과산화물류는 물과 반응하여 산소를 발생하고 발열한다.</U> (✕)
　→ 제1류 위험물
㉣ <U>산화성액체로 과염소산, 질산 등이 있다.</U> (✕)
　→ 제6류 위험물

정답 14.④ 15.④

16 인화성 액체 중 크레오소트유, 그 밖에 1기압(atm)에서 인화점이 70℃ 이상 200℃ 미만인 것은? (다만, 도료류 그 밖의 물품은 가연성 액체량이 40중량퍼센트 이하인 것은 제외한다)

① 제1석유류 ② 제2석유류
③ 제3석유류 ④ 제4석유류

[18. 국가직 7급]

기본서 2권 124p

17 「위험물안전관리법 시행령」상 고형알코올 그 밖에 1기압에서 인화점이 섭씨 40도 미만인 고체는?

① 산화성고체 ② 가연성고체
③ 인화성고체 ④ 자연발화성물질

[19. 서울시 9급]

기본서 2권 123p

해설

16 ③ "제3석유류"라 함은 중유, 크레오소트유 그 밖에 1기압에서 인화점이 섭씨 70도 이상 섭씨 200도 미만인 것을 말한다. 다만, 도료류 그 밖의 물품은 가연성 액체량이 40중량퍼센트 이하인 것은 제외한다.
① "제1석유류"라 함은 아세톤, 휘발유 그 밖에 1기압에서 인화점이 섭씨 21도 미만인 것을 말한다.
② "제2석유류"라 함은 등유, 경유 그 밖에 1기압에서 인화점이 섭씨 21도 이상 70도 미만인 것을 말한다. 다만, 도료류 그 밖의 물품에 있어서 가연성 액체량이 40중량퍼센트 이하이면서 인화점이 섭씨 40도 이상인 동시에 연소점이 섭씨 60도 이상인 것은 제외한다.
④ "제4석유류"라 함은 기어유, 실린더유 그 밖에 1기압에서 인화점이 섭씨 200도 이상 섭씨 250도 미만의 것을 말한다. 다만 도료류 그 밖의 물품은 가연성 액체량이 40중량퍼센트 이하인 것은 제외한다.

17 ▶ 위험물안전관리법 시행령 별표1
③ "인화성고체"라 함은 고형알코올 그 밖에 1기압에서 인화점이 섭씨 40도 미만인 고체를 말한다.
① "산화성고체"라 함은 고체[액체(1기압 및 섭씨 20도에서 액상인 것 또는 섭씨 20도 초과 섭씨 40도 이하에서 액상인 것을 말한다. 이하 같다)또는 기체(1기압 및 섭씨 20도에서 기상인 것을 말한다)외의 것을 말한다. 이하 같다]로서 산화력의 잠재적인 위험성 또는 충격에 대한 민감성을 판단하기 위하여 소방청장이 정하여 고시(이하 "고시"라 한다)하는 시험에서 고시로 정하는 성질과 상태를 나타내는 것을 말한다. 이 경우 "액상"이라 함은 수직으로 된 시험관(안지름 30밀리미터, 높이 120밀리미터의 원통형유리관을 말한다)에 시료를 55밀리미터까지 채운 다음 당해 시험관을 수평으로 하였을 때 시료액면의 선단이 30밀리미터를 이동하는데 걸리는 시간이 90초 이내에 있는 것을 말한다.
② "가연성고체"라 함은 고체로서 화염에 의한 발화의 위험성 또는 인화의 위험성을 판단하기 위하여 고시로 정하는 시험에서 고시로 정하는 성질과 상태를 나타내는 것을 말한다.
③ "자연발화성물질 및 금수성물질"이라 함은 고체 또는 액체로서 공기 중에서 발화의 위험성이 있거나 물과 접촉하여 발화하거나 가연성가스를 발생하는 위험성이 있는 것을 말한다.

정답 16.③ 17.③

18 분자내부에 나이트로기를 갖고 있는 TNT, 나이트로셀룰로스 등과 같은 제5류 위험물의 연소형태는?

① 분해연소
② 자기연소
③ 증발연소
④ 표면연소

[21. 소방설비기사 5월]
상 중 하
기본서 2권 32p, 135~136p

19 위험물안전관리법령상 위험물에 대한 설명으로 옳은 것은?

① 과염소산은 위험물이 아니다.
② 황린은 제2류 위험물이다.
③ 황화인의 지정수량은 100kg이다.
④ 산화성고체는 제6류 위험물의 성질이다.

[21. 소방설비기사 5월]
상 중 하
기본서 2권 121p

해설 18 ② 자기연소
→ 가연물이면서 자체 내에 산소를 함유하고 있어 외부에서 열을 가하면 분해되어 가연성 기체와 산소가 발생하게 되므로 공기 중의 산소를 필요로 하지 않고 그 자체의 산소에 의해 연소되는 것을 자기연소 또는 내부연소라고 한다.

※ 제5류 위험물(자기반응성 물질)
자기 자신이 연소에 필요한 산소를 가지고 있기 때문에 외부로부터 산소의 공급이 없어도 점화원(발화원)만 있으면 연소 또는 폭발을 일으킬 수 있는 자기연소성 물질로서 대부분 유기화합물이며, 유기과산화물류를 제외하고는 질소를 함유한 유기질소화합물이다.

19 ① 과염소산은 위험물이 아니다.
→ 제6류 위험물(산화성액체)
② 황린은 제2류 위험물이다.
→ 제3류 위험물(자연발화성 물질 및 금수성 물질)
④ 산화성고체는 제6류 위험물의 성질이다.
→ 제1류 위험물

정답 18.② 19.③

20 물에 저장하는 것이 안전한 물질은?

① 나트륨 ② 수소화칼슘
③ 이황화탄소 ④ 탄화칼슘

[21. 소방설비기사 3월]

기본서 2권 92p, 138p

21 위험물에 대한 소화방법으로 옳지 않은 것은?

① 1류 위험물 중 무기과산화물에는 물을 뿌리는 냉각소화가 효과적이다.
② 3류 위험물에는 건조사, 팽창질석 및 팽창 진주암 등을 사용한 질식소화가 효과적이다.
③ 4류 위험물 중 수용성 물질에는 알코올형 포를 방사하거나 다량의 물로 희석하여 가연성 증기 발생을 억제하여 소화한다.
④ 5류 위험물은 자기연소성 물질이므로 대량의 물로 냉각소화한다.

[17. 국가직 7급]

기본서 2권 125~136p

해설 **20** ③ 이황화탄소(CS_2) : 물보다 무겁고 물에 녹기 어렵기 때문에 물속에 저장한다.
① 나트륨(Na) : 물과 반응하여 가연성 가스인 수소가스(H_2)가 발생한다.
② 수소화칼슘(CaH_2) : 물과 반응하여 가연성 가스인 수소가스(H_2)가 발생한다.
④ 탄화칼슘(카바이트[CaC_2]) : 물과 반응하여 가연성 가스인 아세틸렌가스(C_2H_2)가 발생한다.

21 ① 무기과산화물은 물을 뿌리면 산소가 발생하기 때문에 질식소화 하여야 한다.

정답 20.③ 21.①

22 위험물별 저장방법에 대한 설명 중 틀린 것은?
① 황은 정전기가 축적되지 않도록 하여 저장한다.
② 적린은 화기로부터 격리하여 저장한다.
③ 마그네슘은 건조하면 부유하여 분진폭발의 위험이 있으므로 물에 적시어 보관한다.
④ 황화인은 산화제와 격리하여 저장한다.

[21. 소방설비기사 3월]
기본서 2권 138p

23 다음 중 유류저장탱크 내부의 물이 점성을 가진 뜨거운 유류의 표면 아래에서 끓을 때 화재를 수반하지 않고 유류가 넘치는 현상은?
① 보일오버(Boil over)
② 슬롭오버(Slop over)
③ 프로스오버(Froth over)
④ 오일오버(Oil over)

[17. 서울시 9급]
기본서 2권 147p

해설

22 ③ 마그네슘은 건조하면 부유하여 분진폭발의 위험이 있으므로 물에 적시어 보관한다.
→ 산, 물 또는 습기와의 접촉을 피한다. 저장용기는 밀폐 건조시키고 습기나 빗물이 침투되지 않도록 한다.
→ 분진폭발 방지를 위하여 분말이 비산하지 않도록 하고 완전 밀봉하여 저장한다.
① 황은 정전기가 축적되지 않도록 하여 저장한다.
→ 정전기의 발생 요인을 제거하고, 비전도성 물질이므로 정전기의 축적을 방지한다.
② 적린은 화기로부터 격리하여 저장한다.
→ 화기엄금, 가열·충격·타격·마찰이 가해지지 않도록 한다.
→ 제1류 위험물, 산화제와 절대 혼합하지 않도록 하고 화학류, 폭발성 물질, 강알칼리, 가연성 물질과 격리하며, 직사광선을 피하여 냉암소에 보관한다.
④ 황화인은 산화제와 격리하여 저장한다.
→ 산화제, 과산화물, 알칼리, 알코올, 아민류, 유기산, 강산류, 금속분과의 접촉을 피한다.

23 ① 보일오버 : 점성이 크고 비점이 높은 중질유의 저장탱크에 화재가 발생하여 장기간 화재에 노출되면 열류층(고온층, Hot zone)이 형성되어 그 열이 아래로 내려오게 되는데 외부로부터 침투하거나 원유 자체에 함유된 수분이나 기름의 에멀션(emulsion)이 이 열을 공급받아 급격한 부피 팽창을 하게 되고 이때 부피 팽창으로 상층의 유류를 밀어 올리며 기름과 함께 비산하게 된다.
② 슬롭오버 : 물보다 끓는점(비점)이 높은 점성을 가진 석유류나 식용유에 물이 접촉될 때 석유류·식용유의 표면온도에 의해 물이 수증기가 되어 팽창·비등함에 따라 주위에 있는 뜨거운 석유류·식용유의 일부를 외부로 비산시키는 현상을 말한다.
④ 오일오버 : 액체 가연물질인 제4류 위험물의 저장탱크에서 화재가 발생하는 경우 나타나는 이상 현상으로서 저장탱크 내에 저장된 제4류 위험물의 양이 내용적의 1/2 이하로 충전되어 있을 때 화재로 인하여 저장탱크 내의 유류를 외부로 분출하면서 탱크가 파열되는 것을 말한다.

정답 22.③ 23.③

24 다음 내용이 설명하는 것으로 옳은 것은?

> 화재가 발생하여 가연성 물질에서 발생된 가연성 증기가 천장 부근에 축적되고, 이 축적된 가연성 증기가 인화점에 도달하여 전체가 연소하기 시작하면 불덩어리가 천장을 따라 굴러다니는 것처럼 뿜어져 나오는 현상

① 롤오버(roll over) ② 프로스오버(froth over)
③ 슬롭오버(slop over) ④ 보일오버(boil over)

[18. 소방안전교육사]
기본서 2권 86p

25 건축물 화재 시 발생하는 특수한 화재현상으로 가장 옳지 않은 것은?

① 플래시백(Flash Back) ② 보일오버(Boil Over)
③ 플래시오버(Flash-Over) ④ 롤오버(Roll-Over)

[19. 서울시 9급]
기본서 2권 86p, 115~116p

해설 24 ② 프로스오버는 인화성액체인 석유류의 화재 시에 발생되는 이상현상인 오일오버, 보일오버에 비하여 위험성이 작으며, 점성을 가진 뜨거운 유류 표면의 아래 부분에서 물이 비등할 경우 비등하는 물이 저장탱크 내의 유류를 외부로 넘쳐흐르게 하는 현상으로, 다른 이상현상보다는 발생 횟수가 많으나 직접적으로 화재를 발생시키지는 않는다.
③ 슬롭오버는 물보다 끓는점(비점)이 높은 점성을 가진 석유류나 식용유에 물이 접촉될 때 석유류·식용유의 표면온도에 의해 물이 수증기가 되어 팽창·비등함에 따라 주위에 있는 뜨거운 석유류·식용유의 일부를 외부로 비산시키는 현상을 말한다.
④ 보일오버는 점성이 크고 비점이 높은 중질유의 저장탱크에 화재가 발생하여 장기간 화재에 노출되면 열류층(고온층, Hot zone)이 형성되어 그 열이 아래로 내려오게 되는데 외부로부터 침투하거나 원유 자체에 함유된 수분이나 기름의 에멀션(emulsion)이 이 열을 공급받아 급격한 부피 팽창을 하게 되고 이때 부피 팽창으로 상층의 유류를 밀어 올리며 기름과 함께 비산하게 된다.

25 ② 보일오버는 유류화재의 이상현상에 해당한다.
▶ 보일오버(Boil-over)
점성이 크고 비점이 높은 중질유의 저장탱크에 화재가 발생하여 장기간 화재에 노출되면 열류층(고온층, Hot zone)이 형성되어 그 열이 아래로 내려오게 되는데 외부로부터 침투하거나 원유 자체에 함유된 수분이나 기름의 에멀션(emulsion)이 이 열을 공급받아 급격한 부피 팽창을 하게 되고 이때 부피 팽창으로 상층의 유류를 밀어 올리며 기름과 함께 비산하게 된다. 이것을 보일오버라고 한다.
① 플래시백(Flash back) : 출입문 등을 개방할 때 산소 유입으로, 폭발적으로 다시 연소를 시작하는 현상으로 가스와 공기가 혼합하여 폭발하는 것보다 파괴력은 작지만 건축물에 손상을 주거나 생명에 위험을 주기에 충분하다. 주로 고무(latex)나 우레탄 등 합성수지일 때 발생한다.
③ 플래시오버(Flash-Over) : 화재 발생 초기에는 대류현상으로 인해 실내의 온도가 상승하며 발생한 가연성 가스가 발화하지 않은 상태로 천장부근에 축적되고, 축적된 가연성 가스의 농도가 점차 증가하여 연소범위 내에 들게 되면 착화하여 천장이 화염에 휩싸인다. 착화된 천장의 화염에서 많은 복사열이 방출되어 실내의 온도가 급격히 상승하게 되고 어느 일정 온도 이상이 되면 실내 전체가 화염에 휩싸이는 폭발적 연소 확대현상이 일어나게 된다.
④ 롤오버(Roll-Over) : 실내화재에서 연소되지 않은 열분해 가스가 천장 부근에 모여 있다가 화재가 발생되지 않은 쪽으로 파도 같이 빠른 속도로 굴러다니는 현상을 말한다. 이러한 현상은 Flash over 이전에 발생하기도 한다.

정답 24.① 25.②

26 다음에서 설명하는 현상은?

> 중질유와 같이 점성이 큰 유류에 화재가 발생하면 유류의 액표면 온도가 물의 비점 이상으로 올라가게 된다. 이때 소화용수가 뜨거운 액표면에 유입되면 물이 수증기로 변하면서 급작스러운 부피팽창에 의하여 유류가 탱크 외부로 분출되는 현상이 나타난다.

① 오일오버(oil over)
② 보일오버(boil over)
③ 슬롭오버(slop over)
④ 프로스오버(froth over)

[19. 소방안전교육사]

기본서 2권 86p

해설 26
① 오일오버(oil over) : 액체 가연물질인 제4류 위험물의 저장탱크에서 화재가 발생하는 경우 나타나는 이상 현상으로서 저장탱크 내에 저장된 제4류 위험물의 양이 내용적의 1/2 이하로 충전되어 있을 때 화재로 인하여 저장탱크 내의 유류를 외부로 분출하면서 탱크가 파열되는 것을 말한다.
② 보일오버(boil over) : 점성이 크고 비점이 높은 중질유의 저장탱크에 화재가 발생하여 장기간 화재에 노출되면 열류층(고온층, Hot zone)이 형성되어 그 열이 아래로 내려오게 되는데 외부로부터 침투하거나 원유 자체에 함유된 수분이나 기름의 에멀션(emulsion)이 열을 공급받아 급격한 부피 팽창을 하게 되고 이때 부피 팽창으로 상층의 유류를 밀어 올리며 기름과 함께 비산하게 된다.
④ 프로스오버(froth over) : 인화성 액체인 석유류의 화재시에 발생되는 이상현상인 오일오버, 보일오버에 비하여 위험성이 적으며, 점성을 가진 뜨거운 유류 표면의 아래 부분에서 물이 비등할 경우 비등하는 물이 저장탱크 내의 유류를 외부로 넘쳐흐르게 하는 현상으로, 다른 이상현상보다는 발생 횟수가 많으나 직접적으로 화재를 발생시키지는 않는다.

정답 26.③

04 화재조사

01 건축·구조물화재의 소실 정도에 따른 분류로 ㉠, ㉡에 들어갈 숫자를 옳게 짝지은 것은?

구분	소손 정도 및 내용
전소	건물의 (㉠)% 이상 소실되었거나 또는 그 미만이라도 잔존 부분에 보수를 하여도 재사용이 불가능한 것
반소	건물의 (㉡)% 이상 (㉠)% 미만이 소실된 것
부분소	전소 및 반소에 해당되지 아니하는 것

	㉠	㉡		㉠	㉡
①	60	20	②	60	30
③	70	20	④	70	30

[17. 국가직 7급]

기본서 2권 157p

해설 01 ▶ 화재조사 및 보고규정 제16조(화재의 소실정도)
① 건축·구조물화재의 소실정도는 다음의 각 호에 따른다.
  1. 전소 : 건물의 70% 이상(입체면적에 대한 비율을 말한다. 이하 같다)이 소실되었거나 또는 그 미만이라도 잔존부분을 보수하여도 재사용이 불가능한 것
  2. 반소 : 건물의 30% 이상 70% 미만이 소실된 것
  3. 부분소 : 전소, 반소화재에 해당되지 아니하는 것

정답 01.④

02 건물 화재 시 전체의 30% 이상 70% 미만이 소손된 경우 분류되는 화재의 종류는?

① 전소 화재
② 부분소 화재
③ 즉소 화재
④ 반소 화재

[17. 서울시 7급]
기본서 2권 157p

03 화재의 소실정도에 관한 설명으로 옳지 않은 것은?

① 전소 화재는 전체의 70% 이상이 소실되었거나 그 미만이라도 잔존부분을 보수하여 재사용이 가능한 것
② 반소 화재는 전체의 30% 이상 70% 미만이 소실된 것
③ 부분소 화재는 전소, 반소화재에 해당되지 않는 것
④ 즉소 화재는 화재발생 즉시 소화된 화재로 인명피해가 없고 피해액도 경미한 것

[19. 소방안전교육사]
기본서 2권 157p

해설

02 ▶ 화재조사 및 보고규정 제16조(화재의 소실정도)
① 건축·구조물화재의 소실정도는 다음의 각 호에 따른다.
　1. 전소 : 건물의 70% 이상(입체면적에 대한 비율을 말한다. 이하 같다)이 소실되었거나 또는 그 미만이라도 잔존부분을 보수하여도 재사용이 불가능한 것
　2. 반소 : 건물의 30% 이상 70% 미만이 소실된 것
　3. 부분소 : 전소, 반소화재에 해당되지 아니하는 것

03 ① 전소 화재는 전체의 70% 이상이 소실되었거나 그 미만이라도 잔존부분을 보수하여 재사용이 ~~가능한 것~~
　　→ 불가능한 것
▶ 화재조사 및 보고규정 제16조 제1항(화재의 소실정도)
① 건축·구조물화재의 소실정도는 다음의 각 호에 따른다.
　1. 전소 : 건물의 70% 이상(입체면적에 대한 비율을 말한다. 이하 같다)이 소실되었거나 또는 그 미만이라도 잔존부분을 보수하여도 재사용이 불가능한 것
　2. 반소 : 건물의 30% 이상 70% 미만이 소실된 것
　3. 부분소 : 전소, 반소화재에 해당되지 아니하는 것

정답 02.④ 03.①

소방학개론

PART 05

소화이론

01 소화원리
02 소화약제
03 소방시설

01 소화원리 (김동준소방)

01 가정이나 식당에서 튀김요리 중 일어날 수 있는 식용유 화재의 소화방법으로 옳지 않은 것은?

① 수건을 물에 적셔 짠 후 덮어서 질식 소화한다.
② 물을 사용하여 냉각 소화한다.
③ 주방에 비치된 휴대용 소화기를 이용하여 질식 소화한다.
④ 주변에 있는 냄비 뚜껑으로 덮어서 질식 소화한다.

[16. 지방직 9급]
기본서 2권 90p, 173~174p

02 소화의 종류와 방법이 올바르게 짝지어지지 않은 것은?

① 제거소화 : 가연성 물질을 연소지역에서 제거하여 소화하는 방법
② 질식소화 : 공기 중 존재하는 산소의 농도를 낮추어 소화하는 방법
③ 냉각소화 : 연소물로부터 열을 빼앗아 발화점 이하로 낮추는 방법
④ 희석소화 : 가연성 물질과 산소의 화학반응을 느리게 하여 소화하는 방법

[17. 서울시 7급]
기본서 2권 173~174p

해설

01 식용유 화재에 물을 사용하면(냉각소화) 화재면이 확대되어 더 큰 인명피해 및 재산피해가 발생된다.
식용유는 발화점이 비점보다 낮기 때문에 소화 후 재발화 위험이 있으며, 제1종 분말소화약제가 주로 사용되며, 식용유의 온도를 발화점 이하로 낮추면 재착화가 되지 않는다.

02 ※ 희석소화
1. 수용성의 가연물질에 소화약제인 물을 대량으로 방사하여 수용성 가연물질의 연소농도를 희박하게 희석하여 소화하는 것을 희석소화라 한다.
2. 연소하고 있는 가연물질에 공급되고 있는 산소의 농도를 연소농도 이하로 희석시켜 소화하는 것도 희석소화지만 이러한 경우에는 질식에 포함되기도 한다.

정답 01.② 02.④

03 물리적 소화방법이 아닌 것은?
① 산소공급원 차단
② 연쇄반응 차단
③ 온도 냉각
④ 가연물 제거

[21. 소방설비기사 5월]
기본서 2권 173~175p

04 일반적으로 공기 중 산소농도를 몇 vol% 이하로 감소시키면 연소속도의 감소 및 질식소화가 가능한가?
① 15
② 21
③ 25
④ 31

[21. 소방설비기사 3월]
기본서 2권 174p

해설
03 ② 연쇄반응 차단
→ 억제소화는 화학적 소화방법이다.

04 가연물질이 연소하기 위해서는 연소의 3요소 중의 하나인 산소공급원의 양이 충분하여야 한다. 산소는 공기 중에 21% 또는 23% 존재하고 있는데, 가연물질에 공급되는 공기 중 산소의 양을 15V% 이하로 하면 산소 결핍에 의하여 연소상태가 정지되는 것을 질식소화라 한다.

정답 03.② 04.①

05 소화 시 자유활성기(Free Radical)의 생성을 차단하는 소화방법은?
① 제거소화 ② 질식소화
③ 억제소화 ④ 냉각소화

[20. 소방안전교육사]
상 중 **하**
기본서 2권 173~175p

06 일상생활 중에 일어날 수 있는 화재 안전에 대한 내용으로 옳은 것은?
① 요리할 때 사용하는 유류에 의한 화재는 냄비뚜껑을 덮어 냉각소화 시킨다.
② 경유는 휘발유보다 인화점이 낮기 때문에 주유 시 가연성 증기발생에 의한 착화에 주의해야 한다.
③ 우리 주변에 가장 많이 볼 수 있는 ABC분말소화기는 일반화재, 유류화재, 전기화재에 모두 사용할 수 있다.
④ LNG는 누출되면 가스가 바닥 면에 모일 수 있으므로 가스누설경보기는 바닥 쪽에 설치하여야 한다.

[17. 지방직 9급]
상 **중** 하
기본서 2권 26p, 88p, 173~177p, 255p

해설

05 ③ 억제소화 : 물질의 연소과정은 Free Radical(화학반응 시 분해되지 않는 하나의 분자에서 다른 분자로 이동할 수 있는 원자의 집단)이 계속 생성되면서 이에 의해 연쇄반응이 성립되는 것으로, 억제소화는 연쇄반응의 원인물질인 Active Free Radical을 불활성화 시켜 연쇄반응을 단절시키는 것이다.
① 제거소화 : 연소의 3요소 또는 4요소를 구성하는 가연물질을 안전한 장소로 이동시키거나 점화원이 없는 장소로 신속하게 제거하여 소화시키는 방법이다
② 질식소화 : 가연물질에 공급되는 공기 중 산소의 양을 15V% 이하로 하면 산소 결핍에 의하여 연소상태가 정지되는 것을 질식소화라 한다.
④ 냉각소화 : 연소의 3요소 또는 4요소 중의 점화원을 이용한 소화의 원리로서 연소 중인 가연물질의 온도를 발화점 이하로 냉각시켜 소화하는 것을 말한다.

06 ① 냉각소화가 아니라 질식소화가 적합하다.
② 휘발유가 경유보다 인화점이 더 낮다.
④ LNG는 누출되면 가스가 위로 가기 때문에 가스누설경보기를 위쪽에 설치한다.

정답 05.③ 06.③

07 화재안전에 대한 설명으로 옳지 않은 것은?
① 화재 시 발생하는 이산화탄소는 다량으로 존재할 때 산소부족으로 사망에 이르게 할 수 있다.
② 금수성 물질의 화재 시 일반적으로 이산화탄소 소화기로 질식소화한다.
③ 가연성 가스인 LPG의 주성분은 프로판과 부탄이다.
④ 화재 시 발생하는 일산화탄소는 흡입 시 혈액 속 헤모글로빈과 결합할 수 있다.

[17. 지방직 9급]
기본서 1권 44p, 88p, 273p

해설 07 금수성 물질은 물과 반응할 때 가연성 가스가 발생하며 발화의 위험이 있다.
마른모래, 팽창질석, 건조석회 및 금속화재(D급화재)용 분말소화기로 질식소화한다.

정답 07.②

02 소화약제

01 물이 주성분인 수계 소화약제에 해당하는 것은?
① 포 소화약제
② 이산화탄소 소화약제
③ 할로겐화합물 소화약제
④ 분말 소화약제

[19. 국가직 9급]
기본서 2권 178p

02 물소화약제에 관한 설명으로 옳은 것을 모두 고른 것은?

㉠ 물은 다른 물질에 비해 비열과 기화열이 비교적 크다.
㉡ 물 1g을 0℃에서 100℃까지 상승시키는데 필요한 열량은 100kcal이다.
㉢ 물은 주수방법에 따라 유류화재와 전기화재에도 적용이 가능하다.

① ㉠
② ㉠, ㉡
③ ㉠, ㉢
④ ㉡, ㉢

[19. 소방안전교육사]
기본서 2권 179~186p

해설 01
1. 수계 : 물 소화약제, 포 소화약제
2. 가스계 : 이산화탄소 소화약제, 할로겐화합물 및 불활성기체 소화약제, 분말 소화약제

02
㉡ 물 1g을 0℃에서 100℃까지 상승시키는데 필요한 열량은 ~~100kcal~~이다. (X)
→ 100cal
㉠ 물은 다른 물질에 비해 비열과 기화열이 비교적 크다. (O)
㉢ 물은 주수방법에 따라 유류화재와 전기화재에도 적용이 가능하다. (O)

정답 01.① 02.③

03 소화약제로 사용하는 물의 증발잠열로 기대할 수 있는 소화효과는?
① 냉각소화
② 질식소화
③ 제거소화
④ 촉매소화

[21. 소방설비기사 3월]

기본서 2권 181p

04 물 소화약제의 소화효과에 해당하지 않는 것은?
① 냉각효과
② 질식효과
③ 유화효과
④ 부촉매효과

[24. 국가직 9급]
기본서 2권 181~182p

05 상온·상압의 공기 중에서 탄화수소류의 가연물을 소화하기 위한 이산화탄소 소화약제의 농도는 약 몇 %인가? (단, 탄화수소류는 산소농도가 10%일 때 소화된다고 가정한다.)
① 28.57
② 35.48
③ 49.56
④ 52.38

[22. 소방설비기사 3월]
기본서 2권 197p

해설

03 ※ 화재에 물을 사용하여 소화하는 가장 큰 이유
1. 물의 비열 값이 다른 물질에 비하여 높다(물의 비열 값 : 1kcal/kg·℃).
2. 물 1kg의 증발잠열의 값은 539kcal/kg로서 다른 물질의 기화열 값에 비하여 높다.
3. 쉽게 구할 수 있으며, 경제적이다.
4. 일반적으로 가연물질의 발화점보다 낮은 끓는점(비점)이어서 냉각소화에 쉽게 사용된다.

04 물의 소화작용은 냉각, 질식, 유화, 희석, 타격에 의한 소화작용이다.

05 이산화탄소 소화약제 농도계산식은 다음과 같다.
$$CO_2(\%) = \frac{21 - O_2}{21} \times 100(\%)$$
주어진 산소농도가 10%일 때로 가정한다면,
$$CO_2(\%) = \frac{21 - 10}{21} \times 100 = 52.38(\%)$$

정답 03.① 04.④ 05.④

06 이산화탄소의 물성으로 옳은 것은?
① 임계온도 : 31.35℃, 증기비중 : 0.529
② 임계온도 : 31.35℃, 증기비중 : 1.529
③ 임계온도 : 0.35℃, 증기비중 : 1.529
④ 임계온도 : 0.35℃, 증기비중 : 0.529

[21. 소방설비기사 3월]
상 중 하
기본서 2권 196p

07 할로겐화합물 소화약제의 종류로 옳지 않은 것은?
① HFC-227ea ② IG-541
③ FC-3-1-10 ④ FK-5-1-12

[18. 소방안전교육사]
상 중 하
기본서 2권 206p

해설 06 임계점 / 임계온도 / 임계압력

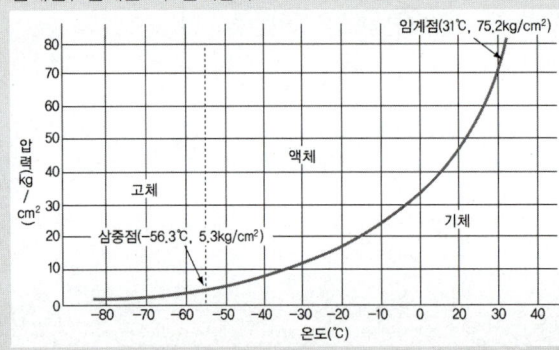

- 임계점 : 열열학적으로 온도·압력·부피를 변화시키면 기체의 액화, 액화의 기화 등의 변화가 일어나지만, 특정 온도 이상이 되면 더 이상 압력에 따른 상태변화가 일어나지 않는데, 액체상과 기체상의 상전이가 더 이상 일어나지 않는 영역을 임계점이라 한다. 임계점이 나타내는 압력을 임계압력, 임계온도라고 한다. 임계온도 이상의 영역에서는 두 상이 서로 나뉘지 않는 초임계유체상태가 된다.
- 임계온도 : 액화가 가능한 최고의 온도. 이 온도보다 높을 경우 액화되지 않는다.
- 임계압력 : 임계온도에서 액화가능한 최저의 압력. 임계온도 이상에서는 압력을 변화시켜도 상(액화)이 변하지 않는다.

명칭	물성치	명칭	물성치
증기비중	1.529(공기=1)	삼중점	-56.7℃
승화점(1atm)	-78.50℃	임계압력	72.9kg/cm²
임계온도	31.35℃	기체밀도(0℃, 1atm)	1.976g/L

07 ② 불활성기체 소화약제 IG-541 - N_2 : 52%, Ar : 40%, CO_2 : 8%

정답 06.② 07.②

08 불활성기체 소화약제를 구성하는 기본성분에 해당되는 물질로 옳지 않은 것은?

① 네온
② 헬륨
③ 브롬
④ 아르곤

[18. 소방안전교육사]
기본서 2권 206p

09 소화약제 중 HFC-125의 화학식으로 옳은 것은?

① CHF_2CF_3
② CHF_3
③ CF_3CHFCF_3
④ CF_3I

[21. 소방설비기사 5월]
기본서 2권 206p

해설

08 불활성기체 소화약제 : 헬륨, 네온, 아르곤, 질소 중 하나 이상의 원소를 기본성분으로 하는 소화약제를 말한다.

09 ① CHF_2CF_3 → HFC-125
② CHF_3 → HFC-23
③ CF_3CHFCF_3 → HFC-227ea
④ CF_3I → FIC-13I1

정답 08.③ 09.①

10 분자식이 CF_2BrCl인 할론 소화약제는?

① Halon 1301　　② Halon 1211
③ Halon 2402　　④ Halon 2021

[21. 소방설비기사 3월]
심화

11 다음 할로겐화합물 소화약제 중 독성이 가장 약한 것은?

① 할론 104　　② 할론 1211
③ 할론 1301　　④ 할론 2402

[24. 지방직 9급]
기본서 2권 205p

12 불활성기체 소화약제 중 질소성분이 들어있지 않은 소화약제는?

① IG-01　　② IG-100
③ IG-541　　④ IG-55

[20. 소방안전교육사]
기본서 2권 206p

해설

10　② Halon 1211(CF_2ClBr)　① Halon 1301(CF_3Br)
　　③ Halon 2402($C_2F_4Br_2$)　④ Halon 2021

11　• 전기음성도(안정성) : F > Cl > Br > I
　　• 소화효과 : F < Cl < Br < I / Halon 1301 > 1211 > 2402
　　• 오존파괴지수(ODP) : Halon 1301 > 2402 > 1211
　　• 독성 : Halon 2402 > 1211 > 1301

12　① IG-01은 아르곤(Ar)성분만 들어 있다.

소화약제	화학식
IG-01	Ar
IG-100	N_2
IG-541	N_2 : 52%, Ar : 40%, CO_2 : 8%
IG-55	N_2 : 50%, Ar : 50%

정답　10.②　11.③　12.①

13 불활성기체 소화약제 IG-541에 포함되어 있지 않은 성분은?
① Ar   ② CO_2
③ He   ④ N_2

[21. 소방시설관리사]
기본서 2권 206p

14 소화약제에 관한 설명으로 옳지 않은 것은?
① 제3종 분말 소화약제의 주성분은 제1인산암모늄이다.
② 불활성기체 소화약제란 불소, 염소, 또는 질소 중 둘 이상의 원소를 기본성분으로 하는 소화약제를 말한다.
③ 이산화탄소 소화약제의 주된 소화효과는 질식소화이다.
④ 수용성용제의 화재에는 알코올형포 소화약제가 효과적이다.

[20. 소방안전교육사]
기본서 2권 193~196p
       202~206p

해설
13 ③ 헬륨(He)은 포함되어 있지 않다.
    IG-541 - N_2 : 52%, Ar : 40%, CO_2 : 8%

14 ② 불활성기체 소화약제 : 헬륨, 네온, 아르곤, 질소 중 하나 이상의 원소를 기본성분으로 하는 소화약제를 말한다.

    ※ 할로겐화합물 소화약제 : 순도가 99% 이상이고 불소, 염소, 브롬, 요오드 중 하나 이상의 원소를 포함하고 있는 유기화합물을 기본성분으로 하는 소화약제이다.

정답 13.③ 14.②

15 ABC분말소화기(제3종 분말소화약제)에 대한 설명으로 옳지 않은 것은?   [18. 국가직 7급]
① 일반적으로 일반화재, 유류화재, 전기화재에 모두 사용할 수 있다.
② 연쇄반응을 차단하는 부촉매소화 효과와 함께 질식소화 효과도 있다.
③ 제3종 분말소화약제의 주성분은 탄산수소나트륨이다.
④ 약제의 방출방식에 따라 가압식과 축압식으로 구분할 수 있다.

16 제3종 분말소화약제에 대한 설명으로 가장 옳지 않은 것은?   [18. 서울시 9급]
① 열분해과정에서 열을 흡수하는 흡열작용을 한다.
② 열분해과정에서 발생되는 기체는 암모니아와 수증기 등이다.
③ 중탄산나트륨, 탄산수소나트륨이 주성분이다.
④ 열분해과정에서 발생되는 메타인산에 의하여 방진소화작용을 한다.

해설 15 ③ 제3종 분말소화약제의 주성분은 제1인산암모늄($NH_4H_2PO_4$)이다.

종 별	주성분	색 상	소화대상	소화성능
제1종 분말소화약제	(중탄산나트륨)탄산수소나트륨($NaHCO_3$) : 드라이케미컬	백색	B급, C급, F급	60
제2종 분말소화약제	(중탄산칼륨)탄산수소칼륨($KHCO_3$)	담자색 (보라색)	B급, C급	118
제3종 분말소화약제	제1인산암모늄($NH_4H_2PO_4$)	담홍색	A급, B급, C급	100
제4종 분말소화약제	탄산수소칼륨+요소($KHCO_3+(NH_2)_2CO$)	회색	B급, C급	150

16 ③ 제3종 분말소화약제의 주성분은 제1인산암모늄($NH_4H_2PO_4$)이다.

종 별	주성분	색 상	소화대상	소화성능
제1종 분말소화약제	(중탄산나트륨)탄산수소나트륨($NaHCO_3$) : 드라이케미컬	백색	B급, C급, F급	60
제2종 분말소화약제	(중탄산칼륨)탄산수소칼륨($KHCO_3$)	담자색 (보라색)	B급, C급	118
제3종 분말소화약제	제1인산암모늄($NH_4H_2PO_4$)	담홍색	A급, B급, C급	100
제4종 분말소화약제	탄산수소칼륨+요소($KHCO_3+(NH_2)_2CO$)	회색	B급, C급	150

정답 15.③ 16.③

17 일반화재(A급), 유류화재(B급), 전기화재(C급)에 적용할 수 있는 제3종 분말 소화약제의 주성분은?

① 요소
② 중탄산칼륨
③ 중탄산나트륨
④ 제1인산암모늄

[19. 지방직 9급]
기본서 2권 201~202p

18 제3종 분말소화약제의 열분해 반응으로 생성되는 물질로 옳지 않은 것은?

① NH_3
② CO_2
③ H_2O
④ HPO_3

[18. 소방안전교육사]
기본서 2권 202p

해설 17 제3종 분말소화약제의 주성분은 제1인산암모늄($NH_4H_2PO_4$)

종 별	주성분	색 상	소화대상	소화성능
제1종 분말소화약제	(중탄산나트륨)탄산수소나트륨($NaHCO_3$) : 드라이케미컬	백 색	B급, C급, F급	60
제2종 분말소화약제	(중탄산칼륨)탄산수소칼륨($KHCO_3$)	담자색 (보라색)	B급, C급	118
제3종 분말소화약제	제1인산암모늄($NH_4H_2PO_4$)	담홍색	A급, B급, C급	100
제4종 분말소화약제	탄산수소칼륨＋요소($KHCO_3＋(NH_2)_2CO$)	회 색	B급, C급	150

18 제3종 분말소화약제 열분해
$NH_4H_2PO_4 \rightarrow HPO_3 + NH_3 + H_2O$

정답 17.④ 18.②

19 분말소화약제와 분말소화기에 관한 설명으로 옳은 내용을 모두 고른 것은?

> ㉠ 제1종 분말소화약제의 주성분은 탄산수소나트륨이다.
> ㉡ 제2종 분말소화약제는 담회색으로 착색되어 있다.
> ㉢ 제3종 분말소화약제는 A급화재에 적응성이 있다.
> ㉣ 분말소화기의 내용연수는 20년이다.

① ㉠
② ㉡, ㉢
③ ㉠, ㉡, ㉢
④ ㉠, ㉡, ㉣

[20. 소방안전교육사]
기본서 2권 199~203p

20 분말소화약제의 종별에 따른 주성분 및 화재적응성을 나열한 것으로 옳지 않은 것은?

① 제1종 - 중탄산나트륨 - B, C급
② 제2종 - 중탄산칼륨 - B, C급
③ 제3종 - 제1인산암모늄 - A, B, C급
④ 제4종 - 인산+요소 - A, B, C급

[21. 소방시설관리사]
기본서 2권 199p

해설

19 ㉣ 분말소화기의 내용연수는 ~~20년~~이다. (×)
→ 10년
㉠ 제1종 분말소화약제의 주성분은 탄산수소나트륨이다. (○)
㉡ 제2종 분말소화약제는 담회색으로 착색되어 있다. (○)
㉢ 제3종 분말소화약제는 A급화재에 적응성이 있다. (○)

20 ④ 제4종 - ~~인산+요소 - A, B, C급~~
→ 탄산수소칼륨+요소 - B, C급

종 별	주성분	색 상	소화대상	소화성능
제1종 분말소화약제	(중탄산나트륨)탄산수소나트륨($NaHCO_3$) : 드라이케미컬	백색	B급, C급, F급	60
제2종 분말소화약제	(중탄산칼륨)탄산수소칼륨($KHCO_3$)	담자색 (보라색)	B급, C급	118
제3종 분말소화약제	제1인산암모늄($NH_4H_2PO_4$)	담홍색	A급, B급, C급	100
제4종 분말소화약제	탄산수소칼륨+요소($KHCO_3+(NH_2)_2CO$)	회색	B급, C급	150

정답 19.③ 20.④

21 제3종 분말소화약제의 주성분은?
① 제1인산암모늄 ② 탄산나트륨
③ 탄산수소나트륨 ④ 탄산수소칼륨

[21. 소방설비기사 5월]
기본서 2권 201~202p

22 분말소화약제 중 A급, B급, C급 화재에 모두 사용할 수 있는 것은?
① 제1종 분말 ② 제2종 분말
③ 제3종 분말 ④ 제4종 분말

[21. 소방설비기사 5월]
기본서 2권 201~202p

해설 **21**

종 별	주성분	색 상	소화대상	소화성능
제1종 분말소화약제	(중탄산나트륨)탄산수소나트륨($NaHCO_3$) : 드라이케미컬	백색	B급, C급, F급	60
제2종 분말소화약제	(중탄산칼륨)탄산수소칼륨($KHCO_3$)	담자색 (보라색)	B급, C급	118
제3종 분말소화약제	제1인산암모늄($NH_4H_2PO_4$)	담홍색	A급, B급, C급	100
제4종 분말소화약제	탄산수소칼륨+요소($KHCO_3+(NH_2)_2CO$)	회색	B급, C급	150

22
③ 제3종 분말 : A급, B급, C급
① 제1종 분말 : B급, C급
② 제2종 분말 : B급, C급
④ 제4종 분말 : B급, C급

종 별	주성분	색 상	소화대상	소화성능
제1종 분말소화약제	(중탄산나트륨)탄산수소나트륨($NaHCO_3$) : 드라이케미컬	백색	B급, C급, F급	60
제2종 분말소화약제	(중탄산칼륨)탄산수소칼륨($KHCO_3$)	담자색 (보라색)	B급, C급	118
제3종 분말소화약제	제1인산암모늄($NH_4H_2PO_4$)	담홍색	A급, B급, C급	100
제4종 분말소화약제	탄산수소칼륨+요소($KHCO_3+(NH_2)_2CO$)	회색	B급, C급	150

정답 21.① 22.③

23 분말소화약제의 종류와 주성분이 바르게 연결된 것은?

① 제1종 분말소화약제 – 탄산수소칼륨($KHCO_3$)과 요소($(NH_2)_2CO$)
② 제2종 분말소화약제 – 탄산수소나트륨($NaHCO_3$)
③ 제3종 분말소화약제 – 제1인산암모늄($NH_4H_2PO_4$)
④ 제4종 분말소화약제 – 탄산수소나트륨($NaHCO_3$)과 요소($(NH_2)_2CO$)

[23. 지방직 9급]

기본서 2권 199p

24 소화약제에 대한 설명으로 옳지 않은 것은?

① 이산화탄소 소화약제는 사용 후에 오염의 영향이 없다는 큰 장점이 있고, 5류 위험물 화재에 효과적이다.
② 포(foam) 소화약제는 포가 유류의 표면을 덮어서 질식시키기 때문에 유류화재의 소화에 효과적이고, 일반화재에도 사용할 수 있다.
③ 제3종 분말 소화약제는 A, B, C급 화재진압에 효과적이고, 주성분은 제1인산암모늄($NH_4H_2PO_4$)이다.
④ 금속화재용 분말소화약제는 금속표면을 덮어서 산소의 공급을 차단하거나 온도를 낮추는 것이 주된 소화원리이다.

[20. 국가직 9급]

기본서 2권 187p, 197p, 201~204p

해설 23 ① 제1종 분말소화약제 – 탄산수소나트륨($NaHCO_3$)
② 제2종 분말소화약제 – 탄산수소칼륨($KHCO_3$)
④ 제4종 분말소화약제 – 탄산수소칼륨($KHCO_3$)과 요소($(NH_2)_2CO$))

24 제5류 위험물은 물질 자체에 산소를 함유하고 있기 때문에 이산화탄소·할로겐화합물·분말·포소화약제 등에 의한 질식소화는 효과가 없으며, 많은 양의 물에 의한 냉각소화가 가장 효과적이다.

정답 23.③ 24.①

03 소방시설

01 「소방시설 설치 및 관리에 관한 법률 시행령」상 소방시설의 종류에 대한 설명으로 옳은 것은?

① 피난구조설비 – 완강기, 공기호흡기, 인공소생기
② 소화용수설비 – 소화수조, 연결송수관설비, 상수도소화용수설비
③ 소화활동설비 – 연소방지설비, 구조대, 제연설비
④ 경보설비 – 통합감시시설, 누전경보기, 유도등

[16. 서울시 9급]

기본서 2권 210~211p

02 소방시설 중 소화활동설비에 대한 설명으로 옳은 것은?

① 옥내소화전, 스프링클러설비 등을 말하며 직접 소화활동에 이용하는 설비이다.
② 소방대원이 사용하는 설비로 연결송수관설비, 무선통신보조설비 등이 있다.
③ 소화전은 소방대상물의 수평투영면의 각 부분으로부터 140m 이하가 되도록 설치해야 한다.
④ 화재를 진압하거나 인명구조활동을 위하여 사용하는 설비로 방열복, 구조대 등이 있다.

[17. 국가직 7급]

기본서 2권 210~211p, 320p

해설

01 ② 연결송수관설비 – 소화활동설비
③ 구조대 – 피난구조설비에서 피난기구
④ 유도등 – 피난구조설비

02 ① 옥내소화전, 스프링클러설비 등은 <u>소화설비</u>로서 물 또는 그 밖의 소화약제를 사용하여 소화하는 기계·기구 또는 설비이다.
③ <u>소화용수설비</u>
④ 방열복, 구조대는 화재가 발생할 경우 피난하기 위하여 사용하는 기구 또는 설비로서 <u>피난구조설비</u>에 해당한다.

정답 01.① 02.②

03 「소방시설 설치 및 관리에 관한 법률 시행령」상 경보설비에 포함되는 것만을 모두 고른 것은?

㉠ 비상경보설비	㉡ 자동화재탐지설비
㉢ 무선통신보조설비	㉣ 피난구유도등
㉤ 비상방송설비	

① ㉠, ㉡, ㉢
② ㉠, ㉡, ㉤
③ ㉡, ㉢, ㉣
④ ㉡, ㉣, ㉤

[17. 국가직 9급]
기본서 2권 210p

04 소방시설의 종류에서 경보설비로 옳지 않은 것은?
① 비상방송설비
② 유도등 및 유도표지
③ 자동화재속보설비
④ 누전경보기

[17. 서울시 9급]
기본서 2권 210p

해설

03 ㉢ 무선통신보조설비 – 소화활동설비
㉣ 피난구유도등 – 피난구조설비

04 ② 유도등 및 유도표지는 피난구조설비에 해당한다.
▶ 경보설비
가. 비상벨설비 및 자동식사이렌설비(비상경보설비)
나. 단독경보형감지기
다. 비상방송설비
라. 누전경보기
마. 자동화재탐지설비 및 시각경보기
바. 자동화재속보설비
사. 가스누설경보기
아. 통합감시시설
자. 화재알림설비

정답 03.② 04.②

05 소방시설별 종류에 대한 설명으로 옳지 않은 것은?
① 소화설비 – 옥외소화전설비, 연결송수관설비, 연결살수설비
② 경보설비 – 시각경보기, 통합감시시설, 가스누설경보기
③ 피난구조설비 – 공기호흡기, 인공소생기, 비상조명등
④ 소화활동설비 – 제연설비, 비상콘센트설비, 무선통신보조설비

[18. 국가직 9급]
기본서 2권 210~211p

06 소방시설의 종류 중 경보설비에 해당하지 않는 것은?
① 자동화재속보설비　　　② 비상방송설비
③ 무선통신보조설비　　　④ 자동화재탐지설비

[18. 지방직 9급]
기본서 2권 210p

해설
05 ① 연결송수관설비, 연결살수설비는 소화활동설비이다.
06 ③ 무선통신보조설비는 소화활동설비에 해당한다.

정답 05.① 06.③

07 소화설비의 종류에서 물분무등소화설비에 해당하는 것만을 모두 고르면?

㉠ 미분무소화설비	㉡ 스프링클러설비
㉢ 분말소화설비	㉣ 자동소화장치
㉤ 포소화설비	㉥ 옥내소화전설비

① ㉠, ㉢, ㉤
② ㉠, ㉢, ㉥
③ ㉡, ㉢, ㉣
④ ㉡, ㉣, ㉤

[18. 국가직 7급]
기본서 2권 210p

08 「소방시설 설치 및 관리에 관한 법률 시행령」상 소방시설 중 피난구조설비에 해당하지 않는 것은?

① 완강기
② 통로유도등
③ 공기호흡기
④ 연소방지설비

[19. 국가직 7급]
기본서 2권 211p

해설

07 ※ 물분무등소화설비
물분무소화설비, 포소화설비, 이산화탄소소화설비, 할론소화설비, 할로겐화합물 및 불활성기체 소화설비, 분말소화설비, 미분무소화설비, 강화액소화설비, 고체에어로졸소화설비

08 ④ 연소방지설비 – 소화활동설비
※ 소방시설법 시행령 별표 1
피난구조설비 : 화재가 발생할 경우 피난하기 위하여 사용하는 기구 또는 설비로서 다음 각 목의 것
1) 피난기구 : 피난사다리, 구조대, 완강기, 간이완강기, 그 밖에 화재안전기준으로 정하는 것
2) 인명구조기구 : 방열복, 방화복(안전모, 보호장갑 및 안전화를 포함한다.), 공기호흡기, 인공소생기
3) 유도등 : 피난유도선, 피난구유도등, 통로유도등, 객석유도등, 유도표지
4) 비상조명등 및 휴대용비상조명등

정답 07.① 08.④

09 화재발생 시 피난기구로 직접 활용할 수 없는 것은?
① 완강기 ② 무선통신보조설비
③ 피난사다리 ④ 구조대

10 「소방시설 설치 및 관리에 관한 법률 시행령」상 소방시설의 종류와 내용을 나타낸 규정으로 ㉠, ㉡에 들어갈 내용은?

종류	내용
(㉠)	화재가 발생한 경우 피난하기 위하여 사용하는 기구 또는 설비
(㉡)	화재를 진압하는 데 필요한 물을 공급하거나 저장하는 설비

	㉠	㉡
①	화재피난설비	소화저장설비
②	피난구조설비	소화용수설비
③	화재피난설비	소화공급설비
④	피난구조설비	소화저장설비

해설 09 ② 무선통신보조설비
→ 소화활동설비이다.

10 ※ 소방시설법 시행령 별표1
소방시설
1. 소화설비 : 물 또는 그 밖의 소화약제를 사용하여 소화하는 기계·기구 또는 설비로서 다음 각 목의 것
2. 경보설비 : 화재발생 사실을 통보하는 기계·기구 또는 설비로서 다음 각 목의 것
3. 피난구조설비 : 화재가 발생할 경우 피난하기 위하여 사용하는 기구 또는 설비로서 다음 각 목의 것
4. 소화용수설비 : 화재를 진압하는 데 필요한 물을 공급하거나 저장하는 설비로서 다음 각 목의 것
5. 소화활동설비 : 화재를 진압하거나 인명구조활동을 위하여 사용하는 설비로서 다음 각 목의 것

정답 09.② 10.②

11 「소방시설 설치 및 관리에 관한 법률 시행령」상 소화설비에 해당하지 않는 것은?

① 소화기구
② 화재알림설비
③ 자동소화장치
④ 옥내소화전설비

[24. 국가직 9급]

기본서 2권 210p

12 「소방시설 설치 및 관리에 관한 법률 시행령」상 소방시설 중 소화설비에 해당하는 것만을 모두 고르면?

| ㉠ 구조대 | ㉡ 완강기 |
| ㉢ 소화기 | ㉣ 스프링클러설비 |

① ㉠, ㉡
② ㉢, ㉣
③ ㉠, ㉡, ㉢
④ ㉡, ㉢, ㉣

[24. 지방직 9급]

기본서 2권 210p

해설

11 화재알림설비는 경보설비에 해당한다

12 소화설비는 물 또는 그 밖의 소화약제를 사용하여 소화하는 기계·기구 또는 설비이다.
소화기구(소화기, 간이소화용구, 자동확산소화기), 자동소화장치, 옥내소화전설비, 옥외소화전설비, 스프링클러설비, 간이스프링클러설비 및 화재조기진압용 스프링클러설비, 물분무등소화설비

㉠㉡ 피난구조설비

정답 11.② 12.②

13 소화기구 및 자동소화장치의 화재안전기준에서 규정된 소화기구에 관한 설명으로 옳지 않은 것은?

① 일반화재(A급화재)에는 이산화탄소 소화약제 소화기가 적응성이 낮다.
② 근린생활시설인 경우 해당용도의 바닥면적 300㎡마다 소화기구 능력단위 기준을 1단위 이상으로 산출하여야 한다.
③ 소화기는 특정소방대상물의 각 부분으로부터 1개의 소화기까지의 보행거리가 소형소화기의 경우에는 20m 이내, 대형소화기의 경우에는 30m 이내가 되도록 배치하여야 한다.
④ 소화기구(자동확산소화기는 제외)는 거주자 등이 손쉽게 사용할 수 있는 장소에 바닥으로부터 높이 1.5m 이하의 곳에 비치하여야 한다.

14 다음은 「소화기구 및 자동소화장치의 화재안전성능기준」상 대형소화기에 관한 정의이다. ( )에 들어갈 내용으로 옳은 것은?

'대형소화기'란 화재 시 사람이 운반할 수 있도록 운반대와 바퀴가 설치되어 있고 능력단위가 A급 (㉠)단위 이상, B급 (㉡)단위 이상인 소화기를 말한다.

① ㉠ : 5, ㉡ : 10
② ㉠ : 10, ㉡ : 20
③ ㉠ : 15, ㉡ : 30
④ ㉠ : 20, ㉡ : 40

해설 13 ② 근린생활시설인 경우 해당용도의 바닥면적 ~~300㎡마다~~ 소화기구 능력단위 기준을 1단위 이상으로 산출하여야 한다.
→ 100㎡마다

14 ※ 소화기구 및 자동소화장치의 화재안전성능기준 제3조 제2호(정의)
나. "대형소화기"란 화재 시 사람이 운반할 수 있도록 운반대와 바퀴가 설치되어 있고 능력단위가 A급 (10)단위 이상, B급 (20)단위 이상인 소화기를 말한다.

정답 13.② 14.②

15 옥내소화전설비의 가압송수방식이 아닌 것은?
① 감압수조방식　　　② 압력수조방식
③ 전동기를 이용한 펌프방식　　　④ 고가수조방식

[18. 국가직 7급]

기본서　2권 225~228p

16 옥내소화전설비의 화재안전기준상 방수구 및 송수구에 관한 내용으로 옳은 것은?
① 방수구는 바닥으로부터의 높이가 1.5m 이하가 되도록 설치한다.
② 송수구는 지면으로부터 높이가 1.0m 이상 1.5m 이하의 위치에 설치한다.
③ 방수구의 호스는 구경 30mm(호스릴옥내소화전설비의 경우에는 20mm) 이상의 것으로서 특정소방대상물의 각 부분에 물이 유효하게 뿌려질 수 있는 길이로 설치한다.
④ 송수구는 구경 45mm의 쌍구형 또는 단구형으로 설치한다.

[20. 소방안전교육사]

기본서　2권 232~233p

해설　**15**　▶ 가압송수방식
1. 고가수조방식
2. 압력수조방식
3. 전동기를 이용한 펌프방식
4. 가압수조 방식

16　② 송수구는 지면으로부터 높이가 ~~1.0m 이상 1.5m 이하~~의 위치에 설치한다.
　　→ 0.5m 이상 1m 이하
③ 방수구의 호스는 구경 ~~30mm~~(호스릴옥내소화전설비의 경우에는 ~~20mm~~) 이상의 것으로서 특정소방대상물의 각 부분에 물이 유효하게 뿌려질 수 있는 길이로 설치한다.
　　→ 40mm, 25mm
④ 송수구는 구경 ~~45mm~~의 쌍구형 또는 단구형으로 설치한다.
　　→ 65mm

정답　15.①　16.①

17 스프링클러설비의 종류 중 폐쇄형 스프링클러헤드를 사용하는 방식이 아닌 것은?

① 습식
② 건식
③ 준비작동식
④ 일제살수식

18 자동화재탐지설비 경계구역의 설정기준에 대한 설명이다. ㉠, ㉡에 들어갈 내용으로 옳은 것은?

> 하나의 경계구역의 면적은 (㉠)m² 이하로 하고 한 변의 길이는 (㉡)m 이하로 하여야 한다.

	㉠	㉡
①	600	50
②	600	100
③	1,200	50
④	1,200	100

해설

17 ④ 일제살수식 스프링클러헤드는 개방형 헤드를 사용한다.

18 ※ 경계구역의 설정 기준
　① 수평적 경계구역
　　㉠ 하나의 경계구역이 2개 이상의 건축물에 미치지 아니하도록 한다.
　　㉡ 하나의 경계구역이 2개 이상의 층에 미치지 아니하도록 한다. 다만, 500m² 이하의 범위 안에서는 2개의 층을 하나의 경계구역으로 할 수 있다.
　　㉢ 하나의 경계구역의 면적은 600m² 이하로 하고 한 변의 길이는 50m 이하로 한다. 다만, 해당 소방대상물의 주된 출입구에서 그 내부 전체가 보이는 것에 있어서는 한 변의 길이가 50m의 범위 내에서 1,000m² 이하로 할 수 있다.

정답 17.④ 18.①

19 「소방시설 설치 및 관리에 관한 법률 시행령」 규정의 소방시설 중 내진설계 대상에 해당하지 않는 것은? [18. 서울시 7급]

① 자동화재탐지설비 ② 스프링클러설비
③ 이산화탄소소화설비 ④ 옥내소화전설비

20 화재 시 발생한 부력을 주로 이용하는 제연방식을 모두 고른 것은? [21. 소방시설관리사]

㉠ 스모크타워제연방식
㉡ 자연제연방식
㉢ 급배기 기계제연방식

① ㉠   ② ㉠, ㉡
③ ㉡, ㉢   ④ ㉠, ㉡, ㉢

해설 19 ▶ 소방시설법 시행령 제8조(소방시설의 내진설계)
① 법 제7조에서 "대통령령으로 정하는 특정소방대상물"이란 「건축법」 제2조 제1항 제2호에 따른 건축물로서 「지진·화산재해대책법 시행령」 제10조 제1항 각 호에 해당하는 시설을 말한다.
② 법 제7조에서 "대통령령으로 정하는 소방시설"이란 소방시설 중 <u>옥내소화전설비</u>, <u>스프링클러설비</u>, <u>물분무등소화설비</u>를 말한다.

20 ㉠ 스모크타워제연방식 (O)
→ 소방대상물에 배연전용의 샤프트를 설치하고, 건물실내와 실외의 온도차, <u>화재에 의한 부력</u> 및 루프모니터를 이용하여 배연하는 방식으로 고층빌딩에 적합하다. 설비가 간단하며, 샤프트의 내열성을 고려하면 고온의 연기도 배연할 수 있는 장점이 있다
㉡ 자연제연방식 (O)
→ <u>화재시 발생한 열의 부력</u> 또는 외부 풍력에 의해 실내의 상부에 설치된 개구부 또는 전용의 배연구를 통해서 연기를 옥외로 배출하는 방식이다.
㉢ 급배기 기계제연방식 (X)
→ 제1종 기계제연방식(급기 및 배기) : 화재실에 대해서 기계 배연과 동시에 <u>기계력에 의한</u> 급기를 하는 방식이다.

정답 19.① 20.②

03 | 소방단기
김동준 소방

기출문제
모의고사

소방학개론

기출 + O·X + 빈칸

01　2024 소방직

김동준소방

01 소방조직의 설치가 시기순으로 옳게 나열된 것은?
① 내무부 소방과 – 내무부 소방국 – 도 소방위원회 – 시·도 소방본부
② 도 소방위원회 – 내무부 소방국 – 시·도 소방본부 – 소방방재청
③ 중앙소방위원회 – 내무부 소방국 – 도 소방위원회 – 소방방재청
④ 내무부 소방국 – 중앙소방위원회 – 소방방재청 – 소방청

해설 p.12-18번

02 소방행정조직의 발전 과정에 관한 설명으로 옳지 않은 것은?
① 1426년(세종 8년)에 독자적인 소방 관리를 위해 금화도감을 설치하였으며 이후 성문도감과 병합하여 수성금화도감으로 개편하였다.
② 1894년에 경무청이 설치되고, '소방'이란 용어가 처음으로 사용되었다.
③ 1948년에 대한민국 정부가 수립되고 국가소방체제로 전환하면서 소방행정조직이 경찰에서 분리되었다.
④ 2017년에 「정부조직법」 개정으로 국민안전처를 해체하고 소방청을 개설하였다.

해설 p.15-24번

03 「재난 및 안전관리 기본법 시행령」상 재난 및 사고 유형과 재난관리 주관기관의 연결이 옳지 않은 것은?
① 가축전염병의 확산으로 인한 피해 – 국토교통부
② 인공우주물체의 추락·충돌등으로 인해 발생하는 피해 – 과학기술정보통신부 및 우주항공청
③ 도로의 화재등으로 인해 발생하는 대규모 피해 – 국토교통부
④ 사방시설의 붕괴·파손 등으로 인해 발생하는 대규모 피해 – 산림청

해설 p.82-2번

정답　01.②　02.③　03.①

04 다음은 재해 발생 과정에 관한 이론이다. 각 이론에서 재해 발생을 방지하기 위해 제거해야 하는 단계가 옳게 나열된 것은?

> ㉠ 하인리히(H. W. Heinrich)의 도미노 이론 : 사회적 환경 및 유전적 요소 → 개인적 결함 → 불안전한 행동 및 상태 → 사고 → 재해
> ㉡ 버드(F. Bird)의 수정 도미노 이론 : 제어의 부족 → 기본원인 → 직접원인 → 사고 → 재해

	㉠	㉡
①	개인적 결함	직접원인
②	개인적 결함	기본원인
③	불안전한 행동 및 상태	직접원인
④	불안전한 행동 및 상태	기본원인

해설 p.80-14번

5 연소에 관한 설명으로 옳은 것은?
① 작열연소 : 화염이 없는 표면연소이다.
② 분해연소 : 황이나 나프탈렌이 열분해되면서 일어나는 연소이다.
③ 증발연소 : 액체에서만 발생하는 연소형태로서 액면에서 비등하는 기체에서 발생한다.
④ 자기연소 : 제3류 위험물과 같이 물질 자체 내의 산소를 소모하는 연소로서 연소속도가 빠르다.

해설 p.171-89번

6 블레비(BLEVE)에 관한 설명으로 옳지 않은 것은?
① 가연물이 비점 이상으로 가열될 때 발생한다.
② 저장탱크의 기계적 강도 이상의 압력이 형성될때 발생한다.
③ 저장탱크 균열로 인한 액상, 기상의 동적 평형 상태가 유지된다.
④ 저장탱크의 외부 표면에 열전도성이 작은 물질로 단열 조치하여 예방한다.

해설 p.214-16번

정답 04.④ 05.① 06.③

07 실내 일반화재 진행 과정에 관한 설명으로 옳은 것은?
① 화재 초기에는 실내 온도가 급격하게 상승하기 시작한다.
② 성장기에는 급속한 연소 진행으로 환기지배형 화재 양상이 나타난다.
③ 최성기에는 실내 화염이 최고조에 도달하나 실내 산소 부족으로 연소속도가 느려진다.
④ 감쇠기에는 화염의 급격한 소멸로 훈소 상태가 되어 백드래프트(back draft)의 위험이 없다.

해설 p.240-1번

08 불완전연소에 관한 설명으로 옳지 않은 것은?
① 산소 과잉 상태에서 발생한다.
② 불꽃이 저온 물체와 접촉하여 온도가 내려갈 때 발생한다.
③ 일산화탄소, 그을음과 같은 연소생성물이 발생한다.
④ 연소실 내 배기가스의 배출이 불량할 때 발생한다.

해설 p.180-110번

09 「위험물안전관리법」 및 같은 법 시행령, 시행규칙상 위험물의 지정수량과 위험등급의 연결이 옳지 않은 것은?
① 황린 - 20kg - Ⅰ등급
② 마그네슘 - 500kg - Ⅲ등급
③ 유기과산화물(제1종) - 10kg - Ⅰ등급
④ 과염소산 - 300kg - Ⅱ등급

해설 p.278-17번

10 가연물의 발화온도와 발화에너지에 관한 설명으로 옳은 것은?
① 점화원에 의해서 가연물이 발화하기 시작하는 최저 온도를 발화점(ignition point)이라고 한다.
② 점화원을 제거해도 자력으로 연소를 지속할 수 있는 최저온도를 연소점(fire point)이라고 한다.
③ 가연물의 최소발화에너지가 클수록 더 위험하다.
④ 가연물의 연소점은 발화점보다 높다.

해설 p.162-71번

정답 07.③ 08.① 09.④ 10.②

11 백드래프트(back draft)의 발생 징후로 옳지 않은 것은?
① 유리창 안쪽에 타르와 유사한 물질이 흘러내려 얼룩진 경우
② 창문을 통해 보았을 때 건물 내에서 연기가 소용돌이치는 경우
③ 화염은 보이지 않지만 창문과 문손잡이가 뜨거운 경우
④ 균열된 틈이나 작은 구멍을 통하여 건물 밖으로 연기가 밀려 나오는 경우

12 다음은 폭연에서 폭굉으로 전이되는 과정이다. ( ) 안에 들어갈 단계로 옳은 것은?

착화 → (㉠) → (㉡) → (㉢) → 폭굉파

	㉠	㉡	㉢
①	화염전파	압축파	충격파
②	화염전파	충격파	압축파
③	압축파	화염전파	충격파
④	압축파	충격파	화염전파

13 일반화재에 해당하는 것만을 〈보기〉에서 있는 대로 고른 것은?

〈보기〉
㉠ 통전 중인 배전반에서 불이 난 경우
㉡ 외출 시 전원이 차단된 콘센트에서 불이 난 경우
㉢ 실외 난로가 넘어지면서 새어 나온 석유에 불이 붙은 경우
㉣ 실험실 시험대 위 나트륨 분말에서 불이 난 경우

① ㉠
② ㉡
③ ㉡, ㉣
④ ㉠, ㉢, ㉣

정답 11.④ 12.① 13.②

14 유류저장탱크 내 유류 표면에 화재 발생 시 뜨거운 열류층이 형성되고 그 열파가 장시간에 걸쳐 바닥까지 전달되어 하부의 물이 비점 이상으로 가열되면서 부피가 팽창해 저장된 유류가 탱크 외부로 분출되었다. 이에 해당하는 현상으로 옳은 것은?

① 보일오버(boil over)
② 슬롭오버(slop over)
③ 프로스오버(froth over)
④ 오일오버(oil over)

15 구획실 화재에 관한 설명으로 옳은 것은?

① 플래시오버(flash over)는 최성기와 감쇠기 사이에서 발생하며 충격파를 수반한다.
② 굴뚝효과가 발생할 때는 개구부에 형성된 중성대 상부에서 공기가 유입되고, 중성대 하부에서 연기가 유출된다.
③ 연료지배형 화재는 환기지배형 화재보다 산소 공급이 원활하고 연소속도가 빠르다.
④ 화재플룸(fire plume)은 실내 공기의 압력 차이로 가연성 가스가 천장을 따라 화재가 발생하지 않은 복도 쪽으로 굴러다니는 것처럼 뿜어져 나오는 현상이다.

16 다음의 가연성 가스(A, B, C) 중 위험도가 낮은 것에서 높은 순서로 옳게 나열한 것은?

A : 연소하한계 = 2vol%, 연소상한계 = 22vol%
B : 연소하한계 = 4vol%, 연소상한계 = 75vol%
C : 연소하한계 = 1vol%, 연소상한계 = 44vol%

① A, B, C
② A, C, B
③ B, A, C
④ C, B, A

정답 14.① 15.③ 16.①

17 주위 온도가 일정 상승률 이상 되는 경우에 작동하는 감지기로서 넓은 범위 내에서 열효과 누적에 의해 작동하는 것은?
① 차동식 분포형 감지기
② 차동식 스포트형 감지기
③ 정온식 스포트형 감지기
④ 정온식 감지선형 감지기

18 소방시설 중 경보설비에 관한 설명으로 옳지 않은 것은?
① 시각경보기는 청각장애인에게 점멸 형태로 시각경보를 하는 장치이다.
② R형 수신기는 감지기 또는 발신기에서 1 : 1 접점방식으로 전송된 신호를 수신한다.
③ 비상방송설비는 수신기에 화재신호가 도달하면 방송으로 화재 사실을 알리는 설비이다.
④ 이온화식 감지기와 광전식 감지기는 연기를 감지하여 화재신호를 발하는 장치이다.

19 위험물의 소화방법에 관한 내용으로 옳은 것만을 〈보기〉에서 있는 대로 고른 것은?

〈보기〉
㉠ 황린 : 물을 이용한 냉각소화
㉡ 황 : 물을 이용한 냉각소화
㉢ 경유, 휘발유 : 포 소화약제를 이용한 질식소화
㉣ 탄화알루미늄, 알킬알루미늄 : 건조사, 팽창질석을 이용한 질식소화

① ㉠, ㉢
② ㉡, ㉣
③ ㉠, ㉢, ㉣
④ ㉠, ㉡, ㉢, ㉣

정답 17.① 18.② 19.④

20 이산화탄소 소화약제의 특징으로 옳은 것은?
① 무색, 무취로 전도성이며 독성이 있다.
② 질식소화 효과와 기화열 흡수에 의한 냉각효과가 있다.
③ 제3류 위험물, 제5류 위험물의 소화에 사용한다.
④ 자체 증기압이 매우 낮아 별도의 가압원이 필요하다.

해설 p.359-37번

21 할론(Halon) 소화약제에 관한 설명으로 옳은 것은?
① 지방족 탄화수소, 메테인, 에테인 등의 수소 원자 일부 또는 전부가 할로젠 원소(F, Cl, Br, I)로 치환된 화합물이며 메테인, 에테인과 물리·화학적 성질이 비슷하다.
② Halon 1301과 Halon 1211은 모두 상온, 상압에서 기체로 존재하며 유류화재, 전기화재, 금속의 수소화합물, 유기 과산화물에 적응성이 있다.
③ Halon 2402는 상온, 상압에서 액체로 존재하며 자체적인 독성은 없지만 열분해 시 독성가스를 발생시킨다.
④ Halon 1211은 자체 증기압이 낮아 저장용기에 저장할 때 소화약제의 원활한 방출을 위해 질소가스로 가압한다.

해설 p.316-41번

22 포 소화약제에 관한 설명으로 옳지 않은 것은?
① 불화단백포 소화약제는 불소계 계면활성제를 첨가하여 단백포 소화약제의 단점인 유동성을 보완하였다.
② 알콜형포 소화약제는 케톤류, 알데하이드류, 아민류 등 수용성용제의 소화에 사용할 수 있다.
③ 단백포 소화약제는 단백질을 가수분해 한 것을 주원료로 하며 내유성이 뛰어나 소화속도가 빠르다.
④ 합성계면활성제포 소화약제는 유동성과 저장성이 우수하며 저팽창포부터 고팽창포까지 사용할 수 있다.

해설 p.355-28번

정답 20.② 21.④(전원정답처리) 22.③

23 화염의 직경이 0.1m인 화원의 중심으로부터 1m 떨어진 물체에 전달되는 복사열유속[kW/m^2]은? (단, 화염의 열방출률은 120kW, 총 열방출 에너지 중 복사된 열에너지 분율은 0.5, 원주율은 3으로 계산한다.)

① 3.5 ② 4.0
③ 4.5 ④ 5.0

24 가연성 가스 3종이 다음과 같이 혼합되어 있을 때 르샤틀리에(Le Chatelier)식에 따라 부피비로 계산된 혼합가스의 연소하한계[vol%]는?

- 혼합가스 내 각 성분의 체적(V) : V_A = 20vol%, V_B = 40vol%, V_C = 40vol%
- 각 성분의 연소하한계(L) : L_A = 4vol%, L_B = 20vol%, L_C = 10vol%

① 약 4.3 ② 약 9.1
③ 약 11.0 ④ 약 12.8

25 물과 반응하여 산소를 발생시키는 위험물로 옳은 것은?

① 칼륨 ② 탄화칼슘
③ 과산화나트륨 ④ 오황화인

정답 23.④ 24.② 25.③

02 2024 소방간부

01 기계포 소화약제 중 단백포 소화약제에 관한 설명으로 옳은 것만을 〈보기〉에서 있는 대로 고른 것은?

〈보기〉
㉠ 유동성이 좋다.　　　㉡ 내열성이 나쁘다.
㉢ 유류를 오염시킨다.　㉣ 유면 봉쇄성이 좋다.

① ㉠, ㉢
② ㉢, ㉣
③ ㉠, ㉡, ㉣
④ ㉡, ㉢, ㉣
⑤ ㉠, ㉡, ㉢, ㉣

02 「위험물안전관리법 시행령」상 자연발화성 물질 및 금수성 물질 중 지정수량이 다른 것은?

① 황린
② 칼륨
③ 나트륨
④ 알킬리튬
⑤ 알킬알루미늄

03 목조건축물 화재의 진행 과정에 관한 설명 중 〈보기〉의 내용에 해당하는 것은?

〈보기〉
연기의 색이 백색에서 흑색으로 변하며, 개구부가 파괴되어 공기가 공급되면서 급격한 연소가 이루어져 연기가 개구부로 분출하게 된다.

① 화재의 원인에서 무염착화
② 무염착화에서 발염착화
③ 발염착화에서 발화
④ 발화에서 최성기
⑤ 최성기에서 연소낙하

정답　01.②　02.①　03.④

4 분진폭발에 영향을 미치는 인자에 관한 설명으로 옳지 않은 것은?
① 분진의 발열량이 클수록, 휘발성분의 함유량이 많을수록 폭발하기 쉽다.
② 입자의 크기가 작고 밀도가 클수록 표면적이 크고 폭발이 용이해진다.
③ 열분해가 용이할수록, 기체 반응속도가 빠를수록 폭발하기 쉽다.
④ 알루미늄과 마그네슘 금속분진의 경우 분진 속 수분량이 증가하면 폭발성이 증가한다.
⑤ 평균 입경이 동일한 분진일 경우 분진의 형상에 따라 폭발성이 달라진다.

5 고체 가연물의 연소 중 연소형태가 다른 것은?
① 목재
② 종이
③ 석탄
④ 파라핀
⑤ 합성수지

6 0℃, 1기압인 조건에서 프로페인(C_3H_8)의 완전연소 조성식으로부터 얻을 수 있는 내용으로 옳지 않은 것은? (단, 공기의 조성비는 질소(N_2) 79vol%, 산소(O_2) 21vol%이다.)
① 프로페인 1mol이 완전연소하면 약 72g의 물이 생성된다.
② 프로페인 0.5mol이 완전연소하는 데 약 2.5mol의 산소가 필요하다.
③ 프로페인 44g이 완전연소하면 약 132g의 이산화탄소가 생성된다.
④ 프로페인 1mol이 완전연소하는 데 약 23.8mol의 공기가 필요하다.
⑤ 프로페인 0.5mol이 완전연소하는 데 필요한 공기 중 질소의 양은 약 18.8mol이다.

7 위험물안전관리법령상 자체소방대를 설치하여야 하는 사업소로 옳은 것은?
① 용기에 위험물을 옮겨 담는 일반취급소
② 이동저장탱크 그 밖에 이와 유사한 것에 위험물을 주입하는 일반취급소
③ 보일러, 버너 그 밖에 이와 유사한 장치로 위험물을 소비하는 일반취급소
④ 제4류 위험물을 취급하는 제조소 또는 일반취급소에서 취급하는 제4류 위험물의 최대수량의 합이 지정수량의 3천배 이상인 경우
⑤ 제4류 위험물을 저장하는 옥외탱크저장소에 저장하는 제4류 위험물의 최대수량이 지정수량의 30만배 이상인 경우

정답 04.② 05.④ 06.⑤ 07.④

08 재난 및 안전관리 기본법령상 특별재난지역 선포에 관한 사항으로 옳지 않은 것은?

① 특별재난지역의 선포권자는 대통령이다.
② 중앙대책본부장은 특별재난지역의 선포를 대통령에게 건의할 수 있다.
③ 특별재난지역의 선포를 위해서는 중앙대책본부의 심의를 거쳐야 한다.
④ 지역대책본부장은 관할지역에서 발생한 재난에 대해 중앙대책본부장에게 특별재난지역의 선포건의를 요청할 수 있다.
⑤ 특별재난지역을 선포하는 경우에 중앙대책본부장은 특별재난지역의 구체적인 범위를 정하여 공고하여야 한다.

해설 p.98-31번

09 공기 중 가연성 가스의 연소범위에 관한 내용이다. 다음 중 위험도가 가장 높은 가연성 가스는? (단, 위험도는 가연성 가스의 위험한 정도를 나타내는 척도이다.)

가연성가스	연소범위(vol%)
A	3~12.5
B	4~75
C	5~15
D	1.2~44
E	2.5~81

① A　　② B
③ C　　④ D
⑤ E

해설 p.160-67번

10 상온에서 고체 상태로 존재하는 가연물의 연소 형태에 해당하는 것만을 〈보기〉에서 고른 것은?

〈보기〉
㉠ 표면연소　㉡ 분무연소
㉢ 폭발연소　㉣ 자기연소
㉤ 예혼합연소

① ㉠, ㉡　　② ㉠, ㉣
③ ㉡, ㉢　　④ ㉡, ㉣
⑤ ㉣, ㉤

해설 p.173-96번

정답　08.③　09.④　10.②

11 위험물 중 황린(P_4)에 관한 설명으로 옳지 않은 것은?

① 제3류 위험물이다.
② 미분상의 발화점은 34℃이다.
③ 연소할 때 오산화인(P_2O_5)의 백색 연기를 낸다.
④ 물에 대해 위험한 반응을 초래하는 물질이다.
⑤ 백색 또는 담황색의 고체이다.

12 다음 내용에 해당하는 스프링클러설비 방식은?

- 가압송수장치에서 유수검지장치 1차 측까지 배관 내에 항상 물이 가압되어 있고, 2차 측에서 폐쇄형스프링클러헤드까지 대기압 또는 저압으로 있다.
- 화재발생 시 감지기의 작동으로 밸브가 개방되면 폐쇄형스프링클러헤드까지 소화수가 송수되고, 폐쇄형스프링클러헤드가 열에 의해 개방되면 방수가 된다.

① 습식
② 건식
③ 부압식
④ 준비작동식
⑤ 일제살수식

13 「소방공무원법」상 근속승진과 계급정년의 내용으로 옳은 것은?

	근속승진	계급정년
①	소방사를 소방교로 : 해당 계급에서 4년 이상 근속자	소방령 : 14년
②	소방장을 소방위로 : 해당 계급에서 7년 6개월 이상 근속자	소방준감 : 6년
③	소방위를 소방경으로 : 해당 계급에서 8년 이상 근속자	소방경 : 18년
④	소방교를 소방장으로 : 해당 계급에서 6년 이상 근속자	소방감 : 5년
⑤	소방경을 소방령으로 : 해당 계급에서 10년 이상 근속자	소방정 : 10년

정답 11.④ 12.④ 13.①

14 대한민국 정부 수립 이후 중앙소방조직의 변천 과정을 시간적 순서대로 옳게 나열한 것은?

① 소방방재청 – 내무부 소방국 – 내무부 치안국 소방과 – 국민안전처 중앙소방본부 – 소방청
② 소방방재청 – 내무부 치안국 소방과 – 내무부 소방국 – 국민안전처 중앙소방본부 – 소방청
③ 내무부 소방국 – 내무부 치안국 소방과 – 국민안전처 중앙소방본부 – 소방방재청 – 소방청
④ 내무부 경찰국 소방과 – 내무부 소방국 – 소방청 – 국민안전처 중앙소방본부 – 소방방재청
⑤ 내무부 치안국 소방과 – 내무부 소방국 – 소방방재청 – 국민안전처 중앙소방본부 – 소방청

15 「화재조사 및 보고규정」상 화재건수 결정에 관한 설명으로 옳지 않은 것은?

① 1건의 화재란 1개의 발화지점에서 확대된 것으로 발화부터 진화까지를 말한다.
② 동일 소방대상물의 발화점이 2개소 이상 있는 지진, 낙뢰 등 자연현상에 의한 다발화재는 1건의 화재로 한다.
③ 동일 소방대상물의 발화점이 2개소 이상 있는 누전점이 동일한 누전에 의한 화재는 1건의 화재로 한다.
④ 동일범이 아닌 각기 다른 사람에 의한 방화, 불장난은 동일 대상물에서 발화했더라도 각각 별건의 화재로 한다.
⑤ 발화지점이 한 곳인 화재현장이 둘 이상의 관할 구역에 걸친 화재에 대해서는 소방서마다 각각 별건의 화재로 한다.

16 「재난 및 안전관리 기본법 시행령」상 재난 및 사고의 유형에 따른 재난관리주관기관의 연결로 옳지 않은 것은?

① 청소년복지시설의 화재등으로 인해 발생하는 대규모 피해 : 교육부
② 해외재난 : 외교부
③ 전기사고로인해 발생하는 대규모 피해 : 산업통상자원부
④ 위험물의 누출·화재·폭발등으로 인해 발생하는 대규모 피해 : 행정안전부및 소방청
⑤ 해수욕장의 안전사고로 인해 발생하는 대규모 피해 : 해양수산부

정답 14.⑤ 15.⑤ 16.①

17 재난 및 안전관리 기본법령상 재난사태 선포와 특별재난지역의 선포에 관한 설명으로 옳지 않은 것은?

① 재난사태 선포는 재난의 대응 활동에 해당된다.
② 특별재난지역의 선포는 재난의 복구 활동에 해당된다.
③ 재난사태 선포권자는 국무총리이다.
④ 재난사태 선포대상 재난은 재난 중 극심한 인명 또는 재산의 피해가 발생하거나 발생할 것으로 예상되어 시·도지사가 중앙대책본부장에게 재난사태의 선포를 건의하거나 중앙대책본부장이 재난사태의 선포가 필요하다고 인정하는 재난(「노동조합 및 노동관계조정법」제4장에 따른 쟁의행위로 인한 국가핵심기반의 일시 정지는 제외한다)을 말한다.
⑤ 행정안전부장관 및 지방자치단체의 장은 재난사태가 선포된 지역에 대하여 재난경보의 발령, 재난관리자원의 동원, 위험구역 설정, 대피명령, 응급지원 등 이 법에 따른 응급조치, 해당 지역에 소재하는 행정기관 소속 공무원의 비상소집, 해당 지역에 대한 여행 등 이동 자제 권고 등의 조치를 할 수 있다.

18 재해원인 분석방법 중 하나인 4M 분석방법에 관한 설명으로 옳은 것은?

① 재해의 원인을 Man, Machine, Manner, Management 요인으로 구분하여 분석한다.
② 기계·설비의 설계상 결함은 관리적 요인에 해당한다.
③ 작업정보의 부적절은 작업·환경적 요인에 해당한다.
④ 표준화의 부족은 인적 요인에 해당한다.
⑤ 심리적 요인은 작업·환경적 요인에 해당한다.

정답 17.③ 18.③

19 「재난 및 안전관리 기본법」과 「수상에서의 수색·구조 등에 관한 법률」상 해상에서의 긴급구조 및 항공기 등 조난사고 시의 긴급구조에 관한 설명으로 옳지 않은 것은?

① 해상에서 발생한 선박이나 항공기 등의 조난사고의 긴급구조활동에 관하여는 「수상에서의 수색·구조 등에 관한 법률」 등 관계 법령에 따른다.
② 해수면에서의 수난구호는 구조본부의 장이 수행하고, 내수면에서의 수난구호는 소방관서의 장이 수행한다.
③ 국방부장관은 항공기 조난사고가 발생한 경우 항공기 수색과 인명구조를 위하여 항공기 수색·구조계획을 수립·시행하여야 한다.
④ 국방부장관은 항공기나 선박의 조난사고가 발생하면 관계 법령에 따라 긴급구조업무에 책임이 있는 기관의 긴급구조활동에 대한 군의 지원을 신속하게 할 수 있도록 조치를 취하여야 한다.
⑤ 국방부장관이 설치하는 탐색구조본부의 구성과 운영에 필요한 사항은 국방부령으로 정한다.

해설 p.99-32번

20 폭굉(detonation)에 관한 설명으로 옳지 않은 것은?

① 폭굉은 급격한 압력의 상승 또는 개방에 의해 가스가 격한 음을 내면서 팽창하는 현상이고, 화염의 전파속도는 약 0.1~10m/s이다.
② 압력이 높을수록 폭굉으로의 전이가 쉬운 조건이 된다.
③ 최초의 완만한 연소에서 격렬한 폭굉으로 발전하는 데 필요한 거리를 폭굉유도거리라 한다.
④ 폭굉유도거리가 짧아질수록 위험도는 커진다.
⑤ 관경이 가늘수록 폭굉유도거리는 짧아진다.

해설 p.225-43번

21 발화점 및 최소발화에너지(MIE, Minimum Ignition Energy)에 관한 설명으로 옳지 않은 것은?

① 발화점은 발화 지연시간, 압력, 산소농도, 촉매물질 등의 영향을 받는다.
② 파라핀계 탄화수소는 분자량이 클수록 발화온도가 높아진다.
③ 최소발화에너지는 가연성 혼합기를 발화시키는 데 필요한 최저에너지를 말한다.
④ 압력이 상승하면 최소발화에너지는 작아진다.
⑤ 발화점이 낮을수록 발화의 위험성은 커진다.

해설 p.144-32번

정답 19.③ 20.① 21.②

22 폭발을 기상폭발과 응상폭발로 분류할 때, 폭발의 종류가 다른 것은?
① 분무폭발
② 분진폭발
③ 분해폭발
④ 증기운폭발
⑤ 증기폭발

23 소화원리 중 제거소화의 사례에 해당하지 않는 것은?
① 촛불을 입으로 불어 소화하는 방법
② 식용유 화재 시 주변의 야채를 집어 넣어 소화하는 방법
③ 전기화재 시 신속하게 전원을 차단하여 소화하는 방법
④ 산림화재 시 화재 진행 방향의 나무를 벌목하여 소화하는 방법
⑤ 가스화재 시 밸브를 차단시켜 가스공급을 중단하여 소화하는 방법

24 물 소화약제에 관한 설명으로 옳지 않은 것은?
① 물은 분자 내에서는 수소결합을, 분자 간에는 극성공유결합을 하여 소화약제로써의 효과가 뛰어나다.
② 물의 증발잠열은 100℃, 1기압에서 539kcal/kg이므로 냉각소화에 효과적이다.
③ 물의 주수형태 중 무상은 전기화재에도 적응성이 있다.
④ 물 소화약제를 알코올 등과 같은 수용성 액체 위험물 화재에 사용하면 희석작용을 하여 소화효과가 있다.
⑤ 중질유화재에 물을 무상으로 주수 시 급속한 증발에 의한 질식효과와 함께 에멀션(emulsion) 형성에 의한 유화효과가 있다.

정답 22.⑤ 23.② 24.①

25 「소방시설 설치 및 관리에 관한 법률 시행령」상 소방시설의 내용으로 옳은 것만을 〈보기〉에서 고른 것은?

〈보기〉
㉠ 소화설비 : 소화기구, 스프링클러설비등, 연소방지설비 등
㉡ 경보설비 : 자동화재속보설비, 누전경보기, 가스누설경보기 등
㉢ 피난구조설비 : 유도등, 비상조명등 및 휴대용비상조명등, 비상방송설비 등
㉣ 소화용수설비 : 상수도소화용수설비, 소화수조·저수조, 그 밖의 소화용수설비
㉤ 소화활동설비 : 비상콘센트설비, 제연설비, 연결살수설비 등

① ㉠, ㉡, ㉢
② ㉠, ㉡, ㉣
③ ㉠, ㉢, ㉤
④ ㉡, ㉢, ㉤
⑤ ㉡, ㉣, ㉤

정답 25.⑤

03 2023 소방직

1. 우리나라 소방행정체제의 변천과정에 관한 내용으로 옳지 않은 것은?
① 중앙소방위원회 설치(1946) 당시에는 자치소방체제였다.
② 정부수립(1948) 당시에는 국가소방체제였다.
③ 중앙소방학교 설립(1978) 당시에는 국가소방과 자치소방의 이원적 체제였다.
④ 대구지하철 화재 발생(2003) 당시에는 국가소방체제였다.

2. 「소방기본법」 및 같은 법 시행규칙상 화재예방, 소방활동 또는 소방훈련을 위하여 사용되는 소방신호의 종류와 방법에 관한 내용으로 옳은 것은?
① 소방신호의 방법으로는 타종신호, 사이렌신호, 음성신호가 있다.
② 소방대의 비상소집을 하는 경우에는 훈련신호를 사용할 수 있다.
③ 타종신호로 하는 경우 경계신호는 5초 간격을 두고 30초씩 3회로 한다.
④ 소방신호의 종류에는 비상신호, 훈련신호, 해제신호, 경계신호가 있다.

3. 재난(재해)에 관한 설명으로 옳지 않은 것은?
① 아네스(Br. J. Anesth)는 재난을 크게 자연재난과 인적(인위) 재난으로 구분하였다.
② 존스(David K. Jones)는 재난을 크게 자연재난, 준자연재난, 인적(인위)재난으로 구분하였다.
③ 「재난 및 안전관리 기본법」 제3조 제1호에 따른 재난은 자연재난, 사회재난, 해외재난으로 구분된다.
④ 하인리히(H. W. Heinrich)의 도미노 이론은 재해발생과정을 유전적 요인 및 사회적 환경 → 개인적 결함 → 불안전 행동 및 불안전 상태 → 사고 → 재해(상해)라는 5개 요인의 연쇄작용으로 설명하였다.

정답 01.④ 02.② 03.③

04 「재난 및 안전관리 기본법」상 재난관리 단계와 활동내용의 연결이 옳지 않은 것은?
① 예방단계 – 위험구역의 설정
② 대비단계 – 재난현장 긴급통신수단의 마련
③ 대응단계 – 재난 예보·경보체계 구축·운영
④ 복구단계 – 특별재난지역 선포 및 지원

05 가연성 혼합기의 최소발화(점화)에너지(MIE, Minimum Ignition Energy)에 영향을 주는 요인에 관한 설명으로 옳지 않은 것은?
① 온도가 상승하면 최소발화에너지는 작아진다.
② 압력이 상승하면 최소발화에너지는 작아진다.
③ 열전도율이 낮아지면 최소발화에너지는 커진다.
④ 화학양론비 부근에서 최소발화에너지는 최저가 된다.

06 가연성 액체의 연소현상에 관한 설명으로 옳지 않은 것은?
① 가연성 액체의 연소와 관련된 온도는 발화점, 연소점, 인화점 순으로 높다.
② 인화점과 발화점이 가까운 액체일수록 재점화가 어렵고 냉각에 의한 소화활동이 용이하다.
③ 인화점과 연소점의 차이는 외부 점화원을 제거했을 경우 화염 전파의 지속성 여부에 따라 구분된다.
④ 연소반응은 열생성률(heat production rate)이 외부로의 열손실률(heat loss rate)보다 큰 조건에서 지속된다.

07 소방펌프 및 관로에서 발생되는 수격현상(water hammering)의 방지책으로 옳지 않은 것은?
① 수격을 흡수하는 수격방지기를 설치한다.
② 관로에 서지 탱크(surge tank)를 설치한다.
③ 플라이휠(flywheel)을 부착하여 펌프의 급격한 속도 변화를 억제한다.
④ 관경의 축소를 통해 유체의 유속을 증가시켜 압력 변동치를 감소시킨다.

정답 04.① 05.③ 06.② 07.④

08 화재 시 연소생성물에 관한 설명으로 옳지 않은 것은?
① 황화수소는 썩은 달걀과 비슷한 냄새가 난다.
② 연기로 인한 빛의 감소를 나타내는 감광계수는 가시거리와 반비례한다.
③ 일산화탄소는 산소와 헤모글로빈의 결합을 방해하여 질식에 이르게 할 수 있다.
④ TLV(Threshold Limit Value)로 측정한 독성가스의 허용농도는 불화수소, 시안화수소, 암모니아, 포스겐 순으로 높다.

09 폭발에 관한 설명으로 옳은 것만을 〈보기〉에서 있는 대로 고른 것은?

〈보기〉
㉠ 증기폭발은 액체의 급속한 기화로 인해 체적이 팽창되어 발생하는 현상이다.
㉡ 가스폭발은 분진폭발보다 최소발화에너지가 크다.
㉢ 분해폭발은 공기나 산소와 섞이지 않더라도 가연성 가스 자체의 분해 반응열에 의해 폭발하는 현상이다.
㉣ 폭발(연소)범위는 초기온도 및 압력이 상승할수록 분자 간 유효충돌할 가능성이 높아지기 때문에 넓어진다.

① ㉠, ㉡　　　　② ㉢, ㉣
③ ㉠, ㉡, ㉣　　④ ㉠, ㉢, ㉣

10 폭연(deflagration)과 폭굉(detonation)에 관한 설명으로 옳은 것은?
① 예혼합가스의 초기압력이 높을수록 폭굉 유도거리가 길어진다.
② 화염전파속도는 폭연의 경우 음속보다 느리며, 폭굉의 경우 음속보다 빠르다.
③ 폭연은 폭굉으로 전이될 수 없으나 폭굉은 폭연으로 전이될 수 있다.
④ 폭연은 화염면에서 온도, 압력, 밀도의 변화가 불연속적으로 나타난다.

11 분진폭발에 영향을 미치는 인자에 관한 설명으로 옳지 않은 것은?
① 분진의 발열량이 클수록 폭발하기 쉽다.
② 분진의 부유성이 클수록 폭발이 용이해진다.
③ 분진폭발은 분진의 입자직경에 영향을 받는다.
④ 분진의 단위체적당 표면적이 작아지면 폭발이 용이해진다.

정답　08. ④　09. ④　10. ②　11. ④

12 전기화재(C급화재) 및 주방화재(K급화재)에 관한 설명으로 옳지 않은 것은?

① 주방화재의 가연물 중 하나인 식용유의 발화점은 비점보다 낮다.
② 도체 주위의 자기장 변화에 의해 발생된 유도전류는 전기화재의 점화원으로 작용할 수 있다.
③ 식용유로 인한 화재 시 유면상의 화염을 제거하면 복사열에 의한 기화를 차단하여 재발화를 방지할 수 있다.
④ 전기화재의 발생 원인 중 누전은 전류가 전선이나 기구에서 절연 불량 등의 원인으로 정해진 전로(배선) 밖으로 흐르는 현상이다.

해설 p.236-14번

13 화재 시 구획실에서 발생하는 현상에 관한 설명으로 옳은 것은?

① 개구부의 크기는 플래시오버 발생과 관련이 없다.
② 구획실의 창문과 문손잡이의 온도로 백드래프트의 발생 가능성을 예측할 수 없다.
③ 준불연성이나 불연성의 내장재를 사용할 경우 플래시오버 발생까지의 소요시간이 길어진다.
④ 구획실 내의 산소가 부족하여 훈소 상태에서 공기가 갑자기 다량 공급될 때 가연성 가스가 순간적으로 폭발하듯 발화하는 현상은 플래시오버이다.

해설 p.248-16번

14 구획실 화재에 관한 설명으로 옳지 않은 것은?

① 플래시오버 이후에는 연료지배형 화재보다 환기지배형 화재가 지배적이다.
② 환기가 잘되지 않으면 환기지배형 화재에서 연료지배형 화재로 바뀌며 연기 발생이 줄어든다.
③ 연료지배형 화재는 구획실 내 가연물의 연소에 필요한 산소가 충분히 공급되는 조건의 화재이다.
④ 성장기에는 천장 부분에서 축적된 뜨거운 가스층이 발화원으로부터 떨어져 있는 가연성 물질에 복사열을 공급하여 플래시오버를 초래할 수 있다.

해설 p.256-35번

정답 12.③ 13.③ 14.②

15 그림은 구획실의 크기가 가로 10,000mm, 세로 8,000mm, 높이 3,000mm이며 가연물 A와 가연물 B가 놓여 있는 상태를 나타낸다. 다음과 같은 조건일 때 구획실의 화재하중[kg/m²]은? (단, 주어지지 않은 조건은 무시하고, 소수점 셋째 자리에서 반올림한다.)

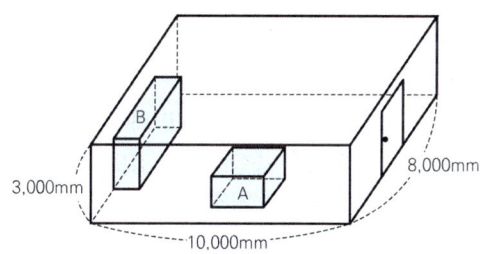

	단위발열량 [kcal/kg]	질량 [kg]
목재	4,500	-
가연물 A	2,000	200
가연물 B	9,000	100

① 1.20 ② 2.41
③ 3.61 ④ 7.22

16 위험물의 유별 특성 중 옳은 것만을 〈보기〉에서 있는 대로 고른 것은?

〈보기〉
㉠ 아염소산나트륨은 불연성, 조해성, 수용성이며, 무색 또는 백색의 결정성 분말 형태이다.
㉡ 마그네슘은 끓는 물과 접촉 시 수소가스를 발생시킨다.
㉢ 황린은 공기 중 상온에 노출되면 액화되면서 자연발화를 일으킨다.

① ㉠, ㉡ ② ㉠, ㉢
③ ㉡, ㉢ ④ ㉠, ㉡, ㉢

17 위험물의 유별 소화방법으로 옳지 않은 것은?
① 탄화칼슘 화재 시 다량의 물로 냉각소화할 수 있다.
② 수용성 메틸알코올 화재에는 내알코올포를 사용한다.
③ 알킬알루미늄은 마른모래, 팽창질석, 팽창진주암으로 소화한다.
④ 적린은 다량의 물로 냉각소화하며, 소량의 적린인 경우에는 마른모래나 이산화탄소 소화약제도 일시적인 효과가 있다.

정답 15.③ 16.④ 17.①

18 「화재조사 및 보고규정」에 관한 내용으로 옳지 않은 것은?
① 건물의 소실면적 산정은 소실 입체면적으로 산정한다.
② 건물의 소실정도에서의 반소는 건물의 30% 이상 70% 미만이 소실된 것을 말한다.
③ 건물 등 자산에 대한 최종잔가율은 건물·부대설비·구축물·가재도구는 20%로 하며, 그 이외의 자산은 10%로 정한다.
④ 발화일시의 결정은 관계인 등의 화재발견 상황통보(인지) 시간 및 화재발생 건물의 구조, 재질 상태와 화기취급 등의 상황을 종합적으로 검토하여 결정한다. 다만, 자체진화 등 사후인지 화재로 그 결정이 곤란한 경우에는 발화시간을 추정할 수 있다.

19 소화방법에 관한 설명으로 옳은 것만을 〈보기〉에서 있는 대로 고른 것은?

〈보기〉
㉠ 산림화재 시 화재 진행방향의 나무를 벌목하는 것은 제거소화의 방법 중 하나이다.
㉡ 물은 비열, 증발잠열의 값이 작아서 주로 냉각소화에 사용된다.
㉢ 부촉매 소화는 화학적 소화에 해당한다.
㉣ 유류화재는 포 소화약제를 방사하여 유류 표면에 얇은 층을 형성함으로써 공기 공급을 차단해 소화한다.
㉤ 물에 침투제를 첨가하는 이유는 표면장력을 증가시켜 소화능력을 향상하기 위함이다.

① ㉠, ㉢, ㉣
② ㉡, ㉣, ㉤
③ ㉠, ㉡, ㉢, ㉣
④ ㉠, ㉢, ㉣, ㉤

20 분말소화약제에 관한 설명으로 옳지 않은 것은?
① 제2종 분말소화약제의 주성분은 $KHCO_3$이다.
② 제1·2·3종 분말소화약제는 열분해 반응에서 CO_2가 생성된다.
③ $NaHCO_3$이 주된 성분인 분말소화약제는 B·C급 화재에 사용하고 분말 색상은 백색이다.
④ $NH_4H_2PO_4$이 주된 성분인 분말소화약제는 A·B·C급 화재에 유효하고 비누화현상이 일어나지 않는다.

정답 18.① 19.① 20.②

21 할로겐화합물 및 불활성기체 소화약제에 관한 설명으로 옳지 않은 것은?

① IG-01, IG-55, IG-100, IG-541 중 질소를 포함하지 않은 약제는 IG-100이다.
② 할로겐화합물 소화약제 중 HFC-23(트리플루오르메탄)의 화학식은 CHF_3이다.
③ 부촉매 소화효과는 불활성기체 소화약제에는 없으나 할로겐화합물 소화약제는 있다.
④ 할로겐화합물 소화약제는 불소, 염소, 브롬 또는 요오드 중 하나 이상의 원소를 포함하고 있는 유기화합물을 기본성분으로 하는 소화약제를 말한다.

22 다음 그림의 주입 방식에 가장 적합한 포 소화약제로만 짝 지어진 것은?

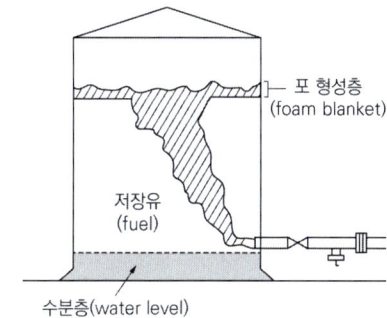

① 단백포, 불화단백포
② 수성막포, 불화단백포
③ 합성계면활성제포, 수성막포
④ 단백포, 수성막포

23 차동식 분포형 감지기의 종류에 해당하지 않는 것은?

① 공기관식
② 열전대식
③ 열반도체식
④ 광전식

정답 21.① 22.② 23.④

24 소방시설은 소화설비, 경보설비, 피난구조설비, 소화용수설비, 소화활동설비로 분류된다. 다음 정의로 분류되는 소방시설로 옳지 않은 것은?

> 화재를 진압하거나 인명구조활동을 위하여 사용하는 설비

① 제연설비
② 인명구조설비
③ 연결살수설비
④ 무선통신보조설비

해설 p.389-30번

25 포소화설비에 관한 설명으로 옳지 않은 것은?
① 팽창비란 최종 발생한 포 수용액 체적을 원래 포 체적으로 나눈 값을 말한다.
② 연성계란 대기압 이상의 압력과 대기압 이하의 압력을 측정할 수 있는 계측기를 말한다.
③ 국소방출방식이란 소화약제 공급장치에 배관 및 분사헤드 등을 설치하여 직접 화점에 소화약제를 방출하는 방식을 말한다.
④ 프레져사이드 프로포셔너방식이란 펌프의 토출관에 압입기를 설치하여 포 소화약제 압입용펌프로 포 소화약제를 압입시켜 혼합하는 방식을 말한다.

해설 p.352-20번

정답 24.② 25.①

04 2023 소방간부

1. 옥내소화전설비의 가압송수장치 펌프성능시험에 관한 설명이다. ( ) 안에 들어갈 내용으로 옳은 것은?

> 펌프의 성능은 체절운전 시 정격토출압력의 (㉠)%를 초과하지 않고, 정격토출량의 (㉡)%로 운전 시 정격토출압력의 (㉢)% 이상이 되어야 하며, 펌프의 성능을 시험할 수 있는 성능시험배관을 설치할 것

	㉠	㉡	㉢
①	65	150	140
②	140	65	150
③	140	150	65
④	150	65	140
⑤	150	140	65

2. 「위험물안전관리법 시행령」상 제5류 자기반응성 물질 중 지정수량이 가장 적은 것은?
① 아조화합물
② 유기과산화물
③ 나이트로화합물
④ 다이아조화합물
⑤ 하이드라진 유도체

3. 플로팅루프탱크(floating roof tank)의 측면과 굽도리판에 의하여 형성된 환상부분에 포를 방출하여 소화작용을 하도록 된 포소화설비의 고정포 방출구는?
① 특형 방출구
② Ⅰ형 방출구
③ Ⅱ형 방출구
④ Ⅲ형(표면하 주입 방출구)
⑤ Ⅳ형(반표면하 주입 방출구)

정답 01.③ 02.② 03.①

04 폭연(Deflagration)에 관한 설명으로 옳지 않은 것은?
① 충격파를 형성하지 않는다.
② 에너지 방출속도가 물질전달속도에 영향받지 않고 매우 빠르다.
③ 화염의 전파속도가 음속보다 느린 것을 말하며, 그 화염의 전파속도는 0.1~10m/sec 정도이다.
④ 반응 또는 화염면의 전파가 분자량이나 공기 등의 난류확산에 영향을 받는다.
⑤ 화염면에서 상대적으로 완만한 에너지 변화에 의해서 온도, 압력, 밀도 변화가 연속적으로 나타난다.

05 벽의 내화구조에 해당하지 않는 것은? (단, 외벽 중 비내력벽인 경우는 제외한다.)
① 벽돌조로서 두께가 19cm 이상인 것
② 철근콘크리트조 또는 철골철근콘크리트조로서 두께가 10cm 이상인 것
③ 골구를 철골조로 하고 그 양면을 두께 4cm 이상의 철망모르타르(그 바름바탕을 불연재료로 한 것으로 한정)로 덮은 것
④ 철재로 보강된 콘크리트블록조·벽돌조 또는 석조로서 철재에 덮은 콘크리트블록 등의 두께가 5cm 이상인 것
⑤ 고온·고압의 증기로 양생된 경량기포 콘크리트 패널 또는 경량기포 콘크리트 블록조로서 두께가 5cm 이상인 것

06 「재난 및 안전관리 기본법」상 대통령령으로 정하는 대규모 재난의 대응·복구 등에 관한 사항을 총괄·조정하고 필요한 조치를 하기 위하여 행정안전부에 두는 조직은?
① 안전관리자문단
② 중앙안전관리위원회
③ 안전정책조정위원회
④ 중앙긴급구조통제단
⑤ 중앙재난안전대책본부

정답 04.② 05.⑤ 06.⑤

07 응상폭발에 해당하는 것만을 〈보기〉에서 고른 것은?

〈보기〉
- ㉠ 증기폭발
- ㉡ 분진폭발
- ㉢ 분해폭발
- ㉣ 전선폭발
- ㉤ 분무폭발

① ㉠, ㉡
② ㉠, ㉣
③ ㉡, ㉢
④ ㉡, ㉣
⑤ ㉣, ㉤

08 가연성물질이 되기 쉬운 조건에 해당하지 않는 것은?
① 열전도도 값이 작아야 한다.
② 연쇄반응을 일으킬 수 있어야 한다.
③ 활성화에너지가 크고 발열량이 작아야 한다.
④ 조연성 가스인 산소와의 결합력이 커야 한다.
⑤ 산소와 접촉할 수 있는 표면적이 커야 한다.

09 우리나라 소방의 시대별 발전과정에 관한 내용으로 옳은 것만을 〈보기〉에서 고른 것은?

〈보기〉
- ㉠ 고려시대 : 금화도감을 설치하였다.
- ㉡ 조선시대 : 일본에서 들여온 수총기를 궁정소방대에 처음으로 구비하였다.
- ㉢ 일제강점기 : 우리나라 최초로 소방서를 설치하였다.
- ㉣ 미군정시대 : 소방을 경찰에서 분리하여 최초로 독립된 자치적 소방제도를 시행하였다.

① ㉠, ㉡
② ㉠, ㉣
③ ㉡, ㉢
④ ㉡, ㉣
⑤ ㉢, ㉣

정답 07.② 08.③ 09.⑤

10 에틸알코올(C_2H_5OH)의 최소산소농도(MOC)는? (단, 에틸알코올의 연소범위는 4.3~19Vol%이며, 완전연소 생성물은 CO_2와 H_2O이다.)
① 8.6　　　　② 10.8
③ 12.9　　　　④ 15.1
⑤ 17.2

해설 p.331-3번

11 소화기구의 능력단위를 바닥면적 100제곱미터마다 1단위 이상으로 해야 할 특정소방대상물은?
① 문화재　　　　② 판매시설
③ 의료시설　　　④ 장례식장
⑤ 위락시설

해설 p.390-33번

12 「긴급구조대응활동 및 현장지휘에 관한 규칙」상 중증도 분류별 표시방법으로 옳은 것은?
① 사망 : 적색, 십자가 표시
② 긴급 : 녹색, 토끼 그림
③ 응급 : 적색, 거북이 그림
④ 비응급 : 녹색, 구급차 그림에 × 표시
⑤ 대기 : 황색, 구급차 그림에 × 표시

해설 p.66-63번

13 다음은 비상콘센트설비의 전원회로 기준에 관한 것이다. ( ) 안에 들어갈 내용으로 옳은 것은?

해설 p.427-108번

> 비상콘센트설비의 전원회로는 (㉠)교류 (㉡)볼트인 것으로서, 그 공급용량은 (㉢)킬로볼트암페어 이상인 것으로 할 것

	㉠	㉡	㉢		㉠	㉡	㉢
①	단상	24	1.5	②	단상	220	1.5
③	단상	380	3.0	④	3상	220	3.0
⑤	3상	380	3.0				

정답　10.③　11.②　12.④　13.②

14 자동화재탐지설비에서 부착 높이에 따른 감지기로 옳은 것만을 〈보기〉에서 있는 대로 고른 것은?

〈보기〉
㉠ 부착 높이 4m 미만 : 광전식 스포트형 감지기
㉡ 부착 높이 4m 이상 8m 미만 : 정온식 감지 선형 1종 감지기
㉢ 부착 높이 8m 이상 15m 미만 : 차동식 스포트형 감지기
㉣ 부착 높이 15m 이상 20m 미만 : 보상식 스포트형 감지기

① ㉠, ㉡
② ㉠, ㉢
③ ㉡, ㉣
④ ㉠, ㉢, ㉣
⑤ ㉡, ㉢, ㉣

15 「소방시설 설치 및 관리에 관한 법률 시행령」상 건축물 등의 신축·증축·개축·재축·이전·용도변경 또는 대수선의 허가·협의 및 사용승인을 할 때 미리 소방본부장 또는 소방서장의 동의를 받아야 하는 건축물 등의 범위로 옳은 것만을 〈보기〉에서 고른 것은?

〈보기〉
㉠ 노유자시설 및 수련시설 : 100제곱미터 이상
㉡ 항공기 격납고, 관망탑, 항공관제탑, 방송용 송수신탑
㉢ 승강기 등 기계장치에 의한 주차시설로서 자동차 15대 이상을 주차할 수 있는 시설
㉣ 차고·주차장으로 사용되는 바닥면적이 200제곱미터 이상인 층이 있는 건축물이나 주차시설
㉤ 지하층 또는 무창층이 있는 건축물로서 바닥면적이 150제곱미터(공연장의 경우에는 100제곱미터) 이상인 층이 있는 것

① ㉠, ㉡, ㉢
② ㉠, ㉡, ㉣
③ ㉠, ㉢, ㉣
④ ㉡, ㉢, ㉤
⑤ ㉡, ㉣, ㉤

정답 14. ① 15. ⑤

16 「재난 및 안전관리 기본법」상 재난의 대비에 포함되어야 할 내용으로 옳은 것만을 〈보기〉에서 있는 대로 고른 것은?

〈보기〉
㉠ 국가핵심기반의 지정
㉡ 재난안전분야 종사자 교육
㉢ 지방자치단체에 대한 지원
㉣ 재난현장 긴급통신수단의 마련
㉤ 재난분야 위기관리 매뉴얼 작성·운용

① ㉠, ㉡ ② ㉡, ㉢
③ ㉢, ㉣ ④ ㉣, ㉤
⑤ ㉠, ㉣, ㉤

해설 p.82-1번

17 ㉠~㉤의 물질을 인화점이 낮은 것부터 높은 순으로 옳게 나열한 것은?

〈보기〉
㉠ 아세톤   ㉡ 글리세린
㉢ 이황화탄소 ㉣ 메틸알코올
㉤ 디에틸에테르

① ㉠ - ㉤ - ㉢ - ㉡ - ㉣
② ㉢ - ㉠ - ㉤ - ㉡ - ㉣
③ ㉢ - ㉤ - ㉠ - ㉣ - ㉡
④ ㉤ - ㉠ - ㉢ - ㉣ - ㉡
⑤ ㉤ - ㉢ - ㉠ - ㉣ - ㉡

해설 p.167-79번

18 수성막포 소화약제에 관한 내용으로 옳은 것만을 〈보기〉에서 있는 대로 고른 것은?

〈보기〉
㉠ 불소계 계면활성제를 주성분으로 한 것으로 안정성이 좋아 장기보존이 가능하다.
㉡ 알코올류, 케톤류, 에스테르류 등과 같은 수용성 위험물 화재에 소화적응성이 아주 우수하다.
㉢ 내유성이 있어 탱크 하부에서 발포하는 표면하주입방식이 가능하며 분말소화약제와 함께 사용 시 소화능력이 강화된다.
㉣ 유류의 표면에 거품과 수성막을 형성함으로써 질식과 냉각 소화 작용이 우수하며 '라이트 워터(Light Water)'라고도 불린다.

① ㉠   ② ㉡, ㉢
③ ㉠, ㉡, ㉣ ④ ㉠, ㉢, ㉣
⑤ ㉡, ㉢, ㉣

해설 p.356-29번

정답 16. ④ 17. ⑤ 18. ④

19 「위험물안전관리법 시행령」상 위험물에 대한 규정으로 옳지 않은 것은?
① "인화성고체"라 함은 고형알코올 그 밖에 1기압에서 인화점이 섭씨40도 미만인 고체를 말한다.
② "철분"이라 함은 철의 분말로서 53마이크로미터의 표준체를 통과하는 것이 50중량퍼센트 미만인 것은 제외한다.
③ 황은 순도가 60중량퍼센트 이상인 것을 말한다. 이 경우 순도측정에 있어서 불순물은 활석 등 불연성 물질과 수분에 한한다.
④ "금속분"이라 함은 알칼리금속·알칼리토류금속·철 및 구리 외의 금속의 분말을 말하고, 마그네슘분·니켈분 및 150마이크로미터의 체를 통과하는 것이 50중량퍼센트 미만인 것은 제외한다.
⑤ "제3석유류"라 함은 중유, 크레오소트유 그 밖에 1기압에서 인화점이 섭씨 70도 이상 섭씨 200도 미만인 것을 말한다. 다만, 도료류 그 밖의 물품은 가연성 액체량이 40중량퍼센트 이하인 것은 제외한다.

20 피난기구의 화재안전성능기준(NFPC 301)에서 피난기구의 설치기준으로 옳지 않은 것은?
① 피난기구를 설치하는 개구부는 서로 동일직선상이 아닌 위치에 있을 것
② 구조대의 길이는 피난상 지장이 없고 안정한 강하속도를 유지할 수 있는 길이로 할 것
③ 다수인 피난장비는 사용시에 보관실 외측 문이 먼저 열리고 탑승기가 외측으로 자동으로 전개될 것
④ 피난기구는 특정소방대상물의 기둥·바닥 및 보 등 구조상 견고한 부분에 볼트조임·매입 및 용접 등의 방법으로 견고하게 부착할 것
⑤ 4층 이상의 층에 하향식 피난구용 내림식사다리를 설치하는 경우에는 금속성 고정사다리를 설치하고, 당해 고정사다리에는 쉽게 피난할 수 있는 구조의 노대를 설치할 것

21 열에너지원의 종류에서 화학열로 옳은 것만을 〈보기〉에서 있는 대로 고른 것은?

〈보기〉
㉠ 분해열 ㉡ 연소열
㉢ 압축열 ㉣ 산화열

① ㉣
② ㉠, ㉡
③ ㉢, ㉣
④ ㉠, ㉡, ㉣
⑤ ㉠, ㉡, ㉢, ㉣

해설 p.145-35번

22 다음 중 위험도(H) 값이 가장 큰 것은? (단, 1기압, 25℃ 공기 중의 연소범위를 기준으로 한다.)

① 수소
② 메탄
③ 아세틸렌
④ 이황화탄소
⑤ 산화에틸렌

해설 p.157-61번

23 「위험물안전관리법 시행령」상 제조소에서 취급하는 제4류 위험물의 최대수량의 합이 지정수량의 50만 배인 사업소의 경우, 자체소방대에 두는 화학소방자동차와 자체소방대원의 수로 옳은 것은?

	화학소방자동차	자체소방대원
①	1대	5인
②	2대	10인
③	3대	15인
④	4대	20인
⑤	5대	10인

해설 p.35-6번

정답 21.④ 22.④ 23.④

24 「화재의 예방 및 안전관리에 관한 법률 시행령」상 화재의 확대가 빠른 특수가연물의 품명 및 수량으로 옳은 것은?

① 넝마 : 500킬로그램 이상
② 사류 : 1,000킬로그램 이상
③ 면화류 : 100킬로그램 이상
④ 가연성고체류 : 2,000킬로그램 이상
⑤ 석탄・목탄류 : 3,000킬로그램 이상

25 「화재의 예방 및 안전관리에 관한 법률」상 시・도지사가 화재예방강화지구로 지정하여 관리해야 하는 지역으로 옳은 것만을 〈보기〉에서 있는 대로 고른 것은?

〈보기〉
㉠ 시장지역
㉡ 공장・창고가 밀집한 지역
㉢ 노후・불량건축물이 밀집한 지역
㉣ 위험물의 저장 및 처리 시설이 밀집한 지역

① ㉠, ㉡
② ㉠, ㉢
③ ㉡, ㉣
④ ㉠, ㉡, ㉣
⑤ ㉠, ㉡, ㉢, ㉣

정답 24.② 25.⑤

05 2022 소방직

01 소방기관에서 실시하는 화재조사에 대한 일반적인 설명으로 옳지 않은 것은?
① 화재조사는 화재조사관이 화재사실을 인지하는 즉시 실시한다.
② 화재조사는 강제성을 지니며, 프리즘식으로 진행한다.
③ 화재조사 시 건축·구조물 화재의 소실정도는 입체면적에 대한 비율을 적용하여 구분한다.
④ 화재가 복합되어 발생한 경우에는 화재의 구분을 화재피해금액이 작은 것으로 한다.

02 「재난 및 안전관리 기본법」상 재난현장에서 임무를 직접 수행하는 기관의 행동조치 절차를 구체적으로 수록한 문서는?
① 재난대응 활동계획
② 현장조치 행동매뉴얼
③ 위기대응 실무매뉴얼
④ 위기관리 표준매뉴얼

03 그림에서 'A'에 대한 설명으로 옳지 않은 것은?

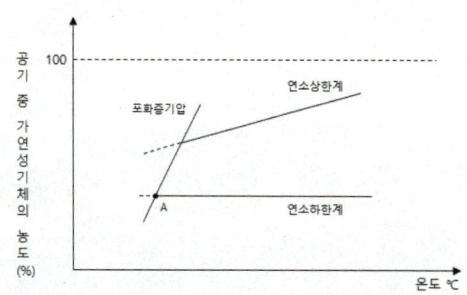

① 외부에너지에 의해 발화하기 시작하는 최저연소온도이다.
② 물질적 조건과 에너지 조건이 만나는 최저연소온도이다.
③ 화학양론비(stoichiometric ratio)에서의 최저연소온도이다.
④ 가연성 혼합기를 형성하는 최저연소온도이다.

정답 01.④ 02.② 03.③

04 화재가혹도(fire severity)에 대한 설명으로 옳지 않은 것은? (A는 개구부의 면적, H는 개구부의 높이이다.)

① 화재가혹도의 크기는 화재강도와 화재하중의 영향을 받는다.
② 화재실의 최고온도와 지속시간은 화재가혹도를 판단하는 중요한 인자이다.
③ 화재실의 환기요소($A\sqrt{H}$)는 화재가혹도에 영향을 준다.
④ 화재가혹도는 화재실이나 화재구획의 단열성에 영향을 받지 않는다.

해설 p.261-45번

05 메틸알코올(CH_3OH)의 최소산소농도(MOC : Minimum Oxygen Concentration, %)로 옳은 것은? (CH_3OH의 연소 상한계는 37%, 연소범위의 상·하한폭은 30%이다.)

① 5.0 ② 8.5
③ 10.5 ④ 14.0

해설 p.330-2번

06 폭발에 대한 일반적인 설명으로 옳은 것은?

① 아세틸렌과 산화에틸렌은 분해폭발을 일으키기 쉬운 물질이다.
② 상온에서 탱크에 저장된 중유가 유출되면 자유공간 증기운폭발이 일어난다.
③ 밀폐공간에서 조연성가스가 폭발범위를 형성하면 점화원에 의해 가스폭발이 일어난다.
④ 다량의 고온물질이 물속에 투입되었을 때 물의 급작스러운 상변화에 의한 폭발현상을 반응폭주라 한다.

해설 p.209-5번

07 가연성 물질의 화재 시 소화방법으로 옳은 것은?

① 탄화칼슘은 물을 분무하여 소화한다.
② 아세톤은 알콜형포 소화약제로 소화한다.
③ 나트륨은 수계 소화약제로 소화한다.
④ 마그네슘은 이산화탄소 소화약제로 소화한다.

해설 p.301-64번

정답 04.④ 05.③ 06.① 07.②

08 위험물에 대한 일반적인 설명으로 옳은 것은?

① 제1류 위험물 중 질산염류는 연소속도가 빨라 폭발적으로 연소한다.
② 제3류 위험물 중 황린은 가열, 충격, 마찰에 의해 분해되어 산소가 발생하므로 가연물과의 접촉을 피한다.
③ 제4류 위험물 중 제1석유류는 인화점 및 연소하한계가 낮아 적은 양으로도 화재의 위험이 있다.
④ 제5류 위험물 중 유기과산화물은 공기 중에 노출되거나 수분과 접촉하면 발화의 위험이 있다.

해설 p.300-62번

09 자동기동방식의 펌프가 수원의 수위보다 높은 곳에 설치된 옥내소화전설비의 구성요소를 있는 대로 모두 고른 것은?

㉠ 기동용수압개폐장치 ㉡ 릴리프밸브
㉢ 동력제어반 ㉣ 솔레노이드밸브
㉤ 물올림장치

① ㉠, ㉡, ㉤
② ㉢, ㉣, ㉤
③ ㉠, ㉡, ㉢, ㉣
④ ㉠, ㉡, ㉢, ㉤

해설 p.394-41번

10 「재난 및 안전관리 기본법」상 재난관리의 대비단계 관리사항을 있는 대로 모두 고른 것은?

㉠ 국가재난관리기준의 제정·운용
㉡ 재난 예보·경보체계 구축·운영
㉢ 재난안전분야 종사자 교육
㉣ 재난안전통신망의 구축·운영

① ㉠, ㉡
② ㉠, ㉣
③ ㉠, ㉡, ㉣
④ ㉡, ㉢, ㉣

해설 p.88-13번

정답 08.③ 09.④ 10.②

11 위험물과 물이 반응할 때 발생하는 가스로 옳지 않은 것은?

위험물	가스
① 탄화알루미늄	아세틸렌
② 인화칼슘	포스핀
③ 수소화알루미늄리튬	수소
④ 트리에틸알루미늄	에테인

12 800℃, 1기압에서 황(S) 1kg이 공기 중에서 완전 연소할 때 발생되는 이산화황의 발생량(m^3)은? (단, 황(S)의 원자량은 32, 산소(O)의 원자량은 16이며, 이상기체로 가정한다.)

① 2.00　　　　　　② 2.35
③ 2.50　　　　　　④ 2.75

13 중질유화재 시 무상주수를 함으로써 기대할 수 있는 소화효과로 올바르게 묶인 것은?

① 질식소화, 부촉매소화　　② 질식소화, 유화소화
③ 유화소화, 타격소화　　　④ 피복소화, 타격소화

14 재난관리 방식 중 분산관리에 대한 일반적인 설명으로 옳지 않은 것은?
① 재난의 종류에 따라 대응방식의 차이와 대응계획 및 책임기관이 각각 다르게 배정된다.
② 재난 시 유관기관 간의 중복적 대응이 있을 수 있다.
③ 재난의 발생 유형에 따라 소관부처별로 업무가 나뉜다.
④ 재난 시 유사한 자원동원 체계와 자원유형이 필요하다.

정답　11.① 12.④ 13.② 14.④

15 가연성 물질의 화재 위험성에 대한 설명으로 옳은 것은?
① 비열, 연소열, 비점이 작거나 낮을수록 위험하다.
② 증발열, 연소열, 연소속도가 크거나 빠를수록 위험하다.
③ 표면장력, 인화점, 발화점이 작거나 낮을수록 위험하다.
④ 비중, 압력, 융점이 크거나 높을수록 위험하다.

해설 p.113-10번

16 기체상 연료노즐에서의 연소에 대한 일반적인 설명으로 옳은 것을 있는 대로 모두 고른 것은?

> ㉠ 역화는 연료의 연소속도가 분출속도보다 빠를 때 불꽃이 연료노즐 속으로 빨려 들어가 연료노즐 속에서 연소하는 현상이다.
> ㉡ 선화는 불꽃이 연료노즐 위에 들뜨는 현상으로 연료 노즐에서 연료기체의 연소 속도가 분출속도보다 느릴 때 발생하는 현상이다.
> ㉢ 황염은 분출하는 기체연료와 공기의 화학양론비에서 공기량이 적을 때 발생한다.
> ㉣ 연료노즐에서 흐름이 난류(turbulent)인 경우, 확산연소에서 화염의 높이는 분출 속도에 비례한다.

① ㉠, ㉡
② ㉢, ㉣
③ ㉠, ㉡, ㉢
④ ㉠, ㉡, ㉢, ㉣

해설 p.170-85번

17 동일 소방대상물로서 한 건의 화재로 취급하는 기준에 대한 설명으로 옳지 않은 것은?
① 한 곳에서 발생한 화재
② 누전점이 다른 2개소 이상에서 발생한 화재
③ 지진, 낙뢰 등 자연환경에 의해 발생한 여러 화재
④ 동일범에 의한 방화 또는 불장난으로 2개소 이상에서 발생한 화재

해설 p.321-20번

정답 15.③ 16.③ 17.전원정답처리

18 할로겐화합물 소화약제가 갖추어야 할 일반적인 조건으로 옳지 않은 것은?
① 독성이 적을수록 좋다.
② 지구 온난화에 끼치는 영향이 적을수록 좋다.
③ 대기 중에 잔존 시간이 길수록 좋다.
④ 오존층 파괴에 끼치는 영향이 적을수록 좋다.

19 포(foam)에 대한 일반적인 설명으로 옳은 것은?
① 불화단백포 및 수성막포는 표면하주입방식에 사용할 수 있다.
② 불소를 함유하고 있는 합성계면활성제포는 친수성이므로 유동성과 내유성이 좋다.
③ 단백포는 유동성은 좋으나, 내화성은 나쁘다.
④ 알콜형포 사용 시 비누화현상이 일어나면 소화능력이 떨어진다.

20 이산화탄소소화설비에 대한 일반적인 설명으로 옳지 않은 것은?
① 기동용기의 가스는 압력스위치 및 자동폐쇄장치를 작동시키는 역할을 한다.
② 저장용기는 직사광선 및 빗물이 침투할 우려가 없는 곳에 설치한다.
③ 전역방출방식에서 환기장치는 이산화탄소가 방사되기 전에 정지되어야 한다.
④ 전역방출방식에서는 음향경보장치와 방출표시등이 필요하다.

정답 18.③ 19.① 20.①

06 2022 소방간부

01 다음 중 불연성 물질에 해당하지 않는 것은?
① He(헬륨)
② CO_2(이산화탄소)
③ P_2O_5(오산화인)
④ HCN(시안화수소)
⑤ SO_3(삼산화황)

02 「긴급구조대응활동 및 현장지휘에 관한 규칙」상 통제단이 설치·운영되는 경우에 긴급구조지휘대를 구성하는 사람과 배치되는 해당 부서의 연결이 옳은 것만을 〈보기〉에서 있는 대로 고른 것은?

〈보기〉
㉠ 현장지휘요원 – 현장지휘부
㉡ 통신지원요원 – 현장지휘부
㉢ 안전관리요원 – 대응계획부
㉣ 상황조사요원 – 자원지원부

① ㉠, ㉡
② ㉠, ㉢
③ ㉠, ㉡, ㉣
④ ㉡, ㉢, ㉣
⑤ ㉠, ㉡, ㉢, ㉣

03 연소범위에 관한 설명으로 옳은 것만을 〈보기〉에서 있는 대로 고른 것은?

〈보기〉
㉠ 연소범위는 물질이 연소하기 위한 물적 조건과 관련이 있다.
㉡ 온도가 높아지면 연소범위는 넓어진다.
㉢ 일산화탄소는 압력이 증가하면 연소범위가 넓어진다.
㉣ 불활성기체가 첨가되면 연소범위가 좁아진다.

① ㉠, ㉣
② ㉠, ㉡, ㉢
③ ㉠, ㉡, ㉣
④ ㉡, ㉢, ㉣
⑤ ㉠, ㉡, ㉢, ㉣

정답 01.④ 02.① 03.③

4 〈보기〉에서 공기 중 연소범위가 가장 넓은 것(㉠)과 위험도가 가장 낮은 것(㉡)을 순서대로 나열한 것은?

〈보기〉

수소, 아세틸렌, 메탄, 프로판

	㉠	㉡
①	수소	메탄
②	수소	아세틸렌
③	아세틸렌	메탄
④	아세틸렌	프로판
⑤	아세틸렌	아세틸렌

5 복사열전달 현상에 관한 설명으로 옳은 것은?
① 열에너지가 전자기파의 형태로 전달되는 현상이다.
② 푸리에의 법칙에 따른다.
③ 열전달이 고체 또는 정지상태의 유체 내에서 매질을 통해 이루어진다.
④ 유체입자의 유동에 의해 열에너지가 전달되는 현상이다.
⑤ 진공상태에서는 복사열은 전달되지 않는다.

6 「위험물안전관리법 시행령」상 위험물에 관한 설명으로 옳은 것은?
① 제1류 위험물 중에 무기과산화물은 주수를 이용한 냉각소화가 적합하다.
② 제2류 위험물은 다른 가연물의 연소를 돕는 조연성 물질이다.
③ 제3류 위험물 중에 황린은 공기 중 산화를 방지하기 위해 물속에 저장한다.
④ 제4류 위험물은 수용성 액체로 물에 의한 희석소화가 적합하다.
⑤ 제5류 위험물은 포, 이산화탄소에 의한 질식소화가 적합하다.

정답 04.③ 05.① 06.③

07 「위험물안전관리법 시행령」상 유별 위험물의 품명과 지정수량을 옳게 연결한 것은?

유별	품명	지정수량
① 제2류	적린, 황, 마그네슘	100kg
② 제3류	알킬알루미늄, 유기과산화물 제1종	10kg
③ 제4류	제4석유류	10,000L
④ 제5류	하이드록실아민, 하이드록실아민염류	100kg
⑤ 제6류	과염소산염류, 나트륨	200kg

해설 p.277-16번

08 다음은 수성막포에 관한 설명이다. ( )안에 들어갈 내용으로 옳은 것은?

> 수성막포는 (㉠)이 강하여 표면하 주입방식에 효과적이며, 내약품성으로 (㉡)소화약제와 Twin Agent System이 가능하다. 반면에 내열성이 약해 탱크 내벽을 따라 잔불이 남게 되는 (㉢)현상이 일어날 우려가 있으며, 대형화재 또는 고온화재 시 수성막 생성이 곤란한 단점이 있다.

	㉠	㉡	㉢
①	점착성	강화액	윤화
②	점착성	분말	선화
③	내유성	분말	선화
④	내유성	강화액	선화
⑤	내유성	분말	윤화

해설 p.357-31번

09 할로겐화합물 소화약제 중 "HCFC BLEND A"의 구성 요소가 아닌 것은?

① HCFC-123
② C_3HF_7
③ HCFC-22
④ HCFC-124
⑤ $C_{10}H_{16}$

해설 p.364-48번

정답 07.④ 08.⑤ 09.②

10 「소방시설 설치 및 관리에 관한 법률 시행령」상 소방시설의 연결이 옳은 것만을 〈보기〉에서 있는 대로 고른 것은?

> ㉠ 소화설비 : 자동소화장치, 옥내소화전설비, 물분무등소화설비
> ㉡ 경보설비 : 통합감시시설, 시각경보기, 단독경보형 감지기
> ㉢ 피난구조설비 : 피난기구, 인명구조기구, 제연설비
> ㉣ 소화활동설비 : 연결송수관설비, 비상콘센트설비, 무선통신보조설비

① ㉠, ㉡
② ㉢, ㉣
③ ㉠, ㉡, ㉣
④ ㉡, ㉢, ㉣
⑤ ㉠, ㉡, ㉢, ㉣

11 「국가공무원법」 및 「소방공무원 징계령」에서 정하고 있는 소방공무원의 징계에 관한 내용으로 옳은 것은?

① 중징계의 종류에는 파면, 해임, 강등, 정직, 감봉이 있다.
② 경징계의 종류에는 견책, 훈계, 경고가 있다.
③ 소방정인 지방소방학교장에 관한 징계는 시·도에 설치된 징계위원회에서 심의·의결한다.
④ 정직은 1개월 이상 3개월 이하의 기간으로 하고, 정직 처분을 받은 자는 그 기간 중 공무원의 신분은 보유하나 직무에 종사하지 못하며 보수는 전액을 감한다.
⑤ 감봉은 1개월 이상 3개월 이하의 기간 동안 보수의 2분의 1을 감한다.

12 제3종 분말소화약제가 열분해될 때 생성되는 물질로서 방진작용을 하는 물질은?

① N_2(질소)
② H_2O(수증기)
③ K_2CO_3(탄산칼륨)
④ HPO_3(메타인산)
⑤ Na_2CO_3(탄산나트륨)

정답 10.③ 11.④ 12.④

13 「재난 및 안전관리 기본법」상 용어의 정의로 옳지 않은 것은?

① "국가재난관리기준"이란 모든 유형의 재난에 공통적으로 활용할 수 있도록 재난관리의 전 과정을 통일적으로 단순화·체계화한 것으로서 행정안전부장관이 고시한 것을 말한다.
② "재난관리"란 재난이나 그 밖의 각종 사고로부터 사람의 생명·신체 및 재산의 안전을 확보하기 위하여 하는 모든 활동을 말한다.
③ "안전기준"이란 각종 시설 및 물질 등의 제작, 유지관리 과정에서 안전을 확보할 수 있도록 적용하여야 할 기술적 기준을 체계화한 것을 말한다.
④ "긴급구조"란 재난이 발생할 우려가 현저하거나 재난이 발생하였을 때에 국민의 생명·신체 및 재산을 보호하기 위하여 긴급구조기관과 긴급구조지원기관이 하는 인명구조, 응급처치, 그 밖에 필요한 모든 긴급한 조치를 말한다.
⑤ "안전취약계층"이란 어린이, 노인, 장애인, 저소득층 등 신체적·사회적·경제적 요인으로 인하여 재난에 취약한 사람을 말한다.

14 「재난 및 안전관리 기본법」상 자연재난에 해당하지 않는 것은?

① 가뭄　　　　　　　② 폭염
③ 미세먼지　　　　　④ 황사(黃砂)
⑤ 조류(藻類) 대발생

15 다음 조건에 따라 계산한 혼합기체의 연소하한계는?

- 르샤틀리에 공식을 이용한다.
- 혼합기체의 부피비율은 A기체 60%, B기체 30%, C기체 10%이다.
- 연소하한계는 A기체, 3.0%, B기체 1.5%, C기체 1.0%이다.

① 1.0%　　　　　　　② 1.5%
③ 2.0%　　　　　　　④ 2.5%
⑤ 3.0%

정답 13.② 14.③ 15.③

16 자동화재탐지설비 수신기의 화재신호와 연동으로 작동하여 관계인에게 화재발생을 경보함과 동시에 소방관서에 자동적으로 통신망을 통한 당해 화재발생 및 당해 소방대상물의 위치 등을 음성으로 통보하여 주는 것은?

① 통합감시시설
② 비상경보설비
③ 비상방송설비
④ 자동화재속보설비
⑤ 단독경보형 감지기

17 「소방기본법 시행규칙」상 종합상황실에 보고하여야 할 화재에 해당하지 않는 것은?

① 사망자가 10명 발생한 화재
② 이재민이 50명 발생한 화재
③ 재산피해가 100억 원으로 추정되는 화재
④ 항구에 매어둔 총 톤수가 1천톤 이상인 선박 화재
⑤ 발전소 및 변전소의 화재

18 정전기 예방대책으로 옳은 것만을 〈보기〉에서 있는 대로 고른 것은?

> ㄱ. 공기를 이온화한다.
> ㄴ. 전기전도성이 큰 물체를 사용한다.
> ㄷ. 접촉하는 전기의 전위차를 크게 한다.

① ㄱ
② ㄷ
③ ㄱ, ㄴ
④ ㄴ, ㄷ
⑤ ㄱ, ㄴ, ㄷ

정답 16.④ 17.② 18.③

19 「재난 및 안전관리 기본법」 및 동법 시행령에 따라 수립해야 하는 계획의 내용이다. ( ) 안에 들어갈 내용으로 옳은 것은?

> (가) (㉠)은/는 재난 및 안전관리에 관한 과학 기술의 진흥을 위하여 (㉡)년마다 관계중앙행정기관의 재난 및 안전관리기술개발에 관한 계획을 종합하여 조정위원회의 심의와 「국가과학기술자문회의법」에 따른 국가과학기술자문회의의 심의를 거쳐 재난 및 안전관리기술개발 종합계획을 수립하여야 한다.
> (나) (㉢)은/는 국가안전관리기본계획을 (㉣)년마다 수립지침을 작성하여 통보하여야 한다.

	㉠	㉡	㉢	㉣
①	국무총리	1	행정안전부장관	1
②	과학기술정보통신부장관	5	행정안전부장관	5
③	행정안전부장관	1	국무총리	1
④	국무총리	5	국무총리	5
⑤	행정안전부장관	5	국무총리	5

20 다음 설명에 해당하는 방폭구조는?

> 정상시 및 사고시(단선, 단락, 지락 등)에 발생하는 전기불꽃, 아크 또는 고온에 의하여 폭발성가스 또는 증기에 점화되지 않는 것이 점화시험 및 기타에 의하여 확인된 방폭구조

① 내압방폭구조 ② 압력방폭구조
③ 안전증가방폭구조 ④ 유입방폭구조
⑤ 본질안전방폭구조

21 스프링클러설비 종류별 주요 구성품의 연결이 옳은 것만을 〈보기〉에서 있는 대로 고른 것은?

> ㉠ 습식 스프링클러설비 : 알람밸브, 개방형 헤드
> ㉡ 건식 스프링클러설비 : 익조스터(Exhauster), 공기 압축기
> ㉢ 준비작동식 스프링클러설비 : 선택밸브, SVP(Supervisory Panel)
> ㉣ 일제살수식 스프링클러설비 : 일제개방밸브, 개방형 헤드

① ㉠, ㉢ ② ㉡, ㉣
③ ㉠, ㉡, ㉢ ④ ㉡, ㉢, ㉣
⑤ ㉠, ㉡, ㉢, ㉣

정답 19.⑤ 20.⑤ 21.②

22 「재난 및 안전관리 기본법」상 중앙재난안전대책본부에 관한 내용으로 옳지 않은 것은?

① 재난의 효과적인 수습을 위하여 국무총리가 범정부적 차원의 통합 대응이 필요하다고 인정하는 경우에는 대통령이 중앙대책본부장의 권한을 행사한다.
② 해외재난의 경우에는 외교부장관이 중앙대책본부장의 권한을 행사한다.
③ 대통령령으로 정하는 대규모 재난의 대응·복구 등에 관한 사항을 총괄·조정하고 필요한 조치를 하기 위하여 행정안전부에 중앙재난안전대책본부를 둔다.
④ 「원자력시설 등의 방호 및 방사능 방재 대책법」에 따른 방사능재난의 경우에는 중앙방사능방재대책본부의 장이 중앙대책본부장의 권한을 행사한다.
⑤ 행정안전부장관이 국무총리에게 건의하거나 수습본부장의 요청을 받아 행정안전부장관이 국무총리에게 건의하는 경우에는 국무총리가 중앙대책본부장의 권한을 행사할 수 있다.

23 다음 중 화학적 폭발에 해당하지 않는 것은?
① 수증기폭발   ② UVCE
③ 분해폭발   ④ 분진폭발
⑤ 분무폭발

24 「위험물안전관리법 시행령」상 제1류 위험물에 관한 내용이다. ( ) 안에 들어갈 내용으로 옳은 것은?

> 고체로서 (㉠)의 잠재적인 위험성 또는 (㉡)에 대한 민감성을 판단하기 위하여 소방청장이 정하여 고시하는 시험에서 고시로 정하는 성질과 상태를 나타내는 것을 말한다.

	㉠	㉡
①	폭발력	발화
②	산화력	충격
③	환원력	분해
④	산화력	폭발
⑤	환원력	연소

정답 22.① 23.① 24.②

25 「화재예방 및 안전관리에 관한 법률」 및 동법 시행령상 화재안전조사에 관한 내용으로 옳지 않은 것은?

① 화재안전조사는 「소방시설 설치 및 관리에 관한 법률」에 따른 자체점검 등이 불성실하거나 불완전하다고 인정되는 경우 실시한다.
② 화재안전조사는 국가적 행사 등 주요 행사가 개최되는 장소 및 그 주변의 관계 지역에 대하여 소방안전관리 실태를 점검할 필요가 있는 경우 실시한다.
③ 소방관서장은 필요한 경우에는 소방기술사, 소방시설관리사, 그 밖에 화재안전 분야에 전문지식을 갖춘 사람을 화재안전조사에 참여하게 할 수 있다.
④ 화재안전조사위원회는 위원장 1명을 포함한 15명 이내의 위원으로 성별을 고려하여 구성하고, 위원장은 소방관서장이 된다.
⑤ 소방관서장은 화재안전조사의 대상을 객관적이고 공정하게 선정하기 위하여 필요한 경우 화재안전조사위원회를 구성하여 화재안전조사의 대상을 선정할 수 있다.

정답 25.④

07 2021 소방직

1. 「재난 및 안전관리 기본법」상 재난현장에서 시·군·구긴급구조통제단장의 긴급구조 현장지휘 사항을 모두 고른 것은?

> ㉠ 재난현장에서 인명의 탐색·구조
> ㉡ 추가 재난의 방지를 위한 응급조치
> ㉢ 사상자의 응급처치 및 의료기관으로의 이송
> ㉣ 긴급구조에 필요한 재난관리자원의 관리

① ㉠, ㉡
② ㉠, ㉡, ㉢
③ ㉡, ㉢, ㉣
④ ㉠, ㉡, ㉢, ㉣

2. 화재 시 발생하는 연기(smoke)에 대한 설명으로 옳지 않은 것은?
① 연기의 수직 이동속도는 수평 이동속도보다 빠르다.
② 연기의 감광계수가 증가할수록 가시거리는 짧아진다.
③ 중성대는 실내 화재 시 실내와 실외의 온도가 같은 면을 의미한다.
④ 굴뚝효과는 건축물의 내부와 외부의 온도차에 의해 내부의 더운 공기가 상승하는 현상이다.

3. 소화설비에 대한 설명으로 옳은 것은?
① 산·알칼리 소화기는 가스계 소화기로 분류된다.
② CO_2 소화설비는 화재감지기, 선택밸브, 방출표시등, 압력스위치 등으로 구성된다.
③ 슈퍼바이저리패널(supervisory panel)은 습식스프링클러설비의 구성요소이다.
④ 순환배관은 옥내소화전설비의 펌프 체절운전 시 수온 하강 방지를 위해 설치한다.

정답 01.④ 02.③ 03.②

04 우리나라 소방 역사에 대한 설명으로 옳은 것만을 모두 고른 것은?

> ㉠ 고려시대에는 소방(消防)을 소재(消災)라 하였으며, 화통도감을 신설하였다.
> ㉡ 조선시대 세종 8년에 금화도감을 설치하였다.
> ㉢ 1915년에 우리나라 최초 소방본부인 경성소방서를 설치하였다.
> ㉣ 1945년에 중앙소방위원회 및 중앙소방청을 설치하였다.

① ㉠, ㉡
② ㉠, ㉡, ㉢
③ ㉡, ㉢, ㉣
④ ㉠, ㉡, ㉢, ㉣

해설 p.15-23번

05 백드래프트(back draft)에 대한 설명으로 옳은 것은?

① 불완전 연소에 의해 발생된 일산화탄소가 가연물로 작용하여 폭발하는 현상이다.
② 화재 진압 시 지붕 등 상부를 개방하는 것보다 출입문을 먼저 개방하는 것이 효과적인 전술이다.
③ 밀폐된 실내에서 발생되는 현상으로, 출입문을 한 번에 완전히 개방하여 연기를 일순간에 배출해야 폭발력을 억제할 수 있다.
④ 연료지배형화재가 진행되고 있는 공간에 산소가 일시적으로 다량 공급됨에 따라 가연성가스가 폭발적으로 연소하는 현상이다.

해설 p.252-25번

06 위험물의 종류에 따른 소화 방법으로 옳지 않은 것은?

① 제1류 위험물인 알칼리금속의 과산화물은 물을 사용한다.
② 제2류 위험물인 마그네슘은 건조사를 사용한다.
③ 제3류 위험물인 알킬알루미늄은 건조사를 사용한다.
④ 제4류 위험물인 알코올은 내알코올포(泡, foam)를 사용한다.

해설 p.303-70번

07 「소방의 화재조사에 관한 법률」상 화재합동조사단의 단원의 자격기준으로 옳지 않은 것은?

① 화재조사관
② 소방공무원으로서 화재조사에 관한 경력이 1년 이상인 소방공무원
③ 「고등교육법」에 따른 학교 또는 이에 준하는 교육기관에서 화재조사, 소방 또는 안전관리 등 관련 분야 조교수 이상의 직에서 3년 이상 재직한 사람
④ 「국가기술자격법」의 국가기술자격의 직무분야 중 소방분야에서 산업기사 이상의 자격을 취득한 사람

해설 p.326-27번

정답 04.① 05.① 06.① 07.②

08 「재난 및 안전관리 기본법」에 대한 내용이다. ( ) 안에 들어갈 용어로 옳은 것은?

> (가)은 대통령령으로 정하는 재난이 발생하거나 발생할 우려가 있는 경우 사람의 생명·신체 및 재산에 미치는 중대한 영향이나 피해를 줄이기 위하여 긴급한 조치가 필요하다고 인정하면 (나)의 심의를 거쳐 (다)을/를 선포할 수 있다.

	(가)	(나)	(다)
①	중앙재난안전대책본부장	안전정책조정위원회	재난사태
②	행정안전부장관	중앙안전관리위원회	재난사태
③	중앙재난안전대책본부장	중앙안전관리위원회	특별재난지역
④	행정안전부장관	안전정책조정위원회	특별재난지역

09 소방조직의 원리에 해당하지 않는 것은?
① 조정의 원리
② 계층제의 원리
③ 명령 분산의 원리
④ 통솔 범위의 원리

10 블레비(BLEVE: Boiling Liquid Expanding Vapor Explosion)현상의 특징으로 옳지 않은 것은?
① 액화가스 저장탱크에서 일어날 수 있다는 점에서는 증기운 폭발과 같다.
② 액화가스 저장탱크에서 물리적 폭발이 순간적으로 화학적 폭발로 이어지는 현상이다.
③ 블레비의 규모는 파열 시 액체의 기화량에는 차이가 있으나 탱크의 용량에 따른 차이는 없다.
④ 직접 열을 받은 부분이 액화가스 저장탱크의 인장 강도를 초과할 경우 기상부에 면하는 지점에서 파열하게 된다.

정답 08.② 09.③ 10.③

11 포혼합장치 중 펌프 프로포셔너(pump proportioner) 방식에 해당하는 것은?

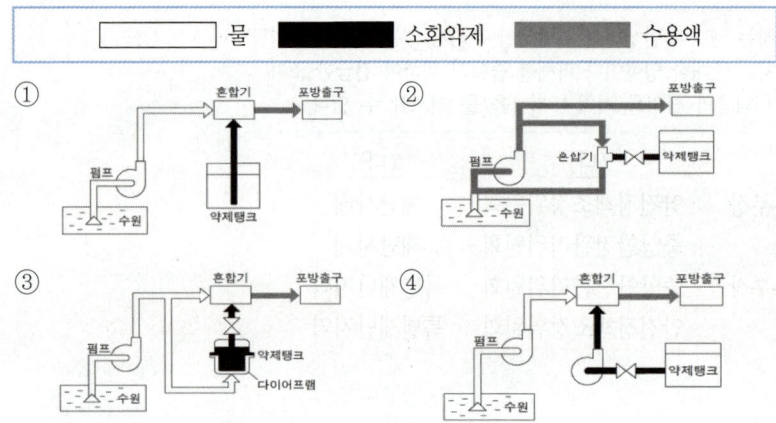

12 「재난 및 안전관리 기본법」상 재난관리 단계별 조치사항의 연결이 옳지 않은 것은?
① 예방단계 – 재난방지시설의 관리
② 대비단계 – 재난현장 긴급통신수단의 마련
③ 대응단계 – 특별재난지역의 선포
④ 복구단계 – 피해조사 및 복구계획 수립·시행

13 최소산소농도(MOC : Minimum Oxygen Concentration)에 대한 설명으로 옳지 않은 것은?
① 연소상한계에 의해 최소산소농도가 결정된다.
② 연소할 때 화염이 전파되는 데 필요한 임계산소농도를 말한다.
③ 완전연소반응식의 산소 몰수에 의해 최소산소농도가 결정된다.
④ 프로판(C_3H_8) 1몰(mol)이 완전 연소하는 데 필요한 최소산소농도는 10.5%이다.

정답 11.② 12.③ 13.①

14 1기압, 20℃인 조건에서 메탄(CH_4) 2㎥가 완전 연소하는 데 필요한 산소 부피는 몇 ㎥인가?

① 2　　　　　　　　② 3
③ 4　　　　　　　　④ 5

15 연소속도에 영향을 미치는 요인을 모두 고른 것은?

> ㉠ 가연성 물질의 종류
> ㉡ 촉매의 존재 유무와 농도
> ㉢ 공기 중 산소량
> ㉣ 가연성 물질과 산화제의 당량비

① ㉠, ㉡　　　　　　② ㉠, ㉡, ㉢
③ ㉡, ㉢, ㉣　　　　④ ㉠, ㉡, ㉢, ㉣

16 폭발에 대한 설명으로 옳지 않은 것은?

① 폭연은 폭굉보다 폭발압력이 낮다.
② 분해폭발은 산소에 관계없이 단독으로 발열 분해반응을 하는 물질에서 발생한다.
③ 물리적 폭발은 물질의 상태(기체, 액체, 고체)가 변하거나 온도, 압력 등 조건의 변화에 따라 발생한다.
④ 중합폭발은 가연성 액체의 무적(霧滴, mist)이 일정 농도 이상으로 조연성 가스 중에 부산되어 있을 때 착화하여 발생한다.

17 소화 방법에 대해 옳은 설명만을 모두 고른 것은?

> ㉠ 질식소화는 일반적으로 공기 중 산소 농도를 낮추어 소화하는 방법을 말한다.
> ㉡ 냉각소화가 가능한 약제로는 물, 강화액, CO_2, 할론 등이 있다.
> ㉢ 피복소화는 비중이 물보다 큰 비수용성 유류화재 시 무상주수하여 소화하는 방법을 말한다.
> ㉣ 부촉매소화는 가스화재 시 가스공급을 차단하여 소화하는 방법을 말한다.

① ㉠, ㉡　　　　　　② ㉠, ㉡, ㉢
③ ㉡, ㉢, ㉣　　　　④ ㉠, ㉡, ㉢, ㉣

정답　14.③　15.④　16.④　17.①

18 물소화약제에 대한 설명으로 옳은 것은?
① 질식소화 작용은 기대하기 어렵다.
② 분무상으로 방사 시 B급화재 및 C급화재에도 적응성이 있다.
③ 물은 비열과 기화열 값이 작아 냉각소화 효과가 우수하다.
④ 수용성 가연물질인 알코올, 에테르, 에스테르 등으로 인한 화재에는 적응성이 없다.

19 피난구조설비에 대한 설명으로 옳지 않은 것은?
① 인공소생기란 호흡 부전 상태인 사람에게 인공호흡을 시켜 환자를 보호하거나 구급하는 기구이다.
② 피난구유도등이란 피난구 또는 피난경로로 사용되는 출입구를 표시하여 피난을 유도하는 등을 말한다.
③ 복도통로유도등이란 피난통로가 되는 복도에 설치하는 통로유도등으로서 피난구의 방향을 명시하는 것을 말한다.
④ 구조대란 사용자의 몸무게에 의하여 자동으로 하강하고 내려서면 스스로 상승하여 연속적으로 사용할 수 있는 무동력 피난기구를 말한다.

20 실내 화재의 진행 과정을 설명한 내용으로 옳지 않은 것은?
① 발화기 – 건물 내의 가구 등이 독립 연소하고 있으며 다른 동(棟)으로의 연소 위험은 없다.
② 성장기 – 화재의 진행이 급속히 이루어지고 개구부에서는 검은 연기가 분출된다.
③ 최성기 – 산소가 부족하여 연소되지 않은 가스가 다량 발생된다.
④ 감퇴기 – 지붕이나 벽체, 대들보나 기둥도 무너져 떨어지고 열 발산율은 증가하기 시작한다.

정답 18.② 19.④ 20.④

08 2021 소방간부

1 자연발화에 대한 설명으로 옳지 않은 것은?
① 열축적이 용이할수록 자연발화가 쉽다.
② 열전도율이 높을수록 자연발화가 쉽다.
③ 발열량이 큰 물질일수록 자연발화가 쉽다.
④ 주위 온도가 높을수록 자연발화가 쉽다.
⑤ 표면적이 넓을수록 자연발화가 쉽다.

2 화재하중을 산출하는 요소에 해당하지 않는 것은?
① 가연물의 배열상태   ② 가연물의 질량
③ 가연물의 단위발열량   ④ 목재의 단위발열량
⑤ 화재실의 바닥면적

3 「소방시설 설치 및 관리에 관한 법률 시행령」상 소방시설의 설비 분류가 다른 것은?
① 상수도소화용수설비   ② 연결송수관설비
③ 연결살수설비   ④ 연소방지설비
⑤ 무선통신보조설비

4 하인리히(H. W. Heinrich)의 도미노 이론의 5단계 중 사고의 직접원인이 되는 3번째 단계에 해당하는 것은?
① 유전적 요소   ② 불안전한 행동
③ 사회적 환경요소   ④ 인적, 물적 손실
⑤ 개인적 결함

정답 01.② 02.① 03.① 04.②

05 「위험물안전관리법」상 위험물안전관리자에 대한 내용으로 옳지 않은 것은?

① 안전관리자를 선임한 제조소등의 관계인은 그 안전관리자를 해임하거나 안전관리자가 퇴직한 때에는 해임하거나 퇴직한 날부터 30일 이내에 다시 안전관리자를 선임하여야 한다.
② 제조소등의 관계인은 관련 법령에 따라 안전관리자를 선임한 경우에는 선임한 날부터 14일 이내에 행정안전부령으로 정하는 바에 따라 소방본부장 또는 소방서장에게 신고하여야 한다.
③ 제조소등의 관계인이 안전관리자를 해임하거나 안전관리자가 퇴직한 경우 그 관계인 또는 안전관리자는 소방본부장이나 소방서장에게 그 사실을 알려 해임되거나 퇴직한 사실을 확인받을 수 있다.
④ 안전관리자를 선임한 제조소등의 관계인은 안전관리자의 해임 또는 퇴직과 동시에 다른 안전관리자를 선임하지 못하는 경우에는 국가기술자격법에 따른 위험물의 취급에 관한 자격취득자 또는 위험물안전에 관한 기본지식과 경험이 있는 자로서 소방본부장이나 소방서장이 정하는 자를 대리자(代理者)로 지정하여 그 직무를 대행하게 하여야 한다.
⑤ 제조소등의 종류 및 규모에 따라 선임하여야 하는 안전관리자의 자격은 대통령령으로 정한다.

해설 p.55-40번

06 「재난 및 안전관리 기본법」상 재난관리책임기관의 장은 재난을 효율적으로 관리하기 위하여 재난유형에 따라 위기관리 매뉴얼을 작성·운용하여야 한다. ( ) 안에 들어갈 내용으로 옳은 것은?

(㉠)은 국가적 차원에서 관리가 필요한 재난에 대하여 재난관리 체계와 관계 기관의 임무와 역할을 규정한 문서이고, (㉡)은 재난현장에서 임무를 직접 수행하는 기관의 행동조치 절차를 구체적으로 수록한 문서이다.

	㉠	㉡
①	위기관리 표준매뉴얼	위기대응 실무매뉴얼
②	위기관리 표준매뉴얼	현장조치 행동매뉴얼
③	위기대응 실무매뉴얼	현장조치 행동매뉴얼
④	위기대응 실무매뉴얼	위기관리 표준매뉴얼
⑤	현장조치 행동매뉴얼	위기관리 표준매뉴얼

해설 p.122-74번

정답 05.④ 06.②

07. 「재난 및 안전관리 기본법 시행령」상 재난 및 사고유형별 재난관리주관 기관으로 옳게 짝지어진 것은?
① 외국인보호실 및 외국인보호소의 화재로 인한 대규모 피해 – 외교부
② 가스사고로 인해 발생하는 대규모 피해 – 산업통상자원부
③ 청소년복지시설의 화재등으로 인해 발생하는 대규모 피해 – 법무부
④ 전통시장의 화재등으로 인해 발생하는 대규모 피해 – 행정안전부
⑤ 산업재해 및 중대산업사고로 인해 발생하는 대규모 피해 – 산업통상자원부

08. 가연물이 연소할 때 발생하는 독성가스에 대한 설명으로 옳지 않은 것은?
① 일산화탄소(CO)는 인체 내의 헤모글로빈과 결합하여 산소의 운반기능을 약화시켜 질식하게 한다.
② 시안화수소(HCN)는 질소성분을 가지고 있는 섬유류가 불완전연소할 때 발생하는 무색의 맹독성 가스로서 청산가스라고도 불린다.
③ 염화수소(HCl)는 염소성분이 함유되어 있는 염화비닐수지, 전선 피복 등이 연소할 때 발생하며, 물에 녹아 염산이 된다.
④ 브롬화수소(HBr)는 방염수지류 등이 연소할 때 발생하며, 상온·상압에서 물에 잘 용해되지 않는다.
⑤ 아크로레인(CH_2CHCHO)은 석유제품·유지류 등이 연소할 때 발생하며, 공기와 접촉하면 아크릴산이 된다.

09. 「위험물안전관리법 시행규칙」상 수납하는 위험물의 종류에 따라 운반용기의 외부에 표시하여야 할 주의사항으로 옳지 않은 것은?
① 제1류 위험물 중 알칼리금속의 과산화물 또는 이를 함유한 것에 있어서는 "화기·충격주의", "물기엄금" 및 "가연물접촉주의"
② 제2류 위험물 중 철분·금속분·마그네슘 또는 이들 중 어느 하나 이상을 함유한 것에 있어서는 "화기주의" 및 "물기엄금"
③ 제3류 위험물 중 자연발화성물질에 있어서는 "화기엄금" 및 "공기접촉엄금", 금수성물질에 있어서는 "물기엄금"
④ 제4류 위험물에 있어서는 "화기엄금"
⑤ 제5류 위험물에 있어서는 "화기주의" 및 "충격주의"

정답 07.② 08.④ 09.⑤

10 펌프와 발포기의 중간에 설치된 벤추리관의 벤추리작용과 펌프가압수의 포소화약제 저장탱크에 대한 압력에 따라 포소화약제를 흡입·혼합하는 방식은?

① 프레져사이드 프로포셔너(Pressure-side Proportioner)
② 프레져 프로포셔너(Pressure Proportioner)
③ 라인 프로포셔너(Line Proportioner)
④ 펌프 프로포셔너(Pump Proportioner)
⑤ 압축공기포 혼합장치

11 전기화재에 적응성이 있는 소화약제에 해당하지 않는 것은?

① 이산화탄소 소화약제　② 인산염류 소화약제
③ 중탄산염류 소화약제　④ 고체에어로졸화합물
⑤ 팽창질석·팽창진주암

12 폐쇄형 스프링클러헤드를 사용하는 스프링클러설비를 〈보기〉에서 있는 대로 고른 것은?

〈보기〉
㉠ 일제살수식 스프링클러설비　㉡ 부압식 스프링클러설비
㉢ 준비작동식 스프링클러설비　㉣ 건식 스프링클러설비
㉤ 습식 스프링클러설비

① ㉠
② ㉠, ㉡
③ ㉡, ㉢, ㉣
④ ㉡, ㉢, ㉣, ㉤
⑤ ㉠, ㉡, ㉢, ㉣, ㉤

13 「소방시설 설치 및 관리에 관한 법률 시행령」상 스프링클러설비를 설치하여야 하는 특정소방대상물이 아닌 것은?

① 수용인원이 200명인 박물관
② 지하층에 있는 바닥면적이 300m²인 영화상영관
③ 바닥면적 합계가 1,000m²인 한방병원
④ 바닥면적 합계가 6,000m²인 물류터미널
⑤ 바닥면적 합계가 10,000m²인 농수산물공판장

정답　10.②　11.⑤　12.④　13.②

14 「119 구조·구급에 관한 법률 시행령」상 특수구조대에 해당하는 것을 〈보기〉에서 있는 대로 고른 것은?

〈보기〉
㉠ 화학구조대 ㉡ 수난구조대
㉢ 산악구조대 ㉣ 고속국도구조대
㉤ 지하철구조대 ㉥ 테러대응구조대

① ㉠
② ㉠, ㉡
③ ㉠, ㉡, ㉢, ㉣
④ ㉠, ㉡, ㉢, ㉣, ㉤
⑤ ㉠, ㉡, ㉢, ㉣, ㉤, ㉥

15 「재난 및 안전관리 기본법」상 재난관리 단계별 활동 내용 중 예방단계에 포함되어야 할 내용을 〈보기〉에서 있는 대로 고른 것은?

〈보기〉
㉠ 재난에 대응할 조직의 구성 및 정비
㉡ 재난의 예측 및 예측정보 등의 제공·이용에 관한 체계의 구축
㉢ 재난 발생에 대비한 교육·훈련과 재난관리 예방에 관한 홍보
㉣ 재난이 발생할 위험이 높은 분야에 대한 안전관리체계의 구축 및 안전관리규정의 제정
㉤ 재난현장긴급통신수단의 마련

① ㉠
② ㉠, ㉡
③ ㉠, ㉡, ㉢
④ ㉠, ㉡, ㉢, ㉣
⑤ ㉠, ㉡, ㉢, ㉣, ㉤

16 다음 설명에 해당하는 위험물은?

• 물질 자체에 산소가 함유되어 있어 외부로부터 산소 공급이 없어도 점화원만 있으면 연소·폭발이 가능하다.
• 연소속도가 빠르며 폭발적이다.
• 가열, 충격, 타격, 마찰 등에 의해서 폭발할 위험성이 높으며 강산화제 또는 강산류와 접촉 시 연소·폭발 가능성이 현저히 증가한다.

① 유기과산화물   ② 이황화탄소
③ 과염소산   ④ 염소산염류
⑤ 알칼리금속

정답 14.④ 15.④ 16.①

17 "할로겐화합물 및 불활성기체 소화약제" 중 불활성기체 소화약제를 구성할 수 있는 물질에 해당하지 않는 것은?

① 헬륨　　　　　　② 네온
③ 염소　　　　　　④ 질소
⑤ 아르곤

18 다음 중 화학적 폭발을 〈보기〉에서 있는 대로 고른 것은?

〈보기〉
㉠ 중합폭발　　　　㉡ 수증기폭발
㉢ 산화폭발　　　　㉣ 분해폭발

① ㉠, ㉢
② ㉢, ㉣
③ ㉠, ㉡, ㉣
④ ㉠, ㉢, ㉣
⑤ ㉡, ㉢, ㉣

19 「소방시설 설치 및 관리에 관한 법률 시행령」상 무창층(無窓層)이란 지상층 중 개구부 면적의 합계가 해당 층 바닥면적의 30분의 1 이하가 되는 층을 말한다. 이때 개구부가 갖추어야 할 요건으로 옳지 않은 것은?

① 크기는 지름 50센티미터 이상의 원이 통과할 수 있는 크기일 것
② 해당 층의 바닥면으로부터 개구부 밑부분까지의 높이가 0.8미터 이내일 것
③ 도로 또는 차량이 진입할 수 있는 빈터를 향할 것
④ 화재 시 건축물로부터 쉽게 피난할 수 있도록 창살이나 그 밖의 장애물이 설치되지 아니할 것
⑤ 내부 또는 외부에서 쉽게 부수거나 열 수 있을 것

20 부탄(Butane)이 완전 연소할 때의 연소 반응식이다. a+b+c의 값은?

$$2C_4H_{10} + (a)O_2 \rightarrow (b)CO_2 + (c)H_2O$$

① 10
② 17
③ 24
④ 31
⑤ 36

정답　17.③　18.④　19.②　20.④

21 스프링클러헤드를 설치하지 아니할 수 있는 장소에 해당하지 않는 것은?
① 고온의 노(爐)가 설치된 장소
② 영하의 냉장창고의 냉장실 또는 냉동창고의 냉동실
③ 현관 또는 로비 등으로서 바닥으로부터 높이가 20m 이상인 장소
④ 펌프실·물탱크실, 엘리베이터 권상기실
⑤ 천장·반자 중 한쪽이 불연재료로 되어있고 천장과 반자 사이의 거리가 2m 미만인 부분

22 밀폐된 구획공간에서 이산화탄소 방사 시 산소농도를 10%로 설계할 때 방사하는 이산화탄소의 농도는? (단, 소수점은 올림 처리한다.)
① 15% ② 24%
③ 35% ④ 45%
⑤ 53%

23 제6류 위험물의 일반적 성질로 옳지 않은 것은?
① 불연성물질로 산소공급원 역할을 한다.
② 증기는 유독하며 부식성이 강하다.
③ 물과 접촉하는 경우 모두 심하게 발열한다.
④ 비중이 1보다 크며 물에 잘 녹는다.
⑤ 다른 물질의 연소를 돕는 조연성 물질이다.

24 옥내소화전설비 가압송수장치의 체절운전 시 수온의 상승을 방지하기 위해 설치하는 것은?
① 연성계 ② 물올림장치
③ 압력챔버 ④ 순환배관
⑤ 스트레이너

정답 21.⑤ 22.⑤ 23.③ 24.④

25 자동화재탐지설비 감지기의 종류에 대한 설명이다. ( ) 안에 들어갈 내용으로 옳은 것은?

> 주위온도가 일정 상승률 이상이 되는 경우에 작동하는 것으로서 일국소의 열효과에 의하여 작동하는 것을 (㉠) 감지기라 하고, 일국소의 주위온도가 일정한 온도 이상이 되는 경우에 작동하는 것으로서 외관이 전선으로 되어 있지 아니한 것을 (㉡) 감지기라 한다. 이들 두 감지기의 성능을 겸한 것으로서 두 성능 중 어느 하나가 작동되면 화재신호를 발하는 것을 (㉢) 감지기라고 한다.

	㉠	㉡	㉢
①	정온식 스포트형	차동식 스포트형	보상식 스포트형
②	정온식 분포형	차동식 분포형	열복합식
③	차동식 스포트형	정온식 스포트형	보상식 스포트형
④	차동식 분포형	정온식 분포형	열복합식
⑤	차동식 감지선형	정온식 감지선형	열연복합식

정답 25.③

09 2020 소방직

1 가연물의 화학적 연쇄반응 속도를 줄여 소화하는 방법으로 옳은 것은?
① 다량의 물을 주수하여 소화한다.
② 할론소화약제를 사용하여 소화한다.
③ 연소물이나 화원을 제거하여 소화한다.
④ 에멀션(emulsion) 효과를 이용하여 소화한다.

2 물소화약제 첨가제 중 주요 기능이 물의 표면장력을 작게 하여 심부화재에 대한 적응성을 높여 주는 것은?
① 부동제   ② 증점제
③ 침투제   ④ 유화제

3 가연성 가스 중 위험도가 가장 큰 물질은? (단, 연소범위는 메탄 5%~15%, 에탄 3%~12.4%, 프로판 2.1%~9.5%, 부탄 1.8%~8.4%이다.)
① 메탄   ② 에탄
③ 프로판   ④ 부탄

4 우리나라 소방 역사에 대한 설명으로 옳지 않은 것은?
① 조선 시대인 1426년(세종 8년) 금화도감이 설치되었다.
② 일제강점기인 1925년 최초의 소방서가 설치되었다.
③ 미군정 시대인 1946년 중앙소방위원회가 설치되었다.
④ 대한민국 정부 수립 이후인 1948년 소방법이 제정·공포되었다.

정답 01.② 02.③ 03.④ 04.④

05 스프링클러설비의 리타딩 챔버(retarding chamber)의 기능으로 옳은 것은?
① 역류방지   ② 가압송수
③ 오작동방지 ④ 동파방지

06 소방시설의 분류와 해당 소방시설의 종류가 옳게 연결된 것은?
① 소화설비 – 옥내소화전설비, 포소화설비, 간이스프링클러설비
② 경보설비 – 자동화재속보설비, 자동화재탐지설비, 제연설비
③ 소화용수설비 – 상수도소화용수설비, 소화수조, 연결살수설비
④ 소화활동설비 – 시각경보기, 연결송수관설비, 무선통신보조설비

07 「화재조사 및 보고규정」상 내용으로 옳지 않은 것은?
① 중상은 4주 이상의 입원치료를 필요로 하는 부상을 말한다.
② 화재현장과 기타 관계있는 장소에 출입할 때에는 관계인 등의 입회하에 실시하는 것을 원칙으로 한다.
③ 화재조사관은 화재발생 사실을 인지하는 즉시 화재조사를 시작해야 한다.
④ 화재현장에서 부상을 당한 후 72시간 이내에 사망한 경우에는 당해 화재로 인한 사망자로 본다.

08 우리나라 소방행정에 관한 설명으로 옳은 것은?
① 미군정 시대에는 소방행정을 경찰에서 분리하여 자치 소방행정체제를 도입하였다.
② 1972년 전국 시·도에 소방본부를 설치·운영하고 광역소방행정체제로 전환하였다.
③ 소방공무원은 공무원 분류상 경력직 공무원 중 특수경력직 공무원에 해당한다.
④ 소방공무원의 징계 중 경징계에는 정직, 감봉, 견책이 있다.

정답 05.③ 06.① 07.① 08.①

09 화재에 대한 옳은 설명을 모두 고른 것은?

> ㉠ 낮은 산소분압에서 화재가 발생하였을 때 초기에 화염 없이 일어나는 연소를 훈소연소라 한다.
> ㉡ 목조건축물 화재는 유류나 가스 화재와는 달리 일반적으로 무염착화 없이 발염착화로 이어진다.
> ㉢ A급 화재는 일반화재로 면화류, 합성수지 등의 가연물에 의한 화재를 말한다.
> ㉣ 전소란 건물의 70% 이상이 소실된 화재를 말한다.

① ㉠, ㉡
② ㉢, ㉣
③ ㉠, ㉡, ㉢
④ ㉠, ㉢, ㉣

10 화재진압 시 주수소화에 적응성 있는 위험물로 옳은 것은?
① 황화인
② 질산에스테르류
③ 유기금속화합물
④ 알칼리금속의 과산화물

11 폭발에 대한 설명으로 옳지 않은 것은?
① 증기폭발은 폭발물질의 물리적 상태에 따른 분류 중 기상폭발에 해당한다.
② 폭굉은 연소반응으로 발생한 화염의 전파 속도가 음속보다 빠른 것을 말한다.
③ 블레비(BLEVE)는 액화가스저장탱크 등에서 외부열원에 의해 과열되어 급격한 압력 상승의 원인으로 파열되는 현상이며, 폭발의 분류 중 물리적 폭발에 해당한다.
④ 폭발은 물리적, 화학적 변화의 결과로 발생된 급격한 압력 상승에 의한 에너지가 외계로 전환되는 과정에서 파열, 폭음 등을 동반하는 현상을 말한다.

정답 09.④ 10.② 11.①

12 「재난 및 안전관리 기본법」상 우리나라 재난관리체계에 관한 설명으로 옳지 않은 것은?
① 재난 및 안전관리에 관한 중요 정책을 심의하기 위하여 국무총리 소속으로 중앙안전관리위원회를 둔다.
② 대통령령으로 정하는 대규모 재난의 대응·복구를 총괄하기 위하여 행정안전부에 중앙재난안전대책본부를 둔다.
③ 소방서는 인명구조, 응급처치 등 긴급 조치를 담당하는 긴급구조지원기관에 해당한다.
④ 시·군·구 재난안전대책본부장은 시장·군수·구청장이며, 시·군·구 긴급구조통제단장은 소방서장이다.

해설 p.89-16번

13 「재난 및 안전관리 기본법」상 재난의 분류가 다른 하나는?
① 「감염병의 예방 및 관리에 관한 법률」에 따른 감염병의 확산
② 황사로 인하여 발생하는 재해
③ 환경오염사고로 인하여 발생하는 대통령령으로 정하는 규모 이상의 피해
④ 「미세먼지 저감 및 관리에 관한 특별법」에 따른 미세먼지 등으로 인한 피해

해설 p.83-4번

14 「재난 및 안전관리 기본법」상 재난관리에 관한 내용으로 옳은 것은?
① 예방 – 재난 발생을 사전에 방지하기 위하여 매년 재난 대비훈련 계획을 수립하고, 관계 기관과 합동으로 재난대비훈련을 실시한다.
② 대비 – 재난을 효율적으로 관리하기 위하여 재난유형에 따라 위기관리 매뉴얼을 작성·운용한다.
③ 대응 – 재난 피해지역을 재해 이전 상태로 회복시키기 위하여 피해상황을 조사하고, 자체복구계획을 수립·시행한다.
④ 복구 – 재난의 수습활동을 효율적으로 하기 위하여 재난관리자원의 관리 및 긴급통신수단을 마련한다.

해설 p.87-11번

정답 12.③ 13.② 14.②

15 고발포인 제2종 기계포의 팽창비에 해당하는 것은?
① 10배 이상 20배 이하
② 100배 이상 200배 이하
③ 300배 이상 400배 이하
④ 500배 이상 600배 이하

16 바닥 면적이 200㎡인 구획된 창고에 의류 1,000kg, 고무 2,000kg이 적재되어 있을 때 화재하중은 약 몇 kg/㎡인가? (단, 의류, 고무, 목재의 단위 발열량은 각각 5,000kcal/kg, 9,000kcal/kg, 4,500kcal/kg이고, 창고 내 의류 및 고무 외의 기타 가연물은 존재하지 않으며, 화재 시 완전연소로 가정한다.)
① 15.56
② 20.56
③ 25.56
④ 30.56

17 화재가혹도에 관한 설명으로 옳지 않은 것은?
① 화재가혹도란 화재발생으로 당해 건물과 내부 수용재산 등을 파괴하거나 손상을 입히는 정도를 말한다.
② 최고온도는 화재가혹도의 질적 개념으로 화재강도와 관련이 있다.
③ 지속시간은 화재가혹도의 양적 개념으로 화재하중과 관련이 있다.
④ 화재가혹도에 영향을 미치는 환기요소는 개구부 면적의 제곱근에 비례하고 개구부 높이에 비례한다.

18 고층건축물에서 연기유동을 일으키는 요인을 모두 고른 것은?

┌─────────────────────────┐
ㄱ. 부력효과
ㄴ. 바람에 의한 압력차
ㄷ. 굴뚝효과
ㄹ. 공기조화설비의 영향
└─────────────────────────┘

① ㄱ, ㄴ
② ㄱ, ㄷ
③ ㄴ, ㄷ, ㄹ
④ ㄱ, ㄴ, ㄷ, ㄹ

정답 15.③ 16.③ 17.④ 18.④

19 연소에 대한 설명으로 옳지 않은 것은?
① 액체가연물의 인화점은 액면에서 증발된 증기의 농도가 연소하한계에 도달하여 점화되는 최저온도이다.
② 연소하한계가 낮고 연소범위가 넓을수록 가연성 가스의 연소위험성이 증가한다.
③ 액체가연물의 연소점은 점화된 이후 점화원을 제거하여도 자발적으로 연소가 지속되는 최저온도이다.
④ 파라핀계 탄화수소화합물의 경우 탄소수가 적을수록 발화점이 낮아진다.

해설 p.169-83번

20 제4류 위험물에 대한 설명으로 옳지 않은 것은?
① 물보다 가볍고 물에 녹지 않는 것이 많다.
② 일반적으로 부도체 성질이 강하여 정전기 축적이 쉽다.
③ 발생 증기는 가연성이며, 증기비중은 대부분 공기보다 가볍다.
④ 사용량이 많은 휘발유, 경유 등은 연소하한계가 낮아 매우 인화하기 쉽다.

해설 p.292-46번

정답 19.④ 20.③

10 2020 소방간부

01
유류화재의 이상현상에 대한 설명으로 옳은 것은?
① 프로스오버(Froth over) : 점성이 큰 뜨거운 유류표면 아래에서 물이 끓을 때 화재를 수반하지 않고 유류가 넘치는 현상
② 슬롭오버(Slop over) : 탱크 내의 유류가 50% 미만 저장된 경우, 화재로 인한 내부 압력 상승으로 탱크가 폭발하는 현상
③ 오일오버(Oil over) : 중질유 탱크 화재 시 액면의 뜨거운 열파가 탱크 하부로 전달될 때, 탱크 하부에 존재하고 있던 에멀션(emulsion) 상태의 물을 기화시켜 물의 급격한 부피 팽창으로 탱크 내의 유류가 분출하는 현상
④ 링파이어(Ring fire) : 액화가스저장 탱크의 외부화재로 탱크가 장시간 과열되면 내부 액화가스의 급격한 비등·팽창으로 탱크 내부 압력이 급격히 증가되고, 최종적으로 탱크의 설계압력 초과로 탱크가 폭발하는 현상
⑤ 보일오버(Boil over) : 중질유 탱크 내에 화재로 연소유의 표면온도가 물의 비점 이상 상승했을 때, 물분무 또는 폼(foam) 소화약제를 뜨거운 연소유 표면에 방사하면 물이 수증기로 되면서 급격한 부피 팽창으로 연소유를 탱크 외부로 비산시키는 현상

02
제거소화방법으로 옳은 것은?

㉠ 전기화재 시 전원 차단
㉡ 가스화재 시 가스공급 차단
㉢ 일반화재 시 옥내소화전 사용
㉣ 유류화재 시 포소화약제 사용
㉤ 산불화재 시 방화선(도로) 구축

① ㉠, ㉡, ㉣
② ㉠, ㉡, ㉤
③ ㉡, ㉢, ㉣
④ ㉡, ㉣, ㉤
⑤ ㉢, ㉣, ㉤

정답 01.① 02.②

03 「소방시설 설치 및 관리에 관한 법률 시행령」상 특정소방대상물에 설치하는 소방시설에 대한 설명으로 옳은 것은?

> ㉠ 주택용 소방시설이란 소화기 및 단독경보형감지기를 말한다.
> ㉡ 비상콘센트설비, 제연설비는 소방시설 중 소화활동설비에 포함된다.
> ㉢ 스프링클러설비, 연결송수관설비는 소방시설 중 소화설비에 포함된다.
> ㉣ 분말형태의 소화약제를 사용하는 소화기의 내용연수는 10년으로 한다.
> ㉤ 옥내소화전설비, 자동화재탐지설비, 스프링클러설비, 물분무등소화설비는 내진설계대상 소방시설이다.

① ㉠, ㉡, ㉢
② ㉠, ㉡, ㉣
③ ㉠, ㉣, ㉤
④ ㉡, ㉢, ㉣
⑤ ㉡, ㉣, ㉤

04 물질의 상 변화에 의해 에너지 방출이 짧은 시간에 이루어지는 폭발에 해당하지 않는 것은?

① 분해폭발
② 압력폭발
③ 증기폭발
④ 금속선폭발
⑤ 고체상 전이폭발

05 〈보기〉에 제시된 건축물 1층에서 발화한 경우, 직상발화 우선경보방식으로 발하여야 하는 해당 층을 모두 나타낸 것은?

> 〈보기〉
> 지하 3층, 지상 35층, 연면적 10,000㎡

① 1층, 2층
② 1층, 2층, 지하층 전체
③ 1층, 2층, 3층, 4층, 5층
④ 1층, 2층, 3층, 4층, 5층, 지하층 전체
⑤ 건물 전체 층

정답 03.② 04.① 05.④

06 자동화재탐지설비의 경계구역 설정에 대한 기준이다. ( ) 안에 들어갈 내용으로 옳은 것은?

> 하나의 경계구역의 면적은 (㉠)m^2 이하로 하고 한 변의 길이는 (㉡)m 이하로 할 것. 다만, 해당 특정소방대상물의 주된 출입구에서 그 내부전체가 보이는 것에 있어서는 한 변의 길이가 (㉢)m의 범위 내에서 (㉣)m^2 이하로 할 수 있다.

	㉠	㉡	㉢	㉣
①	500	50	60	800
②	500	60	50	1,000
③	600	50	50	800
④	600	50	50	1,000
⑤	600	60	60	1,000

07 가연성 물질의 연소 형태로 옳은 것은?

> ㉠ 분해연소 : 목재, 종이
> ㉡ 확산연소 : 나프탈렌, 황
> ㉢ 표면연소 : 코크스, 금속분
> ㉣ 증발연소 : 가솔린엔진, 분젠버너
> ㉤ 자기연소 : 질산에스터류, 나이트로화합물류

① ㉠, ㉡, ㉣ ② ㉠, ㉢, ㉣
③ ㉠, ㉢, ㉤ ④ ㉡, ㉣, ㉤
⑤ ㉢, ㉣, ㉤

08 「위험물안전관리법 시행령」상 제3류 위험물의 품명 및 지정수량으로 옳은 것은?

① 나트륨 – 5kg
② 황린 – 10kg
③ 알칼리토금속 – 30kg
④ 알킬리튬 – 50kg
⑤ 금속의 인화물 – 300kg

정답 06.④ 07.③ 08.⑤

09 화재용어에 대한 설명으로 옳지 않은 것은?
① 가연물의 비표면적이 클수록 화재강도는 증가한다.
② 화재실의 열방출률이 클수록 화재강도는 증가한다.
③ 화재강도와 화재하중이 클수록 화재가혹도는 높아진다.
④ 최고온도에서 연소시간이 지속될수록 화재가혹도는 높아진다.
⑤ 전체 가연물의 양(발열량)이 동일할 때 화재실의 바닥면적이 커지면 화재하중은 증가한다.

10 특수화재현상 중 플래시오버(Flash over)와 롤오버(Roll over)에 대한 설명으로 옳지 않은 것은?
① 롤오버는 화염이 선단부에서 주변 공간으로 확대된다.
② 플래시오버는 화염이 순간적으로 공간 전체로 확대된다.
③ 플래시오버는 공간 내 전체 가연물에서 동시에 발화하는 현상이다.
④ 롤오버 시 발생되는 복사열은 플래시오버 시 발생되는 복사열보다 강하다.
⑤ 롤오버는 실의 상부에 있는 가연성 가스가 발화온도 이상 도달했을 때 발화하는 현상이다.

11 「소방시설 설치 및 관리에 관한 법률 시행령」상 옥내소화전설비를 설치하여야 하는 특정소방대상물에 해당하지 않는 것은?
① 연면적 $1,000m^2$ 이상인 판매시설
② 연면적 $1,500m^2$ 이상인 복합건축물
③ 지하가 중 길이 $1,000m$ 이상인 터널
④ 지하층, 무창층 또는 4층 이상 층의 바닥면적이 $300m^2$ 이상인 숙박시설
⑤ 건축물 옥상에 설치된 차고로서 차고 용도로 사용되는 면적이 $200m^2$ 이상인 시설

정답 09.⑤ 10.④ 11.①

12 「재난 및 안전관리 기본법 시행령」상 재난 및 사고 유형에 따른 재난관리주관기관으로 옳지 않은 것은?

① 승강기의 사고 또는 고장으로 인해 발생하는 대규모 피해 – 과학기술정보통신부
② 위험물의 누출·화재·폭발 등으로 인해 발생하는 대규모 피해 – 행정안전부 및 소방청
③ 어린이집의 화재등으로 인해 발생하는 대규모 피해 – 교육부
④ 전파의 혼신으로 인해 발생하는 대규모 피해 – 과학기술정보통신부
⑤ 해외재난 – 외교부

13 「재난 및 안전관리 기본법」 및 같은 법 시행령상 효율적인 재난관리를 위해 실시하는 예방, 대비, 대응 및 복구 활동에 관한 내용으로 옳지 않은 것은?

① 국무총리는 5년마다 국가안전관리기본계획의 수립지침을 작성하여 관계 중앙행정기관의 장에게 통보하여야 한다.
② 안전점검의 날은 매월 4일로 하고, 방재의 날은 매년 5월 25일로 한다.
③ 훈련주관기관의 장은 관계 기관과 합동으로 참여하는 재난대비훈련을 매년 정기적으로 또는 수시로 실시하여야 한다.
④ 행정안전부장관은 5년마다 재난 및 안전관리에 관한 과학기술의 진흥을 위하여 재난 및 안전관리기술개발종합계획을 수립하여야 한다.
⑤ 긴급구조지원기관에서 긴급구조업무와 재난관리 업무를 담당하는 부서의 담당자 및 관리자는 신규교육을 받은 후 3년마다 정기적으로 긴급구조교육을 받아야 한다.

14 「소방시설 설치 및 관리에 관한 법률 시행령」상 의료시설에 강화된 소방시설 기준을 적용해 설치하여야 하는 소방시설로 옳지 않은 것은?

① 스프링클러설비
② 자동화재탐지설비
③ 자동화재속보설비
④ 단독경보형감지기
⑤ 간이스프링클러설비

정답 12.① 13.⑤ 14.④

15 화재 시 발생하는 유독가스에 대한 설명으로 옳은 것은?

① 황화수소(H_2S) : 질소 성분을 가지고 있는 합성수지, 동물의 털, 인조견 등의 섬유가 불완전 연소할 때 발생하는 맹독성 가스로, 0.3%의 농도에서 즉시 사망할 수 있다.
② 암모니아(NH_3) : 질소 함유물이 연소할 때 발생하고, 냉동시설의 냉매로 많이 쓰이고 있으므로 냉동창고 화재 시 누출 가능성이 크며, 독성의 허용 농도는 25ppm이다.
③ 염화수소(HCl) : 열가소성 수지인 폴리염화비닐(PVC), 수지류 등이 연소할 때 발생되는 연소생성물로서 발생량은 적지만 유독성이 큰 맹독성 가스이며, 독성의 허용 농도는 10ppm이다.
④ 포스겐($COCl_2$) : 폴리염화비닐(PVC)과 같이 염소가 함유된 수지류가 탈 때 주로 생성되는데 독성의 허용 농도는 5ppm이며 향료, 염료, 의약, 농약 등의 제조에 이용되고 있고, 자극성이 아주 강해 눈과 호흡기에 영향을 준다.
⑤ 시안화수소(HCN) : 황을 포함하고 있는 유기화합물이 불완전연소하면 발생하는데 계란 썩은 냄새가 나며, 0.2% 이상 농도에서 냄새 감각이 마비되고, 0.4~0.7%에서 1시간 이상 노출되면 현기증, 장기혼란의 증상과 호흡기의 통증이 일어난다.

해설 p.188-125번

16 「소방기본법 시행령」상 소방자동차 전용구역 방해 행위의 기준에 해당하지 않는 것은?

① 전용구역에 물건 등을 쌓는 행위
② 전용구역 노면표지를 훼손하는 행위
③ 전용구역으로의 진입을 가로막는 행위
④ 전용구역의 앞면, 뒷면에 주차하는 행위
⑤ 「주차장법」제19조에 따른 부설주차장의 주차구획 내에 주차하는 행위

해설 p.50-31번

정답 15.② 16.⑤

17 가스 연소 시 발생되는 이상현상에 대한 설명으로 옳지 않은 것은?

① 불완전연소란 공기의 공급량이 부족할 때 일산화탄소, 그을음 등이 발생하는 현상이다.
② 연소소음이란 가연성 혼합가스의 연소속도나 분출속도가 대단히 클 때 연소음 및 폭발음 등이 발생하는 현상이다.
③ 선화란 연료가스의 분출속도가 연소속도보다 빠를 때 불꽃이 노즐에 정착되지 않고 떨어져서 연소하는 현상이다.
④ 역화란 기체 연료를 연소시킬 때 혼합가스의 압력이 비정상적으로 높거나 혼합가스의 양이 너무 많을 때 발생되는 이상 연소현상이다.
⑤ 블로우오프란 선화상태에서 연료가스의 분출속도가 증가하거나 공기의 유동이 강하여 불꽃이 노즐에서 정착되지 않고 떨어져서 꺼져버리는 현상이다.

18 기상폭발에 해당하는 현상으로 옳은 것은?

㉠ 고체인 무정형 안티몬이 동일한 고상의 안티몬으로 전이할 때 발열함으로써 주위의 공기가 팽창하여 폭발한다.
㉡ 가연성 가스와 조연성 가스가 일정 비율로 혼합된 가연성 혼합기는 발화원에 의해 착화되면 가스폭발을 일으킨다.
㉢ 기체 분자가 분해될 때 발열하는 가스는 단일성분의 가스라고 해도 발화원에 의해 착화되면 혼합가스와 같이 가스폭발을 일으킨다.
㉣ 공기 중에 분출된 가연성 액체가 미세한 액적이 되어 무상으로 공기 중에 부유하고 있을 때 착화에너지가 주어지면 폭발이 발생한다.
㉤ 보일러와 같이 고압의 포화수를 저장하고 있는 용기가 파손 등의 원인으로 동체의 일부분이 열리면 용기 내압이 급속히 하락되어 일부 액체가 급속히 기화하면서 증기압이 급상승하여 용기가 파괴된다.

① ㉠, ㉡, ㉢
② ㉠, ㉡, ㉣
③ ㉡, ㉢, ㉣
④ ㉡, ㉢, ㉤
⑤ ㉢, ㉣, ㉤

정답 17.④ 18.③

19 「재난 및 안전관리 기본법 시행령」상 긴급구조기관의 장이 수립하는 재난유형별 긴급구조대응계획에 포함되어야 할 내용으로 옳은 것은?

> ㉠ 긴급구조대응계획의 기본방침과 절차
> ㉡ 긴급구조대응계획의 목적 및 적용범위
> ㉢ 주요 재난유형별 대응 매뉴얼에 관한 사항
> ㉣ 비상경고 방송메시지 작성 등에 관한 사항
> ㉤ 긴급구조대응계획의 운영책임에 관한 사항
> ㉥ 재난 발생 단계별 주요 긴급구조 대응활동 사항

① ㉠, ㉡, ㉢
② ㉠, ㉡, ㉤
③ ㉡, ㉣, ㉥
④ ㉢, ㉣, ㉤
⑤ ㉢, ㉣, ㉥

20 특수화재현상의 대응절차에 관한 설명으로 옳은 것은?
① 비등액체팽창증기폭발(BLEVE) : 탱크의 드레인(drain) 밸브를 개방하여 탱크에 고인 물을 제거한다.
② 보일오버(Boil over) : 소화수를 이용하여 개방된 탱크의 상부 냉각을 최우선으로 하고, 탱크 주변의 화재진화를 병행한다.
③ 파이어볼(Fire ball) : 밸브나 배관에서 누출되는 가스가 연소하는 화염은 소화하지 않고, 그 화염에 의해서 가열되는 면을 냉각한다.
④ 백드래프트(Back draft) : 지붕 등 상부 개방은 금지하고, 하부를 파괴하여 폭발적인 화염과 연소 확대에 따른 대피방안을 강구한다.
⑤ 플래임오버(Flame over) : 폭발력으로 건축물 변형·강도약화로 붕괴, 비산, 낙하물 피해와 방수모 등 개인보호 장구 이탈에 대비, 자세를 낮추고 대피방안을 강구한다.

21 「화재조사 및 보고규정」상 소실면적의 산정에 대한 내용이다. ( ) 안에 들어갈 내용으로 옳은 것은?

> 건물의 소실면적 산정은 ( )으로 산정한다.

① 소실 건물면적
② 소실 바닥면적
③ 화재 피해면적
④ 화재 바닥면적
⑤ 피해 바닥면적

정답 19.⑤ 20.③ 21.②

22. 「위험물안전관리법」상 위험물에 대한 정의이다. ( ) 안에 들어갈 내용으로 옳은 것은?

> 위험물이라 함은 (㉠) 또는 (㉡) 등의 성질을 가지는 것으로서 (㉢)이 정하는 물품을 말한다.

	㉠	㉡	㉢
①	가연성	발화성	국무총리령
②	가연성	폭발성	대통령령
③	인화성	발화성	대통령령
④	인화성	폭발성	대통령령
⑤	인화성	발화성	국무총리령

23. 연소범위에 대한 설명으로 옳지 않은 것은?
① 산소농도가 높아지면 연소범위가 넓어진다.
② 불활성 가스의 농도가 높아지면 연소범위가 좁아진다.
③ 가연성 가스의 온도가 높아지면 연소범위는 넓어진다.
④ 가연성 가스의 압력이 높아지면 연소범위는 좁아진다.
⑤ 일산화탄소(CO)는 압력이 높아지면 연소범위가 좁아진다.

24. 「소방의 화재조사에 관한 법률」상 화재조사에 관한 설명으로 옳지 않는 것은?
① 회재로 인해 사망자가 5명 이상 발생한 화재의 경우 화재합동조사단을 구성·운영할 수 있다.
② 소방관서장은 국민이 유사한 화재로부터 피해를 입지 않도록 하기 위한 경우 등 필요한 경우 화재조사 결과를 공표할 수 있다.
③ "화재조사"란 소방청장, 소방본부장 또는 소방서장이 화재원인, 피해상황, 대응활동 등을 파악하기 위하여 자료의 수집, 관계인 등에 대한 질문, 현장 확인, 감식, 감정 및 실험 등을 하는 일련의 행위를 말한다.
④ 화재조사를 수행하면서 알게 된 비밀을 다른 용도로 사용하거나 다른 사람에게 누설한 사람은 100만원 이하의 벌금에 처한다.
⑤ 화재조사관은 소방청장이 실시하는 화재조사에 관한 시험에 합격한 소방공무원 등 화재조사에 관한 전문적인 자격을 가진 소방공무원으로 한다.

정답 22.③ 23.④ 24.④

25 건축물 화재 시 나타나는 중성대에 관한 설명으로 옳지 않은 것은?

① 건물 내부의 압력이 외부의 압력과 일치하는 수직적인 위치가 생기는데, 이 위치를 중성대라 한다.
② 중성대 상부는 기체가 실내에서 외부로 유출되고 중성대 하부는 외부에서 실내로 기체가 유입된다.
③ 중성대 상부는 열과 연기로부터 생존이 어려운 지역이고 중성대 하부는 신선한 공기로 인해 생존가능성이 높은 지역이다.
④ 중성대 하부 개구부를 개방하면 공기가 유입되면서 연기가 외부로 배출되어 중성대가 위로 상승하고 중성대 하부 면적이 커져 소화활동이 용이하게 된다.
⑤ 현장 도착 시 하부 출입문으로 짙은 연기가 배출된다면 상부 개구부 개방을 강구하고, 하부 개구부에서 연기가 배출되고 있지 않다면 상부 개구부가 개방되어 있다고 판단한다.

해설 p.201-12번

정답 25.④

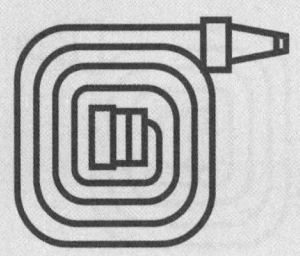

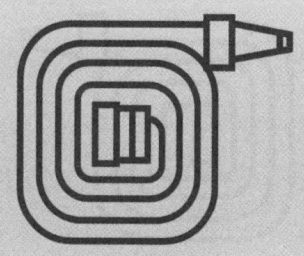

소방학개론

김동준 기출 원O·X 빈칸

김원빈

②

서울고시각

**Stand by
Strategy
Satisfaction**

새로운 출제경향에 맞춘 수험서의 완벽서

차례
contents

01. ○×문제

PART 01 소방조직 / 4
- ○× 정답 및 해설 / 12

PART 02 재난관리 / 18
- ○× 정답 및 해설 / 25

PART 03 연소이론 / 30
- ○× 정답 및 해설 / 44

PART 04 화재이론 / 52
- ○× 정답 및 해설 / 65

PART 05 소화이론 / 72
- ○× 정답 및 해설 / 84

차례
contents

02. 빈칸노트

PART 01 소방조직 / 93

01 소방조직 — 94
- 01 소방의 정의 — 94
- 02 소방의 역사 — 97
- 03 소방행정 — 103
- 04 소방조직관리의 기초이론 — 106
- 05 우리나라의 소방행정조직 — 110
- 06 소방인사 — 119
- 07 소방승진 — 123
- 08 소방공무원의 징계 — 125
- 09 소방재정 — 127

02 소방기능 — 129
- 01 화재진압의 의의 — 129
- 02 소방력 — 130
- 03 소방활동의 법적 근거 — 136
- 04 소방전술 — 138
- 05 화재진압 — 139
- 06 위험물 제조소 등의 안전관리 — 142
- 07 특수가연물 — 149
- 08 구조 — 152
- 09 구급 — 160

김동준 기출 원O·X 빈칸

PART 02 재난관리 / 167

01 재난 및 재난관리의 개념   168
    01 재난의 유형   168
    02 재난의 특징 및 행정환경   170
    03 재난관리의 접근방법 및 단계적 활동내용   171

02 우리나라의 재난관리   172
    01 재난 및 안전관리 기본법   172
    02 안전관리론   212

PART 03 연소이론 / 217

01 연소개요 등   218
    01 화학 기초이론   218
    02 연소   221

02 연기 및 화염   235

03 폭발개요 및 분류   242

차례 contents

PART 04 화재이론 / 251

    01 화재의 정의 및 분류   252
    02 건물화재의 성상   258
    03 위험물화재의 성상   265
    04 화재조사   281
        01 개요   281
        02 화재조사의 기초이론   282
        03 화재조사 및 보고규정   287

PART 05 소화이론 / 291

    01 소화원리   292
    02 소화약제   296
    03 소방시설   313
        01 소방시설의 분류   313
        02 소화설비   316
        03 경보설비   342
        04 피난구조설비   350
        05 소화용수설비   353
        06 소화활동설비   354

01 | 소방단기
김동준 소방

○×문제

소방학개론

기출 + ○·× + 빈칸

소방학개론

소방학개론

PART 01

소방조직

01 소방조직

01 금화제도는 조선시대에 시행되었다.　　　　　　　　　　　　　　　　　O X

02 소방이라는 용어를 최초로 사용 때에는 갑오개혁시기이다.　　　　　　O X

03 우리나라 최초의 소방조직은 멸화도감이다.　　　　　　　　　　　　　O X

04 고려시대에는 소방(消防)을 소재(消災)라 하였으며, 화통도감을 신설하였다.　O X

05 금화조직은 고려시대에 창설되었다.　　　　　　　　　　　　　　　　　O X

06 1426년 병조에 금화도감이 설치되었다.　　　　　　　　　　　　　　　O X

07 1426년(세종 8년)에 독자적인 소방 관리를 위해 금화도감을 설치하였으며 이후 성문도감과 병합하여 수성금화도감으로 개편하였다.　　　　　　　　　　　　　　O X

08 1945년에 중앙소방위원회 및 중앙소방청을 설치하였다.　　　　　　　O X

09 1975년 내무부 민방위본부가 창설되고 소방을 경찰행정에서부터 인수하여 관장하였다.　O X

10 2004년 우리나라에 정부조직법을 개정하여 국가중앙조직으로 소방방재청이 설립되었다.　O X

11 2012년도에 경기도의 소방체제는 기초·자치 소방행정체제이다.　　　O X

12 1972년 서울과 부산 이원적 소방행정체제가 시행되었다. ○ ×

13 1925년 최초의 소방서인 경성소방서가 설치됨과 동시에 소방법이 제정되었다. ○ ×

14 우리나라의 소방은 1948년 정부수립시부터 시·도 광역자치소방체제를 운용하고 있다.
    ○ ×

15 1972년 서울과 부산은 소방본부를 설치하였고, 다른 지역은 국가소방체제였다. ○ ×

16 대구지하철 화재 발생(2003) 당시에는 시·도 광역소방체제였다. ○ ×

17 미군정 시대에는 소방행정을 경찰에서 분리하여 자치 소방행정체제를 도입하였다. ○ ×

18 소방관서는 전통적으로 준군사적 형식으로 조직되어 있다. 이것은 소방조직이 다른 조직에
    비하여 순응적 조직문화를 가지고 있다는 것을 의미하지만 반대로 자발적이고 상향적 혁신
    의 장애가 될 수 있다는 것을 의미한다. ○ ×

19 특정 사안에 대한 결정에 있어서 의사결정과정에서는 개인의 의견이 참여되지만 결정을 내
    리는 것은 개인이 아닌 소속 기관의 장이다. 이를 계층제의 원리라고 한다. ○ ×

20 오직 한 사람의 상관으로부터 명령을 받고 그에게 보고해야 한다는 것이다. 어느 조직에서
    든 수장이 있어야 하고, 하위 조직에서도 같은 원리가 적용된다. 이를 명령통일의 원리라고
    한다. ○ ×

21 직접적 국가소방행정조직에는 소방청, 중앙소방학교, 국립소방연구원, 중앙119구조본부 등
    이 있다. ○ ×

22 의용소방대는 지방소방행정조직에 속한다. ○ ×

23. 특별시장·광역시장·특별자치시장·도지사·특별자치도지사 또는 소방서장은 재난현장에서 화재진압, 구조·구급 등의 활동과 화재예방활동에 관한 업무를 보조하기 위하여 의용소방대를 설치할 수 있다. ○ ×

24. 시·도지사 또는 소방서장은 필요한 경우 관할 구역을 따로 정하여 그 지역에 의용소방대를 설치할 수 있다. ○ ×

25. 의용소방대는 특별시·광역시·특별자치시·도·특별자치도, 시·읍 또는 면에 둔다. ○ ×

26. 시·도지사 또는 소방서장은 그 지역에 거주 또는 상주하는 주민 가운데 희망하는 사람으로서 관할 구역 내에서 안정된 사업장에 근무하는 사람을 의용소방대원으로 임명한다. ○ ×

27. 의용소방대의 대장 및 부대장은 관할 소방서장이 임명한다. ○ ×

28. 의용소방대원의 정년은 65세로 한다. ○ ×

29. 의용소방대의 경우 무상으로 훈련과 업무에 참석한다. ○ ×

30. 의용소방대의 운영과 활동 등에 필요한 경비는 해당 시·도지사가 부담한다. ○ ×

31. 제조소 또는 일반취급소에서 취급하는 제4류 위험물의 최대수량의 합이 지정수량의 3천배 이상일 때는 자체소방대를 설치한다. ○ ×

32. 제조소 또는 일반취급소에서 취급하는 제4류 위험물의 최대수량의 합이 지정수량의 24만배 이상 48만배 미만인 사업소에는 2대의 화학소방자동차와 10명의 자체소방대원을 두어야 한다. ○ ×

33. 제4류 위험물을 취급하는 제조소 또는 일반취급소에서 취급하는 제4류 위험물의 최대수량의 합이 지정수량의 3천배 이상인 경우 자체소방대를 설치해야 한다 ○ ×

34 이동저장탱크 그 밖에 이와 유사한 것에 위험물을 주입하는 일반취급소는 자체소방대를 설치하지 않는다. ○ ×

35 한국소방안전원의 정관은 소방청장이 인가한다. ○ ×

36 소방대는 소방공무원, 의무소방원, 의용소방대원으로 구성되어 있다. ○ ×

37 소방신호의 종류에는 비상신호, 훈련신호, 해제신호, 경계신호가 있다. ○ ×

38 소방의 역사와 안전문화를 발전시키고 국민의 안전의식을 높이기 위하여 소방청장은 소방박물관을, 시·도지사는 소방체험관을 설립·운영할 수 있다. ○ ×

39 소방박물관에는 그 운영에 관한 중요한 사항을 심의하기 위하여 9인 이내의 위원으로 구성된 운영위원회를 둔다. ○ ×

40 소방공무원은 별정직 공무원에 속한다. ○ ×

41 소방공무원의 계급 단계는 11단계이다. ○ ×

42 소방공무원의 높은 계급에서 낮은 계급 순으로 소방총감 – 소방정감 – 소방감 – 소방준감이다. ○ ×

43 "임용"이란 신규채용·승진·전보·파견·강임·휴직·직위해제·정직·강등·복직·면직·해임 및 파면을 말한다. ○ ×

44 "강등"이란 같은 직렬 내에서 하위 직급에 임명하거나 또는 하위 직급이 없어 다른 직렬의 하위 직급으로 임명하거나 고위공무원단에 속하는 일반직 공무원을 고위공무원단 직위가 아닌 하위 직위에 임명하는 것을 말한다. ○ ×

45 "전보"란 같은 직급 내에서의 보직 변경 또는 고위공무원단 직위 간의 보직 변경을 말한다. ○ ×

46 소방령 이상 소방준감 이하의 소방공무원에 대한 전보, 휴직, 직위해제, 강등, 정직 및 복직은 소방청장이 한다. ○ ✕

47 소방장 계급이 소방위로 근속승진 시 해당 계급에서 7년 6개월 이상 근속해야 근속승진이 가능하다. ○ ✕

48 「소방공무원법」상 임용에는 신규채용, 파견, 정직, 퇴직 등이 있다. ○ ✕

49 소방공무원 중징계에는 파면, 해임, 감봉, 정직 등이 있다. ○ ✕

50 소방령 이상은 소방청장의 제청으로 국무총리를 경유하여 대통령이 임용한다. ○ ✕

51 소방헬리콥터 및 소방정 구입은 국고보조 대상사업의 범위에 해당한다. ○ ✕

52 방송제작, 촬영 관련 지원활동은 소방지원활동에 해당한다. ○ ✕

53 산불에 대한 예방·진압 등 지원활동은 소방지원활동에 해당한다. ○ ✕

54 위해동물, 벌 등의 포획 및 퇴치 활동은 소방지원활동에 해당한다. ○ ✕

55 소화용수장비, 간이소화장비, 배연장비 등은 구조장비에 해당한다. ○ ✕

56 「화재의 예방 및 안전관리에 관한 법률 시행령」상 화재예방강화지구 안의 소방대상물의 위치·구조 및 설비 등에 대한 화재안전조사를 연 1회 이상 실시하여야 한다. ○ ✕

57 「화재의 예방 및 안전관리에 관한 법률」상 화재예방강화지구는 소방본부장이 지정한다.

58 사전 경방계획을 충분히 고려하여 행동, 신속한 상황보고 및 정보제공은 선착대의 임무이다.

59 소방용수시설은 소화전, 저수조, 급수탑이 있고 유지 및 관리는 시·도지사이다. ○ ×

60 건축물의 비화경계는 선착대의 임무이다. ○ ×

61 인접 건물의 화재확대방지 차원에서 블록의 4방면 중, 바람이 불어나가는 쪽이나 비화되는 쪽의 경우 화재확대가 가능한 면을 동시에 방어하는 전술을 포위전술이라 한다. ○ ×

62 위험물안전관리법상 위험물제조소 등에 지정수량 10배 이하일 경우 3m 이내에 반드시 건축물이 들어갈 수 없도록 한 공간을 안전거리라 한다. ○ ×

63 위험물 제조소의 표지 및 게시판의 색상은 백색바탕에 흑색문자이다. ○ ×

64 위험물 시설에 대한 탱크안전성능검사 중 기초·지반검사 대상이 되는 탱크 기준은 옥외탱크저장소의 액체위험물탱크 중 그 용량이 100만 리터 이상인 탱크로 한다. ○ ×

65 제조소 등의 관계인은 안전관리자를 선임한 경우에는 선임한 날부터 30일 이내에 소방본부장 또는 소방서장에게 신고하여야 한다. ○ ×

66 화재가 발생하는 경우 화재의 확대가 빠른 고무류, 면화류·석탄 및 목탄 등 대통령령이 정하는 저장 및 취급기준이 일정수량 이상일 때 특수인화물로 정한다. ○ ×

67 특수기연물인 석탄, 목탄류의 수량은 10,000kg이다. ○ ×

68 볏짚류, 종이부스러기, 넝마, 면화류는 수량이 1,000kg이다. ○ ×

69 특수가연물을 쌓는 부분의 바닥면적 사이는 실내의 경우 1.2m미터 또는 쌓는 높이의 1/2 중 큰 값 이상으로 간격을 두어야 한다. ○ ×

70 소방청장은 국제구조대를 편성·운영하는 경우 응급의료, 통역, 안전평가, 시설관리 등의 임무를 수행할 수 있도록 구성하여야 한다. ○ ×

김동준 OX문제

71 구조대, 구급대 편성·운영은 소방청장·소방본부장·소방서장이 할 수 있다. ○ ×

72 소방대상물 지역 특성, 재난 발생 유형 및 빈도 등을 고려하여 설치하는 특수구조대에는 화학구조대, 수상구조대, 고속국도구조대, 산악구조대, 지하철구조대가 있다. ○ ×

73 구조의 우선순위로는 구명이 최우선 → 고통경감 → 신체구출 → 재산보호이다. ○ ×

74 로프의 끝이나 중간에 절이나 매듭, 고리를 만드는 방법을 이어매기라고 한다. ○ ×

75 매듭은 구조 시 로프의 강도를 고려하여 안전할 수 있도록 크게 하는 것이 원칙이다. ○ ×

76 로프에 매듭을 일정한 간격으로 만들어 로프를 타고 오르거나 내릴 때 지지점으로 이용할 수 있는 매듭은 줄사다리매듭이다. ○ ×

77 굵기가 다른 로프나 젖은 로프 결합 시 사용하는 매듭법은 두겹매듭법이다. ○ ×

78 일반구조대는 소방서마다 1개 대 이상, 소방서가 없는 시·군·구의 경우에는 해당 시·군·구 지역의 중심지에 있는 119안전센터에 설치할 수 있다. ○ ×

79 38도 이상의 고열이 있거나 호흡곤란이 동반되는 경우 구급대원의 구급요청 거절사유에 해당된다. ○ ×

80 만성질환자로서 검진 또는 입원목적의 이송요청자의 경우 구급대원의 구급요청 거절사유에 해당된다. ○ ×

81 병원 간 이송 또는 자택으로의 이송요청자의 경우 구급대원의 구급요청 거절사유에 해당된다. ○ ×

82 쇼크환자는 혈류가 감소하고, 피부가 촉촉해지며, 구토를 하며, 피부가 창백해져 청색증이 나타난다. ○ ×

83 자동심장충격기는 심장의 기능 정지, 호흡이 멈추었을 때 사용하는 응급처치기기로 호흡보조장비에 해당한다. ○ ×

84 환자의 아래턱을 전방으로 올린 뒤 앞으로 당겨주는 일반적인 기도유지 방법은 두부후굴 하임견인법으로 가장 많이 사용하는 기도유지 방법이다. ○ ×

85 수시간 이내 응급처치를 요하는 환자는 응급환자로서 적색으로 표시한다. ○ ×

86 사망 또는 생존의 가능성이 없는 환자는 지연환자로서 흰색으로 표시한다. ○ ×

87 의료소는 응급의학 전문의를 포함한 의사 3명, 간호사 또는 1급 응급구조사 3명 및 지원요원 3명 이상으로 편성한다. ○ ×

88 환자는 중증도에 따라 긴급환자, 응급환자, 비응급환자, 지연환자의 4집단으로 분류한다. ○ ×

89 의료인이란 의사, 치과의사, 수의사, 간호사 등을 말한다. ○ ×

O× 정답 및 해설

01 ×
　　금화제도는 <u>고려전기 문종때</u> 시행되었다.

02 ○

03 ×
　　우리나라 최초의 소방조직은 <u>금화도감</u>이다.

04 ○

05 ×
　　금화조직은 <u>조선시대</u>에 창설되었다.

06 ○

07 ○

08 ×
　　1946년 중앙소방위원회, 1947년 중앙소방청

09 ○

10 ○

11 ×
　　2012년도에 경기도의 소방체제는 <u>광역자치 소방행정체제</u>이다.

12 ○

13 ×
　　1925년 경성에 우리나라 최초의 소방서가 설치, <u>소방법 제정/공포는 1958년</u>이다.

14 ×
　　우리나라의 소방은 <u>1992년 이후부터 시·도 광역자치소방체제를 운용</u>하고 있다.

15 ○

16 ○

17 ○

18 ○

19 ×
　　특정 사안에 대한 결정에 있어서 의사결정과정에서는 개인의 의견이 참여되지만 결정을 내리는 것은 개인이 아닌 소속 기관의 장이다. 이를 <u>계선의 원리</u>라고 한다.

20 ○

21 ○

22 ×
　　의용소방대는 <u>민간소방조직에 해당한다.</u>

23 ○

24 ○

25 ○

26 ○

27 ×
　　<u>의용소방대장 및 부대장은 의용소방대원 중 관할 소방서장의 추천에 따라 시·도지사가 임명한다.</u>

28 ○

29 ×
　　의용소방대는 <u>봉사자가 아니므로 수당을 받으며, 질병·부상·사망시에는 보상금을 받는다.</u>

30 ○

31 O

32 ✕
제조소 또는 일반취급소에서 취급하는 제4류 위험물의 최대수량의 합이 지정수량의 24만배 이상 48만배 미만인 사업소에는 3대의 화학소방자동차와 15명의 자체소방대원을 두어야 한다.

33 O

34 O

35 O

36 O

37 ✕
소방신호의 종류에는 훈련신호, 해제신호, 발화신호, 경계신호가 있다.

38 O

39 ✕
소방박물관에는 그 운영에 관한 중요한 사항을 심의하기 위하여 7인 이내의 위원으로 구성된 운영위원회를 둔다.

40 ✕
소방공무원은 경력직 공무원 중 특정직 공무원에 속한다.

41 O

42 O

43 O

44 ✕
"강임"이란 같은 직렬 내에서 하위 직급에 임명하거나 또는 하위 직급이 없어 다른 직렬의 하위 직급으로 임명하거나 고위공무원단에 속하는 일반직 공무원을 고위공무원단 직위가 아닌 하위 직위에 임명하는 것을 말한다.

45 O

46 O

47 ✕
소방장 계급이 소방위로 근속승진 시 해당 계급에서 6년 6개월 이상 근속해야 근속승진이 가능하다.

48 ✕
「소방공무원법」상 임용에는 신규채용·승진·전보·파견·강임·휴직·직위해제·정직·강등·복직·면직·해임 및 파면을 말한다.
→ 퇴직은 임용에 해당되지 않는다.

49 ✕
소방공무원 "중징계"에는 파면, 해임, 강등 또는 정직을 말한다.
→ 감봉은 경징계에 해당한다.

50 O

51 O

52 O

53 O

54 ✕
위해동물, 벌 등의 포획 및 퇴치 활동은 생활안전활동에 해당한다.

55 ✕
소화용수장비, 간이소화장비, 배연장비 등은 화재진압장비에 해당한다.

56 O

57 ✕
화재예방강화지구는 시·도지사가 지정한다.

58 O

59 O

60 ✕
건축물의 비화경계는 후착대의 임무이다.

김동준 O✕문제

61 ✕
인접 건물의 화재확대방지 차원에서 블록의 4방면 중, 바람이 불어나가는 쪽이나 비화되는 쪽의 경우 화재확대가 가능한 면을 동시에 방어하는 전술을 <u>블록전술</u>이라 한다.

62 ✕
위험물안전관리법상 위험물제조소 등에 지정수량 10배 이하일 경우 3m 이내에 반드시 건축물이 들어갈 수 없도록 한 공간을 <u>보유공지</u>라 한다.

63 ◯

64 ◯

65 ✕
제조소 등의 관계인은 안전관리자를 선임한 경우에는 선임한 날부터 <u>14일 이내</u>에 소방본부장 또는 소방서장에게 신고하여야 한다.

66 ✕
화재가 발생하는 경우 화재의 확대가 빠른 고무류·면화류·석탄 및 목탄 등 대통령령이 정하는 저장및 취급기준이 일정수량 이상일 때 <u>특수가연물</u>로 정한다.

67 ◯

68 ✕
<u>면화류는 수량이 200kg 이상</u>이다.

69 ◯

70 ✕
소방청장은 국제구조대를 편성·운영하는 경우 <u>인명 탐색 및 구조, 안전평가, 상담, 응급처치, 응급이송, 시설관리, 공보연락</u> 등의 임무를 수행할 수 있도록 구성하여야 한다(119구조·구급에 관한 법률 시행령 제7조).

71 ◯

72 ✕
소방대상물 지역 특성, 재난 발생 유형 및 빈도 등을 고려하여 설치하는 특수구조대에는 화학구조대, <u>수난구조대</u>, 고속국도구조대, 산악구조대, 지하철구조대가 있다.

73 ✕
구조의 우선순위로는 구명이 최우선 → <u>신체구출</u> → <u>고통경감</u> → 재산보호이다.

74 ✕
로프의 끝이나 중간에 절이나 매듭, 고리를 만드는 방법을 <u>마디짓기</u>라고 한다.

75 ✕
매듭은 <u>기계나 장치의 좁은 곳 등 통과를 원활하게 하기 위하여 작게 한다.</u>

76 ◯

77 ✕
굵기가 다른 로프나 젖은 로프 결합시 사용하는 매듭법은 <u>아카데미 매듭법</u>이다.

78 ◯

79 ✕
38도 이상의 고열이 있거나 호흡곤란이 동반되는 경우 구급대원의 구급요청 거절사유에 <u>해당되지 않는다.</u>

80 ◯

81 ◯

82 ◯

83 ✕
자동심장충격기는 심장의 기능 정지, 호흡이 멈추었을 때 사용하는 응급처치기기로 <u>순환보조장비</u>에 해당한다.

84 ✕
환자의 아래턱을 전방으로 올린 뒤 앞으로 당겨주는 일반적인 기도유지 방법은 <u>두부후굴 하악거상법</u>으로 가장 많이 사용하는 기도유지 방법이다.

85 ✕
수시간 이내 응급처치를 요하는 환자는 응급환자로서 <u>황색으로</u> 표시한다.

86 ✕
　사망 또는 생존의 가능성이 없는 환자는 지연환자로서 <u>흑색으로</u> 표시한다.

87 ✕
　의료소는 응급의학 전문의를 포함한 <u>의사 3명, 간호사 또는 1급 응급구조사 4명 및 지원요원 1명 이상</u>으로 편성한다.

88 ○

89 ✕
　의료인이란 <u>의사, 치과의사, 한의사, 조산사 및 간호사</u>이다.

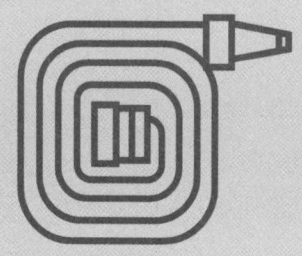

소방학개론

PART 02

재난관리

02 재난관리

01 존스(Jones)의 재해분류 중 지진은 지형학적 재해에 해당한다. ○×

02 존스(Jones)의 재해분류 중 눈사태는 준자연재해에 해당한다. ○×

03 존스(Jones)의 재해분류 중 홍수는 지형학적 재해에 해당한다. ○×

04 존스(Jones)의 재해분류 중 스모그현상은 기상학적 재해에 해당이다. ○×

05 분산적 접근방법의 재난관리는 재난의 종류에 따라 대응방식의 차이와 대응계획 및 책임기관이 각각 다르게 배정된다. ○×

06 분산적 접근방법의 재난관리는 재난 시 유관기관 간의 중복적 대응이 있을 수 있다. ○×

07 통합적 접근방법의 재난관리는 재난의 발생 유형에 따라 소관부처별로 업무가 나뉜다. ○×

08 통합적 접근방법의 재난관리는 재난 시 유사한 자원동원 체계와 자원유형이 필요하다. ○×

09 「재난 및 안전관리 기본법」상 재난 예보·경보체계 구축·운영은 대응단계이다. ○×

10 긴급구조기관은 소방청, 소방본부, 소방서, 해양경찰청, 지방해양경찰청, 해양경찰서를 말한다. ○×

11 재난관리책임기관이란 중앙행정기관 및 지방자치단체, 지방행정기관·공공기관·공공단체 및 재난관리의 대상이 되는 중요시설의 관리기관 등으로서 대통령령으로 정하는 기관을 말한다.

12 긴급구조란 재난이 발생할 우려가 현저하거나 재난이 발생하였을 때에 국민의 생명·신체 및 재산을 보호하기 위하여 긴급구조기관과 긴급구조지원기관이 하는 인명구조, 응급처치, 그 밖에 필요한 모든 긴급한 조치를 말한다.

13 긴급구조기관이란 긴급구조에 필요한 인력·시설 및 장비, 운영체계 등 긴급구조능력을 보유한 기관이나 단체로서 대통령령으로 정하는 기관과 단체를 말한다.

14 재난 현장에서 재산 및 인명보호를 위해 소방이 주도적인 역할을 하는 단계는 대응단계이다.

15 재난관리의 대비단계 관리사항에는 국가재난관리기준의 제정, 운용, 재난안전통신망의 구축·운영 등이 있다.

16 재난대응계획의 수립, 비상경보체계의 구축, 통합대응체계의 구축, 비상통신망의 구축, 대응자원의 준비, 교육과 훈련 및 연습은 예방단계에서 진행된다.

17 재난관리정보란 재난관리를 위하여 필요한 재난상황정보, 동원가능 자원정보, 시설물정보, 지리정보를 말한다.

18 재난관리란 재난이나 그 밖의 각종 사고로부터 사람의 생명·신체 및 재산의 안전을 확보하기 위하여 하는 모든 활동을 말한다.

19 "안전취약계층"이란 어린이, 노인, 장애인, 저소득층 등 신체적·사회적·경제적 요인으로 인하여 재난에 취약한 사람을 말한다.

20 「재난 및 안전관리 기본법」상 미세먼지는 자연재난에 해당하지 않는다.

21 해외재난의 경우에는 외교부장관이 중앙대책본부장의 권한을 행사한다. ○ ×

22 피해주민 수용 및 구호는 복구단계에서 진행된다. ○ ×

23 위험성 분석 및 위험지도 작성은 대비단계에서 진행한다. ○ ×

24 응급의료시스템 가동, 재해대책본부의 활동개시, 긴급의약품 조달 및 생필품 공급, 이재민 수용 및 보호, 탐색 및 구조 등의 활동은 대응단계에서 진행된다. ○ ×

25 재난발생확률이 높아진 경우, 재해발생 후에 효과적으로 대응할 수 있도록 사전에 대응활동을 위한 메커니즘을 구성하는 등 운영적인 장치들을 갖추는 단계는 준비단계에서 이루어진다. ○ ×

26 긴급통신수단 구축은 재난관리의 단계별 주요 활동 중 대응단계에 해당한다. ○ ×

27 자연우주물체의 추락·충돌 등으로 인해 발생하는 재해가 일어난 경우 재난관리주관기관은 국토교통부가 된다. ○ ×

28 승강기의 사고 또는 고장으로 인해 발생하는 대규모 피해가 일어난 경우 재난관리주관기관은 행정안전부가 된다. ○ ×

29 위험물의 누출·화재·폭발 등으로 인해 발생하는 대규모 피해가 일어난 경우 재난관리주관기관은 산업통상자원부가 된다. ○ ×

30 공연장의 화재 등으로 인해 발생하는 대규모 피해의 재난관리주관기관은 문화체육관광부이다. ○ ×

31 에너지의 중대한 수급 차질로 인해 발생하는 대규모 피해의 재난관리주관기관은 행정안전부이다. ○ ×

32 재난의 효과적인 수습을 위하여 국무총리가 범정부적 차원의 통합 대응이 필요하다고 인정하는 경우에는 대통령이 중앙대책본부장의 권한을 행사한다. ○ ×

33 「원자력시설 등의 방호 및 방사능 방재 대책법」에 따른 방사능재난의 경우에는 원자력안전위원회 위원장이 중앙대책본부장의 권한을 행사한다. ○ ×

34 행정안전부장관이 국무총리에게 건의하거나 수습본부장의 요청을 받아 행정안전부장관이 국무총리에게 건의하는 경우에는 국무총리가 중앙대책본부장의 권한을 행사할 수 있다. ○ ×

35 대통령령으로 정하는 대규모 재난의 대응·복구 등에 관한 사항을 총괄·조정하고 필요한 조치를 하기 위하여 행정안전부에 중앙재난안전대책본부를 둔다. ○ ×

36 재난현장에서 임무를 직접 수행하는 기관의 행동조치 절차를 구체적으로 수록한 문서는 현장조치 행동매뉴얼이다. ○ ×

37 재난사태 선포는 재난의 복구 활동에 해당된다. ○ ×

38 특별재난지역의 선포는 대응단계에 해당한다. ○ ×

39 행정안전부장관 및 지방자치단체의 장은 재난사태가 선포된 지역에 대하여 재난경보의 발령, 재난관리자원의 동원, 위험구역 설정, 대피명령, 응급지원 등 이 법에 따른 응급조치, 해당 지역에 소재하는 행정기관 소속 공무원의 비상소집, 해당 지역에 대한 여행 등 이동 자제 권고 등의 조치를 할 수 있다. ○ ×

40 재난사태인 경우 중앙대책본부장이 재난지역을 선포할 수 있다. ○ ×

41 중앙대책본부장은 대통령에게 특별재난지역선포를 건의할 수 있다. ○ ×

42 특별재난지역의 선포를 위해서는 중앙대책본부의 심의를 거쳐야 한다. ○ ×

43 중앙통제단의 단장은 소방청장이 된다. ○ ×

44 재난안전상황실은 소방본부에 설치할 수 없다. ○ ×

45 대통령령으로 대규모 재난이 발생 시 중앙재난안전대책본부장은 국무총리가 된다. ○ ×

46 지역통제단장은 소방대장이 된다. ○ ×

47 12월 3일은 안전점검의 날이다. ○ ×

48 소방청, 소방본부, 소방서는 긴급안전대책기관이다. ○ ×

49 국가안전관리기본계획수립은 행정안전부장관이 5년마다 수립 지침을 작성하여 관계중앙행정기관의 장에게 통보한다. ○ ×

50 중앙재난안전대책본부장은 행정안전부장관이 된다. ○ ×

51 중앙재난안전대책본부는 국무총리 소속하에 둔다. ○ ×

52 행정안전부장관 소속으로 중앙안전관리위원회를 둔다. ○ ×

53 해외재난의 경우에는 외교부장관이 중앙대책본부장이 된다. ○ ×

54 중앙안전관리위원회에 상정될 안건을 사전에 검토하기 위해 중앙안전관리위원회에 안전정책조정위원회를 둔다. ○ ×

55 지역별 재난 및 안전관리에 관한 사항을 심의조정하기 위하여 시·도지사 소속으로 시·도 안전관리위원회를 둔다. ○ ×

56 중앙재난방송협의회의 구성 및 운영에 필요한 사항은 행정안전부령으로 정한다. ○ ×

57 재난 및 안전관리에 관한 중요정책에 관한 사항은 국무총리 소속으로 중앙안전관리위원회에서 심의한다. ○ ×

58 관계 중앙행정기관의 장은 매년 10월 31일까지 다음 연도의 집행계획을 작성하여 행정안전부장관에게 통보하여야 한다. ○ ×

59 긴급구조통제단장은 긴급구조지원요원의 현장 출동을 명령할 수 있다. ○ ×

60 시・도긴급구조통제단의 단장은 소방서장이 된다. ○ ×

61 중앙긴급구조통제단의 단장은 소방청장이 된다. ○ ×

62 중앙위원회의 위원장은 국무총리가 되고, 위원은 대통령령으로 정하는 중앙행정기관의 장이 된다. ○ ×

63 긴급구조지휘대에는 현장지휘요원, 자원지원요원, 통신지원요원, 안전관리요원, 상황조사요원, 구급지휘요원이 있다. ○ ×

64 행정안전부장관・지방자치단체의 장이 재난사태가 선포된 지역에 해당지역에 대한 여행 등의 이동 자제 금지를 조치할 수 있다. ○ ×

65 행정안전부장관은 대통령령으로 정하는 재난이 발생하거나 발생할 우려가 있는 경우 사람의 생명・신체 및 재산에 미치는 중대한 영향이나 피해를 줄이기 위하여 긴급한 조치가 필요하다고 인정하면 중앙위원회의 심의를 거쳐 재난사태를 선포할 수 있다. ○ ×

66 충북 제천시에 특별재난지역이 발생했을 때 특별재난지역은 대통령이 선포한다. ○ ×

67 중앙재난안전대책본부장은 대통령령으로 정하는 규모의 재난이 발생하여 특별한 조치가 필요하다고 인정하거나 지역대책본부장의 요청이 타당하다고 인정하는 경우에는 안전정책조정위원회의 심의를 거쳐 해당 지역을 특별재난지역으로 선포할 것을 대통령에게 건의할 수 있다. ○ ×

68 시·도 긴급구조통제단장과 시·군·구 긴급구조통제단장의 응급조치사항으로 긴급수송수단 확보, 경보의 발령, 현장지휘통신체계의 확보, 진화가 있다. ○×

69 실제 재난 발생 시 대응 매뉴얼은 위기대응 실무매뉴얼이다. ○×

70 국가는 자연재난의 원활한 복구를 위하여 필요하면 행정안전부령으로 정하는 바에 따라 그 비용의 전부 또는 일부를 국고에서 부담하거나 지방자치단체, 그 밖의 재난 관리책임자에게 보조할 수 있다. ○×

71 국가와 지방자치단체로부터 재난으로 피해를 입은 시설의 복구와 피해주민의 생계 안정을 위해 지원되는 금품 또는 이를 지급받을 권리는 양도하거나 담보로 제공할 수 있다. ○×

72 과학기술정보통신부장관은 중앙재난방송협의회의 운영에 필요한 행정적·재정적 지원을 할 수 있다. ○×

73 지역대책본부 및 통합지원본부의 구성과 운영에 필요한 사항은 행정안전부령으로 정한다. ○×

74 예방단계는 재난 발생을 사전에 방지하기 위하여 매년 재난 대비훈련 계획을 수립하고, 관계 기관과 합동으로 재난대비훈련을 실시한다. ○×

75 긴급구조지휘대를 구성하는 상황조사요원에 해당하는 자는 통제단이 설치·운영되는 경우에는 통제단의 현장지휘부에 배치된다. ○×

76 하인리히(H. W. Heinrich)의 도미노 이론은 재해발생과정을 유전적 요인 및 사회적 환경 → 개인적 결함 → 불안전 행동 및 불안전 상태 → 사고 → 재해(상해)라는 5개 요인의 연쇄 작용으로 설명하였다. ○×

○✕ 정답 및 해설

01 ✕
존스(Jones)의 재해분류 중 지진은 <u>지질학적 재해</u>에 해당한다.

02 ○

03 ✕
존스(Jones)의 재해분류 중 홍수는 <u>준자연재해</u>에 해당한다.

04 ✕
존스(Jones)의 재해분류 중 스모그현상은 <u>준자연재해</u>에 해당이다.

05 ○

06 ○

07 ✕
<u>분산적 접근방법</u>의 재난관리는 재난의 발생 유형에 따라 소관부처별로 업무가 나뉜다.

08 ○

09 ○

10 ○

11 ○

12 ○

13 ✕
<u>긴급구조지원기관</u>이란 긴급구조에 필요한 인력·시설 및 장비, 운영체계 등 긴급구조능력을 보유한 기관이나 단체로서 대통령령으로 정하는 기관과 단체를 말한다.

14 ○

15 ○

16 ✕
재난대응계획의 수립, 비상경보체계의 구축, 통합대응체계의 구축, 비상통신망의 구축, 대응자원의 준비, 교육과 훈련 및 연습은 <u>대비단계</u>에서 진행된다.

17 ○

18 ✕
재난관리가 아닌 <u>안전관리에 대한 정의</u>이다.

19 ○

20 ○

21 ○

22 ✕
피해주민 수용 및 구호는 <u>대응단계</u>에서 진행된다.

23 ✕
위험성 분석 및 위험지도 작성은 <u>예방단계</u>에서 진행한다.

24 ○

25 ○

26 ✕
긴급통신수단 구축은 재난관리의 단계별 주요 활동 중 <u>대비단계</u>에 해당한다.

27 ✕
자연우주물체의 추락·충돌 등으로 인해 발생하는 재해가 일어난 경우 재난관리주관기관은 <u>과학기술정보통신부 및 우주항공청</u>이 된다.

28 O

29 X
위험물의 누출·화재·폭발 등으로 인해 발생하는 대규모 피해가 일어난 경우 재난관리주관기관은 행정안전부 및 소방청 된다.

30 O

31 X
에너지의 중대한 수급 차질로 인해 발생하는 대규모 피해의 재난관리주관기관은 산업통상자원부이다.

32 X
대통령이 아닌, 국무총리가 권한을 행사한다.

33 X
원자력안전위원회 위원장이 아닌, 중앙방사능방재대책본부의 장이 권한을 행사한다.

34 O

35 O

36 O

37 X
재난사태 선포는 재난의 대응 활동에 해당된다.

38 X
특별재난지역의 선포는 복구단계에 해당한다.

39 O

40 X
재난사태인 경우 행정안전부장관은 중앙위원회 심의를 거쳐 선포할 수 있다.

41 O

42 X
특별재난지역의 선포를 위해서는 중앙위원회의 심의를 거쳐야 한다.

43 O

44 O

45 X
대통령령으로 대규모 재난이 발생 시 중앙재난안전대책본부장은 행정안전부장관이 된다.

46 X
지역통제단장은 시·도 긴급구조통제단은 소방본부장, 시·군·구 긴급구조통제단은 소방서장이 된다.

47 X
매월 4일은 안전점검의 날이다.

48 X
소방청, 소방본부, 소방서는 긴급구조기관이다.

49 X
국가안전관리기본계획은 국무총리가 5년마다 수립 지침을 작성하여 관계중앙행정기관의 장에게 통보한다.

50 O

51 X
중앙재난안전대책본부는 행정안전부 소속하에 둔다.

52 X
국무총리 소속으로 중앙안전관리위원회를 둔다.

53 O

54 O

55 O

56 X
중앙재난방송협의회의 구성 및 운영에 필요한 사항은 대통령령으로 정한다.

57 O

58 O

59 X
지역통제단장은 긴급구조를 위하여 필요하면 긴급구조지원기관의 장에게 소속 긴급구조지원요원을 현장에 출동시키거나 긴급구조에 필요한 재난관리자원을 제공하는 등 긴급구조활동을 지원할 것을 요청할 수 있다.

60 ✗
시·도긴급구조통제단의 단장은 <u>소방본부장</u>이 된다.

61 ○

62 ○

63 ○

64 ✗
행정안전부장관·지방자치단체의 장이 재난사태가 선포된 지역에 해당지역에 대한 여행 등의 이동 자제 <u>권고</u>를 조치할 수 있다.

65 ○

66 ○

67 ✗
중앙재난안전대책본부장은 대통령령으로 정하는 규모의 재난이 발생하여 특별한 조치가 필요하다고 인정하거나 지역대책본부장의 요청이 타당하다고 인정하는 경우에는 <u>중앙안전관리위원회의 심의를 거쳐</u> 해당 지역을 특별재난지역으로 선포할 것을 대통령에게 건의할 수 있다.

68 ✗
시·도 긴급구조통제단장과 시·군·구 긴급구조통제단장의 응급조치사항으로 긴급수송 수단 확보, 현장지휘통신체계의 확보, 진화가 있다.
→ <u>경보의 발령은 해당하지 않는다.</u>

69 ○

70 ✗
국가는 자연재난의 원활한 복구를 위하여 필요하면 <u>대통령령</u>으로 정하는 바에 따라 그 비용의 전부 또는 일부를 국고에서 부담하거나 지방자치단체, 그 밖의 재난 관리책임자에게 보조할 수 있다.

71 ✗
국가와 지방자치단체로부터 재난으로 피해를 입은 시설의 복구와 피해주민의 생계 안정을 위해 지원되는 금품 또는 이를 지급받을 권리는 양도하거나 담보로 제공할 수 <u>없다.</u>

72 ○

73 ✗
지역대책본부 및 통합지원본부의 구성과 운영에 필요한 사항은 <u>해당 지방자치단체의 조례로</u> 정한다.

74 ✗
<u>대비단계는</u> 재난 발생을 사전에 방지하기 위하여 매년 재난 대비훈련 계획을 수립하고, 관계 기관과 합동으로 재난대비훈련을 실시한다.

75 ✗
현장지휘부가 아닌, <u>대응계획부에 배치</u>된다.

76 ○

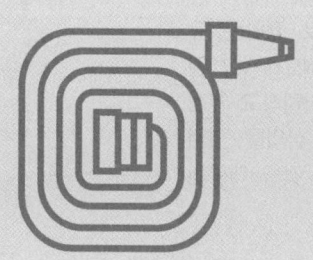

소방학개론

PART 03

연소이론

03 연소이론

01 연소반응은 열생성률(heat production rate)이 외부로의 열손실률(heat loss rate)보다 큰 조건에서 지속된다. ○ ×

02 메틸알코올(CH_3OH)의 산소몰수는 2이다. ○ ×

03 비표면적이 커야 공기접촉이 많아져서 연소하기 쉬워진다. ○ ×

04 활성화에너지가 커야 연소하기가 쉽다. ○ ×

05 가연물의 인화점이 낮을수록 연소 위험성이 커진다. ○ ×

06 P_2O_5(오산화인)은 불연성 물질에 해당한다. ○ ×

07 산소는 가연성물질로서 그 양이 많을수록 연소를 활성화시킨다. ○ ×

08 열의 축적이 용이할수록, 열전도율이 클수록 위험하다. ○ ×

09 인화점, 착화점, 점성, 비점, 비중, 융점은 클수록 위험하다. ○ ×

10 비열, 연소열, 비점이 낮거나 작을수록 위험하다. ○ ×

11 표면장력, 인화점, 발화점이 작거나 낮을수록 위험하다. ○ ×

12 연소속도는 크거나 빠를수록 위험하다. ○ ×

13 증발잠열은 점화원이 아니다. ◯ ✕

14 자연발화는 밀폐된 공간 등에서 내부로부터 인위적인 열원의 공급을 받고 물질 자체적인 열의 축적으로 온도가 서서히 상승하는 현상이다. ◯ ✕

15 점화원으로 분해열, 저항열, 압축열, 기화열 등이 있다. ◯ ✕

16 자연발화를 일으키는 열로 분해열, 산화열, 흡착열, 융해열 등이 있다. ◯ ✕

17 발열량이 클수록 열 축적이 잘 이루어져 자연발화가 용이하다. ◯ ✕

18 열전도율이 작아야 하고, 저온, 건조하며 비표면적이 작을수록 자연발화가 용이하다. ◯ ✕

19 공기의 유통이 안 될수록 열 축적이 용이하여 자연발화 하기 쉽다. ◯ ✕

20 공기의 유통을 잘되게 하여, 자연발화를 방지한다. ◯ ✕

21 발열반응에 정촉매작용을 하는 물질을 이용하여 자연발화를 방지한다. ◯ ✕

22 자연발화 방지로 적당한 습기는 물질에 따라 자연발화의 촉매작용을 하므로, 습도가 높은 곳을 피한다. ◯ ✕

23 피뢰설비를 설치하여 정전기를 제거한다. ◯ ✕

24 접지시설을 설치하여 정전기를 제거한다. ◯ ✕

25 정전기를 방지하려면 접지를 하고, 공기를 이온화하며 상대습도를 60% 이하로 한다. ◯ ✕

26 정전기를 예방하기 위한 대책으로 접촉하는 전기의 전위차를 크게 한다. ○ ×

27 가연성가스의 조성이 화학양론적 조성(농도) 부근일 경우 MIE는 최저가 된다. ○ ×

28 열전도율이 낮아지면 최소발화에너지는 커진다. ○ ×

29 연소의 4요소는 가연물, 산소공급원, 점화원, 흡열반응이다. ○ ×

30 수소 기체는 아세틸렌 기체보다 연소범위가 더 넓다. ○ ×

31 연소범위는 아세틸렌 > 수소 > 이황화탄소 > 에틸렌 순이다. ○ ×

32 아세틸렌의 연소범위는 5~15V%이다. ○ ×

33 연소범위가 4~75인 A가스가 연소범위가 2.5~81인 B가스보다 위험도가 높다. ○ ×

34 연소범위는 공기 중 연소에 필요한 혼합가스의 농도이다. ○ ×

35 온도가 높아지면 연소범위는 좁아진다. ○ ×

36 불활성기체를 첨가하면 연소범위가 넓어진다. ○ ×

37 압력이 높아지면 연소범위가 넓어진다. ○ ×

38 가연물은 연소범위가 넓을수록 연소범위 하한계가 작을수록 위험하다. ○ ×

39 프로판의 연소범위는 12.5~28V%이다. ○ ×

40 메탄의 연소범위는 5~15V%이다. ○ ×

41 폭발(연소)범위는 초기온도 및 압력이 상승할수록 분자 간 유효충돌할 가능성이 높아지기 때문에 넓어진다. ○ ×

42 인화점이란 연소범위에서 내부의 직접적인 점화원에 의하여 인화될 수 있는 최저온도이다. ○ ×

43 온도가 낮은 것에서 높은 순서대로 발화점-연소점-인화점 순이다. ○ ×

44 점화원 접촉없이 가열된 열만으로 연소를 시작할 수 있는 최저온도는 발화점이다. ○ ×

45 인화점 이후 점화원 제거 후에도 지속적인 연소작용을 일으킬 수 있는 최저온도는 연소점이다. ○ ×

46 하부인화점은 외부에너지에 의해 발화하기 시작하는 최저연소온도이다. ○ ×

47 하부인화점은 물질적 조건과 에너지 조건이 만나는 최저연소온도이다. ○ ×

48 하부인화점은 가연성 혼합기를 형성하는 최저연소온도이나. ○ ×

49 발화점은 인화성 액체 위험성 판단 기준으로 이용한다. ○ ×

50 분자구조가 복잡할수록 발화점이 낮아진다. ○ ×

51 압력·화학적 활성도가 작을수록 발화점이 낮아진다. ○ ×

52 파라핀계 탄화수소화합물의 경우 탄소수가 적을수록 발화점이 낮아진다. ○ ×

53 파라핀계 탄화수소는 분자량이 클수록 발화온도가 높아진다. ○ ×

54 유도발화점과 발화점은 같은 용어이다. ○ ×

55 가연성 기체의 위험도의 기준은 인화점이다. ○ ×

56 가연성가스 연소 중 산소농도가 증가하면 발화점이 높아진다. ○ ×

57 고체연료의 표면연소(surface combustion)란 가연성 고체가 열분해 하지 않고 증발도 하지 않는 것으로 그 고체의 표면에서 산소와 반응하여 연소되는 현상으로 불꽃을 동반하며 목재·석탄·코크스·금속분도 이 연소 형태에 속한다. ○ ×

58 표면연소란 숯·목탄·코크스·금속분과 같은 고체 가연물질이 열분해와 함께 증발하는 것으로 고체 표면에서 산소와 반응하여 연소하는 현상이다. ○ ×

59 목재, 석탄, 종이, 플라스틱은 가열하면 열분해 반응을 일으키면서 생성된 가연성 증기와 공기가 혼합하여 연소한다. ○ ×

60 액체 연료의 가장 일반적인 연소 형태인 증발연소란 에테르, 석유류, 알코올 등의 인화성 액체에서 발생한 가연성 증기가 공기와 혼합된 상태에서 연소하는 것이다. ○ ×

61 자기연소는 고체연소이고, 예혼합연소는 기체연소이다. ○ ×

62 양초와 나프탈렌은 유사한 연소형태를 가진다. ○ ×

63 마그네슘은 자기연소의 형태로 연소한다. ○ ×

64 확산연소, 예혼합연소, 분무연소는 기체연소이다. ○ ×

65 금속분, 황, 종이, 목재는 표면연소에 해당한다. ○ ×

66 작열연소란 열과 빛을 발하는 것으로, 육안으로 보이는 현상이다. ○ ×

67 표면연소는 기체 또는 액체 가연물의 전형적인 연소형태이다. ○ ×

68 황이나 나프탈렌이 열분해되면서 일어나는 연소는 분해연소이다. O X

69 질산에스터류, 나이트로화합물은 자기연소에 해당한다. O X

70 열분해에 의해 산소를 발생하면서 연소하는 현상은 자기연소이다. O X

71 연료가스의 분출속도가 연소속도보다 클 때, 주위 공기의 움직임에 따라 불꽃이 노즐에서 정착하지 않고 떨어져 꺼지는 현상을 블로우오프라고 한다. O X

72 연소속도가 분출속도보다 느릴 때 역화현상이 발생된다. O X

73 노즐이 부식되어 분출 구멍이 커질 때 역화현상이 발생된다. O X

74 버너가 과열되었을 때 역화현상이 발생된다. O X

75 혼합가스량이 너무 많을 때 역화현상이 발생된다. O X

76 혼합가스의 압력이 비정상적으로 낮을 때 역화현상이 발생된다. O X

77 선화는 불꽃이 연료노즐 위에 들뜨는 현상으로 연료 노즐에서 연료기체의 연소속도가 분출속도보다 느릴 때 발생하는 현상이다. O X

78 황염은 분출하는 기체연료와 공기의 화학양론비에서 공기량이 적을 때 발생한다. O X

79 공기(산소)공급량이 너무 많을 때 불완전 연소가 일어난다. O X

80 주위의 온도가 너무 높을 때 불완전연소가 일어난다. O X

81 불완전연소는 산소과잉상태에서 발생한다. O X

82 이산화탄소는 가연물의 불완전연소에 의해 발생하며, 흡입하면 헤모글로빈과 결합하여 몸속의 산소운반을 방해하여 질식을 유발시키는 무색, 무취의 연소가스이다. ○×

83 암모니아는 황이 함유되어 있는 물질인 중질유·동물의 털·고무 등이 연소할 때 발생되는 연소생성물로서 무색의 유독성이 있어 눈 및 호흡기 등에 점막을 상하게 하고 질식사할 우려가 있다. ○×

84 이산화질소는 질소함유물이 연소할 때 발생하는 연소생성물로서 유독성이 있으며, 상온·상압에서 강한 자극성을 가진 무색의 기체로서 물에 잘 용해된다. 특히, 비료공장, 냉매공업 분야에 많이 사용되고 있다. ○×

85 염화수소는 염소성분이 함유되어 있는 PVC, 건축물에 설치된 전선의 피복이 연소할 때 발생하며, 유독성이 있어 독성 가스로 취급하고 있다. ○×

86 브롬화수소(HBr)는 방염수지류 등이 연소할 때 발생하며, 상온·상압에서 물에 잘 용해되지 않는다. ○×

87 황화수소는 수소의 황화물로 악취를 가진 무색의 유독한 기체이며, 살충제의 원료로 사용된다.

88 CO는 공기 중 농도가 2,000ppm의 연소가스가 있을 시 1시간 흡입으로 위험한 상태에 이른다. ○×

89 고압가스안전관리법에서 허용농도 2,000ppm 이하를 독성가스로 분류한다. ○×

90 시안화수소는 동물 털의 불완전연소 시 또는 인조견 등의 직물류, 목재, 종이 등이 탈 때 발생된다. ○×

91 TLV(Threshold Limit Value)로 측정한 독성가스의 허용 농도는 불화수소, 시안화수소, 암모니아, 포스겐 순으로 높다. ○×

92 현열은 열의 출입이 온도변화 현상으로 나타나지 않고 상변화로 흡수 및 방출되는 열, 잠열은 열의 출입이 상태 변화에 사용되지 않고 온도변화 현상으로 나타나는 열을 말한다. ○ ×

93 비열은 단위질량의 물체 1g을 1℃ 올리는데 필요한 열량과 물 1g의 온도를 1℃ 올리는데 필요한 열량과의 비율을 말한다. ○ ×

94 화재 시 불꽃이 직접 전달되지 않고 간접적으로 열기만 전달되는데 이 열이 가연물에 직선으로 흡수되어 그 표면온도가 발화점에 도달하면 연소가 시작된다. 이러한 현상을 대류라고 한다. ○ ×

95 열전도는 온도차와 거리에 비례한다. ○ ×

96 화재 시 연기가 위로 향하는 것이나 화로(火爐)에 의해 실내의 공기가 따뜻해지는 것은 복사에 의한 현상이다. ○ ×

97 일반적으로 화재의 초기단계에서 열의 전달은 복사에 기인한다. ○ ×

98 슈테판-볼츠만법칙은 절대온도 4승에 비례하고 열전달 면적에 비례하는 복사에너지에 의한 법칙이다. ○ ×

99 일반화재 발생 시 열감지기가 작동하고 전자파에 의해 스프링클러가 작동하는 열전달 형태는 대류이다. ○ ×

100 화재 시 연료 중에 수소가 많으면 흑색연기, 탄소수가 많으면 백색연기로 변한다. ○ ×

101 연기의 수직 이동속도는 수평 이동속도보다 빠르다. ○ ×

102 일반적으로 연기의 유동속도는 수평방향으로 0.5~1(m/s), 수직방향으로 2~3(m/s), 계단실 내에서는 3~5(m/s)이다. ○ ×

103 빌딩 화재 시 건축물 상·하층의 내부와 외부의 온도, 기압차로 인해 찬 공기가 하부에서 유입된다. ○ ×

104 연기제어방법으로 연소, 희석, 배기, 차단이 있다. ○ ×

105 연기의 감광계수가 증가할수록 가시거리는 짧아진다. ○ ×

106 감광계수가 0.3이고 가시거리가 5m일 때는 건물 내부에 익숙한 사람이 피난에 지장을 느낄 정도이다. ○ ×

107 감광계수가 1이며, 가시거리가 1~2m일 때는 어두침침한 것을 느낄 정도이다. ○ ×

108 감광계수가 10이며, 가시거리가 0.2~0.5m일 때는 화재 최성기 때의 정도이다. ○ ×

109 연기로 인한 빛의 감소를 나타내는 감광계수는 가시거리와 반비례한다. ○ ×

110 굴뚝효과는 건축물의 내부와 외부의 온도차에 의해 내부의 더운 공기가 상승하는 현상이다. ○ ×

111 굴뚝효과가 발생할 때는 개구부에 형성된 중성대 상부에서 공기가 유입되고, 중성대 하부에서 연기가 유출된다. ○ ×

112 건축물 화재 시 연돌효과에 영향을 주는 요소는 건물의 높이, 외벽의 기밀도, 건축 내·외의 온도차, 건물의 층간 공기누설, 층의 면적이 있다. ○ ×

113 연소속도란 화염속도에서 미연소가스의 이동속도를 더한 값이다. ○ ×

114 황적색 연소 색깔의 온도는 1,100℃이다. ○ ×

115 휘백색 연소 색깔의 온도는 1,300℃이다. ○ ×

116 적색 연소 색깔의 온도는 850℃이다. ○ ×

117 휘적색 연소 색깔의 온도는 900℃이다. ○ ×

118 압력이 높을수록 연소속도가 빨라진다. ○ ×

119 가연물의 종류에 따라 연소속도가 달라진다. ○ ×

120 산소농도는 연소속도와 관계가 없다. ○ ×

121 촉매는 연소속도에 영향을 미친다. ○ ×

122 천장제트흐름은 화재플럼의 부력에 의하여 발생되며 천장면을 따라 빠르게 흐르는 기류로 일반적으로 화재초기에 존재한다. ○ ×

123 스프링클러 헤드와 화재감지기는 천장제트흐름의 영향범위를 피하여 부착한다. ○ ×

124 일산화탄소는 폭발등급이 1등급이다. ○ ×

125 에틸렌은 폭발등급이 3등급이다. ○ ×

126 아세틸렌은 폭발등급이 3등급이다. ○ ×

127 기체폭발은 가연성가스가 폭발범위 내의 농도로 공기나 조연성가스 중에 존재할 때 점화원에 의해 폭발하는 현상으로 가장 일반적인 폭발이다. ○ ×

128 폭발은 개방된 공간에서 압력파의 전달로 폭음을 동반한 충격파를 가진 이상팽창을 말한다. ○ ×

129 산화에틸렌은 공기 중의 산소가 풍부한 상태에서 발열 반응을 하는 물질에 의해서 상압보다 고압에서 발생하는 분해폭발이다. ○ ×

130 아세틸렌과 산화에틸렌은 분해폭발을 일으키기 쉬운 물질이다. ○ ×

131 폭발의 원인에 따른 폭발의 분류 중 가스폭발, 분무폭발, 분진폭발은 물리적 폭발에 속한다. ○ ×

132 가스폭발은 가연성 가스와 지연성 가스와의 혼합기체에서 발생하는데 물적 조건과 에너지 조건을 만족하여야 한다. ○ ×

133 중합폭발은 가연성 액체의 무적(霧滴, mist)이 일정 농도 이상으로 조연성 가스 중에 분산되어 있을 때 착화하여 발생한다. ○ ×

134 분해폭발은 물질의 상변화에 의해 에너지 방출이 짧은 시간에 이루어지는 폭발을 말한다. ○ ×

135 화학적 폭발은 물질의 상태(기체, 액체, 고체)가 변하거나 온도, 압력 등의 조건의 변화에 의한 폭발이다. ○ ×

136 분진폭발은 가스폭발에 비해 연소속도와 초기폭발력은 크다. ○ ×

137 분진폭발은 분진입자가 미세할수록 폭발력이 크다. ○ ×

138 알루미늄과 마그네슘 금속분진의 경우 분진 속 수분량이 증가하면 폭발성이 증가한다. ○ ×

139 평균 입경이 동일한 분진일 경우 분진의 형상에 따라 폭발성이 달라진다. ○ ×

140 활성화에너지가 클수록 분진폭발이 잘 일어난다. ○ ×

141 분진폭발 시 분진 내 수분은 불활성가스의 역할을 하게 되어 점화온도를 높여준다(원칙). ○ ×

142 분진의 평균 입자직경이 작고 밀도가 작을수록 폭발이 용이해진다. ○ ×

143 분진의 단위체적당 표면적이 작아지면 폭발이 용이해진다. ○ ×

144 폭발은 물리적, 화학적 변화의 결과로 발생된 급격한 압력 상승에 의한 에너지가 외부로 전환되는 과정에서 파열, 폭음 등을 동반하는 현상을 말한다. ○ ×

145 공기 중에 분출된 가연성 액체의 미세한 액적이 무상으로 되어 공기 중에 있을 때 점화원에 의해 착화되어 일어나는 폭발현상을 분무폭발이라고 한다. ○ ×

146 블레비는 액화가스 저장탱크에서 일어날 수 있다는 점에서 증기운 폭발과 같다. ○ ×

147 블레비의 규모는 파열 시 액체의 기화량에는 차이가 있으나 탱크의 용량에 따른 차이는 없다. ○ ×

148 액화가스탱크에 외부에서 가해지는 열에 의해 액체가 비등하면서 내부의 압력이 상승하여 용기가 파열되는 현상을 보일오버 현상이라고 한다. ○ ×

149 보일오버(boil over)는 유류저장탱크 내 유류 표면에 화재 발생 시 뜨거운 열류 층이 형성되고 그 열파가 장시간에 걸쳐 바닥까지 전달되어 하부의 물이 비점 이상으로 가열되면서 부피가 팽창해 저장된 유류가 탱크 외부로 분출되는 현상이다. ○ ×

150 BLEVE 현상은 비등하는 액체가 팽창하여 용기가 파손되면서 분출하는 화학적 폭발 현상이며, 이때 분출되는 가스가 가연성이면 가스가 폭발적으로 연소하는 물리적인 폭발이 이어질 수 있다. ○ ×

151 BLEVE 현상은 저장탱크 내에서 유출된 가연성 가스가 대기 중에 공기와 혼합하여 구름을 형성하는데 거기에 점화원이 다가가면 폭발하는 현상이다. ○ ×

152 탱크 내부의 가스가 화재 시 따뜻한 기류로 쌓여 있다가 폭발하는 것을 블레비 현상이라고 한다. ○ ×

153 응상폭발의 종류로는 증기운폭발, 수증기폭발, 증기폭발 등이 있다. ○ ×

154 상온에서 탱크에 저장된 가연성 기체 또는 기화하기 쉬운 가연성 액체가 유출되면 자유공간 증기운 폭발이 일어난다. ○ ×

155 증기폭발은 폭발물질의 물리적 상태에 따른 분류 중 기상폭발에 해당한다. ○ ×

156 다량의 고온물질이 물속에 투입되었을 때 물의 갑작스런 상변화에 의한 폭발현상을 반응폭주라고 한다. ○ ×

157 폭굉은 화염전파속도가 음속보다 빠르다. ○ ×

158 폭굉의 에너지 방출속도는 열 전달속도에 큰 영향을 받는다. ○ ×

159 폭연은 충격파가 아닌 열에 의해 이동한다. ○ ×

160 폭연은 화염면에서 온도, 압력, 밀도의 변화가 불연속적으로 나타난다. ○ ×

161 폭연과 폭굉을 나누는 기준은 생성에너지를 기준으로 한다. ○ ×

162 폭굉은 화염면에서 상대적으로 완만한 에너지 변화에 의해서 온도, 압력, 밀도가 연속적이다. ○ ×

163 관의 내경이 클수록 폭굉유도거리가 짧아진다. ○ ×

164 최초의 완만한 연소에서 격렬한 폭굉으로 발전하는 데 필요한 거리를 폭굉유도거리라 한다. ○ ×

165 폭굉유도거리가 길어질수록 위험도는 커진다. ○ ×

166 예혼합가스의 초기압력이 높을수록 폭굉 유도거리가 길어진다.

167 점화원이 될 우려가 있는 부분을 용기 내에 넣고 신선한 공기 또는 불연성 가스 등의 보호기체를 용기의 내부에 넣어 줌으로써 용기 내부에는 압력이 형성되어 외부로부터 폭발성 가스 또는 증기가 침입하지 못하도록 한 구조를 유입방폭구조라고 한다.

168 전폐구조로 용기 내부에서 폭발성 가스 또는 증기가 폭발하였을 때 용기가 그 폭발압력에 파손되지 않고 견디며, 폭발한 고열의 가스가 접합면, 개구부 등을 통하여 외부로 나가는 일이 발생하여도 그동안에 냉각되어 외부의 폭발성 가스에 인화될 우려가 없도록 한 구조를 내(耐)압방폭구조라고 한다.

169 안전증가방폭구조는 정상시 및 사고시(단선, 단락, 지락 등)에 발생하는 전기불꽃, 아크 또는 고온에 의하여 폭발성가스 또는 증기에 점화되지 않는 것이 점화시험 및 기타에 의하여 확인된 방폭구조이다.

○× 정답 및 해설

01 ○

02 ×
메틸알코올의 연소반응식을 정리하면
$CH_3OH + \frac{3}{2}O_2 \rightarrow CO_2 + 2H_2O$로, 산소몰수: $\frac{3}{2}$ 이 된다.

03 ○

04 ×
활성화 에너지가 <u>작아야</u> 연소하기가 쉽다.

05 ○

06 ○

07 ×
산소는 <u>조연성물질</u>로서 그 양이 많을수록 연소를 활성화시킨다.

08 ×
열의 축적이 용이할수록, 열전도율이 <u>낮을수록</u> 위험하다.

09 ×
인화점, 착화점, 점성, 비점, 비중, 융점은 <u>낮을수록</u> 위험하다.

10 ×
연소열은 클수록 위험하다.

11 ○

12 ○

13 ○

14 ×
자연발화는 밀폐된 공간 등에서 <u>외부로부터 점화원 등 인위적인 열원의 공급을 받지 않고</u> 물질 자체적인 열의 축적으로 온도가 서서히 상승하는 현상이다.

15 ×
점화원으로 분해열, 저항열, 압축열 등이 있다(<u>기화열은 점화원이 아니다</u>).

16 ×
자연발화를 일으키는 열로 분해열, 산화열, 흡착열, 발효열, 중합열 등이 있다(<u>융해열은 고체에서 액체될 때 필요한 에너지이므로 자연발화에서의 열의 종류와는 거리가 멀다</u>).

17 ○

18 ×
열전도율이 작아야 하고, <u>고온, 적당한 수분이 필요</u>하며 비표면적이 클수록 자연발화가 용이하다.

19 ○

20 ○

21 ×
발열반응에 <u>부촉매작용</u>을 하는 물질을 이용하여 자연발화를 방지한다.

22 ○

23 ×
피뢰설비는 <u>벼락을 제거하는</u> 설비로 정전기 제거설비에 해당되지 않는다.

24 ○

번호	답	해설
25	×	정전기를 방지하려면 접지를 하고, 공기를 이온화하며 상대습도를 <u>70% 이상으로</u> 한다.
26	×	전위차를 <u>적게 하여</u> 정전기의 발생을 억제시킨다.
27	○	
28	×	열전도율이 낮아지면 최소발화에너지는 <u>감소한다</u>.
29	×	연소의 4요소는 가연물, 산소공급원, 점화원, <u>연쇄반응</u>이다.
30	×	<u>아세틸렌 기체는 수소 기체보다 연소범위가 더 넓다.</u>
31	○	
32	×	아세틸렌의 연소범위는 <u>2.5~81V%</u>이다.
33	×	연소범위가 4~75인 A가스(수소)가 연소범위가 2.5~81인 B가스(아세틸렌)보다 위험도가 <u>낮다</u>.
34	○	
35	×	온도가 높아지면 연소범위는 <u>넓어진다</u>.
36	×	불활성기체를 첨가하면 연소범위가 <u>좁아진다.</u>
37	○	
38	○	
39	×	프로판의 연소범위는 <u>2.1~9.5V%</u>이다
40	○	
41	○	
42	×	인화점이란 <u>연소범위에서 외부의 직접적인 점화원에 의하여</u> 인화될 수 있는 최저온도
43	×	온도가 낮은 것에서 높은 순서대로 <u>인화점 – 연소점 – 발화점</u> 순이다.
44	○	
45	○	
46	○	
47	○	
48	○	
49	×	<u>인화점</u>은 인화성 액체 위험성 판단 기준으로 이용한다.
50	○	
51	×	압력·화학적 활성도가 <u>클수록</u> 발화점이 낮아진다.
52	×	파라핀계 탄화수소화합물의 경우 탄소수가 <u>많을수록</u> 발화점이 낮아진다.
53	×	파라핀계 탄화수소는 분자량이 클수록 발화온도가 <u>낮아진다</u>.
54	×	유도발화점과 <u>인화점</u>은 같은 용어이다.
55	×	가연성 기체의 위험도의 기준은 <u>연소범위</u>이다.
56	×	가연성가스 연소 중 산소농도가 증가하면 발화점이 <u>낮아진다.</u>

김동준 OX문제

57 ✗
고체연료의 표면연소(surface combustion)란 가연성 고체가 열분해 하지 않고 증발도 하지 않는 것으로 그 고체의 표면에서 산소와 반응하여 연소되는 현상으로 <u>불꽃을 동반하지 않으며, 숯·목탄·코크스·금속분도 이 연소 형태에 속한다.</u>

58 ✗
표면연소란 숯·목탄·코크스·금속분과 같은 고체 가연물질이 <u>열분해 하지 않고 증발도 하지 않는 것으로</u> 고체 표면에서 산소와 반응하여 연소하는 현상

59 ○

60 ○

61 ○

62 ○

63 ✗
마그네슘은 <u>표면연소</u>의 형태로 연소한다.

64 ✗
<u>확산연소, 예혼합연소, 폭발연소는 기체연소</u>이다.
→ <u>분무연소는 액체연소</u>이다.

65 ✗
금속분 = 표면연소, 종이·목재 = 분해연소, 황 = 증발연소

66 ✗
작열연소는 <u>불꽃이 없는 현상이라 육안으로 보이지 않는다.</u>

67 ✗
표면연소는 <u>고체</u> 가연물의 전형적인 연소형태이다.

68 ✗
황이나 나프탈렌이 열분해되면서 일어나는 연소는 <u>증발연소</u>이다.

69 ○

70 ○

71 ○

72 ✗
<u>분출속도가 연소속도보다</u> 느릴 때 역화현상이 발생된다.

73 ○

74 ○

75 ✗
혼합가스량이 너무 <u>적을 때</u> 역화현상이 발생된다.

76 ○

77 ○

78 ○

79 ✗
공기(산소)공급량이 <u>부족할 때</u> 불완전연소가 일어난다.

80 ✗
주위의 온도가 너무 <u>낮을 때</u> 불완전연소가 일어난다.

81 ✗
불완전연소는 공급되는 공기(산소)의 양이 <u>부족할 때</u> 발생한다.

82 ✗
<u>일산화탄소는</u> 가연물의 불완전연소에 의해 발생하며, 흡입하면 헤모글로빈과 결합하여 몸속의 산소운반을 방해하여 질식을 유발시키는 무색, 무취의 연소가스이다.

83 ✗
<u>아황산가스는</u> 황이 함유되어 있는 물질인 중질유·동물의 털·고무 등이 연소할 때 발생되는 연소생성물로서 무색의 유독성이 있어 눈 및 호흡기 등에 점막을 상하게 하고 질식사할 우려가 있다. 0.05% 농도에 단시간 노출되어도 위험하므로 황을 저장 또는 취급하는 공장에서는 호흡을 방지하고 화재에 유의해야 한다.

84 ✗
암모니아는 질소함유물이 연소할 때 발생하는 연소생성물로서 유독성이 있으며, 상온·상압에서 강한 자극성을 가진 무색의 기체로서 물에 잘 용해된다. 특히, 비료공장, 냉매공업 분야에 많이 사용되고 있다.

85 ○

86 ✗
브롬화수소(HBr)는 방염수지류 등이 연소할 때 발생하며, 상온·상압에서 물에 잘 용해된다.

87 ○

88 ○

89 ✗
고압가스안전관리법에서 허용농도 5,000ppm 이하를 독성가스로 분류한다.

90 ○

91 ✗
TLV(Threshold Limit Value)로 측정한 독성가스의 허용 농도는 암모니아, 시안화수소, 불화수소, 포스겐 순으로 높다.

92 ✗
잠열은 열의 출입이 온도변화 현상으로 나타나지 않고 상변화로 흡수 및 방출되는 열, 현열은 열의 출입이 상태 변화에 사용되지 않고 온도변화 현상으로 나타나는 열을 말한다.

93 ○

94 ✗
화재 시 불꽃이 직접 전달되지 않고 간접적으로 열기만 전달되는데 이 열이 가연물에 직선으로 흡수되어 그 표면온도가 발화점에 도달하면 연소가 시작된다. 이러한 현상을 복사라고 한다.

95 ✗
열전도는 온도차에 비례하고, 거리에는 반비례한다.

96 ✗
화재 시 연기가 위로 향하는 것이나 화로(火爐)에 의해 실내의 공기가 따뜻해지는 것은 대류에 의한 현상이다.

97 ✗
일반적으로 화재의 초기단계에서 열의 전달은 전도에 기인한다.

98 ○

99 ✗
열감지기가 작동하는 것은 공간을 이동하는 열이 전자파 형태로 전달되는 복사 때문이다.

100 ✗
수소가 많으면 백색연기, 탄소수가 많으면 검은색 연기로 변한다.

101 ○

102 ○

103 ○

104 ✗
연기제어방법으로 희석, 배기, 차단이 있다.
→ 연소는 해당되지 않는다.

105 ○

106 ○

107 ✗
감광계수가 1이며, 가시거리가 1~2m일 때는 거의 앞이 보이지 않을 정도이다.

108 ○

109 ○

110 ○

111 X
굴뚝효과가 발생할 때는 개구부에 형성된 중성대 하부에서 공기가 유입되고, 중성대 상부에서 연기가 유출된다.

112 X
건축물 화재 시 연돌효과에 영향을 주는 요소는 건물의 높이, 외벽의 기밀도, 건축 내·외의 온도차, 건물의 층간 공기누설이 있다.
→ 층의 면적은 해당하지 않는다.

113 X
연소속도란 화염속도에서 미연소가스의 이동속도를 뺀 값이다.

114 O

115 X
휘백색 연소 색깔의 온도는 1,500℃이다.

116 O

117 X
휘적색 연소 색깔의 온도는 950℃이다.

118 O

119 O

120 X
▶ 연소속도에 영향을 미치는 요인
  ㉠ 가연물의 종류와 온도
  ㉡ 산소 농도에 따라 가연물과 접촉하는 속도
  ㉢ 산화반응을 일으키는 속도 및 가연물과 산화성 물질의 혼합 비율
  ㉣ 촉매(반응속도를 촉진 또는 지연시키는 매개체인 물질) 및 생성된 불연성물질 등
  ㉤ 압력, 화염의 온도 및 미연소 가연성 기체의 밀도, 비열, 열전도 등

121 O

122 O

123 X
스프링클러 헤드와 화재감지기는 천장제트흐름의 유효범위 내에 설치한다.

124 O

125 X
에틸렌은 폭발등급이 2등급이다.

126 O

127 X
가스폭발은 가연성가스가 폭발범위 내의 농도로 공기나 조연성가스 중에 존재할 때 점화원에 의해 폭발하는 현상으로 가장 일반적인 폭발이다.

128 X
폭발은 밀폐된 공간에서 압력파의 전달로 폭음을 동반한 충격파를 가진 이상팽창을 말한다.

129 X
산화에틸렌은 산소가 없는 상태에서도 단독으로 발열·중합 반응을 하는 물질에 의해서 상압보다 고압에서 발생하는 분해폭발이다.

130 O

131 X
폭발의 원인에 따른 폭발의 분류 중 가스폭발, 분무폭발, 분진폭발은 화학적 폭발에 속한다.

132 O

133 X
분무폭발은 가연성 액체의 무적(霧滴, mist)이 일정 농도 이상으로 조연성 가스 중에 분산되어 있을 때 착화하여 발생한다.

134 X
물질의 상변화에 의해 에너지 방출이 짧은 시간에 이루어지는 폭발은 물리적 폭발에 해당한다.
→ 분해폭발은 화학적 폭발에 해당한다.

135 X
물리적 폭발은 물질의 상태(기체, 액체, 고체)가 변하거나 온도, 압력 등의 조건의 변화에 의한 폭발이다.

136 ✗
분진폭발은 가스폭발에 비해 연소속도와 초기폭발력은 작다.

137 ○

138 ○

139 ○

140 ✗
활성화에너지가 작을수록 분진폭발이 잘 일어난다.

141 ○

142 ○

143 ✗
분진의 단위체적당 표면적이 커지면, 폭발이 용이해진다.

144 ○

145 ○

146 ○

147 ✗
블레비의 규모는 파열 시 액체의 기화량, 탱크의 용량에 따라 차이가 있다.

148 ✗
액화가스탱크에 외부에서 가해지는 열에 의해 액체가 비등하면서 내부의 압력이 상승하여 용기가 파열되는 현상을 블레비현상이라고 한다.

149 ○

150 ✗
BLEVE 현상은 비등하는 액체가 팽창하여 용기가 파손되면서 분출하는 물리적 폭발 현상이며, 이때 분출되는 가스가 가연성이면 가스가 폭발적으로 연소하는 화학적인 폭발이 이어질 수 있다.

151 ✗
증기운폭발은 저장탱크 내에서 유출된 가연성 가스가 대기 중에 공기와 혼합하여 구름을 형성하는데 거기에 점화원이 다가가면 폭발하는 현상이다.

152 ○

153 ✗
응상폭발의 종류로는 수증기폭발, 증기폭발 등이 있다.
→ 증기운폭발은 기상폭발로 분류된다.

154 ○

155 ✗
증기폭발은 응상폭발에 해당한다

156 ✗
다량의 고온물질이 물속에 투입되었을 때 물의 갑작스런 상변화에 의한 폭발현상을 반응폭주라 한다.
→ 수증기폭발

157 ○

158 ✗
폭굉의 에너지 방출속도는 압력파에 의존한다.

159 ○

160 ✗
폭굉은 화염면에서 온도, 압력, 밀도의 변화가 불연속적으로 나타난다.

161 ✗
폭연과 폭굉을 나누는 기준은 반응전파속도의 음속을 기준으로 한다.

162 ✗
폭연은 화염면에서 상대적으로 완만한 에너지 변화에 의해서 온도, 압력, 밀도가 연속적이다.

163 ✗
관의 관경이 가늘거나 관 속에 이물질이 있을 경우 폭굉유도거리가 짧아진다.

164 ○

김동준 OX문제

165 ✗
폭굉유도거리가 <u>짧아질수록</u> 위험도는 커진다.

166 ✗
예혼합가스의 초기압력이 높을수록 폭굉 유도거리가 <u>짧아진다.</u>

167 ✗
점화원이 될 우려가 있는 부분을 용기 내에 넣고 신선한 공기 또는 불연성 가스 등의 보호기체를 용기의 내부에 넣어 줌으로써 용기 내부에는 압력이 형성되어 외부로부터 폭발성 가스 또는 증기가 침입하지 못하도록 한 구조를 <u>압력방폭구조</u>라고 한다.

168 ○

169 ✗
<u>본질안전방폭구조</u>에 대한 설명이다.

소방학개론

PART 04

화재이론

04 화재이론

01 B급화재는 유류화재로 황색이다. ○ ×

02 E급화재는 가스화재로 무색이다. ○ ×

03 A급화재는 일반화재(보통화재)로 흑색이다. ○ ×

04 유류화재는 화재 성장속도가 일반화재보다 빠르며, 생성된 연기는 검은색으로 연소 후에는 재를 남기지 않는다. ○ ×

05 물보다 끓는점이 높은 점성을 가진 석유류나 식용유에 물이 접촉될 때 석유류·식용유의 표면온도에 의해 물이 수증기가 되어 팽창·비등함에 따라 주위에 있는 뜨거운 석유류·식용유의 일부를 외부로 비산시키는 현상을 슬롭오버라고 말한다. ○ ×

06 제4류 위험물의 양이 내용적의 1/2 이하로 충전되어 있을 때 화재로 인하여 저장탱크 내의 유류를 외부로 분출하면서 탱크가 파열되는 것을 보일오버라고 한다. ○ ×

07 프로스오버는 물에 의해 탱크 내 유류가 넘치는 현상으로 고온에서도 끈끈한 점성을 유지하고 있는 고점도 중질유 유류가 저장탱크 속에 물과 섞여 들어가 있을 때, 또는 유류 표면 아래로 물이 유입되면서 물이 고점도 유류 아래에서 비등할 때, 기름과 섞여 있는 물이 갑자기 수증기화 되면서 탱크 내부에서 탱크 내의 일부 내용물을 넘치게 하는 현상으로써 직접적으로 화재발생을 하지 않는다. ○ ×

08 유류화재 이상현상으로 슬롭오버, 프로스오버, 보일오버, 롤오버가 있다. ○ ×

09 금속화재는 물과 반응하여 수소 등 가연성가스를 발생시키는 것이 대부분이며, 물이나 물을 포함한 소화약제를 사용이 적절하다. ○ ×

10 가스화재는 가스가 누설되어 공기와 일정 비율로 혼합된 상태에서 점화원에 의하여 착화되어 발생하며, 주된 소화방법은 밸브류 등을 잠그거나 차단시킴으로 인한 제거소화법이다. ○ ✕

11 식용유화재에서 소화약제는 비누화작용을 하는 1종 분말소화약제가 주로 사용된다. ○ ✕

12 불완전한 연소상태로서 불꽃이 없고 느린 연소이며 화재초기에 고체 가연물에서 많이 발생하는데 열 축적이 계속되어 외부 공기가 갑자기 유입될 때는 급격한 연소가 일어날 수 있는 상태를 내부연소라고 한다. ○ ✕

13 액체미립자가 주로 나오며 가연성 고체의 초기화재 시 불꽃이 발생하지 않고 분해생성물만 발생하는 연소 현상은 훈소이다. ○ ✕

14 화재는 최성기에 고열로 창문이 깨어지고 가장 활발한 시기이다. ○ ✕

15 발화에서 최성기가 될 때 연기의 색이 백색에서 흑색으로 변하며, 개구부가 파괴되어 공기가 공급되면서 급격한 연소가 이루어져 연기가 개구부로 분출하게 된다. ○ ✕

16 화재 초기에는 화재의 상황변화가 가장 격렬하고 다양하다. ○ ✕

17 플래시오버는 화재 초기에 발생한다. ○ ✕

18 플래시오버(flash over)는 최성기와 감쇠기 사이에서 발생하며 충격파를 수반한다. ○ ✕

19 실내 화재 최성기에는 검은색 연기농도가 진하고 초기보다 연기 발생량이 많다. ○ ✕

20 개구부 면적이 작으면 화재가 빠르고 개구부 면적이 크면 화재가 느리다. ○ ✕

21 실내 화재의 진행 과정 중 감퇴기에는 지붕이나 벽체, 대들보나 기둥도 무너져 떨어지고 열 발산율은 증가하기 시작한다. ○ ✕

22 가연성가스 농도가 증가하여 연소범위 내의 농도에 도달하면 곧 착화하여 화염에 덮이게 되고 복사열에 의하여 바닥면 위의 가연물이 급속히 가열 착화되어 구획 내 가연성 재료의 전 표면이 불로 덮이는 전이현상을 백드래프트라고 한다. ○×

23 롤오버는 실내 공기의 압력 차이로 가연성 가스가 천장을 따라 화재가 발생하지 않은 복도 쪽으로 굴러다니는 것처럼 뿜어져 나오는 현상이다. ○×

24 플래시오버는 주로 롤오버 다음에 발생된다. ○×

25 플래시오버를 지연시키기 위해 공기차단지연법, 제거소화지연법, 냉각지연법, 배연지연법을 사용한다. ○×

26 플래시오버는 일반적으로 연료지배화재로부터 환기지배화재로 전이된다. ○×

27 플래시오버 시점에서 실내의 온도는 약 800~900℃가 된다. ○×

28 플래시오버는 천장의 높이가 낮을수록 더 빨라진다. ○×

29 열전도율이 큰 내장재일수록 플래시오버 현상을 촉진시킬 수 있다. ○×

30 천장제트흐름은 실내화재에서 산소가 부족하고 밀폐된 공간에 갑자기 산소가 유입되어 발생하는 고열가스의 폭발현상이다. ○×

31 백드래프트는 불완전 연소에 의해 발생된 일산화탄소가 가연물로 작용하여 폭발하는 현상이다. ○×

32 백드래프트는 연료지배형화재가 진행되고 있는 공간에 산소가 일시적으로 다량 공급됨에 따라 가연성가스가 폭발적으로 연소하는 현상이다. ○×

33 백드래프트가 의심되는 공간은 하층부를 개방하여 환기를 시켜야 한다. ○×

34 백드래프트 징후로 창문에 농연 검은색 액체의 응축물이 흘러내리거나 얼룩이 진 자국이 관찰된다. ○×

35 백드래프트 징후로 내부 화염이 관찰되고, 창문이나 문손잡이가 뜨겁다. ○ ×

36 백드래프트는 갑자기 산소가 새로 유입될 때 화염이 폭풍을 동반하며 충격파의 생성으로 구조물을 파괴할 수 있다. ○ ×

37 가연성 증기가 연소점에 도달하여 불덩어리가 천장을 따라 굴러다니는 현상을 롤오버라고 한다. ○ ×

38 플래시오버는 훈소현상 다음에 발생하고 백드래프트는 롤오버현상 다음에 발생한다. ○ ×

39 연료지배형화재에 비해 환기지배형화재는 공기공급이 충분하지 않으므로 불완전연소가 심하다. ○ ×

40 환기지배형화재에 비해 연료지배형화재는 공기공급이 충분한 조건에서 발생한 화재가 일반적이다. ○ ×

41 연료지배형화재는 주로 큰 창문이나 개방된 공간에서, 환기지배형화재는 내화구조 및 콘크리트 지하층에서 발생하기 쉽다. ○ ×

42 일반적으로 주택에서 플래시오버 전에는 환기지배형화재가, 이후에는 연료지배형화재가 지배적이다. ○ ×

43 환기지배형화재는 연료지배형화재에 비해 폭발성 및 역화현상이 작다. ○ ×

44 환기가 잘되지 않으면 환기지배형화재에서 연료지배형화재로 바뀌며 연기 발생이 줄어든다. ○ ×

45 불티나 불꽃이 다른 가연물로 날아가 발화하는 것을 비화라고 한다. ○ ×

46 화재가혹도의 크기는 화재강도와 화재하중의 영향을 받는다. ○ ×

47 화재실의 환기요소($A\sqrt{H}$)는 화재가혹도에 영향을 준다. ○ ×

48 화재가혹도는 화재실이나 화재구획의 단열성에 영향을 받지 않는다. ○ ×

49 화재가혹도는 화재의 발생으로 건물 내 수용재산 및 건물 자체에 손상을 입히는 정도를 나타내는 용어로 최고온도 × 지속시간으로 나타낸다. ○ ×

50 화재가혹도에 영향을 미치는 환기요소는 개구부 면적의 제곱근에 비례하고 개구부 높이에 비례한다. ○ ×

51 단위 시간당 축적되는 열의 값을 화재하중이라고 한다. ○ ×

52 전체 가연물의 양(발열량)이 동일할 때 화재실의 바닥면적이 커지면 화재하중은 증가한다. ○ ×

53 화재하중을 산출하는 요소에는 가연물의 질량, 가연물의 단위발열량, 목재의 단위발열량, 화재실의 바닥면적이 있다. ○ ×

54 내화건축물은 목조건축물에 비해 공기유통조건이 일정하며 화재진행시간도 길고, 저온장기형이다. ○ ×

55 건축법상 건축물의 주요 구조부는 내력벽, 기둥, 바닥, 보, 지붕틀, 주 계단이다. ○ ×

56 혼란 시 판단력 저하로 최초로 달리는 앞사람을 따르는 습성을 추종본능이라고 한다. ○ ×

57 무의식 중에 평상시 사용한 길, 원래 온 길을 가려 하는 본능을 지광본능이라고 한다. ○ ×

58 피난수단은 가장 현대적인 방법에 의한 것을 원칙으로 한다. ○ ×

59 산화성고체는 환원성 물질이며 황린과 철분을 포함한다. ◯ ✕

60 제1류 위험물인 알칼리금속의 과산화물은 소화 시 물을 사용한다. ◯ ✕

61 제1류 위험물은 산화성고체이며 대부분 물에 잘 녹는다. ◯ ✕

62 과산화수소, 과염소산, 질산, 유기과산화물은 제1류 위험물에 해당한다. ◯ ✕

63 염소산염류는 제1류 위험물에 해당하며 산화성액체이다. 지정수량은 50kg이며, 가열·충격· 강산과의 혼합으로 폭발한다. ◯ ✕

64 가연성고체라 함은 고체로서 화염에 의한 발화의 위험성 또는 인화의 위험성을 판단하기 위하여 고시로 정하는 시험에서 고시로 정하는 성질과 상태를 나타내는 것을 말한다. ◯ ✕

65 제1석유류란 인화점이 섭씨 21℃ 미만인 것을 말한다. ◯ ✕

66 제3석유류란 1기압에서 인화점이 섭씨 70℃ 이상 200℃ 미만인 것을 말한다. ◯ ✕

67 휘발유, 경유, 등유는 제1석유류이다. ◯ ✕

68 자기반응성물질이라 함은 기체로서 폭발의 위험성 또는 가열분해의 격렬함을 판단하기 위하여 고시로 정하는 시험에서 고시로 정하는 성질과 상태를 나타내는 것을 말한다. ◯ ✕

69 아세톤과 휘발유는 제2석유류에 해당한다. ◯ ✕

70 동식물유류는 동물의 지육 등 또는 식물의 종자나 과육으로부터 추출한 것으로서 1기압에서 인화점이 섭씨 250도 미만인 것을 말한다. ◯ ✕

71 제1류 위험물은 대부분 산소를 가지고 있는 무기화합물로서 환원제로 작용한다. ◯ ✕

72 제1류는 산화성고체, 제6류는 산화성액체로 공통적인 특징은 가연성 물질이라는 것이다. ○ ×

73 염소화이소시아눌산을 제외한 제1류 위험물은 무기화합물이 많다. ○ ×

74 제1류 위험물에는 질산염류와 염소산염류가 있다. ○ ×

75 제1류와 제6류 모두 강산화제이며, 불연성이다. ○ ×

76 제1류 위험물은 고체로서 산화력의 잠재적인 위험성 또는 폭발에 대한 민감성을 판단하기 위하여 소방청장이 정하여 고시하는 시험에서 고시로 정하는 성질과 상태를 나타내는 것을 말한다. ○ ×

77 제1류 위험물 중에 무기과산화물은 주수를 이용한 냉각소화가 적합하다. ○ ×

78 아염소산나트륨은 불연성, 조해성, 수용성이며, 무색 또는 백색의 결정성 분말 형태이다. ○ ×

79 제2류 위험물은 가연성 고체로 비교적 낮은 온도에서 착화하기 쉬운 환원성 물질이다. ○ ×

80 제2류 위험물은 자신은 불연성이나 산소를 방출하여 다른 가연물의 연소를 돕는 조연성 물질이다. ○ ×

81 제2류 위험물은 물과 접촉 시 조연성 가스가 발생한다. ○ ×

82 철분, 금속분, 마그네슘은 물로 주수소화하면 안 된다. ○ ×

83 인화성고체는 위험물게시판에 '화기주의'라고 표기를 한다. ○ ×

84 제2류 위험물은 저장용기를 밀폐하고 위험물의 누출을 방지하며 통풍이 잘되는 냉암소에 저장한다. ○ ×

85 황화인 및 철분 등 금속분은 건조사, 건조분말로 질식소화를 한다.

86 제2류 위험물은 이연성, 속연성이고 환원성물질이다.

87 적린은 다량의 물로 냉각소화하며, 소량의 적린인 경우에는 마른모래나 이산화탄소 소화약제도 일시적인 효과가 있다.

88 가연성고체는 제3류 위험물이다.

89 제2류 위험물은 가연물이 많고, 무기화합물이 대부분이다.

90 적린, 황, 마그네슘의 지정수량은 100kg이다.

91 제3류 위험물인 자연발화성 물질 및 금수성 물질이란 고체 또는 기체로서 공기 중에서 발화의 위험이 있거나 물과 접촉하여 발화하거나 가연성가스를 발생하는 위험성이 있는 것을 말한다.

92 황린은 제3류 위험물에 속한다.

93 제3류 위험물은 물과 반응하지 않는다.

94 제3류 위험물은 자기반응성물질이다.

95 알킬알루미늄, 알킬리튬은 운송책임자의 감독·지원을 받아 운송하여야 한다.

96 제3류 위험물 중에 황린은 공기 중 산화를 방지하기 위해 물속에 저장한다.

97 탄화칼슘 화재 시 다량의 물로 냉각소화할 수 있다.

98 탄화알루미늄은 물과 반응하여 아세틸렌을 발생시킨다.

99 인화칼슘은 물과 반응하여 포스핀을 발생시킨다. ○ ×

100 수소화알루미늄리튬은 물과 반응하여 수소를 발생시킨다. ○ ×

101 트리에틸알루미늄은 물과 반응하여 에탄을 발생시킨다. ○ ×

102 제4류 위험물은 인화성 액체이다. ○ ×

103 제4류 위험물의 증기비중은 대부분 공기보다 가볍다. ○ ×

104 제4류 위험물은 부도체로 정전기가 축적되기 쉬우며, 이것이 점화원이 되는 때가 많다. ○ ×

105 제4류 위험물은 일반적으로 물보다 무겁고, 물에 잘 녹는다. ○ ×

106 제4류 위험물은 인화성 액체이다. 대표적인 성질로 인화성을 가지는 물질이며 대부분 유기화합물이다. ○ ×

107 제4류 위험물의 증기는 공기와 약간만 혼합되어도 연소의 우려가 있으며, 비교적 낮은 발화점을 가진다. ○ ×

108 제4류 위험물은 수용성 액체로 물에 의한 희석소화가 적합하다. ○ ×

109 제4류 위험물 중 1석유류는 인화점 및 연소하한계가 낮아 적은 양으로도 화재의 위험이 있다. ○ ×

110 황린, 이황화탄소, 나트륨, 칼륨은 석유 속에 저장한다. ○ ×

111 제5류 위험물은 포, 이산화탄소에 의한 질식소화가 적합하다. ○ ×

112 자기반응성 물질은 연소 또는 폭발을 일으킬 수 있는 물질이며 유기과산화물, 질산에스터류를 포함한다. ○ ×

113 제5류 위험물은 자기반응성 물질로 외부로부터 산소의 공급 없이도 가열, 충격 등에 의해 연소폭발을 일으키는 물질이다. ○ ×

114 질산에스터류(제1종)의 지정수량은 20kg이다. ○ ×

115 유기과산화물(제1종)의 지정수량은 10kg이다. ○ ×

116 나이트로화합물(제2종)의 지정수량은 200kg이다. ○ ×

117 제5류 위험물 중 하이드라진 유도체와 제6류 위험물 중 할로겐간화합물은 산소가 없다. ○ ×

118 제6류 위험물은 산화성 액체로 불연성이지만 산화성이 커서 다른 물질의 연소를 돕는다. ○ ×

119 제6류 위험물은 물과 접촉하는 경우 모두 심하게 발열한다. ○ ×

120 제6류 위험물은 산화성 고체이다. ○ ×

121 제6류 위험물은 산화성 액체이며, 불연성이고, 산소를 포함하고 있으며, 물보다 무겁다. ○ ×

122 칼륨, 나트륨은 물속에 저장한다. ○ ×

123 황린은 철근콘크리트의 수조의 물속에 저장한다. ○ ×

124 제6류 위험물은 과산화수소를 제외하고 강산성 물질이며, 수용액도 강산작용을 나타낸다. ○ ×

125 제6류 위험물 중 과산화수소를 제외하고는 분해하여 유독성가스를 발생한다. ○ ×

126 제6류 위험물은 제1류 위험물과 혼합, 접촉을 방지한다. ○ ×

127 과염소산은 제1류 위험물이다. ○ ×

128 「소방기본법 시행령」상 소방대장은 의사·간호사 그 밖의 구조·구급업무에 종사하는 사람을 소방활동구역에 출입하게 할 수 있다. ○ ×

129 「화재의 예방 및 안전관리에 관한 법률」상 화재안전조사는 소방관서장이 한다. ○ ×

130 소방력의 3요소는 소방인력, 소방장비, 소방용수(물)이다. ○ ×

131 「소방의 화재조사에 관한 법률」상 "화재조사관"이란 화재조사업무를 수행하는 간부급 소방공무원을 말한다. ○ ×

132 「화재조사 및 보고규정」상 "감식"이란 소방청장, 소방본부장 또는 소방서장이 화재원인, 피해상황, 대응활동 등을 파악하기 위하여 자료의 수집, 관계인등에 대한 질문, 현장확인, 감식, 감정 및 실험 등을 하는 일련의 행동을 말한다. ○ ×

133 「화재조사 및 보고규정」상 "잔가율"이란 화재 당시에 피해물의 재구입비에 대한 현재가의 비율을 말한다. ○ ×

134 「화재조사 및 보고규정」상 "발화요인"이란 발화의 최초원인이 된 불꽃 또는 열을 말한다. ○ ×

135 「화재조사 및 보고규정」상 "동력원"이란 발화에 관련된 불꽃 또는 열을 발생시킨 기기 또는 장치나 제품을 말한다. ○ ×

136 화재조사의 특징은 현장성, 신속성, 정밀과학성, 보존성, 강제성, 안전성, 프리즘식이 있다. ○ ×

137 화재조사는 출화원인을 규명하고 예방행정의 자료로 활용을 목적으로 한다. ○ ×

138 「화재조사 및 보고규정」상 전소는 건물의 70% 이상(입체면적에 대한 비율을 말한다.)이 소실되었거나 또는 그 미만이라도 잔존부분을 보수하여도 재사용이 불가능한 것을 말한다. ○ ×

139 반소는 30% 이상 70% 미만의 소실된 것을 말한다. ○ ×

140 부분소는 전소, 반소화재에 해당되지 아니하는 것을 말한다. ○ ×

141 「소방의 화재조사에 관한 법률」상 화재조사를 하는 화재조사관은 관계인의 정당한 업무를 방해하거나 화재조사를 수행하면서 알게 된 비밀을 다른 용도로 사용하거나 다른 사람에게 누설하여서는 아니 된다. ○ ×

142 「소방의 화재조사에 관한 법률」상 화재조사를 하는 관계공무원은 그 권한을 표시하는 증표를 지니고 이를 관계인에게 보여주어서는 아니 된다. ○ ×

143 사망자가 5명 발생한 화재는 소방본부 종합상황실이 소방청 종합상황실로 보고해야 한다. ○ ×

144 이재민이 50명 이상 발생한 화재는 소방본부 종합상황실이 소방청 종합상황실로 보고해야 한다. ○ ×

145 재산피해액이 10억 원 발생한 화재는 소방본부 종합상황실이 소방청 종합상황실에 보고하지 않아도 된다. ○ ×

146 사상자가 10인 발생한 화재는 소방본부 종합상황실이 소방청 종합상황실에 보고하지 않아도 된다. ○ ×

147 학교화재는 소방본부 종합상황실이 소방청 종합상황실로 보고해야 한다. ○ ×

148 구조에 관계없이 지붕 및 실이 하나로 연결되어 있는 것은 같은 동으로 본다. ○ ×

149 건물의 외벽을 이용하여 실을 만들어 헛간, 목욕탕, 작업실, 사무실 및 기타 건물 용도로 사용하고 있는 것은 주 건물과 다른 동으로 본다. ○×

150 목조 또는 내화조건물의 경우 격벽으로 방화구획이 되어 있는 경우도 다른 동으로 한다. ○×

151 독립된 건물과 건물 사이에 차광막, 비막이 등의 덮개를 설치하고 그 밑을 통로 등으로 사용하는 경우는 다른 동으로 한다. ○×

152 주요구조부가 하나로 연결되어 있는 것은 1동으로 한다. 다만, 건널 복도 등으로 2 이상의 동에 연결되어 있는 것은 그 부분을 절반으로 분리하여 각 동으로 본다. ○×

153 화재현장에서 부상을 당한 후 72시간 이내에 사망한 경우에는 당해 화재로 인한 사망자로 본다. ○×

154 「화재조사 및 보고규정」상 화재조사관은 화재발생 사실을 인지하는 즉시 화재조사를 시작하여야 한다. ○×

155 건물의 소실면적 산정은 소실 입체면적으로 산정한다. ○×

○× 정답 및 해설

김동준소방

01 ○

02 ×
E급화재는 가스화재로 황색이다.

03 ×
A급화재는 일반화재(보통화재)로 백색이다.

04 ○

05 ○

06 ×
제4류 위험물의 양이 내용적의 1/2 이하로 충전되어 있을 때 화재로 인하여 저장탱크 내의 유류를 외부로 분출하면서 탱크가 파열되는 것을 오일오버라고 한다.

07 ○

08 ×
유류화재 이상현상으로 슬롭오버, 프로스오버, 보일오버, 오일오버가 있다.

09 ×
금속화재는 물과 반응하여 수소 등 가연성가스를 발생시키는 것이 대부분이며, 물이나 물을 포함한 소화약제를 사용하면 오히려 위험할 수 있다.

10 ○

11 ○

12 ×
불완전한 연소상태로서 불꽃이 없고 느린 연소이며 화재초기에 고체 가연물에서 많이 발생하는데 열 축적이 계속되어 외부 공기가 갑자기 유입될 때는 급격한 연소가 일어날 수 있는 상태를 훈소라고 한다.

13 ○

14 ○

15 ○

16 ×
화재 성장기(중기)에는 화재의 상황변화가 가장 격렬하고 다양하다.

17 ×
플래시오버는 화재 중기에 발생한다.

18 ×
최성기 직전(성장기)에 폭발적 연소 확대 현상인 Flash over가 발생한다(충격파 수반 ×).

19 ×
최성기에는 화재 초기보다 연기 발생량은 석나.

20 ×
개구부 면적이 작으면 화재가 느리고 개구부 면적이 크면 화재가 빠르다.

21 ×
실내 화재의 진행 과정 중 감퇴기에는 지붕이나 벽체, 대들보나 기둥도 무너져 떨어지고 열 발산율은 감소하기 시작한다.

22 ×
가연성가스 농도가 증가하여 연소범위 내의 농도에 도달하면 곧 착화하여 화염에 덮이게 되고 복사열에 의하여 바닥면 위의 가연물이 급속히 가열 착화되어 구획 내 가연성 재료의 전 표면이 불로 덮이는 전이 현상을 플래시오버라고 한다.

23 ○

김동준 OX문제

24 O

25 X
플래시오버를 지연시키기 위해 <u>공기차단지연법, 냉각지연법, 배연지연법</u>을 사용한다.
→ 제거소화지연법 X

26 O

27 O

28 O

29 X
열전도율이 <u>작은</u> 내장재일수록 플래시오버 현상을 촉진시킬 수 있다.

30 X
<u>백드래프트</u>는 실내화재에서 산소가 부족하고 밀폐된 공간에 갑자기 산소가 유입되어 발생하는 고열가스의 폭발현상이다.

31 O

32 X
백드래프트는 <u>환기지배형화재</u>가 진행되고 있는 공간에 산소가 일시적으로 다량 공급됨에 따라 가연성가스가 폭발적으로 연소하는 현상이다

33 X
백드래프트가 의심되는 공간은 <u>상층부</u>를 개방하여 환기를 시켜야 한다.

34 O

35 X
백드래프트 징후로 <u>화염은 보이지 않으나</u> 창문이나 문손잡이가 뜨겁다.

36 O

37 O

38 X
플래시오버는 <u>롤오버현상</u> 다음에 발생하고 <u>백드래프트는 훈소현상</u> 다음에 발생한다.

39 O

40 O

41 O

42 X
일반적으로 주택에서 플래시오버 전에는 <u>연료지배형화재</u>가, 이후에는 <u>환기지배형화재</u>가 지배적이다.

43 X
<u>연료지배형화재는 환기지배형화재</u>에 비해 폭발성 및 역화현상이 작다.

44 X
환기가 잘되지 않으면 <u>연료지배형화재에서 환기지배형화재로 바뀌면서</u> 연기발생이 <u>늘어난다</u>.

45 O

46 O

47 O

48 X
※ 화재가혹도와 관련인자
1. 화재하중, 화재강도
2. 개구부의 크기
3. 가연물의 배열상태
4. <u>화재실의 환기요소($A\sqrt{H}$)</u>
5. <u>화재구획의 단열성</u>
6. 화재실의 최고온도와 지속시간

49 O

50 X
화재가혹도에 영향을 미치는 환기요소는 <u>개구부 면적에 비례하고 개구부 높이의 평방근에 비례한다</u>.

51 X
단위 시간당 축적되는 열의 값을 <u>화재강도</u>라고 한다.

52 X
전체 가연물의 양(발열량)이 동일할 때 화재실의 바닥면적이 커지면 화재하중은 <u>감소한다</u>.

53	O
54	O
55	O
56	O
57	X

무의식 중에 평상시 사용한 길, 원래 온 길을 가려하는 본능을 <u>귀소본능</u>이라고 한다.

| 58 | X |

피난수단은 <u>원시적 방법</u>에 의한 것을 원칙으로 한다.

| 59 | X |

<u>산화성 고체는 제1류 위험물로 불연성 물질</u>이고, <u>황린은 제3류 위험물, 철분은 제2류 위험물</u>이다.

| 60 | X |

알칼리금속의 과산화물(무기과산화물)은 금수성이 있으므로 물을 사용하여서는 안 되고 <u>마른모래</u> 등을 사용한다.

| 61 | O |
| 62 | X |

<u>과산화수소·과염소산·질산은 제6류 위험물</u>이고, 유기과산화물은 제5류 위험물에 해당한다.

| 63 | X |

염소산염류는 제1류 위험물에 해당하며 <u>산화성 고체</u>이다. 지정수량은 50kg이며, 가열·충격·강산과의 혼합으로 폭발한다.

64	O
65	O
66	O
67	X

휘발유는 제1석유류, <u>경유와 등유는 제2석유류</u>이다.

| 68 | X |

자기반응성물질이라 함은 <u>고체 또는 액체</u>로서 폭발의 위험성 또는 가열분해의 격렬함을 판단하기 위하여 고시로 정하는 시험에서 고시로 정하는 성질과 상태를 나타내는 것을 말한다.

| 69 | X |

아세톤과 휘발유는 <u>제1석유류</u>에 해당한다.

| 70 | O |
| 71 | X |

제1류 위험물은 대부분 산소를 가지고 있는 무기화합물로서 <u>산화제</u>로 작용한다.

| 72 | X |

제1류는 산화성고체, 제6류는 산화성액체로 공통적인 특징은 <u>산화성 물질</u>이라는 것이다.

73	O
74	O
75	O
76	X

폭발에 대한 민감성이 아닌, <u>충격에 대한 민감성</u>이다.

| 77 | X |

알칼리금속의 과산화물(무기과산화물), 무수크로뮴산(삼산화크로뮴)은 <u>금수성이 있으므로 물을 사용하여서는 안 되고 마른모래 등을 사용</u>한다.

78	O
79	O
80	X

<u>제1류, 제6류</u> 위험물은 자신은 불연성이나 산소를 방출하여 다른 가연물의 연소를 돕는 조연성 물질이다.

| 81 | X |

제2류 위험물은 물과 접촉 시 <u>가연성 가스가 발생</u>한다(금속분류, 철분, 마그네슘에 해당).

82 O

83 ×
인화성고체는 위험물게시판에 '화기엄금'이라고 표기를 한다.

84 O

85 O

86 O

87 O

88 ×
가연성고체는 제2류 위험물이다.

89 O

90 ×
마그네슘의 지정수량은 500kg이다.

91 ×
제3류 위험물은 자연발화성 물질 및 금수성 물질이란 고체 또는 액체로서 공기 중에서 발화의 위험이 있거나 물과 접촉하여 발화하거나 가연성가스를 발생하는 위험성이 있는 것을 말한다.

92 O

93 ×
제3류 위험물은 물과 반응하여 수소, 아세틸렌, 에탄 등 가연성가스를 발생시킨다.

94 ×
제3류 위험물은 자연발화성 물질 및 금수성 물질이다.

95 O

96 O

97 ×
탄화칼슘화재 시 다량의 물로 냉각소화할 수 없다.
*탄화칼슘은 물과 반응하여 아세틸렌 가스를 발생한다.

98 ×
탄화알루미늄은 물과 반응하여 메탄을 발생시킨다.

99 O

100 O

101 O

102 O

103 ×
증기비중은 대부분 공기보다 무겁다. (단, 시안화수소는 공기보다 가볍다)

104 O

105 ×
제4류 위험물은 일반적으로 물보다 가볍고, 물에 잘 녹지 않는다.

106 O

107 O

108 ×
제4류 위험물 대부분의 소화방법은 질식소화가 효과적이다. 알코올류와 같은 수용성 위험물은 특수한 안정제를 가한 알코올형 포소화약제를 사용하여 소화한다.

109 O

110 ×
황린, 이황화탄소는 물속에 저장하고, 나트륨, 칼륨은 석유 속에 저장한다.

111 ×
물질 자체에 산소를 함유하고 있기 때문에 이산화탄소·할로겐화합물·분말·포소화약제 등에 의한 질식소화는 효과가 없으며, 많은 양의 물에 의한 냉각소화가 가장 효과적이다.

112 O

113 O

114 ×
질산에스터류(제1종)의 지정수량은 10kg이다.

115 O

116 ✕
나이트로화합물(제2종)의 지정수량은 100kg이다.

117 O

118 O

119 ✕
과산화수소는 물과 반응하지 않는다.

120 ✕
제6류 위험물은 산화성 액체이다.

121 O

122 ✕
칼륨과 나트륨은 경유 또는 등유 속에 저장한다.

123 O

124 O

125 O

126 O

127 ✕
과염소산은 제6류 위험물이다.

128 O

129 O

130 O

131 ✕
"화재조사관"이란 화재조사에 전문성을 인정받아 화재조사를 수행하는 소방공무원을 말한다.

132 ✕
화재조사란 소방청장, 소방본부장 또는 소방서장이 화재원인, 피해상황, 대응활동 등을 파악하기 위하여 자료의 수집, 관계인등에 대한 질문, 현장확인, 감식, 감정 및 실험 등을 하는 일련의 행동을 말한다.

133 O

134 ✕
"발화요인"이란 발화열원에 의하여 발화로 이어진 연소현상에 영향을 준 인적·물적·자연적인 요인

135 ✕
"동력원"이란 발화관련 기기나 제품을 작동 또는 연소시킬 때 사용되어진 연료 또는 에너지를 말한다.

136 O

137 O

138 O

139 O

140 O

141 O

142 ✕
화재조사를 하는 화재조사관은 그 권한을 표시하는 증표를 지니고 이를 관계인 등에게 보여주어야 한다.

143 O

144 ✕
이재민이 100명 이상 발생한 화재는 소방본부 종합상황실이 소방청 종합상황실로 보고해야 한다.

145 O

146 ✕
사상자가 10인 발생한 화재는 소방본부 종합상황실이 소방청 종합상황실에 보고해야 한다.

147 O

148 O

149 ✕
건물의 외벽을 이용하여 실을 만들어 헛간, 목욕탕, 작업실, 사무실 및 기타 건물 용도로 사용하고 있는 것은 주 건물과 같은 동으로 본다.

150 ✗
목조 또는 내화조건물의 경우 격벽으로 방화구획이 되어 있는 경우도 같은 동으로 한다.

151 ○

152 ○

153 ○

154 ○

155 ✗
건물의 소실면적 산정은 바닥면적으로 산정한다.

소방학개론

PART 05

소화이론

05 소화이론

01 최소산소농도는 연소상한계에 의해 최소산소농도가 결정된다. ○×

02 질식소화는 연소하기 위해서 반드시 필요한 산소공급원의 공급을 차단하여 연소를 중단시키는 방법으로 물질마다 차이는 있지만 산소농도가 15% 이하일 때 불이 꺼진다. ○×

03 제거소화는 연소반응이 일어나고 있는 연소물이나 화원을 제거하여 연소반응을 중지시켜 소화하는 방법을 말한다. ○×

04 억제소화(부촉매효과)는 연소의 4요소 중 연쇄반응의 속도를 빠르게 하는 부촉매를 억제시키는 것으로 화학적 소화방법이다. ○×

05 물분무소화설비는 화재 시 분무헤드에서 물의 입자를 균일하고 미세하게 분무시키고 열로 인한 물분무는 수증기가 되어 약 100배 팽창하며 다량의 기화열 때문에 소화물에 대한 질식작용과 냉각작용이 발생한다. ○×

06 희석소화는 수용성 가연물질인 알코올·에스터·케톤·알데하이드류 등으로 인한 화재에 많은 양의 물을 방사하여 가연물질의 농도를 연소농도 이하로 희석하여 소화시키는 작용이다. ○×

07 냉각소화는 연소중인 가연물질의 온도를 낮추고 아레니우스 방정식과 영향이 있다. ○×

08 양초에 촛불을 입김으로 끄는 소화는 질식소화에 해당된다. ○×

09 전기화재 시 신속하게 전원을 차단하여 소화하는 방법은 제거소화에 해당한다. ○×

10 식용유 화재 시 주변의 야채를 집어 넣어 소화하는 방법은 질식소화에 해당한다.

11 불이 붙어 있는 식용유에 상온의 식용유를 부어 불이 꺼졌다면 희석소화이다.

12 냉각소화는 화학적 소화이다.

13 가스화재 시 밸브를 차단시켜 가스공급을 중단시키는 소화방법은 억제소화이다.

14 부촉매소화는 가스화재 시 가스공급을 차단하여 소화하는 방법을 말한다.

15 피복소화는 비중이 물보다 큰 비수용성 유류화재 시 무상주수하여 소화하는 방법을 말한다.

16 비중이 물보다 큰 중유 등 비수용성 유류화재 시 무상주수하거나 포소화약제를 방사하여 유류 표면에 엷은 층이 형성되어 공기 중의 산소 공급을 차단시켜 소화하는 방법을 유화소화라고 한다.

17 중질유화재에 물을 무상으로 주수 시 급속한 증발에 의한 질식효과와 함께 에멀션(emulsion) 형성에 의한 유화효과가 있다.

18 금속화재 조기에는 팽창질석, 팽창진주암 또는 마른모래, 금속화재용분말소화기, 할론소화기 등을 사용하고 본격시기에는 주변연소를 방지하고 자연 진화하도록 내버려둔다.

19 탄화칼슘은 물을 분무하여 소화한다.

20 아세톤은 알콜형포 소화약제로 소화한다.

21 나트륨, 마그네슘은 할로겐화합물 소화약제로 소화한다.

22 물소화약제의 방사방법으로는 봉상주수, 무상주수, 적상주수가 있다.

23 물소화약제는 분무상으로 방사 시 B급화재 및 C급화재에도 적응성이 있다.

24 무상주수는 화원주위에 복사열을 증진하는 효과가 있다. ○ ×

25 무상주수는 산소공급을 차단하여 질식시키는 효과가 있다. ○ ×

26 무상주수는 열을 흡수하여 냉각하는 효과가 있다. ○ ×

27 무상주수는 유류표면에 엷은 수막층을 형성하는 유화효과가 있다. ○ ×

28 중질유화재시 무상주수를 함으로써 기대할 수 있는 소화효과는 피복소화와 유화소화이다. ○ ×

29 화재소화작업에 주로 물을 사용하는 이유는 공기 중의 산소공급을 차단하기 위해서이다. ○ ×

30 물분무소화의 주된 작용은 부촉매소화이다. ○ ×

31 물이 화재현장에서 소화약제로 사용되는 이유는 값이 싸고, 구하기 쉬우며, 냉각·부촉매 소화효과를 가지는 장점이 있기 때문이다. ○ ×

32 물의 입자크기가 크게 되면 표면적이 증가해서 열을 흡수하여 기화가 용이하게 되므로 입경이 클수록 냉각효과가 크다. ○ ×

33 물은 비열과 기화열 값이 작아 냉각소화 효과가 우수하다. ○ ×

34 소화효과를 높이기 위해서는 증발률을 증가시켜야 하는데 이 경우는 물의 입자를 분무상으로 하는 것이 효과적이다. ○ ×

35 물 소화약제를 알코올 등과 같은 수용성 액체 위험물 화재에 사용하면 희석작용을 하여 소화효과가 있다. ○ ×

36 물 소화약제를 무상수주하게 되면 냉각효과 분만 아니라 수증기의 급격한 팽창에 의한 산소농도를 감소시켜 질식효과를 기대할 수 있다. ○ ×

37 물 소화약제는 제4류 위험물 중 중질유인 중유 화재 시 봉상주수에 의해서 유화층을 형성하여 질식·냉각 및 유화소화작용을 일으켜 신속하게 소화하는 기능을 갖는다. O X

38 물 소화약제에 첨가할 수 있는 동결방지제로 중탄산나트륨, 염화나트륨, 프로필렌글리콜, 염화칼슘 등이 있다. O X

39 물 소화약제 첨가제 중 주요 기능이 물의 표면장력을 작게 하여 심부화재에 대한 적응성을 높여 주는 것을 증점제라 한다. O X

40 물에 침투제를 첨가하는 이유는 표면장력을 증가시켜 소화능력을 향상하기 위함이다. O X

41 단백포 소화약제는 유동성이 좋지 않고, 유류를 오염시키는 단점을 가지고 있다. O X

42 포소화약제 중 저·고 팽창포에도 쓸 수 있는 소화약제는 수성막포이다. O X

43 불화단백포 및 수성막포는 표면하주입방식에 사용할 수 있다. O X

44 불소를 함유하고 있는 합성계면활성제포는 친수성이므로 유동성과 내유성이 좋다. O X

45 불화단백포 소화약제는 불소계 계면활성제를 첨가하여 단백포 소화약제의 단점인 유동성을 보완하였다. O X

46 단백포는 유동성이 좋지않아서 소화속도가 느리고, 내화성이 우수하여 대형유류저장탱크의 소화설비에 적합하다. O X

47 알콜형포 사용시 비누화현상이 일어나면 소화능력이 떨어진다. O X

48 수성막포는 내유성이 강하여 표면하 주입방식에 효과적이며, 내약품성으로 분말소화약제와 Twin Agent System이 가능하다. O X

49 수성막포 소화약제는 알코올류, 케톤류, 에스터류 등과 같은 수용성 위험물 화재에 소화적응성이 아주 우수하다. O X

50 이산화탄소는 최종산화물로서 더 이상 연소반응을 일으키지 않기 때문에 소화약제로 쓰인다. ○ ×

51 이산화탄소 소화약제는 유류화재 및 전기화재에 주로 사용되며 일반화재에는 사용이 불가능하다. (단, 전역방출방식 사용은 가능) ○ ×

52 이산화탄소 소화약제는 소화 후 소화약제에 의한 손실은 없으나 방출 시 인명피해가 우려되는 밀폐된 지역에는 사용을 제한하고 있다. ○ ×

53 이산화탄소 소화약제는 가격이 저렴하다. ○ ×

54 이산화탄소 소화약제는 무색, 무취로 전도성이며 독성이 있다. ○ ×

55 IG-541은 N_2, Ar, CO_2가 각각 50%, 40%, 10%가 들어 있다. ○ ×

56 IG-01은 N_2 100%로만 이루어져 있다. ○ ×

57 IG-100은 Ar 100%로만 이루어져 있다. ○ ×

58 $C_{10}H_{16}$은 HCFC BLEND A의 구성 요소 중 하나이다. ○ ×

59 할로겐화합물 소화약제 중 HFC – 23(트리플루오르메탄)의 화학식은 CHF_3이다. ○ ×

60 할로겐화합물 소화약제는 독성이 적고, 오존층 파괴에 영향이 적어 지구온난화에 끼치는 영향이 적을수록, 대기 중에 잔존시간이 짧을수록 좋다. ○ ×

61 할로겐화합물 및 불활성기체 소화약제는 전기적으로 비전도성이며 휘발성이 있거나 증발 후 잔여물을 남기지 않는 소화약제이다. ○ ×

62 할로겐화합물 및 불활성기체 소화약제는 오존파괴지수와 지구온난화지수가 할론과 이산화탄소에 비해 무시할 정도로 낮다. ○ ×

63 할로겐화합물 및 불활성기체 소화약제는 화재를 소화하는 동안 피연소물질에 물리적·화학적 변화나 재산상의 피해를 주지 않으며, 소화가 완료된 후 특별한 물질이나 지방성 부산물을 발생시키는 단점이 있다. ○ ×

64 할로겐화합물 및 불활성기체 소화약제는 방출 시 산소의 농도를 급격하게 저하시켜 주의해야 한다. ○ ×

65 할로겐화합물 및 불활성기체 소화약제는 할론소화약제를 모두 포함한 약제를 말한다. ○ ×

66 분말소화약제는 질식, 냉각, 희석, 열차단 등의 소화효과를 가지고 있다. ○ ×

67 제1종 분말소화약제의 주성분은 탄산수소나트륨이다. ○ ×

68 제2종 분말소화약제의 주성분은 탄산수소칼륨 + 요소이다. ○ ×

69 제3종 분말소화약제의 주성분은 제1인산암모늄이다. ○ ×

70 제4종 분말소화약제는 중탄산칼륨과 요소로 조합되어 있다. ○ ×

71 제3종 분말소화약제의 착색은 담홍색이다. ○ ×

72 제1종 분말소화약제의 성분은 중탄산나트륨이다. ○ ×

73 제2종 분말소화약제의 착색은 회색이다. ○ ×

74 제3종 분말소화약제가 열분해될 때 생성되는 물질로서 방진작용을 하는 물질은 Na_2CO_3(탄산나트륨)이다. ○ ×

75 제2종 분말소화약제는 냉각소화, 질식소화, 부촉매소화작용, 그 밖의 소화작용으로 소화분말인 탄산수소나트륨으로부터 열분해시 발생된 이산화탄소와 수증기가 화재로부터 발생되는 열의 전달을 차단시켜 화재의 전파를 방지케 함으로써 열전달방지 소화작용을 하며, 특히 식용유화재에서 나트륨을 가하면 지방을 가수분해하는 비누화현상을 일으켜서 소화한다.   ○ ×

76 분말소화약제에는 탄산수소나트륨, 탄산수소칼륨, 인산암모늄, 인산나트륨, 요소가 주성분으로 포함되어 있다. ○ ×

77 소화성능은 제3종 분말소화약제가 가장 우수하다. ○ ×

78 분말소화약제 제1종과 제2종, 제4종은 B급, C급 화재에 사용된다. ○ ×

79 HPO_3가 일반 가연물질인 나무, 종이 등의 표면에 피막을 이루어 공기 중의 산소를 차단하는 방진작용을 가진 소화약제는 제4종 분말소화약제이다. ○ ×

80 $NH_4H_2PO_4$이 주된 성분인 분말소화약제는 A・B・C급 화재에 유효하고 비누화현상이 일어나지 않는다. ○ ×

81 유도표지, 인명구조기구, 휴대용비상조명등, 제연설비는 피난구조설비에 해당한다. ○ ×

82 소화용수설비란 화재진압에 필요한 물을 공급하거나 저장하는 설비로서 상수도소화용수설비, 소화수조, 저수조 등이 있다. ○ ×

83 피난구조설비란 화재가 발생할 경우 피난하기 위하여 사용하는 기구 또는 설비로서 피난기구, 인명구조기구, 유도등, 비상조명등 및 휴대용비상조명등이 있다. ○ ×

84 경보설비란 화재발생 사실을 통보하는 기계・기구 또는 설비로서 단독경보형감지기, 비상경보설비, 자동화재탐지설비 등이 있다. ○ ×

85 비상조명등은 경보설비다. ○ ×

86 연소방지설비는 소화설비이다. ○ ×

87 비상방송설비는 피난구조설비이다. ○ ×

88 비상콘센트설비는 소화활동설비이다. ○ ×

89 구조대란 사용자의 몸무게에 의하여 자동으로 하강하고 내려서면 스스로 상승하여 연속적으로 사용할 수 있는 무동력 피난기구를 말한다.

90 방열복, 방화복, 공기호흡기, 인공소생기를 인명구조기구라 하며, 소방대상물 안에 있는 사람을 구조하거나 쉽게 피난하기 위한 기구이다.

91 피난기구, 인명구조기구, 제연설비는 피난구조설비에 해당한다.

92 제연설비, 무선통신보조설비, 연소방지설비, 비상방송설비는 소화활동설비에 해당한다.

93 물분무등소화설비에는 분말소화설비, 스프링클러소화설비, 포소화설비, 할로겐화합물 및 불활성기체 소화설비가 포함된다.

94 이산화탄소소화설비는 수계소화설비이다.

95 소화기는 바닥높이로부터 1.5m 이하에 지정하여 설치한다.

96 대형소화기 성능으로 A급 10단위 이상, B급 20단위 이상으로 운반대와 바퀴가 설치되어 있어야 한다.

97 강화액소화기 충전량은 50L이다.

98 분말소화기 충전량은 20kg이다.

99 이산화탄소소화기 충전량은 30kg이다.

100 문화재는 소화기구의 능력단위를 바닥면적 100제곱미터마다 1단위 이상으로 해야 한다.

101 펌프의 흡입측의 관경이 클 때, 공동현상이 발생한다.

김동준 OX문제

102 임펠러 회전 속도가 지나치게 클 경우, 공동현상이 발생한다. ○ ×

103 순환배관은 옥내소화전설비의 펌프 체절운전 시 수온 하강 방지를 위해 설치한다. ○ ×

104 자동기동방식의 펌프가 수원의 수위보다 높은 곳에 설치된 옥내소화전설비의 구성요소는 기동용수압개폐장치, 릴리프밸브, 솔레노이드밸브, 물올림장치, 동력제어반 등이 있다. ○ ×

105 펌프의 마찰손실이 클 경우, 공동현상이 발생한다. ○ ×

106 펌프 운전 시 규칙적으로 양정, 토출양이 변화하는 현상을 수격작용이라고 한다. ○ ×

107 공동현상은 송출 압력과 송출 유량의 주기적인 변동이 발생하는 현상이다. 공동현상 이후에 발생하며 유량이 단속적으로 변하여 펌프의 입구·출구에 설치된 진공계 및 압력계가 흔들리고 진동과 소음이 일어나며 펌프의 토출유량이 변하는 현상이다. ○ ×

108 일반적으로 소화전함은 옥외소화전마다 5m 이내의 장소에 설치해야 한다. ○ ×

109 습식, 건식, 일제살수식 스프링클러설비는 폐쇄형 스프링클러헤드를 사용한다. ○ ×

110 준비작동식, 일제살수식, 부압식 스프링클러설비는 감지기와 연동하여 작동한다. ○ ×

111 스프링클러설비를 구성하는 배관 중 헤드가 설치된 가장 가느다란 배관은 가지배관이다. ○ ×

112 습식 스프링클러설비는 1차측은 가압수로 차있고, 2차측 또한 가압수로 채워져 있다. ○ ×

113 스프링클러설비는 초기 설치비용은 크지만 소화 후 수손피해가 적다. ○ ×

114 스프링클러설비의 리타딩 챔버(retarding chamber)는 자동경보밸브에 설치되어 경보밸브의 오작동을 방지한다. ○ ×

115 1차측에는 가압수를 2차측에는 저압 또는 대기압상태로 화재가 발생하면 먼저 방호공간에 설치되어 있는 감지기의 작동에 의해 헤드까지 송수되어 있다가 화재온도에 의해 폐쇄형 헤드가 개방되면 살수가 이루어져 2단계로 소화가 이루어지는 시스템은 일제살수식 스프링클러설비이다.

116 슈퍼바이저리패널(supervisory panel)은 습식스프링클러설비의 구성요소이다.

117 건식 스프링클러설비는 주로 난방이 되지 않는 장소에 설치하는 스프링클러설비로서 유수검지장치 1차 측까지 배관 내에 항상 물이 가압되어 있고, 2차 측에서 스프링클러 헤드까지 대기압 상태로 폐쇄형 헤드가 설치되어 있다.

118 가압송수장치에서 폐쇄형스프링클러헤드까지 배관 내에 항상 물이 가압되어 있다가 화재로 인한 열로 폐쇄형 스프링클러헤드가 개방되면 배관 내에 유수가 발생하여 작동하게 되는 설비는 습식 스프링클러설비이다.

119 수성막포와 단백포의 단점을 개선한 것이 불화단백포이다.

120 포는 기계포와 화학포로 나누는데 화학포를 일반적으로 가장 많이 사용한다.

121 포소화설비 중 고발포로서 제1종 기계포의 팽창비율은 80배 이상 250배 미만이다.

122 포소화설비 중 고발포로서 제3종 기계포의 팽창비율은 500배 이상 1,500배 미만이다.

123 수성막포는 무독성 불소계계면활성제를 주성분으로 하며 표면하주입방식에 가능하다.

124 펌프의 성능은 체절운전 시 정격토출압력의 140%를 초과하지 아니하고, 정격토출량의 150%로 운전 시 정격토출압력의 65% 이상이 되어야 한다.

125 펌프와 발포기의 중간에 설치된 벤츄리관의 벤츄리작용과 펌프 가압수의 소화약제 저장탱크 압력에 의해서 포소화약제를 흡입·혼합하는 방식은 프레져 사이드 프로포셔너 방식이다.

김동준 O×문제

126 포소화약제의 혼합방식 중 펌프와 발포기의 중간에 설치된 벤츄리관의 벤츄리작용에 의하여 포소화 약제를 흡입·혼합하는 것은 라인 프로포셔너 방식이다. O ×

127 펌프의 토출관과 흡입관 사이의 배관에 설치된 흡입기로 펌프에서 토출된 물의 일부를 보내고 농도조절밸브에서 조절된 포소화약제의 필요량을 포소화약제 탱크에서 펌프 흡입부 측으로 보내어 혼합하는 방법은 펌프 프로포셔너 방식이다. O ×

128 포소화설비에서 펌프의 토출관에 압입기를 설치하여 포 소화약제 압입용 펌프로 포 소화제를 압입시켜 혼합하는 방식은 펌프 프로포셔너 방식이다. O ×

129 이산화탄소소화설비의 소화작용으로는 질식소화, 냉각소화, 피복소화작용이 있으나 주 소화작용은 질식소화이다. O ×

130 이산화탄소소화설비의 저장용기는 직사광선 및 빗물이 침투할 우려가 없는 곳에 설치한다. O ×

131 이산화탄소소화설비의 전역방출방식에서 환기장치는 이산화탄소가 방사되기 전에 정지되어야 한다. O ×

132 이산화탄소소화설비의 전역방출방식에서는 음향경보장치와 방출표시등이 필요하다. O ×

133 단독경보형감지기는 별도의 수신기를 통해 화재발생 상황을 알린다. O ×

134 이온화식 감지기와 광전식 감지기는 연기를 감지하여 화재신호를 발하는 장치이다. O ×

135 비상벨설비는 자동으로 건물 내·외에 있는 사람에게 화재사실을 알린다. O ×

136 화재안전기준상 11층 이상인 건축물에서 2층 이상의 층에서 화재가 발생했을 때 발화층 및 직상 4개 층에 우선적으로 경보를 발한다. O ×

137 화재안전기준상 11층 미만인 건축물에서 2층 이상의 층에서 화재가 발생했을 때 발화층 및 그 직하층에 우선적으로 경보를 발한다. O X

138 발신기는 화재발생 신고를 수신기 또는 중계기에 수동으로 발신하는 것을 말한다. O X

139 경계구역이란 특정소방대상물 중 화재신호를 발신하고 그 신호를 수신 및 유효하게 제어할 수 있는 구역을 말한다. O X

140 자동화재탐지설비는 화재발생을 자동으로 감지하여 해당 소방대상물의 관계자에게 통보하는 설비로 자동화재속보설비와 연동하여 작동할 수 있다. O X

141 수신기는 화재 시 발신기 또는 감지기로부터 신호를 직접 또는 중계기를 거쳐 수신하여 건물 관계자에게 표시 및 음향장치로 알려주는 설비이며 P형은 고유신호로 수신하고 R형은 공통신호로 수신한다. O X

142 R형 수신기는 감지기 또는 발신기에서 1:1 접점방식으로 전송된 신호를 수신한다. O X

143 자동화재탐지설비는 중계기, 감지기, 표시등, 송신기로 구성되어 있다. O X

144 열감지기의 종류로는 차동식, 정온식, 광전식감지기가 있다. O X

145 연기감지기의 종류로는 보상식, 이온화식이 있다. O X

146 차동식스포트형과 정온식스포트형 감지기의 성능을 겸한 것으로서 둘 중 어느 한 기능이 작동되면 화재 신호를 발하는 감지기를 보상식스포트형 감지기라고 한다. O X

147 하나의 제연구역의 면적은 1,000m² 이상으로 해야 한다. O X

148 비상콘센트설비의 전원회로는 단상교류 220볼트인 것으로서, 그 공급은 1.5킬로볼트암페어 이상인 것으로 해야 한다. O X

149 4층 이상의 층에 피난사다리를 설치하는 경우에는 금속성 고정사다리를 설치하고, 당해 고정사다리에는 쉽게 피난할 수 있는 구조의 노대를 설치해야 한다. O X

O× 정답 및 해설

01 ×
연소하한계에 의해 최소산소농도가 결정된다.

02 O

03 O

04 ×
억제소화(부촉매효과)는 연소의 4요소 중 연쇄반응을 억제하는 부촉매를 이용하는 소화방법으로 화학적 소화방법이다.

05 ×
물분무소화설비는 화재 시 분무헤드에서 물의 입자를 균일하고 미세하게 분무시키고 열로 인한 물분무는 수증기가 되어 약 1,700배 팽창하며 다량의 기화열 때문에 소화물에 대한 질식작용과 냉각작용이 발생한다.

06 O

07 O

08 ×
양초에 촛불을 입김으로 끄는 소화는 제거소화에 해당된다.

09 O

10 ×
식용유 화재 시 주변의 야채를 집어 넣어 소화하는 방법은 냉각소화에 해당한다.

11 ×
불이 붙어 있는 식용유에 상온의 식용유를 부어 불이 꺼졌다면 인화점 이하로 낮추어 소화한 것이므로 냉각소화이다.

12 ×
냉각소화는 물리적 소화이다.

13 ×
가스화재 시 밸브를 차단시켜 가스공급을 중단시키는 소화방법은 제거소화이다.

14 ×
제거소화는 가스화재 시 가스공급을 차단하여 소화하는 방법을 말한다.

15 ×
유화소화는 비중이 물보다 큰 비수용성 유류화재 시 무상주수하여 소화하는 방법을 말한다.

16 O

17 O

18 ×
금속화재 초기에는 팽창질석, 팽창진주암 또는 마른모래, 금속화재용분말소화기 등을 사용하고 본격시기에는 주변연소를 방지하고 자연 진화하도록 내버려둔다.
→ 할론소화기는 포함되지 않는다.

19 ×
탄화칼슘(카바이트)는 물과 반응하여 가연성 가스인 아세틸렌가스가 발생한다. 따라서 마른모래, 소화분말 등으로 소화한다.

20 O

21 ×
나트륨, 마그네슘은 금속화재용 소화약제로 소화한다.

22 O

23 O

24 ×
무상주수는 화원주위에 복사열이 증진할 수 없도록 차단하는 효과가 있다.

25 O

26 O

27 O

28 ×
중질유화재시 무상주수를 함으로써 기대할 수 있는 소화효과는 질식소화와 유화소화이다.
※ 무상주수는 비점이 비교적 높은 중유 등의 화재시 유류표면에 엷은 유화층을 형성하여 공기 중의 산소공급을 차단하는 유화효과(에멀젼)를 내며, 안개모양의 물 입자가 공기 중의 산소 공급을 차단하기 때문에 질식소화가 요구되는 유류화재의 소화에도 적합하다.

29 ×
화재소화작업에 주로 물을 사용하는 이유는 물의 증발잠열을 이용하기 위해서이다.

30 ×
물분무소화의 주된 작용은 질식소화이다.

31 ×
물이 화재현장에서 소회약제로 사용되는 이유는 값이 싸고, 구하기 쉬우며, 냉각·희석·질식 등의 소화효과를 가지는 장점이 있기 때문이다.
→ 부촉매소화효과는 포함되지 않는다.

32 ×
물의 입자크기가 작을수록 표면적이 증가해서 열을 흡수하여 기화가 용이하게 되므로 입경이 작을수록 냉각효과가 크다.

33 ×
물은 비열과 기화열 값이 커서 냉각소화 효과가 우수하다.

34 O

35 O

36 O

37 ×
물소화약제는 제4류 위험물 중 중질유인 중유 화재 시 무상주수에 의해서 유화층을 형성하여 질식·냉각 및 유화소화작용을 일으켜 신속하게 소화하는 기능을 갖는다.

38 ×
물 소화약제에 첨가할 수 있는 동결방지제로 염화나트륨, 프로필렌글리콜, 염화칼슘 등이 있다.
→ 중탄산나트륨은 제1종 분말소화약제이다.

39 ×
물소화약제 첨가제 중 주요 기능이 물의 표면장력을 작게 하여 심부화재에 대한 적응성을 높여 주는 것을 침투제라 한다.

40 ×
물에 침투제를 첨가하는 이유는 표면장력을 작게 하여 소화능력을 향상하기 위함이다.

41 O

42 ×
포소화약제 중 저·고 팽창포에도 쓸 수 있는 소화약제는 합성계면활성제포이다.

43 O

44 ×
합성계면활성제포는 불소를 함유하고 있지 않고, 유동성이 양호하여 소화속도가 빠르고, 내유성이 약하다.

45 O

46 O

47 ×
알콜형포 사용시 비누화현상이 일어나면 소화능력이 좋다. 비누화현상은 소포성을 방지하기 위하여 단백질의 가수분해물, 계면활성제에 금속비누 등을 첨가하여 유화·분산시킨 것을 원제로 한 것이다.

48	O
49	X 알코올형 포 소화약제는 알코올류, 케톤류, 에스터류 등과 같은 수용성 위험물 화재에 소화적응성이 아주 우수하다.
50	O
51	O
52	O
53	O
54	X 이산화탄소 소화약제는 무색, 무취로 비전도성이며 독성이 있다.
55	X IG-541은 N_2, Ar, CO_2가 각각 52%, 40%, 8%가 들어 있다.
56	X IG-01은 Ar 100%로만 이루어져 있다.
57	X IG-100은 N_2 100%로만 이루어져 있다.
58	O
59	O
60	O
61	O
62	O
63	X 화재를 소화하는 동안 피연소물질에 물리적·화학적 변화나 재산상의 피해를 주지 않으며, 소화가 완료된 후 특별한 물질이나 지방성 부산물을 발생시키지 않는다.
64	X 할로겐화합물 및 불활성기체 소화약제는 방출 시 할론이나 이산화탄소와 같이 산소의 농도를 급격하게 저하시키지 않는다.
65	X 할로겐화합물 및 불활성기체 소화약제는 할론1301, 할론2402, 할론1211를 제외한 할로겐화합물 및 불활성기체 소화약제를 말한다.
66	X 분말소화약제는 질식, 냉각, 열차단 등의 소화효과를 가지고 있다. → 희석효과는 포함하지 않는다.
67	O
68	X 제2종 분말소화약제의 주성분은 탄산수소칼륨이다.
69	O
70	O
71	O
72	O
73	X 제2종 분말소화약제의 착색은 담자색이다.
74	X Na_2CO_3(탄산나트륨)이 아닌, 액체상태의 점성을 가진 메타인산(HPO_3)이다.
75	X 제1종 분말소화약제는 냉각소화, 질식소화, 부촉매소화작용, 그 밖의 소화작용으로 소화분말인 탄산수소나트륨으로부터 열분해시 발생된 이산화탄소와 수증기가 화재로부터 발생되는 열의 전달을 차단시켜 화재의 전파를 방지케 함으로써 열전달방지 소화작용을 하며, 특히 식용유화재에서 나트륨을 가하면 지방을 가수분해하는 비누화현상을 일으켜서 소화한다.

76 ✗
분말소화약제에는 탄산수소나트륨, 탄산수소칼륨, 인산암모늄, 요소가 주성분으로 포함되어 있다.
→ 인산나트륨은 해당되지 않는다.

77 ✗
소화성능은 제4종 분말소화약제가 가장 우수하다.

78 ○

79 ✗
HPO_3기 일반 가연물질인 나무, 종이 등의 표면에 피막을 이루어 공기 중의 산소를 차단하는 방진작용을 가진 소화약제는 제3종 분말소화약제이다.

80 ○

81 ✗
유도표지, 인명구조기구, 휴대용비상조명등은 피난구조설비에 해당한다.
→ 제연설비는 소화활동설비에 해당한다.

82 ○

83 ○

84 ○

85 ✗
비상조명등은 피난구조설비이다.

86 ✗
연소방지설비는 소화활동설비이다.

87 ✗
비상방송설비는 경보설비이다.

88 ○

89 ✗
승강식 피난기란 사용자의 몸무게에 의하여 자동으로 하강하고 내려서면 스스로 상승하여 연속적으로 사용할 수 있는 무동력 피난기구를 말한다.

90 ○

91 ✗
제연설비는 소화활동설비이다.

92 ✗
제연설비, 무선통신보조설비, 연소방지설비, 연결송수관설비, 연결살수설비, 비상콘센트설비는 소화활동설비에 해당한다.
→ 비상방송설비는 경보설비에 해당한다.

93 ✗
물분무등소화설비에는 물분무소화설비, 미분무소화설비, 포소화설비, 이산화탄소소화설비, 할론소화설비, 할로겐화합물 및 불활성기체 소화설비, 분말소화설비, 강화액소화설비, 고체에어로졸소화설비가 있다.
→ 스프링클러설비는 해당하지 않는다.

94 ✗
이산화탄소소화설비는 가스계소화설비이다.

95 ○

96 ○

97 ✗
강화액소화기 충전량은 60L이다.

98 ○

99 ✗
이산화탄소소화기 충전량은 50kg이다.

100 ✗
문화재는 소화기구의 능력단위를 바닥면적 50제곱미터마다 1단위 이상으로 해야 한다.

101 ✗
펌프의 흡입측의 관경이 작을 때 공동현상이 발생된다.

102 ○

103 ✗
순환배관은 옥내소화전설비의 펌프 체절운전 시 수온의 상승 방지를 위해 설치한다.

김동준 OX문제

104 ✗
솔레노이드밸브는 스프링클러설비, 이산화탄소소화설비, 할론소화설비에서 사용된다.

105 ○

106 ✗
펌프 운전 시 규칙적으로 양정, 토출양이 변화하는 현상을 맥동현상이라고 한다.

107 ✗
맥동현상이란 송출 압력과 송출 유량의 주기적인 변동이 발생하는 현상이다. 공동현상 이후에 발생하며 유량이 단속적으로 변하여 펌프의 입구·출구에 설치된 진공계 및 압력계가 흔들리고 진동과 소음이 일어나며 펌프의 토출유량이 변하는 현상이다.

108 ○

109 ✗
습식, 건식, 준비작동식, 부압식 스프링클러설비는 폐쇄형 스프링클러헤드를 사용한다.
→ 일제살수식은 개방형 헤드를 사용한다.

110 ○

111 ○

112 ○

113 ✗
스프링클러설비는 초기 설치비용이 크고 소화 후 수손피해도 크다.

114 ○

115 ✗
1차측에는 가압수를 2차측에는 저압 또는 대기압상태로 화재가 발생하면 먼저 방호공간에 설치되어 있는 감지기의 작동에 의해 헤드까지 송수되어 있다가 화재온도에 의해 폐쇄형 헤드가 개방되면 살수가 이루어져 2단계로 소화가 이루어지는 시스템은 준비작동식 스프링클러설비이다.

116 ✗
슈퍼바이저리패널(supervisory panel)은 준비작동식 스프링클러설비의 구성요소이다.

117 ✗
준비작동식 스프링클러설비는 주로 난방이 되지 않는 장소에 설치하는 스프링클러설비로서 유수검지장치 1차 측까지 배관 내에 항상 물이 가압되어 있고, 2차 측에서 스프링클러 헤드까지 대기압 상태로 폐쇄형 헤드가 설치되어 있다.

118 ○

119 ○

120 ✗
포는 기계포와 화학포로 나누는데 화학포를 일반적으로 사용하고 있지 않다.

121 ○

122 ✗
포소화설비 중 고발포로서 제3종 기계포의 팽창비율은 500배 이상 1,000배 미만이다.

123 ○

124 ○

125 ✗
펌프와 발포기의 중간에 설치된 벤츄리관의 벤츄리 작용과 펌프 가압수의 소화약제 저장탱크 압력에 의해서 포소화약제를 흡입·혼합하는 방식은 프레져 프로포셔너 방식이다.

126 ○

127 ○

128 ✗
포소화설비에서 펌프의 토출관에 압입기를 설치하여 포 소화약제 압입용 펌프로 포 소화제를 압입시켜 혼합하는 방식은 프레져사이드 프로포셔너 방식이다.

129 ○

130 O

131 O

132 O

133 X
　단독경보형 감지기는 별도의 수신기 없이 내장된 음향장치를 통해 단독으로 화재발생 상황을 알린다.

134 O

135 X
　비상벨설비는 수동으로 건물 내·외에 있는 사람에게 화재사실을 알린다.

136 O

137 X
　화재안전기준상 11층 미만인 건축물에서 2층 이상의 층에서 화재가 발생했을 때 전층 경보를 발한다.

138 O

139 O

140 O

141 X
　수신기는 화재 시 발신기 또는 감지기로부터 신호를 직접 또는 중계기를 거쳐 수신하여 건물 관계자에게 표시 및 음향장치로 알려주는 설비이며 P형은 공통신호로 수신하고 R형은 고유신호로 수신한다.

142 X
　R형 수신기는 신호전달방식이 다중신호 방식이다(P형은 개별신호방식).

143 X
　자동화재탐지설비는 중계기, 감지기, 표시등, 전원, 배선, 수신기, 발신기, 음향장치등으로 구성되어 있다.
　→ 송신기는 포함되지 않는다.

144 X
　열감지기의 종류로는 차동식, 정온식, 보상식 감지기가 있다.
　→ 광전식감지기는 연기감지기의 종류이다.

145 X
　연기감지기의 종류로는 광전식, 이온화식이 있다.

146 O

147 X
　하나의 제연구역의 면적은 1,000m^2 이내로 해야 한다.

148 O

149 O

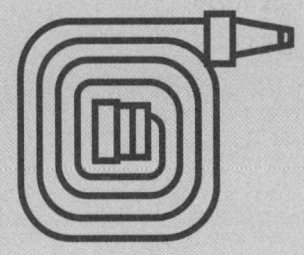

02 빈칸노트

소방단기
김동준 소방

소방학개론

기출 + O·X + 빈칸

소방학개론

PART 01

소방조직

01 소방조직
02 소방기능

01 소방조직 (김동준소방)

01 소방의 정의

■ 개념 [1]

① 소방(消防)이란 단어의 사전적 의미는 「불이 나지 않도록 미리 막고, 불이 났을 때 불을 끄는 일」 즉, 화재의 예방·경계·진압에 국한된 개념이다. 고려시대에는 [   ], 조선시대에는 [   ]로 불리기도 했으며, 갑오개혁 때 [   ]이라는 용어를 처음 쓴 이후로 지금까지 사용되고 있다.

② 최근에는 재난·재해 그 밖의 위급한 상황에서의 구조·구급의 개념까지 확대함은 물론, 나아가 사회 안전의 확보라는 개념까지 포괄하여 사용한다.

■ 소방 캐릭터 [2]

현재 소방의 캐릭터는 안전을 책임지는 안전지킴이로 국민을 위해 희생·봉사하는 [   ]을 의미하며, 통합 캐릭터의 명칭을 '영웅이'로 하고, 여자 캐릭터는 '영이', 남자 캐릭터는 '웅이'로 하여 국민들이 기억하기 쉽고 친근하게 부를 수 있는 이름이다.

■ 협의의 소방과 광의의 소방 [3]

① [   ] 소방이란 소방관서에서 일상적으로 행하는 업무 즉, 화재를 예방, 경계하거나 진압하고, 재난·재해 그 밖의 위급한 상황에서 [   ]활동 등을 통하여 국민의 생명·신체 및 재산을 보호하는 것을 말한다(고전적 의미의 소방).

② [   ] 소방은 소방기본법 1조에 규정된 소방활동을 넘어서 현대사회의 다양한 소방서비스 요구에 부합하는, 각종 [   ] 및 [   ] 관련 업무까지를 포함한다(현대적 의미의 소방).

---

1 ① 소재(消災), 금화(禁火), 소방(消防)
2 영웅(HERO)
3 ① 협의의, 구조·구급 ② 광의의, 재난, 안전

형식적 의미의 소방과 실질적 의미의 소방 [4]

① 형식적 의미의 소방은 입법자가 소방기관에 부여한 일체의 사무로서 실정법상 [　　　]이 수행하는 모든 사무를 의미한다. 소방기관이 수행하는 사무이면 화재의 예방·경계·진압 및 기타 재난·재해 그 밖의 위급한 상황에서의 구조·구급활동은 물론, 소방관복무규칙의 제정 등의 [　　　] 활동 또는 소방법령 위반자에 대한 수사활동, 과태료의 부과 등의 [　　　] 활동도 여기에 포함된다.

② 실질적 의미의 소방은 [　　　]의 내용 및 성질을 기준으로 한 개념으로 "화재의 예방·경계·진압·조사와 재난·재해 그 밖의 위급한 상황에서의 구조·구급활동 등을 통해 국민의 생명과 신체 및 재산을 보호하기 위한 작용"을 말한다. 이러한 작용에는 소방기관 뿐만 아니라 [　　　]이 행하는 작용도 포함하며, 법률행위는 물론 사실행위도 포함한다.

시대별 소방업무 [5]

① 1950년대 이전: 화재의 경계와 진압에 중점을 두었다.

② 1958년: [　　　]이 제정되어 화재뿐만 아니라 [　　　], [　　　]의 예방·경계·진압·방어까지 소방의 업무로 규정되었다.

③ 1967년: [　　　　　]의 제정으로 자연재해 업무가 이관되어 소방의 업무는 화재의 예방·경계·진압으로 [　　　]되었다.

④ 1983년: 1981년 일부 지역 소방관서에서 시범 실시된 야간통행금지시간대 응급환자 이송업무가 국민의 호응을 얻기 시작해 1983년 12월 30일 개정된 소방법에 [　　　]업무를 소방의 업무로 포함시키게 되었다(구급대 발대는 1982년).

⑤ 1989년: 1988년 서울올림픽 당시 [　　　　　]를 설치하여 인명구조활동을 수행하였고 1989년 12월 30일 소방법을 개정하여 [　　　]업무를 소방의 업무로 법제화하였다(구조대 발대는 1988년).

⑥ 1999년: 소방법 제1조에 화재의 예방·경계·진압과 재난·재해, 그 밖의 위급한 상황에서의 구조·구급활동을 명시하였다.

---

4 ① 소방기관, 입법적, 사법적 ② 소방작용, 타행정기관
5 ② 소방법, 풍수해, 설해 ③ 풍수해대책법, 축소 ④ 구급 ⑤ 119특별구조대, 구조

■ 소방의 상징 [6]

① 불이 가지고 있는 상징: [   ], [   ], [   ], [   ]

② 물이 가지고 있는 상징: [   ], [   ], [   ], [   ]

③ 태극이 가지고 있는 상징: [   ], [   ]

④ 월계잎이 가지고 있는 상징: [   ], [   ]

---

[6] ① 정의성(정화성), 광명성(조명성), 창의성(생산성), 화합성(단결성) ② 필수성, 유연성, 포용성, 윤리성 ③ 주인성(국민성), 자주성(능동성) ④ 경쟁성(성취성), 모범성(방향성)

02 소방의 역사

■ 개관 [1]

① 삼국시대: 화재를 사회적 재앙으로 인식
② 통일신라시대: 화재에 대한 예방의식([   ]과 [   ]을 사용)
③ 고려시대: 소방을 [   ]라 칭하고, 최초의 소방행정의 근원인 [   ]제도를 마련
④ 조선시대(태종 17년~한말): 최초의 소방법규라고 볼 수 있는 [   ]을 시행하고, 우리나라 최초의 소방기구인 [   ]을 설치
⑤ 과도기[미군정시대(1945~1948)]: [   ]소방체제
⑥ 초창기 정부수립 이후(1948~1970): [   ]소방체제
⑦ 발전기(1970~1992): [   ] 체제
⑧ 정착기(1992~2003): [   ] 체제
⑨ 제1성장기(2004~2014.11): [   ] 체재
⑩ 제2성장기(2014.11~2017.7): [   ] 체제
⑪ 제3성장기(2017.7~2020.3): [   ] 체제
⑫ 제4성장기(2020.4~현재): 국가소방체제

■ 고려시대 [2]

① [   ](금화관리자)제도: 고려전기 문종 20년 운흥창의 화재를 계기로 수도 개성과 각 창고 소재지에 일반 관리 외에 별도로 방화(防火)전담 관리를 둔 것으로 우리나라 최초의 소방행정의 근원이다. 다만, 화재를 담당하는 전문조직이나 관서가 있었던 것은 아니다.
② 화통도감: 화약 제조와 사용량이 늘어감에 따라 화통도감을 설치하여 특별관리 하였다.

---

1 ② 기와지붕, 숲 ③ 소재, 금화(원) ④ 금화령, 금화도감 ⑤ 자치 ⑥ 국가 ⑦ 국가·자치 이원화 ⑧ 시·도(광역)자치소방 ⑨ 소방방재청 ⑩ 국민안전처 ⑪ 소방청
2 ① 금화원

김동준 빈칸노트

MEMO

■ 조선시대 [3]

① 1417년(태종 17년) 우리나라 최초의 소방법규라 볼 수 있는 [   ]이 [   ]의 건의에 의해 시행되었으며, 세조 때 시작되어 성종 때 완성된 경국대전의 편찬으로 금화법령의 골격이 만들어졌다. 경국대전은 중앙 직제 및 관직 등을 규정하고 있는 [   ]에서 소방관서인 수성금화사를, 군사에 관한 [   ]에서 행순, 방화, 금화 관계 법령을, 형벌에 관한 [   ]에서 실화 및 방화에 대한 처벌을 규정하고 있다.

② [   ]: 야간에 아장 또는 부장 같은 장교와 병조 소속 군사들이 통행인을 단속하고 화재에 대비하기 위해 궁궐 안팎을 순찰하며 근무하는 것을 말한다.

③ [   ]: 병조, 의금부, 형조, 한성부, 수성금화사 및 5부의 숙직하는 관원이 행순하여 화재를 단속하는 것을 말한다.

④ [   ]: 궁궐에 화재가 발생한 경우 화재를 진압하는 방법을 규정한 것을 말하며 세종 5년(1423. 6.) 병조에서 만들어 시행하였다.

⑤ 한성부의 대형화재를 계기로 [   ]에 [   ]을 설치하게 되었는데 [   ], 상비 소방제도로서의 관서는 아니지만 화재를 방비하는 독자적 기구로서 우리나라 최초의 소방기구라 볼 수 있고 제조 [   ]명, 사 [   ]명, 부사 [   ]명, 판관 [   ]명으로 구성되었다.

⑥ 1426년 6월에 성문도감과 금화도감은 상시로 다스릴 일이 없는데 각각 따로 설치하여 모든 사령을 접대하는 폐단이 있어 이를 병합하여 [   ] 소속으로 [   ]을 설치하였다.
제조 [   ]명, 사 [   ]명, 부사 [   ]명, 판관 [   ]명으로 구성되었다.

⑦ 구화조직의 설치
  ㉠ [   ]은 세종 13년(1431) 금화도감 설치 뒤에도 화재가 그치지 아니하여 의정부, 육조, 한성부, 금화도감 제조 등이 논의하여 만들었다. 금화도감에서 각 사의 노비 중 그 수를 참작하여 편성하였다.
  ㉡ [   ]은 세조 13년(1467) 금화군을 개편한 것으로 도끼, 쇠갈고리, 불 덮개 등 구화기구를 의무적으로 갖춘 50명의 일정 인원으로 구성된 구화조직이다. 임진왜란을 거치는 동안 없어졌다.
  ㉢ [   ]는 세종 13년(1431)에 시행하였는데 불을 놓고 물건을 훔치는 화적(火賊)들에 대한 대비로 설치된 제도로, 다섯 집을 하나의 단위로 묶어 불이 나면 근처의 각 호가 각각 그 집을 구하도록 하였다.

---

3 ① 금화령(禁火令), 호조, 이전(吏典), 병전(兵典), 형전(刑典) ② 행순(行巡) ③ 금화(禁火) ④ 금화조건(禁火條件) ⑤ 병조, 금화도감, 세종 8년(1426. 2.) 7, 5, 6, 6 ⑥ 공조, 수성금화도감, 4, 2, 2, 2 ⑦ ㉠ 금화군 ㉡ 멸화군 ㉢ 5가작통제

■ 구한말 – 일제강점기 [4]

① 갑오개혁 전후시기
[   ]. 5. 3 [경무청처리계획] 제정 시 총무국 분장 사무에 "수화소방은"이라 하여 처음으로 [   ]이라는 용어를 사용하였다.
  ㉠ 최초의 장비 수입은 중국으로부터 수입한 [   ]이다(경종 3년, 1723년).
  ㉡ 1906년에 일본인이 한국 내에 화재보험회사 대리점을 설치하기 시작해서 [   ]년에는 우리나라 최초의 화재보험회사를 설립하였으며, 화재보험제도는 1925년경에 실시되었다.
  ㉢ 수도의 개설로 [   ]이 설치되었다(1909).

② 일제강점기
  ㉠ 1910년 한일합방 이전부터 [   ]가 있었고, 소방조 명문화는 1915년 6월 23일 소방조규칙을 제정하면서부터이다.
  ㉡ 1925년 최초의 소방서인 [   ](현 종로소방서)가 설치되었다.
  ㉢ 1939년 경방단규칙을 공포하여 소방조와 수방단을 통합하여 [   ]을 설치하였다.

■ 과도기 미군정시대(1945~1948) [5]

① 해방 이후 조선총독부를 인수한 미군정은 [   ]업무와 [   ]업무를 합쳐 소방과를 설치하였고 그 후 소방부로 개칭, 도 경찰부 산하에 소방과를 설치하였다.
② 1946년 4월 10일, 소방부와 [   ]를 설치하고 일시적으로 소방행정을 경찰로부터 분리하여 [   ] 하였다.
③ [   ]에 중앙소방위원회를 설치하였고, 위원회는 [ ]인의 위원회로 구성되어 있었으며 그 중 1인이 서기장으로 임명되었다.

---

4 ① 1895, 소방 ㉠ 수총기 ㉡ 1908 ㉢ 소화전 ② ㉠ 상비소방수 ㉡ 경성소방서 ㉢ 경방단
5 ① 소방, 통신 ② 소방위원회, 자치화 ③ 상무부 토목국, 7

■ 초창기 정부수립 이후(1948~1970) [6]

① 정부수립과 동시에 소방은 다시 [   ]체제로 경찰사무에 포함되어 운영되었다.
② 중앙은 내무부 [   ] 소방과에서 업무를 취급하였다.
③ 각 도에는 [   ]에 인수되어 소방행정은 경찰행정체제 속에 흡수되었다.
④ 1958년 [   ]이 제정되었다.
⑤ 1961년 지방세법 개정으로 [   ]가 신설되어 소방재원을 확보할 수 있게 되었다.
⑥ 소방공무원은 해방직후 [   ]년부터 국가공무원법을 적용받다가 [   ]년 경찰공무원법이 제정됨에 따라 경찰공무원법을 적용받았다.

■ 발전기(1970~1992) [7]

① 국가소방과 자치소방의 [   ] 시기였다.
② 1972년 [   ]과 [   ]은 소방본부를 설치하였고, 다른 지역은 국가소방체제였다.
③ 1973년 [   ]이 제정되어 소방공무원의 신분(국가직 소방공무원: 경찰공무원, 지방직 소방공무원: 지방소방공무원)이 이원화 되었다.
④ [   ]년 내무부에 민방위본부 설치로 민방위제도를 실시하게 되면서 치안본부 [   ]에서 민방위본부 [   ]으로 이관되면서 소방이 경찰로부터 분리되었다.
⑤ 1977년 [   ]이 제정되었고, 1년 뒤인 1978년 시행되어 소방공무원은 국가공무원 및 지방공무원 모두 소방공무원으로 신분이 일원화되었다.

6 ① 국가소방 ② 치안국 ③ 경찰기구 ④ 소방법 ⑤ 소방공동시설세 ⑥ 1949, 1969
7 ① 이원화 ② 서울, 부산 ③ 지방소방공무원법 ④ 1975, 소방과, 소방국 ⑤ 소방공무원법

- 시·도(광역)자치소방체제(1992~2020) [8]

    ① [   ]소방체제이다.
    ② 1992년 소방본부가 일제히 설치되면서 소방사무는 [   ]의 책임으로 일원화 되었다.
    ③ 대형 재난사고로 인하여 1994년 12월에 [   ]을 신설하였다.
    ④ 1995년 5월에 소방국 내 [   ]를 신설하였다.
    ⑤ 삼풍백화점 붕괴 이후인 1995년 7월 18일 [   ]을 제정하고 민방위본부를 민방위재난통제본부로 확대·개편함과 동시에 재난관리국과 소방국 내 [   ]를 신설하였다.
    ⑥ 1998년 2월 총무처와 내무부를 통합하여 [   ]가 출범하면서 민방위국에 재난관리국이 다시 흡수되어 민방위재난관리국으로 개칭되었다.
    ⑦ 2004년 6월 1일 [   ]이 신설되었으며, 조직은 [   ], [   ], [   ]으로 편재하였으며 지원부서로서 기획관리관을 두었다.
    ⑧ 2014년 11월 19일 [   ]가 신설되었으며, 그 산하에 [   ]본부와 [   ]본부를 두어 재난안전 총괄부처의 기능을 수행하도록 하였다.
    ⑨ 2017년 7월 26일 [   ]이 신설되었다.

- 현재(2020. 4. 1.~현재)

    2020년 4월 1일부로 소방공무원은 전체 국가직화 되었다.

---

8 ① 시·도(광역)자치 ② 시·도지사 ③ 방재국 ④ 구조구급과 ⑤ 재난관리법, 장비통신과 ⑥ 행정자치부 ⑦ 소방방재청, 예방기획국, 대응관리국, 복구지원국 ⑧ 국민안전처, 중앙소방, 해양경비안전 ⑨ 소방청

■ 핵심정리 9

① 최초의 소방관서는 [　　] 소속의 [　　　　]이다.

② 최초의 소방서는 [　　]년 설치된 [　　　　　]이다.

③ 고층 건물의 화재진압을 위하여 사다리 소방차를 도입하였으며, 망루, 119전화, 화재발생경보, 차고 등이 설치된 시기는 [　　　　]이다.

④ [　　]소방체제 → [　　]소방체제 → [　　　]의 이원적 소방체제 → [　　]소방체제 → [　　]소방체제

⑤ [　　　　] 때 최초로 경찰로부터 분리된 자치소방의 형태였다.

⑥ 최초로 서울과 부산에 소방본부가 설치된 것은 [　　]년이다.

⑦ 지방소방공무원법([　　]년)이 제정된 후 소방공무원법([　　]년)이 제정되었다.

⑧ 대한민국 정부 수립 이후 경찰로부터 소방이 분리된 시기는 [　　]년이다.

---

9 ① 병조, 금화도감 ② 1925, 경성소방서 ③ 일제시대 ④ 자치, 국가, 국가·자치, 광역, 국가 ⑤ 미군정기
⑥ 1972 ⑦ 1973, 1977 ⑧ 1975

03 소방행정

■ 소방행정의 분류적 특성 [1]
고도의 공공행정, [   ]행정, [   ]행정, [   ]행정

■ 소방행정의 특수성 [2]
① 법제적 특성
　화재진압, 긴급구조, 구급 등의 전문적 업무를 수행해야 하므로 경찰, 군 등의 업무와 같이 그 임용절차, 자격, 계급구분, 징계방법, 보수체계, 신분보장 등에 있어서 일반직과 다른 소방업무 고유의 특수성과 전문성이 인정되어야 한다.
② 조직적 특성
　소방은 경찰, 군 등과 같은 국가위기관리조직의 일부로서 급박한 국가재난관리상황에서 일사불란하고 원활한 업무수행을 위해 경찰, 군 등과 같은 강력한 위계질서 확립을 위한 계급체계와 상명하복의 지휘·명령체계로 이루어진 조직이다.
③ 업무적 특성
　㉠ 현장성
　　소방업무는 일반직과 달리 화재현장에 직접 임하여 화재와 싸워야 하는 현장중심의 업무특성을 갖는다.
　㉡ [   ]
　　화재를 포함한 재난이 언제 발생할지 예측할 수 없고 출동이 지체되면 곧바로 대형 재난으로 이어지게 되거나 이미 상황이 종료되어 출동이 의미 없게 되기 때문에 대응태세를 상시적으로 갖추어야 하는 업무특성을 갖는다(↔ 임시성).
　㉢ 신속·정확성
　　전문적 지식과 경험을 갖춘 소방공무원이 화재 등 재난에 대해 한정된 시간 내에 신속하고 정확한 대처를 해야 실효를 거둘 수 있는 업무적 특성을 갖는다.
　㉣ 전문성
　　소방업무는 화재에 대한 지식만 가지고 대처할 수 없고 전기, 가스, 위험물, 건축, 화공, 물리 등의 다양한 분야의 전문성이 요구되는 종합과학성이 요구되는 전문기술 업무로서의 특성을 갖는다.

---

[1] 특수전문, 국민생명유지, 사회목적적
[2] ③ ㉡ 대기성

ⓜ [   ]
   소방업무가 화재 등 재난에 대해 신속하고 효과적인 대처를 하기 위해서는 강력한 지휘·명령권과 기동성이 확립된 일사분란한 지휘체계가 요구된다(독립성 ×).

ⓑ [   ]
   외관상으로 볼 때 소방업무를 수행하기 위해서는 현재 필요한 소방력보다 많은 여유 자원을 갖추고 있어야 한다는 것을 말한다. 소방의 대상이 되는 화재 등 재난은 그 규모나 양상을 예측할 수 없으므로 그러한 불확실성에 대한 적응실패를 방지하기 위해서나 상황변화에 대해 유연한 대처를 위해 요구된다(↔ 효율성).

ⓢ 위험성
   소방업무는 화재 등 각종 재난의 신고접수-출동-처리-마무리 단계에 이르는 전 과정에 항상 위험이 따르므로 소방공무원 자신이 이러한 위험에 대비하여 강한 체력과 사명감을 가져야 한다(위해성 ×).

ⓞ 결과성
   소방업무는 대형재난으로 인명과 재산 피해가 발생하였을 때 그 책임을 면하기 어렵다는 특성상 과정이나 절차를 중시하는 일반행정과 달리 상대적으로 결과를 중요시한다.

ⓜ 일체성 ⓑ 가외성

소방행정작용의 특성

① [　　　　]
　소방행정기관이 당사자의 허락을 받지 않고 일방적인 결정에 의하여 행정조치를 취하는 것을 말한다. 화재의 예방조치 등(소방기본법 제17조), 강제처분 등(소방기본법 제25조)이 이에 해당한다.

② [　　　　]
　소방대상물에 여러 가지 구체적인 사정이 있다고 해도 용도가 같으면 원칙적으로 소방법령의 적용에 있어서 획일적으로 적용되어야 한다는 원칙을 말한다. 예를 들면 소방대상물의 사용용도가 동일할 때에는 동일한 소방시설에 설치해야 한다.

③ [　　　　]
　소방행정은 공공의 위험을 배제하는 수단, 방법을 강구함에 있어 윤리성이나 도덕성을 참작하기에 앞서 재난, 재해로부터 국민의 생명과 재산을 보호함을 우선해야 한다는 특성을 갖는다.

④ [　　　　]
　소방행정의 실효성을 확보하기 위해 행정객체가 소방행정법에 의해 부과된 의무를 위반한 경우에 그에 대해 제재를 가할 수 있고 직접 자력으로 행정내용을 강제하고 실현할 수 있는 있는 특성을 가진다.

---

3 ① 우월성 ② 획일성 ③ 기술성 ④ 강제성

04 소방조직관리의 기초이론

■ 조직의 유형

- 수혜자를 기준으로 한 분류(Scott & Blau) [1]
  ① 조직구성원이 서로 이익을 보는 [　　　] 조직(정당)
  ② 조직의 서비스를 이용하는 고객이 수익자가 되는 [　　　] 조직(병원)
  ③ 소유주가 기업조직의 주된 수혜자가 되는 [　　] 조직(은행)
  ④ 일반 국민을 위해 서비스를 제공하는 [　　] 조직(소방·경찰·군)

- 사회적 기능을 기준으로 한 분류(T. Parsons) [2]
  ① 경제적 생산과 분배의 기능을 하는 [　　] 조직(회사)
  ② 사회의 목표와 가치를 창설하는 [　　] 조직(행정기관)
  ③ 사회의 갈등을 조정하고 안정을 유지하는 [　　] 조직(정당)
  ④ 사회체제의 유형을 유지하기 위한 [　　　] 조직(학교, 교회)

- 조직구성원의 참여도를 기준으로 한 분류(Likert) [3]
  ① 조직의 최고관리자 단독으로 모든 결정권을 행사하는 [　　　] 권위체제
  ② 하급자에게 일정범위의 결정권(최종결정에 앞서 고위층의 결재를 요함)이 주어지는 [　　] 권위 체제
  ③ 상부에서 주요정책을 결정하지만 한정된 범위에서 결정권이 하급자에게 주어지는 [　　]체제
  ④ 조직구성원이 집단으로 결정에 참여할 수 있는 [　　　]체제

---

1 ① 호혜적 ② 서비스 ③ 기업 ④ 공익
2 ① 경제 ② 정치 ③ 통합 ④ 형상유지
3 ① 수탈적 ② 온정적 ③ 협의 ④ 집단참여

- 복종의 정도를 기준으로 한 분류(Etzioni) [4]
  조직관리자의 권력행사정도와 구성원의 관여정도라는 두 가지 기준으로 조직을 9가지 유형을 나누고 있는데 그 중 현실성이 있는 것은 다음 세 가지이다.
  ① 통제수단으로 강제가 사용되고 대부분의 구성원이 소외의식을 느끼는 [　　] 조직 (교도소, 강제구금되는 정신병원)
  ② 통제수단으로 경제적 보상이 사용되고 대부분의 구성원이 타산적 성향을 지닌 [　　] 조직(사기업)
  ③ 통제수단으로 규범적 권력(이념, 당헌 등)이 사용되고 구성원이 높은 귀속감을 지닌 [　　] 조직(정당, 종교조직, **소방조직**)

■ 욕구이론(A. H. Maslow) [5]

① 식욕, 휴식, 호흡에 대한 욕구 등 인간의 생존에 직결되는 [　　] 욕구
② 외부의 위험, 공포·불안 등에서 벗어나고 싶은 욕구, 강력한 보호자를 찾게 되는 욕구 등 육체적·정신적·심리적 안전을 추구하는 [　　] 욕구
③ 타인과의 교류를 통한 애정을 찾게 되는 욕구와 일정 집단에 가입하고 싶은 욕구 등의 [　　] 욕구
④ 타인과의 관계에서 존경과 높은 평가를 받고 싶어 하는 [　　]의 욕구
⑤ 자기 자신의 잠재력을 최대한 실현하고 싶어 하는 [　　]의 욕구

■ 성취욕구이론([　　　　　]) [6]

McClelland는 개인의 **성취욕구**에 초점을 맞추어 연구를 하여 그 결과 성취욕구가 강한 사람은 다음의 세 가지 특징을 가진다고 본다.
① 문제해결에 대해 개인적으로 책임을 져야 하는 상황을 좋아한다.
② 적당한 목표설정을 하고 계산된 위험을 감수하는 경향이 강하다.
③ 진행한 일의 성과에 대한 평가(feedback)를 원한다.

---

4 ① 강제적 ② 공리적 ③ 규범적
5 ① 생리적 ② 안전 ③ 사회적 ④ 존경 ⑤ 자아실현
6 D. C. McClelland

■ [　　]이론(Alderfer) [7]

Maslow의 이론을 조직에 대한 현장 연구를 통하여 욕구의 종류와 배열에 있어서 수정을 가한 이론으로 아래 세 가지 욕구유형이 있다.

① 허기, 갈증, 거처와 같이 육체적인 생존을 유지하기 위한 모든 형태의 생리적 욕구를 의미하는 [　　]욕구(생리적 욕구 + 안전욕구)

② 개인 간의 사교, 소속감 등 자기에게 중요한 사람들과의 대인관계를 좋게 유지하고 싶어 하는 욕구를 의미하는 [　　]욕구(애정·소속의 욕구 + 존경의 욕구)

③ 자신감을 가지고 일하려는 욕구와 자기 발전을 추구하는 욕구를 의미하는 [　　]욕구 (존경의 욕구 + 자아실현의 욕구)

■ X-Y 이론([　　　　]) [8]

관리자가 조직의 구성원에 대해 어떠한 가정을 갖고 있는가에 따라 조직 내 인간관리가 좌우된다고 보는 이론이다. 인간에 대한 부정적이고 불신적인 사고를 전제로 한 X이론과 그에 반대하여 보다 긍정적이고 낙관적인 인간관을 바탕으로 한 Y이론을 제시하고 향후 인간관리론은 Y이론에 따라 처방되어야 한다고 주장하였다.

■ 동기-위생 이론([　　　　]) [9]

면접자료를 분석한 결과를 통해 발견한 이론으로 인간의 욕구는 만족을 얻으려는 차원과 불만을 피하려는 차원의 두 가지 범주로 설명될 수 있는데, 이는 직무에 만족하고 있을 때는 [　] 자체와 관련된 동기요인(motivator), 직무에 불만이 있는 경우에는 [　　　]과 관련된 위생요인(hygiene factor)이 작용한다고 본다.

① 동기요인의 내용: 성취감, 안정감, 성장 및 발전, 책임성, 도전해볼 만한 일

② 위생요인의 내용: 회사의 정책과 관리, 감독, 보수, 대인관계, 작업조건, 지위, 안전

■ 미성숙-성숙 이론([　　　　]) [10]

조직은 사람들의 가장 성숙된 욕구인 자아실현의 욕구를 억눌러 미성숙의 상태로 조장하고 고정시키고 있다고 주장하고 한 사람의 개인이 성숙한 인간으로 되기 위해서는 7가지 성격 변화가 있어야 한다고 하였다.

---

[7] E.R.G / ① 존재 ② 관계 ③ 성장
[8] D. M. McGregor
[9] F. Herzberg / 일, 직무환경
[10] C. Argyris

■ [   ] 이론(A. H. Schein) [11]

각 시대의 철학적 관점이 대체로 반영되고 각 시대의 조직이나 정치체계를 정당화시키는 데 기여해 온 관리자의 인간에 대한 가정을 전제로 역사적인 발달순서에 따라 ① 합리적·경제적 인간, ② 사회적 인간, ③ [   ] 인간, ④ [   ] 인간이라는 4가지 인간모형을 제시하였다.

■ [   ](R. Presthus) [12]

인간의 성격을 권한, 지위, 집단이라는 세 가지 체세를 토대로 대규모 관료제적 조직이 부과하는 자극 또는 순응하는 모습에 따라 다음 세 가지로 나누었다.

① 권한, 지위, 집단 등이 부여하는 자극에 적극적으로 순응하는 [   ]

② 권한, 지위, 집단 등이 부여하는 자극에 냉담하여 심리적으로 소외되어 조직생활에 그럭저럭 어울리는 [   ]

③ 권한, 지위, 집단 등이 부여하는 자극에 거부하지도 못하고 제대로 수행하지도 못하여 심하게 갈등하는 [   ]

■ 소방조직의 원리 [13]

군대와 유사한 조직 구조를 가진 소방에서는 조직을 합리적으로 편제하고 능률적으로 관리하기 위해 고전적인 조직 원리가 강조되고 있다.

① 계층제의 원리 ② [   ]의 원리 ③ [   ]의 원리 ④ [   ]의 원리
⑤ [   ]의 원리 ⑥ [   ]의 원리

---

11 복잡한 인간관 / ③ 자아실현적 ④ 복잡한
12 성격유형론 / ① 상승형 ② 무관심형 ③ 모호형
13 ② 통솔범위 ③ 명령통일 ④ 분업 ⑤ 조정 ⑥ 계선

05 우리나라의 소방행정조직

(1) 우리나라 소방행정조직의 특성

■ 국가소방행정조직 [1]

① 소방업무는 광역지방자치단체의 업무지만 소방업무의 전반적인 분야를 총괄하기 위하여 정부조직법에 중앙감독기구인 소방청이 규정되어 있다.
② 소방청장이 소방업무의 책임자이고, 소방행정사무를 관장하는 국가소방행정조직이다.
③ 국가소방행정조직은 직접적 국가소방조직과 간접적 국가소방조직으로 분류할 수 있다.
    ㉠ 직접적 국가소방행정조직에는 소방청, [　　　]학교, [　　　　]원, [　　　　]본부 등이 있다.
    ㉡ 간접적 국가소방행정조직에는 [　　　　]원, 한국소방산업기술원 등이 있다.

■ 지방소방행정조직

① 우리나라는 소방행정조직을 국가소방과 지방소방, 이원적으로 운영해 오다가 1992년에 일원적 광역소방체제로 전환하였다.
② 지방소방행정조직은 민주성과 효과성, 능률성이 있어 소방행정사무를 통일적으로 처리할 수 있다.

■ 소방공무원 계급구조 [2]

소방총감, 소방정감, [　　　], [　　　], 소방정, [　　　], [　　　], 소방위, 소방장, 소방교, 소방사(11단계)

---

1 ③ ㉠ 중앙소방, 국립소방연구, 중앙119구조 ㉡ 한국소방안전
2 소방감, 소방준감, 소방령, 소방경

(2) 민간소방조직

■ 의용소방대 [3]

① [   ] 또는 [   ]은 재난현장에서 화재진압, 구조·구급 등의 활동과 화재예방활동에 관한 소방업무를 보조하기 위하여 의용소방대를 설치할 수 있다.

② [   ] 또는 [   ]은 소방업무를 보조하게 하기 위하여 필요한 때에는 의용소방대원을 소집할 수 있다.

③ 의용소방대원은 소집명령에 따라 화재, 구조·구급 등 재난현장에 출동하여 [   ] 또는 [   ]의 지휘와 감독을 받아 소방업무를 보조한다.

④ 의용소방대는 시·도와 시·읍 또는 면에 둔다.(주의 군·구×)

⑤ 의용소방대원의 정년은 [   ]세이고 비상근으로서 화재는 물론 각종 재난의 방지와 그 수습에 적극 참여하여 주민의 생명과 재산을 보호하고 지역발전을 도모한다.

⑥ 의용소방대의 운영과 활동 등에 필요한 경비는 해당 시·도지사가 부담한다.

⑦ [   ], [   ], [   ]은 의용소방대의 활동비 전부 또는 일부를 지원할 수 있다.

■ 소방안전관리자 선임 신고 [4]

소방안전관리자를 선임 사유에 해당하는 날부터 [   ]일 이내에 선임해야 하고, 소방안전관리자 선임 신고는 선임한 날부터 [   ]일 이내에 해야 한다.

■ 특급 소방안전관리대상물 [5]
(제외: 동·식물원, 철강 등 불연성 물품을 저장·취급하는 창고, 위험물 저장 및 처리 시설 중 위험물 제조소등, 지하구)

① [   ]층 이상(지하층은 제외한다)이거나 지상으로부터 높이가 [   ]미터 이상인 아파트

② 30층 이상(지하층을 [   ]한다)이거나 지상으로부터 높이가 [   ]미터 이상인 특정소방대상물(아파트는 제외한다)

③ ②에 해당하지 아니하는 특정소방대상물로서 연면적이 [   ]만제곱미터 이상인 특정소방대상물(아파트는 제외한다)

---

[3] ① 시·도지사, 소방서장 ② 소방본부장, 소방서장 ③ 소방본부장, 소방서장 ⑤ 65 ⑦ 시장, 군수, 구청장
[4] 30, 14
[5] ① 50, 200 ② 포함, 120 ③ 10

■ 1급 소방안전관리대상물 6

(제외: 동·식물원, 철강 등 불연성 물품을 저장·취급하는 창고, 위험물 저장 및 처리 시설 중 위험물 제조소등, 지하구)

① [   ]층 이상(지하층은 [   ]한다)이거나 지상으로부터 높이가 120미터 이상인 아파트

② 연면적 [   ]제곱미터 이상인 특정소방대상물([   ]은 제외한다)

③ ②에 해당하지 아니하는 특정소방대상물로서 층수가 [   ]층 이상인 특정소방대상물 (아파트는 제외한다)

④ 가연성 가스를 [   ]천톤 이상 저장·취급하는 시설

■ 2급 소방안전관리대상물 7

① [   ]소화전설비·스프링클러설비·[   ]소화설비를 설치하는 특정소방대상물[호스릴(Hose Reel) 방식의 물분무등소화설비만을 설치한 경우는 제외한다]

② 가스 제조설비를 갖추고 도시가스사업의 허가를 받아야 하는 시설 또는 가연성 가스를 [   ]톤 이상 1천톤 미만 저장·취급하는 시설

③ 지[   ]

④ [   ]주택(옥내소화전설비 또는 스프링클러설비가 설치된 공동주택으로 한정)

⑤ 보물 또는 국보로 지정된 목조건축물

■ 3급 소방안전관리대상물 8

간이스프링클러설비(주택 전용 간이스프링클러설비는 제외한다) 또는 [   ]를 설치하는 특정소방대상물

---

6 ① 30, 제외 ② 1만 5천, 아파트 및 연립주택 ③ 11 ④ 1
7 ① 옥내, 물분무등 ② 100 ③ 하구 ④ 공동
8 자동화재탐지설비

■ 소방안전관리보조자를 두어야 하는 특정소방대상물 [9]

① 「건축법 시행령」에 따른 아파트([   ]세대 이상인 아파트만 해당한다)

② 아파트 및 연립주택을 제외한 연면적이 [   ]제곱미터 이상인 특정소방대상물

③ 공동주택 중 [   ]

④ 의료시설

⑤ 노유자시설

⑥ [   ]

⑦ 숙박시설(숙박시설로 사용되는 바닥면적의 합계가 1천 500제곱미터 미만이고 관계인이 24시간 상시 근무하고 있는 숙박시설은 제외한다)

---

9 ① 300 ② 1만 5천 ③ 기숙사 ⑥ 수련시설

김동준 빈칸노트

■ 소방안전관리자의 업무(소방안전관리대상물) [10]

① [　　　　　]의 작성 및 시행
  ㉠ 소방안전관리대상물의 위치·구조·연면적·용도 및 수용인원 등 일반현황
  ㉡ 소방안전관리대상물에 설치한 소방시설 및 방화시설, 전기시설·가스시설 및 위험물시설의 현황
  ㉢ 화재예방을 위한 자체점검계획 및 대응대책
  ㉣ 소방시설·피난시설 및 방화시설의 점검·정비계획
  ㉤ 피난층 및 피난시설의 위치와 피난경로의 설정, 화재안전취약자의 피난계획 등을 포함한 피난계획
  ㉥ 방화구획·제연구획·건축물의 내부마감재료 및 방염대상물품의 사용현황과 그 밖의 방화구조 및 설비의 유지·관리계획
  ㉦ 소방교육 및 훈련에 관한 계획
  ㉧ 소방안전관리대상물의 근무자 및 거주자의 자위소방대 조직과 대원의 임무에 관한 사항
  ㉨ 화기 취급 작업에 대한 사전 안전조치 및 감독 등 공사 중 소방안전관리에 관한 사항
  ㉩ 관리의 권원이 분리된 특정소방대상물의 소방안전관리에 관한 사항
  ㉪ 소화 및 연소방지에 관한 사항
  ㉫ 위험물의 저장·취급에 관한 사항(예방규정을 정하는 제조소 등 제외)
  ㉬ 소방안전관리에 대한 업무수행에 관한 기록 및 유지에 관한 사항
  ㉭ 화재발생 시 화재경보, 초기소화 및 피난유도 등 초기대응에 관한 사항
  ㉮ 그 밖에 소방본부장 또는 소방서장이 소방안전관리대상물의 위치·구조·설비 또는 관리 상황 등을 고려하여 소방안전관리에 필요하여 요청하는 사항

② [　　　　] 및 초기대응체계의 구성·운영·교육
③ 피난시설, 방화구획 및 방화시설의 관리
④ 소방[　　　] 및 [　　　]
⑤ 소방시설이나 그 밖의 소방관련시설의 관리
⑥ [　　　　]의 감독
⑦ 소방안전관리에 관한 업무수행에 관한 유지(③, ⑤, ⑥의 업무를 말한다)
⑧ 화재발생 시 초기대응
⑨ 그 밖에 소방안전관리에 필요한 업무

---

10 ① 소방계획서 ② 자위소방대 ④ 훈련, 교육 ⑥ 화기취급

■ 자체소방대 [11]

① 다량의 위험물을 저장·취급하는 제조소등으로서 대통령령이 정하는 제조소등이 있는 동일한 사업소에서 대통령령이 정하는 수량 이상의 위험물을 저장 또는 취급하는 경우 당해 사업소의 관계인은 대통령령이 정하는 바에 따라 당해 사업소에 자체소방대를 설치하여야 한다.

② 자체소방대를 설치하여야 하는 사업소
  ㉠ 제조소 또는 일반취급소에서 취급하는 제4류 위험물의 최대수량의 합이 지정수량의 [   ]배 이상
  ㉡ 옥외탱크저장소에 저장하는 제4류 위험물의 최대수량이 지정수량의 [   ]배 이상

---

11 ② ㉠ 3천 ㉡ 50만

■ 화학소방차와 자체소방대원 [12]

사업소의 구분	화학소방자동차	자체소방대원의 수
① 제조소 또는 일반취급소에서 취급하는 제4류 위험물의 최대수량의 합이 지정수량의 [ ]배 이상 12만배 미만인 사업소	1대	[ ]인
② 제조소 또는 일반취급소에서 취급하는 제4류 위험물의 최대수량의 합이 지정수량의 12만배 이상 [ ]배 미만인 사업소	[ ]대	10인
③ 제조소 또는 일반취급소에서 취급하는 제4류 위험물의 최대수량의 합이 지정수량의 24만배 이상 [ ]배 미만인 사업소	3대	[ ]인
④ 제조소 또는 일반취급소에서 취급하는 제4류 위험물의 최대수량의 합이 지정수량의 [ ]배 이상인 사업소	4대	[ ]인
⑤ 옥외탱크저장소에 저장하는 제4류 위험물의 최대수량이 지정수량의 [ ]배 이상인 사업소	[ ]대	10인

12 ① 3천, 5 ② 24만, 2 ③ 48만, 15 ④ 48만, 20 ⑤ 50만, 2

(3) 소방 관련 단체

■ 대한소방공제회 [13]
[   ]년에 설립되었으며 대한소방공제회법은 [   ]년도에 신설되었다. 임원은 이사장 1명, 이사 4명 및 감사 2명을 두되 이사장 및 상임이사는 퇴직한 소방공무원 중에서 임명하고 감사는 현직 소방공무원으로 구성된다.

■ 한국소방안전원 [14]
① 설립목적
  ㉠ 소방기술과 안전관리기술의 향상 및 홍보
  ㉡ 교육훈련 등 행정기관이 위탁하는 업무수행
  ㉢ 소방관계 종사자의 기술향상
② 성격: 비영리단체로 [   ]법인으로 한다.
③ 업무
  ㉠ 소방기술과 안전관리에 관한 교육 및 조사·연구
  ㉡ 소방기술과 안전관리에 관한 각종 간행물 발간
  ㉢ 화재 예방과 안전관리의식 고취를 위한 대국민 홍보
  ㉣ 소방업무에 관하여 행정기관이 위탁하는 업무
  ㉤ 소방안전에 관한 국제협력
  ㉥ 그 밖에 회원에 대한 기술지원 등 정관으로 정하는 사항
④ 안전원의 정관: 정관은 소방청장이 [   ]한다.

■ 한국119청소년단 [15]
① 청소년에게 소방안전에 관한 올바른 이해와 안전의식을 함양시키기 위하여 [   ]을 설립한다.
② 한국119청소년단은 [   ]으로 하고, 그 주된 사무소의 소재지에 설립등기를 함으로써 성립한다.
③ 국가나 지방자치단체는 한국119청소년단에 그 조직 및 활동에 필요한 시설·장비를 지원할 수 있으며, 운영경비와 시설비 및 국내외 행사에 필요한 경비를 보조할 수 있다.

---

13 1984, 1991
14 ② 재단 ④ 인가
15 ① 한국119청소년단 ② 법인

■ 소방박물관 및 체험관 [16]

구분	설립·운영권자	근거법률
① 소방박물관	㉠ [ ]	㉡ [ ]
② 소방체험관	㉢ [ ]	㉣ [ ]

③ 소방박물관에는 그 운영에 관한 중요한 사항을 심의하기 위하여 [   ]인 이내의 위원으로 구성된 운영위원회를 둔다.

④ 소방체험관은 [   ]에서의 피난 등을 체험할 수 있는 것을 말한다.

---

16 ① ㉠ 소방청장, ㉡ 행정안전부령 ② ㉢ 시·도지사, ㉣ 시·도 조례 ③ 7 ④ 화재현장

06 소방인사

DAY 05

■ 인사용어의 정의(국가공무원법 제5조) [1]

① "[   ]"란 1명의 공무원에게 부여할 수 있는 직무와 책임을 말한다.
   ex 소방청장, 소방정책국장, 소방서장, 소방행정과장, 119안전센터장

② "[   ]"이란 직무의 종류·곤란성과 책임도가 상당히 유사한 직위의 군을 말한다. (통상적으로 소방공무원의 경우 계급을 의미한다)
   ex 소방정, 소방위, 소방교, 소방사

③ "[   ]"이란 직위를 직급 또는 직무등급에 배정하는 것을 말한다.
   ex 119안전센터장이란 직위를 소방경이라는 계급에 배정

④ "[   ]"이란 같은 직렬 내에서 하위 직급에 임명하거나 또는 하위 직급이 없어 다른 직렬의 하위 직급으로 임명하거나 고위공무원단에 속하는 일반직 공무원을 고위공무원단 직위가 아닌 하위 직위에 임명하는 것을 말한다. 다만, 소방공무원법 제2조에서는 "소방공무원을 동종의 직무 내에서 하위의 직위에 임명하는 것"으로 정의하고 있다.

⑤ "[   ]"이란 **직렬을 달리하는** 임명을 말한다.

⑥ "[   ]"란 같은 직급 내에서의 보직 변경 또는 고위공무원단 직위 간의 보직 변경을 말한다. 다만, 소방공무원법 제2조에서는 "소방공무원의 동일 직위 및 자격 내에서의 근무기관이나 부서를 달리하는 임용"으로 정의하고 있다.

⑦ "[   ]"이란 직무의 성질이 유사한 **직렬의 군**을 말한다.
   ex 행정직군, 기술직군

⑧ "[   ]"이란 직무의 종류가 유사하고 그 책임과 곤란성의 정도가 다른 직급의 군을 말한다.
   ex 행정직렬, 세무직렬

⑨ "[   ]"란 같은 **직렬 내에서 담당 분야가 같은 직무의 군**을 말한다.
   ex 일반행정, 법무행정, 교육행정(※ 직류 < 직렬 < 직군)

---

[1] ① 직위(職位) ② 직급(職級) ③ 정급(定級) ④ 강임(降任) ⑤ 전직(轉職) ⑥ 전보(轉補) ⑦ 직군(職群) ⑧ 직렬(職列) ⑨ 직류(職類)

■ 인사행정의 이념 [2]

① [　　　　]
일반적으로 비용최소화 측면에서의 **경제성**(economy), 투입-산출 비율로서의 **능률성**(efficiency), 목표달성도를 의미하는 **효과성**(effectiveness)을 모두 함축하는 의미이다. **생산성**(procuctivity)과 유사한 개념으로 이해할 수 있다.

② [　　　　]
우선 대표기관(대통령・입법부)을 통해 국민의 뜻에 따르도록 만드는 것이다. 국민의 의사는 대표기관을 통해 수립되고 법으로 제도화되는 절차를 밟는다. 따라서 인사행정의 [　　]이란 입법부가 만든 법과 대통령의 명령을 따르는 합법성을 의미하기도 한다.

③ [　　　　]
소극적으로는 인종, 성별, 연령, 출신지역 등에 상관없이 동등한 기회를 부여하는 것을 의미한다. 한편 적극적인 의미로는 과거로부터 누적되어 온 차별을 보상하기 위하여 그 동안 불이익을 받아 온 집단에 더 큰 혜택을 부여하는 것을 말한다.

④ [　　　　　　　]
정부나 상관의 자의적인 판단에 의하여 공무원이 불이익을 받는 일이 없도록 하여야 한다. 소극적으로는 신분상의 불이익과 같은 권익침해를 받지 않아야 하고, 적극적으로는 법적인 측면뿐만 아니라 경제적・사회적・심리적 측면에서 인간다운 삶을 향유할 수 있도록 하는 것이다.

■ 소방공무원의 지위

① 소방공무원은 경력직 중 [　　] 공무원이다. [3]

② 소방공무원에 관하여 국가공무원법에 우선하여 적용되는 소방공무원법은 소방공무원의 책임 및 직무의 중요성과 신분 및 근무조건의 특수성을 고려하여 그 임용, 교육훈련, 복무, 신분보장 등에 관하여 국가공무원법에 대한 특례를 규정하고 있다.

---

2 ① 효율성 ② 민주성, 민주성 ③ 형평성 ④ 공무원의 권익보호
3 ① 특정직

소방공무원의 계급 구분 [4]

소방사	소방교	소방장	소방위	소방경	소방령	소방정	소방준감	소방감	소방정감	소방총감
소방공무원											
승진 시 요구되는 최저근무연수								
1년	1년	1년	1년	2년	2년	3년				
근속승진 소요기간				계급정년					
① [　]	② [　]	③ [　]	④ [　]		⑤ [　]	⑥ [　]	⑦ [　]	⑧ [　]		
(소방경까지 자동승진)								
소방경 이하 임용: 소방청장이 임용				소방령 이상 임용: 소방청장 제청 → 국무총리 경유 → 대통령 임용				대통령 임명		
소방장 이하 시보기간: ⑨ [　]			소방위 이상 시보기간: ⑩ [　]							

소방공무원의 정년 [5]

① 연령 정년: [　]세

② 계급 정년
  ㉠ 소방감: 4년
  ㉡ 소방준감: 6년
  ㉢ 소방정: [　]년
  ㉣ 소방령: 14년

③ 계급정년을 산정할 때에는 근속 여부와 관계없이 소방공무원 또는 경찰공무원으로서 그 계급에 상응하는 계급으로 근무한 연수를 포함한다.

④ 징계로 인하여 강등(소방경으로 강등된 경우를 포함한다)된 소방공무원의 계급정년은 ②에도 불구하고 다음 각 호에 따른다.
  ㉠ 강등된 계급의 계급정년은 강등되기 전 계급 중 가장 높은 계급의 계급정년으로 한다.
  ㉡ 계급정년을 산정할 때에는 강등되기 전 계급의 근무연수와 강등 이후의 근무연수를 합산한다.

⑤ 소방청장은 전시·사변 기타 이에 준하는 비상사태하에서는 [　]년의 범위 안에서 계급정년을 연장할 수 있다. 이 경우 소방령 이상의 소방공무원에 대하여는 행정안전부장관의 제청으로 국무총리를 경유하여 대통령의 승인을 얻어야 한다.

⑥ 소방공무원은 그 정년에 달한 날이 1월에서 6월 사이에 있는 경우에는 6월 30일에, 7월에서 12월 사이에 있는 경우에는 12월 31일에 각각 당연퇴직된다.

---

[4] ① 4년 ② 5년 ③ 6년 6개월 ④ 8년 ⑤ 14년 ⑥ 11년 ⑦ 6년 ⑧ 4년 ⑨ 6개월 ⑩ 1년
[5] ① 60 ② 11 ⑤ 2

■ 소방공무원인사위원회 [6]

① 설치장소

[   ]에 소방공무원인사위원회를 둔다. 다만, 시·도지사가 임용권을 행사하는 경우에는 시·도에 인사위원회를 둔다.

② 인사위원회의 기능
　㉠ 소방공무원의 인사행정에 관한 방침과 기준 및 기본계획에 관한 사항
　㉡ 소방공무원의 인사에 관한 법령의 제정·개정 또는 폐지에 관한 사항
　㉢ 그 밖에 소방청장과 시·도지사가 해당 인사위원회의 회의에 부치는 사항

③ 인사위원회의 구성 및 회의
　㉠ 인사위원회는 위원장을 포함한 [   ]인 이상 [   ]인 이하의 위원으로 구성
　㉡ 위원장
　　　소방청: [   ]
　　　시·도: [   ]
　㉢ 회의는 재적위원 3분의 2 이상의 출석과 출석의원 과반수 찬성으로 의결

6 ① 소방청 ③ ㉠ 5, 7 ㉡ 소방청차장, 소방본부장

07 소방승진

■ 승진임용의 방법 [1]

소방공무원 승진임용은 심사승진임용, 시험승진임용, 특별승진임용과 근속승진제로 구분되며, 법령에 규정하지 아니한 승진임용방법으로 임용권자 재량에 의한 승진방법이 있다.

① 임용권자 임의선발에 의한 승진임용

　　[　　　] 이상 계급에의 승진임용이다.

② 승진심사에 의한 승진임용

　　[　　　] 이하 계급에의 승진임용이다.

③ 승진심사와 승진시험을 병행한 승진임용

　　[　　　] 이하 계급에의 승진임용이다.

④ 특별유공자 등의 특별승진(소방공무원법 제17조)

　1) 1계급 특별승진

　　㉠ [　　　]으로서 순직한 사람
　　㉡ 청렴하고 투철한 봉사 정신으로 직무에 모든 힘을 다하여 공무 집행의 공정성을 유지하고 깨끗한 공직 사회를 구현하는 데에 다른 공무원의 귀감(龜鑑)이 되는 자
　　㉢ 직무수행능력이 탁월하여 행정 발전에 큰 공헌을 한 자
　　㉣ 제안의 채택·시행으로 국가 예산을 절감하는 등 행정 운영 발전에 뚜렷한 실적이 있는 자
　　㉤ 재직 중 공적이 특히 뚜렷한 자가 [　　]할 때

　2) 2계급 특별승진

　　[　　] 이하의 소방공무원으로서 모든 소방공무원의 귀감이 되는 공을 세우고 순직한 사람

　3) 특별승진의 계급 범위(소방공무원 승진임용 규정 제39조)

　　㉠ 소방령 이하 계급으로의 승진
　　　ⓐ 청렴과 봉사정신으로 직무에 정려하여 다른 공무원의 귀감이 되는 공적이 있다고 인정되는 사람
　　　ⓑ 직무수행능력이 탁월하여 소방행정발전에 지대한 공헌실적이 있다고 임용권자가 인정하는 사람

---

[1] ① 소방감 ② 소방준감 ③ 소방령 ④ 1) ㉠ 소방공무원 ㉤ 명예퇴직 2) 소방위

ⓒ 포상을 받은 사람
ⓛ 소방정감 이하 계급으로의 승진
[   ] 이상 근속하고 정년퇴직일 전 [   ] 이상의 기간 중 자진하여 퇴직하는 사람으로서 재직 중 특별한 공적이 있다고 인정되는 사람

⑤ 근속승진제
소방교, 소방장, 소방위, 소방경으로 근속승진 임용된다.
  ㉠ 근속승진대상자
  • 소방사 [   ]년 이상 재직자
  • 소방교 [   ]년 이상 재직자
  • 소방장 [   ]년 [   ]개월 이상 재직자
  • 소방위 [   ]년 이상 재직자

■ 최저근무연수에 산입하지 아니하는 기간 2
① [   ]기간, 직위해제기간, 징계처분기간
② 승진임용의 제한기간
  – 징계처분의 집행이 끝난 날부터 다음 각 목의 기간(징계처분과 소극행정, 음주운전(음주측정에 응하지 않은 경우를 포함한다), 성폭력, 성희롱 또는 성매매로 인한 징계처분의 경우에는 각각 6개월을 더한 기간)이 지나지 아니한 사람
  ㉠ 강등·정직: [   ]개월
  ㉡ 감봉: [   ]개월
  ㉢ 견책: [   ]개월

■ 승진에서 동점자 우선순위 3
① [   ]이 높은 사람
② 해당 계급에서 장기근무한 사람
③ 해당 계급의 바로 하위 계급에서 장기근무한 사람
④ 소방공무원으로 [   ] 사람

---

3) ㉡ 20년, 1년 ⑤ 4, 5, 6, 6, 8
2 ① 휴직 ② ㉠ 18 ㉡ 12 ㉢ 6
3 ① 근무성적평정점 ④ 장기근무한

08 소방공무원의 징계

■ 징계처분의 종류 [1]

징계의 종류는 파면, 해임, 강등, 정직, 감봉, 견책 6가지가 있으며, 중징계는 파면, 해임, 강등, 정직이 있고 경징계는 감봉과 견책이 있다. 또한 신분은 유지하나 이익 일부를 제한하는 교정징계는 강등, 정직, 감봉, 견책이 있으며, 신분을 배제하는 배제징계는 파면과 해임이 있다. 훈계, 경고, 계고, 엄중주의, 권고 등은 징계의 종류는 아니다.

① 견 책
   잘못된 행동에 대해 훈계하고 회개하게 하는 처분으로, 가장 가벼운 징계에 해당되지만 공식적인 징계절차를 거쳐 처분하고 그 결과를 인사기록에 기재한다.

② 감 봉
   1개월 이상 3개월 이하의 기간 동안 보수의 [　　]을 삭감하여 지급하는 것이다.

③ 정 직
   1개월 이상 3개월 이하의 기간 동안 공무원의 신분은 보유하지만 직무에 종사할 수 없도록 하는 것이다. 정직기간 중 보수의 [　　]을 삭감한다.

④ 강 등
   직급을 1단계 강등, 신분 보유, [　]개월의 직무정지, 강등기간 중 **보수의** [　　]을 삭감한다.

⑤ 해 임
   공무원 신분을 상실하게 하는 처분이며, 해임 후 [　]년 내에는 공무원으로 재임용될 수 없지만 연금법상의 불이익은 없다.

⑥ 파 면
   공무원 신분을 상실하게 하는 처분이며, [　]년 내에는 공무원으로 재임용될 수 없고, **퇴직급여액의** [　　]을 삭감하는 가장 무거운 벌이다.

---

1 ② 1/3 ③ 전액 ④ 3, 전액 ⑤ 3 ⑥ 5, 1/2

■ 징계위원회 [2]

① [　　　] 이상의 소방공무원에 대한 징계의결은 [　　　] 소속으로 설치된 징계위원회에서 한다.

② [　　　　] 이하의 소방공무원에 대한 징계의결을 하기 위하여 소방청 및 대통령령으로 정하는 소방기관에 소방공무원 징계위원회를 둔다.

③ 징계위원회의 관할
  ㉠ 소방청 소속 소방정 이하의 소방공무원에 대한 징계 또는 징계부가금(이하 "징계등"이라 한다) 사건
  ㉡ 소방청 소속기관의 소방공무원에 대한 다음 각 목의 구분에 따른 징계등 사건
    ⓐ 국립소방연구원 소속 소방공무원에 대한 다음의 어느 하나에 해당하는 징계등 사건
      1) 소방정에 대한 징계등 사건
      2) 소방령 이하 소방공무원에 대한 중징계 또는 중징계 관련 징계부가금(이하 "중징계등"이라 한다) 요구사건
    ⓑ 소방청 소속기관(국립소방연구원은 제외한다) 소속 소방공무원에 대한 다음의 어느 하나에 해당하는 징계등 사건
      1) 소방정 또는 소방령에 대한 징계등 사건
      2) 소방경 이하 소방공무원에 대한 중징계등 요구사건
    ⓒ 소방정인 지방소방학교장에 대한 징계등 사건
  ㉢ 중앙소방학교, 중앙119구조본부 및 국립소방연구원, 각 소방기관별 징계위원회는 다음 각 호의 구분에 따른 징계 또는 징계부가금 부과 사건을 심의·의결한다.
    ⓐ 중앙소방학교 및 중앙119구조본부에 설치된 징계위원회: 소속 소방경 이하의 소방공무원에 대한 징계등 사건
    ⓑ 국립소방연구원에 설치된 징계위원회: 소속 소방령 이하의 소방공무원에 대한 징계등 사건
  ㉣ 시·도에 설치된 징계위원회는 시·도지사가 임용권을 행사하는 소방공무원에 대한 징계 또는 징계등 사건을 심의·의결한다.
  ㉤ 지방소방학교, 서울종합방재센터, 소방서, 119특수대응단 및 소방체험관, 각 소방기관별 징계위원회는 소속 소방위 이하의 소방공무원에 대한 징계등 사건을 심의·의결한다.

④ 징계위원회의 구성
  ㉠ ③의 ㉠, ㉡에 따른 징계위원회: 위원장 1명을 포함하여 [　]명 이상 [　]명 이하의 위원
  ㉡ ③의 ㉢부터 ㉤까지에 따른 징계위원회: 위원장 1명을 포함하여 [　]명 이상 [　]명 이하의 위원

---

2 ① 소방준감, 국무총리 ② 소방정 ④ ㉠ 17, 33 ㉡ 9, 15

09 소방재정

■ **소방재원의 원천**

소방재원 조달은 나라별로 여러 가지 수단이 활용되고 있으며, 일반적으로 일반재원과 중앙정부의 이전재원, 화재보험에 부과하는 조세 등이 있다.

■ **소방재원의 유형** [1]

① 일반재원으로 **지방세, 지방교부세** 등
우리나라는 광역행정체제이므로 일반재원인 지방세와 지방교부세가 많은 부분을 차지한다.

② 특정재원으로서 **(소방)지역자원시설세 수입**
공공시설에 필요한 경비를 충당하기 위하여 시설로 인한 이익을 받은 자에게 부과하는 세목이다.

③ 특정재원으로서 **국고보조금**
　㉠ 국고보조금 관련 법령체계
　　소방기본법 제9조 제1항에서 "국가는 소방장비의 구입 등 시·도의 소방업무에 필요한 경비의 일부를 보조한다."고 규정하고 동법 제2항에서 보조 대상사업의 [　　]와 [　　　　]을 소방기본법 시행령(대통령령)에 위임하고 있다. 소방기본법 시행령에서는 보조대상사업범위를 정하고 기준보조율에 관하여 다시 「보조금 관리에 관한 법률 시행령」(대통령령)에 위임하고 있다. 소방기본법 **시행규칙(행정안전부령)**에서는 보조대상사업 중 소방활동장비 및 설비의 [　　] 및 [　　]을 규정하고 국고보조금 산정을 위한 [　　　]을 규정하고 있다. 「보조금 관리에 관한 법률 시행령」에서는 보조대상사업과 그에 대응하는 기준보조율을 구체적으로 규정하고 있다.

　㉡ 국고보조대상사업의 범위
　　ⓐ 소방활동장비와 설비의 구입 및 설치
　　　• 소방자동차
　　　• 소방헬리콥터 및 소방정
　　　• 소방전용통신설비 및 전산설비
　　　• 그 밖에 **방화복** 등 소방활동에 필요한 소방장비(주의 방열복✕)
　　ⓑ 소방관서용 청사의 건축

---

[1] ③ ㉠ 범위, 기준보조율, 종류, 규격, 기준가격

ⓒ 국고보조대상사업의 기준보조율
제4조 제1항 및 별표 1에서 소방 관련 국고보조대상사업의 기준보조율과 관련하여 "119 구조장비 확충 – 50%"라고 규정하고 있다.
ⓔ 국고보조산정을 위한 기준가격
- 국내조달품: **정부고시가격**
- 수입물품: 조달청에서 조사한 해외시장의 시가
- 정부고시가격 또는 조달청에서 조사한 해외시장의 시가가 없는 물품: 2 이상의 공신력 있는 물가조사기관에서 조사한 가격의 **평균가격**
ⓜ 기 타
- 소방순찰차, 소방의복, A4용지는 국고보조 대상이 아니다.
- 소방관서용 청사의 국가보조 기준가격은 행정안전부령으로 정하지 않는다.

02 소방기능 〔김동준소방〕

01 화재진압의 의의

■ 국민의 생명과 신체 및 재산을 보호함으로써 공공의 안녕 및 질서를 유지하고 복지증진을 이바지하기 위한 모든 소방활동을 말한다.

■ 소방지원활동 및 생활안전활동 [1]
① 소방청장·소방본부장 또는 소방서장은 공공의 안녕질서 유지 또는 복리증진을 위하여 필요한 경우 소방활동 외에 ㉠ 산불에 대한 예방·진압 등 지원활동, ㉡ 자연재해에 따른 급수·배수 및 제설 등 지원활동, ㉢ 집회·공연 등 각종 행사 시 사고에 대비한 근접대기 등 지원활동, ㉣ 화재, 재난·재해로 인한 피해복구 지원활동을 하게 [　　　　　](소방기본법 제16조의2).
② 소방청장·소방본부장 또는 소방서장은 신고가 접수된 생활안전 및 위험제거 활동(화재, 재난·재해, 그 밖의 위급한 상황에 해당하는 것은 제외한다)에 대응하기 위하여 소방대를 출동시켜 ㉠ 붕괴, 낙하 등이 우려되는 고드름, 나무, 위험 구조물 등의 제거활동, ㉡ 위해동물, 벌 등의 포획 및 퇴치 활동, ㉢ 끼임, 고립 등에 따른 위험제거 및 구출 활동, ㉣ 단전사고 시 비상전원 또는 조명의 공급, ㉤ 그 밖에 방치하면 급박해질 우려가 있는 위험을 예방하기 위한 활동을 하게 [　　　　]

---

1 ① 할 수 있다. ② 하여야 한다.

02 소방력

■ 소방력은 소방활동을 할 수 있는 소방의 힘으로서 소방의 3요소인 [   ], [   ], [   ]이다. 1

■ 소방대원 2

① 지휘자
일반적으로 소방서장이 지정하는 [   ] 이상의 계급이 있는 자를 지휘자로 한다.

② 대 원
소방활동시에는 신속성과 정확성이 동반된 대원이 필요로 하며, 지휘자의 지시와 명령에 따라 행동하여야 한다. 또한 체력과 정신력 및 소방에 대한 지식이 있어야 한다.

---

1 인원, 장비, 소방용수
2 ① 소방장

■ 장비 [3]

① [   ]장비: 자체에 동력원이 부착되어 자력으로 이동하거나 견인되어 이동할 수 있는 장비
- 종류: 소방자동차, 행정지원차, 소방선박, 소방항공기

② 화재진압장비: 화재진압활동에 사용되는 장비
- 종류: 소화용수장비, 간이소화장비, 소화보조장비, 배연장비, 소화약제, 원격장비

③ 구조장비: 구조활동에 사용되는 장비
- 종류: 일반구조장비, 산악구조장비, 수난구조장비, 화생방 및 대테러 구조장비, 절단구조장비, 중량물 작업장비, 탐색구조장비, 파괴장비

④ 구급장비: 구급활동에 사용되는 장비
- 종류: 환자평가장비, 응급처치장비, 환자이송장비, 구급의약품, 감염방지장비, 활동보조장비, 재난대응장비, 교육실습장비

⑤ [   ]장비: 소방업무 수행을 위한 의사전달 및 정보교환·분석에 필요한 장비
- 종류: 기반보호장비, 정보처리장비, 위성통신장비, 무선통신장비, 유선통신장비

⑥ 측정장비: 소방업무 수행에 수반되는 각종 조사 및 측정에 사용되는 장비
- 종류: 소방시설 점검장비, 화재조사 및 감식장비, 공통측정장비, 화생방 등 측정장비

⑦ 보호장비: 소방현장에서 소방대원의 신체를 보호하는 장비
- 종류: 호흡장비, 보호장구, 안전장구

⑧ [   ]장비: 소방업무 수행을 위하여 간접 또는 부수적으로 필요한 장비
- 종류: 기록보존장비, 영상장비, 정비기구, 현장지휘소 운영장비, 그 밖의 보조장비

[3] ① 기동 ⑤ 정보통신 ⑧ 보조

■ 소방용수 [4]

① 설치 및 유지관리자
소방활동에 필요한 소방용수시설(소화전, 저수조, 급수탑)은 [   ]가 설치·유지관리하고, [   ]의 규정에 의해 설치하는 일반수도사업자는 관할 소방서장과 사전협의를 거친 후 소화전을 설치하여야 하며, 설치 사실을 관할 소방서장에게 통지하고, 그 소화전을 유지·관리하여야 한다.

② 소방용수표지
  ㉠ 지하에 설치하는 소화전 또는 저수조의 경우 소방용수표지
    ⓐ 맨홀뚜껑은 지름 [   ]밀리미터 이상의 것으로 해야 한다.
    ⓑ 맨홀뚜껑에는 "소화전·주정차금지" 또는 "저수조·주정차금지"의 표시를 해야 한다.
    ⓒ 맨홀뚜껑 부근에 [   ]반사도료로 폭 [   ]센티미터의 선을 그 둘레를 따라 칠해야 한다.
  ㉡ 지상에 설치하는 소화전, 저수조 및 급수탑의 경우 소방용수표지
    ⓐ 안쪽 문자는 [   ], 바깥쪽 문자는 [   ]으로, 안쪽 바탕은 [   ], 바깥쪽 바탕은 [   ]으로 하고, 반사재료를 사용해야 한다.

③ 소방용수시설의 설치기준
  ㉠ 공통기준
    ⓐ 주거지역·상업지역 및 공업지역에 설치하는 경우: 소방대상물과의 **수평거리를** [   ]미터 이하가 되도록 한다.
    ⓑ ⓐ 외의 지역에 설치하는 경우: 소방대상물과의 **수평거리를** [   ]미터 이하가 되도록 한다.
  ㉡ 소방용수시설별 설치기준
    ⓐ 소화전의 설치기준: **상수도**와 연결하여 지하식 또는 지상식의 구조로 하고, 소방용 호스와 연결하는 소화전의 연결금속구의 구경은 [   ]밀리미터로 해야 한다.
    ⓑ 급수탑의 설치기준: 급수배관의 구경은 [   ]밀리미터 이상으로 하고, 개폐밸브는 지상에서 [   ]미터 이상, [   ]미터 이하의 위치에 설치하도록 해야 한다.

---

[4] ① 시·도지사, 수도법 ② ㉠ ⓐ 648 ⓒ 노란색, 15 ㉡ ⓐ 흰색, 노란색, 붉은색, 파란색
③ ㉠ ⓐ 100 ⓑ 140 ㉡ ⓐ 65 ⓑ 100, 1.5, 1.7

ⓒ 저수조의 설치기준
  ⓐ 지면으로부터의 낙차가 [　　]미터 이하로 해야 한다.
  ⓑ 흡수부분의 수심이 [　　]미터 이상으로 해야 한다.
  ⓒ 소방펌프자동차가 쉽게 접근할 수 있도록 해야 한다.
  ⓓ 흡수에 지장이 없도록 토사 및 쓰레기 등을 제거할 수 있는 설비를 갖추어야 한다.
  ⓔ 흡수관의 투입구가 사각형의 경우에는 한 변의 길이가 [　　]센티미터 이상, 원형의 경우에는 지름이 [　　]센티미터 이상으로 해야 한다.
  ⓕ 저수조에 물은 상수도에 연결하여 자동으로 급수되는 구조로 해야 한다.

④ 소방용수시설 및 지리조사
  ㉠ [　　　　] 또는 [　　　　]은 원활한 소방활동을 위하여 조사를 월 [　　]회 이상 실시하여야 한다.
  ㉡ 지리조사 대상은 소방용수시설, 소방대상물에 인접한 도로의 폭·교통상황·도로주변의 토지의 고저·건축물의 개황, 그 밖의 소방활동에 필요한 지리에 대한 조사이다.
  ㉢ 지리조사 결과서는 [　　]년간 보관이다.
  ㉣ 소방용수시설을 정당한 사유 없이 사용하거나 효용을 해하였을 시는 [　　]년 이하의 징역이나 [　　　　]이하의 벌금을 부과할 수 있다.

ⓒ ⓐ 4.5 ⓑ 0.5 ⓔ 60, 60 ④ ㉠ 소방본부장, 소방서장, 1 ㉢ 2 ㉣ 5, 5천만 원

화재예방강화지구 [5]

① 화재예방강화지구의 지정권자는 [   ]이다.

② 지정대상지역
  ㉠ [   ]지역
  ㉡ 공장・창고가 밀집한 지역
  ㉢ 목조건물이 밀집한 지역
  ㉣ [   ]이 밀집한 지역
  ㉤ 위험물의 저장 및 처리시설이 밀집한 지역
  ㉥ [   ]을 생산하는 공장이 있는 지역
  ㉦ 소방시설・소방용수시설 또는 소방출동로가 없는 지역
  ㉧ [   ]단지
  ㉨ 물류단지
  ㉩ ㉠~㉨에 준하는 지역으로서 소방관서장이 화재예방강화지구로 지정할 필요가 있다고 인정하는 지역

③ 화재안전조사의 실시
  ㉠ 소방관서장은 화재예방강화지구 안의 소방대상물의 위치・구조 및 설비 등에 대한 화재안전조사를 연 [   ]회 이상 실시하여야 한다.
  ㉡ 화재안전조사를 정당한 사유 없이 거부・방해 또는 기피한 자는 [   ]만원 이하의 벌금에 처한다.
  ㉢ 화재안전조사를 한 결과 화재의 예방강화를 위하여 필요하다고 인정할 때에는 관계인에게 소화기구, 소방용수시설 또는 그 밖에 소방에 필요한 설비(소방설비 등)의 설치(보수, 보강을 포함한다)를 명할 수 있다.
  ㉣ 소방설비 등의 설치 명령을 정당한 사유 없이 따르지 아니한 자는 200만원 이하의 과태료를 부과한다.

④ 소방상 필요한 훈련 및 교육 실시
  ㉠ 명령권자는 소방관서장이다.
  ㉡ 명령대상은 화재예방강화지구 안의 관계인이다.
  ㉢ 횟수는 연 [   ]회 이상이다.
  ㉣ 통보는 훈련 또는 교육 [   ]일 전까지 통보한다.

---

5 ① 시・도지사 ② ㉠ 시장 ㉣ 노후・불량건축물 ㉥ 석유화학제품 ㉧ 산업 ③ ㉠ 1 ㉡ 300 ④ ㉢ 1 ㉣ 10

■ 소방신호의 종류 [6]

① [　　]신호: 화재예방상 필요하다고 인정되거나, 「화재의 예방 및 안전관리에 관한 법률」 제20조의 규정에 의한 화재위험경보 시 발령
② [　　]신호: 화재가 발생한 때 발령
③ [　　]신호: 소화활동이 필요없다고 인정되는 때 발령
④ [　　]신호: 훈련상 필요하다고 인정되는 때와 비상소집 시 발령

■ 소방신호의 방법 [7]

종별 \ 방법	타종신호	사이렌신호
① 경계신호	[　]타와 [　]타를 반복	[　]초 간격을 두고 [　]초씩 [　]회
② 발화신호	난타	[　]초 간격을 두고 [　]초씩 [　]회
③ 해제신호	상당한 간격을 두고 1타씩 반복	1분간 1회
④ 훈련신호	[　]타 반복	[　]초 간격을 두고 [　]분씩 [　]회

6　① 경계 ② 발화 ③ 해제 ④ 훈련
7　① 1, 연2, 5, 30, 3 ② 5, 5, 3 ④ 연3, 10, 1, 3

03 소방활동의 법적 근거

■ 긴급조치권 [1]

① 강제처분권자

강제처분권자는 [   ]·[   ] 또는 [   ]이 하며, 강제처분은 즉시 강제에 해당한다. 그렇기 때문에 강제처분시에는 비례의 원칙, 즉 엄격한 법적 근거가 필요하다.

② 강제처분의 대상

화재가 발생하거나 불이 번질 우려가 있는 소방대상물, 토지 또는 그 외의 소방대상물과 토지에 한한다.

③ 소방활동 장애물의 제거

소방활동을 위하여 긴급하게 출동하는 때, 통행과 소방활동에 방해가 되는 주차 또는 정차 차량 및 물건 등을 제거 또는 이동할 수 있다.

④ 손실보상

손실보상은 강제처분으로 인하여 손실을 받은 자가 있는 경우에 그 손실을 보상(법령을 위반하여 소방자동차의 통행과 소방활동에 방해가 된 경우에는 제외)한다.

■ 우선조치권 [2]

① 우선통행

㉠ 우선통행 방해 금지: 모든 차와 사람은 소방자동차가 화재진압 및 구조·구급활동을 위하여 출동을 하는 때에는 이를 방해하여서는 안 되는데, 방해했을 시에는 [   ]년 이하의 징역 또는 [   ] 이하의 벌금에 처한다.

㉡ 우선통행에 대해서 적용 법률은 [   ]법에 따른다.

㉢ 화재진압 및 구조·구급활동을 위하여 출동, 훈련 등 필요한 때에는 사이렌 사용이 가능하다.

② 긴급통행

긴급할 때는 일반적인 통행에 쓰이지 아니한 도로·빈터 또는 물 위로 통행 가능하다.

---

1 ① 소방본부장, 소방서장, 소방대장
2 ① ㉠ 5, 5천만 원 ㉡ 도로교통

■ 현장활동권 3

① 소방활동구역의 설정자는 [   ]이다.

② 출입할 수 있는 자
  ㉠ 소방활동구역 안에 있는 소방대상물의 관계인(소유자·관리자 또는 점유자)이다.
  ㉡ 전기·가스·수도·통신·교통의 업무에 종사하는 자로서 원활한 소방활동을 위하여 필요한 자이다.
  ㉢ 의사·간호사 그 밖의 구조·구급업무에 종사하는 자이다.
  ㉣ 취재인력 등 보도업무에 종사하는 자이다.
  ㉤ 수사업무에 종사하는 자이다.
  ㉥ 그 밖에 [   ]이 소방활동을 위하여 출입을 허가한 자이다.

■ 소방업무의 응원 4

① 소방본부장이나 소방서장은 소방활동을 할 때에 긴급한 경우에는 이웃한 소방본부장 또는 소방서장에게 소방업무의 응원(應援)을 요청할 수 있다.

② 소방업무의 응원 요청을 받은 소방본부장 또는 소방서장은 정당한 사유 없이 그 요청을 거절하여서는 안 된다.

③ 소방업무의 응원을 위하여 파견된 소방대원은 응원을 요청한 소방본부장 또는 소방서장의 지휘에 따라야 한다.

④ [   ]는 소방업무의 응원을 요청하는 경우를 대비하여 출동 대상지역 및 규모와 필요한 경비의 부담 등에 관하여 필요한 사항을 [   ]으로 정하는 바에 따라 이웃하는 [   ]와 협의하여 미리 규약(規約)으로 정하여야 한다.

---

3 ① 소방대장 ② ㉥ 소방대장
4 ④ 시·도지사, 행정안전부령, 시·도지사

04 소방전술

■ 유진 마호니의 진화전략의 기본단계 [1]
① 화재 [　　　](Lacating Fire)
② 확대 [　　　](Confining Fire)
③ 화재 [　　　](Extinguishing Fire)

■ 소방전술의 기본원칙 [2]
① 신속대응의 원칙
② [　　　] 최우선의 원칙
③ [　　　] 우위의 원칙
④ [　　　]의 원칙
⑤ [　　　]의 원칙

■ 소방전술의 분류 [3]
① 포위전술: 화원에 노즐을 포위하여 진압하는 전술
② 블록전술: 인근 건물의 화재 확대방지를 위하여 블록의 4방면 중 화재 확대가능한 곳을 동시에 방어하는 전술
③ [　　]전술: 화세에 비해 소방력이 부족하거나 천재지변 등으로 전체 화재현장을 모두 통제할 수 없는 경우, 화재발생장소 주변에 사회적, 경제적 혹은 소방상 중요한 시설 또는 대상물이 있고 이것에 중점을 두어 진압하는 경우 또는 천재지변 등 보통의 전술로는 진압이 곤란한 경우의 전략이다. 예를 들면 대폭발 등으로 다수의 인명보호를 위하여 피난로, 피난예정지 확보작전 등 보다 중점적으로 방어할 필요가 있는 경우에 사용된다.
④ [　　　]전술: 부대가 집중하여 일시에 진화하는 작전 ex) 위험물 옥외저장탱크 화재

---

[1] ① 확인 ② 저지 ③ 진화
[2] ② 인명구조 ③ 선착대 ④ 포위공격 ⑤ 중점주의
[3] ③ 중점 ④ 집중

05 화재진압

■ 화재진압 단계별 활동

① 화재인지: 소방서에 화재 등의 연락을 받은 시점이며, 화재를 인지함으로 소방활동이 시작된다.

② 화재출동: 화재를 인지하고 소방대가 현장에 도착할 때까지를 일반적으로 화재출동이라 한다. 출동의 순서는 **출동지령**, [   ] 선정, [   ] 선정, **출동** 등으로 이루어진다. [1]

③ 현장도착 [2]

  ㉠ 선착대(화재 인지로부터 5분 이내 도착하는 출동대)
  - 인명검색 및 구조활동을 우선시한다.
  - 연소위험이 가장 큰 방면에 포위 부서한다.
  - 화점 근처의 소방용수시설을 점령한다.
  - 사전 경방계획을 충분히 고려하여 행동한다.
  - 재해실태, 인명위험, 소방활동상 위험요인, 확대위험 등을 신속히 상황보고 및 정보를 제공한다.

  ㉡ 후착대
  - 인명구조활동 등 중요임무 수행을 [   ]한다.
  - 화재방어는 인접건물 및 선착대가 진입하지 않는 곳을 우선한다.
  - 급수 및 비화경계, 수손방지 등의 업무를 수행한다.
  - 불필요한 파괴는 하지 않는다.

④ 상황판단

⑤ 인명구조

⑥ 수관연장: 연장순서는 **사다리, 파괴기 운반, 호스연장** 순으로 하여야 한다.

⑦ 노즐배치 [3]

  ㉠ 일반목조건물의 화재 노즐 배치
  연소의 위험이 큰 쪽을 먼저 배치하며, 분무주수 전환이 될 수 있는 것으로 하여야 한다. 또한 방수구는 [   ]구를 원칙으로 한다.

---

1 ② 예정소방용수, 출동로
2 ③ ㉡ 지원
3 ⑦ ㉠ 3

ⓛ 노즐의 우선배치 4
  ⓐ 인접건물로 화재가 확대 위험이 있는 방향에 우선 배치한다.
  ⓑ 도로에 접하지 않는 곳을 우선 배치하여야 하며, 풍횡측 및 풍상측의 순으로 포위하여야 한다. 단, [   ]화재는 풍하측을 우선으로 한다.
  ⓒ 2층 이상의 건물은 위층을 중점으로 하고, 단층일 경우에는 천장 속을 중점으로 한다.
  ⓓ [   ]의 경우는 건물의 풍하측에 우선 배치하고, 풍횡측 및 풍상측 순으로 포위한다.
  ⓔ 대규모건물일 경우 대구경 노즐을 사용한다.

ⓒ 기상조건에 따른 노즐 배치
  ⓐ 풍속이 5m/sec 이상일 때는 [   ]에 [   ]관창을 비치한다.
  ⓑ 풍속이 3m/sec 초과일 때는 [   ]을 중점으로 관창을 비치한다.
  ⓒ 풍속이 3m/sec 이하일 때는 복사열이 큰 방향을 중점으로 관창을 비치한다.
  ⓓ 강풍(약 13m/sec 이상)일 때는 [   ]에 대구경 관창을 비치한다.

⑧ 파괴활동

---

4 ⓛ ⓑ 중앙부 ⓓ 최성기 ⓒ ⓐ 풍하측, 비화경계 ⓑ 풍하측 ⓓ 풍횡측

⑨ 방수활동
  ㉠ 직상주수(봉상주수)
    대량의 물이 필요하고 호스의 반동이 크며, 물로 인한 수손 피해가 크다.
  ㉡ 분무주수
    물을 작은 물방울 또는 안개와 같이 미세하게 흩뿌리는 방식이다.
  ㉢ 주수방법 5
    ⓐ 집중주수
      연소물 또는 인명의 구조를 위한 엄호를 위해 한 곳에 집중적으로 주수하는 것을 말하며 주수목표에 접근하지 않도록 주의한다.
    ⓑ [   ]주수
      연소물이나 연소위험이 있는 장소에 대하여 넓게 관창을 상하, 좌우, 원을 그리듯이 주수하는 방법이다.
    ⓒ 반사주수
      장해물로 인한 주수사각 때문에 주수목표에 직접 주수할 수 없는 경우, 벽, 천장 등에 물을 반사시켜 주수하는 방법이다.
    ⓓ [   ]주수
      주수압력을 약하게 하여 물이 흐르듯이 주수하는 방법으로 건물의 벽 속에 잠재해 있는 화세의 잔화처리 등에 이용한다.
⑩ 진입활동: 연기가 충만하기 쉬운 건축물 화재에서는 급기측으로부터 진입하여야 한다.
⑪ 잔화처리: 잔화처리는 분무주수 또는 저압주수로 하여야 한다.
⑫ 소화활동설비의 활용
  연결송수관설비, 연소방지설비, 연결살수설비, 비상콘센트설비, 무선통신보조설비, 제연설비 등을 이용하여 화재를 진압함으로써 피해를 줄일 수 있다.

---

5 ㉢ ⓑ 확산 ⓓ 유하

06 위험물 제조소 등의 안전관리

■ 위험물제조소등 [1]: 운반소 ×
  ① [   ]: 위험물을 제조할 목적으로 지정수량 이상의 위험물을 취급하기 위하여 허가를 받은 장소
  ② [   ]: 지정수량 이상의 위험물을 저장하기 위하여 저장시설을 갖추고 허가를 받은 장소
  ③ [   ]: 지정수량 이상의 위험물을 제조 외의 목적으로 취급하기 위하여 허가를 받은 장소

■ 위험물허가제도의 의의 [2]
  ① 지정수량 이상의 위험물은 [   ]법으로 정한다.
  ② 지정수량 이상이지만 [   ]일 임시저장 / 지정수량 미만인 위험물의 저장 또는 취급: [   ]로 정한다.
  ③ 관할 소방서장의 승인을 받아 지정수량 이상의 위험물을 임시로 저장, 취급하는 경우 [   ]로 정한다.
  ④ 군부대가 지정수량 이상의 위험물을 군사목적으로 임시로 저장, 취급하는 경우는 [   ] 로 정한다.

■ 위험물시설의 설치 및 변경 [3]
  ① 허가권자: [   ] → 서장에게 위임 가능
  ② 허가시기: 신청사항이 적합한 것으로 인정하는 때
  ③ 변경신고의 대상: 당해 제조소 등에서 저장하거나 취급하는 위험물의 품명·수량 또는 지정수량의 배수를 변경하고자 하는 자
  ④ 신고기간: 변경하고자 하는 날의 [   ]일 전까지 [   ]에게 신고
  ⑤ 허가제외
    ㉠ 주택의 난방시설을 위한 저장소 또는 취급소
    ㉡ 농예용, 축산용 또는 수산용으로 필요한 난방시설 또는 건조시설을 위한 지정수량 [   ]배 이하의 저장소

---

1 ① 제조소 ② 저장소 ③ 취급소
2 ① 위험물안전관리 ② 90, 시·도조례 ③ 시·도조례 ④ 시·도조례
3 ① 시·도지사 ④ 1, 시·도지사 ⑤ ㉡ 20

■ 예방규정 [4]

① 당해 제조소 등의 화재예방과 화재 등 재해발생 시의 비상조치를 위한 목적

② 작성, 변경, 제출의무자: 제조소 등의 [　　　] → [　　　　]에게 제출

③ 예방규정 작성대상
- ㉠ 지정수량의 [　]배 이상의 위험물을 취급하는 [　　]
- ㉡ 지정수량의 [　]배 이상의 위험물을 취급하는 일반[　　]
  → 보일러, 버너, 다시 채워 넣는 것은 대상 ✕
- ㉢ 지정수량의 [　]배 이상의 위험물을 저장하는 [　]서장소
- ㉣ 지정수량의 [　]배 이상의 위험물을 저장하는 [　]저장소
- ㉤ 지정수량의 [　]배 이상의 위험물을 저장하는 [　　]저장소
- ㉥ [　　]저장소
- ㉦ [　　]취급소

■ 1인의 안전관리자 중복 선임할 수 있는 저장소 [5]

① [　]개 이하의 [　]저장소, [　　]저장소, [　　]저장소

② [　]개 이하의 [　　]저장소

③ [　　]탱크저장소, [　　]탱크저장소, [　　]탱크저장소

■ 위험물제조소의 안전거리 [6]

① 50m 이상: [　　]

② [　]m 이상: 학교, 병원급 의료기관, 300명 이상 수용할 수 있는 공연장·영화상영관·유사한 시설, 복지시설, 어린이집, 보호시설로서 20명 이상의 인원을 수용할 수 있는 시설

③ 20m 이상: [　]시설

④ 10m 이상: [　]시설

⑤ 5m 이상: 사용전압 35,000V를 초과하는 특고압가공전선

⑥ 3m 이상: 사용전압 7,000V 초과 35,000V 이하의 특고압가공전선

---

4 ② 관계인, 시·도지사 ③ ㉠ 10, 제조소 ㉡ 10, 취급소 ㉢ 100, 옥외 ㉣ 150, 옥내 ㉤ 200, 옥외탱크 ㉥ 암반탱크 ㉦ 이송

5 ① 10, 옥내, 옥외, 암반탱크 ② 30, 옥외탱크 ③ 옥내, 지하, 간이

6 ① 문화재 ② 30 ③ 가스 ④ 주거

■ 위험물제조소의 보유공지 [7]
  ① 지정수량의 10배 이하: [　]m 이상
  ② 지정수량의 10배 초과: [　]m 이상

■ 위험물제조소의 표지 및 게시판 [8]
  ① 표지 및 게시판 모두: [　]cm × [　]cm (가로세로 상관 ×)
  ② 표지 및 게시판 바탕: 바탕은 [　]색, 문자는 [　]색
  ③ 게시판 기재사항: 유별, 품명, 저장최대수량, 취급최대수량, 위험물안전관리자의 성명 또는 직명, 주의사항

■ 위험물제조소의 제반사항 중 기타 사항 [9]
  ① 환기설비: [　　　]방식 / 급기구는 낮은 곳에
  ② 배출설비: [　　]방식 / 배풍기는 [　　　]방식 / 급기구는 높은 곳에

■ 위험물취급소의 구분(이주일판) [10]
  ① [　　]취급소: 고정된 주유설비, 주유하기 위한 목적
  ② [　　]취급소: 용기에 담아 판매하기 위하여 지정수량 40배 이하
  ③ [　　]취급소: 위험물을 이송하는 장소
  ④ [　　]취급소: 상기 사항 이외의 장소

■ 주유취급소의 구체적 사항 [11]
  ① 주유취급소의 주유공지: 너비 [　]m 이상, 길이 [　]m 이상의 콘크리트 포장
  ② 주유 중 엔진정지 표시방법: [　　]바탕, [　　]문자

---

7 ① 3 ② 5
8 ① 30, 60 ② 백, 흑
9 ① 자연배기 ② 국소, 강제배기
10 ① 주유 ② 판매 ③ 이송 ④ 일반
11 ① 15, 6 ② 황색, 흑색

위험물저장소의 구분 [12]

① [　　] · [　　]저장소

② 탱크: [　　　], [　　　], [　　　], [　　　], [　　　], [　　　] 저장소

탱크안전성능검사 [13]

① 실시권자: [　　　　]

② 검사의 종류

　ㄱ [　　　]검사
　　- 옥외탱크저장소의 액체위험물탱크로 100만 리터 이상인 탱크(특정옥외탱크저장소)에 한함
　　- 신청시기: 위험물탱크의 기초 및 지반에 관한 공사의 개시 전

　ㄴ [　　　]검사
　　- 옥외탱크저장소의 액체위험물탱크로 100만 리터 이상인 탱크에 한함
　　- 신청시기: 탱크본체에 관한 공사의 개시 전

　ㄷ [　　　]검사
　　- 액체위험물을 저장 또는 취급하는 탱크에 한함 / 시·도지사가 면제
　　- 신청시기: 위험물을 저장 또는 취급하는 탱크에 배관 그 밖의 부속설비를 부착하기 전

　ㄹ [　　　]검사
　　- 액체위험물을 저장 또는 취급하는 암반 내의 공간을 이용한 탱크에 한한다.
　　- 신청시기: 암반탱크의 본체에 관한 공사의 개시 전

③ 전부 또는 일부 면제 대상: 탱크안전성능시험자 또는 한국소방산업기술원으로부터 탱크안전성능시험을 받은 경우

---

12 ① 옥내, 옥외 ② 옥내탱크, 옥외탱크, 지하탱크, 간이탱크, 이동탱크, 암반탱크
13 ① 시·도지사 ② ㄱ 기초·지반 ㄴ 용접부 ㄷ 충수·수압 ㄹ 암반탱크

■ 위험물안전관리자 [14]

① 선임의무자: 제조소 등의 [   ]

② 선임대상 제외: 허가 받지 아니하는 제조소등 및 이동탱크저장소

③ 선임·신고
  ㉠ 해임·퇴직한 때: 해임·퇴직한 날부터 [   ]일 이내에 선임
  ㉡ 선임한 때: 선임한 날부터 [   ]일 이내 소방본부장 또는 소방서장에게 신고한다.

④ 제조소등의 관계인이 안전관리자를 해임하거나 안전관리자가 퇴직한 경우 그 관계인 또는 안전관리자는 소방본부장이나 소방서장에게 그 사실을 알려 해임되거나 퇴직한 사실을 확인받을 수 있다.

⑤ 제조소등의 관계인은 안전관리자가 여행·질병 그 밖의 사유로 인하여 일시적으로 직무를 수행할 수 없거나 안전관리자의 해임 또는 퇴직과 동시에 다른 안전관리자를 선임하지 못하는 경우에는 국가기술자격법에 따른 위험물의 취급에 관한 자격취득자 또는 위험물안전에 관한 기본지식과 경험이 있는 자로서 **행정안전부령이 정하는 자를 대리자로 지정**하여 그 직무를 대행하게 하여야 한다. 이 경우 대리자가 안전관리자의 직무를 대행하는 기간은 [   ]일을 초과할 수 없다.

14 ① 관계인 ③ ㉠ 30 ㉡ 14 ⑤ 30

■ 정기점검 15

① 점검의무자는 제조소등의 [   ]이다.
② 규정에 따른 기술기준에 적합한지의 여부를 정기적으로 점검하고 점검결과를 기록하여 보존한다.
③ 정기점검을 한 제조소등의 관계인은 점검을 한 날부터 [   ]일 이내에 점검결과를 시·도지사에게 제출하여야 한다.
④ 정기점검의 횟수는 연 [   ]회 이상 정기점검을 실시하여야 한다.
⑤ 정기점검의 대상
  ㉠ 예방규정을 정해야 하는 제조소등
  ㉡ 지하탱크저장소
  ㉢ 이동탱크저장소
  ㉣ 위험물을 취급하는 탱크로서 지하에 매설된 탱크가 있는 제조소·주유취급소 또는 일반취급소
⑥ 특정·준특정옥외탱크저장소의 정기점검
  ㉠ 옥외탱크저장소 중 저장 또는 취급하는 액체위험물의 최대수량이 [   ]만 리터 이상인 것에 대하여 정기점검 외의 다음 각 호에 어느 하나에 해당하는 기간 이내에 1회 이상 **구조안전점검**을 실시하여야 한다.
    ⓐ 특정·준특정옥외탱크저장소의 설치허가에 따른 완공검사합격확인증을 교부받은 날부터 [   ]년
    ⓑ 최근의 정밀정기검사를 받은 날부터 [   ]년
    ⓒ 특정·준특정옥외저장탱크에 안전조치를 한 후 기술원에 구조안전점검시기 연장신청을 하여 해당 안전조치가 적정한 것으로 인정받은 경우, 최근의 정밀정기검사를 받은 날부터 [   ]년
  ㉡ 다만, 구조안전점검의 실시가 곤란한 경우에는 관할소방서장에게 연장신청을 할 수 있으며, 그 신청을 받은 소방서장은 1년의 범위에서 실시기간을 연장할 수 있다.
⑦ 탱크시험자는 정기점검을 실시한 결과 그 탱크 등의 유지관리상황이 적합하다고 인정되는 때에는 점검을 완료한 날부터 [   ]일 이내에 위험물탱크안전성능시험자등록증 사본 및 시험성적서를 첨부하여 제조소등의 관계인에게 교부하고, 적합하지 아니한 경우에는 개선하여야 하는 사항을 통보하여야 한다.

15 ① 관계인 ③ 30 ④ 1 ⑥ ㉠ 50 ⓐ 12 ⓑ 11 ⓒ 13 ⑦ 10

■ 정기검사 [16]

① 정기검사자는 [　　　] 또는 [　　　]이다.
② 정기검사의 대상인 제조소등(대통령령이 정하는 제조소등): 액체위험물을 저장 또는 취급하는 [　]만 리터 이상의 옥외탱크저장소
③ 정기검사 시기
　㉠ 정밀정기검사: 다음 각 목의 어느 하나에 해당하는 기간 내에 1회
　　ⓐ 특정·준특정옥외탱크저장소의 설치허가에 따른 완공검사합격확인증을 발급받은 날부터 12년
　　ⓑ 최근의 정밀정기검사를 받은 날부터 11년
　㉡ 중간정기검사: 다음 각 목의 어느 하나에 해당하는 기간 내에 1회
　　ⓐ 특정·준특정옥외탱크저장소의 설치허가에 따른 완공검사합격확인증을 발급받은 날부터 4년
　　ⓑ 최근의 정밀정기검사 또는 중간정기검사를 받은 날부터 4년

16 ① 소방본부장, 소방서장 ② 50

07 특수가연물

■ [　　　　]은 불연성 또는 난연성이 아닌 물질로서 위험물보다 화재의 위험은 낮지만 화재가 발생하면 높은 산소열량으로 인해 연소 확대가 빠르고 소화가 곤란한 물질이다. [1]

■ 특수가연물의 종류 [2]

품 명	수량	품 명		수량
① [　　]	200kg 이상	⑥ 가연성[　　]류		3,000kg 이상
② 나무껍질 및 대팻밥	[　　]kg 이상	⑦ 석탄·목탄류		[　　]kg 이상
③ [　　] 및 종이부스러기	1,000kg 이상	⑧ 가연성[　　]류		2m³ 이상
④ [　　]	1,000kg 이상	⑨ 목재가공품 및 나무부스러기		[　　]m³ 이상
⑤ [　　]	1,000kg 이상	⑩ 고무류·플라스틱류	발포시킨 것	20m³ 이상
			그 밖의 것	[　　]kg 이상

■ 특수가연물의 정의 [3]

① "면화류"라 함은 불연성 또는 난연성이 [　　] 면상 또는 팽이모양의 섬유와 마사 원료를 말한다.
② 넝마 및 종이부스러기는 불연성 또는 난연성이 아닌 것(동식물유가 깊이 스며들어 있는 옷감·종이 및 이들의 제품을 [　　]한다)에 한한다.
③ "사류"라 함은 불연성 또는 난연성이 아닌 실(실부스러기와 솜털을 포함한다)과 [　　　]를 말한다.
④ "볏짚류"라 함은 [　　] 볏짚·북더기와 이들의 제품 및 건초를 말한다. 다만, 축산용도로 사용하는 것은 제외한다.

---

1 특수가연물
2 ① 면화류 ② 400 ③ 넝마 ④ 사류 ⑤ 볏짚류 ⑥ 고체 ⑦ 10,000 ⑧ 액체 ⑨ 10 ⑩ 3,000
3 ① 아닌 ② 포함 ③ 누에고치 ④ 마른

⑤ "가연성 고체류"라 함은 고체로서 다음 각 목의 것을 말한다.
  ㉠ 인화점이 섭씨 40도 이상 100도 미만인 것
  ㉡ 인화점이 섭씨 100도 이상 200도 미만이고, 연소열량이 1그램당 [　]킬로칼로리 이상인 것
  ㉢ 인화점이 섭씨 200도 이상이고 연소열량이 1그램당 8킬로칼로리 이상인 것으로서 융점이 100도 미만인 것
  ㉣ 1기압과 섭씨 20도 초과 40도 이하에서 액상인 것으로서 인화점이 섭씨 70도 이상 섭씨 200도 미만이거나 ㉡ 또는 ㉢에 해당하는 것

⑥ 석탄·목탄류에는 코크스, 석탄가루를 [　　　] 것, 조개탄, 연탄, 석유코크스, 활성탄 및 이와 유사한 것을 포함한다.

⑦ "가연성 액체류"라 함은 다음 각목의 것을 말한다.
  ㉠ 1기압과 섭씨 20도 이하에서 액상인 것으로서 가연성 액체량이 40중량퍼센트 이하이면서 인화점이 섭씨 40도 이상 섭씨 70도 미만이고 연소점이 섭씨 60도 이상인 물품
  ㉡ 1기압과 섭씨 20도에서 액상인 것으로서 가연성 액체량이 40중량퍼센트 이하이고 인화점이 섭씨 70도 이상 섭씨 250도 미만인 물품
  ㉢ 동물의 기름기와 살코기 또는 식물의 씨나 과일의 살로부터 추출한 것으로서 다음의 1에 해당하는 것
    ⓐ 1기압과 섭씨 20도에서 액상이고 인화점이 250도 미만인 것으로서 용기기준과 수납·저장기준에 적합하고 용기외부에 물품명·수량 및 "화기엄금" 등의 표시를 한 것
    ⓑ 1기압과 섭씨 20도에서 액상이고 인화점이 섭씨 250도 이상인 것

⑧ "[　　　　]"라 함은 불연성 또는 난연성이 아닌 고체의 합성수지제품, 합성수지 반제품, 원료합성수지 및 합성수지 부스러기(불연성 또는 난연성이 아닌 고무제품, 고무 반제품, 원료고무 및 고무 부스러기를 포함한다)를 말한다. 다만, 합성수지의 섬유·옷감·종이 및 실과 이들의 넝마와 부스러기를 제외한다.

⑤ ㉡ 8 ⑥ 물에 갠 ⑧ 고무류·플라스틱류

■ 특수가연물의 저장·취급 기준 [4]

① 특수가연물을 저장 또는 취급하는 장소에는 [　]·[　]수량·단위부피당 [　](또는 단위체적당 질량)·관리책임자 [　]·직책, 연락처 및 [　]의 금지표시가 포함된 특수가연물 표지를 설치할 것

② 쌓는 면적 제한
다음 각 목의 기준에 따라 쌓아 저장할 것. 다만, 석탄·목탄류를 발전(發電)용으로 저장하는 경우에는 그러하지 아니하다.
㉠ [　]별로 구분하여 쌓을 것
㉡ 쌓는 높이는 [　]미터 이하가 되도록 하고, 쌓는 부분의 바닥면적은 [　]제곱미터(석탄·목탄류의 경우에는 200제곱미터) 이하가 되도록 한다.
㉢ 살수설비를 설치하거나, 방사능력 범위에 해당 특수가연물이 포함되도록 대형수동식소화기를 설치하는 경우에는 쌓는 높이를 [　]미터 이하, 쌓는 부분의 바닥면적을 [　]제곱미터(석탄·목탄류의 경우에는 300제곱미터) 이하가 되도록 한다.
㉣ 실외에 쌓아 저장하는 경우 쌓는 부분과 대지경계선 또는 도로, 인접 건축물과 최소 [　]미터 이상 이격하되, 쌓은 높이보다 0.9미터 이상 높은 내화구조 벽체 설치 시 그러지 아니할 수 있다.
㉤ 실내에 쌓아 저장하는 경우 주요구조부는 내화구조이면서 불연재료이어야 하고, 다른 종류의 특수가연물과 동일 공간 내에서의 보관하지 않을 것. 다만, 내화구조의 벽으로 분리하는 경우는 그렇지 않다.
㉥ 쌓는 부분의 바닥면적 사이는 실내의 경우 [　]미터 또는 쌓는 높이의 1/2 중 큰 값 이상으로 이격해야 하며, 실외의 경우 [　]미터 또는 쌓는 높이 중 큰 값 이상으로 이격해야 한다.

---

[4] ① 품명, 최대저장, 질량, 성명, 화기취급 ② ㉠ 품명 ㉡ 10, 50 ㉢ 15, 200 ㉣ 6 ㉥ 1.2, 3

08 구조

■ 구조활동의 우선순위 [1]
① [   ]이 최우선 → ② [   ]구출 → ③ [   ]경감 → ④ [   ]보호

■ 인명구조순서 [2]
① [   ] → ② [   ](구명) → ③ [   ] → ④ [   ] → ⑤ 이송

■ 초기대응단계 [3]
① [   ] → ② [   ] → ③ [   ] → ④ 후송

■ 상황보고 [4]
① 보고를 할 때는 정확한 상황과 확인된 사항을 보고한다.
② 과도한 억측에 의한 내용은 피한다.
③ 정확한 판단이나 정보에 의한 향후 상황전개에 대한 [   ]을 포함한다.
④ 직접 확인하지 않은 정보는 정보원도 함께 보고한다.
⑤ 보고는 [   ]하고 전문적인 용어는 설명을 포함한다.
⑥ 사생활에 관한 내용과 사회적인 영향이 예측되는 때에는 상급지휘관의 지시에 따른다.

---

1 ① 구명 ② 신체 ③ 고통 ④ 재산
2 ① 피난유도 ② 인명검색 ③ 구출 ④ 응급처치
3 ① 상황파악 ② 접근 ③ 상황안정화
4 ③ 예측내용 ⑤ 간결·명료

◼ 구조활동 5

　① 구조활동의 준비 중 경계구역의 설정
　　㉠ [　　　]지역
　　㉡ [　　　]지역
　　㉢ 안전지역

　② 구조활동의 순서
　　㉠ 진압장애 및 [　　]차 재해의 발생 위험 제거
　　　ⓐ 장애물을 제거할 때 필요한 장비 준비 및 대원의 안전 확보
　　　ⓑ 요구조자의 생명과 신체위험이 큰 장애물부터 시작
　　　ⓒ 주위에서 중심부로 향하여 순차적으로 제거
　　㉡ 요구조자의 생명보호
　　㉢ 신체 등 상태의 악화방지에 필요한 조치
　　㉣ 본격적인 구조활동 개시

◼ 구조활동의 원칙 6

　① 현장의 안전확보
　② 명령통일
　③ 현장 활동의 우선순위 준수
　　㉠ [　　　]의 안전
　　㉡ 사고의 안정화
　　㉢ [　　　　　]의 보존

5　① ㉠ 위험 ㉡ 경고 ② ㉠ 2
6　③ ㉠ 인명 ㉢ 재산가치

■ 요구조자 운반방법 [7]

① [　]인 이상이 1조로 활동하는 것을 원칙으로 하되, 공기호흡기를 착용한 경우에는 어떤 경우에도 2인 이상의 조를 편성하여 활동하여야 한다.

② 소방활동이 이루어지고 있는 현장에서는 누구라도 반드시 **보호장구를 착용**하여야 하며, 미리 제1대피장소, 제2대피장소를 설정하고 활동한다.

③ 초기 작업현장에서는 반드시 [　]명의 대원이 현장과 활동상황을 감시하고, 현장대원과 통신을 유지하며, 위험요인을 경고하여야 한다.

④ 대형재난 현장에서는 반드시 [　]명 이상의 구조대원으로 긴급개입요원을 편성하여 현장에서 활동하는 대원을 구조하기 위하여 보호장구를 갖추고 대기하여야 한다.

⑤ 전염병, 방사능 등 독극물질에 전염되거나 노출되지 않도록 유의한다.

⑥ 반드시 충분한 조명을 확보한 뒤 활동한다.

⑦ 반드시 붕괴, 도괴, 낙하, 추락, 폭발 등 위험요소에 대한 **안전평가**를 실시한 후에 현장에 진입한다.

⑧ 사고나 준사고, 경험을 분석하여 교훈으로 삼는다.

■ 구조대(KOSAR)의 편성·운영 [8]

① 119구조대의 편성·운영자는 [　　　　　　　　　　]이다.

② [　　　　]은 국외에서 대형재난 등이 발생한 경우 재외국민의 보호 또는 재난발생국의 국민에 대한 인도주의적 구조 활동을 위하여 국제구조대를 편성하여 운영할 수 있다.

③ 소방청장은 국제구조대를 편성·운영하는 경우 인명 탐색 및 구조, 응급의료, 안전평가, 시설관리, 공보연락 등의 임무를 수행할 수 있도록 구성하여야 한다.

④ 소방청장은 구조대의 효율적 운영을 위하여 필요한 경우 국제구조대를 소방청에 설치하는 직할구조대에 설치할 수 있다.

---

7 ① 2 ③ 1 ④ 2
8 ① 소방청장·소방본부장 또는 소방서장 ② 소방청장

■ 구조대 종류 [9]

① 일반구조대
시·도의 규칙으로 정하는 바에 따라 소방서마다 1개 대 이상 설치하되, 소방서가 없는 시·군·구의 경우에는 해당 시·군·구 지역의 중심지에 있는 119안전센터에 설치할 수 있다.

② [   ]구조대
소방대상물, 지역 특성, 재난 발생 유형 및 빈도 등을 고려하여 시·도의 규칙으로 정하는 바에 따라 다음 각 목의 구분에 따른 지역을 관할하는 소방서에 다음 각 목의 구분에 따라 설치한다. 다만, 고속국도구조대는 직할구조대에 설치할 수 있다.
  ㉠ 화학구조대: 화학공장이 밀집한 지역
  ㉡ [   ]구조대: 내수면지역
  ㉢ 산악구조대: 자연공원 등 산악지역
  ㉣ 고속국도구조대: 고속국도
  ㉤ [   ]구조대: 도시철도의 역사 및 역 시설

③ 직할구조대
대형·특수 재난사고의 구조, 현장 지휘 및 테러현장 등의 지원 등을 위하여 소방청 또는 시·도 소방본부에 설치하되, 시·도 소방본부에 설치하는 경우에는 시·도의 규칙으로 정하는 바에 따른다.

④ 테러대응구조대
테러 및 특수재난에 전문적으로 대응하기 위하여 소방청과 시·도 소방본부에 각각 설치하며, 시·도 소방본부에 설치하는 경우에는 시·도의 규칙으로 정하는 바에 따른다.

⑤ 119항공대
소방청장 또는 소방본부장은 초고층 건축물 등에서 요구조자의 생명을 안전하게 구조하거나 도서·벽지에서 발생한 응급환자를 의료기관에 긴급히 이송하기 위하여 119항공대를 편성하여 운영한다.
  ㉠ [   ]은 119항공대를 소방청에 설치하는 직할구조대에 설치할 수 있다.
  ㉡ [   ]은 시·도 규칙으로 정하는 바에 따라 119항공대를 편성하여 운영하되, 효율적인 인력 운영을 위하여 필요한 경우에는 시·도 소방본부에 설치하는 직할구조대에 설치할 수 있다.

---

9 ② 특수 ㉡ 수난 ㉤ 지하철 ⑤ ㉠ 소방청장 ㉡ 소방본부장

구조대원의 자격 [10]

① 소방청장이 실시한 [ ]구조사 교육을 받았거나 [ ]구조사 시험에 합격한 사람

② 국가·지방자치단체, 공공기관의 구조 관련 분야에서 근무한 경력이 [ ]년 이상인 사람

③ 「응급의료에 관한 법률」에 따라 [ ]구조사 자격을 가진 사람으로서 소방청장이 실시하는 구조업무에 관한 교육을 받은 사람

구조요청의 거절 [11]

① 구조대원은 구조를 요하는 자의 상태 및 현장 상황을 종합적으로 평가하여 인명구조, 응급조치 등 긴급구조 활동을 수행하여야 한다.

② 구조대원은 다음 각 호의 비 긴급 상황에 해당하는 경우에는 구조요청을 거절할 수 있다. 다만, 다른 수단에 의한 조치가 불가능한 경우에는 그러하지 아니한다.
   ㉠ 단순 문 개방
   ㉡ 시설물에 대한 단순 안전조치 및 장애물 단순 제거
   ㉢ 동물의 단순 처리·포획·구조
   ㉣ 그 밖에 주민생활 불편해소 차원의 단순 민원 등 구조활동의 필요성이 없다고 인정되는 경우

③ 구조 요청을 거절한 구조대원은 구조를 요청한 사람이나 목격자에게 그 내용을 알려야 한다.

④ 구조 요청을 거절한 구조대원은 **구조거절확인서**를 작성하여 소속 소방관서장에게 보고하고, 소속 소방관서에 [ ]년간 보관하여야 한다.

---

10 ① 인명, 인명 ② 2 ③ 응급
11 ④ 3

매듭의 기본원칙 [12]

① 좋은 매듭의 조건

묶기 쉽고, 연결이 튼튼해 자연적으로 풀리지 않고, 사용 후 간편하게 제거할 수 있는 매듭이다.

② 로프 매듭 시에 주의사항

㉠ 매듭법을 아는 것보다 잘 쓰이는 매듭을 **정확히 숙지**하는 것이 더욱 중요하다.
㉡ 매듭은 정확한 형태를 만들고 단단하게 하여 하중을 지탱할 수 있게 한다.
㉢ 매듭의 크기가 [   ] 방법을 선택한다.
㉣ 매듭의 끝 부분은 충분한 길이를 남겨두고 엄지매듭으로 묶어 준다.

---

12 ② ㉢ 작은

■ 결절매듭 [13]

매듭에 절(마디)을 만드는 매듭이다.

① [　　]매듭(Over Hand Knot) – Simple Knot, 옭매듭, 막매듭
다른 매듭을 한 다음 풀리지 않도록 끝 처리를 하는 매듭으로 많이 쓴다.

② [　　]매듭(Figure-8knot) – 8자 옭매듭
가장 폭넓게 이용되며 가장 강한 강도를 가지고 있고, 충격을 받아도 쉽게 풀 수 있다.

③ 나비매듭(butterfly knot) – Harness Hitch Knot
로프의 중간에 고리를 만들 필요가 있을 경우 사용한다.

④ 한겹8자매듭
로프를 조이거나 로프의 중간에 고리를 만들 때에 사용된다.

⑤ 에반스매듭(Evans knot) – Slip Knot, 고매듭, 교수형매듭
나무 등에 로프를 걸고 조일 필요가 있을 경우 사용하며, 사람에 매어서는 절대 안 된다.

⑥ 줄사다리매듭
1본의 로프에 수 개의 마디를 일정한 간격으로 만들어서 하강 또는 탈출용으로 활용한다.

⑦ 8자줄사다리매듭
1본의 로프에 수 개의 8자매듭(8자옭매듭)을 일정한 간격으로 만들어서 하강 또는 탈출용으로 활용한다.

⑧ 고정매듭(Bowline knot) – 몸감아매기
일반적으로 많이 사용되며, 로프의 굵기에 관계없이 안전벨트에 로프를 묶을 때 쓰는 매듭이다.

⑨ [　　]고정매듭(Bowline on a bight) – 걸상매듭
협소한 맨홀 등에서 구출 및 진입할 구조대원의 안전 로프로 사용된다.

⑩ [　　]고정매듭
넓은 장소에서 요구조자를 끌어올릴 때 등에 사용된다.

---

13 ① 엄지 ② 8자 ⑨ 두겹 ⑩ 세겹

■ 결합매듭 14

2본의 로프를 서로 결합하는 매듭이다.

① [   ]매듭(Square Knot) – 사각 매듭, Reek Knot
로프의 굵기가 동일한 경우 서로 연결할 때 사용한다.

② [   ]매듭(Sheet Band)
굵기가 서로 다른 로프를 연결할 때 사용하는 매듭이다.

③ [   ]매듭(Double Sheet Band)
로프의 굵기와 재질이 서로 다른 로프를 연결할 때 사용한다.

④ 아카데미매듭
굵기가 다른 로프나 젖은 로프를 연결할 때에 사용한다. [   ]철에 사용이 용이하다.

⑤ 피셔맨매듭(Fisherman Knot) – 데그스매듭, 장구매듭
낚시줄을 연결할 때 쓰이며, 낚싯줄 매듭 또는 어부매듭이라고도 한다.

⑥ 테이프매듭(Tape Knot) – 따라매기, 되감기매듭, 슬링매듭
테이프를 서로 연결할 때 주로 사용한다.

■ 결착매듭 15

로프의 한쪽 끝을 다른 물체에 감아 붙이는 매듭이다.

① [   ]매기(Clove Hitch Knot) – 까베스땅 매듭, 고삐매듭, 병매듭
로프의 끝이나 중간에서 물체를 묶을 경우 사용한다.

② 반말뚝매듭(Half Clove Hitch Knot) – 반까베스땅 매듭
카라비너에서 로프가 쉽게 미끄러지지 않도록 하는 매듭이다.

③ [   ]매듭(Tautline Hitch Knot) – 당김매듭
로프를 팽팽하게 당겨 맬 때 사용되는 매듭이다.

④ 감아매기(Prusik Knot) – 비상매듭, 두겹감아매기
반드시 굵기가 다른 줄 간에 사용되어야 한다.

⑤ 바흐만 매듭(Bachmann Knot)
[   ]로 움직이기 쉬운 매듭이다.

⑥ 절반매듭
보조용으로 사용되며, 로프의 연결 결착 등으로 사용한다.

14 ① 바른 ② 한겹 ③ 두겹 ④ 겨울
15 ① 말뚝 ③ 터벅 ⑤ 위아래

09 구급

■ 용어의 정의 [1]

① 응급처치
   ㉠ 응급의료행위의 하나로서 응급환자에게 행하여지는 기도의 확보이다.
   ㉡ 심장박동의 회복 기타 생명의 위험이나 증상의 현저한 악화를 방지
   ㉢ 긴급히 필요로 하는 처치

② 응급환자
   ㉠ 위급한 상태로 즉시 필요한 응급처치를 받지 아니하면 생명을 보존할 수 없는 환자
   ㉡ 질병, 분만, 각종 사고 및 재해로 인한 부상자로서 위급한 환자
   ㉢ 심신상의 중대한 위해가 초래될 가능성이 있는 환자
   ㉣ 위급한 환자로 보건복지부령이 정하는 자

③ 응급의료
   응급환자를 위하여 행하여지는 상담, 구조, 이송, 응급처치 및 진료 등의 조치를 말한다.

④ 증상: 환자의 주관적인 느낌

⑤ 징후: 의학적인 검사를 통해 얻은 의료정보

⑥ 의료인: 의사, 치과의사, 한의사, [   ] 및 간호사 (응급구조사 ×)

⑦ 응급의료기관
   의료법 제3조의 규정에 의한 의료기관 중에서 이 법에 의하여 지정된 중앙응급의료센터, 권역응급의료센터, [   ]응급의료센터, 지역응급의료센터 및 지역응급의료기관을 말한다.

1 ⑥ 조산사 ⑦ 전문

■ 기도유지 [2]

① 두부후굴-하악거상법(Head Tilt-chin Lift)을 이용하여 머리를 뒤로 제치고 턱을 들어주면 하악골의 상승으로 이완된 혀의 근육이 더욱 당겨져 올라가므로 기도가 열리게 된다.

② 외상환자의 경우에는 경추가 손상될 수 있으므로 두부후굴을 시행하지 않고 [   ]만 시행하는 것이 바람직하다.

③ 기도를 유지하기 위한 기구로는 경구기도기, 경비기도기, 인후마스크, 기도삽관튜브 등이 있다.

④ 혼수상태인 경우에는 기도삽관을 시행하며, 그 외의 경우에는 기도기를 이용한다.

⑤ 경부손상이 의심되거나 기도폐쇄의 상황에서는 윤상갑상막 절개술이 권장된다.

■ 경부고정 [3]

① [   ]의 경우 기도확보와 동시에 경부고정을 시행한다.

② 경추골절이 있는 환자를 함부로 다루면 체위변화에 의하여 경추손상(Cervical Spine Injury)이 되고 **호흡부전이 유발될 수 있다.**

③ 모든 외상환자에게는 경부고정장비를 이용하여 경부고정을 우선적으로 시행한다.

④ 방사선촬영으로 경부손상이 없다고 확진되거나, 기관삽관술을 위하여 경부고정장비를 꼭 제거하지 않을 경우를 제외하고는 경부고정을 계속 유지한다.

⑤ 오토바이 사고환자로 헬멧을 착용한 경우 방사선 촬영상 경부손상이 없다고 확진되거나, 기도유지를 위하여 꼭 헬멧을 제거할 경우를 제외하고는 함부로 헬멧을 제거하지 않는다.

---

2 ② 하악거상법
3 ① 외상환자

📖 MEMO

■ 구급대의 편성·운영과 구급대원의 자격 [4]

① 구급대의 편성·운영자
   소방청장, [　　　　] 또는 [　　　　] 등이다.

② 편성·운영
   ㉠ 일반구급대: [　　　　]으로 정하는 바에 따라 소방서마다 [　]개대 이상 설치하되, 소방서가 설치되지 아니한 시·군·구의 경우에는 해당 시·군·구 지역의 중심지에 소재한 119안전센터에 설치할 수 있다.
   ㉡ [　　　]구급대: 교통사고 발생 빈도 등을 고려하여 소방청, 시·도 소방본부 또는 고속국도를 관할하는 소방서에 설치하되, 시·도 소방본부 또는 소방서에 설치하는 경우에는 시·도의 규칙으로 정하는 바에 따른다.

③ 구급대원의 자격
   ㉠ 의료인
   ㉡ 1급 응급구조사
   ㉢ 2급 응급구조사
   ㉣ [　　　　]이 실시하는 구급업무에 관한 교육을 받은 사람

④ 구급차의 배치기준
   ㉠ 소방서 직할의 소방안전센터: [　]대
   ㉡ 일반 소방안전센터, 119구조대 및 소방지역대 등: [　]대
   ㉢ 고속국도구급대: [　]대

■ 응급구조사의 응시자격 [5]

① 1급 응급구조사
   ㉠ 대학 또는 전문대학에서 응급구조학을 전공하고 졸업한 사람
   ㉡ [　　　　　]이 인정하는 외국의 응급구조사 자격인정을 받은 사람
   ㉢ 2급 응급구조사로서 응급구조사의 업무에 [　]년 이상 종사한 사람

② 2급 응급구조사
   ㉠ 보건복지부장관이 지정하는 응급구조사 양성기관에서 대통령령으로 정하는 양성과정을 마친 사람
   ㉡ 보건복지부장관이 인정하는 외국의 응급구조사 자격인정을 받은 사람

---

4 ① 소방본부장, 소방서장 ② ㉠ 시·도의 규칙, 1 ㉡ 고속국도 ③ ㉣ 소방청장 ④ ㉠ 2 ㉡ 1 ㉢ 1
5 ① ㉡ 보건복지부장관 ㉢ 3

■ 응급구조사가 할 수 있는 업무범위 [6]

① 1급 응급구조사
  ㉠ [   ]의 시행을 위한 기도유지[기도기(airway)의 삽입, 기도삽관(intubation), 후두마스크 삽관 등을 포함한다]
  ㉡ [   ]의 확보
  ㉢ 인공호흡기를 이용한 호흡의 유지
  ㉣ 약물투여: 저혈당성 혼수시 포도당의 주입, 흉통시 니트로글리세린의 혀아래(설하) 투여, 쇼크시 일정량의 수액투여, 천식발작시 기관지확장제 흡입
  ㉤ 2급 응급구조사의 업무

② 2급 응급구조사
  ㉠ 구강 내 이물질의 제거
  ㉡ 기도기(airway)를 이용한 기도유지
  ㉢ 기본 [   ]
  ㉣ [   ]투여
  ㉤ 부목·척추고정기·공기 등을 이용한 사지 및 척추 등의 고정
  ㉥ 외부출혈의 지혈 및 창상의 응급처치
  ㉦ 심박·체온 및 혈압 등의 측정
  ㉧ 쇼크방지용 하의(MAST) 등을 이용한 혈압의 유지
  ㉨ 자동심장충격기를 이용한 규칙적 심박동의 유도
  ㉩ 흉통시 니트로글리세린의 혀 아래(설하) 투여 및 천식발작시 기관지 확장제 흡입(환자가 해당 약물을 휴대하고 있는 경우에 한함) 등

---

[6] ① ㉠ 심폐소생술 ㉡ 정맥로 ② ㉢ 심폐소생술 ㉣ 산소

■ 구급요청의 거절사유 [7]

① 단순 [   ]

② 단순 감기환자. 다만, 섭씨 [   ]도 이상의 고열이 있거나 호흡곤란이 동반되는 경우를 제외한다.

③ 혈압 등 생체징후가 안정된 타박상 환자

④ 술에 취한 사람. 다만, 강한 자극에도 의식이 회복되지 아니하거나 외상이 있는 경우는 제외한다.

⑤ 만성질환자로서 검진 또는 입원 목적의 이송 요청자

⑥ 단순 열상 또는 찰과상으로 지속적인 출혈이 없는 외상환자

⑦ 병원 간 이송 또는 [   ]으로의 이송 요청자. 다만, 의사가 동승한 응급환자의 병원 간 이송은 제외한다.

⑧ 응급환자가 구급대원에게 [   ]을 행사하는 등 구급활동을 방해하는 경우에는 구급활동을 거절할 수 있다.

---

7 ① 치통환자 ② 38 ⑦ 자택 ⑧ 폭력

구급환자의 중증도 분류 [8]

분류	치료 순서	색깔	심볼	특성 및 증상
긴급환자 (Critical)	1	[　]	[　]	수분, 수시간 이내의 응급처치를 요하는 중증환자 • 기도폐쇄, 심한 호흡곤란, 호흡정지 • 심장마비의 순간이 인지된 심정지 • 개방성 흉부 열상, 긴장성 기흉, 연가양 흉부 • 대량출혈 • 혼수상태의 중증 두부손상 • 개방성 복부열상, 골반골절을 동반한 복부손상 • 기도화상 • 경추손상이 의심되는 경우
응급환자 (Urgent)	2	[　]	[　]	• 중증의 화상 • 경추를 제외한 부위의 척추골절 • 중증의 출혈 • 다발성 골절
비응급환자 (Minor)	3	[　]	[　]	수시간, 수일 후 치료해도 생명에 관계가 없는 환자 • 소량의 출혈 • 경증의 열상 혹은 단순 골절 • 경증의 화상 혹은 타박상
지연환자 (Dead)	4	[　]	[　]	사망하였거나 생존의 가능성이 없는 환자 • 20분 이상 호흡이나 맥박이 없는 환자 • 두부나 몸체가 절단된 경우 • 심폐소생술도 효과가 없다고 판단되는 경우

8 적색, 토끼 / 황색, 거북이 / 녹색, 구급차 그림에 X표시 / 흑색, 십자가표시

■ 응급의료소의 운영 9

① 설치권자
통제단장은 응급의료관련자원을 총괄, 지휘, 조정, 통제하고 응급의료소를 설치 및 운영한다.

② 응급의료소
㉠ 소장 1인, [   ], [   ], [   ]을 둔다.
㉡ 의료소장은 의료소가 설치된 지역을 관할하는 [   ]이 된다.
㉢ 의료소는 응급의학 전문의를 포함한 의사 [   ]명, 간호사 또는 1급 응급구조사 [   ]명 및 지원요원 [   ]명 이상으로 편성한다.

■ 순환보조장비 10

순환보조장비로 [   ](AED)와 [   ](MAST) 등이 있다.

■ 심폐소생술 11

심폐정지 이후에 4~6분이 되면 비가역적인 상황이 되는 뇌를 방지하기 위하여 심폐소생술을 실시하여야 한다.

① 쓰러져 있는 환자에게 접근하여 환자의 어깨를 흔들며 괜찮은지 소리쳐 물어보아 **의식상태**를 확인한다.
② 환자가 반응한다면 환자의 체위를 그대로 유지하면서 환자를 규칙적으로 관찰한다.
③ 필요하다면 주위 사람에게 도움을 요청한다.
④ 심폐소생술은 **흉부압박과 호흡의** 비율은 [   ] : [   ]이다.
⑤ 압박의 깊이는 성인은 5~6cm로 하고 **압박횟수는 1분당** [   ]회 속도로 한다. 또한 압박과 이완의 비율은 50대 50을 유지한다.
⑥ 심폐소생술 단계는 [   ](감염방지) – 구조요청 – [   ] – 흉부압박 [   ]회(compression) – [   ](A) – 인공호흡 2회(B) – 환자재평가 순이다.

---

9 ② ㉠ 분류반, 응급처치반, 이송반 ㉡ 보건소장 ㉢ 3, 4, 1
10 자동심장충격기, 쇼크방지용 하의
11 ④ 30, 2 ⑤ 100~120 ⑥ 의식확인, 맥박확인, 30, 기도유지

소방학개론

PART 02

재난관리

01 재난 및 재난관리의 개념
02 우리나라의 재난관리

01 재난 및 재난관리의 개념

01 재난의 유형

■ Jones의 재해분류 [1]

재 해				
자연재해			⑤ [ ]재해	인위재해
지구물리학적 재해			・스모그현상 ・온난화현상 ・사막화현상 ・염수화현상 ・눈사태 ・산성화 ・홍수 ・토양침식 등	・공해 ・광화학연무 ・폭동 ・교통사고 ・폭발사고 ・태업 ・전쟁 등
① [ ] 재해	② [ ] 재해	③ [ ] 재해	④ [ ] 재해	
지진 화산 쓰나미 등	산사태 염수토양 등	안개, 눈, 해일, 번개, 토네이도, 폭풍, 태풍, 가뭄, 이상기온 등	세균 질병 유독식물 유독동물	

■ Anesth의 재해분류 [2]

① 재해를 자연재해와 인위재해로 이분하였다(주의 준자연재해 ✕).
② 자연재해를 다시 [   ] 재해와 [   ] 재해로 분류하였다.
③ 인위재해를 고의성 유무에 따라 [   ] 재해와 [   ] 재해로 구분하였다.
④ 이러한 재해분류는 미국의 지역재난계획에서 주로 적용되고 있다.
⑤ 대기오염, 수질오염과 같이 장기간에 걸쳐 완만히 전개되고 인명피해를 발생시키지 않는 일반행정관리 분야의 재해는 제외하였다.

---

1 ① 지질학적 ② 지형학적 ③ 기상학적 ④ 생물학적 ⑤ 준자연
2 ② 기후성, 지진성 ③ 사고성, 계획적

■ 원인에 의한 분류 [3]

① [　　　] 재난
  ㉠ 인위적 재난은 기술적 과정이나 인간과 환경 간의 상호작용 또는 사회 공동체 간의 체계에서 연유한 것으로 사회에 재난적인 결과를 가져올 수 있는 상황이다.
  ㉡ 주로 직접 인간의 행동에 의해서 발생하거나, 이와 관련이 있는 **전쟁, 시민폭동** 등에 의해서 발생한 재난이다.

② [　　　] 재난
  ㉠ 인간이 기술을 활용하는 과정 중 부주의나 기술상의 결함에 의해 발생한다.
  ㉡ 대형 산업사고, 심각한 환경오염, 원자력 사고, 대형 화재폭발, 비행기 추락
  ㉢ 수많은 인명 및 재산피해와 사회 인프라의 경제활동에 직접적인 악영향을 미치는 상황이다.

■ 하야시 하루오(林春男)의 재난분류 [4]

대분류	세분류	재난의 종류
자연재해	기상재해	①[　　　]에 의한 재해(태풍 등)
	지변재해	지진 등
인위재해	산업재해	건축물 붕괴 등
	교통사고	자동차·철도·항공·선박사고
②[　　　]	기후변동	③[　　　] 등
	유독물 누설	환경오염(대기·토질·수질 등)

---

3 ① 인위적 ② 기술적
4 ① 저기압 ② 환경재해 ③ 이상기온

02 재난의 특징 및 행정환경

■ 재난의 특징 [1]
① [   ]재난은 인명피해가 국소지역에서 집중적으로 대량의 사상자가 발생한다.
② [   ]재난은 광범위하게 일어나고 피해와 사상자 발생지역이 넓게 발생한다.
③ [   ]재난은 자연재해와는 달리 그 발생을 미연에 방지할 수 있다.
④ 재난대응단계와 현장에서의 인명구조와 응급의학적 관리가 중시된다.

〈자연재난과 인적재난의 비교〉

구 분	자연재난	인적재난
예방적 측면	인적재난에 비해 예방이 어렵다.	자연재난에 비해 예방이 쉽다.
발생 규모	재난 발생시 넓은 지역으로 발생	재난 발생시 국소 지역으로 발생
발생 기간	장기적이며, 완만하다.	단기적이며, 급격하다.
통제적 측면	통제가 불가능한 편이다.	통제가 가능한 편이다.

■ 재난관리의 행정환경 [2]
① 불확실성
  ㉠ 조직이 합리성을 추구할 때 주된 문제는 불확실성이며, 이 불확실의 원천은 기술과 환경이다(Thompson, 1967).
  ㉡ 재난관리조직은 업무환경의 불확실성이 지배하고 있다.
  ㉢ 불확실한 상황을 대비한 [   ]이 확보되어야 한다.
② [   ]
  ㉠ 재난 현장에서는 여러 기관들이 광범위하게 연계된 체제가 존재한다.
  ㉡ 재난기관들은 여러 기관이므로 서로 다른 분야의 이질적 조직들이 관여한다(Comfort, 1985).
  ㉢ 재난관리기관의 상호작용성을 토대로 재난관리를 하여야 한다.
③ [   ]
  재난 발생 시에는 재난관리기관들이 많이 존재하여서 조직특성은 복잡하게 혼재되어 있다.

---

1 ① 기술 ② 자연 ③ 인적
2 ① ㉢ 가외성 ② 상호작용성 ③ 복잡성

03 재난관리의 접근방법 및 단계적 활동내용

■ 재난관리의 접근방법 [1]

구 분	① [　　　] 접근방법(유형별)	② [　　　] 접근방법
관련부처 및 기관	다수부처	병렬적 다수부처(소수부처)
책임범위와 부담	관리책임 및 부담 분산	관리책임 및 부담이 과도함
관련부처의 활동범위	특정재난	종합적 관리와 독립적 병행
정보전달체계	다양화	일원화
재난에 대한 인지능력	미약하고 단편적	강력하고 종합적
장 점	① 업무수행의 전문성 ② 업무의 과다방지	① 동원과 신속한 대응성 확보 ② 인적자원의 효과적 활용
단 점	① 재난 대처의 한계 ② 업무중복 및 연계 미흡 ③ 재원 마련과 배분이 복잡함	① 종합관리체계 구축의 어려움 ② 업무와 책임의 과도와 집중성

---

1 ① 분산적 ② 통합적

02 우리나라의 재난관리

01 재난 및 안전관리 기본법

■ 목 적(법 제1조)[1]

이 법은 각종 재난으로부터 [　　]를 보존하고 국민의 생명·신체 및 재산을 보호하기 위하여 [　　]와 [　　　]의 재난 및 안전관리체제를 확립하고, 재난의 예방·대비·대응·복구와 [　　]활동, 그 밖에 재난 및 안전관리에 필요한 사항을 규정함을 목적으로 한다.

■ 정의(법 제3조)

① 재 난 [2]

국민의 생명·신체·재산과 국가에 피해를 주거나 줄 수 있는 것으로서 다음의 것을 말한다.

㉠ [　　]재난: 태풍, 홍수, 호우(豪雨), 강풍, 풍랑, 해일(海溢), 대설, 한파, 낙뢰, 가뭄, 폭염, 지진, 황사(黃砂), 조류(藻類) 대발생, 조수(潮水), [　　]활동, 「우주개발 진흥법」에 따른 자연우주물체의 추락·충돌, 그 밖에 이에 준하는 자연현상으로 인하여 발생하는 재해

㉡ [　　]재난: 화재·붕괴·폭발·[　　]사고(항공사고 및 해상사고를 포함)·화생방사고·환경오염사고·다중운집인파사고 등으로 인하여 발생하는 대통령령으로 정하는 규모 이상의 피해와 [　　　　]의 마비, 「감염병의 예방 및 관리에 관한 법률」에 따른 감염병 또는 「가축전염병예방법」에 따른 가축전염병의 확산, 「미세먼지 저감 및 관리에 관한 특별법」에 따른 미세먼지, 「우주개발 진흥법」에 따른 인공우주물체의 추락·충돌 등으로 인한 피해

---

1 국토, 국가, 지방자치단체, 안전문화
2 ① ㉠ 자연, 화산 ㉡ 사회, 교통, 국가핵심기반

② 해외재난

대한민국의 영역 밖에서 대한민국 국민의 생명·신체 및 재산에 피해를 주거나 줄 수 있는 재난으로서 정부차원에서 대처할 필요가 있는 재난

③ 재난관리 [3]

재난의 [　　]·[　　]·[　　] 및 [　　]를 위하여 하는 모든 활동

④ 안전관리

재난이나 그 밖의 각종 사고로부터 사람의 생명·신체 및 재산의 안전을 확보하기 위하여 하는 모든 활동을 말한다.

---

3 ③ 예방, 대비, 대응, 복구

⑤ 안전기준

각종 시설 및 물질 등의 제작, 유지관리 과정에서 안전을 확보할 수 있도록 적용하여야 할 기술적 기준을 체계화한 것을 말하며, 안전기준의 분야, 범위 등에 관하여는 대통령령으로 정한다.

┃안전기준의 분야 및 범위

안전기준의 분야	안전기준의 범위
1. 건축 시설 분야	다중이용업소, 문화유산 시설, 유해물질 제작·공급시설 등 관련 구조나 설비의 유지·관리 및 소방 관련 안전기준
2. 생활 및 여가 분야	생활이나 여가활동에서 사용하는 기구, 놀이시설 및 각종 외부활동과 관련된 안전기준
3. 환경 및 에너지 분야	대기환경·토양환경·수질환경·인체에 위험을 유발하는 유해성 물질과 시설, 발전시설 운영과 관련된 안전기준
4. 교통 및 교통시설 분야	육상교통·해상교통·항공교통 등과 관련된 시설 및 안전 부대시설, 시설의 이용자 및 운영자 등과 관련된 안전기준
5. 산업 및 공사장 분야	각종 공사장 및 산업현장에서의 주변 시설물과 그 시설의 사용자 또는 관리자 등의 안전부주의 등과 관련된 안전기준(공장시설을 포함한다)
6. 정보통신 분야(사이버 안전 분야는 제외한다)	정보통신매체 및 관련 시설과 정보보호에 관련된 안전기준
7. 보건·식품 분야	의료·감염, 보건복지, 축산·수산·식품 위생 관련 시설 및 물질 관련 안전기준
8. 그 밖의 분야	제1호부터 제7호까지에서 정한 사항 외에 제43조의9에 따른 안전기준심의회에서 안전관리를 위하여 필요하다고 정한 사항과 관련된 안전기준

⑥ 재난관리[   ]기관 [4]

재난관리업무를 하는 다음의 기관을 말한다.

㉠ 중앙행정기관 및 지방자치단체(「제주특별자치도 설치 및 국제자유도시 조성을 위한 특별법」 제10조 제2항에 따른 행정시를 포함)

㉡ 지방행정기관·공공기관·공공단체(공공기관 및 공공단체의 지부 등 지방조직을 포함) 및 재난관리의 대상이 되는 중요시설의 관리기관 등으로서 대통령령으로 정하는 기관

---

4 ⑥ 책임

⑦ 재난관리주관기관 [5]

㉠ 자연재난 유형별 재난관리주관기관

재난관리주관기관	자연재난유형
가. 과학기술정보통신부 및 우주항공청	1) 자연우주물체의 추락·충돌 등으로 인해 발생하는 재해 2) 우주전파재난
나. [ ]	1) 자연재해로서 낙뢰, 가뭄, 폭염 및 한파로 인해 발생하는 재해 2) 풍수해(조수로 인해 발생하는 재해는 제외한다) 3) 지진재해 4) 화산재해
다. [ ]	1) 황사로 인해 발생하는 재해 2) 하천·호소 등의 조류 대발생으로 인해 발생하는 재해
라. [ ]	1) 어업재해 중 적조현상 및 해파리의 대량발생으로 인해 발생하는 수산 양식물 및 어업용 시설의 피해 2) 풍수해 중 조수로 인해 발생하는 재해
마. 산림청	산사태로 인해 발생하는 재해
바. 비고 제1호 및 제3호에 따른 중앙행정기관	가목부터 마목까지의 규정에 따른 자연재난 유형 외의 자연재난
사. 비고 제2호 및 제3호에 따른 중앙행정기관	가목부터 바목까지의 규정에 따른 자연재난 유형으로 인해 발생하는 재해로서 각종 시설 및 장소(이하 "시설등"이라 한다)에서 발생하는 재해

㉡ 사회재난 유형별 재난관리주관기관

재난관리주관기관	사회재난유형
가. [ ]	1) 교육시설의 화재·붕괴·폭발·다중운집인파사고 등으로 인해 발생하는 국가 또는 지방자치단체 차원의 대처가 필요한 인명 또는 재산의 피해 등 따른 대규모 피해(연구실 제외) 2) 어린이집의 화재등으로 인해 발생하는 대규모 피해
나. [ ]	1) 방송통신재난(자연재난은 제외한다) 2) 연구실사고로 인해 발생하는 대규모 피해 3) 전파의 혼신으로 인해 발생하는 대규모 피해
다. 과학기술정보통신부 및 우주항공청	인공우주물체의 추락·충돌 등으로 인해 발생하는 피해
라. 외교부	1) 주한외국공관 및 이에 준하는 기관의 화재등으로 인해 발생하는 대규모 피해 2) 해외재난

---

5 ⑦ ㉠ 나. 행정안전부 다. 환경부 라. 해양수산부
  ㉡ 가. 교육부 나. 과학기술정보통신부

마. [　　]		1) 다음의 어느 하나에 해당하는 시설 및 그 밖에 이와 유사한 시설의 화재등으로 인해 발생하는 대규모 피해 　가) 교정시설 　나) 보호관찰소 및 갱생보호시설 　다) 소년원 및 소년분류심사원 　라) 치료감호시설 2) 다음의 어느 하나에 해당하는 시설 및 그 밖에 이와 유사한 시설의 화재등으로 인해 발생하는 대규모 피해 　가) 난민신청자의 주거시설 및 난민지원시설 　나) 외국인보호실 및 외국인보호소
바. 국방부		국방·군사시설의 화재등으로 인해 발생하는 대규모 피해
사. 행정안전부[4) 및 6)의 경우에는 각각 관계 법령에 따라 해당 정보시스템의 구축·운영에 관한 사무 및 해당 청사의 관리에 관한 사무를 관장하는 중앙행정기관을 말한다]		1) 승강기의 사고 또는 고장으로 인해 발생하는 대규모 피해 2)「유선 및 도선 사업법」제28조 및 제29조에 따른 사고로 인해 발생하는 대규모 피해 3) 정보시스템(행정안전부장관이 구축·운영하는 정보시스템으로 한정한다)의 장애로 인해 발생하는 대규모 피해 4) 정보시스템(행정안전부장관이 구축·운영하는 정보시스템은 제외한다)의 장애로 인해 발생하는 대규모 피해 5) 청사[6)에 따른 청사는 제외한다]의 화재등으로 인해 발생하는 대규모 피해 6) 행정안전부장관이 관리하지 않는 청사의 화재등으로 인해 발생하는 대규모 피해
아. 행정안전부 및 경찰청		일반인이 자유로이 모이거나 통행하는 도로, 광장 및 공원의 다중운집인파사고로 인해 발생하는 대규모 피해
자. 행정안전부 및 소방청		1) 소방대상물의 화재로 인해 발생하는 대규모 피해 2) 위험물의 누출·화재·폭발 등으로 인해 발생하는 대규모 피해
차. [　　　　]		1) 야영장업의 등록을 한 자가 관리하는 야영장의 화재등으로 인해 발생하는 대규모 피해 2) 유기시설 또는 유기기구의 중대한 사고로 인해 발생하는 대규모 피해 3) 공연장의 화재등으로 인해 발생하는 대규모 피해 4) 전문체육시설 및 생활체육시설의 화재등으로 인해 발생하는 대규모 피해
카. 농림축산식품부		1) 가축전염병의 확산으로 인한 피해 2) 농업생산기반시설 중 저수지의 붕괴·파손 등으로 인해 발생하는 대규모 피해 3) 농수산물도매시장(축산물도매시장은 포함하며, 수산물도매시장은 제외) 및 농수산물종합유통센터(수산물종합유통센터는 제외)의 화재등으로 인해 발생하는 대규모 피해

마. 법무부　차. 문화체육관광부

타. [　　　]	1) 가스사고로 인해 발생하는 대규모 피해 2) 석유의 정제시설·비축시설 및 같은 법 주유소의 화재등으로 인해 발생하는 대규모 피해 3) 에너지의 중대한 수급 차질로 인해 발생하는 대규모 피해 4) 대규모점포의 화재등으로 인해 발생하는 대규모 피해 5) 전기사고로 인해 발생하는 대규모 피해 6) 제품사고(안전관리대상어린이제품 및 안전관리대상제품으로 인한 사고로 한정)로 인해 발생하는 대규모 피해	
파. [　　]	1) 다음의 어느 하나에 해당하는 시설의 화재등으로 인해 발생하는 대규모 피해 　가) 노인복지시설 　나) 아동복지시설 　다) 장애인복지시설(요양병원에 해당하는 장애인 의료재활시설은 제외) 2) 병원급 의료기관의 화재등으로 인해 발생하는 대규모 피해	
하. 보건복지부 및 질병관리청	감염병의 확산으로 인한 피해	
거. [　　]	1) 댐[산업통상자원부 소관의 발전(發電)용 댐은 제외]의 붕괴·파손 등으로 인해 발생하는 대규모 피해 2) 미세먼지로 인한 피해 3) 수도의 화재등으로 발생하는 대규모 피해 4) 먹는물의 수질오염으로 인해 발생하는 대규모 피해 5) 안전확인대상생활화학제품 및 살생물제 관련 사고(제품사고에 해당하는 경우로 한정)로 인해 발생하는 대규모 피해 6) 화학사고로 인해 발생하는 대규모 피해 7) 오염물질등으로 인한 환경오염(먹는물의 수질오염은 제외)으로 인해 발생하는 대규모 피해	
너. 고용노동부	산업재해 및 중대산업사고로 인해 발생하는 대규모 피해	
더. 국토교통부[3]의 경우에는 공동구에 공동 수용되는 공급설비 및 통신시설 등으로서 화재등의 원인이 되는 설비·시설 등의 관리에 관한 사무를 관장하는 중앙행정기관을 포함한다]	1) 건축물의 붕괴·전도 등으로 인해 발생하는 대규모 피해 2) 공항의 화재등으로 인해 발생하는 대규모 피해 3) 공동구의 화재등으로 인해 발생하는 대규모 피해 4) 도로의 화재등으로 인해 발생하는 대규모 피해 5) 국토교통부장관에게 등록한 복합물류터미널사업자 및 물류창고업자가 관리하는 물류시설(다른 중앙행정기관 소관의 시설은 제외)의 화재등으로 인해 발생하는 대규모 피해 6) 철도사고로 인해 발생하는 대규모 피해 7) 항공기사고, 경량항공기사고 및 초경량비행장치사고로 인해 발생하는 대규모 피해	
러. [　　]	1) 농수산물도매시장(수산물도매시장으로 한정) 및 농수산물종합유통센터(수산물종합유통센터로 한정)의 화재등으로 인해 발생하는 대규모 피해 2) 항만의 화재등으로 인해 발생하는 대규모 피해 3) 해수욕장의 안전사고로 인해 발생하는 대규모 피해 4) 해양사고(해양에서 발생한 사고로 한정하며, 해양오염은 제외)로 인해 발생하는 대규모 피해	
머. 해양수산부 및 해양경찰청	해양오염으로 인해 발생하는 대규모 피해	

타. 산업통상자원부　파. 보건복지부　거. 환경부　러. 해양수산부

버. 중소벤처기업부	전통시장의 화재등으로 인해 발생하는 대규모 피해
서. [　　　]	1) 청소년복지시설의 화재등으로 인해 발생하는 대규모 피해 2) 청소년수련시설의 화재등으로 인해 발생하는 대규모 피해
어. 금융위원회	금융기관 중 정보통신기반시설을 관리하는 금융기관의 화재등으로 인해 발생하는 대규모 피해
저. 원자력안전위원회	1) 방사능재난 2) 인접 국가의 방사능 누출로 인해 발생하는 대규모 피해
처. [　　　]	1) 문화유산·보호구역·보호물과 문화유산 보관시설의 화재등으로 인해 발생하는 대규모 피해 2) 자연유산·보호물 및 보호구역의 화재등으로 인해 발생하는 대규모 피해
커. [　　　]	1) 사방시설의 붕괴·파손 등으로 인해 발생하는 대규모 피해 2) 산불로 인해 발생하는 대규모 피해
터. 법 제26조 제1항에 따라 해당 국가핵심기반을 지정하는 중앙행정기관	국가핵심기반의 마비(쟁의행위 또는 이에 준하는 행위로 인한 마비를 포함한다)로 인한 피해
퍼. 행사를 주최·주관하는 중앙행정기관(주최·주관하는 중앙행정기관이 다수인 경우에는 주최·주관의 주된 역할을 담당하는 중앙행정기관을 말한다)	중앙행정기관이 주최·주관하는 각종 행사가 개최되는 시설등에서 발생하는 대규모 피해
허. 비고 제1호 및 제3호에 따른 중앙행정기관	가목부터 퍼목까지의 규정에 따른 사회재난 유형란의 시설등 외의 시설등에서 발생하는 대규모 피해
고. 비고 제2호 및 제3호에 따른 중앙행정기관	가목부터 허목까지의 규정에 따른 사회재난 유형 외의 사회재난

ⓒ 그 밖의 각종 사고유형별 재난관리주관기관

재난관리주관기관	사고유형
제2호 각 목에 따른 해당 [　　　]	제2호 각 목에 따른 사회재난 유형으로 인해 발생하거나 해당 시설등에서 발생하는 인명 또는 재산의 피해로서 사회재난에 해당하지 않는 피해

⑧ 긴급구조

재난이 발생할 우려가 현저하거나 재난이 발생하였을 때에 국민의 생명·신체 및 재산을 보호하기 위하여 긴급구조기관과 긴급구조지원기관이 하는 인명구조, 응급처치, 그 밖에 필요한 모든 긴급한 조치

⑨ 긴급구조기관 [6]

[　　　]·소방본부 및 소방서를 말한다. 다만, 해양에서 발생한 재난의 경우에는 [　　　]·[　　　] 및 해양경찰서를 말한다.

서. 여성가족부 처. 국가유산청 커. 산림청
ⓒ 중앙행정기관
6 ⑨ 소방청, 해양경찰청, 지방해양경찰청

⑩ 긴급구조지원기관

긴급구조에 필요한 인력·시설 및 장비, 운영체계 등 긴급구조능력을 보유한 기관이나 단체로서 대통령령으로 정하는 기관과 단체

⑪ 국가재난관리기준 7

모든 유형의 재난에 공통적으로 활용할 수 있도록 재난관리의 전 과정을 통일적으로 단순화·체계화한 것으로서 [　　　　]이 고시한 것

⑫ 안전문화활동

안전교육, 안전훈련, 홍보 등을 통하여 안전에 관한 가치와 인식을 높이고 안전을 생활화하도록 하는 등 재난이나 그 밖의 각종 사고로부터 안전한 사회를 만들어가기 위한 활동을 말한다.

⑬ [　　　　]계층 8

어린이, 노인, 장애인, 저소득층 등 신체적·사회적·경제적 요인으로 인하여 재난에 취약한 사람을 말한다.

⑭ 재난관리정보 9

재난관리를 위하여 필요한 [　　　　], [　　　　], [　　　],
[　　　]를 말한다.

⑮ 재난안전의무보험

재난이나 그 밖의 각종 사고로 사람의 생명·신체 또는 재산에 피해가 발생한 경우 그 피해를 보상하기 위한 보험 또는 공제(共濟)로서 이 법 또는 다른 법률에 따라 일정한 자에 대하여 가입을 강제하는 보험 또는 공제를 말한다.

⑯ 재난안전통신망

재난관리책임기관·긴급구조기관 및 긴급구조지원기관이 재난 및 안전관리업무에 이용하거나 재난현장에서의 통합지휘에 활용하기 위하여 구축·운영하는 통신망을 말한다.

⑰ [　　　　　] 10

에너지, 정보통신, 교통수송, 보건의료 등 국가경제, 국민의 안전·건강 및 정부의 핵심 기능에 중대한 영향을 미칠 수 있는 시설, 정보기술시스템 및 자산 등을 말한다.

⑱ [　　　　]

정보처리능력을 갖춘 장치를 통하여 생성 또는 처리가 가능한 형태로 존재하는 재난 및 안전관리에 관한 정형 또는 비정형의 모든 자료를 말한다.

---

7 ⑪ 행정안전부장관
8 ⑬ 안전취약
9 ⑭ 재난상황정보, 동원가능 자원정보, 시설물정보, 지리정보
10 ⑰ 국가핵심기반 ⑱ 재난안전데이터

■ 국가 등의 책무(법 제4조) [11]

① [　　　]와 [　　　　　]는 재난이나 그 밖의 각종 사고로부터 국민의 생명·신체 및 재산을 보호할 책무를 지고, 재난이나 그 밖의 각종 사고를 예방하고 피해를 줄이기 위하여 노력하여야 하며, 발생한 피해를 신속히 대응·복구하여 일상으로 회복할 수 있도록 지원하기 위한 계획을 수립·시행하여야 한다.

② 국가와 지방자치단체는 안전에 관한 정보를 적극적으로 공개하여야 하며, 누구든지 이를 편리하게 이용할 수 있도록 하여야 한다.

③ 국가와 지방자치단체는 재난이나 그 밖의 각종 사고를 수습하는 과정에서 피해자의 인권이 침해받지 아니하도록 노력하여야 한다.

④ 제3조 제5호 나목에 따른 재난관리책임기관의 장은 소관 업무와 관련된 안전관리에 관한 계획을 수립하고 시행하여야 하며, 그 소재지를 관할하는 특별시·광역시·특별자치시·도·특별자치도(이하 "시·도"라 한다)와 시(「제주특별자치도 설치 및 국제자유도시 조성을 위한 특별법」 제10조 제2항에 따른 행정시를 포함한다.)·군·구(자치구를 말한다. 이하 같다)의 재난 및 안전관리업무에 협조하여야 한다.

■ 중앙안전관리위원회(법 제9조) [12]

① 재난 및 안전관리에 관한 다음 각 호의 사항을 심의하기 위하여 [　　　　] 소속으로 중앙안전관리위원회를 둔다.
　㉠ 재난 및 안전관리에 관한 중요 정책에 관한 사항
　㉡ [　　　　]기본계획에 관한 사항
　㉢ 재난 및 안전관리 사업 관련 중기사업계획서, 투자우선순위 의견 및 예산요구서에 관한 사항
　㉣ 중앙행정기관의 장이 수립·시행하는 계획, 점검·검사, 교육·훈련, 평가 등 재난 및 안전관리업무의 조정에 관한 사항
　㉤ 안전기준관리에 관한 사항
　㉥ [　　　]의 선포에 관한 사항

---

11 ① 국가, 지방자치단체
12 ① 국무총리 ㉡ 국가안전관리 ㉥ 재난사태

ⓢ [　　　　]의 선포에 관한 사항
   ⓞ 재난이나 그 밖의 각종 사고가 발생하거나 발생할 우려가 있는 경우 이를 수습하기 위한 관계 기관 간 협력에 관한 중요 사항
   ⓩ [　　　　]의 관리·운용 등에 관한 사항
   ⓩ 중앙행정기관의 장이 시행하는 대통령령으로 정하는 재난 및 사고의 예방사업 추진에 관한 사항
   ㉠ 「재난안전산업진흥법」 제5조에 따른 기본계획에 관한 사항
   ㉡ 그 밖에 위원장이 회의에 부치는 사항
② **중앙위원회의 위원장은** [　　　　]**가 되고**, 위원은 대통령령으로 정하는 중앙행정기관 또는 관계 기관·단체의 장이 된다.
③ 중앙위원회의 위원장은 중앙위원회를 대표하며, 중앙위원회의 업무를 총괄한다.
④ **중앙위원회에 간사** [　]**명을 두며, 간사는** [　　　　]**이 된다.**
⑤ 중앙위원회의 위원장이 사고 또는 부득이한 사유로 직무를 수행할 수 없을 때에는 행정안전부장관, 대통령령으로 정하는 중앙행정기관의 장 순으로 위원장의 직무를 대행한다.
⑥ ⑤에 따라 행정안전부장관 등이 중앙위원회 위원장의 직무를 대행할 때에는 행정안전부의 **재난안전관리사무를 담당하는 본부장이** 중앙위원회 간사의 직무를 대행한다.
⑦ 중앙위원회는 ① 각 호의 사무가 국가안전보장과 관련된 경우에는 국가안전보장회의와 협의하여야 한다.
⑧ 중앙위원회의 위원장은 그 소관 사무에 관하여 재난관리책임기관의 장이나 관계인에게 자료의 제출, 의견 진술, 그 밖에 필요한 사항에 대하여 협조를 요청할 수 있다. 이 경우 요청을 받은 사람은 특별한 사유가 없으면 요청에 따라야 한다.
⑨ 중앙위원회의 구성과 운영 등에 필요한 사항은 대통령령으로 정한다.

ⓢ 특별재난지역 ⓩ 재난안전의무보험 ② 국무총리 ④ 1, 행정안전부장관

■ 안전정책조정위원회(법 제10조) [13]

① 중앙위원회에 상정될 안건을 사전에 검토하고 다음 각 호의 사무를 수행하기 위하여 [ ]에 안전정책조정위원회를 둔다.
  ㉠ 중앙위원회 심의사항 중 ㉣, ㉤, ㉥, ㉦, ㉧에 대한 사전 조정
  ㉡ 집행계획의 심의
  ㉢ 국가핵심기반의 지정에 관한 사항의 심의
  ㉣ 재난 및 안전관리기술 종합계획의 심의
  ㉤ 그 밖에 중앙위원회가 위임한 사항

② 조정위원회의 위원장은 [ ]이 되고, 위원은 대통령령으로 정하는 중앙행정기관의 차관 또는 차관급 공무원과 재난 및 안전관리에 관한 지식과 경험이 풍부한 사람 중에서 위원장이 임명하거나 위촉하는 사람이 된다.

③ 조정위원회에 간사위원 1명을 두며, 간사위원은 행정안전부의 재난안전관리사무를 담당하는 본부장이 된다.

④ 조정위원회의 업무를 효율적으로 처리하기 위하여 조정위원회에 [ ]를 둘 수 있다.

⑤ 조정위원회의 위원장은 ①에 따라 조정위원회에서 심의·조정된 사항 중 대통령령으로 정하는 중요 사항에 대해서는 조정위원회의 심의·조정 결과를 [ ]의 위원장에게 보고하여야 한다.

⑥ 조정위원회의 위원장은 중앙위원회 또는 조정위원회에서 심의·조정된 사항에 대한 이행상황을 점검하고, 그 결과를 중앙위원회에 보고할 수 있다.

⑦ 조정위원회 및 ④에 따른 실무위원회의 구성 및 운영 등에 필요한 사항은 대통령령으로 정한다.

---

13 ① 중앙위원회 ② 행정안전부장관 ④ 실무위원회 ⑤ 중앙위원회

■ 실무위원회의 구성·운영 등(영 제10조) 14

① 실무위원회는 위원장 1명을 포함하여 [　]명 내외의 위원으로 구성한다.

② 실무위원회는 다음 각 호의 사항을 심의한다.
　1. 재난 및 안전관리를 위하여 관계 중앙행정기관의 장이 수립하는 대책에 관하여 협의·조정이 필요한 사항
　2. 재난 발생시 관계 중앙행정기관의 장이 수행하는 재난의 수습에 관하여 협의·조정이 필요한 사항
　3. 그 밖에 실무위원회의 위원장(이하 "실무위원장"이라 한다)이 회의에 부치는 사항

③ 실무위원장은 [　　　　　　　　　　　　　　　　]이 된다.

④ 실무위원회의 위원은 다음 각 호의 어느 하나에 해당하는 사람 중에서 성별을 고려하여 행정안전부장관이 임명하거나 위촉하는 사람으로 한다.
　1. 관계 중앙행정기관의 고위공무원단에 속하는 공무원 또는 3급 상당 이상에 해당하는 공무원 중에서 해당 중앙행정기관의 장이 추천하는 공무원
　2. 재난 및 안전관리에 관한 지식과 경험이 풍부한 사람
　3. 그 밖에 실무위원장이 필요하다고 인정하는 분야의 전문지식과 경력이 충분한 사람

⑤ 실무위원회의 회의는 위원 [　]명 이상의 요청이 있거나 실무위원장이 필요하다고 인정하는 경우에 실무위원장이 소집한다.

⑥ 실무회의는 실무위원장과 실무위원장이 회의마다 지정하는 [　]명 내외의 위원으로 구성한다.

⑦ 실무회의는 ⑥에 따른 구성원 과반수의 출석으로 개의(開議)하고, 출석위원 과반수의 찬성으로 의결한다.

⑧ ①부터 ⑦까지에서 규정한 사항 외에 실무위원회의 구성 및 운영에 필요한 사항은 행정안전부장관이 정한다.

---

14 ① 50 ③ 행정안전부의 재난안전관리사무를 담당하는 본부장 ⑤ 5 ⑥ 25

지역위원회(법 제11조) [15]

① 지역별 재난 및 안전관리에 관한 다음 각 호의 사항을 심의·조정하기 위하여 특별시장·광역시장·특별자치시장·도지사·특별자치도지사 소속으로 [   ] 안전관리위원회를 두고, 시장(「제주특별자치도 설치 및 국제자유도시 조성을 위한 특별법」 제11조 제1항에 따른 행정시장을 포함한다.)·군수·구청장 소속으로 [   ] 안전관리위원회를 둔다.
  ㉠ 해당 지역에 대한 재난 및 안전관리정책에 관한 사항
  ㉡ 제24조 또는 제25조에 따른 안전관리계획에 관한 사항
  ㉢ 제36조에 따른 재난사태의 선포에 관한 사항(시·군·구위원회는 제외한다)
  ㉣ 해당 지역을 관할하는 재난관리책임기관(중앙행정기관과 상급 지방자치단체는 제외한다)이 수행하는 재난 및 안전관리업무의 추진에 관한 사항
  ㉤ 재난이나 그 밖의 각종 사고가 발생하거나 발생할 우려가 있는 경우 이를 수습하기 위한 관계 기관 간 협력에 관한 사항
  ㉥ 다른 법령이나 조례에 따라 해당 위원회의 권한에 속하는 사항
  ㉦ 그 밖에 해당 위원회의 위원장이 회의에 부치는 사항
② 시·도위원회의 위원장은 [   ]가 되고, 시·군·구위원회의 위원장은 시장·군수·구청장이 된다.
③ 지역위원회(시·도위원회, 시·군·구위원회)의 회의에 부칠 의안을 검토하고, 재난 및 안전관리에 관한 관계 기관 간의 협의·조정 등을 위하여 지역위원회에 안전정책실무조정위원회를 둘 수 있다.
④ 지역위원회 및 ③에 따른 안전정책실무조정위원회의 구성과 운영에 필요한 사항은 해당 지방자치단체의 조례로 정한다.

재난방송협의회(법 제12조) [16]

① 재난에 관한 예보·경보·통지나 응급조치 및 재난관리를 위한 재난방송이 원활히 수행될 수 있도록 [   ]에 중앙재난방송협의회를 두어야 한다.
② 지역 차원에서 재난에 대한 예보·경보·통지나 응급조치 및 재난방송이 원활히 수행될 수 있도록 시·도위원회에 시·도 재난방송협의회를 두어야 하고, 필요한 경우 시·군·구위원회에 시·군·구 재난방송협의회를 둘 수 있다.
③ 중앙재난방송협의회의 구성 및 운영에 필요한 사항은 대통령령으로 정하고, 시·도 재난방송협의회와 시·군·구 재난방송협의회의 구성 및 운영에 필요한 사항은 해당 지방자치단체의 조례로 정한다.

---

15 ① 시·도, 시·군·구 ② 시·도지사
16 ① 중앙위원회

■ 중앙재난방송협의회의 구성과 운영(영 제10조의3) [17]

① 법 제12조 제1항에 따라 중앙위원회에 두는 중앙재난방송협의회는 위원장 1명과 부위원장 1명을 포함한 [   ]명 이내의 위원으로 구성한다.

② 중앙재난방송협의회는 다음 각 호의 사항을 심의한다.
  1. 재난에 관한 예보·경보·통지나 응급조치 및 재난관리를 위한 재난방송 내용의 효율적 전파 방안
  2. 재난방송과 관련하여 중앙행정기관, 특별시·광역시·특별자치시·도·특별자치도(이하 "시·도"라 한다) 및 「방송법」 제2조 제3호에 따른 방송사업자 간의 역할분담 및 협력체제 구축에 관한 사항
  3. 「언론중재 및 피해구제 등에 관한 법률」 제2조 제1호에 따른 언론에 공개할 재난 관련 정보의 결정에 관한 사항
  4. 재난방송 관련 법령과 제도의 개선 사항
  5. 그 밖에 재난방송이 원활히 수행되도록 하기 위하여 필요한 사항으로서 방송통신위원회위원장과 과학기술정보통신부장관이 요청하거나 중앙재난방송협의회 위원장이 필요하다고 인정하는 사항

③ 중앙재난방송협의회의 위원장은 제4항에 따른 위원 중에서 [   ]이 지명하는 사람이 되고, 부위원장은 중앙재난방송협의회의 위원 중에서 호선한다.

④ 중앙재난방송협의회의 위원은 다음 각 호의 사람이 된다.
  1. 과학기술정보통신부, 행정안전부, 국무조정실, 방송통신위원회 및 기상청의 고위공무원단에 속하는 일반직 공무원 또는 이에 상당하는 공무원 중에서 해당 기관의 장이 지명하는 사람 각 1명
  2. 관계 중앙행정기관(제1호의 위원이 소속된 기관은 제외한다)의 고위공무원단에 속하는 일반직 공무원 또는 이에 상당하는 공무원 중에서 재난의 유형에 따라 해당 중앙행정기관의 장의 추천을 받아 과학기술정보통신부장관이 임명하는 사람. 이 경우 과학기술정보통신부장관은 임명 대상에 대하여 방송통신위원회위원장과 미리 협의하여야 한다.
  3. 다음 각 목의 어느 하나에 해당하는 사람 중에서 방송통신위원회위원장과 협의하여 과학기술정보통신부장관이 위촉하는 사람
    가. 「방송법 시행령」 제1조의2 제1호에 따른 지상파텔레비전방송사업자(「방송법 시행령」 제25조의2에 따른 지역방송을 하는 방송사업자는 제외한다)에 소속된 사람으로서 재난방송을 총괄하는 직위에 있는 사람

17 ① 25 ③ 과학기술정보통신부장관

나. 「방송법 시행령」제1조의2 제6호에 따른 텔레비전방송채널사용사업자 중 종합편성 또는 보도전문편성을 행하는 방송채널사용사업자에 소속된 사람으로서 재난방송을 총괄하는 직위에 있는 사람
　　다. 「고등교육법」에 따른 대학·산업대학·전문대학 및 기술대학에서 재난 또는 방송과 관련된 학문을 교수하는 사람으로서 조교수 이상의 직위에 있는 사람
　　라. 재난 또는 방송 관련 연구기관이나 단체 또는 산업 분야에 종사하는 사람으로서 해당 분야의 경력이 5년 이상인 사람
⑤ 삭제
⑥ 위원장은 중앙재난방송협의회를 대표하며, 중앙재난방송협의회의 사무를 총괄한다.
⑦ 중앙재난방송협의회의 위원장이 부득이한 사유로 직무를 수행할 수 없을 때에는 부위원장이 그 직무를 대행한다.
⑧ 중앙재난방송협의회의 회의는 위원장이 필요하다고 인정하거나 위원의 소집요구가 있는 경우에 위원장이 소집하고, 위원장은 그 의장이 된다.
⑨ 중앙재난방송협의회는 구성원 과반수의 출석과 출석위원 과반수의 찬성으로 의결한다.
⑩ 위원장은 회의 안건과 관련하여 필요하다고 인정하는 경우에는 관계 공무원과 민간전문가 등을 회의에 참석하게 하거나 관계 기관의 장에게 자료 제출을 요청할 수 있다. 이 경우 요청을 받은 관계 공무원과 관계 기관의 장은 특별한 사유가 없으면 요청에 따라야 한다.
⑪ 중앙재난방송협의회의 효율적 운영을 위하여 중앙재난방송협의회에 간사 1명을 두되, 간사는 과학기술정보통신부의 재난방송 업무를 담당하는 공무원 중에서 과학기술정보통신부장관이 지명하는 사람이 된다.
⑫ 과학기술정보통신부장관은 중앙재난방송협의회의 운영에 필요한 행정적·재정적 지원을 할 수 있다.
⑬ ①부터 ⑫까지에서 규정한 사항 외에 중앙재난방송협의회의 운영에 필요한 사항은 중앙재난방송협의회의 의결을 거쳐 위원장이 정한다.

안전관리민관협력위원회(법 제12조의2) [18]

① [   ]의 위원장은 재난 및 안전관리에 관한 민관 협력관계를 원활히 하기 위하여 중앙안전관리민관협력위원회(이하 "중앙민관협력위원회"라 한다)를 구성·운영할 수 있다.

② [   ]의 위원장은 재난 및 안전관리에 관한 지역 차원의 민관 협력관계를 원활히 하기 위하여 시·도 또는 시·군·구 안전관리민관협력위원회(이하 "지역민관협력위원회"라 한다)를 구성·운영할 수 있다.

③ 중앙민관협력위원회의 구성 및 운영에 필요한 사항은 **대통령령**으로 정하고, 지역민관협력위원회의 구성 및 운영에 필요한 사항은 해당 지방자치단체의 조례로 정한다.

중앙민관협력위원회의 기능 등(법 제12조의3) [19]

① 중앙민관협력위원회의 기능은 다음 각 호와 같다.
  ㉠ 재난 및 안전관리 민관협력활동에 관한 협의
  ㉡ 재난 및 안전관리 민관협력활동사업의 효율적 운영방안의 협의
  ㉢ 평상시 재난 및 안전관리 위험요소 및 취약시설의 모니터링·제보
  ㉣ 재난 발생 시 재난관리자원의 동원, 인명구조·피해복구 활동 참여, 피해주민 지원 서비스 제공 등에 관한 협의

② 중앙민관협력위원회의 회의는 다음 각 호의 어느 하나에 해당하는 경우에 공동위원장이 소집할 수 있다.
  ㉠ 제14조 제1항에 따른 대규모 재난의 발생으로 민관협력 대응이 필요한 경우
  ㉡ 재적위원 [   ]이상이 회의 소집을 요청하는 경우
  ㉢ 그 밖에 공동위원장이 회의 소집이 필요하다고 인정하는 경우

③ 재난 발생 시 신속한 재난대응 활동 참여 등 중앙민관협력위원회의 기능을 지원하기 위하여 중앙민관협력위원회에 대통령령으로 정하는 바에 따라 재난긴급대응단을 둘 수 있다.

---

18 ① 조정위원회 ② 지역위원회
19 ② 4분의 1

DAY 16

■ 중앙민관협력위원회의 구성·운영(영 제12조의3) [20]

① 법 제12조의2 제1항에 따른 중앙안전관리민관협력위원회는 공동위원장 [　]명을 포함하여 [　]명 이내의 위원으로 구성한다.

② 중앙민관협력위원회의 공동위원장은 행정안전부의 재난안전관리사무를 담당하는 본부장과 ④에 따라 위촉된 민간위원 중에서 중앙민관협력위원회의 의결을 거쳐 [　　　　　]이 지명하는 사람이 된다.

③ 중앙민관협력위원회의 공동위원장은 중앙민관협력위원회를 대표하고, 중앙민관협력위원회의 운영 및 사무에 관한 사항을 총괄한다.

④ 중앙민관협력위원회의 위원은 다음 각 호의 사람이 된다.
   1. 당연직 위원
      가. 행정안전부 [　　　]실장
      나. 행정안전부 [　　　]실장
      다. 행정안전부 [　　　]실장
      라. 행정안전부 [　　　]국장
   2. 민간위원: 다음 각 목의 어느 하나에 해당하는 사람 중에서 성별을 고려하여 행정안전부장관이 위촉하는 사람
      가. 재난 및 안전관리 활동에 적극적으로 참여하고 전국 규모의 회원을 보유하고 있는 협회 등의 민간단체 대표
      나. 재난 및 안전관리 분야 유관기관, 단체·협회 또는 기업 등에 소속된 재난 및 안전관리 전문가
      다. 재난 및 안전관리 분야에 학식과 경험이 풍부한 사람

⑤ 민간위원의 임기는 2년으로 하며, 위원의 사임 등으로 새로 위촉된 위원의 임기는 전임위원 임기의 남은 기간으로 한다.

⑥ ①부터 ⑤까지에서 규정한 사항 외에 중앙민관협력위원회의 구성·운영에 필요한 세부사항은 중앙민관협력위원회의 의결을 거쳐 행정안전부장관이 정한다.

---

20 ① 2, 35 ② 행정안전부장관 ④ 안전예방정책 / 자연재난 / 사회재난 / 재난복구지원

■ 중앙재난안전대책본부(법 제14조) [21]

① 대통령령으로 정하는 대규모 재난(이하 "대규모재난"이라 한다)의 대응·복구(이하 "수습"이라 한다) 등에 관한 사항을 총괄·조정하고 필요한 조치를 하기 위하여 [   ]에 중앙재난안전대책본부를 둔다.

② 중앙대책본부에 본부장과 차장을 둔다.

③ 중앙대책본부의 본부장(이하 "중앙대책본부장"이라 한다)은 [   ]이 되며, 중앙대책본부장은 중앙대책본부의 업무를 총괄하고 필요하다고 인정하면 중앙재난안전대책본부회의를 소집할 수 있다. 다만, 해외재난의 경우에는 [   ]이, 「원자력시설 등의 방호 및 방사능 방재 대책법」 제2조 제1항 제8호에 따른 방사능재난의 경우에는 같은 법 제25조에 따른 중앙방사능방재대책본부의 장이 각각 중앙대책본부장의 권한을 행사한다.

④ ③에도 불구하고 재난의 효과적인 수습을 위하여 다음 각 호의 어느 하나에 해당하는 경우에는 [   ]가 중앙대책본부장의 권한을 행사할 수 있다. 이 경우 행정안전부장관, 외교부장관(해외재난의 경우에 한정한다) 또는 원자력안전위원회 위원장(방사능 재난의 경우에 한정한다)이 차장이 된다.
　㉠ 국무총리가 범정부적 차원의 통합 대응이 필요하다고 인정하는 경우
　㉡ 행정안전부장관이 국무총리에게 건의하거나 제15조의2 제3항에 따른 수습본부장의 요청을 받아 행정안전부장관이 국무총리에게 건의하는 경우

⑤ ④에도 불구하고 국무총리가 필요하다고 인정하여 지명하는 중앙행정기관의 장은 행정안전부장관, 외교부장관(해외재난의 경우에 한정한다) 또는 원자력안전위원회 위원장(방사능 재난의 경우에 한정한다)과 공동으로 차장이 된다.

⑥ 중앙대책본부장은 대규모재난이 발생하거나 발생할 우려가 있는 경우에는 대통령령으로 정하는 바에 따라 실무반을 편성하고, 중앙재난안전대책본부상황실을 설치하는 등 해당 대규모재난에 대하여 효율적으로 대응하기 위한 체계를 갖추어야 한다. 이 경우 중앙재난안전상황실과 인력, 장비, 시설 등을 통합·운영할 수 있다.

⑦ ①에 따른 중앙대책본부, ③에 따른 중앙재난안전대책본부회의의 구성과 운영에 필요한 사항은 대통령령으로 정한다.

---

21 ① 행정안전부 ③ 행정안전부장관, 외교부장관 ④ 국무총리

■ 중앙대책본부의 구성 등(영 제15조) [22]

① 중앙대책본부(방사능재난의 경우 중앙대책본부가 되는 「원자력시설 등의 방호 및 방사능 방재 대책법」에 따른 중앙방사능방재대책본부는 제외한다)에는 차장·[   ]·대변인·통제관·부대변인 및 담당관을 두며, 연구개발·조사 및 홍보 등 전문적 지식의 활용이 필요한 경우에는 중앙대책본부장(국무총리가 중앙대책본부장인 경우에는 차장을 말한다)을 보좌하기 위하여 특별대응단장 또는 [   ](이하 "특별대응단장등"이라 한다)을 둘 수 있다.

② ①에 따른 특별대응단장등에는 업무수행에 필요한 최소한의 하부조직을 둘 수 있다.

③ 행정안전부장관이 [   ]이 되는 경우에는 다음 각 호의 사람이 차장·특별대응단장등·총괄조정관·대변인·통제관·부대변인 및 담당관이 된다.
  1. 차장·총괄조정관·대변인·통제관 및 담당관: 행정안전부 소속 공무원 중에서 행정안전부장관이 지명하는 사람
  2. 특별대응단장등: 해당 재난과 관련한 민간전문가 중에서 행정안전부장관이 위촉하는 사람
  3. 부대변인: 재난관리주관기관 소속 공무원 중에서 소속 기관의 장이 추천하여 행정안전부장관이 지명하는 사람

④ ③에도 불구하고 해외재난의 경우에는 외교부장관이 소속 공무원 중에서 지명하는 사람이 차장·총괄조정관·대변인·통제관·부대변인 및 담당관이 되고, 외교부장관이 해당 재난과 관련한 민간전문가 중에서 위촉하는 사람이 특별대응단장등이 된다.

⑤ [   ]가 중앙대책본부장의 권한을 행사하는 경우에는 다음 각 호의 사람이 특별대응단장등·총괄조정관·대변인·통제관·부대변인 및 담당관이 된다.
  1. 특별대응단장등: 차장이 해당 재난과 관련한 민간전문가 중에서 추천하여 국무총리가 위촉하는 사람
  2. 총괄조정관·통제관 및 담당관: 차장이 소속 중앙행정기관 공무원 중에서 지명하는 사람
  3. 대변인: 차장이 소속 중앙행정기관 공무원 중에서 추천하여 국무총리가 지명하는 사람
  4. 부대변인: 재난관리주관기관 소속 공무원 중에서 소속 기관의 장이 추천하여 국무총리가 지명하는 사람

---

22 ① 총괄조정관, 특별보좌관
   ③ 중앙대책본부장 ⑤ 국무총리

⑥ ⑤에도 불구하고 국무총리가 필요하다고 인정하여 지명하는 중앙행정기관의 장이 공동으로 차장이 되는 경우에는 다음 각 호의 사람이 특별대응단장등·총괄조정관·대변인·통제관·부대변인 및 담당관이 된다.
  1. 특별대응단장등: 공동 차장이 각각 해당 재난과 관련한 민간전문가 중에서 추천하여 국무총리가 위촉하는 사람
  2. 총괄조정관·통제관 및 담당관: 공동 차장이 각각 소속 중앙행정기관 공무원 중에서 지명하는 사람
  3. 대변인 및 부대변인: 공동 차장이 각각 소속 중앙행정기관 공무원 중에서 추천하여 국무총리가 지명하는 사람
⑦ 실무반은 다음 각 호의 사람으로 편성한다.
  1. 행정안전부, 외교부(해외재난의 경우에 한정한다) 또는 원자력안전위원회(「원자력시설 등의 방호 및 방사능 방재 대책법」 제2조 제1항 제8호에 따른 방사능재난의 경우에 한정한다) 소속 공무원
  2. 국무총리가 중앙행정기관의 장을 공동 차장으로 지명한 경우 해당 중앙행정기관 소속 공무원
  3. 관계 재난관리책임기관에서 파견된 사람
⑧ ①부터 ⑦까지에서 규정한 사항 외에 중앙대책본부의 구성 및 운영 등에 필요한 사항은 행정안전부령으로 정한다.

■ 재난안전상황실(법 제18조) [23]

① [   ], 시·도지사 및 시장·군수·구청장은 재난정보의 수집·전파, 상황관리, 재난발생 시 초동조치 및 지휘 등의 업무를 수행하기 위하여 다음 각 호의 구분에 따른 상시 재난안전상황실을 설치·운영하여야 한다.
  ㉠ 행정안전부장관: 중앙재난안전상황실
  ㉡ 시·도지사 및 시장·군수·구청장: 시·도별 및 시·군·구별 재난안전상황실
② [   ]은 소관 업무분야의 재난상황을 관리하기 위하여 재난안전상황실을 설치·운영하거나 재난상황을 관리할 수 있는 체계를 갖추어야 한다.
③ [   ]은 재난에 관한 상황관리를 위하여 재난안전상황실을 설치·운영할 수 있다.
④ 재난안전상황실은 중앙재난안전상황실 및 다른 기관의 재난안전상황실과 유기적인 협조체제를 유지하고, 재난관리정보를 공유하여야 한다.

---

23 ① 행정안전부장관 ② 중앙행정기관의 장 ③ 재난관리책임기관의 장

■ 국가안전관리기본계획의 수립 등(법 제22조) [24]

① [   ]는 대통령령으로 정하는 바에 따라 5년마다 국가의 안전관리업무에 관한 기본계획의 수립지침을 작성하여 관계 [   ]의 장에게 통보하여야 한다.

② 수립지침에는 부처별로 중점적으로 추진할 안전관리기본계획의 수립에 관한 사항과 국가재난관리체계의 기본방향이 포함되어야 한다.

③ 관계 중앙행정기관의 장은 수립지침에 따라 5년마다 그 소관에 속하는 재난 및 안전관리업무에 관한 기본계획을 작성한 후 국무총리에게 제출하여야 한다.

④ 국무총리는 관계 중앙행정기관의 장이 제출한 기본계획을 종합하여 국가안전관리기본계획을 작성하여 [   ]의 심의를 거쳐 확정한 후 이를 관계 중앙행정기관의 장에게 통보하여야 한다.

⑤ 중앙행정기관의 장은 확정된 국가안전관리기본계획 중 그 소관 사항을 관계
[   ](중앙행정기관과 지방자치단체는 제외한다)의 장에게 통보하여야 한다.

⑥ 국가안전관리기본계획을 변경하는 경우에는 ①부터 ⑤까지를 준용한다.

⑦ 국가안전관리기본계획과 제23조의 집행계획, 제24조의 시·도 안전관리계획 및 제25조의 시·군·구 안전관리계획은 「민방위기본법」에 따른 민방위계획 중 재난관리분야의 계획으로 본다.

⑧ 국가안전관리기본계획에는 다음 각 호의 사항이 포함되어야 한다.
  ㉠ 재난에 관한 대책
  ㉡ 생활안전, 교통안전, 산업안전, 시설안전, 범죄안전, 식품안전, 안전취약계층 안전 및 그 밖에 이에 준하는 안전관리에 관한 대책

---

24 ① 국무총리, 중앙행정기관 ④ 중앙위원회 ⑤ 재난관리책임기관

■ 재난관리책임기관의 장의 재난예방조치 등(법 제25조의4) [25]

① [   ]의 장은 소관 관리대상 업무의 분야에서 재난 발생을 사전에 방지하기 위하여 다음 각 호의 조치를 하여야 한다.
  ㉠ 재난에 대응할 조직의 구성 및 정비
  ㉡ 재난의 예측 및 예측정보 등의 제공·이용에 관한 체계의 구축
  ㉢ 재난 발생에 대비한 [   ]·[   ]과 재난관리예방에 관한 [   ]
  ㉣ 재난이 발생할 위험이 높은 분야에 대한 안전관리체계의 구축 및 안전관리규정의 제정
  ㉤ 제26조에 따라 지정된 국가핵심기반의 관리
  ㉥ 제27조 제2항에 따른 [   ]에 관한 조치
  ㉦ 제29조에 따른 재난방지시설의 점검·관리
  ㉧ 제34조에 따른 재난관리자원의 관리
  ㉨ 그 밖에 재난을 예방하기 위하여 필요하다고 인정되는 사항

② 재난관리책임기관의 장은 재난예방조치를 효율적으로 시행하기 위하여 필요한 사업비를 확보하여야 한다.

③ 재난관리책임기관의 장은 다른 재난관리책임기관의 장에게 재난을 예방하기 위하여 필요한 협조를 요청할 수 있다. 이 경우 요청을 받은 다른 재난관리책임기관의 장은 특별한 사유가 없으면 요청에 따라야 한다.

④ 재난관리책임기관의 장은 재난관리의 실효성을 확보할 수 있도록 ①의 ㉣에 따른 안전관리체계 및 안전관리규정을 정비·보완하여야 한다.

⑤ 재난관리책임기관의 장 및 국회·법원·헌법재판소·중앙선거관리위원회의 행정사무를 처리하는 기관의 장은 재난상황에서 해당 기관의 핵심기능을 유지하는 데 필요한 계획("기능연속성계획")을 수립·시행하여야 한다.

⑥ [   ]이 재난상황에서 해당 기관·단체의 핵심 기능을 유지하는 것이 특별히 필요하다고 인정하여 고시하는 기관·단체(민간단체를 포함한다) 및 민간업체는 기능연속성계획을 수립·시행하여야 한다. 이 경우 민간단체 및 민간업체에 대해서는 해당 단체 및 업체와 협의를 거쳐야 한다.

⑦ 행정안전부장관은 재난관리책임기관과 제6장에 따른 기관·단체 및 민간업체의 기능연속성계획 이행실태를 정기적으로 점검하고, 그 결과를 제33조의2에 따른 재난관리체계 등에 대한 평가에 반영할 수 있다.

⑧ 기능연속성계획에 포함되어야 할 사항 및 계획수립의 절차 등은 국회규칙, 대법원규칙, 헌법재판소규칙, 중앙선거관리위원회규칙 및 대통령령으로 정한다.

---

25 ① 재난관리책임기관 ㉢ 교육·훈련, 홍보 ㉥ 특정관리대상지역 ⑥ 행정안전부장관

특정관리대상지역의 안전등급 및 안전점검 등(영 제34조의2) [26]

① 재난관리책임기관의 장은 제31조 제2항에 따라 지정된 특정관리대상지역을 제32조 제1항에 따른 특정관리대상지역의 지정·관리 등에 관한 지침에서 정하는 안전등급의 평가 기준에 따라 다음 각 호의 어느 하나에 해당하는 등급으로 구분하여 관리하여야 한다.
  1. A등급: 안전도가 우수한 경우
  2. B등급: 안전도가 양호한 경우
  3. C등급: 안전도가 보통인 경우
  4. D등급: 안전도가 미흡한 경우
  5. E등급: 안전도가 불량한 경우

② 재난관리책임기관의 장은 D등급 또는 E등급에 해당하거나 D등급 또는 E등급에서 상위 등급으로 조정되는 특정관리대상지역에 관한 다음 각 호의 사항을 해당 기관에서 발행하거나 관리하는 공보 또는 홈페이지 등에 공고하고, 이를 행정안전부장관에게 통보하여야 한다. D등급 또는 E등급에 해당하는 특정관리대상지역의 지정이 해제되는 경우에도 또한 같다.
  1. 특정관리대상지역의 명칭 및 위치
  2. 특정관리대상지역의 관계인의 인적사항
  3. 해당 등급의 평가 사유(D등급 또는 E등급에 해당하는 특정관리대상지역의 지정이 해제되는 경우에는 그 사유를 말한다)

③ 재난관리책임기관의 장은 다음 각 호의 구분에 따라 특정관리대상지역에 대한 안전점검을 실시하여야 한다.
  1. 정기안전점검
     가. A등급, B등급 또는 C등급에 해당하는 특정관리대상지역: [   ] 1회 이상
     나. D등급에 해당하는 특정관리대상지역: [ ] 1회 이상
     다. E등급에 해당하는 특정관리대상지역: 월 [ ]회 이상
  2. 수시안전점검: 재난관리책임기관의 장이 필요하다고 인정하는 경우

④ 행정안전부장관은 특정관리대상지역을 체계적으로 관리하기 위하여 정보화시스템을 구축·운영할 수 있다.

⑤ 재난관리책임기관의 장은 제4항에 따라 운영되는 정보화시스템을 이용하여 특정관리대상지역을 관리하여야 한다.

26 ③ 반기별, 월, 2

■ 재난안전분야 종사자 교육(법 제29조의2) [27]

① 재난관리책임기관에서 재난 및 안전관리업무를 담당하는 공무원이나 직원은 [   ]이 실시하는 **전문교육**을 행정안전부령으로 정하는 바에 따라 정기적으로 또는 수시로 받아야 한다.

② 행정안전부장관은 필요하다고 인정하면 대통령령으로 정하는 전문인력 및 시설기준을 갖춘 교육기관으로 하여금 전문교육을 대행하게 할 수 있다.

③ 행정안전부장관은 정당한 사유 없이 전문교육을 받지 아니한 자에 대하여 소속 재난관리책임기관의 장에게 징계할 것을 요구할 수 있다.

④ 전문교육의 종류 및 대상, 그 밖에 전문교육의 실시에 필요한 사항은 [   ]으로 정한다.

■ 재난관리 실태 공시 등(법 제33조의3) [28]

① [   ](ⓒ의 경우에는 시·도지사를 포함한다)은 다음 각 호의 사항이 포함된 재난관리 실태를 매년 [   ]회 이상 관할 지역 주민에게 공시하여야 한다.
　㉠ 전년도 재난의 발생 및 수습 현황
　㉡ 제25조의4 제1항에 따른 재난예방조치 실적
　ⓒ 제67조에 따른 재난관리기금의 적립 및 집행 현황
　㉣ 제34조의5에 따른 현장조치 행동매뉴얼의 작성·운용 현황
　㉤ 그 밖에 대통령령으로 정하는 재난관리에 관한 중요 사항

② 행정안전부장관 또는 [   ]는 제33조의2에 따른 평가 결과를 공개할 수 있다.

③ ① 및 ②에 따른 공시 방법 및 시기 등 필요한 사항은 대통령령으로 정한다.

---

27 ① 행정안전부장관 ④ 행정안전부령
28 ① 시장·군수·구청장, 1 ② 시·도지사

■ 재난분야 위기관리 매뉴얼 작성·운용(법 제34조의5) [29]

① [　　　　　　　　　]의 장은 재난을 효율적으로 관리하기 위하여 재난유형에 따라 다음 각 호의 위기관리 매뉴얼을 작성·운용하고, 이를 준수하도록 노력하여야 한다. 이 경우 재난대응활동계획과 위기관리 매뉴얼이 서로 연계되도록 하여야 한다.

㉠ [　　　　　　　　　]: 국가적 차원에서 관리가 필요한 재난에 대하여 재난관리체계와 관계 기관의 임무와 역할을 규정한 문서로 위기대응 실무매뉴얼의 작성 기준이 되며, [　　　　　　　　　]의 장이 작성한다. 다만, 다수의 재난관리주관기관이 관련되는 재난에 대해서는 관계 재난관리주관기관의 장과 협의하여 [　　　　]이 위기관리 표준매뉴얼을 작성할 수 있다.

㉡ [　　　　　　　　　]: 위기관리 표준매뉴얼에서 규정하는 기능과 역할에 따라 실제 재난대응에 필요한 조치사항 및 절차를 규정한 문서로 재난관리주관기관의 장과 관계 기관의 장이 작성한다. 이 경우 재난관리주관기관의 장은 위기대응 실무매뉴얼과 ㉠에 따른 위기관리 표준매뉴얼을 통합하여 작성할 수 있다.

㉢ [　　　　　　　　　]: 재난현장에서 임무를 직접 수행하는 기관의 행동조치 절차를 구체적으로 수록한 문서로 위기대응 실무매뉴얼을 작성한 기관의 장이 지정한 기관의 장이 작성하되, 시장·군수·구청장은 재난유형별 현장조치 행동매뉴얼을 통합하여 작성할 수 있다. 다만, 현장조치 행동매뉴얼 작성 기관의 장이 다른 법령에 따라 작성한 계획·매뉴얼 등에 재난유형별 현장조치 행동매뉴얼에 포함될 사항이 모두 포함되어 있는 경우 해당 재난유형에 대해서는 현장조치 행동매뉴얼이 작성된 것으로 본다.

② [　　　　　　　　　]은 재난유형별 위기관리 매뉴얼의 작성 및 운용기준을 정하여 재난관리책임기관의 장에게 통보할 수 있다.

③ 재난관리주관기관의 장이 작성한 위기관리 표준매뉴얼은 [　　　　　　　]의 승인을 받아 이를 확정하고, 위기대응 실무매뉴얼과 연계하여 운용하여야 한다.

④ [　　　　　　　　　]은 위기관리 표준매뉴얼 및 위기대응 실무매뉴얼을 정기적으로 점검하고 그 결과를 행정안전부장관에게 통보하여야 한다. 이 경우 매뉴얼의 점검을 위하여 필요한 때에는 관계 전문가의 의견을 들을 수 있다.

⑤ [　　　　　　　　　]은 재난유형별 위기관리 매뉴얼의 표준화 및 실효성 제고를 위하여 대통령령으로 정하는 위기관리 매뉴얼협의회를 구성·운영할 수 있다.

⑥ 재난관리주관기관의 장은 소관 분야 재난유형의 위기대응 실무매뉴얼 및 현장조치 행동매뉴얼을 조정·승인하고 지도·관리를 하여야 하며, 소관분야 위기관리 매뉴얼을 새로이 작성하거나 변경한 때에는 이를 행정안전부장관에게 통보하여야 한다.

---

29 ① 재난관리책임기관 ㉠ 위기관리 표준매뉴얼, 재난관리주관기관, 행정안전부장관 ㉡ 위기대응 실무매뉴얼 ㉢ 현장조치 행동매뉴얼 ② 행정안전부장관 ③ 행정안전부장관 ④ 재난관리주관기관의 장 ⑤ 행정안전부장관

⑦ 시장·군수·구청장이 작성한 현장조치 행동매뉴얼에 대하여는 [   ]의 승인을 받아야 한다. [   ]는 현장조치 행동매뉴얼을 승인하는 때에는 재난관리주관기관의 장이 작성한 위기대응 실무매뉴얼과 연계되도록 하여야 하며, 승인 결과를 재난관리주관기관의 장 및 행정안전부장관에게 보고하여야 한다.

⑧ 행정안전부장관은 위기관리 매뉴얼의 체계적인 운용을 위하여 관리시스템을 구축·운영할 수 있으며, ③부터 ⑦까지의 규정에 따른 위기관리 매뉴얼의 작성·운용 등 필요한 사항은 대통령령으로 정한다.

⑨ 행정안전부장관은 재난관리업무를 효율적으로 하기 위하여 대통령령으로 정하는 바에 따라 위기관리에 필요한 매뉴얼 표준안을 연구·개발하여 보급할 수 있다. 이 경우 다음 각 호의 사항을 고려하여야 한다.
  1. 재난유형에 따른 국민행동요령의 표준화
  2. 재난유형에 따른 예방·대비·대응·복구 단계별 조치사항에 관한 연구 및 표준화
  3. 재난현장에서의 대응과 상호협력 절차에 관한 연구 및 표준화
  4. 안전취약계층의 특성을 반영한 연구·개발
  5. 그 밖에 위기관리에 관한 매뉴얼의 개선·보완에 필요한 사항

⑩ 행정안전부장관은 위기관리 매뉴얼의 작성·운용 실태를 반기별로 점검하여야 하며, 필요한 경우 수시로 점검할 수 있고, 그 결과에 따라 이를 시정 또는 보완하기 위하여 위기관리 매뉴얼을 작성·운용하는 기관의 장에게 필요한 조치를 하도록 권고할 수 있다. 이 경우 권고를 받은 기관의 장은 특별한 사유가 없으면 이에 따라야 한다.

■ 다중이용시설 등의 위기상황 매뉴얼 작성·관리 및 훈련(법 제34조의6) 30

① 대통령령으로 정하는 다중이용시설 등의 [   ]·[   ] 또는 [   ]는 대통령령으로 정하는 바에 따라 위기상황에 대비한 매뉴얼(위기상황 매뉴얼)을 작성·관리하여야 한다. 다만, 다른 법령에서 위기상황에 대비한 대응계획 등의 작성·관리에 관하여 규정하고 있는 경우에는 그 법령에서 정하는 바에 따른다.

② ①에 따른 소유자·관리자 또는 점유자는 대통령령으로 정하는 바에 따라 위기상황 매뉴얼에 따른 훈련을 주기적으로 실시하여야 한다. 다만, 다른 법령에서 위기상황에 대비한 대응계획 등의 훈련에 관하여 규정하고 있는 경우에는 그 법령에서 정하는 바에 따른다.

③ [   ], 관계 중앙행정기관의 장 또는 [   ]은 위기상황 매뉴얼의 작성·관리 및 훈련실태를 점검하고 필요한 경우에는 개선명령을 할 수 있다.

---

⑦ 시·도지사, 시·도지사

30 ① 소유자, 관리자, 점유자 ③ 행정안전부장관, 지방자치단체의 장

■ 재난사태의 선포(법 제36조) [31]

① [　　　　　　　　]은 대통령령으로 정하는 재난이 발생하거나 발생할 우려가 있는 경우 사람의 생명·신체 및 재산에 미치는 중대한 영향이나 피해를 줄이기 위하여 긴급한 조치가 필요하다고 인정하면 [　　　　　　　　]를 거쳐 재난사태를 선포할 수 있다. 다만, [　　　　　　]은 재난상황이 긴급하여 중앙위원회의 심의를 거칠 시간적 여유가 없다고 인정하는 경우에는 중앙위원회의 심의를 거치지 아니하고 재난사태를 선포할 수 있다.

② 행정안전부장관은 ① 단서에 따라 재난사태를 선포한 경우에는 지체 없이 중앙위원회의 승인을 받아야 하고, 승인을 받지 못하면 선포된 재난사태를 즉시 해제하여야 한다.

③ ①에도 불구하고 시·도지사는 관할 구역에서 재난이 발생하거나 발생할 우려가 있는 등 대통령령으로 정하는 경우 사람의 생명·신체 및 재산에 미치는 중대한 영향이나 피해를 줄이기 위하여 긴급한 조치가 필요하다고 인정하면 시·도위원회의 심의를 거쳐 재난사태를 선포할 수 있다. 이 경우 시·도지사는 지체 없이 그 사실을 행정안전부장관에게 통보하여야 한다.

④ ③에 따른 재난사태 선포에 대한 시·도위원회 심의의 생략 및 승인 등에 관하여는 ① 단서 및 ②를 준용한다. 이 경우 "행정안전부장관"은 "시·도지사"로, "중앙위원회"는 "시·도위원회"로 본다.

⑤ 행정안전부장관 및 [　　　　　　　　]은 ①에 따라 재난사태가 선포된 지역에 대하여 다음 각 호의 조치를 할 수 있다.
　㉠ 재난경보의 발령, 재난관리자원의 동원, 위험구역 설정, 대피명령, 응급지원 등 이 법에 따른 응급조치
　㉡ 해당 지역에 소재하는 행정기관 소속 공무원의 비상소집
　㉢ 해당 지역에 대한 여행 등 이동 자제 권고
　㉣ 「유아교육법」, 「초·중등교육법」, 「고등교육법」에 따른 휴업명령 및 휴원·휴교 처분의 요청
　㉤ 그 밖에 재난예방에 필요한 조치

⑥ 행정안전부장관 또는 시·도지사는 재난으로 인한 위험이 해소되었다고 인정하는 경우 또는 재난이 추가적으로 발생할 우려가 없어진 경우에는 선포된 재난사태를 즉시 해제하여야 한다.

---

31 ① 행정안전부장관, 중앙위원회의 심의, 행정안전부장관 ⑤ 지방자치단체의 장

■ 응급조치(법 제37조) ³²

① 제50조 제2항에 따른 시·도 긴급구조통제단 및 시·군·구 긴급구조통제단의 단장(지역통제단장)과 [　　　　　]은 재난이 발생할 우려가 있거나 재난이 발생하였을 때에는 즉시 관계 법령이나 재난대응활동계획 및 위기관리 매뉴얼에서 정하는 바에 따라 수방(水防)·진화·구조 및 구난(救難), 그 밖에 재난 발생을 예방하거나 피해를 줄이기 위하여 필요한 다음 각 호의 응급조치를 하여야 한다. 다만, [　　　　　]의 경우에는 ⓒ 중 진화에 관한 응급조치와 ⓜ 및 ⓢ의 응급조치만 하여야 한다.
  ㉠ 경보의 발령 또는 전달이나 피난의 권고 또는 지시
  ㉡ 재난예방을 위한 안전조치
  ㉢ 진화·수방·지진방재, 그 밖의 응급조치와 구호
  ㉣ 피해시설의 응급복구 및 방역과 방범, 그 밖의 질서 유지
  ㉤ 긴급수송 및 구조 수단의 확보
  ㉥ 급수 수단의 확보, 긴급피난처 및 구호품 등 재난관리자원의 확보
  ㉦ 현장지휘통신체계의 확보
  ㉧ 그 밖에 재난 발생을 예방하거나 줄이기 위하여 필요한 사항

② 시·군·구의 관할 구역에 소재하는 재난관리책임기관의 장은 시장·군수·구청장이나 지역통제단장이 요청하면 관계 법령이나 시·군·구 안전관리계획에서 정하는 바에 따라 시장·군수·구청장이나 지역통제단장의 지휘 또는 조정하에 그 소관 업무에 관계되는 응급조치를 실시하거나 시장·군수·구청장이나 지역통제단장이 실시하는 응급조치에 협력하여야 한다.

---

32 ① 시장·군수·구청장, 지역통제단장

■ 중앙긴급구조통제단(법 제49조) 33

① 긴급구조에 관한 사항의 총괄·조정, 긴급구조기관 및 긴급구조지원기관이 하는 긴급구조 활동의 역할 분담과 지휘·통제를 위하여 [   ]에 중앙긴급구조통제단("중앙통제단")을 둔다.

② 중앙통제단의 단장은 [   ]이 된다.

③ 중앙통제단장은 긴급구조를 위하여 필요하면 긴급구조지원기관 간의 공조체제를 유지하기 위하여 관계 기관·단체의 장에게 소속 직원의 파견을 요청할 수 있다. 이 경우 요청을 받은 기관·단체의 장은 특별한 사유가 없으면 요청에 따라야 한다.

④ 중앙통제단의 구성·기능 및 운영에 필요한 사항은 대통령령으로 정한다.

■ 중앙통제단의 구성 및 운영(영 제55조) 34

① 중앙통제단장은 중앙통제단을 대표하고, 그 업무를 총괄한다.

② 중앙통제단에는 부단장을 두고 부단장은 중앙통제단장을 보좌하며 중앙통제단장이 부득이한 사유로 직무를 수행할 수 없을 경우에는 그 직무를 대행한다.

③ 부단장은 [   ]이 되며, 중앙통제단에는 [   ]·[   ] 및 자원지원부를 둔다.

④ ①부터 ③까지에서 규정한 사항 외에 중앙통제단의 구성 및 운영에 필요한 사항은 행정안전부령으로 정한다.

---

33 ① 소방청 ② 소방청장
34 ③ 소방청 차장, 대응계획부, 현장지휘부

■ 지역긴급구조통제단(법 제50조) 35

① 지역별 긴급구조에 관한 사항의 총괄·조정, 해당 지역에 소재하는 긴급구조기관 및 긴급구조지원기관 간의 역할분담과 재난현장에서의 지휘·통제를 위하여 시·도의 소방본부에 시·도 긴급구조통제단을 두고, 시·군·구의 소방서에 시·군·구 긴급구조통제단을 둔다.

② 지역통제단(시·도 긴급구조통제단, 시·군·구 긴급구조통제단)에는 각각 단장 1명을 두되, 시·도 긴급구조통제단의 단장은 [   ]이 되고 시·군·구 긴급구조통제단의 단장은 [   ]이 된다.

③ 지역통제단장은 긴급구조를 위하여 필요하면 긴급구조지원기관 간의 공조체제를 유지하기 위하여 관계 기관·단체의 장에게 소속 직원의 파견을 요청할 수 있다. 이 경우 요청을 받은 기관·단체의 장은 특별한 사유가 없으면 요청에 따라야 한다.

④ 지역통제단의 기능과 운영에 관한 사항은 **대통령령**으로 정한다.

■ 긴급구조(법 제51조) 36

① [   ]은 재난이 발생하면 소속 긴급구조요원을 재난현장에 신속히 출동시켜 필요한 긴급구조활동을 하게 하여야 한다.

② 지역통제단장은 긴급구조를 위하여 필요하면 긴급구조지원기관의 장에게 소속 긴급구조지원요원을 현장에 출동시키거나 긴급구조에 필요한 재난관리자원을 지원하는 등 긴급구조활동을 지원할 것을 요청할 수 있다. 이 경우 요청을 받은 기관의 장은 특별한 사유가 없으면 즉시 요청에 따라야 한다.

③ ②에 따른 요청에 따라 긴급구조활동에 참여한 민간 긴급구조지원기관에 대하여는 대통령령으로 정하는 바에 따라 그 경비의 전부 또는 일부를 지원할 수 있다.

35 ② 소방본부장, 소방서장
36 ① 지역통제단장

■ 긴급구조 현장지휘(법 제52조) [37]

① 재난현장에서는 [　　　　] 긴급구조통제단장이 긴급구조활동을 지휘한다. 다만, 치안활동과 관련된 사항은 관할 경찰관서의 장과 협의하여야 한다.
② 현장지휘 사항
　㉠ 재난현장에서 인명의 [　　] · [　　]
　㉡ 긴급구조기관 및 긴급구조지원기관의 긴급구조요원 · 긴급구조지원요원 및 재난관리자원의 배치와 운용
　㉢ 추가 재난의 방지를 위한 응급조치
　㉣ 긴급구조지원기관 및 [　　　　] 등에 대한 임무의 부여
　㉤ 사상자의 응급처치 및 의료기관으로의 이송
　㉥ 긴급구조에 필요한 재난관리자원의 관리
　㉦ 현장접근 통제, 현장 주변의 교통정리, 그 밖에 긴급구조활동을 효율적으로 하기 위하여 필요한 사항
③ 시 · 도 긴급구조통제단장은 필요하다고 인정하면 ①에도 불구하고 직접 현장지휘를 할 수 있다.
④ 중앙통제단장은 대통령령으로 정하는 대규모 재난이 발생하거나 그 밖에 필요하다고 인정하면 ① 및 ③에도 불구하고 직접 현장지휘를 할 수 있다.
⑤ 재난현장에서 긴급구조활동을 하는 긴급구조요원과 긴급구조지원기관의 긴급구조지원요원 및 재난관리자원에 대한 운용은 ① · ③ 및 ④에 따라 현장지휘를 하는 긴급구조통제단장(이하 "각급통제단장"이라 한다)의 지휘 · 통제에 따라야 한다.
⑥ 제16조 제2항에 따른 **지역대책본부장**은 각급통제단장이 수행하는 긴급구조활동에 적극 협력하여야 한다.
⑦ 시 · 군 · 구 긴급구조통제단장은 제16조 제3항에 따라 설치 · 운영하는 통합지원본부의 장에게 긴급구조에 필요한 인력이나 물자 등의 지원을 요청할 수 있다. 이 경우 요청받은 기관의 장은 최대한 협조하여야 한다.
⑧ 재난현장의 구조활동 등 초동 조치상황에 대한 언론 발표 등은 각급통제단장이 지명하는 자가 한다.
⑨ [　　　　]은 재난현장의 긴급구조 등 현장지휘를 효과적으로 하기 위하여 재난현장에 현장지휘소를 설치 · 운영할 수 있다. 이 경우 긴급구조활동에 참여하는 긴급구조지원기관의 현장지휘자는 현장지휘소에 대통령령으로 정하는 바에 따라 **연락관**을 파견하여야 한다.

---

[37] ① 시 · 군 · 구 ② ㉠ 탐색, 구조 ㉣ 자원봉사자 ⑨ 각급통제단장

⑩ 각급통제단장은 긴급구조 활동을 종료하려는 때에는 재난현장에 참여한 지역사고수습본부장, 통합지원본부의 장 등과 **협의**를 거쳐 결정하여야 한다. 이 경우 각급통제단장은 긴급구조 활동 종료 사실을 지역대책본부장 및 ⑤에 따른 긴급구조지원기관의 장에게 통보하여야 한다.

⑪ 해양에서 발생한 재난의 긴급구조활동에 관하여는 ①부터 ⑩까지의 규정을 준용한다. 이 경우 시·군·구 긴급구조통제단장, 시·도 긴급구조통제단장, 중앙 긴급구조통제단장은 「수상에서 수색·구조 등에 관한 법률」 제7조에 따른 **지역구조본부의 장, 광역구조본부의 장, 중앙구조본부의 장**으로 각각 본다.

■ 긴급구조대응계획의 수립(법 제54조)

긴급구조기관의 장은 재난이 발생하는 경우 긴급구조기관과 긴급구조지원기관이 신속하고 효율적으로 긴급구조를 수행할 수 있도록 **대통령령으로 정하는 바**에 따라 재난의 규모와 유형에 따른 긴급구조대응계획을 수립·시행하여야 한다.

■ 긴급구조대응계획의 수립(영 63조) [38]

① 긴급구조기관의 장이 수립하는 긴급구조대응계획은 [   ], [   ] 긴급구조대응계획, [   ] 긴급구조대응계획으로 구분하되, 구분된 계획에 포함되어야 하는 사항은 다음 각 호와 같다.
  1. 기본계획: 긴급구조 대응계획의 목적 및 적용범위, 긴급구조대응계획의 기본방침과 절차, 긴급구조대응계획의 운영책임에 관한 사항
  2. 기능별 긴급구조대응계획
      가. 지휘통제: 긴급구조체제 및 중앙통제단과 지역통제단의 운영체계 등에 관한 사항
      나. 비상경고: [   ], [   ], [   ] 등에 관한 사항
      다. 대중정보: 주민보호를 위한 비상방송시스템 가동 등 긴급 공공정보 제공에 관한 사항 및 재난상황 등에 관한 정보 통제에 관한 사항
      라. 피해상황분석: 재난현장상황 및 피해정보의 수집·분석·보고에 관한 사항
      마. 구조·진압: 인명 수색 및 구조, 화재진압 등에 관한 사항
      바. 응급의료: 대량 사상자 발생 시 응급의료서비스 제공에 관한 사항
      사. 긴급오염통제: 오염 노출 통제, 긴급 감염병 방제 등 재난현장 공중보건에 관한 사항
      아. 현장통제: 재난현장 접근 통제 및 치안 유지 등에 관한 사항

---

38 ① 기본계획, 기능별, 재난유형별 / 나. 긴급대피, 상황 전파, 비상연락

자. 긴급복구: 긴급구조활동을 원활히 하기 위한 긴급구조차량 접근 도로 복구 등에 관한 사항

차. 긴급구호: 긴급구조요원 및 긴급대피 수용주민에 대한 위기 상담, 임시 의식주 제공 등에 관한 사항

카. 재난통신: 긴급구조기관 및 긴급구조지원기관 간 정보통신체계 운영 등에 관한 사항

3. 재난유형별 긴급구조대응계획
   가. 재난 발생 단계별 주요 긴급구조 대응활동 사항
   나. 주요 재난유형별 대응 매뉴얼에 관한 사항
   다. 비상경고 방송메시지 작성 등에 관한 사항

② 긴급구조기관의 장은 긴급구조대응계획을 수립하기 위하여 필요한 경우에는 긴급구조지원기관의 장에게 소관별 긴급구조세부대응계획을 수립하여 제출하도록 요청할 수 있다. 이 경우 긴급구조기관의 장은 긴급구조세부대응계획의 작성에 필요한 긴급구조세부대응계획의 수립에 관한 지침을 작성하여 배포하여야 한다.

■ 긴급구조지휘대 [39]

[   ] 및 [   ]의 긴급구조지휘대는 상시 구성·운영하여야 한다.

① 기능	㉠ [ ]이 가동되기 전 재난 초기 현장지휘 ㉡ 주요 긴급구조지원기관과의 합동으로 현장지휘의 조정 및 통제 ㉢ 광범위한 지역에 걸친 재난발생 시 전진지휘 ㉣ 화재 등 일상적 사고의 발생 시 현장지휘
② 배치	㉠ [ ]지휘요원: 현장지휘부 ㉡ 자원지원요원: 자원지원부 ㉢ [ ]지원요원: 현장지휘부 ㉣ 안전관리요원 : 현장지휘부 ㉤ [ ]조사요원: 대응계획부 ㉥ 구급지휘요원 : 현장지휘부

---

39 소방본부, 소방서 ① ㉠ 긴급구조통제단 ② ㉠ 현장 ㉢ 통신 ㉤ 상황

긴급구조지휘대 구성·운영(영 제65조) [40]

① 법 제55조 제2항에 따른 긴급구조지휘대는 다음 각 호의 사람으로 구성하여야 한다.
  1. [   ]지휘요원　　　　2. [   ]지원요원
  3. [   ]지원요원　　　　4. 안전관리요원
  5. [   ]조사요원　　　　6. 구급지휘요원

② 법 제55조 제2항에 따른 긴급구조지휘대는 소방서현장지휘대, 방면현장지휘대, 소방본부현장지휘대 및 권역현장지휘대로 구분하되, 구분된 긴급구조지휘대의 설치기준은 다음 각 호와 같다.
  1. 소방서현장지휘대: 소방서별로 설치·운영
  2. 방면현장지휘대: 2개 이상 4개 이하의 소방서별로 소방본부장이 1개를 설치·운영
  3. 소방본부현장지휘대: 소방본부별로 현장지휘대 설치·운영
  4. 권역현장지휘대: 2개 이상 4개 이하의 소방본부별로 소방청장이 1개를 설치·운영

③ 제1항 및 제2항에서 규정한 사항 외에 긴급구조지휘대의 세부 운영기준은 행정안전부령으로 정한다.

특별재난지역의 선포(법 제60조) [41]

① [   ]은 대통령령으로 정하는 규모의 재난이 발생하여 국가의 안녕 및 사회질서의 유지에 중대한 영향을 미치거나 피해를 효과적으로 수습하기 위하여 특별한 조치가 필요하다고 인정하거나 ③에 따른 지역대책본부장의 요청이 타당하다고 인정하는 경우에는 [   ]의 심의를 거쳐 해당 지역을 특별재난지역으로 선포할 것을 [   ]에게 건의할 수 있다.

② ①에 따라 대통령령으로 재난의 규모를 정할 때에는 다음 각 호의 사항을 고려하여야 한다.
  1. 인명 또는 재산의 피해 정도
  2. 재난지역 관할 지방자치단체의 재정 능력
  3. 재난으로 피해를 입은 구역의 범위

③ ①에 따라 특별재난지역의 선포를 건의 받은 [   ]은 해당 지역을 특별재난지역으로 선포할 수 있다.

④ 지역대책본부장은 관할지역에서 발생한 재난으로 인하여 ①에 따른 사유가 발생한 경우에는 중앙대책본부장에게 특별재난지역의 선포 건의를 요청할 수 있다.

40　① 1. 현장 / 2. 자원 / 3. 통신 / 5. 상황
41　① 중앙대책본부장, 중앙위원회, 대통령　③ 대통령

■ 재난지역에 대한 국고보조 등의 지원(법 제66조) [42]

① [ ]는 다음 각 호의 어느 하나에 해당하는 재난의 원활한 복구를 위하여 필요하면 대통령령으로 정하는 바에 따라 그 비용(제65조 제1항에 따른 보상금을 포함한다)의 전부 또는 일부를 국고에서 부담하거나 지방자치단체, 그 밖의 재난관리책임자에게 보조할 수 있다. 다만, 제39조 제1항(제46조 제1항에 따라 시·도지사가 하는 경우를 포함한다) 또는 제40조 제1항의 대피명령을 방해하거나 위반하여 발생한 피해에 대하여는 그러하지 아니하다.
  ㉠ 자연재난
  ㉡ 사회재난 중 제60조 제3항에 따라 [   ]으로 선포된 지역의 재난

② ①에 따른 재난복구사업의 재원은 대통령령으로 정하는 재난의 구호 및 재난의 복구비용 부담기준에 따라 국고의 부담금 또는 보조금과 지방자치단체의 부담금·의연금 등으로 충당하되, 지방자치단체의 부담금 중 시·도 및 시·군·구가 부담하는 기준은 행정안전부령으로 정한다.

42 ㉠ 국가 ㉡ 특별재난지역

③ 국가와 지방자치단체는 재난으로 피해를 입은 시설의 복구와 피해주민의 생계 안정 및 피해기업의 경영 안정을 위하여 다음 각 호의 지원을 할 수 있다. 다만, 다른 법령에 따라 국가 또는 지방자치단체가 같은 종류의 보상금 또는 지원금을 지급하거나, 제3조 제1호 나목에 해당하는 재난으로 피해를 유발한 원인자가 보험금 등을 지급하는 경우에는 그 보상금, 지원금 또는 보험금 등에 상당하는 금액은 지급하지 아니한다.
  ㉠ 사망자・실종자・부상자 등 피해주민에 대한 구호
  ㉡ [   ] 건축물의 복구비 지원
  ㉢ [   ]의 학자금 면제
  ㉣ 자금의 융자, 보증, 상환기한의 연기, 그 이자의 감면 등 관계 법령에서 정하는 금융지원
  ㉤ [   ] 보조 등 생계안정 지원
  ㉥ 「소상공인기본법」 제2조에 따른 소상공인에 대한 지원
  ㉦ 관계 법령에서 정하는 바에 따라 국세・지방세, 건강보험료・연금보험료, 통신요금, 전기요금 등의 경감 또는 납부유예 등의 간접지원
  ㉧ 주 생계수단인 농업・어업・임업・염생산업(鹽生産業)에 피해를 입은 경우에 해당 시설의 복구를 위한 지원
  ㉨ 공공시설 피해에 대한 복구사업비 지원
  ㉩ 그 밖에 제14조 제3항 본문에 따른 중앙재난안전대책본부회의에서 결정한 지원 또는 제16조 제2항에 따른 지역재난안전대책본부회의에서 결정한 지원

④ ③에 따른 지원의 기준은 ① 각 호의 어느 하나에 해당하는 재난에 대해서는 대통령령으로 정하고, 사회재난으로서 제60조 제3항에 따라 특별재난지역으로 선포되지 아니한 지역의 재난에 대해서는 해당 지방자치단체의 조례로 정한다.

⑤ 국가와 지방자치단체는 재난으로 피해를 입은 사람에 대하여 심리적 안정과 사회 적응을 위한 상담 활동을 지원할 수 있다. 이 경우 구체적인 지원절차와 그 밖에 필요한 사항은 대통령령으로 정한다.

⑥ 국가 또는 지방자치단체는 ③ 각 호에 따른 지원의 원인이 되는 사회재난에 대하여 그 원인을 제공한 자가 따로 있는 경우에는 그 원인제공자에게 국가 또는 지방자치단체가 부담한 비용의 전부 또는 일부를 청구할 수 있다.

⑦ ③ 각 호에 따라 지원되는 금품 또는 이를 지급받을 권리는 양도・압류하거나 담보로 제공할 수 없다.

---

③ ㉡ 주거용 ㉢ 고등학생 ㉤ 세입자

■ 안전문화 진흥을 위한 시책의 추진(법 제66조의4) [43]

① [   ]과 [   ]은 소관 재난 및 안전관리업무와 관련하여 국민의 안전의식을 높이고 안전문화를 진흥시키기 위한 다음 각 호의 안전문화활동을 적극 추진하여야 한다.
  ㉠ 안전교육 및 안전훈련(응급상황시의 대처요령을 포함한다)
  ㉡ 안전의식을 높이기 위한 캠페인 및 홍보
  ㉢ 각종 사고를 예방하기 위한 안전신고 활동 장려·지원
  ㉣ 안전행동요령 및 기준·절차 등에 관한 지침의 개발·보급
  ㉤ 안전문화 우수사례의 발굴 및 확산
  ㉥ 안전 관련 통계 현황의 관리·활용 및 공개
  ㉦ 안전에 관한 각종 조사 및 분석
  ㉧ [   ]의 안전관리 강화
  ㉨ 그 밖에 안전문화를 진흥하기 위한 활동

② [   ]은 ①에 따른 안전문화활동의 추진에 관한 총괄·조정 업무를 관장한다.

③ 지방자치단체의 장은 지역 내 안전문화활동에 주민과 관련 기관·단체가 참여할 수 있는 제도를 마련하여 시행할 수 있다.

④ 국가와 지방자치단체는 국민이 안전문화를 실천하고 체험할 수 있는 안전체험시설을 설치·운영할 수 있다.

⑤ 국가와 지방자치단체는 지방자치단체 및 그 밖의 기관·단체에서 추진하는 안전문화활동을 위하여 필요한 예산을 지원할 수 있다.

■ 국민안전의 날 등(법 제66조의7) [44]

① 국가는 국민의 안전의식 수준을 높이기 위하여 매년 [ ]월 [   ]일을 국민안전의 날로 정하여 필요한 행사 등을 한다.

② 국가는 대통령령으로 정하는 바에 따라 국민의 안전의식 수준을 높이기 위하여 안전점검의 날(매월 [   ]일)과 방재의 날(매년 [   ]월 [   ]일)을 정하여 필요한 행사 등을 할 수 있다.

---

43 ① 중앙행정기관의 장, 지방자치단체의 장 ㉧ 안전취약계층 ② 행정안전부장관
44 ① 4, 16 ② 4 / 5, 25

지역축제 개최시 안전관리조치(법 제66조의11) [45]

① [   ] 또는 [   ]은 대통령령으로 정하는 지역축제를 개최하려면 해당 지역축제가 안전하게 진행될 수 있도록 지역축제 안전관리계획을 수립하고, 그 밖에 안전관리에 필요한 조치를 하여야 한다. 다만, 다중의 참여가 예상되는 지역축제로서 개최자가 없거나 불분명한 경우에는 참여 예상 인원의 규모와 장소 등을 고려하여 대통령령으로 정하는 바에 따라 관할 지방자치단체의 장이 지역축제 안전관리계획을 수립하고 그 밖에 안전관리에 필요한 조치를 하여야 한다.

② [   ] 또는 [   ]는 ①에 따른 지역축제 안전관리계획의 이행 실태를 지도·점검할 수 있으며, 점검결과 보완이 필요한 사항에 대해서는 관계 기관의 장에게 시정을 요청할 수 있다. 이 경우 시정 요청을 받은 관계 기관의 장은 특별한 사유가 없으면 요청에 따라야 한다.

③ 중앙행정기관의 장 또는 지방자치단체의 장 외의 자가 대통령령으로 정하는 지역축제를 개최하려는 경우에는 해당 지역축제가 안전하게 진행될 수 있도록 지역축제 안전관리계획을 수립하여 대통령령으로 정하는 바에 따라 관할 시장·군수·구청장에게 사전에 통보하고, 그 밖에 안전관리에 필요한 조치를 하여야 한다. 지역축제 안전관리계획을 변경하려는 때에도 또한 같다.

> "대통령령으로 정하는 지역축제"란 각각 다음 각 호의 어느 하나에 해당하는 지역축제를 말한다. (영 제73조의9 제1항)
> ㉠ 축제기간 중 순간 최대 관람객이 [ ]천명 이상이 될 것으로 예상되는 지역축제
> ㉡ 축제장소나 축제에 사용하는 재료 등에 사고 위험이 있는 지역축제로서 다음 각 목의 어느 하나에 해당하는 지역축제
>   ⓐ 산 또는 수면에서 개최하는 지역축제
>   ⓑ 불, 폭죽, 석유류 또는 가연성 가스 등의 폭발성 물질을 사용하는 지역축제

④ ③에 따른 통보를 받은 관할 시장·군수·구청장은 필요하다고 인정되는 때에는 지역축제 안전관리계획에 대하여 보완을 요구할 수 있다. 이 경우 보완을 요구받은 자는 정당한 사유가 없으면 이에 따라야 한다.

---

45 ① 중앙행정기관의 장, 지방자치단체의 장 ② 행정안전부장관, 시·도지사 ③ ㉠ 1

⑤ ① 또는 ③에 따른 지역축제의 안전관리를 위하여 필요한 경우 중앙행정기관의 장 또는 지방자치단체의 장(③에 따른 지역축제의 경우에는 관할 시장·군수·구청장을 말한다. 이하 ⑤ 및 ⑥에서 같다)은 관할 경찰관서, 소방관서 및 그 밖에 관계 기관의 장에게 협조 또는 해당 기관의 소관 사항에 대한 역할 분담을 요청할 수 있다. 이 경우 요청을 받은 기관의 장은 특별한 사유가 없으면 이에 따라야 한다.

⑥ ① 또는 ③에 따른 지역축제의 안전관리를 위하여 필요한 경우 중앙행정기관의 장 또는 지방자치단체의 장은 대통령령으로 정하는 바에 따라 관할 경찰관서, 소방관서 및 그 밖에 관계 기관·단체 등이 참여하는 지역안전협의회를 구성·운영할 수 있다.

⑦ ①부터 ④까지의 규정에 따른 지역축제 안전관리계획의 내용, 수립절차 및 ⑤에 따른 협조 또는 역할 분담의 요청 등에 필요한 사항은 대통령령으로 정한다.

■ 재난관리기금의 적립(법 제67조) [46]

① 지방자치단체는 재난관리에 드는 비용에 충당하기 위하여 매년 재난관리기금을 적립하여야 한다.

② ①에 따른 재난관리기금의 매년도 최저적립액은 최근 [   ]년 동안의 「지방세법」에 의한 보통세의 수입결산액의 평균연액의 [   ]분의 1에 해당하는 금액으로 한다.

---

46 ② 3, 100

■ 재난 및 안전관리기술개발 종합계획의 수립 등(법 제71조의2) [47]

① [　　　　　　　　]은 제71조 제1항의 재난 및 안전관리에 관한 과학기술의 진흥을 위하여 [　　]년마다 관계 중앙행정기관의 재난 및 안전관리기술개발에 관한 계획을 종합하여 조정위원회의 심의와 「국가과학기술자문회의법」에 따른 국가과학기술자문회의의 심의를 거쳐 재난 및 안전관리기술개발 종합계획을 수립하여야 한다.

② 관계 중앙행정기관의 장은 개발계획에 따라 소관 업무에 관한 해당 연도 시행계획을 수립하고 추진하여야 한다.

③ 개발계획 및 시행계획에 포함하여야 할 사항 및 계획수립의 절차 등에 관하여는 대통령령으로 정한다.

---

47 ① 행정안전부장관, 5

02 안전관리론

■ 도미노이론(하인리히) [1]

하인리히는 산업사고를 조사한 결과, 98%가 예방이 가능했으며, 88%가 인간의 불안전한 행동에 기인했고, 나머지 2%만이 사실상 예방이 불가능한, 말 그대로 신의 행위(Acts of god)였다고 하였다. 75,000건의 산업사고를 조사한 하인리히는 한 건의 큰 사고 뒤에는 29건의 작은 사고와 3백건의 사고에 가까운 사건이 깔려 있으며, 사고란 어느 날 갑자기 발생하는 것이 아니라, 사고를 유발하는 데 연관된 사소한 문제들이 해결되지 않고 방치되어 조금씩 쌓여 있다가, 어느 날 갑자기 발생한다고 보았다.

① 도미노이론의 전제
  ㉠ 마지막 도미노는 오직 사고의 결과로만 발생한다.
  ㉡ [   ]는 오직 인적 또는 기계적 결함으로 발생한다.
  ㉢ [   ]은 인적 과실에 의해서만 존재한다.
  ㉣ [   ]은 환경에 이미 있거나, 환경으로부터 나온 것이다.
  ㉤ 환경은 개인이 탄생한 조건을 말한다.

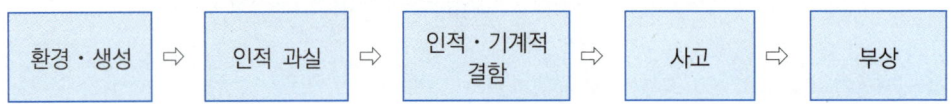

② 사고의 원인이 되는 불안전한 행동이나 기계적 또는 물리적 결함에 가장 큰 관심을 두고 이의 제거에 노력하여 사고를 예방해야 한다고 한다. 즉, 세 번째 도미노를 제거하면, 첫 번째와 두 번째 도미노가 쓰러지더라도 사고는 발생하지 않는다고 본다.

③ 재해발생비율
  ㉠ 하인리히는 330건의 사고가 발생하는데 사망 또는 중상 1건, 경상 [   ]건, 무상해 사고 300건으로 1:[   ]:300의 비율로 재해가 발생한다고 보았다.
  ㉡ 버드의 재해발생비율은 중상 또는 폐질이 1회, 경상(물적 또는 인적손실)이 10회, 무상해사고(물적손실)가 30회, 무상해 및 무사고고장(위험순간)이 [   ]회의 비율로 사고가 발생한다는 것이다

---

1 ① ㉡ 사고 ㉢ 인적·기계적 결함 ㉣ 인적 과실 ③ ㉠ 29, 29 ㉡ 600

에너지방출이론(해돈) [2]

① 하인리히의 이론이 인간의 행동을 사고의 주요원인으로 보는 것에 대하여, 해돈은 사고의 [　　] · [　　] 측면을 강조한다.

② 사고는 통제할 수 없는 에너지가 가해져, 어떤 구조에 견딜 수 없을 정도의 스트레스가 쌓이면 발생하며 인간이나 재산에 피해를 가져오게 된다.

③ '에너지를 통제할 수 없는 상황'을 화재, 산업재해, 각종 사고 등을 포함하는 인명피해나 재산손실을 가져오는 포괄적인 것으로 본다.

④ 사고는 에너지를 통제하거나 어떤 구조에 대해 에너지가 주는 스트레스를 견디는 능력을 강화함으로써 예방할 수 있다.

⑤ 하인리히는 불안전 행동 및 상태를 제거(직접원인)를 중요시 하였으며, 버드는 기본원인(근원원인) 즉 4M을 제거에 중점을 두었다.

재난배양이론(주장자 [　　　　　　]) [3]

① 재난은 갑자기 외부요인에 의해 발생하는 것이 아니라 잠재되어 있는 재난 발생요인에 의해서 발생하므로 재난은 해당 사회의 내적 산물이다(사회적·문화적 사전 조건에 초점).

② 재난이 발생하는 사회적 환경은 안전과 관련된 조직문화의 맹점, 부적절한 의사소통, 오차수정의 실패, 불완전한 안전규제 등을 들고 이러한 사회적·문화적 애매성, 복잡성에서 야기되는 불확실성을 해결해야 한다고 주장한다.

---

2 ① 물리적, 공학적
3 터너(Barry Turner)

■ 정상사건이론(주장자 [   ]) [4]
① 현대사회와 같이 복잡하고 견고하게 짜여진 사회에서는 필연적으로 사고가 발생한다.
② 사회의 복잡성은 그 사회를 구성하는 각 요소 간의 복잡한 상호작용으로 인해 그 상호작용을 이해하거나 예측하기 힘든 불확실성이 높아진다.
③ 각 사회의 구성요소들은 다양한 기능을 하기 때문에 다양한 체계의 실패가 일어나고, 상호의존성이 높아 연쇄적인 사고가 발생하기도 한다는 것이다.
④ 복잡하고 견고하게 짜여진 사회나 조직은 조그만 사고가 발생해도 거대한 재난으로 가속되는 경향이 있다.
⑤ [   ]는 이렇게 복잡성이 견고히 짜여진 조직이나 사회와의 작용에서 발생하는 사고를 정상사건(Normal Accident)이라고 명명했다.
⑥ 현대사회의 특성인 복잡성과 조직과 사회의 견고성으로 인해 사고의 발생은 필연적이며 이를 관리하는 것은 사실상 불가능하다고 본다.

■ 고도신뢰이론(주장자 [   ]) [5]
[   ] 등은 훌륭한 안전관리 실적을 보이는 조직을 선별하여 그 조직이 갖는 특성을 연구하였다. 이를 통해 적절한 전략을 선택하면 안전의 확보에 신뢰성을 높일 수 있다는 결론에 도달하였고 재난을 예방할 수 있다는 낙관적인 입장을 취한다. 이들의 안전확보 전략은 다음과 같다.
① [   ] 확보
② 의사결정의 [   ]
③ 관점의 [   ]
④ [   ]

---

[4] 페로(C. Parrow), ⑤ 페로(C. Parrow)
[5] 로버트(C. Robert), 로버트(C. Robert) ① 가외성 ② 분권화 ③ 유연화 ④ 조직학습

■ 인간 과오의 배후요인 4요소(4M) [6]

① [　　　] : 본인 이외의 사람

② [　　　] : 장치나 기기 등의 물적 요인

③ [　　　] : 인간과 기계를 잇는 매체란 뜻으로 작업의 방법이나 순서, 작업정보의 실태나 환경과의 관계, 정리정돈 등이 포함된다.

④ [　　　] : 안전법규의 준수방법, 단속, 점검 관리 외에 지휘감독, 교육훈련 등이 여기에 속한다.

---

6 ① 맨(man) ② 머신(machine) ③ 미디어(Media) ④ 매너지먼트(management)

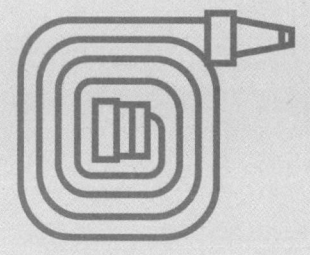

소방학개론

PART 03

연소이론

01 연소개요 등
02 연기 및 화염
03 폭발개요 및 분류

01 연소개요 등 (김동준소방)

01 화학 기초이론

■ 기체에 관한 법칙 [1]

① [　　　]의 법칙(샤압온비): 일정한 압력에서 기체의 [　　　]는 절대[　　　]에 [　　　]한다.

② [　　　]의 법칙(보온압반): 일정한 온도에서 기체의 [　　]는 [　　　]에 [　　　]한다.

③ [　　　　]의 법칙(뽀삽안반온비): 일정량의 기체의 체적(부피)은 [　　]에 [　　], [　　　]에 [　　]한다.

■ 이상기체 상태방정식 [2]

$$PV = nRT$$

① P: [　　], V: [　　　]

② n: 분자수[몰수($\frac{W}{M}$ M: [　　　], W: [　　])

③ R: [　　　](0.082atm·L/mol·k), T: [　　　]

---

1 ① 샤를, 부피, 온도, 비례 ② 보일, 부피, 압력, 반비례 ③ 보일-샤를, 압력, 반비례, 절대온도, 비례
2 ① 압력, 부피 ② 분자량, 질량 ③ 기체상수, 온도

온도의 종류 [3]

① [　] 온도(℃)	㉠ 1기압에서 순수한 물을 기준 ㉡ 어는점을 [　]℃, 끓는점을 [　]℃ ㉢ 그 사이를 [　]등분 한 것	= [　] (°F − 32)
② [　] 온도(°F)	㉠ 1기압에서 순수한 물을 기준 ㉡ 어는점을 [　]°F, 끓는점을 [　]°F ㉢ 그 사이를 [　]등분 한 것	= [　] ℃ + 32
③ [　] 온도(K)	㉠ 어는점이나 끓는점을 사용 [　] ㉡ 에너지에 [　]하도록 온도를 정의 ㉢ 열역학적으로 생각할 수 있는 [　] 온도 ㉣ 기체 평균 운동에너지가 0으로 측정된 [　]℃를 절대온도 　 [　]K로 정한 온도	= ℃ + [　]

---

3 ① 섭씨, 0, 100, 100, $\frac{5}{9}$　② 화씨, 32, 212, 180, $\frac{9}{5}$　③ 절대, ×, 비례, 최저, −273, 0, 273

■ 열의 정의 4

① [   ]: 어떤 물체의 질량 1kg을 1℃ 올리는 데 필요한 열량을 [   ]이라고 한다.

② 열량: 온도가 다른 두 물체를 접촉시키면 열이 고온에서 저온의 물체로 이동하여 두 물체의 온도가 같아져 열평형상태에 도달하게 된다. 이때 이동한 [   ]을 열량이라고 하며 단위는 cal 또는 kcal를 사용한다.

$$열량 = 비열 \times 질량 \times 온도차 \ (Q = C \cdot m \cdot \Delta t)$$

③ [   ]: 물체의 온도를 1K(절대온도) 올리는데 필요한 열량을 그 물체의 [   ]이라고 한다.

$$열용량 = 비열 \times 질량 \ (H = C \cdot m)$$

④ [   ]: 열의 출입이 상(태) 변화에 사용되지 않고 [   ]변화 현상으로 나타나는 열 (=감열)

⑤ [   ]: 열의 출입이 온도변화 현상으로 나타나지 않고 [   ] 변화로 흡수, 방출되는 열(=숨은 열)
  ㉠ 물의 기화열(증발잠열): [   ]kcal/kg
  ㉡ 얼음의 융해열(용융잠열): [   ]kcal/kg

⑥ 기출) 기압하에서 −20℃의 얼음 1g이 가열되는 동안의 온도변화 그래프

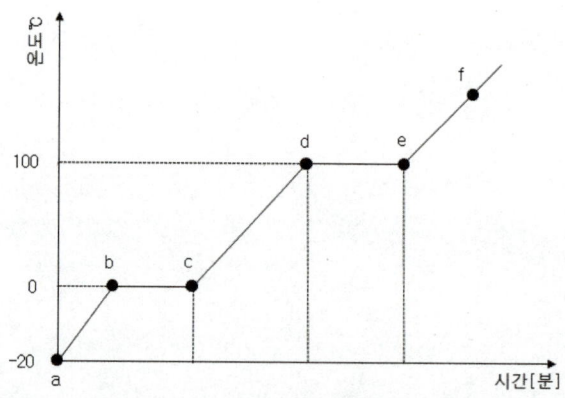

㉠ a ~ b, c ~ d, e ~ f 구간에서 [   ]을 흡수한다.
㉡ b ~ c, d ~ e 구간에서 [   ]을 흡수한다.

4 ① 비열, 비열 ② 열의 양 ③ 열용량, 열용량 ④ 현열, 온도 ⑤ 잠열, 상(태), 539, 80 ⑥ 현열, 잠열

02 연소

■ 연소란 [　　](연소 가능한 물질)이 공기 중의 [　　]와 화합하여 [　　]과 [　　]을 발산하는 급격한 [　　]반응 현상을 말한다.[1]

■ 연소의 3요소(가산점) [2]

　[　　], [　　], [　　] → [　　]연소(무염연소, 작열연소) = [　　]화재

■ 연소의 4요소 [3]

　연소의 3요소 + [　　]반응 → [　　]연소(발염연소) = [　　]화재

■ 연소 반응식 [4]

탄화수소(C_mH_n)로 이루어진 가연물이 완전연소하면 이산화탄소(CO_2)와 수증기(H_2O)가 생성된다.

① 메탄(CH_4): $CH_4 + [\ \ ]O_2 \rightarrow CO_2 + [\ \ ]H_2O$

② 에탄(C_2H_6): $C_2H_6 + [\ \ ]O_2 \rightarrow [\ \ ]CO_2 + [\ \ ]H_2O$

③ 프로판(C_3H_8): $C_3H_8 + [\ \ ]O_2 \rightarrow [\ \ ]CO_2 + [\ \ ]H_2O$

④ 부탄(C_4H_{10}): $C_4H_{10} + [\ \ ]O_2 \rightarrow [\ \ ]CO_2 + [\ \ ]H_2O$

---

1 가연물, 산소, 열(발열), 빛(발광), 산화
2 가연물, 산소공급원, 점화원, 표면, 심부
3 연쇄, 불꽃, 표면
4 ① 2, 2　② $\frac{7}{2}$, 2, 3　③ 5, 3, 4　④ $\frac{13}{2}$, 4, 5

가연물의 구비조건 [5]

① 탄소(C)·수소(H)·산소(O) 등으로 구성된 [   ]이 많다.
② 일반적으로 산화되기 쉬운 물질로서 산소와 결합할 때 발열량이 [   ]야 한다.
③ 열전도율이 [   ]야 한다(전도: 기체<액체<고체)
④ 연속적으로 [   ]반응을 일으키는 물질이어야 한다.
⑤ 산소와 접촉할 수 있는 비표면적이 [   ] 물질이어야 한다.
⑥ 조연성(지연성) 가스인 산소·염소(Cl_2)와의 결합력이 [   ] 물질이어야 한다.
⑦ 연소반응을 일으키는 점화원의 활성화에너지(최소발화에너지)의 값이 [   ]야 한다.
⑧ 한계산소농도(LOI)가 [   ]수록 낮은 농도의 산소 조건에서도 연소가 가능하므로 가연물이 되기 쉽다.
⑨ 건조도가 [   ]야 한다(마른 나무가 젖은 나무보다 잘 탄다).
⑩ 화학적 활성도가 [   ]야 한다(화학적 활성도가 높으면 화학적으로 물질이 불안정하다).

가연물이 될 수 없는 물질 [6]

① 더 이상 [   ]와 화학반응을 일으킬 수 없는 물질: [   ]물질
② 산화 [   ] 반응물질
③ 주기율표 [   ]족(0족, 8A족)의 [   ]기체
④ 자체가 연소하지 않는 물질: 흙, 돌(石) 등

완전산화물질(모두 산소를 포함하고 있다) [7]

① 이[   ](CO_2) ② 오[   ](P_2O_5) ③ 삼[   ](CrO_3)
④ 산[   ](Al_2O_3) ⑤ 규[   ](SiO_2)

---

5 ① 유기화합물 ② 커 ③ 작아 ④ 연쇄 ⑤ 큰 ⑥ 강한 ⑦ 적어 ⑧ 낮을 ⑨ 높아 ⑩ 높아
6 ① 산소, 완전산화 ② 흡열 ③ 18, 비활성
7 ① 산화탄소 ② 산화인 ③ 산화크롬 ④ 화알루미늄 ⑤ 조토

■ 가연물의 특성 [8]

① 열전도도, 활성화에너지(Ea), 인화점, 착화점, 점성, 비점(끓는점), 비중, 융점(녹는점), 비열, 증발열, 표면장력이 [   ]위험하다.

② 온도, 압력, 열량, 연소속도, 폭발범위(연소범위), 화학적 활성도, 건조도, 연소열이 [   ] 위험하다.

■ 산소공급원 [9]

① [ ]	산소의 양은 전체 공기의 양의 21%로 연소에 필요한 산소의 주공급원이 된다.
② [ ]	㉠ 연소반응에서 가연물에 산소를 공급해주는 역할을 하는 물질(산화성 물질) ㉡ 종 류 　- 제 [ ]류 위험물: 산화성 고체 　- 제 [ ]류 위험물: 산화성 액체
③ [ ] 물질	㉠ 제[ ]류 위험물은 폭발적 연소 현상을 일으키는 가연물 ㉡ 제[ ]류 위험물은 동시에 산소를 가지고 있어 산소 공급원 역할을 한다.
④ [ ] 가스 (산이산불오염)	㉠ 가연물을 잘 탈 수 있게 도와주는 역할을 하는 가스 ㉡ 산소, 이산화[ ], 산화[ ], 불소, 오존, 염소

---

8 ① 낮을수록 ② 클수록
9 ① 공기 ② 산화제, ㉡ 1, 6 ③ 자기반응성(자기연소성) ㉠ 5, ㉡ 5 ④ 조연성(지연성) ㉡ 질소, 질소

점화원

열적 점화원 [10]	[　　]표면(물질), [　　]선, [　　]열 등
기계적 점화원 [11]	① [　　　　]: 디젤엔진이 대표적 ② [　　]과 [　　]: 열에너지를 발생시켜 순간적으로 온도가 최대 1,000℃ 상승
화학적 점화원 [12]	① [　　]열: 어떤 물질이 액체에 용해될 때 발생하는 열 　– 모든 물질의 용해열이 화재를 발생시킬 만큼 위험한 것 × 　– [　　](진한황산) 같은 경우 물과 희석할 때 매우 많은 열 발생 ② [　　]열: 어떤 물질이 완전히 연소되는 과정에서 발생하는 열 ③ [　　]열: 물질이 분해할 때 발생하는 열 ④ [　　　]: 점화원 없이 스스로 열을 발생, 축적함으로써 불이 붙는 현상 　– 대표적인 물질로 [　　]이 있다. → 발화점 [　　]℃
전기적 점화원 [13]	① [　　]기, 전기[　　]열, [　　]에 의한 열 ② 전기[　　], [　　]열, [　　]열
[　　]력 점화원 [14]	원자의 핵으로부터 나오는 에너지이며 열, 압력, 방사선 등이 나온다.
점화원이 아닌 것 [15]	흡열, 잠열([　　]열, [　　]열 등), 단열[　　], 절연저항 [　　]

10 고온, 적외, 복사
11 ① 단열압축(압축열) ② 마찰, 충격
12 ① 용해, 농황산 ② 연소 ③ 분해 ④ 자연발화, 황린, 34
13 ① 정전, 저항, 낙뢰 ② 스파크, 유전, 유도
14 원자
15 기화, 융해, 팽창, 증가

■ 자연발화에 영향을 주는 요인 및 방지법

영향을 주는 요인 [16]	방지법 [17]
① 공기유통: 공기의 유통이 잘 될수록 [　　]이 어려워 자연발화가 어렵다. ② 온도: 온도가 [　　] 반응속도가 빨라지기 때문에 자연발(화)열 발생이 빨라진다. ③ 퇴적방법: 열의 축적이 용이하게 퇴적될수록 자연발화가 쉽다. ④ 습도(수분): 적당한 수분은 [　　] 역할을 하기 때문에 반응속도를 빠르게 하여 자연발화가 쉽다. ⑤ 열전도도: 열전도도가 [　　] 열 축적이 용이하여 자연발화가 쉽다. ⑥ 발열량: 열 발생량이 [　　] 축적되는 열의 양이 많아져 자연발화가 쉽다. ⑦ 비표면적: [　　] 자연발화가 쉽다.	① 공기유통이 잘되게 한다. ② 저장실의 온도를 [　　] 유지한다. ③ 퇴적 수납 시 열축적이 [　　　] 한다. ④ 습도를 [　　]다.

■ 자연발화를 일으키는 열의 종류

① [　　]열 [18]	㉠ 물질이 산화하는 과정에서 발생되는 열을 축적함으로써 발생 ㉡ 종 류: [　　]걸레, [　　]탄, 원면, 고무분말, 건성유 등	
② [　　]열 [19]	㉠ 물질이 분해할 때 발생되는 열을 축적함으로써 발생 ㉡ 종 류: [　　　　](제5류 위험물), [　　　　](C_2H_2), 산화에틸렌	
③ [　　]열 [20]	㉠ 물질이 흡착힐 때 발생하는 열을 축적함으로써 발생 ㉡ 종 류: 다공성 물질인 [　　]탄(숯), [　　]탄	
④ [　　]열 [21]	㉠ 물질이 중합반응하는 과정에서 발생되는 열을 축적함으로써 발생 ㉡ 종 류: [　　　　](HCN), 산화에틸렌	
⑤ [　　]열 [22]	㉠ [　　　]에 의해 발효되는 과정에서 발생되는 열을 축적함으로써 발생 ㉡ 종 류: [　　], [　　], 곡물 등	

---

16 ① 열의 축적 ② 높으면 ④ 촉매 ⑤ 작을수록 ⑥ 클수록 ⑦ 넓을수록
17 ② 낮게 ③ 용이하지 않도록 ④ 낮춘
18 ① 산화 ㉡ 기름, 석
19 ② 분해 ㉡ 셀룰로이드, 아세틸렌
20 ③ 흡착 ㉡ 목, 활성
21 ④ 중합 ㉡ 시안화수소
22 ⑤ 발효 ㉠ 미생물 ㉡ 거름, 먼지

정전기의 발생원인 및 예방대책

정전기의 발생원인 [23]	정전기 예방대책 [24]
① 유속이 [　　　]	① [　　]시설을 한다.
② 필터 등을 통과할 때	② 공기를 [　　]화 한다.
③ 비전도성 부유 물질(부도체)이 [　　　]	③ [　　]습도를 [　　]% [　　]
④ [　　](소용돌이)가 생성될 때	④ 전기전도성이 [　　] 물체 사용
⑤ 낙차가 [　　]	⑤ 정전기 발생을 억제
⑥ 공기의 부상, 물 등이 침전할 때	⑥ 접촉하는 전기의 [　　]를 적게 한다.

최소발화에너지(최소착화에너지, MIE)에 영향을 주는 요소 [25]

① 최소발화에너지는 물질의 종류, 혼합기의 온도, 압력, 농도(혼합비) 등에 따라 변화한다.
　㉠ 온도가 상승하면 MIE는 [　　]진다. (∵분자의 운동이 활발)
　㉡ 압력이 상승하면 MIE는 [　　]진다. (∵분자간의 거리가 가까워지므로)
　㉢ 농도가 많아지면 MIE는 [　　]진다.
　㉣ 열전도율이 낮으면 최소발화에너지(M.I.E)가 [　　]한다.

② 가연성가스의 조성이 화학양론적 조성(농도) 부근일 경우 MIE는 [　　]가 된다. 이것보다 상한계나 하한계로 향함에 따라 MIE는 [　　]한다.

③ 일반적으로 연소속도가 클수록 MIE값은 [　　].

④ 매우 압력이 낮아서 어느 정도 착화원에 의해 점화하여도 점화할 수 없는 한계가 있는데 이를 최소착화압력이라 한다.

23　① 높을 때 ③ 많을 때 ④ 와류 ⑤ 클 때
24　① 접지 ② 이온 ③ 상대, 70, 이상 ④ 큰 ⑥ 전위차
25　① ㉠ 작아, ㉡ 작아, ㉢ 작아, ㉣ 감소 ② 최저, 증가 ③ 적다

주요 가연성 가스의 공기 중 연소범위 및 위험도 [26]

구 분	연소범위(%)	상한계 - 하한계	위험도
① [ ]	2.5 ~ 81(100)	78.5	31.4
② [ ]에틸렌	3 ~ 80(100)	77	25.7
③ [ ]	4 ~ 75	71	[ ]
④ 일[ ]	12.5 ~ 74	61.5	4.9
⑤ 이[ ]	1.2 ~ 44	42.8	35.7
⑥ [ ]수소	6 ~ 41	35	5.8
⑦ 에[ ]	2.7 ~ 36	33.3	12.3
⑧ 암모니아	[ ]	13	0.87
⑨ [ ]톤	2.6 ~ 12.8	10.2	3.9
⑩ [ ]탄	5 ~ 15	10	[ ]
⑪ [ ]탄	3 ~ 12.5	9.5	3.1
⑫ [ ]	2.1 ~ 9.5	7.4	3.5
⑬ [ ]탄	1.8 ~ 8.4	6.6	3.7
⑭ 가[ ]	1.4 ~ 7.6	6.2	4.4

※ 위험도: H = (U-L)/L (H: 위험도, U: 상한계값, L: 하한계값)

---

26 ① 아세틸렌 ② 산화 ③ 수소, 17.8 ④ 산화탄소 ⑤ 황화탄소 ⑥ 시안화 ⑦ 틸렌 ⑧ 15~28 ⑨ 아세 ⑩ 메, 2 ⑪ 에 ⑫ 프로판 ⑬ 부 ⑭ 솔린

■ 연소범위의 특성 및 영향을 미치는 인자 27

① 연소범위가 넓을수록 위험성은 [　]한다.
② 연소범위 상한계값이 높을수록 위험성은 [　]한다.
③ 연소범위 하한계값이 낮을수록 위험성은 [　]한다.
④ 연소범위에 따른 위험도가 높아지면 위험성은 [　]진다.
⑤ 산소 농도가 증가하면 하한계의 변화는 거의 없고, 상한계가 넓어져 연소범위가 [　] 진다.
⑥ 온도가 올라가면 분자의 운동이 활발해져서 분자 간 유효충돌 가능성이 커지기 때문에 연소범위는 [　]진다.
⑦ 일반적으로 압력이 높아지면 분자 간의 평균거리가 축소되어 유효충돌이 증가되며 화염의 전달이 용이하여 연소한계는 [　]진다.
⑧ 수소(H_2)는 압력이 낮거나 높을 때 일시적으로 연소범위가 [　]진다.
⑨ 일산화탄소(CO)는 압력이 증가하면 연소범위가 [　]진다.
⑩ 비활성 가스를 투입하면 공기 중 산소농도가 저하되므로 연소상한은 크게 변화하고 하한은 작게 변화하여 전체적으로 연소범위가 [　]진다.

■ 인화점, 발화점, 연소점

① 인화점(Flash point) 28
  ㉠ 가연물에 [　]을 접촉하였을 때 불이 붙을 수 있는 최저온도
  ㉡ [　] 및 가연성 액체의 위험성을 나타내는 기준으로 사용
  ㉢ 액체가연물에서는 가연성 증기를 연소범위 [　]계로 증발시킬 수 있는 최저의 온도를 의미
  ㉣ [　]발화점 또는 [　]인화점이라고 한다.
  ㉤ 하부인화점은 [　] 조건과 [　] 조건이 만나는 최저연소온도이다.
  ㉥ 하부인화점은 가연성 혼합기를 형성하는 [　]연소온도이다.

27 ① 증가 ② 증가 ③ 증가 ④ 높아 ⑤ 넓어 ⑥ 넓어 ⑦ 넓어 ⑧ 좁아 ⑨ 좁아 ⑩ 좁아
28 ㉠ 점화원 ㉡ 인화성 액체 ㉢ 하한 ㉣ 유도, 하부 ㉤ 물질적, 에너지 ㉥ 최저

② 연소점(Fire point) 29
  ㉠ 점화원을 [   ] 후에도 계속적으로 연소를 일으킬 수 있는 최저온도
  ㉡ 외부의 에너지를 제거해도 발열반응의 연소열에 의해 미반응부분의 연쇄반응이 지속적으로 일어나는 온도
  ㉢ 자력에 의해 연소를 지속할 수 있는 온도
  ㉣ 일반적으로 연소점은 [   ]보다 약 [   ]℃ 이상 높다.
  ㉤ [   ]점이라고도 한다.

③ 발화점 30
  ㉠ 점화원의 [   ] 스스로 연소가 개시되는 최저의 온도
  ㉡ 공기 중에서 가연성 물질을 가열 시 화염 등을 근접시키지 않아도 발화
  ㉢ 온도 상승에 따라 에너지를 주지 않아도 연소하는 경우를 [   ]라고 한다.
  ㉣ [   ]발화점 또는 [   ]점이라고도 한다.

④ 인화점, 연소점, 발화점 상호관계 31
  ㉠ [   ] > [   ] > [   ]
  ㉡ 인화점, 연소점, 발화점의 온도가 [   ] 위험도는 증가한다.
  ㉢ 인화점이 낮으면 반드시 발화점이 낮아지는 것은 아니다.
  ㉣ 인화점과 발화점은 관계가 [   ].
  ㉤ [   ]된 액체는 인화점 [   ]에 착화(발화)될 수 있다.

■ C_xH_y 수의 증가[파라핀계] 32
  ① 연소범위가 좁아지고 [   ]는 낮아진다.
  ② [   ]가 복잡해진다.
  ③ 휘발성(증기압)이 감소하고 [   ]은 상승한다.
  ④ 인화점이 [   ]진다.
  ⑤ 발열량이 [   ]한다.
  ⑥ 발화점이 [   ]진다.

29 ㉠ 제거한 ㉣ 인화점, 10 ㉤ 화재
30 ㉠ 접촉 없이 ㉢ 발화 ㉣ 자연, 착화
31 ㉠ 발화점, 연소점, 인화점 ㉡ 낮을수록 ㉣ 없다 ㉤ 분무, 이하
32 ① 하한계 ② 분자구조 ③ 비점 ④ 높아 ⑤ 증가 ⑥ 낮아

■ 연소의 3상 분류 중 기체의 연소의 종류 및 특징

① [   ]연소(Diffusive Burning) [33]
  ㉠ 기체 연소의 가장 일반적인 연소로써 연료가스와 공기가 [   ]하면서 연소하는 형태로서 산소가 들어온 부분만큼 밖에 반응이 일어나지 않기 때문에 연소는 충분하지 않다.
  ㉡ 연소속도는 공기와의 혼합과정이 필요하기 때문에 예혼합연소보다 [   ].
  ㉢ 화염(불꽃)은 [   ]이나 [   ]을 나타내고 화염의 온도도 예혼합연소에 비해 [   ].
  ㉣ 연료노즐에서 흐름이 난류(turbulent)인 경우, 확산연소에서 화염의 높이는 분출속도에 비례하지 않는다.

② [   ]연소(Premixed Burning) [34]
  ㉠ 가연성 기체와 공기가 [   ] 연소범위 내에 균일하게 혼합되어 있는 기상 중에서의 연소를 말한다. 어느 부분에서나 동일한 농도의 혼합기가 균일하게 연소되므로 [   ]라고도 한다.
  ㉡ 화염(불꽃)의 전파속도와 연소속도가 [   ].
  ㉢ 화염(불꽃)은 [   ]이나 [   ]을 나타내고 화염의 온도도 확산연소에 비해 [   ].
  ㉣ 연소속도가 빠를 경우 비정상 연소인 [   ](back-fire) 우려가 있다.
  ㉤ 예혼합연소의 예로 [   ]의 연소, [   ]의 내연기관 연소실 내에서의 연소가 있다.

③ 부분 예혼합연소(Semi-premixed Burning)
  확산연소와 예혼합연소의 중간적인 성질을 가진 연소를 말한다.

④ 폭발연소 [35]
  기체의 연소 특징은 가연성 기체가 일시에 폭발적인 연소현상을 일으키는 [   ] 연소를 하고, [   ]이나 폭발을 수반한다는 것이다.

---

33 ① 확산 ㉠ 혼합 ㉡ 느리다 ㉢ 황색, 적색 ㉣ 낮다
34 ② 예혼합 ㉠ 미리, 균질연소 ㉡ 빠르다 ㉢ 청색, 백색, 높다 ㉣ 역화 ㉤ 분젠버너, 불꽃점화식
35 ④ 비정상, 폭굉

■ 연소의 3상 분류 중 액체연소의 종류 및 특징

① [　]연소(Evaporating Combustion) 36
　㉠ 액체 연소의 가장 일반적인 형태로 액체 가연물질의 연소는 액체 표면에서 증발된 [　]만이 연소하는 것으로서 액체 자체의 연소는 그렇게 높지 않으며, [　]에 도달하지는 않는다.
　㉡ 액체 가연물질의 표면은 연소열에 의하여 차차 온도가 상승하지만 이 경우 액체 가연물질을 아래·위로 저어주면 차가운 액체가 액체표면으로 올라와 증발이 감소되어 불이 꺼지는 수도 있다.
　㉢ 그러나 액체의 온도가 인화점 이상이 되면 액체표면으로부터 많은 양의 증기가 증발되므로 오히려 연소가 활발해진다. 이를 [　]연소라고도 한다.
　㉣ 증발 연소하는 물질은 [　]유, [　]유, [　]유, 알코올 등으로 1석유류, 2석유류, 알코올류가 많다.

② [　]연소(Decomposing Combustion) 37
　㉠ [　]가 높고, [　]이 큰 중질유인 중유를 [　]시켜 탄소의 수가 적은 등유·가솔린 등으로 변경하여 증기를 발생케 함으로써 연소가 잘 이루어지게 하는 연소의 형태이다.
　㉡ 분해연소는 상온에서 고체상태로 존재하고 있는 고체 가연물질의 연소형태나 중유와 같이 비중이 크고 점도가 높은 액체 가연물질의 경우도 분해연소의 형태를 보여준다.
　㉢ 분해연소하는 물질은 분자량이 비교적 큰 [　]유, [　]린, [　]유 등으로 3석유류, 4석유류, 동식물유류가 많다.

③ [　]연소(Wick Combustion) 38
　연료를 모세관 현상에 의해 등심선단으로 빨아 올려 등심의 표면에서 증발시켜 확산연소를 행하는 것으로서, 심지 상하식 버너와 석유램프가 있다.

④ [　]연소(Spray Burning) 39
　㉠ [　] 이하에도 연소가 가능하다.
　㉡ 공업적으로 가장 많이 사용하는 것(예 스프레이)으로 액체연료를 수 ㎛에서 수백 ㎛의 무수한 액적으로 하여 증발 표면적을 증가시켜 연소하는 것이다.

36 ① 증발 ㉠ 증기, 비점 ㉢ 액면 ㉣ 휘발, 등, 경
37 ② 분해 ㉠ 점도, 비중, 열분해 ㉢ 중, 글리세, 벙커C
38 ③ 등심
39 ④ 분무 ㉠ 인화점

■ 연소의 3상 분류 중 고체의 연소의 종류 및 특징

① [   ]연소(Surface Combustion) 40
  ㉠ 가연성 고체가 그 표면에서 산소와 반응하여 연소하는 경우이며, [   ]·[   ]·[   ]·[   ](분·박·리본 포함)과 같은 고체 가연물질이 열분해 하지 않고 증발도 하지 않는 것으로 고체 표면에서 산소와 반응하여 연소하는 현상을 표면연소 또는 [   ]연소라고 한다.
  ㉡ 고체에서 가장 많은 연소가 표면연소이다.
  ㉢ 표면연소는 불꽃연소보다 연소속도가 매우 [   ].
  ㉣ 화학소화(부촉매소화, 억제소화) 효과가 [   ].

② [   ]연소(Evaporating Combustion) 41
  ㉠ 승화성 고체: [   ]·[   ]·승홍($HgCl_2$)·아이오딘·장뇌 등과 같은 고체 가연물질을 가열하면 열분해를 일으키지 않고 그대로 증발하며, 증발된 증기가 연소하게 된다.
  ㉡ 융해성 고체: [   ](파라핀)와 같이 열에 녹아 액체 상태를 거쳐 증발된 가연성 고체 가연물질의 증발연소는 액체 가연물질의 증발연소의 형태와 같다.

③ [   ]연소(Decomposing Combustion) 42
  ㉠ [   ]탄·[   ]재·[   ]이·섬유·플라스틱·[   ]류 등과 같은 고체 가연물질을 가열하면 복잡한 경로를 거쳐 열분해한 다음 열분해되어 나온 분해가스 등이 연소하는 분해연소의 형태를 갖는다.
  ㉡ 온도에 관하여는 그 분해 속도는 온도가 올라갈수록 급격히 진행된다. 분해 생성물은 유기물질로서 대개 일산화탄소(CO)·이산화탄소(CO_2)·수소(H_2)·메탄(CH_4)·메틸알코올(CH_3OH) 이외에 탄화수소·카르복실산·알데하이드류 등이 있다.
  ㉢ 분해생성물이 가연성 기체일 때에는 열분해 생성물에 착화되어 불꽃을 발생하면서 연소하지만 열분해 생성물이 불연성의 액체라든가, 불연성의 기체인 경우 발화에 충분한 에너지가 공급되지 못하면 연소하지 않게 되어 버린다. 이러한 현상이 목재나 종이 등을 가열하였을 때 볼 수 있는 [   ]현상이다.

---

40 ① 표면 ㉠ 숯, 목탄, 코크스, 금속, 직접 ㉢ 느리다 ㉣ 없다
41 ② 증발 ㉠ 황, 나프탈렌 ㉡ 양초
42 ③ 분해 ㉠ 석, 목, 종, 고무 ㉢ 탄화

④ [　]연소([　]연소) 43
  ㉠ 가연물이면서 자체 내에 [　]를 함유하고 있어 외부에서 열을 가하면 분해되어 가연성 기체와 산소가 발생하게 되므로 공기 중의 [　]를 필요로 하지 않고 그 자체의 [　]에 의해 연소하는 현상을 말한다.
  ㉡ 제[　]류 위험물은 연소가 시작되면 내부에 함유되어 있는 [　]의 공급이 신속하기 때문에 연소속도가 급격하게 진행되며, 대부분 폭발성을 지니고 있으므로 폭발성 물질로 취급되고 있다. 특히, 질산에틸, 나이트로글리세린은 상온에서 [　]이지만 자기(내부)연소를 일으킨다.
  ㉢ 제[　]류 위험물로서 [　]에스터류, [　]류, [　]화합물류, [　] 유도체, [　]아민 등이 있다.

■ 비정상연소의 이상 현상

① [　](Back Fire, Flash Back, Lighting Back) 44
  ㉠ 일반적으로 고체, 액체, 기체 중 [　]연소에서 발생
  ㉡ 연료가스: 연소속도 [　] 분출속도
  ㉢ 불꽃이 연소기 내부로 들어가 연소하는 현상
  ㉣ 원 인
    ⓐ 버너가 [　]될 때
    ⓑ 혼합가스량이 너무 [　] 때
    ⓒ 외부 압력이 [　] 때, 버너 내부 압력은 낮을 때
    ⓓ 노즐의 부식 등으로 분출 구멍이 [　] 경우

② [　](Lifting) 45
  ㉠ 역화와 마찬가지로 일반적으로 [　] 연소에서 발생: 역화의 반대현상
  ㉡ 연료가스: 연소속도 [　] 분출속도
  ㉢ 불꽃이 버너의 노즐에 [　] 연소하는 현상

③ [　]: 선화상태에서 연료가스의 분출속도가 더욱 증가하여 화염이 꺼지는 현상을 말한다. 46

④ [　]: 불꽃의 색이 적황색으로 되는 현상을 말하며 가스 연소시 공기량의 조절이 적정하지 못하여 완전연소가 이루어지지 않을 때에 발생한다. 47

---

43 ④ 자기, 내부 ㉠ 산소, 산소, 산소 ㉡ 5, 산소, 액체 ㉢ 5, 질산, 셀룰로이드, 나이트로, 하이드라진, 하이드록실
44 ① 역화 ㉠ 기체 ㉡ > ㉣ ⓐ 과열 ⓑ 적을 ⓒ 높을 ⓓ 커진
45 ② 선화 ㉠ 기체 ㉡ < ㉢ 떨어져
46 ③ 블로우 오프(Blow-off)
47 ④ 황염(Yellow Tip)

■ 완전연소 [48]

① 공기 중의 산소 또는 산화제 등으로부터 충분한 양의 [   ]가 공급되어야 한다.
② 이론 공기량보다 많은 실제 공기량 및 실제 산소량이 요구
③ [   ] 가연물의 완전연소에 필요한 산소의 양은 액체, 기체 가연물에 비하여 많다.
④ 완전연소 시 생성물: [   ], [   ]
⑤ 상온에서 [   ] 상태로 존재하는 가연물질들은 대부분 완전연소한다.

■ 불완전연소 [49]

① 산화반응을 완전히 완료하지 못한 상태
② 불완전연소 시 생성물: [   ], [   ], [   ]탄소 등
③ 불완전연소의 원인
  ㉠ 공급되는 공기(산소)의 양이 부족
  ㉡ 연소생성물의 배기가 불량할 때
  ㉢ 공급되는 가연물질의 양이 [   ] 때
  ㉣ 불꽃이 저온의 물체와 접촉하여 온도가 내려갈 때

---

48 ① 산소(O_2) ③ 고체 ④ 이산화탄소(CO_2), 수증기(물, H_2O) ⑤ 기체
49 ② 일산화탄소(CO), 그을음, 유리 ③ ㉢ 많을

02 연기 및 화염

■ 독성가스의 분류 [1]

① 아크로레인 (CH_2CHCHO)	㉠ 가장 위험한 독성가스 ㉡ 허용농도 [　]ppm: [　]ppm 이상의 농도에서는 거의 즉사 ㉢ [　]제품, 유지류 등이 연소할 때 발생 ㉣ 자극적인 냄새가 나는 무색의 액체(또는 기체)성 물질 ㉤ 공기와 접촉 시 [　]으로 된다.	
② 포스겐 ($COCl_2$)	㉠ 열가소성 수지인 [　](PVC), 수지류 등이 연소할 때 발생 ㉡ 유독성이 큰 맹독성 가스로서 독성의 허용농도는 [　]ppm이다.	
③ 염화수소 (HCl)	㉠ [　]성분이 함유되어 있는 [　](PVC) ㉡ 건축물에 설치된 [　]의 [　]이 연소할 때 발생 ㉢ 부식성이 강하여 [　] 내의 철근을 녹슬게도 한다.	
④ 아황산가스 (SO_2)	㉠ [　]이 함유 ㉡ 무색의 유독성이 있어 눈 및 호흡기 등에 [　]을 상하게 하고 질식사할 우려가 있다.	
⑤ 황화수소 (H_2S)	㉠ 고무, 동물의 털, 가죽 등 [　]이 함유 ㉡ 무색의 유독성 가스로 [　] 연소할 때 발생 ㉢ 계란 썩는 냄새, 허용농도: [　]ppm	
⑥ 시안화수소 (HCN)	㉠ [　]가스라고도 함, [　]성분 함유 ㉡ [　]가 불완전 연소할 때 발생 ㉢ 무색의 맹독성 가스이며 가연성임 ㉣ 일산화탄소와는 달리 헤모글로빈과 결합하지 않고도 질식 유발	
⑦ 암모니아 (NH_3)	㉠ [　]함유물이 연소할 때 발생하는 생성물 ㉡ 상온에서 강한 자극성을 가진 무색의 기체, [　]에 잘 용해됨 ㉢ [　]공장, [　]공업 분야에 많이 사용 ㉣ 허용농도: [　]ppm	

DAY 22

1 ① ㉡ 0.1, 10 ㉢ 석유 ㉤ 아크릴산
2 ② ㉠ 폴리염화비닐 ㉡ 0.1
3 ③ ㉠ 염소, 염화비닐수지 ㉡ 전선, 피복 ㉢ 철근콘크리트
4 ④ ㉠ 황 ㉡ 점막
5 ⑤ ㉠ 황 ㉡ 불완전 ㉢ 10
6 ⑥ ㉠ 청산, 질소 ㉡ 섬유
7 ⑦ ㉠ 질소 ㉡ 물 ㉢ 비료, 냉매 ㉣ 25

독성가스의 분류 [2]

① 일산화탄소 [8] (CO)	㉠ [　]수소, [　]로 구성된 [　], [　], [　], [　]류, [　]류 등이 [　] 연소할 때 생성 ㉡ 유독성, 무색·무취 ㉢ [　]이 강한 물질, 공기보다 [　] ㉣ 허용농도: [　]ppm ㉤ 상온에서 염소와 작용하여 [　]을 생성 ㉥ 인체 내의 [　]과 결합하여 [　]의 운반기능을 약화시켜 질식케 함	
② 이산화탄소 [9] (CO$_2$)	㉠ [　]수소, [　]로 구성된 [　], [　], [　], [　]류, [　]류 등이 [　] 연소할 때 생성 ㉡ 거의 무독성 but 다량 존재 시 위험성 가중, 무색·무취 ㉢ [　]이며 공기보다 [　] ㉣ 허용농도: [　]ppm	
③ 불화수소(불산) [10] (HF)	㉠ 합성수지인 [　]수지가 연소할 때 발생되는 생성물 ㉡ 무색의 자극성 기체이며 유독성이다. ㉢ 특히 [　], [　]를 부식시키는 성질 ㉣ 허용농도: [　]ppm	
④ 취화수소 [11] [브롬화수소] (HBr)	㉠ [　]수지류 등이 연소할 때 발생하는 연소생성물 ㉡ 상온·상압에서 무색의 자극성 기체로 물에 잘 용해된다.	
⑤ 산화질소 [12] (NO)	㉠ [　]성분이 함유되어 있는 폴리우레탄, 질산셀룰로오스 등이 완전(불완전)연소시 생성되는 물질	

---

8 ① ㉠ 탄화, 셀룰로오스, 종이, 나무, 석탄, 석유, 고무, 불완전 ㉢ 환원성, 가벼움 ㉣ 50 ㉤ 포스겐 ㉥ 헤모글로빈, 산소
9 ② ㉠ 탄화, 셀룰로오스, 종이, 나무, 석탄, 석유, 고무, 완전 ㉢ 불연성, 무거움 ㉣ 5,000
10 ③ ㉠ 불소 ㉢ 유리, 모래 ㉣ 3
11 ④ ㉠ 방염
12 ⑤ ㉠ 질소

열 전달방법

① [　　　]13 (Conduction)	㉠ 물질의 이동 없이 고온의 물체와 저온의 물체를 직접 접촉시킬 때 고온물체에서 활발하게 일어나는 분자운동이 접촉면에서의 충돌로 [　　]의 이동이나 분자의 진동운동에 의해 저온 물체의 분자운동을 활발하게 하여 에너지가 전달된다. ㉡ 열전도도는 [　　] > [　　] > [　　]순서이다. ㉢ 물질내부에 온도차가 있을 때 온도가 높은 곳에서 낮은 곳으로 물질 내부를 이동하는 것을 말한다. ㉣ 금속이 비금속에 비해 열전도율이 큰 이유는 [　　]의 이동성 때문이다.
② [　　　]14 (Convection)	㉠ 기체나 액체 상태에 있는 분자는 열을 받아서 온도가 높아지면 그 운동이 활발해지기 때문에 분자들 사이의 평균 간격이 [　　]. ㉡ 온도가 높은 분자의 물질은 [　　]가 [　　]져서 위로 올라가고 온도가 낮은 물질은 [　　]가 [　　]져서 아래로 내려오게 된다. ㉢ 유체의 흐름은 [　　]일 때보다는 [　　]일 때 열전달이 잘 이루어진다. ㉣ 유체의 실질적인 흐름에 의해 열이 전달되는 현상으로 [　　]차에 의한 자연대류, [　　]차에 의한 강제대류(강제송풍) 등이 있다.
③ [　　　]15 (Radiation)	㉠ 열이 [　　]을 이용하지 않고 직접 [　　]의 형태로 전달되는 현상 ㉡ 일반적으로 [　　]에 가장 크게 작용되는 열의 전달이며, [　　]에서도 가장 많이 영향을 미치는 것이 복사이다. ㉢ 연기는 복사열의 차단물로 작용하므로 [　　]측에서 더 잘 일어난다.

푸리에의 전도법칙 16: 열유속(전달속도)의 특징

① 열전도율, 열전달면적, 고온부와 저온부의 온도 차에 [　　　]

② 거리에는 [　　　]

뉴턴의 냉각법칙 17: 대류의 열전달속도의 특징

→ 대류 열전달계수, 전열면적, 온도차에 [　　　]

---

13 ① 전도 ㉠ 자유전자 ㉡ 고체 > 액체 > 기체 ㉣ 자유전자
14 ② 대류 ㉠ 넓어진다 ㉡ 밀도, 작아, 밀도, 커 ㉢ 층류, 난류 ㉣ 밀도, 압력
15 ③ 복사 ㉠ 매질, 전자기파 ㉡ 화재, 플래시오버 ㉢ 풍상
16 ① 비례 ② 반비례
17 비례

■ 슈테판-볼츠만 법칙 [18]: 복사체로부터 방사되는 [   ]열

① [   ]온도 [   ]승에 [   ]

② 열전달 면적의 [   ]

■ 연기의 정의 [19]

① 연기: 가연물이 연소할 때 생성되는 물질로 고체상의 [   ]미립자

② 연기의 입자: [   ] ~ [   ]㎛

   분진입자의 크기: [   ]㎛(= 200mesh)
   안개(분무)입자의 크기: [   ] ~ [   ]㎛
   분말소화약제 입자의 크기: [   ] ~ [   ]㎛

■ 연기의 유동속도 [20]

① 수평: [   ] ~ [   ] m/sec

② 수직: [   ] ~ [   ] m/sec

③ 계단: [   ] ~ [   ] m/sec

■ 연기의 특성 [21]

① 화재시 연기는 처음에는 [   ], 나중에는 [   ]연기로 변한다.

② 수소가 많으면 [   ]연기, 탄소수가 많으면 [   ] 색깔로 변한다.

③ 화재초기 발연량은 화재성숙기의 발연량보다 [   ]고 할 수 있다.

④ 화점에서 멀어지면 연기의 온도가 낮아지므로 부력이 [   ]해 수직방향의 속도가 [   ]진다.

⑤ 일반화재는 백색, 유류는 흑색을 나타내지만, 예외적으로 메탄올(메틸알코올)은 휘발성의 무색투명한 액체로 연한 청색 화염을 내거나 화염이 눈에 보이지 않을 경우도 있다.

⑥ 연기는 다량의 [   ]를 함유하며, 화재로 인한 연기는 고열이며 유동 확산이 빠르다.

---

18 복사 ① 절대, 4, 비례 ② 비례
19 ① 탄소 ② 0.01~10 / 76, 10~50, 20~25
20 ① 0.5, 1 ② 2, 3 ③ 3, 5
21 ① 백색, 흑색 ② 백색, 검은 ③ 많다 ④ 감소, 늦어 ⑥ 유독가스

■ 고층건축물에서 건물 내부와 외부의 밀도와 온도차에 의한 [   ]의 차이로 인해 건물 내부의 더운 공기는 상승하고 외부의 차가운 공기는 아래로 내려오는 현상을 [   ]효과 또는 [   ]효과(=Stack Effect) 라고 한다. 22

■ 굴뚝효과(연돌효과)에 영향을 주는 인자 23
    ① 건물의 [   ]
    ② 외벽의 [   ]
    ③ 건축 내·외의 [   ]
    ④ 건물 층간 [   ]누설
    ※ 건물 층의 면적 ×

■ 실외의 공기가 실내보다 따뜻할 때에는 공기가 아래로 내려오는 현상을 [   ]효과라 한다. 24

■ 중성대(Neutral Zone = Neutral Plane) 25
    ① 건물에 화재가 발생했을 때, 연소가스와 연기 등은 밀도의 감소로 [   ]이 증가하므로 위쪽으로 상승하게 된다. [   ]에서는 신선한 공기가 건물의 안쪽으로 들어오게 되고 [   ]한 연소가스, 연기 등은 [   ]에서 나가게 되며 이때 압력차가 [   ]이 되는 곳이 형성되는데 이를 중성대라고 한다.
    ② 중성대의 개구부에서는 공기의 유동이 발생하지 않고 천장 가까이 형성되는 것이 환기 효과가 [   ].
    ③ 중성대의 [   ]으로 계속해서 공기가 유입되면 중성대의 위치는 [   ]지게 된다.
    ④ 화재현장에서 소방관은 중성대의 형성 위치를 파악하여 배연 등의 소방 활동에 적용하는 요령이 있어야 하는데, 배연을 할 경우에는 중성대 [   ]에서 배연을 해야 효과적이다.

■ [   ]: 실내의 천장쪽의 고온가스와 바닥쪽의 찬공기의 경계선을 의미한다. 26

22 압력, 굴뚝, 연돌
23 ① 높이 ② 기밀도 ③ 온도차 ④ 공기
24 역굴뚝
25 ① 부력, 아래쪽, 상승, 위쪽, 0 ② 크다 ③ 아래쪽, 낮아 ④ 위쪽
26 불연속선

■ 연기를 이동시키는 요인 27

① [　　]효과(굴뚝효과)
② [　　]의 영향: 압력차가 발생한다.
③ [　　]상승에 의해 증기가 팽창한다.
④ 건물 내 강제적인 공기이동: [　　　]설비(HVAC시스템)
⑤ 건물 내·외 [　　]차
⑥ [　　]차: 화재로 인한 부력에 의해 연기를 이동시킨다.
⑦ [　　]효과

■ 연기농도(감광계수)와 가시거리의 관계 28

감광계수	가시거리(m)	현 상
0.1	20~30	① [　　　]가 작동할 때의 정도
0.3	② [　]	건물 내부에 익숙한 사람이 피난에 지장을 느낄 정도
0.5	3	③ [　　]한 것을 느낄 정도
④ [　]	1~2	거의 앞이 보이지 않을 정도
10	0.2~0.5	⑤ 화재 [　　] 때의 정도
⑥ [　　]	-	출화실에서 연기가 분출될 때의 연기 농도

■ 연소속도에 영향을 미치는 요인 29

① 가연물의 [　　]와 [　　]
② 산소 농도에 따라 가연물과 접촉하는 [　　]
③ 산화반응을 일으키는 [　　] 및 가연물과 [　　] 물질의 혼합 비율
④ [　　](반응속도를 촉진 또는 지연시키는 매개체인 물질) 및 생성된 [　　]물질 등
⑤ 압력, 화염의 온도 및 미연소 가연성 기체의 밀도, 비열, 열전도 등

---

27 ① 연돌 ② 바람 ③ 온도 ④ 공기조화 ⑤ 온도 ⑥ 비중 ⑦ 피스톤
28 ① 연기감지기 ② 5 ③ 어두침침 ④ 1 ⑤ 최성기 ⑥ 30
29 ① 종류, 온도 ② 속도 ③ 속도, 산화성 ④ 촉매, 불연성

■ 천장제트흐름(Ceiling Jet Flow) [30]

① 고온의 연소생성물이 부력에 의해 힘을 받아 [　　]면 아래에 엷은 층을 형성하는 빠른 가스흐름을 말한다.
② 일반적으로 천장제트흐름은 화재[　　]에 존재한다.
③ 천장열류보다 온도가 낮은 천장재와 유입 [　　]에서 일어나는 열손실에 의해 천장열류의 온도는 [　　]한다.
④ 흐름의 두께는 천장에서 화염까지 높이의 5~12% 내외 정도 범위이다.
⑤ [　　　　]와 [　　　]는 유효범위 내에 설치한다.

■ 연소(불꽃)의 색과 온도와의 관계 [31]

연소불꽃의 색상	연소온도[℃]	연소불꽃의 색상	연소온도[℃]
담암적색	①[　　]	⑤[　　]	1,100
암적색	②[　　]	백적색	⑥[　　]
③[　　]	850	휘백색	⑦[　　]
④[　　]	950		

---

30 ① 천장 ② 초기 ③ 공기쪽, 감소 ⑤ 스프링클러헤드, 화재감지기
31 ① 520 ② 700 ③ 적색 ④ 휘적색 ⑤ 황적색 ⑥ 1,300 ⑦ 1,500

03 폭발개요 및 분류

- 폭발의 성립조건 [1]

  [　　]된 공간 + 연소의 [　　]요소

- 혼합가스의 폭발 하한계 계산방법 [2]

  ① [　　　]의 법칙

  ② 두 종류 이상의 가연성 가스 또는 증기 화합물이 있을 때 폭발범위 하한계를 구하는 방법

  ③ 공 식 (cf 분해폭발 상한계: 100)

  > $L = 100 / (V_1 \div L_1) + (V_2 \div L_2) + (V_3 \div L_3)$
  >
  > L: 혼합가스의 폭발한계(v%)
  > V_1: 각 성분의 농도
  > L_1: 각 성분의 폭발한계(v%) — 하한계

- 폭발등급 및 안전간격 [3]

  ① 폭발등급은 [　　], 안전간격은 [　　] 위험하다.

폭발등급	안전 간격	종 류
폭발 1등급	0.6mm 이상	② [　]탄, [　]탄, [　]탄소, 암모니아, 아세톤, LPG
폭발 2등급	0.4mm 이상 0.6mm 미만	③ [　]렌, [　]가스
폭발 3등급	0.4mm 미만	④ [　]렌, [　]탄소, 수소

---

1 밀폐, 3
2 ① 르샤틀리에
3 ① 높을수록, 좁을수록 ② 메, 에, 일산화 ③ 에틸, 석탄 ④ 아세틸, 이황화

■ [　]적 폭발 [4]

① 물질의 분자구조가 변하지 않고 [　　]가 변함

② 온도, 압력 등의 조건이 변하여 급격한 [　]의 상승이 일어나는 폭발

③ [　] 변화를 주체로 한 것: 고압용기의 [　], 탱크의 감압[　], 폭발적 [　]

④ [　　　　　]의 폭발도 물리적 폭발에 해당

■ 화학적 폭발

① [　]폭발 [5]

㉠ 산화폭발은 일반적으로 급격한 연소반응에 의한 압력의 발생으로 일어나는 폭발이다.

㉡ 산화폭발의 종류로는 [　]폭발, [　]폭발, [　]폭발 등이 있다.

㉢ 인화성이 강한 '가솔린', '벤젠' 등 액체연료에서 기화된 증기가 신속한 산화반응에 의해 화재와 폭발이 동시에 발생되는 현상을 말한다.

② [　]폭발 [6]

㉠ [　]과 [　]의 영향을 받아 분해되며, 분해 반응시 발생하는 열과 압력에 의해서 주위에 많은 재해를 주는 폭발을 말한다.

㉡ 분해반응에 의해서 폭발을 일으키는 물질에는 [　　]물·[　　]칼륨·[　　]렌·다이너마이트·다이아조화합물·[　　]진 등이 있다.

③ [　]폭발 [7]

㉠ [　　　] 등이 급격한 중합반응을 일으켜 중합열에 의해 폭발하는 경우를 말한다.

㉡ [　]에틸렌(분해폭발도 가능), 부타디엔, 염화비닐, [　　]수소(분해폭발도 가능) 등

④ [　　　] 등에 의한 폭발 [8]

화학반응기 내에 압력, 온도 혼합물의 질량 등의 제어상태가 규정조건을 벗어나서 화학반응속도가 지수 함수적으로 증가함으로 화학반응이 과격해지는 현상을 말한다.

---

4 물리 ① 물질의 상태 ② 압력 ③ 물리, 파열, 파손, 증발 ④ 전선(응상폭발에도 해당)
5 ① 산화 ㉡ 가스, 분무, 분진
6 ② 분해 ㉠ 압력, 온도 ㉡ 과산화, 염소산, 아세틸, 하이드라
7 ③ 중합 ㉠ 불포화탄화수소 ㉡ 산화, 시안화
8 ④ 반응폭주

- [   ]현상이란 화재에 노출되어 가열된 가스용기 또는 탱크가 열에 의한 가열로 압력이 증가하여 강도를 상실하면서 폭발하는 특수한 현상이다. [9]

- **BLEVE 현상의 특징** [10]
  ① 프로판 액화가스탱크에서 [   ]·[   ] 병립에 의한 폭발이다.
  ② 원인은 [   ] 폭발이며, 직접 열 받는 부분이 탱크의 인장강도를 초과할 경우 기상부에 면하는 지점에서 파열하게 된다.
  ③ BLEVE의 규모는 파열시의 액체의 [   ], 탱크의 [   ]에 따라 차이가 있다.
  ④ 액화가스 저장탱크에서 일어날 수 있다는 점에서는 [   ] 폭발과 같다.
  ⑤ BLEVE 순서는 [   ]상승 → [   ]파괴 → [   ]현상 → [   ]파괴 순이다.

- **원인물질의 상태에 따른 분류** [11]
  [   ]폭발, [   ]폭발

- 기상폭발에는 (혼합)[   ]폭발, [   ]폭발, [   ]폭발, 가스의 [   ]폭발, [   ]폭발이 있다. [12]

- [   ]폭발은 수소, 일산화탄소, 메탄, 프로판, 아세틸렌 등의 가연성 가스와 지연성 가스와의 혼합기체가 존재할 때 다음의 두 가지 조건이 [   ] 만족될 경우에 발생한다. [13]
  ① 제1조건: [   ]조건(농도조건)
  ② 제2조건: [   ]의 존재(에너지원, 발화원)

- [   ]폭발은 공기 중에 분출된 가연성 액체의 미세한 액적이 무상으로 되어 공기 중에 부유하고 있을 때 발생하며 인화점 [   ]에서도 폭발이 가능하다. [14]

---

9 블레비(BLEVE)
10 ① 물리적, 화학적 ② 물리적 ③ 기화량, 용량 ④ 증기운 ⑤ 액온, 연성, 액격, 취성
11 기상, 응상
12 가스, 분진, 분무, 분해, 증기운
13 가스, 동시에 ① 조성 ② 점화원
14 분무, 이하

- [　　]폭발은 가연성 고체의 미분이 공기 중에 부유하고 있을 때 어떤 착화원에 의해 에너지가 주어지면 폭발하는 현상으로 [　　](석탄)에 있어서의 폭발이 대표적인 예이다. [15]

- 분진폭발의 조건 [16]

    ① 가연성

    ② [　　]상태

    ③ 조연성 가스 중에서의 [　　]과 [　　]

    ④ [　　]의 존재

- 분진폭발의 영향인자 [17]

    ① 발열량과 휘발성 [　　]록 폭발하기 쉽다.

    ② 분진의 입도와 입도분포 [　　]록 비표면적이 증가하므로 폭발성이 증가한다.
    　－ 분진입자의 크기: [　　]μm(= 200mesh)
    　－ 입도가 동일한 경우: [　　](○) < [　　](△) < [　　](□) 순으로 폭발성 증가

    ③ 수분은 분진의 부유성을 [　　]시킨다
    　－ 단, 금속 분진(Mg, Al) 경우 [　　]기체를 발생시키므로 수분에 의해 폭발성이 증가

- 분진폭발의 특성 [18]

    ① 연소속도, 폭발압력: 분진폭발 [　　] 가스폭발

    ② 최소발화에너지: 분진폭발 [　　] 가스폭발

    ③ 연소시간이 [　　], 발생에너지가 [　　] 때문에 파괴력과 연소정도는 [　　].

    ④ 발생에너지: 가스폭발의 수배 정도

    ⑤ 온 도: [　　]~[　　]℃

    ⑥ [　　]가 많이 발생: [　　]와 같은 독성물질 발생

---

15 분진, 탄광
16 ② 미분, ③ 교반, 운동 ④ 점화원
17 ① 클수 ② 작을수, 76, 구상, 침상, 평편상 ③ 억제, 수소
18 ① < ② > ③ 길고, 크기, 크다 ⑤ 2,000~3,000 ⑥ 불완전연소, 일산화탄소

■ 분해폭발 [19]

① 종류: [　　](비닐, 메틸, 디), [　　](산화 ○, 폴리 ✕), [　　]진, 산화질소, [　　]수소 등

② 상당히 큰 발열: 분해에 의해 가스가 [　　]되고, 압력상승과 방출에 의해 폭발이 일어남

③ [　　] 없이도 즉, 공기가 섞이지 않은 순수한 상태에서도 폭발이 가능 – 폭발상한계: [　　]%

■ [　　]폭발(UVCE) [20]

① 누출된 증기는 바로 확산되지 않고 구름과 같이 뭉쳐져 있게 되는 경우에 점화원의 접촉에 의해 폭발

② 가연성 액체가 유출되면 대량의 가연성 혼합기체가 형성되어 발생하는 폭발

③ 밀폐된 공간 [　]에서 발생하는 현상으로 '자유공간 중의 증기운폭발'이라고도 한다.

④ 파이어 볼이나 폭굉으로 전이되는 경우도 아주 없진 않다.

■ 응상폭발의 종류 [21]

[　　]폭발, [　　]폭발, [　　]폭발, 물질의 [　　]에 의한 폭발, [　　]성 물질의 폭발

■ 증기폭발(응상) ≠ 증기운폭발(기상) [22]

① 급격한 기화에 동반하는 [　　]현상을 나타내는 것

② 액상에서 기상으로의 급격한 상변화에 의한 폭발현상

③ [　　]폭발을 포함시켜 증기폭발이라고 함

④ 화염을 동반 [　]

⑤ 기화한 가스가 가연성인 경우: 증기폭발에 이어서 [　　]폭발이 발생할 위험이 있다.

---

19 ① 아세틸렌, 에틸렌, 하이드라, 시안화 ② 열팽창 ③ 산소, 100
20 증기운 ③ 외
21 증기, 수증기, 전선, 혼합, 폭발
22 ① 비등 ③ 수증기 ④ ✕ ⑤ 가스

■ 수증기폭발 [23]

① 용융 금속과 같은 고온물질이 물속에 투입되었을 때 급격하게 비등하여 폭발하는 현상
② 화염을 동반 [   ]

■ 물질의 혼합에 의한 폭발 ≠ (혼합)가스폭발(기상) [24]

① 2종 이상의 액체 물질이 혼합된 경우, 상호 간의 물질 이동에 의한 [   ]이 발생하여 폭발하는 현상
② 화학반응을 수반하여 발화폭발과 같은 위험성이 일어나 원래의 물질보다 위험성 증대
③ 위험물 중 혼재하여도 위험이 없는 것
  - 제[ ]류 + 제[ ]류
  - 제[ ]류 + 제[ ]류
  - 제[ ]류 + 제[ ]류 + 제[ ]류 상호 간

■ 폭연(Deflagration)의 특성 [25]

① 폭연은 급격한 연소반응으로서 화염의 전파속도가 음속보다 [   ](아음속) 것을 말하며 그 화염의 전파속도는 [   ] ~ [   ]m/sec 정도이다.
② 폭연은 폭굉과 달리 [   ]를 형성하지 않는다.
③ 폭연은 열의 분자확산 반응물과 연소생성물의 [   ] 혼합에 의해 전파된다.
④ 내연기관 안에서 가솔린과 공기의 혼합물은 거의 1/300초 안에 완전연소가 일어나는데 이것이 폭연이다.
⑤ 폭연은 폭굉으로 변화될 수 있으며, 에너지 방출속도가 열 전달속도([   ]의 전달속도)에 영향을 받는다.

---

23 ② ×
24 ① 혼합열 ③ 1, 6 / 3, 4 / 5, 2, 4
25 ① 느린, 0.1, 10 ② 충격파 ③ 난류 ⑤ 물질

폭굉(Detonation) [26]

① 폭굉은 폭발적 연소반응으로서 화염의 전파속도가 음속보다 [   ] 것을 말하며 일반적으로 화염의 전파속도는 [   ]~[   ]m/sec이다.

② 폭연에서의 압력 증가는 일반적으로 수 기압 정도이나, 폭굉의 경우는 압력 상승이 일반적으로 10배 정도 또는 그 이상으로 높아진다.

③ 반응면이 혼합물을 자연발화온도 이상으로 압축시키는 강한 충격파에 의해 전파된다. 동시에 충격파는 연소반응에 의해 방출되는 [   ]에 의해 유지된다.

④ 폭굉파는 음파와 달리 폭굉파가 통과한 곳은 화학적 조성이 변하므로 가역적인 [   ]로 취급되지 않는다.

⑤ 에너지 방출속도는 [   ] 전달속도에 기인하지 않고 [   ]에 의존한다.

⑥ 폭굉시 파면에서 온도, 압력, 밀도가 [   ]이다.

폭굉유도거리 DID(Detonation Induction Distance) [27]

① 최초의 완만한 연소에서 격렬한 폭굉으로 발전하는데 필요한 거리를 말한다.

② 폭굉의 유도거리가 짧아지는 조건 = 위험도가 커지는 조건
- 점화에너지가 [   ] 짧아진다.
- 연소속도가 [   ] 가스일수록 짧아진다.
- 관경이 [   ] 관 속에 이물질이 [   ] 짧아진다.
- 압력이 [   ] 짧아진다.

---

26 ① 빠른, 1,000, 3,500 ③ 열 ④ 탄성파 ⑤ 열, 압축파 ⑥ 불연속적
27 ② 강할수록, 큰, 가늘거나, 있을 경우, 높을수록

■ 전기설비의 방폭구조 [28]: 전기설비에서 발생될 수 있는 '전기스파크' 방지목적

① [　　] 방폭구조	용기내부에 폭발이 일어날 경우 폭발을 견딜 수 있고 내부에서 폭발하더라도 용기의 틈으로 화염이 외부의 가연성 가스에 전파되어 착화될 우려가 없도록 [　　]구조로 하여야 한다.
② [　　] 방폭구조	전기불꽃을 발생할 수 있는 부분(스위치, 전기기기 등) 등을 [　　]유 속에 잠기게 하여 외부에 존재하는 가연성 가스에 점화될 우려가 없도록 하는 구조
③ [　　] 방폭구조	점화원이 될 수 있는 전기설비의 용기 안에 보호기체, 즉 [　　] 가스를 봉입시켜 가연성 가스의 침입을 방지하는 구조 - 자동경보나 운전정지하는 보호장치 필요
④ [　　] 방폭구조	[　　]적인 상태에서 전기기기의 전기불꽃, 아크 등의 점화원이 발생할 염려가 있는 위험한 부분에 [　　]도를 증가시켜 이들의 발생을 방지하는 구조
⑤ [　　] 방폭구조	전기설비가 [　　] 및 [　　](단락, 단선, 지락 등)에 발생하는 전기불꽃, 아크 등에 의해 가연성 가스에 점화할 염려가 없게 한 방폭구조로 [　　]시험으로 성능이 확인된 구조

28 ① 내압, 전폐 ② 유입, 절연 ③ 압력, 불연성 ④ 안전증가, 정상, 안전 ⑤ 본질안전, 정상시, 사고시, 점화

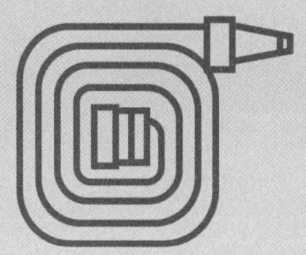

소방학개론

PART 04

화재이론

01 화재의 정의 및 분류
02 건물화재의 성상
03 위험물화재의 성상
04 화재조사

01 화재의 정의 및 분류 〈김동준소방〉

■ 화재의 분류는 가연물의 성상(성질과 상태)에 따라 분류 [1]

구 분	화재종류	색종류	연기색	소화방법
① A급 화재	[ ]화재	[ ]	[ ]	[ ]소화
② B급 화재	[ ]화재	[ ]	[ ]	[ ]소화
③ C급 화재	[ ]화재	[ ]		[ ]소화
④ D급 화재	[ ]화재	[ ]		[ ]소화
⑤ E급 화재	[ ]화재	[ ]		[ ]소화

■ 일반화재의 개요 [2]

① 종이, 목재 등의 일반가연물과 합성고분자 등의 화재를 의미
② 연소 후 [ ]를 남기는 보통화재
③ 소화방법: [ ]소화가 가장 효과적

---

1 ① 일반, 백색, 백색, 냉각 ② 유류, 황색, 검은색, 질식 ③ 전기, 청색, 질식 ④ 금속, 무색, 질식
  ⑤ 가스, 황색, 제거
2 ② 재 ③ 냉각

- 일반화재의 발생원인 3

    ① 화기 또는 열원을 취급·사용하는 아궁이·연소장치 등에서의 취급 부주의

    ② 어린이들의 [　　　]

    ③ 타다 남은 [　　]의 취급 부주의

    ④ 발화원인인 성냥·양초 사용시의 취급 부주의

    ⑤ 흡연장소가 아닌 곳에서의 [　　　] 취급 부주의

    ⑥ 고온의 화기 또는 열원을 사용하는 공장·작업장에서의 취급 부주의

    ⑦ 감정에 의한 [　　]

- 유류화재의 개요 4

    ① 주로 제[　]류 위험물인 [　　] 액체의 화재를 의미

    ② 연소 후 재를 [　　　].

    ③ 일반화재보다 위험하다.

    ④ [　] 등을 이용한 질식소화

- 유류화재의 발생원인 5

    ① 유류표면으로부터 발생된 [　　]가 공기와 적당히 혼합

    ② 주유하던 중 조작하는 사람의 부주의

    ③ 관리소홀

---

3 ② 불장난 ③ 불티 ⑤ 담뱃불 ⑦ 방화
4 ① 4, 인화성 ② 남기지 않는다 ④ 포
5 ① 증기

김동준 빈칸노트

■ 전기화재의 개요 및 발생원인 [6]

① 전기에너지가 발화원으로 작용한 화재? [　]

② 전류가 흐르고 있는 기계에서 발생한 화재? [　]

③ 발생원인
  ㉠ [　](합선)
  ㉡ 전기[　]
  ㉢ [　](허용 전류를 초과한 전류)
  ㉣ 접속부 과열
  ㉤ [　](전류가 대지를 통하여 흐르는 것)
  ㉥ [　](번개)
  ㉦ 누전
  ㉧ 열적 경과
  ㉨ 절연[　](절연저항의 감소)
  cf 절연, 저항의 증가는 발생원인 ✕

■ 금속화재의 개요 [7]

① 나트륨, 칼륨 금속가연물의 화재로서 절대적으로 [　]가 불가능하며, [　]를 주로 한다.

② 물과 반응하여 가연성 가스 및 조연성 가스가 발생
  ㉠ [　]륨, [　]륨은 물과 반응하여 가연성 가스인 [　]가스(H_2)가 발생한다.
  ㉡ 무기과산화물은 물과 반응하여 조연성 가스인 [　](O_2)가 발생한다.
  ㉢ [　](카바이트)은 물과 반응하여 가연성 가스인 [　]가스(C_2H_2)가 발생한다. (**cf** 탄산칼슘($CaCo_3$) = 석회석)
  ㉣ 인화석회([　])는 물과 반응하여 가연성 가스인 [　](PH_3, 포스핀)가 발생한다.

■ 가스화재의 개요 [8]

우리나라에서는 주로 [　]급으로 취급하기도 한다. 그러나 5단계 분류에서는 [　]급으로 취급하고 있다. 또한 소화방법은 [　]한다.

---

6 ① ✕ ② ○ ③ ㉠ 단락 ㉡ 스파크 ㉢ 과전류 ㉤ 지락 ㉥ 낙뢰 ㉨ 불량
7 ① 주수소화, 질식소화 ② ㉠ 나트, 칼, 수소 ㉡ 산소 ㉢ 탄화칼슘, 아세틸렌 ㉣ 인화칼슘, 인화수소
8 B, E, 제거소화

액화석유가스(LPG)와 액화천연가스(LNG)의 비교

구 분	①액화석유가스 [9] (Liquefied Petroleum Gas)	②액화천연가스 [10] (Liquefied Natural Gas)
주성분	㉠ [　　　], [　　　]	㉠ [　　　]
상 태	㉡ 상온상압에서 기체이며, 10~15℃에서 10Kg/cm² 에서 액화보관	㉡ 상온상압에서 기체이며, −162℃에서 액화 보관
발열량	㉢ [　　　]	㉢ [　　　]
폭발범위	㉣ [　　　](2.1~9.5%), [　　　](1.8~8.4%)	㉣ [　　　](5~15%)
연소속도	㉤ [　　　]	㉤ [　　　]
체적변화	㉥ 액체에 기체로 250~300배	㉥ 액체에서 기체로 600배
비 점	㉦ 프로판(−42.1℃), 부탄(−0.5℃)	㉦ 메탄(−162℃)
비 중	㉧ 기체는 [　　　]보다 무겁다. ㉨ 액체는 [　　　]보다 가볍다.	㉧ [　　　]보다 가볍다. 단, −113℃ 이하는 [　　　]보다 무겁다.
특 징	㉩ 공기 중에 쉽게 연소 폭발한다. ㉪ [　　　]에는 녹지 않는다. ㉫ [　　　]용매(휘발유 등)에 녹는다. ㉬ [　　　]를 잘 녹인다. ㉭ 무독, 무색, 냄새도 없다.	㉩ 공기 중에 쉽게 연소 폭발한다. ㉪ 깨끗한 화염, 급격한 연소특성 ㉫ [　　　]이 높다. ㉬ 무독, 무색, 냄새도 없다.

산림화재의 형태 [11]

① [　　　]화: 나무의 가지 또는 잎에서 화재가 발생하는 현상으로, 소나무 같은 침엽수에 인화물질인 수지(나뭇진)가 많아 잘 발생한다.

② [　　　]화: 나무 줄기가 타는 불로서 주로 수목에서 화재가 발생하는 현상이다.

③ [　　　]화: 습도가 50% 이하일 때 소나무, 삼나무, 편백나무 등에서 잘 일어나며, 지표면에서 화재가 발생하는 현상이다.

④ [　　　]화: 땅속에 있는 유기물층, 갈탄층 등에서 화재가 발생하는 현상이다.

---

9 ① ㉠ 프로판, 부탄 ㉡ 크다 ㉣ 프로판, 부탄 ㉤ 늦다 ㉧ 공기 ㉨ 물 ㉪ 물 ㉫ 유기 ㉬ 천연고무
10 ② ㉠ 메탄 ㉢ 크다 ㉣ 메탄 ㉤ 빠르다 ㉧ 공기, 공기 ㉫ 복사열
11 ① 수관 ② 수간 ③ 지표 ④ 지중

■ 식용유화재 12

① '위험물안전관리법'에서의 정의: [　]기압에서 인화점이 섭씨 [　　]도 미만인 것
② 식용유란 유지성분을 먹을 수 있도록 정제한 것을 말한다.
　ex 올리브유, 옥수수기름, 면실유, 대두유 등
③ 화염의 중심의 온도: 약 [　　] ~ [　　]℃
④ 화염의 중심에서 아래쪽으로는 온도가 저하되고, 액면에서는 비점이 된다.
⑤ 액체 내에서는 온도가 [　　]되며, 액면의 바로 아래 부분의 액체 온도는 거의 변하지 ×
⑥ 종전까지는 [　]급 화재로 분류
　- 미국방화협회(NFPA)에서 [　]급 화재, 미국보험협회 안전시험소(UL)는 [　]급 화재로 분류
⑦ 식용유: 비점(끓는점, B.P) [　] 발화점(I.P) vs 일반물질: 비점(끓는점) [　] 발화점
⑧ 식용유는 발화점이 비점보다 낮기 때문에 [　　　　　] 위험이 있다.
⑨ 소화약제: 분말약제 중 제[　]종 분말인 [　　　　　　](=$NaHCO_3$, 중조, Dry Chemical)
　→ [　]화 작용
　→ 식용유의 온도를 발화점 이하로 낮추면 재착화되지 않는다(냉각소화).

---

12 ① 1, 250 ③ 1,400~1,500 ⑤ 감소 ⑥ B, K, F ⑦ >, < ⑧ 재발화(∵ 끓기 전에 불이 붙어버려서)
　⑨ 1, 탄산수소나트륨, 비누

■ 훈소 [13]

① 훈소의 개념 및 조건
  ㉠ 가연물의 [열분해]에 의해서 [가연성]([cf] 표면연소에서는 가연성 가스 발생 ×) 가스가 발생되어야 한다.
  ㉡ 공간의 밀폐로 [산소(공기)]의 양의 부족한 경우 or 바람에 의해 [농도]가 현저히 저하된 경우
  ㉢ 다량의 연기를 내며 고체 [표면]에서 발생하는 [느린] 연소과정
  ㉣ 표면에서 [작열](안에서 타는 현상)과 [탄화]현상(훈소흔)이 발생
  ㉤ 공기의 유입이 많을 경우 [유염]연소로 변화할 수 있다.
  ㉥ 작열 시의 온도: [1,000]℃ 이상
  ㉦ 불완전연소가 일어나는 동안 연료의 [10]%가 일산화탄소로 변화

② 화재 [초기]단계 또는 소화되어 갈 때 볼 수 있다.

③ 훈소의 진행속도가 0.001~0.01cm/s 정도로 고체의 산화과정

④ [다공질](작은 구멍이 많이 있는 물질)의 고체, 혼합연료, 불침윤성 고체, 고체연료 폐기장 등에서 발생 쉬움

⑤ 내부에서는 [백열]연소를 하고 있다는 점에서 표면연소와 같다.

⑥ 불꽃(발염)연소에 비하여 온도는 [낮으며], 발연량은 [높다].

⑦ 연소속도가 [느리고], 연쇄반응이 [일어나지 않는다].

⑧ 연기입자가 크며 [액체]미립자가 다량 포함

⑨ 연기는 HCN과 같은 맹독성 가스가 포함

---

13 ① ㉠ 열분해, 가연성 ㉡ 산소(공기), 농도 ㉢ 표면, 느린 ㉣ 작열, 탄화 ㉤ 유염 ㉥ 1,000 ㉦ 10 ② 초기
④ 다공질 ⑤ 백열 ⑥ 낮으며, 높다 ⑦ 느리고, 일어나지 않는다 ⑧ 액체

02 건물화재의 성상

- 실내건축물 화재의 진행과정 [1]
  ① 화재초기
     ㉠ 건물 내의 가구 등이 [   ]연소하고 있으며 다른 동으로의 연소위험이 [   ].
     ㉡ 다량의 [   ]색 연기가 발생
     ㉢ [   ]가 발생하기도 한다.
  ② [   ](중기)
     ㉠ 화재의 진행 변화가 급속히 이루어짐, 개구부에서는 [   ]색 연기가 분출
     ㉡ 다른 동으로의 연소위험이 [   ].
     ㉢ [   ] 직전에 폭발적 연소 확대 현상인 [   ]가 발생
        (cf 폭발적인 연소확대의 의미이지 플래시오버가 폭발현상을 수반한다는 의미가 아니다)
  ③ [   ]
     ㉠ 연기의 분출속도는 [   ], 화재초기보다 [   ]은 적다.
     ㉡ 가연물은 최대발열량을 내며, 많은 양의 연소생성가스가 생김. 대체적으로 [   ]가 녹는 단계
     ㉢ 천장이나 벽 등 구조물의 [   ]의 위험
  ④ 감퇴기(감쇠기)
     ㉠ 지붕, 벽체, 대들보, 기둥 등이 무너져 떨어짐
     ㉡ 연기의 색은 흑색에서 [   ]으로 변화
     ㉢ 화세가 쇠퇴하고 다른 곳으로서의 연소위험은 없다.

- 플래시오버 현상 [2]
  ① 순발[   ] 현상, 주로 [   ]열에 의해 발생
  ② 순간적인 폭발적 연소확대에 의해서 실내 전체로의 화염의 확대현상
  ③ 건축물 [   ]화재 시 주로 발생
  ④ [   ]의 공급에 의해 발생
  ⑤ 화재진행 단계 중 주로 [   ](최성기 직전)에서 발생
  ⑥ 폭풍이나 충격파 수반 [   ]

---

1 ① ㉠ 독립, 없다 ㉡ 백 ㉢ 훈소 ② 성장기 ㉠ 흑 ㉡ 있다 ㉢ 최성기, 플래시오버
  ③ 최성기 ㉠ 빠르며, 발연량(연기량) ㉡ 유리 ㉢ 낙하 ④ ㉡ 백색
2 ① 착화, 복사 ③ 실내 ④ 열 ⑤ 성장기 ⑥ ✕

⑦ 실내온도가 급상승(800~900℃)
⑧ [　]지배화재로부터 [　]지배화재로 전이될 수 있다.
⑨ [　]연소 또는 [　]화재라고도 한다.
⑩ ISO방화시험용어로 정의: 구획 내 가연성 재료의 전 표면이 불로 덮이는 전이 현상

■ Flash Over에 영향인자 [3]
① 구획건물에서 개구부가 [　]록 빨리 진행
② 화원이 크고(점화원의 크기), 강할수록 빨리 진행
③ 내장재료에서 [　]재료<[　]재료<[　]재료 순으로 빨리 진행
④ 층고가 높은 대규모 공간에서는 [　] 진행
⑤ 가연물의 열전도율이 [　]록 [　] 진행
⑥ 벽에 비하여 [　]가 Flash Over에 미치는 영향이 큼

■ Flash over를 지연시키는 3가지 방법 [4]
① [　] 지연법: 창문 등을 개방하여 배연(환기)함으로써, 공간 내부에 쌓인 열을 방출시켜 Flash over를 지연
② [　] 지연법: 배연(환기)과 반대로 개구부(창문)를 닫아 산소를 감소시킴으로써 연소 속도를 줄이고 공간 내 열의 축적 현상도 늦추게 하여 지연시키는 방법을 쓸 수 있다. 이 방법은 관창호스 연결이 지연되거나 모든 사람이 대피했다는 것이 확인된 경우, 적합한 방법이다.
③ [　] 지연법: 분말소화기 등 이동식 소화기를 분사하여 화재를 완전하게 냉각하는 것은 불가능하나, 일시적으로 온도를 낮출 수 있으며, Flash over를 지연시키고 관창호스를 연결할 시간을 벌 수 있다.

■ 백드래프트 현상 [5]
① [　] 부족으로 [　] 상태에 있을 때 신선한 공기가 유입되어 단시간에 폭발적으로 연소
② 화재가 [　]과 [　]를 동반하여 실외로 분출되는 현상
③ 전제조건: 실내가 충분히 가열되어 다량의 가연성 가스가 축적되어 있어야 한다.
④ 효과: [　](짙은 연기)의 분출, [　]의 형성, 건물의 벽체 도괴 등
⑤ 발생시기: [　], 성장기에도 발생되기는 함

---

⑧ 연료, 환기 ⑨ 순발, 전실
3 ① 클수 ③ 불연, 난연, 가연 ④ 늦게 ⑤ 작을수, 빨리 ⑥ 천장재
4 ① 배연 ② 공기차단 ③ 냉각
5 ① 공기(산소), 훈소 ② 폭풍, 충격파 ④ 농연, 파이어볼 ⑤ 감쇠기

김동준 빈칸노트

MEMO

- [　　]오버 [6]

  실내화재에서 연소되지 않은 열분해 가스가 천장 부근에 모여 있다가 화재가 발생되지 않은 쪽으로 파도 같이 빠른 속도로 굴러다니는 현상을 말한다. 이러한 현상은 Flash over 이전에 발생하기도 한다.

- **환기량을 결정하는 인자(A$\sqrt{H}$)** [7]

  환기인자 = 개구부의 [　　] × 개구부 [　　]의 평방근(제곱근)

- [　　]지배화재는 주로 [　　] 같은 화재이며 연소속도가 가연물의 연소특성에 의해 지배되는 화재이다. [8]

- [　　]지배화재는 주로 [　　]에서 일어나는 현상 [9]

  ① 가연성 가스의 발생량에 비해 [　　]공급이 충분하지 않아 발생하는 실내화재의 일반적 현상

  ② 개구부를 통한 [　　]량이 연소속도를 좌우하는 화재

- [　　]지배형 화재에서 [　　]지배형 화재로 전이될수록 균일하고 격렬한 연소가 진행된다. [10]

- **목재건축물의 화재 진행과정** [11]

  화재[　　] → [　　]착화 → [　　]착화 → [　　](발화) → [　　] → 연소[　　] → [　　]

- 내화건축물의 화재성상은 [　　]형이고, 목조건축물의 화재성상은 [　　]형이나, 내화건축물과 목조건축물을 비교할 때 내화건축물의 화재성상은 [　　]형이다. [12]

---

6 롤
7 면적, 높이
8 연료, 공동주택
9 환기, 창고 ① 공기(산소) ② 환기
10 연료, 환기
11 원인, 무염, 발염, 출화, 최성기, 낙하, 진화
12 고온 장기, 고온 단기, 저온 장기

■ 내화건축물의 화재의 진행과정 [13]: [　　] → [　　] → [　　] → [　　]

■ 화재하중 [14]

① 건물화재 시 [　　]량 및 화재의 [　　]을 나타내는 용어이다.
② 화재의 [　　]를 결정하는 데 사용
③ 화재하중은 단위 [　　]당 가연물의 [　　]이다.
④ 화재하중을 감소시키는 방법: 내장재의 [　　]
⑤ 단위면적당 가연물의 발열량을 [　　](등가가연물)의 무게로 환산한 것

- 화재하중(Q) = $\dfrac{\sum(G_t H_t)}{HA}$ [kg/m^2] (*$\sum$: 합)

  G_t : 가연물의 양[kg], H_t : 단위발열량[kcal/kg]
  H : 목재단위발열량[4,500kcal/kg], A : 화재실 바닥면적[m^2]

■ 화재가혹도(화재심도) [15]

① 화재의 발생으로 건물 내 수용재산 및 건물 자체에 손상을 입히는 정도를 말한다.
② [　　](질) × [　　](량) [화재강도 × 화재하중]
③ 화재가혹도와 관련인자
　㉠ 화재하중, 화재강도
　㉡ [　　]의 크기
　㉢ 가연물의 [　　]상태
　㉣ 화재실의 환기요소($A\sqrt{H}$)
　㉤ 화재구획의 [　　]
　㉥ 화재실의 [　　]와 [　　]

---

13 초기, 성장기, 최성기, 종기
14 ① 발열, 위험성 ② 규모 ③ 면적, 중량 ④ 불연화 ⑤ 목재
15 ② 최고온도, 지속시간 ③ ㉡ 개구부 ㉢ 배열 ㉤ 단열성 ㉥ 최고온도, 지속시간

■ 화재강도 [16]

① 화재실의 단위 시간당 축적되는 [　　　]을 화재강도라고 한다.
② 화재실의 열방출률이 [　　]록 온도가 높아져서 화재강도는 크게 나타난다.
③ 화재강도와 관련인자
　㉠ 가연물의 발열량(가연물의 [　　　])
　㉡ 가연물의 [　　]
　㉢ 가연물의 [　　]상태
　㉣ 화재실의 벽, 바닥, 천장 등의 구조
　㉤ [　　]의 공급

16 ① 열의 양 ② 클수 ③ ㉠ 종류 ㉡ 비표면적 ㉢ 배열 ㉤ 산소

- 건축물의 주요구조부 [17]

    ① [　　]: 최하층 바닥 ×

    ② [　　　]

    ③ [　　]: 작은 보, 차양 ×

    ④ [　　　]: 샛벽, 칸막이벽, 간벽 ×

    ⑤ [　　　]: 보조계단, 옥외계단 ×

    ⑥ [　　　]: 샛기둥 ×

- 내화구조는 [　　]를 견딜 수 있는 성능을 가진 구조를 말하며 [　　　　], [　　　](벽돌), [　　　] 등의 구조로 화재가 진화된 후 간단한 수선으로 [　　　]이 가능한 구조를 말한다. [18]

- 방화문 [19]

    ① [　　　] 방화문: 연기 및 불꽃을 차단할 수 있는 시간이 60분 이상이고, 열을 차단할 수 있는 시간이 30분 이상인 방화문

    ② [　　　] 방화문: 연기 및 불꽃을 차단할 수 있는 시간이 60분 이상인 방화문

    ③ [　　　] 방화문: 연기 및 불꽃을 차단할 수 있는 시간이 30분 이상 60분 미만인 방화문

- 인간의 본능적 피난 행동 [20]

    ① [　　]본능(회귀본능): 자신이 왔었던 길로 되돌아가려는 경향

    ② [　　]본능: 반사적으로 위험으로부터 멀리하려는 경향

    ③ [　　]본능: 밝은 불빛을 따라 행동하는 경향

    ④ [　　]본능: 한 사람의 지도자에 의해 최초로 행동을 하는 경향

    ⑤ [　　]본능: 왼쪽방향으로 움직이려는 본능

---

17 ① 바닥 ② 지붕틀 ③ 보 ④ 내력벽 ⑤ 주계단 ⑥ 기둥
18 화재, 철근콘크리트조, 연와조, 석조, 재사용
19 ① 60분+ ② 60분 ③ 30분
20 ① 귀소 ② 퇴피 ③ 지광 ④ 추종 ⑤ 좌회

◼ 피난대책의 일반적인 원칙 [21]

① 피난구조설비는 [   ] 설비 위주로 설치

② 피난경로는 일반적으로 [   ]하고 [   ]하게 하여야 한다.

③ 피난수단은 [   ]적 방법에 의한 것을 원칙으로 한다.

④ 피난 시 [   ]방향 이상의 피난통로를 확보한다.

⑤ [   ]동선과 [   ]동선으로 구분되어야 한다.

⑥ 상호 반대방향으로 다수의 출구와 연결되는 것이 좋다.

⑦ 피난대책은 (1)[   ]와 (2)[   ]의 원칙을 중시
  - (1): 비상시 판단능력 저하를 대비하여 누구나 알 수 있도록 문자나 그림 등을 표시해야 한다.
  - (2): 하나의 수단이 고장으로 실패하여도 다른 수단에 의해 구제할 수 있도록 고려하여야 한다.

---

21 ① 고정식 ② 간단, 명료 ③ 원시 ④ 2개 ⑤ 수직, 수평 ⑦ 풀 프루프(Fool Proof), 페일 세이프(Fail Safe)

03 위험물화재의 성상 김동준소방

(1) 개요

- 위험물안전관리법 제2조(정의) [1]: 위험물이란 [　　]성 또는 [　　]성 등의 성질을 가지는 것으로 [　　　]령으로 정하는 물품을 말한다.

- 위험물의 위험도 순서 [2]: 제[　]류·제[　]류 > 제[　]류 > 제[　]류 > 제[　]류·제[　]류

- [　　　]이란 위험물의 종류별로 위험성을 고려하여 대통령령이 정하는 수량으로서 위험물제조소 등의 설치허가 등에 있어서 최저의 기준이 되는 수량이다. [3]

- 종류별 위험물 [4]
  ① 제1류 위험물: [　　　　　]
  ② 제2류 위험물: [　　　　　]
  ③ 제3류 위험물: [　　　　　　　]
  ④ 제4류 위험물: [　　　　　]
  ⑤ 제5류 위험물: [　　　　　　]
  ⑥ 제6류 위험물: [　　　　　]

---

1 인화, 발화, 대통령
2 3, 5 > 4 > 2 > 1, 6
3 지정수량
4 ① 산화성고체 ② 가연성고체 ③ 자연발화성 물질 및 금수성 물질 ④ 인화성액체 ⑤ 자기반응성 물질 ⑥ 산화성 액체

MEMO

■ 위험물에 관한 용어정의 [5]

① '[   ]'라 함은 고체[액체(1기압 및 섭씨 20도에서 액상인 것 또는 섭씨 20도 초과 섭씨 40도 이하에서 액상인 것을 말한다) 또는 기체(1기압 및 섭씨 20도에서 기상인 것을 말한다) 외의 것을 말한다. 이하 같다]로서 산화력의 잠재적인 위험성 또는 충격에 대한 민감성을 판단하기 위하여 소방청장이 정하여 고시하는 시험에서 고시로 정하는 성질과 상태를 나타내는 것을 말한다.

② '[   ]'는 고체로서 화염에 의한 발화의 위험성 또는 인화의 위험성을 판단하기 위하여 고시로 정하는 시험에서 고시로 정하는 성질과 상태를 나타내는 것이다.

③ 황은 순도가 [   ]중량퍼센트 이상인 것으로 순도측정에 있어서 불순물은 활석 등 불연성 물질과 수분에 한한다.

④ [   ]은 철의 분말로서 53μm의 표준체를 통과하는 것이 [   ]중량퍼센트 미만인 것은 제외한다.

⑤ 금속분은 알칼리금속·알칼리토금속·철 및 마그네슘 외의 금속의 분말을 말하고 구리분·니켈분 및 [   ]μm의 체를 통과하는 것이 50중량퍼센트 미만인 것은 제외한다.

⑥ 마그네슘 및 마그네슘을 함유한 것에 있어서는 다음에 해당하는 것은 제외한다.
  ㉠ [   ]밀리미터의 체를 통과하지 아니하는 덩어리 상태의 것
  ㉡ 직경 [   ]밀리미터 이상의 막대 모양의 것

⑦ 황화인·적린·황 및 철분은 ②의 규정에 의한 성상이 있는 것으로 본다.

⑧ 인화성 고체는 고형알코올 그 밖에 1기압에서 인화점이 섭씨 [   ]도 미만인 고체이다.

⑨ '자연발화성 물질 및 금수성 물질'은 [   ] 또는 [   ]로서 공기 중에서 발화의 위험성이 있거나 물과 접촉하여 발화하거나 가연성 가스를 발생하는 위험성이 있는 것이다.

⑩ "인화성액체"라 함은 액체(제3석유류, 제4석유류 및 동식물유류의 경우 1기압과 섭씨 20도에서 액체인 것만 해당한다)로서 인화의 위험성이 있는 것을 말한다. 다만, 다음 각 목의 어느 하나에 해당하는 것을 중요기준과 세부기준에 따른 운반용기를 사용하여 운반하거나 저장(진열 및 판매를 포함한다)하는 경우는 제외한다.
  ㉠ 화장품 중 인화성액체를 포함하고 있는 것
  ㉡ 의약품 중 인화성액체를 포함하고 있는 것
  ㉢ 의약외품(알코올류에 해당하는 것은 제외한다) 중 수용성인 인화성액체를 50부피퍼센트 이하로 포함하고 있는 것
  ㉣ 체외진단용 의료기기 중 인화성액체를 포함하고 있는 것
  ㉤ 안전확인대상생활화학제품(알코올류에 해당하는 것은 제외한다) 중 수용성인 인화성액체를 50부피퍼센트 이하로 포함하고 있는 것

---

5 ① 산화성 고체 ② 가연성 고체 ③ 60 ④ 철분, 50 ⑤ 150 ⑥ ㉠ 2 ㉡ 2 ⑧ 40 ⑨ 고체, 액체

⑪ 특수인화물은 [   ], [   ] 그 밖에 1기압에서 발화점이 섭씨 100도 이하인 것 또는 인화점이 섭씨 영하 20도 이하이고 비점이 섭씨 40도 이하인 것이다.

⑫ 제1석유류는 [   ], [   ] 그 밖에 1기압에서 인화점이 섭씨 21도 미만인 것이다.

⑬ 알코올류는 1분자를 구성하는 탄소원자의 수가 1개부터 [   ]개까지인 포화[   ]가 알코올이다(변성알코올을 포함). 다음 아래에 해당하는 것은 제외한다.
  ㉠ 1분자를 구성하는 탄소원자의 수가 1개 내지 3개의 포화1가 알코올의 함유량이 60 중량퍼센트 미만인 수용액
  ㉡ 가연성 액체량이 60중량퍼센트 미만이고 인화점 및 연소점(태그개방식인화점측정기에 의한 연소점을 말한다. 이하 같다)이 에틸알코올 60중량퍼센트 수용액의 인화점 및 연소점을 초과하는 것

⑭ 제2석유류는 [   ], [   ] 그 밖에 1기압에서 인화점이 섭씨 21도 이상 70도 미만인 것이다. 다만, 도료류 그 밖의 물품에 있어서 가연성 액체량이 40중량퍼센트 이하이면서 인화점이 섭씨 40도 이상인 동시에 연소점이 섭씨 60도 이상인 것은 제외한다.

⑮ 제3석유류는 [   ], [   ], 글리세린 그 밖에 1기압에서 인화점이 섭씨 70도 이상 섭씨 200도 미만인 것이다. 다만, 도료류 그 밖의 물품은 가연성 액체량이 40중량퍼센트 이하인 것은 제외한다.

⑯ 제4석유류는 [   ], [   ] 그 밖에 1기압에서 인화점이 섭씨 200도 이상 섭씨 250도 미만의 것이다. 다만, 도료류 그 밖의 물품은 가연성 액체량이 40중량퍼센트 이하인 것은 제외한다.

⑰ 동식물유류는 동물의 지육 등 또는 식물의 종자나 과육으로부터 추출한 것으로서 1기압에서 인화점이 섭씨 [   ]도 미만인 것을 말한다.

⑱ '자기반응성 물질'은 고체 또는 액체로서 폭발의 위험성 또는 가열분해의 격렬함을 판단하기 위하여 고시로 정하는 시험에서 고시로 정하는 성질과 상태를 나타내는 것이다.

⑲ '산화성 액체'는 액체로서 산화력의 잠재적인 위험성을 판단하기 위하여 고시로 정하는 시험에서 고시로 정하는 성질과 상태를 나타내는 것이다.

⑳ 질산은 그 비중이 [   ] 이상인 것에 한하며, 산화성 액체의 성상이 있는 것으로 본다.

㉑ 과산화수소는 그 농도가 [   ]중량퍼센트 이상인 것에 한정한다.

---

⑪ 이황화탄소, 디에틸에테르 ⑫ 아세톤, 휘발유 ⑬ 3, 1 ⑭ 등유, 경유 ⑮ 중유, 크레오소트유
⑯ 기어유, 실린더유 ⑰ 250 ⑳ 1.49 ㉑ 36

(2) 제1류 위험물: 산화성고체

■ 제1류 위험물 종류 및 지정수량 [6]

종류	지정수량
[　　　] 염소산염류 [　　　] [　　　]	[　　]kg
브[　　]염류 질[　　]염류 아[　　　]염류	[　　]kg
과[　　]염류 다[　　]염류	[　　]kg
과아이오딘산염류 과아이오딘산 크로뮴, 납 또는 아이오딘의 산화물 아질산염류 차아염소산염류 염소화아이소사이아누르산 퍼옥소이황산염류 퍼옥소붕산염류	50kg, 300kg 또는 1,000kg

■ 제1류 위험물 일반성질 [7]

① 대부분 [　　　]를 가지고 있는 무기화합물로서 [　　　]로 작용한다.

② 자신은 [　　　] 물질이지만 가연성 물질의 연소를 돕는다(조연성, 지연성).

③ 대부분 [　]색 결정이거나 [　]색 분말이며 유독성, 부식성이 있다.

④ 가열, 충격, 마찰에 의해 분해되어 산소(O_2)가 발생하고 가연물과 혼합되어 있을 때는 연소, 폭발이 일어나기도 한다.

⑤ 물보다 [　　]이 커서 무거우며 물에 녹는 것이 많고 수용액 상태에서도 산화성이 있다.

⑥ 조해성이 있는 것도 있다(KNO_3, $NaNO_3$, NH_4NO_3와 같은 질산염류).

⑦ 무기과산화물 중 알칼리금속 과산화물(Na_2O_2, K_2O_2 등)과 삼산화크로뮴(CrO_3, 무수크로뮴산)은 물과 반응하여 산소(O_2)를 방출하고 발열한다. 이런 의미에서 제3류 위험물과 비슷한 금수성(禁水性) 물질이다.

---

6 아염소산염류, 과염소산염류, 무기과산화물, 50 / 로민산, 산, 이오딘산, 300 / 망가니즈산, 이크로뮴산, 1,000
7 ① 산소, 산화제 ② 불연성 ③ 무, 백 ⑤ 비중

■ 제1류 위험물 저장 및 취급방법 [8]

① [ ]류, [ ]류, [ ]류, [ ]류 또는 환원제와 접촉을 막는 조치가 필요하다.
② 충격, 타격, 마찰 등 기계적 점화에너지가 부여되지 않도록 주의한다.
③ 조해성 물질은 방습, 용기 밀봉을 요구한다.
④ 분해촉매, 이물질과의 혼입을 방지하고 위험물의 누출을 막는다.
⑤ 직사광선을 피하고 환기가 잘되는 [   ]에 보관한다.

■ 제1류 위험물 진압대책 [9]

① 알칼리금속의 과산화물(무기과산화물), 무수크로뮴산(삼산화크로뮴)은 [   ]이 있으므로 물을 사용하여서는 안 되고 [   ] 등을 사용한다.
② 위험물의 자체 분해로 방출된 산소는 가연물의 연소를 돕기 때문에 연소속도가 빠르고, 열분해가 활발해지므로 제1류 위험물의 분해를 막기 위해선 물로 [   ] 소화하여야 한다.
③ CO_2, 포, 할론, 분말에 의한 질식소화는 효과가 적으므로 사용에 주의해야 한다.

(3) 제2류 위험물: 가연성 고체

■ 제2류 위험물 종류 및 지정수량 [10]

종 류	지정수량
황[ ], 적[ ], [ ]	[ ]kg
철[ ], 금[ ], 마[ ]	[ ]kg
인[ ] 고[ ]	[ ]kg

---

8 ① 2, 3, 4, 5 ⑤ 냉암소
9 ① 금수성, 마른모래 ② 냉각시켜
10 화인, 린, 황, 100 / 분, 속분, 그네슘, 500 / 화성, 체, 1,000

■ 제2류 위험물 일반적인 성질 [11]

① 가연성 고체(Combustible Solid)로서 비교적 낮은 온도에서 [　　]하기 쉽다.
② 모두 산소를 함유하고 있지 않은 강한 [　　] 물질이며, 비중이 1보다 크다.
③ 산화제와 접촉하면 마찰 또는 충격으로 급격하게 폭발할 수 있는 [　　]([　　]) 물질이다.
④ 연소시 연소속도가 매우 빠르고 [　　]이 크다.
⑤ 금속분류, 철분, 마그네슘은 물(또는 뜨거운 물)과 반응하여 수소(H_2)가스를 발생시키고 묽은 산과 접촉에 의해 수소가스를 발생시킨다.
⑥ 화재시 유독성 가스가 많이 발생하며, 대부분 [　]에 녹지 않는다.
⑦ 비교적 저온에서 발화가 용이하며 다량의 열과 빛을 낸다. 금속분은 습기와 접촉할 때 조건이 맞으면 자연발화의 위험이 있다.
⑧ 금속분, 황가루, 철분은 밀폐된 공간 내에서 점화원이 있으면 [　　　]을 일으킨다.

■ 제2류 위험물 저장 및 취급방법 [12]

① 저장시 화기[　　], 가열엄금, 고온체와 접촉방지 등의 조치가 필요하다.
② [　　　] 물질(제1류 위험물 또는 제6류 위험물)과 혼합을 피한다.
③ 금속분은 [　　] 또는 [　　]과의 접촉을 피한다.
④ 저장용기를 밀폐하고 위험물의 누출을 방지하며 통풍이 잘되는 냉암소에 저장한다.

■ 제2류 위험물 진압대책 [13]

① 주수에 의한 [　　　]가 적당하다([　　], [　　], [　　], [　　] 제외).
② 금속분, 철분, 마그네슘, 황화인 등은 마른모래, 건조분말에 의한 [　　　]를 한다.

---

11 ① 착화 ② 환원성 ③ 가연성, 이연성 ④ 연소열 ⑥ 물 ⑧ 분진폭발
12 ① 엄금 ② 산화성 ③ 산, 물
13 ① 냉각소화, 황화인, 철분, 마그네슘, 금속분 ② 질식소화

(4) 제3류 위험물: 자연발화성 및 금수성 물질

■ 제3류 위험물 종류 및 지정수량 [14]

종 류	지정수량
칼[ ] 나[ ] 알킬알[ ] 알킬리[ ]	[ ]kg
황[ ]	[ ]kg
알칼리금[ ](칼륨, 나트륨 제외) 알칼리토[ ] 유기[ ](R-Al, R-Li 제외)	[ ]kg
금속의 [ ]물 금속의 [ ]물 칼[ ]의 탄화물 [ ]의 탄[ ] 행정안전부령으로 정하는 것: 염소화규소 화합물	[ ]kg

■ 제3류 위험물 일반적 성질 [15]

① "자연발화성물질 및 금수성물질"이라 함은 [   ] 또는 [   ]로서 공기 중에서 발화의 위험성이 있거나 물과 접촉하여 발화하거나 가연성가스를 발생하는 위험성이 있는 것을 말한다.

② 무기화합물과 유기화합물로 구성되어 있다.

③ 모두([   ] 제외) 물과 반응할 때 가연성 가스를 발생하며 발화의 위험이 있다.

④ 칼륨(K), 나트륨(Na)은 무르며, 칼륨(K), 나트륨(Na), 알킬알루미늄(R-Al), 알킬리튬(R-Li)을 제외하고 물보다 무겁다.

⑤ [   ]은 자연발화성만 가지는 물질이고 알칼리금속은 무르고 순수하며 융점이 낮고, 밀도가 적은 편이다.

⑥ 물과 반응할 때 부식성 물질을 만드는 것도 있다.

⑦ 가열하거나 강산화성 물질, 강산류와 접촉하면 위험성이 현저히 증가한다.

---

14 륨, 트륨, 루미늄, 튬, 10 / 린, 20 / 속, 금속, 금속화합물, 50 / 수소화, 인화, 슘, 알루미늄, 화물, 300
15 ① 고체, 액체 ③ 황린 ⑤ 황린

제3류 위험물 저장 및 취급방법 16

① 용기는 완전히 밀봉하고, 파손 및 부식을 막으며, [　　]과의 접촉을 방지한다.

② 강산화제, 강산류, 기타약품과 접촉되지 않도록 한다.

③ 황린은 공기 중에서 산화를 피하기 위하여 [　]속에 저장한다.

④ 알킬알루미늄, 알킬리튬, 유기금속화합물류는 화기를 엄금하고 용기 내압이 상승하지 않도록 한다.

⑤ 알킬알루미늄은 공기나 물을 만나면 격렬하게 반응하여 발화할 수 있다. 특히 저장시 수분의 접촉을 차단하기 위하여 [　　] 속에 저장한다.

제3류 위험물 진압대책 17

① 발화·금수성 물질이므로 물을 충전한 소화기구는 사용할 수 없다(단, 황린의 화재시에는 물에 의한 소화가 가장 효과적이다).

② [　] · [　　] · [　　] 소화약제도 작용하지 않는다.

③ 마른모래, 팽창질석, 건조석회 및 금속화재(D급화재)용 분말소화기로 상황에 따라 조심스럽게 질식소화 한다.

---

16 ① 수분 ③ 물 ⑤ 헥산
17 ② 포, CO_2, 할론

■ 위험물의 여러 가지 반응 [18]

① 알칼리금속, 알칼리토금속은 물과 반응하여 [　　] (H_2)기체를 발생시킨다.
  $2Na + 2H_2O \rightarrow 2NaOH + H_2$

② 트리메틸알루미늄은 물과 반응하여 가연성 가스인 [　　]을 발생시킨다.
  $(CH_3)_3Al + 3H_2O \rightarrow Al(OH)_3 + 3CH_4$

③ 트리에틸알루미늄은 물과 반응하여 가연성 가스인 [　　](C_2H_6)을 발생시킨다
  $(C_2H_5)_3Al + 3H_2O \rightarrow Al(OH)_3 + 3C_2H_6$

④ 황린(P_4)은 공기 중에서 격렬하게 연소하여 유독성 가스인 [　　](P_2O_5)을 생성한다.
  $P_4 + 5O_2 \rightarrow 2P_2O_5$

⑤ 황린(P_4)은 알칼리 용액과 반응하여 유독성인 [　　](인화수소, PH_3) 가스를 생성한다.
  $P_4 + 3KOH + 3H_2O \rightarrow PH_3 + 3KH_2PO_2$

⑥ 인화칼슘(인화석회, Ca_3P_2)은 물 또는 묽은 산과 반응하여 유독성 가스인 [　　](인화수소, PH_3) 가스를 생성한다.
  $Ca_3P_2 + 6H_2O \rightarrow 2PH_3 + 3Ca(OH)_2$
  $Ca_3P_2 + 6HCl \rightarrow 2PH_3 + 3CaCl_2$

⑦ 탄화칼슘((칼슘) 카바이드, CaC_2)은 물과 반응하여 [　　](C_2H_2) 가스를 생성한다.
  $CaC_2 + 2H_2O \rightarrow Ca(OH)_2 + C_2H_2$

⑧ 탄화알루미늄(Al_4C_3)은 물과 반응하여 [　　](CH_4) 가스를 발생한다.
  $Al_4C_3 + 12H_2O \rightarrow 4Al(OH)_3 + 3CH_4$

⑨ 수소화알루미늄리튬($LiAlH_4$)은 물과 반응하여 [　　](H_2)가 발생한다.
  $LiAlH_4 + 4H_2O \rightarrow LiOH + 4Al(OH)_3 + 4H_2$

---

[18] ① 수소 ② 메탄 ③ 에탄 ④ 오산화인 ⑤ 포스핀 ⑥ 포스핀 ⑦ 아세틸렌 ⑧ 메탄 ⑨ 수소

(5) 제4류 위험물: 인화성액체

■ 제4류 위험물 종류 및 지정수량

지정품명(품명)			지정수량
특수인화물 [19]	이[　　　] 디[　　　　]		[　　]L
제1석유류 [20]	휘[　　] 아[　　]	비수용성	[　　]L
		수용성	[　　]L
알코올류 [21] (60%이상)	메[　]알코올 에[　]알코올 변[　　　　]		[　　]L
제2석유류 [22]	등[　], 경[　] 히[　]	비수용성	[　　]L
		수용성	[　　]L
제3석유류 [23]	중[　] 크[　　] 글[　]	비수용성	[　　]L
		수용성	[　　]L
제4석유류 [24]	기[　] 실[　]		[　　]L
동식물유류 [25]	[　　]기름		[　　]L

---

19 황화탄소, 에틸에테르 / 50
20 발유, 세톤 / 200(비), 400(수)
21 틸, 틸, 성 알코올 / 400
22 유, 유, 드라진 / 1,000(비), 2,000(수)
23 유, 레오소트유, 리세린 / 2,000(비), 4,000(수)
24 어유, 린더유 / 6,000
25 정어리 / 10,000

■ 제4류 위험물 일반적 성질 [26]

① 대표적인 성질로 인화성을 가지는 물질이며 대부분 [   ]화합물이다.

② 대부분의 물질의 액체 비중이 1보다 작아 물보다 가볍다(단, [   ], [   ], [   ] 등은 물보다 무겁다).

③ 대부분의 물질이 물에 쉽게 용해되지 않는다.

④ 대부분 발생하는 증기의 비중은 공기보다 무겁다(단, [   ]는 공기보다 가볍다).

⑤ 전기적으로 [   ]이므로 정전기 축적이 용이하여 점화원으로 작용할 수 있다.

⑥ 인화온도와 연소범위의 하한이 낮은 것이 특징으로 약간의 공기 혼합으로 쉽게 연소가 발생할 수 있다.

⑦ [   ]는 발화점(착화점)이 100℃로 매우 낮아 자연발화의 위험이 있다.

■ 제4류 위험물 저장 및 취급방법 [27]

① 낮은 온도를 유지하고 한 곳에 저장한다.

② 불티·불꽃·화기 그 밖의 열원의 접근을 피한다(화기[   ]).

③ [   ]을 차단하고 통풍과 발생증기의 배출에 노력한다.

④ 용기, 탱크, 취급시설 등에서 누출을 방지하여야 한다.

⑤ 특히 다량 누출되어 하수구나 하천으로 흘러 들어가지 않도록 한다.

⑥ [   ]의 발생, 축적, 스파크(spark)의 발생을 억제하여야 한다.

⑦ 인화점이 낮은 석유류에는 불연성 가스를 봉입하여 혼합기체의 형성을 억제하여야 한다.

⑧ 수용성과 비수용성, 물보다 무거운 것과 물보다 가벼운 것으로 구분하여 진압에 용이한 방법과 연계하는 것이 좋다.

---

26 ① 유기 ② 이황화탄소, 글리세린, 아세트산 ④ 시안화수소 ⑤ 부도체 ⑦ 이황화탄소
27 ② 엄금 ③ 직사광선 ⑥ 정전기

■ 제4류 위험물 진압대책 [28]

① 가연성 액체의 소화는 [   ] 역할을 하는 공기의 공급을 [   ]하거나 가연물질을 [   ]하여 소화한다.

② 알코올류와 같은 수용성 위험물은 특수한 안정제를 가한 [   ]소화약제를 사용하여 소화한다.

③ 수용성 가연물질인 알코올류·알데하이드류·케톤류·에테르류·에스터류 이외의 제4류 위험물은 [   ]·[   ]·[   ]·[   ]소화약제를 이용한 소화방법이 적합하다.

④ 비중이 물보다 무거운 중유의 화재시에는 물을 [   ]으로 방사하는 [   ]소화설비도 적합하다.

---

28 ① 산화제, 차단, 제거 ② 알코올형포 ③ 포말, 이산화탄소, 할론, 분말 ④ 무상, 물분무

(6) 제5류 위험물: 자기반응성 물질

■ 제5류 위험물 종류 및 지정수량

종 류	지정수량
유기[ ]29 질[ ]	
하이드[ ]30 하이드[ ]	
[ ] 유도체 31 [ ]화합물 [ ]화합물 [ ]화합물 [ ]화합물(질소) 행정안전부령으로 정하는 것: 질산구아니딘, 금속의 아지화합물	제1종 : 10kg 제2종 : 100kg

■ 제5류 위험물 일반적 성질 32

① 자기 자신이 연소에 필요한 [   ]를 가지고 있기 때문에 외부로부터 [   ]의 공급이 없어도 점화원(발화원)만 있으면 연소 또는 폭발을 일으킬 수 있는 자기연소성 물질로서 대부분 [   ]화합물이며, 유기과산화물류를 제외하고는 [   ]를 함유한 [   ]화합물이다.

② [   ]가 빠르며 폭발적이다.

③ 불안정한 물질로서 공기 중에서 장기간 저장시 분해반응을 일으키며, 분해열의 축적에 의해서 [   ]의 위험이 있다.

④ [   ], [   ], [   ], [   ] 등에 의해서 폭발할 위험성이 높으며, 강산화제 또는 강산류와 접촉시 위험성이 현저히 증가한다.

⑤ 연소시 발생하는 가스는 유독하며, 밀폐된 건물 내에서 화재 발생시 매우 위험하다.

---

29 과산화물, 산에스터류
30 록실아민, 록실아민염류
31 하이드라진, 아조, 다이아조, 나이트로, 나이트로소
32 ① 산소, 산소, 유기, 질소, 유기질소 ② 연소속도 ③ 자연발화 ④ 가열, 충격, 타격, 마찰

- **제5류 위험물 저장 및 취급방법** 33
  ① 화염, 불꽃 등 점화원의 엄격한 통제 및 기계적인 충격, 마찰, 타격 등 요인을 사전에 피한다.
  ② 점화원 및 분해를 촉진시키는 물질로부터 멀리 이격시켜 저장한다.
  ③ 화재시 소화가 어려우므로 소량씩 나누어 저장한다.
  ④ 직사광선의 차단, [   ]제, [   ]류와의 접촉을 방지한다.
  ⑤ 운반용기 및 포장 외부에 '화기[   ]'·'[   ]주의'와 같은 주의사항을 표시한다.

- **제5류 위험물 진압대책** 34
  ① 물질 자체에 산소를 함유하고 있기 때문에 이산화탄소·할로겐화합물·분말·포소화약제 등에 의한 [   ]소화는 효과가 없으며, 많은 양의 [   ]에 의한 [   ]소화가 가장 효과적이다.
  ② 초기화재 또는 소량의 화재시에는 분말로 일시에 화염을 제거하여 소화할 수 있으나 [   ]가 염려되므로 결국 최종적으로는 물로 냉각소화 하여야 한다.

33 ④ 강산화, 강산 ⑤ 엄금, 충격
34 ① 질식, 물, 냉각 ② 재발화

(7) 제6류 위험물: 산화성액체

■ 제6류 위험물 종류 및 지정수량 [35]

종 류	지정수량
과[　　] 과[　　　](농도 36wt% 이상) 질[　　](비중 1.49 이상) [　　　]화합물	[　　]kg

■ 제6류 위험물 일반적 성질 [36]

① 자신은 [　　]이지만 [　　] 물질이며, 염기와 반응하거나 물과 접촉할 때 [　　]한다.

② [　　　　　]를 제외하고는 강산이며 산소를 많이 함유하고 있는 강산화제로서 작용하며 산의 세기는 과염소산이 가장 세다.

③ 유기물질과 혼합하면 그것을 산화시키며, 때로는 유독성 가스도 발생시켜 옷·금속 등을 부식시키므로 저장·취급 및 사용시 주의가 필요하다.

④ 강산성 염류나 물과 접촉시 발열하게 되며 이때 가연성 물질이 혼재되어 있으면 혼촉발화의 위험이 있다(단, [　　　　]는 물과 반응하지 않는다).

⑤ 물질의 액체 비중이 1보다 커서 물보다 [　　　].

■ 제6류 위험물 저장 및 취급방법 [37]

① 가연물질이나 분해촉진을 유발하는 약품류와는 접촉을 피한다.

② 용기 내 [　], [　]의 침투를 방지하고, 가연성 물질, 강산화제, 강산류와의 접촉을 방지한다.

③ 내산성 용기에 저장을 한다.

---

35 염소산, 산화수소, 산, 할로겐간 / 300
36 ① 불연성, 지연성, 발열 ② 과산화수소 ④ 과산화수소 ⑤ 무겁다
37 ② 물, 습기

■ 제6류 위험물 진압대책 38

① 위험물 유출시에는 [   ]를 뿌리거나 [   ](소다회, 소석회)로 중화시킨다.

② 원칙적으로 물을 사용하는 것은 옳지 않으나 상황에 따라 소량의 화재시 다량의 물을 사용하여 [   ]소화를 하기도 한다.

■ 유류화재의 이상현상

① 오일오버 39 (Oil – over)	㉠ 제[ ]류 위험물의 저장탱크에서 화재가 발생하는 경우에 나타나는 이상현상 ㉡ 저장탱크 내 제[ ]류 위험물의 양이 내용적의 [ ] 이하로 충전되어야 함 ㉢ 저장탱크 내 유류를 외부로 분출하면서 탱크가 [ ]됨 ㉣ 위험성이 유류화재 이상현상 중 가장 [ ]. ㉤ 화재의 초기 단계에서 소화가 이루어지도록 하여야 한다.
② 보일오버 40 (Boil – over)	㉠ 점성이 크고 비점이 높은 [ ]의 저장탱크에서 화재가 발생한 경우 ㉡ [ ] 화재에 노출되면 [ ]이 형성 ㉢ 그 [ ]으로 인한 열이 아래로 내려와 원유자체에 함유된 수분이나 기름의 [ ]이 이 열을 공급받아 급격한 [ ]팽창 ㉣ 이 [ ]팽창으로 상층의 유류를 밀어올리고 기름과 함께 비산 ㉤ 지붕이 없는 개방된 탱크여야 한다.
③ 슬로프(슬롭)오버 41 (Slop – over)	㉠ [ ]류나 [ ]유에 물이 접촉되어 물이 수증기가 되어 팽창·비등 ㉡ 그 결과 주위에 뜨거운 일부의 석유류·식용유를 외부로 비산시키는 현상 ㉢ 원유나 중유와 같은 중질유 화재는 상당히 [ ] 비점을 가진다. ㉣ [ ]에서 발생
④ 프로스오버 42 (Froth – over)	㉠ 발생횟수가 가장 [ ], 화재를 [ ]. ㉡ 위험성은 가장 [ ]. ㉢ 점성을 가진 뜨거운 유류표면 아래 부분에서 물이 [ ]할 경우에 발생 ㉣ 비등하는 물이 저장탱크 내의 유류를 외부로 넘쳐흐르게 하는 현상 ㉤ 탱크 밖으로 물과 기름이 [ ]과 같은 상태로 넘치는 현상

---

38 ① 마른모래, 중화제 ② 희석
39 ① ㉠ 4 ㉡ 4, 1/2 ㉢ 파열 ㉣ 크다
40 ② ㉠ 중질유(원유) ㉡ 장기간, 열류층(열파, 열띠, 고온층) ㉢ 열류층, 에멀젼, 부피 ㉣ 부피
41 ③ ㉠ 석유, 식용 ㉢ 넓은 ㉣ 표면
42 ④ ㉠ 많고, 수반하지 않는다 ㉡ 적다 ㉢ 비등 ㉤ 거품

04 화재조사

01 개요

■ 화재조사의 특징 [1]
① 강제성 ② [　　] ③ [　　] ④ [　　] ⑤ 정밀과학성 ⑥ [　　] ⑦ 프리즘식

■ 화재조사 실시 [2]
① 소방청장, 소방본부장 또는 소방서장은 화재발생 사실을 알게 된 때에는 지체 없이 화재조사를 하여야 한다(소방의 화재조사에 관한 법률).
② 조사관은 화재 사실을 [　　]하는 즉시 조사활동을 시작하여야 한다(화재조사 및 보고규정).

■ 화재조사의 공식발표 [3]
① 명예 및 사생활의 존중
　㉠ 화재조사시 비밀누설금지의무가 있으며, 비밀누설시 [　　]만원 이하의 벌금에 처한다.
　㉡ 사생활의 존중도 화재조사시 필요한 의무이다.
② 화재조사 기본원칙 순서(과학적 방법론)
　㉠ 문제확인
　㉡ 문제정의
　㉢ 자료수집
　㉣ 자료분석([　　])
　㉤ 가설설정
　㉥ 가설검증([　　])

1　② 보존성 ③ 현장성 ④ 신속성 ⑥ 안전성
2　② 인지
3　① ㉠ 300　② ㉣ 귀납적 ㉥ 연역적

02 화재조사의 기초이론

■ 화재원인조사의 기초적 사항 [1]

① "[   ]"란 사람의 의도에 반하거나 고의 또는 과실에 의하여 발생하는 연소 현상으로서 소화할 필요가 있는 현상 또는 사람의 의도에 반하여 발생하거나 확대된 화학적 폭발현상을 말한다.

② "[   ]"란 소방청장, 소방본부장 또는 소방서장이 화재원인, 피해상황, 대응활동 등을 파악하기 위하여 자료의 수집, 관계인 등에 대한 질문, 현장 확인, 감식, 감정 및 실험 등을 하는 일련의 행위를 말한다.

③ "화재조사관"이란 화재조사에 전문성을 인정받아 화재조사를 수행하는 소방공무원을 말한다.

④ "관계인등"이란 화재가 발생한 소방대상물의 소유자·관리자 또는 점유자(이하 "관계인"이라 한다) 및 다음 각 목의 사람을 말한다.
  가. 화재 현장을 발견하고 신고한 사람
  나. 화재 현장을 목격한 사람
  다. 소화활동을 행하거나 인명구조활동(유도대피 포함)에 관계된 사람
  라. 화재를 발생시키거나 화재발생과 관계된 사람

⑤ "[   ]"이란 화재원인의 판정을 위하여 전문적인 지식, 기술 및 경험을 활용하여 주로 시각에 의한 종합적인 판단으로 구체적인 사실관계를 명확하게 규명하는 것을 말한다.

⑥ "[   ]"이란 화재와 관계되는 물건의 형상, 구조, 재질, 성분, 성질 등 이와 관련된 모든 현상에 대하여 과학적 방법에 의한 필요한 실험을 행하고 그 결과를 근거로 화재원인을 밝히는 자료를 얻는 것을 말한다.

⑦ "[   ]"란 열원에 의하여 가연물질에 지속적으로 불이 붙는 현상을 말한다.

⑧ "발화열원"이란 발화의 최초 원인이 된 불꽃 또는 열을 말한다.

⑨ "발화지점"이란 열원과 가연물이 상호작용하여 화재가 시작된 지점을 말한다.

⑩ "발화장소"란 화재가 발생한 장소를 말한다.

⑪ "[   ]"이란 발화열원에 의해 불이 붙은 최초의 가연물을 말한다.

⑫ "[   ]"이란 발화열원에 의하여 발화로 이어진 연소현상에 영향을 준 인적·물적·자연적인 요인을 말한다.

⑬ "발화관련 기기"란 발화에 관련된 불꽃 또는 열을 발생시킨 기기 또는 장치나 제품을 말한다.

---

1 ① 화재 ② 화재조사 ⑤ 감식 ⑥ 감정 ⑦ 발화 ⑪ 최초착화물 ⑫ 발화요인

⑭ "동력원"이란 발화관련 기기나 제품을 작동 또는 연소시킬 때 사용되어진 연료 또는 에너지를 말한다.

⑮ "연소확대물"이란 연소가 확대되는 데 있어 결정적 영향을 미친 가연물을 말한다.

⑯ "재구입비"란 화재 당시의 피해물과 같거나 비슷한 것을 재건축(설계 감리비를 포함한다) 또는 재취득하는 데 필요한 금액을 말한다.

⑰ "내용연수"란 고정자산을 경제적으로 사용할 수 있는 연수를 말한다.

⑱ "[   ]"이란 피해물의 종류, 손상 상태 및 정도에 따라 피해금액을 적정화시키는 일정한 비율을 말한다.

⑲ "[   ]"이란 화재 당시에 피해물의 재구입비에 대한 현재가의 비율을 말한다.

⑳ "[   ]"이란 피해물의 내용연수가 다한 경우 잔존하는 가치의 재구입비에 대한 비율을 말한다.

㉑ "화재현장"이란 화재가 발생하여 소방대 및 관계인 등에 의해 소화활동이 행하여지고 있거나 행하여진 장소를 말한다.

㉒ "접수"란 119종합상황실(이하 "상황실"이라 한다)에서 유·무선 전화 또는 다매체를 통하여 화재 등의 신고를 받는 것을 말한다.

㉓ "출동"이란 화재를 접수하고 상황실로부터 출동지령을 받아 소방대가 차고 등에서 출발하는 것을 말한다.

㉔ "도착"이란 출동지령을 받고 출동한 소방대가 현장에 도착하는 것을 말한다.

㉕ "[   ]"란 화재현장에 가장 먼저 도착한 소방대를 말한다.

㉖ "[   ]"이란 소방대의 소화활동으로 화재확대의 위험이 현저하게 줄어들거나 없어진 상태를 말한다.

㉗ "잔불정리"란 화재 초진 후 잔불을 점검하고 처리하는 것을 말한다. 이 단계에서는 열에 의한 수증기나 화염 없이 연기만 발생하는 연소현상이 포함될 수 있다.

㉘ "[   ]"이란 소방대에 의한 소화활동의 필요성이 사라진 것을 말한다.

㉙ "철수"란 진화가 끝난 후, 소방대가 화재현장에서 복귀하는 것을 말한다.

㉚ "재발화감시"란 화재를 진화한 후 화재가 재발되지 않도록 감시조를 편성하여 일정 시간동안 감시하는 것을 말한다.

⑱ 손해율 ⑲ 잔가율 ⑳ 최종잔가율 ㉕ 선착대 ㉖ 초진 ㉘ 완진

화재조사의 실시 [2]

① 현장보존

② 현장관찰
  ㉠ 전체적으로 관찰한다.
  ㉡ 전체적인 소훼상황(불에 의한 훼손 현상) 관찰은 주위에서 중심으로 한다.
  ㉢ 연소경로 관찰은 소훼정도를 입체적으로 관찰한다.
  ㉣ 도괴방향에 따른 연소경로로 관찰한다.
  ㉤ 탄화상황을 [귀납적] 연소경로로 관찰한다.
  ㉥ 목재연소의 강약을 관찰한다.
     대체로 탄화면이 거칠고, 홈의 폭이 깊고, 넓을수록 연소가 강하다.
     ⓐ 균열흔: 목재표면이 높은 온도의 화염을 받아 연소될 때는 비교적 굵은 균열흔(Alligator Pattern)을 나타내며, 저온으로 장시간 가열이나 연소시에는 목재 내부의 수분이나 가연성가스가 목재표면으로 분출하게 되어 그 흔적이 가느다란 균열로 남게 된다.
       • 완소흔: [700~800]℃정도 정도의 비교적 낮은 온도에서 천천히 연소된 경우 홈이 얇고 삼각 또는 사각형태를 나타내며, 초기 연소부분 또는 잔불씨에 의한 연소부분에서 나타난다.
       • 강소흔: 자신의 연소열로 화염이 지속되거나 확대 연소하게 되면 가연물은 [900]℃정도까지 가열되며, 홈이 깊은 [요철]이 형성된다.
       • 열소흔: 가연물이 [1,100]℃ 정도의 고온상태에 접하여 일시에 연소하게 되면 불완전연소 홈이 아주 깊은 상태가 되는데 맹렬한 확산 중심부분 등에서 나타난다.
     ⓑ [무염흔]: 물질이 착화되어 불꽃 없이 연기만 내면서 연소되는 경우 나타나는 흔적을 말한다.
     ⓒ [박리흔]: 목재나 콘크리트표면이 강한 수열을 받으면서 탄화하거나 결합력 상실에 의해 떨어져나가는 현상을 말한다.
     ⓓ [주염흔]: 건물 등 불연성 구조물이나 재질에 불꽃흔적을 남기는 현상을 말한다.
  ㉦ 금속의 색변화를 관찰한다.
  ㉧ 박리 관찰한다.

2 ② ㉤ 귀납적 ㉥ ⓐ 700~800 / 900, 요철 / 1,100 ⓑ 무염흔 ⓒ 박리흔 ⓓ 주염흔

③ 현장발굴

현장발굴 시 유의사항은 다음과 같다.
- 발굴 시는 의문점이 있는 부분 및 중요한 부분을 중점으로 하여 실시한다.
- 발굴은 발화장소를 중심으로 외부에서 서서히 진행한다.
- 복원의 물건은 번호 또는 표시를 하여서 명확한 잔재 위치를 표시한다.
- 발화점에서 발굴한 연소물은 특별히 상세하게 관찰한다.

④ 추정된 발화원과 착화원의 관계 – 물건 다루는 요령
- 가능한 한 직접 손으로 다룬다.
- 위에서부터 아래로 순차적으로 발굴한다.
- 발굴한 연소물은 위치를 이동하지 않는 것이 원칙이다. 단, 부득이한 경우에는 복원이 가능하도록 조치를 한다.

⑤ 복원

복원 시 유의사항은 다음과 같다.
- 복원한 상황을 관계자에게 확인시킨다.
- 복원은 현장관찰 후 재료가 남아있는 경우에 행하고 불명한 물건은 복원하지 않는다.
- 보조재료는 복원물건과 유사한 물건을 사용하지 않는다.
- 연소된 물건은 파손시키지 말아야 하며 낙하할 우려가 있는 물건은 침 및 못 등으로 보강한다.

⑥ 질문녹취

관계자등에게 질문을 녹취하여 보다 명확한 조사를 할 수 있도록 하여야 한다.

⑦ 발견자 정보수집

다음과 같은 정보를 수집하여 조사를 하여야 한다.
- 발화장소 부근의 상황
- 발화직전의 화기취급 물품, 기구, 설비 등의 사용 상황
- 발화 전후의 관계자의 행동, 반출물품의 상황
- 발견, 통보, 초기발화, 피난자들이 본 발화당시의 상황과 행동 개요

⑧ 보조조사(감정, 실험)

⑨ 사진촬영과 도면작성

■ 화재패턴 [3]

화재패턴은 발열산화반응으로 발생되는 현상을 의미하며, 열·연기에 의해서 구조물의 물리적·화학적 변화(형태)에 의해 형성된 형상이다.

① 영향요소
[　　]에 의한 온도변화, [　　]에 의한 물질변화, [　　], [　　　] 등이 영향요소이다.

② 종류
㉠ [　　　]
일반적·전형적인 패턴으로 이 패턴의 바닥정점에서 발화한다.
㉡ [　　　]
가연성액체에서 많이 발생되며, 생성 불기둥이 천장에 도달하지 않을 때와 불기둥이 바닥에서 완전히 확산되지 않았을 때, 즉 불기둥이 짧은 시간 존재, 천장이 없거나 높을 때 선명하게 발생된다.
㉢ [　　　　　　]
화염에 의한 역V패턴이 형성되며 그 위에 열기류에 의한 커다란 V패턴은 형성 화염이 수직면과 가까이 존재하고 있었다는 것을 의미한다.
㉣ [　　　]
V패턴에 형성되는 경우보다 열원이 벽면에서 멀어서 복사열에 의해서 생성된다.
㉤ 달무리·선형·튀김 패턴
주로 가연성액체에 나타나는 현상이다.
㉥ [　　　]
그을음이 부착되어 있다가 열에 의해 연소한 현상이다.
㉦ 열경화성 플라스틱
열에 의해 녹지 않고 탄화된 뒤에 분해 → 나무와 비슷한 연소 특성인 열을 받으면 틈새가 벌어진다.

---

3 ① 연소, 열, 연기, 고온가스층 ② ㉠ V패턴 ㉡ 역V패턴 ㉢ 모래시계 패턴 ㉣ U패턴 ㉥ 백화현상

03 화재조사 및 보고규정

◼ **발화일시의 결정**

발화일시의 결정은 관계인 등의 화재발견 상황통보(인지)시간 및 화재발생 건물의 구조, 재질 상태와 화기취급 등의 상황을 종합적으로 검토하여 결정한다. 다만, 자체진화 등 사후인지 화재로 그 결정이 곤란한 경우에는 발화시간을 추정할 수 있다.

◼ **화재가 복합되어 발생한 경우** [1]

- 화재가 복합되어 발생한 경우에는 화재의 구분을 화재피해액이 [　　] 으로 한다.
  → 화재피해액이 같은 경우나 화재피해액이 큰 것으로 구분하는 것이 사회관념상 적당치 않을 경우에는 발화장소로 화재의 종류를 구분한다.

◼ **사상자** [2]

사상자는 화재현장에서 사망한 사람과 부상당한 사람을 말한다. 다만, 화재현장에서 부상을 당한 후 [　　]시간 이내에 사망한 경우에는 당해 화재로 인한 사망으로 본다.

◼ **부상자의 분류** [3]

부상의 정도는 의사의 진단을 기초로 하여 다음 각 호와 같이 분류한다.

① 중상 : [　　]주 이상의 입원치료를 필요로 하는 부상을 말한다.
② 경상 : 중상 이외의 부상(입원치료를 필요로 하지 않는 것도 포함한다)을 말한다. 다만, 병원 치료를 필요로 하지 않고 단순하게 연기를 흡입한 사람은 제외한다.

---

1 많은 것
2 72
3 3

화재건수의 결정 [4]

① 1건으로 보는 경우

1개의 발화점으로부터 확대된 것으로 발화부터 진화까지를 말하고 다음의 경우에 해당되는 경우를 말한다.

㉠ 동일 소방대상물의 발화점이 [　]개소 이상 있는 다음의 화재는 1건의 화재로 한다.
- [　]점이 동일한 [　]에 의한 화재
- 지진, 낙뢰 등 자연현상에 의한 다발화재

㉡ 발화지점이 한 곳인 화재현장이 둘 이상의 관할구역에 걸친 화재에 대해서는 발화 소방대상물의 소재지를 관할하는 소방서에서 1건의 화재로 산정한다. 다만, 발화지점 확인이 어려운 경우에는 화재피해 금액이 큰 관할구역 소방서의 화재건수로 산정한다.

② 별건으로 보는 경우

동일범이 아닌 각기 다른 사람에 의한 방화, 불장난은 동일 대상물에서 발화했더라도 각각 별건의 화재로 한다.

화재의 소실정도 [5]

화재의 소실정도는 3종류로 구분한다.

① 전 소

건물의 [　]% 이상[입체면적(m^3)에 대한 비율을 말한다. 이하 같다]이 소실되었거나 또는 그 미만이라도 잔존부분이 보수를 하여도 재사용이 불가능한 것을 의미한다.

(주의) 피해면적 산정은 바닥면적(m^2)으로 한다

② 반 소

건물의 [　]% 이상 [　]% 미만이 소실된 것을 의미한다.

③ 부분소

전소, 반소화재에 해당되지 아니하는 것을 의미한다.

④ 자동차·철도차량, 선박 및 항공기 등의 소실정도는 ①, ②, ③의 규정을 준용한다.

---

4 ① ㉠ 2, 누전, 누전
5 ① 70 ② 30, 70

■ 소실면적의 산정 [6]

① 건물의 소실면적 산정은 [   ]으로 산정한다.

② 수손 및 기타 파손의 경우는 ①의 규정에 준한다.

■ 건물의 동수 산정 [7]

① 주요 구조부가 하나로 연결되어 있는 것은 1동으로 한다. 다만 건널 복도 등으로 2 이상의 동에 연결되어 있는 것은 그 부분을 절반으로 분리하여 각 동으로 본다.

② 건물의 외벽을 이용하여 실을 만들어 헛간, 목욕탕, 작업실, 사무실 및 기타 건물 용도로 사용하고 있는 것은 주 건물과 [   ]동으로 본다.

③ 구조에 관계없이 지붕과 실이 하나로 연결되어 있는 것은 [   ]동으로 본다.

④ 목조 또는 내화조 건물의 경우 격벽으로 방화구획이 되어 있는 경우도 [   ]동으로 한다.

⑤ 독립된 건물과 건물 사이에 차광막, 비막이 등의 덮개를 설치하고 그 밑을 통로 등으로 사용하는 경우, [   ]동으로 한다.

⑥ 내화조 건물의 옥상에 목조 또는 방화구조 건물이 별도 설치되어 있는 경우는 [   ]동으로 한다. 다만 이들 건물의 기능상 하나인 경우(옥내 계단이 있는 경우)는 [   ]동으로 한다.

⑦ 내화조 건물의 외벽을 이용하여 목조 또는 방화구조건물이 별도 설치되어 있고 건물 내부와 구획되어 있는 경우 [   ]동으로 한다. 다만, 주된 건물에 부착된 건물이 옥내로 출입구가 연결되어 있는 경우와 기계설비 등이 쌍방에 연결되어 있는 경우 등, 건물 기능상 하나인 경우는 [   ]동으로 한다.

---

6 ① 소실 바닥면적
7 ② 같은 ③ 같은 ④ 같은 ⑤ 다른 ⑥ 다른, 같은 ⑦ 다른, 같은

■ 화재조사전담부서의 설치·운영 등(화재조사법 제6조) [8]

(1) 설치·운영권자 - [   ]

(2) 업무
① 화재조사의 실시 및 조사결과 분석·관리
② 화재조사 관련 기술개발과 [   ]의 역량증진
③ 화재조사에 필요한 시설·장비의 관리·운영
④ 그 밖의 화재조사에 관하여 필요한 업무

■ 화재합동조사단의 구성·운영(화재조사법 시행령 제7조) [9]

(1) 구성·운영권자 - 소방관서장

(2) 화재합동조사단 구성·운영
소방관서장은 다음 각 호에 해당하는 대형화재 등이 발생한 경우 화재합동조사단을 구성·운영할 수 있다.
① 화재로 인해 사망자가 [   ]명 이상 발생한 화재
② 화재로 인한 영향이 사회적·경제적으로 광범위하여 소방관서장이 화재합동조사단 운영이 필요하다고 인정하는 화재

(3) 단장
화재합동조사단의 단장은 [   ]이 지명하거나 위촉하는 사람

(4) 단원
소방관서장은 다음 각 호의 어느 하나에 해당하는 사람을 화재합동조사단의 단원으로 임명 또는 위촉할 수 있다.
① [   ]
② 소방공무원으로서 화재조사에 관한 경력이 [   ]년 이상인 소방공무원
③ 「고등교육법」에 따른 학교 또는 이에 준하는 교육기관에서 화재조사, 소방 또는 안전관리 등 관련 분야 조교수 이상의 직에서 [   ]년 이상 재직한 사람
④ 「국가기술자격법」의 국가기술자격의 직무분야 중 소방 분야에서 산업기사 이상의 자격을 취득한 사람
⑤ 그 밖에 건축·안전분야 또는 화재조사에 관한 학식과 경험이 풍부한 사람

---

8 (1) 소방관서장 (2) 화재조사관
9 (2) ① 5 (3) 소방관서장 (4) ① 화재조사관 ② 3 ③ 3

소방학개론

PART 05

소화이론

01 소화원리
02 소화약제
03 소방시설

01 소화원리

- [ ]소화 [1]
  ① 점화원을 이용한 소화의 원리
  ② 점화원(인화점 및 발화점) 이하로 냉각시켜 소화
  ③ 액체, 고체 상태의 가연물질은 냉각소화와 밀접한 관계
  ④ 가연성 연소분해물질의 생성을 억제하기 위한 것
  ⑤ 연소반응의 속도를 지연시키기 위한 것

- 냉각소화가 가능한 소화약제 [2] : [   ], [   ](Loaded Stream), CO_2, 할론, 포 소화약제 등

- [ ]소화 [3]
  ① 공기 중 [   ]%의 산소의 양을 [   ]% 이하로 낮추어 산소 결핍에 의하여 소화되는 것
  ② 산소공급원과 관련
  ③ 소화방법: 공기의 양을 제어 or 소화약제를 방사
  ④ [   ] 이하로 하면 소화된다.
  ⑤ 제[ ]류 위험물은 [   ]물질로써 자체 산소를 포함하고 있으므로 질식소화 [   ]

---

[1] 냉각
[2] 물, 강화액
[3] 질식 ① 21, 15 ④ 최소한계산소농도 ⑤ 5, 자기반응성, 불가능

- [   ](MOC) [4]

  ① 공기와 가연가스의 혼합기 중 산소의 %이다.

  ② MOC = 연소[   ]계 × [   ]부피(몰수)

- [   ]소화 [5]

  ① 가연물질을 안전한 장소로 이동시키거나 점화원이 없는 장소로 신속하게 옮겨 소화하는 방법

  ② 구체적인 예
   ㉠ 전원의 공급 차단
   ㉡ 가연물질을 제거
   ㉢ 점화원과 가연성가스와의 접촉 차단
   ㉣ 폭발물(TNT)의 [   ]
   ㉤ 가스의 공급 차단
   ㉥ 액화석유가스 저장용기의 주 밸브를 폐쇄
   ㉦ [   ]에 촛불을 입김으로 소화
   ㉧ 산림 화재 시 [   ]

- [   ]적 소화인 냉각, 질식, 제거는 농도와 관련이 있고, [   ]적 소화인 부촉매소화의 경우는 농도와 관련이 없다. [6]

- [   ]소화 [7]

  ① [   ] 소화: 연소의 [   ]요소

  ② 연쇄반응의 억제제인 [   ]를 이용하여 소화

  ③ [   ]는 정촉매의 기능에 반대: 활성화에너지의 값을 [   ] 함으로써 연쇄반응 억제

  ④ 화염을 형성하는 [   ]을 없앰으로써 소화하기 때문에 [   ]소화라고도 한다.

  ⑤ [   ]연소(무염연소) 물질들은 연쇄반응을 동반한 연소가 아니므로 부촉매소화 효과가 어렵다.

---

4 최소산소농도 ② 하한, 산소
5 제거 ② ㉣ 후폭풍 ㉦ 양초 ㉧ 벌목
6 물리, 화학
7 부촉매 ① 화학적, 4 ② 부촉매 ③ 부촉매, 크게 ④ 라디칼, 억제 ⑤ 표면

■ [   ]소화 [8]

① 비중이 물보다 [   ] [   ] 등으로 인한 화재 시 사용하는 방법

② [   ](구름모양)으로 방사

③ 유류표면에 엷은 [   ]층을 형성하여 공기 중의 [   ]의 공급을 차단시켜 소화

④ 주로 [   ]성 물질 소화에 쓰임

⑤ [   ] 소화약제는 중유 화재 시에, [   ]소화약제와 [   ]소화약제는 모든 유류화재의 소화 시에 사용

⑥ 유화소화 효과를 크게 하기 위한 방법: 질식소화보다 물입자를 약간 [   ]하여 강하게 분무

■ [   ]소화 [9]

① [   ]성의 가연물질에 물소화약제를 대량으로 방사하여 연소농도를 희박하게 희석하여 소화

② 산소의 농도를 연소농도 이하로 희석시켜 소화하는 것
 – 희석소화이나 이러한 경우에는 [   ]에 포함되기도 한다.

③ 수용성 가연물질: 알코올, 에스테르, 케톤, 알데하이드류 등

■ [   ]소화 [10]

① 공기보다 비중이 큰 [   ]를 소화약제로 방사

② [   ]의 비중은 [   ]로서 공기보다 1.52배 무거워 산소의 공급을 차단

③ 전기나 열의 [   ]

④ 물품에 피해를 주지 않기 때문에 가장 효과적인 소화방법

⑤ 단점으로 인체의 질식 우려됨

---

8 유화 ① 큰, 중유 ② 무상 ③ 유화, 산소 ④ 비수용 ⑤ 무상의 물, 포, 무상의 강화액 ⑥ 크게
9 희석 ① 수용 ② 질식
10 피복 ① 이산화탄소 ② 이산화탄소, 1.52 ③ 부도체

■ [방진]소화 [11]

① 제[3]종 소화분말인 [제1인산암모늄](NH₄H₂PO₄)을 방사하는 경우
[제1인산암모늄](NH₄H₂PO₄)의 열분해 시에 발생하는 액체상태인
[메타인산](HPO₃)이 숯불모양으로 연소(잔진연소) 하는 가연물질에 접촉하여 더 이상 연소하는 현상을 방지하여 소화하는 소화작용

② [재착화]를 방지

③ 제[3]종 분말소화약제가 [A]급 화재도 효과가 있는 이유: [메타인산](HPO₃)의 피막효과 때문

---

11 방진 ① 3, 제1인산암모늄, 제1인산암모늄, 메타인산 ② 재착화 ③ 3, A, 메타인산

02 소화약제

DAY 31

■ 물소화약제의 물리적 · 화학적 성질 [1]

① 물은 수소 1분자와 산소 1/2분자로 [   ]결합을 하고 있다.

② 분자간 결합은 [   ]결합이며, 물이 비교적 큰 [   ], 비열을 갖는 것도 [   ]결합을 분리하는데 많은 에너지가 들기 때문이다.

③ 물은 상온에서 비교적 안정된 액체로 존재하며, 자연상태에서는 기체(수증기), 고체(얼음)의 세 가지 형태로 존재한다.

④ 융융열은 [   ]cal/g이며, 융점(빙점)은 [   ]℃, 비점은 [   ]℃이다.

⑤ 물 1g을 1℃ 올리는 데 필요한 열량인 [   ]은 15℃에서 1cal/g·℃로 다른 물질에 비해 큰 편이며, 20℃의 물 1g을 100℃까지 가열하기 위해서는 80cal의 열이 필요하다.

■ 물 소화약제의 소화작용 [2]

① 냉각소화 ○
  – 물의 비열: [   ] / 수소의 비열: [   ] / 헬륨의 비열: [   ]
  – 물의 기화열(증발잠열): [   ]

② 질식소화 ○
  – 수증기가 될 때 약 [   ]배로 팽창

③ 유화소화 ○

④ 희석소화 ○

⑤ 타격소화 ○

⑥ 부촉매소화 ×

■ 물 소화약제의 적응화재 [3]: [   ], [   ], [   ]급 화재, 단, 중유화재(B급 화재) 및 전기화재([ ]급 화재)인 경우 [   ]으로 주수

---

1 ① 극성공유 ② 수소, 표면장력, 수소 ④ 80, 0, 100 ⑤ 비열
2 ① 1, 3.41, 1.25 / 539 ② 1,700
3 A(일반), B(유류), C(전기), C, 무상

■ 물 소화약제의 적응되지 아니하는 화재 [4]

① [　]급화재인 [　　]화재: Na, K, Mg, Al, Ca, Zn 등
② [　　]금속(수소 발생) 또는 [　　　]아세틸렌 발생), [　　　](산소 발생)
③ 전기, 전자제품 등으로 인한 화재

■ 물 소화약제의 방사방법

① [　]주수 [5]	㉠ 대표적인 주수방법 ㉡ 굵고 긴 막대기 모양 ㉢ 화재를 신속하게 소화할 필요성이 있는 경우 ㉣ 짧은 시간에 많은 양의 소화약제가 요구되는 상황인 경우 ㉤ 대부분 [　　]소화기능 ㉥ 적용소화설비: [　　]소화기, [　　]소화전, [　　]소화전, 연결[　　]설비
② [　]주수 [6]	㉠ 굵고 긴 막대기 모양과 안개 모양의 중간 형상을 갖는 [　　]모양 ㉡ 주로 [　　]소화 기능 ㉢ 물입자는 봉상의 물입자와 같이 전기의 [　　]이 있으므로 전기화재에 부적합 ㉣ 적용소화설비: [　　　]설비, 연결[　　]설비
③ [　]주수 [7]	㉠ 구름 또는 안개모양 ㉡ 물입자의 직경: [　　]~[　　]mm 　- 물방울 입자의 크기: 스프링클러 > [　　]분무 > [　　]분무 　- [　　]분무는 설비의 표면 보호 목적 　- [　　]분무는 구획된 작은 공간에 대한 보호 ㉢ 전기의 [　　]이 없어 전기화재의 소화에도 이용 ㉣ 중질유(중유), 윤활유 등의 화재 시 [　　]효과(에멀견효과)를 나타내기도 한다. ㉤ 적용소화설비: [　　]소화기(분무노즐 사용), [　　]소화전(분무노즐 사용), [　　]소화전(분무노즐 사용), [　　]설비 등

---

4 ① D, 금속 ② 알칼리, 탄화칼슘, 과산화물
5 ① 봉상 ㉤ 냉각 ㉥ 물, 옥내, 옥외, 송수관
6 ② 적상 ㉠ 방울 ㉡ 냉각 ㉢ 전도성 ㉣ 스프링클러, 살수
7 ③ 무상 ㉡ 0.01~1.0 / 물, 미 / 물 / 미 ㉢ 전도성 ㉣ 유화 ㉤ 물, 옥내, 옥외, 물분무

■ [　　　　](공기포) 소화약제 [8]

① 특 징
  ㉠ 기계포 내부에는 펌프에 의해서 강제로 흡입된 [　　　]가 들어 있음: 방출원 역할
  ㉡ [　　　]가 기계의 동력에 의해서 형성된 포를 외부로 방출시키는 역할을 함

② 종 류
  ㉠ [　　　　]소화약제: 부패, 침전우려 but 접착성 강함
  ㉡ [　　　　　]소화약제: 가장 먼저쓰임, 저발포 및 고발포 가능,
     [　　　]발생(Ring-Fire)
  ㉢ [　　　　]소화약제: 수성막을 형성
  ㉣ [　　　　]소화약제: 수용성용제의 소화에 사용하는 약제
  ㉤ [　　　　]소화약제: 단백포소화약제에 [　　　]계통의 계면활성제를 첨가한 소화약제

■ 포의 팽창비율에 의한 분류 [9]

포의 명칭		포의 팽창비율
저발포		[　　]배 이하
고발포	제1종 기계포	[　　]배 이상 ~ [　　]배 미만
	제2종 기계포	[　　]배 이상 ~ [　　]배 미만
	제3종 기계포	[　　]배 이상 ~ [　　]배 미만

---

8 기계포 ① ㉠ 공기 ㉡ 공기 ② ㉠ 단백포 ㉡ 합성계면활성제포, 윤화 ㉢ 수성막포 ㉣ 알코올형포
  ㉤ 불화단백포, 불소
9 20 / 80, 250 / 250, 500 / 500, 1,000

단백포소화약제 [10]

① 특 징	㉠ [　　]색의 끈끈한 액체 / 동물의 뿔, 발톱 ㉡ 질식소화 O, 냉각소화 O, 유화소화 O ㉢ 적응화재: [　　]화재(B급)
② 장 점	㉠ 구입가격 싸다, 내열성, 밀봉성(유면봉쇄성), 내화성 우수 ㉡ 대형 유류저장탱크의 소화설비에 적합 ㉢ [　　](Ring Fire)발생 ×
③ 단 점	㉠ [　　]이 좋지 않아 소화속도가 느리다 ㉡ 보존기간 짧다: 수명이 3년 이내 ㉢ 분말과 병용 × ㉣ 유류 오염 O

수성막포소화약제 [11]

① 특 징	㉠ [　　]계 계면활성제수용액이 수성막을 형성 → 재착화 방지 ㉡ [　　　　　　]라는 별명 ㉢ 소화성능은 단백포소화약제에 비하여 [　]배 정도, 　소화약제의 양도 [　　] 수준 ㉣ 수성막포소회약제는 유류화재에 대해 질식소화작용·냉각소화작용을 가지며, 분말과 겸용하면 [　] ~ [　]배 소화효과가 있다. ㉤ 적응화재: [　　]화재(B급)
② 장 점	㉠ 유동성 ㉡ 초기소화속도 ㉢ 표면하주입방식 ㉣ 불화단백포소화약제 및 ABC분말소화약제 Twin Agent System(병용)이 가능 ㉤ 보존기간 반영구적
③ 단 점	㉠ [　　]이 약함: 열화현상 발생우려 ㉡ 가격이 비쌈 ㉢ 포가 없는 수성막 단독으로 화재 소화 ×

10 ① ㉠ 흑갈 ㉢ 유류 ② ㉢ 윤화 ③ ㉠ 유동성
11 ① ㉠ 불소 ㉡ 라이트 워터(Light Water) ㉢ 5, 1/3 ㉣ 7, 8 ㉤ 유류 ③ ㉠ 내열성

합성계면활성제포소화약제 [12]

① 특 징	㉠ 가장 먼저 개발 ㉡ 저발포 외에 중발포·고발포의 발포기법이 개발 　－ [　　　]형: 3%, 6% 　－ [　　　]형: 1%, 1.5%, 2% ㉢ 적응화재: [　　]화재(A급) 및 [　　]화재(B급)
② 장 점	㉠ 유동성 양호, 소화속도 빠르다 ㉡ 가격저렴, 저장성 ㉢ 저발포, 고발포 가능 ㉣ 일반화재, 유류화재 모두 적합 ㉤ 보존기간 반영구적 ㉥ 지하상가, 창고화재에 적합
③ 단 점	㉠ [　　　], [　　　]이 약함 ㉡ 윤화현상 발생우려 ㉢ 유류저장탱크의 시설에 부적합 ㉣ 환경오염 우려 ㉤ 사정거리가 짧다.

알코올형포소화약제 [13]

① 특 징	㉠ [　　]성 가연물질에 용해되지 않는 성질을 가진 포소화약제 　－ [　　]비누형 알코올포소화약제 　－ [　　　]생성형 알코올포소화약제 　－ [　　　]형 알코올포소화약제 ㉡ 적응화재 　1) [　　]성 가연물질 화재에 적합 　　－ 알코올류, 에테르류, 에스터류, 케톤류, 알데하이드류 등 　2) [　　](B급) 화재
② 장 점	㉠ 수용성 액체 가연물질과 유류화재의 양용형이다. ㉡ 유류에 오염 × ㉢ [　　　](Ring Fire) 발생 × ㉣ 소화약제의 보존기간이 길다.
③ 단 점	㉠ 구입가격이 비쌈

12 ① ㉡ 저발포, 고발포 ㉢ 일반, 유류 ③ 단열성, 내유성
13 ① ㉠ 수용, 금속, 고분자겔, 불화단백 ㉡ 수용, 유류 ② ㉢ 윤화

■ 불화단백포소화약제 14

① 특 징	㉠ 단백포소화약제의 소화성능 향상 목적 ㉡ [　　]계 계면활성제를 첨가한 것 ㉢ 대형 유류저장탱크시설에 가장 적합 ㉣ 적응화재: [　　](B급) 화재, 무상으로 방사 시 [　　]화재에도 적합
② 장 점	㉠ 윤화현상 발생 × ㉡ 내화성이 우수: 대형의 유류저장탱크시설에 적합 ㉢ 내유성이 우수 ㉣ 유동성이 우수: 소화속도가 빠름 ㉤ [　　　　　　]방식 포방출방식에 적합 ㉥ 보존기간이 길다.
③ 단 점	㉠ 단백포소화약제에 비해 구입가격이 비싸다. ㉡ 내한용·초내한용으로 사용이 어려움

■ 물소화약제의 첨가제

① [　　　　]소화기 15
㉠ 산(주로 황산)과 알칼리(주로 탄산수소나트륨)의 화학반응을 이용한 약제
㉡ 거의 사용 ×
㉢ 일반화재에 적응성이 있고, 무상일 때 [　　]화재에도 적합
㉣ [　　　　]를 압력원으로 사용

② [　　　　]소화기(Loaded Stream) 16
㉠ 소화력의 향상을 위해 [　　　], [　　　　]을 첨가해 만든다.
㉡ [　　　　] 금속염을 주성분으로 하는 수용액
㉢ [　　]일 때 A, B, C급 화재에 적용
㉣ −20℃에서도 동결되지 않아 추운 지방에도 사용이 가능
㉤ 알칼리성이므로 세척하지 않으면 배관이나 용기가 부식될 우려가 있다.

---

14 ① ㉡ 불소 ㉣ 유류, 전기 ② ㉤ 표면하주입
15 ① 산·알칼리 ㉢ 전기 ㉣ 이산화탄소
16 ② 강화액 ㉠ 탄산칼륨, 인산암모늄 ㉡ 알칼리 ㉢ 무상

③ [　　　](Viscosity Water Agent) [17]
　㉠ 물의 유동성 때문에 소방대상물에 부착성이 떨어지므로, 물의 유실을 방지하고 장기간 체류하게 함으로써 소화력을 증대시키기 위한 것이다.
　㉡ 물의 점도를 증가시키는 [　　　　]를 혼합한 수용액
　㉢ [　　　　　]라고 불린다.
　㉣ 소방대상물에 정확히 도달: 주로 [　　]화재에 사용
　　→ 산림화재에 대표적인 증점제: [　　　], Gelgard
　㉤ 물의 사용량도 줄일 수 있다.
　　- 점성이 강하므로 침투성은 떨어지고, 물방울 직경이 커지고, 마찰손실이 증가

④ [　　　](Wet water) [18]
　㉠ 물의 침투성을 증가시키는 [　　　　　](합성계면활성제)를 혼합한 수용액
　㉡ 표면장력을 작게 하여 침투성을 높여줌
　㉢ [　　]폭발의 예방을 위해서도 사용
　㉣ 방사형태는 봉상, 적상, 무상, 포상이 있으며 가장 소화효과가 우수한 것은 [　　]이다.

⑤ [　　　](동결방지제) [19]
　㉠ 에틸렌[　　]콜, 프로필렌[　　]콜
　㉡ 염화[　　], 염화[　　]
　㉢ [　　]칼륨

⑥ [　　　　](Rapid Water) [20]
　㉠ 물의 유속을 빠르게 하고 물의 마찰손실을 줄일 수 있도록 첨가하는 것
　㉡ 점성이 작아 방수량은 [　　]한다.
　㉢ 미국에서 발매하고 있고, 성분은 [　　　　]옥사이드이다.

⑦ [　　　] [21]
　㉠ 유류에서 가연성 증기의 [　　]을 억제하는 역할
　㉡ 분무로 주수 시 소화효과는 커진다.

---

17 ③ 증점제 ㉡ Viscosity Agent ㉢ Thick Water ㉣ 산림, CMC
18 ④ 침투제 ㉠ Wetting Agents ㉢ 분진 ㉣ 포상
19 ⑤ 부동제 ㉠ 글리, 글리 ㉡ 칼슘, 나트륨 ㉢ 탄산
20 ⑥ 유동성 보강제 ㉡ 증가 ㉢ 폴리에틸렌
21 ⑦ 유화제 ㉠ 증발

■ 가스계 소화약제 중 이산화탄소소화약제

① 특 징 [22]	㉠ 이산화탄소는 배관 내에서는 [ ]이지만, 분사헤드에서는 [ ]되어 분사 ㉡ [ ] 산화물질 　- 소화효과: 분말보다 [ ]배, 할론 1301에 비해 [ ]배 성능 떨어짐 　- 무색, 무취 　- [ ]℃ 이하에서 보관 ㉢ [ ]소화를 주목적: [ ]된 공간에서의 일반화재 소화에는 부적합 　- [ ]소화작용도 함: 내부의 구석구석까지 침투하여 [ ]화재에 적합 ㉣ [　　　　　]의 적용: 위험물관리법에 적용 × ㉤ [ ]가스로 취급 ㉥ 액화이산화탄소가 대기에 급격하게 방출되는 경우 고체상의 　　[　　] 생성 　- 제[ ]류 위험물인 가솔린, 등유 등에 효과적인 [ ]소화 효과 ㉦ 이산화탄소는 비중이 1.52로 [ ] 또는 [ ]보다 무겁다. ㉧ 이산화탄소의 소화작용: 냉각, 질식, 피복
② 장 점 [23]	㉠ [　　] 방식으로 할 경우 일반화재(A급)에도 적용 ㉡ 피연소물질의 [ ]까지 침투하며, 피연소물질에 피해를 주지 않는다. ㉢ 증거보존이 가능 ㉣ 소화약제의 구입비가 저렴, 수명이 반영구적 ㉤ 전기의 [ ](불량도체)이다. ㉥ 변질, 부패, 분해 염려 ×
③ 단 점 [24]	㉠ 고압가스에 해당하므로 저장 및 취급시 주의를 요함 ㉡ 소화약제의 방출 시 [ ]이 우려 ㉢ 저장용기에 충전하여 저장하는 경우 [ ]을 필요로 한다. ㉣ 인체의 [ ]이 우려 ㉤ 방출시 [ ]이 크다. ㉥ 소화시간이 다른 약제에 비하여 [ ].

---

22 ① ㉠ 액상, 기화 ㉡ 완전 / 2, 3 / 40 ㉢ 질식 / 개방 / 피복, 심부 ㉣ 고압가스안전관리법 ㉤ 액화
　　㉥ 드라이아이스 / 4, 냉각 ㉦ 공기, 산소
23 ② ㉠ 전역방출 ㉡ 내부 ㉤ 부도체
24 ③ ㉡ 동상 ㉢ 고압 ㉣ 질식 ㉤ 소음 ㉥ 길다

④ 설치 제외 장소 [25]	㉠ [ ]이 상시 근무하는 장소: 방재실, 제어실 등 ㉡ 질식 또는 인체의 위해가 발생할 우려가 있는 밀폐장소 ㉢ 제[ ]류 위험물을 저장·취급하는 장소 ㉣ 이산화탄소와 반응성이 있는 물질을 저장·취급하는 장소 - [ ](Na), [ ](K), [ ](Ca) 등
⑤ 소화약제에 의한 피해	㉠ 질식성 및 독성 ㉡ 냉각성 ㉢ 지구의 온난화

▣ 이산화탄소 최소설계농도 [26]

① 최소소화농도에서 약 [   ]% 더한 값

② 소화하기 위한 산소의 농도는 [   ]% 정도가 되고 이산화탄소의 약 [   ]% 이상 설계되어야 함

▣ 소화약제의 농도계산 [27]

 - $CO_2(\%) = [\quad\quad] / [\quad\quad] \times 100(\%)$

---

25 ④ ㉠ 사람 ㉢ 5 ㉣ 나트륨, 칼륨, 칼슘
26 ① 20 ② 14, 34
27 $21-O_2$ / 21

■ 가스계 소화약제 중 할론소화약제(부촉매)

① 특 징 [28]	㉠ 할로겐족 원소인 [　　](F), [　　](Cl), [　　](Br, 취소)을 탄화수소인 [　　], [　　]의 수소원자와 치환시켜 제조된 물질 ㉡ 상온, 상압에서 [　　]상으로 존재 ㉢ 할론소화약제는 생산 및 사용이 제한됨 ㉣ 할론(Halon) 명명 　- [　　　]연구소에서 처음 창안되어 사용 　- [　　　]협회(NFPA)가 공식으로 인정하여 국제적으로 공용화 　- Halon wxyz 　　→ w: [　　](C), x: [　　](F), y: [　　](Cl), z: [　　](Br)
② 적응화재 [29]	㉠ 일반화재, 유류화재, 전기화재, 가스화재 ㉡ [　　　] 방식의 소화설비인 경우: 모든 화재에 적용
③ 장 점 [30]	㉠ [　　　] 방식으로 사용할 경우 [　　]화재(A급)에도 적용 ㉡ 전기절연성이 우수 ㉢ 반영구적 ㉣ 증거보존 가능 ㉤ 변질, 부패, 분해 반응 × ㉥ [　　]에 의한 연소의 억제작용(화학소화)이 크며 소화능력이 우수 ㉦ 피연소물질의 물리적, 화학적 변화 초래 ×
④ 단 점 [31]	㉠ 소화약제의 가격이 비싸다. ㉡ Halon 1301 소화약제 이외의 할론소화약제는 인체에 유해하므로 취급시 주의를 요한다. ㉢ 열분해시 발생하는 열분해 생성가스는 인체에 유해하므로 주의를 요한다. ㉣ [　　　]파괴

28 ① ㉠ 불소, 염소, 브롬, 메탄, 에탄 ㉡ 기체 ㉣ 미육군화학 / 미국방화 / 탄소, 불소, 염소, 브롬
29 ② ㉡ 전역방출
30 ③ ㉠ 전역방출, 일반 ㉥ 부촉매
31 ④ ㉣ 오존층

■ Halon 소화약제 종류 및 특징 [32]

① Halon [　　　](CF$_3$Br)
  ㉠ 공기보다 [　]배 무거움
  ㉡ 모든 할론소화약제 중 가장 소화성능이 우수
  ㉢ 오존파괴지수가 가장 높다.

② Halon [　　　](CF$_2$ClBr)
  ㉠ 공기보다 [　]배 무거움
  ㉡ 상온에서 기체이고 방출시에는 액체로 방출
  ㉢ 오존파괴지수가 가장 낮다.
  ㉣ 일반, 유류, 전기 및 가스화재에 적응되는 유일한 소화약제

③ Halon [　　　](C$_2$F4Br$_2$)
  ㉠ 공기보다 [　]배 무거움
  ㉡ 상온에서 [　　]상으로 존재

---

32 ① 1301 ㉠ 5 ② 1211 ㉠ 5 ③ 2402 ㉠ 9 ㉡ 액체

■ 가스계 소화약제 중 할로겐화합물 및 불활성기체 소화약제

① 특 징 33	㉠ 염화불화탄소(CFC) 대신 [ ]이 함유되어 있지 않은 [ ](HCFC)가 주체가 되는 Halon의 대체물질
	㉡ 지구온난화지수와 오존파괴지수가 0에 가까운 [ ]이 개발되기 시작
	㉢ 질식·냉각·[ ]소화기능 우수
	㉣ 적응화재
	  – 일반화재(A급): [ ] 소화약제를 소화기용 소화약제로 사용하는 경우
	  – 유류화재, 전기화재, 가스화재
	  – [ ] 방식의 소화설비의 경우 모든 화재에 적용 즉, 일반화재에도 적용

② 장 점 34	㉠ 할론이나 이산화탄소와 같이 [ ]의 농도를 급격히 저하시키지 않음 ㉡ 전기[ ]이 우수하다. ㉢ 수명이 반영구적: [ ]은 제외 ㉣ 증거보존이 가능 ㉤ 변질, 부패, 분해 반응 × ㉥ 피연소물질의 물리적·화학적 변화 초래 × ㉦ [ ]을 파괴 ×: [ ] 계열의 대체소화약제는 제외 ㉧ 지구온난화지수(GWP)가 낮다: [ ] 물질은 제외
③ 단 점 35	㉠ 가격이 비싸다. ㉡ 취급시 주의를 요하는 소화약제가 있다. ㉢ [ ], [ ]는 인체의 유해: 사람이 있는 장소에서 사용금지

---

33 ① ㉠ 브롬(Br), 수소화염화불화탄소 ㉡ HCFC-123 ㉢ 부촉매 ㉣ HCFC-123, 전역방출
34 ② ㉠ 산소 ㉡ 절연성 ㉢ FIC-13I1 ㉦ 오존층, HCFC ㉧ FC-5-1-14
35 ③ ㉢ HCFC-124, HFC-125

■ 할로겐화합물 소화약제의 종류 [36]

① [　　], [　　], [　　], [　　] 중 하나 이상의 원소를 포함하고 있는 유기화합물을 기본성분으로 하는 소화약제이다.

② 종류

소화약제	화학식
㉠ FC-3-1-10	[　　]
㉡ HCFC BLEND A	HCFC-123($CHCl_2CF_3$): 4.75% HCFC-22($CHClF_2$): 82% HCFC-[　　]($CHClFCF_3$): 9.5% [　　]: 3.75%
㉢ HCFC-124	$CHClFCF_3$
㉣ HFC-[　　]	CHF_2CF_3
㉤ HFC-227ea	CF_3CHFCF_3
㉥ HFC-23	[　　]
㉦ HFC-236fa	$CF_3CH_2CF_3$
㉧ FIC-13I1	CF_3I
㉨ FK-5-1-12	$CF_3CF_2C(O)CF(CF_3)_2$

---

36 ① 불소, 염소, 브롬, 요오드 ② ㉠ C_4F_{10} ㉡ 124, $C_{10}H_{16}$ ㉣ 125 ㉥ CHF_3

불활성기체 소화약제의 종류 [37]

① [　　], [　　], [　　], [　　] 중 하나 이상의 원소를 기본성분으로 하는 소화약제를 말한다.

② 종류

소화약제	화학식
㉠ IG-[　]	Ar
㉡ IG-100	[　]
㉢ IG-541	[　]: 52%, [　]: 40%, [　]: 8%
㉣ IG-[　]	N_2: 50%, Ar: 50%

IG-541(Inergen) [38]

① [　　　]의 혼합물이다([　　] 52%, 아르곤 40%, 탄산가스 8%).

② ODP=[　], GWP=0, ALT=무시할 수 있는 정도

③ NOAEL 43%, LOAEL 52%

④ 탄산가스농도가 낮기 때문에 사람이 거주하는 곳에 사용할 수 있으나 화재시 질식사를 피하기 위해서 사람들을 30초 이내에 대피시켜야 한다.

⑤ 설비비가 [　　]이며, 저장공간이 많이 소요되고 고압배관이 사용된다.

⑥ 설계농도 37.5%

⑦ NFPA, SNAP program 채택 및 UL, FM에서 인증된 제품

할로겐화합물 및 불활성기체 소화약제의 독성의 기준 [39]: [　　　　] 독성이 작다.

① 동물에게 아드레날린을 5분간 투약한 후 소화약제에 노출시켜 측정

② NOAEL: 심장에 악영향이 [　　　　] [　　] 농도

③ LOAEL: 심장에 악영향이 [　　　　] [　　] 농도

④ [　　]: 온실가스가 발사된 후 대기권에서 분해되지 않고 체류하는 잔류기간

---

37 ① 헬륨, 네온, 아르곤, 질소 ② ㉠ 01 ㉡ N_2 ㉢ N_2, Ar, CO_2 ㉣ 55
38 ① 불활성가스, 질소 ② 0 ⑤ 고가
39 높을수록 ② 나타나지 않는, 최고 ③ 나타나는, 최저 ④ ALT

■ 가스계 소화약제 중 분말소화약제

① 특 징 [40]	㉠ 습도가 높은 여름, 온도가 낮은 겨울에 소화약제를 용이하게 쓸 목적
	㉡ 분말의 구비조건
	  - 유동성, 무독성, 비고화성, 내부식성, 내습성, 작은 비중, 경제성, 경년기간, 미세도
	㉢ 분말의 입자
	  - 보통 사용되는 분말 입자: [ ]~[ ]㎛
	  - 최적의 소화효과: [ ]~[ ]㎛

② 장 점 [41]	㉠ 소화성능의 우수: [ ] 화재 및 [ ] 화재에 적합 ㉡ [ ] 액체의 소화에 적합 ㉢ 전기[ ]성이 높아 [ ]화재에도 적합 ㉣ 수명이 반영구적
③ 단 점 [42]	㉠ 피연소물질에 피해를 준다. ㉡ 유해성가스를 발생하는 소화약제도 존재 ㉢ 스스로 방출 어려움: [ ]을 필요로 한다. - 질소나 이산화탄소와 같은 압력원 필요 ㉣ 습기나 흡입에 주의

■ 분말소화약제의 분류

구 분	구 성	색 상	적응화재	소화성능
① 제1종 분말소화약제 [43]	(중탄산[ ])탄산수소[ ] ($NaHCO_3$): 드라이케미컬	[ ]색	[ ]	60
② 제2종 분말소화약제 [44]	(중탄산[ ])탄산수소[ ] ($KHCO_3$)	[ ]색(보라)	[ ]	118
③ 제3종 분말소화약제 [45]	제1인산[ ] ($NH_4H_2PO_4$)	[ ]색	[ ]	100
④ 제4종 분말소화약제 [46]	탄산수소칼륨 + [ ] ($KHCO_3$ + $(NH_2)_2CO$)	[ ]색	[ ]	150

---

40 ① ㉢ 10, 70 / 20, 25
41 ② ㉠ 유류, 전기 ㉡ 인화성 ㉢ 절연, 전기
42 ③ ㉢ 고압
43 ① 나트륨, 나트륨 / 백 / B급, C급, F급
44 ② 칼륨, 칼륨 / 담자 / B급, C급
45 ③ 암모늄 / 담홍 / A급, B급, C급
46 ④ 요소 / 회 / B급, C급

제1종 분말소화약제의 특징 [47]

① 중조, 중탄산나트륨, 중탄산소다, 드라이케미컬이라고도 부름
② 소화방식
   ㉠ 일반적: 냉각, 질식, [   ]
   ㉡ 특징적: [   ]화재에서 [   ]현상을 일으켜 [   ]소화
   ㉢ 탄산수소나트륨으로부터 열분해시 발생하는 이산화탄소와 수증기가 화재의 열을 차단
③ 탄산수소나트륨의 열분해 반응
   ㉠ 270℃: $2NaHCO_3 \rightarrow Na_2CO_3 +$ [   ] $+$ [   ]
   ㉡ 850℃: $2NaHCO_3 \rightarrow Na_2O + H_2O + 2CO_2$
④ 적응화재: 유류, 전기, 가스화재
⑤ 장 점: 구입가격 저렴, 신속한 소화, [   ] 및 [   ]화재 소화에 적응
⑥ 단 점: [   ]화재에 적용 ×, 불씨 또는 과열된 금속 등에 의한 [   ] 우려

제2종 분말소화약제의 특징 [48]

① 제1종 분말소화약제가 가지는 소화성능 값의 약 [   ]배
② 소화방법: 냉각, 질식, [   ]
③ 탄산수소칼륨의 열분해반응
   ㉠ 190℃에서 $2KHCO_3 \rightarrow K_2CO_3 + H_2O + CO_2$
   ㉡ 260℃에서 $2KHCO_3 \rightarrow K_2O + H_2O + 2CO_2$
③ 적응화재: 유류, 전기, 가스화재
④ 장 점: 신속한 소화, 전기화재에 적응
⑤ 단 점: 일반화재 부적합, 고여 있는 유류화재인 경우 재착화 우려

---

47 ② ㉠ 부촉매 ㉡ 식용유, 비누화, 질식 ③ ㉠ H_2O, CO_2 ⑤ 유류, 전기 ⑥ 일반, 재착화
48 ① 2 ② 부촉매

제3종 분말소화약제의 특징 [49]

① 인산이수소암모늄이라고도 함
② 소화방식
  ㉠ 일반적: 냉각, 질식, [   ]
  ㉡ 특징적
    – [   ]화재(A급)에도 [   ]소화작용을 일으킴
    – (360℃) 제1인산암모늄으로부터 열분해시 생성되는 [   ](HPO$_3$)에
      의한 [   ] 소화
      → 숯불표면에 유리상의 피막을 형성하여 산소공급을 차단: 숯불모양 연소작용 방지
    – (160℃) 제1인산암모늄으로부터 열분해시 생성되는 [   ](H$_3$PO$_4$)에
      의한 [   ] 작용
      → 일반가연물질에 함유된 물을 빼앗아 탄소로 탄화시킴
③ 제1인산암모늄(인산이수소암모늄)의 열분해 반응
  – NH$_4$H$_2$PO$_4$ → HPO$_3$ + NH$_3$ + [   ]
④ 적응화재
  – [   ]화재: 냉각, 질식, 부촉매, 탈수탄화, 방진
  – 유류, 전기, 가스
⑤ 장 점: 신속한 소화, 모든 화재에 적용, 반영구적
⑥ 단 점: 솜·종이·스펀지뭉치 화재 시 내부까지 침투 ×

제4종 분말소화약제의 특징

① 적응화재: 유류, 전기, 가스화재
② 탄산수소칼륨+요소의 열분해 반응
  – 2KHCO$_3$ +(NH$_2$)$_2$CO → K$_2$CO$_3$ +2NH$_3$ +2CO$_2$
② 장 점: 신속한 소화, 소화성능이 가장 우수, 반영구적
③ 단 점: 일반화재 소화 부적합, 재착화할 우려, 가격 비쌈

---

49 ② ㉠ 부촉매 ㉡ 일반, 부촉매 / 메타인산, 방진 / 오쏘인산, 탈수탄화 ③ H$_2$O ④ 일반

03 소방시설

01 소방시설의 분류

- 소방시설의 종류: [　　]설비, [　　]설비, [　　　]설비, [　　　]설비, [　　]설비 [1]

- [　　]설비 [2]
  ① 물 또는 그 밖의 소화약제를 사용하여 소화하는 기계·기구 또는 설비
  ② 종류
  　㉠ 소화기구: [　　], 간이소화용구([　　　]식 소화용구, [　　]용 소화용구, [　　]용 소화용구 및 소화약제 [　]의 것을 이용한 간이소화용구), [　　　]소화기
  　㉡ 자동소화장치
  　㉢ [　　]소화전설비, [　　]소화전설비
  　㉣ [　　　]설비, 간이스프링클러설비, 화재조기진압용 스프링클러설비
  　㉤ [　　　] 소화설비
  　　→ 물분무, 미분무, 강화액, 포, 이산화탄소, 할론, 할로겐화합물 및 불활성기체, 분말, 고체에어로졸

---

1 소화, 경보, 피난구조, 소화용수, 소화활동
2 소화 ② ㉠ 소화기, 에어로졸, 투척, 소공간, 외, 자동확산 ㉢ 옥내, 옥외 ㉣ 스프링클러 ㉤ 물분무등

■ [　　]설비 ³
① 화재발생 사실을 통보하는 기계·기구 또는 설비
② 종 류
　㉠ 비상경보설비: [　　　]설비, 자동식[　　　　]설비
　㉡ [　　　　]형감지기, 비상[　　　]설비
　㉢ [　　　]경보기, [　　　　]경보기, [　　　　　]경보기
　㉣ 자동화재[　　　]설비, 자동화재[　　　]설비
　㉤ 통합[　　　]시설
　㉥ 화재알림설비

■ [　　　　]설비 ⁴
① 화재가 발생할 경우 피난하기 위하여 사용하는 기구 또는 설비
② 종 류
　㉠ 피난기구: 피난사다리, 구조대, 완강기, 그 밖에 소방청장이 정하여 고시하는 화재안전기준으로 정하는 것
　㉡ 인명구조기구: [　　　], [　　　　], [　　　　], [　　　　](안전모, 보호장갑 및 안전화를 포함한다).
　㉢ [　　　]: 피난유도선, 피난구유도등, 통로유도등, 객석유도등, 유도표지
　㉣ [　　　　]등, 휴대용비상조명등

■ [　　　　]설비 ⁵
① 화재를 진압하는 데 필요한 물을 공급하거나 저장하는 설비
② 종 류: [　　　]소화용수설비, [　　　　], [　　　　], 그 밖의 소화용수설비

---

3 경보 ② ㉠ 비상벨, 사이렌 ㉡ 단독경보, 방송 ㉢ 누전, 시각, 가스누설 ㉣ 탐지, 속보 ㉤ 감시
4 피난구조 ② ㉡ 방열복, 공기호흡기, 인공소생기, 방화복 ㉢ 유도등 ㉣ 비상조명
5 소화용수 ② 상수도, 소화수조, 저수조

■ [　　　]설비 [6]
　① 화재를 진압 or 인명 구조 활동을 위하여 사용하는 설비
　② 종 류
　　㉠ [　　]설비
　　㉡ 연결[　　]설비, 연결[　　]설비
　　㉢ 비상[　　]설비
　　㉣ 무선[　　　]설비
　　㉤ [　　]방지설비

[6] 소화활동 ② ㉠ 제연 ㉡ 송수관, 살수 ㉢ 콘센트 ㉣ 통신보조 ㉤ 연소

02 소화설비

(1) 소화기구

■ 소화기구는 [   ]단계에의 화재의 소화를 주목적으로 하는 것 [1]: 소화기, 자동확산소화기, 간이소화용구

■ 소화기의 분류 [2]

① 소화약제에 의한 분류
  ㉠ [   ] 소화기: 물소화기, 산·알칼리소화기, 강화액소화기, 포소화기
  ㉡ [   ] 소화기: 이산화탄소, 할론, 할로겐화합물 및 불활성기체, 분말

② [   ]방식에 따른 분류
  ㉠ [   ]
    - 소화기 안에 압력원을 축압시킨 후 방사시키는 소화기
    - 현재 소화기의 대부분을 차지
    - [   ](지시압력계)가 부착
    - 압력가스: [   ]
  ㉡ [   ]
    - 소화기 내부 또는 외부에 별도의 [   ]를 설치 후 방사시키는 소화기
    - 압력가스: [   ]

■ 소화능력 단위에 의한 분류 [3]

① [   ]은 소화 시험에 의하여 측정한 수치를 말한다.
② **소형소화기의 능력 단위**: [   ]단위 이상 ~ 대형소화기의 능력단위 미만
③ **대형소화기의 능력 단위**
  ㉠ A급: [   ]단위 이상
  ㉡ B급: [   ]단위 이상
  ㉢ 사람이 운반할 수 있도록 [   ]와 [   ]가 설치

---

[1] 초기
[2] ① ㉠ 수계 ㉡ 가스계 ② 방출 ㉠ 축압식, 압력지시계, 질소 ㉡ 가압식, 압력용기, 이산화탄소
[3] ① 소화능력 ② 1 ③ ㉠ 10 ㉡ 20 ㉢ 운반대, 바퀴

소화기 설치기준 [4]

① 각 층마다 설치

② 소형소화기의 경우 [   ]거리가 [   ]m 이내

③ 대형소화기의 경우 [   ]거리가 [   ]m 이내

④ 가연성물질이 없는 작업장의 경우: 작업장의 실정에 맞게 보행거리 완화

⑤ 특정소방대상물의 각층이 2 이상의 거실로 구획된 경우
→ 바닥 면적이 [   ]m^2 이상으로 구획된 각 거실에도 배치

⑥ 능력단위가 2단위 이상이 되도록 소화기를 설치하여야 할 특정소방대상물 또는 그 부분
→ 간이소화용구의 능력단위가 전체 능력단위의 [   ]을 초과하지 아니하게 한다.

[   ]용구 [5]

① 에어로졸식 소화용구, 투척용 소화용구, 소공간용 소화용구 및 소화약제 이외의 것을 이용한 소화용구

② 마른모래, 팽창[   ], 팽창[   ] 등이 있다.
- 마른모래: 삽을 상비한 [   ]L 이상의 것 1포 / 0.5단위
- 팽창질석, 팽창진주암: 삽을 상비한 [   ]L 이상의 것 1포 / 0.5단위

③ [   ]와 [   ]이 같이 비치되어 있어야 한다.

[   ] [6]

- 화재를 감지하여 자동으로 소화약제를 방출 확산시켜 국소적으로 소화하는 다음 각 소화기를 말한다

① [   ]란 보일러실, 건조실, 세탁소, 대량화기취급소 등에 설치되는 자동확산소화기를 말한다.

② [   ]란 음식점, 다중이용업소, 호텔, 기숙사, 의료시설, 업무시설, 공장 등의 주방에 설치되는 자동확산소화기를 말한다.

③ [   ]란 변전실, 송전실, 변압기실, 배전반실, 제어반, 분전반 등에 설치되는 자동확산소화기를 말한다

---

4 ② 보행, 20 ③ 보행, 30 ⑤ 33 ⑥ 2분의 1
5 간이소화 ② 질석, 진주암 / 50, 80 ③ 양동이, 삽
6 자동확산소화기, 일반화재용·자동확산소화기, 주방화재용·자동확산소화기, 전기설비용·자동확산소화기

■ 자동소화장치 [7]

① [　　　] 주방 자동소화장치
  - 주거용 주방에 설치된 열발생 조리기구의 사용으로 인한 화재 발생시 열원을 자동으로 차단하며, 소화약제를 방사하여 소화하는 장치

② [　　　] 주방 자동소화장치
  - 상업용 주방에 설치된 열발생 조리기구의 사용으로 인한 화재 발생시 열원을 자동으로 차단하며, 소화약제를 방사하여 소화하는 장치

③ [　　　] 자동소화장치
  - 열, 연기 또는 불꽃 등을 감지하여 소화약제를 방사하여 소화하는 장치
  - 캐비닛 형태의 소화장치

④ [　　　] 자동소화장치
  - 열, 연기 또는 불꽃 등을 감지하여 가스계 소화약제를 방사하여 소화하는 장치

⑤ [　　　] 자동소화장치
  - 열, 연기 또는 불꽃 등을 감지하여 분말의 소화약제를 방사하여 소화하는 장치

⑥ [　　　　　] 자동소화장치
  - 열, 연기 또는 불꽃 등을 감지하여 에어로졸의 소화약제를 방사하여 소화하는 장치

---

7 ① 주거용 ② 상업용 ③ 캐비닛형 ④ 가스 ⑤ 분말 ⑥ 고체에어로졸

(2) 옥내소화전설비

■ 옥내소화전 일반적 구성요소 [8]
　– 수원, 가압송수장치, 배관, 제어반, 비상전원, 호스 및 [　　](관창), [　　　　]개폐장치, [　　　]밸브, 동력제어반, 물올림장치 등

■ 수원의 양 [9]
　① 노즐 선단에서의 방수압력: [　　　]Mpa ~ [　　]Mpa
　② 노즐 선단에서의 방수량: [　　　] L/min 이상
　③ 펌프의 토출량: [　　] L/min × 당해 층 옥내소화전 설치개수 → 최대 [　]개
　④ 수원의 용량(저수량): [　　]m³ × 당해 층 옥내소화전 설치개수 → 최대 [　]개
　　→ 층수가 30층 이상 49층 이하: [　　]m³ / 50층 이상: [　　]m³
　　　0.17Mpa = 1.7kg/cm²
　⑤ 방수압 측정에 의한 방수량 산정방법(피토게이지로 측정)
　　$Q = 0.653 D^2 \sqrt{10p}$
　　Q: 방수량(ℓ/min), p: 방수압력(MPa), D: 노즐구경(mm)

■ [　　　　]에 의한 가압송수장치 [10]
　① 건축물의 옥상 또는 별도의 구축물 등에 설치되는 수원
　② 지연[　　　]에 의한 압력을 이용
　③ 옥내소화전 방수구의 위치보다 수원의 위치가 [　　　].
　④ 별도의 동력원과 비상전원이 필요 ×
　⑤ 가장 안전, 신뢰성 좋음
　⑥ 구성요소: 수위계, 배수관, 급수관, Over-flow관, 맨홀 등
　⑦ 필요한 낙차(m) = 소방용 호스의 마찰손실 수두(m) + 배관의 마찰손실 수두(m) + 17

---

8 노즐, 기동용수압, 릴리프
9 ① 0.17~0.7 ② 130 ③ 130, 2 ④ 2.6, 2 / 5.2 / 7.8
10 고가수조 ② 낙차 ③ 높다

■ [압력수조]에 의한 가압송수장치 [11]

① 압력탱크 내에 물을 압입하고 압력탱크 내의 압축된 공기압력에 의하여 송수하는 방식
② [1/3]: 에어콤프레셔에 의한 압축공기 vs [2/3] : 물
③ 압력을 견딜 수 있는 충분한 강도로 제작: 설치비용이 많이 들어감
④ 압축공기가 정상적으로 채워져 있을 경우: 별도의 동력원 없이 충분한 가압송수 가능
⑤ 구성요소: 압력계, 수위계, 배수관, 급수관, 급기관, 안전장치, 맨홀, 자동공기압축기 등
⑥ 필요한 압력(Mpa) = 0.17 + 소방용 호스의 마찰손실 수두압(Mpa) + 배관의 마찰손실 수두압(Mpa) + 낙차의 환산 수두압(Mpa)

■ [가압수조]에 의한 가압송수장치 [12]

① 압축공기 또는 불연성 고압 기체에 따라 소방용수를 가압시키는 수조
② 동력원 필요 ×
③ 고장발생이 적고, 설비의 신뢰성이 높다.
④ 가압수조 및 가압원은 [방화구획]된 장소에 설치해야 한다.
⑤ 가압수조는 최대상용압력 [1.5]배의 물의 압력을 가하는 경우 물이 새지 않고 변형이 없어야 한다.

■ [지하수조]([펌프])에 의한 가압송수장치 [13]

① 펌프에 의해 가압되는 방식으로 일반적으로 가장 많이 사용
② 성능시험배관, 순환배관(수온상승방지), 기동용수압개폐장치(=압력챔버), 물올림장치(펌프의 공회전 방지)
③ 펌프의 전양정(m) = 17 + 소방용 호스의 마찰손실 수두(m)
　　　　　　　　　　　＋ 배관의 마찰손실 수두(m)
　　　　　　　　　　　＋ 낙차(펌프의 흡입높이 + 펌프로부터 최고위 소화전까지의 높이)(m)

---

11 압력수조 ② 1/3, 2/3
12 가압수조 ④ 방화구획 ⑤ 1.5
13 지하수조, 펌프

■ 펌프 방식의 옥내소화전 설비 설치기준

① 용어해설 [14]
  ㉠ [   ]: 관과 관, 관과 다른 기계 부분을 결합할 때 쓰는 부품
  ㉡ [   ]: 펌프가 공회전하는 운전, 분기점은 펌프와 [   ]밸브 사이에서 분기
  ㉢ [   ]: 보조펌프(Joking Pump)라고 하며 배관 내 압력손실에 따른 주펌프의 빈번한 기동을 방지하기 위하여 충압 역할을 하는 펌프를 말한다.
  ㉣ [   ]: 대기압 이상의 압력과 대기압 이하의 압력을 측정하는 계측기
  ㉤ [   ]: 대기압 이하의 압력을 측정하는 계측기
  ㉥ [   ]: 대기압 이상의 압력을 측정하는 계측기

② 펌프의 방식(**흡연진토압**) [15]
  ㉠ 펌프의 [   ]측에는 [   ] 또는 [   ]를 설치
  ㉡ 펌프의 [   ]측에는 [   ]를 체크밸브 이전에 펌프토출 측 플랜지에서 가까운 곳에 설치

③ [   ] [16]
  ㉠ 정격부하운전 시 펌프의 성능을 시험하기 위한 배관: **충압펌프에는 설치 ×**
  ㉡ 펌프의 [   ]측에 설치된 [   ]밸브 이전에서 분기하여 설치
  ㉢ 유량측정장치 기준으로 전단 직관부에 [   ], 후단 직관부에는 [   ]를 설치
  ㉣ 체절운전(공회전) 시 펌프의 성능
    - 정격토출압력의 [   ]%를 초과하지 아니하여야 한다.
    - 정격토출량의 [   ]%로 운전 시 정격토출압력의 [   ]% 이상 되어야 한다.

④ [   ] [17]
  ㉠ 체절운전(공회전) 시 수온의 상승을 방지하기 위해 설치: **충압펌프에는 설치 ×**
  ㉡ [   ]밸브 또는 [   ]밸브의 작동압력은 체절압력 미만에서 작동
  ㉢ 순환배관의 구경: [   ]mm 이상

---

14 ① ㉠ 플랜지 ㉡ 체절운전, 체크 ㉢ 충압펌프 ㉣ 연성계 ㉤ 진공계 ㉥ 압력계
15 ② ㉠ 흡입, 연성계, 진공계 ㉡ 토출, 압력계
16 ③ 성능시험배관 ㉡ 토출, 개폐 ㉢ 개폐밸브, 유량조절밸브 ㉣ 140 / 150, 65
17 ④ 순환배관 ㉡ 안전, 릴리프 ㉢ 20

MEMO

⑤ [　　　　　　]장치 [18] = [　　　　]
  ㉠ 토출 측 배관에 연결되어 배관 내의 압력변동을 감지하여 펌프를 자동적으로 기동 또는 정지
  ㉡ 압력스위치는 펌프의 작동 중단점의 [　　　], 펌프의 작동점의 [　　　]가 있다.
  ㉢ 용적은 [　　]L 이상의 것으로 한다.

⑥ [　　　　　] [19]
  ㉠ 수원의 수위가 펌프보다 [　　] 위치에 있는 가압송수장치에 설치
  ㉡ 이 장치의 전용 탱크를 설치: 용량은 [　　]L 이상
  ㉢ 구경 15mm 이상의 급수배관에 따라 해당 탱크에 물이 계속 보급되도록 한다.

⑦ 가압송수장치에는 "옥내소화전펌프"라고 표지를 한다.

⑧ 가압송수장치가 기동이 된 경우에는 자동으로 정지되지 아니하도록 하여야 한다.

⑨ 펌프의 기동 방식에 따른 분류 [20]
  ㉠ 자동기동방식: [　　　　　] 방식
  ㉡ 수동기동방식: [　　　　] 방식

■ 송수구 설치기준 [21]

① 소방차 쉽게 접근, 노출된 장소에 설치
② 지면으로부터의 높이 [　　]m 이상 [　　]m 이하
③ 구경: [　　]mm 쌍구형 또는 단구형
④ 송수구 가까운 부분에 자동배수밸브 및 체크밸브 설치 및 마개를 씌울 것

---

18 ⑤ 기동용수압개폐, 압력챔버 ㉡ Range, Diff ㉢ 100
19 ⑥ 물올림장치 ㉠ 낮은 ㉡ 100
20 ⑨ ㉠ 기동용수압폐 ㉡ ON-OFF
21 ② 0.5, 1 ③ 65

■ 옥내소화전함 [22]

① 위치표시등
  ㉠ 함의 [   ]에 설치
  ㉡ 설치각도: [   ]도 이상
  ㉢ [   ]m 거리에서 쉽게 식별할 수 있는 [   ]등으로 설치
  ㉣ [   ]등은 옥내소화전함 상부 또는 직근에 [   ]등으로 설치

② 방수구
  ㉠ 소방대상물의 **층마다** 설치
  ㉡ [   ]거리는 [   ]m 이하
  ㉢ 방수구의 설치위치: 바닥으로부터 [   ]m 이하
  ㉣ 호스의 구경: [   ]mm 이상 / 호스릴옥내소화전설비 [   ]mm 이상

---

22 ① ㉠ 상부 ㉡ 15 ㉢ 10, 적색 ㉣ 기동표시, 적색 ② ㉡ 수평, 25 ㉢ 1.5 ㉣ 40, 25

펌프의 이상현상 [23]

① [　]현상(Cavitation)
  ㉠ 양정(압력)이 높거나 유속의 급속한 변화 또는 와류의 발생 등에 의해 기포가 발생되는 현상
  ㉡ 펌프성능이 저하되고 진동소음 발생 및 양수불능
  ㉢ 발생원인
    – 펌프의 흡입측 수두가 [　] 경우
    – 펌프의 마찰손실이 [　] 경우
    – 펌프의 흡입관경이 너무 [　] 경우
    – 유체가 [　]일 경우
    – 펌프의 흡입압력이 유체의 증기압보다 [　] 경우
    – 임펠러 속도가 지나치게 [　] 경우
  ㉣ 방지대책
    – 펌프의 설치위치를 [　] 한다.
    – 흡입관의 유체저항을 [　] 한다.
    – 임펠러의 속도를 작게 한다.
    – 흡입관 크기를 [　] 한다.

② [　]작용(Water Hammer)
  ㉠ 펌프 운전 중 정전 등으로 펌프가 급히 정지하는 경우 관내의 운동에너지가 압력에너지로 변하는 현상
  ㉡ 소음과 진동을 수반하는 현상

③ [　]현상(Surging)
  ㉠ 압력계의 압력이 주기적으로 크게 흔들림과 동시에 토출량도 변동하는 현상
  ㉡ 계속적인 진동과 소음이 발생

---

23 ① 공동 ㉢ 큰, 클, 작은, 고온, 낮은, 큰 ㉣ 낮게, 작게, 크게 ② 수격 ③ 맥동

(3) 옥외소화전설비

■ 옥외소화전 일반적 구성요소
- 수원, 가압송수장치, 배관, 옥외소화전함, 전원장치 등

■ 수원의 양 24
① 방수압력: [   ]Mpa ~ [   ]Mpa
② 방수량: [   ]L/min 이상
③ 토출량: [   ]L/min 이상 × 옥외소화전 설치개수 → 최대 [   ]개
④ 저수량: [   ]m³ × 옥외소화전 설치개수 → 최대 [   ]개

■ 옥외소화전함 및 배관 등 25
① 배 관
  ㉠ 호스접결구: [   ]거리 [   ]m 이하
  ㉡ 호스의 구경: [   ]mm의 것
② 옥외소화전의 소화전함 설치기준
  옥외소화전마다 그로부터 [   ]m 이내의 장소에 아래의 기준에 따라 설치
  ㉠ 옥외소화전 10개 이하: [   ]m 이내마다 소화전함 [   ]개 이상
  ㉡ 옥외소화전 11~30개 이하: 11개 이상의 소화전함을 각각 분산하여 설치
  ㉢ 옥외소화전 31개 이상: 옥외소화전 [   ]개마다 [   ]개 이상의 소화전함 설치
③ 옥외소화전함의 호스
  - 호스의 구경: [   ]mm로 설치
④ 함의 구조
  ㉠ 두께 [   ] mm 이상의 강판 또는 이와 동등 이상의 강도
  ㉡ [   ] 성능이 있는 것

---

24 ① 0.25~0.7 ② 350 ③ 350, 2 ④ 7, 2
25 ① ㉠ 수평, 40 ㉡ 65 ② 5 ㉠ 5, 1 ㉢ 3, 1 ③ 65 ④ ㉠ 1.5 ㉡ 내열

(4) 스프링클러설비

- 스프링클러설비는 화재가 발생하면 천장이나 반자에 설치된 [   ]가 감열 작동하거나 자동적으로 화재를 발견함과 동시에 주변에 [   ] 주수를 하여 효과적으로 화재를 진압할 수 있는 [   ]식 소화설비이다. [26]

- 스프링클러설비의 특징 [27]

  ① 장 점
    ㉠ [   ]소화에 절대적 효과
    ㉡ 소화약제가 [   ]로써 가격이 저렴하고 소화 후 복구가 용이
    ㉢ 감지부의 구조가 [   ]적이므로 오동작, 오보가 없다.
    ㉣ 조작이 쉽고 안전하다.
    ㉤ 사람이 없는 야간에도 자동적으로 화재를 감지하여 소화 및 경보

  ② 단 점: 시공비가 많이 든다. / 시공이 복잡하다. / 수손피해가 많다.

26 헤드, 적상, 고정
27 ① ㉠ 초기 ㉡ 물 ㉢ 기계

스프링클러설비의 종류에 대한 개관

구 분		습식(Wet)	건식(Dry)	준비작동식(Preaction)	부압식	일제살수식(Deluge)
헤드종류 [28]		[ ]형				[ ]형
배관	1차측 [29]	[ ]				
	2차측 [30]	[ ]	[ ] or [ ]	[ ]	[ ]	[ ] (개방)
경보밸브 [31] (유수검지장치)		[ ]밸브	[ ]밸브	[ ]밸브		[ ]밸브
감지기의 유무		×		○		
구성요소		리타딩챔버 압력스위치	공기압축기 엑셀레이터 익져스터	슈퍼비조리 패널 전자밸브 수동기동밸브	부압제어부 진공펌프 진공밸브	—

■ [   ] 스프링클러설비 [32]

유수검지장치의 1, 2차 배관에 가압수가 충만되어 있다가 헤드의 감열부가 화재로 인해 개방되면 가압수가 방출됨으로써 압력의 균형이 깨지고 이로 인하여 기동용수압개폐장치의 압력스위치 작동에 의하여 가압송수장치가 기동하게 되고 연속하여 방수됨으로써 소화하게 되는 소화설비를 말한다.

① 가장 먼저 개발, 신뢰성 좋음, 설비방식 간단, 가장 많이 이용 but 동결의 위험
② 구성요소
   ㉠ [   ]밸브(자동경보밸브)
   ㉡ [   ]: 자동경보밸브에 설치되어 경보밸브의 오동작을 방지
   ㉢ [   ]: 수신부에 화재표시 및 경보를 발령시킴
③ 작동순서
   화재발생 → 헤드개방, 방수 → 2차측 배관의 압력 저하 → 1차측 압력에 의한 습식유수검지장치의 [   ] 개방 → 습식유수검지장치의 압력스위치 작동 (→ 사이렌 경보, 감시제어반의 화재표시등 점등, 밸브개방 표시등 점등) → 배관 내의 압력저하로 기동용수압개폐장치의 압력스위치 작동 → 펌프 기동

28 폐쇄 / 개방
29 가압수
30 가압수 / 압축공기, 질소가스 / 저압공기 / 부압 / 대기압
31 알람체크 / 건식 / 준비작동 / 일제개방
32 습식 ② ㉠ 알람 ㉡ 리타딩 챔버 ㉢ 압력스위치 ③ 클래퍼

■ [　　　] 스프링클러설비 [33]

건식밸브 1차측에는 물을 가압하고 2차측에는 압축공기 또는 질소가스를 충전시켜 화재발생으로 인하여 폐쇄형 헤드가 개방되면 가압송수장치가 기동하여 일정압력의 가압수를 살수하는 소화설비를 말한다.

① 동파우려 장소에 설치 적합 but 압축공기가 빠져나가는 시간이 필요

② 구성요소
　㉠ [　　　]밸브(자동경보밸브): [　　　　　　]밸브라고도 함
　㉡ [　　　　　]: 건식밸브 2차측에 연결되어 압축공기 상태를 유지시킴
　㉢ [　　　　　　](가속기): 공기압력이 일정 압력 이상 낮아진 경우 작동
　㉣ [　　　　　](공기배출기): 공기압력이 설정압력보다 낮아진 경우 작동

③ 작동순서
　화재발생 → 헤드개방, 압축공기 등 방출 → 2차측 공기압 압력 저하 → 클래퍼 개방 → 1차측에서 2차측으로 유수(헤드로 방수 → 건식유수검지장치의 압력스위치 작동 → 사이렌 경보, 감시제어반의 화재표시등 점등, 밸브개방 표시등 점등) → 배관 내의 압력 저하로 기동용수압개폐장치의 압력스위치 작동 → 펌프 기동

33 건식 ② ㉠ 건식, 드라이파이프 ㉡ 공기압축기 ㉢ 엑셀러레이터 ㉣ 익져스터

■ [준비작동식] 스프링클러설비 [34]

1차측에는 가압수를 2차측에는 저압 또는 대기압 상태로 화재가 발생하면 먼저 방호공간에 설치되어 있는 [감지기]의 작동에 의해서 준비작동밸브가 개방되어 물이 각 헤드 부분까지 송수되어 있다가 화재온도의 상승으로 폐쇄형 헤드가 개방되면 살수가 이루어져 2단계로 소화가 이루어지는 소화설비이다.

① 비교적 복잡하게 구성되어 신뢰성이 떨어지며, 습식 및 건식 적용이 어려운 제한된 장소에 사용

② 구성요소
  ㉠ [준비작동식]밸브
  ㉡ [슈퍼비조리 패널]: 제어기능, 전원차단, 자체고장 시 경보장치작동, 개구부 폐쇄작동 등
  ㉢ [감지기]: 차동식, 정온식, 복합형이 있으며 [교차]회로 사용
  ㉣ [전자]밸브: [솔레노이드]밸브라고도 하며 가압부의 충압수를 배출함으로서 클래퍼를 개방시킴
  ㉤ [수동기동]밸브: [긴급해제]밸브라고도 하며 수동방식에 의하여 강제적으로 가압부의 충압수 배출

③ 작동순서
화재발생 → 교차회로 방식의 A or B 회로 감지(경종 또는 사이렌 경보, 화재표시등 점등) → 교차회로 방식의 A and B 회로 감지 또는 수동기동장치 작동 → 준비작동식의 유수검지장치 작동 [전자밸브(솔레노이드 밸브) 작동 → 중간챔버 감압 → 밸브개방 → 압력스위치 작동 → 사이렌 경보, 밸브개방 표시등 점등] → 2차측으로 급수 → 헤드개방, 방수 → 배관내의 압력저하로 기동용수압개폐장치의 압력스위치 작동 → 펌프 기동

■ [부압식] 스프링클러설비 [35]

1차측까지는 항상 정압의 물이 가압되고 2차측 폐쇄형 스프링클러헤드까지는 소화수가 [부압]되어 있다가 화재 시 [감지기]의 동작에 의해 [정압]으로 변하여 유수가 발생하면 작동하는 소화설비이다.

① 비화재 시 헤드개방으로 인한 수손을 방지하기 위해 설치
② 구성요소: 준비작동식유수검지장치, 부압제어부, 진공펌프, 진공밸브 등으로 구성

---

[34] 준비작동식, 감지기 ② ㉠ 준비작동식 ㉡ 슈퍼비조리 패널 ㉢ 감지기, 교차 ㉣ 전자, 솔레노이드 ㉤ 수동기동, 긴급해제
[35] 부압식, 부압, 감지기, 정압

■ [일제살수식(일제개방식)] 스프링클러설비 [36]

말단에 [개방]형 헤드를 설치하고 화재발생은 [화재감지기]에 의하여 화재를 감지하고 자동적으로 방호구역마다 설치된 일제개방밸브를 개방하여 모든 헤드에서 물이 동시에 방수함으로써 소화하는 설비이다.

① [일제개방]밸브
   ㉠ 일제살수식 스프링클러설비, 물분무, 드렌처 소화설비 등의 사용
   ㉡ 감지기나 감지용 헤드의 작동에 의해 자동개방 or 수동기동에 의해서도 개방됨

② 감지기의 회로방식: [교차]회로방식

③ 극장의 [무대부]나 주차장 위험물 저장창고 등에 적용

④ 작동순서
   화재발생 → 교차회로 방식의 A or B 회로 감지(경종 또는 사이렌 경보, 화재표시등 점등) → 교차회로 방식의 A and B 회로 감지 또는 수동기동장치의 작동 → 일제개방밸브의 작동[전자밸브(솔레노이드 밸브) 작동 → 중간챔버 감압 → 밸브개방 → 압력스위치 작동 → 사이렌 경보, 밸브개방 표시등 점등] → 2차측으로 급수 → 헤드에서 방수 → 배관내의 압력저하로 기동용수압개폐장치의 압력스위치 작동 → 펌프 기동

■ 설치장소별 헤드의 [수평]거리(유효살수반경) [37]

① [무대부], 특수가연물: 수평거리 [1.7]m 이하
② [내화]구조: 수평거리 [2.3]m 이하
③ 기타구조: 수평거리 2.1m 이하

---

36 일제살수식(일제개방식), 개방, 화재감지기 ① 일제개방 ② 교차 ③ 무대부
37 수평 ① 무대부, 1.7 ② 내화, 2.3

■ 스프링클러헤드의 설치제외 대상물 [38]

스프링클러설비를 설치해야 할 특정소방대상물에 있어서 다음의 어느 하나에 해당하는 장소에는 스프링클러헤드를 설치하지 않을 수 있다.

① [   ](특별피난계단의 부속실을 포함한다)·경사로·승강기의 승강로·비상용승강기의 승강장·파이프덕트 및 덕트피트(파이프·덕트를 통과시키기 위한 구획된 구멍에 한한다)·목욕실·수영장(관람석부분을 제외한다)·화장실·직접 외기에 개방되어 있는 복도·기타 이와 유사한 장소

② 통신기기실·전자기기실·기타 이와 유사한 장소

③ 발전실·변전실·변압기·기타 이와 유사한 전기설비가 설치되어 있는 장소

④ 병원의 수술실·응급처치실·기타 이와 유사한 장소

⑤ 천장과 반자 양쪽이 [   ]로 되어 있는 경우로서 그 사이의 거리 및 구조가 다음의 어느 하나에 해당하는 부분
  ㉠ 천장과 반자 사이의 거리가 [   ]m 미만인 부분
  ㉡ 천장과 반자 사이의 벽이 불연재료이고 천장과 반자 사이의 거리가 [   ]m 이상으로서 그 사이에 가연물이 존재하지 않는 부분

⑥ 천장·반자 중 한쪽이 [   ]로 되어 있고 천장과 반자 사이의 거리가 [   ]m 미만인 부분

⑦ 천장 및 반자가 불연재료 외의 것으로 되어 있고 천장과 반자 사이의 거리가 0.5m 미만인 부분

⑧ 펌프실·물탱크실 엘리베이터 권상기실 그 밖의 이와 비슷한 장소

⑨ 현관 또는 로비 등으로서 [   ]으로부터 높이가 [   ]m 이상인 장소

⑩ 영하의 냉장창고의 냉장실 또는 냉동창고의 냉동실

⑪ 고온의 [   ]가 설치된 장소 또는 물과 격렬하게 반응하는 물품의 저장 또는 취급 장소

⑫ 불연재료로 된 특정소방대상물 또는 그 부분으로서 다음의 어느 하나에 해당하는 장소
  ㉠ 정수장·오물처리장 그 밖의 이와 비슷한 장소
  ㉡ 펄프공장의 작업장·음료수공장의 세정 또는 충전하는 작업장 그 밖의 이와 비슷한 장소
  ㉢ 불연성의 금속·석재 등의 가공공장으로서 가연성물질을 저장 또는 취급하지 않는 장소
  ㉣ 가연성물질이 존재하지 않는 「건축물의 에너지절약설계기준」에 따른 방풍실

38 ① 계단실 ⑤ 불연재료, 2, 2 ⑥ 불연재료, 1 ⑨ 바닥, 20 ⑪ 노

⑬ 실내에 설치된 테니스장·게이트볼장·정구장 또는 이와 비슷한 장소로서 실내 바닥·벽·천장이 불연재료 또는 준불연재료로 구성되어 있고 가연물이 존재하지 않는 장소로서 관람석이 없는 운동시설(지하층은 제외한다)

■ 가지배관 [39]

① 스프링클러[　　]가 설치되어 있는 배관
② 배관 중 가장 가느다란 배관
③ 토너먼트 방식 [　]
④ 한쪽 가지배관에 설치하는 헤드의 개수: [　]개 이하

■ 교차배관 [40]

① 직접 또는 수직배관을 통하여 [　　　]에 급수하는 배관
② [　　]배관의 하부 또는 측면에 설치되어 [　　]배관과 교차되는 배관
③ 최소구경: [　]mm 이상 / 청소구는 교차배관 끝에 [　　] 밸브를 설치
④ 호스접결이 가능한 나사식 또는 고정배수 배관식으로 한다.

---

39 ① 헤드 ③ × ④ 8
40 ① 가지배관 ② 가지, 가지 ③ 40, 개폐

(5) 물분무소화설비

■ 물분무소화설비는 물을 [   ]으로 방사하여 [   ], 질식, [   ], 유화작용을 얻을 수 있으며, 스프링클러보다 압력은 [   ], 위험물 옥외탱크저장소에 화재가 일어났을 때 주로 사용된다.[41]

■ 물분무소화설비의 장점과 단점[42]
① 장 점
  ㉠ 소량의 물로 소화: 저장 및 방사량 절감, 시설비와 물 피해 경감
  ㉡ 무상이어서 가연성 액체 등의 화재에 유효
  ㉢ 전기[   ]이 높아 고압전기에 사용이 가능
  ㉣ 폭발제어 설비 및 가스화재 사용이 가능
  ㉤ 화재의 확대방지 및 배연효과
② 단 점
  ㉠ 가벼워서 **열기류 및 바람에 영향을 받기 쉽다.**
  ㉡ 무상이어서 파괴소화 불가능
  ㉢ 비교적 [   ] 압력 **필요**
  ㉣ 헤드 가격이 고가이다.

---

41 무상, 냉각, 희석, 높으며
42 ① ㉢ 절연성 ② ㉢ 높은

(6) 포소화설비

■ 주요특징
① 포소화설비는 주로 위험물 옥외저장 탱크에 설치
② 내화성이 커서 대규모 화재에 적합
③ 옥외소화전보다 소화효력이 크다.
④ 재연소가 예상되는 화재에도 적응성 있음
⑤ 유독성 가스 발생이 없어 인체에 무해

■ 포소화설비의 종류 [43]
① 포의 [   ]에 따른 분류: 화학포와 기계포
  - 화학포: 1약제 건식, 2약제 건식과 습식
  - 기계포: 단백포, 불화단백포, 합성계면활성제포, 수성막포, 내알코올형포
② 포의 [   ]에 따른 분류: 고팽창포와 저팽창포
③ 포의 [   ]에 따른 분류: 전역방출방식과 국소방출방식
④ 포의 [   ]에 따른 분류: 고정포, 이동식(호스릴), 포헤드, 포소화전, 포모니터, 포워터 스프링클러설비

---

43 ① 생성원리 ② 팽창비 ③ 방출대상 ④ 방출방식

■ 포의 방출방식에 따른 분류의 구체화 [44]

① [   ]: 대형소방대상물에 사용 / 전체 설비 고정 / [   ] 없음 / 수동식 및 선택밸브로 개방가능
  - [   ] 방출구: 통계단(활강로) 설치 / Cone Roof Tank에 사용
  - [   ] 방출구: 반사판(디플렉터) / Cone Roof Tank에 사용
  - [   ] 방출구: Floating Roof Tank(부상식 탱크) / 방지턱(굽도리판)
  - [   ]방식: SSI 방식 / 수성막포, 불화단백포
  - [   ]방식: SSSI 방식 / 호스를 이용

② [   ](호스릴): 저발포에 한한다.

③ [   ]방식
주로 주차장에 많이 쓰이며 포헤드 또는 포워터 스프링클러헤드를 설치하는 방식이다.

④ [   ] 방식
옥내소화전과 비슷한 구조이며, 포 원액을 배관으로 공급하는 방식과 포 원액을 자체보유하는 2가지 방식이 있다.

⑤ [   ] 방식
석유콤비나트지역 등 대형 위험물이 많은 곳에 설치하는 방식으로 원격조작과 수동조작할 수 있도록 설치된 방식이다.

⑥ [   ] 스프링클러설비
수원, 가압송수장치, 포소화약제 저장탱크, 포소화약제 혼합장치, 방출구, 기동장치, 배관, 제어반, 화재감지장치(자동폐쇄장치는 아니다)가 있고, 고정식으로 설치된 가지배관에 포워터 스프링클러헤드를 설치하여 포를 방출하는 설비이다.

---

44 ① 고정포, 감지기 / I형 / II형 / 특형 / 표면하주입 / 반표면하주입 ② 이동식 ③ 포헤드 ④ 포소화전
⑤ 포모니터 ⑥ 포워터

포소화설비의 구성방식 [45]

① [　　] 프로포셔너 방식
　㉠ 위험물제조소 등에 사용 ×
　㉡ 소방[　　]차에 주로 사용
　㉢ [　　　] 밸브가 있다.
　㉣ 원액을 사용하기 위한 손실이 적고, 보수가 용이

② [　　] 프로포셔너 방식
　㉠ 위험물제조소 등에 주로 사용
　㉡ 벤츄리관의 [　　　]작용
　㉢ 설치비가 저렴, 설치 용이
　㉣ 압력손실이 크다, 높이가 한정, 유효방사 유량범위 좁음

③ [　　] 프로포셔너 방식
　㉠ 벤츄리관의 [　　　]작용 + 펌프 [　　　]
　㉡ 위험물 제조소 등에 가장 많이 사용

④ [　　　　　　] 프로포셔너 방식
　㉠ [　　　]용 펌프 + [　　　]펌프가 별도로 설치: 2개의 펌프
　㉡ [　　　]
　㉢ 수용액의 혼합비율 가장 정확 / 소화원액이 용량 [　　]L 이상 되는 대형설비에서 주로 적용

---

45 ① ㉠ 펌프 ㉡ 펌프 ㉢ 농도조절 ② 라인 ㉡ 벤츄리 ③ 프레져 ㉠ 벤츄리, 가압수 ④ 프레져 사이드
　㉠ 가압송수, 소화원액 ㉡ 압입기 ㉢ 800

(7) 이산화탄소소화설비

■ 이산화탄소소화설비는 소화하였을 시 산소부족으로 사람이 질식이 되는 현상이 발생이 되어 제한적으로 사용되고 있으며, 기동용기의 작동은 기동용기에 저장된 가스 압력으로 소화약제 저장용기의 봉판을 개방시키는 역할을 하고, 전역방출방식에서 환기장치는 이산화탄소가 방사되기 전에 정지되어야 한다.

■ 이산화탄소소화설비의 분류 [46]
　① [　　　　]에 의한 분류
　　㉠ 고압저장방식: [　　]℃에서 [　　]Mpa의 압력을 가져야 한다.
　　㉡ 저압저장방식: [　　　]℃에서 [　　]Mpa의 압력을 가져야 한다.
　② 방출방식에 의한 분류
　　㉠ [　　]방출방식: 밀폐된 공간에서 탄산가스를 전량 방출
　　㉡ [　　]방출방식: 밀폐되어 있지 않거나 방호구역이 전역방출방식에 맞지 않는 곳에 적합
　　㉢ [　　　] 방식: 탄산가스를 호스를 통해서 소화하는 방식
　③ 기동장치에 의한 분류
　　㉠ [　　]식: 수동
　　㉡ [　　]식: 전자개방밸브(솔레노이드 밸브)를 장치
　　㉢ [　　　　]식: 가장 많이 사용하는 방식 + 액체 이산화탄소가 충전된 기동용기 별도 설치

■ 이산화탄소소화설비의 저장용기 [47]
　① 설치장소
　　- 방호구역 [　]의 장소에 설치
　　　﹂다만, 방호구역 내에 설치할 경우에는 피난 및 조작이 용이하도록 [　　] 부근에 설치
　② 온도가 [　　]℃ 이하, 온도변화 작은 곳, 직사광선 및 빗물이 침투할 우려가 없는 곳에 설치
　③ 방화문으로 구획된 실에 설치
　④ 용기 간 간격은 [　　]cm 이상 간격 유지 / 연결배관에는 [　　]밸브를 설치
　　- 다만, 저장용기가 하나의 방호구역만을 담당하는 경우에는 그러하지 아니하다.

---

46 ① 사용압력 ㉠ 15, 5.3 ㉡ −18, 2.1 ② ㉠ 전역 ㉡ 국소 ㉢ 호스릴 ③ ㉠ 기계 ㉡ 전기 ㉢ 가스압력
47 ① 외, 피난구 ② 40 ④ 3, 체크

- 이산화탄소소화설비의 적응성 [48]

　① 적응대상: [　　] 액체(4류위험물), [　　]설비, 일반[　　]물, [　　]위험물

　② 비적응대상: 방재실 등 상시근무장소, [　　　]물질, [　　　]물질, 다수인이 출입하는 곳

- 이산화탄소소화설비의 작동순서 [49]

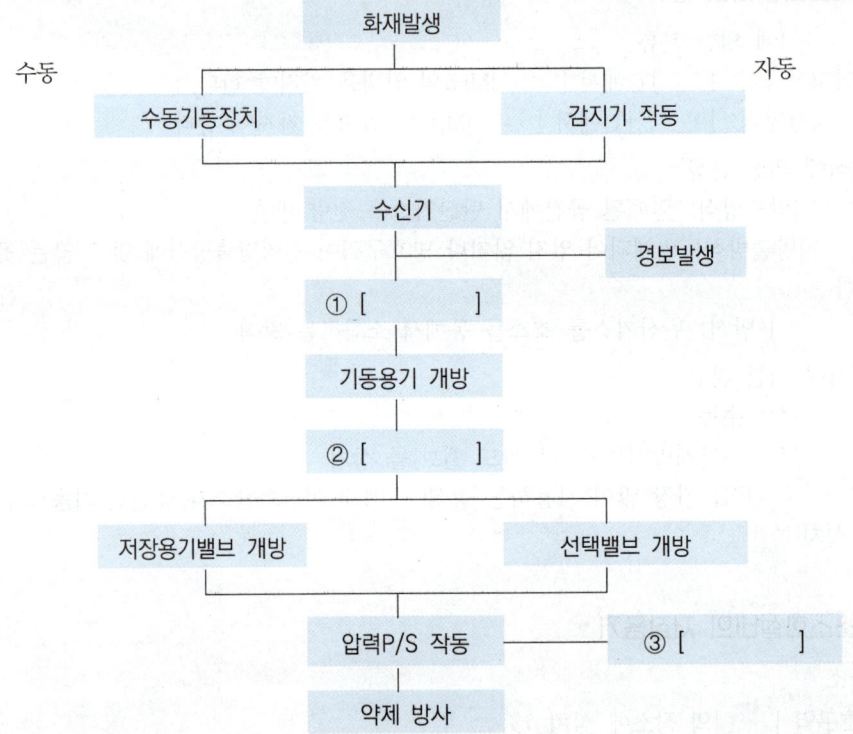

48　① 인화성, 전기, 가연, 고체　② 자기반응성, 금수성
49　① 솔레노이드 작동　② 기동용 가스 방출　③ 방출표시등 점등

(8) 할론소화설비

■ 할론소화약제는 상온과 상압에서 기체로 존재하며, 소화원리는 냉각작용, 질식작용, 희석작용, 연쇄반응의 억제작용([   ]매, [   ]소화)이 있다. 특히 연쇄반응의 억제작용으로 인한 표면화재에 적합한 설비이다. 50

■ 할론소화설비의 특징 51

① 소화 후 소방대상물에 대한 피해가 [   ].

② 금속에 대한 부식성이 적다.

③ [   ]이므로 전기화재에도 적응성이 있다.

④ 화재조사가 용이하다.

⑤ 소방대상물에 대한 오염이 적다.

⑥ 5~10% 낮은 설계농도로 소화가 가능하다.

⑦ 사용압력은 이산화탄소보다 낮고, 이산화탄소설비에 비해 완전밀폐할 필요가 없다.

■ 할론소화설비의 방출방식 52

[   ]방식, [   ]방식, [   ]방식이 있다.

---

50 부촉, 화학
51 ① 적다 ③ 부도체
52 전역방출, 국소방출, 호스릴

(9) 할로겐화합물 및 불활성기체 소화설비

- 종류 [53]: [   ]소화약제와 [   ]소화약제로 분류

- 설치제외 장소 [54]: 사람 상주하는 곳, 제[   ]류 및 제[   ]류 위험물

- 할로겐화합물 및 불활성기체 소화약제의 저장용기 [55]
  ① 온도가 [   ]℃ 이하이고 온도변화가 적은 곳
    ※ 이산화탄소와 할론: [   ]℃ 이하
  ② 저장용기 간격: [   ]cm 이상
  ③ 방호구역 [   ] 설치 시 방화문으로 구획된 실에 설치
  ④ [   ]밸브를 설치
  ⑤ 재충전 또는 교체시기: 약제량 손실이 [   ]% 초과 또는 압력손실이 [   ]% 초과 시
    - 불활성기체 소화약제의 경우 압력손실: [   ]% 초과 시

---

53 할로겐화합물, 불활성기체
54 3, 5
55 ① 55, 40 ② 3 ③ 외 ④ 체크 ⑤ 5, 10, 5

(10) 분말소화설비

■ 분말소화설비의 구성
- 약제저장용기, 가압용가스용기, 정압작동장치, 선택밸브, 수동기동장치
- 자동화재탐지설비, 경보장치, 제어장치, 배관, 분사헤드 등

■ 분말소화설비의 가압방식 [56]
① [ ]식: 가압용기를 별도로 설치하여 질소 또는 이산화탄소를 충전
② [ ]식: 직접 질소가스를 충압하여 방출하는 방식

■ 가압용 가스용기 [57]
① 분말소화약제의 저장용기에 접속하여 설치하여야 한다.
② 가압용 가스용기가 [ ]병 이상 설치되고, 전자개방밸브로 가압용 가스용기를 개방하는 경우
- [ ]개 이상의 용기에 전자개방밸브 부착
③ 2.5Mpa 이하의 압력에서 조정이 가능한 [ ]를 설치하여야 한다.

---

56 ① 가압 ② 축압
57 ② 3, 2 ③ 압력조정기

03 경보설비

■ 비상경보설비 [1]
① [   ]설비 + 자동식[   ]설비
② [   ]가 없는 것이 특징

■ 비상경보설비설치기준 [2]
① 부식성 가스 또는 습기로 부식의 우려가 없는 장소에 설치
② [   ]음향장치는 특정소방대상물의 [   ](경계구역)마다 설치
③ 특정소방대상물의 각 부분으로부터 하나의 음향장치까지 수평거리가 [   ]m 이하
④ 음향장치는 정격전압의 [   ]% 전압에서 음향을 발할 수 있도록 하여야 한다.
⑤ 음량은 음향장치 중심으로부터 1m 떨어진 위치에서 [   ]dB 이상이 되는 것이어야 한다.

■ [   ]형 감지기 [3]
① 화재발생 상황을 감지기가 감지를 하여 자체 내 내장된 음향장치로 경보하는 감지기
② 수신기나 발신기가 [   ].
③ [   ] 없이 단독으로 감지기만 설치
④ 전원을 공급하는 [   ]가 있다.

---

1 ① 비상벨, 사이렌 ② 감지기
2 ② 지구, 층 ③ 25 ④ 80 ⑤ 90
3 단독경보 ② 없다 ③ 전선 ④ 건전지

■ 비상방송설비 [4]

① 관계인에 의한 [　　]으로 기동

② 구성: 확성기, 음량조정기, 증폭기, 조작부기동장치

　㉠ [　　　]: 실외 출력(3w), 수평거리(25m 이하), 음량(90dB 이상), 정격전압의 80% 전압

　㉡ [　　　　　](ATT): 가변저항을 이용하여 조절, 조작부스위치(0.8~1.5m)

　㉢ [　　　　]: 상시 사람이 상주하는 장소에 설치(수위실 등)

　㉣ [　　　　　　]: 화재신호의 신호시간(10초 이내), 자동화재탐지설비의 작동과 연동

■ 비상방송설비 우선경보방식(구분경보방식) [5]: 층수가 [　]층(공동주택의 경우에는 [　]층) 이상의 특정소방대상물은 다음의 기준에 따라 경보를 발할 수 있도록 해야 한다.

화재층	우선경보할 층	
	11층 미만	11층 이상
2층 이상	전층	발화층 + [　　]층
1층		발화층 + [　　]층 + [　　]층
지하층		발화층 + [　　]층 + 기타의 [　　]층

■ [　　　　]설비 [6]

① 화재를 초기단계에서 [　　　]에 의해서 열 또는 연기를 자동으로 감지하거나

② 발신기의 조작으로 수동으로 [　　　]에게 음향으로 화재를 알리는 설비

③ 구성요소: 전원, 감지기, 표시등, 배선, 수신기, 발신기, 중계기, 음향장치 및 기타 부속기기

---

4 ① 수동 ② ㉠ 확성기 ㉡ 음량조정기 ㉢ 증폭기 ㉣ 조작부기동장치
5 11, 16 / 그 직상 4개 / 그 직상 4개, 지하 / 그 직상, 지하
6 자동화재탐지 ① 감지기 ② 관계인

■ 경계구역의 설정기준 [7]

① 수평적 경계구역
   ㉠ 하나의 경계구역이 [ ]개 이상의 건축물에 미치지 아니하도록 한다.
   ㉡ 하나의 경계구역이 [ ]개 이상의 층에 미치지 아니하도록 한다.
   ㉢ 다만, [ ]㎡ 이하의 범위 안에서는 2개의 층을 하나의 경계구역으로 할 수 있다.
   ㉣ 하나의 경계구역의 면적은 [ ]㎡ 이하로 하고, 한 변의 길이는 [ ]m 이하로 한다. 다만 당해 소방대상물의 주된 출입구에서 그 내부 전체가 보이는 것에 있어서는 한 변의 길이가 50m의 범위 내에서 1,000㎡ 이하로 할 수 있다.

② 수직적 경계구역
   ㉠ 계단, 경사로, 엘리베이터 권상기실, 린넨슈트, 파이프 피트 및 덕트: 별도로 경계구역을 설치
      → 하나의 경계구역 높이: [ ]m 이하
   ㉡ 지하층의 계단 및 경사로: 별도의 하나의 경계구역으로 지정

■ [   ]란 화재 시에 발생하는 열, 불꽃 또는 연소생성물(연기)로 인하여 화재발생을 자동적으로 감지하여 그 자체에 부착된 음향장치로 경보를 발하거나 이를 수신기에 발신하는 것을 말한다. [8]

■ 열 감지기의 종류 [9]

① [ ]식	㉠ [ ]형	- 주위온도가 일정 상승률 이상 + 일국소
	㉡ [ ]형	- 주위온도가 일정 상승률 이상 + 넓은 범위
② [ ]식	㉠ [ ]형	- 주위온도가 일정한 온도 이상 + 외관이 전선으로 되어 있지 × - 일국소
	㉡ [ ]형	- 주위온도가 일정한 온도 이상 + 외관이 전선으로 되어 있는 ○ - 일국소
③ [ ]식	㉠ [ ]형	- 차동식 스포트형 + 정온식 스포트형 - 둘 중 어느 한 기능이 작동되면 작동신호를 발하는 감지기

---

7 ① ㉠ 2 ㉡ 2 ㉢ 500 ㉣ 600, 50 ② ㉠ 45
8 감지기
9 ① 차동 ㉠ 스포트 ㉡ 분포 ② 정온 ㉠ 스포트 ㉡ 감지선 ③ 보상 ㉠ 스포트

연기 감지기의 종류 [10]

① [ ]식	㉠ [ ]형	- 일정한 농도의 연기 + 일국소의 연기 + 광전소자의 변화
	㉡ [ ]형	- 일정한 농도의 연기 + 발광부와 수광부로 구성
	공기흡입형	
② [ ]식	㉢ [ ]형	- 일정한 농도의 연기 + 일국소의 연기 + 이온전류의 변화

연기감지기 설치장소 [11]

① 계단·경사로 및 에스컬레이터 [   ]에 설치한다.

② [   ](30m 미만의 것은 제외)에 설치한다.

③ 엘리베이터 승강로(권상기실이 있는 경우에는 권상기실), 린넨슈트, [   ] 덕트, 기타 이와 유사한 장소에 설치한다.

④ 천장 또는 반자의 높이가 [   ]m 이상 [   ]m 미만인 장소에 설치한다.

⑤ 다음 어느 하나에 해당하는 특정소방대상물의 취침·숙박·입원 등 이와 유사한 용도로 사용되는 거실
㉠ 공동주택·오피스텔·숙박시설·노유자시설·수련시설
㉡ 교육연구시설 중 [   ]
㉢ 의료시설, 근린생활시설 중 입원실이 있는 의원·조산원
㉣ 교정 및 군사시설
㉤ 근린생활시설 중 [   ]

---

10 ① 광전 ㉠ 스포트 ㉡ 분리 ② 이온화 ㉢ 스포트
11 ① 경사로 ② 복도 ③ 파이프 ④ 15, 20 ⑤ ㉡ 합숙소 ㉤ 고시원

■ 감지기 설치제외 장소 [12]

① 천장 또는 반자 높이가 [   ]m 이상인 장소. 다만 축적 기능이 있는 감지기로 부착높이에 따라 적응성이 있는 장소는 제외한다.

② 헛간 등 외부와 기류가 통하지 않는 곳으로 화재발생을 감지하기 어려운 장소

③ 목욕실, 욕조나 샤워시설이 있는 화장실

④ [   ] 가스가 체류하고 있는 장소

⑤ 고온도 및 저온도로 감지기능이 정지되기 쉽거나 감지기의 유지관리가 어려운 장소

⑥ 파이프 덕트 등으로서 [   ]개층마다 방화구획된 것이나 수평단면적이 [   ]m² 이하인 장소

⑦ 주조공장 등으로 화재발생이 적은 장소로서 감지기 유지관리가 어려운 장소

⑧ 먼지·가루 또는 수증기가 다량으로 체류하는 장소 또는 주방 등 평시에 연기가 발생하는 장소(연기감지기에 한한다)

■ 감지기의 설치기준 [13]

① 실내로의 공기유입구로부터 1.5m 이상 떨어진 위치에 설치

② 천장 또는 반자의 옥내에 면하는 부분에 설치

③ **보상식 스포트형 감지기 또는 정온식 감지기**
   − 주위의 평상시 최고 온도보다 [   ]℃ 이상 높은 것으로 설치

④ **스포트형 감지기:** [   ]도 이상 경사되지 아니하도록 부착

■ [   ]란 화재를 발견했을 시 수신기 또는 중계기에 [   ]으로 화재 발생 신호를 발하는 것으로 사람이 직접 발신하는 것으로 신뢰성이 높다. [14]

---

12 ① 20 ④ 부식성 ⑥ 2, 5
13 ③ 20 ④ 45
14 발신기, 수동

■ 발신기의 종류 [15]

① P형 발신기
소유자형으로 P형 발신기로 접속가능한 수신기는 P형 수신기와 R형 수신기가 가능하다.

② [　]형 발신기: 화재신호 발신과 동시에 통화가 가능한 발신기

③ [　]형 발신기: 공용 발신기로서 누름단추를 눌렀을 때 소방관서에 설치된 M형 수신기에 전달

■ [　　]란 감지기나 발신기에서 발하는 화재신호를 직접 수신하거나 중계기를 통하여 수신하여 화재의 발생을 표시 및 경보하여 주는 장치를 말한다. [16]

■ 수신기의 종류 [17]

① [　]형 수신기: 감지기 또는 [　]형 발신기에서 보낸 신호를 받으면 화재등과 지구등이 점등되며 동시에 수신기 측 주경종과 해당 지구경종이 경보를 발하는 시스템이다.

② [　]형 수신기
㉠ [　]형 수신기는 감지기 및 발신기로부터의 신호를 중계기를 통하여 관계자에게 통보하는 수신기로서 증·개축이 많거나 회로수가 많은 대규모 건물이나 다수의 동이 있는 건축물에 적합하지만 가격이 비싸다는 단점이 있다.

③ [　]형 수신기: 소방서에 설치하며, 화재발생시 [　] 발신기로 발해진 신호를 소방서에서 받는 설비이다.

④ 축적형 수신기는 비화재보를 방지하기 위한 설비로서 화재신호가 계속될 때 작동하는 수신기이다.

⑤ 2신호식 수신기는 화재신호를 한 번 수신하면 주음향장치 및 지구표시장치가 작동되어 수신기에만 경보를 발하고, 두 번째 화재신호를 수신할 때 화재라고 판단하여 소방대상물 전체에 통보하는 수신기이다.

⑥ 인텔리전트 수신기는 중계기와 아날로그 감지기를 차례로 호출하여 데이터의 송수신을 반복하는 다중전송에 의한 주소지정방식을 채용한 수신기이다.

⑦ [　　] 수신기는 온도 및 연기농도를 수신기에 송신하면 수신기가 신호를 수신하여 화재여부를 판단하도록 하는 방식의 수신기이다.

⑧ 복합형 수신기는 [　]형, [　]형 등이 있다.

15 ② T ③ M
16 수신기
17 ① P, P ② R ㉠ R ③ M, M형 ⑦ 아날로그 ⑧ GR, GP

■ 수신기의 설치기준 [18]

① 상시 사람이 근무하는 장소에 설치
② 경계구역 일람도 비치
③ 음량 및 음색이 다른 기기의 소음 등과 명확히 구별될 것
④ 감지기, 중계기 또는 발신기가 작동하는 **경계구역을 표시**
⑤ 하나의 경계구역은 하나의 표시등 또는 하나의 문자로 표시
⑥ 수신기의 조작 스위치의 높이 [   ]m ~ [   ]m 이하
⑦ 하나의 소방대상물에 2 이상의 수신기를 설치하는 경우
　　－ 수신기 상호 연동 및 각 수신기마다 화재발생 상황을 확인할 수 있도록 한다.

■ 자동화재속보설비 [19]

① [　　　]에 통보하기 위한 설비
② 화재신호를 받아 [　　]초 이내 화재인가 판별, 소방서로 자동적으로 [　　]회 이상 전달
③ 종 류
　ⓐ [　　]형 화재속보기: 수신기로 화재신호를 [　　]초 이내 [　　]회 이상 소방서로 통보
　ⓑ [　　]형 화재속보기: 수신기와 A형 화재속보기의 기능을 통합
　　→ 특징(지락선): [　　]등, [　　　　]장치, [　　　　]장치
④ 기 능
　－ 전원이 차단된 경우 자동으로 예비전원으로 전환, 예비전원은 자동으로 충전
　－ 자동 과충전방지장치 있음
　－ 예비전원: 감시 상태를 60분간 지속한 후 [　　]분 이상 동작이 지속될 수 있어야 한다.
⑤ 관계인이 24시간 상시 근무하는 경우는 자동화재속보설비를 설치하지 아니할 수 있다.

18 ⑥ 0.8~1.5
19 ① 소방서 ② 20, 3 ③ ⓐ A, 20, 3 ⓑ B, 지구, 단락시험, 단선시험 ④ 10

- [   ]란 사용전압 600V 이하인 경계전로의 누설전류 및 지락전류를 검출하여 관계인에게 **경보**를 발하는 설비로서 [   ]와 [   ]로 구성된 것을 말한다. [20]

- [   ]란 소방대상물 관계자에게 경보를 발하여서 가스폭발이나 가스화재를 방지하거나 유독가스로 인한 중독사고를 예방하기 위한 설비이다. [21]

---

20 누전경보기, 변류기, 수신부
21 가스누설경보기

04 피난구조설비

- [　　　　]: 화재가 발생하였을 시 안전하게 대피할 수 있도록 도와주는 기구 [1]

- 피난기구의 종류: 미끄럼대 · 피난교 · 피난용트랩 · 간이완강기 · 공기안전매트 · 다수인 피난장비 · 승강식 피난기 등

- 피난사다리의 구분 [2]: [　　]식사다리, [　　]식사다리, [　　]식사다리
  → 이동식사다리 ✕

- 완강기 [3]
  ① 사용자의 몸무게에 따라 **자동적으로** 내려올 수 있는 기구
  ② [　　　]
  ③ 구성요소: 조속기, 후크, 벨트, 로프, 릴 등
  ④ 안전하강속도: 16~150cm/sec
  ⑤ 평상시 청소를 하지 않아도 작동할 수 있어야 한다.

- [　　　　] [4]: 사용자의 몸무게에 따라 자동적으로 내려올 수 있는 기구 중 사용자가 연속적으로 사용할 수 없는 피난구조설비이다.

- [　　　]란 포지 등을 사용하여 자루형태로 만든 것으로서 화재 시 사용자가 내려옴으로써 대피할 수 있는 것을 말한다. [5]

- [　　　　]란 사용자의 몸무게에 의하여 자동으로 하강하고 내려서면 스스로 상승하여 연속적으로 사용할 수 있는 무동력 승강식피난기를 말한다. [6]

---

1 피난기구
2 올림, 고정, 내림
3 연속적
4 간이완강기
5 구조대
6 승강식피난기

■ 인명구조기구 [7]: [   ], [   ], [   ], [   ](안전모, 보호장갑 및 안전화를 포함한다).

■ 인명구조기구 설치기준 [8]

① 지하층을 포함하는 층수가 7층 이상인 관광호텔 및 5층 이상인 병원
　　- 각 [　]개 이상 비치할 것
② 수용인원 100명 이상의 영화상영관, 운수시설 중 지하역사, 지하가 중 지하상가, 판매시설 중 대규모 점포
　　- 층마다 [　]개 이상 비치할 것
③ 화재 시 쉽게 반출 사용할 수 있는 장소에 비치해야 한다.

■ 인명구조기구 설치하여야 하는 특정소방대상물 [9]

① [   ]을 포함하는 층수가 [   ]층 이상인 관광호텔
② 지하층을[   ]하는 [   ]층 이상인 병원: 단, [   ]는 설치하지 아니할 수 있다.

■ 유도등 및 유도표지 [10]

① [   ]: 화재 시에 피난을 유도하기 위한 등 (상용전원 → 안될 경우 → 비상전원)
② [   ]: 피난구 또는 피난경로로 사용되는 출입구를 표시하여 피난을 유도하는 표지
③ [   ]: 야광(축광) 또는 전류에 따라 빛을 발하는 유도체로서 피난을 유도할 수 있도록 띠형태로 설치

---

7 방열복, 공기호흡기, 인공소생기, 방화복
8 ① 2 ② 2
9 ① 지하층, 7층 ② 포함, 5, 인공소생기
10 ① 유도등 ② 유도표지 ③ 피난유도선

■ 유도등 종류와 특징 [11]

① [　　　]유도등: 높이 1.5m 이상 / 녹색바탕에 백색문자
② 피난구통로유도등(복거계)
　㉠ [　　　]통로유도등: 복도설치 / 구부러진 모퉁이와 보행거리 [　　]m마다 / 높이 1m 이하
　㉡ [　　　]통로유도등: 거실설치 / 구부러진 모퉁이와 보행거리 [　　]m마다 / 높이 1.5m 이상
　㉢ [　　　]통로유도등: 경사로참, 계단참 설치 / 높이 1m 이하
　㉣ 백색바탕에 녹색문자
③ [　　　]유도등: 백색바탕에 녹색문자(피난방향화살표) / 객석의 통로, 바닥, 벽 등에 설치

■ 표시면의 색상정리 [12]

① 피난구유도등: [　　]바탕 [　　]문자
② 통로유도등과 객석유도등: [　　]바탕 [　　]문자

■ [　　　　　]이란 화재발생 등에 따른 정전 시에 안전하고 원활한 피난활동을 할 수 있도록 거실 및 피난통로 등에 설치되어 자동 점등되는 조명등이다. [13]

■ [　　　　　　　]이란 화재발생 등으로 정전 시 안전하고 원활한 피난을 위하여 피난자가 휴대할 수 있는 조명등이다. [14]

---

11 ① 피난구 ② ㉠ 복도, 20 ㉡ 거실, 20 ㉢ 계단 ③ 객석
12 ① 녹색, 백색 ② 백색, 녹색
13 비상조명등
14 휴대용비상조명등

05 소화용수설비

■ 소화용수설비의 종류 [1]

① [　　　]소화용수설비(소화전)
　㉠ 소방자동차 진입이 쉬운 도로변 또는 공지에 설치
　㉡ 수평투영면의 각 부분으로부터 [　　]m 이하

② [　　　](저수조)
　㉠ 대형 건축물 등과 같은 많은 양의 소화용수를 필요로 하는 소방대상물의 인근에 설치
　㉡ 종류: 지하에 설치하는 [　　]수조, 옥상 또는 옥탑에 설치하는 [　　]수조로 구분
　㉢ 채수구의 높이: [　　]m 이상 [　　]m 이하의 위치에 설치
　㉣ 가압송수장치 필요

---

1 ① ㉠ 상수도 ㉡ 140 ② 소화수조 ㉡ 지하, 지상 ㉢ 0.5, 1

06 소화활동설비

■ 제연설비의 종류 및 방식 [1]

① [ ]제연방식: 구획을 작게 할 수 있는 건물에 적합 / 제연의 기본이 되는 방식

② [ ]제연방식: 화재시 발생한 열의 부력 또는 외부풍력에 의해 배출하는 방식 / 중성대 활용

③ [ ]제연방식: 배연전용의 샤프트설치 / 루프모니터를 이용 / 고층빌딩에 적합 / 고온의 연기도 배연가능

④ 기계제연방식
  ㉠ 제1종 기계제연방식: [ ] 및 [ ]
    - 화재실에 대해서 기계배연과 동시에 [ ]에 의한 급기를 하는 방식: 배연기와 송풍기 장착
    - 급기량은 배기량보다 적게 하여 [ ]으로 유지
    - 급기와 배기 모두 기계력에 의존하기 때문에 장치가 복잡
  ㉡ 제2종 기계제연방식: [ ]만
    - 복도, 계단실 등 중요한 부분(특별피난계단)에 신선한 공기를 [ ]에 의해 급기
    - 특별피난계단 부분의 정압을 화재실보다 높게 하여 연기의 침입을 방지하는 방식: [ ]방식
    - 배출구가 없을 시 화재실의 화재가 더욱더 커질 우려 / 열 및 연기가 복도로 역류할 우려
  ㉢ 제3종 기계제연방식: [ ]만
    - [ ]를 통해 연기를 옥외로 배출하는 방식
    - [ ] 등을 이용: 연기유동을 방지하여 흡인효과의 증대를 목적

■ [ ]이란 제연경계에 의해 구획된 건물 내의 공간을 말하고, [ ]구역이란 화재발생 시 연기의 제어가 요구되는 제연구역을 말하며, [ ]제연구역은 2개 이상의 예상제연구역을 말한다. [2]

---

1 ① 밀폐 ② 자연 ③ 스모크타워 ④ ㉠ 급기, 배기, 기계력, 부압 ㉡ 급기, 송풍기, 가압방연(가압차연) ㉢ 배기, 배연기, 방연수직벽
2 제연구역, 예상제연, 공동예상

■ 제연구역의 기준 3

① 하나의 제연구역
- 면적은 [   ]m² 이내
- 직경 [   ]m 원 내에 들어갈 수 있도록 함
- [   ]개 이상 층에 미치지 않도록 함

② [   ]과 [   ]: 상호 제연구획함

③ 통로상의 제연구역: 보행중심선의 길이가 [   ]m를 초과 ✕

④ 제연경계의 폭: [   ]m 이상, 수직거리 [   ]m 이내

■ 연결송수관설비 4

① 고층건축물, 지하건축물, 복합건축물 등에 설치

② 방수구: 건축물의 [   ]층부터 설치 / 방수구마다 보행거리는 [   ]m 이내

③ 방수기구함 설치: [   ]개 층마다

■ 연결송수관설비의 구성 및 종류 5

① 구성요소: 송수구, 배관, 방수기구함, 방수구, 소방용호스, 방사형관창

② 종류
- [   ]배관방식: 주로 고층건축물에 설치(바로 방수목적)
- [   ]배관방식: 주로 [   ]층 이하의 건축물에 설치(물이 충전 ✕)

■ [   ]설비는 판매시설 및 지하가 또는 건축물 지하층의 연면적이 150m² 이상인 곳에 설치하는 시설로 물을 공급받아 본격소화를 위해 설치하는 소화활동설비이다. 6

■ 연결살수설비의 구성: 송수구, 선택밸브, 배관, 살수헤드

■ [   ]란 고층건축물이나 지하가 등의 대규모 건축물에서 화재시 소방활동 등을 원활하게 할 수 있도록 설치되는 설비이다. 7

---

3 ① 1000, 60, 2 ② 거실, 통로 ③ 60 ④ 0.6, 2
4 ② 3, 5 ③ 3
5 ② 습식, 건식, 10
6 연결살수
7 비상콘센트설비

MEMO

- 비상콘센트설비의 구성: 상용전원, 비상전원, 콘센트, 표시등, 보호함, 배선 등

- [   ]란 소방활동시 통신을 원활하기 위한 소방활동설비이다. [8]

- [   ]설비는 전력케이블, 통신케이블, 도시가스관, 냉난방 배관 등이 설치되는 [   ]에 설치해서 화재 시 피해를 줄이기 위한 설비 [9]

- 연소방지설비의 송수구 [10]: 직경 [   ]mm의 쌍구형 / 높이 0.5~1m 이하의 위치에 설치

---

8 무선통신보조설비
9 연소방지, 지하구
10 65

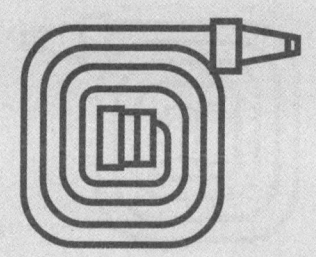

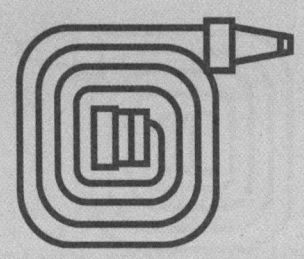

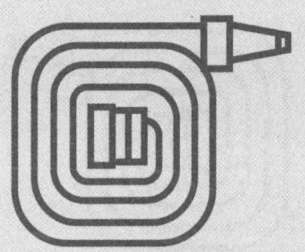

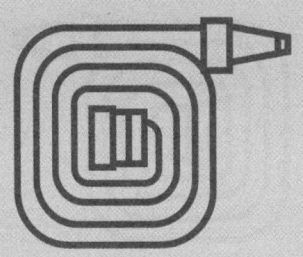

김동준 소방 & 방재 아카데미와 함께하는

소방체력 Family

소방단기 김동준선생님과 전국의 체력학원들과 협업하여 수험생여러분들에게 조금이나마 도움이 되자고 소방체력 Family를 결정하였습니다.

본 할인권을 가지고 지정된 체력학원으로 가시면 준비된 혜택과 최고의 체력교육을 받으실 수 있습니다.

할인 coupon

학원내방시 필참

2025년 소방공무원 시험대비
소방체력 Family
학원전용 할인쿠폰

25년 대비 김동준 소방&방재 아카데미와 함께하는 소방체력 Family

체력학원명	지역	주소	상담대표전화
에듀스포츠 체대입시(수원)	경기도	경기도 수원시 장안구 장안로 92 태범B/D 1층, 지하 1층	0507-1460-7679
맥스체대입시(강릉시)	강원도	강원도 강릉시 임영로120 3층 맥스체대입시	033-651-2673
맥스체대입시(동해시)		강원도 동해시 동해대로 5033 4층	033-521-2673
맥스체대입시(천안)	충남	충청남도 천안시 서북구 두정동 2036	041-522-0207
트윈 에이치(청주)	충북	충청북도 청주시 흥덕구 천석로 73	010-8253-1912
맥시멈체대입시(창원)	경남	경남창원시 마산합포구 동서동3길39 새롬미리내 아파트 101동 자하상가 제1호	055-245-1789
엘리트 체대 입시 (전주)	전북	전라북도 전주시 완산구 우전로 255 4층	010-6336-4565
엘리트 체대 입시 덕진점(전주)		전라북도 전주시 덕진구 조경단로100 3층	010-6336-4565
맥스체대입시(전주)		전북 전주시 완산구 백제대로424. 2층	063-255-1109
한국 맥시멈 공무원체력학원	대구	대구광역시 중구 중앙대로 390 지하1층	053-255-1129
PSSA 경찰소방체력	부산	1관 : 부산광역시 부산진구 동천로55 ck빌딩 3층	051 806 9666
		2관 : 부산광역시 부산진구 동천로55 구슬빌딩 4층	
맥스체대입시(관악교육원)	서울	서울 관악구 난곡로63가길 60 로얄빌딩	010-7104-0794
맥스체대입시(서초교육원)		서울시 동작구 동작대로 27가길 44 영지빌딩 지하1층(4호선 7호선 이수역 바로앞 걸어서 30초 거리)	02-595-7406, 010-4556-0794
맥스체대입시(춘천교육원)	춘천	강원 춘천시 경춘로 2215 어썸빌딩 3층	033-251-9731
맥스체대입시(원주교육원)	원주	강원 원주시 능라동길 26 메인스퀘어 3층 305호	010-9211-6332

* 현 교재에 포함된 쿠폰 제출시 각 학원과 협업되어있는 할인 프로모션에 참여가 가능합니다.   * 자세한 할인율 및 할인금액은 해당되는 지역의 체력학원에 문의하여 주시기 바랍니다.